U0940913

ZHONGGUO SIXIANG LILUN NIANJIAN

中国思想理论年鉴

2008(总第二卷)

《中国思想理论年鉴》编辑部 编

中共中央党校出版社

抗震救灾升华中华民族的“文化认同”

朱贻庭　赵修义

胡锦涛同志将中华民族和中国人民在这次抗震救灾中所展示出来的崇高精神，概括为：“万众一心、众志成城，不畏艰险、百折不挠，以人为本、尊重科学的伟大抗震救灾精神”。正是靠着这一精神，抗震救灾取得了重大的阶段性胜利，并将取得最终的胜利。“万众一心、众志成城”是抗震救灾精神的首要构成，它集中体现为一个震彻全球的口号——“我们都是中国人”。这是发自十几亿炎黄子孙的共同心声，表征了十几亿炎黄子孙达到了高度的文化认同、民族认同和国家认同。而正是这种“认同”，十几亿炎黄子孙面对受难同胞才会感同身受、奉献爱心；才会为了同一个目标——“一切为了受难同胞的生命”，不畏艰险、百折不挠，以人为本、尊重科学。十几亿人的文化认同、民族认同和国家认同的伟大意义和伟大力量，在这次抗震救灾中得到了充分体现。这正是我们应该认真体会和汲取的宝贵精神财富。

文化认同、民族认同和国家认同，这不是一个认知问题，而是一个身份和文化的认同问题，是指我们每个人与民族、国家共同体的关系问题。关于民族认同和国家认同，如德国学者李斯特所描述的那样，在这个共同体（民族、国家）中生活的人们拥有“共同的历史、共同的荣誉”；他们与整个民族和国家“一起缅怀过去，憧憬未来”，“荣辱与共，贫富与共”。共同体中的人们不论身处何地，都会有一种休戚与共的情怀，会为民族和国家的兴旺发达而欢欣鼓舞，一旦民族和国家面临时艰，同胞遭遇危险，就会感同身受，引发出心连心的同胞情谊。此时，“国家通过爱国主义的纽带将其成员结为一体”。积五千年文明史的中华民族，在破坏性如此惨烈的地震灾害面前，民族认同和国家认同如此强烈，令世人瞩目、赞叹。

民族认同、国家认同与文化认同是联系在一起的。关于“文化认同”，它所回答的是“我们是谁”。亨廷顿曾指出，不同民族的人们常以对他们来说最有意义的事物来回答“我们是谁”，即用“祖先、宗教、语言、历史、价值、习俗和体制来界定自己”，并以某种象征物作为标志来表征自己的文化认同，如旗帜、十字架、新月形、甚至头盖等。亨廷顿认为，“文化认同对于大多数人来说是最有意义的东西”。总之，“文化认同”是人们在一个民族共同体中长期共同生活所形成的对本民族最有意义的事物的肯定性体认，其核心是对一个民族的基本价值的认同；是凝聚这个民族共同体的精神纽带，是这个民族共同体生命延续的精神基础。因而，文化认同是民族认同、国家认同的重要基础，甚至是最深层的基础。不过，亨廷顿的“文明冲突论”带有西方文化和美国国家利益的烙印。亨廷顿还强调：“我们只有在了解我们不是谁、并常常只有在了解我们反对谁时，才了解我们是谁。”而中华民族十几亿人在这次抗震救灾中对“我们是谁”的了解，恰恰不是鉴于“反对谁”，而是在面对自身灾难中了解我们是谁。这是我们与亨廷顿的不同之处。但是他所提出的文化认同、价值认同的问题，确实是一个实实在在的时代问题。在这样一个经济全球化的时代，民族的认同、国家的认同，以及作为这种认同的重要基础的文化认同、价值认同不仅没有失去意义，而且成为综合国力竞争中最重要的“软实力”。中华民族的“文化认同”、基本价值的认同，好比认同“轩辕黄帝”为自己民族的共同祖先，认同春节、元宵、清明、端午、中秋等传统节庆为自己民族的风俗，认同汉语、汉字为国家通行的语言文字，……并认同“龙”、“长城”、“黄河”等为自己民族的标志，这些最基本和最有意义的认同所形成的“文化认同”，汇集到一点——“我们都是中国人”。正是这种“文化认同”，成为中华民族文化大厦最深层的文化基石；正是这种“文化认同”，当民族处于生死存亡的关头，就会发出同一种心声，喷发出巨大的力量。在这次抗震救灾中，这种民族的“文化认同”通过一种新的形式集中体现出来——当汶川特大地震夺去近10万同胞的生命、数万同胞被埋、几百万同胞受难的信息震惊全国、震撼全球的时候，此时此刻，十几亿炎黄子孙都下意识地向自己提出了同一个问题：“我是谁？”“我们是谁？”答案只有一个：“我们都是中国人！”由此产生了民族群体性的大爱大德——为了救援受难的汶川同胞，为了拯救废墟下的同胞生命，从国家最高领导到广大干部群众，从解放军战士到医生护士、企业老板、演员明星、企业职工、学校师生、社区居民、寺庙僧侣、志愿者……直至马路上的行乞者，全体中国人和在海外的华人都一致行动起来，有钱出钱、有力出力。正是十几亿人的“文化认同”，才有可能出现万众一心、众志成城的如此悲壮的历史场面，才有可能产生不畏艰险、百折不挠去战胜震魔的伟大精神和巨大力量。我们每一个炎黄子孙都应该正视和珍惜这种“文化认同”，同时要努力丰富和升华自己的“文化认同”。

二

“文化认同”在民族共同体的演进过程中而形成，同时也随着民族共同体的发展而丰富、发展。中华民族的“文化认同”在这次抗震救灾中获得了新的内容和时代特征。5月12日至今仍在继续高涨的抗震救灾的伟大精神和伟大壮举，集中到一个关键词，就是“生命”，一切为了生命，一切为了受灾同胞的生命和生命的未来，这是抗震救灾的核心价值。传统文化中“天地之大德曰生”、“民胞物与”、“博爱之谓仁”、“救死扶伤”集中地表现为“关爱生命”、关爱每一个人的生命；“尊重生命”、尊重每一个人的生命。而这正是尊重人、尊重人的权利的最根本的要求。这是在抗震救灾中进一步形成的全民族的共识，成为民族“文化认同”的新的内容，具有时代特征，是中华民族“文化认同”的新的升华。实践表明，我们党的“以人为本”执政治国理念得到了全民族的高度认同和信任。因为关爱生命、尊重生命——尊重人、尊重人的权利正是“以人为本”最基本、最本质的要求。这就让我们更加全面、真切地体认到民族“文化认同”的精义，尤其是让我们深切地感受到，人道精神并不像某些人曾经认为的是西方基督教文化的专利。“关爱生命”、“尊重生命”是在中华民族的文化血脉中一直流淌着的精神，只是在今天我们才得以让它充分地展现出来。这一切都让我们更加热爱自己的国家、民族和民族文化。

民族的“文化认同”，是一个民族所有成员对本民族最基本最有意义的事物和价值的认同，它超乎种族、阶级、阶层、宗教、家庭、团体、贫富、性别、地域。这在此次抗震救灾中得到了再一次的证明。正因为如此，十几亿人朝着同一个方位，抱着同一个目的，在一切为了生命的“绝对命令”下，形成了万众一心、众志成城的空前悲壮的历史场景。由此可见，一个民族的生存和发展，不能没有自己的“文化认同”。它是凝聚这个民族共同体去克服和战胜艰难险阻的力量源泉，是这个民族共同体构建生命大厦的精神基石。

通过这次抗震救灾的伟大实践，让我们体会到民族“文化认同”的作用和力量。我们每一个炎黄子孙都应该正视和珍惜中华民族的“文化认同”，同时要努力丰富和升华自己的“文化认同”。为此，就要珍惜自己的历史，保护承载着传统思想文化的文献典籍和民族的语言文字，继承传统的民族节庆并弘扬其文化意蕴，保护体现民族文化的物质的、非物质的文物古迹和历史遗产，因为这一切对于中华民族的“文化认同”都是最有意义的，蕴含着我们民族最基本的价值。同时要强化民族文化的教育（尤其是历史、语言和国情），无论是青少年的教育还是成人教育，国民教育还是干部教育，都要把中华文化的传承和认同作为重要的目标。这样，就会在任何时候、任何地方，自问“我们是谁？”给出的始终是同一个答案：“我们都是中国人！”

（作者：上海市伦理学会会长、华东师范大学哲学系教授）

（选自《探索与争鸣》2008年第8期）

国学的当代形态与当代意义

袁行霈

一

我国古代所谓“国学”，是指国家设立的学校。这与近代以来所谓“国学”的含义不同。近代以来所谓“国学”一词，有学者认为源自日本。江户时代中期，日本思想界一部分人如荷田春满等提倡对日本的古代典籍进行研究，以探明本土固有的文化，遂有“国学”之称。“明治维新后，日本政府推行欧化政策，导致社会出现彻底洋化的偏激倾向。1888年，三宅雪岭、志贺重昂等人成立政教社，鼓吹国粹思想，以求扭转偏向。”或许是受这种思潮的影响，1902年秋，梁启超曾与黄遵宪等人商议，拟在日本创办《国学报》。1904年，邓实发表《国学保存论》，论述了保存“国学”的重要性。1905年，邓实、黄节等人在上海成立了国学保存会，以“研究国学，保存国粹”为宗旨，出版《国粹学报》，撰稿人除了邓实、黄节，还有章炳麟、刘师培、陈去病、黄侃、马叙伦等。他们或为中国同盟会会员，或倾向民主革命。提倡“国学”与他们从事的革命活动大方向是一致的，而“国学”的“国”字，则包含了爱国的情结。1906年，章炳麟在日本鼓吹反满革命，同时提倡研究国学。留日青年成立国学讲习会，请他讲授国学，鲁迅就是学生之一。1922年4月至6月间，章炳麟在上海讲“国学大概”和“国学派别”。1934年，章炳麟在苏州创办章氏国学讲习会，对国学做了总结性的讲解。章炳麟上述几次演讲经过记录整理，出版了《国故论衡》、《国学概论》、《章太炎国学演讲录》等书，在19世纪二三十年代影响很大。章炳麟所谓国学分为“小学”、“经学”、“史学”、“诸子”、“文学”五部分，由此可以看出他对国学范围的界定。此外，胡适、顾颉刚、钱穆等人也有关于“国学”、“国故”、“国粹”的种种论述。各家的说法颇有分歧，在这里无须详加辨析，若就其大致相同的方面而言，可以说“国学”即中国固有的学术，以及研究中国传统的典籍、学术与文化的学问。

清末民初国学的兴起，与当时的社会思潮有密切的关系。1840年鸦片战争以后，中国的一些有志之士努力向西方寻找救亡图存之道，西学东渐成为社会的潮流。在这个过程中，一部分学者担心自己国家固有的学术文化衰微，于是提倡国学。考察他们的初衷，明显地带有救亡图存的意思以及弘扬中国传统文化的愿望。

国学的提出虽然与西学东渐的刺激有关，

但是从国学研究的实绩来看，还是或多或少地吸取了西方的理念和方法。特别是20世纪以来，中国学术界在吸收世界各国的思想、文化、科学、技术的同时，也以新的眼光审视自己国家数千年来固有的传统。胡适在《国学季刊》发刊词中明确地说："我们现在治国学，必须要打破闭关孤立的态度"，要向欧美日学者学习。此时的"国学"和以前的汉学、宋学、乾嘉考据学相比，论范围已经远远超出，论观念已经几度更新，论方法已经更加科学化、系统化。我们不妨以章炳麟所谓国学的五类略加说明。小学，本来是以通经为宗旨的学问，在接受了西方语言学的滋养后，已经发展为以描述语言文字发展规律为宗旨的汉语语言学和文字学。经学和诸子学，也有了很大的变化，中国原先虽有《宋元学案》、《明儒学案》之类讲述某一朝代儒学师承和派别的著作，但没有以近代方法编写的中国哲学通史，胡适在北京大学的讲义《中国哲学史大纲》（上卷）是发轫之作。这种哲学通史已不再局限于经学，而是将儒家经典与诸子著作、佛学典籍进行综合的研究，描述了历代思想、哲学的变化发展，从而成为经学和诸子学未能包括的一门新的学科。在史学领域，用新的方法撰写的通史、断代史以及政治制度史、文化史等侧重于某一方面的历史著作蔚为大观；中外交通史、中国科技史引起重视，并成为新的学科；传统的舆地学发展为历史地理学；金石学发展为现代考古学。古史辨派的代表人物顾颉刚关于"层累地造成"古史的学说，影响了一代史学研究；王国维提倡以"地下之新材料""补正纸上之材料"，这种"二重证据法"为史学打开了新的局面。考古学的新成果，如殷墟卜辞的发现、汉简的发现、敦煌莫高窟藏经洞的发现，引起史学、文学、文字学、语言学、宗教学等众多学科的巨大变化，敦煌学进入了"国学"的疆域。在文学方面，王国维《宋元戏曲史》的出版，将戏曲纳入文学史研究的范围；1920年，鲁迅应蔡元培之邀在北京大学讲授中国小说史，从此，被视为"小道"的小说登上了大雅之堂，他的讲义《中国小说史略》成为中国小说史的开山之作。于是，戏曲和小说的研究也进入国学的领域。凡此种种，都使国学出现了新的面貌。在继承传统的同时所发生的这些变化，足以使我们将20世纪以来的"国学"和以往的学术区别开来。

二

今天我们又面临一个新的继往开来的时代，这是一个经济全球化和文化多元化的时代，是一个科学技术突飞猛进的时代。此时，我们所研究的"国学"也应当以一种新的、富有当代特色的形态出现。我之所以提出"国学的当代形态"这个命题，就是要强调：研究"国学"不是复古倒退，也不是抱残守缺，而是具有革新意义的、面向未来和世界的学术创造活动。这表现在以下几个方面。

1．当代的国学应当立足现实，服务于振兴中华、增强民族凝聚力，实现现代化的伟大历史任务

上面说过，国学是在清末救亡图存的呼声中提出来的。中国的近代史已经证明，国学未能救中国，也未能引导中国走向现代化，真正挽救了中国并引导中国走向现代化的并不是国学。但这并不是说国学无用，只要我们研究的态度正确，在中国走向现代化的进程中，国学可以起到促进作用。因为现代化不等于全盘西化，必须充分重视中国的国情，国情既包括中国的现状也包括中国的历史和文化传统。现在越来越多的人已经认识到，在中国传统文化中有许多宝贵遗产，值得加以挖掘整理，使之转化为当代的资源。例如关于和谐的思想；关于天

人合一的观念；关于忧国忧民的情操；关于尚善的态度和通过修身养性以达致高尚人格的追求；关于敬业乐群的意识，以及“先天下之忧而忧，后天下之乐而乐”的人生准则；关于整体思维的思想方法等，都值得我们认真研究，大力弘扬。此外，还有丰富的历史经验和教训，可以给我们深刻的启示；还有众多美不胜收的文学作品和艺术作品，可以陶冶我们的性情，美化我们的心灵。可见，国学研究天地广阔，只要以实事求是的态度踏实认真地去做，以学者的态度去做，是可以为提高全社会的人文素养，增强民族凝聚力，弘扬民族精神，构建和谐社会、和谐世界贡献一份力量的。

2．当代的国学应当建立在对传世文献和出土文献、文物认真整理的基础之上，并在此基础上建立具有中国特色的理论体系

国学是一门博大精深的学问，详尽地占有原始资料，从资料出发，进行实事求是的整理分析，是国学研究的基础工作。随着国内外所藏古籍善本调查工作的进展，一些原来秘不示人的善本已经公开，各种善本可以更方便地被研究者所利用，古籍的整理工作可以做得比前人更加完善，从而使国学研究建立在更坚实的基础之上。20世纪以来特别是近几十年来大量的出土文献、文物，又为国学研究开拓新的局面提供了充分的条件。例如，临沂银雀山汉墓出土的竹书，长沙马王堆汉墓出土的帛书，荆门郭店战国楚墓出土的竹简，上海博物馆藏战国楚竹书等，为国学提供了大批极为宝贵的新资料。由于这些新资料的出现，许多亡佚已久的先秦古籍重见天日，一些传世的先秦古籍有了更早的古本，古籍中的一些错误得以纠正，古籍中的一些难点得到解释，一些被疑为汉代以后伪作的古籍被证明不是伪作。将传世古籍与出土文献、文物结合起来进行研究，就有可能对中国古代史、古代思想史、古代文学史等许多学科得到新的认识。这是以前的学者无法想象的，是时代给予我们的眷顾。

然而我们不能满足于资料的整理，应当在此基础上建立理论的体系，从而对中国古代学术、文化的发展规律，以及中国文化的未来有一种理性的认识。这种理论自觉，不仅有助于当代中国的文化建设，也必将对世界文明的健康发展产生积极的影响。

3．当代的国学应当注意普及，在广大人民群众中弘扬中华民族优秀的传统文化

经过“文化大革命”，中华民族优秀的传统文化面临断裂的危险，中国人的身份认同感以及民族自信心、自豪感都亟待加强。近年来，人民群众对传统文化的热情持续升温，海外华人华侨寻根的愿望十分强烈。在这种形势之下，国学研究义不容辞，应当担当起普及优秀传统文化的任务。国学能不能走出象牙之塔，在广大人民群众中得到认可，是国学研究能否顺利开展的关键之一。当代的国学应当具有提高与普及相结合的品格，应当在群众中得到检验，找到知音。

弘扬传统文化，可以利用各种传媒手段，特别是群众喜闻乐见的形式，应当落实到提高人的素质上，让传统文化的营养像春雨一样沁入人的心田。这是一个相当长的过程，不可急功近利，尤其不可进行商业炒作。用商业的方式炒作国学，甚至用国学来牟利，从根本上违背了学术的宗旨。

4．当代的国学应当吸取人类一切优秀的文化成果，同时要确立文化自主的意识与文化创新的精神

人类文明的历史表明，一个民族的文化，如果不借鉴和吸收其他民族的文化，就很难得到发展，甚至还会逐渐萎缩，中华文明也是如此。中国与外部世界的交流开始得相当早，汉武帝时期，张骞出使西域，开通了著名的“丝绸之

路”；汉和帝时期，另一位使者甘英的足迹，已经抵达波斯湾，与古罗马帝国（时称“大秦”）隔海相望。到了唐代，中外文化交流更加广泛，长安是当时最大的国际都会，在8世纪前半叶，人口已达百万之多，居住着许多外国的王侯、供职于唐朝的外国人，以及留学生、学问僧、求法僧，外国的音乐家、舞蹈家和商贾。大食、天竺、真腊、狮子国、新罗、日本等许多国家的使臣络绎不绝。到了明代，随着航海技术的进步，郑和率领庞大的船队七下西洋，途经东南亚、南亚、西亚各国，最远到达东非沿海。明末清初，以来华传教士为媒介，中国又与欧洲一些国家建立了文化交流关系。

中外文化的交流，不但使中华文明得以弘扬，也使中华文明得到滋养；这种弘扬与滋养，涵盖了物质文明、政治文明及精神文明各个方面。中国的造纸术和印刷术传入欧洲，对西方文明的伟大贡献已是公认的事实；中国的瓷器、丝绸、茶叶以及园林建筑，营造了18世纪弥漫于欧洲的“中国情调”；而中国的孔孟儒学、科举制度、文官体系以及文学艺术，不仅在日本、韩国等亚洲近邻国家落地生根，还曾远渡重洋，成为18世纪欧洲启蒙思想家的重要学术资源。与此同时，中华文化也从外来文化中汲取养分。明末以利玛窦为代表的西方传教士用科学作为传教工具，激起了中国一部分士大夫对西方科学的兴趣，包括古希腊数学、地理学、物理学、生物学、天文学、机械工程学以及火器、水利等；而在哥伦布发现新大陆之后，16世纪至19世纪的三百年间，玉米、甘薯和马铃薯等美洲作物的传入和推广，对中国开发地广人稀的山区，满足人口大国的粮食需求，进而发展生产力，起到了关键的作用；中国人发明的印刷术与造纸术，西传欧洲，经过改造后又传回中国，再次促进了中国文化的发展与传播。

回顾历史，中华文明曾居于世界领先的地位。令人痛惜的是，在18世纪末至19世纪初期，正当西方文明实现了向近代化的转型，中华文明急需吸取其营养奋起直追的历史关头，清朝统治者却采取闭关锁国的政策，故步自封，不图进取，丧失了历史机遇，中华文明遂被排斥到世界文明发展的主流之外，处于落后地位，而中国这样一个文明古国甚至沦落到任人宰割的地步，这是我们应当牢牢记住的惨痛历史教训！

现在，中国发生了翻天覆地的变化，在和平发展的道路上突飞猛进，经济总量已经跃居世界前列。在这种情况下，如何更加自觉地发展与我国地位相称的、与时代发展相适应的先进文化，是一个带有战略意义的重大问题。如果没有文化自主的意识，如果没有文化创新的精神，我们就很难在这个竞争激烈的世界中立足和生存。科技要自主创新，文化也要自主创新。一味地照搬古人和照搬外国，都是不足取的。继承传统文化，要有所取舍，不能复古倒退；吸取其他民族的文化成果，要取舍由我，不能不分优劣，全盘西化。复古倒退和全盘西化都丧失了文化自主创新的立场，都是没有前途的。自觉地创造我们自己的、具有时代性和前瞻性的新文化，乃是中华文明复兴的关键所在。

在这里，我想特别强调中国传统文化“走出去”的历史使命。阅读明清以降的中西文化交流史，常常给人留下这样的印象，即西方人眼中的中国形象，大多来自西方人自己的著作，如传教士的书信及报告、冒险家的游记等，或褒或贬，都未能反映出一个全面的真实的中国。截至目前，我们对世界的了解固然还很不够，但是世界对中国的了解则更少、更肤浅。这就迫切需要我们以主动的姿态，充分利用各种途径和方式，将中国传统文化的精华，真诚地介绍给世界各国人民。现在中外文化交流，呈现明显的入超状态。随着经济的全球化，特别是中国经济的日益繁荣，世界更迫切地需要了解中

国。我们在广泛吸取世界上一切优秀文化成果的同时，有责任使优秀的中华文明走出去。

三

国学的当代意义是与国学的当代形态联系在一起的，国学如果没有新的发展，其意义必然受到很大局限。国学的当代意义是围绕着弘扬中华民族优秀传统文化这个宏伟目标来实现的。我曾经说过，不要以实用主义的态度对待国学。如果仅仅从国学中寻找对工商管理、金融、经济、公关等有用的技巧和方法，那就太简单化了。有人问我，国学究竟有什么用？要说没用也真没用，既不能当饭吃，也不能教人如何投资赚钱。但其精华部分能丰富我们的精神世界，增强民族的凝聚力，协调人和自然的关系以及人和人的关系，能促使人把自己掌握的知识和技术用到造福于人类的正道上来，这是人文无用之大用，也是国学无用之大用。试想，如果我们的心灵中没有诗意，我们的记忆中没有历史，我们的思考中没有哲理，我们的生活将成为什么样子？

国学的当代意义，在很大程度上取决于我们的研究态度。我们研究国学，应以承传中华民族优秀传统文化为己任。传统文化是一个民族的根，是一个民族的标志，也是一个民族的骄傲。传统文化关系到每个民族对自己身份的认同感、归属感，以及伴随这种认同感和归属感而来的文化尊严感。传统文化又是民族凝聚力的源泉，一个民族的疆土被人用武力占领了，还可以收复；一个民族的文化被人灭绝了，或者自己抛弃了，则万劫不复！国学作为传统文化中深层的、学术性的部分，与中华民族的复兴密切相关。在经济全球化的大趋势中，拥有几千年文化传统的中华民族，必须自觉地维护自己的根，这样才能自立于世界民族之林。

从20世纪90年代以来，国学已经逐渐引起社会的重视，目前又一次出现了“国学热”。在这种情况下，我们必须更加清醒。我要强调的是：对待国学应当抱三种态度，即分析的态度、开放的态度、前瞻的态度。所谓分析的态度，就是要分清国学中的精华和糟粕，吸取其精华，剔除其糟粕。所谓开放的态度，就是要处理好中外的关系，不能把自己封闭起来。既要吸取世界上各民族优秀的文化成果，也要让自己民族的优秀文化走向世界。所谓前瞻的态度，就是要正确对待古今的关系，立足当前，面向未来，建立具有当代形态和前瞻意义的新国学。我们也应该清醒地看到，国学研究是严肃的学术工作，不可满足于泛泛的议论，而应沉潜下来，认真钻研，将切实的成果贡献给社会。

“中国悠久的文化传统不是一潭止水，它宛若滚滚不尽的江河，不断吸纳支流，或直或曲，或速或缓，或涨或落，变动不居。国学也是这样，汉有汉学，宋有宋学，今后则必有以今之时代命名的学派。历史悠久的国学只有不断以新的形态代替旧的形态，才能永葆青春。”这段话是我在1993年《国学研究发刊辞》中曾经说过的，我想以此作为此文的结尾。我还想强调一句：国学只有与现实生活密切结合，在人民群众中发挥积极的作用，才能充分实现其价值，并永远保持强大的生命力。

（作者：中央文史研究馆馆长、北京大学国学研究院院长）

（选自《马克思主义研究》2008年第10期）

北京奥运会：中华文化伟大复兴的新起点

刘玉珠

第一，增强中华民族的自信心和自豪感

改革开放30年来，特别是进入新世纪以来，中国的进步不仅仅在经济领域，在民主政治、思想文化、社会生活等诸多领域的进步也是有目共睹的。据美国皮尤研究中心今年7月的调查数据显示，分别有86%和82%的中国人对国家的发展和经济状况感到满意；81%的人满意自己的家庭生活。中国敞开国门，以开放的心态走向世界，加入了众多国际组织，不仅积极遵守国际规则，而且积极参与完善和制定国际规则。北京奥运会期间，调整了外国新闻单位到中国采访的有关政策，允许外国记者经被采访人同意即可采访。这说明中国政府不仅能服务于本国人民，而且也能服务于世界人民，是一个负责任的政府。

我们要让世界更好地了解中国，更好地了解中国的发展给世界带来的全新影响。我们希望别的国家尊重我们，包括尊重我们的价值观和社会制度，同时我们也尊重和理解别人，包括尊重他们的思维方式和生活方式。这个世界在相当长的历史过程中，敌意、偏见、误解是客观存在的，我们要为建设和谐世界，化解这些矛盾做出贡献。

有人指责中国人在奥运会筹办过程中所表现的自信心和自豪感是“民族主义”。如果这不是偏见，也是误解。中国人所表现的这种民族精神不是所谓的“民族主义”，而是有着深厚的文化传统和丰富的现代意识，既蕴含着修身齐家治国平天下的崇高修养，又有着构建和谐世界的四海之内皆兄弟的精神境界。这样的民族精神同时蕴含了包容天下的世界精神，是中华民族向世界各国传递出的团结、友谊、和平的信息。这正是现代奥林匹克运动的精神实质。

第二，提高中国人民对外开放的自觉性

改革开放是我们30年来的基本国策，这一伟大政治决策给中国带来了翻天覆地的变化。从思想和文化层面来看，开放经过了由被动到自觉的过程，在这个过程中，中国文化的大门开始缓缓打开，我们加入了WTO和其他国际组织，外国文化产品和服务、文化资本和运营服务逐步进入了中国文化市场。文化层面中，我们与世界的交流不断增强，尽管还存在着一些不容忽视的问题，但各国各民族间的沟通和理解在不断深化。这种沟通和理解涉及社会制度、宗教信仰、文化价值观和生活方式诸多方面，总的来看，其主流是积极的。北京奥运会开、闭幕式所展示的多样化的文化元素得到了世界的普遍认可，就充分说明了这一点。

开放是自信心的表现，思想文化的开放更是如此。北京奥运会显现了中国人民的自信、谦虚和理性的品质，表达了相互理解、尊重和包容的大国风范。北京奥运会云集204个国家和地区的奥运会大家庭成员，110个国家政要，80多位国家元首、首脑、王室成员，1万多名运动员，2万多名注册记者和为数可观的非注册新闻工作者，近50万游客和观赛者，数十亿全世界的电视和网络观众。这么庞大的群体来自于不同民族、国家或地区，有着不同的社会制度、宗教信仰和生活习惯，参加这次体育和文化的盛会，极大地增进了世界各国的文化交流和理解。正如胡锦涛总书记所指出的那样："我们应该通过参与奥运会，弘扬团结、友谊、和平的奥林匹克精神，促进世界各国人民沟通心灵、加深了解、增进友谊、跨越分歧，推动建设持久和平、共同繁荣的和谐世界。"

纵观历史，开放也是一种文化自觉，中华文明五千多年的历史，不断在对外开放的过程中汲取营养，丝绸之路、佛教传入、郑和下西洋……在每一次文化交流、融合、碰撞和开放过程中，中华文明就向前迈进一大步。我们既不能妄自菲薄，又不能盲目排外；既要有强烈的爱国主义精神，又不能是狭隘的民族主义；既要坚守我们的文化传统和价值观念，又要尊重别人的价值观和思维习惯，谦虚地学习其他民族的优点和长处。有了这样的文化自觉和开放心态，在国际交流中我们才能博采众长，实现中华民族的伟大复兴。

第三，以宽广的视野促进不同文化间的沟通和交流

中国是一个13亿人口的大国，经济发展迅速，社会全面进步，在国际社会的影响和发言权越来越大，这必然引起那些长期惯于以我为主的少数国家的担忧，甚至是恐惧，于是在政治、经济、文化和社会生活诸方面，一系列针对中国的不友好动作出现了。这些不友好动作在国际上还有不小的市场，给中国的国际形象造成很大的负面影响。

要让国际社会了解和认识一个真实的中国，不仅对中国构建和谐社会意义重大，而且对构建和谐世界也影响深远。各国人民之间的友谊是永恒的，如果各国的人民认识和了解了真实的中国，那些为了选票而想愚弄选民的谎言就会不攻自破。要实现这个目标，除了政府做好自身的工作外，我们国民的心态和表现也十分重要。要在自信、开放的基础上，以尊重和包容的胸怀，主动加强对外的沟通和交流，尤其是文化的沟通和交流。在交流方式上要注重政府和民间、团体和个人、官方交流与市场运作并举，尤其要鼓励国民个人间的交往与交流。同时，要改进文化交流工作，研究和学习用对方能够理解的方式、熟悉的语言习惯进行坦诚而谦逊的交流，不为眼前的利益而强求对方，着眼于人与人之间的心灵沟通和理解，努力做好人的工作。只要长期坚持下去，除极少数敌对者外，偏见和误解就一定能够逐渐消除。

（作者：文化部文化市场司司长）

（选自《求是》2008年第18期）

全球化背景下当代中国文化的创新和发展

王诚宏

文化是一个民族的灵魂和血脉，不同国家与民族独特的文化传统，是其赖以生存、延续的条件，也是世界文化发展的基础。在当代中国，中共十七大报告强调，要坚持社会主义先进文化前进方向，“推动社会主义文化大发展大繁荣”，“提高国家文化软实力”。面对全球化的世界趋势，面对西方文化暴露出来的吞噬其他民族文化倾向，我们应以理性的态度沉着应对，趋利避害，重视民族文化建设，进行民族文化创新，推动民族文化发展。

一、传承民族文化优良传统，积极吸收整合人类文化长处，不断强壮自身活力

1. 传承民族文化传统，积极进行文化创新

传统，是创新、超越的基础。文化的生命力，在于创新。从人类文化发展的历史看，固守僵化、缺乏创新，是文化走向没落和衰亡的重要原因之一。中国是世界四大文明古国之一，其文化之所以不断发展，绵延几千年兴而不衰，就在于它具有强大的应变能力和对外来文化的强大整合能力。从中国的历史看，每当一种外来文化进入中国，也大都成为中国文化的有机组成部分。在魏晋南北朝至隋唐年间，来自印度的佛教与中国传统的儒道文化逐渐融合而中国化，形成了中国式的佛教学派；至宋明理学，儒教、道教、佛教已三位一体，形成了一种新的中国文化体系。到了近代，中西文化相遇又以其强大的整合能力，不断地吸收西方文化中的民主意识、科学精神以及市场、法制观念等。在今天，各种文化交流异常活跃，全球化的信息资源、网络，方便了不同文化之间的了解和沟通，提供了借鉴和学习世界各国文明成果的客观条件。我们应抓住这一有利时机，进一步扩大对外开放，大力吸收外国文化的精华，将其与中国的民族文化相结合，在不断消化、吸收的基础上，有所创新、发展，将异质文化转化为自身发展的营养，使之本土化、民族化，使异域的东西取得民族的形式和风格，打上民族的烙印。

2. 借鉴吸收外来文化，不断壮大自身活力

改革开放以后，各种外来文化源源不断地传入中国。对西方文化观念，我们既不应盲目排斥，也不要盲目崇拜。盲目地追求西方文化，只会导致底蕴深厚的中华民族文化的毁灭。中国的现代化也决不能以牺牲自身传统文化的历史积淀为代价。借鉴和吸收外来文化，壮大自身的活力，是我们的民族所必须的。这个“必须”，一是必须服从服务于本国文化，二是必须适合本国国情，三是必须适合本国人民的欣赏

水平和审美要求。文化，就其本身来说，无论是西方文化、东方文化，还是各个民族文化，只有特色的不同，而没有优劣的区分。正是这种多元文化并存的格局，才使世界变得五光十色、绚丽多姿。全球化绝不是要消灭各种民族文化的差异，把多元多彩的民族文化整合成同质文化；而是一种在科技和制度方面趋同化，在人文科学方面逐渐走向差异化的过程，是建立在不同个性文化相通约的基础之上的，也是同中有异、异中有同的，不是也不可能是文化宗教全球化。越是面向世界、面向未来，就越是要善于相互取长补短、自我扬弃。中国的文化现代化，必须跳出多少年来在意识形态领域里简单化了的中西两极对立的思维方式和文化心态，既不能墨守成规、拘泥于传统，也不能全盘西化、依附于西学。正确的做法应是：中国的文化现代化，是“西方”的，同时更是中国的；中国的传统必须与时俱进现代化，外来的观念也必须借鉴吸纳中国化，而最终中国传统文化和西方文明必须实行创造性的有机整合。

二、弘扬民族传统价值观念，大胆进行文化价值观念更新，不断实现自我优化

1. 弘扬民族传统文化，更新文化价值观念

弘扬，就是要谋求大的发展。中华文化历久弥新，为人类的文明和进步曾经做出过巨大贡献。在全球化的背景下，要保持民族文化的独特性而不被西方文化所同化和湮没，就必须大力弘扬民族的优秀的文化传统，吸收新的思维观念，对民族传统文化进行新的诠释。这里，我们必须对传统文化有一个正确的认识，从而走出以往的误区：一是把传统文化等同于古代文化。传统文化有狭义和广义之分：狭义的传统文化，是指古代传统文化；而广义的传统文化，不仅包括中国古代文化，而且也包括近代文化和现代文化。二是把传统文化等同于本土文化。中国古代传统文化，创立时无疑是纯本土的。但它现今已由纯粹的黄河文化或本土文化在融合其他民族优秀思想文化成果而成为一种世界性的文化。三是把传统文化等同于儒家文化。中国古代传统文化，不是一个单一的思想体系，而是一个多样化的思想体系。它除了儒家文化之外，也还包括道家、佛家、诸子百家等多种文化要素。在中国博大精深的传统文化中，“和合”思想占有重要地位。“和”，蕴涵着和谐、和平、和睦、和善、祥和之意；“合”，则意味着汇合、结合、融合、联合、合作。“和合”思想强调的是世界各种关系的融通和凝聚；追求的是人类社会和自然“天人合一”的生态和谐境界。中国古代天人和谐的文化传统思想，对于今天的全球的文化和文化的全球化，既提供了理论上的支持，也给出了一个基本运行的准则和规范。同时，中华传统文化中的注重人格和修养的道德观念和价值观念也是应该大力弘扬的。如：“为政以德”、“修身为本”的重德精神；“自强不息”、“修齐治平”的人生态度；“勿以恶小而为之、勿以善小而不为”的律己观念；“己所不欲、勿施于人”的仁爱思想；“厚德载物”、“和而不同”的宽容品格；“立己立人、达己达人”的处世原则；“三军可夺帅、匹夫不可夺志”的人格正气等，这些都是我们构建当代中国和谐文化丰厚而富有的思想资源。

2. 摒弃弥补自身劣势，不断实现自我优化

一个民族的觉醒首先是文化的觉醒，一个国家的强盛离不开文化的支撑。中国文化，既有许多瑰宝，也有若干弊端。我们既不能出于民族感情全盘加以肯定，也不能不问青红皂白一概否定；而是要冷静思索，认真分析，科学对待。中国的文化，由于它植根于小农经济的土壤上，形成于宗法制度的社会中，长期在封建社会中流淌，不免带来一些封建糟粕，缺乏民主意识。几千年来，中国的政治都是在封建皇帝一个人的头脑中旋转。20世纪初的五四运动，人民群众把“民主”写在了旗帜上，提出了新的文化取向。然而由于长时期的封建专制，人们头脑中固有的封建残余并未从此而完全消除。直到现在，一说讲“民主”，往往被人理解成“为民做主”；地方官，也往往被人称之为“父母官”并引以为荣。近些年来，帝王将相戏在影视剧中接二连三地粉墨登场，虽是以文化的形式“戏说”，但无形中向人们灌输的却是地地道道的封建宗法专制。我们切实应对固有的文化进行深刻的反思，从而确立我们到底要什么样的文化取向。现今我国人均受教育的年限仅为8年，大大落后于西方一些发达的国家；每万名劳动力中从事研发的工程技术人员，不足美国、日本的1/10。在文化设施方面，尽管我们做出了自己的努力，但是仍不能满足社会的需要。特别是在努力建设社会主义新农村的今天，这个问题就显得更加突出。中国社会不应该忽视农村、淡化农业、冷落农民。虽说到2005年年底，我国基本实现了县有图书馆和文化馆的建设目标，但是看书难、看戏难、看电影难的问题在一些地方也还是非常突出。这个问题的根本解决，要到2010年，才能实现乡镇有综合文化站、行政村有文化活动室，达到“一乡一站、一村一室、一人一册”的目标。这就要求我们，必须加大力度努力工作，必须以时代进步为标准，把自身优良传统与时代精神结合起来，摒弃劣势，弥补不足，努力剔除其封建糟粕，以实现自我的优化。

三、把握民族文化前进方向，构建中国特色社会主义文化，不断抵御西化冲击

1．把握文化前进方向，构建中国特色文化

先进文化是时代精神的升华，是推动社会持久向前发展的精神动力。其最基本、最直接的价值取向，就是崇尚和追求先进性。先进文化，应具有三个维度：继承过去、立足现在、面向未来。三者的有机统一和辩证发展构成了先进文化的丰富内容，也使“代表中国先进文化的前进方向”具有了鲜活的时代内涵，成为中国共产党领导和团结全国各族人民全面建设小康、构建社会主义和谐社会的指导思想。

文化的延续是在承继和发展中进行的。在当代中国，构建中国特色社会主义先进文化，必须坚持马克思列宁主义、毛泽东思想、中国特色社会主义理论在思想文化领域的领导地位；必须坚持爱国主义、集体主义、社会主义思想道德为思想文化建设的内核，弘扬时代主旋律；必须坚持继承和发扬中华民族的优秀文化传统，使思想文化的发展有着鲜明的中国大家特色；必须坚持借鉴和吸收世界上一切优秀文明成果，洋为中用，赋予思想文化以昂扬的鲜明特征；必须坚持文化大众化，为人民群众所喜闻乐见，不断满足社会多方面多层次的精神文化需求。只有坚持马克思主义的指导，才能把握先进文化的前进方向。当代中国思想文化的主导，只能是马克思主义，而不是中国古代传统文化；中国古代传统文化不仅不能取代马克思主义，而要正确对待、科学把握、发展运用中国古代传统文化，还必须以马克思主义为指导。这一点也是毫无疑义的。在当代中国，发展中国特色先进文化，就是发展面向现代化、面向世界、面向未来的民族的科学的大众的社会主义文化，以不断丰富人们的精神境界，增强人们的精神力量。适时把握先进文化的前进方向，就是在文化内容的先进性方面，立足实践，着眼于世界科学文化发展的前沿；在文化形式的大众性方面，贴近时代贴近生活，结合群众精神文化需求；在文化传统的继承性方面，承继民族优秀文化传统、古为今用开拓创新；在文化任务的基础性方面，提高素质，为经济发展和社会进步保驾护航；在文化发展的时代性方面，汲取世界一切文化的优秀成果，与时代同步，增强中国文化的吸引力和感召力，构建中国特色社会主义新文化。

2．发展繁荣民族文化，不断抵御西化冲击

文化的民族性，是维护民族相对独立和文化多元的根基。近些年来，随着文化产业在世界贸易中的比重俱增，西方文化的渗透与扩张也在大大加速。在当今说来，国际文化秩序还是由西方发达国家主导的。这种旧的文化秩序严重阻碍了发展中国家的文化的发展，极不利于全球文化格局的形成。我们要打破这种旧的文化秩序，就必须要高度重视文化建设的重要性，切实维护国家安全和民族文化利益，保持和弘扬民族文化，抵御西化的冲击，在建立公正合理的国际文化新秩序方面做出自己的贡献；就必须要牢固树立现代化国家文化安全观念，大力发展中国特色社会主义文化事业和文化产业，以创造性的中国话语应对全球化；就必须要切实加快文化立法，将保护民族传统文化和本土文化的相关条款写进文化法律法规和国家文化发展纲要，建立、完善国家文化安全预警系统，保护弘扬民族文化传承和发展的良好环境。

中国文化有悠久传统，具有强大的凝聚力、融合力、整合力、亲和力、感染力、号召力。在建设中国特色社会主义、实现现代化的过程中，尽管中国文化受到了全球化的冲击和影响，但是从总体上说，中国文化对全球化是具有极大的适应性的。特别是新时期改革开放以来的经济发展，使中国重新获得了应有的世界地位。在中国日益强大的进程中，中国文化的力量再一次地凸显出来。其主要表现在：文化力为经济发展提供精神动力和行为规范；优化经济发展环境；推动增长方式变革；提升物质产品质值；并成为经济增长要素。在我国的不少省区市，文化产业增加值占全部GDP的比重已超过了5%，成为事实上的支柱产业和经济增长点。随着经济的迅速崛起和综合国力的不断增强，我们国内也随之出现了诸如“21世纪是中国的世纪”之类的虚骄之气。对此，美国报纸宣称：“中国世纪”尚未到来，“一个经济不那么发达的大国要想在人均收入方面赶上世界头号国家，那绝对需要100年以上的时间”。我们深知，我国切实应当加快发展，而加快发展则是离不开世界的。同时，世界的繁荣也是离不开中国的发展的。在新世纪新阶段，对中国人民和中华民族来说，最主要的就是要利用和把握“全球化”这一难得的历史契机，又好又快地发展自己，制定并及时调整我们的文化发展战略，“科教兴国”、“文化立国”，以不变应万变，以最小的代价获取最大的发展。

（作者：中共黑龙江省委党校教授）

（选自《世纪桥》2008年第3期）

文化创新与构建有中国特色新文化体系

王　琳

一、创新：新时期文化发展的重大命题

1. 新时期文化创新的命题意义

（1）推进文化创新是建设国家创新体系的迫切需要。国家创新包括理论创新、制度创新、科技创新、文化创新等各方面的创新，这些创新相辅相成，相互影响，是一个有机的整体。文化创新是上述创新的重要条件。文化创新对于激发创新活力、培育创新意识、倡导创新精神、完善创新机制、营造创新氛围、建设创新队伍等，发挥着不可替代的重要作用。只有大力推进文化创新，才能大力弘扬勇于创新的精神，倡导敢为人先、积极进取的精神，引导人们积极投身于创新实践，为推进国家创新体系建设提供有利的文化氛围。

（2）推进文化创新是发展文化生产力的迫切需要。随着人民群众物质生活的不断改善，人们精神文化生活需求日益增长，要求进一步提高文化产品的供给能力；随着我国社会主义市场经济体制不断完善，迫切要求建立健全与之相适应的文化体制；随着我国对外开放水平不断扩大，迫切要求培育起与我国经济实力和国际影响力相适应的文化生产力和影响力。解放和发展文化生产力，关键是要深化文化体制改革；文化体制改革的过程就是创新管理体制、创新产业格局、创新市场体系、创新市场主体的过程。可以说，只有坚持文化创新，才能不断深化文化体制改革，才能不断解放和发展文化生产力。

（3）推进文化创新是激发全民族文化创造活力的迫切需要。文化创新是激发人民群众文化创造活力的重要途径，因为人民群众创造的新文化内容、新文化形态，只有在文化创新中才能展示出来。同时，人民群众的文化创造活力要靠创新氛围来激发，只有通过推动文化创新，在全社会营造浓厚的创新氛围，激发文化创新的积极性，才能把全民族文化创造活力最大限度地凝聚起来，最充分地激发出来，使文化创造精神和创造活力竞相迸发，使文化创新成果层出不穷。

（4）推进文化创新是不断满足人民群众日益增长的精神文化需求的迫切需要。随着我国经济发展和社会进步，人民群众的精神文化需求也有了新的变化，人们精神文化消费的层次越来越丰富，对文化产品内容和形式的要求越来越多样。这种多方面、多层次、多样性的文化需求，为繁荣发展社会主义文化提供了广阔空间和强大动力，同时也对文化创新能力和水平提出了新的更高的要求。只有大力推进文化创新，创作和推出大批内容生动健康、形式新颖多样、具有强烈吸引力和感染力的优秀作品，才能更好地满足人民群众日益增长的精神文化需求，不断提高人民群众的文化生活质量。

2．新时期文化创新的目标与原则

中国文化创新的总目标是构建有中国特色文化的新文化体系。创新的具体原则如下。

(1)大力推进文化创新，首先必须坚持以邓小平理论和“三个代表”重要思想为指导，深入贯彻落实科学发展观，坚持为人民服务、为社会主义服务的方向和百花齐放、百家争鸣的方针，贴近实际、贴近生活、贴近群众，始终把社会效益放在首位，做到经济效益与社会效益相统一。要把建设社会主义核心价值体系作为文化创新的根本要求，以爱国主义为核心的民族精神、以改革创新为核心的时代精神、社会主义荣辱观贯穿在文化创新的各个方面；要坚持用马克思主义中国化最新成果统领文化创新，善于运用马克思主义的世界观和方法论研究解决文化创新面临的新情况、新问题，使马克思主义成为指导文化创新的理论基础。

(2) 文化创新必须植根于中国特色社会主义伟大实践。中国特色社会主义的伟大实践和亿万人民群众的伟大创造是文化创新取之不尽、用之不竭的源泉。文化创新，必须注重反映我国人民在社会主义建设中的新创造，充分吸收社会主义建设积累的新经验，使文化创新更加符合当代中国的实际。同时，推进文化创新就必须敏锐把握时代变革之风气，从实践中汲取灵感，充分反映中国特色社会主义实践对文化创新的新要求。

(3) 文化创新必须贴近实际、贴近生活、贴近群众，把服务人民作为根本的检验标准。推进文化创新的主体是广大人民群众，创新目的也是为了满足广大人民群众的精神文化需求。大力推进文化创新，要把体现最广大人民的根本利益作为根本价值取向，把服务群众作为基本价值目标，因此要把人民的意愿作为衡量创新成果的标准和尺度；要坚持文化创新为人民、文化创新靠人民、文化创新成果属于人民；以文化创新提升人民科学文化素质，丰富人民精神世界，使文化创新过程成为提高人民群众文化生活水平、促进人的全面发展的过程。

(4) 文化创新必须坚持百花齐放、百家争鸣。这是我们推进文化创新的基本准则。要充分发扬艺术民主和学术民主，在文化创作上要提倡题材、样式和风格的多样发展，在学术理论上要提倡不同观点和学派的自由讨论；在创新中要坚持社会责任与创作自由的统一、弘扬主旋律和提倡多样化的统一，尊重文化发展规律，保护创新热情，鼓励创新实践，完善创新机制。

(5) 文化创新必须坚持立足中国，面向世界。

先进文化的创新，从来都是在继承发扬民族优秀文化传统、借鉴吸收人类优秀文化成果的过程中实现的。中华文化博大精深，是我们推进文化创新发展的深厚根基，但也要善于借鉴其他国家和民族文化的长处，充分汲取世界优秀文明成果的精华，坚持推陈出新，更好地推动我国文化成果创新。

二、创新：构建有特色社会主义新文化体系

中国共产党“十七大”开创了文化发展新时代，构建有特色社会主义新文化体系是新时期文化创新的重大任务。文化创新是一项复杂的系统工程，其包括文化目标、任务、战略、体制、机制、环境、人才等方面的创新。这是一个动态的体系，创新目标决定文化发展的方向，方向决定创新的任务，战略是创新基础，体制和机制是创新的保障，环境和人才等是创新的手段。文化创新的过程也是一个相互作用、相互推进的过程，其目标是构建有中国特色的新文化体系，总目标是建设“国家创新体系”，并对“创新型国家”做出贡献。

文化创新要素运行关系：

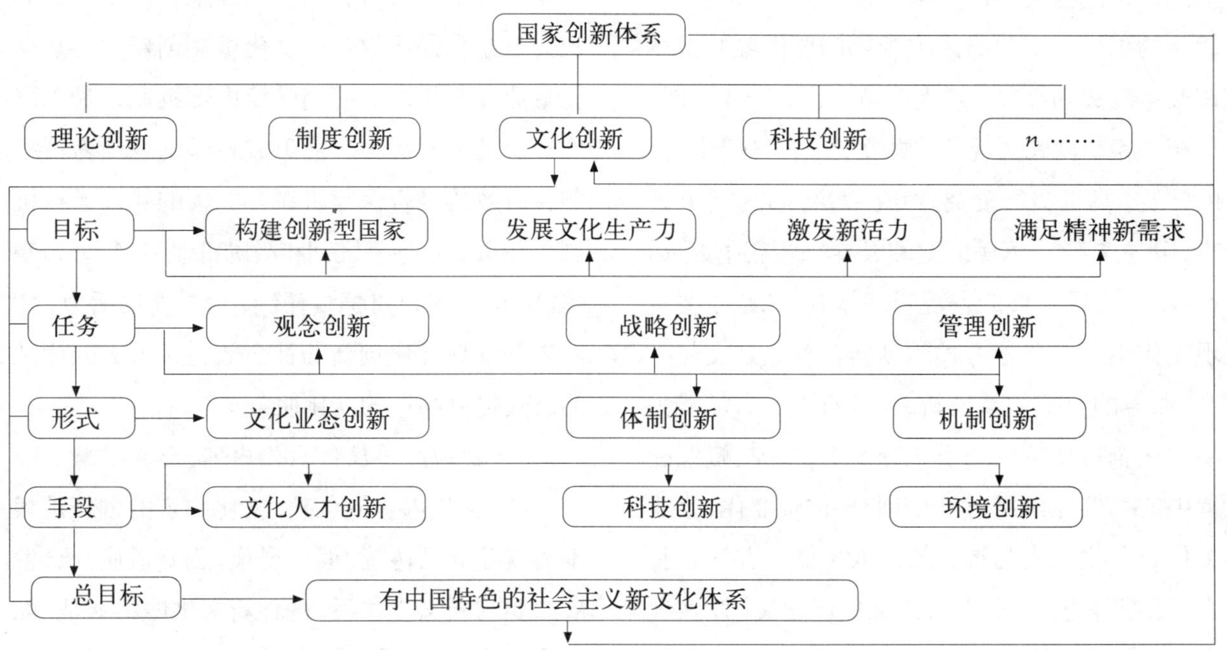

1．创新的先导：观念创新

文化创新首要是更新观念。应充分认识文化创新在增强自主创新能力、建设创新型国家中的重要作用。看一个民族的文化发展程度和文化发展前景，主要看其创新能力的高低。而文化的兴衰又关系到国家的兴衰，因此，必须把增强民族文化创新能力提高到关系民族兴衰存亡的高度来认识。文化创新的作用在于提高人的素质，促进人的全面发展。人的全面发展是一个各个方面不断更新、不断创造的过程。改革开放以来，人们的自主意识、竞争意识、效率意识、民主法制意识和开拓创新精神进一步增强；随着我国进入全面建设小康社会新阶段，人民群众对自身文化素养提升有强烈的要求，因而高品质精神文化产品的需求日益强烈。我们要树立只有创新才能发展的观念，通过积极的文化创新，繁荣有中国特色的社会主义文化，不断满足人们日益增长的高层次精神文化需要，为民众谋取切实的文化利益。

2．创新的基础：文化战略创新

我们要从国家高度重视文化战略，面向21世纪进行文化战略创新。首先是文化战略目标定位的创新，就是要构筑21世纪具有中国特色的文化战略体系，大力发展文化生产力。其次，是文化发展模式的创新。即必须确立文化产业和公益文化事业并重发展的模式。

一是要坚持把发展公益性文化事业作为保障人民基本文化权益的主要途径，加大投入力度，扶持公益性文化事业，特别要加强基层公益性文化事业建设，加强社区和乡村文化设施建设。二是要大力发展文化产业，实施重大文化产业项目带动战略，加快文化产业基地和区域性特色文化产业群建设，培育文化产业骨干企业和战略投资者，形成公有制为主体、多种所有制共同发展的文化产业格局。三是要加快完善文化市场体系，打破条块分割、地区封锁、城乡分离的局面，加快建立统一开放、竞争有序的现代文化市场体系，形成以民族文化为主体、吸收外来有益文化的文化市场格局。通过战略创新，大幅度提升文化软实力和文化竞争力。

3．创新的保障：文化管理创新

文化管理的创新主要是体制和机制的创新。

(1)文化管理体制创新。面对经济全球化和信息技术迅猛发展的形势，一是主要实现管理职能的创新。文化行政主管部门要借鉴经济体制改革的成功经验，加大改革力度，转变职能，理顺关系，彻底实现从“办文化”向“管文化”的转变，真正实行政企分开、政事分开、管办分离，建立新形势下保证党的领导、调控适度、运行有序、促进发展的宏观管理体制。二是主要实现文化生产、服务方式的创新。首先是文化生产、服务的组织体系创新。对具有面向市场能力的文化企事业单位，要充分发挥市场在资源配置中的基础性作用，促进事业单位企业化，企业单位公司化，成为真正的法人主体，并通过整合、重组等方式，做大做强文化产业集团，实现文化生产的集团化、规模化，提高组织化程度。同时，要充分利用人文资源丰富、民间资金充裕等优势，培育发展一大批既有专业分工、又有协作关系的中小型文化企业群，形成结构合理的大中小企业组织体系，为高效率、高质量地生产优秀文化产品提供组织保障。其次是实现文化生产、服务的技术手段创新。要积极采用高新技术改造传统文化产品和文化企业，推进文化产品制造业从劳动密集型向劳动、技术密集型转变，从低加工度向高加工度提升，增加文化产品的科技附加值，提高文化企业的技术创新能力。再次是管理方式的创新。主要是以政策法规规范管理文化创新环境，方式是加大立法力度，形成健全的、有利于文化及其产业发展的政策法规体系，尽快制定和完善包括产业组织政策、投资融资政策、财政税收政策、分配激励政策、用地政策和文化资源保护、开发利用政策在内的一系列政策，逐步使文化政策法规覆盖文化及其产业的主要领域，形成公平、公正的市场竞争机制。

(2)文化机制创新。文化创新需要建立一套科学合理、灵活高效、富有活力的运行机制。没有这样一种机制，再多的资源、再好的条件也不可能创造出丰富多彩的文化成果，产生良好的社会效益和经济效益。文化机制创新主要是文化事业和文化产业部门转换内部机制，最大限度地调动创新活力，应形成科学的业绩考评机制、有效的经费保障机制和完善的管理运行机制；必须引入竞争机制和激励机制，实行全员聘用制，健全岗位目标责任制，增强发展活力，才能充分发挥文化创新的社会效益，最大限度地为公众提供精良的文化服务。

4．创新的手段：文化内容、形式创新

(1)文化内容的创新。文化内容的创新最根本的就是立足传统，面向现代，创新适应社会发展需要的新文化体系。这种新文化体系就是“面向现代化、面向世界、面向未来的、民族的科学的大众的社会主义文化”，就是有中国特色的社会主义文化体系。它不同于以往任何文化形态，它是中华文化中进步、积极成分的总和，是符合时代需要、推动社会前进的文化精粹，是社会文明的结晶；是凝聚和激励全国各族人民的重要力量，是综合国力的重要标志；它能为现代化建设提供精神动力和智力支持，创造安定的社会环境。因此，必须以科学发展观为指导，以建设先进文化，构建和谐社会、和谐文化为内容，努力创造优良文化产品。

(2)文化形式创新。文化创新不仅需要内容创新，更需要在形式上不断创新。要在发扬光大我国丰富的文化品种的基础上，不断为传统文化注入新的元素，催生新的文化品种。要大力推进方式方法创新，适应群众的接受能力，总结群众的丰富创造，运用市场经济条件下发展文化的有益经验，广泛进行实践探索，不断推出人们喜闻乐见的文化新形式，不断创造社会广泛接受的文化新方法。要积极推动不同文化门类相互学习，推动传统文化与现代文化、民族文化与外国文化相互借鉴，促进各种文化形式的共同

发展。

5．创新的形式：文化业态创新

随着文化与科技的融合日益加深，现代科技在文化领域的运用更加广泛，不断创新、催生新的文化业态，这是有中国特色的新文化体系发展的必然结果。

李长春同志在视察广东文化创新时指出："要广泛运用高新技术特别是数字技术发展的最新成果，改造传统文化创作、生产和传播模式，提高传统文化产业的科技含量和市场竞争力。"提出要积极运用电子出版、数字影视、网络传输等现代技术，大力发展文化创意、文化博览、动漫游戏、数字传输和数据处理、移动文化信息服务、数字远程教育及数字娱乐产品等新兴文化业态，大幅度提高我国新兴文化业态的科技水平，力争在形成具有自主知识产权和核心技术方面取得新进展、新突破，以提高民族文化产品的国际竞争力。全面广泛地采用现代科学技术促进文化创新发展，这就要求：第一，发挥政府投入的导向作用，加强社会资金的投入力度，提高文化艺术产品的科技含量；第二，构建以高新科技为基础的文化创新体系，使文化产品和文化服务的创新与现代科技紧密联系在一起；第三，要高度重视高新科技给文化创新带来的新情况，既要看到现代高新科技越来越广泛地渗入文化领域，为优秀文化产品的生产和传播提供了现代化手段，又要高度警惕现代高新科技为文化垃圾的制造和流传提供的方便，我们要主动运用高新科技手段，加大对现代各种有形和无形文化市场的监管力度，为文化的创新发展创造良好的环境和条件；第四，运用高新技术手段，有效地打击各类形式和各种手段的盗版和侵权行为，切实保护文化知识产权；第五，要采用现代高新科技成果，尽快推动对外文化交流和传播手段的升级换代。

6．创新的手段：文化环境和人才创新

（1）文化环境创新。良好的文化创新环境是推进文化创新的重要条件。文化环境创新主要包括两个层面：一是整个社会文化环境的创新，要精心培育适合或有利于文化创新的社会氛围，如政策、法规、制度等，真正形成尊重创新、鼓励创新、保护创新的良好环境。这些必然会对文化创新活动产生根本的甚至是决定性的影响；二是全体社会成员的文化修养、观念、价值取向、精神、思维方式、行为方式和对文化创新的关切程度。这两个层面既相互联系又相互依存。营造良好的文化环境，必须建立起正确的社会价值评价体系，引导人们追求真善美，让文化创新孕育在良好的社会风气和公共秩序中。

（2）文化人才创新。人才是创新的保障。文化创新和创新文化离不开人的参与，每一件文化产品都凝聚着人们的创造才能和智慧，从这个意义上说，文化创新的过程实质就是人们不断挖掘自己的创新潜能，提高自身素质，不断开拓新的创造领域的过程，进而培养出创新型人才。创新型人才应适应新时期科学技术、经济、社会发展的客观要求，具有强烈的创新意识、创新精神、开阔的创造性思维模式和思想观念、灵活的创新方法、较强的创新能力、完美的创新情感和创新人格。为此，中央要求树立人才资源是第一资源的观念，认真贯彻人才强国战略和人才兴文战略，着力造就一批改革意识强的高素质领导人才、一批懂经营善管理的经营管理人才、一批掌握现代传媒技术的专门人才。

（作者单位：天津社会科学院经济社会预测研究所）

（选自《天津大学学报(社会科学版)》2008年第3期）

综合创新之路的探索与前瞻

方克立

20世纪中国哲学的基本态势是中国传统哲学、西方哲学和马克思主义哲学三种哲学资源各显精彩，文化保守主义、自由主义、马克思主义三大思潮对立互动。七十年前，也就是20世纪的30年代，张申府、张岱年兄弟就提出了“孔子、列宁、罗素三流合一”，“将唯物、理想、解析综合于一”的主张。他们不仅提出了一种“新综合哲学”的设想，而且在方法论上提出了“创造的综合”与“辩证的综合”的新观念。但是，这样一种指明了20世纪中国哲学和文化发展正确方向的主张却没有引起人们的重视，只能作为“解析的辩证唯物论”学派的一家之言而昙花一现。半个世纪后，中国又出现了新一轮文化大讨论，张先生于1987年正式提出了“文化综合创新论”。作为20世纪80年代文化讨论中的多种主张之一，它起初也没有引起学界的特别重视，经过若干年后，“综合创新”论才在与其他各种文化主张的比较和论争中，逐渐显示出其真理性和现实性，逐渐被人们所接受，成为关于中国哲学和文化发展方向、道路的一种主流观点。

我是在上个世纪80年代中期开始研究现代新儒学时才意识到，只有把现代新儒学放到20世纪三大思潮对立互动的格局中，才能准确地把握它的实质及其在中国现代思想史上的地位和作用。三大思潮首先是对于中国现代化道路的三种不同的选择：马克思主义派坚持走社会主义现代化的道路，自由主义西化派要走西方资本主义发达国家走过的老路，现代新儒家则希望走一条所谓“儒家资本主义”的道路。1990年春，我在一次谈话中又提出，三大思潮不仅是对于中国现代化道路的三种不同的选择，而且也是“五四”以后直至20世纪80年代文化讨论中的三个最主要的思想派别。这三派就是自由主义的“全盘西化”派、保守主义的“儒学复兴”派和马克思主义的“综合创新”派。这种概括大概是第一次把“综合创新”论看作是20世纪80年代文化讨论中的三大主流观点之一，而且把它当作中国马克思主义文化派的代表。也是在这个谈话中，我还将中国马克思主义派的文化主张概括为“古为今用，洋为中用，批判继承，综合创新”四句话。大家知道，“古为今用，洋为中用”和“批判继承”是我党一贯倡导的文化方针，把“综合创新”与党的文化方针联系在一起，这在当时确实是一种“新说”，自然有人赞成，也有人不赞成。张先生本人也看到了这个谈话，并意识到这是对他的综合创新文化观的最有力的支持，所以希望我在这方面多做一些工作。1991年10月21日，张先生在给我的一封信中说："我们主张'综合创新论'，既符合马克思主义，又符合国情，但响应的人似乎不多。美籍华人林毓生提出'创造性的转化'，却受到多人注意。外来的和尚会念经，自古如此。希望您大力宣传'综合创新'之义。"写这封信时张先生提出"文化综合创新论"已经四年了，他的感受是"响应的人似乎不多"，所以才有"外来的和尚会念经"的感慨。这种情况到20世纪90年代中期已得到改变，标志性事件是1995年在澳门召开的综合创新文化观研讨会。

"希望您大力宣传'综合创新'之义"，这是张先生对我的嘱托，我也感到是一种责任，所以20世纪90年代以后我做这方面的工作就更加自觉了。1992年1月，《光明日报》发表了我读张先生与程宜山同志合著的《中国文化与文化论争》一书的读后感：《大力宣传我们的主张——"综合创新"论》。1994年9月，我在一个国际学术研讨会上做了题为《批判继承，综合创新》的发言。以后在多篇文章、多次谈话中都讲到这个问题，也意在大力宣传"综合创新"之义。这方面思考所涉及到的一些问题，我想归纳为以下几个方面：

一、综合创新文化观产生的历史必然性

主要从两个角度进行历史的考察和论证：一是回顾16世纪以来，即自有中西文化交流以来，我们是怎样处理中西文化关系问题的。四百年间发生过多次中西文化论战，有抵制、排斥西学的观点，也有全盘西化的观点。但应该说，在此期间也有一些先进的中国人，既有强烈的民族主体意识，又有一定的世界眼光，既不赞成盲目排外，也不赞成全盘西化，而是主张综合中西文化之长来建设发展中国的新文化。从明末的徐光启，到20世纪初的孙中山、蔡元培，都是主张中西文化兼收并蓄的。"综合创新"论正是对于这样一种正确的文化主张和文化心态的继承、总结和发展。二是回顾和总结中国共产党人、中国的马克思主义者是怎样处理中西文化关系，怎样制定自己的文化方针的。从李大钊的"中西调和"说到20世纪30年代的"新启蒙运动"和张氏兄弟的辩证综合观，再到毛泽东的"古今中外法"，以至到我们建国后制定的一系列发展社会主义文化的方针政策，说明综合创新文化观与其精神是完全一致的，所以它又是中国马克思主义派一贯的文化思想的概括和总结。

二、综合创新是文化发展的规律

首先，可以用中外文化史、学术史的大量历史资料和例证来说明综合创新是学术文化发展的必然规律，现在已有一些学者在做这方面的工作，他们整理的历史资料很有说服力。其次，从道理上说明学术文化是在百家争鸣、多种思潮和学派交汇碰撞中，往往是以一种思想为主而兼容其他各家思想的部分内容，也在一定程度上消解了它们之间的对立紧张，在既有"扬"也有"弃"的批判继承过程中得到创新发展。中国古代思想家讲的"异以贞同"、"杂以成文"、"推故而别致其新"，就是综合创新。所谓诸子百家"其言虽殊，辟犹水火，相灭亦相生也；仁之与义，敬之与和，相反亦相成也"，还有黄宗羲在《明儒学案》中提倡的"一本万殊之学"，都是讲的综合创新的道理。"杂以成文"、"杂以成家"是新学说、新学派得以生成和发展的规律。我后来在阐述费孝通先生的文化自觉与"和而不同" 理论时，也讲到了这个问题：学术领域的综合创新要以不同学说、学派的存在为前提，以承认多样性统一、"和而不同"为前提。

三、综合创新论的基本理论内容

张岱年先生对"文化综合创新论"的内容有简明精要的说明。他说我们今天讲文化综合

创新，就是在马克思主义原则指导下，以社会主义价值观来综合中西文化之长，而创新中国文化。后来他又明确指出："文化综合创新的核心是马克思主义和中国文化优秀传统的综合。"可以说张先生把综合创新的指导思想、价值目标、核心内容和基本方法都讲到了。在理论上，他不仅提出"兼和"说作为综合创新论的哲学基础，而且还阐明了文化综合创新之所以可能的根据：一是文化系统的可解析性与可重构性，二是文化要素之间的可离性与可相容性。我在《批判继承，综合创新》这篇文章中，也就自己的理解，从综合创新的对象和时空视野、综合创新的目的和主体要求、综合创新的方法论特征和基本要素、环节之间的关系，将其内容概括为四个要点，这就是后来洪晓楠同志进一步概括的开放性、主体性、辩证性和创新性"四性"。我在《哲学动态》发表的那篇访谈中，也谈到要深入研究综合创新文化观的一些基础理论问题，比如文化到底是可分的还是不可分的？当年张先生与西化派人士沈昌晔就争论过这个问题，到今天还是有人用"文化是不可分割的整体"的观点来反对"取其精华、弃其糟粕"的提法，说明像这样的基础理论问题并没有得到很好的解决。

综合创新论与其他两派文化主张，除了反映出文化立场、文化取向不同之外，它在方法论上的最大特点就是用唯物辩证法来处理文化发展中的各种关系问题，包括古今中西文化关系，各种构成要素之间的关系，各个发展环节之间的关系，都要做辩证的处理。很明显，它与那种要么"全盘性反传统"、要么全面复归传统，要么"全盘西化"、要么"全盘儒化"的排他性的一元单线进化的两极思维方式是不同的，也与"中体西用"、"西体中用"之类的折衷主义不同，而是力图超越中西对立、体用二元的形而上学思维方式，坚持全方位开放的辩证综合观。有人把这种辩证的综合观曲解为无原则的文化融合论、矛盾融合论，我们也要从理论上做出回答。

四、综合创新的具体方法和可操作程序研究

人们往往认为综合创新只是一种文化选择，只是提出了文化发展的一个可能方向，或者说是一种理想化的文化建设方案，而很难进入具体的操作程序。因此解决怎样综合创新的具体方法、途径问题也很重要。综合创新不是古今中外文化中一切好东西的简单相加，而是为了解决现实问题（矛盾)，满足主体的需要，充分利用现存的一切有价值的文化资源，在分析、取舍（扬弃)、重释和重构中实现创造性的转换，使其取得新形态，获得新意义。这里除了要明确主体目标、价值取向、资源对象之外，还有一个方法运用问题。在综合创新过程中可以运用归纳法、演绎法以至理性直觉等多种方法，也可以借鉴西方的解释学方法、现象学方法和中国传统的经典诠释方法，但是要充分发挥认识的能动性，真正做到"创造的综合"而不是"平庸的调和"，最重要的还是要善于运用辩证法。辩证法的逻辑有一些基本规律和范畴，但是并没有一成不变的思维定式，经典诠释、科学发现和理论创新的方法都是多种多样的。

既然综合创新是文化发展的规律，那么研究综合创新方法的一条重要途经，就是通过中外文化史、学术史去总结和发现，一些综合创新的成功范例也可以给我们许多启发。这方面研究深入后，有可能建立一门"综合创新思维学"这样的逻辑科学，它应该属于辩证逻辑的范畴。

五、哲学和文化上走综合创新之路的典型个案研究

张岱年先生一生的哲学和文化道路可以说是走中、西、马"三流合一"、综合创新之路的典范。他在20世纪40年代创立的“天人新论”哲学体系，就是“将唯物、理想、解析综合于一”，建立“新综合哲学”的一次非常可贵的尝试。虽然没有完成，但已开辟了一条用辩证唯物论的基本观点回答天人、理事、心物、两一、反复、知实、能所、群己、义命等中国传统哲学问题的道路，说明建立马克思主义的天人新学是有可能的。张先生当时还是一个青年哲学家，已经显示出了超凡的哲学见识和大家气象。

我在《中国哲学的综合创新之路》一文中，对张先生20世纪三四十年代的哲学见识，曾经总结了四点“难能可贵之处”，其中每一点都表现出了综合创新的眼光和理论锐气。

冯友兰先生的哲学道路也是一个很有说服力的个案。冯先生一生致力于中西哲学互相阐明、互相补充、互相融合的工作，晚年归宗于马克思主义哲学。他认为马克思主义哲学对客观真理的揭示与前人的认识成果是相通的，马克思主义哲学也是接着中外哲学史讲的。在他看来，不仅“东哲西哲，心同理同”，而且中国哲学中的各家也是相通的。当有人说他是新儒家时，他说：“儒家也好，道家也好，这个界限对我来说已经打通了。”晚年冯友兰自认为已经进入了这样一种境界，就是把儒、释、道和中、西、马都打通了，人类认识史上一切好的东西都吸收包容到马克思主义哲学中来了。当代中国的许多哲学大家，都是非常自觉地在走中、西、马“三流合一”、综合创新之路，比如像冯契先生、张世英先生等，这些个案都应该好好研究。

六、综合创新论研究的深化——“马魂、中体、西用”论

去年我在给纪念张岱年先生逝世两周年的长沙会议写的贺信中，讲了“马学为魂，中学为体，西学为用，三流合一，综合创新”这样五句话，后来与陆信礼又有几封书信讨论，一起发表在《社会科学战线》杂志上。关于文化的体用问题，近代以来讨论很多。由于中国哲学中的体用范畴具有多义性的特点，用来讨论文化问题时往往歧义丛生。体用范畴的一个主要涵义是讲本质与现象或原则与应用的关系，另一个涵义是指实体与作用、功能、属性的关系。我们讲文化的体用问题通常是在前一个意义上讲的，有时也从后一个意义上讲，包括张岱年先生也是从不同意义上讲的，所以关于文化的体用问题他有多个论断。很明显，要用体、用二元模式讲清楚中、西、马三者的关系是有困难的。我就想能不能对传统的体用模式做一个变通，引进“魂”这个与作为精神指导原则之“体”意义相近的概念，而将“体”专门用来指称主体、实体，即联结形而上与形而下的那个“形”，用“魂、体、用”三元模式把体用范畴的两种涵义在一定程度上综合起来，来解决中、西、马“三流合一”的问题。这里的实质问题或核心问题是要把坚持以马克思主义为指导与挺立民族文化的主体性两者结合起来、统一起来，放在同一个三维结构的模式中。当然这个想法还很不成熟，有不同意见是正常现象。我之所以提出这个问题，是觉得后人在张岱年先生开辟的这条道路上应该有所前进，“马魂、中体、西用”的思想在张先生的有关论述中已见端倪，把马克思主义的指导地位与中国文化的主体地位统一起来也是他想解决的问题。彰显主题、拓宽论域和加强研究深度是后继者的责任。

七、综合创新与中国哲学的“合法性”问题

中国哲学的“合法性”问题最初是从西方哲学的特殊性立场，也就是以西方哲学为普遍哲学的立场上提出来的，对中国是否有哲学提出质疑。一个明显的现象是，欧美大学的哲学系过去都不开中国哲学课，现在开这门课的学校也很少，这方面课程主要是在汉学系或东亚

系开。20世纪90年代，日本东京大学原来很有点影响的中国哲学研究室改名为“中国思想文化学研究室”,其背景也是对中国是否有哲学表示怀疑。这件事情直接引发了国内关于中国哲学“合法性”问题的讨论。

从国内学界来说，讨论这个问题主要是对近代以来中国哲学史这个学科的合法性提出质疑。我们充分理解提出这个问题所表现出来的学科自觉，特别是它表现出了一种建立和强化中国哲学主体性、民族性的诉求，对这个学科今后的发展无疑是有积极意义的。但是，目前的讨论中也存在一些问题，就是我们的前辈近百年来在中国哲学史学科建设方面所做的工作，特别是他们为现代性与民族性相结合所做的努力，我们能不能全盘否定，一概说成是“以西律中”、“以夷变夏”、“汉话胡说”、“反向格义”,甚至说成是“嫖妓哲学”。参照借鉴西方哲学的认识成果与确立中国哲学的主体性是不是绝对不相容的？其实在这个讨论中还隐含着一个问题，就是马克思主义哲学史观和方法论对中国哲学史研究还有没有指导意义？能不能把它看做是必须突破的“紧箍咒”？这些问题当然都是很重要的，应该讨论清楚。近百年中国哲学史学科的发展是随着时代的进步和学术的发展而不断向前发展的，应该说也是有规律可循的，它发展到今天也不容易。所以我觉得很有必要加强对近百年“中国哲学史学史”这门学科的研究，既看到前人艰辛探索所做出的贡献，也指出存在的问题，明确改革和前进的方向，把“合法性”讨论的积极成果落实到今后的学科建设中去。

我个人的看法是，中国哲学的“合法性”问题不能只从方法论的层面来解决，它首先是一个哲学观问题。只要坚持社会存在决定社会意识、哲学是民族精神和时代精神的精华、共性寓于个性之中的原理，尊重客观历史事实，中国有没有哲学、应该怎样研究中国哲学的问题是不难解决的。从研究方法来说，首先要从中国哲学自己的文本、话语和问题意识出发，揭示按照问题自身的逻辑和不同的时空条件所提出的各种解决之道，来展开中国哲学的全部丰富内容。在自立宗主的前提下，参考借鉴西方哲学的认识成果和进行中西比较应该说都不是问题。所以我认为，挺立中国哲学的民族主体性，与贯彻马克思主义哲学史观和方法论的基本原则，借鉴西方哲学的认识成果，这三者并不是绝对不相容的，而是有可能辩证地综合在一起，有机地统一起来。也就是说，中国哲学学科的发展也要走综合创新之路。

八、综合创新中的“一元主导”与“多元兼容”问题

前面提到综合创新论起初响应的人并不多，后来情况很快发生了变化，人们意识到“综合创新”是一个很有解释力的概念，它不仅符合文化发展的规律，而且也非常符合我们这个时代思想文化发展的特征。现在不仅马克思主义派讲综合创新，而且文化保守派、自由派都讲“综合创新”，有的虽然不这样讲，但实际上也是走的一条多种文化资源互相借鉴、互相利用、互动互补的道路。比如杜维明就多次说他赞成张岱年先生的“综合创新”论，他讲儒家传统的批判继承和创造转化就是综合创新，主张儒学要同马克思主义、西方基督教神学、弗洛伊德主义对话，要从这些学说中汲取资源。现在自由派中明确主张“全盘反传统”、“全盘西化”的人也不多，他们中间也出现了所谓“中道自由主义”和“儒家自由主义”，即自由主义与保守主义的合流。自由主义的左翼也赞成社会主义的公平原则，他们讲的“通三统”，就是要打通社会主义、保守主义、自由主义三种传统，试图把三者结合起来。在今天多元化的时代，持排他性的一元单线进化观念的是极少数，许多

人都表现出了某种意义、某种程度上的“兼容”、“综合”趋向。

九、中国特色社会主义理论体系中的文化综合创新问题

“中国特色社会主义理论体系”是十七大提出的新概念。这个理论体系是几代中国共产党人探索中国特色社会主义道路的理论结晶。它既坚持了马克思主义和科学社会主义的基本原理，又总结了国际共产主义运动正反两个方面的经验教训，特别是总结了我们自己进行社会主义建设和社会主义改革的经验；它既吸收了中国传统文化的精华，同时也吸收了人类先进的文明成果，所以应该说，中国特色社会主义理论体系本身就是综合创新的产物。

中国特色社会主义理论体系包括经济、政治、文化、民生（社会建设）、国防、外交等多方面内容。就中国特色社会主义文化来说，它的一个重要特征就是综合创新。过去我在文章中提到过1986年制定的关于社会主义精神文明建设指导方针的决议，也提到过江泽民同志1991年的“七一”讲话，其中都强调社会主义新文化建设要以马克思主义为指导，批判继承历史传统而又充分体现时代精神，立足本国而又面向世界，古今结合，中外结合，充分体现了综合创新的精神。十七大报告讲要推动社会主义文化大发展大繁荣，也强调要巩固马克思主义的指导地位，弘扬中华文化，加强对外文化交流，吸收各国优秀文明成果，同样体现了综合创新的精神。在此之前十六届六中全会关于构建社会主义和谐社会的决定，讲到社会主义核心价值体系的四项内容：马克思主义指导地位，中国特色社会主义共同理想，以爱国主义为核心的民族精神和以改革创新为核心的时代精神，社会主义荣辱观，这也是理论上的综合创新；讲到社会主义和谐社会是民主法治、公平正义、诚信友爱、充满活力、安定有序、人与自然和谐相处的社会，这六个方面基本特征统一在一起，当然也体现了综合创新的精神。中国传统文化中有不少和谐思想资源，但有些资源不足，比如民主法治，就需要学习借鉴西方文化。没有综合创新的眼光和气度，就难以建成六个方面基本特征统一的社会主义和谐社会。可以说综合创新是建设和发展中国特色社会主义文化的世界观和方法论基础，是它的灵魂。

十、综合创新与科学发展观

综合创新是作为一种文化发展观提出来的，它在推动学术理论、文学艺术、科学技术发展方面已经发挥了重要的积极作用，在今天已是一个使用频率相当高的概念。类似的提法还有“融合创新”、“整合创新”、“集成创新”、“扬弃创新”等，钱学森先生的“大成智慧学”也是一种综合创新理论。除了文化学的意义之外，综合创新对经济社会发展和各方面事业发展也有重要的方法论指导意义，因为它是建立在对事物发展本质的科学认识基础上的发展战略思想。举一个例子：南开哲学系毕业的一位同学，是北京一家国营企业党委办公室的负责人，他在为公司党代会起草的主题报告中，就是以“综合创新”作为企业发展的核心战略口号，来全面落实科学发展观，争取实现跨越式发展的目标。报刊上也提供了许多这方面的信息，比如2005年大连市委提出一个口号：“综合创新是大连城市发展的灵魂”，并在这一战略思想指导下提出了制度创新、结构创新、发展空间创新、技术创新的目标和具体实施方案。贯彻落实科学发展观就要站得高，看得远，总揽全局，统筹兼顾，才能推动经济社会全面、协调、可持续发展。在一定意义上说，综合创新就是充分发挥认识和实践的能动性，促使事物朝着符合人的需要的方向发展的一种科学发展观。关于发展，我们知道有两个最重要的辩证法命题：(1)发展是对立面的统一；(2)发展是新事物代替旧事

物。古人讲“和而不同”、“和实生物”，讲“异以贞同”、“杂以成文”，都是讲发展是对立面统一或多样性统一的道理；没有“两”、没有“异”、没有“多”就无所谓“综合”，就无所谓对立面统一或多样性统一。从时间维度来说，发展就是我们通常讲的“推陈出新”，王夫之讲的“推故而别致其新”。没有创新，不能“出新”，还是那个旧东西，挪个地方，或者简单数量增加，都不是发展。综合创新论是揭示了发展的辩证本性的科学认识论和方法论，同时也可以说是一种科学的发展观。

上面讲的十个问题，只涉及到了综合创新论的若干方面，还远未形成系统的理论认识。中国哲学和文化发展要求深化对综合创新文化观的研究，特别是中国特色社会主义建设和改革实践进入新阶段，党中央做了一系列新的理论概括，广大干部群众在落实科学发展观的过程中又有许多新创造、新成就，相比之下综合创新的理论研究已经落在后面。即将到来的社会主义文化大发展、大繁荣需要有正确文化观的指导，看来能担当此任的只有马克思主义综合创新文化观，所以我们要有紧迫感，加强这方面研究工作的力度。

关于综合创新文化观的前景，我个人是持乐观态度的。五年前，在《哲学动态》记者做的那次访谈中，最后提的一个问题是：中国进入了全球化时代，随着社会更加开放，西化思潮的影响可能会进一步扩大；随着中国经济快速发展，国人自信心的提高，文化保守主义可能会有更大的市场，在这种情况下，“综合创新”文化观会不会被边缘化呢?这些年来确实出现了记者讲的某些情况，新自由主义和文化保守主义思想都有所抬头，但我仍坚持当时的看法，认为真正符合人类理性和中国先进文化前进方向的文化选择是会得到多数人的支持和认同的。前面已经提到这样一些事实：在我国思想界，“综合创新”这个概念出现的频率越来越高，使用的范围越来越广，包括某些新儒家和自由派代表人物也表示赞同综合创新的提法，这不是说明它的影响正在逐渐扩大吗？我相信，随着时间的推移，综合创新文化观将会得到越来越多的人的理解和支持，形成日益壮大的综合创新文化学派，在中国社会主义文化大发展大繁荣中发挥越来越重要的作用。16年前，张岱年先生曾感叹“外来的和尚好念经”，因为他们有某种传播学的优势：新鲜。但张先生对“综合创新”论实际上是有信心的，因为它“既符合马克思主义，又符合国情”，这一优势是外来的和尚所不具有的。我想还可以补充说：综合创新论既符合文化发展的规律，又符合当代中国先进文化的前进方向，符合科学发展观的要求，因此这种理论的生命力一定会越来越充分地显示出来，在中国特色社会主义文化建设中将处于无可置疑的中心和主导地位。

（作者单位：中国社会科学院研究生院）

（选自《哲学动态》2008年第3期）

中国：要学会在骂声中前行

赵伯英

2008年8月，中国人民期待已久的奥运会就要在中国北京举办。北京奥运会的举办，既是展现中国综合国力、文化风貌和国民精神的机会，也是中国走向繁荣和崛起的重要标志。在筹备奥运会的几年里，中国投入大量资金和人力，准备以焕然一新的面貌和真诚的热情迎接来自世界各地的客人。然而，就在奥运会即将来临之际，"藏独"分裂势力和西方反华势力联手制造了"3·14"拉萨暴力事件。一些西方媒体与之呼应，竭力煽动民众，掀起了一场妖魔化中国、抵制北京奥运会的反华浪潮。

一、妖魔化中国的狂潮

（一）颠倒黑白：全球华人强烈抗议

早在2001年中国成功获得2008年奥运会主办权时，"藏独"分子和西方反华势力就开始阴谋策划，企图利用世界聚焦中国的时机，让全世界关注"西藏问题"，并以此为理由抵制北京奥运会。2008年"3·14"拉萨暴力事件发生后，一些西方政客颠倒黑白，把拉萨暴力事件与人权问题同北京奥运会联系起来大做文章，利用这一事件来抹黑中国，粗暴干涉中国内政。一些自诩为客观公正的西方主流媒体在连篇累牍的报道中，完全抛弃了新闻真实性原则，采取非客观、非理性的报道方式，歪曲事实真相，甚至谩骂和侮辱中国人民。他们遥相呼应，叫嚣要抵制北京奥运会。

西方反华势力与一些媒体妖魔化中国和辱骂中国人民的言行，严重伤害了中国人民和全球华人的感情，理所当然地激起中国人民和全球华人的愤怒，同时也遭到世界各地维护正义的人们的谴责。世界各地的华人自发组织起来，维护奥运火炬传递活动，谴责"藏独"分子冲击中国使领馆和破坏奥运火炬传递的野蛮行径，抗议CNN等西方媒体的辱华言论。对于西方反华势力借西藏暴乱来干涉中国内政的恶劣行径，中国国内民众感到强烈愤慨，自发组织起来反对"藏独"、揭露西方媒体的虚假报道。

（二）"西藏问题"：西方的误读或利用

当奥运圣火传递在伦敦和巴黎遭到干扰后，国际奥委会主席罗格忧心忡忡，在称赞北京奥运筹备工作的同时，也呼吁中国尽早解决"西藏问题"。这一呼吁虽然是善意的，但在政治上却是天真的。此次中西之间的激烈碰撞并非那么简单，它包含着深刻的文化差异，也涉及现实的经济和政治问题，还体现了西方社会对中国快速发展的嫉妒和恐惧心理。这场风波显示出中国和西方对汉藏关系、民族——国家模式等问题的理解存在巨大的文化差异，更主要的是西方社会对中国崛起进程的一种政治反应。当然，西方国家并非铁板一块，政府、政客、媒体和民众实际上有很大不同，此时，由于多种因素的作用，使他们卷入了这场妖魔化中国的浪潮中。但也有法国人指出："当无知的法国媒体和政客对中国、朝鲜、非洲国家横加指责的时候，他们已经把自己给妖魔化了！"

在西方社会，大多数普通民众并不了解西藏作为中国组成部分的历史，不了解达赖集团曾在西藏实行的残酷农奴统治，也不了解西藏向现代化转型的快速发展和进步，更不了解达赖集团"曲线藏独"的阴谋。在西方物质追求盛行、精神层面缺失的今天，他们往往表现出对原始文明的狂热，对达赖的宗教宣传很感兴趣，把他看作是一个宗教精神领袖。另外，一些西方主流媒体常常刊载批评中国不民主、不尊重人权的负面报道，对西藏情况进行歪曲的宣传，甚至成为达赖集团的传声筒。因此，普通民众在人权和政治制度方面对中国抱有主观偏见、歧视和敌意，在媒体的煽动下，很难对中国保持客观的态度，对所谓追求"种族独立和认同的宗教人士"怀有盲目的同情。同时，他们也对中国的快速发展感到担忧。而一些西方政客并非不了解"西藏问题"的实质，他们的反华喧嚣完全是出于别有用心的"误读"。

以美国为首的西方国家积极推动全球化进程，并且把"让中国全面融入国际社会"作为它们的对华政策目标。20世纪90年代中期以来，中国与西方国家的关系虽然波折不断，但基本保持了平稳的大势。进入21世纪，中国和西方国家的经贸关系发展迅速，相互依存日益紧密，互为重要贸易伙伴，总体关系保持稳定，并取得重要进展。自2001年4月1日海南撞机事件以来，中美关系保持了6年多的稳定状态。这几年，中欧战略伙伴关系迅速提升，在政治、经济、文化等各个层面都有着友好合作。中国获得奥运会主办权以来，中国和西方国家之间曾出现各种麻烦，彼此的战略互信不足，但双方的内心期待遮掩了双方的内在分歧，使那些麻烦没有突破可控的限度。西方国家的政府不愿和快速发展的中国公开对抗，不敢公开支持达赖集团的分裂活动。

在这场反华喧嚣中，西方国家政府在策略上有所不同，但在对华心态上基本是一样的，看法也是一样的，只是在程度上有一些差异。一些美国政客以"西藏问题"对中国施压，威胁抵制奥运会，但是，美国总统布什在许多国际事务上需要中国的合作，决定出席奥运会开幕式。英国2012年要举行奥运会，是比较现实的考虑，相对比较克制一些，布朗首相将出席北京奥运会闭幕式。中德关系去年经历过波折，不希望双边关系进一步恶化，所以，默克尔总理也反对抵制奥运会。2007年5月萨科齐上台后，一改法国以往较为独立自主的外交政策，向美国靠拢，而且在一夜之间突然对中国翻脸，借"西藏问题"向中国发难，走在一向"唱衰"中国的美国人前面。为何会出现这种状况？一个重要的原因是，欧美大国的对华心态与20世纪90年代相比发生了变化。随着中国在21世纪世界舞台上的崛起，西方人日益表现出非常复杂的情绪，包括困惑、嫉妒、担忧和恐惧，于是，终于借着"西藏问题"和北京奥运会的议题宣泄出来。

二、中国的崛起与西方的恐惧

（一）中国的快速发展

中国改革开放30年来，经济持续快速发展，综合国力不断增强。从2003年开始，中国经济连续5年保持两位数的增长率。2005年，中国GDP达到2.26万亿美元，连超法国和英国，成为世界第四大经济体。2007年，中国GDP达到3.4万亿美元，对外贸易总量达到2.1738万亿美元，超过美国，成为世界第二大出口国，

紧追世界头号出口大国德国。中国对外贸易顺差达到2622亿美元，外汇储备达到1.53万亿美元，对外贸易顺差和外汇储备均位居世界第一。据多家国际权威部门预测，中国经济总量将很快超越德国，完成从一个发展中国家跃升为世界第三大经济实体的转变，在未来7年内将超过日本，成为世界第二大经济体，甚至可能在10年内赶超美国。按照世界银行首席经济学家兼资深副总裁林毅夫教授的大胆推测，到2030年左右，中国经济总量大约达到美国的2.5倍。在过去几年里，中国经济发展对全球经济增长的贡献首次超过美国，使世界经济免于陷入倒退。

中国保持了经济发展与社会稳定之间的平衡，民主与法治逐步完善，人民生活水平和教育水平逐步提高，个人自由度不断扩大。中国人已从绝对贫困走向小康，成为推动经济增长的消费主力军，为经济发展打下稳健的根基。这是人类历史上最快、最深远的变化。基于过去30年的经验，中国坚持走中国特色社会主义道路，进一步深化改革开放，坚持以人为本、全面协调可持续的科学发展，努力实现各方面事业有机统一、社会成员团结和睦的和谐发展，推进56个民族共同发展，努力建设和谐社会。这个发展方向得到中国人民的广泛支持。

在世界舞台上，中国的经济影响力和政治影响力日益增强。中国积极参与联合国、世界贸易组织、世界银行、国际货币基金组织、世界卫生组织等多边组织的发展，积极参与国际事务。中国提出了构建和谐世界的理念，坚持走自己的发展道路；同时，尊重其他国家自主选择发展道路的权利，主张世界各国政治上相互尊重、经济上相互合作、安全上相互信任、文化上相互借鉴、环保上相互帮助。在推进世界和平与发展的进程中，中国的影响力越来越大，发挥的作用日益突出。

(二)西方国家的衰退

与中国充满活力的发展相对照，一些西方发达国家经济增长缓慢，甚至呈现衰退的黯淡前景。以美国为首的西方国家是全球化的推动者，也面对着全球化的种种挑战。欧盟2007年经济增长率为2.8%，欧盟委员会预测，2008年将降至2%，2009年降至1.8%（欧元区将从2007年的2.6%分别降至1.7%和1.5%）。欧盟成员国面临贸易赤字增加、贸易纠纷增多等问题，在经济结构调整、福利制度改革等方面举步维艰。美国2007年经济增长率仅为2.2%，为2002年以来最低；美国2006年贸易赤字高达7585亿美元，2007年为7116亿美元。2008年是美国总统大选之年，然而，次贷危机引发信贷紧缩，影响经济的各个方面。许多经济学家认为，随着经济泡沫破裂，美国经济正在接近衰退或已经进入衰退。同时，贫富差距进一步拉大，10%的美国人拥有全国资产的70%，而中产阶级的实际收入止步不前，其社会地位和对未来生活的信心正在动摇。面对汽油和食品价格飙升，美国民众非常愤怒。

(三）西方社会的复杂心态

对于中国的快速发展与崛起，西方人既感到嫉妒，又感到惶恐。在西方人心目中，中国是一个贫穷落后的国度。如今，面对无处不在的“中国制造”，面对日益高大的中国形象，他们感到震惊。中国的快速变化对西方人造成了一种心理挑战，他们对“不断强大的中国”产生了恐惧感。马歇尔基金会2007年9月在美国、法国、德国、英国、意大利、波兰和斯洛伐克分别随机选择了1000人进行调查，结果显示，59%的人因中国廉价商品大量涌入本国市场、当地企业纷纷迁往中国等原因，把中国经济看作一种威胁，只有1/3的被调查者认为，中国的发展对他们来说是一个机会。有70%的法国人对快速发展的中国经济感到恐惧，这种恐惧

感在其他国家也比较普遍。只是在具有自由贸易传统的英国，认为中国能为本国发展提供契机的人多于其他欧洲国家。德国的一项民意调查显示，62%的德国人认为，中国企业是德国企业最大的竞争者，有40%的德国人担心德国企业竞争不过中国企业。美国的一项民意调查显示，许多受访者认为，中国经济的迅速发展导致美国的工作岗位流失和贸易逆差，对他们的生活构成了威胁，并且担心中国军力的上升对美国安全构成严重的或潜在的威胁。

一些西方政客感到失望和不满，因为中国这些年来的变化没有达到他们的期待和要求。7年前，当西方国家认同中国主办2008年奥运会时，期待中国在未来7年里发生政治、经济和社会的重大演变，希望看到一个与西方国家“真诚合作”的中国。比如，在人民币升值、知识产权保护、朝核问题和伊核问题上都达到西方的要求，在军费开支等问题上更加透明。如今，在西方人看来，中国崛起已成为清晰可见的事实，但却并未发生东欧国家那样的变革，而且，中国似乎毫无政治演化的迹象和意愿。一些西方政客没有什么好办法迅速推动经济发展，就把经济衰退与自由贸易直接联系起来，以此作为平息民众怨气的捷径。巴拉克·奥巴马和希拉里·克林顿在竞选演说中，都责骂那些主张自由贸易的人把美国的就业机会输出海外。由于政客和媒体的煽动，经济全球化成了民众反对的目标，于是，在全球化中受益的中国成了美国经济不景气的替罪羊。

（四）“中国模式”的影响

一些西方人更担心的是中国崛起的道路选择——“中国模式”。改革开放以来，中国根据本国国情，学习和借鉴世界各国的经验教训，没有接受西方试图强加的价值体系，也没有照搬西方的政治体制模式，而是坚持走中国特色社会主义道路，通过消化吸收，逐步形成了一种“中国模式”。这种模式既不同于苏联模式，也不同于西方模式，而是在吸收整合世界先进发展经验的基础上形成的具有中国特色的新模式。具体来说，“中国模式”就是致力于经济建设，发展社会主义市场经济，进而推进民主政治建设、文化建设、社会建设，逐步完善民主法治和实现公平分配，建设以人为本的和谐社会。这种分阶段发展的方式是一个有序的渐进过程。这种有别于西方传统发展思路的“中国模式”仍然在形成和发展中，但其影响越来越大，正在为越来越多的发展中国家所重视。西方人既对“中国模式”提出质疑，又对其深感忧虑和不安。

西方人认为，自己拥有一套普世价值和优于他国的社会政治制度，并且总是怀有将那套价值体系以及相应的制度推广开来的强烈愿望。他们如同以前的基督徒向世界各地传播基督教一样，极力向发展中国家推销他们的价值体系和制度模式。在过去的几十年里，以美国为首的西方国家向发展中国家大力推行“价值观外交”，不仅大搞“颜色革命”，甚至为推行西方民主价值和政治制度而穷兵黩武，导致很多国家政局动荡，经济发展停滞，种族和民族冲突激化，人民流离失所。可以说，西方国家强加于人的努力没有取得多大成效，失败远多于成功。许多发展中国家在照搬西方模式多年后，并没有取得预期的成功。蓦然回首，他们发现中国已经走出了一条有别于西方但却非常成功的道路。在他们看来，“中国的经济发展和改革模式似乎比欧美倡导的自由市场经济和民主更可取”，于是，他们开始学习中国取得快速发展、提升经济实力、实现国民幸福的经验。西方模式失灵，“中国模式”却成了另一种可供选择的模式，令西方深感担忧。尽管中国迄今没有输出其发展模式的主观愿望和行为，但不少西方人已经把“中国模式”视为一种威胁了。他们担心“中国模式”成为西方民主模式的替代品，削弱西方民主体制在全球范围内的影响力，威胁西方的社会形态和生活方式，对西方在欧美以外的经济和政治利益构成挑战。

（五）保守势力的失衡心态

尽管中国与西方国家的经贸关系总体说来发展不错，而且中国与西方国家每年都要进行有关人权问题的对话，但由于文化、意识形态和政治制度上的差异，不少西方人仍然对中国存有很深的偏见。最近十多年来，中国市场的诱惑力以及强大的政府采购能力，使西方社会暂时忘却了与中国价值观念的差异，暂时克制了公开蔑视中国政治体制的冲动。但是，眼前的利益考量只能暂时搁置或掩盖相互之间的深刻分歧和矛盾。西方保守势力并没有消除冷战思维，仍然仇视中国的意识形态和政治制度，在安全方面存有怀疑和戒心。如今，中国的迅速变化呈现给西方十分复杂的形象，而且双方差距越来越小，竞争领域重叠越来越大，冲突自然也越来越多。不少西方人因中国崛起而心态失衡，产生了一种被挑战、被取代、被超越、被损害的恐惧感。尽管中国一再申明，中国决不追求霸权，现在不追求，将来也不追求，但西方人仍然难以接受。

北京奥运会来临之际，以美国为首的西方国家企图借"西藏问题"和奥运会来要挟中国，强迫中国为西方国家的信用危机买单，减缓中国的发展，甚至要改变中国政府和中国政治，以便消除崛起中的中国对西方社会制度和生活方式的严重威胁。正如新加坡《联合早报》评论员杜平所说，西方社会的反对声音现在突然变得如此强烈，并不是因为中国做错了，而是由于这些问题涉及到一个正在以惊人速度发展的大国。俄罗斯的巴尔巴施教授直截了当地指出，"中国的麻烦源于它的崛起"。即使没有发生西藏暴乱，奥运火炬的传递照样会受到干扰；即使没有所谓"西藏问题"，西方社会还会搬出达尔富尔问题；即使没有"藏独"分子跳出来羞辱北京，"大赦国际"以及各种人权组织也绝不会放过中国；即使没有街头暴力抗议行动，西方还会有各种软性和硬性的干扰行动，包括媒体的妖魔化炒作和议会的反华提案。

三、西方的考量和应对手段

西方精英普遍承认中国正在崛起的大势，并且认为，中国崛起对西方构成了一系列挑战，但对于中国是否能够和平崛起以及如何应对，存在明显的分歧。有些人认为，由于中国内外都面临挑战，只会和平崛起；尽管中国和西方国家之间必然存在竞争，但未必会出现竞争失控而导致战争。而西方现实主义者则认为，中国不可能和平崛起，因为大国之间的斗争不可避免。

（一）和平崛起抑或战争

美国前国家安全顾问兹比格纽·布热津斯基指出，中国正在崛起，迄今为止是和平崛起。中国领导人并不倾向于向美国发出军事挑战，他们的注意力仍然放在发展经济和作为一个大国赢得国际社会的承认上。他认为，核时代已经以某种方式改变了强权政治。美国普林斯顿大学政治与国际关系学教授约翰·伊肯伯里指出，现在的世界秩序有益于中国的和平崛起。他认为，中国在这个体制内予以合作，具有广泛的经济利益。而核武器决定了冒大国战争的危险必然是自杀性的。纽约市长迈克尔·布隆伯格在《新闻周刊》上发表了题为《一场我们大家都能赢的竞赛》的文章。他指出，"中国过去20年间的经济转型是一个令人着迷却依然令人看不透的故事。不少美国政客玩弄选民的经济不安全感，把中国当作替罪羊，暗示中国是我们（美国）出现问题的根源，是我们（美国）繁荣的威胁"。他认为，"中国不是一个威胁，而是一个机遇，一个令人难以置信的大好机遇"。他还指出，美国应该认识到与中国存在竞争关

系，同时也懂得地缘政治和全球经济并非两败俱伤的“零和游戏”（零和游戏是指在一项游戏中，游戏者有输有赢，一方所赢正是另一方所输，游戏的总成绩永远为零。零和游戏亦称零和博弈——编者注）。正像美国经济发展有益于中国，中国经济发展也有益于美国。这意味着两国面对共同的问题，会有重大的共同利益。中国和美国面临着一些同样的问题，应当相互学习，而“不应以威逼或胁迫方式促使对方采取行动”。他认为，2008年北京奥运会将提醒人们，还需付出更多努力，以建立一个人们彼此尊重政治、哲学和宗教差异的健康社会。美国《新闻周刊》海外版主编扎卡利亚认为，每当有新势力崛起，将不可避免地打乱旧有的权力平衡，“中美之间的竞争和争端——特别在经济领域——不可避免。一些美国学者和政策研究者，包括五角大楼的将军们，将中国崛起看作是世界超级力量之间冲突的前兆，但这种冲突最终走向如何，将取决于华盛顿和北京未来十年的政策选择”。

按照西方以权力欲望为核心的现实主义理论，国家间的关系是一项残酷而危险的交易，一个国家的目标就是支配别的国家，控制国际秩序，所以，大国之间的斗争不可避免。在漫长的历史进程中，一个新兴大国的崛起，必然打乱力量对比，改变世界格局，打破原有的利益平衡，改变游戏规则，重建国际权力结构。在国际体制的重新分化组合中，新兴大国将与现存的强大力量产生利益冲撞。在西方国家的外交中，现实主义是一种长期传统，现实主义者总是有巨大的市场。无论中国如何变化，欧美各国的反华势力都会把中国视为潜在敌人和最大威胁。他们认为，中国强大之后必然会谋求亚洲的霸主地位，中国根深蒂固的民族主义情绪也是中国称霸的动力，中美对抗将是世界上两大势力的对垒。因此，必须在中国成为与美国抗衡的超级大国之前予以遏制。这样的判断对西方国家对华政策的制定产生了很大影响。

（二）遏制中国的策略

西方国家，尤其是作为当今世界唯一超级大国的美国，是当今国际秩序的既得利益者，他们不愿意看到中国的崛起，于是，它们采用各种方式遏制正在崛起的中国，极力延缓中国发展的步伐。

方式之一：挑动和支持“独立势力”的分裂活动，破坏中国稳定，达到削弱甚至肢解中国的目的。西方国家经常采用这种手段来对付那些影响其强权利益的国家：支持一个国家的少数民族或宗教分裂势力，激化内部民族矛盾，造成内部动乱，消耗该国的实力。美国一直支持台湾的独立倾向，坚持对台军售，纵容台湾当局挑战大陆、致使中国长期分裂。其他西方国家与之相呼应。所谓“西藏问题”，最初是由英国人鼓捣起来的，“藏独”运动是达赖集团和西方反华势力相互利用的产物。美国通过军事援助，支持“藏独”分子的分裂活动。美国中央情报局是1959年西藏武装叛乱的幕后推手，曾在科罗拉多州军事基地训练“藏独”游击队。西方的情报机构和打着非政府组织旗号的情报机构，一直向达赖集团提供资金支持，1987年的西藏暴乱中就有它们的影子。美国国会拨款资助美国官方喉舌“美国之音”和“自由亚洲广播电台”的藏语广播节目，达赖本人经常通过这些广播电台发表煽动西藏独立的讲话，向中国境内发出指令。达赖集团和西方反华势力联手策划在拉萨制造暴力事件，前者要利用西方反华势力的支持来营造声势，以西藏“完全自治”为旗号，实现“曲线藏独”目标；后者以保护西藏文化和人权为旗号，对中国施压，牵制和干扰中国的发展。美国等西方国家打出“西藏牌”，直接意图是破坏北京奥运会，长期战略意图是取得有利的地缘政治经济环境，获取西

藏的丰富矿产资源和能源，阻挠和遏制中国的崛起。

方式之二：采用各种围堵策略，延缓中国的发展进程。在经贸方面，西方国家拒绝承认中国市场经济地位，采取歧视性贸易政策，以中国不遵守经济规则和贸易不平衡为借口，从商品倾销、知识产权、市场开放、出口产品质量、环境保护等方面对中国施压，设立贸易壁垒，不断发起贸易补偿调查，滥用反倾销手段，同时又严控对华高科技产品出口，封锁对华技术输出；强迫中国开放金融市场，要求人民币大幅升值，致使中国的美元外汇储备大量蒸发，而且造成中国出口产品成本增加，打击中国出口企业。西方国家把所谓民主、自由、人权、宗教等问题与经贸问题联系起来打压中国，逼迫中国让步。在外交方面，西方国家以中国应“在国际事务中承担更大的共同责任”为借口，要求中国切断与所谓“流氓国家”和反美政权的关系；指责中国与非洲、拉丁美洲和中东的交往带有追求原材料和自然资源的狭隘商业利益动力，而美国则不惜发动两场战争，控制了世界石油的主要源头，试图阻碍中国拓宽能源渠道的步伐。在军事上，美国在“9·11”事件后把全球军事部署的重心从欧洲转移到亚太地区，调整在亚太地区的军事部署：加强美军在亚太的军事存在，扩大导弹防御系统力量；增加太平洋舰队军力配置，组建快速反应部队；加强同日本、韩国、澳大利亚的双边军事同盟，以及与东南亚国家的军事安全合作；把亚太地区作为展示美国军力的舞台，高频度地举行单独、双边和多边军事演习；欲以美日澳为轴心，以亚太地区“民主国家”为成员，组建北约性质的亚太安全战略联盟，构建对中国的战略包围圈。

方式之三：大力输出西方价值体系，推销西方的政治制度，促使中国改变颜色。西方国家一直认为，世界各国都应该接受其价值体系和政治制度，并竭力向包括中国在内的发展中国家推销那套东西。苏联、东欧剧变之后，西方国家特别是美国大力推动全球民主化，并且把促使中国内部的政治变化作为对华政策的核心目标之一。西方国家认为，中国通过市场经济体制改革，将不可避免地改变社会主义政治制度。他们千方百计向我国输出西方的价值观念，企图用西方价值观改造中国，使中国蜕变为西方自由民主制国家，从而达到“不战而胜”的目的。西方把北京奥运会看作是进行政治炒作的难得机会，把人权、言论自由与新闻自由等问题和奥运会联系起来，对中国施加压力。

方式之四：采用妖魔化中国的策略，尤其是通过媒体的煽动性报道，误导社会舆论，对中国进行“软遏制”。西方社会曾炒作“中国崩溃论”，随着中国的迅速发展和影响力扩大，“中国威胁论”又成为西方反华势力反复炒作的话题。从“中国粮食威胁论”到“中国输出威胁论”，从“中国污染威胁论”、“中国黑客威胁论”到“中国军事威胁论”，花样不断翻新。西方媒体对中国的报道不断增加，涉及的领域也越来越广，其中不乏客观报道，但一些西方媒体始终把中国作为诋毁的对象，进行了大量的负面报道，甚至制造假新闻。例如，中国的计划生育被攻击为侵犯人权；中国网民发表评论被说成是中国政府组织的；中国出口产品被丑化为导致西方工人失业的罪魁祸首；中国开展非洲外交被称为掠夺原材料和自然资源的新殖民主义；西方城市发生的骚乱被称为挑战社会秩序的违法事件，而“3·14”拉萨暴力事件中打砸抢烧的暴力犯罪以及“藏独”分子干扰奥运圣火传递的暴力行动，却被描绘成追求自由、民主和人权的抗争行动；西方国家对国内分裂势力的暴力活动采取镇压手段，却把中国政府维护主权和社会稳定的举措妖魔化为大规模镇压的流血事件，如此等等，不一而足。西方炒作中国话题的意图，就是要歪曲事物的本质，贬抑和丑化中国政治和社会现状，激起人们的恐惧与忧虑。

西方反华势力往往是几种方式并用，丑化和削弱中国，阻挠中国经济发展，破坏中国社会稳定，以致失去成为世界大国的机遇。这次西方打“西藏牌”、扰乱北京奥运的行动，在一定程度上损害了中国在国际上的形象，但令西方反华势力始料不及的是，他们的所作所为激起了中国人民和全世界华人的极大愤慨，激发了中国人民的爱国热情，进一步增强了全国人民的凝聚力。

四、中国：要学会在骂声中前行

面对“藏独”分子和西方反华势力制造的麻烦，面对一些西方人士和媒体的误解、指责甚至谩骂，我们该怎么办?正确的态度应该是，充满自信，不卑不亢，冷静而理性地对待各种批评、指责和谩骂，坚决回击蓄意分裂和遏制中国的势力，揭露谎言制造者的真面目，毫不动摇地维护国家主权和领土完整。同时，坚持对外开放，奉行互利共赢的发展战略，加强同西方国家的对话与沟通，增进互信与合作，消解西方的遏制，实现和平崛起。

（一）超越零和博弈，加强交流沟通

当今世界正在发生深刻的变化，世界各国都深深地卷入经济全球化进程。中国同世界各国的交往越来越多，相互依存度越来越高。美国是世界上最大的发达国家，欧盟是世界上最大的发达国家集团，中国是最大的发展中国家，互为重要贸易伙伴，确保经贸关系和整体关系稳定发展符合双方的共同利益，而冲突和对抗则会损害双方的利益。另外，世界和平与发展面临诸多难题和挑战，出现了许多关系到人类生存与发展的全球性问题，包括战争与和平、南北差距扩大、人口爆炸、资源短缺、环境污染、生态失衡、国际恐怖主义猖獗等问题。这些决定人类共同命运的世界性问题，必须依赖世界各国的共同努力才能解决。中国与西方发达国家在经济发展上、在全球和地区安全上都需要对方的合作，都担负着维护世界和平与发展的共同责任。因此，中国和西方国家都应超越纯粹现实主义的权力政治逻辑，超越零和博弈，树立更具包容性和更具远见的战略思维，加强沟通与合作。毕竟，“共同分享发展机遇，共同应对各种挑战，推进人类和平与发展的崇高事业，事关各国人民的根本利益，也是各国人民的心愿”。

2005年，中国提出了建设和谐世界的理念。党的十七大报告也指出：“中国坚持在和平共处五项基本原则的基础上同所有国家发展友好合作。我们将继续同发达国家加强战略对话，增进互信，深化合作，妥善处理分歧，推动相互关系长期稳定健康发展。”中国恪守维护世界和平、促进共同发展的外交政策，同西方国家在国际事务中进行了广泛的合作。西方国家期待中国成为一个负责任的利益相关者，同时也要逐步适应中国的崛起。中国与西方在经济领域里的竞争不可避免，但加强沟通与合作，是消除分歧、化解矛盾、促进中西关系稳定发展的正确途径。

（二）坚持改革开放，用好对话平台

中国30年来经济发展的成就，是与改革开放分不开的。中国的发展和崛起离不开世界。因此，必须继续坚定不移地改革开放。中国要成为真正意义上的世界大国，就必须通过对话与协商，解决与西方国家的矛盾和摩擦，增进共同利益。否则，西方国家尤其是美国，可能成为中国崛起的最大障碍。

中国和美国1997年10月建立面向21世纪的建设性战略伙伴关系；2005年，中美启动战略对话机制；2006年，设立战略经济对话机制。中美双方通过这些对话机制，就事关中美关系的深层次、战略性重大问题进行了富有成效的沟通交流，促进了双方在各个领域的合作，推动中美经贸健康发展，防止经贸摩擦政治化，消除非经济因素对经贸的阻碍，有利于双方共同应对全球性挑战。

中国与欧洲联盟2001年决定建立全面伙伴关系；2003年10月，决定发展全面战略伙伴关系，构建了全方位、宽领域、多层次的合作框架，确立了40多个对话磋商机制，加强相互之间的了解和信任，给双方带来了巨大利益。中国和西方发达国家的贸易发展快、规模大，当然也会衍生出一些问题和摩擦，存在多种矛盾与问题，包括长期性的如巨额贸易不平衡、知识产权保护、人民币汇率、产品质量、反倾销反补贴等问题。正是通过这些对话机制，中国和西方国家之间形成了一些共识，减少了分歧，解决了一些问题，缓解了一些矛盾。

中国和西方国家都需要这种对话机制，双方应本着互相尊重、互利双赢、加强互信的原则，超越意识形态、文化传统和社会制度差异，通过全方位的平等对话和协商，增进相互了解，逐步达成共识，不断提升经贸合作水平，共同致力于世界经济增长和国际金融稳定。就目前来看，战略经济对话的重要作用更加突出。中国和西方国家在人民币汇率、市场准入等问题上仍然存在分歧，有些问题与经济结构有关，短期内也许不能达成一致，但是，通过战略对话进一步探讨，可以避免它们进一步扩大，从而推进中西整体关系的发展。中西之间需要求同存异，以坦诚和包容的态度对待分歧，在平等参与、公平竞争、互利合作的过程中，既维护自身利益，又兼顾对方的正当关切，以战略眼光处理双方经贸关系，同时更好地利用对话机制解决经贸关系中存在的问题。实际上，中国和西方国家在经济技术等各领域里的良性竞争和博弈，有利于双方的发展，有助于技术创新和产业结构的调整与升级，促进专业化分工与协作，提高整体经济效率。只要坚持互利共赢的原则，中西之间的竞争和博弈就不会演化为毁灭性冲突，而是形成竞争性的合作与和谐，实现各自经济和技术的进步，增进人民的福祉。

（三）办好北京奥运，增进相互了解

当前，我们要聚精会神地办好奥运会。

北京奥运会不仅仅是一场体育运动的盛会，也是一个很好的交流平台。中国要利用这个平台展示中国灿烂的历史文化和辉煌的建设成就，让世界充分地了解中国，同时，也让中国更充分地了解世界。我们要通过举办奥运会，宣传中国关于建设和谐社会与和谐世界的主张，呼吁世界各国共生共存、共同繁荣，使世界认同中国的发展道路，接受中国的和平崛起，同时，我们也要提防反华势力的阴谋，坚决打击任何破坏活动。西方反华势力阻挠、破坏奥运会，其实是对人类文明的一种挑战。西方政客选择声援暴力和野蛮，只是暴露了他们的傲慢与偏见及虚假的正义。最近，达赖集团的“西藏青年大会”主席次旺仁增在国际上公然鼓吹“西藏抵抗运动要采取自杀式暴力手段来进行”，其赤裸裸的暴力本质再次暴露无遗。我们一定要把北京奥运会办成空前成功的世界盛会，但我们也不必指望奥运会的成功举办带来的都是赞扬和欢呼。总之，无论有多少阻挠、指责和谩骂，中国都要充满自信而又理性地前行。

（四）自信面对麻烦，理性应对挑战

中国正在走向世界，中国正在和平崛起。

30年改革开放的成就令中国人感到自豪，同时也使中国人认识到，中国的崛起是一个多么艰难的过程。新中国的成立，表明中国逐渐远离“挨打”的时代；中国经济30年的快速发展，使中国人摆脱了“挨饿”的时代；当“前中国的和平崛起，就是要努力建立一个繁荣的世界、一个和谐的世界，从而摆脱西方对中国的“硬遏制”威胁和“软遏制”麻烦。

当今世界并不太平，中国崛起的道路更不平坦。只要中国变得强大，西方反华势力就难以接受，就会竭力围堵，就会制造麻烦。不过，一个国家崛起的过程，本身就是一个自我突破和突破外界的过程。这样的过程每个大国都经历过，曾经的大国荷兰、西班牙经历过，当今的大国美国也经历过。其实，遭遇麻烦和磨难并非全是坏事，它可以令我们清醒，令我们奋进。正如俄罗斯专家巴尔巴施所说，受到国际上特别是西方掌控下的媒体和组织的指责或赞扬，都说明不了任何问题。国际上一片赞扬，并不说明你前途光明；国际上一片指责，也未必表明你就不行了。

正在崛起的中国必然会受到越来越多的关注，外界的喧嚣会接连不断，各种各样的麻烦还会发生，各种各样的误解、指责和谩骂也不会消失。我们不能指望中国在一片赞扬与掌声中前进，而必须以更加开放的心态，坦然而理性地面对各种怀疑、批评甚至敌意，仔细分辨善意的批评、恶意的攻击和蓄意的遏制，并且把各国政府、部分政客、媒体和广大民众区别开来，采取不同的应对措施。主动沟通和交流是一项长期的工作，可以使大多数西方人逐步跨越文化障碍，真正了解中国，消除对中国的偏见。毫无疑问，“当代中国同世界的关系发生了历史性变化，中国的前途命运日益紧密地同世界的前途命运联系在一起”。中国不能回到封闭状态，也不能采取同西方单纯对抗的姿态。中国崛起离不开世界。中国要融入世界，就要参与竞争。中国要和平崛起，必然会受到更多关注，必然会遭到更多指责甚至谩骂，必然会遭受各种遏制。然而，我们坚信，中国是骂不倒的，也是遏制不住的。中国将在遏制与合作中崛起。

就在撰写本课的过程中，中国四川省汶川等地发生了强烈地震。这次地震强度之大、危害之烈，都是前所未有的。灾害发生后，党中央、国务院立即作出部署，迅速组织各种力量投入抗震救灾。中国政府面对灾害作出的迅速反应、中国人民在巨大灾害面前表现出来的坚强不屈、团结互助精神和强大的凝聚力，让世界看到了一个很多人不曾真正了解和认识的中国，看到了一个充满爱与关怀的中国，赢得了包括西方国家在内的世界各国的高度评价和赞扬。

然而，中国还在举全国之力抗震救灾中，西方对华杂音和骂声卷土重来。我们要以平常心看待这一切，关键是要走好自己的路。

（作者：中共中央党校文史部主任、教授）

（选自《党课参考》2008年第7期）

实现文化大发展大繁荣需要合理性建构的文化体制

钟新文

党的十七大报告作出了推动社会主义文化大发展大繁荣的战路部署，并提出深化文化体制改革，更好地保障人民基本文化权益等主要任务。我们认为，文化体制改革的一个重要问题，是其合理性建构。

所谓“合理性建构”就是要求一种体制成为有可持续内生动力的、可用客观指标度量的、高效率低损耗的程序化系统。检验该系统的方式是输入和输出的比较。如果一个系统输入相对较少、输出相对较多，它就是有效率的系统。应该看到，我国的经济体制改革基本上是按照上述“合理性建构”的方式进行。无论宏观体制还是微观机制都把系统最优当作重要的改革目标，但是“合理性建构”这一点在文化发展领域显然远没有做到，这里至少有三方面问题应当引起关注。

一是，在文化发展领域中进行体制机制的合理性建构的首要的问题是，如何确立一种符合文化自身发展规律的稳定观，如何形成用稳定促文化发展、用改革发展成果来检验稳定机制的指导思想，如何建立一种高效合理的文化体制机制。毫无疑问，文化产品与一般物质产品相比最大的特殊性在于意识形态属性，它可能影响到一个社会的稳定与安全。当今的人们一般都会承认，如何正确处理发展、改革与稳定的关系在文化领域中具有特别重要的意义。但我们在调研中发现，在文化体制改革方面普遍存在着“紧迫感有余、改革动力不足”的情况。之所以会出现“改革动力不足”，这固然有“重经济、轻文化”的旧发展观在作祟的问题，也有合理性的改革往往首先指向的是改革者的权限和既得利益的问题。但还有一个更重要的问题是，我们的相关体制没有在发展、改革和稳定这三大要素中实现最具合理性的建构。坚持不变没有风险，坚持改革收益不大，在这种系统格局中，无法期待将“更加自觉更加主动”转变成为大多数改革者的自愿性行为，无法期待通过改革的实质性推进从而促进文化大发展大繁荣。

二是，在文化发展领域中进行体制机制合理性建构的另一课题是，如何能使相关体制机制产生一种促使人们的文化创造力充分涌流的“诱致性”。能否使广大文化从业人员的文化创造能力充分涌流，这不仅对狭义文化发展自身，而且对于一个民族的整体命运都至关重要。文化创造力是一个国家竞争力的核心。20世纪90

年代以来，发达国家文化政策的第一主题词就是“创造性”。在这个主题下，鼓励文化卓越性、对特殊创意活动实行“文化优先”政策、全力推动与文化创意保护相关的法律建设、在公共财政中重点扶持创意文化项目等，成为这些文化政策或相关启动方案的重要话题。所有这些举措都是为了营造一种对文化创造力具有强烈“诱致性”力量的环境。

需要指出的是，形成“诱致性制度变迁”的基本前提是对于个人权利的认可。今天，我国文化体制改革已经进入普遍落实文化权利的阶段。在这个阶段中，一切改革的措施是否有效，实际上都取决于它们是否对文化的从业者形成了正向的、有利于文化创造的诱致性作用。能否大力推进文化市场建设，能否在文化事业单位乃至全社会建立一个对文化创造力形成高度诱致性的体制环境，决定着我们能否将建设“创新型国家”或“创新型社会”的战略落在实处。

三是，在文化发展领域中进行体制机制合理性建构还有一大课题，就是如何建立一个有利于文化长远发展的、程序化的文化监管体制。从长远发展来看，最有利于文化发展的模式，其核心精神是最大限度地保护人民群众的文化创作，并允许文化发展在法律或道德范围内有一定的尝试空间。我国文化监管方式如果要实现真正的合理性建构，就应当进一步扩大方便和保护人民群众文化权利的实现。

目前实现这一转变的关键是，破除“全能政府”、“管办不分”和“包办一切”的传统做法，将政府行政体制改革真正落实在文化领域上，规范行政行为，完善公共服务体系。这就要求我们，根据社会主义市场经济的发展要求，重新认识人民群众文化权利的落实形式。我们必须认识到，在市场经济条件下，当文化成为普遍的个人生产和消费对象后，公众文化权利的实现方式便越来越多地从“间接的”、“代表型”的，转向“直接的”和“非代表型”的。这一变化对现代政府公共权力提出了全新要求。

我们还应关注当今发达国家实行的多种文化制度创新形式，例如，体现着“一臂间隔”和“同行评议”原则的第三部门设置，在与公共利益关系密切的文化单位实行“国有公营”体制的模式，与专家建议、议会审议和政府实施相关的公共文化拨款程序，基于广泛社会参与基础的文化捐助或基金会制度等。从“如何能够”的层面上借鉴这些具有很强社会技术内涵的经验，有利于我们形成一种让文化大发展大繁荣、让文化产业做大做强、让公众文化权利得到最大限度实现的发展机制。

(作者单位：中国社会科学院哲学所)

(选自《中国社会科学院院报》2008年1月15日)

理论转视：文化体制改革历程中的报业发展

孟　建　曾小强

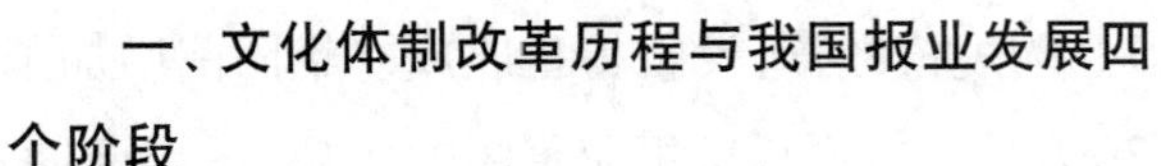

一、文化体制改革历程与我国报业发展四个阶段

（一）文化体制改革的提出："报业经济"大讨论

1．政策梳理：文化体制改革的提出

1992年1月，邓小平同志在南方视察时发表的谈话成为中国改革开放进程中的又一份宣言书，南巡讲话也成为当年10月的中国共产党第十四次全国代表大会的重要指导思想。在大会上，江泽民同志明确提出中国经济体制改革的目标就是建立社会主义市场经济体制，进一步解放和发展生产力。"文化体制改革"也首次出现在党代会报告中。报告提出要"积极推进文化体制改革，完善文化事业的有关经济政策，繁荣社会主义文化。要重视社会效益，鼓励创作内容健康向上特别是讴歌改革开放和现代化建设的具有艺术魅力的精神产品"。

2．"报业经济"大讨论

小平同志的南巡讲话和十四大精神在业界和学界引起强烈震荡，并直接激起了当时"报业经济"的大讨论。1992年，中国报业协会在江西举行了全国报社经营管理经验交流会，首次提出"报业经济"概念，并认为"我国报业已经进入了一业为主、多种经营，全面开发报业经济的新时期"。时任《新华日报》副总编辑的周世康认为"报业经济已成为社会主义市场经济的一支重要力量"，指出当时市场机制进入报业经济的关键点在于："从报社领导体制入手，报社领导层转变职能，转变职能的关键是放权。"时任《长沙晚报》的副总编辑谭云龙提出，在报业走向市场的过程中须牢记："报业经济要姓'报'，围绕'报'字搞经济；报业经济的发展离不开我国社会经济发展的大前提"。1994年，《羊城晚报》率先试行领导体制改革，实行社长领导下的总编辑、总经理负责制，使经营部门同编辑部门平起平坐。

在"报业经济"的浪潮中，报纸新闻的质量亦面临更大的挑战。1995年，新闻出版署发布了《报纸质量管理标准》和《报纸质量管理标准实施细则》，强调了报纸必须在"为社会主义服务、为人民服务"的指导下开展发行工作，并对报纸的新闻内容、印刷、广告提出具体的质量标准。

这个阶段，我们可以看到中国的报纸已经开始在文化体制改革的框架下自发地树立报纸"双重属性"观念，在强调报纸必须为社会主义

服务的同时，也提出报纸姓“报”，要发展“报业经济”。

（二）文化体制改革的初步发展：报业集团的建立和都市报的兴起

1．政策梳理：文化体制改革的初步发展

1996年10月，中共十四届六中全会通过了《中共中央关于加强社会主义精神文明建设若干重要问题的决议》，进一步肯定了文化体制改革，提出“改革文化体制是文化事业繁荣和发展的根本出路。改革的目的在于增强文化事业的活力”。在鼓励文化体制改革的同时，决议也强调，“文化产品具有不同于物质产品的特殊属性，对人们的思想道德和科学文化素质有重要影响。要坚持把社会效益放在首位，力求实现社会效益和经济效益的最佳结合”。

1997年的十五大报告单独开辟了“有中国特色的社会主义文化建设”一节，站在社会主义事业兴旺发达和民族振兴的高度上强调文化建设的重要性和紧迫性。报告指出要“深化文化体制改革，落实和完善文化经济政策”，把新闻出版、广播影视等纳入为文化建设的重要内容。报告一边指出新闻宣传必须坚持党性原则，坚持实事求是，把握正确的舆论导向；一边也强调新闻出版业要加强管理，优化结构，提高质量。

2．报业集团的建立

在报业领域，经济体制和文化体制的变革，直接体现为报业集团的产生和发展强大，报业集团的出现也成为报社“报业经济”浪潮的必然结果。

1994年5月，国家新闻出版总署就组建报业集团发出通知，为报业集团的建立提供了政策支持。同年6月，新闻出版总署在杭州组织了“全国首次报业集团问题研讨会”，这次会议提出了组建报业集团的五个基本条件：一是传媒实力，必须包括拥有5个以上的传媒机构；二是经济实力，根据不同地区经济发展的差异，沿海地区报社每年税后盈利在5000万以上，中西部地区报社则在3000万以上；三是人才实力，必须有一定比例的中高级专业人才；四是技术实力，拥有独立的印刷厂，拥有现代化的照排、胶印设备，具备彩色胶印能力；五是发行实力，主报及子报期刊发行总量在60万份以上，或在本地区每150人拥有一份报纸，有畅通的发行渠道，有逐步建立自己发行网的可能性。1996年5月，广州日报报业集团正式挂牌运行，成为我国第一家报业集团。广州日报社提出的报业集团发展思路是：“以报为本，依托集团，优势互补，多元发展”。集团运行两年后，形成了10报1刊的规模经营，发行量也比成立集团前增加了30万份。广州日报报业集团的成功经验受到了新闻出版总署的肯定。

广州日报报业集团在市场上获得的成功也充分激起了其他报社组建报业集团的强烈愿望。1998年，光明日报报业集团、经济日报报业集团、文汇新民报业集团以及同在广州的南方日报报业集团、羊城晚报报业集团等也纷纷成立。

3．都市报的兴起

1995年元旦，《华西都市报》在新闻出版总署的批准下，作为我国第一份都市报正式创刊发行，它改变了传统党报以宣传和教育为主、晚报以消遣娱乐为主的办报思想，确立读者本位思想，向目标受众提供与其利益和兴趣相关的各种新闻和社会服务信息，迅速得到了受众的认可和青睐。在不到3年的时间，《华西都市报》的发行量就突破了40万份，成为我国西部地区发行量最大的日报。

此后，各地的都市报风起云涌，如1996年元旦创办的《燕赵都市报》、《南国早报》，1997年元旦创办的《南方都市报》、《楚天都市报》，1997年10月创办的《海峡都市报》、《大河报》等。到世纪之交，又一批新兴报纸虽没有沿用

"都市报"的称谓，但在定位和运作方式上和都市报完全一样，也涌现出一些有代表性的大众化报纸，如上海的《新闻晨报》、西安的《华商报》、长沙的《潇湘晨报》等。

这个阶段，我们可以看到：随着中央对文化体制改革的大力推行，中国的报纸也更自觉地把自身融入到文化体制改革中，通过建立报业集团、发展都市报等手段进一步拓展"双重属性"中"企业管理"的操作模式。由此，报业也逐步成为文化体制改革的中坚力量。

(三)文化体制改革的深入：报刊的治理整顿

1．政策梳理：文化体制改革的深入

2000年10月，中共十五届五中全会通过的《关于制定国民经济和社会发展第十个五年计划的建议》，首次在党的中央文件中正式使用了"文化产业"概念，要求"完善文化产业政策，加强文化市场建设和管理，推动有关文化产业发展"，"深化文化体制改革，建立科学合理、灵活高效的管理体制和文化产品生产经营机制。继续实行支持文化事业发展的有关政策，增加对重要新闻媒体和公益文化事业的投入"。"文化产业"在党的文件中得到正视和认可，标志着随着文化体制改革的深入，党关于文化属性问题的认识也发生了重要转变，在坚持文化的事业性质的同时，肯定了文化的产业属性。

2002年的十六大报告中，提出要"推进文化体制改革，抓紧制定文化体制改革的总体方案"，"深化文化企事业单位内部改革"，"按照一手抓繁荣、一手抓管理的方针，健全文化市场体系，完善文化市场管理机制，为繁荣社会主义文化创造良好的社会环境"。

除此之外，报告还首次把文化领域分为"文化事业"和"文化产业"两部分，提出"发展各类文化事业和文化产业都要贯彻发展先进文化的要求，始终把社会效益放在首位"，"发展文化产业是市场经济条件下繁荣社会主义文化、满足人民群众精神文化需求的重要途径。完善文化产业政策，支持文化产业发展，增强我国文化产业的整体实力和竞争力。"

2．报刊治理整顿

中共中央对"文化产业"和"文化事业"概念的区分，反映在报业上，要求媒体必须责权明晰。一些在市场化过程中不遵守市场规则的低劣报纸，必然在文化体制改革的浪潮中面临终结的命运。

都市报的成功，在让中国报业尝到甜头的同时，也引起了一轮报纸的无序竞争，当时就有业界人士戏称都市报大战为"广州三国、京城四少、成都五霸、西安三雄"。事实上，现实和戏称相比，有过之而无不及，以成都为例，就有《华西都市报》、《成都商报》、《成都晚报》、《蜀报》、《商务早报》、《天府早报》、《四川青年报》等近十家报纸，在风格定位、版面设置、目标受众甚至新闻操作和广告模式等方面无限趋同。为了提高销售量，一些都市报大走"小报"路线，用"性"、"星"、"腥"等低级手段来迎合受众，有些报纸甚至违背职业操守，大发有偿新闻和假新闻。报纸的无序竞争成为文化体制改革中中国报业健康发展的绊脚石。

与此同时，一些行政部门下属的行业机关报依然固守着计划经济下享有的既得利益，他们依赖主管部门的权力搞摊派发行，既增加了群众的负担，也加重了报业的泛滥化趋势。

为了给中国报业提供一个健康、高效的市场环境，全国掀起了一场自上而下的报刊整顿浪潮。2003年6月，新闻出版总署、中宣部、国家邮政局联合发布《关于报刊出版单位暂停征订活动的通知》，集中整治报刊摊派现象。7月，中纪委、中宣部、农业部、新闻出版总署联合部署治理党政部门报刊散滥，开展制止利用职权发行，减轻基层和农民负担的工作。7月底，中共中央、国务院发布《关于进一步治理党政

部门报刊散滥和利用职权发行，减轻基层和农民负担的通知》，新闻出版总署随即出台《治理党政部门报刊散滥和利用职权发行实施细则》。

这次报刊整顿之风涉及面广、治理力度大，有近千家报纸或停或转，影响深远。当时甚至有学者视此次报刊整顿为中国改革开放以来"规模最大的报刊改革"。

这个阶段，随着文化体制改革的深入，中国报业面临一个更加错综复杂的媒介环境。报业管理者也更进一步意识到报纸的"双重属性"之间的矛盾，如何理清和调和这对矛盾，成为报业进一步向上发展的关键因素。而报业整顿，正是报纸理清复杂现状、寻找出路所采取的有力行动。

(四)文化体制改革的全面突破：报业创新措施接踵而来

1．政策梳理：文化体制改革的全面突破

2004年9月，党的十六届四中全会明确提出了"深化文化体制改革，解放和发展文化生产力"的重要命题，体现了党对文化体制改革战略地位的认识更加深入。

2006年年初，中共中央、国务院发表了《关于深化文化体制改革的若干意见》，这是党中央、国务院首次发表的深化文化体制改革、加快文化事业文化产业发展、推动社会主义先进文化建设的纲领性文件。该意见总结了文化体制改革试点工作的经验，明确了文化体制改革的指导思想、原则要求和目标任务，对进一步推进文化体制改革做出了全面部署。

2007年10月，十七大召开，在报告中单独开辟"推动社会主义文化大繁荣"一章，肯定"文化体制改革取得的重要进展，文化事业和文化产业快速发展"，"大力发展文化产业，实施重大文化产业项目带动战略，加快文化产业基地和区域性特色文化产业群建设，培育文化产业骨干企业和战略投资者，繁荣文化市场，增强国际竞争力。运用高新技术创新文化生产方式，培育新的文化业态，加快构建传输快捷、覆盖广泛的文化传播体系。"

2．报业创新措施接踵而来

文化体制改革的全面突破，使得中国报业的前进步伐越迈越大，各项改革的措施也铺天盖地、接踵而来。2003年6月，中共中央召开文化体制改革试点会议，北京、深圳等数家报业集团成为试点基地，深入探索中国报业的市场化道路。

2003年11月，《新京报》诞生，这份由光明日报报业集团和南方日报报业集团共同主办的大型日报，是我国第一家跨地区创办，并由两家党报集团联合主办的报纸。2004年11月，上海文广新闻传媒集团、北京青年报社和广州日报报业集团联合打造的面向全国的财经日报《第一财经日报》面世，这份报纸同时打破了地域和媒体两个壁垒。《新京报》和《第一财经日报》的发行为中国的报业打破传统行政界限、资源整合、壮大实力，展开了更深入和有益的探索。

2004年年底，北京青年报社控股的北青传媒股份有限公司在香港联合交易所正式挂牌上市。北青传媒的上市，标志着传媒融资手段有了新的突破。虽然北青传媒的上市并不包括《北京青年报》及其旗下刊物的采编部门，但是依然为其他报业的上市提供了范本，为中国报业改革的探索迈出了极大一步。

2006年，在新闻出版总署的牵头下，15家报业和北大方正、诺基亚（中国）、中国网通等18家单位联合加入"中国数字报业实验室计划"，探寻传统报业在数字化、网络化的内容现实介质技术、信息传播技术和媒体营运模式方面的突破，实现传统纸介质出版向数字网络出版的战略转型，推动报纸出版业态的重大变革。

通过梳理十余年来文化体制改革中的政策

制度和中国报业发展轨迹，我们可以清晰地得出结论：发展社会主义市场经济改革目标的确立，为文化体制改革奠定了坚实的经济和政治基础；而文化体制改革方向的逐渐明朗，为中国报业的改革提供了宽松、创新的发展环境。但是，我们也必须看到：整个报业的改革着力点还是在“双重属性”的“形而下的信息产业属性”上。“形而上的上层建筑属性”如何丰富内涵、与时俱进，成为中国报业当前必须思考的问题。

从2005年以来，中央在一系列的重大会议中提出和逐渐完善了“公共文化服务体系”概念和理论，而“公共文化服务体系”在我国的全面构建，既深化了文化体制改革，又为媒介改革和发展提供了前所未有的动力和路径。

二、“公共文化服务体系建设”与我国报业的“双重属性”

2005年10月，十六届五中全会通过《中共中央关于制定国民经济和社会发展第十一个五年规划的建议》，提出要“加大政府对文化事业的投入，逐步形成覆盖全社会的比较完备的公共文化服务体系”，第一次在党的中央文件中明确使用“公共文化服务体系”一词。这个表述也暗示着，经过近30年市场取向的体制改革，意义变得较为含混的“文化事业”一词，开始彰显“公共文化服务”的新内涵。

2006年9月，中共中央、国务院发布《国家“十一五”时期文化发展规划纲要》，专设了“公共文化服务”一章，对“公共文化服务体系”做了全面、系统的规划安排。“纲要”提出：“要完善公共文化服务网络”、“鼓励兴办公益性文化事业”等。在新闻事业的发展上，“纲要”强调媒体要“推进体制机制创新。新闻媒体要坚持正确舆论导向，确保党和人民喉舌的性质，按照增加投入、转换机制、增强活力、改善服务的要求，创新体制机制”，“规范和完善新闻单位采编业务与经营业务‘两分开’”，“继续做好报业集团改革工作，扩大党报的市场覆盖率”。

特别值得注意的是，2007年6月16日，胡锦涛同志主持召开中共中央政治局会议，集中研究加强公共文化服务体系建设。会议具体明确了建立公共文化服务体系的重大意义、指导思想和目标任务等。在会上胡锦涛提出“要把公共文化服务体系建设放在全局工作的重要位置，有重点分阶段地把公共文化服务体系建设抓紧抓好”，“要推进文化事业单位改革，创新文化服务方式，创新公共文化服务技术，创新公共文化服务运行机制”，“加强公共文化服务体系建设，必须着力提高公共文化产品供给能力，着力解决人民群众最关心、最直接、最现实的基本文化权益问题”。

2007年10月15日，党的十七大召开。“公共文化服务体系”首次出现在了党代会报告中。胡锦涛提出了实现全面建设小康社会奋斗目标的新要求，其中包括“覆盖全社会的公共文化服务体系基本建立，文化产业占国民经济比重明显提高、国际竞争力显著增强，适应人民需要的文化产品更加丰富”。从这段话可看出中央已经把公共文化服务体系和文化产业分别加以强调，公共文化服务体系在文化建设中的重要地位可见一斑。

（一）报业发展面临瓶颈

早在20世纪90年代中期，新闻学界就提出传媒“双重属性”的概念，认为中国传媒具有上层建筑和信息产业双重属性。这个概念的提出只不过是对已经走向市场的中国传媒业实践的一种追认。在经济利益的驱使下，许多报纸纷纷抓住“企业化管理”这一理论，通过发展报业经济、组建报业集团、拓展报纸业务等手段，大步迈向市场。

今天，中国报业在文化体制改革中虽逐渐发展壮大，却也面临前所未有的瓶颈，而这个瓶颈的渊源就来自于“事业”属性还很大程度

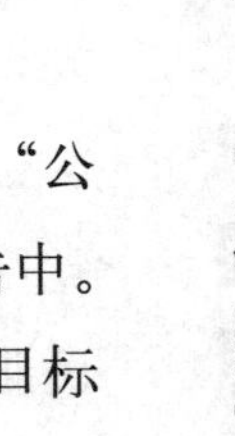

上停留在改革开放初期“党政传声筒”的位置。这种现象最直接的体现就是党报的受众大量流失，很多老百姓已经失去了阅读党报并从中获取信息的兴趣和愿望。反过来，新闻中“事业”属性上的固步自封又制约报纸“市场”属性的进一步发展和更新，当前的报纸只能“蹩脚”走路，难以大展拳脚。

（二）深化理解报纸的“双重属性”

事实上，我们深化理解报纸的“双重属性”，可以为报纸走出瓶颈找到理论支持。在我国，新闻事业具有形而上的上层建筑属性和形而下的信息产业属性。“事业性质，企业管理”是上述双重属性在当前我国新闻事业中的外在表现形式。

新闻事业的上层建筑属性，决定了报纸是党、政府和人民的耳目喉舌，为党、政府和人民服务。由此，报纸的“上层建筑属性”就包括两大内涵：一是维护党和政府的意识形态安全，二是维护广大人民群众的公共利益。

为了维护党和政府的意识形态安全，报纸必须宣传党和政府的方针政策，宣传社会的主流价值观，维护国家安全和社会稳定；为了维护广大人民的公共利益，报纸必须着力呈现，帮助解决人民群众最关心、最直接、最现实的问题，让尽可能多的公民接近媒介，通过媒介表达自己的意见和呼声。事实上，根据中国共产党党章中对党性的要求，党的利益和人民的利益是高度一致的，也就是说在“维护党和政府的意识形态安全”和“维护人民的公共利益”二者之间应当是和谐的、没有根本的冲突性矛盾。

由此，我们可以按照双重属性中的三层含义，重新思考报纸的发展和定位。

（三）公共文化服务体系建设催生报业改革“三大类”新体系

“公共文化服务体系”的建立，首次明确要把“实现好、维护好、发展好人民群众基本文化权益”放在文化建设的首要位置，为报纸巩固马克思主义在意识形态领域的指导地位、为报纸更好地贴近人民群众、为实现人民群众的公共利益提供了政策支持；为充实、完善报纸的“双重属性”内涵提供了制度创新。

从理论上，根据报纸“双重属性”的“三层含义”，从制度上，根据兴建的公共文化服务体系，我们可以按照公共经济学中的“公共产品”理论，对报纸进行分类。

首先，按照公共经济学的理论，公共产品是由政府（公共部门）所生产和提供的，用于满足全体社会成员共同需求的产品和劳务。其基本特征：一是非竞争性，即一个使用者对某一商品或服务的消费不会减少该商品或服务对全社会的供给；二是非排他性，即任何人都无法阻止一个用户对该商品或服务的消费。

依据文化产品意义内容的“公共性”的高低、强弱，可以划分出三种类型的文化产品。

纯公共文化产品——是指内容意义的“公共性”特别高，即直接关系到国家文化主权、文化信息安全或社会稳定，或与国家及民族创新、传承直接相关的文化产品。这类文化产品具有消费的非竞争性和非排他性，市场无法提供，只能由政府进行干预和政府提供。报纸中的“纯公共文化产品”特指“党报”，特别是党的机关报，这类报纸的发展直接关系党的意识形态安全、国家的文化主权和社会稳定。

准公共文化产品——是指其内容意义的“公共性”较高，但与国家文化主权、文化信息安全不直接相关的文化产品。绝大多数公共文化产品可以归入这一类。报纸中的“准公共文化产品”包括相当一部分的都市类报纸，也包括了大量的教育、农业、科技类专业性报纸等。这类报纸有些虽然在消费上具有私人产品的竞争性，但由于其直接关系广大人民群众的公共利益，大多情况下边际效益又不足以弥补边际成本，因此，也必须由政府进行政策干预和财政支持，可采取由政府和市场混合提供的模式向公众提供这类报纸。

私人文化产品——是指其内容意义的“公共性”较低，并且与国家文化主权、文化信息安全关联不大的文化产品。报纸中的“私人文化产品”包括娱乐、体育、旅游、时尚、个人消费等。这类报纸既具有私人消费产品的竞争性，同时在技术手段上可以实现排他性消费的服务和收费，因而可以采取市场化的竞争方式来向公众提供这类文化产品。

（四）“公共文化服务体系建设”与报业体制创新

按照上面对报纸三种类别的划分，政府可用不同的方针政策对三种报纸进行宏观管理，而业界也可根据各自的特性寻找最适合自身发展的道路。

1．作为纯公共文化产品的党报必须要实行国有资本独资经营，政策上、财务上得到党和国家的重点扶持。党报的价值首先体现在社会效益，具体说来要特别注意：首先，发布党和政府的重大理论和政策，在新闻发布和新闻来源上要寻求最高的政府公信力；其次，宣传党和政府的方针政策，深度解读这些政策给社会的发展、人民的生活带来的影响，做党、政府和人民之间沟通的桥梁；再者，做好主流新闻，在事关国计民生的主流新闻上，通过强有力的发声，无形中对其他报纸、其他媒体，甚至境外媒体起到重要导向作用。

2．作为准公共文化产品的报纸，要通过党和政府的政策保障、行业协会的监管以及自律等方式实现自身管理，在意识形态上必须注意与党和政府保持高度一致，在各个领域为读者提供多种资讯，充分满足受众的多层次的信息需求，必要时通过国家政策和财政的支持，让农民、低薪工人等社会中的弱势群体也能接近媒介，满足他们的基本文化权益。

3．作为私人文化产品的报纸，可以根据受众需求和市场导向决定自身的发展，选择报纸的办报方针、内容取舍、受众定位等。对这类报纸，政府通过宏观上的政策调控、行业协会的监督、从业者的自律来进行管理，当这些报纸发展到一定阶段，可通过股票上市、债券发行等方式吸收业外资本或境外资本，还可通过向电视、网络、手机等跨媒体平台扩张方式做大做强，等发展到一定规模时，可以把市场面向全国甚至全球，进军国际市场。

（作者：复旦大学信息与传播研究中心研究员、复旦大学新闻学院副院长、教授、博士生导师）

（选自《新闻传播》2008 第 6 期）

转变政府职能，大力发展公共文化事业

自2003年以来，北京市文化局认真贯彻中央以及市委、市政府关于文化体制改革的精神，从转变政府职能这一根本性、全局性问题入手，推进局属事业单位改革，强化公共文化服务职能，调整和优化公共文化产品和服务的结构，增强公共文化服务的支点，公共文化服务的覆盖面和公共文化服务水平不断提高。

一、按照政企分开、政资分开、政事分开的原则，推动局属事业单位改革，理顺关系

文化体制改革试点工作开始前，市文化局有下属单位51个。在三年多的时间里，通过“转、并、调、撤”，已经减少了35个。政府从经办文化事业的具体事务中解脱出来，实现了由办文化向管文化的转变，从微观管理向宏观管理的转变，同时，把办文化的职责真正交给文化企事业单位，彻底解决了管办不分的局面。

（一）对于发展比较成熟的6个局属经营性事业单位实行转企改制，面向市场，增强竞争力。我们相继完成了北京儿艺等6个经营性事业单位的转企改制，培育适应市场经济发展的新型市场主体，努力使转制单位成为文化创意产业的主力军。北京儿艺由北京青年报社控股69.84%，形成艺术院团由媒体控股的崭新模式。北京歌舞剧院由首旅集团控股成立了北京歌舞剧院有限责任公司，实现了文化与旅游的有机结合。北京市演出公司和北京市对外文化交流公司分别与北京市国有资产经营有限公司实行资产重组，转制成为由国有资本控股的演出公司。中国木偶艺术剧团转企改制为由民营资本控股的艺术院团，实现了体制上的重大突破。中国杂技团的改制采取分步推进、分期注册的方式，先与中国银泰投资有限公司联合组建中国杂技团有限公司，第二步将组建跨省市、投资主体多元化的集团公司。整合外部资源，激活内部资源，短短的三年里，艺术表演团体由“输血”变为“造血”，成为全新的现代文化企业，生产实力和发展规模不断壮大，实现了社会效益和经济效益的双丰收。

（二）对于公共财政投入的事业单位进行压缩合并，降低成本，提高服务效率。我们压缩合并了一批公共财政投入的事业单位。其中，将北京市少年儿童图书馆并入首都图书馆。对北京市戏曲艺术职业学院、北京市艺术研究所和北京市文化艺术干部学校进行合并。将老干部活动站并入机关事务管理服务中心。重组北京大型文化活动办公室和北京群众艺术馆，成立北京文化艺术活动中心。将9个单位压缩成4个，从总体上控制了事业单位规模，优化了资源配置，降低了成本，提高了服务效率。

（三）划转撤销9个事业单位，理顺关系。根据2003年《中共中央关于进一步治理党政部门报刊散滥和利用职权发行，减轻基层和农民负担的通知》精神，在市委宣传部的领导下，我们将《新剧本》编辑部、《音乐周报》社和北京文化艺术音像出版社分别划转给北京文化艺术基金会、北京日报报业集团和北京出版社出版集团。将产权属于中山公园的中山公园音乐堂物归原主，解决了多年来未能解决的产权归属纠纷。将局机关幼儿园交给航天万源实业公司管理，政府不再"办社会"。撤销因拆迁停业近20年的广和剧场、吉祥戏院和西单剧场事业单位编制。

（四）以转换机制为重点，推动事业单位内部改革。北京京剧院以剧目生产和经营为重点配备人员，严格控制行政人员比例，将管理部门由过去的12个精简到6个，对专业技术人员建立了考核制度，经营效益明显好转，演出收入由2004年的600多万元提高到2006年的1200多万元，增长了一倍。北方昆曲剧院、北京市河北梆子剧团等院团实行干部聘任制、技术人员签约制，在分配上打破"大锅饭"，按劳取酬。首都图书馆明确服务考核指标，在用人机制上实行双向选择，竞争上岗，建立了干部能上能下、职工能进能出的制度，各项业务指标均有明显提高。在文化部组织的全国省、自治区、直辖市公共图书馆综合评估中，首都图书馆的服务水平和综合管理水平由20位之后跃居第一，超过上海市图书馆和广东省图书馆。

（五）探索经营性国有文化资产的授权管理，实现"政资"分开。文化设施运营管理中心与北京市国有资产经营有限公司签订了《国有资产委托协议书》，将北京市演出公司、北京儿艺股份有限公司等已经完成转企改制单位的文化局属经营性资产授权北京市国有资产经营有限公司管理。北京市国资公司依据企业目标，按照市场化运作模式，对经营性国有文化资产进行管理和市场化投融资，为提高国有文化资产的产出能力奠定了基础。

二、加强宏观管理，为公共文化产品和服务的市场提供主体营造良好发展环境

在市场经济条件下，如何开展公共服务，政府该做什么，应该怎么做，是我们经常思考的问题。我们认为，在文化生产力还比较落后、公共文化产品和服务供需矛盾仍十分突出的情况下，必须改变计划经济体制下那种完全或主要由政府提供公共文化产品和服务的模式。在发挥政府主导作用的同时，还应大力引导和充分发挥社会资源的积极作用，优化公共文化产品供给。

（一）深入开展调查研究，加强规划，引导市场主体参与公共文化服务建设。针对公共文化服务工作的重点和难点问题，在《北京日报》上开辟专栏，邀请有关专家学者对公共文化服务建设展开研讨。组织开展了《北京市公共文化服务专项调研》(包括文化馆体系、图书馆体系和文化广场体系)、《北京市文化基础设施调查》、《北京市文化基础设施的政府投资、管理和运营模式研究》等多项课题研究，对公共文化服务的相关理论、首都公共文化建设发展现状与问题、公众文化需求特点等展开调研，深入研讨首都公共文化服务建设目标以及加强公共文化服务建设的实践对策，探索尽快缓解公共文化产品和服务供需矛盾、满足广大人民群众文化需求的公共文化服务建设途径。在这些研究成果的基础上，制定了《北京市文化局奥运文化工作规划》、《北京市文艺演出业发展实施方案》，参与制定了《北京市"十一五"时期文化事业发展规划》、《2004—2008年北京市文

化产业发展规划》。通过制定并向社会发布文化建设规划，引导市场主体参与公共文化服务建设，使其在充分的市场竞争中为广大公众提供丰富而且优质的文化产品和服务。

（二）加强政策引导，发挥经济调节职能，引导培育更多能参与公共文化建设的市场主体。制订了《北京市文化局支持新建改造多厅影院资金补助办法（试行）》，对新建和改造的多厅影院给予一定的资金补助，鼓励和吸引社会资金参与影院建设，使多厅影院银幕数量由2003年的95块发展到目前的210块，分布也更趋合理，年电影观众由2003年的683万人次迅速上升到2006年的1221万人次，增长了79%，有效地满足了公众的观影需求。制订了对在郊区县剧场演出的剧（节）目给予补贴的政策，有效地调配了剧场资源。

（三）推动文化服务和管理机制创新，创建规范、高效、透明的服务型政府。改革行政审批制度，清理和规范行政许可事项；简化行政审批环节，组建了行政许可受理处，行政审批由分散办理走向集中办理，减少了社会资本进入文化服务领域及其开展文化服务的障碍，扩大了公共文化服务的提供主体。推动设立了北京文化艺术基金会，开辟了资助全社会各种所有制单位文艺创作、生产的新渠道，进一步激活了不同所有制文化单位展开公平竞争的良好市场秩序，丰富了公共文化产品和服务的种类，提高了公共文化服务的水平和质量。今年，我局启动了ISO9001质量管理体系认证。通过引入现代化管理模式，运用国际先进的管理工具，推动文化服务和管理机制创新。规范局机关办事程序和工作质量标准，建立起职责明确、责任到位的管理和服务系统，促进文化行政管理工作科学、高效、规范、透明，提高行政机关的服务效能。

（四）主动提供服务，为文化企业发展创造良好条件。定期组织举办市领导与文化界代表座谈会，倾听文化企业发展中存在的困难和需求，为文化企业的发展提供及时的服务，形成发现问题、解决问题的工作机制。在改制文化单位定期的联络和沟通过程中，我们了解到不少改制院团因缺乏固定演出场所，影响其产品品牌的形成。我们立即着手研究现有剧场开发和完善的再利用补贴政策，引导内部剧场对社会开放，提高现有剧场的利用率，改变剧场数量不足的现状，同时，为文艺院团的发展创造条件。针对文化企业缺乏高端文化产业经营人才的状况，立足首都文化发展的大局，为来自区县、社会文化单位和市属院团的高层次经营、管理人员组织了经营管理人才培训班，帮助企业解决文化产业发展过程中的人才短缺问题。

（五）培育社会自治能力，促进公共文化服务水平整体发展。充分发挥行业协会的作用，促成建立了演出行业协会、电影发行放映行业协会、互联网上网服务营业场所行业协会和音像制品分销行业协会；将行业标准的制定、关系的协调、业务的统计、行业服务品牌培养和认定、专业人才的培养、行业纠纷的协调等职权下放给行业协会；倡导和支持行业协会组织开展ISO9001国际质量管理体系认证工作，提升了整个文化行业内部文化服务水平。

三、进一步完善公共文化服务体系，不断提高服务质量和水平

（一）改善投资重点，资金向基层倾斜。几年来不断增加对基层的文化资金投入。经过认真调研，2007年年初我们又制定了新的投入计划：为315个街道、乡镇文化中心各支持一套25万元的广场演出用灯光音响设备；同时为各区县配备流动演出舞台车1辆、图书捐赠车1辆、奥运文化广场演出设备1套；改造远郊区县10个剧场并建设10个文化广场。同时，加强制度建设，在支持基层的资金下拨方面摸索出

"明确目标——项目调研——出台标准——区县申报——专家审核——资金扶持——跟踪指导——资金检查"的系列化工作模式，对市级优秀品牌团队、大型品牌文化活动的评选扶持均遵循此套工作模式，保证了资金使用和活动的效益最大化。

（二）加强文化设施建设，提高服务水平。与市发改委联合颁布了《关于印发〈北京市基层公共文化设施建设标准（试行）〉的函》，明确基层文化设施的功能，完善配置标准。各类基层文化设施应具备演出放映、信息阅览、交流培训、休闲娱乐、活动健身等综合文化服务功能。会同市发改委协调各区县政府制订具体实施计划，在2010年前将街道乡镇文化服务中心按新标准进行完善，全部达标。

（三）构建覆盖城乡的演出服务体系。2006年9月，在密云、门头沟等10个郊区县的剧场中，推出了"周末场演出计划"，采取政府补贴院团、当地剧场低价售票的方式，培育郊区演出市场。通过创新服务方式，投入相当于仅一个剧院年经费的一半，全年增加演出近1000场，使10个郊区县城镇居民每周都能够观赏到高质量、高水准的各种文艺演出。2007年上半年全面推广并加大对"周末场演出计划"的扶持力度，增加演出场次，提高节目质量与水平。在"三下乡"文艺演出的基础上，2006年5月底，我们推出了农村"文艺演出星火工程"，出台了政府补贴政策，引入竞争机制，鼓励国有和民营的各类专业艺术院团进入本市农村演出，并鼓励业余文艺团队开展跨区县的演出交流活动。

（四）构建覆盖城乡的电影服务体系。制定了由城市专业电影院、区县专业电影院、乡镇多厅数字影院、行政村综合数字影厅的全市四级电影设施网络建设规划，重点对郊区农村影院建设采取更加优惠的扶持政策。在发展电影市场的同时，扩大公益性电影放映的服务范围。2006年，农村电影放映"2131工程"放映76480场，超额完成了年放映50000场的任务。在继续实施农村电影放映工程，消灭空白点的基础上，在城区每个街道也开展公益性电影放映活动，为全市314个街道乡镇配备数字电影流动放映设备，每套设备每月放映不少于15场。

（五）构建覆盖城乡的文化活动体系。培育文化活动品牌，引导全社会力量参与、丰富文化活动项目，继续指导举办好全市性的北京国际戏剧演出季、北京国际舞蹈演出季、北京国际音乐节、新年音乐会等活动。突出地域特色，引导、扶持各区县培育品牌性的特色文化活动，如"朝阳流行音乐周"、"宣南文化艺术节"等活动，满足群众文化需要，服务当地经济和社会发展。

（六）构建公共图书馆服务体系和"文化信息资源共享工程"服务网络。逐步建设以首都图书馆为中心图书馆总馆、区县级图书馆为分馆、街道乡镇级图书馆为基层馆和社区、行政村图书室为借阅点的四级图书馆服务体系，加快首都图书馆二期工程建设，进一步强化和完善首都图书馆的北京市中心图书馆的功能。截至目前，以首都图书馆为中心，20个区级图书馆（少儿图书馆），3个县级图书馆为地区分中心，270个街道（乡镇）图书馆，2408个社区（村）图书室为服务终端的公共图书馆服务网络已经形成，总计建成计算机联网点140个，实现了联合检索、联合编目、馆际互借和"一卡通"图书通借通还服务，直接走向了社区、农村，服务基层群众，保障了公民基本文化权利。

（作者：北京市文化局局长）

（选自《红旗文稿》2008年第14期）

深化文化体制改革需着力把握的几个关系

中共宁波市委宣传部

文化体制改革是一项思想性、政策性和敏感性都比较强的改革事业。在具体工作中，要统筹协调、着力把握好以下六个方面的辩证关系，更加自觉、更加主动地推动这项重大改革事业的不断深化。

把握好社会效益和经济效益的关系

在社会主义市场经济条件下，文化产品既是精神文化产品又是商品，既有意识形态属性又有产业属性，这就决定了我们在深化文化体制改革过程中既要注重社会效益又要注重经济效益。一方面，要承认文化的经济价值，鼓励合理的利润追求；另一方面，要坚决反对唯经济效益论，把经济效益好坏当作改革是否成功的唯一标准。在深化改革过程中要妥善把握好社会效益和经济效益的关系，始终坚持把社会效益放在首位，实现社会效益和经济效益的统一。

宁波从2005年开始对报业、广电两大文化传媒集团实施国有文化资产授权经营和效绩考核。在考核办法设计中，由市委宣传部牵头的定性年薪考核占51%，由市国资委牵头的经营年薪考核占49%，体现了社会效益优先并和经济效益相统一的原则，确保文化传媒集团在坚持正确舆论导向不变、党和人民喉舌性质不变、党管干部不变和做强做大正面宣传的前提下，有效推进资产保值增值、实力发展壮大，努力实现社会效益最大化、经济效益最佳化。中国社科院编撰的《2008年中国文化产业发展报告》中有专家对我国国有文化资产授权经营进行了深入研究，认为在我国目前几种主要的国有文化资产授权经营模式中，宁波模式是较为先进的一种。

把握好文化事业与文化产业的关系

文化事业和文化产业，如车之双轮、鸟之双翼，是文化建设不可或缺的两个方面，也是文化体制改革需要高度重视的两个领域。深化文化体制改革需要准确区分文化事业和文化产业，根据不同性质，制定不同政策，提出不同要求，一手毫不放松抓公益性文化事业，一手凝心聚力抓经营性文化产业，把繁荣文化事业和发展文化产业有机统一起来。宁波在深化改革的实践中，较好地把握了文化事业和文化产业两者的关系。

一方面，重心下移，加大投入，努力构建公共文化服务体系。按照"增加投入、转换机制、增强活力、改善服务"的要求，加大公共财政投入力度。陆续建成了大剧院、音乐厅等一批标志性文化设施，东部新城文化广场、宁波博物馆等重大设施正在加紧建设；以“东海明珠工程”、“15分钟文化活动圈”和“广播电视村村通”为重点，大力加强基层文化设施建设；通过开展“万场电影千场戏剧进农村”、“利时之约”大型公益演出季、“活力宁波”系列群文活动等，实现和保障广大人民群众的基本文化权益。

另一方面，面向市场，培育主体，大力促进文化产业快速发展。按照“创新体制、转换机制、面向市场、壮大实力”的要求，结合宁波历史文化底蕴深厚、制造业实力雄厚、现代服务业迅猛发展的实际，着力实施“文化产业升级”战略，通过制定文化产业发展规划和扶持政策，设立文化产业发展专项资金，建立文化产业统计制度，评选文化产业示范基地等举措，努力做优核心层、做强外围层、做大相关层，着力发展文化创意产业。2007年，宁波市有文化产业经营单位近2万家，完成总产出512亿元，实现文化产业增加值133亿元，约占全市生产总值的4%，文化产业正在逐步成为宁波经济社会发展的又一支柱产业。

把握好深化改革与促进发展的关系

深化文化体制改革，不是为改革而改革，而是为发展而改革，必须坚持着手改革促进发展，着眼发展深化改革，用发展的办法解决改革中的问题，用发展的成果检验改革的成效，使深化改革和促进发展互为因果，有机统一。只有调动经营者和广大职工的积极性，激发文化单位的经营活力和发展能力，解放和发展文化生产力的改革，才是成功的改革；反之，如果改革以后文化单位活力仍然不强，广大职工积极性照旧不高，事业产业发展还是举步不前，这样的改革至少可以说是不成功的。宁波市歌舞团的改革就较好地把握了深化改革与促进发展两者之间的关系。

宁波市歌舞团是宁波市艺术剧院下属的主营歌舞演出的国有文艺团体，面对激烈的文化市场竞争，宁波市艺术剧院组建了股份多元的宁波市歌舞团有限责任公司，按照“委托经营，自主管理，政府扶持”的思路，实行企业化运作。歌舞团有限责任公司全面推行全员聘任制度和岗位管理制度，确保“人员能进能出，干部能上能下”，形成了“绩效挂钩，多劳多得，优劳优酬”的收入分配机制，极大地激发了演职员工参与市场竞争、开拓演出市场的积极性，取得了良好的发展成效，演出收入从改革前的年均100余万元增至2007年的1569万元，占领了全省40%和宁波本地80%的歌舞市场份额。

把握好国有文化与民营文化的关系

深化国有文化单位战略性重组，推进集团化建设、股份制改造和内部管理体制改革，实现国有文化存量资源的优化配置和文化产品生产机制的转变，既是文化体制改革的重点和难点，也是深化文化体制改革、加快文化产业发展的关键所在。同时，要保护好民营企业投资文化产业的积极性，坚持非禁即入的原则，鼓励和吸引民营企业进入文化产业领域。宁波在深化文化体制改革中，重点扶持一批国有文化企业的发展，宁波日报报业集团、宁波广电集团等国有文化企业通过深化改革，宣传业务得到强化、事业发展不断加快、产业经营逐步拓展，经济实力快速增强，已经逐步成为宁波文化产业发展的骨干企业和战略投资者。

在此基础上，利用宁波民营经济发达的优势，大力发展民营文化产业。一是鼓励民营资本参与文化体制改革，如雅戈尔集团参与了《东南商报》的“两分开”改革，利时集团参与了宁波日报报业集团印务中心和浙报集团三江印务公司的股份制改革等都取得了合作共赢。二是引导民营资本投资文化产业，如象山县政府引进宋城集团合作建设中国渔村旅游项目；台资企业宁波远望华厦置业有限公司租赁经营北仑凤凰山主题公园等。三是发展一批优势民营文化产业。结合区域特色，大力扶持和发展文体用品制造销售业、古旧家具生产加工业、包装装潢印刷业、竹根雕制作业等一批特色民营文化产业。

把握好政府主导和市场运作的关系

政府主导和市场运作都是解放和发展文化生产力、促进文化创新发展的必要手段。在深化文化体制改革进程中，党委政府要继续加强组织领导，加强统筹协调，加强对前瞻性、战略性重大问题的研究，及时了解和把握改革发展面临的新情况，切实解决改革发展中的实际困难和问题，充分发挥“有形之手”的作用。同时，要充分发挥市场机制在资源配置方面的基础性作用，使文化生产遵循价值规律的要求，适应供求关系的变化，调节文化产品和文化服务的生产、流通和消费，实现文化生产资源的合理配置，充分发挥“无形之手”的作用。宁波江东区飞越时空文化娱乐休闲广场的发展就是一个典型的例子。

江东区委、区政府立足文化新区建设，以创新精神冲破体制机制障碍，鼓励民营企业投资文化产业，将飞越时空文化娱乐休闲广场确立为该区“四横三纵一中心”文化演艺休闲街区计划中的重要项目，从财政政策、投融资政策、税收政策等方面给予企业大力支持，使得该项目从开始策划到顺利建成仅花了一年多时间。“飞越时空”管理层把握文化企业的主流价值，主动适应文化市场需求，致力于将企业打造成为行业中的“领头雁”。在经营上，综合了都市文化休闲的主要门类，拉长产业链，实现规模化经营；在管理上，坚持人才兴企，引进人才、培训人才、留住人才，使一批高素质人才成为企业发展的中坚力量；在分配上，采取“基本工资＋效益工资＋留职奖励”的办法，拥有了一支相对稳定的员工队伍。该企业自去年8月开业以来，取得了良好的社会效益和经济效益。

把握好积极有为与方法稳妥的关系

文化体制改革既涉及经济基础，又涉及上层建筑，是一项涉及面广、思想性强的社会系统工程，既要大胆探索、积极有为，又要细致稳妥、有序推进。深化文化体制改革，态度必须积极。必须抛弃观望思想、等待心理、畏难情绪，树立早改早主动、早改早受益、早改早发展的理念，坚定不移、毫不动摇地推进文化体制改革。深化文化体制改革，方法必须稳妥。要充分认识文化体制改革的特殊性、复杂性和艰巨性，高度重视、周密部署，以人为本、渐进有序，多做深入细致的调查研究工作，多做春风化雨的思想政治工作，始终坚持把改革的力度、发展的速度和社会可以承受的程度有机统一起来，不给事业发展埋隐患，不给社会稳定添麻烦。宁波在积极推进宁波日报报业集团印务中心转企改制工作中，对原有事业身份员工处置中较好地把握了积极与稳妥两者之间的关系：对于持股的经营骨干，一律将事业身份转换为企业身份；对于符合提前退休条件的，在本人自愿的前提下鼓励其办理提前退休手续；对于部分不愿选择转换身份的员工，集团保留其事业身份，工资进入档案，委托新公司进行企业化管理。通过改革，有效激活了用人机制，使新公司的用工制度、薪酬制度、奖罚制度、辞退制度等全部实现了同社会企业的接轨。转企改制三年多来，新公司产值和效益大幅提升，职工收入逐年提高，企业呈现出跨越式发展的良好态势。

（选自《文化视野》2008 第 20 期）

第六部分

理论·社会建设

中国特色社会主义和谐社会建设

青连斌

一、以改善民生为重点

社会主义和谐社会建设，要以改善民生为重点，着力保障和改善民生，这就要大力加强社会事业建设，解决经济社会发展不协调、“一条腿长一条腿短”的问题，努力实现全体人民学有所教、劳有所得、病有所医、老有所养、住有所居等“五有”目标。

（一）改善民生的重要性、紧迫性

首先，改善民生是党的根本宗旨的必然要求，也是以人为本的必然要求。我们党的根本宗旨是全心全意为人民服务，我们要构建的社会主义和谐社会是以人为本的和谐社会。这就要求我们始终把最广大人民的根本利益作为党和国家一切工作的出发点和落脚点，不断满足人民日益增长的物质文化需要，做到发展为了人民、发展依靠人民、发展成果由人民共享。在构建社会主义和谐社会进程中，要以解决人民群众最关心、最直接、最现实的利益问题为重点，正确反映和兼顾不同地区、不同部门、不同方面群众的利益，妥善协调各种具体的利益关系和利益矛盾，正确处理个人利益和集体利益、局部利益和整体利益、当前利益和长远利益的关系。在经济社会又好又快发展的前提下，把注重公平放在更加突出的位置，使全体人民共享改革发展的成果。

其次，到2020年构建社会主义和谐社会的目标和主要任务，是针对当前全党全国人民反映的最需要解决的问题提出的，其中最突出的问题就是民生问题。党的十六届六中全会决定提出了到2020年，努力形成全体人民各尽其能、各得其所而又和谐相处的局面等构建社会主义和谐社会的目标任务。这是在党的重要文献中第一次全面系统地提出关于社会发展的目标体系，而且是针对当前全党全国人民反映的最需要解决的问题提出的。到2020年，合理有序的收入分配格局基本形成，社会就业比较充分，覆盖城乡居民的社会保障体系基本建立，基本公共服务体系更加完备等，都是经过认真研究提出的重要的民生目标。

第三，着力保障和改善民生是实现全面建设小康社会奋斗目标的内在要求。党的十七大适应国内外形势的新变化，顺应各族人民过上更好生活的新期待，在十六大确立的全面建设小康社会目标的基础上对我国发展提出了新的更高要求。其中一个重要方面，就是加快发展社会事业，全面改善人民生活。要求到2020年全面建设小康社会奋斗目标实现时，现代国民教育体系更加完善，终身教育体系基本形成，全民受教育程度和创新人才培养水平明显提高；社会就业更加充分；覆盖城乡居民的社会保障体系基本建立，人人享有基本生活保障；合理有序的收入分配格局基本形成，中等收入者占多数，绝对贫困现象基本消除；人人享有基本医疗卫生服务。这些新的更高要求，本身就是反映民生的重要指标。

第四，解决当前经济社会发展不协调、“一条腿长、一条腿短”问题，必须加快推进以改善民生为重点的社会建设。改革开放以来，我国社会建设取得了很大进步，社会事业有了长足发展，城乡居民的衣食住行用水平不断提高，享有的公共服务明显增强。但是我们也要看到，在经济快速发展的同时，社会建设相对滞后，“一条腿长一条腿短”的矛盾突出，经济社会发展不协调问题比较尖锐。特别是劳动就业、教育、医疗卫生、社会保障、收入分配、居民住房等方面关系群众切身利益的问题仍然较多，部分低收入群众生活还比较困难。针对这些问题，我们党适应经济社会发展的新趋势新特点，顺应各族人民过上更加美好生活的新期待，不仅把社会建设摆到更加突出的位置，而且把改善民生作为社会建设的重中之重。

第五，社会建设要以改善民生为重点，同我们国家已经具备解决民生问题的基本条件也有关系。2006年我国国内生产总值达到20.94万亿元，国家财政收入达到3.93万亿元，这说明我国综合国力确实有了很大的增强。生产发展了，国力增强了，人民群众当然会更加迫切地期望党和政府更好地解决当前一些突出的民生问题，比如上学难、看病难、看病贵等问题。正是从这个意义上讲，加快推进以改善民生为重点的社会建设，顺应了各族人民过上更好生活的新期待。

（二）改善民生的基本目标

党的十七大从全面建设小康社会、构建社会主义和谐社会的战略高度，从解决人民群众最关心、最直接、最现实的利益问题出发，明确提出了加快推进以改善民生为重点的社会建设的“五有”目标，即“努力使全体人民学有所教、劳有所得、病有所医、老有所养、住有所居”。

“学有所教”，就是要优先发展教育，促进教育公平，全面贯彻党的教育方针，办好人民满意的教育。要坚持教育的公益性和普惠性，明确各级政府提供公共教育服务的职责，加大财政对教育的投入，完善现代国民教育体系和终身教育体系，保障人民享有接受良好教育的机会。要促进义务教育的均衡发展，扶持贫困地区、民族地区教育，健全学生资助制度，保障经济困难家庭、进城务工人员子女平等接受义务教育。

“劳有所得”，就是要坚持实施扩大就业的发展战略，千方百计为劳动者创造就业机会、提供就业岗位，尤其要帮助就业困难群众和零就业家庭解决就业问题，使所有有劳动能力和就业愿望的劳动者都能实现就业，使更多的劳动者成为创业者，使他们的劳动按照贡献获得应有的报酬。要随着经济的发展，逐步提高最低工资标准，建立企业职工工资正常增长机制和支付保障机制，提高劳动报酬在初次分配中所占的比重，从而在分配中更好地体现社会公平。

“病有所医”，就是要建立基本医疗卫生制度，提高全民健康水平。这就要坚持公共医疗卫生的公益性质，建设覆盖城乡居民的公共卫生服务体系、医疗服务体系、医疗保障体系、药品供应保障体系，为群众提供安全、有效、方便、价廉的医疗卫生服务，使全体人民都看得起病，防止出现有病无处看、没钱看和因病致贫、因病返贫。

“老有所养”，就是要以社会保险、社会救助、社会福利为基础，以基本养老、基本医疗、最低生活保障制度为重点，以慈善事业、商业保险为补充，加快完善社会保障体系。这就要促进企业、机关、事业单位基本养老保险制度改革，探索建立农村养老保险制度。与此同时，要加强老龄工作，大力发展老年社会福利，使所有老年人都能够分享经济社会发展的成果，幸福地安度晚年。

"住有所居"，就是要将解决住房问题作为保障和改善民生的重要工作，始终把改善群众居住条件作为城市住房制度改革和房地产业发展的根本目的。当前，尤其要把解决城市低收入家庭住房困难问题作为政府公共服务的一项重要职能，健全廉租住房制度，多渠道筹集资金，加快中低价位普通居民住宅建设，逐步改善住房困难群众的居住条件。

（三）改善民生要坚持的原则

我们要构建的社会主义和谐社会，是在中国特色社会主义道路上，中国共产党领导全体人民共同建设、共同享有的和谐社会。和谐社会要靠全社会共同建设。我们要紧紧依靠人民，调动一切积极因素，努力形成社会和谐人人有责、和谐社会人人共享的生动局面。解决当前突出的民生问题，同样要坚持共同建设、共同享有的原则。

坚持全体人民共同建设、共同享有，反映了社会主义的本质要求。社会和谐是中国特色社会主义的本质属性，是国家富强、民族振兴、人民幸福的重要保证。两个"共同"，是实现社会主义本质的必然要求，凸显了社会主义制度的特有优势。坚持两个"共同"，在解放和发展生产力的基础上最终达到共同富裕，在社会全面进步的基础上实现最广大人民的根本利益，促进人的全面发展，社会和谐这一中国特色社会主义的本质属性必将不断得到体现，中国特色社会主义必将越来越全面地展示出强大的吸引力。

坚持全体人民共同建设、共同享有，突出了人民群众的主体地位。人民，只有人民，才是创造历史的主人。这是历史唯物主义的一个根本观点。全体人民共同建设、共同享有，强调的是人民的全体，着眼的是协调一致、和衷共济，落脚点是建设者和享有者的统一，彰显了人民群众作为实践主体和价值主体的地位。提出和坚持全体人民共同建设、共同享有，是对历史唯物主义基本原理在新的历史条件下的创造性运用，是对社会主义建设规律认识的深化，是对党的群众路线的进一步拓展。坚持两个"共同"，坚持发展为了人民、发展依靠人民、发展成果由人民共享，就能最大限度地增加和谐因素，最大限度地减少不和谐因素；就能更广泛地调动人民群众的积极性、主动性、创造性，更有效地释放全社会的能量，让一切有利于社会发展进步的创造活力充分迸发，让一切有利于创造社会财富的源泉充分涌流；就能形成全体人民各尽所能、各得其所而又和谐相处的局面。

坚持全体人民共同建设、共同享有，凸显了我们党立党为公、执政为民的根本理念。我们党是领导中国特色社会主义事业的核心力量，构建社会主义和谐社会必须充分发挥党的领导核心作用。全体人民共同建设、共同享有，体现了实现好、维护好、发展好最广大人民的根本利益这个我们党全部奋斗的最高目的、观察处理各种问题的最高原则、衡量一切工作的最高标准，体现了我们党立党为公、执政为民的根本理念。构建全体人民共同建设、共同享有的和谐社会，要求我们坚定一切为了人民、一切依靠人民的政治立场，以解决人民群众最关心、最直接、最现实的利益问题为重点，着力发展社会事业、促进社会公平正义、建设和谐文化、完善社会管理、增强社会创造活力，走共同富裕道路，推动社会建设与经济建设、政治建设、文化建设协调发展。

共同建设和共同享有，是一个不可分割的整体：共同建设是共同享有的前提和基础，共同享有是共同建设的结果和归宿。共同建设的水平不断提高，共同享有的条件就越充分，共同享有的程度也会不断提高；共同享有的程度越提高，共同建设的合力就越强大。共同建设和共同享有，统一于党领导全体人民构建社会主义和谐社会、推进中国特色社会主义事业的伟大实践中。

二、建立社会保障体系

我国的社会保障体系，是以社会救助、社会保险、社会福利为基础的，它们构成了我国社会保障体系的基本框架。

（一）社会保障是社会安定的重要保证

健全的社会保障体系是人民生活的“安全网”，社会安全运行的“稳定器”和收入分配的“调节器”，是维护社会稳定和国家长治久安的重要保证。

第一，对国民收入进行再分配，缩小居民之间的收入差距。在市场经济条件下，劳动、资本、技术和管理按贡献参与收入分配，必然会出现收入差距的扩大。通过健全的社会保障体系，对国民收入进行强有力的再分配，则有助于缩小这种收入分配差距。社会保障制度是现代国家的一项重要制度，它的资金属于国民消费基金的重要组成部分，其中相当一部分来自于国家的财政支出，国家对社会保障的财务承担最终责任。因此，社会保障制度对低收入者和无正常收入者提供的生活保障，实际上是国家对国民收入的再分配和财政转移支付。通过提高低收入者的收入，也就缩小了社会成员之间的收入差距。正因为这样，我们把建立健全社会保障制度，作为改革和完善我国收入分配制度的一个重要配套措施。

第二，对无收入或低收入者提供基本的生活保障，缓解并进而消除贫困。在每一个社会中，总有一部分人因各种原因缺乏或丧失劳动能力，或者在市场竞争中遭遇失败而暂时或永久失去收入来源，生活陷入困境。国家和社会必须承担起保障这一部分人基本生活需要的义务，对其给予必要的救济和帮助，使他们也能分享到经济社会发展的成果。社会保障的这种保障功能，是通过以互助互济为核心的风险分担机制实现的。社会保障的资金来源于国民收入的再分配，一部分来自于国家财政拨款，一部分来自于社会成员所缴纳的社会保障税费。如果某一受益者从社会保障中得到的利益大于他对社会保障基金所作出的贡献，也就意味着他得到了其他社会成员的帮助；如果某一受益者从社会保障中得到的收益小于他对社会保障基金所作出的贡献，那么他事实上对其他享受社会保障帮助的社会成员提供了帮助。从横向看，社会保障是同代的社会成员之间的互助互济；从纵向看，社会保障是不同代际之间的赡养、抚养，是代际之间的互助互济。

第三，缓解收入分配差距的扩大所产生的社会矛盾，发挥社会的“安全阀”和“稳定器”作用。收入差距本身并不是社会的不稳定因素，但它往往会诱发和激化某些社会矛盾，特别是助长市场竞争中的失败者、没有能力参与市场竞争者以及其他低收入者的不满情绪，严重者可能造成社会群体之间、社会阶层之间的矛盾、对立和冲突，从而影响社会秩序的稳定和社会的正常运转。建立健全社会保障制度，通过国家立法，以社会保障税和其他形式进行收入再分配，把高收入者的一部分收入转移支付给低收入者以及其他需要救助者，可以有效地缓解低收入群体对社会的不满情绪及其所带来的各种社会矛盾，从而维护社会的稳定。所以，社会保障制度的建立，实际上等于为社会构筑了一道安全网，增强了社会的稳定性，它是现代社会不可或缺的稳定器。

第四，创造多方面的有利条件，促进经济的稳定发展。社会保障制度在保护劳动力的生产和再生产，为经济建设积累资金等方面，也发挥着重要的作用。具体说来，主要体现在这样几个方面：首先，它能够有效地保障劳动力的生产和再生产。在现代社会，劳动者的收入主要靠职业收入。一旦劳动者因各种原因中断劳动或收入减少时，势必影响家庭生活和劳动力的生产与再生产。社会保障制度从两个方面保障了劳动力的生产和再生产。一方面，通过建立生育、抚育子女和教育等津贴形式，对劳动力再生产给予资助。另一方面，当劳动者因企业破产、疾病、工伤等原因而遭致失业和伤害时，社会保障可以帮助其恢复劳动能力，学习新的就业技能，重新参与市场竞争。其次，它可以为经济建设积累资金，促进资本市场的完善。社会保障的资金是由国家、企业单位和劳动者个人三方共同合理负担的，属于国民消费基金的一部分。通过储蓄和投资，等于把这笔资金从消费基金的一部分又转化成了积累基金，可以用于经济建设，解决经济发展中资金短缺的问题。再次，它可以有效地发挥调节经济发展的作用。一方面，当经济高涨，企业扩大再生产，对劳动力需求增长，因而失业率下降，人们的生活水平上升时，社会保障支出也会相应减少，从而减少即期的社会总需求，使之不至于过度膨胀。另一方面，当经济衰退，失业率上升，人们的生活水平下降时，通过提供失业保险和社会救济，则有助于提高社会购买力，拉动有效需求，促进经济的复苏。与此同时，国家还可以通过调整社会保障费率和待遇标准，主动调节社会总需求，抑制经济的波动。最后，它有利于全国统一的劳动力市场的形成和发展，促进劳动力资源的合理流动和有效配置。

（二）完善社会保障体系的目标和重点

建立健全覆盖城乡居民的社会保障体系，是21世纪头20年我国改革发展的一项重要任务。党的十七大明确提出，要以社会保险、社会救助、社会福利为基础，以基本养老、基本医疗、最低生活保障制度为重点，以慈善事业、商业保险为补充，加快完善社会保障体系。完善我国社会保障体系的基本目标，是人人享有基本生活保障。这一目标，也是党的十七大报告提出的实现全面建设小康社会奋斗目标的新要求的一个重要方面。

我国的社会保障体系建设之所以要以基本养老、基本医疗、最低生活保障制度为重点，这是因为：

第一，基本养老、基本医疗和最低生活保障制度的保障对象具有全民性。社会保障制度是一个多层次的体系，它是由社会救助、社会保险、社会福利三大支柱构成的一个复杂的系统。社会保险包括基本养老保险、基本医疗保险、失业保险、工伤保险和生育保险等险种；社会救助包括城乡居民最低生活保障、医疗救助、法律援助、住房救助等项目；社会福利则包括老年人福利、残疾人福利、儿童福利等内容。在社会保障体系中，基本养老、基本医疗和最低生活保障是所有城乡居民都需要的，是所有城乡居民都不可或缺的。我国现在处于并将长期处于社会主义初级阶段，也就是不发达阶段，建立高水平的、项目齐全的社会保障体系的物质基础还不具备，我们只能以解决广大人民群众最关心、最直接、最现实的利益问题为重点，以基本养老、基本医疗、最低生活保障制度为重点推进社会保障制度建设。

第二，基本养老、基本医疗、最低生活保障对于所有社会成员来讲都是不可或缺的。我们每一个社会成员都会因为年老而丧失劳动能力，都有可能患病，都有可能遭遇各种社会风险或自然灾害。如果年老丧失劳动能力后没有养老金、患病后不能得到及时救治、遭遇风险后失

去生活来源，将会直接影响人们的生存乃至危及生命安全。有了基本养老、基本医疗、最低生活保障这三项制度，老有所养，病有所医，遭遇风险中断收入来源时有最低生活保障“兜底”，就可以解除人们的后顾之忧，为全体社会成员提供最起码的生活保障。

第三，以基本养老、基本医疗、最低生活保障制度为重点建立健全社会保障体系，有助于拉动国内需求特别是消费需求，从而促进经济持续较快发展。转变经济发展方式，促进国民经济又好又快发展，必须坚持扩大国内需求特别是国内消费需求的方针。目前，我国居民的消费需求不足，居民消费对经济增长的贡献率比较低，一个重要原因就是人们心存后顾之忧，有钱也不敢消费，而是把钱存起来，以防老、防病、防失去收入来源后基本生活没有保障。把覆盖城乡全体居民的基本养老、基本医疗、最低生活保障三项制度建立起来，可以大大增强人们的社会安全感，起到促进消费、扩大内需，从而促进经济增长的作用。

（三）健全和完善覆盖城乡居民的社会保障体系

健全和完善我国的社会保障体系，就要促进企业、机关、事业单位基本养老保险制度改革，探索建立农村养老保险制度。经过近20年的努力，我国城镇企业职工以“社会统筹和个人账户相结合”为模式的基本养老保险制度框架已基本确立。截至2006年年底，全国参加城镇职工基本养老保险参保人数达到5347万人，积累基金354亿元。下一步，国家将加快推进建立覆盖城乡居民的养老保障体系，逐步实现由城镇为主向城乡统筹、由城镇职工为主向覆盖城乡居民的重大转变。积极推进事业单位养老保险制度改革，制定农民工参加养老保险办法，逐步解决城镇未参保老年居民的基本生活保障问题。同时在有条件的地区建立新型农村养老保险制度，逐步解决农村老年人口的基本生活保障问题。随着我国养老保障体系的不断改革和完善，到2020年，所有老年居民均能享有基本的生活保障。

健全和完善我国的社会保障体系，就要全面推进城镇职工基本医疗保险、城镇居民基本医疗保险、新型农村合作医疗制度建设。1994年，国务院决定在江苏镇江和江西九江进行医疗保险制度改革试点，即“两江”试点。1998年国务院下发了《关于建立城镇职工基本医疗保险制度的决定》，正式出台了城镇职工基本医疗保险制度改革方案，即建立以“统账结合”为基本内容，以“低水平、广覆盖”为主要目标的城镇职工基本医疗保险制度。为解决儿童、学生和未纳入城镇职工基本医疗保险的老年人的医疗保障问题，近年来，我国一些城市进行了建立“一老一小”（即老年人、儿童和学生）的基本医疗社会保险制度。建立城镇居民基本医疗保险制度，是我国在建立城镇职工基本医疗保险制度和新型农村合作医疗制度之后又一重大举措。国务院已经决定，从2007年开始试点，用三年时间逐步在全国城镇全面推开。新型农村合作医疗制度既是中国医疗保险制度的一个重要组成部分，也是中国社会主义新农村建设的一个重要内容。我国的新型农村合作医疗制度是从2003年1月开始试点的，然后逐步推行，进展得非常迅速和顺利。这一制度以大病医疗统筹为主，适当兼顾小病，农民个人只要缴纳10元钱，就能享受到中央和地方财政的双重补贴，最多可获得上万元的补助。截止到2007年上半年，新型农村合作医疗制度已经覆盖了中国84.9%的县和82.8%的农村人口。预计到2008年年底，我国广大农村都将基本建立新型农村合作医疗制度。参加新型农村合作医疗制度的农民，因病就医的比例明显提高，农民看病负担明显减轻，而且因病致贫和因病返贫的问题得到了明显缓解。

健全和完善我国的社会保障体系，就要完善城乡居民最低生活保障制度，逐步提高保障水平。从20世纪90年代初开始，我国部分城市开始实行最低生活保障制度。1997年，国务院发出《关于在全国建立城市居民最低生活保障制度的通知》。1999年9月底，全国所有城市和县人民政府所在的镇普遍建立了城市居民最低生活保障制度。同年10月，国务院正式颁布了《城市居民最低生活保障条例》。截止到2006年年底，全国城市有2240.9万人被纳入“低保”，他们的生活得到了基本保障。经过多年的积极探索，农村居民最低生活保障制度今年在全国开始建立。2007年8月13日，国务院发出了关于在全国建立农村最低生活保障制度的通知，对落实农村最低生活保障制度提出了明确要求。最低生活保障制度的建立，有效地保证了困难群体的基本生活。

健全和完善我国的社会保障体系，还要健全廉租住房制度，加快解决城市低收入家庭住房困难。为解决低收入人群的住房问题，我国政府采取了四个方面的措施：一是建立健全廉租房制度。截至2006年年底，建设廉租住房的投入已经达到71亿元，解决了30万户低保人群的住房问题。国务院要求，到2007年年底，对低保家庭中的住房困难户要基本做到应保尽保。目前，全国已有500多个城市建立了廉租住房制度，80%以上的地级城市制定了廉租住房建设计划。二是提供经济适用房。每年大约1.5亿平方米经济适用房投入使用，到现在为止，已经解决了1600多万户城市低收入群体的住房问题。三是建立了住房公积金制度。累计归集了14000多亿元的住房公积金，向交存住房公积金的职工发放个人住房贷款近8000亿元，4000多万职工的住房问题通过公积金制度得到改善。四是推进棚户区改造。全国大概有集中成片棚户区1.5亿平方米。这项工作正在加快推进。但是，据有关方面统计，目前全国仍然有70个地级以上的城市未实施廉租住房制度，一些省、自治区实施廉租房制度的城市不足50%。2007年8月7日，国务院发布了《关于解决城市低收入家庭住房困难的若干意见》，明确提出了加快解决城市低收入家庭住房困难问题的具体措施，明确要求在2007年年底前所有设区的城市要基本做到应保尽保，2008年年底前所有县城要基本做到应保尽保。完全可以相信，经过党和政府以及社会各界的努力，到“十一五”期末，我国低收入家庭的住房条件将得到明显改善，农民工等其他城镇住房困难群体的居住条件也将得到逐步的改善。

三、加强和完善社会管理

社会管理，主要是政府和社会组织为促进社会系统协调运转，对社会系统组成部分、社会生活的不同领域以及社会发展的各个环节进行组织、协调、服务、监督和控制的过程。加强社会管理，推进社会管理体制创新，是坚持以人为本，树立和落实科学发展观，加强党的执政能力建设的一项重大举措，是对中国特色社会主义建设格局的丰富和完善。通过建立健全有效的社会管理体制、机制和制度，实施有序的社会管理，对于推进社会整合、激发全社会的创造活力，对于协调各方面利益关系、化解社会矛盾，对于调节收入分配差距、维护社会公平和正义，对于保障社会安全、促进社会稳定，对于推动社会发展进步、实现社会和谐都具有重要的作用。

（一）健全社会管理新格局

现在，我国传统单位制的社会结构正在向多样化的方向转变，因而，原来那种单位制的社会管理已经不能适应经济社会发展了，并越来越严重地制约和影响了经济社会的全面发展。坚持与时俱进的精神，更新管理理念，努力实

现社会管理体制和社会管理方式的创新，已经成为当前一项重要而紧迫的任务。

单位制的崩溃，必然要求构建和形成一种新的社会管理体制和社会管理格局。党的十六届四中、六中全会《决定》中和十七大报告都明确提出了要建立健全党委领导、政府负责、社会协同、公众参与的社会管理新格局。这就分别明确了在新的社会管理格局中，党委处于领导核心的地位，政府要担负起社会管理的职能，社会组织要承担起协同党和政府进行社会管理的功能，公民个人也要发挥广泛参与社会管理的作用。

加强社会建设和管理，推进社会管理体制创新，是一项复杂的系统工程，也是一个长期的发展过程，必须在党的领导下进行。中国共产党在社会管理格局中的地位是领导核心，要发挥总揽全局、协调各方的重大作用。“总揽全局”，要求各级党委立足于全党工作的大局，集中主要精力抓住全局性、战略性、前瞻性的重大问题，把好政治方向、决策重大问题、安排重要人事、开展宣传教育、维护社会稳定、形成工作合力、领导群众组织，从思想上、政治上、组织上加强领导，保证党的理论、路线、方针、政策的贯彻落实。“协调各方”，要求党委从整体上推进全局工作的需要出发，统筹协调好人大、政府、政协等领导班子之间的关系，统筹安排好纪检和组织、宣传、统战、政法等方面的工作，使各方都能各司其职，各尽其责，相互配合，形成合力。党要超脱于具体的行政、经济等事务，站在更高的角度思考全局性的问题。在社会管理中，不仅要保证党的理论、路线、方针、政策的落实，发挥政治核心的作用，还要做好群众的思想政治工作，发挥党在国家与社会之间的桥梁作用，发挥党员的先锋模范作用，密切党和群众的联系，加强党的社会基础。

在新的社会管理格局中，政府要担负起社会管理的职能。政府要集中精力抓好“经济调节、市场监管、社会管理和公共服务”，这是发展社会主义市场经济的根本要求，也是构建社会主义和谐社会的根本要求。随着政府职能的转变，政府必须有所为，有所不为，必须从根本上转变计划经济体制下形成的政府管理经济社会的方式、方法，提供与现代市场经济体制相适应的政府公共服务和社会管理。政府职能转变的一个重要目标，就是建设服务型政府。不论如何理解服务型政府，服务型政府都应该是以公民为中心的政府，它的对象是公众，它是有限政府、民主政府、透明政府和便民政府，是法治政府。

社会协同，强调的是在社会管理中要发挥社会组织的作用。市场讲求效率，作为“看不见的手”，对社会公平有失灵的时候。政府作为“看得见的手”，面对日益多元化的社会结构和社会需求，很难做出及时恰当的反应，难以满足数量巨大、种类繁多、彼此冲突的局部需要，也有失灵的时候。在“看不见的手”和“看得见的手”都存在固有缺陷的情况下，寻求“第三只手”来协助调节，以期弥补市场和政府的不足，在二者之间建立一种缓冲力量，这便是我们所讲的“社会协同”的社会，西方学术界也称之为“公民社会”。从社会管理的演进趋势看，社会管理越来越社会化。由于社会资源的扩散，单位控制向社区管理转化以及公共服务领域的泛化，社会事务不再只是政府与各级管理部门的公务，而是整个社会与个体需要积极参与的事项。

公众参与，是加强社会建设和管理，推进社会管理体制创新的重要内容。要大力培养和牢固树立公众参与是坚持党的领导、依法办事和充分发扬民主的有机统一的观念，要大力培养和牢固树立权利义务相一致的观念，要大力培养和树立主人翁意识和人民当家做主的观念。

要通过多种形式加强民主法制教育，使公众认识到建设美好家园，创造幸福生活，实现社会和谐，最终要靠人民群众自己。只有以主人翁精神参与社会建设和社会管理，才能创造自己美好幸福的生活。

（二）健全基层社会管理体制

加强社会管理，推进社会管理体制创新，必须更新管理理念，创新管理方式，拓宽服务领域，必须发挥各个方面的作用，包括城乡基层自治组织协调利益、化解矛盾、排忧解难的作用，社团、行业组织和社会中介组织提供服务、反映诉求、规范行为的作用，齐抓共管，形成合力。

一是要完善城市社区基层服务和社会管理网络。目前，我国城市地区已经普遍建立了由社区居民通过间接或直接方式选举产生的社区委员会或社区居民委员会等群众性自治组织。与此同时，城市社区的民主决策、民主管理、民主监督制度也正在逐步规范和完善之中。在社区服务方面，社区自治组织的作用不断加强。目前，社区服务工作主要以社区自治组织为依托，通过市场服务主体、社区志愿者队伍和政府扶助等形式，广泛地开展面向社区居民的便民利民服务和文化、体育、娱乐、卫生服务，面向离退休老年人、残疾人、优抚对象的社会福利服务，面向困难居民、困难职工的特殊服务和面向社会及企事业单位的社会事务服务等项工作，受到了社区居民和单位的广泛欢迎，并由此增强了社区意识和社区凝聚力。此外，在社区文化、社区组织、社区环境、社区治安和社区医疗卫生等社区建设方面，也取得了显著成效。特别值得一提的是，在2003年上半年抗击和防治“非典型肺炎”的斗争中，我国的基层群众性自治组织发挥了极其重要的作用。社区居民自治已显现出强大的生命力和巨大的社会效益，成为社会主义市场经济条件下城市管理工作的重要基础和促进城市现代化建设的重要推动力。在维护社会稳定，促进经济和社会协调发展，改善居民生活环境，提高人民生活质量，密切党和政府与人民群众的关系，推进社会主义物质文明、精神文明建设，特别是使改革开放过程中出现的下岗失业问题、贫富分化问题、社会保障体制转型等问题造成的社会震荡和不稳定因素降低到最小程度方面，发挥着日益重要的积极作用。

要适应现代化的要求，全面推进社区建设，逐步建立与社会主义市场经济体制相适应的社区管理体制、运行机制和服务体系，合理配置和利用社区资源，加强社区居民自治组织建设，实行民主选举、民主决策、民主管理和民主监督，努力建设管理有序、服务完善、环境优美、治安良好、生活便利、人际关系和谐的现代化新型社区，以更好地发挥城市社区自治组织协调利益、化解矛盾、服务群众、排忧解难的作用，不断满足多层次、多样化的需求。

二是要发挥农村村民自治组织的社会管理作用。党的十一届三中全会以后，农村开始实行家庭联产承包责任制。在坚持土地集体所有制的基础上，农民家庭取得了承包土地的经营自主权，原有的人民公社“政社合一”的管理体制随之被废除。在这种情况下，一些地区的农村群众就农村的公共事务管理，订立了具有契约性质的村规民约，由各家各户出力，以群众自己组织起来进行自治的形式，负责管理农田灌溉、防火、防盗等本村的公共事务和公益事业。农民群众尝试的这种自我管理、自我服务的组织形式，经各级党和政府总结经验，加以推广、提高，逐步演变成了农村基层的群众自治组织——村民委员会。目前，我国广大农村已经普遍建立了以村民委员会、村民会议或村民代表会议为主要载体的基层社会管理体制。目前，绝大多数村庄制定了实施民主管理的村民自治章程或村规民约，推行了保障民主监督的村务公开制度。村民按照自己的心愿，选择大多数人公认的村民担任村委会干部；按照大多数人的意见，决策村民自治范围内的重大事务；按照村民自治章程和村规民约，规范自己的行为；按照法律要求，村民委员会实行村务公开，接受民主评议和村务质询。实践证明，实行村民自治，坚持村级民主选举、民主决策、民主管理和民主监督，既有利于充分发挥农民群众推动经济社会全面发展的积极性，又有利于在农村基层建立有效的利益协调机制、矛盾调解机制和社会管理机制，引导农民群众规范有序地参与村务的决策和管理，以理性合法的形式表达自己的利益诉求，解决利益矛盾，从而促进农村各项事业的发展与和谐稳定。

三是要充分发挥民间社会组织服务社会的功能。现在，社会组织发达的国家平均每100人就有一个社会组织。20世纪80年代以来，随着改革开放和社会主义市场经济的发展，我国的社会生活发生了许多深刻的变化，其中之一就是出现了众多的社会组织，即非政府、非营利性质的社团组织。社会组织不同于政府，不具备政府的职能，但它可以起到政府起不到、也不应当起的作用。政府和社会组织之间是优势互补、良性互动的关系。从治理国家来讲，政府是主导；从管理社会来讲，社会组织是主力。利用社会组织尤其是民间组织植根于民间的优势，发挥它们在提供服务、反映诉求和规范行为等方面的积极作用，这是健全社会管理新体制、有效配置社会资源、加快发展社会服务、多方满足社会需求的必要途径，也是加强社会协商、化解社会矛盾、促进社会和谐、维护社会稳定、推动社会文明进步的有效措施。当前，社会组织应当努力克服依赖性，增强自主意识。政府应当大力扶持社会组织，同时加强和改进对各类社会组织的管理和监督，确保其沿着正确的轨道健康发展。

（三）完善突发事件应急管理机制

具备健全的应急管理体制和机制，是现代社会的一个重要特点。加强应急管理，是关系国家经济社会发展全局和人民群众生命财产安全的大事，是全面落实科学发展观、构建社会主义和谐社会的重要内容，是各级政府坚持以人为本、执政为民、全面履行政府职能的重要体现。当前，国际形势仍然复杂多变，我国改革发展的任务艰巨繁重，我们前进中难免会遇到可以预料和难以预料的包括经济的、政治的、文化的、自然的各种各样的困难和风险，仍然存在出现重大社会突发事件、重大公共安全事件乃至重大国际冲突事件的可能性。因此，必须建立健全社会预警体系和应急体制机制，做好应对各种困难和风险的准备，提高保障公共安全和处置社会突发事件的能力。

完善应急管理体制机制，必须坚持以邓小平理论和“三个代表”重要思想为指导，全面落实科学发展观，坚持以人为本、预防为主，充分依靠法制、科技和人民群众，以保障公众生命财产安全为根本，以落实和完善应急预案为基础，以提高预防和处置突发公共事件能力为重点，全面加强应急管理工作，最大程度地减少突发公共事件及其造成的人员伤亡和危害，维护国家安全和社会稳定，促进经济社会全面、协调、可持续发展。

“十一五”期间，我国完善应急管理体制机制的工作目标，是建成覆盖各地区、各行业、各单位的应急预案体系；健全分类管理、分级负责、条块结合、属地为主的应急管理体制，落实党委领导下的行政领导责任制，加强应急管理机构和应急救援队伍建设；构建统一指挥、反应灵敏、协调有序、运转高效的应急管理机制；完善应急管理法律法规，建设突发公共事件预警预报信息系统和专业化、社会化相结合的应

急管理保障体系，形成政府主导、部门协调、军地结合、全社会共同参与的应急管理工作格局。

在加强应急管理规划和制度建设方面，要编制并实施突发公共事件应急体系建设规划、健全应急管理法律法规、加强应急预案体系建设和管理、加强应急管理体制和机制建设。国务院是全国应急管理工作的最高行政领导机关，国务院各有关部门依据有关法律、行政法规和各自职责，负责相关类别突发公共事件的应急管理工作。地方各级人民政府是本行政区域应急管理工作的行政领导机关，要根据《国家总体应急预案》的要求和应对各类突发公共事件的需要，结合实际明确应急管理的指挥机构、办事机构及其职责。各专项应急指挥机构要进一步强化职责，充分发挥在相关领域应对突发公共事件的作用。加强各地区、各部门以及各级各类应急管理机构的协调联动，积极推进资源整合和信息共享。加快突发公共事件预测预警、信息报告、应急响应、恢复重建及调查评估等机制建设。研究建立保险、社会捐赠等方面参与、支持应急管理工作的机制，充分发挥其在突发公共事件预防与处置等方面的作用。

要做好各类突发公共事件的防范工作，包括开展对各类突发公共事件风险隐患的普查和监控、促进各行业和领域安全防范措施的落实、加强突发公共事件的信息报告和预警工作、积极开展应急管理培训。要加强应对突发公共事件的能力建设，包括推进国家应急平台体系建设、提高基层应急管理能力、加强应急救援队伍建设、加强各类应急资源的管理、全力做好应急处置和善后工作，以及建立健全突发公共事件的评估制度，研究制订客观、科学的评估方法。要制定和完善全面加强应急管理的政策措施，包括加大对应急管理的资金投入力度、大力发展公共安全技术和产品、建立公共安全科技支撑体系。

要进一步加强对应急管理工作的领导。地方各级人民政府要在党委领导下，建立和完善突发公共事件应急处置工作责任制，并将落实情况纳入干部政绩考核的内容，特别要抓好市（地）、县（区）两级领导干部责任的落实。

各地区、各部门要加强沟通协调，理顺关系，明确职责，搞好条块之间的衔接和配合。建立和完善应对突发公共事件部际联席会议制度，加强部门之间的协调配合，定期研究解决有关问题。各级领导干部要不断增强处置突发公共事件的能力，深入一线，加强组织指挥。要建立并落实责任追究制度，对有失职、渎职、玩忽职守等行为的，要依照法律法规追究责任。

要构建全社会共同参与的应急管理工作格局。全面加强应急管理工作，需要紧紧依靠群众，军地结合，动员社会各方面力量积极参与。要切实发挥工会、共青团、妇联等人民团体在动员群众、宣传教育、社会监督等方面的作用，重视培育和发展社会应急管理中介组织。鼓励公民、法人和其他社会组织为应对突发公共事件提供资金、物资捐赠和技术支持。积极开展基层公共安全创建活动，树立一批应急管理工作先进典型，表彰奖励取得显著成绩的单位和个人，形成全社会共同参与、齐心协力做好应急管理工作的局面。

（作者：中共中央党校科学社会主义教研部教授）

（选自《中共石家庄市委党校学报》2008年第5期）

和谐社会建设重在改善民生

李培林

突出强调民生问题，是党的十七大报告的一大亮点，它顺应了党心民心和时代潮流，回应了广大人民群众的关切。

改善民生是贯彻落实科学发展观的要求

科学发展观的核心是以人为本，以人为本之首是以民为本，解决好民生问题是贯彻落实科学发展观的根本要求。我们党是代表最广大人民群众根本利益的党，人民群众的根本利益是我们党一切工作的出发点和落脚点，也是落实科学发展观的出发点和落脚点。

中国特色社会主义道路之所以受到广大人民群众真心诚意的拥护，之所以受到世界各国的高度关注，关键就是在于它极大地、快速地、持续地改善了民生，使人民群众的生活水平不断得到提高。社会主义制度的优越性，归根结底要体现在快速改善和提高人民生活水平上。关注民生、重视民生、保障民生、改善民生，是中国特色社会主义的本质要求，是全面贯彻落实科学发展观的核心内容，是全面建设小康社会的基本任务，是构建社会主义和谐社会的重点和入手点。

民生无小事，群众的柴米油盐、衣食住行，看似小事，实为满足人民群众日益增长的物质文化生活需要的大事，更进一步说，是关系到人民幸福安康、国家长治久安的大事。树立科学发展观，首先要树立科学的政绩观。衡量领导干部政绩的指标很多，但最大的政绩，要体现在改善民生上。

党的十七大报告提出，贯彻落实科学发展观，要积极构建社会主义和谐社会，加快推进以改善民生为重点的社会建设，并部署了发展教育、扩大就业、深入收入分配体制改革、加快建立覆盖城乡居民的社会保障体系、建立基本医疗卫生制度、完善社会管理等改善民生任务。这是当前我国在温饱问题解决之后的基本民生问题，可以说教育是民生之始，就业是民生之本，收入分配是民生之源，社会保障是民生之依，社会管理是民生之盾。

改善民生是促进社会和谐的要求

近几年来，在全面贯彻落实科学发展观和构建社会主义和谐社会实践中，我们在改善民生方面取得了新的巨大成就。人民生活水平、特别是农民的收入水平加快增长，物价基本稳定，就业紧张的形势有所缓解，建立覆盖城乡基本社会保障体系的工作快速推进，拖欠农民工工资问题得到有效治理，劳动集体争议、上访和群体性事件的发生数量开始下降，社会治安状况好转。当前，我国经济和财政收入快速增长，这为改善民生提供了更加有利的条件。但也要清醒地看到，伴随人民群众物质文化需求的提高，在就业、收入分配、社会保障、住房、医疗、教育、安全生产、社会治安、环境保护等方面，产生了一些关系人民群众切身利益的民生问题，由此引发的一些社会矛盾和冲突，也影响到社会的和谐稳定。

我们正处于并将长期处于社会主义初级阶段，同时我们也正处于经济社会快速变化发展的阶段，因此，我们必须清醒地认识到解决民生问题的长期性、艰巨性，清醒地认识人民群众物质文化生活水平提高所提出的新要求、新问题，清醒地认识到我们的工作与人民的期望相比还存在很大的差距和不足，从而进一步增强解决民生问题的责任感、紧迫感。

改善民生是当前促进社会和谐的一项大政策，必须千方百计落实好。根据新世纪新阶段民生问题的新特点，我们在改善民生问题上要有新的举措、新的突破。一是要在提供公共产品和公共服务上有所突破，随着温饱问题的基本解决和人民群众总体上达到小康生活水平，人民群众有了更高的物质文化需求，在解决了商品短缺之后，现在又出现了某些公共产品和公共服务的供给短缺，因此必须加大教育、医疗、住房、社会保障、公共交通、生活环境等方面公共服务的供给，提高人民群众在这方面的享有水平；二是要在建立合理的收入分配制度上有所突破，下决心整顿收入分配秩序，打击各种非法牟利行为，取缔各种非法收入，逐步扭转收入分配差距扩大的趋势，维护社会公平正义，让人民群众共享改革发展的成果，走共同富裕的道路；三是在解决历史遗留的民生问题上有所突破，在我们的改革发展的过程上，由于体制转轨过程中的制度不衔接、不完善等问题，产生了一些历史遗留的民生问题，我们要采取负责任的态度，随着财政收入的增长，逐步妥善合理地解决这些问题。

改善民生是全面建设小康社会的要求

改善民生是国家繁荣富强、社会和谐稳定、民族团结和睦、人民幸福安康的基础条件。改革开放近30年来的最大成就，最根本的一条，就是显著地改善了民生，使中国老百姓得到实惠。总结社会主义建设的经验与教训，最重要的一条，就是社会主义的优越性最终应体现在提高人民群众的生活水平上，体现在改善民生上。

尽管我们国家的GDP总量已经位居世界第四位，但我国人口众多，人均资源少，人均生活水平在全世界还属于中下水平。我们要清醒认识到这种社会主义初级阶段的基本国情，充分认识到实现全面建设小康社会任务的艰巨性和复杂性。

全面建设小康社会，在改善民生方面的难点之一，是快速提高广大农民的生活水平。中国农民的户均土地很少，难以形成规模经营，提高收入水平受到自然条件的限制。但如果我们不能真正有效地提高农民收入水平，不能使农民从总体上过上普通市民的生活，中国就无法真正跨越走向现代化的门槛。

全面建设小康社会，在改善民生方面的难点之二，是改变城乡二元社会结构。随着农业产出在GDP中的比重逐步降低，二元经济结构的问题会明显缓解，但随着人民群众物质文化需求的提高，在教育、医疗、养老、基础设施建设、公共服务等方面的二元社会结构问题会更加突出。以城带乡、以工补农的实施是一个重大抉择，但必须经过长期努力才能逐步改变城乡二元社会结构。

全面建设小康社会，在改善民生方面的难点之三，是全面地改善民生。所谓全面，不仅是要努力使人民群众学有所教、劳有所得、病有所医、老有所养、住有所居，还包括扩大人

民民主，保证人民当家做主的权利；繁荣文化事业，建设中华民族共有的精神家园；保护好生态环境，让人民群众都呼吸到新鲜空气、喝上纯净的水。

改善民生要依靠改革发展

当前一些关系民生的现实问题，其形成的原因是复杂的，有结构失衡问题也有体制不完善问题，有历史遗留问题也有新产生的问题，有思想观念问题也有工作方法和作风问题，有利益协调方面存在的问题也有价值整合方面存在的问题，等等。但总的来看，这些问题基本上都还是发展中的问题，只要我们充分重视，是可以逐步解决的。解决民生问题，还是要靠继续深化改革。

民生问题就是发展问题，民生问题归根结底也要靠发展来解决。科学发展观的第一要义是发展，我们要牢牢扭住经济建设这个中心，坚持聚精会神搞建设、一心一意谋发展，不断解放和发展生产力，这个基本点在和平时期的任何情况下都不能动摇。但也必须看到，中国的发展正在走上一个新的台阶，从粗放经营走向集约经营，从重在规模扩张走向重在提高质量效益，从又快又好发展走向又好又快发展。当前的任务就是要落实好转变经济发展方式这个方针，加快经济结构战略性调整，提高经济发展质量和效益，建设资源节约型和环境友好型社会。要正确处理发展经济和改善民生的辩证关系，一方面要通过改善民生、扩大内需来促进生产和消费的良性循环，减少城乡之间、地区之间发展不平衡，进一步消除贫困现象，使国内消费成为拉动经济的主要力量，使改善民生成为推动经济繁荣的基础动力；另一方面要对社会主义初级阶段的基本国情有清醒的认识，改善民生的要求要与经济发展的实际水平相适应，注意经济增长周期性波动和福利增长刚性上升的特点，防止不切实际的福利倾向，坚决杜绝铺张浪费现象。

改善民生还要特别重视社会稳定，没有稳定的社会环境，改善民生就是一句空话。要准确把握我国经济社会生活的新变化，准确把握人民群众对社会秩序的新要求，准确把握社会不稳定因素的新特点，妥善处理好各种人民内部矛盾，特别是处理好新时期的贫富关系、干群关系和劳资关系。当前，要妥善解决好土地征用、房屋拆迁、水库移民、企业改制、环境保护等方面的利益关系；努力实现安全生产状况好转、特别是煤矿安全生产状况的好转；切实加强食品药品监管，有效防止食品药品安全事故；解决好危害群众健康和影响可持续发展的环境问题；继续整治突出治安问题和治安混乱地区，增强人民群众的安全感。要通过完善诉求表达机制、利益协调机制、矛盾排查调处机制和权益保障机制，逐步建立健全正确处理各种人民内部矛盾的制度体系，为改革发展和人民群众的生活提供安全稳定的制度保证。

(作者：中国社会科学院社会学研究所所长)

(选自《光明日报》2008年3月4日)

着力保障和改善民生

孙志刚

一、在发展中解决民生问题

发展是党执政兴国的第一要务，也是解决民生问题的必经之途。我们应在实现又好又快发展中解决民生问题。

坚持加快发展不动摇。改革开放以来，我国经济社会发展取得巨大成就，但人民群众日益增长的物质文化需要同落后的社会生产之间的这一主要矛盾没有变。只有抓住机遇实现又好又快发展，才能不断增强经济实力，提高人民生活水平，为解决好民生问题奠定坚实的基础。十七大报告提出，要在优化结构、提高效益、降低消耗、保护环境的基础上，实现人均国内生产总值到2020年比2000年翻两番。这不仅从数量上，也从质量上对全面建设小康社会提出了更高标准。面对新形势、新任务，我们必须牢牢扭住经济建设这个中心，加快全面建设小康社会进程。

着力转变发展方式。以优化增量为关键点，把好新上项目关，注重招商引资的选择性，不能以牺牲环境和浪费资源为代价来求得一时的发展。以提升传统产业发展水平为重点，突破淘汰落后生产能力这一难点，推进节能减排，促进产业结构升级，有效解决环境问题。

着力增强发展的协调性。众多民生问题，源于发展的不平衡。我们要促进统筹城乡发展，把加快县域经济发展摆在更加突出的位置，坚持大力发展民营经济，大力推进县域农业产业化、新型工业化和乡村城镇化进程，显著提高农村居民收入水平和生活水平；促进区域协调发展，使不同地区的人民享有均等的基本公共服务和大体相当的生活水平。

着力增强发展的活力。解决好民生问题，需要充分尊重人民主体地位，发挥人民的首创精神，让全体人民各尽其能、各得其所而又和谐相处。要发挥政府、企业、社会等多方面作用，将解决民生问题与开展全民创业行动有机结合起来。

二、在改革中解决民生问题

有些民生问题，如教育、就业、医疗、社会保障等问题是由于改革不到位，政策不配套、不完善造成的。民生问题的解决也是一个深化改革的过程。

建立和完善积极的就业政策体系。进一步完善自主创业、充分就业的政策，综合运用财税、金融政策，扩大市场准入；加快建立城乡统一的职业培训体系、就业服务体系和劳动用工管理体系，完善就业援助制度；建立和发展和谐的劳动关系，加强劳动执法监察，维护劳动者权益。

加快建立和完善社会保障制度。坚持“广覆盖、保基本、多层次、可持续”的做法，进一步完善基本养老保险制度、基本医疗保险制度和最低生活保障制度，积极发展慈善事业和商

业保险，建立社会保障可持续发展的长效机制。

大力推进教育改革创新。教育公平是社会公平的重要基础，加快发展教育事业，有利于把人口压力转化为人力资本优势。要坚持教育的公益性质，健全公共财政投入和保障机制，继续深化城乡义务教育经费保障机制改革，尽力扶持贫困地区和农村教育事业发展，重点保障城乡经济困难家庭和进城务工人员子女平等接受义务教育。

加快建立基本医疗卫生制度。健康是人全面发展的基础，关系千家万户的幸福。要建立和完善覆盖城乡的公共卫生服务体系、医疗服务体系、医疗保障体系和药品供应保障体系，为群众提供安全、有效、方便、价廉的医疗卫生服务。

深入推进住房制度改革。解决住房问题是一项重要的民生工作。要建立适应全体居民需要的多层次住房保障体系。以解决低收入家庭的住房困难为重点，加快建立完善廉租房制度，让群众“住有所居”。

深化财政体制改革。进一步完善公共财政体系，调整财政支出结构，加大公共服务领域投入，特别要着力保障农村和困难地区的公共产品供给。

深入推进行政管理体制改革。强化执政为民的理念，努力建设服务型政府，加快政府职能转变和管理创新，强化公共服务和社会管理能力，加强安全生产管理和社会治安管理。

三、在科学的政策调节中解决民生问题

民生问题关乎社会公平，除了借助市场机制外，还需综合运用多种政策手段进行科学调节。

加强税收调节。税收是政府调节收入分配的重要手段，在缩小收入差距、维护社会公平、改善民生等方面具有重要作用。要进一步完善税收政策，加强税收征管，特别是发挥个人所得税在调节收入分配中的重要作用，抑制居民收入差距的扩大。

加强价格调节。价格是影响民生问题的重要因素。要加强对教育、医药、住房、食品等价格的监管，严防哄抬物价，严防假冒伪劣商品。适时运用最低收购价等价格政策，保护农民利益。

加强财政政策调节。进一步加大转移支付力度，坚持向基层、民生、“三农”倾斜。有计划地将超收财力用于解决历史遗留的民生问题。加强对困难群众的救助，增加低收入群众的收入，使这部分群众的生活得到明显改善。

加强社会调节。充分发挥社会力量的作用，解决民生问题。大力发展慈善事业，建立健全以社会捐赠为主的爱心捐助体系，开展经常性的社会捐助活动。鼓励各类企业认真履行社会责任，积极回报社会。引导高收入阶层参与捐助，利用社会机制援助低收入阶层。

四、在干部作风建设中解决民生问题

加强作风建设，弘扬亲民为民、务实廉洁的新风正气，是做好民生工作的有力保障。

牢固树立心系群众、服务人民的思想观念。解决民生问题，就是践行党的宗旨，为人民群众谋利益。只有心系群众、服务人民，才能察民情、知民意、解民忧，真正把民生工作摆在重要位置。

弘扬求真务实、真抓实干的工作作风。民生问题涉及千家万户，需要做大量复杂细致的工作。只有沉到基层，为群众办实事、解难事，才能把党和政府的各项民生政策落到实处，有效化解民生难题。

保持艰苦奋斗、勤俭节约的优良传统。真正把有限的财力和资源用在解决群众迫切需要解决的问题上，少花钱、多办事，巧花钱、办好事，切实做到权为民所用、情为民所系、利为民所谋。

（作者：中共安徽省委常委、常务副省长）

（选自《求是》2008年第6期）

关于社会体制基本问题的若干思考

李友梅

何谓社会体制？中国当下的社会体制表现为何种形态？人们通常认为，政治体制与政权相关，经济体制与产权相关，但对社会体制与一个什么样的核心要素相关还缺乏清晰的认识。从近几十年来中国社会生活与制度相互关系的变迁过程看，1949年以后的30年中，国家通过单位制、人民公社制、阶级分类制、户籍制以及高度一元化的意识形态的建设和完善，获得了全部资源的支配权，形成了“国家—单位—个人”一元主体的社会管理格局和政治经济社会高度重合的“总体性社会”形态。1978年以后，以市场化为主导的经济体制改革在我国启动并不断深化，带动了社会领域的变动。30年的改革过程中，民间组织开始发育，个人权利意识不断张扬，网络社会日趋活跃，社会管理主体逐步多样化，一个相对开放、自主的“多元社会”正在浮现。这种“多元社会”对公共产品的配置究竟提出了怎样的要求？这些要求的满足会促成怎样的制度安排？对这两个问题的回答，有可能会引出社会体制的一些特征，进而会要求我们把握好社会的价值取向。

社会价值取向的思想理路

从理论上看，社会、经济和政治具有各自不同的目标取向和运作逻辑，彼此之间形成一种相对平衡的张力关系，制约着其中任何一个维度走向极端，以保持整个社会的相对稳定和生活在其中的人们可以各得其所。由此看来，社会有其自身的目标取向和运作逻辑，而公共产品配置的制度安排首先要遵循社会自身的目标和内在逻辑。但是，相对于政治的权力运作机制和市场资源配置机制的刚性存在，社会生活的主体和运作机制总是弥散的、模糊的，社会生活的目标往往也是不清晰的。在大多数情况下，社会生活的组织方式会受到市场和政府的牵引，在极端的情况下，社会甚至会完全被经济或者政治的目标和逻辑所吞没、支配。

正是在这个背景下，社会思想家们一直在思考社会独特的价值取向和运行逻辑，试图建立一种超越于经济和政治的社会想象，无论是莫尔的乌托邦，还是马克思的共产主义社会，莫不在做类似的工作。社会学家涂尔干在评判自由主义经济学时指出：“经济功能本身并非目的，而仅仅是实现某一目的的一种手段；它们只是社会生活的诸多器官之一，当心灵和意志结合起来为着共同的目标而工作时，社会生活首先就是各种职责和谐相处的共同体。”“社会也

有引以为荣的地方，这并不是因为它们最伟大、最富庶，而是因为它们最公平，组织得最好，具有最合理的道德结构。”在这里，涂尔干从理念上确定了“社会”自身独特的价值追求，那就是公平正义；确立了社会学的历史使命，就是寻找实现公平正义的制度安排。

在涂尔干之后，达伦多夫从公民权利角度重新界定了“社会”的目标取向。他把公民权利分为三个类型：基本的政治权利、政治权利和社会权利。前者包括“法治国家的基本要素，法律面前人人平等和可靠的适用法律裁定程序”；中者“不仅包括选举权，而且也包括结社自由，舆论自由和穆勒在他的《论自由》里深刻描述过的一整套名目繁多的权利”；后者就是马歇尔所说的“一种对实际收入的普遍权利，这种实际收入将不按有关人员的市场价值来衡量”，譬如最低收人保障权利、劳动权利等等。这里的“社会权利”指涉的就是笔者所讨论的“社会”。这三种权利是一种相互制约和保障的关系，特别是后面的权利类型对前面的权利类型的递推性保护关系，没有政治权利和社会权利，基本的政治权利就很难保障；没有社会权利，政治权利也很难保障。在西方社会的发展过程中，前两种权利已经基本成形，但社会权利的保障往往是最为艰难的。在达伦多夫看来，社会权利的实现，需要通过阶级冲突来实现，但恰恰是阶级冲突的发生对社会权利的积极作用，又反过来产生了缓解阶级冲突的客观效果。和达伦多夫同时代的波兰尼在《大转型》中提出“保卫社会”的概念，“是社会保护的原则，旨在保护人类和自然以及生产组织，依赖的是那些最直接受到来自市场的有害行为影响的人——主要、但并不仅限于工人阶级和地主阶级——的各不相同的支持，使用保护性立法、限制性协会和其他干预的手段作为它的方法”。

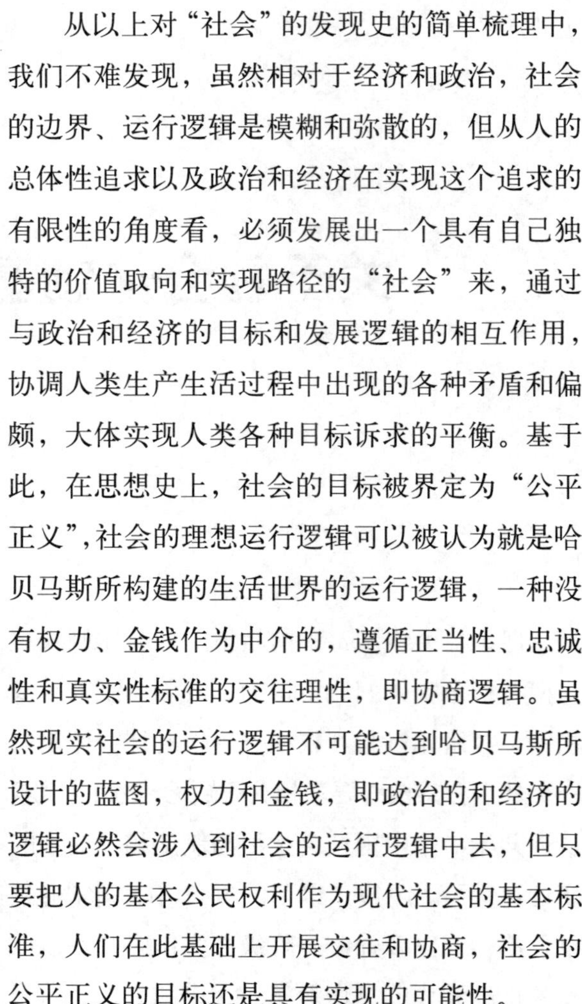

从以上对“社会”的发现史的简单梳理中，我们不难发现，虽然相对于经济和政治，社会的边界、运行逻辑是模糊和弥散的，但从人的总体性追求以及政治和经济在实现这个追求的有限性的角度看，必须发展出一个具有自己独特的价值取向和实现路径的“社会”来，通过与政治和经济的目标和发展逻辑的相互作用，协调人类生产生活过程中出现的各种矛盾和偏颇，大体实现人类各种目标诉求的平衡。基于此，在思想史上，社会的目标被界定为“公平正义”，社会的理想运行逻辑可以被认为就是哈贝马斯所构建的生活世界的运行逻辑，一种没有权力、金钱作为中介的，遵循正当性、忠诚性和真实性标准的交往理性，即协商逻辑。虽然现实社会的运行逻辑不可能达到哈贝马斯所设计的蓝图，权力和金钱，即政治的和经济的逻辑必然会涉入到社会的运行逻辑中去，但只要把人的基本公民权利作为现代社会的基本标准，人们在此基础上开展交往和协商，社会的公平正义的目标还是具有实现的可能性。

社会体制及其在中国的演变

社会是一个抽象的概念。但从达伦多夫和波兰尼的论述中不难看出，“社会”可以具体化为保障人们的基本生存机会、条件和权利的领域，或者更直白地说，就是公共产品配置领域。由此而论，社会体制就是围绕公共产品配置而进行的一系列制度安排。这一点从当前国内学界关于“社会体制”的两种基本观点中也可以得到证实。一种观点认为社会体制主要涉及社会事务管理的相关体制及公共政策，是介于经济与政治之间，又同经济与政治紧密相关，既相互促进，又相互制约的相关体制。其包括就业、收入分配、社会保障、教育、医疗、住房、安全生产、社会治安等整个社会领域，与社会保障和社会福利等民生问题密切相关。在这种观点中，社会体制包括公共服务体制和社会管理体制。另一种观点将社会体制理解为区别于国家（政府）、市场的第三部门（也称第三域）的概念，包含政府社会职能、社会政策、社会治理、社会保障、社会福利、社会服务、非政府组织、非营利组织以及国家与社会关系等基本要素。这种观点依据的是“国家—社会”关系的理论范式，将社会体制列入与国家、市场相对应的“第三领域”。

上述关于社会体制的两种操作性和描述性界定，强调了围绕社会中公共产品配置的相关制度的建设和完善，但对社会体制本身的基本内涵、存在意义及其运作过程中可能出现的权力再生产等复杂问题的深入思考，似乎还未提上议事日程，特别是漏掉了一些关键的环节，比如公共产品配置的制度安排所基于的目标取向和逻辑起点。因此，笔者的出发点就是希望弥补国内当下社会体制研究中的上述不足。从理想的状态看，社会体制就是实现社会的理想目标的一种制度方式，其结构和运行逻辑就是与社会的理想目标相适应的运行逻辑。进而言之，理想的社会体制应该是围绕公共产品的公平正义分配而构建的不同利益主体之间的交往和协商制度，通过这样一种协商制度的推进，公共产品能够得到较为公平的分配，不同的社会主体在协商中能够得到基本的利益满足。但是，需要注意的是，在刚性的政治和经济面前，社会的独立性及其目标诉求并不是自然而然实现的，在很大程度上取决于人们对经济、政治和社会之间的相互关系的认识和评价。当人们把社会当作经济效率和政治权力最大化的手段时，社会的独立性、社会体制的独立性就必然付诸阙如了；当人们认识到社会、经济和政治之间的高度依存性时，就会自觉地凸显社会的独特性，努力构建适当的社会体制。

十一届三中全会之前，很长一个时期，“以阶级斗争为纲”制约了经济社会的运作，造成了整个国家经济建设的举步不前。1978年党的十一届三中全会做出了“以经济建设为中心”的果断决定，并把改革开放提到首要的议事日程。从有计划的商品经济体制的实施到1992年市场经济体制改革方向的最终确立，从“以阶级斗争为纲”的终结到“效率优先，兼顾公平”的提出，以GDP增长为目标和以市场为手段的资源分配逻辑快速向社会生活领域扩散，传统的组织社会生活的方式迅速瓦解，“社会市场化”成为20世纪90年代以来我国社会体制重建的一个主要取向。以市场化的经济资源分配方式来组织社会生活的一个严重结果是，公共产品的配置不均，这进一步加重了中国社会的贫富分化，使得社会矛盾日益积累和突出，从而对政治稳定和经济可持续发展构成越来越明显的挑战。

因此，探索社会生活自身的目标诉求以及与之相适应的社会运行逻辑，构建政治、经济和社会之间的相互照应关系，是我国推进新一轮改革的题中应有之义。中国共产党在2004年正式提出了“构建社会主义和谐社会”的概念，2005年以来进一步将“和谐社会”作为执政基础建设的战略任务，强调“和谐”理念是建设“中国特色社会主义”的基本价值取向，“民主法治、公平正义、诚信友爱、充满活力、安定有序、人与自然和谐相处”是和谐社会的主要内容。这些社会建设目标的确立意味着我们国家开始自觉地超越政治逻辑和经济逻辑，越来越尊重现代化背景下政治、经济和社会相对分离的要求，把公平正义作为社会建设的目标诉求，把社会主体对公共产品配置的参与和协商作为和谐社会的基本运行逻辑，并努力以此为参照来重组社会生活，建设新的社会体制。

从社区体制看社会体制

在前面的阐述中，笔者只是提出了社会生活自身的目标诉求即公平正义，并抽象地指出与之相应的社会和社会体制的运行逻辑，是建立在对公民权利的基本共识基础上的交往和协商，但还没有对这种逻辑的具体机制及其外部环境的约束问题作更深入的探讨。事实上，这是一个非常艰难的问题，国内外的相关研究相当缺乏，直接清晰地回答它，至少目前还在我们的能力范围之外。有鉴于此，在下面的分析中，笔者尝试转换思维视角，从基层社区治理实践的层面，以管中窥豹的方式，通过阐释社区体制来洞察社会生活的运行逻辑以及与之相应的社会体制问题。

回归公平正义的社会诉求，这一行为要针对的核心问题是公共产品的合理分配。由此说来，社会体制作为组织社会生活而进行公共产品配置的一系列制度安排，其效率在很大程度上取决于能否协调好不同社会主体之间的利益关系。因此，在制定相关制度安排时不能不考虑如何在公共产品配置中使公平正义得到有效体现，从而最大限度地满足不同社会成员的利益诉求，协调好不同社会主体之间的关系，提升社会整体的满足感。

我国城市基层社区作为社会生活的重要空间和公共产品配置的基础层面，也是社会体制运行的一个基本载体。从20世纪80年代末的“社区服务”到90年代初的“社区建设”，社区逐步从“单位制”的补充体制转变为社会生活“共同体”建设的主要区位，从承接“单位制”溢出的部分社会福利发展为整个社会保障和公共服务供给的基础层面，成为公共产品配置和社会治理的最为重要的平台。在私有产权日益明晰、公民意识开始苏醒、民间力量逐步发育的背景下，参与社区公共产品配置的主体不断多样化。过去，政治性力量的代表居民委员会是社会权力结构中的单极，现在，经济性组织如物业公司、居民自治组织如业主委员会都开始发育，并积极参与到社区管理中，突破了过去单一的社区权力构成，使得社区公共产品配置的权力结构高度复杂化。由于不同权力主体在利益诉求和力量上的差别，它们在社区管理和公共产品配置中难免产生分歧。为减少这种分歧给自己带来的不利以及损伤社区的整体利益，这些主体们会借助各种资源、援引各种法律条文，逐渐建立起一种能够为主要的社会主体接受的动态的、横向的协商机制。这种协商模式的建立和实践，实际上把传统的社区管理制度转变为后现代意义上的社区治理制度，并完全改变了社区公共产品配置的方式，使得公共产品配置结构更加能够满足社区成员的基本诉求。这样，在社区层面上，保证公共产品配置的公平性和正义性的结构就得以成形。对这一类合作模式和治理结构在制度上的确认和稳定化，即形成我们所说的社区体制。

社区体制与社会体制之间存在着相互影响和相互作用的关系：从国家、市场、社会相对独立的角度看，社会构成的动力主要存在于日常生活领域。社区作为社会生活的基本空间，它本身的运行和再建构必然在一定程度上促进社会变动和再建构，社区体制的重新安排也必然在一定程度上对社会体制的建设或完善产生影响。由此，我们可以在社区体制的运动中隐隐约约看到一个抽象社会的具体化过程。虽然社区内部关系相对简单，社会是由更为复杂的关系所构成的一个动态的网络体系；但从总体上看，社区的运作逻辑可以被视为社会运作逻辑的一种局部构成，社区体制可以被视为社会体制的一种基础性存在状态。再换个角度看，在社区体制中，不同社区组织（比如居委会、业

委会、物业公司）的目标取向、行动方式，以及它们之间的关系形态并不是完全孤立存在的，而是受到更大范畴的社会体制的影响。由此可见，社区体制与社会体制是不可分割的，社会体制的变化必然会影响到社区体制，社区体制的特征可以折射出社会体制的运行逻辑。

体制实践面临的多维问题

需要注意的是，在社会结构快速分化和利益多元化的时代，能否实现“公平正义”不是一个简单的和线性的问题，而是一个多重因果关系相互纠结和相互嵌入的复杂问题。

第一，公共产品的配置不仅是社会再分配系统的核心构成，也是经济可持续发展和政治生活民主化所涉及的重要内容之一。但是，公平正义只是特定社会的诉求，却非市场的目标，甚至在许多具体的情境中还非所有社会成员同时追求的目标。而且，正如前文已经指出的，在公共产品配置实践中，其制度安排并非完全按照社会的诉求来操作，很多情况下不可避免地会受到市场逻辑的干预，或者政治权力的支配。即使近年来，国家要求各级政府部门努力按照“和谐社会”的理念来制定公共产品配置的相关制度，但是在这些制度的出台和实施中，总会遭到市场机制和权力机制的渗透，常常会出现这样的现象，比如在一些集体消费领域，公共设施的建设更多地会适应市场的优势累积原则(即越富有的人可能获得越多的资源)和政治等级原则，进而形成公共产品在不同阶层间的非均衡配置的局面。因此，我们要深入探讨在社会、市场、政治的不同主体间建立有效的多边协商机制。这种协商机制的实质，就是建立一种基于认同之上的多元治理体制，对参与社会运行的政治、经济和其他主体间的关系进行调节。

第二，社区体制和社会体制在社会结构中相对处于表层，当它们通过各种制度实行公共产品的配置功能时，它们的背后还隐含着深层次的权力运作机制。比如，根据笔者的观察，在特定公共产品的配置过程中，社区治理的不同主体都试图影响其他组织主体的行动对策，并以自己的方式使其他组织主体的对策朝着有利于自身目标的方向变化。其实在这个过程中，每一个主体都有着类似的企图，都想在公共产品配置规则的制定时占据相对优势地位。他们都可谓是具有理性决策的行动者，这些行动者之间建立起来的权力关系，恰恰有可能促成公共产品配置的相对公平。社区体制和社会体制同这种权力关系是一种对立统一关系。当两者过多地相互背离时，社区体制和社会体制得以维持的成本就很高昂；当两者彼此相对契合时，社会的和谐就成为可能。从研究者的角度来看，这种契合的过程可以被看成是一种共识建构的过程，即不同主体在协商与讨论过程中形成对制度安排相近的认知和判断的过程。共识的建构不仅涉及到观念上的引导，而且也涉及一些技术性的安排，比如，以有效的方式打造由不同主体共同参与其间的公共讨论平台、以巧妙的方法通过媒体表达不同意见并进行沟通的机制等。

第三，公平正义的实现路径必须是多样化的，也就是说，社会体制应该具有开放性。具体地说，公平正义不仅是一个主观认知的问题，也是一个客观的可选择性问题；不仅是一个静态的问题，也是一个动态的过程。在认知问题上，我们需要通过媒体、舆论构建一个基本的社会认同。从客观的角度看，社会体制应该提供让人们各得其所的路径选择机会，比如，当有的人在接受普通高等教育上不能得到满足时，他可以转向职业技术教育；当有的人不愿意接受特定工作岗位时，他有机会享受失业保险的担保。

也就是说，社会体制应该在某个时间和空间中尽可能满足绝大多数人们的要求，即使当人们在这个时空结构中暂时得不到满足，难以达成公平正义时，理想的社会体制也应该可以给他创造条件，让他看到希望，能在后续的某个时空结构中享受公共产品的阳光。

对于中国学者来说，社会体制是一个老问题，也是一个新问题。说是一个老问题，是因为自从现代性出现，经济、政治和社会成为三个相对独立的领域以来，社会体制就作为一个需要研究的论题存在了；说是一个新问题，是因为我国长期以来在政策上并没有把社会作为一个独立的领域进行建设，社会一直被视为经济和政治的附庸，直到2005年构建社会主义和谐社会的提出，社会才真正同经济、政治和文化并置，“社会体制”才引起政府和学界的关注。正因为它是一个新问题，关于社会体制重建的相关研究还很粗放，需要思考和进一步研究的问题还很多。譬如，社会体制同政治体制和经济体制之间应该构建一种什么样的关系？社会体制与社会管理体制的关系怎样？在一个网络虚拟社会日益活跃的背景下，社会体制的建设又将面临何种新挑战？等等。笔者在这里的分析只是学理上的初步思考，希望能启发更多理论的和实践的探索。

（作者：上海大学中国社会转型与社会组织研究中心主任、教授、博士生导师）

（选自《探索与争鸣》2008年第8期）

关于社会建设的理论和实践

陆学艺

十六大以来，我们党领导全国人民继续进行中国特色社会主义建设实践，在理论方面，也不断探索创新，提出了科学发展观、构建社会主义和谐社会等重大战略思想，提出了“以人为本”、“社会建设”等一系列新概念、新理论，使中国特色社会主义理论体系不断发展和完善。本文就社会建设的理论价值和实践意义，谈几点看法。

一、社会建设理论的提出和正在形成

2004年党的十六届四中全会，有两个重大的理论贡献。一是提出了构建社会主义和谐社会这个非常重要的战略思想，一经提出就受到了全国上下广大干部和群众的强烈关注和认同，成为与全面小康社会、社会主义现代化社会齐名的战略目标。现在，构建社会主义和谐社会已经落实贯彻到社会主义现代化建设的实践中，起到了精神变物质的巨大作用。二是提出了社会建设这个很重要的新概念，适应了我们国家工业化、城市化新的发展阶段的需要，把正在进行着的各项社会组织、社会结构、社会秩序、社会事业等方面的建设，作了一个明晰的概括，明确叫做社会建设，从而使上述诸方面工作的地位得到了提高，理论上有了依据，建设的目标更加明确，未来建设的前景也更加清楚。所以，社会建设这个新概念的提出，使中国社会主义建设的总体布局，由原来的经济建设、政治建设、文化建设的三位一体，变为包括了社会建设在内的四位一体的新格局。党的十七大政治报告则明确把社会建设单辟一节，与经济、政治、文化建设并列为四位一体。十七大还把四位一体的布局写进了新修改的党章总纲里。由此可见，提出“社会建设”这个新概念的重要意义。

十六届四中全会提出的构建社会主义和谐社会与社会建设，就两者关系来说，实质上前者是战略目标，后者是重要手段——社会主义和谐社会要通过经济建设、社会建设、政治建设、文化建设等方面的建设来实现。

社会主义建设的总体布局由经济建设、政治建设、文化建设三位一体扩展为包括社会建设在内的四位一体，这个事实本身既反映了当今中国社会已经发生了深刻变化的客观实际，也反映了我们对于这种经济社会结构深刻变化有了新的概括，有了突破性的新的认识。最早把中国的建设分为政治、经济、文化三个方面的，是毛泽东同志在1941年撰写的《新民主主义论》一书中提出来的。他说，“新民主主义的政治、新民主主义的经济和新民主主义的文化相结合，这就是新民主主义共和国，这就是名副其实的中华民国，这就是我们要造成的新中国”。那时的中国，还是半封建半殖民地的农业社会，小农经济是汪洋大海，农民占90%以上。在这样的背景下，对未来作构想，勾勒出政治、经济、文化三大领域，是符合中国国情的。新中国成立以后，我们在谋划社会主义建设总体布局时，还常以经济建设、政治建设、文化建设为架构。1982年，制定第六个五年计划时，增加了社会发展的内容，从此以后的五年计划，都冠名为国民经济与社会发展第N个五年计划。又过了20年，到十六大，在政治报告中，还是以经济体制改革与建设，政治体制改革与建设，文化体制改革与建设的三位一体的布局，但在讲到2020年实现全面小康社会的目标时，指出要达到“使经济更加发展、民主更加健全、科教更加进步、文化更加繁荣、社会更加和谐、人民生活更加殷实”，加进了社会更加和谐一项。这反映了改革开放20多年后，中国的经济社会已经发生了深刻的转变，国家总体上已经从农业社会转变为工业社会，已经从乡村社会转变为城市社会，这种转型对经济社会建设提出了新的要求。生产力极大提高，经济结构深刻变化，要求社会结构变化与之相协调；经济高速发展，要求社会事业发展与之相配合；人民物质生活的极大提高，要求社会安定有序。所以，十六大提出的“社会更加和谐”，反映了生产力发展的要求，反映了我们党对社会主义现代化建设规律的新认识。这之后不久，十六届四中全会提出构建社会主义和谐社会与社会建设的新概念，十六届六中全会专门就构建社会主义和谐社会若干重大问题做出决定，十七大则进一步指出要加快推进以改善民生为重点的社会建设。几年来，关于构建社会主义和谐社会、关于社会建设的理论正在逐步形成，成为中国特色社会主义理论体系中的一个重要组成部分，这是一项新的理论成就。

二、社会建设的含义和主要内容

社会建设的实践一直在进行着。建国以后，我们在大规模进行经济建设的同时，也展开了大规模的社会建设，只是过去我们没有用社会建设这个概念去指称它，而把它分别归到经济建设、政治建设、文化建设的名下。改革开放以后，我们把社会领域的建设，都称之为社会发展。其实，社会建设和社会发展是两个概念，有相同的方面，也有不同的方面。社会建设的含义应是：从社会所处的发展阶段的实际出发，顺应社会发展的趋势，遵循社会发展的规律，有组织、有目的、有计划地动员各种社会力量，在社会领域从事的各项建设。其中，社会建设的主体，主要是政府、社会组织与民众等；社会建设的原则，是公平与公正；社会建设的目标，是实现社会和谐与社会进步；社会建设的保证，是社会安全运行，包括社会安全阀构建；社会建设的动员机制，是建立协调各阶层利益的机制，充分动员民众参与社会建设；社会建设的重要手段，是社会管理，主要是在社会运行方面科学管理，保证社会良性运行。因此，社会建设是一项庞大的系统工程。有人以为，社会建设就是科学、教育、文化、体育、卫生等社会事业的建设，这显然是把社会建设的含义理解窄了，作为中国特色社会主义建设总体布局四位一体中的社会建设，其含义和内容要宽广、深刻得多。

（一）社会结构的调整与构建

一个国家，最重要最基本的是经济结构和社会结构。这两个结构要协调，相辅相成、互为表里。没有经济的发展与经济结构的调整，社会建设与现代社会结构的形成不可能实现，反过来，社会的建设与现代社会结构的形成又有力支撑起经济的进一步发展。但是经济发展不等于社会建设与现代社会结构调整会自发实现，这有赖于社会主体有目的有计划进行各方面的建设的推动。

现在，我们国家的经济结构已经从前工业化时期的经济结构转变为工业化中期的经济结构。但是我国的社会结构还是工业化初期的结构，存在着经济结构与社会结构的矛盾。这是当今中国产生诸多经济社会矛盾的问题的结构性根源。解决这些社会矛盾和问题，构建社会主义和谐社会，一个很重要的任务就是要继续深化改革，创新社会政策，构建与经济结构相适应、相协调的社会结构。

（二）社会流动机制建设

社会流动是指社会成员从一种社会地位转移到另一种社会地位的社会现象。通常有垂直流动（社会地位上升或下降）和水平流动（社会地位基本相同）。在农业社会，个人的社会地位主要由先赋性因素决定，而且世代相替，如“士之子常为士，农之子常为农，工之子常为工，商之子常为商”，这种社会称之为封闭型社会。在工业社会，随着社会化大生产不断拓展，产业结构不断向高层次演变，社会分工发达，职业结构渐趋高级化，不断创造出了新的社会岗位，需要社会流动的加快。个人通过学习和努力奋斗，可以实现上升流动，获得更高层次的社会岗位的愿望，个人的社会地位主要由后致性因素决定，这种社会称之为开放型社会。

改革开放30年来，随着经济发展，工业化、城市化的推进，中国已经从一个基本封闭的社会转变为基本开放的社会，社会流动渠道多元化，社会流动频率加快，亿万群众正通过努力奋斗，实现向上流动的愿望，涌现了诸如私营企业主、个体工商户、经理、自由职业者、农民工等一些新的社会阶层和社会群体，产业工人、科技人员、国家与社会管理者等社会阶层的队伍极大地扩大了，农业劳动者阶层的规模缩小了。整个国家正在形成合理、开放的现代化社会阶层结构，以后致性规则为主的现代社会流动机制也正在形成。但是计划经济时期形成的户籍、就业、人事等体制还没有得到根本性的改革，还在限制着社会流动的顺畅进行，致使该扩大的阶层（如社会中间阶层）大不起来，该缩小的阶层（如农业劳动者阶层）小不下去，阻止社会结构的正向演化。所以，要通过改革和创新，构建社会流动新体制，这是一项重要的任务。

（三）社会组织建设

工业化、城市化的现代社会是一个高度组织化的社会，社会成员都分属于这样那样的社会组织，许多人同时是多个社会组织的成员。中国原来是个农业社会，小农经济自给自足，社会组织很不发达，有人形容是“一盘散沙”。1949年建国之后，实行计划经济体制，在城市的企事业和机关实行单位制，在农村实行政社合一的人民公社体制，从而把全国人民组织起来了。改革开放后，单位制式微了，单位人成了社会人；农村人民公社解散了，改为乡镇政府和村民自治组织，绝大多数农民回到一家一户的生产生活状况，很多村几年也开不了一个群众会。当今中国，客观上需要在新的条件下，用新的形式，把群众组织起来。党的十六届六中全会的文件指出：“健全社会组织，增强服务社会功能。”这里讲的社会组织，指的是社会民间组织、社团组织。这类社会组织在工业化国家是很多的，发挥着社会公益服务和社会福利服务的功能，弥补了政府和市场的不足，在有些方面还起到了政府和市场不能起的作用。

因为各种原因，我国现在的民间组织、社会团体还很少，远远不能适应经济社会发展的需要，不能满足广大人民群众的要求。这对促进经济社会协调发展，加强社会管理，推进社会主义和谐社会建设是很不利的。需要我们按照十六届六中全会的精神，培育和支持各类民

间组织、社会团体的发展。

（四）社会阶层利益关系协调机制建设

当前，我国的社会结构已经发生了深刻变迁，社会利益关系也随之发生了深刻变化。社会利益主体多元化，利益要求多样化，利益关系复杂化。在目前经济发展水平的背景下，不同社会阶层的利益要求，很难都能得到充分实现，难免会产生这样或那样的社会矛盾和社会冲突。建设协调社会利益关系的机制，统筹协调各社会阶层的利益关系，使各社会阶层能够共建、共享、共赢，形成各得其所和谐相处的局面，是一项重大的任务。

统筹协调社会阶层利益关系的机制，应包含以下三个方面：一是要建立科学合理的阶层、群体、个人的利益诉求表达机制；二是要建立新形势下的劳资之间、干群之间、阶层之间、群体之间的平等对话协商机制；三是要建立社会矛盾和社会问题的排查调处的工作制度。

（五）社会事业建设

新中国成立后，我们一般把教育、卫生、科研、文化、艺术、体育机构称为社会事业单位，与经济领域的企业单位并称为企事业单位。社会事业同广大人民群众的生产生活密切相关，关系到每个家庭和个人的福祉和前途。改革开放以来，我国的科、教、文、卫、体各项事业都有了很大发展，使城乡居民在衣食住行等各个方面的水平都有了很大的提高。不容讳言的是，20世纪90年代中期以来，在一些地区和有些部门，把经济建设为中心曲解到唯一的地步，致使科技、教育、卫生等社会事业发展相对滞后了，出现了诸如就业难、上学难、看病难、住房难的问题。党的十七大专门做出了“加快推进以改善民生为重点的社会建设”的决策，非常正确，顺应了广大人民群众改善生活的要求，也有利于调整社会结构，有利于经济社会协调发展，促进社会和谐。现在的问题是，因为社会事业建设方面（如教育、科研、医疗卫生）欠账太多，同客观需求差距太大，要真正做到“学有所教、劳有所得、医有所医、老有所养、住有所居”，还有很多工作要做。所以必须按照十六届六中全会和十七大的决定，把社会建设工作放到突出重要的位置上来。当前，推进社会事业建设必须进一步深化社会事业体制的改革。

（六）社会保障制度建设

社会保障制度是现代国家经济社会基本制度的重要组成部分，是工业社会的稳定器、安全网。

中国的社会保障制度是在仿照苏联的社会保障制度的基础上逐步建立起来的。20世纪80年代中期以后，开始进行改革。90年代，随着社会主义市场经济的发展，适应城镇国有和集体所有制企业改革的需要，逐步建立了“社会统筹和个人账户相结合”的社会保障体制。十六大以后，在农村逐步建立新型农村合作医疗和农村最低生活保障制度。应该说，现行的社会保障制度还很不健全，社会保障的覆盖面小，保障基金严重不足，社会统筹层次低，城乡差距很大，地区间差距也很大，这与经济发展和广大居民迫切需要很不适应。十七大提出了要“加快建立覆盖城乡居民的社会保障体系，保障人民基本生活”的目标，这个任务是很重很艰巨的。如何建设一个符合中国国情，适应经济发展需要，标准合理，运行健全，管理有效，适应人民群众的要求，维护社会公平，化解社会矛盾，保证国家社会稳定的社会保障制度，是亟须抓紧解决的问题。

（七）社区建设

这里讲的社区，主要是指基层政权、基层组织治理形式。人民公社解体以后，公社改为乡镇，大队变为行政村，生产队变为村民小组，三级治理的组织架构未变。从20世纪80年代开始，农村实行村民自治，民主选举、民主决策、民主管理、民主监督，不少地区搞得有声有色。虽然各地参差不齐，有些地区的基层组织几近瘫痪，但9亿农民是有组织的。现在基层组织治理问题，主要是在城区。80年代中期以后，随着城镇化发展加快，城市人口大量增加，但是多数是无组织的，只有公安系统有个统计数。

目前像北京、上海、天津等大中城市，市以下设区、县，区、县以下设街道、乡镇，街道以下设居民委员会，也称社区委员会（上海把街道称为社区，居委会称小区）。在北京，20世纪90年代以前的居委会是没有脱产干部的，也没有党组织。近几年由街道办事处向居委会派出脱产干部（事业单位编制），建立党组织，管辖数千居民，正在逐步把居民组织起来。有很多大中城市，因为各种原因，在城区中有很多城中村，街道办事处以下，既有居委会，也有村民委员会。像深圳、东莞等城市，实有居民已超过1000万人了，但相应的基层组织还未建立起来。在这样的条件下，要进行社会建设和有效的社会管理，实在是难。

全国两千多个县（市）的县（市）政府所在地，在20世纪80年代一般只有几千人，多则也只有上万人、几万人，多数是通过城关镇，同管理农村一样管理的。随着经济的发展，现在有很多县（市）城区，已形成几万人、十几万人乃至二十万、三十多万人的规模了，街道、大马路、高楼大厦、楼堂馆所等设施也建起来了，但是基层的组织建设、社区建设都没有相应建起来，很多还是通过城关镇在兼管着，还是农村式的管理。这可以说是社会矛盾多发、社会治安状况不佳的主要原因，这种状况亟须改变，要通过社区建设，把城市基层组织建设完善起来。

（八）社会安全体制建设

国家要长治久安，人民要安居乐业，必须要搞好社会安全体制建设。任何社会都不可能没有社会矛盾，现代工业社会是开放的多元社会，相对于农业社会，社会矛盾更多、更复杂。维护国家安全、保护人民权益、化解社会矛盾、预防惩治犯罪、维护公平正义、促进社会全面进步，是社会安全体制的主要任务。我们已经建立了一个社会安全体系，创造了诸如群防群治、专群结合、综合治理等做法，比较有效。但是，在实现社会转型、经济体制转轨的现阶段，单靠增加警力、多安装摄像头等的办法不能从根本上解决问题。社会利益矛盾凸显、社会冲突多发的背景下，如何做好维护国家稳定、保护人民权益的工作，特别是要在完成这个新任务的同时，积极探索适应社会主义市场经济体制的要求，建设起一个中国特色的社会安全体制，是我们面临的新任务。

（九）社会管理机制建设

社会管理是政府和社会组织通过行政、法律等各种形式对社会生活的各个领域、各个环节进行组织、指导、规划、服务、协调控制、监督的职能，以保证社会正常有序、安全地运行，实现社会和谐、全面进步的目标。改革开放以来，经济社会各领域都发生了很大变化，原来城乡社会治理的格局已经不能适应，要求我们深入研究社会管理规律，更新社会管理观念，创新社会管理的体制机制，修正和制定社会政策和法规，整合社会管理资源，加强社会管理。

十六届四中全会提出了要建立“党委领导、政府负责、社会协同、公众参与的社会管理格局”，这个指导方针是符合客观实际需要的，各地正在贯彻落实。从近几年社会管理的实践看，在创新社会管理体制机制方面，有一个问题值得重视，就是如何使政府的调控作用顺应社会发展规律逻辑运行的方向（像经济调控要顺应价值规律一样），如何使政府调控机制同社会协调机制相结合，如何使政府行政功能与社会自治功能相结合，如何使政府调节的力量同社会

民间组织的调节力量相结合，逐步形成与社会主义市场经济体制相协调的社会管理机制体制的新体系。

三、像抓经济建设一样，抓好社会建设

党的十六届六中全会提出要把构建社会主义和谐社会摆在更加突出的地位，党的十七大又进一步提出加快推进以改善民生为重点的社会建设，这是党中央根据经济社会发展的全局，审时度势，做出的重大战略决策。

从社会学的视角来看，进行社会主义现代化建设一定要遵循经济社会协调发展的规律。首先，经济发展是社会发展的基础，经济要优先发展；其次，经济要持续发展，一定要有科学技术、文化教育的进步，要有社会建设作为支撑，要有和谐、稳定的社会环境作为保证，否则经济发展不可持续；最后，经济发展的目的是满足人们的物质文化需要，实现人的全面发展，因此，经济发展的最终目标是服务与服从于人的发展，可以说经济发展是手段，社会发展才是最终目的。

要改变目前社会发展、社会建设滞后于经济发展与经济建设的状况，使经济社会协调发展。如何抓好社会主义和谐社会建设呢？现成的经验，就是要像抓经济建设那样，抓好社会建设。要把社会建设作为社会主义建设总体布局中的重要内容去对待，去抓好抓实。

第一，要更加注重社会建设。在一定意义上也可以说是补课，过去疏漏落下了，现在要抓紧补上这一课。要深入贯彻落实科学发展观，继续解放思想，实事求是，提高对于构建社会主义和谐社会的重要性、紧迫性的认识，真正把和谐社会建设放到议事日程上，摆到突出位置上，改变经济建设孤军独进的状态，真正从思想上树立起经济社会要协调发展的全局意识。

第二，要抓发展。这是执政兴国的第一要务，也是和谐社会建设的内在要求。改革发展中出现的问题都是发展中的问题，需要通过发展来加以解决，特别是当前诸如教育、医疗、住房、社会保障等民生问题都是源于社会建设滞后的根本原因，因此唯有发展才是解决问题之道。但是，发展必须是包含社会发展在内的全面发展，不能仅仅是经济发展，是经济与社会协调的发展，是全面、协调、可持续的发展。

第三，要继续坚持改革开放。十七大明确指出："必须在经济发展的基础上，更加注重社会建设，着力保障和改善民生，推进社会体制改革，扩大公共服务，完善社会管理，促进社会公平正义。"我国的社会体制，包括社会事业体制，也进行过一些改革，有些取得一定的成效，有些则并不成功，有些则还没有破题，整个社会体制还带有很浓的计划经济时期的色彩，还没有按社会主义市场经济体制的要求根本改变过来。在经济社会运行中，两种体制并行的矛盾很大，社会成本很高。诸如城乡二元结构的体制、户口制度、就业人事制度、社会保障制度以及教育、医疗卫生制度等都需要改革。社会体制不改革，社会建设就不能顺利进行，因此，必须"推进体制改革"，为社会建设顺利进行开道。当然，在现阶段进行社会体制改革，难度很大，阻力也很大，会牵涉到不少社会阶层、社会群体的切身利益，这实际上是又一场革命，必须精心策划，周密安排，采取自上而下、自下而上相结合进行。

第四，社会建设要有组织领导，从组织上落实。我们搞经济建设，曾经建立了计委、经委、基建委和若干个经济部门，还有中央财经领导小组，统筹、规划、组织、协调、控制、监督、领导指挥经济建设有序有效地进行。虽然也产生过这样或那样的问题，但总体上是成功的。近60年来国家建设的一条基本经验，是提出的任何一项战略任务，必须在组织上落实，要有组织、有人去贯彻执行，才能实现。如果只停留在文件上、会议上，那只能是一纸空文，正反两方面的经验都可以说明这点。如计划生育的成功，就是最好的例证。社会建设要取得成功，也必须有组织保证。2007年，北京在市委系统建立了社会工作委员会，在政府系统建立社会建设办公室，两块牌子，一套人马，合署办公。下设：规划、项目、社会组织、社区建设、党建、社工人才队伍建设等6个处，55个编制，把民政局、计生委等有关部局部分处室的职能、编制、人员成建制地划过来，领导组织、协调全市的社会建设工作。2008年，北京市还将在各区、县建立相应的机构。这个做法很值得借鉴。

第五，社会建设要有相当的投入。首先要有领导和人员的投入。十六届六中全会的决定指出"各级党委要把和谐社会建设放在全局工作的突出位置，把握方向，制定政策，整合力量，营造环境，切实担负起领导责任"，"坚持正确的用人导向，选好配强领导班子，注重培养选拔熟悉社会建设和管理的优秀干部"。"建设宏大的社会工作人才队伍，造就一支结构合理、素质优良的社会工作人才队伍，是构建和谐社会的迫切需要。"在经济建设过程中，我们培养选拔造就了一支很大的经济工作者队伍。要把中国的社会建设搞好，同样需要造就一支很大的社会工作者队伍。但是，现在这支队伍还很小，而且分散在各个领域，还没有形成合力，没有形成组织优势。我们应该按照十六届六中全会决定的精神，通过建立相应的机构，把社会工作方面的人员、人才队伍组织起来，并在实践中逐步扩大，培养造就有相当规模的社会工作者队伍，把社会建设的事情办好。

其次要有财力和物力的投入。曾经有一种观点，认为经济建设投资是挣钱的，社会建设投资是花钱的。在一个相当长的时期里，有些地区和部门，把财力的主要部分乃至绝大部分投到经济建设上，有的甚至削减社会事业必要的开支，牺牲社会事业的发展，造成了经济社会发展不平衡、不协调的状况，实践证明，这种观点是不对的。十六大以来，国家加大了对社会事业、社会建设的投入，情况正在好转，但因为欠账太多，加上国民收入分配格局还未调整过来，有钱还是习惯于往经济建设方面投，这在市场经济国家是不应该的，经济建设投入应该主要通过市场去解决。据联计划署《2004年人类发展报告》的数据，在2001年前后，瑞典、丹麦、法国、德国和古巴等国家用于教育、卫生保健的公共支出相当于GDP的比例为13%—15%，加拿大、美国、英国、澳大利亚、日本等，为10%—12%，而中国只有4.5%，还不如巴西、泰国和印度。近几年，国家增加了对教育、医疗卫生的投入，但差距还很大。我们应该按照十六届六中全会的决定，完善公共财政制度，逐步实现基本公共服务均等化。健全公共财政体制，调整财政收入结构，把更多财政资金投向公共领域，加大财政在教育、卫生、文化、就业、就业服务、社会保障、生态环境、公共基础设施、社会治安方面的投入。真正加大对社会建设的投入，社会事业、公共服务搞得更好，减少社会矛盾，降低社会成本，对经济发展反而是有利的。

第六，两点具体建议。其一，建议把中国特色社会主义事业总体布局四位一体排序中的社会建设由第四位摆到第二位，调整为经济建设、社会建设、政治建设、文化建设。现在，在社会主义现代化建设四位一体的总体布局中，是按经济建设、政治建设、文化建设、社会建设的顺序排列的。这是因为经济建设、政治建设、文化建设三位一体的总体布局沿用多年，习以为常了，社会建设是十六届四中全会提出后加进去的，把社会建设排在最后了。但是按社会主义现代化建设的逻辑顺序，经济建设达到一

定水平之后，应该是重点进行社会建设，然后是政治建设、文化建设。从社会主义现代化建设的实践看，改革开放以来，我们把工作重点放到经济建设为中心上，十六届六中全会根据全局发展的要求，提出把构建社会主义和谐社会放到更加突出的位置上，要更加注重社会建设。2000年前后，学术界有个议论，认为前20年是中国经济学繁荣做贡献的时期，后20年应该是中国社会学发展的黄金时期，再20年则是政治学做贡献的时期。这个说法有一定道理。因此，把中国特色社会主义事业总体布局中四位一体的排序中的社会建设由第四位进到第二位，调整为经济建设、社会建设、政治建设、文化建设，是有必要的。

其二，建议中共中央、国务院在每年召开经济工作会议前后召开一次社会建设工作会议，或者把社会建设工作的内容纳入经济工作会议中，把会议名称改为全国经济社会工作会议。实践证明，全国经济工作会议是一种很好、很有意义的会议形式和工作方法。现在构建社会主义和谐社会、进行社会建设的任务突出了，要改变经济社会发展不平衡不协调的矛盾，促使更多干部熟悉重视社会建设任务，每年召开一次社会建设工作会议很有必要，这对于加快社会建设，推动科学发展，促进社会和谐，很有意义。

（作者：中国社会科学院名誉学部委员）

（选自《理论前沿》2008年第11期）

公平与效率问题上的三个误区

贾高建

误区一：把公平和效率的基本规定绝对化、简单化

要想对公平与效率的关系问题做出分析，首先必须从这两个概念的基本规定入手，弄清楚究竟什么是公平和效率。而正是在这个基本规定的理解上，存在着绝对化、简单化的倾向，并由此导致了对二者关系的认识上的偏差。

公平这一概念主要用于社会关系、社会政策、社会活动等方面的评价，其基本含义应是公道、平衡。但究竟怎样才算是公平，涉及一个评价尺度问题，由于不同的主体有着不同的利益关系和价值取向，所以在公平问题上的诉求和主张也就往往不同，甚至相互冲突。因此，在公平问题上还应有一个客观的尺度，这便是看一种公平诉求是否符合社会发展的客观规律，以及由这一规律所决定的历史必然性。这里还是要讲生产力标准，是否适合生产力的发展要求，应该是评价公平问题的最为根本的客观尺度。当然，生产力标准只能是一种历史的、相对的尺度，它对公平的评价要随着历史进程而不断发生变化。这样，公平的评价尺度是客观的、历史的，所谓公平也就相应地具有客观性和历史性，而不会有一成不变的、绝对的公平。而从讨论中的情况看，人们往往容易从某种特定的观念出发，将公平等同于某种特定的关系和做法，甚至简单地理解为平均分配、利益均沾，这种倾向无疑是不正确的。

效率这一概念从广义上讲应是指经济活动以及其他各种社会活动中投入和产出的比率；而在有关公平和效率问题的讨论中，所谓效率主要是着眼于经济领域，是从经济发展亦即生产力发展的角度来理解的。但这里应注意两个问题：一是要把局部的效率与整体的效率统一起来，不仅要讲局部的效率，而且要讲整体的效率；以损害整体效率、影响生产力整体发展为代价而取得的局部效率，不是真正的效率。二是要把短期效率与长期效率统一起来，不仅要讲短期的效率，而且要讲长期的效率；以损害长期效率、妨碍生产力长远发展为代价而取得的短期效率，也不是真正的效率。而在有关的讨论中，一些论者只是笼统地谈论效益问题，对各种局部的或短期的效率也往往不加区分地一概加以肯定，这种倾向也同样是不正确的。

误区二：将公平和效率的关系形而上学地对立起来

从上面对公平和效率这两个概念所做的分析出发来做进一步的考察，就不难看出这二者之间其实并不是一种非此即彼、互不相容的对

立关系，而是内在地联系着的，在根本上是一致的。一方面，既然公平是客观的和历史的公平，这种公平只能随着生产力的发展而不断地得到实现，那么它便不可能脱离或排斥效率，而是以效率为基础和前提的。没有效率，就没有公平；当然这里的效率是指局部效率与整体效率的统一，以及短期效率与长期效率的统一。另一方面，既然我们所讲的效率是局部效率与整体效率的统一，以及短期效率与长期效率的统一，那么它也不可能脱离或排斥公平，而是以公平为条件和保证。当然这里的公平是指客观的、历史的公平，这种公平解决得越好，生产关系以及整个社会关系体系就越是合理，从而也就越是有利于经济活动中的效率的提高，有利于生产力的发展。反之，经济活动中的效率就难以提高，生产力发展就不能不受影响。从这个意义上也可以说，没有公平，就没有效率。

认识了公平与效率的关系在根本上的一致性，我们就应将它们有机地统一起来加以把握，而不能将二者割裂开来，甚至对立起来。但在目前的讨论中，正是存在着这种不正确的倾向。当然，问题的根源主要还是出在对这两个概念的基本规定的理解上，对这些规定的理解不正确，就不可能正确认识二者之间的关系。

误区三：在探寻现阶段分配不公的原因时找错了地方

在现阶段，公平与效率问题为什么会引起这么多的讨论和关注？仔细考察一下就可以看出，这主要是因为分配不公的问题在社会发展的现实过程中比较明显地凸现出来。改革开放30年来，我国的经济社会发展取得了举世瞩目的成就，但同时也出现了一些新的问题，其中就包括收入差距不断拉大。对于这一问题，我们当然应给予充分的重视；但从讨论中的情况看，一些论者在探寻产生问题的原因时，却找错了地方。

在这些论者看来，现阶段之所以会出现分配不公、收入差距过大的问题，是由于我们在改革中重效率、不重公平。这个看法是不能成立的。改革开放以来，我们的生产力之所以能够得到发展，效率之所以能够得到提高，不是因为别的，而恰恰是因为我们比较好地解决了公平问题。过去我们实行计划经济体制，运转不灵，很大程度上就是因为分配上的平均主义，搞“大锅饭”、“铁饭碗”，干多干少一个样，干与不干一个样。以客观的、历史的尺度来看，这就是一种不公平，它妨碍了生产力的发展和效率的提高。通过改革，我们打破了这种旧体制，代之以社会主义市场经济新体制，确立了按劳分配为主体，多种分配方式并存的分配制度，有效地调动了各方面的积极性，促进了各种生产要素的合理配置，最终提高了效率，发展了生产力。以客观的、历史的尺度来看，这就是一种公平，一种客观的、历史的公平，一种与效率相一致、相统一的公平。从这个意义上说，我们的改革就是通过对公平问题的解决，才最终达到对效率问题的解决。

那么，现阶段的分配不公问题究竟是什么原因造成的？它与改革有无关系？当然有关系，不过不是因为改革只重效率、不重公平，而是因为在解决公平问题的过程中，在力图通过体制改革克服旧体制下的不公平、并建立一种新的比较公平的经济关系的过程中，还没有能够形成一种有效的机制，以防止和控制另一个方向的偏差，即分配差距过大的倾向；特别是防止那些通过不合法、不正当的手段牟取暴利的行为。这里既涉及宏观调控体系的进一步健全，也涉及市场体系的进一步完善和市场秩序的进一步规范；既涉及经济体制改革的进一步深化，也涉及政治体制改革以及其他各方面改革的进一步推进。而特别需要指出的是，这些问题的发生，在妨害了公平的同时，也不可避免地妨害了效率；从整个社会生产力发展的长远角度看，分配差距过大和分配上的平均主义一样都是不利的和有害的。至于那种利用不合法、不正当的手段牟取暴利的行为，更是以危害社会整体的利益为前提的，它是社会肌体上的毒瘤，必须坚决清除。因此，解决这种分配不公的问题，不仅不会影响效率，而且只会促进发展、提高效率。应当看到，进一步实现公平和进一步提高效率，决不是什么“鱼与熊掌不可兼得”，而是根本一致的；只要我们摈弃那种“非此即彼”的形而上学思维方式，真正把握公平与效率之间的有机联系，就一定能够切实解决好这方面存在的问题，将我们的改革和发展进一步推向前进。

（作者：中共中央党校校委委员、教务部主任、教授、博士生导师）

（选自《学习时报》2008年4月21日）

健康和谐的劳动关系是和谐社会的基础

盛华仁

《劳动合同法》、《就业促进法》、《劳动争议调解仲裁法》，这三部法律是为适应我国经济社会深刻变革而制定的，需要解决许多深层次的社会问题，调整复杂的利益关系，维护各有关方面的权益，尤其是亿万劳动者的切身利益。在立法过程中，我们坚持科学立法、民主立法，深入调查研究，广泛听取各方面的意见和建议，充分论证，集思广益。《劳动合同法草案》向社会公布征求意见，收到各方面意见近20万件。我们还采取多种方式听取基层劳动者、工会、企业、社会团体以及劳动部门、专家学者的意见，也听取了港澳台投资企业以及外国商会、外资企业的意见，对修改完善法律草案起了极为重要的作用。《劳动合同法草案》由最初的65条增加到98条，对许多条款作了实质性的修改。这三部法律的制定，广泛吸纳了改革开放以来的实践经验，充分体现了人民群众和社会各界的意愿和要求，也为法律的实施打下了良好的社会基础。

法律的生命力在于实施。贯彻实施好这三部法律，必须充分认识三部法律对全面落实科学发展观、建设社会主义和谐社会的重要意义和深远影响。劳动关系是基本的社会关系，健康和谐的劳动关系是和谐社会的基础。随着经济体制的深刻变革和社会劳动关系的深刻变化，迫切需要健全和完善相关的劳动法律制度。这三部法律所涉及的劳动合同、就业促进及劳动争议处理等制度都是劳动法律制度的重要组成部分。《劳动合同法》进一步明确了劳动合同的法律地位，规范了劳动合同双方当事人的权利和义务，为劳动者和用人单位提供了有力的法律保障。就业是民生之本，促进就业是安国之策，《就业促进法》把党和国家促进就业的一系列方针政策法制化，强化了政府促进和支持就业的责任，规范了人力资源市场秩序，有利于创造和维护公平就业环境。《劳动争议调解仲裁法》改进了劳动争议处理方式和程序，立足于公正及时解决劳动争议，加强了调解组织的作用，完善了劳动争议的仲裁制度，从法律程序上加强对劳动关系双方当事人合法权益的保护，保证《劳动法》、《劳动合同法》等法律的有效实施。这三部法律的颁布实施，既是改善民生、推动建设和谐社会的重要法律保障，又是贯彻落实科学发展观的重要举措。

我们已经注意到，有些法律颁布以后，由于相关的学习、宣传和培训工作没有紧紧跟上，社会上不同的利益群体，以及有的专家学者往往从各自的角度去解读法律，其中有些解读并不符合甚至曲解了法律的本意，因而对法律的理解形成误导，对法律的实施造成负面影响。《劳动合同法》通过以后，就曾出现过一些误读误解，甚至规避法律的情况。有的企业所采取的“集体辞职”、“工龄归零”、“突击裁员”等错误做法，就是突出的事例，而社会上对此褒贬不一，以至在短期内曾产生连锁反映。全国人大常委会领导同志察觉后，立即责成法工委研究和采取相应措施。法工委针对这种情况，通过答记者问的方式，利用多种媒体，对《劳动合同法》作了正确解读、正面宣传，准确回答了若干重要问题，起到了解疑释惑的作用。国务院及有关部门也已经或正在采取措施纠正或预防这些错误做法。从这件事中我们深刻认识到，在每一部重要法律颁布以前，就必须做好解读的充分准备；颁布以后，就要及时、全面、准确地宣传法律，解读法律，让这种正面的宣传、解读去主导法律舆论阵地。比如，对于《劳动合同法》，我们不仅要宣传这是一部保护劳动者合法权益的法律，同时也要宣传它是一部保护企业用工自主权及其他合法权益的法律；不仅要促使企业和其他用人单位依法规范用工行为，改善劳动条件，也要让企业认识到健全的劳动法律制度和稳定和谐的劳动关系将有利于企业的长远发展，有利于经济社会的可持续发展。我们今后既要高度重视在立法过程中坚持科学立法、民主立法，又要高度重视法律颁布后的学习、宣传和培训工作。

现在，我们要以这三部法律的贯彻实施为契机，着力加强法律的学习、宣传和培训工作，并使这项工作经常化、规范化、制度化。从现在起，凡由全国人大及其常委会通过的法律，特别是关系改革发展稳定大局、关系群众切身利益、社会各界普遍关注的重要法律，全国人大常委会法工委和办公厅要组织有关部门及时、切实做好学习、宣传和培训工作。具体做法：一是通过新闻发布会、新闻媒体的“人大说法”栏目以及其他方式介绍法律的内容，解答社会关注的问题，为法律的实施营造良好的舆论氛围；二是举办视频报告会，请有关负责同志宣讲法律的立法宗旨、基本精神、主要内容，阐述在实施中要注意把握的主要问题；三是请各级党校、行政学院为我们举办新法讲座提供支持，让在校的党政领导干部率先学习、理解、掌握有关法律；四是办好新法培训班，组织各省级人大常委会法工委、有关工作机构和专门委员会的负责同志进行学习培训，向他们详细解读法律，为各地搞好法律宣传、进行法律培训、制定地方性法规和开展法律实施情况的监督提供准确依据。

我们务必深刻认识到，加强法律的学习、宣传和培训工作，是维护宪法和法律的权威，维护社会主义法制统一、尊严和权威的一项重要基础工作。要通过法律的学习、宣传和培训，推动各级国家机关、各企事业单位、各社会团体牢固树立社会主义法治理念和依法办事、守法为荣的风尚，使社会主义法治精神转化为全体人民的实际行动，努力形成自觉学法守法用法的社会氛围。

贯彻实施好这三部法律，是全社会的共同责任。要求各部门、各方面依法履职，尽职尽责，相互配合，形成合力，共同做好工作。政府及其有关部门要严格按照法律规定，抓紧制定和修改有关配套法规、规章。司法机关要根据司法实践，及时作出司法解释。工会、共青团、妇联等组织都要积极学习宣传法律，明确责任，把各项法律规定落到实处。全国人大常委会将加强对法律实施情况的监督检查。

（作者：全国人大常委会副委员长）

（选自《中国人大》2008年1月10日）

扩大就业需要财政支持

王智勇

党的十七大报告提出了实施扩大就业的发展战略，并强调“促进以创业带动就业”作为扩大就业发展战略的重要内容，报告提出在坚持实施积极的就业政策的同时，指出“完善支持自主创业、自谋职业政策，加强就业观念教育，使更多劳动者成为创业者。”我们知道，创业在很大程度上也是一种风险投资，因此，对于创业者而言，除了个人的积极努力之外，更加渴望来自市场管理和政策方面的支持。在政策支持方面，最直接最有效的就是资金的支持。也就是说，从支持自主创业以带动就业的角度来看，各级政府需要给予足够的财政支持，这种财政支持不仅体现于创业启动资金和创业环境等直接的支持，更需要政府在完善社会保障等方面给予足够的资金支持。

就业形势依然不容乐观

目前在我国的劳动力市场上，存在着严重的结构失衡，具有以下明显特征：一是农民工短缺，二是大学生就业难，每年新毕业的大学生中无法找到工作的毕业生数量在逐年增加；三是下岗和失业人员再就业困难，已经就业的人员中，相当一部分从事的是非正规就业，他们的社会保障问题已经引起了越来越广泛的关注。

统计数据表明，自2004年以来，农村劳动力转移数量有加快增长的趋势，2004—2006年期间，年均转移550万人左右，年均增长约5.4%。尤其是2005年和2006年，年增长数量超过了此前10年间任何一年的增量。随着城市化进程的加速，将会有越来越多的农村劳动力进入城市寻找就业机会，尽管从总体上看，未来一段时间增幅有可能减缓。

而教育部的信息表明，2008年全国高校毕业生将超过550万人，比2007年增加50多万，尽管增幅略有下降，但总量依然构成很大的就业压力。不仅如此，由于高校的扩招，未来几年的高校毕业生总数仍将持续上升。

更需要政府关注的是，我国下岗失业人数依然庞大，需要各方力量支持以解决他们的就业问题。根据2005年小普查数据估算的调查，失业率约为5.2%，据此估算城镇失业人口约为1074.2万人。而且，经过几年时间的就业搜寻，已经实现就业的下岗失业人员大多数为自身有一定能力、稍加扶持就能够实现就业。而剩余的人员则大多数属于自身能力较差、就业较为困难者。因而，实现这部分人的就业问题，也就更加困难。

创业是扩大就业的重要途径

创业不仅能够解决自身的工作问题，更重要的是，它是一个需要通过吸纳就业才能完成的经营过程。因此，无论在哪个国家，创业都是扩大就业的一种重要途径。通常来说，刚开始创业，规模都比较有限，大致都可以归入到中小企业或者微小型企业的范畴。北京市企业调查数据表明，微小型企业恰恰有着很高的就业弹性，如果它们发展良好的话，势必有着吸纳就业的良好前景。

事实上，个体户、微小型企业和中小企业已经成为创造新增就业的重要力量。根据北京市劳动与社会保障局针对企业的调查数据表明，2004年和2005年，中小企业的就业人数占全部企业就业人数的比例分别高达82.24%和73.76%。

受市场管理和市场环境的影响，我国的微小型企业和中小企业在很长时间里并没有得到很好的发展。由于生存环境差，小企业家底薄、信誉不足，难以获得政府和银行的资金和贷款支持，也就很难获得较好的发展，甚至于只能够苦苦支撑，对于吸收新劳动力就显得力不从心。

不过，政府也逐步意识到了中小企业在推动就业增长方面的重要作用，也意识到它们生存环境的艰难。于2008年1月1日正式施行的《企业所得税法实施条例》规定，可享受税收优惠的小型微利企业包括：一、工业企业，年度应纳税所得额不超过30万元，从业人数不超过100人，资产总额不超过3000万元；二、其他企业，年度应纳税所得额不超过30万元，从业人数不超过80人，资产总额不超过1000万元。新税法的另一个重要改进还在于，对个人独资企业、合伙企业，不征收企业所得税而是征收个人所得税，这将有利于减轻中小企业的纳税负担，消除重复征税。可见，对于自主创业者而言，这是一个利好消息，意味着创业过程中将享有更多的优惠政策，也意味着更好的成长前景。

需要更多财政支持

从税收优惠的角度来看，新出台的《企业所得税法》已经给了相当的优惠力度，充分体现出政府对于中小企业和自主创业者的财政支持。不过光有税收的优惠并不足以保证就业的大幅度增长。社会保障体系的完善，应该是财政支持的一个重要努力方向，尤其是对于非正规就业者的社会保障而言。

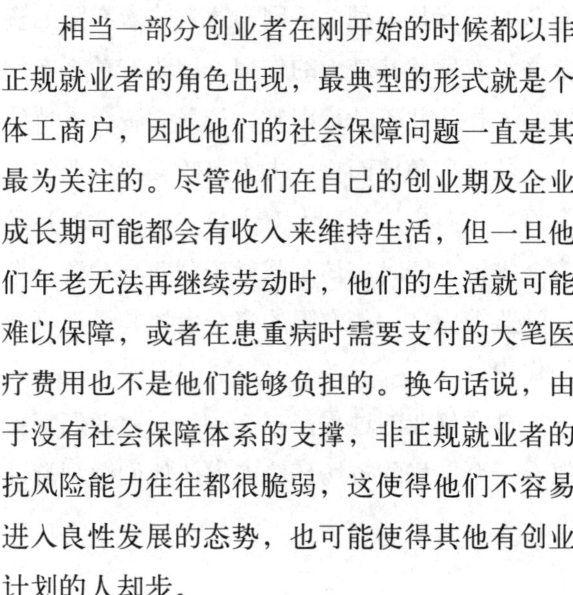

相当一部分创业者在刚开始的时候都以非正规就业者的角色出现，最典型的形式就是个体工商户，因此他们的社会保障问题一直是其最为关注的。尽管他们在自己的创业期及企业成长期可能都会有收入来维持生活，但一旦他们年老无法再继续劳动时，他们的生活就可能难以保障，或者在患重病时需要支付的大笔医疗费用也不是他们能够负担的。换句话说，由于没有社会保障体系的支撑，非正规就业者的抗风险能力往往都很脆弱，这使得他们不容易进入良性发展的态势，也可能使得其他有创业计划的人却步。

自2006年起，我国将城镇个体工商户和灵活就业人员统一纳入社会养老保险体系。根据新的政策规定，城镇个体工商户和灵活就业人员缴费基数统一为当地上年度在岗职工平均工资，缴费比例为20%，其中8%计入个人账户，退休后按企业职工基本养老金计发办法计发基本养老金。相比于正规就业者缴费比例为个人8%，单位20%，正规就业者的缴费比例则比非正规就业者低了很多。而且，由于非正规就业者的收入不稳定，他们未必能够保证在达到领

取养老金年龄之前缴够养老保险金。因此，从解除他们的后顾之忧以及减轻他们负担的角度来看，政府应该通过一定的举措尽可能降低他们的养老保险缴费比例，或者有某种优惠措施能够保证他们处于低收入阶段的时候仍能够保证缴费的正常进行。

资金不足是困扰许多有自主创业愿望者最大的一个障碍，对于下岗失业人员而言，这一问题尤其突出。尽管各级地方政府都有相应的资金扶持计划，但由于资金有限，最终能够获得政府资金支持的人还是少数，大多数人依然因为资金不足而无法进行创业。在一些地方，获得政府资金的支持，靠的不是创业项目本身的竞争力，而是某种关系网，这意味着有限的资金并没有发挥其最大的作用，因为有关系有门路的人往往并不是最困难、最急需资金支持的人。从这个角度而言，未来财政支持创业的一个努力方向应该是加大对于自主创业者的启动资金支持，同时应该加强对于创业启动资金发放的监管力度，使有限的资金发挥其最大可能的作用。

自主创业的过程是艰辛的，创业者们都希望有一个良好的市场环境能够使他们顺利渡过最初的成长难关。然而在现实中，市场环境的不利恰恰是创业者们遇到的障碍，这些不利条件最主要体现在对于新入市场的创业者们征收的各种税费，造成他们极大的额外经营成本，最终可能导致经营亏损，从而不得不退出市场。国家工商总局的数据表明：1999年全国有个体工商户3160万户，到2006年6月底下降为2505.7万户，平均每年减少87万户。根据全国工商联的数据，到2006年年底，个体工商户增加到2576.2万户，但相比于1999年的数字，依然还是少了583.8万户。一些研究者指出，包括税收、卫生、管理和摊派费等在内的各种费用的增加，是造成个体户和微小型企业难以成长的重要因素。

可见，在促进自主创业，从而推动就业增长的许多环节上，都离不开政府财政的支持。然而，政府财政支持创业需要有一个有效的运作和监督机制，以促成资金的最大化发挥，这依然是需要仔细加以研究的一个议题。

（作者单位：中国社会科学院人口与劳动经济研究所）

（选自《中国财经报》2008年2月19日）

实施扩大就业的发展战略 实现社会就业更加充分

劳动保障部专项课题研究小组

一、关于充分就业的目标

（一）充分就业的含义

20世纪30年代资本主义世界经济大危机以后，凯恩斯（1936年）提出了有效需求不足的理论，认为在资本主义社会中，除了有“自愿失业”和“摩擦性失业”外，还存在“非自愿失业”,即指劳动者愿意接受一定市场工资水平的就业但仍得不到就业机会。凯恩斯认为，通过刺激有效需求的增加，从而增加就业岗位，就能消除“非自愿失业”，实现“充分就业”。“充分就业”并不是指一切有劳动能力的劳动者全部都就业了，而是指在一定市场工资水平下，愿意就业的劳动者都能够就业的状况；此时，因为存在信息不对称等问题，仍会存在供求不匹配的摩擦性的失业。这种情况下的失业率被后来的经济学家（弗里德曼）称为自然失业率。经济学家们最初认为自然失业率为2%—3%即为充分就业，随着20世纪70年代中期以后发生的经济和技术变革，标志充分就业的自然失业率水平也上升到5%左右。当代经济学家们还认为，实现社会充分就业时还有三个特征：一是劳动力供求基本平衡；二是劳动关系相对稳定；三是劳动者素质得到较充分开发，对其就业产生积极作用。

充分就业也是国际劳工公约的基本内容。国际劳工组织在《就业政策公约》（1964年第122号）号召各会员国将充分就业作为一项主要目标，提出实行积极的政策，促进充分的、自由选择的生产性就业（生产性就业是指有社会和生产效益的就业，而非无效就业）。目前，绝大多数市场经济国家尤其是发达国家都将充分就业作为本国宏观经济发展的四大目标之一，作为政党执政纲领的首要内容。

（二）我国充分就业目标的提出

我国有13亿多人口，是世界上人口和劳动力最多的国家。我国的就业问题不同于发达国家，他们主要面临青年劳动力的就业问题；也不同于其他转轨国家，他们主要面临转轨带来的结构性失业和再就业问题；还不同于其他发展中国家，他们主要面临农村劳动力的转移就业问题。我国就业所面临的转轨就业、青年就业和农村转移就业同时出现、相互交织的“三碰头”局面，决定了就业问题之复杂，就业工作任务之艰巨，是世界任何国家都未有过的。

作为人口大国，又处在经济体制深刻变革、社会结构深刻变动的关键时期，各种问题矛盾交汇到一起，就业形势十分严峻，表现为“四大一突出”，即人口基数大，劳动年龄人口总量大，农业富余劳动力规模大，就业困难群体数量大，就业的结构性矛盾越来越突出。这是长期存在的矛盾和问题。

全面建设小康社会、建设和谐社会，解决好广大人民群众的就业问题至关重要。就业是每一位劳动者生存和发展的经济基础和重要保障，也是其融入社会、共享社会经济发展成果的基本条件。促进就业关系到亿万劳动者及其家庭的切身利益，是社会和谐发展、长治久安的重要基础，是安国之策。为此，党的十六大第一次正式提出了中国特色的充分就业的目标，把它确定为小康社会的一个重要指标，党的十七大又在现有工作基础上，提出了实现社会就业更加充分的新要求。这一目标的提出，是坚持以人为本，落实科学发展观，实现社会经济全面协调可持续发展、保持社会和谐稳定的具体体现，它指明了就业工作努力奋斗的方向。

我国实现社会就业更加充分是有现实基础的。改革开放以来，特别是党的十六大以来，通过制定实施一系列政策措施，我国的就业再就业工作取得了举世瞩目的进展，就业总量伴随经济增长而持续增加，城乡就业规模不断扩大，城镇新增就业每年平均为1000万人，近2500万下岗失业人员实现了再就业，城镇登记失业率稳中有降，成功地解决了经济结构调整以及城市化进程中的就业再就业问题，有力保持了就业局势的稳定。在今后一段时期，国民经济保持长期稳定的增长，经济结构进一步改善，将为就业持续增长提供基本条件；党和政府把就业作为宏观调控指标，纳入各级政府考核内容，贯彻实施《就业促进法》，实施积极的就业政策，将为促进就业建立起工作的长效机制；近10年来我国在解决就业问题中形成的组织管理服务体系和成功经验等，也为实现就业更加充分奠定了坚实的工作基础。

（三）充分就业的蓝图

充分就业是与和谐社会相适应的一种状态，包含四个方面内容：一是城乡劳动力资源得到充分的开发和利用，这是实现充分就业的出发点。二是市场就业机制完善，就业渠道通畅，劳动者流动就业、自主择业、自主创业的环境良好，这是实现充分就业的条件。三是使有劳动能力和就业愿望的劳动者都能够得到就业机会或处于积极准备就业的状态，失业率调控在社会可承受的水平，这是实现充分就业的标志。四是大多数劳动者实现就业且比较稳定，并通过不断提高就业质量持续地增加收入，劳动关系更加稳定和谐，这是实现充分就业的结果。

到2020年，我国实现社会就业更加充分的目标。届时，城乡劳动者应普遍得到教育培训和就业机会，社会就业总量和结构应更加均衡、就业环境更加完善、就业保障更加健全、就业质量更加良好。具体体现在四个方面：

一是劳动力资源得到更加充分的开发和利用。就业岗位与有效劳动力资源大体平衡，绝大部分劳动者可以顺利实现就业。届时，我国的新增就业每年保持在1500万人左右，在总体规模上能够使新增劳动力得到基本消化，就业总量将由现在的7.6亿人提高到8.5亿人左右。城乡统筹就业和服务业就业水平大幅度提高：城镇就业人数由现在的2.8亿人提高到5.1亿人，农村富余劳动力转移出1.5亿人；城乡就业结构比例从现在的3.6∶6.4变为6∶4；一、二、三产业就业比重由目前的45%、24%、32%变为30%、25%和45%。

劳动者素质大幅提高，面向全体劳动者的职业技能培训制度健全，基本实现人人有知识，个个有技能。新进入人力资源市场的劳动者都经过中等以上教育或职业资格培训，持职业技能资格证书的比例达到80%以上。

二是就业渠道通畅，劳动者自主择业、自由流动、自主创业的环境良好。以《劳动法》为核心、《就业促进法》等法律为主干的劳动保障法律体系健全完善，政府、用人主体、劳动者和社会中介组织的行为依法调整；统一开放的人力资源市场机制发挥主导作用，城乡就业的体制分割基本消除，劳动力价格在劳动力配置中发挥基础作用；在法律的保障下，劳动者的自由流动成为现实；劳动者自主择业和自主创业政策环境良好；遍布城乡直到社区村镇且信息联通的管理和服务体系更加完善；在公共财政支持下，公共就业服务和职业培训能够较好满足劳动者实现就业和提高素质的基本需要。

三是有就业能力和就业愿望的劳动者都能享有平等的就业机会，社会失业率和平均失业周期控制在社会能承受的范围内。到2020年，城镇调查失业率控制在6%以下，城镇登记失业人数1200万左右（城镇登记失业率4%左右），社会平均失业周期控制在半年内；失业人员将能获得失业保险并通过就业服务组织到相应的就业准备活动中，失业半年以上者得到有效的就业援助。

四是劳动者的就业权益得到有效保障，就业的稳定性进一步提高。在劳动合同的保障下，劳动者的劳动报酬、休假、劳动保护等权利得到更好实现，劳动条件得到较好改善，劳动关系更加和谐；劳动收入水平有较大增长，中等收入水平劳动者占主体，最低工资能够满足劳动者及其家庭基本生活需要并形成正常增长机制；社会保障覆盖所有劳动者，就业安全性明显提高；劳资关系形成健全的协调机制，劳动争议能通过有效的途径得以解决。

二、关于扩大就业的国家发展战略

（一）发展战略的提出

经济增长是经济社会发展的基本条件，是解决就业问题的根本出路，千方百计扩大就业、提高就业质量，使劳动者通过就业分享社会发展成果，也是经济发展的重要目标之一。但经济增长能否拉动就业同步扩大，却与经济增长方式、产业结构、经济发展与人力资源开发利用等紧密相关。从我国30年的改革发展的总过程看，由于发挥了低成本劳动力的优势，大力发展劳动密集型产品和服务，不仅使国民经济保持了近30年的高速增长，同时也带动了大量有效就业的增加。对比世界许多国家，特别是发达国家曾出现的过分倚重发展资金密集或技术密集产业和行业，经济虽能保持增长却没有带动就业增加的情况，更使我们看到处理好经济发展与扩大就业的重要性。今后，随着我国工业化、信息化、城镇化、市场化、国际化进程的不断加快，科学技术不断进步，资本在企业生产投入中的比例不断增加，企业改革和调整力度不断加大，都会对就业产生重大影响。因此，必须促进经济发展与扩大就业形成良性互动的格局，使经济增长带动更多的就业。

1995年，联合国在哥本哈根专门举行世界社会发展首脑会议，会议《宣言》中首次提出，各国应实行“能够最大限度地促进创造就业机会的经济增长模式。”我国一些专家学者也提出，面对长期存在的高强度就业压力，以及结构调整、经济体制转换、人口增长高峰等一系列压力，要重新审视国家经济发展战略和增长方式选择，使我国的经济发展取向，从单纯“增长优先”逐步向“就业优先”的均衡发展转变。

在正确分析我国基本国情基础上，党的十六大提出，“国家实行促进就业的长期战略和政策。各级党委和政府必须把改善创业环境和增加就业岗位作为重要职责。”党的十六届六中全会明确，“把扩大就业作为经济社会发展和调整经济结构的重要目标，实现经济发展和扩大就业良性互动。”胡锦涛总书记在就业工作座谈会和中央经济工作会议上进一步强调，“逐步建立

有利于扩大就业的经济结构和经济发展模式。”党的十七大进一步提出，“实施扩大就业的发展战略，促进以创业带动就业。”这些都说明，结合我国的国情，制定和实行有利于扩大就业的发展战略，已列入国家发展的重要议程。

（二）发展战略的含义

扩大就业的发展战略，就是将扩大就业摆在经济社会发展更加突出的位置，作为经济社会发展和调整经济结构的重要目标，实现经济增长与扩大就业的良性互动，主要体现在以下几个方面：

一是在总体布局上，在保持经济健康快速发展的同时，注重发展有利于增加就业含量和利用人力资源的经济产业和生产服务领域，即通过经济增长拉动更多就业增加，而避免出现高增长低就业的情况。二是在要素投入上，在增加各要素投入推动生产力发展的同时，更加注重通过人力资源的充分开发利用来促进经济增长，真正将巨大的人口就业包袱变为人力资源财富。三是在目标导向上，切实把经济持续健康发展的过程变成促进就业持续扩大的过程，把经济结构调整的过程变成对就业拉动能力不断提高的过程，把城乡二元经济转换的过程变成统筹城乡就业的过程。四是在具体安排上，在制订国民经济计划时，要把就业作为社会经济发展的基本目标予以考虑；在确定经济增长方式和增长速度，以及对产业结构和产业布局进行重大调整时，都要考虑对就业的影响，确保充分就业目标的实现。前三个方面是针对我国国情的含义，第四个方面则是国际上普遍的做法。

（三）发展战略的具体内容

实施扩大就业的发展战略，就要在经济发展的全局中加强人力资源开发，推动创业带动就业，实施统筹城乡就业，扩展有就业优势的领域，调控降低失业的风险，并实行就业保障战略。

加强人力资源开发

相对我国自然资源和资本、技术而言，人力资源最具比较优势。无论从近期还是长远看，提高我国劳动力的人力资本水平都是推动经济发展和扩大就业的主要手段。因此，要坚持在经济发展中更好地实施人力资源开发战略。人力资本投入对我国经济增长的贡献，一方面来自于劳动力从低生产率的农业部门转移到高生产率的非农部门，另一方面来自于劳动者教育培训水平的提高。因此，要进一步做好促进农村劳动力转移就业工作的同时，不断加大人力资源开发力度，健全面向全体劳动者的职业技能培训制度和体系，把经济增长真正转到科技进步和劳动者素质提高的轨道上来，实现素质就业，使扩大就业与实现经济又好又快发展相辅相成。

形成比较优势的发展

在保持国民经济竞争力的同时，更加大力发展吸纳就业潜力大的领域，实施比较优势的战略。一是巩固稳定第二产业，大力扩展中、低端制造业和建筑业，稳步实现产业升级，在发展资本密集、高技术制造业中兼顾劳动密集企业和环节，使第二产业就业份额保持稳中有升。二是大力发展第三产业，特别是大力发展服务贸易、金融服务业、生产服务业、居民生活服务业等门类广泛的各类服务业，发挥其投入较少，就业贡献大的优势。我国第三产业从业人员的比重2007年为30%多，远低于发达国家百分之七八十的水平，有着巨大的发展潜力。三是重点扶持中小企业、微型企业发展。中小企业占企业总数的98%以上，占社会就业总量的80%—90%。

推动创业带动就业

创业是最积极的一种就业形式，是发挥劳动者自主性、能动性就业的重要途径。创业还具有带动更多就业的“倍增效应”，在我国劳动力供大于求矛盾长期存在、社会投资吸纳就业有限的情况下，弘扬劳动者的创业精神，依靠劳动者自主创业、自筹资金、自主经营，创造更多的就业机会，具有重大的现实意义。对建立中国就业新格局、新机制也具有深远意义。

首先，要加强创业观念教育和典型引路的做法，使更多劳动者通过建立自强自立、自主创业、敢于创新、不怕风险等理念，奠定创业的思想基础，并在社会上形成尊重创业、支持创业、宽容失败的氛围。其次，要落实好国家支持自主创业的政策，鼓励和帮助劳动者创业。建立健全从产业政策、所有制政策、税收政策、金融政策等方面构建的支持创业政策体系。第三，要加强对健全完善包括开业指导、创业培训、金融服务、信息服务、市场拓展服务、企业孵化等支持创业的服务体系，支持劳动者自谋职业和自主创业，促进以创业带动就业的实现，形成全民创业的风气，使创业这一促进就业的积极有效途径成为中国经济和就业新的增长点。

实施统筹城乡就业

统筹城乡就业，就是从我国经济社会城乡协调发展的大局出发，在搞好城镇就业再就业工作的基础上，大力推进农业富余劳动力向非农产业和城镇转移就业，从体制、政策和工作体系入手，建设城乡统一规范的人力资源市场，形成城乡劳动者平等就业的制度。为此，要坚持将统筹城乡就业工作与当地经济社会发展紧密结合，做到与就业同步规划；要制定和实施城乡一体化的就业规划，对城镇人员的就业再就业与失地农民的就业，以及本地农业富余劳动力的转移就业和外地农民工的就业进行统筹安排；要建立健全管理城乡就业的组织体系，覆盖城乡劳动者的职业培训体系，遍布城乡的公共就业服务体系，为城乡劳动者就业、再就业、转移就业提供有效服务。健全劳动用工管理制度，切实维护城乡劳动者权益。健全社会保障制度，妥善解决农村劳动者的社会保障问题。最终建立城乡一体化的人力资源市场，促进城乡劳动者实现更加充分的就业。

进行调控降低失业风险

一是建立就业和失业的评估制度，在制定社会经济发展战略、改革经济制度、制定宏观政策措施时，对预期的就业影响进行评估，如有利于就业总量目标实现，则鼓励实施；如可能导致失业率大幅攀升，则实行相应的失业保障措施。二是建立失业预警机制，在国内外经济形势变化对就业直接产生较大影响时，及时调整经济发展政策，从源头控制失业。三是当全国或局部地区出现失业人群过多、过于集中时，有应急的预案和过渡性的措施，缓解就业压力，保持就业局势的基本稳定。

实施就业保障战略

针对劳动力市场灵活性增强，稳定性下降，以及广大劳动者对体面劳动的要求，必须实施就业保障战略，增强劳动者的就业安全感，保持就业局势的稳定，维护社会的和谐稳定。一是要形成对就业困难群体的就业援助制度，使他们不因人力资源市场竞争而被边缘化，帮助他们通过就业来融入社会，分享社会发展的成果。二是要构建和谐稳定的劳动关系。全面实行劳动合同制度，大力推进集体协商机制，健全劳动争议调处仲裁机制，健全劳动保障监察体制，加大劳动监察力度，维护劳动者合法权益，不断提高就业质量，使就业不但是劳动者谋生的手段，而且是劳动者不断发展的有效手段，形成劳动者和用人单位共同分享社会发展成果的双赢的机制。三是要强化社会保障安全网的功能，为劳动者灵活就业以及在工作岗位之间变换提供就业保障，进而促进劳动力资源的流动，促进更加充分就业的实现。

三、关于促进就业的社会经济综合政策

（一）社会经济综合政策的提出

国际社会对促进就业和治理失业经历了几个阶段：20世纪30年代以前，就业问题被普遍认为可以通过市场机制进行自发调节，而不需要政府作任何干预。30年代后，面对世界经济大萧条和全球经济危机造成的严重失业后果，凯恩斯等人提出扩大有效需求来解决就业的主张，呼吁政府运用增加投资、降低利息等宏观经济政策刺激经济增长从而扩大就业；同时开始重视建立社会保障以降低劳动力市场风险。70年代前后，面对石油等危机造成的失业高潮，发达国家开始探索开发人力资源替代自然资源，加强教育培训提高劳动力素质实现就业，并实行改进劳动力市场管理服务的政策。从80年代开始，发达国家及一些发展中国家开始注重运用综合政策来解决就业问题，如运用经济政策扩大需求，实行反周期政策减少失业，推进教育培训提高劳动者素质，加强公共服务提供就业帮助，改进社会保障促进失业者再就业等，还通过法律确定政府及工会、雇主协会等“社会伙伴”对就业的责任。国际劳工组织在2001年召开的“全球就业论坛”上通过的《全球就业议程》提出：“就业问题涉及到方方面面，各国要制定综合性的社会经济政策”，“生产性就业被置于经济和社会政策的核心位置，使充分的、生产性的和自由选择的就业成为宏观经济战略和国家政策的总目标。”

借鉴国际社会经验，我国结合国情实际，制定并实施了积极的就业政策，主要包括财政税收、金融信贷、投资贸易、产业企业等经济政策和教育培训、社会管理、服务援助、社会保障等社会政策，以及一系列保障措施。2006年中央经济工作会议进一步提出“要强化政府促进就业的职能，探索市场经济条件下政府促进就业的有效政策措施”。党的十七大特别将“社会就业更加充分”作为全面建设小康社会的重要目标，将就业作为加快改善民生的六大任务之一，明确提出实施扩大就业的发展战略，促进以创业带动就业，并提出了八项具体措施。我国要实现充分就业的目标，实施扩大就业的经济发展战略，必须在社会经济综合政策上下更大功夫。

（二）社会经济综合政策的含义

要将是否有利于促进就业作为制定、实施和调整社会经济综合政策的基本目标和核心内容，在制订和调整综合政策时，要充分考虑到促进就业的需要，使政策实施的结果更多地促进就业。在就业形势比较严峻的时期，对经济增长速度、信贷规模、外贸平衡、财政投入投向等方面有相应的政策安排，充分考虑降低失业率的要求。必要时，效率、效益及结构转换等目标要适度让位于扩大就业减少失业的目标，资本利益要适度让位于劳动要素利益。同时，制定实施更有利于人力资源开发、劳动力流动和就业保障的社会政策。

（三）实现充分就业目标应采取的社会经济综合政策

1．实行更加有利于促进就业的经济发展政策。协调产业政策与就业政策，通过鼓励发展劳动密集型产业、服务业，扶持中小企业，鼓励、支持、引导非公有制经济发展，增加就业岗位。发展国内外贸易和国际经济合作，发挥投资和重大建设项目带动就业的作用，拓宽就业渠道。最终实现发展经济和扩大就业的良性互动。

2．实行更加有利于促进就业的财政保障政策。促进就业是政府的重要职责，也是公共财政投入的重要方向。各级政府要按照法律规定，加大资金投入，在财政预算中安排就业专项资金用于促进就业工作，建立起政府财政投入的保障机制。同时，规范就业资金的使用和管理，

进一步发挥资金效益。

3．实行更加有利于促进就业的税收优惠政策。税收优惠政策是促进就业政策中最有效的重要手段之一。要对符合法定条件的企业和人员依法给予税收优惠，并对从事个体经营的失业人员和残疾人免除行政事业性收费。鼓励企业增加就业岗位，扶持失业人员和残疾人就业，使税收优惠政策对促进就业发挥应有的作用。

4．实行更加有利于促进就业的金融支持政策。加大金融信贷支持是促进中小企业发展和劳动者自主创业的关键。要增加中小企业的融资渠道；鼓励金融机构改进金融服务，加大对中小企业的信贷支持，并对自主创业人员在一定期限内给予小额信贷等扶持。使金融支持常规化、普惠化，有利于促进中小企业发展、更多吸纳就业，有利于发挥劳动者自主创业带动就业的倍增效应。

5．实行更加有利于促进就业和减少失业的对外贸易政策。将促进国内就业作为制定、调整货物和服务进出口政策、调整汇率机制，以及处理贸易争端的重要依据。对由于受贸易摩擦影响较大的行业或企业，适时采取税收减免等保护措施，尽量减少失业。

6．实行更加有利于促进就业的城乡、区域和群体统筹就业政策。建立健全城乡劳动者平等就业的制度，引导农业富余劳动力有序转移就业。实现城乡统筹就业是缩小直至消除劳动者城乡就业差别、实现平等就业。支持区域经济发展，鼓励区域协作，统筹协调不同地区就业的均衡增长；支持民族地区发展经济，扩大就业。要根据各个群体不同时期的不同情况进行统筹安排，统筹做好城镇新增劳动力、农业富余劳动力转移就业和失业人员就业工作。

7．实行更加有针对性、实效性的教育培训政策。健全面向全体劳动者的职业技能培训制度和人力资源开发政策体系。加强新成长劳动者就业预备制培训、企业在职职工培训、下岗失业人员再就业培训，强化创业培训、农村劳动力转移就业培训，全面提高劳动者职业素质和就业能力。

8．实行更加有利于困难群体的就业援助政策。对困难群体实施就业援助，是保障公民实现劳动就业权、维护和改善劳动者生存状况、促进社会公平和和谐的基本要求。要建立健全就业援助制度，明确就业援助的措施，对就业困难人员给予扶持和帮助，并确保城市有就业需求的家庭至少有一人实现就业等。

9．实行更加有利于保障和促进劳动者就业的社会保障政策。加快建立覆盖城乡劳动者的社会保障制度和政策措施，扩大覆盖范围，提高保障能力。做好社会保险关系接续工作，促进劳动者自主流动。建立社会保障与促进就业的联动机制。要采取措施，逐步完善和实施与非全日制用工等灵活就业相适应的劳动和社会保险政策，为灵活就业人员提供帮助和服务，促进灵活就业规范健康发展。

10．实行失业保险促进就业政策。发挥失业保险制度保障基本生活和促进就业的功能，加强对大规模失业的预防、调节和控制。综合运用法律、经济和必要的行政手段，努力减少长期失业人员数量，防止失业群体过于集中。规范企业裁员行为，避免集中推向社会。建立完善失业监测体系和失业预警机制。

四、关于实现充分就业的机制保障

实现充分就业要坚持四项基本原则：一是坚持有利于扩大就业的原则。把扩大就业作为经济社会发展和调整经济结构的重要目标，实现经济发展和扩大就业的良性互动；二是坚持市场就业导向的原则。深化劳动就业制度改革，完善市场导向的就业机制，保证劳动者择业自主权和用人单位用人自主权；三是坚持贯彻平等就业的原则。禁止就业歧视，为劳动者提供公平的就业机会；四是坚持实行统筹就业的原则。统筹做好城镇新增劳动力就业、农村富余劳动力转移就业、下岗失业人员再就业工作，逐步形成城乡统一的人力资源市场。

实现这些原则，要形成以下机制保障：

（一）强化政府促进就业的责任

促进就业和治理失业是各国政府的重要职责，也是世界各国政府执政的重要目标，在我国，更是各级政府执政为民的重要体现。因此，一是要树立就业优先的理念，将扩大就业作为经济和社会发展的重要目标，制定发展战略，调整经济发展模式，确保社会就业更加充分目标的实现。二是要按照《就业促进法》的要求，进一步强化政府在促进就业六个方面重要职责，即发展经济和调整产业结构增加就业岗位、制定实施积极的就业政策、规范人力资源市场、完善就业服务、加强职业教育和培训、提供就业援助。三是建立促进就业的目标责任制，建立对所属的有关部门和下一级人民政府进行考核和监督的制度。四是要实行有利于促进就业的财政政策，建立促进就业专项资金，加大资金投入，并实行有利于就业的经济社会综合政策。

（二）强化市场配置资源的基础性作用

要彻底改变目前由于地域、身份、行业、部门的原因造成的人力资源市场分割状态，培育和完善统一开放、竞争有序的人力资源市场，建立市场导向的就业机制，充分发挥人力资源市场在配置劳动力资源中的基础性作用，实现劳动者和用人单位供求双方相互选择，调节劳动力的供求，引导劳动者合理流动和就业。切实保障劳动者的择业自主权、创业自主权和用人单位的用人自主权。同时，规范企业用人行为和人力资源市场秩序。

（三）建立面向全体劳动者的促进就业工作制度

建立城乡统一的公共就业服务制度和体系，加强人力资源市场信息网络及相关设施建设，建立健全人力资源市场信息服务体系，完善市场信息发布制度。建立健全公共就业服务体系，设立公共就业服务机构，为劳动者免费提供就业服务。

建立面向所有劳动者的职业培训、职业资格证书制度和体系。建立职业能力评价体系，对规定的职业实行职业资格证书制度。政府制定并实施以就业为导向的职业能力开发计划，通过职业培训补贴等形式，鼓励劳动者参加各种形式的培训。鼓励和支持各类职业院校、职业技能培训机构和用人单位依法开展就业前培训、在职职业技能培训、继续教育培训和再就业培训，形成面向所有劳动者终身学习的职业培训体系。

建立困难群体就业援助制度，对困难群体实施优先扶持和重点帮助的就业援助。政府投资开发的公益性岗位，应当优先安排就业困难人员，并给予相应补贴；采取特别扶助措施促进残疾人就业；对因资源枯竭或者经济结构调整等原因造成就业困难人员集中的地区，采取特殊的扶持和帮助措施；通过税费减免以及给予社会保险或岗位补贴等，鼓励用人单位更多吸纳就业困难人员。

支持和鼓励劳动者自主择业，倡导劳动者树立正确就业观念，充分调动劳动者就业的主动性和能动性，促进他们发挥就业潜能和提高职业技能，依靠自身努力，自谋职业和自主创业，尽快实现就业。

由于我国各地社会经济发展的不同，有条件的地区可率先实现社会就业更加充分的目标，以带动全国在2020年基本实现社会就业更加充分的目标。各地应结合当地实际，制定具体的目标、措施和工作安排。

（选自《中国劳动保障报》2008年3月1日）

走出收入分配领域的认识误区

陈斯毅

收入分配与人民幸福密切相关。合理的收入分配制度是社会公平的重要体现，是社会主义国家的本质要求，也是社会经济发展的主要动力。当前，收入分配领域中不少实际工作者甚至理论工作者的思想认识跟不上科学发展观的要求，观念陈旧，认识滞后，严重制约着收入分配制度改革的深化。因此，亟须来一次大的思想解放，以推动分配制度创新，加快形成科学合理的收入分配格局，促进分配公平和社会稳定。

一、在市场调节与政府调控的关系上，破除市场自动调节论，树立市场调节与政府调控辩证统一的新理念

有人片面地认为，在市场经济条件下，收入分配应当由市场调节，通过市场调节，经济增长前期收入差距会扩大，而到了后期收入差距会自然而然自动缩小，实现分配公平。因而主张作为劳动力市场价格的工资，应当完全由市场调节，政府不要干预。实践证明，这些认识与“先污染后治理”的发展观如出一辙，片面强调市场的作用，而置人本身的利益于不顾，其思想根源在于片面追求GDP的增长，导致劳动报酬占GDP的比重过低。据国际劳工组织公布的最新数据显示，2000年至2005年，我国人均产出增长了63.4%，而同期工资总额占GDP的比重却从12%下降到10.91%，是1978年以来的最低点。科学发展观要求克服“见物不见人”的观念，树立以人为本的发展理念，在经济建设、社会发展等方面都要充分体现这一要求。以人为本，是科学发展观的核心，说到底就是走共同富裕的道路，促进人的全面发展。在收入分配这个问题上，我们应当充分认识到我国社会主义制度的性质和基本国情，不能寄希望于市场的自动调节。政府必须按照科学发展观的要求，进一步解放思想，重新认识与处理好市场与政府的关系，在充分尊重市场规律、发挥市场调节的基础性作用的同时，大胆采取适当有效的措施，加强政府对收入分配的宏观调控与干预，防止收入差距扩大和两极分化。

二、在处理效率与公平的关系上，破除唯效率至上的思想观念，树立效率与公平内在统一的新理念

一个时期以来，我国在收入分配方面实行“效率优先，兼顾公平”的原则。这对于打破平均主义，激发人们的劳动积极性，提高经济效率起到了积极的作用。然而，在实行过程中，不少单位和企业片面强调效率、不顾公平，甚至认为“重视公平就要牺牲效率”，这是认识上的

一个误区。这些不合时宜的思想观念和做法严重干扰了科学合理的收入分配体制和制度的建立，使社会公平明显失衡，使经济发展过程中效率与公平之间的矛盾不断深化。所谓效率，是指投入产出的关系，通常用资源的量或制度运行的结果来表示。一般理解为在生产过程中所投入的生产要素没有出现浪费和以最低成本获得最大的产出（收益）。所谓公平，一般指分配的起点、过程和结果的公平、公正，保证收入差距适度，不能过大。可见效率与公平的关系是辩证统一的关系，要使两者互为条件，互相依存，互相促进。当前在收入分配方面解放思想，就是要按照中央的要求，在初次分配和再分配两个环节，都要处理好效率与公平的关系。特别是在初次分配领域，不能片面强调效率优先，忽视公平。在具体工作上，要指导企业依法与工会或职代会平等协商，制定完善企业工资分配制度（方案），处理好企业内部不同岗位之间的分配关系，通过完善企业内部工资分配制度建设，实现效率与公平的内在统一。

三、在初次分配与再分配的关系上，树立无论是初次分配还是再分配都要处理好效率与公平、市场与政府的关系，把两者放在同等重要的位置，重视抓好两次分配的新理念

有人片面地认为，在市场经济条件下，初次分配讲效率，主要由市场机制调节。市场调节成为“放任自流”的代名词和挡箭牌，要求政府不要直接干预。在这种思想认识的支配下，政府主管工资分配的部门，不敢理直气壮地指导和管理企业的工资分配，初次分配中政府调控机制缺失，导致初次分配秩序混乱。同时，政府只是把主要精力放在再分配上，试图通过再分配的调节，实现社会公平。实践证明，如果初次分配只讲效率，不讲公平，就会导致分配差距过大。在这种情况下，靠再分配来调节，不仅成本很大，而且也很难扭转过来。在整个国民收入分配的体系中，初次分配是基础性的分配。特别是在社会主义初级阶段和人口众多、劳动力长期供大于求的特殊国情下，政府在初次分配领域如果无所作为，管理缺位，就难以保证实现社会的公平、公正。按照社会主义的本质要求，我们在这个问题上必须进一步解放思想，通过重视加强初次分配领域各项制度和机制建设来规范企业工资分配行为，为市场机制的运行提供良好的制度基础，从而实现效益与公平、市场调节与政府调控的内在统一。

四、在按劳分配与按要素分配的关系上，改变重资本、土地要素，轻劳动要素的观念，坚持树立以按劳分配为主的理念

党的十四大报告曾提出“生产要素按贡献参与分配”的理念，这对于增加生产要素的投入，刺激经济发展起到了很大的作用。但是一个时期以来，在执行过程中出现了偏差，不少人把劳动、资本、技术、管理、土地等生产要素并列起来，排在同等位置进行分配，结果导致劳动要素收入逐步下降，劳动报酬占初次分配的比重逐年下降。认识上长期的偏差，形成了重资本要素、轻劳动要素的惯性思维，阻碍了科学发展观的落实。在新的形势面前，我们要按照社会主义的本质要求，打破思维惯性，进一步解放思想，坚持以按劳分配为主的理念。首先，要充分认识到按劳分配中的“劳”不仅仅是劳动者的体力劳动，还包括智力、技术、管理等因素。其次在各要素中，要以“劳动”要素为主，劳动要素收入在各要素收入中应当占主体地位，要适当降低土地、资本要素的收益，提高劳动报酬在初次分配中的比重。第三，要坚持和完善按劳分配为主体、多种分配方式并存的分配制度，健全劳动、资本、技术、管理等生产要素按贡献参与分配的制度。在这两项制度中，按劳分配居主导地位，其他要素是参与分配的，居次要地位。在分配的理念上，要牢牢把握这一原则。

五、在企业投资经营者（简称企业主）与职工的关系上，破除企业自主分配就是企业主自行分配，职工不能参与分配的旧观念，树立企业工资分配由劳资双方平等协商决定的新理念

改革开放以来，我国逐步把工资分配权由国家集中管理下放给企业，让企业自主分配。这并不是把分配权交给企业主单方面决定，而是交给企业劳资双方，由双方根据本单位的经济效益和市场供求情况，通过平等协商确定。实践证明，如果企业工资分配变成企业主单方面任意决定，职工没有民主对话的权利，政府又没有进行有效的干预，那么就会导致分配不公，差距拉大。在这个问题上，我们要进一步解放思想，确立企业工资分配应当由劳资双方平等协商决定的机制，以利于体现民主自治，实现公平公正，形成企业工资正常增长机制。

（作者：广东省劳动保障厅劳动工资处处长）

（选自《南方日报》2008年3月18日）

目前个人收入分配的问题及对策

白永秀

近年来，随着我国经济的持续发展，居民收入不断提高，生活水平极大改善。但是收入分配领域存在着居民收入在城乡之间、地区之间、行业之间差距不断扩大的趋势，不利于经济的持续发展和社会的稳定，值得引起我们的高度重视。

个人收入是指社会成员在一定时期内，通过不同途径和来源获得的收入。一般来讲，个人收入包括劳动收入（工资、奖金）、福利性收入（补贴、救济）和投资收入（银行存款利益、股票收益）等三个方面。个人收入分配在国民经济运行和发展中占据十分重要的地位：从经济运行看，它是生产、分配、交换、消费4个环节的中介环节，其状况影响生产、交换与消费的正常运行；从生产目的看，它是实现社会生产目的的唯一手段；从消费经济学角度来看，它决定人们的消费水平、方式、习惯等，是提高消费水平及幸福指数的基础；从生产要素角度看，它是劳动力生产与再生产及其劳动者素质的决定因素；从劳动者劳动绩效角度看，它是调动劳动者积极性，从而提高劳动绩效的重要方式之一；从经济增长看，个人收入分配方式及消费是扩大内需，发展经济的重要方式；从社会与政治角度看，个人收入分配是实现社会和谐发展的重要保障。

当前我国的收入分配制度改革与我国经济发展水平相比比较滞后，存在一些问题。从初次分配看存在以下几方面的问题：首先，个人收入分配未能充分反映劳动者能力差距。人力资本的价值因素在收入分配中所占的比重小，而部门、地区的差距因素所占比重大，表现为部门间和地区间收入分配的不合理。其次，与国民财富增长的速度相比，一部分人富得太快。第三，一部分人致富的领域不尽合理。有相当比例的人是在流通领域富起来的，存在着“种粮的不如卖粮的富，养猪的不如卖猪的富”的现象。第四，一部分人致富的手段不合理。主要是指利用分配体制中存在的不合理因素，借助于权力和垄断力量以及利用违法违规经营和不平等竞争等手段获取收入。第五，个人收入分配制度改革滞后，使得本已存在的收入分配差距进一步拉大。

同时，在国民收入再分配方面也存在一些问题：首先，个人收入调节税征收较难，部门之间的收入差距较大。2004年，我国国民经济各行业中收入最高的行业是信息传输、计算机服务和软件业，职工年均工资为34988元，最低的行业是农林牧渔业为7611元，二者相差4.60倍。其次，财政转移支付不力，地区收入差距大。2006年，城镇居民可支配收入和农村居民纯收入的东西部差额为5349元和3237元，而且呈不断拉大的趋势。

伴随我国经济改革与发展的深入，要逐步深化收入分配体制改革，完善收入分配制度。

按照“十七大”精神，目前“初次分配与再分配都要处理好效率和公平的关系，再分配更加注重公平”。

首先，公平与效率相结合，在分配过程中更加强调社会公平，特别关注城乡之间、不同部门、不同地区之间的差距。一方面，要打破行业垄断，清除市场准入壁垒，通过竞争来降低垄断行业的高收入，限制凭借行业垄断获得个人额外收入的现象；另一方面，建立平等竞争自由流动的统一开放的劳动力市场，特别是消除城乡间的就业歧视和择业差别，使劳动者能够根据自身的利益追求和特长自主择业，形成劳动要素合理配置的局面，在提高效率的同时，克服因就业选择限制而产生的收入差别。同时，还要界定清政府的职能，强化对政府部门及其工作人员的制度约束，避免权力寻租造成的进入市场竞争机会不均等问题。

其次，以效率激励为目标，体现人力资本价值在收入分配中的作用。在现代企业制度下，人力资本在企业价值创造中的作用越来越重要，而现行的收入分配制度缺乏对人力资本价值的激励。人的知识成为资本，是基于知识经济时代知识的创新能够创造巨大的财富，因此人力资本也应该享有企业的股权，参与企业利润的分配。为了实现效率激励，要充分体现人力资本在价值分配中的作用。

第三，在收入分配过程中关注民生问题。着重关注三个群体：城市低收入者、进城务工的农民和广大贫困地区的农民。对于城市低收入者的措施：一是实行房价双轨制，一方面政府通过“廉租房”工程解决低收入者的住房问题；另一方面商品房仍按市场价格出售。二是对城乡居民实行生活必需品物资储备制度和实物分配制度（发放实物购券）等，对城市低收入者进行直补。三是确定最低生活标准，使其能够有足够的钱来购买生活必需品，这样一方面实现了社会稳定，同时还有效地扩大了内需。对于进城农民工的措施：一是凡有固定住所、固定工作、固定收入的人都应纳入城市低保的范围，在其他政策上，也与城市居民一视同仁。二是解决进城农民工子女的教育问题，凡是有固定住所、固定工作、固定收入的都应与居住所在地城市居民享有同样的子女教育机会和权利。对于贫困地区农民的措施：一是要在农村确定低保线，对农民实行最低生活保障。二是为农民设立创业基金。完善鼓励农民创业的机制，鼓励人们在农村创办企业和安排农民就业，凡是有利于实现以上目标的项目政府都要给予补助。创业基金在经济富裕的地区由省、市县按一定比例承担，在贫困地区由中央政府和地方政府按一定比例承担。

第四，促进收入分配体制的创新，完善各项社会保障制度。在收入分配体制创新方面要坚持效率优先、兼顾公平，既要反对平均主义，又要防止收入悬殊。初次分配注重效率，发挥市场的作用，鼓励一部分人通过诚实劳动、合法经营先富起来。再分配注重公平，加强政府对收入分配的调节职能，调节差距过大的收入。规范分配秩序，合理调节少数垄断性行业的过高收入，取缔非法收入。以共同富裕为目标，扩大中等收入者比重，提高低收入者收入水平。当前应着重建立合理的分配与再分配体制，强化政府在再分配方面的调节能力。完善住房、医疗和养老保险制度。完善各项社会保障制度，保障城镇贫困阶层和农村贫困人口的基本生活。健全与经济发展水平相适应的最低工资保障制度和最低工资标准调整机制。今后深化分配体制改革的重点应是反垄断、反腐败、反贫困、反非法暴富，通过对垄断的有效规制来实现社会公平。

（作者：西北大学经济管理学院院长、教授、博士生导师）

（选自《陕西日报》2008年4月9日）

公平收入分配应为宏观经济政策核心

李 扬

宏观调控应当有一个科学、统一、稳定的分析框架，公平收入分配应当成为今后宏观经济政策的核心。我国投资的资金来源的55.6%是“自筹资金”，这显然归因于企业和政府储蓄率上升。在这种格局下，通过金融信贷手段来控制投资，就很难有明显效果，因为政府和很多企业的投资并不依赖贷款。

从供给角度来看，当前中国宏观经济运行的所有问题，都归因于高储蓄率或与此有关。但是，指出这一事实还不够，进一步，还需要细致地研究：在国民经济中，究竟是哪一个部门在储蓄？只有深入分析国民储蓄的部门结构，我们才能制定有的放矢的政策。

居民储蓄率下降，政府、企业储蓄率上升

最近，我们运用资金流量表的数据，完成了一项关于中国储蓄结构的研究，已经发表在最近一期的《经济研究》上。由于资金流量表的数据滞后两年，这项研究只能覆盖1992—2003年共12年的情况。这项研究得出了三个结论：

其一，居民储蓄率是下降的。1992—2003年，居民储蓄率从22.6%下降到18.1%。到2003年，居民储蓄在总储蓄中的占比仅为42.1%。这个下降是比较显著的。而且，虽然还没有可靠的数据来分析2003年以来的情况，但是，各种相关数据可以让我们有把握地说，居民储蓄率下降趋势仍在继续。

其二，企业的储蓄率缓步上升。1992—2003年，企业储蓄率从11.55%上升到15.47%，提高了3.92个百分点。2003年，企业储蓄占总储蓄的36%。有些分析者认为，企业储蓄率提高，反映了中国企业效率近年来有较大的改善。这可能是事实，但并不是全部。

其三，政府储蓄率急剧上升。1992—2003年，政府储蓄率从6.55%提高到9.39%，政府储蓄在总储蓄中的占比为21.7%。从研究的时间段看，政府储蓄率经历了两个阶段的变化。第一阶段是2000年之前。那时候，我们面临的是“两个比重下降”的问题。经过多方面努力，政府储蓄率在波动中略有上升。1992—2000年，政府储蓄率由6%微升至6.4%。第二阶段是2000—2003年，总的趋势是政府储蓄率急剧上升。而且，政府储蓄的上升是构成国民储蓄率提高的主因。2003年，政府部门的储蓄率比2000年上升了近3个百分点，而同期整个国民储蓄率却只上升了不到4个百分点。也就是说，2000—2003年，我国增加的国民储蓄中有近75%来自于政府部门。

政府过多卷入投资和生产

2004年以来政府储蓄的变化尚无可靠的数据来判断，但是相关的数据却透露出相同的趋势可能延续。2004年和2005年，财政每年仅超收就达到5000亿元；2006年超收7000亿元；今年预计可超收1万亿元。政府储蓄率上升的原因，可以从国民收入的初次分配和再分配两个层面观察。

从初次分配来看，由于经济高速增长导致税收超速增长，同时也由于地方政府越来越深地直接卷入了投资和生产过程，政府初次分配的收入提高很快。在再分配环节，政府的主要收入来源是所得税和社保缴款，主要支出是社会保障福利、社会补助和其他。统计分析显示，政府特别是地方政府在再分配环节取得了正的收入，换言之，作为一个总体，政府的收支并没有很好发挥改善收入分配格局的积极作用。另外，我国政府特别是地方政府还有大量未统计的收入。如果把这一部分加进来，政府储蓄上升的趋势就更为显著了。

国民收入分配格局的上述变化，对国民经济运行的影响极为深广。举例来说，在目前的储蓄格局下，要想控制投资就无法下手。统计显示，2007年4月，我国投资的资金来源的55.6%是“自筹资金”，这显然归因于企业和政府储蓄率上升。在这种格局下，通过金融信贷手段来控制投资，就很难有明显效果，因为政府和很多企业的投资并不依赖贷款。

基于上述分析，我们认为，今后中国宏观调控的主要任务之一，就是调整收入分配格局，实现社会公平的目标。

提高劳动报酬，增加福利支出

公平收入分配，应当采取的措施很多。集中来说，主要有两个方面：

首先需要做的是逐渐提高劳动报酬。对此，尤为重要的是完善有关最低工资标准的规定，并严格执行。事实上，在一些地区出现的“民工荒”已经反映出我国劳动报酬提高的要求。完善各种社会保障制度，适度增加社会福利支出，亦为必须之举。在国民可支配收入中，社会福利支出的占比没有提高、甚至呈下滑之势，构成近年来我国居民部门可支配收入相对下降、收入分配结构恶化和国内消费需求增长不快的主要原因；最后，应当通过积极发展资本市场、发展直接融资，改变银行间接融资比重过高的状况，借以为居民获取存款利息之外的更多的财产收入创造条件。

其次，财政政策应当在提高国内消费率和公平收入分配方面发挥更为积极的主导作用。在20世纪90年代初期提出的“提高两个比重”的战略任务已经基本实现的背景下，财政部门应加速向公共财政转型；作为这一转型的重要内容，“减税增支”应当成为今后一段时期安排财政政策的基础因素之一。

就减税而论，降低生产税的税率和降低所得税税率，应属题中应有之义。就增支而言，应当大力增加“为全社会提供公共服务的消费支出和免费或以较低的价格向居民住户提供的货物和服务的净支出”，以期同时实现增加居民部门收入和增加政府部门公共消费的目标，为提高国内消费率和公平收入分配作出积极贡献。

重新塑造核心竞争力

这里需要特别指出，提高居民收入水平和增加社会福利支出，固然为建设和谐社会、公平收入分配和提高国民消费率所必需，但是在实行这一转变时，我们应当十分认真地考虑如下两个可能是同等重要的问题。

第一，迄今为止，中国经济的竞争优势主要体现在低工资方面。如果确认今后工资水平逐步提高是一个趋势，那么，我们就应清醒地看到：这样做，同时就意味着中国今后在劳动力成本方面的竞争优势开始下降。因此，一个或许更为重要的任务是，我们必须加快重新塑造中国的核心竞争力，要全面转向节约型、技术进步型和环境友好型的增长方式上来。我觉得，目前已经到了严肃地提出并全面落实这个战略转换目标的时候了。

第二，当我们提出全面向公共财政转型，财政政策应更加注意公平收入分配和提高全民福利水平的任务时，千万要注意，一是不能体制复归，二是不要走北欧的老路。现在有这样的倾向，认为财政收入每年以接近30%的速度增长，政府可以逐渐把各种支出都包下来。在扶贫、住房、医保、教育、养老等领域，都可以听到要增加支出的诉求。在我看来，这些诉求都有一定的合理性，但是，在进行体制安排时，应当特别小心谨慎。

我们主张，利用当前及今后一段时期政府收入高增长的好条件，解决一些临时性、一次性问题，还历史的旧账，是可以的，也是应当的。但是，凡属制度性安排，凡属刚性的支出，均应谨慎从事，从低标准做起。冷静且有远见的决策不能只看目前，要考虑财政收入高速增长的格局毕竟不可能长期持续，更要看到财政支出上去了，就会“尾大不掉”，形成下一年增长的“基数”。中国改革开放前，北欧及其他很多国家的经验告诉我们，福利增加是容易的，皆大欢喜；而要减少则是困难的。总之，经济转型势在必行，但我们应瞻前顾后，作好长期安排。

（作者单位：中国社科院金融研究所）

（选自《中国国土资源报》2008年7月18日）

收入差距拉大源于初次分配

俞建国

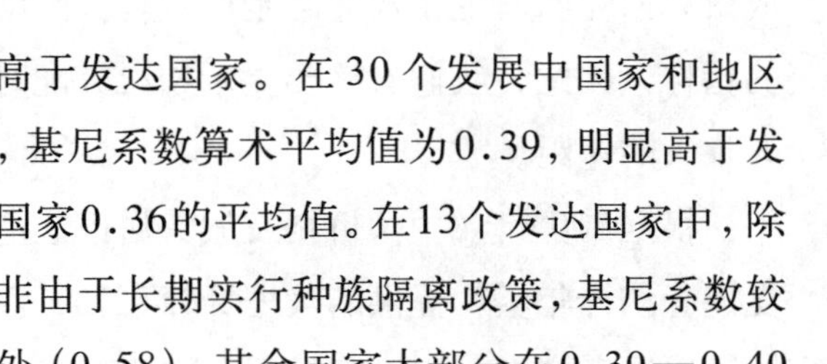

笔者认为，我国个人收入分配中存在三大问题，一是收入差距较大，在世界上属于差距较大的国家，而且还在不断扩大。二是再分配领域的措施主要集中于解决养老，对缩小收入差距作用不大。三是初次分配领域秩序较为混乱，个人收入差距很大程度上是非市场因素造成的，行业不正之风和腐败都进入了高发期。

收入差距较大，且不断扩大

目前我国个人收入分配问题受到社会各界的高度关注，收入差距逐步扩大，基尼系数从改革开放之初的0.20左右扩大到目前的接近0.50。在世界银行所给出的43个国家和地区的个人收入分配资料中，中国基尼系数为0.47，排列第六，属于收入差距较大的国家，不仅远远高于发达国家0.36的平均水平，也大大高于发展中国家0.39的平均水平。近10年来我国收入差距还继续呈扩大之势，基尼系数1998年为0.40，2001年为0.45，2004年为0.47。近3年我国经济增速都超过了两位数，因此有理由认为，目前的基尼系数已接近0.50。

根据世界银行提供的数据，我们还可以得出以下几点判断。

第一，总体来看，发展中国家的基尼系数要高于发达国家。在30个发展中国家和地区中，基尼系数算术平均值为0.39，明显高于发达国家0.36的平均值。在13个发达国家中，除南非由于长期实行种族隔离政策，基尼系数较高外（0.58），其余国家大部分在0.30—0.40之间，只有美国略高于0.40；还有两个国家低于0.30（德国0.28，日本0.25）。发达国家基尼系数较低，显然是与其较为完善的税收制度和社会保障制度等再分配调节措施分不开的。

第二，发展中国家分地区看，拉美各国基尼系数普遍较高，巴西、墨西哥、阿根廷和委内瑞拉4国的基尼系数平均值为0.51；其次为亚洲17个国家和地区，基尼系数平均值为0.39；原苏东国家基尼系数普遍较低，7个国家的平均值为0.32；非洲只给出了两个国家的数据（尼日利亚0.51，埃及0.34），由于样本太少，很难对整个非洲作出判断。

第三，亚洲国家中，过去20年经济增长较快的东亚国家如新加坡、马来西亚、泰国、中国以及香港等国家和地区，基尼系数较高，在0.42—0.49之间；而增长较为缓慢的印尼、孟加拉、巴基斯坦和老挝等国基尼系数较低，在0.33上下。印度前几年收入差距不大，近年经

济增长速度加快，基尼系数开始扩大，2000年为0.33，2004年则为0.37。这说明增速较快的发展中国家和地区，致富的机会通常总是给了少数人，而税收和社会保障制度的建立通常又滞后于经济的增长。在增长较快的国家中只有韩国的基尼系数较低，为0.32，即使在经济增长较快的20世纪60年代到80年代也是如此，这与韩国特殊的国情有关。

再分配对缓解收入差距作用不大

我国个人收入差距较大，而通过再分配手段缩小差距是政府的重要职能，这方面我们的成效如何呢？基尼系数通常是衡量再分配结果的指标，因此，我们有必要揭示初次分配时个人收入的差距。

根据2005年《中国价格及城镇居民家庭收支调查统计年鉴》提供的数据计算可知，我国城镇居民在初次分配时基尼系数约为0.32，再分配后（即可支配收入）的基尼系数约为0.31；最高20%收入户为最低20%收入户的倍数，初次分配时为5.7倍，再分配后为5.5倍。显然，再分配在调节收入差距方面的作用微乎其微。这是由于20多年来我们在再分配领域中的着力点是解决养老问题——养老金、退休金从企业发放转向由社会统筹发放，而不是解决收入差距问题。数据表明，再分配的主要部分是养老金、退休金和社会保障支出，支出多的人得的也多，支出少的人得的也少，因此，基本不解决收入差距问题。而再分配在我国农村的作用就更是微弱了。可见，同一个基尼系数（如0.47），大体上既可以代表我国初次分配的差距，也可以代表再分配的差距。

初次分配主要问题还不是差距过大，而是较为混乱

我们知道，发达国家的收入差距之所以比较小，是与他们较为完善的税收和社会保障制度分不开的。这使我们有理由推测，这些国家在初次分配阶段收入差距可能并不小。但目前反映初次分配差距方面的基尼系数见到的还不多，不过少数几个样本还是有助于我们理解这一问题。

英国2004年基尼系数由初始分配时的0.52，下降为最终分配时的0.38，下降幅度达26.9%。其中各种直接的社会保障措施对收入差距的调节效果最大，使居民收入的基尼系数下降了15个百分点，各种直接税措施使基尼系数下降了3个百分点（间接税则使基尼系数扩大了4个百分点）。日本由于社会保障的调节，1992年基尼系数从0.435下降到0.365，下降了7个百分点，下降幅度为16.1%。

根据这两个例子我们似乎可以合理地推测，大部分发达市场经济国家初次分配的基尼系数大体在0.45—0.55之间。作为一批老牌市场经济国家，在经历了上百年甚至更长时间的发展后，市场规则在法治社会的框架内应该说得到相当程度的完善，市场的基础性调节作用得到了充分的实现。这些国家在初次分配上反映的差距，显示的是各要素所有者的竞争实力，显示的是市场提供的机遇。

而发展中国家分配的特点是，初次分配时差距有多大，再分配时差距仍然有多大；增长越是迅速的国家，收入差距也就越大。这当然也是由于这些国家再分配调节手段的滞后。不过，就初次分配而言，我国的这一差距还不算很大。尤其是考虑到我国存在着严重的城乡二元经济结构，而发达国家尽管经济结构已经一元化了，但初次分配差距却并不小，我们似乎就更有理由做出这样的判断了。问题的要害是，我国初次分配的差距反映的并不完全是市场的力量，恰恰是非市场的因素太大。

我国收入差距扩大固然有相当一部分是合

理的，如坚持按劳分配为主、多种分配方式并存，鼓励一部分人先富起来等，但不合理因素也不容忽视。体制内长期以来我们一直按所谓“两级按劳分配”的框架运行，即国家对（国有）企业“按劳分配”，企业内部对劳动者按劳分配，但却还有一条“近水楼台先得月”的潜规则与之并行：造酒的给自己分点酒，造烟的给自己分点烟，卖煤的给自己分点煤，卖电的给自己分点电，直至垄断部门给自己多分点钱。这样的分配机制也扩散到医院、学校和科研机构等各类事业单位，并促使它们各行其是去创收，推动其向产业化、市场化方向发展，甚至连党政机关也未能“免俗” ——乱收费、乱摊派、乱罚款等，并由此开辟了权力介入市场的法外通道。而劳动者对同工同酬的合理诉求必然导致单位间盲目攀比、无序竞争，其结果只能进一步扭曲分配关系，恶化各类主体的经济行为。体制内制度不合理，心理失衡的人们必定会到制度外去寻求平衡，从而刺激人们从各种不正当渠道找回补偿。至于体制外，假冒伪劣、欺行霸市、偷税漏税、行贿受贿等市场秩序方面的因素也加剧了分配秩序的混乱。这些都为以权力为基础的腐败打开了大门——因为过大的不合理收入会动摇人们抵御腐败的心理基础，自觉不自觉地接受腐败行为，使腐败大有蔓延之势。

（作者：国家发展改革委经济研究所研究员）

（选自《中国经济导报》2008年8月26日）

理性认识我国居民收入差距扩大的问题

赵振华

改革开放以来，在我国城乡居民收入大幅度增加的同时，收入差距也明显地扩大了，如何认识当前我国居民的收入差距，直接关系到未来我国收入分配政策的进一步完善。针对当前的收入差距，在认识上需要强调以下几点：

一、当前我国居民的收入差距处于过大区间，但没有出现两极分化

衡量收入差距的指标主要有基尼系数、库茨涅兹指数、阿鲁瓦利亚指数以及实际收入、金融资产的分布状况等。基尼系数虽然具有不精确的缺陷，但是可以大体反映一个国家或地区居民的收入分布结构。从国内外不同机构对我国基尼系数测算数值来看，虽然不完全一致，但有一点是共同的，这就是都处于0.4—0.5之间，这就意味着我国居民的收入差距处于过大区间。从其他几个指标来看，也都存在类似的情况。同时，各种数据显示，我国目前居民的收入差距没有进入两极分化的阶段。两极分化既有质的规定性，也有量的规定性。从质上来说，由于收入差距而直接影响社会稳定，社会成员的心理极不稳定，社会矛盾异常尖锐；从量上来说，社会成员的总体差距已经足够大并进入两极分化的界区。从我国的情况来看，还不能做出两极分化的判断。我们不能把一个年收入100万元的富翁与一个年收入1000元的穷人进行直接简单比较而得出如此大的差距就是两极分化的结论。从发展趋势来看，我国目前的收入差距还有进一步扩大的趋势，如果不采取有效的措施，收入差距将会进一步扩大，进入两极分化的区间。

二、当前我国居民收入差距从总体上来看是在共同富裕道路上产生的有快有慢、有先有后的差距，是相对差距，而不是一部分人越来越富，一部分人越来越穷的绝对差距

一方面，我们要看到改革开放30年来产生了许许多多的高收入者，他们更多是通过诚实劳动、合法经营的途径获得的。考察收入差距不能仅就收入论收入，还要把收入与贡献结合起来考察。收入是一个流量概念。美国经济学家保罗·A.萨缪尔森在流传甚广的《经济学》一书中给收入下的定义是："收入是指在一定时期（通常1年）内赚得的或取得的货币总量"，表明收入是一种结果，是收入的占有者通过为社会做贡献而获得报酬的货币化。只有为社会做出更多的贡献，才能获得更多的收入。改革开放之后，我国居民收入差距拉大固然是事实，但我们应该看到绝大多数高收入者获得的收入是通过诚实劳动、合法经营获得的。绝大多数高收入者付出了更多的劳动和智慧。私营企业主是我国的一个高收入阶层，我们不能只看到其收入，更要看到他们的辛勤劳动。江苏省工商联2005年的一份抽样调查显示，江苏私营企业家平均每天的工作时间长达12.3小时，这说明私营企业家的付出要远远高于企业的其他人员。私营企业主用于日常经营管理和各种学习的时间，随着资本规模的递增而增加，而用于公关招待、娱乐休闲或陪伴家人的时间则随之减少。资本在亿元以上的私营企业主每天用于经营管理和各种学习所花费的时间比资本在100万元以下的分别多0.4和0.3小时。江苏的私营企业主普遍重视教育和学习。被访企业主平均每天有1.1小时用于各种学习活动，教育费用则占到被访者家庭生活消费支出的25.82%。教育费用同样随着资本规模的扩大而增长，资本在亿元以上的私营企业主，其教育费用是百万元业主的4.15倍。可见收入是与劳动投入、人力资本投资成正比的。缩小收入差距不是要实现收入的完全均等化而是要在保护合法收入和效率不断提高的前提下，通过收入的再分配确保低收入者的基本生活。要把社会成员引导到通过贡献获得合法报酬的轨道上来，而不是简单地比较收入本身。因此我们必须破除高收入者似乎都是通过非法途径获得非法收入或通过不合理手段获得的不合理收入的说法，不能以“仇富”的心态来看待高收入者，在看到表面上高收入的同时，也要看到他们背后付出的辛勤劳动，包括管理劳动、市场创新劳动、科技研发劳动等复杂劳动，要看到他们为社会做出的巨大贡献，当然对于非法收入要给予严厉打击，对于不合理收入要予以整顿。我们不能只看表面的差距而不看贡献。从总体上来看，虽然产生了不少的高收入者，但数量仍然很少，高收入者的财富仍然很小。高收入者的合法收入越多，他们对国家的税收、就业等贡献越大，低收入者的收入越能够更快地提高。

另一方面，也要看到低收入者的收入也有了巨大提高，即使贫困人口的生活与以前相比也得到很大改善。可以说，以前的贫困是吃不饱穿不暖的贫困，而现在的贫困则是温饱中的贫困，是缺钱的贫困。2007年与1978年相比，我国城乡居民的收入水平都提高了30多倍。根据国家统计局公布的数字，1978年我国农村居民人均年纯收入只有134元，城市居民人均可支配收入只有343元，到2007年，我国农村居民人均纯收入已经达到4140元，城市居民人均可支配收入达到13786元。我国贫困人口数量由1978年的2.5亿下降到2006年的4000多万。之所以还有相当数量的低收入人口，他们的生活还比较贫困，是由于多种因素如自然因素、地理因素、家庭成员长期疾病等造成的，不能一提低收入者似乎都是观念落后、好吃懒做、不思进取的人。我们不能仇富，同样更不能以嫌贫的心态看待低收入者。

三、当前我国居民收入差距的存在对经济和社会发展既有积极影响，也有消极影响

(一)我国居民收入差距的存在对经济和社会发展的积极影响

适当的收入差距，打破了平均主义分配方式，体现了多贡献多得、少贡献少得，其结果，从城乡居民个体来看，有利于刺激广大人民群众的劳动和生产经营积极性，增加了居民收入，因为收入与劳动付出呈现正相关关系；从国家层面来看，就是促进了生产力发展和综合国力提高。而在平均主义分配体制下，劳动付出与收入没有多大关系，出工不出力的偷懒现象普遍发生，最终必然是共同贫穷。改革开放之后，之所以我国的生产力有了极大发展，根本原因就在于市场经济体制下的分配方式发生了根本变化，把贡献与收入直接挂起钩来。

（二）我国居民收入差距的存在对经济和社会发展的消极影响

一是不利于共同富裕目标的实现和社会主义优越性的发挥。共同富裕不是同步富裕，也不是没有差别的富裕，但也绝对不是一部分人富裕，一部分人贫穷的两极分化。目前我国的收入差距已经进入过大区间，如果不采取有效措施，就会出现两极分化，这与改革的目标是相违背的。邓小平早就说过，共同富裕不是两极分化。“如果富的愈来愈富，穷的愈来愈穷，两极分化就会产生”，“如果导致两极分化，改革就算失败了”。社会主义优越性主要体现在要比资本主义有更快的生产力，广大人民群众的物质文化生活得到更大程度的改善。邓小平同志在1992年的南方谈话中指出：“社会主义的本质，是解放生产力，发展生产力，消灭剥削，消除两极分化，最终达到共同富裕。”前两句话解决的是生产力问题，后三句话解决的是生产关系问题。社会主义的优越性既体现在生产力方面，也体现在生产关系方面，是生产力和生产关系的统一。在生产关系中，社会主义的优越性主要体现在分配关系中，无论通过什么样的生产方式、交换方式、分配方式，需要达到一个结果，这就是共同富裕。共同富裕有两层含义，一层含义是“富裕”，就是要让城乡居民的物质和文化生活水平不断得到提高，贫穷不等于社会主义；一层含义是“共同”，即广大城乡居民收入水平和生活水平都有大幅度提高，而不是少数人富裕绝大多数人贫困的两极分化，两极分化也不是社会主义。在生产力发展的基础上实现了共同富裕，这才是社会主义的优越性。

二是不利于社会的长期稳定。社会稳定与收入差距虽然不呈现一一对应关系，但却有着正相关关系。收入差距主要从以下两个层面影响社会稳定：

1．从收入差距与社会稳定之间的逻辑关系来看，直接影响人们的心理平衡。收入差距是客观现象，而心理判断带有一定的主观性。客观事物反映到人们的大脑就会产生刺激，长期的过大收入差距特别是两极分化的信息反映到人的大脑，当这种信号累积到一定程度，突破了人们的心理承受能力，就有可能因此而做出行为反应，轻则表现出对社会的不满，重则对社会产生抵抗行为。

2．从收入差距与社会稳定的历史来看，不难发现，收入差距越大，社会越不稳定。18世纪和19世纪，之所以当时生产力相对发达的欧洲工人游行、罢工、示威不断，一浪高过一浪，一个重要的原因就是收入差距出现了两极分化，特别是遇到经济危机的时候，失业严重，又没有建立现代意义的社会保障制度，工人的基本生活受到威胁，其直接后果就是形成工人与资本家的严重对立，社会矛盾异常尖锐。20世纪30年代特别是第二次世界大战以后，西方国家加大了政府对收入分配的调控力度，缩小了收入差距，特别是建立了社会保障制度，社会矛盾大大缓和。从我国的历史和现实来看也是这样，从历史来看，几千年的奴隶社会和封建社会，王朝不断更替，其中一个重要原因就是出现了严重的两极分化。从现实来看，近30年来，我国收入差距总体上呈现不断扩大的趋势，社会治安案件总体上也呈现不断上升的趋势，虽然这些社会问题并不完全是由收入差距引起的，但有着不可分割的联系。从社会调查来看，连续多年收入问题一直是民众最为关注的问题之一，就可加以印证。

三是不利于扩大消费需求。制约消费需求的因素很多，如生产、流通、消费偏好等。从目前我国的实际情况来看，生产和流通环节虽然都还存在制约消费需求的因素，但最为根本的因素还是收入问题，特别是收入差距过大直接制约消费需求的扩大。从不同收入群体来看，目前已经形成了高收入、中等收入和低收入群体，三大收入群体有不同的消费特点。高收入者的边际消费倾向呈现递减规律，有消费能力，但无消费欲望；中等收入群体有一定消费能力，但由于缺乏良好收入预期而不敢消费；低收入群体虽然有消费欲望，但缺乏收入而无力消费。因此形成了三大消费断层。要扩大消费需求，还需要大力提高低收入者的收入，改善中等收入者的收入预期，引导高收入者健康消费。

四、当前我国居民收入差距有一定的必然性，这就是市场经济规律作用的结果

市场经济是竞争经济，市场经济规律特别是竞争规律天然具有优胜劣汰的作用，适应市场经济就能够生存、发展，不适应市场经济就会遭到淘汰，即使是完全公平的竞争也会产生一个不公平的结果，也会产生收入差距。我们不能空想在市场经济条件下全社会成员的收入差距趋向于零，每个社会成员的收入都完全均等。因为每个人所处的社会环境、地理位置、工作性质都不相同，每个人的天然禀赋、付出的劳动量以及劳动的复杂程度都不相同，作为社会回报的收入必然是有差别的。我们不能奢望没有多大贡献的文盲与做出巨大贡献的科学家获得同样的收入，简单劳动者与复杂劳动者获得同样的报酬。我们需要提倡的是简单劳动者获得简单劳动的报酬，复杂劳动者获得复杂劳动的报酬，这就叫做各得其所，按贡献取得报酬。市场经济条件下由于平等竞争而产生的收入差距要比计划经济条件下平均主义分配公平得多。

五、我国的社会发展指标如人均预期寿命、科技、文化、教育、环境的差距无论从城乡来看，还是从区域来看，都小于收入差距，也就是说，不同收入群体的生活质量差距并不完全与收入差距成正比

通过政府的二次调节特别是转移支付，实施相对均衡的教育政策、卫生、文化医疗保健等，使不同收入水平的居民在生活差距方面要相对小一些。联合国开发计划署的统计资料显示，我国的人类发展指数已经达到中等发达国家水平，反映了我国居民的生活水平相对比较高。收入不是人类追求的最终目标，更不是人活着的一切。我们没有办法判断一个收入水平比较低但生活在环境优美、社会关系和谐的小镇中的人，与另一个收入水平比较高但生活在具有环境污染工作压力比较高的大都市中的人，哪个人的生活质量更高。

六、认识收入差距还要结合人们的心理承受能力

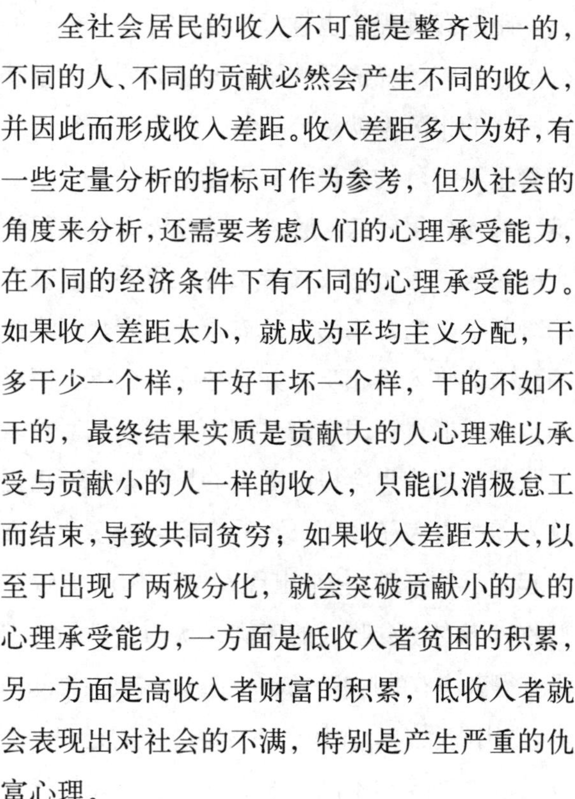

全社会居民的收入不可能是整齐划一的，不同的人、不同的贡献必然会产生不同的收入，并因此而形成收入差距。收入差距多大为好，有一些定量分析的指标可作为参考，但从社会的角度来分析，还需要考虑人们的心理承受能力，在不同的经济条件下有不同的心理承受能力。如果收入差距太小，就成为平均主义分配，干多干少一个样，干好干坏一个样，干的不如不干的，最终结果实质是贡献大的人心理难以承受与贡献小的人一样的收入，只能以消极怠工而结束，导致共同贫穷；如果收入差距太大，以至于出现了两极分化，就会突破贡献小的人的心理承受能力，一方面是低收入者贫困的积累，另一方面是高收入者财富的积累，低收入者就会表现出对社会的不满，特别是产生严重的仇富心理。

低收入者的心理承受能力到底有多大，要受制于以下三个因素：

一是低收入者的收入水平。在市场经济条件下，社会对收入差距的心理承受能力决定于低收入者而不是高收入者，犹如木桶原理一样，木桶能够盛多少水决定于短板而不是长板。从一定意义上讲，收入差距本身不是问题，核心的问题是看低收入者的收入或生活的保障程度，低收入者的收入越高，心理承受能力越强，犹如木桶的短板越长，则盛的水也越多。中国传统的均贫富思想实质上是在生产力水平非常低下、社会财富极其有限的情况下，低收入者的收入不能维持基本生活需要而提出来的，收入水平越低，越要求均贫富，因为有一点差距，就意味着一部分低收入者难以维持生活。相反，可供分配的社会财富越多，特别是低收入者的收入水平越高，对收入差距的关注度也越小，低收入者对高收入者的收入越能够接受。

二是分配的公平度，公平度越高，人们对收入差距的接受程度也越高；公平度越低，对收入差距的接受程度也越低。那么什么是公平的分配？在市场经济条件下，同样的要素贡献获得同样的报酬率就是公平的，其实这一结论蕴涵着平等竞争的前提。公平竞争的结果是，贡献小的人获得较低的收入，贡献大的人获得较高的收入。对于低收入者来说，也并没有过高的奢望，一个公司的普通雇员并没有梦想拿公司总裁的收入。相反，如果分配不公平，同样的贡献不能得到同样的报酬率，则人们对收入差距即使很小也会提出更多的质疑，更不用说收入差距过大了。不公平的分配会在多个层面引起多重的不满，甚至出现人人都不满的状况。低收入者对自身收入的不满，认为自己的贡献没有得到应有的回报；低收入者对高收入者的不满，提出高收入者凭什么获得高收入的疑问；高收入者内部互相不满，他们自己的收入虽然已经很高，但也会提出其他高收入者凭什么获得了更多报酬的疑问。当前，人们之所以对收入差距比较敏感，在很大程度上是由于收入分配不公平导致的。

三是市场经济中弱势群体的保护程度。在市场经济条件下，必然会有一些人难以适应市场，甚至被市场所淘汰，这是市场经济规律发挥作用的结果，还有一些人天生就有生理缺陷或后天罹患严重疾病等，无法参与市场竞争，对于这一部分人就需要建立社会保障制度，由政府通过二次分配，确保其基本生活。他们的生活越有保障，越能够对社会起到稳定的作用，对收入差距的认可度越高，他们会认为，自己没有做出什么贡献也获得了救助，至于其他人收入多高是无碍的。

七、认识收入差距还需要考虑高收入者收入的使用方向和用途

收入本身更多地表现为货币形式，除了同一个单位或群体内部大体了解收入以外，其他人是不了解的。在收入水平总体比较低的情况下，人们的收入更多地外化为衣和食上，谁吃得饭好一点，穿得衣服漂亮一点就表明收入高一些。随着人们生活水平的进一步提高，人们的收入又外化为用、住和行上，即表现为拥有更多的耐用消费品如住房、小汽车和旅行上，实际上这些都是居家所必需的消费品。因此，现在我们无法从穿得衣服上判断他的收入多高，大款穿的也不是金缕玉衣，低收入者也未必褴褛不堪。我们也无法从人们开的小汽车上判断收入的高低，因为大款也未必开豪华轿车。如果高收入者把收入的一部分用于正常消费，另一部分作为存款或购买有价证券或扩大再生产，而没有外化为过度的奢侈消费，收入差距本身也不是一个显性问题。况且，高收入者的合法收入越多，也就意味着对社会的贡献越大，因为随着收入的提高，边际消费倾向越低，更多的收入又回归到社会。比尔·盖茨无论如何难以消费掉一生所创造的财富，更多地又以不同方式回报社会。相反，如果高收入者把收入更多地外化为过度的奢侈性消费，诸如修建豪华坟墓，甚至搞不健康的消费诸如包二奶、养情妇之类的，为富不仁、为富不节，势必引起人们的仇视，这也是仇富心理产生的一个重要原因。

八、认识收入差距还需要考虑不同地区的物价因素

我国城市和农村，发达地区和欠发达地区的物价水平有巨大差异。因此，在认识城乡和地区之间的收入差距时，要考虑物价水平，即生活成本状况。总体来看，我国城市的生活成本要高于农村地区，大城市的生活成本要高于小城市，东部地区的生活成本要高于西部地区。在农村能够过上比较好的生活，在城市只能过上一般的生活。在西部农村地区是属于高收入，能够过上非常优裕的生活；在西部中等城市可能就属于一般水平，只能过上一般的生活；在西部大城市就属于中低收入，只能维持生活；在东部大城市就属于低收入，只能勉强生活而已。这里需要进一步研究的是收入的等值化或收入的实际购买力。这里可以借鉴江小涓等人经过对全国36个大中城市2005年2月价格指数、人均名义收入、人均实际收入的研究，分析我国不同城市居民收入的实际购买力。至少可以得出两点结论：一是即使经过价格指数调整之后收入差距也是存在的，二是经过价格指数调整之后，各个地区之间居民的实际收入差距明显缩小了。在调整之前，我国收入最高的深圳市居民收入为25865元，最低的西宁市居民收入为7626元，前者是后者的3.39倍。调整之后，收入最高的是深圳市，居民实际收入为18051元，收入最低的是海口市，居民实际收入为8751元，前者为后者的2.06倍。

九、从工业化国家的历史经验来看，绝大多数国家或地区在从传统农业社会向工业社会过渡的过程中，伴随着人均GDP的提高，都曾经出现过收入差距扩大的趋势，当人均GDP达到一定程度之后，开始缩小并逐步进入一个合理区间

这就是美国著名经济学家西蒙·库兹涅茨在1955年提出的倒U曲线理论。他的这一理论提出来之后，引起了经济学界的广泛争论，赞同者有之，反对者也有之。从各个国家的实践来看，有的国家符合倒U曲线，有的国家不符合。这里有两个问题需要进一步讨论：一是倒U曲线在中国是否存在；二是即使存在，人均GDP达到一定程度后收入差距是否就自动或自然而然地缩小。

关于第一个问题，由于我国还处于从传统农业社会向工业社会过渡的过程中，这一过程还没有结束，还没有办法进行完整的验证，但可以肯定的是改革开放30年来，我国人均GDP有了大幅度增加，同时收入差距也迅速扩大，目前还有进一步扩大的趋势。如果说倒U曲线存在的话，我国的收入差距还处于其左侧，没有达到顶点。关于第二个问题，人均GDP达到一定程度之后，收入是否就自然而然地缩小，答案是否定的。从西方国家的经验来看，虽然绝大多数国家呈现倒U曲线，但也并不是经济运行本身的结果，而是政府调控的结果。20世纪30年代特别是第二次世界大战之后，西方国家加强政府的干预，一方面通过个人所得税、遗产税或赠与税等形式把过高的收入降低下来，另一方面通过建立完善的社会保障制度，确保了市场经济中弱者的利益，收入差距基本上控制在合理区间，因此，收入差距缩小不是自然而然的过程，而是政府调控的结果。究竟什么时候是收入差距由扩大趋势向收入差距缩小趋势转变的拐点，关键要看政府调控的效果，没有一个固定的量值。如果宏观调控的效果好，拐点会较早地出现；如果宏观调控的效果不好，拐点就会晚出现，甚至一直扩大下去直至严重的两极分化。

（作者：中共中央党校经济学教研部副主任、教授、博士生导师）

（选自《理论学刊》2008年第3期）

从收入分配和财产分布看中国渐进式改革的成绩与问题

赵人伟

中国的经济改革已经持续了30年的时间。为了降低改革的成本，我们采取了渐进改革的方式。在这30年的时间里，从收入分配和财产分布角度来看,中国的贫富差距在迅速扩大。在这种情况下，我们应该如何考察渐进式改革所付出的代价以及前景？我个人认为，收入差距扩大可以分成三个层次。第一个层次是改革开放的成果。第二个层次是将收入差距扩大看做我们必须付出的代价。第三个层次才是过高的代价。1990年代以来，我们确实已付出了过高的代价。下面就谈谈我的看法。

一、中国经济改革的特点

就中国经济改革的特点来讲，不同的学者有不同的看法。美国哈佛大学德怀特 · 帕金斯(Dwight H.Perkins) 教授概括出亚洲类型社会主义经济体制国家的三个特点。第一，经济改革优先于政治改革。第二，亚洲的社会主义国家要比前苏联的社会主义国家穷得多。第三，亚洲的社会主义国家在改革起步时，多数人口从事农业。在帕金斯教授所讲的基础上，根据中国的情况，我认为中国的经济改革具有五个特点。第一个特点，计划经济覆盖率比较低。在城市的正规部门，计划经济强度比较大。在农村或城市的非正规部门，计划程度不够。这个特点为改革采取渐进方式，先打外围战，后打攻坚战提供了空间。

第二个特点，中国经济改革的起点比前苏联和东欧国家都要低。关于经济体制的不同模式有各种各样的划分方法。我归纳成六种模式。第一个模式是军事共产主义经济。第二个模式是准军事共产主义经济。第三个模式是典型的计划经济。第四个模式是修改了的计划经济，就是赫鲁晓夫时期把斯大林模式稍微修改了的模式。第五个模式是有调节的市场经济。第六个模式是完全自由的市场经济。

中国改革的起点模式是第二个模式。前苏联和东欧改革的起点是第四个模式，宏观经济决策和企业经济决策都是集中化的，但个人的经济决策是分散化的。而中国的经济在三个层次上都是集中化的。

第三个特点，同前苏联和东欧国家相比，中国的经济改革同经济发展的联系更紧密。前苏联在改革起步时国家已经基本实现了工业化。我参照日本教授的总结，进行了归纳，把中国经济分成发展和改革两个层面。从发展角度来看，一个层面是从自然经济到市场经济或现代经济的转型，日本称作从习俗经济到现代经济；另一个层面是从二元经济向现代经济的转型。中国既在从二元经济向现代经济转型，又在从习俗经济向现代经济转型。从体制转型来看，是从计划经济向市场经济的转变。所以，中国的经济改革与前苏联相比要复杂得多。

不仅如些，改革开放对中国也是很重要的。前苏联和东欧国家认为，香港对中国的改革开放起了很大作用，而前苏联没有香港这样一个地方。我认为中国改革和开放两个方面是互相促进的。前苏联和东欧开放程度没有中国高。中国海外有那么多华侨，对中国改革开放起了很大的作用。

第四个特点，中国经济改革是改革和发展（增长）同步进行，互相促进的。就像世界银行专家所讲，前苏联的改革是以牺牲增长为代价的。芝加哥大学一位学者专门著书探讨这一问题，他认为不管采取渐进方式还是采取激进方式，改革必须以牺牲增长为代价。如果采取渐进方式，生产和消费起落的幅度会小些；如果采取激进方式，牺牲会更多一些，但发展起来会更快一些，生产和消费的起落幅度要大些。但是中国经济的生产和消费一直是在同步增长，年增长率保持在10%左右。

第五个特点，中国经济改革采取的渐进方式有利于降低改革的成本和风险。中国经济改革之所以采取渐进方式，是因为中国国情的特殊性。中国的国情是经济落后、二元结构、幅员辽阔、发展不平衡和改革的起点低等。

20世纪80年代初，中国把布鲁斯教授（波兰学者）请到国内来讲学。那时，布鲁斯教授认为，中国的经济改革必须采取一揽子的激进方式。但根据中国的实际情况，包括布鲁斯和科尔奈在内，最后都认同了中国的渐进式改革，认为这种方式不可避免，承认中国的改革是成功的。中国的改革必须采取先易后难的原则，从农村到城市，从沿海到内地，从运行机制改革到所有制改革，从非公有制经济到公有制经济，从体制外到体制内逐步推进。

到了90年代，国内外许多经济学家把渐进式改革界定为“增量改革”（incremental reform）。增量改革就是存量部分放在老体制不动，增量部分进入新体制。如果发展得快的话，增量部分就大量进入新体制，老体制的意义就越来越小。“增量改革”的进行，使老体制作用越来越小，阻力也越来越小。

回顾中国30年的改革，总体来说，中国经济改革采取的是渐进方式，但在某些领域内有激进的因素。例如80年代初的农村改革带有激进意义，是带有激进因素的成功案例。而1988年的价格闯关造成到处抢购，结果闯关方案搁浅了，则是带有激进因素改革的失败案例。

二、收入分配：从平均主义盛行到收入差距过大

从平均主义盛行到收入差距扩大，这是我们30年来改革的最大变化。在改革开放以前，中国是均等化程度很高的社会。中国当时的基尼系数是：城市地区在0.2以下；农村地区在0.21至0.24之间。同期其他发展中国家的基尼系数是：城市地区在0.37至0.43之间；农村地区在0.34至0.40之间。发展中国家基尼系数都比我们高得多。

改革开放后的30年来，中国的收入差距拉大了。但对全国的基尼系数有不同的估计。我把这些估计分成高、中、低三种。低估计：0.4左右（国家统计局）；中估计：0.45左右（中国社会科学院经济研究所）；高估计：0.50左右（南开大学）。对城乡收入比率的估计也可分为三种。低估计为1∶3左右（国家统计局）；中估计为1∶4左右（世界银行）；高估计为1∶5左右（宋晓梧）。

从城乡的收入比来看，距离是先缩小，后扩大。改革开放初期，倍数是2.5倍。其中1985年是1.8倍，到后来就变成3.3倍左右。无论从发展的角度，还是从改革的角度来看，我认为这种状况都是不正常的。从世界各国的经济发展情况来看，城乡差距都是在缩小，而不是在扩大。而我们为什么是先缩小，后扩大呢？我们需要认真总结一下这方面的经验教训。

如何从收入差距的扩大来衡量渐进改革的成本呢？我认为我们已经付出了必要的成本，但也付出了过高的成本。例如：在90年代以来的房地产开发过程中，土地从无价变高价，发生了土地买卖中的“设租”活动，使一部分人获得了超常的利益。这是一种过高的代价，不是非付不可的代价。寻租的价格都是给定的，寻租者没有设定的权力。高价是市场给定的，低价是计划经济给定的。设租不一样，高价是市场给的，低价是自己定的。所以，设租的利益空间特别大。寻租活动利益空间高出半倍到一倍，而设租活动利益空间则高出10倍到20倍，甚至几十倍都是很容易的事情。

再如，中国的公车使用仍然沿用老办法，也不符合渐进改革——增量改革的要求。增量改革要求新财富进入新体制。为什么新财富进入老体制，而且量还越来越大？一个有争议的难题是如何估算租金收入和灰色收入的总量？按照胡和立的估算，1988年因价格双轨制而引起的租金总量为3569亿元，占当年GDP的30%。按照王小鲁的估算，2005年全国城乡居民收入总和大约是13.5万亿元，而根据官方数据推算的此项收入为8.7万亿元，前者比后者高出4.8万亿元，相当于当年GDP的25%，其中，绝大部分属于灰色收入。学术界对上述估计数据的可靠性和方法的科学性都提出了质疑。迄今为止，没有一个人能证明自己的计算是准确的，但是也没有一个人能否定上述租金和灰色收入的数额是庞大的。这是学术界的困惑。

从全国来讲，新财富进入老体制的现象普遍存在。如果对既得利益不敢碰，今后的改革恐怕是很难办的。必须建立一个互相制衡的机制，才能解决问题。中国古代讲慎独，可慎独是以性本善作为前提的。但人性既有善的一面，也有恶的一面。没有权力的制衡，改革是很难深化的。

三、财产分布：从几乎没有个人财产到个人财产的高速积累和显著分化

财产分布将成为人们关注的一个新焦点。中国经济改革的结果表现在财产分布上，从几乎没有个人财产到积聚个人财产的高度分化。自90年代以来，中国居民的个人财产经历了一个高速积累的时期。财产的分布变得越来越不平等。小康社会与和谐社会的建设不仅取决于收入分配的状况，而且取决于财产分布的状况。财产与收入之间存在着互动关系。财产分布的不平等成为收入分配不平等的一个重要因素，这是我们关注财产分布的一个原因。我简单概括一下结论性数据。全国居民人均财产的构成有六大项，其中房产占57.88%，金融资产占21.79%，土地占9.35%。在全国居民人均财产分布方面，首先出现了最高20%与最低20%之比，其中房产是62.7∶1，金融资产是29.13∶1。其次在集中率上，房产为0.6302，金融资产为0.6291，财产总额的基尼系数为0.55。

那么，如何从国际比较的角度来看中国当前财产分布的差距呢？根据一位在澳大利亚讲学的英国学者所写书中的数据，发达国家财产分布的基尼系数在0.5至0.9之间（收入分配的基尼系数在0.3至0.4之间）。而中国当前财产分布的基尼系数为0.55（收入分配的基尼系数为0.454）。在这方面还没有达到国际水平。虽然如此，但我认为有两点值得考虑：（1）中国财产的积累只有20多年，而发达国家已有数百年历史；（2）中国收入分配的基尼系数已经超过发达国家，必然影响今后财产分布差距的进一步拉大。十七大报告提出，城乡居民收入较大增加，家庭财产普遍增多，创造条件让更多群众拥有财产性收入。我认为十七大报告这个提法意义很大，主要有四点。第一，居民拥有个人财产的重要性，体现了藏富于民的思想。第二，明确了居民除了劳动收入外，还有财产收入。我认为这一点非常重要。原来中国统计没有财产收入，最近才有变化。世界各国的统计都有劳动收入与财产收入。我们国家慢慢地将和世界接轨。明确了居民收入中有劳动收入和财产收入，拓宽了居民增加收入的渠道，体现了居民收入来源的多元化。第三，指出了收入与财产收入间的互动关系，收入多，财产多；财产多，收入多。第四，防止财产及其收入差距的过大。让更多群众拥有财产，而不是少数人拥有财产。在这方面，我们的研究还不够，数据缺乏，理论也跟不上。

四、简短结语：一些政策建议

通过上述对中国渐进式改革成绩与问题的分析，我认为可以得出下面几个结论：

首先，要进一步深化改革。贫富差距的拉大并不是市场取向改革本身的错误，而是渐进改革成本上升的一种表现。只有深化改革——不仅是深化经济改革，而且是深化政治改革，才能解决诸如寻租活动、设租活动、权钱交易、部门分割、地区封锁以及各种垄断行为。

其次，要关注收入分配和财产分布之间的互动关系。我们要避免两者之间形成一种恶性循环，促进两者之间形成一种良性循环。

再次，要加强土地问题研究。农民是土地的所有者，尽管他们是公有土地的所有者，而不是私有土地的所有者。但是20多年来，在土地流转过程中，农民究竟从中得到多少好处？刘诗白教授认为土地承包经营权应该得到相应的承认。我认为应该重视这一观点。几千年来，农民都是为土地而奋斗的。农民作为集体土地的所有者，他们怎么实现土地所有者的利益至关重要。无论从收入分配角度，还是从财产分布角度，我们都要深入研究。

最后，要研究财产税问题。财产收入增加了，差距扩大了，高速积累了，显著分化了，就提出了一个财产税的问题。学术研究应该有前瞻性，经济决策也应该有战略性。

总之，对30年改革经验的总结，关键要总结出对今后深化改革有意义的经验和教训。

（作者：中国社会科学院经济研究所前所长、研究员）

（选自《经济社会体制比较》2008年第4期）

公平促进效率的增长

——瑞典的实践

成新轩

处理好公平与效率的关系，历来是世界各国政府的难题。瑞典的做法多为世人所关注。据联合国开发计划署《2002年人类发展指数》报告，瑞典的人类发展指数为0.941，位居世界第二；衡量贫富差距的基尼系数为0.250，属于世界上收入差距最小的国家。2006年的达渥斯世界经济年会，按照全球竞争力排名，瑞典为第三，基尼系数为0.258，依然处于世界各国前列。瑞典的经验表明，在一定的生产力水平上，公平不会降低效率，处理得好，可以实现二者双赢。瑞典是如何实现公平与效率双赢的？概括来说，是瑞典政府制定政策的原则始终坚持公平第一、效率第二，瑞典社会建立了一种通过公平促进效率的机制。

十分重视教育的发展

诺贝尔经济学奖获得者阿马蒂亚·森，把贫困定义为发展能力欠缺、发展机会的丧失。通过教育的普及，可以提高机会公平的程度。在市场经济条件下，人们收入水平差异的重要原因之一是机会不公。提高机会公平，无疑可促进劳动力整体质量，使劳动力具有更高的技能，从而推动经济效率的增长。经验表明，由于知识效应，教育能够提高机会公平，带动结果公平。

战后，为了实现教育平等，瑞典进行了教育改革，对7—16岁儿童实行九年制义务教育。其中90%以上升入不少于两年的高中学习，以加大接受高等教育的可能性。大学教育的费用则通过提供赠款、贷款等途径来解决。瑞典拥有公立、免收学费的高等学府30多所，其中女生超过1/2。对25岁以上有一定实际工作经验者，高校放宽入学条件。20世纪50年代中期以来，体力劳动者家庭出身的子女在高校学生中的比例逐步提高，到60年代末约占20%。至80年代，瑞典已基本普及高等教育。

瑞典政府一直非常重视教育的投资。所有中小学都由市政当局经办，学费、课本和在校午餐一律免费，还有适当的交通补贴。1985—1990年，教育支出占公共总支出的9.2%，教育投入位居世界各国前列。1990—1995年，教育投入占公共总支出的7.3%，仅低于丹麦、芬兰等。较高的教育投入提高了瑞典的国民素质和劳动力知识水平，既有利于就业，又有利于增强整体竞争优势。

实施积极的劳动力市场政策

劳动力流动程度是影响公平和效率的重要

因素。完善的劳动力市场可以提高劳动力流动程度，使劳动力尽快找到更适合自己的岗位，失业者迅速就业。这样，既提高了机会公平，也降低了失业率。经济学界的“奥肯定律”认为，如果失业率降低1%，实际国民生产总值则会增加2.5%左右。

20世纪60年代至今，瑞典失业率基本上处于较低水平。即使1973年由于石油危机的冲击，经济增长缓慢，工业结构又处于转型时期，失业率也仅为2.4%，低于经合组织各国的平均水平。1986—1990年，失业率为2.0%。1993年税收制度改革，失业率一度上升，政府通过政策调整才逐渐降下来。2005年为5.8%，2006年为5.0%，仍属世界上低失业率国家。瑞典之所以实现较高的就业水平，与政府从60年代起一直推行积极的劳动力市场政策，有着密切的关系。

瑞典的劳动力市场政策既是支持性的社会政策，又是重要的经济政策，它分为积极的和消极的两种劳动力市场政策。前者的目的是保证劳动力流动，促进经济结构和产业结构的调整，提供各种劳动力培训和个人就业保障，避免劳动力供给与需求的失衡，疏通劳动力流动的瓶颈，弱化市场经济导致的优胜劣汰的竞争法则；后者只针对一些暂时难以再就业者，如支付失业金和其他救济金以维持生计，或帮助弱者、失业者就业。此外，瑞典一直实施“团结一致”工资制度，保证就业水平就保证了收入的平均程度，缩小工人收入差距就意味着提高了社会的公平程度。

为了保证积极劳动力市场政策的实施，瑞典政府制订了以该项政策为核心内容的积极的劳动力市场计划。对于参加计划项目者，政府给予一定补助。这成为政府实施再分配的一种手段。最近10年，每年有2%—5%的劳动力参与该项计划，其中1/3是失业人员。政府设有专门的劳工部负责。就业服务一律免费，其经费来源于政府财政，每年大约700亿克朗，约占GDP的3.8%。而其他发达国家在这方面的投资相对较低，如德国占2%，美国只占0.5%。

另一项措施是设立计算机系统并制定相关法律。计算机支持下的就业服务系统开始于1976年，目前已拥有7000多台联机终端，覆盖全国各地的就业服务机构，通过就业安置系统、中央数据库系统、职业信息系统、就业培训系统、职业空缺自我查询等服务，实现全国就业信息和失业人员情况的对称，尽快使失业人员找到合适岗位。早在1974年，瑞典就出台了就业保障法，以限制雇主任意解雇雇员的权利；1979年又出台了男女平等法，以保障妇女就业。

从宏观层面看，积极的劳动力市场政策提高了劳动力的自由流动程度，增长了劳动力的素质和适应能力，有效地降低了失业率，促进了经济增长。从微观层面看，就业水平的提高，减少了失业带来的贫困，尤其是“团结一致”工资制度，使公平与效率都得到了保证。

实施积极的公共财政政策

公共支出是公共财政政策的重要组成部分，与政府职能的联系最为紧密。按照使用目标，公共支出可分为三类：经济性支出、社会性支出和维持性支出。所谓社会性支出，包括文化教育、医疗卫生保健和社会保障转移支付。随着经济发展水平的不断提高，经济性支出占公共支出的比例逐渐降低，而社会服务性支出的比例则逐渐上升。

20世纪60年代至今，瑞典政府一直实行积极的公共财政政策，一方面熨平经济周期，保证经济稳定发展；另一方面通过收入再分配，利用累进所得税及转移性支付，建立社会福利设

施，使社会各阶层、集团之间的收入和消费水平通过再分配趋于均等化，从而实现收入的平等。

转移支付是公共财政制度的运行基础，是公共支出中的重要部分。转移支付的乘数效应有助于促进经济效率的提高。所谓转移支付乘数，是指政府通过转移支付给企业或个人1元钱，引起的国民收入增加的倍数，乘数效应的大小取决于边际消费倾向的大小。瑞典政府的转移支付主要包括社会保障的支付和补贴，直接提高受益人收入水平，带动了消费、储蓄和投资的变化，进而对国民收入水平产生乘数效应。瑞典公共支出占国民生产总值的比率，多年来一直占60%左右。按照不变价格计算，1961—1971年，瑞典国民经济年递增6.7%，政府的社会保障津贴和社会救济款开支年递增9.2%；1975—1980年，年平均增长1.3%，社会津贴和救济开支年增加5.6%；20世纪80年代以后，瑞典的转移支付占平均税率的35%以上。庞大的转移支付比率保障了社会保障的水平和覆盖程度，提高了受益者的收入水平，促进了国民经济的发展。

通过加大公共支出的力度，实现收入再分配，提高整个社会的公平程度。政府通过公共支出，加强了对经济和收入再分配的干预力度。尤其是义务教育、社会救济和社会保险等方面的公共支出，对低收入者更加有利，有助于减少贫困并提高人口质量，保证国民整体的高福利水平。瑞典政府这种在庞大公共支出基础上实现高福利的做法，曾经受到各界的批评，但直到现在，瑞典的各项改革都没有根本触及这一政策。

（作者：河北大学管理学院教授）

（选自《求是》2008年第11期）

我国社保制度改革需分步走

韩绍初

作为弥补市场经济体制缺陷的一项必要措施，市场经济国家普遍以强制手段建立直接管理的基本社保制度。据统计，20个发达市场经济国家的社保税收入占整个税收收入大约为25%—33%，有的甚至占到40%。由此可见，社保制度在这些国家具有重要地位。

第二次世界大战以后到现在的半个多世纪里，发达市场经济国家并没有像有的经济理论家所预想的那样，出现经济衰退、贫富差别进一步拉大、政体不稳定，甚至走向消亡的现象。相反，这些国家却呈现出政体相对稳定、经济平稳发展的态势。这从某种程度上应归功于这些国家的基本社保制度。

我国现有的社保制度远远不能适应市场经济的需要，主要表现在四个方面：社保收入以费的形式征收，不能显示税的本质和突出税的刚性，而且立法层次低，制度不完善。社保收入由税务机关和劳动部门两家分别征收，税务机关只是代征，权责分离，不利于社保收入的统一征管和职责划分。社保统筹停留在市县一级，不利于发挥调节作用。社保收入规模小、覆盖面窄。

我国应该建立什么样的基本社保制度？笔者有一些设想。

目前，国内对基本社保收入来源于税还是费存在争议。笔者认为，基本社保支出是国家提供的公共产品，基本社保收入是提供这部分公共产品的财力保障。基本社会保障不同于商业服务性质的社会保障行为，也不同于社会捐赠性质的社会救济行为。由于基本社保收入是政府为提供公共服务而取得的收入，从而决定了基本社保收入具有税收的三个基本特性：它的征收是强制性的，与社会商业保险的个人自愿行为有着根本不同；它是依法征收的，具有固定性，对此缴款人没有选择性；它具有某种程度的无偿性，与缴纳者并不形成直接的利益交换。因此，从实质上看，基本社保收入应该属于一种有明确用途的专项税收。

社会保障费改税有以下几项好处：第一，有正名的作用，有利于将其纳入税收收入的范围，由政府收入机构统一征收。第二，有利于提高基本社保收入征集的严肃性和有效性，明确税务机关的征集责任，统一征缴政策和规范管理行为。第三，有利于划清税务机关与社会保障部门的职责，收支分开，各司其职。

笔者认为，由税务机关统一收取基本社保收入有好处，首先，有利于税务机关以税的形式强化管理，统一征收，提高征收效率。其次，可以不再另设征收系统征收社保收入，有利于降低征收成本。再次，社保收入与所得税收入在征缴对象、范围及征缴依据上有着共通性，由税务机关统一征缴，可以方便纳税人，减少奉行（依从）成本。最后，有利于社会保障部门集中精力管理好社保基金，提高资金使用效率。

国际上的权威组织也是按性质将这部分收入列入税收范畴，作为国家预算的组成部分。在140个实行社保制度的国家中，约有90个国家直接称其为税、捐、缴款，有的国家即使称为费，也用税的形式进行管理。这说明，国际上将基本社保收入定性为税收的倾向是非常明显的。

综上所述，纳入国家直接管理的这部分基本社保收入，在本质上是税而不是费。因此，笔者认为，下一步深化税制改革的内容之一，就是要推动社会保障费改税，使其成为基本社保收入的主要来源。

在建立和健全基本社保制度时，应该注意两个问题。

首先，我国市场经济尚处在初始阶段，经济发展不平衡，区域收入水平和城乡收入水平差距甚大。在这样的情况下，改革不可能操之过急、一步到位。因此，可以争取低水平起步，统筹层次由低到高，在推行步骤上先发达地区后一般地区，而且办法应有较大的灵活性。

其次，采取税费分开、税费并举的“两条腿”走路办法，在加强国家直接管理基本社保制度建设的同时，鼓励社会按个人自愿原则提供商业性社会保险服务，两者取长补短、共同发展。具体讲，就是汲取欧洲一些高福利国家的经验教训，把纳入国家直接管理的社保项目严格地限定在基本社保项目范围，也就是国家必保的项目之内，如养老保险、医疗保险、失业保险等，以避免脱离现实、盲目扩大非基本社保项目、增加政府的额外负担，甚至造成高福利国家曾经出现的高福利、高物价、高税收的非正常现象和助长“养懒汉”的负面效应。

（作者：中国国际税收研究会常务理事、学术研究委员会学术研究委员）

（选自《中国财经报》2008年7月29日）

农民工参与城镇社会保障问题：需要、制度及社会基础

关信平

社会保障是国家和社会以一种制度化的方式为各类社会成员提供基本生活保障，满足人们基本生活需要的制度。近年来，随着农民工不断增多，农民工问题的不断突出，农民工的社会保障问题逐渐被提到议事日程上来。目前研究农民工的社会保障问题，应该从这一社会政策行动的目标和对象特点分析入手，其中包括农民工本身的劳动力及就业特点，他们对社会保障需求状况，以及我国现有的社会政策体系对农民工的接纳条件等方面的问题。从长期发展的角度看，还应该重视构建有利于农民工在城市中社会融入的经济、社会和文化条件。

一、农民工参与城市社会保障制度的需要分析

从总体上看，农民工在城市中获得社会保障覆盖的水平相当低。在社会救助和社会福利方面，目前在基本体制上仍然没有接纳农民工。从社会保险项目方面看，迄今为止，农民工参与城市社会保险的比例也相当低。根据笔者2006年主持的在五大城市的调查，2509名被调查的农民工中参与养老保险的有7.9%，参与医疗保险的有10.5%，参与工伤保险的有8.2%，参与失业保险的有3.5%，参与生育保险的有2.6%。近年来其他一些调查也发现类似的情况。从总体上看，各项社会保险的参保率都很低。导致农民工社会保险参与率比较低的原因比较复杂，其中既有农民工个人的原因、企业的原因，也有城镇社会保险体制的原因。

从农民工方面看，我国进城农民工是一个比较特殊的群体。他们相对比较年轻，就业能力比较强，但由于文化技术水平相对较低，因此大多处于比较低层的就业位置，并且收入比较低。同时由于他们大多还没有获得稳定的城市居民身份，因此在城市里的就业、居住不太稳定。农民工由于相对比较年轻，因此对养老、医疗等社会保障的客观需要相对说来不是很强。农民工除了对当前社会保障的需求不足以外，他们中的许多人对未来风险的意识也不足。迄今为止，许多农民工进城务工经商的目的还比较单纯，大多是为了挣钱，很多人还没有在城市里永久居住的长期打算，因此对社会保险的主观需要不足。在五大城市2509名农民工的调查中，有近2/3左右的人表示他们将来肯定或有可能再回到农村定居。这使得他们当中不少人对在城市里参加社会保障项目的动机不足。再加上他们当中许多人进城前在农村中也没有

社会保障，因此对在城市里获得社会保障待遇的主观需求不高。

另一方面，相对于农民工偏低的收入水平来说，社会保险的参与成本太高，明显地影响着农民工参与的积极性。此外，目前城市社会保险项目在保险转移方面也不适应农民工的情况。由于我国城乡之间社会保险发展的严重不平衡，使城乡之间缺乏社会保险的制度接口。同时，在社会保险项目转接上还存在一些利益和技术的难题。由于上述原因，使得农民工对参加城镇职工社会保险缺乏积极性，并因此很难简单地将这一群体纳入原来只是为城市人设计的社会保险体系中。

当前农民工表现出来的对参与城市社会保险的动机不够，并不是绝对意义上的不需要，而是相对于其收入水平和支付能力来看的“有效需求”不足，以及由于对成本—收益较低评估而导致的主观参与障碍。因此，解决农民工社会保障问题的关键，是要根据他们目前在城市中就业和生活的实际状况，并结合他们未来发展的情况，以增大其对社会保障的“有效需求”为重点，推动农民工积极参与城市社会保障体系。

二、农民工社会保障的制度原则

将农民工纳入城市社会保障体系应该分两个层次考虑：一方面是要探讨如何将农民工(尤其是已经在城市中稳定就业和定居的农民工)纳入城市社会救助与社会福利体系；另一方面是如何将在城市中就业的农民工纳入城市社会保险体系。具体地讲，为农民工提供社会保障首先要遵循以下一些基本原则：

第一，平等与公平的原则。所谓平等原则，是指应该在本地居民和外来劳动者基本权利平等基础上构建统一的社会政策体系，逐步消除城市社会保障体系中对农民工的不合理的制度和文化排斥。基本权利平等是建构新型城乡一体化社会政策体系的基石，只有始终坚持平等原则才能最终解决农民工问题。所谓公平原则，是指社会保障应该建立在权利和义务对等基础上。例如，获得城市社会保障待遇的权利应该与相应的贡献(如足够时间里的就业和投保)相关联。同时，希望在城市中永久定居并具备相应条件，并且因此而获得完全性的社会保障和其他各种福利待遇的人应该放弃在农村的土地保障和其他公共福利待遇，而不应该在城乡两地重复受益。

第二，特殊性原则。鉴于农民工仍然是一个比较特殊的群体，将他们纳入城市社会保障体系时应该充分考虑到他们在就业和生活方面的特点和其他特殊困难。一方面应该对现有的社会保障体系做出进一步的改革，以适应农民工的特殊需要；另一方面也可以在大的制度框架下设计一些更加适合农民工的特殊制度安排。特殊性原则与公平原则并不矛盾。公平并不意味着对所有群体都完全地无差异对待，而是应该针对特殊群体的特殊困难及特殊需要而设立一些特殊的制度安排。

第三，受益者资格确定的基本原则。城市社会政策受益者的基本资格应该是以稳定就业为基础的定居者。目前通行的“农民工”、“外来人口”等概念都具有一定的模糊性，难以成为确定社会保障对象的标准。而任何一个地方政府在承担社会保障和其他社会福利责任时，都必须清楚地知道自身的责任边界，并只对属于自身管辖范围内的人承担责任。因此，对于地方政府来说，在制定和实施社会政策时必须对其对象做出比较清楚的界定，明确哪些人应该成为其社会保障项目，尤其是社会福利与社会救助项目的受益对象。很明显，城市政府不能将所有进入城市的人都不加区分地纳入到自己的责任范围，而只能将其中具有稳定就业和进入城市定居的人纳入城市社会政策服务对象。在这一问题上，应该区分贡献型社会保障（如社会保险）和非贡献型社会保障项目（如社会救助和社会福利）。对于贡献型社会保障，应该只按其在城市中就业的状况而确定其参与的资格和义务。但对于非贡献型的社会保障项目（如低保等福利救助项目），则应该建立相应的标准和设定一定的条件，以明确地方政府对他们的责任边界。在此方面其具体的标准可以有：稳定的就业（在一个城市中就业达到一定的年数）、稳定的纳税（连续纳税达到一定的年数）和定居（在城市中有固定的住所并定居达到一定的年数）。

第四，将农民工纳入城市社会保障体系的目标应该是满足在城市中就业者的基本保障需要和解决他们的实际困难，但不能因此而鼓励"福利驱动的流动"。福利水平应该以满足其基本需要为度。在存在着城乡和地区差异的情况下，过低的资格门槛和过高的福利水平将刺激"福利驱动的流动"，从而使城市社会福利体系负担过重。应该立足于建立公平、适用、可行的社会保障体系，既要加强社会对农民工的保护，又要防止福利开支的过快攀升。

另外，在解决农民工社会保障的基本制度安排方面，一直有三种观点：即"返回农村"模式（让农民工最终回到农村去解决其社会保障问题）、"城市中特殊安排"模式（单独为农民工建立专门的社会保障项目）和"融入城市"模式（农民工参与城市社会保障体系）。这三种模式各有其利弊。过去的一些研究比较关注在三种模式中选择一种，但笔者认为在现阶段我们可以考虑这三种模式的结合。对于不同的人和不同的项目分别采用不同的模式。尤其是在现阶段农民工在城市中就业、定居情况比较复杂和不太稳定的情况下，采用具有更大灵活性的多种模式去解决他们的社会保障问题可能更加可行，并且可以为将来过渡到更加统一的城乡一体化的社会保障制度创造条件。

三、当前农民工社会保障若干重点领域的制度分析

1. 农民工养老保险

养老保险是整个社会保障制度中的核心部分之一，也应该是解决农民工社会保障的重点领域之一。总的来说，城市职工基本养老保险机构对将农民工纳入本地养老保险有比较高的积极性，一些省市（如广东等地）早在十几年前就开始将农民工纳入城市职工基本养老保险。目前许多地方的社会保障部门对此也持积极态度。将农民工纳入城市养老保险体系没有大的制度性障碍，但存在着以下一些问题。

首先是在养老保险关系转接上存在着比较大的难题。由于许多农民工的就业和居住处于不稳定状态，他们当中很多人将来可能还要转移就业，因此保险关系如何转接对他们很重要。如果仍按城市职工养老保险关系的转接方式对农民工是不公平的。这是严重影响农民工个人及其企业缴费参与的积极性的一个重要问题。解决这一问题目前有多种思路和方式。一种方式是在城乡一体化的基础上改革和完善养老保险关系的转接制度，使农民工的养老保险关系能够在城乡之间和不同城市之间比较自由地转接。另一种方式是将农民工纳入城市养老保险体系中，由城市养老保险体系负责他们将来养老。即使他们离开城市后，也将其养老保险关系和已经缴纳的费用留在城市，到他们达到领取养老金年龄后再领取回去。

从长远来看，第一种方式应该是更加合理。尽管保险关系转接会在眼前导致一些比较复杂的程序，但长远看来它会省去将来养老金发放中的成本。并且这种方式从总体上更加适合许多农民工流动性强和他们当中部分人"年轻外出打工，年老回家养老"的生命周期性质。但是这种方式目前也面临着一些问题，如各个转接主体之间利益关系比较复杂。由于现在的各

个城市之间养老保险在缴费和受益上的标准都不一样，并且社会统筹部分的受益不直接和个人缴费挂钩，因此在两个缴费和受益水平不同的城市之间转接养老保险关系时就会出现利益矛盾。尽管这里存在着复杂的利益关系，并且在管理上也存在一些难度，但总的说来是可以通过一些技术手段来解决的，关键的问题是要通过中央政府确立全国养老保险体系，改革目前的养老保险转接制度，并规定新的全国统一的保险关系转接制度。

其次，部分地区农民工收入偏低与养老保险缴费技术的“门槛”过高之间也形成了矛盾。由于农民工的收入水平普遍较低，而一些地区(尤其是经济发达地区)按照当地社会平均工资一定比例划定的最低缴费工资基数对农民工不太适合。尤其是近年来收入差距持续拉大，一些城市中由于少数高收入者拉高了社会平均工资，使得处于收入层级下端的农民工不得不在一个明显高于其实际收入的基数上缴纳养老保险，因而无形中增大了他们缴纳社会养老保险的困难，并进而挫伤了他们参加养老保险的积极性。

为此，我们建议各个城市根据其收入分配差距及社会平均工资的情况，合理地确定养老保险缴费的最低工资基数。在收入差距较大和社会平均工资偏高的情况下，可以适当降低低端的缴费门槛(最低工资基数)，并相应适当提高上端的封顶标准。

2．工伤、医疗和失业保险

目前各地已经在不同程度上将农民工纳入了这三项保险，或者说在制度设计时就已经包含了农民工。将农民工纳入这三项保险相对来说技术难度较低一些，但它们面临的一个共同问题是缴费方，即企业或农民工本人对参与这些项目缺乏积极性问题，以及在参加了这三项保险后的个人受益及企业的其他相关行为的问题。另外一个共同的问题是如何为非正规就业者提供这几项保障。

工伤保险对农民工应该是最为重要和急需的，并且相对来说遇到的困难较少，因此各地都把将农民工纳入工伤保险作为解决农民工社会保障问题的首要任务。目前将农民工纳入工伤保险一方面要继续加强制度的强制性，要求所有的雇主都为其包括农民工在内的所有雇员缴纳工伤保险。笔者的调查发现，即使在政府有明确规定，要求将农民工纳入工伤保险的情况下，农民工参与工伤保险的比例仍然很低。其他一些研究者的调查也发现，一些企业为了降低工伤保险的成本，采用少报农民工人数等方法来逃避应该承担的责任。对此，应该加强对工伤保险投保和受益方面的管理，堵塞企业逃避的漏洞。另一方面，在加强工伤保险的同时，应该注意防止工伤保险与劳动保护“此消彼长”的效应，要求雇主在为其雇员缴纳了工伤保险以后，仍然要重视劳动保护。应该加强工伤保险缴费与实际事故率的挂钩程度，按照行业的工伤事故风险程度，或者企业上年实际事故率(或工伤保险赔付率）来调整工伤保险的缴费率，以便在工伤保险的制度框架下继续加强企业在劳动保护和防止事故方面的投入。

在医疗保险方面，目前我国城市职工医疗保险体系中存在缴费高、受益低的问题。缴费率偏高明显影响部分企业和个人参与的积极性。为了降低成本，许多城市为农民工建立大病医疗保险，其基本原则是保当期，保大病。但在现有体制下建立的大病保险也存在问题。由于农民工的平均年龄较低，他们作为一个独特的群体，在城市中发病的概率应该是低于城市本地职工及其退休人员的平均水平。如果不考虑其发病率低的因素，而让他们以同样的标准缴纳医疗保险费用，实际上是使他们的平均缴费额大于平均受益额。这对城市医疗保险体系和城市职工是有利的，但却让本来就是收入偏低的农民工群体承担了更多的责任，存在着一定的不公平因素，并且也会影响农民工本人以及雇用农民工较多的企业参加和缴费的积极性。为了解决这一问题，作为一种过渡形式，可以考虑对农民工在不降低其受益标准的条件下降低其缴费标准。或者说将农民工作为一个单独的群体去测算其疾病和费用风险，并在此基础上单独确定其缴费标准。

在失业保险方面，对于在正规部门具有稳定就业的农民工可以与一般城市职工一样办理。但对在非正规部门，以及虽然在正规部门，但出于非正规就业方式，因而就业不太稳定的农民工来说，目前的失业保险会显出一定的局限性。从鼓励雇用、减少解雇和促进增强就业稳定性的角度看，目前的失业保险并不是最好的模式。尤其是对非正规就业的农民工往往很难界定其就业或失业状态，因此对他们很难应用失业保险计划。因此，我们建议对非正规就业的农民工采用“解雇费”的方式，即规定雇主在解雇其雇员时，应按其工作的时间或其他标准为其提供一定数额的解雇费，以作为对其解雇的补偿，以及在其寻找新工作期间的生活保障。

3．社会救助

近年来我国城乡社会救助制度有了很大的发展，目前在城市和农村都有了比较完整的社会救助体系，其中包括最低生活保障制度（或部分农村中的特困户救助制度）、医疗救助、教育救助和住房救助等。但是目前的城乡社会救助制度仍是城乡分割的，并且是户籍所在地地方政府负责制，符合条件的个人和家庭只能向其户籍所在地的地方政府提出救助申请。因此在现有的制度下城市政府无法解决农民工的社会救助需要。

对于是否应该将农民工或其他进城的外来人员纳入城市生活救助体系，一直存在着不同的观点。目前的城市政府一般将进城农民工看成是“劳动力”，而不是在城市中具有完全社会权利的居民，因此城市政府可以不承担为他们解决特殊困难的责任。但是，随着越来越多的农民工进入城市，并在城市中就业和居住的时间不断延长，向有困难的农民工提供生活救助的问题也逐渐成为必需。随着越来越多的农民工将在城市中长期居留，并逐步转化为城市居民（即使还没有转化为城市户籍），他们回到农村去申请和获得生活救助的可能性就会逐渐减小。当一个农民工在城市中就业多年，为城市经济的发展和税收做出了多年的贡献以后，当他遇到困难时再要求他家乡的农村去承担救助的责任，是一种不公平和不合理的制度安排。因此，目前应该突破现有的制度限制，将符合条件的农民工纳入救助对象的范围。但是，城市生活救助体系也不能不加限制地容纳外来人员，而是应该设定一定的标准，将那些在城市中有稳定就业和居住的农民工纳入救助体系。

因此，建议城市社会救助突破目前只在户籍所在地申请的规定，城市政府应该对那些已经在城市中就业或纳税达到一定时间的农民工提供申请社会救助和其他福利待遇的资格。这样一来，在城市中稳定就业和居住多年的农民工可以逐步被纳入城市社会救助体系，当他们遇到困难，符合社会救助对象标准的时候，就可以从城市政府获得社会救助。

四、构建农民工社会保障体系的经济与社会基础

近年来，随着各级政府和全社会的重视程度的提高，农民工基本权利保护的问题正在逐渐落实。在目前很多城市中，农民工在获得就业和参加社会保险等方面已经不再有很多的制度性限制。但由于农民工自身文化技术素质较低等方面的原因而导致的“隐性排斥”仍然明显存在。一些研究者指出，在现阶段应该加强

社会政策行动去为农民工提供社会保护。首先，在就业方面，农民工虽然已不再被限制进入城市中的某些行业（岗位），但他们由于自身文化技术不高等原因，使其在很多的就业领域中无法获得就业机会。在社会保障方面，农民工可以参与城镇职工基本失业保险、基本医疗保险，以及就业、工伤、失业等社会保险项目，但由于在以前的制度设计中没有考虑到农民工的问题，因此现在无法有效地解决农民工社会保障的问题。其次，在城市社会服务体系中仍然存在对外来农民工歧视的现象。最后，农民工在城市中在社区层次的社会融入方面仍存在很多问题，农民工在其所居住的城市中在文化、社会活动和社区组织参与等方面仍然存在着障碍。因此，从未来发展趋势看，将农民工纳入城市社会保障体系不能仅仅停留在从法规制度层面去维护农民工社会保障的平等权利，而应该将其目标定位于促进农民工在城市中的社会融入。只有农民工在经济、社会、政治和文化等方面都能够融入到城市社会中，他们的基本权利（包括获得社会保障的权利）才能真正得到落实。农民工在城市中的社会融入首先包括制度层面的融入，即在政策和制度体系中消除对农民工的限制和歧视，维护平等权利；其次是在组织体系中的社会融入，使农民工能够平等地进入城市社会组织体系中；再次是社区融入，即促进农民工在其居住的社区中能够很好地与当地人交往和参与社区活动。

促进农民工的社会融入和将农民工纳入城市社会保障体系还需要一些基础性社会服务和制度改革。其中包括：（1）要加强对农民工就业服务和管理，建立对农民工稳定的就业辅导和劳动力流动的宏观引导及微观管理机制，帮助进城农民工在城市中获得稳定的就业，并通过就业而维持其稳定的生计，从而减少对福利的依赖。建立和加强针对农民工的就业服务体系，一方面可以降低农民工在城市中失业的风险，从而降低对他们的社会保障支出。另一方面可以有助于维持他们在城市中就业和居住的稳定性，使他们逐渐从临时就业过渡到稳定就业，从流动过渡到定居。（2）进行新的农村土地制度改革，探寻合理的“以土地换保障”的机制。已经长期在城市中就业和定居，并且已经被纳入城市社会政策体系中的农民工事实上已经转化成了城市人，他们再保留农村中的土地就既不公平也无效益。因此让那些已经在事实上转化了身份的人放弃在农村的土地，对解决农村地区人多地少的矛盾、提高农村人均收入也有积极的意义。（3）大力发展农村社会保障与社会福利服务。在部分劳动力转移到城市的同时，应该大力发展农村经济和农村社会保障及社会福利服务，以逐渐缩小城乡之间社会政策体制和水平的差异，最终形成城乡一体化的社会政策体系。（4）逐步消除对农民工的社会文化排斥。进城农民工不仅需要从政府的政策上纳入社会保障和福利服务体系，而且还需要在社会生活和文化上纳入城市社会中。因此应该通过社会工作者和全体居民的共同努力，逐步促进他们的社会融入，使他们能够更顺利地完成从农村人向城市人的转化。

（作者：南开大学社会工作与社会政策系主任、教授）

（选自《教学与研究》2008年第1期）

中国残疾人社会保障的宏观思考

郑功成

残疾人是当代社会中的一个特殊群体。由于其身体残缺及功能障碍的影响，在参与社会生产与日常生活中往往较健康人处于不利的地位，尽管残疾人群体中不乏成功者，但总体而言，他们仍然构成了当代社会的一个弱势群体，需要有特殊的制度安排才能实现其平等、参与、共享的权利。当中国经过近30年来的持续高速增长并跻身中等发达国家行列后，重视残疾人社会保障事业的发展构成了衡量社会公正与文明进步程度的基本指标。因此努力建设健全残疾人社会保障体系无疑应当占有优先的战略地位。

残疾人社会保障体系构架的宏观思路

在构建残疾人社会保障制度时，应当确立平等、参与、共享的理念，坚持一般性制度安排与专项制度安排相结合、经济保障与服务保障相结合、生活保障与其他保障相结合，走政府责任与社会责任并重的社会化、多层次化道路。

第一，需要牢固树立平等、参与、共享的目标理念。为残疾人提供社会保障不是对残疾人的特殊照顾，而是让残疾人群体与其他社会群体一样地合理分享国家发展的成果。因此，平等是发展残疾人事业尤其是残疾人社会保障事业的基石，参与是残疾人实现平等权益与共享国家发展成果的途径，共享则是残疾人是否享有平等权益和参与社会程度的客观结果。因此，在促进残疾人事业发展过程中，特别需要高扬“平等、参与、共享”的旗帜。

第二，坚持一般性制度安排与专项制度安排相结合、经济保障与服务保障相结合、生活保障与其他保障相结合。残疾人因其身体情况特殊，仅有面向大众的一般性保障制度安排、经济保障、生活保障是不可能满足其需求的，只有在一般性保障、经济保障、生活保障的基础上根据残疾人的条件设计相应的专项保障、服务保障及其他保障性措施，才能真正帮助残疾人实现平等、参与、共享的发展目标。强调一般性制度安排与专项制度安排相结合、经济保障与服务保障相结合、生活保障与其他保障相结合，是因为残疾人与健康人一样都需要有养老保险、医疗保障、社会救助等制度安排，这些社会保障项目无疑应当保持与其他群体的相通性，从而也应当通过一般性社会保障制度的途径来获得满足；但残疾人还有着特殊的社会福利与就业保障需求。例如，残疾人的身体功能障碍必须通过专门的康复服务，才能维护或者改善其身体功能，一些残疾人通过康复手段甚

至可以恢复正常人的生活能力，这使得为残疾人提供康复服务成为残疾人保障的必要且重要组成部分；同时，残疾人较普通人更需要有专门的生活照料服务。此外，年龄结构老化也是导致残疾人比例上升的重要因素，残疾老年人较健康老年人更加需要生活照料服务。在残疾人中，城镇残疾人在业者仅297万人，不在业者达470万人，而农村残疾人就业状况因缺乏统计而无法估算，但显然就业率更低，因为如果没有强有力的制度牵引与约束，绝大多数用人单位或者雇主很自然地会选择健康人而不愿意雇用残疾人。如果残疾人中有就业能力者不能就业，就很难纳入社会保险制度，反之，如果就业了就可以参加社会保险制度中并享受相应的社会保险待遇，这对于解除残疾人的养老金等来源将有直接帮助。可见，面向残疾人的社会保障制度不仅需要生活保障，还需要有就业保障等。因此，对残疾人的社会保障需要根据这一群体的特殊需求而统筹考虑，应当追求上述三个结合并确保制度综合效能不断提升。

*第三，走官民结合的社会化、多层次化道路。*毫无疑问，政府承担着整个社会保障制度建设的主导责任，对残疾人社会保障事业还需要有更多的公共财政资源来支撑，但无论政府财力如何雄厚，都不可能全部解决残疾人的社会保障需求，尤其是残疾人的各项福利事业，更需要通过调动社会资源与公众参与才能真正更好地满足残疾人的保障需求。从中国现实出发，在持续推进并落实残疾人平等就学权与残疾人就业条例，并通过提高残疾人的受教育程度与就业率来让更多残疾人享有社会保险的同时，确实可以且应当投入相应的财政资金来支持各项残疾人福利事业的发展。以中国2007年将达到甚至超过23万亿元的GDP、达到甚至超过5万亿元的财政收入，只要投入1%的财力，即可以对整个残疾人福利保障事业起到巨大的推动作用，而1%的财政投入显然是8000多万残疾人合理分享国家发展成果的起码水准。因此，重视并持续加大政府财政对残疾人福利保障事业的直接投入构成了建设残疾人社会保障体系的先决性条件。然而，从先进国家的发展经验与残疾人事业的客观需要出发，仅靠政府承担责任是不够的，还需要有相关制度安排来调动社会资源共同促进残疾人保障事业的发展，包括掀起法人与公民承担社会责任的运动，扶持与残疾人事业相关的慈善公益事业发展，都应当纳入残疾人社会保障体系建设的视野并有相关政策规范。强调残疾人社会保障事业的社会化与多层次化，在于只有社会化的保障才能真正创造和维护公平并让残疾人实现平等、参与、共享的社会目标，只有保障制度或者机制多层次化才可以满足不同层次、不同类型的残疾人的保障需求。如有就业能力的残疾人应当重点关注其就业并通过就业获得社会保险等，能够通过医疗康复的残疾人应当重点实施康复以消除其身体功能障碍并恢复其正常生活能力，对于残疾人的心理问题亦需要通过专门的心理服务才能有效，等等。多层次化其实还应当同时支持家庭保障功能的有效发挥，这不仅符合中国残疾人家庭保障的现实与传统伦理道德，而且能够充分地体现出亲情与人性美，在促进残疾人福利事业发展过程中如果能够与残疾人家庭保障相结合，一定会取得良好的政策效果。当然，在当代社会，残疾人社会保障事业既不是要全面替代家庭保障，也不是不考虑家庭保障，家庭保障的适度性应当以不损害其他家庭成员的正常工作与生活为基准，这当然也是这一制度应当追求的中长期目标。

残疾人社会保障发展方向

在确立残疾人社会保障事业的目标理念与宏观思路的条件下，现阶段值得努力的发展残疾人社会保障事业的方向主要在以下几个方面：

第一，理性确立残疾人社会保障制度框架。残疾人社会保障事业应当包括残疾人社会保险、残疾人社会救助、残疾人福利事业及其他特殊扶持。其中，残疾人社会保险与社会救助应当通过一般性制度安排来获得与其他群体平等的权益，而残疾人福利事业及其他特殊扶持则需要有专门的制度设计，并相对独立地自成体系发展，包括残疾人福利津贴、残疾人康复事业、残疾人特殊教育、残疾人福利设施（如孤残儿童福利院）、残疾人社会服务等，它必须体现出以残疾人为本、满足残疾人需求的显著特色，并构成残疾人合理分享国家发展成果的重要途径。

第二，加大财政性投入，并通过财政性投入来调动社会资源。残疾人社会保障事业的发展水平是衡量国家经济发展水平与社会文明程度的基本的客观的指标，中国已经进入了中等发达程度国家行列，国家财力亦较为雄厚，这意味着发展残疾人社会保障事业已经具备相应的物质基础。建议国家以1%为起点，逐步提高对残疾人社会保障事业的投入，在"十一五"期间争取直接投向残疾人福利事业的财政性拨款能够达到国家财政支出的1%；同时，还需要在科研投入中有专门针对残疾人事业科研的投入（如假肢研究），在产业政策中有对残疾人用品生产的优惠支持，直接支持并扶持残疾人康复事业发展，引导社会（社区）大力发展残疾人生活照料服务。如果可以形成财政积极主导和尽可能地动员社会资源的多元投入机制，残疾人福利事业就能够获得较快的发展。

第三，尽快落实残疾人的生活保障制度，同时通过促进残疾人就业推进残疾人社会保险。尽管残疾人需要一个综合的社会保障体系，但残疾人中困难群体的生活保障问题却应当获得优先解决，因为它是解除残疾人生存危机的必要机制，这种生活保障制度就是将残疾人纳入城乡最低生活保障制度并需要有高于一般人群的照顾，在最低生活保障的基础上，应当面向有需要的残疾人实施福利性的特殊教育与技能培训，并对残疾人需要的有助于缓解身体障碍和改善身体机能的器具实行专项救助或者特殊补贴政策；同时，在平等就业的条件下，确保国家的残疾人就业政策得到全面贯彻实施，通过督促用人单位或者雇主与残疾人建立稳定和谐劳动关系（劳动合同）的基础上实现残疾人与健康劳动者一样的各项社会保险权益。生活保障承担起保障残疾人的起码生活的责任，社会保险承担起保障劳动者基本生活的责任，将能够惠及大多数残疾人。

第四，优先考虑残疾儿童教育，力争残疾儿童获得公平的教育机会。根据全国第二次残疾人抽样调查资料，全国有6—14岁学龄残疾儿童246万人，占全部残疾人口的2.96%。其中：视力残疾儿童13万人，听力残疾儿童11万人，言语残疾儿童17万人，肢体残疾儿童48万人，智力残疾儿童76万人，精神残疾儿童6万人，多重残疾儿童75万人，这些学龄残疾儿童构成了学龄儿童中的极端弱势群体，他们接受教育的权利难以得到保障。根据调查资料，这些学龄残疾儿童中，有63.19%正在普通教育或者特殊教育学校接受义务教育，还有36.81%的学龄残疾儿童根本没有上学机会，其中有20.93%的视力残疾儿童、15.95%的听力残疾儿童、23.08%的言语残疾儿童、19.64%的肢体残疾儿童、35.14%的智力残疾儿童、30.58%的精神残疾儿童和59.01%的多重残疾儿童不能接受义务教育。不仅如此，一些残疾儿童虽然有上学机会，但相当一部分实际上不能完成全部义务教育，或者虽然义务教育年限完成而实际所学到的知识明显低于义务教育的标准。上述指标客观地反映了残疾儿童教育事业的落后令人忧虑，因为身体残障再加上不能享受平等的国民教育机会，残疾人将陷入更为不利的生活环境。

因此，教育作为民生之基，是国民立足社会的基础，更是残疾人平等参与社会工作与社会生活的基础，在国家财力日益丰厚，教育经费拨款逐年增长的背景下，应当优先并重点考虑残疾儿童教育福利问题，确保残疾儿童能够接受到公平的义务教育机会。此外，中等教育、高等教育与职业技能教训，均应当确保残疾人真正享受公平教育机会的权益，这不仅需要有相应的制度安排保障，而且需要有专门的财政资源来保证。

第五，强化康复服务，与工伤保险制度有机结合。对大多数残疾人而言，康复服务是至关重要的社会服务，因为它不仅可以减轻残疾人的生理痛苦、减缓或者弥补其身体功能障碍，而且对相当一部分残疾人能够恢复其身体功能，通过康复能够让其过上与正常人一样的生活。因此，在残疾人社会保障事业中，康复事业应当日益引起重视并成为今后残疾人事业发展的重要方向。然而，从现实出发，我国的残疾人康复事业却异常滞后，根据全国第二次残疾人抽样调查资料，接受过康复训练与服务的残疾人只占到8.45%，接受过辅助器具的配备与服务的只占到7.31%。在残疾人康复事业十分滞后的同时，还可以发现有限的康复服务还处于分割状态，即一些地方的工伤保险康复机构与残疾人康复事业是分离的，这对于有限的康复资源与服务供给而言，更易造成浪费。因此，在加快发展康复事业的同时，有必要打破分割，将残疾人康复事业与工伤保险等康复服务整合起来，共同为残疾人与工伤受害者提供康复服务。有必要将残疾人社会保障与工伤保险等制度有机地结合起来，这样可以借助工伤保险基金与工伤保险服务系统的力量，实现资源整合，再加上公共卫生事业及医疗保障服务，残疾人康复事业一定能够得到较快的发展。

第六，重视残疾人的生活照料服务，与社区服务、老年人福利与长期护理保险相结合。根据全国第二次残疾人抽样调查资料，在全国残疾人口中，需要生活照料的未成年残疾人达387万人；在残疾人等级分类中，特别需要生活照料的一、二级重度残疾人达2457万人；残疾人中的智力残疾人554万人、精神残疾人614万人、多重残疾人1352万人均需要生活照料服务，因此，如何解决残疾人的生活照料问题是残疾人社会保障体系建设中必须重点考虑的问题。在这方面，我认为有必要与社区服务、老年人福利、长期护理保险机制等结合起来，因为社区服务可以与家庭保障相结合，在减轻残疾人家庭负担的同时又不损害其生活环境；而残疾人中的老年人口比例很高，无疑应当成为老年人福利服务的重要组成部分；而根据德国、日本等国的经验，建立长期护理保险制度是人口老龄化甚至高龄化时代的内在要求，中国也有必要考虑建立长期护理保险机制，这种机制同样可以兼顾残疾人护理的需求。因此，合理的残疾人生活照料服务其实是与社区服务、老年人服务与长期护理服务等机制不可分割的，这决定了各项制度设计需要统筹考虑。

（作者：中国人民大学劳动人事学院副院长、教授）

（选自《中国劳动保障报》2008年1月17日）

“土地换社保”政策要慎重推行

林 宝 隆学文

城市化是现代化的一个重要表征，也是社会发展的必然趋势。城市化不仅意味着城市人口的增加，而且意味着城市面积的扩大，其必然的后果是大量失地农民的产生：一方面他们失去了赖以生存的土地，另一方面又无法快速融入城市的体系之中。因此，在快速城市化进程中，妥善解决好失地农民问题，特别是建立和完善失地农民的保障体系，形成让农民分享土地增值收益的机制，十分关键。

一、“土地换社保”是解决失地农民社会保障问题的新尝试

以土地换社保的做法最早在长江三角洲一带出现。早在1993年，浙江省就为失地农民购买保险，变一次性的土地补偿为终生保障。目前，这一做法已经向其他地区不断扩散。据不完全统计，当前实施（或试点）这一政策的有吉林、辽宁、上海、江苏、浙江、福建、广东、海南、四川、重庆、陕西等省（直辖市）。

（一）早期“土地换社保”政策大多只解决失地农民养老保险问题，资金多来源于安置补助费和土地补偿款

从浙江等地早期实施“土地换社保”的具体做法来看，其主要内容如下：

1．各地的政策一般规定，农户的土地被征用后，必须参加“土地换社保”，以土地换得社会保险——主要是养老保险，但养老金的标准一般低于城镇职工养老保险的标准，退休后领取的养老保险金为100—400元/月。

2．各地政策中大都规定社保资金的来源主要是土地征收后原应直接分给农民或集体经济组织的安置补助费和土地补偿款，由政府所出份额一般约占参加社保所需资金的10%—30%。基金的发放管理及增值管理没有明确。

3．各地的政策一般大体将失地农民划分为4个年龄段：对未成年人实行一次性补偿；对成年但未接近退休年龄者则先发放2—3年的基本生活补助，达到退休年龄后领取养老保险；对成年且接近退休年龄者先发放基本生活补助，到退休年龄后领取养老保险；对达到退休年龄的人员则直接发放养老保险。

（二）温江模式：将社保扩大到医疗保险，以财政补贴农民参加社保

成都市温江区实施的“土地换社保”政策又被称为“双放弃”政策，即温江区各镇（街）辖区内主要收入来源为非农产业，自愿放弃土地承包经营权和宅基地使用权，经审批同意后进入城镇自主购房或按政府规划要求进入集中居住区居住的农民，可以享受与城镇职工同等

的社保待遇。温江模式在以下几点有所创新：

1．在参加“土地换社保”的过程中，强调了农民的自愿性，农民的自主性有所增加。同时，农民参加的社保不仅仅局限在养老保险，还扩大到了医疗保险，并且实现了支付标准和调节机制与城镇居民一致。

2．“双放弃”农民仍然可以获得土地补偿费和安置补偿费，农民参加社保的费用由政府另外安排财政经费支出。个人缴费的标准及享受待遇，分四类情况，不同情况下农民以不同的方式参与社会保险，政府也采用了不同的补贴政策。具体情况见下表。

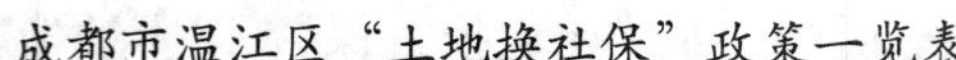
成都市温江区“土地换社保”政策一览表

类型	年龄条件	个人缴费	政府补贴	享受保险
一类	男年满60周岁；女年满50周岁	一次性缴9100元	区财政每人补贴23012元	次月起按当年温江区城镇企业退休人员最低基本养老金标准发给基本养老金；享受城镇职工住院医疗保险待遇
二类	男年满50－59周岁；女年满40－49周岁	按城镇个体人员参保缴费（养老和医疗保险）	区财政每人补贴1.8万元，分10年补贴到位	男年满60周岁；女年满50周岁且缴费满15年，次月起按月发基本养老金，享受城镇基本医疗保险
三类	男年满40－49周岁；女年满30－39周岁	按城镇个体人员参保缴费（养老和医疗保险）	区财政每人补贴1.2万元，分15年补贴到位	男年满60周岁；女年满50周岁且缴费满15年，次月起按月发基本养老金，享受城镇基本医疗保险
四类	男年不满40周岁；女年不满30周岁	按城镇职工基本养老保险和基本医疗保险制度规定缴费	不补贴	男年满60周岁；女年满50周岁且缴费满15年，次月起按月发基本养老金，享受城镇基本医疗保险

3．为“双放弃”农民建设定向安置房，保证农民在城镇地区能买得起房。温江区规定，凡自愿申请放弃土地承包经营权和宅基地使用权的，经审核批准，可按政府规划要求在全区范围内购买集中居住区的定向安置房居住。定向安置房按3种标准作价购买：人均35m^{2}以内按入住居住区的安置价购买；人均35m^{2}至45m^{2}按成本价购买；人均超过45m^{2}的部分按市场价购买。

从各地实施“土地换社保”的情况看，“土地换社保”从政策上探索了一种机制，使失地农民的生活获得了基本保障，在一定程度上解决了失地农民的后顾之忧。但各地差别较大，保障水平参差不齐，相关政策需要进一步研究、评估和完善。

二、“土地换社保”政策要重点解决四大疑问

（一）“土地换社保”的公平性质疑——农民的社保必须以失去土地为代价吗？

先抛开政策本身的可行性问题不谈，政策的公平性已经受到了一些质疑。作为社会公共服务主要内容之一的社会保障，农民是否必须以失去土地的代价才能获得？有观点认为，为公民提供社会保障是现代社会政府的一项基本职责，农民作为社会的平等主体，其社会保障的解决不应该以失去土地为代价。因此，农民的社会保障和是否失地应该是两个完全不同的问题。农民一方面应该获得社会保障，另一方面也应该获得失去土地的补偿。早期的“土地换社保”政策以土地补偿款或安置补助费来解决农民的社会保障问题，显然是在转移政府的责任；温江模式虽然由政府提供财政补贴，但也仅限于40周岁以上人员。

（二）“土地换社保”的有效性质疑——有了社保就有了一切吗？

“土地换社保”将失地农民的社会保障放在一个重要位置，可以在一定程度上解决失地农民的保障问题，但是失地农民的问题是一个多层次的问题。首先，就保障而言，大多是单一

的养老保险，而且保障水平极低，相当于城市低保的水平，所谓的“换社保”所换来的只不过是一部分保障或低水平保障，并不是完全的保障。其次，保障只是解决了生存的问题，并没有解决发展问题。失地农民要完全融入城市的生活，必须具备一定的发展能力。从各地的情况看，虽然也注意到要对农民进行培训，增加就业能力，但效果并不理想。因此，仅仅换得社保对失地农民而言是远远不够的。

(三)“土地换社保”的合理性质疑——农民为何不能享受土地增值收益?

目前“土地换社保”政策中，农户获得的全部只是征地时的土地补偿款和安置补助费，以及部分社会保障补贴（很多地区还是以部分土地补偿款和安置补助费支付），属于一次性买断。但是，土地的属性决定了它处于不断的增值之中，如温江区从农民“双放弃”中获得的土地每亩成本最多不过约2.5万元，在转为国有后，拍卖价至少能在100万元/亩以上，但这种增值已经与农民无关，其合理性值得探讨。

（四）“土地换社保”的可行性质疑——政策的可持续性如何?

首先，“土地换社保”政策需要庞大的财力支持。一方面需要向农民支付土地补偿款和安置补助费，建设定向安置住房；另一方面需要为农民参加社会保障提供财政补贴，这些都将考验政府的财力。如果财力不够，将对政策的可持续性产生影响。有报道称，温江区在前期对“双放弃”农民的人均补偿为12万元，如果失地农民规模较大，无疑需要一笔庞大的财政支出。

其次，“土地换社保”不仅仅牵涉土地和社保两个方面，而且是一个系统工程，涉及户籍、教育、就业等多个环节，一个环节解决不好，政策的实施效果和可行性就会大受影响。

三、“土地换社保”应该慎重，从长远看，必须建立让农民分享土地增值收益的机制

（一）“土地换社保”应该慎重推行，不宜大范围推广

“土地换社保”政策作为一种解决失地农民社会保障问题的手段，与传统的只补偿、不保障的方式相比，无疑有一定的历史进步性，但因为存在上述疑问，所以不宜大范围推广。如果把其定义为解决失地农民问题的一种阶段性选择，其实施也必须满足一些先决条件：(1)必须严格限定政策实施的范围，不可盲目扩大，最好限定在城市发展新增加的规划用地中；（2）农民退出承包地或宅基地的行为，必须建立在完全自愿的基础上；（3）政府在回购农民自愿退出的土地时，应该以平等市场主体的身份，让农民掌握充分的谈判话语权；（4）必须在经济比较发达的地区，政府有能力兑现对农民的补偿承诺和社保补贴，有较强的资金风险承担能力。

总之，“土地换社保”只是解决失地农民问题的一种手段，决不可演变为使农民失地的一种手段。也就是说政府的出发点必须是为了解决因为城市建设不得不失去土地的农民的社会保障问题，而不是为了获得土地而使用社会保障作为诱饵让农民放弃土地。这是衡量“土地换社保”政策是一个好政策还是一个坏政策的关键区分点。

（二）继续制度创新，让农民分享土地增值收益

要改变失地农民进城后的保障和发展问题，还是要在土地方面下工夫，关键是要建立能够让农民分享土地增值收益的机制。可以尝试以下途径：

1．改变征地的补偿方式，改一次补偿为多次补偿。其具体做法是，除了在征用农村集体土地时给农民一定的补偿和补助外，在土地变为国有土地后的第一次转让中，其增值收益由

政府和农民进行分成，农民获得的分成收益主要用于建立失地农民的保障基金和培训基金，提高失地农民的社会保障水平和就业能力。

2．在征地时，给农村集体留下部分土地作为发展用地。农村集体可以通过在自留的土地上建立集体经济组织，开展经营活动，获得长久的发展和持久的收益，为农民提供保障和带动农民的发展。

3．以土地入股，获得土地的长期收益。主要用于企业经营的土地，可以不发生土地所有权的转变，农村集体以土地入股企业，农户根据自己的承包经营权获得收益，或者在自己的承包期内以承包经营权直接入股。但是，这种方式必须注意，土地要符合规划用途，即土地用途的变化必须以规划为前提。

总之，“土地换社保”是解决失地农民问题的一个新尝试，但它并不能完全解决这一问题，实施还需慎重。失地农民问题的解决还有待继续进行制度创新。

（作者：中国社会科学院人口与劳动经济研究所助理研究员）

（选自《中国党政干部论坛》2008年第5期）

深化社会保障制度改革的几个重要问题

宏观经济研究院体改所课题组

当前，我国正处于经济社会发展转型和全面建设小康社会的关键时期，深入贯彻落实科学发展观，构建社会主义和谐社会，进一步深化社会保障制度改革的任务紧迫而艰巨。

一、加快社会保障制度改革的重要性和紧迫性

（一）深化社会保障制度是构建社会主义和谐社会的内在要求

首先，社会保障制度是社会主义市场经济体制的重要支柱。市场经济体制下，生产要素要求自由流动，传统的依附于单位的社会保障制度显然不能适应市场机制的需要。其次，构建和谐社会迫切需要改变社会保障发展滞后的状况。长期以来，社会建设一直存在“腿短”现象，公共财政用于社会保障支出的比例偏低，与经济增长不相适应。2006年，全国财政社会保障支出4361.78亿元，占财政总支出的比重仅为10.79%。社会保障覆盖范围仍较为狭窄、保障水平低，以及城乡、区域社会保障差距较大等，成为社会突出矛盾和热点问题。第三，完善社会保障制度是实现社会主义和谐社会“公平正义”目标的重要制度安排。当前，是经济社会结构转型的关键时期，也是“经济容易失调、社会容易失序、心态容易失衡”的关键时期。社会保障制度是对国民收入进行再分配的重要手段，通过改革完善社会保障制度设计，能够分散社会风险、缩小贫富差距、避免两极分化和缓解社会矛盾、促进社会稳定协调发展，有助于实现社会公平正义。

（二）深化社会保障制度改革是经济社会发展的迫切需要

我国的社会保障制度框架已基本形成，但随着我国统筹城乡发展、城镇化进程的加快、人口老龄化以及就业形式多样化，现有社会保障制度的公平性和可持续性出现了巨大挑战。

1．城乡二元结构转换要求加快完善农村社会保障制度。2006年，我国名义城乡收入之比为3.28∶1，若把义务教育、基本医疗等因素考虑在内，据估计，城乡实际收入之比为5—6∶1。公共服务在城乡实际收入差距中的影响高达30%—40%，其中，仅社会保障因素就使城乡居民收入差距增加了18.6%。目前，大部分农村居民基本上还没有完整意义的社会保障，弥补社会保障缺失和错位已迫在眉睫。

2．城镇化进程加快要求统筹考虑城乡社会

保障制度。我国已进入城市化快速发展时期。据测算，2007—2020年年底，累计将有2.15亿农村人口需要迁入城镇。大量人口从农村转入城镇，要求必须统筹考虑城乡社会保障制度，并将其与城乡结构转型结合起来，促进农村人口向城市及非农产业的稳步转移。

3．老龄化对社会保障制度的可持续性带来了巨大挑战。我国是世界上老年人口最多、增长最快的国家。我国人口老龄化具有绝对数量大、抚养比偏大以及城乡地区分布不均衡等特点。与西方发达国家相比，我国的老龄化超前于工业化和现代化，是“未富先老”。人口加速老龄化对我国社会保障制度的可持续性构成了压力。

4．就业结构与就业形势的变化要求加快改革社会保障制度。随着经济体制改革的推进，我国的就业格局已发生了明显变化。现行社会保障制度主体——社会保险制度，主要适用于有固定用人单位的正规就业人群，随着就业市场化、方式和渠道多元化，灵活就业规模逐步扩大，就业的产业结构明显调整，而原有的制度设计已不能适应就业格局的深刻变化。

5．社会保障制度改革滞后是影响居民消费预期的重要因素。扩大消费既是转变我国经济增长方式的根本出路，又是体现经济发展以人为本的内在要求。经济体制转换以后，原来由政府和企业提供的全面就业、福利住房、公费医疗、退休养老、免费教育等，都逐渐变为全部或部分地由居民自己承担。社会保障制度在养老、医疗、教育和住房等方面的保障不到位，大大增加了居民支出的预期。这已成为居民消费需求不足的重要影响因素。

二、当前社会保障制度存在的主要问题

（一）制度设计缺乏一定的统筹规划

社会保障制度设计在一定程度上缺乏统筹规划，在原则目标基本确定的情况下，缺少具体目标的设定以及长期规划。由于没有一个明确的长期规划和总体部署，难免形成“头疼医头、脚疼医脚”的局面。

（二）社会保障覆盖面还不够

当前社会保障制度覆盖面过窄，受益人群有限，与构建社会主义和谐社会的目标还有较大差距。目前，还有几大人群没有在社会保障覆盖范围之内，如灵活就业人员、农村人口、城镇非就业人口以及机关事业单位人员等。

（三）制度上存在缺乏吸引力和激励机制的缺陷

现行社会保障制度的一个根本缺陷在于制度缺乏吸引力和激励机制。如对于灵活就业人员，雇主和雇员本人对参加社会保险都缺乏吸引力；农民对新型农村合作医疗保障的积极性也还不高。

（四）社会保障的权利与责任规定尚不够清晰

我国社会保障制度改革是以减轻政府和国有企业的责任为起点的，但是政府、企业和个人的责任界定模糊不清，居民个人承担了较多的社会保障责任。

（五）社会保障制度的历史遗留难题和制度风险未得到有效解决

对历史遗留问题的逃避形成制度性缺陷。如果不能采取多种措施，化解由于新旧养老制度转型中形成的对中老年职工的历史欠账，基本养老保险基金存在巨额缺口，支付风险凸显，将会对我国社会保障制度产生重大冲击。

（六）当前面临提高统筹层次、关系转移和保障公平的突出问题

统筹层次过低问题迟迟得不到解决，社会保险关系区际转移面临不少障碍。统筹层次过低问题是我国社会保障制度中一个比较重要的缺陷，它引起了其他的一系列问题。此外，不同社会群体的保障待遇不尽公平，地区之间、城

乡之间、企业与事业单位和政府机关人员之间、不同所有制企业以及不同就业形式人员之间的社会保障待遇不公平问题突出。

（七）制度设计与管理存在一些问题

由于长期存在社会保障制度城乡分割与针对部分人群设计制度的问题，使得我国社会保障制度设计越来越复杂，管理成本越来越高。社会保障制度设计、改革与实施的法律保障不够，非制度化特征十分明显，社会保障立法滞后。

三、社会保障制度改革的阶段目标

（一）第一阶段

到2010年，实现生存保障，确保人民基本生存生活，社会保障制度在城市和农村基本建立。这一阶段，社会保障的主要功能是维护社会稳定，适当兼顾经济增长和提高福利。在2005年的基础上，到“十一五”期末，城镇基本养老、基本医疗、失业、工伤和生育保险参保人数分别达到2.23亿人、3亿人、1.2亿人、1.4亿人和0.8亿人以上。参加农村社会养老保险人数逐步增长，新型农村合作医疗制度覆盖全部农村居民，城乡低保制度普遍建立，落实提高社会保障到省级统筹层次。

(二)第二阶段

到2020年，实现温饱水平的社会保障，社会保障体系实现全覆盖，较大区域内统一的社会保障制度逐步形成。到2020年，全社会达到小康生活水平，社会保障既要发挥维护社会稳定的既有功能，又要在增加有效需求、促进经济增长方面发挥作用。在制度设计上，中期目标定位于社会保障体系的全覆盖上。这种全覆盖的保障水平可以相对低一些，但必须保证全体社会成员能够平等享受基本社会保障待遇，在社会保障制度设计上消除因身份特征、工作性质和区域等因素带来的制度性不平等。城乡社会保障制度衔接完成阶段性目标，区域统一的社会保障制度逐步形成。

（三）第三阶段

到2050年，实现小康水平的社会保障，全面提高社会福利水平，社会保障制度实现全国范围内的衔接统一。到建国100周年，即社会主义现代化建设第三步战略目标实现时，我国整体上达到中等发达国家水平，人民过上比较富足的生活。这时的社会保障应能保证保障对象获得小康生活水平，社会保障的功能也应随之发生显著的变化，主要功能体现为提高社会福利，多层次社会保障体系比较完善，城乡社会保障制度在全国范围内实现衔接统一。

四、进一步深化社会保障制度改革的对策建议

（一）制定实施社会保障基本公共服务标准，重建国民基本社会保障制度

在经济社会发展规划中，制定实施包括社会保障在内的基本公共服务均等化标准。我国应尽快建立起一个适应公共服务均等化目标的最低标准技术支持系统、数据采集系统，以及支持均等化目标的财政体制。在国家“十二五”发展规划制定中，要落实基本公共服务的范围、种类、标准和规划建设。在实施社会事业发展专项规划中，将社会保障基本公共服务标准建设列为重点工程加以落实。恢复社会基本保障的本来面目，强化政府职责，重建国民基本养老和基本医疗保障制度，初步实现让人民满意的“老有所养”、“病有所医”的目标。建立健全适度普惠型的国民基本养老、基本医疗和最低生活保障制度，逐步实现基本社会保障水平与我国现阶段的经济社会发展水平相适应。改革现行的养老保险将个人账户和统筹账户捆绑的模式，把社会保险统筹部分改为社会保障税，由中央政府集中社会统筹资金和适量财政资金，重建国民基本养老、基本医疗保障和最低生活保障制度。

（二）促进多层次社会保障体系发展，增强社会保障制度吸引力

社会保险统筹部分费改税，建立国民基本社会保障，形成社会保障确保国民基本生活的基础层，强化个人账户强制缴费功能。同时，鼓励企业、地方政府根据自身效益和经济发展水平，建立企业或地方统筹账户，形成社会保障的第二个层次，确保保障对象获得不低于当地平均水平的生活。第三个层次是企业年金和个人补充养老保险。这样，逐步建立以政府基本社会保障为基础（基本养老、基本医疗保障、最低生活保障），以社会保险为主体，社会福利和社会救助、商业保险为补充的多层次社会保障体系。提高社会保障的多样性和参保群体的可选择性。在满足人们基本保障需求的前提下，建立多层次的社会保险体系，通过设计出形式多样的保险模式，让各类人群可以根据自身的实际需要和经济实力，自行选择保险类型。要逐步推进城乡社会保障制度的对接、衔接和统一，简化制度设计，对灵活就业人员、保险关系转移等，设计出更加便捷的制度办法，完善多层次体系发展的激励政策措施。

（三）建立社会保障的预算管理制度，健全社会保障稳定投入机制

建立财政支持社会保障建设的长效机制，明确公共财政用于社会保障的支出比重，并随着经济发展水平、财政实力增长逐步调整。要积极利用当前财政增长势头较好的机遇，进一步加大各级政府对劳动保障事业发展的投入力度，重点加大农村劳动力和被征地农民的社会保障。建立与劳动保障工作目标任务相适应的财政资金投入和激励机制。加大财政对社会保障的资金支持力度，重点落实各级财政对养老金收支缺口以及做实个人账户的补助资金，探索建立参保农民补贴制度和退休人员等人群医疗保障资金的财政支持机制，逐年提高社会保障支出占财政支出的比重，到“十一五”、“十二五”期末分别达到15%和20%。建立和改善社会保障专门预算，合理划分中央政府和地方政府的社会保障事权，调动地方政府参与管理社会保障事务的积极性，探索发行社会保障特别国债，解决社会保障历史欠账。利用当前居民储蓄充足、市场资金流动性过剩的良好机会，每年发行1000亿元左右的社会保障特别国债，用于建立农村基本养老保障和基本医疗保障。

（四）加强配套制度建设和规范管理，提高社会保障制度改革实施成效

完善社会保险需要信息系统支持。要打通部门分割的信息渠道，建立起在全国范围内统一适用、身份惟一的社会保险号管理制度。研究提出社会保险关系区域转移制度，推行异地投保方式，制定社会保险异地结算办法。加强与社会保障制度相关联的行政审批与行政许可管理。建立企业劳动保障诚信制度和管理机制。以《社会保险法》为契机，加快社会保障制度改革的法制化建设。

（选自《宏观经济管理》2008年第8期）

新农村建设中的教育公平

曹忠义

一

改革开放以来，我国教育事业得到了前所未有的发展，但是在教育资源相对有限的情况下，由于历史和现实的原因，我们不得不承认，目前还没有将平等的受教育权完全真正落到实处。地区之间、城乡之间、学校之间、学生之间，无论是教育权利，还是教育机会，不公平随处可见。在教育权利上最主要体现在城乡之间的不公平；在教育机会上，则主要表现在城乡、贫富、男女等之间的不公平。从教育权利公平的角度来看，农村受教育人口目前仍是我国主要的受教育群体。尽管2007年中国农村已全部实行免费义务教育，但城乡基础教育之间的差距并没有因此而缩小。高中教育和高等教育在农村有时简直就是一种奢望，农村教育根本无法公平享有相应的权利。以教育资源的分配为例，城乡二元社会结构从根本上形成了城市和农村教育的两重天地。2002年全社会有5800多亿元教育投资，占总人口60%的农村只获得其中的25%。2004年，我国国家财政性教育支出的比重为2.79%，农村小学生占全国小学生总数的75%，但其教育经费仅占小学教育经费的48%；初中教育经费中，农村教育经费仅占29%。这种状况实际上严重侵害了农村公民受教育的权利。从教育机会均等的角度来看，农村子弟也无法享有平等的受教育机会。首先是由于城乡经济差别以及我国教育的城市导向性，使农民子弟无法享受平等的入学机会，从基础教育到高等教育均是如此。仅仅是贫困就导致不少辍学儿童无法完成学业，昂贵的学费和就业的艰难更使得许多寒门学子对高等教育望而却步。其次是国家在农村教育中人、财、物的投入，以及农民整体文化素质较低等先赋因素，使得农村子女在受教育过程中不能享受公平。城乡基础教育差距的存在和持续拉大是当前教育发展所面临的严峻现实。由于教育是经济和社会发展的基础，这种差距的进一步扩大将会严重影响到和谐社会的构建。因此，为逐步缩小城乡基础教育差距，必须制定更加合理的公共教育政策以确保所有适龄青少年都能公平地享受公共教育资源。

造成目前农村教育不公平问题的原因是多种多样、错综复杂的，其中主要的原因大致可以归纳为以下几个方面：

一是农村基础教育经费投入不足。和谐社会要求其成员公正、平等地占有公共资源，但目前我国本已匮乏的义务教育投入却存在着分配不均的现象。国家将大部分教育经费投入到经济发达地区，而农村等经济欠发达地区的义务教育经费长期由经济拮据的乡镇政府承担，这就造成在部分地区本来已很低的教师工资被长期拖欠，校舍失修造成的师生伤亡事故不断，许多地方的学校都是负债运行。不过，令人欣喜的是，2006年中国西部的农村已实行免费义务教育，全面免除学杂费，对贫困生还免费提供教科书，补助寄宿生生活费；中部和东部地区农村2007年全部免费。这是一个巨大的进步，但农村学校的办学条件依然没有得到大的改善。

二是公平教育意识薄弱。由于对教育本质和功能认识的历史局限性，人们认识不到农村学生接受优质教育对于国家和民族的深远意义，因而没能把同步加速农村义务教育的发展摆到应有的位置，造成义务教育投资体制的城乡“二元性”结构迟迟得不到改变。

三是制度不配套。虽然教育部《关于义务教育阶段办学体制改革试验工作若干意见》早已出台，但由于义务教育投入法的缺失，以及民办教育实施细则的不完备，造成教育财政转移支付不能落实；农村义务教育阶段民办教育或民间投资的严重贫乏，延缓了义务教育的快速发展进程。

四是教育方法和管理滞后。国家现行的统一课程设置在很大程度上是城市本位的，课程编制过程中并没有太多地考虑广大农村地区的实际情况。另外，农村学校管理的滞后也是阻碍学校发展的重要因素。相当部分学校的校长和教导主任就如何进行教学管理心中无底，无章可循。有些学校沿袭旧的制度，学校教学工作缺乏激励机制，管理目标不明确，对现代教育管理理念很不适应。

五是城乡二元经济结构所产生的城乡经济发展不平衡，导致诸多农村家庭因为经济原因引起子女辍学、不能进入高一级学校学习等情况，剥夺了农村学生尤其是贫困农村学生的平等受教育权。重点学校制度进一步加剧了教育不公的程度，择校使许多家庭尤其是农村家庭子女被排斥在优质教育资源以外。

二

新农村建设为推进农村教育公平创造了绝好的机会，公平的教育状态则是实现农村和谐社会的关键。

首先，农村教育公平有利于新农村的发展。新农村是“生产发展、生活富裕”的农村，生产发展、农民致富则是建设社会主义新农村的主要目标。“生产发展”是建设社会主义新农村的物质基础，也是解决一切农村问题的基本前提。但目前我国仍有不少农村地区生产力发展水平较低，农民生活还不富裕，甚至少数家庭连基本的生产生活都无法保证。所以说，推进社会主义新农村建设是一个循序渐进的过程，应从群众真正需要的东西做起，如何让农民懂得生产技术、提高生产效率，如何让农民子女上得起学、让更多农民子女接受高等教育，一切都建立在生产发展的基础上，建立在农村教育事业的发展上。促进农村教育公平、保证农村良好的教育环境对新农村建设将起到一种基础保障作用。

其次，公平的农村教育环境能促进和谐新农村建设。社会主义新农村是和谐农村，如果农村教育举步维艰，教师引不来、留不住，农村家庭因教致穷，新农村又有何“新”意?所以公平的教育环境是和谐新农村的标志之一。和谐新农村至少应做到农村教育不再为钱发愁，到农村任教不再让年轻大学生望而生畏，农村的孩子有学上、有好学上。只有这样才能培养出具有时代精神的新型农民，农民整体素质才有望得到快速提高，建立富裕、文明、民主的新农村才有可能，建立和谐新农村才有望真正实现。全面建设小康社会、构建和谐社会的重点在农村，新农村建设应通过“少取、多予、放活”的方针，解决广大农民迫切需要解决的生产和生活问题，为努力建设社会主义和谐新农村提供政策支持。农民是构建和谐新农村的主体，只有农村办学条件得到改善，农村教育事业得到发展，农民才可能为农村整体经济和社会发展做出更大贡献。

再次，公平教育有助于文明新农村建设。乡风文明本质上是农村精神文明建设问题。在我国农村，有许多纯朴的乡风。要让乡风文明起来，就必须用社会主义新文化占领农村阵地，让健康、丰富多彩的新文化深入农村千家万户。努力建立学科技、用科技，学法律、用法律等具有时代特征的新乡风。新农村建设的智力支持、精神动力和思想保证还必须依赖不断推进农村精神文明建设，不断提高广大农民的整体文明素质。农村环境面貌反映了农民的文明化程度，也体现了农村的社会风气。农民整体素质的高低影响着农村生产发展和农民生活，也关系到农村精神文明建设的整体水平。离开教育，农村精神文明建设将成为无源之水、无本之木。

第三，公平的教育将有利于农村富余劳动力转移。我国农村有近5亿劳动力，但整体素质偏低。在现有的生产力水平和生产规模条件下，根据我国目前每亩耕地投入的劳动力计算，农村估计有1.5亿劳动力就可以完成基本的生产任务。如果除此以外的剩余劳动力能够得到公平、适当的教育，劳动力转移时势必能拥有相对平等的竞争机会。在进城务工人员中，具有高中学历的农民工一般比初中学历者拥有绝对的就业优势。如果经过就业培训，他们往往比未接受过培训的农民工薪金水平要高出许多。因而通过提高农村劳动力整体水平，对推动农村富余劳动力转移具有非常重要的意义。

三

十七大的召开为新农村建设和推进农村教育公平提供了良好的政治条件和社会环境，政府应该采取各种有效措施，积极推进农村教育公平。

第一，加大对农村教育的投入。平衡城乡教育资源是实现城乡教育公平的关键。在构建社会主义和谐社会过程中，解决城乡教育不公，必须完善教育投入制度，加大对教育特别是农村教育的投入力度。20世纪90年代初，国家要求逐步提高财政性教育经费支出，占国民生产总值的比例到20世纪末时达到4%，这个目标至今没有达到，2003年才达到3.41%。因此，国家应调控完善教育政策，扩大教育供给，增加教育投入。教育部门在分配教育资源时要遵循平等、对等、补整的原则，宜更多体现“雪中送炭”，适当减少“锦上添花”。在投入导向上，教育资源特别是义务教育阶段的教育资源应向处于弱势的地区和人群倾斜，特别是向农村贫困地区和西部地区倾斜，保证农村地区孩子享受基本的义务教育。温家宝总理在2005年的政府工作报告中郑重宣布：“从今年起，免除国家扶贫开发工作重点县农村义务教育阶段贫困家庭学生的书本费、杂费，并补助寄宿学生生活费；到2007年在全国农村普遍实行这一政策，使贫困家庭的孩子都能上学读书，完成义务教育。”这是我国政府所做的一项民心工程、德政工程，一件具有里程碑意义的大事。另外，由于我国的教育财政制度是“国家教育投入与地

方财力挂钩”，所以，在国家加大对农村义务教育投入的同时，地方政府也应尽其所能地增加对农村教育的投入，把财力向农村教育倾斜。

第二，稳定农村教师队伍。加强农村教师队伍建设能为实现城乡教育公平提供强大的智力支持。长期以来，农村教师的工资拖欠非常严重，城乡教师在待遇上存在着很大的差距。在城市教师工资一直上涨的情况下，乡村教师仅仅能拿到基本工资，各种福利根本无法保障，这导致农村学校原有的优秀教师外流严重，并且得不到及时补充，不得不使用代课教师来应对教学。近年来，我国教师学历达标率提高非常快，很多城市小学、中学教师达标率已接近100%，但农村教师学历不合格率较高。这样，农村教师数量不足、质量不高，使孩子们在人生的起跑线上就不公平。农村学校要留住教师、引来教师，必须改善教师工资收入状况，实现教师不仅能拿到基本工资，还应有适当的福利保障，有了高素质的师资队伍，才能确保较高的教学质量。

第三，统筹城乡教育，提高农村教育水平。城乡教育者之间流动频率越高，城乡教育的整合发展程度就越高。反之，即使资金投入再多，可能也无法改变城乡教育两张皮的现实。其实，农村教师要留得住、引得来，应该从提高心理认同度的角度增进城乡不同文化之间的相互了解和尊重，最终才能从文化情感上达成城乡教育的同化。同时，农民素质与农村教育水平两者是相辅相成的，协调好了就会走向良性循环，反之会越来越糟。因此，政策协调、氛围营造、社区重构等将能够有效推进城乡教育一体化。制定相关制度和激励措施是保持城乡教育长期互动的根本保障，否则，城乡教育一体化就难以实现。城乡教育统筹必须形成一种引力，只有这样，逐步提高农村基础教育水平才会落在实处。

第四，重视城市中农村转移人员的教育与培训。农村转移人员的教育问题既是教育发展中的问题，也是城市化进程中的基本问题。城市化不应该仅仅是城乡人口比例的问题，更应该是包括教育素质在内的城市社会协调发展。再过十多年时间，外来人口中的少年儿童都将逐渐长大成人，因此，关注当前流动人口中少年儿童的问题，不仅是对这些孩子的健康成长负责，更是对整个社会的发展负责。解决农村转移人员的教育公平问题，首先要给予进城务工人员子女享有当地同等的学校受教育权。要借当前户籍管理改革的契机，淡化教育对象的出生地，实施“有教无类”。江苏省苏州市的做法是：公办学校敞开大门，欢迎外来务工人员子女；出台《流动儿童少年就学管理办法》，要求各级政府建立流动儿童少年就学专项经费，支持全日制公办学校招收外来工子女就学。关心进城务工人员的继续教育。在构建学习化社会体系的同时，要实施农村转移人员教育与培训工程，努力提高他们的自身素质，实现“城镇化”。

第五，促进高等教育顺利通向农村。新农村建设的推进必将带来大量人才需求，虽然我国每年都有相当数量的大学生走向就业市场，但“人往高处走，水往低处流”的传统意识仍然是新农村建设必须突破的人才瓶颈。新农村建设是一个全面建设与发展的过程，不仅需要大批实用型的应用技术人才，还需要一批高素质又具备一定技术能力的基层干部队伍，带领农民发家致富。因此，高等院校在人才培养上，应大力提倡和鼓励学生在校期间尤其是毕业后积极投身社会主义新农村建设的伟大实践，面向农村基层就业、创业，在农业科技推广、农业产业化发展、农业现代化管理、农村文化建设等方面大显身手、建功立业，为社会主义新农村建设做出积极贡献。有效促进高等教育顺利通向农村是实现我国农村教育公平的重要内容之一。目前，通过现代远程教育、自学考试等就地培养的农村应用人才，由于其稳定性和实用性，从而成为目前高等教育通向农村的成功典范，也是今后一个阶段高等教育不断向农村延伸的重点。

当然，实现农村教育公平的措施不仅仅是以上几点，农村的教育公平也不是一蹴而就的事情，但只要社会各界共同朝着这个方向努力，就会极大地改变当前农村教育不公平现象，从而为新农村建设做出积极贡献。

（作者：黄淮学院社科系副教授）

（选自《郑州大学学报（哲学社会科学版）》2008年第3期）

促进教育公平是政府的职责

文东茅

一、公平述略

公平是社会治理的一项基本原则。由于公平问题涉及“应该”和“不应该”等价值判断，因而具有很强的主观性，这种主观判断也是随时代发展和社会环境的变化而变化的。在远古社会，“弱肉强食”被人们普遍接受；在封建社会，财富世袭制被认为理所当然；在早期资本主义社会，自由竞争导致财富差异被认为是公平合理的；而在现代社会，人们则认为，一个公平公正的社会不仅应该鼓励竞争，并将获取财富、地位、职务的机会向所有人开放，同时也应该有效控制因自由竞争而可能导致的财富、地位、机会的两级分化，保证全体社会成员都可以获得有尊严的生活。生存权、选举权与被选举权、言论自由、宗教信仰自由等都是人们生存和发展以及满足政治、经济、思想需要的起码的、最低的、必要的权利，属于“基本权利”，是应该完全平等地赋予每一个社会成员的，最低生活保障制度、政治选举的“一人一票”制以及“法律面前人人平等”都体现了这一原则；人们满足生存和发展的比较高级需要的权利则属于非基本权利，应该按照对社会贡献的大小实行按比例分配，“多劳多得”的分配原则就是这一原则的体现。可见，公平原则一方面要求所有社会成员在某些基本权利上完全平等，另一方面，又并不强调所有人在各个方面的权利都完全一致，相反，它允许甚至鼓励在一定程度上的不均等。这种不均等不仅体现了对社会贡献的尊重，也是促进社会进步的需要。以收入分配为例，经济学的研究就发现，如果衡量财富差异程度的基尼系数在0.5以上，就表明差异非常悬殊，将会使社会成员产生强烈的不公平感，甚至引起社会动荡；而如果基尼系数在0.2以下，则表明社会财富分配过于平均，也会使一部分人产生不公平感，从而导致激励不足，影响社会总财富的增加。

二、受教育权是人人应该平等享有的“基本权利”

纵观历史可以发现，随着文明程度的提高，“基本权利”的外延在不断扩大。随着普及、免费义务教育制度的实施和推广，“受教育权”开始成为一种人人“可以”享有的权利。《世界人权宣言》在1948年宣布，“受教育权”也被认为是人人“应该”享有的“基本权利”，其第二十六条指出：“人人都有受教育的权利，教育应当免费，至少在初级和基本阶段应如此。初级教育应属义务性质。技术和职业教育应普遍设立。高等教育应根据成绩而对一切人平等开放。”从这段话可以看出，在教育方面应该体现公平的两个基本原则：第一，接受基础教育是一种“基本权利”，因而应该是人人应该享有的、免费的；第二，接受高等教育属于“非基本权利”，应该遵循“比例平等”原则，即根据考试成绩而平等地分配入学机会。考试成绩的高低是用以体现将来对社会贡献大小的指标，高分者可能产生更大的贡献，因而应该获得更多的接受高等教育的机会。

之所以基础教育是“基本权利”，是由于在基础教育阶段所接受的基本知识、能力训练和思想、道德养成是每个人在现代社会生存、就业、思考、表达、参与政治生活等的必要基础，如果缺少这一基础，人们将无法享受基本的人类社会创造的物质财富和精神财富，甚至无法有尊严地生活。所以，接受基础教育的权利应该不论性别、城乡、种族、贫富状况无条件地、平等地向所有人开放。在基础教育之后进一步接受职业技术教育、高等教育的权利则属于“非基本权利”，它只影响个人就业的好坏、收入和地位的高低、政治生活的质量，而不会影响到基本需求的满足。这种权利就只能是根据考试成绩等标准实行比例平等。由于竞争非基本权利的机会也是一种基本权利，因而，尽管不是人人都可以享有接受高等教育到机会，但人人都应该平等地享有竞争高等教育入学机会的权利。可见，教育公平的基本原则可以概括为：在基础教育阶段的受教育权完全平等；在非基础教育阶段竞争受教育机会的权利完全平等，获得受教育机会的权利比例平等。

三、维护和促进教育公平是政府的职责

上学读书往往能够给个人带来各种经济的和非经济的收益。正因为如此，自古以来，人们就愿意节衣缩食送子上学，私塾等教育机构也可以依靠学费自给自足，长期存在。在现代社会，各国政府都普遍积极介入、主导甚至包揽教育活动。政府为什么要干预教育？一个重要的理由就是要通过政府行为来促进教育公平，进而促进社会公平。

在教育完全依靠市场提供的情况下，有能力缴纳学费者将可以获得受教育机会，交不起学费者就会被学校理所当然地拒绝，在这种社会里，很可能出现的状况就是富者接受好的教育、最富者接受最好的教育、穷者不接受教育。也就是说，在教育完全靠市场提供的情况下，受教育权不可能是人人都可以普遍地、无条件地获得的，而只是一部分具有学费支付能力者的专利。由此而产生的后果是：富裕家庭子女具有更高的文化水平，更高的社会地位和经济收入，而贫困家庭子女始终都处于社会的底层，社会结构将通过教育被一代代复制和固化。在此状况下，社会地位和财富将与人的天赋、努力及贡献无关，而只是由血缘关系世袭，这种状况显然不符合现代社会公平的基本原则。

政府的基本职责有二：一是建立和维护公平竞争的市场秩序；二是通过法律和行政力量来维护公民的基本权利，提供市场不能有效提供的公共服务。所以，政府不仅要通过宪法、税收、福利制度等保证公民言论、宗教、就业等基本权利和生存所必需的基本物资条件，也要通过财政手段和公共行政力量提供公共卫生、国防、治安、基础研究等公共服务。如上所述，接受基础教育是人人应该享有的基本权利，是社会政治、经济、文化公平的前提和基础，在完全依靠市场体制的情况下，这一基本权利是不可能得到有效保障的，因而政府也应该提供公共教育服务以及相关的制度体系，以保证基础教育阶段受教育权的完全平等，并进而也有效地保证每个人竞争高等教育机会的权利的平等。

政府举办的公共教育的基本特点是公共财政支持和公共管理。公共财政是通过向社会成员收税而形成，这种税收制度具有非排他性，凡

符合纳税条件的人都要纳税，由此形成的公共财政也将用于人人可以享有的公共服务，如国防、公共卫生、政府运转以及教育等。在公共教育体制下，教育经费来源主要不是来自学生缴纳的学费，而是来自非排他性的税收收入。由于公共财政的支持，在义务教育阶段，接受教育是完全免费的，从而可以保证所有的儿童都不至于因家庭贫困而失去受教育的权利。公共教育的另一个基本特征是公共管理，其中包括：由政府决定学校的设置，决定学校校长的任免和教师的聘用标准，制定教学质量标准和课程标准，对教学过程和结果进行检查监督等。公共管理的主要目的，在于促进学校的合理设置，保证儿童就近入学机会，提高教育质量和办学效益，保证教育教学目标符合公共利益，等等。可见，向每一位儿童提供免费、便利、基础的教育，是政府通过收税举办教育的合法性基础。换言之，如果政府不能保证平等的受教育权利，就没有履行对纳税人的承诺，是一种失职。

四、现阶段政府在促进教育公平方面的目标与任务

与对社会公平的认识一样，教育公平也是一个具有主观性的价值判断，其内涵和判断标准也是随着历史的发展而发展变化的。研究各国教育现代化中的教育平等状况发展的历史可以发现，最初人们追求的平等是就学权利的平等；在就学权利的平等基本实现后，教育平等就表现为教育资源配置的均衡化问题；在教育均衡化问题解决后，对教育公平的追求就体现在每一个人独特价值的实现上，要求所有的人在学校中都应受到一种充分的、公平的对待，这是一种差别平等，是一种更高阶段的教育平等问题。

由于物质基础和经济实力有限，为集中资源培养出一批国家科学技术发展急需的科学家、工程师，从新中国成立直到改革开放之初的几十年间，政府都一直提倡集中力量办好一批重点中学甚至重点小学，其实质是在基础教育阶段也采取根据天赋才能优劣配置不同教育资源的“比例公平”原则。这种做法在当时看来是被人们普遍接受的，也被认为是公平合理的。在此期间，政府的主要目标是教育数量规模的发展和基础教育的普及，至于受教育质量，则被认为是可以有差别的，优质教育机会应该通过竞争方式去分配。在社会经济状况大大改善、义务教育基本普及之后，我国教育公平问题就表现出了新的特点：一方面，基础教育的真正免费和完全普及还任重道远；另一方面，人们对接受平等的、高质量的基础教育的需求日趋强烈。解决这些相关问题，也是目前政府在促进教育公平方面面临的主要目标和任务。

1．义务教育的真正免费、完全普及。只有完全免费才可能保证贫困家庭子女受教育的机会，只有完全普及才意味着人人都获得了接受基础教育这一基本权利。随着经济的发展和财力的增加，我国已经提出农村义务教育完全免费，城市义务教育的学杂费水平也大大降低。但是，边远地区、城市流动人口子女和贫困家庭子女入学问题，残障、弱智儿童的入学问题等等，都是政府面临的长期艰巨任务。免费的教育并非意味着最低标准的教育，在普遍获得入学机会后，人们对师资水平、学校环境、建筑质量、安全保障以及个性化教育等的要求都会越来越高，这也是政府将长期面临的任务和难题。

2．基础教育的均衡发展。由于社会经济发展不平衡以及长期的重点学校制度形成的历史惯性，我国学校教育资源配置在学校之间、地区之间、城乡之间表现出了悬殊的差异，因而“教育均衡发展”的任务就尤其艰巨。目前，政府部门已经普遍认识到了这一工作的意义，并已经采取了一系列相应措施。例如，中央政府对不同地区之间教育经费的转移支付力度逐渐加大；北京等地建立了义务教育阶段办学条件标准，以推进学校教育资源配置的均衡化；沈阳、深圳等地推行校长和教师流动制，以促进教师资源配置的均衡化；安徽铜陵等地开始推行优质高中招生名额按学校和学生数分配的办法，以促进非义务教育阶段受教育机会的公平。尽管这些这些措施实施时间较短，实施区域也有限，但从中可以看出，均衡化已经成为我国政府在促进教育公平方面的新的目标和方向，也是大部分地方政府面临的新挑战。

3．保证非义务教育阶段的教育机会公平。接受高中教育和高等教育尽管不是公民的“基本权利”，但公平地竞争这些教育机会的权利却同样是公民的基本权利。政府有责任保证优质高中、高等学校招生过程的程序公平，保证每一个成绩合格者不因经济困难而失学。在此方面，我国政府已经采取了许多措施，如治理整顿高中学校的择校收费，对所有职业高中学生实行普遍的补助，在高校招生过程中实行“阳光工程”，对高校贫困学生实行助学贷款，并建立入学的“绿色通道”等等。由于政府的政策规定和财政支持，我国非义务教育机会的分配并没有实行“金钱面前人人平等”的市场准则，甚至也没有简单地遵循“分数面前人人平等”的形式公平原则，而是根据学生地区来源、民族状况、家庭经济背景等遵循有差别的补偿原则，给予这些群体更大的支持和优惠。当然，对不同学生经济资助的数额、给不同地区招生指标的分配、对少数民族和边远地区学生高考加分的幅度、对特殊才能学生的特殊政策等诸多问题都涉及教育公平的更深层次，而政府在这些方面至今都没有给出一个清晰、可供解释的逻辑，因而相关政策长期处于变动甚至自相矛盾的状态，也常常容易导致公众的不理解和不满意。这也是政府面临的亟须解决的课题。

（作者：北京大学教育学院副院长）

（选自《理论视野》2008年第7期）

对高等教育收费和公平问题的思考

劳凯声

教育公平是历史的和相对的，高等教育公平问题的要害不在于免费还是收费

我们不能只是一般地考察制约教育公平的各种因素，历史发展的事实是：在不同历史阶段会有不同的教育公平问题，现在我们所面对的是过去从未有过的一些问题。有人讲我们的教育是不是越来越不公平了，没上学的人抱怨、上了学的人也抱怨、老百姓抱怨、官员也抱怨，谁都不知道症结在什么地方。实际上，现在人们谈论的教育公平问题有“泡沫”，相当多的问题并不属于教育公平问题。比如网上评选所谓“中国教育的十大不公平现象”，居然把“师生问题”列为一大不公平。我认为，师生关系永远是不平等的，“建立平等的师生关系”这个口号是站不住脚的。只要我们承认教育是一个促进个人发展的过程，则这种促进就必须通过教育上的强化才能逐步完成。这种强化包括正强化（奖励、表扬、认可等）和负强化（惩罚、批评、否定等），其中必然会有强制的过程，否则教育就不成为教育了。因此在我看来，师生关系不可能是平等的，我们可以提“民主的师生关系”，但提“平等的师生关系”就欠妥了。从法律角度看，平等是指在权利义务设计上的对等，平等的关系必须建立在共同意思表示的基础上，教育过程中的师生关系不可能这样。

教育公平问题是在发展中产生的，是历史的、相对的。教育发展的每一个特定阶段，都会出现过去所没有的问题。当我国高等学校的毛入学率由20世纪80年代初的1.7%扩大到今天的23%时，必然会出现一系列过去未曾有过的公平性问题。

研究各国教育现代化过程中的教育平等发展历史可以发现，所谓的教育平等问题在不同的阶段其内涵是不同的。最初人们追求的平等是就学权利的平等，你能上学我也能上学。而就学权利的平等基本实现后，人们又会产生新的教育平等问题，即有关就学条件的平等问题。因为尽管大家都有学上了，但有人上好学校，有人上差学校，享受的教育资源是不同的，因此教育平等就表现为教育资源配置的均衡化问题。现在我国教育发展中的资源均衡化问题，就是在就学权利基本解决后，人们对于教育平等的进一步追求。可以预言，五至十年后，当教育资源相对均衡后，人们还会提出新的公平问题。我们可以从一些发达国家在教育均衡问题解决后所面临的新问题中得到启示：这些国家现在所追求的平等体现在每一个人独特价值的实现上，要求所有的人在学校中都应受到一种充分的、公平的对待，这是一种差别平等。比如大家都在同一所学校同一个班级，由同一个老师授课，应该公平了，但由于人与人之间在各个方面都存在着差异，如何接受到最适合不同个体需要的教育就是教育所要面对的问题，国外称之为“选择性教育”。选择性教育就是每个人都可以根据自己的个人条件、愿望、要求，选择某一类学校、课程、教师，使自己得到最大发展，这就是差别平等。在就学权利、就学条件基本解决后，就会出现“差别平等”问题，这是更高阶段的教育平等问题。所以，教育平等是一个历史的、发展的概念，是每个国家在社会的现代化进程中都要不断面对的，全世界没有一个国家可以最终解决这个问题，它是一个永恒的话题。

就高等教育而言，所谓公平问题的要害并不在于免费还是收费。有人认为只有免费才是公平的，其实不然，一个人上大学不缴费，别人就得替你埋单，这对于没上大学的人来说又是不公平的。还有人说，上大学可以收费，但现在收得过高，应该少收。学费收多少合适，这有待经济学家去讨论。但有一点应该正视，就是学费无论降到多低，总会有一个群体站出来说“我交不起”。因为我们这个社会是分层的，人们的经济状况各不相同，有的家庭能承担得起几千元甚至上万元学费，但对另一些家庭来说，区区几百元就可能是一个难以逾越的“坎儿”。当我们把教育看成是一种消费的时候，我们应当看到，这种消费和购买其它消费品，如买房或买车，有很大的不同。在其它消费场合，消费者首先要摸摸自己的口袋，考虑自己的消费能力，这叫量入为出。但教育作为一种消费则不同，不管消费者是否支付得起费用，只要有学习的能力和学习的愿望就有上学的权利。也就是说，在教育消费中，消费者的消费愿望与消费能力并不是完全对应的。因此，满足经济比较困难的这部分人的上学愿望，不应简单地通过免除所有人的学费来实现，而是要建立一套专门针对这部分群体的教育资助机制来体现教育公平，通过完善的制度来解决的确有能力上学但因经济条件限制不能上学的人能获得受教育的机会。世界上许多实行大学收费制度的国家，都有一套完善的奖学金、助学金、贷学金制度以及减免学费制度，似乎可以证明这一点。

2005年年初，由于我在一次网络主题讨论中主张收费而遭到网友的一致声讨，主张免费的观点则受到了热捧。一些人认为高等教育免费是世界教育改革的大趋势，我认为这一观点在很大程度上误导了社会舆论，因为从近20年的世界各国高等教育改革看，收费才是教育改革的大趋势。但这一问题的复杂性在于，不同阶段、不同类型的教育由于其功能、作用的不同而在收费政策上应有不同的对待。一般而言，义务教育不应收费，因为义务教育是人人都必须接受的一种教育，因此世界各国的义务教育都是由政府来实施，具有强制性、免费性和公共性的特征，免费享受义务教育这种公共产品是理所应当的。而高等教育则不同，高等教育在所有的国家都不是人人都能接受的一种教育。即使在高等教育普及率最高的美国，高等学校的毛入学率也只是60%多，因为从社会角度来说并不需要所有的人都上大学，从个人来说并不是所有的人都想上大学或都有能力上大学。一方面，举办大学是为了培养人才，体现了公共利益的需要；另一方面，对个人来说，上没上过大学对他的前途、职业、个人价值的实现是完全不同的。如果实行免费高等教育，完全由国家来负担，也就是用纳税人缴纳的税赋来举办大学，产生的问题就是让没有上大学的人为上大学的人埋单付学费，这公平吗？顺便说一下，其实义务教育并不是真正意义上的免费教

育，所有的公民在接受这种公共服务之前都已通过税赋的形式缴纳过必要的费用。

1997年，也就是中国高校实行全面收费政策的前一年，英国广播公司的记者电话采访我，主题就是关于中国高等学校的收费问题。我当时对记者预言：英国的大学虽然现在是免费的，但要不了多长时间也会实行收费。如今这一预言已经变成现实，英国的大学已全部收费，而且学费标准节节攀升。德国是欧洲最后一个实行高等教育收费的国家，它从2006年开始对高年级学生收取学费。所以收费才是世界教育改革的大趋势。

学校乱收费问题实质上是由于计划与市场两种体制不均衡而产生的获利机会所推动的，是市场化改革所带来的阵痛

20世纪80年代初，国家教育财政拨款只占GDP的百分之一点几，而且除了政府拨款之外，高校并没有其他的经费来源渠道，但那时却没有出现乱收费的现象。这几年，教育收费问题成为教育改革与发展中的一个热点问题、敏感问题和重要问题。2006年陈至立同志要求尽快解决“上学难、上学贵”的问题，回应了社会对教育的要求，一定程度上抑制了高等学校的乱收费。大家对政府在教育收费问题上所采取的一系列措施是认同的，当然这并不意味着教育收费问题已经彻底解决了。教育收费问题不仅涉及到老百姓的切身利益，也涉及到各级各类教育机构的功能、作用以及运行机制问题。

对于高等教育乱收费问题，许多人认为是因为政府监管不力，因此呼吁政府要加强对高等教育的收费管理。其实这几年政府已经努力进行治理，但问题仍未获彻底解决，我认为，其中有一些因素可能被大家忽视了。我们可以设想一下，很多人所指称的“教育乱收费”，其实是最近五至十年才发生的事情，大致是从1998年高校收费并轨之后。而教育经费投入不足则是我国教育发展中的一个老问题，起码可以追溯到20世纪80年代初。当时的国家教育财政拨款只占到GNP的百分之一点多，经费不足显而易见，而且除了政府拨款，高校并没有其他经费来源渠道，但那时却没有出现乱收费问题。由此可见，经费不足是几十年的老问题，而乱收费则是近五至十年的事，二者之间尽管有一定的联系，但不是直接的、必然的因果关系。

学校乱收费问题实质上是计划体制与市场体制不均衡而产生的获利机会所推动的，我们正在经受市场化改革所带来的阵痛。1985年教育体制改革之初，高等学校系统就是计划体制的一个缩影，属于公共财政拨款维持的不具备法人资格的事业单位，这时的高等学校并没有收费问题的滋扰。收费问题是伴随着社会主义市场经济体制的建立而必然要经历的问题，是计划体制与市场体制之间的冲突的表现，是在市场经济条件下进行教育改革必然要经历的阵痛。

为了说明这一观点，我们可以回顾改革前的高等学校，它实际上就是计划体制的一个缩影。1949年以后，我国逐渐形成一个与计划相适应的政府举办、计划调控、封闭办学、集中统一的高等教育体制，这是一种由政府垄断、由公共财政经费维持的科层化社会体制，同时在集权化、等级结构、非人格化的规章制度下实行自上而下的行政管理，这几点构成了这种体制的基本特征。在这种体制下，所有的高等学校都被置于政府之下，学校的举办经营、经费投入、专业设置、招生计划、教师管理、毕业生分配，等等，都是由政府部门通过计划加以控制的，高等学校的一切行为，都直接或间接地涉及到政府的行政管理。

由政府举办的这样一种学校体制，其特征大致可以归结如下：（1）通过行政手段对高等教育实行国家化改造，把所有的院校都统合于国家计划体制之中，通过计划来对人才培养进行调控。（2）在计划体制下，社会生活高度政治化，一个高度集权的政治集团控制了包括经济领域在内社会生活的所有领域，不同的利益追求被抹煞，社会自主力量萎缩，高等学校也不同地程度受到各种政治因素的钳制和影响，难以独立地发挥其应有的社会功能。（3）在组织形式上，通过单位所有制把人才的使用和管理都纳入到一个以单位为基本要素的行政框架之中，在这种制度下，对人才的培养带有典型的组织人特征。

20年来，我国高校通过政府简政放权已获得相当大的权力，这就是为什么我们的高校能做世界上大多数同类大学不能做的许多事情的原因。然而权力的大小还不是问题的关键，问题的关键在于我国高等学校的公法地位没有得到确定，因此高等学校在行使这些权力的过程中出现了许多行为失范的现象。这些问题表明高等学校的体制改革还远远没有完成。

过大的办学权力为高校寻求发展带来了实际获利的可能，一些学校越来越不像学校，更像企业、商业实体了。政府举办的学校是公立公益性机构，收费权应属于政府行使的权力，因此高校收费应由政府控制。高校只是代替政府收取，而现在学校却可以根据自己的利益追求确定收费项目和额度。因此我认为必须明确这项权利的公权力性质，不能把公权蜕变成私权。

新制度主义认为现代社会的体制变革存在着两种不同的类型：强制性制度变迁和诱致性制度变迁。强制性制度变迁一般以政府的命令和法律为依据，并由政府组织实施。与此相反，诱致性制度变迁则是在变革旧制度或创造新制度的过程中，由于获利机会的推动而由某些个人或群体自发倡导、组织和实施的一种制度变迁。一般而言，强制性制度变迁是在不同利益集团之间对现有收入进行再分配时发生的，而诱致性制度变迁的动力来自于自身的利益，是通过制度不均衡而获利，因此诱致性制度变迁是一种利益驱动的结果。

我国高等教育体制改革20年的发展，以1995年为界可分为前后两个十年，恰好经历了一个从强制性制度变迁向诱致性制度变迁转化的过程。前十年的改革，是由中央决策层设计和推进、自上而下一体遵行的，因而表现为一种典型的强制性制度变迁。从1995年开始的后十年，高等学校领域中的制度变迁开始出现若干与之前的改革截然不同的重要特点。政府与高等学校的关系开始出现深刻的、在某些方面甚至是根本性的分化与改组，高等学校通过扩权使自身的行为能力和行为方式发生了某种实质性的变化。在这种情况下，高等学校内部由自利性推动开始出现一种自发的改革进程，这些改革的动因不再是来自于自上而下的政府决策意志，而是由于制度不均衡所产生的获利机会。在经济利益的驱动下，改革的目标发生偏移，改革的路径开始转向。这样一种变化使高等学校的体制变革具有了诱致性制度变迁的某些特征。

高等学校权利关系复杂，随着体制改革的发展而日益突出

从20世纪50年代到80年代初，我国高等学校的举办体制基本上是一个与高度集中的计划经济体制相适应的、中央和地方政府直接举办和管理的体制。而近20年来以简政放权为目标的教育体制改革，已经彻底改变了高等学校管理和办学的局面。传统的政府与学校两个主体之间的关系，在大分化、大改组的过程中，逐渐发育出对教育基本格局及其运行具有制约作用的三个主体，即举办者、办学者和管理者。

举办者的职能主要是投资举办学校、提供必要的办学条件、决定学校发展方向及人才培

养规格、任命或聘任校长、对办学活动实施监督等。我国1995年《教育法》已经突破了原先由政府垄断办学的旧格局，按照法律规定，举办者可以是各级政府，也可以是企业、事业组织、具有法人资格的社会团体或公民个人。它们可以单独举办，也可以联合举办。

办学者是学校及其他教育机构，是具有法人资格的实体，行使法律规定的办学权利，在专业设置、招生、就业指导、教学工作、科学研究、社会服务、筹措和使用经费、人事管理、职称评定、工资分配、对外交流等方面拥有法律规定的权利。

管理者是行使教育行政管理权的政府，负责统筹规划和宏观管理全国的或所辖地区的高等教育工作，用计划、法律、经济、评估、信息服务以及必要的行政手段对高等教育实行组织和领导。

举办者、办学者和管理者的分离过程就是一个权力重新分配的过程，在这一过程中原先集举办者、办学者、管理者于一身的政府职能开始发生分化，由直接的行政管理转变为多种手段并存的宏观调控，而把办学的功能下放给高等学校。作为办学者的高等学校则在专业设置、招生、就业指导、教学工作、科学研究、社会服务、筹措和使用教育经费、人事管理、职称评定、工资分配、对外交流等方面获得了相当多的权力。经过了20年的简政放权，中国的高等学校所获得的权力已经超出了1995年《教育法》第28条“学校及其他教育机构”所规定的。不止于此，高等学校作为事业单位法人还依法取得了相当多的民事权力。因此可以说，当前中国高等学校所具有的权力，超出了我们所了解的其他国家同类大学所具有的权力，权力过大并且缺乏必要的制约已经成为当前高等学校体制改革中一个突出的问题。

虽然1993年的《纲要》仍然坚持改革过分集权的计划体制，强调加强高等学校的自主性，但是所提出的改革思路仍然是由中央决策层设计、通过行政系统向下推行的，高等学校作为办学实体的自主性并未得到体现。这说明政府与高等学校之间的关系仍具有计划体制的色彩，高等学校相对于政府的依附性仍然是这对关系的主要特征，高等学校的实际地位还没有得到实质性的改变。

由于经济领域中市场经济体制的出现，《纲要》在建设与“社会主义市场经济体制”相适应的教育体制这一目标下提出的某些改革思路，已经明显地不同于1985年《决定》中的思路。例如，改变政府包揽办学的格局，逐步建立以政府办学为主体、社会各界共同办学的体制；对社会团体和公民个人依法办学，采取积极鼓励、大力支持、正面引导、加强管理的方针；欢迎境外办学者在国家有关法律和法规的范围内进行国际合作办学；建立符合社会主义市场经济体制和政府公共财政体制的教育经费分担机制；运用金融、信贷手段，融通教育资金，支持校办产业、高新科技企业的发展；改革学生上大学由国家包下来的做法，逐步实行收费制度；改变全部按国家统一计划招生的体制；改革高等学校毕业生“统包统分”和“包当干部”的就业制度；对教职工实行岗位责任制和聘任制；进行学校内部管理体制改革，实行后勤服务社会化；使高等学校真正成为面向社会自主办学的法人实体等。所有这些改革，都或多或少地利用了市场的运作机制，与之前的改革相比，显然出现了某些根本性的变化。

1995年全国人民代表大会通过了《中华人民共和国教育法》，这部法律正式确立了学校的法人地位：“学校及其他教育机构具备法人条件的，自批准设立或者登记注册之日起取得法人资格”；并且规定：“学校及其他教育机构在民事活动中依法享有民事权利，承担民事责任”，以及“学校及其他教育机构兴办的校办产业独立承担民事责任”。

赋予政府举办的高等学校以法人的资格，使高等学校真正具有自主办学的实体地位，这是实现政府向学校放权改革目标的一个重要标志。在这之前，我国的高等学校并不具有这样一种法律上的资格。事实上，我国的高等学校在取得法人资格之后获得的办学权远比国外同类大学要大要多，因此它所带来的影响是多方面的。就其正面影响而言，高等学校获得法人资格，使政府与学校之间的分权获得了合法的依据，并且使“学校办学自主权”这一界定较为笼统、性质较为模糊的权力获得了一种合法的身份。而就其负面影响而言，高等学校法人资格的获得使政府和高等学校间原先相当大的一部分具有行政性质的法律关系由于权力的转移而发生性质上的变化，并进而导致两者在主体地位及其权责配置方面产生一系列不确定的因素。在组织形态上，法律法规授权高等学校从事公共服务，履行公权力，事实上已经成为一类特殊的行政主体，但其行为却没有从公法的角度受到必要的规约，因此极有可能出现行为失范的现象，这已经成为权力转换过程中一个突出的问题。

高等学校的办学权不仅已经足够大，而且这项权力的性质也开始发生质变，成为一项复合型的权力。当前高等学校的办学权力源于高等学校实际存在的两类基本的法律关系：一类是以隶属性为主要特征的纵向型法律关系；另一类是以对等性为主要特征的横向型法律关系。

以隶属性为主要特征的纵向型法律关系是一类具有行政性质的法律关系，在高等学校中，这类关系依据主体的不同又可分为两类：一类是政府在实施教育行政过程中发生的关系，这一关系反映的是国家与教育的纵向关系，其实质是政府如何领导、组织和管理教育活动。作为行政法律关系，这一关系的主体及其权利和义务都是由法律预先确定的，当事人没有自由选择的余地。政府在与高等学校发生关系时，以国家的名义出现并行使法律规定的职权。在学校不履行法定的义务时，政府机关可以强制其履行；而政府不履行职责时，学校只能请求履行或通过向有关国家机关提出申述或诉讼等方式解决。因此，这类法律关系具有不对等性。政府作为法律关系的一方，占据着主导地位，政府机关与高等学校有关的一切行政行为，都不可避免地会对学校产生直接的权威性的促进、帮助或限制、制约作用。但高等学校作为行政相对方，在履行义务的同时又享有相应的权利：（1）依法独立自主管理各自内部事务的权利；（2）依法维护自己合法权益的权利；（3）依法代表和维护自己所代表的那部分组织成员的权益和要求的权利；（4）参与国家管理的权利；（5）依法对行政机关监督或诉讼的权利。

另一类行政法律关系是以高等学校为权力行使主体所发生的法律关系。应当说，政府在加强宏观调控的前提下向高等学校下放了相当多的办学权，从而改变了高等学校的主体地位及其权责配置。高等学校通过公务分权以及政府委办事务等形式获得了一系列特定的公权力，成为实际上的行政主体。在其行使这些公权力的过程中，与其学生、教职员工及其他相对方之间也构成了一类具有行政性质的法律关系。

以对等性为主要特征的横向型法律关系是一类具有民事性质的法律关系。在高等学校的办学活动中，高等学校作为法人，会与本校的学生、教职员工，与不具有隶属关系的行政机关、企事业组织、集体经济组织、社会团体及个人之间，在办学活动过程中构成以平等、有偿为原则的社会关系。在这类关系中，当事人之间的地位是平等、自愿的，并且一般是等价、有偿的。

这类关系涉及面较广，例如财产、土地、学校环境、人才培养合同、教师聘任合同和劳动用工合同、智力成果转让、接受捐资、投资、贷款乃至学校创收中所涉及的权益，都会产生民事所有和流转上的必然联系。这类关系伴随近年来高等教育体制改革的发展而日益突出。

1995年高等学校取得的法人地位给高等学校的办学形式带来了哪些实质性的变化呢？1995年《教育法》确立的高等学校法人地位已经彻底改变了高等学校管理和办学的局面，高等学校权力的急剧扩张使高等学校有可能做过去不能做的许多事情，给寻求发展的高等学校带来了一种获利的实际可能性。市场机制开始渗透到高等学校领域，集中出现了一批新的办学模式，把高等学校与市场不同程度地联系在一起。

从1995年开始，一批对市场经济充满热情的高等学校管理者们提出，在学校中引进市场经济力量可以改变公共教育体制的缺陷。市场的资源配置方式和管理方式是可供选择的另外一种学校运营方式。在政府举办的高等学校中自发地创造出了一批新的办学形式，不同程度地把高等学校与市场联系在了一起。这些新的办学形式有：高等学校的象征性市场化运作；高等学校的局部市场化运作；高等学校“一校两制”的市场化运作；高等学校与外国投资者合作办学的市场化运作；高等学校举办的各种职业和语言培训、学习辅导机构的市场化运作；高等学校举办的各种教育中介组织的市场化运作；公立学校举办的独立设置的民办学院等。

新的改革举措至今还在不断地产生。这些新举措只有小部分是在1993年的《纲要》中规定的，其余的大多并非由中央决策层设计并推行，而是由高等学校自发倡导、组织和实施的。这些新的办学体制并没有超出《纲要》规定的政策框架，而只是利用了现行制度中的不均衡所带来的机会。由于这些新的办学体制能给高等学校带来明显的利润，因此在短时间内这些改革在许多高等学校中迅速铺开。

要解决高等教育改革发展中出现的各种新问题，须重新设计高等学校的法律地位

高等学校的权利关系比较复杂，要不断解决高等教育改革与发展中出现的各种各样的新问题，首先要对高等学校的法律地位进行重新设计。

所谓高等学校的法律地位是指高等学校在社会关系系统中的纵向位阶和横向类别，通常都是由法律所规定的权利和义务而确立的。高等学校的法律地位决定着高等学校的行为能力和行为方式，并进而决定着高等学校作为一种社会组织的基本面貌。经过20年的教育体制改革，高等学校的法律地位发生了根本性的变化。其中某些变化已反映在我国近年来制定的法律当中，还有一些变化虽然还不太确定，但已触及到了权利和利益的重新分配，从而提出了新的问题。

1995年《教育法》第31条关于学校法人的规定，沿用了《民法通则》的分类。由于这是20世纪80年代初的法人分类体系，反映的是计划经济下的社会关系状况，很难准确地概括高等学校法人的基本特征，因此在实践中产生了许多问题，在当前的社会变迁中显然越来越难以应对社会发展的需要。为此，根据新的情况重新设计高等学校的法律地位，是一件迫在眉睫的事情。

20多年来，中国的社会转型导致了社会结构发生深刻地变化，传统的计划经济共同体一分为二，出现了市场领域（私域）和公共权力领域（公域）两个不同的社会领域。以现代企业为核心建构起来的市场领域（私域），是一种以自由交易的方式满足私益的机制，“以志愿求私益”是这一领域运行的基本准则。为了保证这一准则的实现，形成了一套依靠私法制度维系的社会机制。以现代政府为核心建构起来的公共权力领域（公域），则是以政府的集体选择方式满足公共利益的机制，“以强制谋公益”是这一领域运行的基本准则。为了保证这一准则的实现，形成了一套依靠公法制度运行的社会机制。

从理论上说，在社会转型的过程中还应该分出一个介于公域和私域之间的社会领域，即第三部门。这是一个以非企业、非政府的社会组织、公民的志愿性社团、协会、社区组织、利益团体和公民自发组织起来的运动等为核心建构起来的一个社会领域，是一种以民间、自治和非营利的方式满足公益的机制。“以志愿求公益”是这一领域运行的基本准则。同样，为了保证这一准则的实现，应当有一整套相应的法律制度来维系非政府的集体选择机制的运行。

尽管学术界对第三部门如何定义还有许多争议，但对学校教育机构属于第三部门尚无异议。这一定位反映了学校教育机构在现代社会中应有的位置。然而在我国，问题的复杂性在于在社会转型的过程中并没有分化出一个成熟的第三部门。因此我国高等学校在社会转型后如何定位的问题，有其更为复杂的一面。我认为，现行有关高等学校法律地位的各种判断中，有几点被忽略了：

首先，从现代大学的发展史看，我国的现代大学制度是清末由政府主导从外国引进的，第一所大学京师大学堂就是由政府建立的。因此与西方的大学不同，我国的现代大学与政府一直存在着一种过于密切的联系，甚至是政府的附属物。20世纪末我国高等学校得以从政府系统中游离出来，这其实是国家主动放弃的结果，而不是高等学校固有的法律地位所决定。因此在高等学校与政府的关系之间，还存在着许多不确定的因素，高等学校的法律地位还有可能出现大的反复。

其二，我国社会的转型尽管已经出现了第三部门的萌芽，但并未最终形成一个成熟的第三部门，因此分化出来的高等学校在现有的社会结构中应当如何定位，则还是一个未决的问题。与政府分离后的高等学校，在运行机制方面或借鉴市场体制，或沿袭计划体制，还未找到体现高等学校组织特征的学校办学机制。

其三，政府的简政放权使高等学校的权力得到了极大扩张，但这些权力的公权性质并没有得到明确界定，因此有可能被高等学校用来推进其向市场的转换，进而导致高等学校这一公共组织的变质。

其四，有关高等学校的办学自主权问题，学界一直都是以学术自由为重要的基准进行论证的，这其实是一种西方式的学术眼光。西方的大学产生于公元10至12世纪，其最初的形式“先生大学”和“学生大学”，本身就具有一种学术自治、自主和自由的内涵。而在中国，高等学校办学自主权的获得是政府放权的结果，这种放权更多地是出于经济利益和责任的考量，高等学校的学术权力不可能从政府的放权中获得。高等学校作为学术机构应该具有的学术地位仍有待解决。

其五，高等学校虽然已经获得了法人地位，但现行的法人制度在组织形态上并没有公、私法的明确区分，因此对高等学校法人未能从公法的角度做出必要的规约。由于高等学校从事的是公共服务，已经成为事实上的行政主体，在这种情况下，极有可能在高等学校行使权力的过程中出现权力失控的现象。

高等学校是一种非政府、非企业的组织，是一种独立的、以培养人才、发展学术为功能、为不特定多数人服务的公立公益机构。但现在的问题是在社会转型中尚未出现第三部门，所以我国高校处于一个非常独特的状况之中。在现实中，市场机制和计划机制两种情况并存，如专业招生仍然沿袭计划体制，而经费来源、教师聘任等方面的改革则不同程度地采用了市场机制的做法。

为此我建议，赋予高校法人资格是必要的，为保证高等学校的公益性，应从公法角度对高校法律地位给予规范，以此来制约高校的办学权力。

如何认识现阶段高等学校及其权力的性质是设计高等学校法律地位的核心问题。我认为：

1. 高等学校是国家以培养专门人才、开展学术研究为目的而举办的，由公共财政经费维持的公立公益性机构。因其特定目的的公益性和服务对象的不特定性特征而享有确定的公权力，有别于以私益为归宿的企业法人或单一的民事主体。

2. 高等学校一经设立，即能以自己的名义独立行使某种权力，承担相应法律责任，是具有独立管理机构的组织体，而不是行政机关的内部单位或内设机构，也不是行政机关委托的组织。

3. 高等学校办学权是一种以公权力为主的复合型权利，为此应保证公权力得到公正的行使。高等学校作为法人依法享有的民事权利不应当损害高等学校的公益性质，为此必须依据高等学校的功能对其法人权利作出必要的限制。

4. 高等学校的学术权力是为实现其独有的机构功能而必须具有的一项自主办学权，为保证高等学校中的教育、学习和研究活动的创造性而设置，不同于高等学校的其他办学权力。对于高等学校及其成员所从事的与创造性有关的学术工作，政府应当依据《宪法》的精神予以鼓励和帮助，不得随意干涉。同时，学校也负有保护其员工创造性工作的责任。

5. 应从公法的角度对高等学校法人的法律地位及其权利义务作出必要的规定，可借鉴国外立法的经验，制定高等学校法人法，明确规定高等学校法人的公法性质。高等学校法人在法律上应当单独列为一种法人类型，可称为“公立高等学校法人”。

总之，高等学校法律地位问题可供选择的一种方案是，从公法的角度对高等学校进行规范。高等学校可以界定为由国家设立的，以培养专门人才、开展学术研究为目的、为不特定多数人服务的公立公益性机构，是以公权力主体的身份行使权力、履行义务的法人组织。

综上所述，我认为：

——教育公平问题是历史的和相对的，高等教育公平问题的要害不在于免费还是收费；

——我国高校乱收费是近五至十年出现的现象，其深层次原因应从体制层面上去查找；

——高等学校权利关系复杂，随着体制改革的发展而日益突出；

——应当重新设计高等学校的法律地位，以解决高等学校改革与发展中面临的一些重大问题，而不是仅仅做一些修补工作。

（作者：北京师范大学教育政策与法律研究所所长、教授）

（选自《教育发展研究》2008年第7期）

建设全民皆享的医疗卫生体系

陈　竺

健康问题是人类生存发展的基本问题，卫生问题是经济社会发展的重大问题，历来为世界各国政府和社会各界所关注。我国政府一贯高度重视人民群众健康，始终致力于发展医疗卫生事业，在面向全面建设小康社会的今天，我国医疗卫生事业进入又一个非常重要的发展时期，迎来又一次非常重要的发展机遇。

我国医疗卫生事业发展成就斐然

新中国成立近60年来，特别是改革开放30年来，我国政府始终着力推进国民经济持续稳定迅速发展，国家经济实力不断增强，社会事业全面进步，人民生活持续改善。与此同时，坚持以农村为重点，预防为主，中西医并重，依靠科技与教育，动员全社会参与，为人民健康和社会主义现代化建设服务的卫生工作方针，大力推进医疗卫生事业发展，取得了巨大成就。截至2005年年底，我国居民的人均期望寿命达到73岁，2007年婴儿死亡率降到千分之十五点三，孕产妇死亡率降到十万分之四十四点六。同时，保障人民持续健康医疗体系日益完善，更加有效。

*公共卫生服务体系逐步健全，重大疾病防控能力明显增强。*各级政府持续增加投入，大力改造既有卫生防疫体系，同时开展数千个新的公共卫生服务项目建设，基本建立起覆盖城乡、功能完善的疾病预防控制体系、应急医疗救治体系和卫生医疗监督体系，健全了疾病监测网络和传染病疫情预警预测机制，形成了比较完善的突发公共卫生事件应急预案体系。国家明确了艾滋病、结核病、肝炎、血吸虫病等重大传染病防控策略和具体政策措施，对患者实行免费药物治疗，建立了人感染高致病性禽流感防控机制等，严密防控可能严重威胁人类健康的新生传染病性疾病，将免费免疫病种扩大到15个，尽最大努力减少可防可控疾病的发生和流行。健全了妇幼保健体系，积极推行降销项目，在中西部广大地区农村实行住院分娩补助。可以说我国已经初步建立起一个较为有效的公共卫生服务体系。

*基层医疗服务卫生体系逐步健全。*国家制定实施了农村卫生服务体系发展建设规划，大力加强县、乡、村三级医疗卫生机构基础设施建设，改善农村医疗服务条件，组织实施了农村卫生人员培训项目，农村卫生人员招聘项目和万名医师支援农村卫生，提高农村医疗卫生水平。在城市，建立以社区卫生服务为基础的新型城市社区卫生服务体系，共建立社区卫生

服务机构2.4万余个。农村和城市社区卫生服务体系的健全，显著增强了医疗服务的可及性，城乡居民逐步开始享受到安全、有效、方便、价廉的公共卫生和基本医疗服务。

居民医疗保障体系逐步健全，医疗卫生公平性明显增强。面向农村居民的农村新型合作医疗制度迅速发展，已经覆盖了全国86%的县、市、区，参加人数达到了7.26亿；面向城镇职工的基本医疗保险已经覆盖到绝大多数企事业单位和部分非公经济组织，参保人数达到1.76亿；面向城镇居民的基本医疗保险已经启动，今年将扩大到全国50%以上的城镇。同时，城乡医疗救助制度不断完善，商业医疗保险也在不断发展。应该说，中国特色的基本医疗保险框架已经初步形成。

但我们也应该清醒地认识到，我国卫生事业发展总体上严重滞后于经济和其他社会事业发展的状况还没有根本改变，疾病谱和疾病流行方式变化带来的健康模式转变已经不断显现，医疗卫生工作面临新的严峻挑战。

深化医疗卫生体制改革，用“四梁八柱”撑起医保“大厦”

深化医疗卫生体制改革的基本目标，就是要建立覆盖全民的基本卫生保健制度，实现人人享有基本医疗卫生服务。也就是要从制度建设入手和着力，探索解决影响医药卫生事业发展的体制、机制问题，努力发展与我国经济社会发展水平相适应的国家、社会和个人能够负担得起的安全、有效、方便、价廉的公共卫生和基本医疗服务，并保障全体居民可以和能够公平享有。这是深化医疗卫生体制改革的根本出发点和最终落脚点。

医疗卫生体制改革可以描述为“一个大厦”和“四梁八柱”。这个“大厦”是指要建立覆盖全民的基本卫生保健制度；“四梁”是指普遍建立比较完善的覆盖城乡的公共卫生和医疗服务体系，比较健全的覆盖城乡居民的医疗保障制度体系，比较规范的药品供应保障体系和比较科学的医疗卫生机构管理体制和运行机制；为了支撑着四个体系我们有“八根柱子”，包括管理、运行、投入、价格、监管、科技和人才保障、信息系统、法律制度等。

在医疗卫生体制改革中，首要的是强化政府责任和投入，确立政府在提供公共卫生和基本医疗服务中的主导地位。公共卫生服务主要通过政府出资，向城乡居民提供均等化服务来完成；基本医疗服务由政府、社会和个人三方合力分担费用；特需医疗服务由个人付费或通过商业健康保险支付。中央和地方要增加卫生投入，逐步提高政府卫生投入占财政总支出的比重和占卫生总费用的比重。政府投入兼顾医疗服务供方和需方，新增部分重点用于公共卫生、农村卫生、城市社区卫生和城乡居民基本医疗保障。

二是优化城乡医疗服务体系结构，健全农村卫生服务体系，发展社区卫生服务体系。完善社区卫生服务功能，形成以社区卫生服务为基础的新型城市医疗卫生服务体系，转变基层医疗卫生机构运行机制，对政府举办的城市社区卫生服务中心和乡镇卫生院等基层医疗卫生机构实行收支预算管理。

三是改革医院管理体制和运行机制，理顺医药卫生行政管理体制。要推进医疗机构属地化、全行业管理，严格医疗机构准入运行、服务行为和质量的监管。改革人事分配制度，建立激励约束机制，调动医务人员的积极性，不断提高服务的质量和水平。

四是完善多层次医疗保障体系。到2008年年底，新型农村合作医疗基本覆盖到所有农村，并逐步提高筹资水平和报销比例。到2010年年底，城镇职工基本医疗保险覆盖所有城镇从业人员，城镇居民基本医疗保险全面推开。

五是建立国家基本药物制度。制定国家基本药物目录，建立基本药物生产供应体系，实行招标、定点生产，或集中采购直接配送等方式，确保基本药物的生产供应，规范基本药物使用，完善药品储备，保障群众基本用药。

六是加强卫生人才队伍建设。重点加强公共卫生和基层专业技术人员和护理人员的培养、输送和吸收。加强全科医学教育，定向培养农村适宜卫生人才，制定鼓励优秀卫生人才到基层和中西部地区工作的优惠政策。培养中医药人才，加强中医药人才队伍建设。

国务院组建了16个部门参加的工作协调小组，就深化医药卫生体制改革问题进行了一年多广泛深入的调查研究，提出了改革的总体框架，不久将要面向社会广泛征求意见。有关部门正在研究制定具体改革配套文件，改革方案和配套文件出台后，即要选择一些地方开始试点工作，探索经验。

三步走实施“健康中国2020战略”

制定实施“健康中国2020战略”就是要具体解决如何走中国特色社会主义卫生发展道路的问题，怎样建立基本卫生保健制度的问题，确保实现人人享有基本医疗卫生服务的目标，也就是要着眼长远，面向未来，制定实施卫生发展中长期战略规划，明确要采取的一系列重大举措。

基于我国全面建设小康社会的考虑，我们提出“健康中国2020战略”的基本目标是，到2010年，初步建立覆盖城乡居民的基本医疗卫生制度框架，实现卫生事业发展“十一五”规划纲要规定的各项目标，使我国进入实施全民基本卫生保健国家行列。到2015年，使我国医疗卫生服务和保健水平位于发展中国家前列。到2020年，建立起比较完善覆盖城乡居民的基本医疗卫生制度，全民健康水平接近中等发达国家。

实施这一战略，重要的是把增进人民健康放在卫生工作的优先位置，深入分析和准确把握新形势下影响城乡居民健康的各种因素，确定每个阶段卫生发展的优先领域，制定并实施一批切实可行的行动计划。例如，艾滋病、结核病、肝炎、血吸虫病、大流感等重大疾病防治行动计划；疫苗免疫行动计划，扩大国家免费疫苗预防疾病的病种，大幅减少感染人群；改善孕产妇和婴儿保健的母婴安全计划；控制烟草和心脑血管疾病、癌症防控行动计划，降低发病率；以行为教育和心理关怀为核心的心理健康行动计划，提高居民精神健康水平；传统医药振兴行动计划，推动中医药和民族医药传承创新；并开展重大疾病防治研究。

通过实施这些行动计划，将预防为主、以农村为重点、中西医并重的卫生工作方针落到实处。实施“健康中国2020战略”还必须建立体制、投入、科技、人才、文化和国际合作等支撑体系。这项工作计划分为两个阶段：第一阶段为战略研究阶段，希望能够在今年年底之前，形成比较成熟的研究报告；第二阶段为规划形成阶段，就是要在战略研究的基础上，充分利用取得的成果，研究制定卫生工作中长期发展规划，并逐步启动实施有关行动计划。

（作者：卫生部部长）

（选自《中国发展观察》2008年第4期）

医改为什么这么难

海　闻

评价医改应充分考虑社会背景

随着经济的发展，将会有越来越多的农村人口转向城市，医疗资源仍然会集中在城市。

评价医疗体制改革的成功与否，不能忘记提出医疗改革时的历史背景，要明确是在什么样的社会背景下提出来的，而不是根据存在的问题简单地下一个“成功”还是“不成功”的结论。在进一步改革的时候，更多的是要针对具体情况进行分析，用发展的眼光和从操作层面上考虑如何改进现有的缺陷和弊端，而不是回归过去的做法。

我国最初的医改是在改革开放初期提出来的。随着农业和工业经济体制的改革取得进展，对医疗卫生体制改革的要求也应运而生。当时改革要解决的首要问题不是公平问题和看病贵问题，而是“缺医少药”和“医院亏损”的问题。改革的背景是医疗资源缺乏，大部分医院亏损，医务人员收入低，政府由于财政负担重而对医院补贴不足。所以，改革的措施是对医院放权，让医院创收和自负盈亏。这在当时有其合理的一面。如果说“缺医少药”是当时面临的主要问题的话，至少这一问题在过去30年中基本得到了改善。

当然，医改并没有完成。社会经济发展到了新的阶段，又会有新的问题出现。目前，新一轮医改的背景是解决看病贵、看病难问题，动因和目标都跟过去是不同的。但是，新问题的出现并不意味着过去30年的医疗改革不成功，而是要针对新的问题提出进一步的改革。否定过去的改革，有可能回到老路上去。如果按照某些学者的思路，怀念“文革”时期“赤脚医生”和“一根针一把草”的便宜年代，我们有可能又回到医院亏损，医务人员收入低，政府财政负担重而医疗资源不足的状况。

目前，中国的医疗行业确实存在很多问题。但总结经验教训必须抓住关键问题而不是一些表面现象。一般人认为，医改失败的依据之一是医疗费用上涨的幅度超过收入的增长，医疗支出占GDP的比重在增加。从经济学角度看，人均医药费上升比人均GDP上升快并非是不正常的现象。根据恩格尔系数，随着经济的增长，国民的基本消费如吃穿等占总支出的比例就会呈下降趋势，而医疗并不是基本消费，随着人们收入的增长，应该有越来越多的费用投入到医疗卫生保健中。发达国家医疗卫生费用占GDP的比重都在10%左右，巴西、印度、古巴等国也超过5%，相比之下，中国的情况并非很不正常。

认为医改不成功的另一个依据是医疗资源配置得不合理，城市占用了绝大多数的医疗资源。但这个问题也是社会发展的结果。工业化和城镇化是现阶段中国发展的特征和趋势，随着经济的发展，将会有越来越多的农村人口转向城市，医疗资源仍然会集中在城市。

一些人认为中国前段时间医疗改革不成功或失败了，并认为这是市场化的结果。而我认为就解决“缺医少药”和“医院亏损”的最初目标来说，过去的改革是有一定成绩的。现在的看病贵、看病难既有体制上的老问题，又有经济和科技发展到一定阶段的新问题。由于需求的增加和医疗成本的提高，医疗费用的上升就是一个客观存在的事实。除了解决不法行为外，更需要用新的思路和深入改革来解决“贵”和“难”的问题，而不是简单地回到过去完全由政府承担医疗服务和行政控制价格的老路上去。

难题在于市场和市场失灵并存

医疗服务的价格应该由成本和市场供需来决定。医疗行业如不尊重市场规律就要受到惩罚。

为什么改革30年了，医改始终不如企业改革那样顺利和令人满意？医改为什么会成为难题？这与医疗行业的特殊性有关，也与政府改革的目标和措施有关。医疗行业既存在市场又存在市场失灵，既存在经济问题又存在非经济问题（如政治、社会问题等），于是改革就会比较艰难。对医改成败或医疗体制的评价取决于对目标的认可度和对结果的期望值。医改的结果要看政府是如何权衡的，即相关政策是着眼于行业发展还是着眼于维护社会稳定或体现公平。由于医疗卫生行业发展涉及社会稳定的问题，因此，通常会提出在医疗卫生领域应该多一些政府主导，还是多一些扶植市场的问题，政策重点也会在提高社会福利和解决市场失灵方面摇摆。其实不少国家在医改中都存在类似问题，比如美国的医疗政策侧重解决市场失灵，政府只管市场调节不了的问题（如老人、穷人和儿童的医疗保健），其他方面尽量由市场自发调节；而英国的侧重点是推行医疗服务方面的福利政策，通过大量补贴，使得每一个公民都得到基本的保障。

医疗行业市场是客观存在的。不能因为医疗行业存在市场失灵就否认医疗行业存在市场规律。既然有市场，我们就必须尊重市场规律，注重成本与收益的平衡。医生也是人，他们有选择职业的自由。当付出和收入不成比例时，他们就会选择不做医生。不能仅把医生作为一种良心职业，其实任何职业都是需要良心的。医疗服务的价格应该由成本和市场供需来决定，相关产品（如药品等）和服务（如医疗保险等）也有市场因素。医疗行业必须遵守市场规律，不尊重市场规律就要受到惩罚。

但是，医疗领域同时存在市场缺陷和失灵。首先，医疗行业存在严重的信息不完全、不对称。因此，可能会出现诱导需求等问题，即医生可能利用其信息优势诱导患者进行不必要的检查或治疗。所以，对医疗的监督管理，对医生的资质管理就显得非常重要。其次，医疗行业具有外部性，如传染病会影响到其他人的健康。所以，对于传染病患者，即使没有钱也要给他治。医学技术和药品研制也有特殊性，投入非常高，对人类健康的贡献也很大，但从市场得到的回报可能会少。对这种具有外部性的科研，单靠市场也不行。第三，医疗行业具有公共性，医疗知识的普及大家都可以享受，而医学的研究需要投入，这部分投入无法从市场获取。第四，医疗行业必须具有公平性，即使病人没有钱也不能见死不救。这些都超出市场机制能够解决的范围。在医疗领域，市场与市场失灵并存。因此，医疗行业没有市场机制不

行，但也不像其他行业那样可以完全靠市场。哪些该由市场解决，哪些不能靠市场解决，在实际操作中很难把握好。不同的学者和政策制定者有不同的观点，不同的集团也有不同的利益。这就是为什么医疗改革那么难的主要原因。

新医改重点不能放在降低价格上

看病贵、看病难的症结就在于医疗资源没有得到充分利用和发展，优秀的医务人员和高效的药品依然短缺。

由于存在上述现象，所以医疗行业要像国企那样改革是不可能的，完全由政府管理也是不可能的。原来医改的目标是对的，但用了一项错误的政策——“以药补医”。药品加价成为医院的收入来源，而政府对收入的总量没有也无法加以限制和监督。医生需要通过药品完成创收任务，而不是通过提供服务。虽然医院收入增加了，医疗事业得到发展了，但也给了医院诱导需求过度收费的机会。医生运用信息不对称的地位从事创收，就像打开了潘多拉的盒子，这样就造成了看病贵。另一方面，对于市场失灵部分，比如公共卫生、基本医疗、贫困人口医疗等问题，不能依靠医院来承担，需要政府投入来解决。但是，过去十几年中政府的投入远远不够，医院不得不靠创收来弥补亏损或干脆不提供服务。原来医改的另一个缺陷是没有真正实现医疗服务的市场化，包括医疗资源的市场化，服务效率没有提高。总是以医疗工作的特殊性来否定医务人员的发展，这是不客观、不科学的。

新医改强调政府增加投入，增加供给是对的，但是如果把重点放在降低医疗和药品价格上，就不能从根本上解决“贵”和“难”的问题。压低价格具有双重作用：一方面促进需求，一方面压抑供给。如果价格长期低于市场，行业就会逐渐萎缩。现在我们热衷于通过行政手段压低价格，短期内似乎解决了“贵”的问题，但长期下去企业就不愿意投资药品的研制。药品的价值在于有用，不在于便宜；药品研发需要高投入，比如辉瑞公司投入总收入的10%以上进行新药研发，我们又有多少企业有这种投入呢？另外，目前学医者减少是一个危险的信号，优秀的人才也不愿意当医生。红包之所以屡禁不止，部分原因是好医生稀缺而服务价格又不能反映他们的价值，老百姓需要支付额外费用来获得稀缺资源。事实上，经济越发展，生活水平越高，我们越需要最优秀的人才去从事医疗服务。在美国，最优秀的人当医生。我们现在最优秀的人干什么？当今中国不仅缺乏最优秀的学生报考医学院，不少人学了医后还“弃医”。这正是长期对医疗服务价格的压抑才产生的结果。如此下去，我担心10年后可能会重新出现缺医少药的现象。

医改应当量力而行

国情国力，使政府没有那么多钱来养医院和医务人员。全民医保仍然要量力而行，切忌“高调”承诺。

有人主张政府主导就是政府干预，政府来运作服务提供方。可问题是，我们究竟能够养得起多少公立医院？目前已见到的一些医改方案，只强调政府应该多投入，对于医疗资源和医务人员的市场化发展没有足够的考虑和认同。

实际上，医疗市场是客观存在的，只是这个市场不够充分且有失灵。不能因为医疗行业的特殊性而否定市场的作用，转而由政府来包办一切。研究表明，政府在解决市场失灵过程中经常会出现“政府失灵”，包括低效率、腐败、利益集团影响等。有可能政府包办本身产生的问题比要解决的问题还严重。

我认为现在政府应该承担责任，促进医疗行业的发展，重点解决市场失灵问题，进一步保护医疗资源和扶植医务人员的市场。针对中国目前存在的看病贵的问题，应当尽快建立两个制度：一是对贫困人群建立基本医疗保障制度；二是对普通人建立医疗保险制度。建立医疗保险制度是解决看病贵问题长远的根本的办法，应该立法强制企业为员工购买医疗保险。建立医疗保险制度远优于简单的价格控制：既能够保证人们看得起病，又不扭曲医疗市场。从经济学角度来说，医疗保险中的医院、保险、病人是三角关系：病人选择保险公司，保险公司通过与医院直接结算来监督医疗费用，而病人和医院又可反过来监督保险公司的运营。现在的程序是先看病后报销，病人面对医院解决不了信息不对称的问题，没有能力监管医院。保险公司拥有专家，可以做到这一点。保险公司的利益所在和专业能力，决定了他可以做到病人做不到的事情。而且，如果保险公司不能及时合理地支付，医院和病人也可选择其他的保险公司。美国的医疗保险制度非常发达，虽不完美，但有很多值得借鉴的地方。

在讨论补供方和补需方之争时，应先明确两个基本理念。补需方是专补确实有需要的人，是纠正市场失灵。补供方对所有人都有好处，是全民福利。所以，究竟是补供方还是补需方主要看我们医改的重点是调整市场失灵还是提供福利。目前我们的实际情况是，国家还未完全工业化，财力有限。同时，贫困人群的保险、紧急救治、传染病防控等都需要很大花费。因此，在政策制定实施过程中，政府应该量力而行，专注于急需政府解决的问题，而在其他方面要充分发挥市场的作用。

（作者：北京大学副校长）

（选自《健康报》2008年9月4日）

医疗卫生体制改革中的政府责任

封　进　余央央

新的医疗改革方案经过多方长时间的论证即将破茧而出，卫生部已经表示强化政府责任和公立医疗机构的职能是新方案中的重点内容之一。医疗市场的特殊性决定了政府需要加强对医疗卫生体系的投入，保证医疗服务的公平性，使得人人可以享有基本的医疗服务。但政府如何投入却是要进一步讨论的问题。医疗体系总体上可以分成两大部分，一部分是医疗服务的提供，一部分是对医疗需求的融资。那么，政府的责任主要是补贴需方，还是直接提供医疗服务，抑或对需方和供方都进行干预？

政府仅仅补贴需方难以减轻医疗负担

近年来，政府正逐步完善医疗保障制度对医疗需求提供补贴。1998年年底国务院颁布《关于建立城镇职工基本医疗保险制度的决定》，要求在全国范围内建立起城镇职工基本医疗保险制度。医疗保险费由企业和职工共同承担，职工缴本人缴费工资的2%，企业缴费为职工平均工资的6%，企业缴费和职工缴费均在税前扣除。2003年年初国务院提出《建立新型农村合作医疗的意见》，在全国范围内试点，计划到2010年实现在全国建立基本覆盖农村居民的新型农村合作医疗制度的目标。2007年开始对城镇居民基本医疗保险进行试点(《国务院关于开展城镇居民基本医疗保险试点的指导意见》)。新型农村合作医疗和近期开始试点的城镇居民基本医疗保险都有一个十分重要的特征，即有较高比例的政府补贴。新型农村合作医疗的政府补贴在试点之初将补贴额定为农户缴费额的2倍，大多数地区农户每人每年缴费10元，各级政府补助20元，2007年将政府补贴幅度进一步提高到每人每年30元，有的地方甚至补贴70元，2008年政府补贴提高到80元。2006年中央和地方两级政府补贴合计占合作医疗筹资总额的70%—80%，对住院费用的平均补偿约为30%，门诊费用的补偿比例略高，各地有所差异。对城镇居民医疗保险的政府补贴，以上海2008年为例，60周岁以上、不满70周岁的，筹资标准为1200元，其中政府补贴70%；超过18周岁、不满60周岁的，筹资标准700元，政府补贴32%；中小学生和婴幼儿，筹资标准260元，政府补贴75%。医保基金按照不同年龄支付至少50%的医疗费用。

那么政府补贴的效果如何？新型农村合作医疗经过四年的试点已经可以发现一些问题。现有的调研发现，安徽八个定点乡镇卫生院实行合作医疗后，患者的次均住院费用和住院天数较实行合作医疗前有所增加。患者次均住院费用增长5.7%，加长了0.7天。云南玉龙县实施合作医疗后，平均次均门诊费用26.92元，住院费用1674.08元，这两个数字前三年平均分别为25.33元和1176.50元，住院费用上涨十分明显。对江苏省宿迁市的访谈发现，村民普遍的感觉是，在医保定点医院看病，即便除去报销的部分，花的钱还是要比以往多出很多。参加了合作医疗，看病的钱却没少花。世界银行的经济学家Wagstaff对中国的研究也表明，医疗保险会增加家庭的医疗负担。

可见，供给方对医疗保险的反应是不可忽视的问题。如果不对医疗供给市场进行改革，补贴需求方不能得到预期的效果。

供方的营利性和垄断性削弱了政府补贴的效果

中国医疗卫生体制改革自1985年开始，主要采用了放权让利、自主经营的企业改革模式。政府鼓励医院以各种方式自筹资金发展医院，解决医疗资源短缺的问题。国家财政对卫生的投入逐年递减。1980年政府卫生投入占总费用的1/3，1990年则降至1/4，而2004年仅为17%。1980年以来，虽然政府卫生事业费用逐年上升，但其所占国家财政支出份额却持续下降，从“六五”时期的2.86%降至2004年的1.66%。在政府投入微不足道的状况下，追求营利目标逐步变成了医疗服务机构及其内部各个层面的共同行动。

当医疗供给方是一个追求营利的机构时，有了医疗保险后医疗价格或医疗费用可能会上涨。在医疗服务中，病人缺乏必要的知识，医疗消费主要是由医生做决策。医疗保险使得病人在金钱方面的约束比原来放松了，这样医院就有机会在原来的基础上提高费用，比如延长病人的住院时间、增加检查项目、增加药品用量、选择较贵的药品等。因此，如果没有有效的费用控制机制，医疗保险就会导致医疗费用的上涨。在美国有一项调查，84%的健康经济学家和73%的医生都同意“第三方支付会导致医疗消费的成本高于其收益”。美国兰德公司的医疗保险实验发现，与共付比例（消费者承担的比例）为95%和25%的保险形式相比，全部保险形式下的医疗支出分别为它们的1.5倍和1.18倍。

费用上涨的另一个渠道是医疗设备的投资。有了医疗保险后，医院的就诊量会增加，财务状况得到改善，医院就有能力去购买技术含量比较高的设备。医院倾向于采用先进的设备提高费用，而且技术含量高的设备带来的利润率高于一般的基本医疗服务的利润率，另一方面，先进的设备可以吸引一部分收入较高的患者。所以医院有动机去投资医疗设备。如果医疗保险促进了医疗服务的升级，那么有医疗保险后患者负担的费用就可能比以前还要高。当然这时患者得到的服务也提高了，问题的关键是这样的服务是不是必要的。不可否认，有些医疗服务是不必要的。

医疗保险导致的医疗费用上涨还取决于另外一个因素，即医疗供给市场的竞争程度。目前每个地区都有少数几家大医院，消费者的选择很有限，这些医院有比较强的地域垄断性，引入医疗保险后，费用上涨的空间也比较大。改革以来医疗服务市场的竞争性有所增强，主要体现在医院产权结构的改变。2002年我国公有性质（包括国有和集体）医疗机构为152826家，2005年降至139084家，其所占总机构数目的比重从49.9%降至46.5%。同时非公有性质（包括联营、私营和其他）医疗机构数目从2002年的153176家上升到2005年的159913家，但其市场份额却微不足道。医疗供给市场并没有形成不同所有制医院相互竞争的局面，民营医院很少能成为医保定点医院，导致很多人即使有医疗保险，也没有勇气跨进民营医院的大门。

政府干预在于改变对供方的激励

医疗改革中对医疗服务提供方的改革是一

个十分关键的内容。通常的思路是对其进行监管，政府对于供方最直接的监管是控制价格和限定服务内容，这类措施一直在采用，但收效甚微。不仅中国如此，美国在70年代对医院的投资实行审批制度，包括建筑物的投资、医疗设备的投资和新的服务项目等，同时对医院的预算进行监管，结果医疗服务费用的上涨态势并没有得到遏制，而且有很多副作用，如阻碍新技术的采用。其原因在于医疗机构本身并没有降低成本和费用的激励。

由政府直接提供医疗服务并减少医院的营利动机是否可能降低医疗费用，在理论上并没有定论。在医疗服务中，市场权力主要在医生一方，医生决定医疗服务的数量，而医疗服务属于信用产品，其质量事前难以判断。以营利为目标会导致医生降低服务质量或提供不必要的服务，同时又不会被轻易发现。政府直接提供有可能会是较低的价格，但又会导致低效率。因此，对这个问题的回答只能由实践作出。中国目前还没有对不同所有制医院效率的研究，从美国的大量研究结果看，不同所有制医院在质量和成本方面差异很小，其中一项用美国1982—1994期间的数据研究表明，对于治疗最初6个月的费用，非营利医院和私人营利医院之间并没有显著的差异，但公立医院的费用要低19%。在质量方面，两年后的生存率私立医院为67%，公立医院为67%，私立医院为69%，并没有明显差异。和对其他行业所有制研究的结论类似，在决定经营绩效方面，医院所有制的因素并不重要。

重要的是市场的竞争程度，而且市场竞争需要和支付方式的改革共同发生作用，改变对医疗机构激励。支付方式改革是让从医院有诱导需求的激励转变为有降低医疗成本的激励。20世纪80年代后美国的医疗保险和英国的国家医疗服务系统（NHS）都采用合同购买服务并按治疗人数付费的支付方式，医疗费用的上涨幅度明显下降。法国等其他发达国家近年来也开始做类似的改革。具体做法是保险公司或政府按某种服务标准事先支付费用，比如按服务人数或病床数，确定一定时期的预算总额；或者在疾病分级的基础上制定对不同病种的收费标准；以及按疾病诊断相关分组（DRG），将疾病的诊断结果分成若干组，对每个组确定付费标准。这个标准由许多医疗机构平均的成本确定，价格的确定和医院实际发生的成本没有直接的联系，医院只是价格的接受者。这样医院会做出努力，选择最合适的技术，将自己的成本下降到这个标准之下。

但由此出现的问题是，医生同时也有很强的激励降低服务质量，比如缩短住院天数、采用廉价的医疗手段等。研究表明，支付方式的转变减少了资源的使用，降低了成本。对质量的影响很难说，主要是质量很难观测。这个激励机制发挥作用还要依赖一个竞争性的医疗服务体系。首先，在垄断性很强的医疗服务体系中，保险机构不具有足够的谈判能力。其次，一个竞争性的医疗服务提供市场有助于在一定程度上克服预付制下成本和质量的矛盾。当保险机构可以选择的医疗机构较多时，可以通过机构之间的竞争促进服务质量的提高。尽管在很大程度上，医疗服务的质量难以观察和证实，但保险机构通常有能力聘请专业人士对医疗服务质量作出评估。在医疗质量可以被察觉的时候，医疗成本和质量之间的矛盾就变得可以克服了。

因此，政府对供方的干预重点不是直接的价格管制，也不是直接提供医疗服务，而是让更多的医院进行竞争，让更多的民营医院成为医保定点医院，通过购买服务的方式促使医院有降低费用的激励。

（作者单位：复旦大学经济学院）

（选自《中国改革》2008年第3期）

反思医疗卫生领域中的政府责任

李　璇

中国的医疗卫生体制改革一直争议不断，医院、患者、政府三者都不满意。医疗卫生领域本身就是一个市场、政府双失灵的领域，单靠任何一方的力量，都不能使得这个领域的问题得到缓解。本文只是就政府在其中应发挥的作用略作讨论。

一、从医疗服务的特殊性看政府责任

医疗服务不同于其他行业服务，它有着自身的特征，因此要求政府在其中担任重要的角色，并在其中发挥其应该发挥的作用，只有这样，医疗卫生领域中的矛盾才会有所缓解。以下从医疗服务特征的三个不同方面论述政府应该承担责任的必要性。

1. 从道德角度来看。我们都接受这样的一个事实，那就是所有人都享有基本的健康保障的权利。社会有责任来保证人们都能享受这样的权利，没有人可以从道德上宣称，如果富人和穷人都得病了，就应该拯救富人而让穷人死去。决定基本医疗服务分配的标准不应该是个人的购买能力，这一点跟普通的商品是截然不同的，我们单纯地依靠市场来进行自发的调节分配医疗服务无法导致公平。政府有责任建立一个广阔覆盖的医疗保障体系，使得人人都能享受基本医疗服务。

2. 从经济学角度来看。基本医疗服务，从经济学角度分析来看，它虽然是一种私人产品，但是却有着极强的正外部性，质优价廉的基本医疗服务，能够使得国民拥有良好的健康素质，最终受益的是我们的国家。政府加大对卫生事业的支持，是在对人力资源投资，因为国民整体健康本身就是决定该国经济竞争力的重要因素。因此，政府必须要承担起对社会的责任，对国民的责任，支持卫生事业的发展，加大财政支持力度。

3. 从技术性角度来看。医疗服务是一种特殊技能，不是每个人都可以提供的，它是一种复杂而且专业的服务，也就是医疗服务的可度量性低，这使得政府和市场都无法对其进行准确的评价和衡量，也不能对医疗服务做出及时正确的反应。因此，政府必须通过补贴、购买和直接举办公立医院的方式来干预基本医疗服务的供给，还要加强监管等方式来规范市场秩序，弥补市场机制的不足。

二、我国政府在医疗卫生领域的缺位分析

（一）政府在医疗卫生事业中服务与监管的双重缺位

1. 政府对卫生事业的投入不足。国际上一般通过对卫生总费用的核算与分析来评价卫生

投入的总量、构成及其效果，并将此作为制定卫生政策与发展规划的基础。所谓卫生总费用，是指一个国家在一定时期内全社会卫生资源消耗的货币表现。我国卫生总费用从1990年的747亿元到2004年已高达7590.29亿元。短短14年间，卫生总费用增加约10倍。应该说，这个速度已经达到了相当高的程度。中国卫生总费用在稳步上升的同时，个人的自负比例也由1980年的24.4%到现在的53.6%，二十几年时间增长了约20%。由于财政投入不足，公立医疗机构只有靠创收弥补经费短缺，这就进一步导致了其趋利性，公益性质淡化。

2．卫生领域的资源分配不公。无论是从世界范围内还是从我国自身来看，医疗卫生资源的分布都严重缺乏公平性。在2000年世界卫生组织进行的成员国医疗卫生筹资和分配公平性的排序中，中国位列191个成员国中的倒数第四位。我国卫生部提供的数据，目前全国80%的医疗资源集中在大城市，其中2/3又集中在大医院。以2000年为例，我国农村人均卫生费为188.60元，城市人均卫生费为710.20元，农村仅为城市的1/4，可见医疗服务的效率之低。总之，在我国，医疗资源的分布大体就是“重大医院，轻基层社区医院；重城市，轻农村”。

3．对医疗机构的组织和管理不当。对医疗机构的组织和管理不当主要体现在两个方面：其一，医疗卫生补偿机制不合理。20世纪80年代初政府对公立医疗机构财政补贴占30%左右，而现在只有6%到8%。财政的补贴不足以使医院正常运行，医院趋利动机增强，以药养医的现象严重。其二，对医生的激励不足。现在绝大多数的主治医师以上职称的医生的合法收入也就在4000元左右，与其掌握的信息资源和创造的价值相比，医生的合法收入明显偏低。

4．对医药和医疗器械流通监管不力。药价虚高，定价缺乏监督机制，在药品市场及价格管理中存在漏洞。由于药品生产过程比较复杂，技术性又较强，物价部门很难确定各类药品的真实费用消耗，对药品的报批也就不能进行有效的监控，遇到国家强制降价，就改头换面重新按新药定价。此外，药品及医疗器械巨大的折扣空间及非法经营，也加剧了虚高定价问题。

（二）政府对医院的多头管理

目前我国90%以上的医院都是公立医院，其基本的运作方式如下：财政部门负责为医院拨款，计划部门负责大型医疗设备的引进与改造，卫生部和人事部负责医疗机构设置以及人员的编制，组织部负责管理人员的任命和调动，物价部门负责医疗服务供给的定价，药品监督部门负责药品审批，社会保障部门负责医疗保险。这样的管理模式造成医院的运行成本大大提高，再加上各部门之间的利益也不好协调，医改步履维艰，分歧众多。

（三）政府的职能定位不清晰

政府职能定位不清晰主要表现在两个方面：第一，医疗卫生领域是一个“市场失灵”的领域。医疗卫生是一种典型的混合公共产品，如果单纯的由市场机制来配置卫生资源达不到最优供给水平，居民医疗负担过重。第二，医疗卫生领域也是一个“政府失灵”的领域。由于医患之间存在着严重的信息不对称，相对于患者和政府来讲，医疗服务提供方具有绝对的信息优势，再加上政府部门对医疗卫生管理混乱低效，政府在医疗卫生领域失灵不可避免。

三、强化政府在医疗卫生领域的责任

1．强化政府的筹资和分配功能

医疗卫生领域政府筹资和分配功能的强化主要从以下两个方面入手：首先要确保政府对公共卫生事业的投入，尤其是要增加政府直接投入的比例，8%的最低标准必须尽快达到。其次要保障分配的公平，尽快解决中国的“农村像非洲，城市像欧洲”的城乡二元分隔问题，必须使包括农村居民在内的每一个人都能享有最基本的医疗卫生服务。

2．做好卫生资源组织规划

在卫生资源组织规划方面需要将市场配置资源和政府配置资源结合起来，通过政府配置以改变卫生资源分配出现的“重城市轻农村”、“重参保人群轻未参保人群”的问题，通过市场配置卫生资源以满足不同人群的医疗需求。卫生行政部门也要积极调整不合理的卫生资源布局，加快形成“金字塔”型的医疗卫生体系，有效解决卫生事业资源配置不合理问题。

3．加强对医疗卫生领域的监管

对医疗卫生领域的监管，首先，要让政府干预医疗卫生事业的服务目标，突出其公益性，尤其是要切断医院、医生收入与药品收入之间的联系，以避免医院、医生和药商同流合污。其次，要加强对医院和医生的职业道德教育，整顿医德医风，遏制医疗卫生领域的拜金主义倾向。再次，要干预医疗服务的质量和价格，确保公众能够得到优质服务。

4．完善医疗保障制度

完善医疗保障制度政府应该发挥主导作用，根据公民的实际需求和承受能力，在尊重公民意愿的基础上，建立一个覆盖全民的医疗保障体系。政府要合理划分医疗卫生服务的层次和范围，实行不同的保障方式，合理地实施政府与市场、政府与个人之间的责任分工，共同负担起医疗卫生领域的管理责任，立足于人人都享有卫生保健，构建面向全民的公共卫生和基本医疗保险体系。

（作者单位：首都经济贸易大学劳动经济学院）

（选自《人口与经济》2008年第4期）

让公立医院回归社会公益的轨道

李　玲

医疗卫生保障体系，是由医疗卫生筹资体系、服务体系、监管体系以及生产流通体系构成的有机整体。其中医疗卫生服务体系，即各级医疗卫生机构（主要指医院）直接为广大人民群众提供服务，医疗卫生保障措施最终要通过医院来实现。因此，医疗卫生服务体系是整个医疗卫生体制的核心。目前，我国医疗卫生体制改革面临“破”和“立”的双重任务：扩大医疗卫生保障覆盖面，侧重于“立”，而“立”的前提是“破”，即破除那些违背医院运作规律的体制机制，解决医疗服务体系资源配置不合理带来的成本整体偏高、公平性不足等问题，使医院的公益性回归。如果不在扩大医疗保障覆盖面的同时改革扭曲的医疗卫生服务体制机制，将会导致更多资源的无效使用和浪费。我国医疗卫生机构以公立医院为主体。让公立医院回归公益性，既是建立低成本、高效率的医疗服务体系本身的需要，也是扩大医疗保障覆盖面的前提和基础。

一、维护公立医院的公益性是医疗卫生体制改革的关键

公益性，是指为社会公众谋取利益，与之相对的是为个人或机构谋取利益。通常认为，在市场经济条件下，这两种利益是一致的。因为对于一般行业来说，只要存在公平市场和充分竞争，企业和个人通过理性选择和自由交换，就会在个人利益最大化的同时实现社会利益的最大化，不需要专门强调“公益性”。

那么，为什么强调医疗卫生行业的公益性？这是由其产品和服务的特殊性所决定的。看病就医是患者生存的必然需求，不可缺少，不能替代。但医疗卫生服务不像一般商品，老百姓要买什么，准备花多少钱，大致比较清楚。而一个人无法预测什么时间得病，得什么病，得了病需要什么检查，怎么治疗，治疗效果如何，要付多少钱等等。这些都需要医生做出判断和选择，医生实际上扮演着患者医疗消费代理人的角色。如果医院或医生追求经济利益最大化，就很容易利用技术垄断主导患者消费，为病人提供过度或不必要的服务，导致医疗费用快速上涨和患者经济负担增加，并带来医源性疾病等后果。而且在医疗服务领域，即使供给过剩，医方也可以通过诱导需求实现医疗服务扩张，拉动医疗费用上升。医疗服务的另一个特征，是存在无法克服的患者消费趋高和服务效果不确定的矛盾。一方面，患者为避免风险而不惜代价，买贵不买贱；另一方面，医疗服务领域价高不一定质优。受医学科学发展和患者自身差异

的限制，尽管患者支付了昂贵的费用，治疗结果可能是恢复健康，也可能没有恢复健康，甚至失去生命。如果把医疗卫生服务单纯视为商品，按市场规则追求利益最大化，其结果必然是只有少数富人才能享受到高质量的医疗服务，而低收入人群则难以得到必要的基本医疗服务，这与社会利益是背离的。自发的市场竞争并不能保障医疗卫生机构自身的利益和患者、社会的利益相一致。

健康是每个公民的基本权益。保障和促进全民的健康，使每个人无论贫富都能够获得必要的医疗卫生服务，不仅是保障个人健康的要求，也是保护和发展社会生产力，实现经济发展、社会和谐的要求。因此，医疗卫生事业的发展必须强调公益性原则。政府有责任采取必要措施保障医疗卫生机构不以其自身或其成员的利益为追求目标，而将主要精力放在提高医疗卫生服务的公平可及性、节约医疗支出、提高医疗服务质量等社会目标上。即使是发达的市场经济国家，医院仍以非营利机构为主，利润动机也没有成为激励医院的主要因素。

当然，强调医疗卫生行业的特殊性，并不排除引入竞争和激励机制等在市场经济条件下行之有效的手段，只是这些手段在医疗卫生领域有其自身的特定形态，不能照搬企业和其他一般竞争性行业的规律。

二、我国公立医院公益性淡化的原因

公益性淡化是目前我国医院存在的突出问题，也是医疗卫生事业发展的重要障碍。公立医院是国家为实现医疗卫生事业的公益性目标而设立的机构，但是在不合理的机制下，大部分并未承担起公益性职能。原因在于：

第一，虽然国家历来都把医疗卫生事业定位为“政府实行一定福利政策的社会公益事业”，但是在实施过程中，一些部门和地方还是套用一般竞争性行业的规律来指导具有特殊性的医疗卫生体制改革，导致医疗卫生事业发展经费的不足和体制机制的扭曲。第二，政府对公立医院的投入不足，对公立医院的财务收支、剩余留取、人事制度、经营管理等方面的监管不到位，甚至处于空白状态，致使公立医院的外部管理体制和内部治理机制都不完全符合公益性的要求。第三，让医院自己在市场上生存的政策，刺激了医院的营利动机，扭曲了医疗服务的价格机制，导致了供给诱导需求和药品价格虚高的问题，使有限的医疗资源向购买力强的地区集中，向获利多的高端技术和设备集中，加剧了医疗服务的不公平性。第四，医院竞争方式不合理。有观点认为公立医院垄断、缺乏竞争是造成“看病难、看病贵”的原因，这是一种似是而非的看法。虽然我国以公立医院为主，但公立医院之间并非利益一致的共同体，它们之间也存在激烈的竞争，问题在于竞争的方式不规范、不合理。医院为了吸引患者，竞相配备高新技术和设备，导致了过度医疗等不规范行为及医疗费用不断上升。第五，医疗卫生的监督管理职能分散在多个部门，各部门的工作重心、政策目标不一致，各项改革措施不配套，致使改革效果不理想。

三、公立医院是维护医疗卫生事业公益性的主力军

有观点认为，公立医院缺乏公益性的主要原因在于产权不清，因此，改革的关键是产权改革，或者是公立医院的民营化，甚至建议不再保留公立医院。这种观点是有失偏颇的。

首先，这种观点照搬一些企业改革的理论，但即使对企业来说，产权也并非根本问题。通过明晰产权能够提高企业绩效，根本原因是产权改革实现了企业经营目标和激励机制的一致。对医院来说同样如此。其次，医院和企业有本质的不同，对“效率”的定义也完全不同。医院生产过程体现在检查、开药、手术等医疗服

务方面，生产的最终成果是健康。如果套用企业的规律，那么医院给病人开药越多、检查越多、手术越多，效率就越高，这显然是荒谬的。正如和平是军人最大的勋章一样，人民健康才是医院的最终目的。第三，真正决定医院绩效的，不是医院的所有制，而是医院外部的监管体制、激励机制和内部的治理结构。在许多国家，公立医院和私立医院的绩效并没有本质的区别。即使是对私立医院，也可以通过补贴和监管等手段，保障其非营利性；而对于公立医院，往往也通过鼓励竞争、改善法人治理结构等办法促使其提高绩效。

公立医院在我国的医疗服务体系中起主导作用，是维护医疗卫生事业公益性的主力军。

首先，公立医院不仅为人民群众提供医疗卫生服务，同时还承担着医学教学、科研、医疗救助和医疗应急等任务。任何一个国家都必须掌握这样一支队伍，作为守护人民健康的"安全网"。第二，公立医院有利于控制医疗费用、提高医疗服务的公平可及性。国际经验表明，对于经济发展水平较低、区域差异较大的发展中国家，政府通过举办公立机构提供服务是低成本而有效的医疗保障方式。即使在发达国家，如实行全民医疗服务系统的英国，其成本也明显小于美国，其公平可及性和健康成果显著好于美国。第三，公立医院有利于有效利用资源，创立中国特色的医疗卫生服务模式。统一完整的公立医疗体系，不仅拥有规模经济与范围经济效应，能够有效控制成本，而且为利用现代信息和管理手段提供基础。

四、公立医院改革和发展的国际经验及政策建议

目前我国的公立医院公益性淡化，不改革无法维护其公益性。国际上许多国家，如英国、澳大利亚、泰国、俄罗斯、巴西和墨西哥等国都建立了较好的公立医疗体系。近年来美国退伍军人医疗系统的成功实践证明，通过科学的机制设计和现代信息技术，公立医疗体系完全可以在公益性原则下高效运行。该系统是由政府直接举办的医疗系统，政府通过财政收入对其拨款，医疗机构设施国家所有，人员为政府雇员。目前，它已经成为美国公立医院的成功典范。

现代信息技术是美国退伍军人医疗系统改革成功的基础。全系统共享的信息网络，将病人信息、医生信息、财务信息、医院所有物流信息等都整合为一个大的管理信息系统。管理人员在总部可以实施对系统内所有医院运营状况、医生医疗行为、财务流程、患者信息及群体疾病特征的实时监管，从而提高了监管绩效。管理信息系统还实现了人机对话，比如记录中患者有某类疾病，电脑就会相应地针对该类疾病显示出治疗、保健建议，这不仅可以帮助医生做出合理的医疗决定，也有利于维护患者的知情权和自身利益。在信息网络里，信息的充分披露克服了传统市场无法解决的信息不对称问题，实现了计划手段和市场机制在信息空间有机融合，竞争和协作、效率和公平在信息空间和谐共存。

美国退伍军人医疗系统对我国公立医院的改革有参考意义。我们要利用我国制度的优越性、公立医院的规模优势、现代信息技术以及人口规模优势，通过增加政府投入、加强监管和体制机制的创新来建立低成本、集约化、以公益性为主的新型医疗服务模式，实现跨越式发展：

第一，为公立医院准确定位。在指导思想上，真正把公立医院看做是国家为实现其维护人民健康的公益性目标设立的机构，并围绕这个定位制定相应政策。第二，转变医疗模式。改变以治疗和营利为中心的医疗模式，建立以保障和促进健康为基本目标的健康管理模式，从根本上降低医疗费用。第三，建立综合的全民健康信息系统。建立包含居民健康状况、医疗服务利用、医疗机构财务、保险基金财务、医疗服务质量等信息的全国联网的医疗卫生信息系统。第四，重构公立医院治理结构，实现管理和监督分离。成立隶属卫生部门的医院管理机构，代表国家行使公立医院的出资人和所有者职能，统筹管人、管事和管资产，督导医院实现其社会效益。第五，整合现有医疗资源，建立低成本、集约化的新型医疗服务模式。逐步实现各级各类医疗机构纵向整合和横向竞争，组建医疗集群。鼓励医院之间建立纵向、横向以及医院和社区之间的网络，使病人享受到全程健康管理和医疗护理服务。第六，改变公立医院的补偿方式。加大政府对公立医院的投入，逐步实现由定额补贴和项目补贴向按服务量和服务质量补贴的转变，根据服务量和绩效分配政府拨款。实施严格的财务监管，审批重大支出。引入医疗费用总额控制。理顺医生的收入分配机制和保障机制。第七，加强医疗卫生行业监督。整合涉及医疗卫生的行政管理部门，或者建立部门间的联动机制，做到对筹资、医疗服务、药品器材生产流通使用的全程监管。

（作者：北京大学中国经济研究中心副主任、教授）

（选自《求是》2008年第7期）

中国医疗保障机制改革的调查与思考

中共中央党校经济学部课题组

要实现十七大报告中提出的“人人享有基本医疗卫生服务”的目标，医疗保障机制改革任重道远。去年，中共中央党校经济学教研部“中国医疗保障机制改革研究”课题组历时一年，通过对卫生部、北京市、宁夏回族自治区、江西省等地的实地调研，分析了中国医疗保障机制目前存在的问题，并结合各地改革的经验与启示，提出了对中国医疗保障机制改革的思考和政策建议。

一、现有医疗保障机制的问题在哪里？

医疗保障成为社会热点话题，除了医疗事关民生，人人都会生病，人人都需要医疗保障外，一个重要的原因是医疗保障的现状令老百姓、政府、医院、医药企业等各个利益群体都不满意，可以说是人人都叫苦，个个都喊冤。老百姓最苦看病难、看病贵，政府的压力也很大，医院里医患纠纷不断，药品生产企业的平均利润也不高。为什么出现各方利益都受损的现象？是关系没理顺，机制有问题。真正让全体人民“病有所医”，就需要改革、创新医疗保障机制。

医疗保障机制包括三大子系统：费用筹措和支付机制、医疗服务提供机制和医疗药品供应机制。费用筹措和支付机制，简称筹资机制，解决的是“钱”的问题；医疗服务提供机制，简称服务机制，解决的是“医”的问题；医疗药品供应机制，简称药品机制，解决的是“药”的问题。只有三个机制结合起来，有钱、有医、有药，才能给老百姓医疗保障。

目前，我们的筹资机制、服务机制和药品机制都存在问题，这些机制问题导致了“看病难、看病贵”。

1. 筹资机制上，问题主要在政府

首先是投入绝对量的不足。由于量的不足，导致老百姓个人负担重，医疗保障公平性降低，低收入群体的基本医疗得不到保障。其次是投入方向有偏差。尽管在建国之初就提出了“预防为主，防治结合”医疗干预的正确方针。但从90年代改革以来医疗保障实行的是“大病统筹”，结果是轻预防重治疗，保大病不保小病，重城市轻农村，重大医院轻基层医疗机构。有限的医疗资源的宏观绩效降低。

2. 服务机制的主要问题是公益性降低，根源是“以药养医”

我国的医疗服务机构绝大多数是政府办的公立医院。医院的费用补偿来源主要有三个渠道：一是国家财政补贴，二是医院的服务性收费，三是出售药品的进销差。目前的情况是国家财政补贴严重不足，大部分服务性收入由于

国家对价格的控制收不抵支，医院为了生存和发展只能依靠大型设备的检查性收费和出售药品的收入。这种状况可以概括为“以药养医”。以药养医的必然结果是医院为了发展，医生为了多收益，开出大处方，进行重复检查。世界卫生组织有一个测算，中国由于大处方问题导致有15%—20%的医疗资源被浪费。更为严重的是，药品的滥用对患者产生的副作用很难估计。

3．药品供应机制的问题集中在过度竞争

药企多，流通乱，过度竞争，再加上用药权在医生手里，导致药价虚高。目前，我国有4000家医药生产企业，8000家批发企业，12万家流通企业。产品同质化现象严重，低水平重复建设的结果必然导致市场上过度竞争，甚至是恶性竞争，药品回扣和商业贿赂现象时有发生。

二、医疗改革为什么这么难？

从2003年开始，医疗改革成为社会热点话题。政府下力气，有了不少大动作，如新型农村合作医疗制度试点，城镇居民基本医疗制度试点等等，在扩大保障覆盖面方面有了很大的进展。如新型农村合作医疗制度的试点就在短短四年多的时间里实现参合农民7.2亿。但是，老百姓对“看病难、看病贵”的反映和呼声仍然很高。2007年1月，全国卫生工作会议上提出要在年中推出医改方案，医改协调小组委托境内外独立的9个单位设计了9种备选方案，但是由于对方案的争议很大，医改方案的推出时间一拖再拖。直到2007年年底医改方案才逐步浮出水面。很多专家学者在媒体上纷纷发表自己的观点和看法：有的说医改要政府主导，有的说要市场主导；有的说财政投入要投给医院，补偿给医疗服务的供给方，所谓的“补供方”，有的说要投给被保障对象，补偿给医疗服务的需求方，所谓的“补需方”；有的说医院主要要由政府来举办，有的说必须开放医疗市场，让社会资本进入，让社会、私人来办；有的说医疗改革关键是政府多投钱，有的说医疗改革关键是改革医院的行政管理体制等等，不一而足。医疗改革为什么这么难？我们认为这是由医疗保障的特殊性、中国医疗保障的特殊性以及中国医疗保障路径的特殊性三方面的原因决定的。

三、医疗保障的特殊性要求强化政府责任但又不能光靠政府解决问题

1．医疗保障的公共属性和社会属性要求以体现公平性为首要目标，需要强化政府职责

医疗需求是一种基于人的健康权的基本需求。健康权是每个人的基本需求、必需需求，每一个人无论贫富贵贱都有生存的权利、健康的权利。但是每一个人个体层面上保障健康、规避由于患病而产生的生命安全、贫困等方面的风险的能力是不同的，低收入群体在支付医疗费用上往往存在困难。这就需要政府承担起社会保障的责任，在全社会的范围内组织医疗资源的分配和使用，以保证“人人享有基本医疗卫生服务”。医疗保障系统的首要目标是公平，而保障公平性需要强化政府责任。我国的医疗保障公平性差的问题非常突出，2000年世界卫生组织对191个成员国进行的绩效评估中，公平性一项指标的排序中国位居倒数第四位。十七大报告提出“人人享有基本医疗卫生服务”，就是要求医疗保障实现公平。

2．医疗需求也是人类全面发展的需求，政府财力有限，要求社会各方的参与

但医疗保障也是一项基于人的全面发展的无限需求。随着科学技术的发展，人类对全面发展的需求是无限的。现代疾病谱系的变化，威胁人类健康安全的疾病从传染病转为慢性病和常见病，而它们的治疗费用是很高的。政府如果为国民提供高水平的医疗保障，财政压力就会非常大。这方面，西方福利国家有很多的经验和教训，面对人们日益增长的医疗需求即

使是发达国家的财力也难以承受。所以，要强化政府的筹资责任，但不能光靠政府来筹资，存在政府、社会、个人合理分担筹资责任的问题。

3．医疗服务过程具有高度信息不对称性，存在市场失灵，需要强化政府责任

医疗行业不是一般的行业，有其特殊性。在医疗服务过程中服务提供方（医生）和服务需求方（患者）的信息是高度不对称的，医生完全有能力凭借专业水平和能力说服患者接受治疗方案。如果完全由市场配置资源，将医生的收入同服务量联系在一起，就非常容易出现医疗行为的扭曲，导致供方诱导需求，产生过度消费。出现市场失灵，出现滥用药物、费用虚高、药价上涨等情况。国家发改委20次降低药价，但是药价仍然虚高。每降一次价，涉及到的降价药品就会从市场上消失。因为市场机制的基本动力是追求利益最大化，药厂从自身利益的角度一定会生产销售利润水平最高的产品，停产利润水平低甚至不赚钱的产品。一方面过度消费造成医疗资源的浪费，另一方面还可能影响人们的身体健康。所以，必须由政府承担起制定规范、组织监督的责任。对医药用品、医疗服务的质量和价格进行规范和监督。

要克服市场失灵，要求发挥政府的作用。政府作用的发挥应体现在三个层面：一是属于公共产品范围的公共卫生服务由政府直接提供。二是基本医疗卫生服务由政府主导，政府以财政补贴的方式对基层医疗机构（包括社区卫生站、县、乡、村三级医疗机构）进行投入，提高克服基层卫生机构在市场竞争中的先天劣势，为基层医疗机构承担基本医疗卫生工作创造必要的条件。三是对全体的医疗卫生机构的医疗服务行为和医疗企业的生产经营行为进行严格的管理和监督，规范它们的行为，防止出现损害患者利益的情况。

4．医疗保障系统的复杂性导致监管的难度很大，可能出现政府失灵，要有效利用市场机制提高资源配置效率

医疗保障全部由政府包下来，政府主导筹资、服务、药品三个机制的运行，可不可以？我们感觉也很难。因为医疗保障体系太庞大，太复杂，形成对政府行政管理能力的巨大压力。由政府直接提供服务，很容易出现政府失灵，比如，政府统一采购招标，搞得好能降低药价，搞不好也很容易滋生腐败。如果医院都是公立医院，财政收支两条线，医生的收入同医院的收费完全脱钩，相信公益性是有保障，但工作效率很可能大大降低。为了克服政府失灵的问题，有必要引入市场机制，用竞争的压力来提高资源配置效率。如何在保持医疗机构公益性的基础上引入市场机制，还需要细致的研究和在改革过程中的创新，但总的方向是要打破垄断，引入竞争，医疗服务领域允许社会资本投资。让公立医院和民营医院一起比服务质量、服务费用控制和服务满意度。在公立医院管理中可以考虑采取改善治理结构、完善考核体系等方式。

四、中国医疗保障的特殊性决定了中国必须走“广覆盖、低成本”的道路

医疗问题关系民生，每个人都会生病，一个人生病就可能影响到一个家庭的生活幸福。建设社会主义和谐社会要求“病有所医”，所以中国必须建立起一个“广覆盖”的医疗保障体系。

中国是一个人口大国，是一个发展中国家，已经进入老龄社会，可以说是“未富先老”，面临传统传染病和慢性病的双重压力，解决13亿人口的医疗保障是一个前所未有的挑战。如何在财力有限的情况下解决医疗保障问题是政府在制度和机制设计中必须面对的问题。现在的提法是“低水平、广覆盖”。也就是说大家都享有，但保障水平比较低。在政策操作层面也是

这样实践的：无论是医保还是新农合资金都以收定支。但在调查中我们感觉到这样提法有局限性，更准确地说应该是“广覆盖、低成本”。如果提“低水平”，就有一个保障能力的问题，新农合制度的试点就是一个例子，如果不考虑提供基本医疗的最低保障水平，只根据统筹资金的数额以收定支，最后的结果是新农合搞了，一部分农民也受益了，但受益面窄，受益水平不高，农民医疗保障的问题没有得到根本解决，长此下去，新农合制度的可持续性将受到严重挑战。所以，我们认为应该打破过去那种政府能保多少算多少，保不了的只能由个人自己承担的思想，而是明确哪些医疗服务可以算基本医疗，在基本医疗的范围内政府承担主要责任，必须由财政拿出资金来解决问题。工作重点转向如何以最低的费用支出保障国民的基本医疗需求。在“广覆盖”的基础上，追求基本医疗保障的“低成本”。

五、中国医疗保障路径的特殊性决定了必须在坚持公平性目标的基础上分阶段实现公平

中国自建国以来的医疗保障制度就是一种“板块式”的制度形式，国民根据身份的不同享受不同的医疗保障安排，享有不同的保障水平。改革开放前国家机关人员享受公费医疗，由国家财政负担；城镇地区的就业人员由单位负担公费医疗，国家财政在出现亏损时的给予补偿；农民则以集体经济为依托（集体承担大部分医疗费用和“赤脚医生”的工资），政府提供有限财政支持（包括低价药品、部分医疗社保、部分卫生防疫费用、少数医务人员工资），享受低付费的合作医疗。改革开放后，在很长的时间里社会保障制度作为经济体制改革的配套，改革在很大程度上为经济体制的改革目标服务，而不是服务于社会发展目标。例如，为了推进国有企业改革，不得不进行城镇职工医疗保险的社会统筹等。城乡差距、地区差距、不同收入群体的差距都很大，制度的公平性严重不足。未来改革的目标必须是公平性优先，为全民提供基本医疗保障。受二元经济结构的制约，要结束保障制度设计中板块结构也很困难，不可能在短时间内拉平保障水平，在一定的程度上地区间差距还可能扩大，现实的选择是必须在坚定公平性目标的基础上通过制度设计上的过渡，分阶段有步骤地实现公平。

六、医疗保障机制改革的目标是建立混合式的医疗保障机制

从现实的角度出发，中国必须而其只能提供一个混合式的医疗保障机制。这个混合制不同于过去那种按人的身份不同享受保障待遇的板块模式，而是根据医疗保障服务的性质区分为基本医疗保障和非基本医疗保障。基本医疗保障解决的是人民的健康需求，由政府向全民提供，保障范围包含公共卫生、疾病预防和常见病诊疗，筹资机制上以政府筹资为主，服务机制上以基层卫生组织为依托，采取低成本的适宜技术提供基本医疗服务，药品机制上以国家基本药物制度为依托以政府统一采购，企业定点生产。非基本医疗保障解决的是人民的发展需求，由政府、社会、个人多方承担责任，以社会和个人责任为主，筹资机制上采取多渠道筹资，服务机制上以公益性医院为依托，患者可以获得更大程度的选择权，药品机制上不限于国家基本药物制度范围。

1. 筹资机制：政府承担基本医疗保障的主要筹资责任，非基本医疗靠政府、社会和个人多方面筹资

中国医改问题的破解没有钱不行，但光靠增加投入也不行。中国人口多，已经进入老龄社会，面临传染病和慢性病的双重压力，需要一个公平、高效、低成本的医疗保障体系。医疗费用筹集和支付既不能由政府全部包起来，也不能全部由个人来承担，只能是混合型的保

障模式。根据医疗服务的性质，分为基本医疗保障和非基本医疗保障。基本医疗保障的主要责任由政府承担，需要做两个方面的工作，一是合理确定保障水平和范围；二是尽可能地降低成本。降低成本的措施包括：(1) 合理确定干预重点，预防为主，防治结合，小病有保障；(2)实施国家基本药物制度，降低药价；(3)加强基层卫生机构；(4) 中西医结合。

2. 服务机制创新：公益性和效率性并重

医疗服务提供机制的改革目标是公益性和效率性并重。医疗服务机制的改革方向是布局合理、公益为本、有序竞争。制度设计上既要克服市场失灵也要克服政府失灵。克服市场失灵主要是要保证医疗服务机构的公益性。而坚持公益性，除了大力宣传和引导外，必须通过加大政府财政投入、切断“以药养医”的不合理的利益链条来实现。要加大对基层卫生组织的政府投入，改善服务设施水平，适当提高医疗人员的待遇，提升服务水平和能力，引导其开展预防为主、防治结合的服务工作。对公立医院也要提高财政补贴，改革医院经费补偿机制，引导医院将发展目标从多创收转为多服务。

3. 药品机制创新：低价又安全

药品机制改革的目标是低价并且安全。药品供应机制的要求是产业整合、集中采购、有效监管。产业整合是为了结束中国医药生产企业数量众多、良莠不齐、恶性竞争的局面。实施国家基本药品制度，以国家基本药品保证基本医疗服务的用药需求。为了降低基本药品的价格，可以考虑采取集中采购、招标定价、药厂定点生产等方式。为了提高定点药厂的生产积极性，采取国家财政直接补贴的方式保证其获得一定的收益。

（选自《理论视野》2008 年第 1 期）

对建立和完善
中国住房政策体系的三点思考

姜伟新

经过多年探索，中国已经初步建立了比较适合中国国情的城镇住房政策框架，但从总体上看，我国住房政策体系和住房保障体系还不健全，中低收入家庭住房支付能力相对不足的问题仍然比较突出，房地产市场机制还不完善，商品住房价格上涨过快，住房供应结构不大合理，住宅建设还不适应人口、资源和环境状况，科技贡献率低，资源消耗高。

为了从根本上解决这些问题，必须进一步深化改革，建立和完善符合中国国情的住房政策体系。对此，我们有以下三点思考：

第一，坚持从我国人多地少的基本国情出发，建立科学合理的住房建设和消费模式。

目前，中国正处于城镇化快速发展时期，面临世界历史上最大规模的城乡人口迁移。城镇住房需求大，但资源承载率相对不足，因此，制定住房政策，必须坚决贯彻节约资源保护环境的原则。

一要合理规划，减少住宅发展的资源环境代价，主要建设中小套型住房。按照节约用地的要求，确定适当的住房建设套型面积、建筑形态和建筑容积率。

二要科学建设，提高住房的节能环保水平和住房品质。加快住房科技创新，推广应用节能、节水、节材与环境保护的新技术。

三要引导居民适度消费，既要积极保护住房居民的积极性，改善居住条件，同时还要加强国情教育和政策引导。反对超前消费，树立经济适用、理性适度的住房观念，形成节约资源、健康文明的消费理念。

第二，坚持正确发挥政府和市场的作用，建立和完善市场调节和政府保障相结合的住房政策体系。

随着住房市场化改革的深入，目前中国城镇80%左右的住房已经通过市场交易来进行配置。在解决居民住房问题中，必须毫不动摇地坚持市场化改革的基本方向。同时，要继续强化政府对困难群众的住房保障职责，建立住房保障体系，加强对房地产市场的调控。

一是要合理确定廉租住房保障范围和保障水平。中国在相当长一段时期，仍然是发展中国家，财政能力总体有限，要坚持适度保障的原则。

二是要从中国未来一段时期的实际情况出发，应增加中低价位、中小套型普通住房的供应。帮助那些既不属于廉租住房保障对象，又

没有能力进入市场的家庭解决住房问题。中央政府确定住房大的原则和政策，允许各地区因地制宜。

三是要多种途径改善困难群体的住房条件，建立多渠道投融资机制，进一步完善住房公积金制度，加快棚户区改造步伐，积极推进旧住宅区环境整治。

第三，坚持城乡统筹原则，加强对农民住房的政策研究和引导。

我们将根据农村人口向城镇转移的情况和严格保护耕地的要求，按照统筹城乡建设的原则，深入研究进城定居人民享受城市住房政策和农村住房及宅基地政策的衔接，积极探索改善农民工居住条件的建设。

强化和规划管理，治理农村人居环境，按照集约和节约使用农村建设用地的要求，加强对旧村改造的规划指导，当然也要加强对农村住房建设的设计、施工、材料等方面的服务，提高农村住房的建筑质量，重视解决农村困难群众的住房的安全问题。

（作者：住房和城乡建设部部长）

（选自《中国经济周刊》2008年第12期）

构建和谐社会，倡导责任地产，促进我国房地产业健康持续发展

齐　骥

充分认识开展和谐社会、责任地产活动的重要意义

近年来，我国住宅与房地产业持续快速发展，在解决老百姓住房问题、带动相关产业发展、拉动经济增长、促进社会就业等诸多方面都发挥了十分重要的作用。房地产业和建筑业对国家经济增长的贡献率超过10%，增加值占GDP的比重达到10%，房地产业成为国民经济的重要支柱产业。大量品质高、环境好的商品住宅建设，有力地促进了我国城市人文环境的改善和居住水平的提高。但与此同时，在房地产业快速发展中也出现了部分地区开发和供应结构不合理、住房价格上涨过快、房地产市场秩序比较混乱等突出问题；一些企业热衷于开发高利润、高回报的大户型、高价位住房，更有少数企业违规开发，为了追求利益最大化，采取囤积土地、捂盘惜售等手段，哄抬房价；一些企业的经营管理人员公开发表不负责任的言论。对此，社会反映强烈，群众意见很大，影响到了房地产市场持续健康发展和社会和谐稳定。倡导"责任地产"理念，强化企业社会责任，发挥企业的自律作用，对于解决房地产市场存在的这些问题，具有十分重要的意义。

第一，强化企业责任，是促进社会和谐稳定的客观要求。胡锦涛总书记在党的十七大报告中指出，社会和谐是中国特色社会主义的本质属性。一个和谐社会，必然是一个具有高度责任感的社会。房地产企业在构建社会主义和谐社会中担负着重要责任。首先，和谐社会需要满足群众的居住需求，安居才能乐业，安居的问题不解决，构建社会和谐就没有基础。其次，和谐社会需要丰富的社会物质财富作为保障，房地产业作为重要的支柱产业，有责任不断创造和积累财富，为推动国民经济又好又快发展作出积极贡献，在为社会创造财富的同时，也为居民的财富积累创造条件。另外，和谐社会需要社会公平正义，实行住房改革制度以后，房地产企业得到了快速发展，在充分享受经济社会发展成果的同时，也应该主动回报社会、奉献社会。通过满足不同社会群体对住房的需求促进社会公平，促进企业与社会的共同发展。

第二，强化企业责任，有利于促进房地产市场的健康发展。保持房地产市场持续健康发展，关系国民经济和社会发展全局，关系广大人民群众的切身利益。要保持房地产市场的持续健康发展，就必须坚持以人为本，以满足最广大人民群众的根本利益为出发点和落脚点。当前，老百姓对住房需求主要体现在两个方面：一是能够买到或租到与自身承受能力相适应的住房——就是买得起或租得起的房子；二是需要良好的市

场秩序，能够放心地买房，买到放心房，就是质量过关、群众不受骗、不上当的房子。2007年下半年以来，许多城市房价持续上涨，原因是多方面的，既有供需结构不平衡、政策不完善、管理不到位等问题，也与部分开发企业经营行为不规范有直接关系。企业追求合理高额利润不违法，但企业履行社会责任更应崇尚。强化房地产企业社会责任，有利于促进企业转变经营理念，开发建设更多、更好符合人民群众需求的住房产品；有利于促进企业自律，由被动接受监管转向自我约束，主动自觉地规范经营行为；有利于解决房地产市场存在的突出问题，促进我国房地产市场健康发展。

第三，强化企业责任，是企业自身发展的需要。社会主义市场经济是法治经济、信用经济，共同遵守市场规则是市场经济平稳运行的根本保障。目前，全国房地产开发企业已经超过4万家，在资源日趋紧张的情况下，房地产市场竞争将会日趋激烈。企业要生存发展，就必须诚信经营、履行好社会责任。一方面，经济社会的健康发展为企业提供更大的发展空间、创造更好的发展环境。企业履行责任的过程，也是在社会中树立良好公众形象、增强市场竞争力的过程。另一方面，企业的发展壮大又推动了经济社会的发展。只有建立井然有序、运行规范的市场，才能为诚实守信的企业创造更多发展空间。我们就是要提倡以诚信为荣、失信为耻的市场氛围，建立起诚信者盛、失信者败的市场环境。从这个角度说，促进房地产市场的健康发展是政府和企业共同的目标。企业承担社会责任和企业自身发展是统一的，不是对立的；是相互促进的，不是相互制约的。

准确把握房地产企业社会责任的内涵

房地产问题不仅仅是经济运行问题，也是社会问题。住房既是商品，又不同于一般的商品，在一定程度上具有公共产品的特殊属性。房地产开发企业提供的住房类产品，是事关民生的重要消费品。取得利润对房地产企业生存发展至关重要，但是在追求利润的同时，绝不能漠视老百姓的需求与期望，切实履行企业应该承担的社会责任。

第一，应当承担确保房屋质量的责任。企业的首要责任，就是要提供高质量的产品。质量问题是任何企业生存与发展的首要问题。房地产开发企业要努力提高产品质量，包括房屋实体的质量，也包括物业等服务质量。要不断提高房屋的建设品质和科技含量，积极推进住宅产业化，提供消费者信得过的住房产品。

第二，应当承担诚实守信、依法经营的责任。诚信是社会和谐的基本道德规范，法治是社会和谐的制度保证。参加这次活动的企业和全国所有房地产开发企业一定要严格遵守有关法律法规和政策规定，认真履行倡议书中的各项内容，自觉维护市场秩序，为塑造诚实守信的房地产市场环境尽到企业应尽的责任。

第三，应当承担可持续发展与节约资源的责任。发展节能省地环保型住宅是党中央、国务院确定的重大战略方针。去年的中央经济工作会议提出，要加大攻坚力度，确保节能减排取得重大进展。目前，房地产业仍然存在工业化水平低、资源能源消耗高等突出问题。作为有责任的房地产开发企业，理应承担起节能减排的责任。在房地产开发中要积极开展技术创新，推广应用"四节一环保"技术和产品，为实现建筑节能目标，实现房地产业的可持续发展做出贡献。

第四，应当承担改善老百姓住房条件的责任。百姓是我们的衣食父母，为老百姓提供质价相符的产品是每个开发企业应尽的责任。目前，房地产市场仍以新建商品房为主，在需求旺盛、供不应求的条件下，开发企业在很大程度上主导着商品房价格，同时也影响着消费者的消费

理念。我们的开发企业都应积极响应政府号召，积极开发建设中低价位、中小户型普通商品住房，同时积极参与廉租住房、经济适用住房、限价商品房的开发，通过房地产开发企业的不懈努力，使更多的群众改善住房条件，共享改革开放成果。

第五，应当承担发展公益事业的责任。一个负责任的房地产企业，在为百姓打造精品，为城市建设做出贡献的同时，也应该力所能及地为社会做一些公益事情。一个月前，贵阳市开展了非公有制经济人士“承担社会责任、圆梦住有所居”公益活动。15家非公有制经济企业和3名个人共捐赠廉租住房建设资金1000万余元。11家非公有制经济企业承诺在自己取得开发权的土地上建设245套，共约1.2万平方米的房屋捐赠给政府，作为廉租住房房源。这种做法，值得彰扬和提倡。

深入推进房地产企业社会责任体系建设

党的十七大报告指出，和谐社会要靠全社会共同建设。提倡“责任地产”，需要社会各界的支持和配合，共同努力。既需要开发企业的自觉主动，又需要政府的支持和行业组织的指导和服务，也需要社会舆论的引导和监督。

第一，房地产企业要将倡议的内容落实到行动中。“人无信不立，事无信不成”。今天，近200家房地产开发企业向全行业和全社会提出的“和谐社会、责任地产”的倡议，既是向社会做出的郑重承诺，又是向全体房地产企业发出的号召，期待越来越多有社会责任感的房地产企业能够加入这个队伍，用实际行动来维护消费者的合法权益。承诺容易践诺难。今天的承诺只是万里长征的第一步，后面会有大量艰苦细致的工作要做。希望今天参加签字仪式的房地产企业本着对社会和公众负责的态度，履行好自己的承诺，并以你们的榜样行动，带动全行业的诚信经营。

第二，政府有关部门要加强行业监管和指导。要通过不断完善各项法律规章制度、强化专项整治、推进房地产企业诚信体系建设等措施，建立良好的市场规则和环境。近年来，建设部会同有关部门开展房地产市场秩序专项整治，查处了一批违法违规行为，就在上个星期，建设部、监察部等部门曝光了26个典型案例，对这些行业中的害群之马，不仅要曝光，还要依法依规进行严肃处理。国务院刚刚修订了《价格违法行为行政处罚规定》，严格界定了价格违法行为，明确了具体处罚措施。今后，我们将继续加大查处力度，让那些不诚信的房地产开发企业付出沉重代价，直至清出房地产市场。同时，要积极探索建立激励机制，鼓励开发企业积极履行社会责任，要保护那些依法经营、诚信经营企业的合法利益，并创造条件，使他们做大做强，更好地发展，更好地服务于社会。

第三，有关协会要加强行业自律和服务。要充分发挥行业协会在政府和企业之间的桥梁纽带作用，切实履行协会职责，传达政府政策意图，反映企业愿望和诉求，通过开展社会责任培训和组织召开座谈会、研讨会等方式，培养房地产企业的社会责任意识。在这里，我再一次对中国房地产业协会发起和组织的这次活动表示赞同和支持。希望中房协进一步积极推崇具有良好职业道德的行为，努力构筑符合我国国情的房地产企业社会责任价值体系。

第四，加强宣传报道，营造良好的舆论氛围。要发挥舆论媒体的监督作用，既要积极宣传报道诚实守信的好典型，更要鞭挞那些不诚信和违法违规行为。要充分利用多种信息平台，倡导积极向上的企业社会责任理念，让老百姓、企业、媒体及相关各方了解、支持、监督企业的经营行为，形成良好的社会舆论氛围。

（作者：建设部副部长）

（选自《中国建设报》2008年1月16日）

中国住房保障制度构建与改革设想

汪利娜

焦点话题

在衣食问题基本解决之后，住房成为关系民生的头等大事。从各国的情况看，尽管住房市场化是主流和趋势，但是，建立和完善住房保障制度依然是各国政府的基本任务。让全体国民“住有所居”更是构建中国社会主义和谐社会的基础工程。

住房保障的基本概念及框架

住房保障制度是政府为弥补市场“失灵”，通过运用经济、行政和法律手段，以保障满足国民基本住房需求所作出的多种制度安排。一个完整的住房保障体系中，其保障对象，狭义上是对少数低收入、困难群体提供的特殊保障；从广义上讲，它是对广大社会成员以提高其住房消费可支付能力为目的提供的普遍性住房保障。特殊保障是对少数贫困群体的一种社会救助，体现了社会互助与公平。普遍保障是对广大社会成员提高住房消费可支付能力的一种扶持，是社会和谐、经济发展的基础。

政府是构建住房保障制度的责任主体，因为各级政府拥有人民赋予的公共权力，掌控着公共资源，只有政府才能通过国民收入的再分配，对社会成员实施特殊和普遍性住房保障。但保障的对象不同，保障的方式也应有所不同。对低收入的住房保障，政府可从供给面入手出资兴建廉租房，或从需求面入手提供房租补贴；对中等收入群体的住房保障，政府多是从需求面入手，运用土地、税收、金融政策等方式增强其可支付能力。依据保障对象和方式两个维度，可勾画出住房保障制度的基本框架（见下表）。

住房保障制度基本框架

	需求保障	供给保障
普通保障	住宅金融扶持（美国政府主导的抵押市场模式，德国住房储蓄银行模式、英国建筑社模式，新加坡公积金模式）、税收减免、土地优惠政策等	新加坡公共租屋模式
特殊保障	为低收入家庭租房提供补贴，为特殊群体的住房提供担保等	政府出资兴建公共住房、廉租房等

中国正处在快速城市化、工业化的发展阶段，人口众多、中低收入者居多、居民可支付能力弱是中国的基本国情，这决定了构建中国的住房保障制度应坚持特殊保障与普遍保障相结合，政府主导与市场机制相结合，中央决策与地方因地制宜创新相结合的基本原则，更要协调金融、土地和财税政策，充分发挥其在住房保障中的作用。

建立有中国特色的政策性金融体系

在各国普遍性住房保障体系中，政策性金融都占有重要位置。如美国的联邦住房银行体系、抵押担保保险制度和政府主导的抵押证券市场，德国的住房储蓄银行，加拿大的住房抵押贷款公司，英国的建筑社等，都是依据政府的政策法令而设立的、享有利息、期限或资金可得性等政策优惠、为政府住房政策目标服务的住宅金融机构。中国在鼓励商业银行、保险公司积极介入住宅金融市场的同时，还需积极打造政策性住房金融体系，使之成为国家住房金融政策的载体。具体措施包括：

（1）加快住房公积金向政策性住房合作金融的转变。现行的公积金制度虽有一定聚资功能，但制度设计的缺陷：管理行政化、金融监管缺位、配贷机制不公、增值收益使用不当等，弱化了政策金融功能、加大了金融风险。按照十七大“产权明晰、责权明确、政企分开”的原则，应积极推进住房公积金制度改革，将资金管理“中心”改组为政策性住房合作银行，获得银行或非银行金融机构的牌照，专门从事与住房相关的政策性金融业务，真正发挥住房公积金合作互助互惠的功能。通过改组，建立健全其法人治理结构和监督机制。内部法人治理结构包括建立由法人（地方政府、政策性金融机构）和自然人（公积金缴存人）参与的股东大会、董事会和监事会，形成决策与监督的制衡机制；外部监管应包括：建设部负责住房大政方针的制定，人民银行和银监会负责具体金融业务规范与监管，同时建立相应的审计、会计和信息披露制度，给公积金所有人更多的知情权、参与权和监督权。

（2）组建住房抵押担保公司，完善住宅金融风险分担机制。公司专门为中低收入居民购房提供贷款担保，其服务对象、贷款上限、购房的种类都应有别于商业保险公司。公司可以是全国性的，也可以是地区性；可以由国有金融机构入股参与组建新的，也可以是对各城市现有的置业担保公司进行清理整顿、资格认证；并通过再保险机制，化解和防范金融风险，提高政策性金融的抗风险能力，为百姓提供更好的住房金融服务。

深化土地制度改革强化土地政策的住房保障功能

土地是一切经济活动的载体，也是保障性住房供给的基础条件。近年来廉租房、经济适用房虽有大户型、高档化、销售对象过泛等问题，但土地供给不足。

可改进的方式：（1）各级政府在土地利用规划、居住用地供给中，应优先考虑廉租房、经济适用房和普通商品住宅用地供给，增加此类用地的供给。中国不可盲目照搬新加坡城市国家的模式，即85%的住房都由政府兴建并有偿供给国民，但适当增加保障性住房、两限房比例，是政府纠正市场失灵、调控市场不可推卸的责任。（2）清理城市建设用地，对以往无偿划拨、开发利用率低、用途不当的土地应收回使用权，纳入土地储备，增加公共品用地的供给。（3）组建土地资产管理公司，抑制政府的逐利行为。政府可运用法律法规、规划、税收、金融和供求信息间接调控土地供应与结构，国有、集体土地应委托专业资产管理公司经营，进入有形市场，土地收益的使用分配由国资委和人民代表大会监管，以保障国有土地为国民创造更多的福利。

深化财税体制改革增化其住房保障功能

财政税收是政府调节经济、实现社会公平的重要手段。近年来我国财政收入快速增长，2007年增速为31.4%，占GDP的比重20%，在政府财力不断增强的情况下，多年来廉租房建设却主要靠公积金增值收入在维系着。从法理上讲，公积金是职工个人住房储蓄资金，增值收益是个人储蓄产生的孳息，用私人资金为公共品供给服务显然有公权侵犯私权之嫌。此外，房地产税收方面“重流转、轻所得”的问题，也弱化了税收在收入分配上的调节功能。

改进的建议：(1) 政府应优化财政支出结构，健全监督机制（财政支出结构应经人大审批、向社会公开），以提高政府依法行政、合理行政的透明度。廉租房作为政府公共品供给的重要组成部分，应形成财政资金为主，社会资金为辅的融资结构。(2) 完善调节市场供求的税收政策。对生产市场上短缺的经济适用房、两限房、中低价位普通商品房的企业，政府应给予税收激励；对过度投资投机行为，不应只在房地产取得和流转环节征税，还应在保有环节开征不动产税；适时推出遗产税和赠与税；但对收入中等偏下、退休下岗职工等从事房屋租凭经营等，应给予灵活的税收减免，以增加社会供给，减轻政府负担。

完善现行廉租房经济适用房制度

(1) 在廉租房政策实施中应推行“福利+就业”政策，让有劳动能力者参加社区管理与服务（环卫、保安、物业维护等），防止社会福利养懒汉，滋生“等、靠、要”、越穷越光荣的思想。(2) 经济适用房要改“只售不租”为“租售并举”，政府应通过自建或政策优惠引导房地产企业和房地产投资基金兴建中低价位租赁住房，以满足多层次住房需求。应严格限制企业单位以经济适用房为名，行福利分房之实，防止非市场化的供给扭曲住宅商品化的改革基本取向，形成新的收入分配不公。

（作者：　中国社科院经济研究所研究员）

（选自《中国改革报》2008年3月5日）

建设住有所居的住房体系的政策取向

陈 淮

建设住有所居的住房体系，要在住房体制改革的过程中、快速城镇化进程的特定历史阶段看待我国的住房问题，要立足于我国人多地少、能源短缺的基本国情来确定我国的住房发展模式，要处理好房价过快上涨与居民住房可支付能力相对不足的矛盾。

我国现行的住房政策坚持市场化取向，积极探索解决中等收入家庭住房问题的制度措施；明确了将廉租住房作为住房保障制度的重点，住房保障是政府公共服务的重要职责；调整住房供应结构，重点发展中低价位、中小户型的普通商品住房；住房建设用地的供应总量仍然存在较大的制约，在供应结构上向保障性住房和普通商品住房倾斜；住房抵押贷款实行差别化政策，银行提高房地产开发贷款门槛；现有住房税收政策不适应市场经济要求，保有环节缺乏统一的不动产税，流转环节的税负过高；节能省地住宅政策积极推进。

在此，对住房政策的未来发展方向提出几点建议：

1．建立适合我国国情的住房建设模式和消费模式

注重资源节约，以发展中小户型住房为主。按照联合国提出的“人人享有适当住房”的目标，实现“人人有房住”，应当把“低端住房不能太简，高端住房不能过奢”当作引导的标准。立足于我国人多地少的特殊国情，应对住宅户型进行控制和引导，以建设中小户型住房为主。同时实现在较小的住宅空间内创造较高的居住舒适度，合理而高效的利用居住空间。在规划审批、土地供应以及信贷、税收等方面，对中小套型、中低价位普通商品住房给予优惠政策支持。

居住目标的关注点应从单纯居住面积的增加向综合居住品质的提高转变。居民住房条件的改善，不仅包括人均居住面积的适度提高，更为重要的是住宅的居住功能的完善、建筑工程质量的提高、基础设施条件的完备，配套设施的便利、居住环境的改善和物业管理服务水平的提高等综合的居住品质的提升。

建立合理的住房建设模式。提高住宅规划与设计水平，通过产业化生产，提供“面积不大功能全，造价不高品质优，占地不多环境美”的住房。同时也要注重旧住宅区的整治改造，通过对旧住房的改造更新实现功能的改善和提升，促进全生命过程中的能耗降低和使用安全。

引导住房的适度消费。立足国情，加大住房需求调节力度，引导合理的住房消费，坚持

"保障生存性需要，支持自住性需要，引导改善性需求，抑制投资性需求，遏制投机性需求"。优先满足居民的基本住房需求，完善相关的金融税收政策，支持合理的住房需求；遏制不顾资源环境承载力的奢侈需求，住房消费不能完全依照社会财富的增多、人们收入水平的提高无限扩大，对住房消费应进行适当约束，对奢侈性的住房消费，依资源占用和能源消耗高低，采取限制性、惩罚性政策；引导居民梯度改善居住条件，通过不断规范发展二手房市场和住房租赁市场，引导居民建立"租售并重"、梯次改善住房条件的观念。

2.继续完善低收入家庭的住房保障体系，满足低收入家庭的基本住房需求

继续建立健全廉租住房制度，加强经济适用住房的建设和管理，经济适用住房政策要调整到位。

加大廉租住房房源建设筹集力度，增加供给量。对于低收入家庭的住房保障，我国政府提出的2008年廉租住房制度建设的阶段性目标是：2008年年底前，所有市、县对符合规定住房困难条件、申请廉租住房租赁补贴的城市低保家庭，基本做到应保尽保。东部地区和其他有条件的地区要将廉租住房保障范围扩大到低收入住房困难家庭。按照"广覆盖、保基本、可持续"的方针，健全廉租住房各项制度。现阶段重点要加大廉租住房房源建设和筹集力度，增加供给量。

城市政府应确保廉租住房和经济适用住房的资金投入和土地供应。落实中央廉租住房保障专项补助资金、新建廉租住房中央预算内投资补助资金等资金投入，落实廉租住房、经济适用住房建设用地安排，确保资金、土地等优惠政策落实到位。

尽快组建住房保障工作机构。落实工作机构是建立健全住房保障制度的重要组织保证。中央编办已批准建设部(现住房和城乡建设部)单独设置住房保障司，目前已经完成这个司的组建工作。省级及其以下建设行政主管部门应尽快组建相关工作机构，完善工作机制。

3.继续稳定住房价格，使之与中等收入家庭的支付能力基本适应

当前，应继续落实房地产市场调控政策措施，着力调整住房供应结构，稳定住房价格，要防止和抑制房价过快过高上涨，使住房价格与中等收入家庭的支付能力基本适应。

对于商品住房价格高位运行和上涨较快的大中城市，2008年度批准规划的商品住房建设中，要增加限价商品房供应，帮助中等收入家庭解决住房问题。在着力解决低收入群众住房困难的同时，鼓励各地区积极探索，发展政策性租赁住房，帮助中等收入家庭解决住房困难。

4. 编制、公布和实施住房建设规划

住房建设规划是有步骤地实施住房建设的基本依据，同时也是土地供应规划编制的依据。编制好住房建设规划，有利于住有所居目标的最终实现。公布住房建设规划，可以稳定消费者心理预期，对稳定房价有十分积极的意义。

我国政府对未来住房建设规划的编制提出了明确的要求：要求各地抓紧制定和落实未来两年住房建设计划和五年规划，并向社会公布。2008年1月底前各地陆续公布了2008年度住房建设计划。2008年3月底前公布2009年住房建设计划。2008年6月底前要公布2008—2012年住房建设规划。重点明确廉租住房、经济适用住房、限价商品房和中低价位、中小套型普通商品住房的结构比例、建设规模，并落实到具体地块、项目，控制单宗土地供应规模，明确项目开竣工时限，确保供应出去的土地能够及时开发建设。房价较高、涨幅较快的大中城市，要切实增加中低价位、中小套型普通商品住房供应，加大限价商品房供应规模。

5. 规范住房市场秩序，健全相关法律制度

规范住房市场秩序。完善市场运行规则，营造主体诚信、行为规范、监管有力、市场有序的住房市场环境。积极推行规范化管理，完善审批程序，建立“谁审批、谁负责”的责任追究制度。充分发挥行业协会组织自律作用，制定和完善行规行约，扩展企业信用档案的征集范围，建立信用监督和失信惩戒制度，推进诚信体系建设。健全预（销）售合同网上即时备案和信息公示制度。建立商品住房销售合同履约担保制度。加强房地产广告管理和展销活动的审查和监管。畅通投诉、信访渠道，建立部门联动、分工明确、责任到位、齐抓共管的查处机制，切实保证各类违法违规行为得到及时查处。

健全相关法律制度。住房市场的健康发展，需要法律制度的有力支撑。进一步完善住房法律法规和相关政策，切实做到有法可依。积极落实《物权法》中有关对不动产权利人利益保护的各项规定。研究制定《住宅法》，维护住房公平和保护低收入者的居住权，形成城乡统筹的住房政策框架，将进城农民工等特殊群体住房问题纳入住房政策体系。

（作者：住房和城乡建设部政策研究中心主任）

（选自《中国发展观察》2008年第4期）

略论我国当前城镇住房商品化的几个问题

尹伯成　王仁涛

一、住房商品化与社会和谐

21世纪来，我国城镇房地产市场随着其不断发展，出现了一系列问题：房价节节攀升、中低收入家庭住房问题越来越难以解决、住房贫富差异日益扩大。于是一些人提出质疑，住房商品化改革是否搞糟了，违背了社会和谐的方向？

正确认识房改问题先要回顾我国住房商品化的历程。20世纪80年代初，我国的城镇住房制度改革从解放思想开始：以邓小平关于住房制度改革思想为指引，通过住房商品属性问题的讨论，明确了住房是商品，必须按商品经济规律组织生产经营、流通、分配和消费。90年代初，随着经济体制改革目标的确立，为适应市场经济的要求，又进一步明确房改的根本指导思想是实现住房市场化，加快住宅建设，促进经济增长，提高居民的居住水平。

近30年来的我国住房制度改革，在社会主义市场经济理论的指导下取得了巨大的成就。住宅建设获得了大发展。以上海为例，1978年住宅竣工面积仅为199万平方米，2007年提高到3380.12万平方米，平均每年增长20%以上。1949年至1979年这30年中，上海市仅建成住宅2009万平方米，而1980年以来的26年中，已建成住宅4.3亿平方米，相当于前30年总量的20多倍。全市人均居住面积从1978年的4.5平方米提高到2007年的16.5平方米，增长3倍多，约有200多万户居民迁入新居，住房条件大为改善，居住水平和质量大大提高。住房制度的改革促进房地产业快速发展成为国民经济的支柱产业，房地产业增加值占全市GDP的比重从1990年的0.5%上升到2007年的6.5%，对经济增长做出了重大贡献。

住房商品化在取得一定成绩的同时，也出现了一些不可忽视的问题。归结起来主要有：第一，房价上涨太快。特别是2003年、2004年和2005年这三年中，上海房价持续快速上涨，房价在几年间上涨了两倍多，形成的泡沫使许多未买过商品房的居民尤其是年轻人丧失了改善居住条件的能力。第二，商品住宅开发中供给结构很不合理：大房型的高档商品房(包括别墅和公寓)开发比重过大，而90平方米以下中小套型造得太少，与大多数消费者的购买能力严重脱节。第三，购房需求增长过程中投资和投机的比例上升过快，境内外（包括境外，外地和本市）购房者中许多人买房非为自住消费，而是为了投资特别是短期投机，即为了获取房价上涨后的购销差价，这种投机性购房在一些中高档商品房销售中所占比例在上海一度高达30%—40%。第四，商品房买卖秩序混乱，一些开发商和中介商弄虚作假，哄抬房价，使许多消费者的利益受损。房市交易中还有其他一些问题，包括炒作地皮、骗取房贷等。第五，解决中低收入家庭住房问题缺乏应有的保障制度。

尽管存在以上的问题，但成绩是主流，住房商品化、市场化改革的大方向是正确的，走回头路肯定不是出路。近30年来的住房制度改革，大大提高了住房资源的配置效率。目前出现的问题并不是住房商品化之过，而是市场经济发展中某些盲目性、滞后性和不规范性等缺陷的反映，是政府的宏观调控不完善，法律法规不健全等原因造成的。

住房制度改革是否符合社会和谐方向？我们知道，和谐社会的基本特征之一是充满活力。而住房商品化改革就是要让市场来配置房地产资源，增强活力，提高住房生产、分配和消费水平的效率。保障居住权利、改善居住条件、提高居住水平，是房改的基本目标，而要实现这一目标，必须讲究效率，加快住宅建设，实现住宅业又好又快地发展。

诚然，目前我国城镇居民出现了相当大的住房消费差异，但这种差异是市场经济运行中产生的，体现了市场经济发展的内在要求，并不违背社会和谐的原则。在市场经济中，效率的发挥是建立在不平等基础上的。不平等就是差别，有差别才有运动，才有发展变化，才有效率。所以住房消费的差异对提高住房资源的配置效率有着重要的经济作用。但是住房消费差异控制要在一定界限之内，要避免社会上一小部分人享有大量的住房资源，而大部分人极其缺乏住房。过大的差距会扰乱社会秩序，造成社会动荡，危及市场经济秩序。

构建和谐社会也对房地产业的发展提出了要求。第一，住房建设中要合理利用土地资源，建设经济、适用的住房，实现人与自然的和谐相处；第二，要使过高的房价理性回调，调整到普通百姓的经济承受能力和心理承受能力的限度，还要对低收入家庭切实建立住房保障制度；第三，房地产业要与相关行业按一定比例均衡增长，房地产业的发展规模和速度要与整个国民经济发展相适应。

二、住房商品化与宏观调控

住房市场化改革成绩巨大，方向正确，不能掩盖发展中出现的问题，不等于不需要完善和调控。宏观调控是现代市场经济顺利发展的内在要求，市场这只无形的手和政府这只有形的手同时发生作用，社会经济才会健康稳定地发展。搞市场经济，当然要让市场在资源配置方面起基础性作用。但市场不是万能的，它有失灵的时候，这就需要政府发挥一定的作用。在中国目前尚处于转轨过程中的、不完善的市场经济环境下，房地产市场更加需要宏观调控。

近几年来，虽然对于国家宏观调控的成效存在着一定程度的争论，但不可否认，宏观调控政策的实施已经取得了一定的效果。第一，控制了房地产投资过快增长的势头，投资各月累计同比增速由2004年年初的50.2%回落到2005年年末的19.8%，2006年11月份为24%；住房价格涨势平缓回落，商品房平均销售价格同比由2004年上涨14.4%逐步回落到2006年11月份同比上涨5.8%。第二，促进了土地使用制度的深化改革，建立了经营性土地使用权招标拍卖挂牌出让制度，推动了土地交易市场化进程。第三，基本形成了由新建住宅市场、二手房转让市场和住宅租赁市场构成的住宅市场体系，并逐渐建立和完善了商品房预售、规范房地产交易秩序、住房交易实行网上申报等规章制度，市场秩序逐步改善。

然而，我国房地产宏观调控的效果仍不尽如人意。从“国六条”到“十五条细则”再到

"外资限炒令"以及加息、提高存款准备金率，都没有使房价上涨幅度得到有效的控制，供需矛盾仍未解决，房地产结构性失衡问题依旧存在。导致这一局面出现的原因主要有以下三个方面。

第一，调控措施受到一定程度的干扰。由于房地产业健康发展还缺乏良好的制度和体制环境，每当中央政府出台房地产宏观调控政策时，总会受到一些地方政府、利益集团等或明或暗的抵制和消极的执行。由于房地产业发展对地区GDP增长和税收增加地位举足轻重，地方政府为追求政绩和地方利益，不希望房价下跌，这种利益的博弈使中央的调控政策在具体贯彻实施中大打折扣。例如商品住宅结构调整中规定套型面积90平方米以下的住房必须占70%，而有些地方政府找出种种理由贯彻执行乏力。地方政府对宏观调控政策执行不力，使房价的调控效应不能真正发挥。事实上由于体制的原因，考核地方政府政绩的一个主要指标就是GDP，而在短时间内快速拉动地区经济发展的产业只能是房地产。在此背景下，地方政府对房地产宏观调控政策显然不能到位。

第二，调控手段出现偏差。从经济学原理说，调控房价上涨应该增加供应减少需求。而从2003年开始的房地产宏观调控，有一些政策恰恰是相反的。例如，2004年国务院出台"收紧银根"和"收紧地根"的双紧方针。一方面提高房地产进入的门槛，另一方面紧缩土地供应，从而使市场出现供不应求的预期。从上海情况来看，2005年全市土地出让成交面积为385万平方米，不足2004年的1/10。2006年土地出让成交面积为648万平方米，和2004年之前的数量也相差很大。再如，对房地产市场不应是堵多于疏。而房地产的宏观调控中，一再严加防范控制资金流向房地产，并且设置更高的市场准入门槛，对二手房交易又设置各种障碍，阻碍市场流通。结果导致从土地到房子的供应放缓、放慢。

第三，流动性过剩的影响。我国当前经济过热的一大表现为流动性过剩，投资过旺。由于多年来名义利率低于通货膨胀率，游资为避免贬值受损，纷纷进入房地产领域，从而必然会导致地价和房价不断高涨。在人民币持续升值的背景下，国际资本也不断进入我国，楼市过热、股市过热就成为必然。

尽管房市调控效果还不尽如人意，但这并不等于调控没有效果，更不等于不需要调控。现代市场经济的健康、稳定、持续发展，从来就离不开政府的合理调控和管理，更何况我国房地产业还是在不完善的市场经济大环境中发展的，更需要国家用政策加以合理引导和调节。事实表明，房市的宏观调控是十分必要的。住房是关系人民安居乐业的基本生活必需品，确保广大人民"住有所居"，是各级政府必须履行好的基本公共服务职能，也是坚持"以人为本"的执政理念和建设和谐社会的起码要求。从目前住房市场的运行情况来看，单纯依靠市场自发调节，已经很难解决住房严重供不应求、价格持续高涨、有限的住房资源合理配置的问题。因此，任何反对和抵制房市调控的言论和行动都是错误的。

三、住房商品化与住房保障

住房商品化大大提高了住房制度的效率，但无法解决这一制度改革中的公平问题，后者只能通过建立住房保障制度来实现。

住房作为生活必需品，是人类赖以生存的必要物质条件。房屋的昂贵性和生活必需品属性决定了每个国家都会有一部分人无法通过市场交换来获得房产。一个社会和国家无论多么富裕，都会存在贫困家庭的低支付能力与住宅的昂贵性之间的巨大鸿沟。我国房改以来，许多城市居民因为住房价格的上涨而买不起房，房价与收入比已经远远超过了国际平均水平，从而影响着我国社会的稳定。因此，尽快建立和完善我国住房保障制度，对于房地产市场健康发展、稳定社会秩序、推动经济增长、推进城市化建设、构建和谐社会，都具有很迫切的现实意义。

应当认为，住房市场化与住房保障之间有着互补和互替关系，而非互相排斥。没有住房保障，房地产市场秩序无法稳定，而没有住房商品化、市场化，多样化的住房需求就无法得到满足，政府可以通过构建“市场+保障”的模式，发挥政府和市场两个方面的积极性，分工合作，在推进住房的市场化进程的同时，提供住房保障，使各个阶层在住房问题上找到合适的位置，防止和克服市场失灵带来的不良影响。

我国在实施住房制度改革以后，已经建立起了以经济适用房制度、廉租房制度、住房公积金制度为内容的住房保障制度，解决了部分低收入人群的住房问题。

经济适用房是政府通过减免土地出让金和减免税收等方式，向中低收入家庭提供低于市场价格的住宅。从政策运行的效果看，经过十年左右的经济适用房政策运行，我国建立了以经济适用房为主的新型住房供应体系，城镇居民的住房情况得到了改善，政策的积极意义是明显的。据统计，从1998年该计划正式推出到2003年，经济适用房累计竣工面积4.77亿平方米，解决了600多万户中低收入家庭的住房问题，许多城市把经济适用房用于安置被拆迁居民，缓解了城市旧城改造和房屋拆迁矛盾，改善了城市环境，提升了城市功能。经济适用房在解决城镇中“夹心层”住房需求方面有重要作用。“夹心层”即城镇中等收入阶层，在居民中占有相当的比重，他们既难以按市场价格购买住房，也不能以低收入阶层的身份享受廉租房政策，处于尴尬境地。经济适用房的价格低于商品房价格，且房型小、总价低，能够有效地解决“夹心层”的住房需求。

廉租房制度针对的对象是城镇最低收入家庭。城镇廉租住房是指政府和单位在社会住房领域实施的社会保障，即向具有城镇最低收入家庭提供的租金低廉的住房。目前各地在实际操作中以“双困户”为分配主体，即城市中最低收入和住房困难家庭。廉租住房制度是我国住房保障制度的最后一道防线，对最低收入家庭实施住房保障无疑是对人的基本生存权利的肯定。这完全属于非市场化的保障方式。

住房公积金制度在我国取得了持续而广泛的发展，截至2007年12月，住房公积金归集总额达1.62万亿元，提取总额接近6625亿元，个人贷款总额超过8565亿元，全国住房公积金实际缴存人数7188万人，当前实缴人数7187万人。住房公积金属于强制性住房储蓄制度，我国住房公积金制度实施以来，已累积了大量资金，为我国住房贷款和住房保障特别是廉租房建设提供了稳定的资金来源。

但由于我国住房保障制度启动较晚，保障覆盖面小，在执行过程中存在一定问题，需要进一步解决和完善。一是保障对象界定不明确，保障范围过窄。由于我国没有完善的个人收入申报和个人信用评级制度，灰色收入客观存在，经济适用房的保障对象难以确定，存在“收入失真”和“审核失灵”，使得供应对象失控。目前在各城市出台的廉租房政策方面，保障的对象多限制在低保户、优抚家庭中的住房困难户，城市中既买不起房，又非低保的夹心层和大量的流动人口则不在廉租房保障范围之内。二是政策目标不明晰，过于强调产权拥有。我国住房制度改革的过程中过于看重个人对于房产的拥有，过于看重市场化。须知世界上任何一个国家都不能单靠完全市场化解决住房保障问题，

也没有国家仅靠单独的住房公共政策就能解决住房问题，只有市场化和非市场化的住房保障措施相结合才是解决城镇住房问题的正确道路。三是存在法律真空。我国到现在还没有一部真正的、由全国人民代表大会制定的关于住房保障领域的法律，缺乏住房保障方面的专门的法律法规，使得住房保障措施的执行缺少法律依据。在公共房屋政策和廉租房建设方面，也没有长远和动态的战略规划。

总体上看，虽然我国已经初步建立起多层次的住房保障体系，但是今后的任务还非常艰巨，要完成这一任务可能重点要抓好以下三个方面。

第一，要加强地方政府的责任制。建立住房保障与促进房地产市场发展都是地方政府的职责，但从目前各地政府这两项职责的表现来讲，总体上是一强一弱。各地政府对推动房地产市场发展充满热情，对住房保障制度建设却重视不够，甚至轻视、忽视。截至2006年3月，全国仍有13个省（区、市）没有将廉租房制度建设纳入省级人民政府对市、区、县人民政府的目标责任制管理，70个地级以上城市没有建立廉租房制度，全国有近一半以上的地级城市尚未建立严格的廉租房申请、审批制度。

第二，政府应通过多种渠道落实住房保障的资金来源。世界各国都把住房保障资金预算纳入到了政府公共预算之中，由国家财政来支持公共房屋政策的实施。而我国只有廉租房资金进入了政府财政预算之内，且主要是由各地政府从住房公积金增值收益中划出，因此，住房保障资金来源渠道亟待开辟。各级政府可以积极推动民间力量和私人机构参与住房保障性住房开发，政府、民间和私人机构共同探索公共部门与私人部门多样化合作模式，共同推动住房保障事业发展。

第三，政府应加大经济适用住房和廉租房建设用地的供应。近几年已有一些省市开始重视这一问题，如上海在2008年的土地供应中，住宅用地800—1000公顷，其中经济适用住房和廉租住房用地不低于20%。今后，地方政府应继续重视经济适用房和廉租房用地的供应以支持住房保障制度的完善。

四、住房商品化与房市走势

我国商品房会怎样走？可先看一看房价的形成因素，这些因素可归结为社会的、经济的和政治的三个方面因素。

先看社会因素。居民是住房需求的主体，一般而言，人口密度高的地区会对住房有较大的需求。随着我国城市化的推进，城市居民的数量还将以较快的速度增加，此时，如果供给跟不上，就会导致房价趋高。传统和文化对房价也有潜移默化的影响。我国城市中的许多家庭对自有住房有着较为强烈的偏好，这种愿望导致了较高的购房需求。居民文化水平和社会文明程度高的地方，必然讲究生活质量，对居住条件有更高的要求，这也是影响需求进而影响房价的一个因素。心理预期也是房价涨跌的主要推动力之一，例如“未来价格会继续高涨”的预期就会使居民对住房的需求过度膨胀，从而导致房价的非理性猛长，这种猛长又反过来推进居民的这种预期。

再看经济因素。宏观经济的发展状况与房地产业的发展有重要的互动影响，经济高涨时会加大对房地产的需求，从而会对房地产价格产生正向的影响。城镇居民的收入水平是衡量居民购买力的重要指标，也是房价高企的重要支撑指标。家庭收入水平的提高会增加对住房的有效需求，从而促使房价的升高。

最后，政治因素也对房价有重要的影响。税收制度是影响房价的一个重要因素。税率的大小对增量房地产市场的价格有较大影响，政府可以利用税收的杠杆作用对炒房行为进行调节，起到抑制房价非理性上涨的作用。国家实行何种住宅政策，建立什么样的住房保障体系都会对房价产生影响。土地供应政策、城市规划等对房价的形成会产生重大影响。控制土地供应，使土地供应出现紧缺，土地价格上涨，会引起房价上涨。但从长期来看，土地的有效管制可以起到稳定房价的作用。

房价基本稳定对于解决居民住房需求、推进经济健康增长、维持社会稳定有重要意义。房价出现大起大落，危害性极大。如果大起，居民住房需求难以满足，将引发社会矛盾，同时商务成本会提高，城市竞争力下降，影响构建和谐社会。如果大落，金融机构发放的大量的房地产贷款可能成为呆坏账，将危及金融安全。因此房价基本稳定十分重要，应是政府宏观调控的长期目标。

2008年房价的走势我们认为将会是稳中有调。稳，指整体基本稳定；调，是指局部调整，这种调整可能有以下几方面特征：

第一是调整的时间性，就是短期内比方说几个月或者一两年中会回调一下，长期它还是会上去的。这是因为，我国的经济在快速发展，人民收入不断提高，城市化进程又相当快，因此对城镇住房的需求是非常大的，供给经常会跟不上需求的增长。

第二是调整的空间性，空间主要是指地区。各个城市的市区、中心城区的房价向下调整的可能性比较小，而上升的可能性则比较大。

第三是调整的结构性，一手房二手房之间会产生联动，一手房和二手房的调整会相互影响。大套型中小套型之间会联动。在中央大力推广70/90的前提之下，大套型的房屋会产生紧缺，这样反而会造成大套型的房价上涨。

第四是调整的动态性，要考虑房屋周围的交通条件、配套设施等一系列因素，周围如果有化工厂之类的污染存在，其价格肯定会下降。相反，如果交通条件不断改善，就会推动那里的房价上升。

（作者：复旦大学经济学院教授、博士生导师）

（选自《理论前沿》2008年第11期）

继续解放思想实现“住有所居”

——解决城镇居民住房问题的政府视角

张道航　李　前

一、继续解放思想，找准房地产业定位

20世纪90年代，房地产业被确定为国民经济的支柱产业。这一定位虽然给房地产业带来千载难逢的发展机遇，但却过度地强调了房地产业在经济增长中的作用，忽视了住房对于民生的保障功能，而且使得我国住房制度改革从实施之初就在某种程度上担负起了拉动经济增长的功能。有些城市甚至将其推向极端，演变成一种畸形的经济增长和财政增收的依赖模式。解放思想就是要将思想观念从偏颇的思维定式中解脱出来，从而全面正确地认识和把握客观事物。绝不能忽略房地产业的民生性质，要把房地产业的发展与国计民生紧密联系起来，确立起“民生地产”的发展取向。否则，像我们这样一个大国，“不靠科技靠地产”，“不靠企业靠炒房”，不仅会使民生受到伤害，也无益于经济发展和综合国力的提升。

所谓“民生地产”，其基本内涵应包括三个方面：一是以满足整个社会需要为取向，而不只是满足少数人的需要。二是消费适度，即从国情出发建立科学合理的住房建设和消费模式，引导理性消费，促进人与自然的和谐。三是公平正义，不仅强调代内公正，同时也包括代际公正，实现房地产业的可持续发展，促进社会和谐。“民生地产”并不否认房地产业的支柱地位，但不是作为拉动GDP的支柱产业，而是以保障和改善民生为宗旨、以完善住房保障为要义、以实现“住有所居”为目标的民生型支柱产业。否则就会出现这样的情况：在房地产业的拉动下尽管取得了较快的经济增长，却有越来越多的人买不起房也租不起房，或者即使有房子住却又面临着其他方面的生存困难，即所谓的“有增长没发展”。只有从“民生地产”出发，将房地产业对经济增长的拉动作用与民生问题的解决更好地统筹起来，这样的增长才能带来相应的发展，才符合科学发展观的要求，也才能实现“住有所居”的目标。

因此，从以人为本的科学发展观看问题，我们确实有必要在经济与社会统筹发展上来一次思想大解放，对关系国计民生的房地产业做出科学定位，使房地产业不仅在推动经济增长中发挥其应有作用，更要在促进民生改善和社会和谐中体现其重要功能。

二、继续解放思想，摆脱城市拆迁的困局

实现“住有所居”目标，不仅需要资金支持，同时还要有土地资源。近年来，由于许多

城市建房预留用地已面临枯竭，为了得到土地资源，在发展郊外住宅新区的同时，也把目光投向了旧城改造，但旧城改造中的拆迁是一项极易引发社会矛盾的工作。

不言而喻，城市拆迁中的土地征用方和被征用方之间总会存在一定矛盾，因为他们毕竟是不同的利益主体。但这种矛盾在我们这样的社会主义国家，是人民内部矛盾，不存在根本的利益冲突。所以，正确的途径应当是采用和谐的手段，取得被征用方的理解与配合，不但要按照市场经济原则给予公平合理的补偿，还应当保障被拆迁人的居住条件，不可以使用带有暴力的强制手段。而这也正是我国《物权法》的基本精神，通观整个《物权法》找不到“强制拆迁”一说。“发展才是硬道理”，寻求发展不可以使用硬手段也是硬道理。将暴力强制施用于城市拆迁背离了实现“住有所居”、促进社会和谐的根本宗旨。对于那些群众不认可、不满意、不答应，或者暂时还不理解的拆迁项目，即使出于“公共利益”的考虑，也需要做耐心细致的工作。许多城市的拆迁实践都证明，只要补偿合理、工作到位，没人愿意去当“钉子户”。或许有人会问，这样一来岂不牺牲了效率？表面看，或者就拆迁方和征用方来看，采用强制性硬手段或者诉诸暴力，会取得更高的效率，也省去了许多的成本付出。但事实证明，硬手段的后面往往伴随着大量的上访告状，加大了社会的行政成本不说，还提高了社会的政治成本，带来难以估量的政治风险。在效率与公平的抉择中，以牺牲公平换取效率是一种危险的博弈。

三、继续解放思想，走出房价调控的尴尬

市场经济不仅需要通过政府的监管来构建适于竞争和绩效需求的经济秩序，同时还要通过相应的政策手段防止价格的大起大落，尤其是房地产市场。事实上，2003年银行存款准备金率的提高就已经意味着本轮房地产调控的开始，2004年又收紧了土地供给，2005年上调了个人住房贷款利率，而2005年的“国八条”和2006年“国六条”的出台，更是反映了中央政府抑制房价过快上涨的决心。但是房价却始终不改上涨的势头，据国家统计局公布的数据，2008年上半年全国70个大中城市房屋销售价格同比依然上涨10.2%，涨幅比上年同期高4.2个百分点。而截至2008年5月底，全国却有1.27亿平方米商品房空置。显然，不能简单地用“供不应求”来解释目前房价且调且长的这种尴尬局面。

到底是什么力量推动了房价的上涨呢？除了某些市场因素外，主要有三种力量：一是开发商，二是炒房者，三是某些地方政府。地方政府作为市场的监管者，应当抑制和打击房价的投机炒作才是，怎么会充当房价上涨的“推手”呢？说到底是和他们的利益有关。因为房价上涨，地方政府的税收增加不说，还给高价卖地平添了筹码，而且房价越高、建造档次越高，越能给地方政府的“形象工程”、“政绩工程”增光添彩。从地方政府的自身利益出发，房价走高带来的是名利双收，这使得有些地方政府自觉不自觉地对市场上的房价实施着“逆向调节”。以至于进入2008年，当一路高歌猛进的房价上涨趋缓，并在个别城市出现回落时，有的城市政府主管部门竟呼吁“救市”，有的甚至出台或明或暗的所谓“救市措施”。由此可见，继续解放思想必须继续认识市场，不仅要认识到市场经济是经济自由与社会公正、社会平衡的结合，不维护任何特权，而且还必须认识到，这个制度下的政府所代表的应当是一般利益，而不是特殊利益。在当前针对房地产市场的宏观调控中，作为地方政府尤其要认真领会好中央政府的宏观调控指向和相关政策，从而保证调控措施的落实和调控目标的实现，不能为了

所谓“政绩”或从自身利益出发与特殊利益集团合谋，对中央政府的宏观调控实施“逆向调节”。

有一种观点认为，富人的住房可以通过市场解决，房价再高富人照样买得起，中低收入人群的住房则应该由政府来解决，所以房价调控与解决百姓“住有所居”关系不大。如果按照这种观点，那么政府就要把除了富人以外所有人的住房问题全部包下来，这别说是我们这样的发展中国家，就是发达国家也做不到。

还必须看到，房价调控不仅是实现“住有所居”目标的需要，也是防范金融风险和维护经济安全的需要。因为住房作为一种特殊商品，它与其他商品最大的不同就是可以像股票、期货那样拿来炒作，这就可能诱发泡沫经济。而且那些炒房的资金，不仅有来自国内银行的贷款，更有来自国外的热钱，一旦在楼市和股市上赚得盆满钵盈的热钱出逃，就会给国家经济带来满目疮痍。尽管我们无法知道截至目前究竟有多少热钱进入了中国房地产市场，但自2003年以来热钱开始进入中国这是事实，而且随着热钱的进入，国内房价在不断攀高也是不争的事实。所以，对于国际热钱可能引发的危害要时时保持着应有的警觉，对风险隐患及时采取有效的防范措施。

四、继续解放思想，让保障性住房实至名归

在建立公平有序的市场环境和做好宏观调控的同时，继续解放思想要将那些通过市场可以解决的问题交给市场，将市场解决不了的由政府或社会承担起来。就实现“住有所居”目标来说，中高收入人群可以通过市场买到商品房，而那些买不起也租不起房的社会群体，则要通过保障性住房让他们也能住上房。

经济适用房是住房货币化改革后各地普遍推出的一项保障措施，至今也还是各地住房保障的主打政策。在实践中，人们发现经济适用房最难解决的就是申购资格的认定。政府投入了大量的人力、物力、财力，又是摇号，又是公示，可还是避免不了开着私车住经济适用房的现象，有的甚至还将经济适用房作为获取财产性收入的来源。相对于经济适用房来说，廉租房在得到政策面更多关注的同时，也赢得了广大民众的更高呼声。这不仅因为廉租房更适用于解决城市低收入人群的住房困难，还因为相对于经济适用房等其他保障性住房来说，当被保障对象收入水平提高后可以更容易地退出，从而使这部分社会福利资源得到循环利用，因而也更能体现其保障性住房的特征。但是，逻辑上和情理上都能说得通的事，实践中未必就一定能够如愿。从国外情况看，包括廉租房在内的保障性住房的退出如今已成为世界性难题。我国住房保障制度建设刚起步，尤其廉租房只是近几年才开始出现，因此其退出难题尚未显露，但也不可抱有幻想。从解放思想来讲，不仅要认识事物的现状，更要把握其发展趋势，并针对未来发展中可能出现的问题，制定出具有前瞻性的对策。

首先，应当建立“以补为主”的住房保障制度，即对住房保障对象通过发放一定的“租金补贴”，来解决他们的住房困难。与其他住房保障方式相比，租金补贴有着很灵活的退出机制，一旦发现被补贴对象不符合保障条件，即使不能追回已经发出的补贴，也可以立即终止补贴发放。租金补贴实际上与实物配租的廉租房有着明显的区别，所以在政策执行中应将其与廉租房区别开来，并实行“以补为主”。其次，要合理确定并严格执行保障性住房的建设标准。实行“以补为主”的住房保障制度，并不排除经济适用房、限价商品房、廉租房等保障方式。但是任何一种住房保障方式都是以满足基本生存需要为前提的，不可以将建筑面积搞得过大，否则不仅不利于日后的退出，而且对于那些通过市场购买商品房的人来说也不公平。再次，要建立保障性住房进入、监管和退出的全面管理机制，尤其要强化退出机制。作为保障性住房，如果只能进入却不能退出，这样的制度设计不仅是对其保障性功能的扭曲，而且也是不可持续的。在强化退出机制力度和刚性的同时，还应当通过利益引导让保障对象主动退出，例如，可以通过提供低息购房贷款、优先购买保障性商品房、购房税费减免等优惠条件，引导和鼓励享受住房保障的家庭主动退出，自行买房或租房实现“住有所居”。

政府除了采取措施解决房价过高和改善人们居住条件外，还要引导住房的理性消费。住房需求从本质上讲是一种空间消费，而空间和土地资源的有限性又决定了住房不可能无限供给，所以住房需求除了受到经济水平制约外，更要受到土地资源的严格约束。我们的邻国日本就是一个“小房社会”，每套住房的面积平均不到90平方米，都市里的住房普遍小得惊人，连浴缸都要设计成直筒的，人不能平躺，只能坐在其中，以节省空间。日本东京人均年收入已达3万美元，是我国城市居民的十几倍，可是人均住房面积却只相当于我国城市居民的56%。相比之下，我国一些相对富裕居民的住房消费应该算是比较奢侈的了。不错，解放思想是要将经济增长从以往过分依赖投资和出口拉动，更多地转向依靠国内需求，但这既不应该超越经济条件，也不应该脱离国情。所以，政府不仅应当引导居民树立合理、健康、科学的住房消费观念，同时在城市规划中还要大力发展资源节约型居住区和节能省地型住宅，而对于保证基本生存需要的经济适用房、廉租房等保障性住房则更要严格限制其建筑面积。

（作者单位：中共大连市委党校）

（选自《红旗文稿》2008年第18期）

把促进改革发展同保持社会稳定结合起来

牛先锋

党的十七大总结的把促进改革发展同保持社会稳定结合起来，是实现现代化、巩固和发展社会主义的一条宝贵经验。它强调，我们既要大力推进改革发展，又要正确处理改革发展稳定关系，坚持改革是动力、发展是目的、稳定是前提，坚持把改革的力度、发展的速度和社会可承受的程度统一起来，把不断改善人民生活作为处理改革发展稳定关系的重要结合点，在社会稳定中推进改革发展，通过改革发展促进社会稳定。

改革、发展、稳定，是事关我国发展进步的三个重大问题。促进改革发展同保持社会稳定之间的关系，是始终贯穿于我国改革开放和现代化建设进程的重大关系。在我国改革开放和现代化建设的进程中，改革、发展、稳定有各自特定的内涵。改革就是革除生产关系与生产力不相适应的地方、上层建筑与经济基础不相适应的部分，进一步解放和发展生产力，巩固和完善社会主义基本制度；改革包括经济体制改革、政治体制改革、文化体制改革和其他各项体制改革，并使之相互配合、相互协调、相互促进。发展是指一个社会的整体性进步，它包括经济发展、政治发展、文化发展、社会发展，以及建立在经济、政治、文化、社会全面协调可持续发展基础上的人的全面发展。稳定是社会的一种正常状态，既包括政治稳定，又包括建立在民主法治、公平正义、诚信友爱、安定有序、充满活力、人与自然和谐相处基础之上的良好社会运行秩序。

改革、发展、稳定发挥着各自独特的作用。改革是动力。社会矛盾运动是推动社会发展的内在动力，社会主义社会同其他社会一样也存在着矛盾，也需要不断改革。我国的改革过程，就是不断解决社会发展中出现的矛盾和不断推进社会前进的过程，是社会主义制度不断自我完善和发展的过程。发展是目的。发展是当今世界的主题之一。在中国这样经济文化比较落后的国家，要提高生产力发展水平、提高综合国力、提高人民生活水平、巩固社会主义制度、发展中国特色社会主义、实现中华民族伟大复兴，只能依靠发展，发展是解决当代中国一切问题的关键。稳定是前提。形成稳定有序的社会政治局面，是人民安居乐业、国家兴旺发达的根本保障。国内外的历史经验证明，混乱或动荡不仅不能使社会发展进步，而且会使已经取得的发展成果丧失殆尽。

改革、发展、稳定相互联系、相互促进、缺一不可。一方面，如果不改革，我国社会就会失去进步的动力，我们就不可能走出一条中国特色社会主义的正确道路，我们的事业就不可能顺利前进；如果不发展，生产力水平低下，社会财富匮乏，就会出现贫困的普遍化，就会导致一切陈腐的东西死灰复燃；如果不稳定，社会就会失去正常秩序，改革和发展就无法进行，党和国家长治久安更无从谈起。另一方面，改革发展必然要引起经济结构、社会结构、利益关系和人们思想观念的深刻变化，这些变化不可避免地会带来利益矛盾与利益摩擦，如果处理不好也会导致社会不稳定，甚至葬送改革发展的已有成果和前程。改革开放30年来的实践充分说明：改革是决定当代中国命运的关键抉择，发展是硬道理，不改革、不发展只能是死路一条。同时，在改革时机、重点、力度等的选择上，在发展路径、方式、速度等的选择上，要考虑到社会能够承受的程度，防止造成社会不稳定。只有坚持把改革的力度、发展的速度和社会可承受的程度统一起来，通过改革发展促进社会稳定，在社会稳定中推进改革发展，才能形成改革发展同稳定良性互动的效果，不断推进我国改革开放和现代化建设的伟大进程。

坚持把促进改革发展同保持社会稳定结合起来，关键是要找到两者的有机结合点，即把不断改善人民生活作为处理改革发展稳定关系的重要结合点。我们所做的每一件事，都要看人民拥护不拥护、赞成不赞成、高兴不高兴、满意不满意；我们制定的每一项方针政策，都要着眼于实现好、维护好、发展好最广大人民的根本利益，正确反映和兼顾不同阶层、不同方面群众的利益，使全体人民朝着共同富裕的方向稳步前进；我们进行的全部工作，都要坚持以人为本，不断满足人民群众日益增长的物质文化需要，切实保障人民群众的经济、政治、文化、社会权益，让改革发展成果惠及全体人民。

（作者：中共中央党校科社部教授）

（选自《人民日报》2008年10月8日）

解决当前信访问题的途径

张和平

当前，信访问题已经成为各级政府在构建和谐社会过程中十分棘手且不容回避的重要问题，应该引起足够的重视。

一、对当前信访问题的基本判断

从信访的功能来看，一方面信访是群众反映诉求的重要渠道，是党委政府倾听群众呼声，了解社情民意的重要渠道，是社会稳定的减压阀；另一方面，信访已经出现一定程度的异化，特别是各种非正常访已经成为破坏社会正常秩序，影响社会和谐稳定的重要问题，成为困扰各级政府的"第一难事"，甚至成为极个别人勒索政府的"绳索"。

从信访内容来看，合理诉求与不合理诉求并存。大部分群众的诉求是正当的、合理的，但也存在不少非正当的不合理诉求，或者有些诉求符合情理，但囿于当前的法律和政策规定暂时无法解决。

从信访的形式来看，正常访与非正常访并存，且非正常访有不断上升的趋势。正是大量的非正常访成为当前影响社会和谐稳定的一个重要因素。

二、当前信访问题多发的主要原因

当前信访问题多发的主要原因包括以下五个方面：一是因为我国正处于经济快速发展，社会深刻变革，利益格局不断调整的时期，必定是各类矛盾的凸显期和社会问题的多发期，这是造成信访问题多发的最主要原因。二是因为我国的法律体系还不够健全，政策不够完善，甚至有的法律、政策自相矛盾。三是由于政府机关执法或行政行为的不当、政策出台的草率等造成对群众利益的损害。四是少数政府工作人员的贪污腐败、贪脏枉法或方法不当、作风粗暴造成群众不满。五是政府信访政策或处理信访行为的失当，助长了一些非正常的上访。

三、解决当前信访问题的思考

要有效化解当前的信访难题，我认为应该注意以下几点：

1．*坚持把群众利益放在首位*。一切为了群众，一切依靠群众是我们党始终保持不渝的群众路线。我们想问题、作决策、办事情都要把群众利益作为出发点和落足点。切实维护好群众利益，是有效化解信访问题的根本途径。

2．*加强民主政治建设*。当前我国社会正在发生深刻变革，利益主体日益多元化，不同的利益主体有不同的利益诉求。社会阶层不断分化，不同阶层的矛盾日益凸显。人民群众的民主意识不断增强，政治参与热情不断高涨。我们只有顺应这种社会变革，不断改进执政方式，加强民主政治建设，才能有效化解社会矛盾，促进社会和谐。

3．*加强法制建设*。健全和完善我国的社会主义法律体系。在立法过程中要有效避免法律部门化、部门利益法律化。要严格执法，维护法律的尊严，任何组织和个人都必须在法律规定的范围内活动，不允许任何组织和个人凌驾于法律之上，有效避免人治高于法治。各项政策的出台必须在法律规定的范围内，不允许政策高于法律。同时，要加大法律宣传力度，加强全体人民的法律意识，教育群众不要信“访”不信“法”。

4．*切实改善干部作风*。各级干部都应该真正树立公仆意识，决不能本末倒置，成为高高在上的群众主人。人民是我们的衣食父母，人们是一切权力的最终来源。要让民做主而不是为民做主。要体贴群众疾苦，切实为群众排忧解难。

5．*畅通群众反映正当诉求维护自身权益的渠道*。广开信访渠道，从中央到地方各级政府均应开门接访，不封不堵。开辟领导信箱、网上信访、手机短讯信访等多种渠道，方便群众反映正当诉求。引导群众通过正常诉讼、行政复议、人民调解等多种途径维护自身正当权益，解决利益争端。

6．*改革目前的信访考核办法和处理办法，建立正常的信访秩序*。(1) 规范信访件的处理程序。一般信访件正常批转到有权处理该问题的适当政府层次或部门。(2) 建立重大信访问题调查处理制度。对少数重大信访问题、下级难以处理好的问题、有重大案情线索的问题，“一竿子插到底”——由接访层级直接调查处理。(3) 完善信访考核办法。不简单以上访人次考核各级政府的工作。(4) 规范上访的现场处置。除特殊情况外，一般不要求地方政府接回正常上访人员。(5) 规范信访秩序。维护法制的尊严，维护社会的公平正义，维护社会的正常秩序，对破坏正常社会秩序，影响社会安定的极少数非正常上访者依照有关政策和法律严肃处理。

（作者：中共江西吉安市委常委、吉安县委书记）

（选自《学习时报》2008 年 12 月 29 日）

加大社会救助体系建设力度

舒 迪

作为社会保障体系的重要组成部分，社会救助与广大人民群众，尤其是困难群众的切身利益密切相关。近年来，我国社会救助体系建设取得了长足发展，社会救助体系框架基本建成，但与人民群众的期望值相比，还有待于进一步完善。民革中央经过认真调研后认为，社会救助工作对经济发展和社会稳定所起的作用是显而易见的，因此，应加大推进城乡社会救助体系建设力度。

问题一：社会救助体系不完善，制度缺失

问题解剖：现在低保人群、低保边缘或低保边缘外的部分困难群众，一旦遭遇突发性灾害、不可预测的事故、难以预料的重大疾病等，其基本生活将难以维持，对临时性救助依赖性较大，而目前有关部门对解决这部分人的救助，没有一个完整的临时性救助制度，救助的随意性较大，解决不了实质性问题。

解决办法：加快推进城乡社会救助体系建设；尽快加强和完善慈善事业的管理。

具体措施：以建立和完善各项社会救助制度为重点，以创新救助体制和机制为动力，以加强服务网络建设和信息化为手段，逐步建立起以城市最低生活保障和农村社会救助制度为基础，以医疗、教育、住房、司法等专项救助为辅助，以优惠政策相配套，以社会互助为补充，政府责任明确，社会广泛参与，运转协调、资金落实、管理规范、网络健全，与经济社会发展水平相适应、覆盖城乡的社会救助体系。重点首先要放在原有社会救助制度和办法的修改上，对部分条款进一步细化，将有争议性的条款明了化，应保留的保留，该取消的取消，便于操作，利于执行。其次是尽可能出台临时救助实施办法。对救助对象、救助范围、救助程序、救助资金等事项用制度来规范，避免出现随意性。最终建立社会保险、社会救助和慈善事业三者相衔接的覆盖城乡居民的社会保障体系。

我国慈善事业还处在发展的初级阶段，有关制度还不完善，公众参与率还较低。因此，慈善事业急需转变政府职能，着力培养一批高质量的慈善机构，并给予相关的政策支持和发展空间，为公众参与慈善事业搭建平台。此外，要尽快就慈善捐赠立法，利用法律的强制力来提高慈善捐赠的积极性。

问题二：社会救助标准有壁垒

问题解剖：社会救助目前尚无统一科学的困难评价方法，而且在不同地区、城乡之间低保标准差距较大。一些城区边缘的农村，目前实际支出与城镇居民没有两样，就是因为户口问题，每月享受的标准就有可能不一样。

解决办法：实施城乡一体化救助标准，真正消除城乡壁垒。

具体措施：现在城区边缘农村村民和城市居民的户口已一体化了，都称为“居民户口”。而且，城市和农村居民的消费支出已没有什么大的区别，水、电、煤气等都是城乡一个价。因此，就低保标准实行城乡一体化，已到了时机。当前，可以在经济发达的设区市采取市、区、镇三级财政提供不同比例的救助金，实行救助标准城乡一体化试点。

问题三：救助管理不规范

问题解剖：救助管理不规范。救助工作包含多种方式，相应地涉及多个职能部门。问题的关键是，各部门在具体实施救助时，一般以部门为单位各自为政，所救助的对象互不通气，设立的贫困标准也不统一，救助的时机也不一致，救助的额度随意性较大，导致救助工作失于公正。

解决办法：实施资源整合，加强部门之间的协作和配合。

具体措施：按照目前的管理体制，必须要建立统一的协调机制。明确职责，合理分工，提高救助效果。也可以采取“救助对象统一管理，资金共同分担，统一使用”的救助制度，即在政府的统一领导下，将财政、教育、卫生、劳动、司法、工会、共青团、妇联等部门所能提供的救助资金集中在一起，所有救助对象由各级民政部门牵头分类统计，根据提供救助资金的多少，由民政部门具体分配救助对象数量，其余部分由财政兜底。这样既可避免救助对象的重复、遗漏现象，同时也便于统一救助标准。

问题四：救助资金投入不足

问题解剖：近几年，政府和慈善机构用于社会救助的资金虽然一年比一年多，但以社会救助对象增长的速度与有限救助资金来比较，两者比例有些失衡。因此，仅靠以政府财政投入为主体的救助资金，对社会救助工作来说还是有相当大缺口。

解决办法：扩大社会救助资金的来源渠道。

具体措施：要制定相应的政策，开辟社会救助资金筹集渠道，鼓励、支持知名企业和社会名流以企业或个人名义设立民办社会救助慈善基金。对企业和个人用于捐助各类公益事业和社会救助的资金给予税收政策优惠，鼓励企业和个人向社会救助机构、慈善基金捐款捐物。对于企业和个人捐助设立的社会救助基金，由基金管理机构自行管理、自主投资，基金的增值部分，只要向政府和社会公告资金的来源和去向，就可以免除相应的税收。对自愿成立社会救助基金的发起人、捐助的有功人士，政府要予以表彰。条件许可的情况下，按照规定的程序，政府也可以注入一定的资金，共同建立社会救助基金，并参与社会救助基金的管理，确保社会救助资金规范运作，服务社会、稳定社会。

问题五：救助时间不及时

问题解剖：救助时间“不及时”在实施医疗救助制度上尤为明显，因为现行医疗救助一般是事后救助，治疗与救助未能同步实施，致使贫困户有病无法看。在住房救助、教育救助上同样存在这些问题。

解决办法：加强救助工作信息网络建设。

具体措施：要加强救助体系信息系统建设，构建城乡社会救助信息网络系统，通过信息系统的技术支撑，建立相应的网站平台和信息数据库，由配备的协管员和相关人员，及时、准确、动态地汇集城乡各类困难群众的信息，真正实现资源共享化、工作流程化、救助规范化、数据一致化，以有效地增强社会救助的准确性和时效性。

（作者：《人民政协报》编辑）

（选自《人民日报》2008年4月9日）

监管主体视角下的我国食品安全监管体制研究

张晓涛

食品安全监管在实践中就是对食品安全和质量进行检测和执法。根据世界卫生组织（WHO）和联合国粮农组织的定义，食品安全监管是指："由国家或地方政府机构实施的强制性管理活动，旨在为消费者提供保护，确保从生产、处理、储存、加工直到销售的过程中食品安全、完整并适于人类食用，同时按照法律规定诚实而准确地贴上标签"。对食品安全监管的分析需要明确监管的主体——谁来监管，监管的依据——依据何种法律法规监管，监管的措施与手段——如何监管，监管的效率——能不能保证食品安全等问题。食品安全监管体系就是由强制性的食品监管活动和食品供应链各个利益相关方面参与的预防性、教育性战略相结合而成的产物。本文仅从食品安全监管主体的角度入手，分析我国食品安全监管体制存在的问题并提出完善的对策。

我国现行食品安全监管机构及职能分配

目前我国政府在对食品安全的管理上，基本采取以政府多个部门实行切块分段共管的模式。

中央政府一级的食品安全管理工作主要由食品与药品监督管理局、卫生部、农业部、国家质检总局、工商总局和商务部共同负责。这些部门则向国务院报告工作。以上几个机构都各成体系，在省、市、县一级都分别设有相应的延伸机构，每个机构都有自己的具体结构和管理范围。这些部门主要是按照分段监管的原因对食品进行监督管理，食品从原料到加工成成品的过程，一个环节由一个部门负责。农业部负责原料种植养殖环节，质检部门负责食品生产加工环节的卫生监督，工商部门负责餐饮、食堂等公共食品环境卫生，国家食品药品监督管理局实施综合协调查处重大事故。

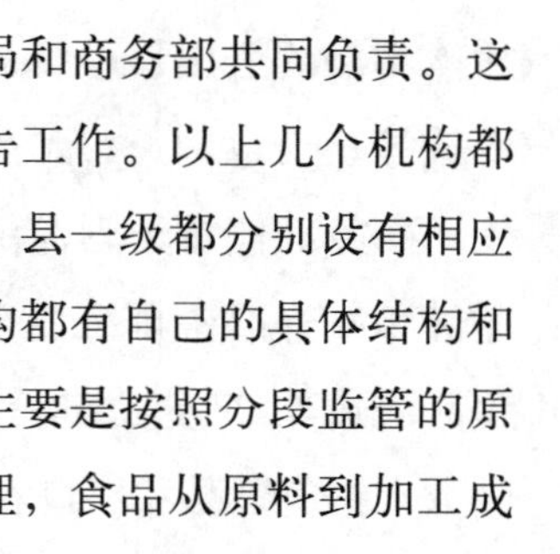

食品药品监督管理局是国务院综合监督食品、保健品、化妆品安全管理和主管药品监管的直属机构，负责食品、保健品和化妆品安全管理的综合监督、组织协调和依法组织开展对重大事故查处，负责保健品的审批。

卫生部主要负责国内市场的食品卫生政策和食品管理工作，主要职责是：负责拟定食品卫生安全标准；牵头制定有关食品卫生安全监管的法律、法规、制度，并对地方执法情况进行指导、检查、监督；负责对重大食品安全事故的查处、报告；研究建立食品卫生安全控制信息系统。

农业部主管种植养殖过程的安全，负责农田和屠宰场的监控以及相关法规的起草和实施工作，负责食用动植物产品中使用的农业化学物质（农药、兽药、鱼药、饲料及饲料添加剂、肥料）等农业投入品的审查、批准和控制工作，负责境内动植物及其产品的检验检疫工作。

国家质检总局主要负责食品生产加工和出口领域内的食品安全控制工作。负责食品安全的抽查、监管，并从企业保证食品安全的必备条件抓起，采取生产许可、出厂强制检验等监管措施对食品加工业进行监管，建立与食品有关的认证认可和产品标识制度。特别是出口食品加工厂的注册、出口动物和植物性食品检查、活体动物的进出口检疫、出口检验检疫证书的发放等。

商务部侧重于食品流通管理，主要职资是通过积极开展争创绿色市场活动，整顿和规范食品流通秩序，建立健全食品安全检测体系，监管上市销售食品和出口农产品的卫生安全质量。

工商行政管理局负责组织实施市场交易秩序的规范管理和监督，对食品生产、经营企业和个体工商户进行检查，审核其主体资格，执行卫生许可审批规定。同时，查处假冒伪劣产品和无证无照加工经营农副产品与食品等违法行为。

除上述部门外，还有一些政府机构也参与食品检验和控制。如科技部负责食品安全科研工作，环保局参与产地环境、养殖场和食品加工流通企业污染物排放的监测与控制工作等。这样，中国就形成了按照食品链环节进行部门分工为主，品种监管为辅的监管框架。

我国现行食品安全监管机构与职能设置存在的问题

我国食品安全监管部门设计的逻辑性与矛盾

从表面看，我国食品安全监管部门及职能的设计是一个多部门多级别架构的体制。这种方式比较符合食品问题的复杂性、多样性和社会性交叉等特点，至少能够在概念上让人充分相信从上到下的国家机器都在食品安全监管上获得了最大限度的运转机能。

尽管中国食品安全监管模式的设计在行政权分解状态下最大程度地寻求行政资源的整合，这一体系运营的效率要取决于两方面问题的解决：一是中央各部门的合作；二是中央与地方的合作。然而我国的食品安全监管体系的设计主要是从行政本身的角度来划分的，是建立在行政学的基础上，对各部门职能的描述是概括化、政策化的语言，其模糊性和解释余地之大不得不让人怀疑我国食品安全监管理念的根基。

2003年中国的政府机构改革中，在原国家药品监督管理局基础上组建食品和药品监管局，并授予其综合监督管理食品安全的权力，这无疑是实现综合监管的重大举措，对于理顺现行行政监管体制和加强关乎公众健康安全的措施有着特殊重要意义。但是它所能起的作用有多大，这才是必须深刻思考的问题。中国食品药品监管局要履行自己的综合管理的职能至少会遇到双重的阻碍：第一，从机构设置来看，食品和药品监督管理局属于国务院直属机构，在地位上不比其他国家机构高，在中国这样一个有着严格的等级的行政体制下，它有什么力量去“综合管理”。第二，从职能划分来看，几乎所有的中央国家机关的在某种程度上都被授予“综合监管”的职能，当它们的监管领域发生重叠和碰撞时，每个部门都名正言顺有理由来捍卫自己的“领地”。

部门之间的协调性有待进一步提高

我国目前食品管理模式表面上看几乎调动了许多力量来齐抓共管，但实质上是没有一个部门真正在管或最终负责。这种分权共治模式

的根本特点是权力被分散而无法形成绝对的权威管理。中国在食品管理上形成的多部门管理格局是不同部门仅仅负责食品链的不同环节的结果。目前，食品安全管理权限分属农业、商务、卫生、质检、工商、环保、法制、计划和财政等部门，形成了“多头管理，无人负责”的局面，严重影响了监督执法的权威性。

我国食品安全监管实行分段监管的本意是将食品安全监管细化，让食品制造的各个环节都能充分得到政策主体的管理与指导。但在我国各执行主体间工作不协调，各个部门之间权限界定不清楚，只能相互交叉，政出多门，管理重复和管理缺位现象突出，政策实施的通道被切成了不相连接的几段。当出现食品安全事件需要追究责任时，所涉及的各有关方面都会本能地推卸责任。这种情况常常导致管理活动的重复、法律实施的不稳定、管理活动缺乏一致性和管理盲区的出现等，还可能导致公共健康目标和贸易便利化及产业发展之间出现矛盾。

以生产环节为例，仅食品生产企业的监管部门就包括卫生部、国家食品药品监督管理局、国家质检总局、国家工商总局这4家；卫生许可权由卫生部门掌握；质检总局控制质量标准；工商总局负责企业登记和食品流通；食品保健品的审批和注册由国家食品药品监督管理局负责。自2005年4月震惊全国的安徽阜阳劣质奶粉事件发生后，社会各界就对因多头管理而漏洞频出的现行食品安全监管体制提出了质疑。

中央与地方的关系有待进一步理顺

中国现行的食品安全监控工作由国家和地方政府的管理机构共同负责。中央政府一级的食品安全管理工作主要由卫生部、农业部、国家质检总局和商务部等部门共同负责，这些部门则向国务院报告工作。这几个机构都自成体系，在省、市、县都分别设有相应的延伸机构，每个机构的具体结构和管理范围都很复杂。大部分省、市和县级政府都设有与卫生部、农业部和国家质检总局对应的食品安全管理机构。一般情况下这些食品安全管理机构直接对当地的本级政府负责，但接受中央机构的管理和技术指导。也有些情况下地方的食品安全管理机构直接接受中央机构的领导，比如省级的进出口检验检疫局。但是，地方政府也有权制定自己的规章和标准，而地方的食品安全管理机构都是地方财政自给，因而很可能更多地关注于本地区利益而不是国家的标准。目前，各部门从中央到地方的垂直系统亦十分复杂。卫生部、农业部从中央到地方均为分级管理。食药局成立后，地方上尚无食品监管的职能部门，如何实行地方上的监管，依然是未知数。

食品安全监管行业参与不够

产业界是食品的提供者，建立有效的食品安全保障体系，离不开产业界包括生产者和进口商、加工者、销售商（零售和批发）、食品服务、贸易组织等有关各方的密切配合。产业界在食品安全管理体系中的作用主要通过以下途径进行：一是与政府沟通，将行业信息传递给政府，为政府完善管理制度提供服务；二是通过行业自律加强行业内部管理；三是与消费者沟通，根据消费者的需求不断完善行业内部管理制度。但是，目前这几个方面的作用没有得到充分发挥。

目前我国的食品安全管理体制是一个自上而下的体制。法律法规的出台、标准的制定、检验检测体系的建立、认证认可体系的建立并不是根据行业的现实情况出发的，这样就容易造成管理“虚化”的问题，很多具体管理制度实际上执行不下去。目前食品行业组织还没有得到充分的发育，即使有些行业成立了行业协会，但运行还很不规范。食品行业与消费者的沟通也比较少，一些食品生产加工者和销售商为了

降低成本和占领市场，利用与消费者信息不对称的机会，制假售假，给食品安全造成了极大隐患。

消费者在食品安全监管中的作用未得到充分发挥

在有效的食品安全保障体系中，消费者起着重要而关键的角色。但目前，我国大多数消费者对于食品安全问题没有引起足够的重视。即使一部分消费者对食品安全问题比较重视，由于消费者组织还不健全，也缺乏有效参与监督的渠道。

完善我国食品安全监管体制的对策

以消费者健康与安全为核心，重新建立足以控制各环节风险的食品安全体系是发达国家食品安全管理体制变化的总趋势。从国际经验来看，加强食品安全管理各部门之间的协调是食品安全管理体制改革的核心。这种协调表现为两种类型： 一类是以加拿大、丹麦、爱尔兰、澳大利亚为代表，为了控制风险，将原有的食品安全管理部门重新统一到一个独立的食品安全机构，对全过程进行统一监管，彻底解决部门间分割与不协调问题；另一类是以美国和日本为代表，食品安全的管理机构依然分布在不同的部门，但通过明确食品类别（美国）或按照环节（日本）进行分工，以保证对“农田到餐桌”全过程的监管。值得注意的是，即使在美国也一直存在着要求食品安全管理机构完全统一到一个部门的声音。阿根廷、智利和荷兰等国也在积极探讨成立一个专门机构的必要性和可行性。

我国有必要借鉴发达国家的经验，并避其不足。目前，我国多部门监管体制存在的问题是显然的，必须对其进行改革。就实际情况来说，近期内不可能建立一个单一的食品安全监管机构体系，也没有任何一个部门能够在短期内挑起确保13亿人口食品安全的重任。比较现实的选择是通过加大协调力度和完善协调机制，处理好部门之间的关系、不同级次政府之间的关系、政府与消费者组织和产业界以及其他相关利益方之间的关系，将多部门体系转变为综合部门体系。为此，提出几点建议：

成立国家食品安全委员会

我国食品安全管理多达八九个部门，各部门之间缺乏统一协调，成立食品安全委员会极有必要，国外也有先例和经验。现在由于职责划分不够明确，在生产过程和市场流通中常出现“谁都管和谁都不管”的现象。建议我国尽早组建由相关政府职能部门组成的食品安全委员会，专门负责组织协调政府各主管部门对我国食品安全的监管，并为政府制定食品安全政策提供建议，研究提出食品安全保障机制，调查评估食品安全状况并提出改进措施。

对政府食品安全管理机构进行合理分工

政府食品安全管理机构的合理分工，是建立协调的能够实现由“农田到餐桌”食品安全的食品安全管理体制的核心。可供选择的改革方向有三种，每一种都要国家食品药品监督管理局充分发挥其综合协调作用。

第一种是把现在分布于各部门的食品安全管理机构完全整合在一起，统一放到一个独立的食品安全管理机构，彻底解决机构重复和管理盲区问题。该方案对现有行政体制的冲击最大，改革的难度也最大。

第二种是可以借鉴美国现有的食品安全管理体制模式，由国家食品药品监督管理局牵头组织有关部门，按照食品的类别在各个部门进行分工。每个部门独立地对自己所分管食品从“农田到餐桌”进行全过程监管，其他部门无权干涉。该方案与目前的行政管理体制有一定冲突，因为各部门现有的食品安全监管职能是按照食品产业链条的环节来划分的，因此，改革力度较大，也存在一定难度。

第三种则是在现有的管理体制基础上进行小的调整，依然按照食品产业链的环节进行分工。由国家食品药品监督管理局牵头，组织卫生、农业和质检等部门研究制定分工方案。主要解决两个问题：一是就监管方面存在交叉和重复之处进行明确的重新分工，只能由一个部门负责，其他部门退出。二是就无人管理的盲区进行明确的分工，确定哪个部门负责哪些尚无人监管的盲区。在制定分工方案时要充分考虑各个部门已经建立的检验监测网络的实力。这个方案最接近现有管理体制，但是必须解决好分工后各环节之间的协调和衔接问题。解决衔接问题的关键之一在于都应该服从于一个统一的食品安全标准体系。

充分发挥地方食品安全管理体系的作用

中国地域辽阔地区间差异明显。可借鉴美国经验实行食品安全机构联合监管制度，建立中央政府和地方政府既相互独立又相互协作的食品安全监督网，在县市、省区和全国全面监督食品的生产与流通。必须充分发挥地方食品安全管理体系的作用，由各级政府负责所辖区域的食品安全监管工作，实行主管领导问责制。中央和地方在食品安全标准上要保持很好的协调。凡是存在国家标准的，地方监管机构必须按照国家标准进行检验监测。食品在地区间的流通，以国家标准或国际标准进行监管，没有国家标准的，各地可以按照地方标准进行监管。

建立消费者组织、中介组织、企业和政府间相互沟通的机制

食品安全的实现有赖于社会上每一个人的积极参与和努力。食品产业链的生产者、加工企业和流通业者通过自己的声誉来积极维护食品安全是食品安全体系有效运转的核心。政府和社会的监管仅仅是外在的约束，生产、加工和流通主体的良好卫生规范与自我检验监测才是内在的决定因素。这些主体内在积极性的发挥也有赖于消费者的支持，消费者只有珍视自己的食品安全投票权，把钱投给那些提供优质安全食品的企业而从不购买无证商贩的食品、自主维护良好的市场秩序，那些为提供安全食品而付出额外代价的食品生产者和企业才能够得到补偿，才能够有激励继续维护食品安全。

另外，各种形式的中介组织对于食品市场的监督以及相关信息和食品安全技术的推广也具有重要的作用。行业协会可以约束行业内的企业，权威的非官方质量认证机构也为优秀的企业提供了社会声誉保障，农业生产者组织可以对组织内部成员的生产过程和产地环境进行自主监督。为了充分在发挥社会各方面维护食品安全的积极性，有必要建立一个消费者组织、中介组织、企业和政府间相互沟通的机制，通过沟通来加深理解、寻求共同解决食品安全关键问题的办法。

（作者：中央财经大学金融学院副院长）

（选自《今日中国论坛》2008年第5期）

2008年以来突发事件频发对我国公共安全问题的启示

刘助仁

2008年以来，我国遭受诸多劫难：冰雪肆虐、汶川地震、胶济撞车、襄汾溃坝、阜阳疫情、“结石奶粉”，还有藏独及疆独的暴力破坏活动加剧，基层社会动荡失序状态有所抬头。尤其是2008年年初的冰灾和5月的震灾，其破坏之惨烈、抗御之艰难都大大出乎预料。这些突如其来的公共安全危机事件，都展现一个事实：当代中国社会将可能进入“高风险社会”。作为一个历尽劫难、善于举一反三的民族，我们应当在历经一次次的天灾人祸中仔细想一想对我国公共安全带来了怎样的启示。

一、进一步强化风险意识

全球化、现代化的日益泛化和深化，不仅给人类社会提供了无数机会，也制造着无数风险。由于人类无视环境破坏而向自然野蛮索取引发的自然灾害，现在已经越来越频繁。近年来，世界各地遭遇的地震、海啸、洪水、冰冻、高温等天灾，不仅比过去正常年景多得多，而且对人类正常生活的伤害也愈加严重。风险社会理论是对未来世界也是对现实世界将可能存在和业已存在的“社会疾病”经过详细地了解分析之后得出的一个诊断性结论，是反思现代社会危机的背景下提出的，是预见性和判断性的统一。近年来世界各地接连不断的恐怖袭击、一连串的灾难性重大事故、新的致命性传染病蔓延，以及频繁发生的世界经济危机和金融风暴，一再证实了这一理论：我们所处的世界的确发生了很大的变化，现代社会是一个高风险社会。

从社会发展的一般规律来说，当一个国家人均GDP进入1000—3000美元的区间，基于社会资源、体制等方面的制约，会进入一个矛盾凸显的灾害事故频发阶段。在此阶段，往往对应着人口、资源、环境、效率和公平等社会矛盾的瓶颈约束最严重的时期，也是极易出现社会经济容易失调、国民心理容易失衡、社会伦理容易失范、社会容易失序等现象的关键时期。目前我国人均GDP不及2000美元，正进入经济转轨和社会转型的加速期。随着工业化、城镇化的深入，“中国的人口、资源、环境容量已达到支撑的极限”；伴随着自然生态环境的恶化及自然界本身活动的周期性变化，近年来，我国地震、洪涝、干旱、飓风和冰雪等重大天灾频繁发生，还有空前肆虐的SARS事件和H5N1高致病性禽流感疫情；我国的改革正处于关键时期，矛盾凸显，危机易发，如重大刑事案件、涉外突发事件、群体性暴力事件、政治性骚乱等时有发生，以及接连不断的重大事故灾难，等等。一系列备受海内外关切的高密度天灾人祸，令中国政府的应急能力经受严峻考验。相比之下，世界经济社会生活运行中的风险更加扑朔迷离。2007年时，谁曾想到美国次贷危机的蝴蝶效应会导致全球经济蒙上严重滞涨放缓的阴霾？伴随世界经济运行风险的加剧，我国经济发展的外部环境更趋复杂严峻，不确定因素日趋增加。流动过剩、通胀不下、能源短缺、贫富拉大、就业紧张、楼市泡沫、股市震荡等多种风险交织一起，使风险带有明显的复合特征。

历史是一面镜子，警醒我们要有风险意识，现实是一种挑战，呼唤我们增强忧患意识。风险有一个长期潜藏和孕育时期，若不进行积极应对，今天的风险可能成为明天的灾难。风险社会的来临首先要求各级政府保持清醒头脑，时刻拉响风险警报，防止在毫无戒备的情况下酿成本可避免的悲剧，力争将各种危机造成的损失降到最低。我们党和政府的最高领导层对当代社会始终保持着清醒的政治头脑，如胡锦涛总书记和温家宝总理曾在党代会和人代会等多种重要场合提“忧患意识”，发出盛世危言。这表明最高领导层对国内形势有清醒准确的判断，更表现出极强的对民族、对国家前途命运的风险意识、忧患意识、责任意识和前瞻意识。这既是一个来自灾难深重的中华民族历史深处的警示，也是一个来自严峻的公共安全形势与神圣的历史使命的鞭策。只有高度重视风险问题，才能更好地建设一个和谐社会。

然而，我国公众的风险意识比较淡薄，应对风险经验不足。如2003年重庆开县发生井喷事故时，一些村民不是逃命，而是站在那里看热闹，等到心里感觉不舒服时想跑，却已跑不动了。人无远虑，必有近忧。从生产引发的事故风险到地震等引发的自然风险，都警示我们要有强烈的风险意识、忧患意识。只有当社会公众牢固树立起居安思危、防患未然的风险意识和忧患意识，才能在风险或危机到来之时把对自己对社会的破坏性后果降到最低限度。为此，必须通过切实有效的风险教育，唤起社会公众的风险意识和忧患意识，未雨绸缪。而社会公众则要加强风险知识的了解，增强预防、处理风险手段的储备，保证生产工作的安全。

二、健全公共安全保障体系

自“9·11”事件和SARS事件以来，党中央多次提出“建立健全各种预警和应急机制，提高政府应对突发事件和风险的能力”；温家宝总理在《政府工作报告》中也特别强调要加快建立健全各种突发事件应急机制，全面提升政府和整个社会保障公共安全与危机管理的能力。2008年以来一系列突发事件的发生，再次证明这一决策是非常有预见性、非常正确和非常及时的。

SARS事件以来，以“一案三制”（突发公共事件应急预案、应急管理体制、机制和法制）建设为主要内容的危机管理工作取得明显进展，全国应急预案体系基本建立，危机管理体制初步形成，危机管理机制不断完善，危机管理法制体系逐步完善，危机专业队伍体系基本形成，危机管理能力不断增强。但也必须清醒地看到，与日益增多的“预料之外”、日趋严峻的灾害威胁相比，我国危机管理能力仍显薄弱，与保障公共安全、构建和谐社会的要求不相适应，还必须进一步完善有效的政府公共安全保障体系。

1．进一步健全公共危机管理体制。危机管理在很大程度上是一种政府行为，政府介入危机管理是通过一系列法律、规范、标准和指南等政策实现的。应当进一步健全我国政府的公共危机管理体制，包括：建立起我国“防灾减灾抗灾救灾（灾指自然、人为和技术灾害）——危机管理——国家公共安全保障”三位一体的

系统；成立由政府及军队、公安、消防、民防、地震、气象、通讯、能源、交通、环保、农林水、医疗等各职能部门共同组建我国防灾减灾抗灾救灾——国家公共安全保障体系，逐步把“综合防灾减灾抗灾救灾管理体制”上升到“公共危机综合管理体制”；健全高效的公共安全管理决策机构，其主要职能是制定公共安全管理战略、政策和计划，保证中央的政令畅通和对突发事件的统一领导，实行严格的危机决策和指挥的责任制，同时在地方各级层面上也应设立相关机构。

2．进一步完善危机管理运行机制。主要包括：（1）预警机制。应对现代风险社会中的突发事件，首要的是要有科学准确的预警，要求我们必须充分利用现代科技发展成果，通过建设准确可靠的危机预警机制，及时监控、预测风险并把握风险向危机与灾难转化的时机，提前做好应对准备。科学的危机预警机制包括预警管理的组织、程序、制度、方法以及技术、设备、信息平台建设、判断准则等。这套机制“不仅要在总量和指标方面对公共危机加以分析和判断，而且还应从社会结构的不同层面出发，分别考察公共危机对不同层面的人群所可能造成的不同影响”。（2）应急机制。公共危机管理的成败，关键取决于应急机制是否能够迅速有效地运行。要求我们在危机发生前即做好充分的应急准备。应急机制要体现早发现、早报告、早控制、早解决的原则，同时强调科学性、实用性、可操作性和权威性。还要进一步完善公共危机管理的信息共享机制、社会动员机制、保障机制、协调机制和监督机制等。

3．进一步加快危机管理法制建设。目前，我国已制定了应对危机管理法律体系中起着总体指导作用的龙头性法律——《突发事件应对法》；应对自然灾害的《防震减灾法》、《气象法》、《防洪法》；应对事故灾难的《安全生产法》、《民用航空法》；应对公共卫生事件的《传染病防治法》、《突发公共卫生事件应急条例》；应对社会安全事件的《集会游行示威法》、《戒严法》和《消防法》等法律法规，为我国在应对突发事件、加强危机管理方面，基本做到了有法可依。但与经济社会快速发展的客观要求相比，还存在诸多薄弱环节与现实问题。当务之急，要尽快制定出《突发事件应对法》的实施条例及其他配套法规与规章。要适时制定出《国防动员法》、《食品安全法》、《网络安全法》、《国民经济动员法》等有关危机管理的法律。各地区要依据有关法律、行政法规，结合实际制定或修订应对突发事件的地方性法规和地方政府规章。全面规范危机管理，提高依法保障公共安全水平。

三、大力优化公共治理结构

1．必须全面落实科学发展观。科学发展观强调要以人为本，实现经济社会全面协调可持续发展。这是我们党对社会主义和谐社会建设指导思想的新发展。优化公共治理结构的实质就是要有效缓和各种矛盾，抑制社会风险，避免公共安全问题发生。政府转型是优化公共治理结构和落实科学发展观的必然要求。为此，要加快改革政府内部治理结构，加快转变政府职能，大力完善政府社会管理和公共服务职能，切实把政府工作重点转变到提供基本公共产品和有效的公共服务上来，使政府职能从经济发展目标优先向社会和谐目标优先转变；要消除经济转轨、社会转型过程中的不和谐因素，着力建设民主法治、公平正义、诚信友爱、充满活力、安全有序、人与自然和谐相处的社会主义社会，把保障公共安全和危机管理的策略有机地整合到国家的可持续发展的战略之中；要把保障公共安全与危机管理引入未来国民经济和社会发展规划，在此基础上制定国家保障公共安全和危机管理的战略、策略与政策，以阐明国家保障公共安全和危机管理的目标及基本的政策选择，达到防患于未然或防止危机扩大与恶化的效果；要切实加快把我国经济社会发展纳入科学发展轨道的步伐，诸多灾难一再证明，粗放式经济发展方式已到了非改不可的地步。比如，这次襄汾溃坝事故，其直接原因就是非法矿主违法生产，野蛮、掠夺式开采，尾矿库超储导致溃坝引起的。尤其值得一提的，2008年以来的灾后重建，特别是地震灾后重建，我们应按照科学发展观的要求，在做规划、重建家园中似应提高基础设施建设标准，把技术标准提到百年大计；要优化国土开发格局，统筹考虑未来人口分布、经济布局、国土利用等因素，引导人口与经济在国土空间因地适宜地合理分布；针对年初雪灾，不少有识之士指出，今后我国南部应增加防严寒的准备，北方则增加防酷暑的规划；逐步完善南部地区的能源结构，如增大核电站的比例，适度缓解“北煤南运”的压力。

2．要积极培育完善公民社会。区别于政府的公民团体和民间力量在社会发展中起着极其重要的作用，应对各种风险尤其巨灾，仅仅依靠政府力量肯定远远不够。因此如何培育公民社会公众参与能力，如何培育公民社会的自救能力，是刻不容缓的事。改革开放以来，随着市场经济的发展，公民团体的发育和壮大，以及利益的独立和分化，一个公民社会的雏形正在我国逐渐形成。从冰灾到震灾，一方有难，八方支援，充分表明我国以全新的面貌经受了巨大考验。这其中重要一点，就是我国公民社会的成长在这两次巨灾中得到了充分展示。譬如，当灾难发生后，我们不仅能看到国家领导人在灾害现场，而且也被灾区人民的自救和互救行动感动着，被民间志愿者的无私帮助感动着。他们的身影活跃在各个灾区，在废墟中寻找生命，将食物和水送到灾民手里，扮演了协助灾民的重要角色。可以说，普通民众和公民团体对救灾的积极参与，真正体现了公民的责任精神。尤其在震区这样的环境中，一个发育健全的公民社会可以提供具体而细微的社区服务，弥补公共部门职能受到削弱的空间。经过一次更甚一次的巨灾严峻考验，伴随着市场经济与民主、法治的成长进步，中国公民社会将日趋完善和崛起。

四、提高应对公共安全问题的能力

1．要依靠先进的公共安全科学技术。科技是第一生产力，公共安全科技是提高公共安全度的重要基础。要大力强化公共安全科技理论的基础研究和突发公共安全事件预测、预防、预警与调查处置关键技术的研究，重点加强生产安全、核安全、火灾与爆炸安全、社会安全、食品安全、国境检验检疫等领域的技术研究，普及推广先进公共安全科学技术，将增强公共安全建立在依靠科技进步、加强科技管理和提高劳动者的素质上。同时，要加强政府对危机管理的政策科学研究，有计划地对各级党政干部进行危机管理培训，提高危机管理政策水平和危机处理能力。政策研究将为制定应对突发事件的危机管理政策提供依据，内容包括：突发事件应对法研究、灾害应急管理法研究、自然灾害救济法研究、自然灾害保险政策研究、灾害恢复重建政策研究和灾害管理投入政策研究等。面对不停息的灾难与事故，政府要支持公共安全与防灾减灾建设，尤其要支持科学家对“未知的”灾害领域的探索，特别应研究一个区域在最大灾害状态下的应急机制与救援机制，真正地按地区安全质量去配置生产与生活。有了这种研究在先的预案机制，人类会在灾害面前变得主动，不会总是无助地“挨打”。

2．加强减灾科技能力建设。科技在减灾工作中具有根本性的作用。每一项减灾行动的决策与实施，都要采取科学的态度，运用科学的方法。要加强综合减灾的科学研究与技术创新，

促进科技成果在减灾领域的应用。加强减灾关键技术研究，深入研究各灾难之间、灾害与生态环境、灾害与社会经济发展的相互关系，研究制定国家综合减灾中长期科技发展战略。加快遥感、地理信息系统、全球定位系统和网络通信技术的应用,以及减灾高技术成果转化。建设综合减灾的技术标准体系，提高综合减灾的标准化水平。加大国家对综合减灾的科技资金投入，建设一批对国民经济和社会发展具有全局性、关键性的减灾工程，开展一批重大减灾示范项目,组织实施重大自然灾害风险调查、评估、监测和预警等减灾科技项目。加强减灾学科建设和人才培养，建设综合减灾的人才培养基地。充分发挥国家减灾委专家委员会和各领域的专家在线咨询服务、技术支持、理论指导等方面的作用。

3．广泛开展交流与合作。不仅在一些可能对周边区域或国家产生影响的突发事件中，要加强区域或国际合作，通过合作将受影响区域或国家的损失降到最小；即使只在本区域或本国产生重大影响的灾害事故，通过广泛开展交流与合作，可以积极争取地区性组织和国际社会在资金、物资、人员、技术、教育、培训及道义上的支持,增加危机与灾害的应急处理能力。另外，要努力加强综合安全领域的区域或国际合作。可考虑加强与周边地域或国家在应对自然灾害等方面的机制合作，当出现重大自然灾害时，可自动启动与周边地区或国家相互救助体系。针对世界气候变化引发环境灾难和美国次贷危机引发的一系列世界经济风险，应积极推动国际体系变革,增强国际社会共同应对经济、能源资源、金融、环境等安全风险的能力。此外，通过国际交流与合作，可以学习国际先进经验。

（作者单位：湖南省社科院政治与公共管理研究所）

（选自《经济研究参考》2008年第63期）

第七部分

理论·生态文明建设

跨入生态文明新时代

——关于生态文明建设若干问题的探讨

姜春云

党的十七大报告第一次提出“建设生态文明”,并把它作为全面建设小康社会的一项重要目标。这一重大命题的提出，标志着我们党发展理念的升华,对发展与环境关系认识的飞跃,治国方略的创新和发展，具有划时代的意义。

人类社会正在跨入崭新的生态文明时代

什么是生态文明？人类发展的实践表明,生态文明是有别于任何一种文明的崭新文明形态,其产生和发展具有必然的历史演进轨迹,即人类原始文明→农耕文明→工业文明→（后工业文明）→生态文明。人们熟知的物质文明、政治文明、精神文明，都是伴随人类社会的发展而逐渐产生发展的，惟有生态文明是现代工业高度发展阶段的产物。众所周知，工业革命带来了生产力的空前解放和发展，创造了巨大的物质财富，同时导致了严重的环境危机和生态恶化，使发展变为不可持续。生态文明是在深刻反思工业化沉痛教训的基础上，人们认识和探索到的一种可持续发展理论、路径及其实践成果。可以说，生态文明是对农耕文明、工业文明的深刻变革,是人类文明质的提升和飞跃,是人类文明史的一个新的里程碑。生态文明不只是生态、环境领域一项重大研究课题，而且是人与自然、发展与环境、经济与社会、人与人之间关系协调、发展平衡、步入良性循环的理论与实践，是人类社会跨入一个新的时代的标志。

回眸历史,人类文明进化的轮廓清晰可辨。首先是原始文明，至少经历了170万—200万年。中国的原始文明,始于距今约170多万年前的元谋人。那个时期，极少的人口以狩猎采集为生，主要以石器为生产工具，对地球数千亿吨计的净植物生产力来说，人类的“消费”量简直可以忽略不计。原始农业出现后，虽然产生了生态问题，但地球生物圈一直保持着巨大的自我恢复生态平衡能力。这种人类与生物、环境之间自然有序的协同进化关系,堪称原始“绿色文明”。到了农耕文明时期,随着生产工具和技术的进步，人类利用和改造自然的能力越来越大，相应的生态问题日渐显现、突出。过度开发林地、草地、丘陵山岗地与河湖滩地带来的生态、环境恶化，致使文明衰落的变故屡见不鲜。但总的看，这个时期人类的发展对自然生态的负面作用是渐进的，有一定的限度。进入工业文明时期，人类对大自然展开了空前规模的征服运动，以掠夺的方式开发利用自然资源。据有关统计资料，整个20世纪，人类消耗了约1420亿吨石油、2650亿吨煤、380亿吨铁、7.6亿吨铝、4.8亿吨铜。占世界人口15%的工业发达国家，消费了世界56%的石油、60%以上的天然气和50%以上的重要矿产资源，从而带来了严重的生态、环境问题。那么，我们不禁要问，其余85%欠发达国家和地区的人口，面对剩下的不到50%的地球一次性资源，要实现工业化，如果沿袭传统工业化的发展方式，还有多少余地和空间?！这让人们看到了，作为一个整体的人类社会，第一次遇到了前所未有的生存与发展危机。

就是在这样的背景下，人类开始了生存与发展的深刻反思和艰难探索，生态文明顺势而生。1972年召开的联合国人类环境会议，唤起了各国政府对环境问题的关注。1992年在巴西里约热内卢召开的联合国环境与发展大会，使可持续发展思想得到了最高级别的政治承诺，为生态文明建设提供了保障。20世纪后半叶以来，加强环境保护、走可持续发展之路，逐渐成为全人类的共识。从对大自然的掠夺型、征服型和污染型的工业文明走向环境友好型、协调型、恢复型的生态文明，是革命性的变化和进步。这既是人类历史发展的被迫之举，也是由“自在”走向“自为”的明智之举。

实践一再告诫人们，人类的经济社会活动不可超越自然生态系统的承载阈值，超过了这个阈值就要遭受大自然的无情报复。在上下约万年的人类文明长河中，一些古老文明国家和地区，如古埃及文明、古巴比伦文明、古地中海文明和印度恒河文明、美洲玛雅文明等之所以消亡、衰落，其中一个共同的根源就是过伐森林、过度放牧、过度垦荒和盲目灌溉等，使广袤的森林、草原植被遭到毁坏，河道淤塞，水土流失加剧，土地沙化、盐碱化，肥沃的土壤遭到侵蚀、剥离，失去了作物生长所需的大量矿物质营养，于是随着土地生产力的衰竭，它所支持的文明也就必然日渐衰落、消亡。我国黄河文明的兴盛与衰落，重要原因亦在于自然生态系统的繁茂与破坏。“顺自然生态规律者兴，逆自然生态规律者亡”。这是人类社会发展的一条铁的定律，古今中外概莫能外。

西方发达国家既是工业文明的先行者，又是最大的环境破坏者。工业革命对于人类财富的积累是一次巨大的进步，但对于人类的生存环境却是一次灾难。英国于19世纪60年代，美国、法国于20世纪初期，德国于20世纪30年代，苏联和日本于20世纪70年代，先后完成了传统工业化，又都经历了资源高消耗、环境高污染的过程。自20世纪初期开始，工业化国家环境重污染的“公害事件”层出不穷。特别是轰动一时的“世界八大公害事件”(比利时马斯河谷污染事件，美国多诺拉污染事件，英国伦敦烟雾事件，美国洛杉矶光化学烟雾事件，日本的水俣病事件、米糠油事件以及富山、四日等地的有害气体与毒物公害事件)，向全球敲响了生存危机的警钟。

最早享受工业文明的西方发达国家，在尝到了工业化带来的环境恶化苦果之后，率先反思过去、转换发展方式，步入生态文明时代。经过半个多世纪的努力，多数发达国家调整优化经济结构，治理生存环境，建设生态文明，取得了令人瞩目的成就。其经济结构的主体已由以“高投入、高消耗、高污染、低效益”为主要特征的重化工业，转变为以“低投入、低消耗、低污染、高效益”为主要特征的第三产业（主要是现代服务业)。据《国际统计年鉴》资料，以英、美、法、德、日为例，2004年一、二、三产业的比重分别为1%、26%、73%；1%、22%、77%；2.5%、21.7%、75.8%；1%、26%、73%；1.4%、27.9%、70.7%。其结果，不但经济增长质量高，效益高，就业率高，民生状况改善，而且生态、环境也大为改观。尽管这些国家的生态文明建设成效，在相当大程度上是借助于其经济技术乃至政治、军事优势，通过攫取发展中国家的资源、转嫁“污染公害”完成的，但是它说明了一条真理：由传统工业文明向生态文明转变，建设生态文明，其所获得的经济、社会、生态、环境、民生效益，是传统工业化根本无法比拟、企及的。

发展中国家的工业革命迟了一大步，目前正处于工业化初期或中期，亦面临严重的生态、环境挑战。当务之急是如何避免重蹈发达国家“先污染，后治理”的覆辙，跳出这一“怪圈”，加紧由传统工业文明向生态文明的转变，走新型工业化道路。

深刻认识、准确把握生态文明的本质及特征

认识和把握生态文明的本质及特征，对于树立和落实科学发展观，实现人与自然和谐、发展与环境双赢，至关重要。为什么生态文明能够破解人类社会发展不可持续的困局，产生良好的经济、社会、生态、环境效益？这是由生态文明的本质及特征决定的。

就本质与含义而论，生态文明是当代知识经济、生态经济和人力资本经济相互融通构成的整体性文明。生态文明不仅是遵循自然规律、经济规律和社会发展规律的文明，还是一种遵循特殊规律的文明，即遵循科学技术由“单一到整合、一维到多维”综合应用规律的文明。在理论和实践的结合上，生态文明正是“以人为本，全面协调可持续发展”的科学发展观要求的文明，即人与自然和谐、发展与环境双赢、经济社会发展成果人人共享、公众幸福指数不断升高的文明。

就人与自然、人与社会、人与人关系的认识和实践而论，生态文明的主要特征可以概括为：审视的整体性、调控的综合性、物质的循环性和发展的知识性。

审视的整体性。传统工业文明所关注的重点，是工业经济的快速发展。从创造物质财富的角度审视，这无疑是正确的、必要的，但其致命的弱点是不顾地球生态圈大循环的整体、全局，忽视环境容量和自然生态的承载力，以致陷入了环境恶化和发展不可持续的困境。而现代生态文明，则既保持了工业文明的优点、长处，又克服了它的弱点、短处。生态文明理念所强调的是，坚持以大自然生态圈整体运行规律的宏观视角，全面审视人类社会的发展问题，将人类的一切活动都放在自然界的大格局中考量，按自然生态规律行事。经济社会发展，既要考虑人类生存与繁衍的需要，又必须顾及生态、资源、环境的承载力，以实现人与自然和谐，发展与环境双赢。生态文明理念的实质，就是认定生态、环境是人类发展的基础，一切经济社会发展都要依托这个基础，从这个基础承载力的实际出发，任何超出这个基础承载力的发展，都将带来不良以致得不偿失的后果。强调发展必须坚持“自然生态优先原则”，即“量体裁衣”、“量入为出”、“索取适度、回报相当”，而不可“急功近利”、“竭泽而渔”，肆意妄行，与自然规律、生态法则撞车。这也正是为什么惟有生态文明能够根治工业文明导致的环境恶化、发展不可持续的痼疾，使发展与环境实现良性循环的奥妙要诀所在。

调控的综合性。传统工业文明时代形成的经济学、社会学、人文和自然科学，尽管都蓬勃发展，硕果累累，为经济增长和社会进步作出了重大贡献，但其最大的弱点在于独立分割，切断了相互间固有的内在有机联系，呈现了各展其长、各行其是的格局。其结果，一是导致整个自然生态与人类社会经济运行的大循环，难以统筹谋划、正常有序实现，带来种种顾此失彼的失衡现象，造成资源的巨大浪费，

影响其潜在生产力的开掘；二是孤立的不同学科研究的局限性，又很容易陷入某种片面性、表面性、盲目性、主观性，导致人口、资源、环境与经济、社会、民生之间不协调、不平衡，甚至互相矛盾、抵消，形成恶性循环，使发展不可持续。而现代生态文明科学的显著特点，就是集生态学、经济学、社会学和其他自然、人文学科之大成，成为一门多学科相互联结的大跨度、复合型、融为一体的交叉学科。这种联结和组合，不是多个学科的简单相加，而是追求生态系统、经济系统和社会发展内在规律的有机统一，综合研究、分析、解决传统工业文明向现代生态文明转变中的重大问题。这种立足于大自然与人类发展全局的综合性研究，能够准确观察、判断整个人口、资源、环境、经济、社会、民生等的总体结构及其运行状况，找出诸多运行链条中究竟哪些是长的、强的，哪些是短的、弱的，从而提出恰当的调整优化对策，达到“全面协调可持续发展”的预想目标。

比如，长期以来，“先污染，后治理”似乎已经成为工业化不可逾越的定律，我国不少公职人员也都这样认为。那么，推进工业化是不是就一定跳不出“先污染，后治理”的怪圈？实践证明，既要工业化，又不陷入环境恶化困境，是可以做到的。芬兰等北欧一些国家，爱尔兰、瑞士、加拿大、澳大利亚等国家，就走了一条以生态文明为主导的新型工业化路子，其经济实现了高度现代化，生态、人居环境又一直良好。关键在于这些国家把优化生态、保护环境纳入了治国方略，从发展规划、政策设计到法律法制，都体现了人与自然和谐、发展与环境同步的生态理念，从而避免了“先污染，后治理”。在我国，此等范例也是有的。威海、珠海、厦门、廊坊、三亚等一批城市，改革开放以来经济发展速度都高于全国平均水平，但生态环境质量也一直良好。诀窍在于其发展理念、方针和政策，把保护和优化环境放到了应有的位置，做到了“生态立市、环境优先、发展与环境双赢”。

物质的循环性。能量转化、物质循环、信息传递，是全球所有生态系统最基本的功能和构成要素。实践证明，发展循环型生态经济和清洁生产，使经济活动变为“资源—产品—废弃物—再生资源”的反馈或循环过程，是生态文明理念的重要体现，也是有效消除传统工业化“资源—产品—废弃物”这种简单直线生产方式弊病的有效举措。循环型生态经济既可以大幅度提高经济增长质量、效益，培育新的经济增长点，又能从根本上节能降耗减排，做到“资源消耗最小化、环境损害最低化、经济效益最大化”。这种生产方式，工业可行，农业可行，环保、商贸、服务业等也都是可行的。近些年来，我国已经涌现出一批发展循环经济的企业、行业、工业园区和城市，效果之显著令人瞩目。

发展的知识性。传统工业化的完成主要靠资金、资源、环境、民生的高投入、高消耗，在创造巨额财富的同时，付出了过大的资源环境代价。而生态文明时代的经济发展，则主要靠智力开发、科学知识和技术进步。人类已经进入知识经济时代，各种新知识、新技术、新工艺、新材料、新模式如雨后春笋般迅猛发展，特别是信息技术、生物技术的突破，正从根本上改变人们的思维方式、生产方式和生活方式。科学技术真正变为“第一生产力”，人才资源成为“第一资源”，并转化为人力资本。这种大趋势把智力开发、技术进步推上了主导发展的“帅位”。随着时代的发展变化，人才、智力在生产力构成中的作用是大不相同的，其重要性在不断升级：在农业经济时代是“加数效应”，在工业经济时代是“倍数效应”，在生态与知识经济时代是“指数效应”。科学研究表明，随着科学技术向生产力的转化，体能、技能、智能对社会财富的贡献分别为1∶10∶100，即一个仅具有体能而无技能、智能者，与一个既有体能又有技能者对社会的贡献率的差距为10倍；与一个体能、技能、智能兼备者相比，对社会的贡献率则是100倍的差距。据世界银行测算，投资于物质资本，其回报率为110%；投资于金融资本，其回报率为120%；投资于人才开发，其回报率为1500%。正因为如此，多年来西方发达国家一直在抢占人才、科技与知识的制高点，大幅度增加人力资本、人才培育、高新技术研发和应用的投资。统计资料表明，1995年至2005年的10年间，中国公共教育支出占GDP比重由2.3%上升至3%左右；而世界平均水平由5.2%上升至7%；发达国家则由5.5%上升至9%。发达国家知识经济在国民经济中所占的比重已经超过50%。可见，由工业文明向生态文明转变，不仅是理念的转换和更新，更是经济发展投入要素的转型，即现代知识、技术和智力资本唱了主角，起决定性作用。这是生态文明与传统工业文明的又一显著区别。

上述四大特征说明，生态文明是源于工业文明又高于工业文明的文明，其优势和优越性远非工业文明所能比拟。走生态文明之路，已是当今世界的大势所趋。

那么，生态文明与物质文明、政治文明和精神文明又是什么关系呢？这要作科学辩证分析。就其领域属性而论，四大文明都有各自特定的含义、特征和功能，四者又是相辅相成、互为因果的现代文明的总体。就时代而论，生态文明既是建立在物质、政治、精神文明的基础上，又处于这一基础的主导位置，即这个时代要求把生态文明理念与道德准则贯穿于经济、社会、人文、民生和资源、环境等各个领域，发挥导向、驱动作用，使所有的发展都体现生态文明的要求和新的文明时代特点。如果不懂得这一点，思想、理念、道德、行为仍然停留在传统工业文明阶段，那么，这种人就是时代的落伍者。可惜，目前我国这种人还占有相当的数量。这是需要着力解决的一个大问题。

在中国推进生态文明建设具有特别重大的意义

建设生态文明是全球所有国家和地区的共同事业，在中国建设生态文明具有特别重大的现实意义和深远的战略意义。

中国是人口、幅员大国，在中国建设生态文明既能造福于13亿人口，又将对全球生态文明建设作出重大贡献。人所共知，西方发达国家经过百年的工业革命，借助其经济技术等方面的优势，在可持续发展领域的研究与实践先走了一步，生态文明已具雏形，其成果惠及约10亿人口。但全球尚有50多亿人口处在工业文明初期或中期，生态文明刚刚萌芽。中国是最大的发展中国家，如果我国率先跨入生态文明社会，不但会使全国的经济、社会、生态、环境、人文、民生面貌为之一新，而且必将大大加快全球生态文明建设进程。届时，全球“绿色版图”将明显扩大，有1/3以上的人口走上生态文明之路。同时，发展中国家如何在工业化进程中转化为生态文明社会，中国能够提供可资借鉴的经验。

推进生态文明建设对破解我国前进中的种种难题有决定意义。改革开放以来，我国经济快速发展，创造了举世瞩目的奇迹，成就辉煌。但发展中所付出的资源、环境代价过大，发展不平衡、不协调的矛盾突出，城乡差别、地区差别、收益分配差别扩大，生态退化、环境污染加重，民生问题凸显以及道德文化领域里的消极现象等，严重制约了现代化宏伟目标的顺利实现。如何破解难题，走出困境，实现良性循环，事关改革、发展大局。须知，这些矛盾和问题都是传统工业化带来的，若以工业文明

理念和思路应对，不但于事无补，还会使困境日益深化。惟有以生态文明超越传统工业文明，坚持以生态文明的理念和思路，对发展中的矛盾、问题作统筹评估、理性调控、综合治理，方能化逆为顺、举一反三、突破瓶颈制约，在新的起点上实现全面协调可持续发展。

以能源、效益、效率为例。我国的资源产出效率极低，每吨标准煤的产出效率只相当于美国的28.6%，欧盟的16.8%，日本的10.3%。我国第二产业的劳动生产率只相当于美国的1/30、日本的1/18、法国的1/16、德国的1/12和韩国的1/7。差距就是潜力，后进蕴藏着发展机遇。如果以生态文明理念和思路引领发展，不要说能耗、效益、效率达到发达国家水平，就是达到世界平均水平，我国面临的种种难题都可以大为缓解，并能获得非常可观的经济、社会、生态、环境效益。以产出单位GDP所耗能源相比，若以日本为1个单位，那么，德国为1.5，美国为2.67，而我国为11.5。这意味着1单位（千克石油当量）能源消耗在我国仅能创造不到0.7美元的GDP，而世界平均为3.2美元，日本则达到10.5美元，德国达到7美元，美国约为5美元。这也就是说，若以1美元比7.4867元人民币的汇率（2007年10月人民币兑美元汇率）计算，我国单位能耗创造GDP若能达到世界平均水平，仅以目前的能耗总量，就可产出超过14.35万亿美元的GDP，人均GDP将超过1.1万美元。同样的能耗水平，2007年我国GDP仅为3.14万亿美元。二者差距之大，可以想见！我国能耗如此之高，恰好说明按照生态文明理念转变经济发展方式，调整优化产业结构，加快技术进步，有效降低能耗，推进经济集约化、生态化、知识化，是多么迫切、紧要！其潜力又是多么巨大！如果各级政府、各行各业在行动上切切实实这么做了，那么，我国的经济发展、社会进步以及生态优化、环境保护，岂不可以创造出新的人间奇迹！

推进生态文明建设，是全面建设小康社会的迫切需要。党的十七大对全面建设小康社会的目标任务，从五个方面提出了新的更高要求。“建设生态文明”既是目标任务之一，也是实现“更高要求”的保障。总的看，我国物质文明建设成就卓著，城乡人民对经济发展、生活改善是满意的，给予好评，但对环境恶化，则反映相当强烈。国家环境保护部有关资料显示，“十五”期间，二氧化硫排放量比2000年增加了27.8%。淮河、海河、辽河、太湖、巢湖、滇池等重点流域和区域治理污染任务只完成计划目标的60%左右；主要污染物排放量远远超过环境容量，环境污染严重。全国26%的地表水国家重点监控断面劣于水环境V类标准，62%的断面达不到III类标准；90%流经城市的河段受到不同程度污染，75%的湖泊出现富营养化；30%的重点城市饮用水源地水质达不到III类标准；近岸海域环境质量不容乐观；46%的设区城市空气质量达不到国家二级标准，一些大中城市灰霾天数有所增加，酸雨污染程度没有减轻。在一些地方，人们呼吸新鲜空气、饮洁净水、食无公害食品，成为可望不可及的事情，以致影响了身体健康，甚至致病早亡。有人说，30年前，做梦也不会想到今天的生活会这样富足；同样，做梦也不会想到今天的环境会如此恶化。环境问题已成为引发社会矛盾、影响社会稳定的一大公害。生态文明作为全面建设小康社会的重要组成部分，必须与其他目标任务同步。然而，同物质文明相比，我国生态文明建设明显滞后，亟须加大力度，加快步伐。否则，势必会拖全面建设小康社会的后腿，这是应当防止和避免的。

生态文明建设必将促进全民族生态道德文化素质的提高。我国环境恶化迟迟不能根本好

转，这与人们的生态道德文化缺失有直接的关系。近些年来，我国城乡居民的生态意识、环保观念日益增强，参与生态治理、环境保护的积极性明显提高。但是，生态道德文化尚未普遍植根于广大群众心中。相当多的人生态道德文化水平低下，处于“文盲、半文盲”状态。有些公务人员的生态道德、环境意识差得惊人。据《中国青年报》2006年11月13日报道：某省环保局日前公布的一项问卷调查显示，在接受调查的人群中，93.31%的群众认为环境保护应与经济建设同步发展，然而却有高达91.95%的市长、厅局长认为加大环保力度会影响经济增长。生态道德文化缺失还表现在消费领域追求奢华、过度消费、甚至挥霍浪费等方面。事实说明，在广大群众尤其是在公职人员中间，强化生态道德文化教育，“补生态道德文化课”，亟为迫切、重要。

我国是具有悠久生态道德文化与伦理传统的国家，传统文化中蕴含着丰富而朴素的生态道德文化，其中“天人合一”理念就代表了中华民族追求人与自然和谐统一的精神境界。“导之以政，齐之以刑，民免而无耻；导之以德，齐之以礼，有耻且格。”建设生态文明，不仅需要法律的约束，更需要道德的感悟。而通过生态文明建设进行生态道德文化教育，是提高全社会生态道德文化水准的最佳途径和方式。应当抓住这一良好机遇。在广大城乡居民中广泛深入地开展生态道德文化宣传教育，普及生态道德文化知识，特别要重视提高各级领导干部的生态道德文化水准；大力推进生态文明企业建设；加强生态道德立法，规范人们的生态道德行为；转变消费观念，倡导适合国情的合理适度消费；还要实行村居民生态自治，充分发挥民间环保组织的作用，并把生态道德文化教育与生态文明建设密切结合起来，以收相互促进、事半功倍之效。

建设生态文明需要注重解决好的几个关键性问题

思想观念问题。思想是行动的先导，“观念决定成败”。尽管我国的生态文明建设有了可喜的进展，但是还有相当多的人（包括某些领导干部和公职人员）的思想观念仍然停留在传统工业文明时代。“重经济轻环境、重速度轻效益、重局部轻整体、重当前轻长远、重利益轻民生”的发展观、政绩观、价值观，在一些地方和单位仍然占主导地位，这些地方和单位还在不惜以牺牲生态、环境为代价，追求GDP的高速增长。显然，若不破除种种陈旧的传统思想观念，代之以可持续发展的理念和思路并见诸行动，生态文明建设就很难迈出大的步伐。看来有必要在各级干部和人民群众中，结合深入学习实践科学发展观活动，紧密联系实际，就如何转变思想观念的问题进行一次解放思想的大讨论。是继续因循传统工业文明的旧观念、老路子，还是坚持科学发展观，以生态文明理念和思路指导发展？这个带根本性的问题破解了，认识飞跃了，生态文明建设才能真正变成各级各行各业和全民族的自觉行动，才能跨入生态文明新时代。

经济发展方式问题。党的十七大强调指出，要转变经济发展方式。应当说，我国的经济发展基本上沿用了传统工业文明的方式，在经济持续高速增长的二十几年间，西方工业化初期出现的环境污染、生态退化以及种种社会、民生问题便集中显现出来。实践证明，由工业文明向生态文明转变，关键在于转变经济发展方式。从我国现实情况出发，当前最紧要的是调整优化产业结构，做到强化第一产业，加快发展第三产业，适当调控第二产业（重化工），改变“二产比重高、三产比重低、一产发展滞后”的不协调现状；实现由主要靠物质（资金、资源、环境）投入向主要靠知识、智力开发和技

术进步加快发展转变；调整优化经济区域布局，按照不同生态功能区确定发展方向、重点；坚持经济、社会、环境、资源、民生统筹兼顾，全面协调可持续发展。转变经济发展方式与建设生态文明，两者互为因果、相辅相成，都应当作为重中之重，下大力气抓好。

偿还生态欠债问题。长期以来，我国环境保护投入不足，欠债过多，留下了巨额生态赤字。据世界自然基金会《2006年地球生态报告》称，2006年中国人均生态足迹量（自然资源消耗量）为1.6地球公顷，生态赤字为0.8地球公顷，比世界平均指数高近一倍。专家测算显示，仅"十五"期间我国生态赤字就达到5万亿元之多。生态赤字带来的后果，就是环境恶化、灾害加重、发展不可持续。要根本扭转环境恶化趋势，实现人与自然和谐，建设生态文明，就必须偿还生态欠债，做到"多还旧债，不欠新债"。严峻的环境形势、巨额的生态赤字，对国人而言既是严肃的警示、强烈的震撼，又是无情的挑战。偿还生态欠债是全国上下、社会各界和全体公民共同的责任。虽然政府、企业、社会、个人所承担的责任、义务大小各有不同，但是为偿还生态欠债作出力所能及的贡献，是责无旁贷的。

改革、完善政绩考评标准。实行以GDP为经济社会发展的主要考核标准和办法，对促进经济快速发展起到了重要作用。但这种不顾及资源、环境成本的政绩考评标准和制度，也助长了种种非理性的发展理念和行为。如"以GDP论英雄"，盲目追求、互相攀比经济增长速度，"拼资源、拼环境，追求高速发展"。这同科学发展观和生态文明的要求是相悖的。解决发展理念和指导思想问题，关键在于改革、完善经济核算和政绩评价制度体系。近些年来，国家有关部门设计、试行的以"绿色GDP"为主要内容的新的核算评价体系，把资源、环境、民生等纳入了核算考核内容，有效弥补了以往单纯以GDP作为考评主要标准的缺陷。目前全国已有若干省（区、市）试行，效果非常好，使各级干部由原来主要关心经济增长速度变为全面关心经济、资源、环境、社会、民生的协调持续发展。若将这项改革在全国普遍推开，那么，树立和落实科学发展观，建设生态文明，破解改革与发展中的难题，就有了强有力的保障。

加强领导问题。建设生态文明是一场深刻的革命，也是一项宏大的系统工程，牵动改革、发展全局。要使生态文明建设全面推开，卓见成效，必须加强党和政府的领导。应当作为一项战略性任务，列入重要议事日程，由主要领导同志亲自抓，定期检查，总结经验，具体指导。这是有决定意义的环节，也是有待突破的环节。值得注意的是，目前不少人有认识误区，认为生态文明只是一项具体任务，还没有把生态文明建设提到时代的高度，作为人类社会发展的一次伟大的革命性转折来看待。这说明，很有必要加强对生态文明这一重大课题的研究。应当站在时代的高度，从理论和实践的结合上，进一步搞清楚生态文明的内涵、本质、特征及重大的现实意义和深远的历史意义，并结合正在全党开展的深入学习实践科学发展观活动，不失时机地推行、实施好生态文明建设。

（作者：原中央政治局委员、全国人大常委会副委员长）

（选自《求是》2008年第21期）

生态文明建设：环境保护工作的基础和灵魂

周生贤

促进人与自然的和谐，是国民经济和社会发展全局赋予环境保护工作最重要、最根本的时代重任，是推进环境保护历史性转变的出发点和根本目标。坚持以人为本、全面协调可持续发展，积极推进生态文明建设，是新时期环境保护工作的基础和灵魂。

一、生态文明的实质是要摆正人与自然的关系

十七大报告明确提出，要“建设生态文明，基本形成节约能源资源和保护生态环境的产业结构、增长方式、消费模式”，使“生态文明观念在全社会牢固树立”。生态文明作为全面建设小康社会的奋斗目标首次写入党的政治报告，这是我们党对社会主义现代化建设规律认识的新发展。

生态文明是人类文明的一种新形态。它以尊重和维护自然为前提，以人与人、人与自然、人与社会和谐共生为宗旨，以建立可持续的生产方式和消费方式为内涵，引导人们走上持续和谐的发展道路。生态文明强调人的自觉与自律，强调人与自然环境的相互依存、相互促进。建设生态文明、追求人与自然和谐的过程是人类不断认识自然、适应自然的过程，也是人类不断修正自己的错误、改善与自然的关系和完善自然的过程。

人与自然的关系反映着人类文明与自然演化的相互作用及其结果。人类的生存与发展依赖于自然，同时，文明的进步也影响着自然的结构、功能与演化。在原始社会，由于社会生产力水平十分低下，人与自然的关系更多地表现为人对自然的敬畏和被动服从。到了农业文明时期，随着人口的增加和生产力水平的逐步提高，人类开始不安于自然的庇护和统治，在利用自然的同时试图改造和改变自然，而这种改造和改变往往伴随着很大的盲目性、随意性和破坏性。工业文明的出现，使社会生产力有了质的飞跃，人类利用自然的能力极大地提高。这时，人类对自然的理念也发生了根本的改变，由“利用”变为了“征服”，“人是自然的主宰”的思想占据了统治地位。笛卡尔就认为，借助科学“我们就可以使自己成为自然的主人和统治者”。但是，令人叹惜的是，由于盲目自大，人类对自然的征服和统治变成了对自然的掠夺和破坏，对自然资源无节制地大规模消耗，带来了污染物的大量排放，最终造成自然资源迅速枯竭和生态环境日趋恶化，能源危机、环境

污染、水资源短缺、气候变暖、荒漠化、动植物物种大量灭绝……灾难性恶果直接威胁到人类的生存与发展，人与自然和谐也面临着有史以来最严峻的挑战。

从20世纪60年代开始，人类对自身与自然关系的反思和认识迅速升温。1972年，联合国发表了《人类环境宣言》，郑重声明只有一个地球，人类在开发利用环境的同时，也承担着维护自然的义务。90年代以后，以《里约热内卢环境与发展宣言》、《21世纪议程》为代表的一系列具有里程碑意义的纲领性文件的问世，标志着实现人与自然和谐发展已成为全球共识。

人类是大自然中的一员，人类起源于自然、生存于自然、发展于自然，人与自然本是一个须臾不可分离的有机整体，与自然和谐相处、和谐发展是人类发展的题中应有之义。整体是基，共处是形，和谐是本。破坏自然就是损害人类自己，保护自然就是呵护人类自己，改善自然就是发展人类自己。当今世界，人与自然和谐相处、和谐发展的关键，是要端正人的思维、校正人的认识、调整人的发展行为。人与自然关系发展演变到今天，自然界已经受到了人类活动的太多伤害。如果只是一味地坐等自然界的自行修复而不是给自然界恢复的机会，就难以从根本上重新建立人与自然之间新的平衡与和谐。因此，人类不仅要严格地保护自然，尽快地恢复自然，更重要、更急迫的是要在尊重自然规律的前提下，充分发挥人的主观能动性，运用自然规律科学地修复自然，在更高的层次上实现人与自然的和谐。从这个意义上讲，在建设生态文明、促进人与自然和谐发展的进程中，保护自然是基础，恢复自然是目标，改善自然是关键。

二、建设生态文明是发展中国特色社会主义的必然选择

在工业化的进程中，我国明确提出建设生态文明，是由我国的基本国情决定的。近年来，我国环境保护工作取得了积极进展，但是环境形势依然严峻，长期积累的环境问题尚未解决，新的环境问题又不断产生，一些地区环境污染和生态破坏已经到了相当严重的程度。发达国家上百年工业化过程中分阶段出现的环境问题，在我国已经集中出现，不仅造成了巨大的经济损失，还给人民生活和健康带来严重威胁，直接危及全面建设小康社会的进程。未来十几年，工业化、城市化还将加剧，如果一般性地在政策上做些小的调整，或在原有的政策框架内“加大力度”，很难彻底解决日益严重的环境问题。我们必须通过发展方式、消费方式的根本性调整，大力提高资源利用效率，大幅度降低污染排放强度，努力实现废物减量化、资源化、无害化，力争以最小的资源和环境代价，支撑和实现我国国民经济又好又快发展。

在工业化的进程中，我国明确提出建设生态文明，是提高我国经济国际竞争力的重要措施。随着全球环境问题的日益突出，自然资源和生态环境的稀缺性成为人类社会面临的共同问题。无论出于全球环境保护的需要，还是一些发达国家出于贸易保护的需要，生态化设计、循环利用资源、保护环境等已成为产品竞争力的重要标志。可以预见，谁在有利于环境保护的产品设计、技术创新方面占据优势，谁就在新的国际竞争中占据了制高点。我国明确提出建设生态文明，必将深刻影响人们的思想观念，推进工农业生产、生活消费等向着有利于环境保护的方向发展。通过将保护环境的任务渗透到生产、流通、分配、消费的全过程，将保护环境的要求体现在价格、财税、金融、贸易政策中，推动技术创新沿着节约资源、保护环境、循环经济的方向迈进，使我国的工业化真正走上新型工业化道路，加快从工业大国向工业强国转变的历史进程。

在工业化的进程中，我国明确提出建设生态文明，将为全球环境保护作出积极贡献。发达国家在工业化的进程中，走过了一条先污染后治理的道路。20世纪的100年中，美国累计消费了大约350亿吨的石油、73亿吨的钢、2亿吨铝、100亿吨的水泥，付出了沉重的环境代价。不足世界人口15%的发达国家，目前仍然消费了全球50%以上的矿产资源和60%以上的能源，排放了大量的污染物，对全球环境安全造成了巨大的威胁。我们建设生态文明，就是把建设资源节约型、环境友好型社会放在工业化、现代化发展战略的突出位置，从根本上摒弃发达国家大量消费、大量废弃的传统模式，为全球环境保护作出积极贡献。

三、积极推进生态文明建设

建设生态文明，不同于传统意义上的污染控制和生态恢复，而是修正工业文明弊端，探索资源节约型、环境友好型的发展道路。要真正实现与自然和谐的生产生活，需要大规模开发和使用清洁的可再生能源，实现对自然资源的高效、循环利用。这种根本性的转变不是一个国家可以完成的，需要与其他国家协同努力。对于尚处于工业化时期的中国，挑战固然是巨大的，但作为后发国家，积极借鉴和吸收他国经验，更是一次重大的机遇。因此，我们必须抓住历史机遇，采取积极措施，推进生态文明建设的进程。

在思想上，要正确认识环境保护与经济发展的关系。加快实现“三个转变”：一是从重经济增长轻环境保护转变为保护环境与经济增长并重；二是从环境保护滞后于经济发展转变为环境保护和经济发展同步；三是从主要用行政办法保护环境转变为综合运用法律、经济、技术和必要的行政办法解决环境问题。各级政府要牢固树立保护环境、优化经济结构的意识，将环境保护作为新时期推进发展的主要任务。“科学发展看环保，和谐社会看民生”要成为各级领导干部的共识。

在政策上，要从国家发展战略层面切入解决环境问题。只有将环境保护上升到国家意志的战略高度，融入经济社会发展全局，才能从源头上减少环境问题。在发展政策上，要抓紧拟定有利于环境保护的价格、财政、税收、金融、土地等方面的经济政策体系，促使鼓励发展的政策与鼓励环保的政策充分融合。在发展布局上，要遵循自然规律，开展全国生态功能区划工作，根据不同地区的环境功能与资源环境承载能力，按照优化开发、重点开发、限制开发和禁止开发的要求确定不同地区的发展模式，引导各地合理选择发展方向，形成各具特色的发展格局。在发展规划上，要进一步优化重化工工业的布局，调整产业结构，转变经济发展方式。

在措施上，要实行最严厉的环境保护制度。要像控制人口、保护耕地一样，实行最严厉的环境保护制度，建立健全与现阶段经济社会发展特点和环境保护管理决策相一致的环境法规、政策、标准和技术体系。凡是污染严重的落后工艺、技术、装备和产品一律淘汰；凡是不符合环保要求的建设项目一律不允许兴建；凡是超标或超总量控制指标排污的工业企业一律停产治理；凡是未完成主要污染物排放总量控制任务的地区一律实行“区域限批”；凡是破坏环境的违法犯罪行为一律受到严惩。最严厉的制度包括严格的法律制度、环境标准、训练有素的执法队伍、行之有效的执法手段等，核心要求是杜绝一切环境违法行为，要让任何对环境造成危害的个人和单位补偿环境损失，绝不允许“少数人发财，人民群众受害，全社会买单”的情况一再出现。

在行动上，要动员全社会力量保护环境。环境保护是全民族的事业，必须紧紧依靠人民群

众，充分调动一切积极因素，形成千军万马齐心协力保护环境的局面。一是广泛开展环境宣传教育。多形式、多方位、多层面宣传环境保护知识、政策和法律法规，弘扬环境文化，倡导生态文明，营造全社会关心、支持、参与环境保护的文化氛围，提高全民保护环境的自觉性。二是加强部门协作。环保部门推动环境保护事业发展责无旁贷，其他有关部门是环境保护事业的共同建设者。要加强环保部门的机构、队伍和能力建设，进一步完善环境保护统一监督管理体制。三是强化社会监督。公开环境质量、环境管理、企业环境行为等信息，维护公众的环境知情权、参与权和监督权。对涉及公众环境权益的发展规划和建设项目，要通过听证会、论证会或者社会公示等形式，听取公众意见，接受舆论监督。四是形成科技创新与科学决策机制。要不断加大全球性、区域性、流域性等重大环境问题的成因与演化趋势的研究，组织开展科技攻关，带动环境保护体制机制创新。进一步加强国际合作与交流，理性地借鉴国际环境保护的成功经验，积极参与全球性、区域性环境保护活动。五是健全公众参与机制。发挥社会团体的作用，为各种社会力量参与环境保护搭建平台，鼓励公众检举揭发各种环境违法行为，推动环境公益诉讼。

（作者：国家环保总局局长）

（选自《求是》2008年第4期）

践行科学发展观，促进生态文明建设

万本太

以胡锦涛同志为总书记的党中央提出的科学发展观，是与毛泽东思想、邓小平理论和“三个代表”重要思想一脉相承而又与时俱进的科学理论，是中国特色社会主义理论体系的重要组成部分，是发展中国特色社会主义必须坚持和贯彻的重大战略思想，是新时期我国经济社会发展的重要指导方针。

科学发展是实现经济与环境相协调的必由之路

传统的经济发展是从自然中开发资源，然后作为原材料对其加工，生产出产品或商品，同时向环境排放了大量的废水、废气、废渣和环境污染物，造成了环境污染和生态破坏。这是一个由投入资源、制成产品、排放废物构成的线性发展模式。这个模式给人们一个概念，就是发展经济必然会造成生态破坏和环境污染，这是在一定的社会发展阶段难以协调的矛盾。世界发达国家在实现工业化和现代化的过程中，由于发展的理念和目的等原因，也确实造成对本国乃至全球生态环境的严重破坏，使人类自身的生存环境质量恶化。

新中国成立50多年的发展实践也基本如此。尽管我们借鉴了发达国家的经验教训，在指导思想上确定了“预防为主、防治结合”的原则，但由于传统观念、经济实力、技术水平、管理效能、生产方式、产业结构和消费模式等因素的影响，对环境的污染和生态的破坏也是严重的，至今仍让人们深受其害。

人类一方面在享受发展结出的物质成果，另一方面又遭受发展带来的环境灾难，这就迫使人类不得不寻找解脱的出路。从罗马俱乐部的“增长的极限”到1992年世界环发大会提出的可持续发展的理念，都是人们寻找发展与环境相协调之路进行的积极探索。客观地说，这些探索都是对传统发展模式的继承与创新，但也都存在着历史的局限性。只有当代中国共产党中央领导集体提出的科学发展观，才是指引我们实现经济发展和环境保护相协调的灯塔。

科学发展观的第一要义是发展，核心是以人为本，基本要求是全面协调可持续，根本方法是统筹兼顾。科学发展观所追求的是着力把握发展规律、创新发展理念、转变发展模式、破解发展难题、提高发展质量和效益，实现又好又快的发展。科学发展观是把解决民生问题放在首位，坚持走生产发展、生活富裕、生态良好的文明发展道路。

科学发展观追求的发展模式是由投入资源、制成产品、再生利用、新型产品构成的循环发

展模式，要求在生产的初端投入的资源尽可能地减少，最大限度地节约资源能源，生产的产品尽可能地耐用和再利用，而在生产的终端产出的废物则尽可能地减量化、资源化和无害化，提倡清洁生产。科学发展观旨在建设资源节约型、环境友好型社会，促进人与自然和谐，使人们在优良的环境中生产生活。归根到底，科学发展就是坚持以人为本的全面、协调、可持续发展，是经济、政治、文化、社会等方面的发展与人的全面发展的辩证统一，是发展速度和结构质量效益相统一，是发展强度与资源环境承载力相适应，是经济发展与人口资源环境相协调。

生态文明是化解生态危机的济世良方

200多年前发生的工业革命，给人类带来了前所未有的巨大物质财富，创造了无与伦比的灿烂文化，结出了辉煌的工业文明之果。但是，工业革命也是一把双刃剑。当历史的航船驶进了20世纪中叶的时候，由于工业文明对自然进行野蛮式的掠夺和开发，加剧了人与自然的矛盾，引发了由环境污染、生态破坏和资源短缺构成的生态危机。比如，全球变暖、臭氧层破坏、生物多样性锐减、土地荒漠化和水土流失、酸雨的长距离输送、有毒有害物质越境转移、POPs污染、热带雨林和湿地面积减少、海洋污染、淡水资源和能源短缺等。

引发这些生态问题的原因，从表面上看是生产方式和发展不当造成的，但深层次的原因是极端的人类中心主义和生物中心主义的价值观、伦理观造成的。因此，要想化解这场全球性的生态危机，人类必须进行一场深刻的文化观念革命。而生态文明正是生态危机催生的人类文明发展史上最进步、更高级的文化伦理形态。只有以生态文明的伦理观代替工业文明的伦理观，才是化解人与自然关系危机的济世良方。

生态文明是人类遵循人、自然与社会和谐发展的客观规律，在改造客观世界和主观世界的过程中取得的物质和精神文化成果的结晶。它以尊重和维护自然为前提，以人与自然、人与人、人与社会和谐共存为宗旨，以建立可持续的生产方式和生活方式为内容，引导人们走可持续的发展道路。

生态文明观念要求人类必须摒弃极端的人类中心主义，强调人与自然公平，尽可能地保护地球上的生物多样性；强调物种间的公平，承认地球上每个物种都有其存在的价值。在人类社会发展中要兼顾国际间、地区间、民族间相互协调，共同发展；强调当代人与后代人的公平，在发展经济时既要重视当代人的需求，又要考虑后代人的利益。

生态文明观念认为科学技术不是控制自然的工具，而是实现人与自然可持续发展的手段。人类对自然利用和改造时，必须保证整体生态系统的动态平衡，必须保证不破坏自然界的物质循环、能量流动和信息传递。强调发展的强度必须以资源环境承载力为基础，产业布局必须以区域生态功能为依据，向自然界排放污染物必须以环境自净力为限度。要通过可持续的经济、政治、文化、社会政策等手段，建设资源节约型和环境友好型社会。

建设生态文明，化解生态危机，就是以科学发展观为指导，大力发展生态产业，推行清洁生产，开发清洁能源和可再生能源，倡导绿色GDP理念，基本形成节约资源能源和保护生态环境的产业结构、增长方式、消费模式。循环经济形成较大规模，生态环境质量明显改善。

建设生态文明，化解生态危机，就是坚持把生态教育作为全民教育和终身教育，把生态意识上升为全民意识和全球意识，倡导生态伦理，提倡生态正义和生态义务，培养节能环保的生态行为，从小事做起，从自我做起，动员全民和全社会共同参与，才能建成充满活力的和谐民主的生态型社会。

建设生态文明，化解生态危机，还要制定适合我国国情的保护环境的政策、法律、法规和标准，保证社会生态系统的功能健全，保证社会中人群的身体健康，保证人人享有生态福利和生态公正。

在环保工作中践行科学发展观，促进生态文明建设

环境保护事业是社会发展的重要领域，环境质量的好坏是衡量社会发达程度的重要标尺，改善生态环境质量是提高人民群众生活质量的重要方面。保护环境，利在当代，功在千秋，是行善积德的伟大工程。在建设中国特色社会主义伟大事业的今天，每一个环保工作者都肩负着艰巨而又光荣的使命。我们一定要牢记为人民服务的宗旨，切实贯彻科学发展观，牢固树立生态文明的观念，在建设资源节约型、环境友好型社会中贡献自己最大的力量。

在环保工作中践行科学发展观，促进生态文明建设，首先要正确认识环境保护与经济发展的关系，使经济发展与环境保护并重和同步；要正确认识环境保护与构建社会主义和谐社会的关系，使人与自然的和谐共生作为构建社会主义和谐社会的重要前提；要正确认识环境保护与实现全面建设小康社会目标的关系，使改善生态环境质量作为全面建设小康社会的重要内容；要正确认识环境保护与建设资源节约型、环境友好型社会的关系，增强责任感和使命感，使环境保护融入经济社会发展的主干线和大舞台，在加快推动转变产业结构、增长方式和消费模式方面发挥主力军作用。

在环保工作中践行科学发展观，促进生态文明建设，就是要从环境保护的政策上入手，抓紧制定有利于环境保护的财政、税收、价格、金融、贸易以及生态补偿等方面的政策，抓紧制定促进资源节约和环境友好的法律法规，并且优先考虑保障人民群众的切身利益。

在环保工作中践行科学发展观，促进生态文明建设，就是要本着对人民群众健康高度负责的精神，健全严格的环境保护制度。凡是不符合区域生态功能和国家主体功能开发要求的建设项目一律不准新建；凡是超过区域环境容量和主要污染物区域排放总量控制指标的地区一律实行区域限批；凡是不符合国家产业政策、污染严重的落后工艺、技术、产品一律强制淘汰；凡是超过标准排放污染物和突破总量控制指标的工业企业一律停产治理；凡是破坏生态、污染环境的违法犯罪行为一律依法严惩。

在环保工作中践行科学发展观，促进生态文明建设，就是要鼓励环保科技创新，加强对热点、重点、难点环境问题的成因、危害及其发展趋势的研究，积极开展国际环保合作与交流，在国际舞台上树立中国政府对环境负责的良好形象；就是要广泛开展宣传教育，弘扬环境文化，倡导生态文明，营造生态氛围；就是要强化社会监督，公开环境质量，维护公众的环境知情权、参与权和监督权。

生态文明建设任重道远，环境保护使命艰巨光荣。我们一定要深入学习实践科学发展观，努力在新世纪新阶段开创环境保护工作的新局面。

(作者：环境保护部总工程师)

(选自《环境教育》2008年第11期)

建设生态文明，实现社会全面转型

余谋昌

20世纪中叶生态危机成为威胁人类生存的全球性问题。它标志工业文明开始走下坡路，人类将走向新时代——生态文明时代。党的十七大报告把建设生态文明作为全面建设小康社会的奋斗目标，提到建设中国特色社会主义的日程。它发出一个强烈的信号，建设生态文明将成为人民大众的伟大实践。这是一个伟大的创举，它将促进世界史一个根本性变革时代的到来，实现人类社会的一次伟大转型。

一、哲学世界观转型

现代哲学强调主—客二分，以分析性思维指导人类实践。它的局限性主要表现在三个方面。

1．主—客二分的理论模式中，人是主体而且只有人是主体，生命和自然界是客体，作为客体只是人利用和改造的对象，强调人与自然分离和对立，宣扬斗争哲学，主张人类主宰和统治自然，是当代生态危机的思想根源。

2．强调分析性思维和线性思维。它认为事物的动力学来自于部分的性质，部分决定整体，例如工业文明的社会，在社会层次，资本（资产阶级）决定社会发展，以资本为中心；在生态层次，人决定自然，以人为中心。这种哲学注重首要与次要之分，强调首要的并以它为中心。

3．人类中心主义的价值观。在理论上它表述为：人是宇宙（世界）的中心，因而一切以人为尺度，一切为人的利益服务，一切从人的利益出发。但在现实中，人是具体的个人，或某种利益群体。因而所谓“人类中心主义”实际上是个人中心主义，从来都没有而且也不是以“全人类利益为尺度”，而是以“个人（或少数人）利益为尺度”，即从个人（或少数人）的利益出发。个人主义是现代社会的世界观，是20世纪人类行为的哲学基础。

而生态文明哲学强调“人—社会—自然”是有机整体，主张人与人和解、人与自然和解。它将实现三个方面转变。

1．哲学世界观转变：确立生态哲学，有机论世界观。生态哲学的主要观点是：第一，世界是“人—社会—自然”复合生态系统，这是一个活的有机整体。在这里，人是主体，生命和自然界也是主体，同样是存在主体、认识主体和价值主体；世界是事物相互联系相互作用的系统，具有自组织、自调控、自发展的性质，因而它朝有序和价值进化的方向发展。第二，我们的有机世界，事物的整体与部分的关系，整体比部分重要，事物的动力学来自整体而不是来自部分，即不是部分决定整体，而是整体决定部分。第三，有机世界虽然由部分组成，具有一定的结构和功能，但它以整体性为主要特征，事物的关系和动态性比结构更重要，因而主张放弃首要次要之分，拒绝以什么为中心，追求人与自然和谐发展。

2. 价值观转变：确立有机整体主义价值观。地球上不仅个人和团体有价值，而且要承认全人类的价值，承认子孙后代的价值；不仅人有价值，生命和自然界也有价值。生态哲学的价值观不是人类中心主义，不是人统治自然。它的本质是和谐，人与人的社会和谐，人与自然的生态和谐。它的目标是，通过人的解放和自然解放，实现人与自然的生态和解，以及人与人的社会和解，建设人与人和谐、人与自然和谐发展的社会。

3. 思维方式转变。工业文明的哲学强调分析性思维，特别是以线性非循环思维指导人类行为。新的思维方式是生态学思维，用生态系统整体性的观点、非线性和循环的动态观点研究现实事物，观察现实世界，思考和行动，认识和解决现实世界的问题。

我们已经进入新时代，生态文明时代。新时代需要新的哲学。恩格斯指出："只有那种最充分地适应自己的时代、最充分适应本世纪全世界的科学概念的哲学，才能称之为真正的哲学。时代变了，哲学体系自然也随着变化。既然哲学是时代的精神结晶，是文化的活生生的灵魂，那么也迟早总有一天不仅从内部即内容上、而且从外部即从形式上触及和影响当代现实世界。现在哲学已经成为世界性的哲学，而世界则成为哲学的世界。现在哲学正在深入当代人的内心，使他们的心里，充满着爱和憎的感情。"

用生态文明时代的哲学指导社会主义建设是现实的需要。

二、社会政治转型

从工业文明的资本主义社会到生态文明的社会主义社会转变。

工业文明的社会形态是资本主义。资本专制主义是它的主要特征。资本的唯一目标是利润最大化，增值资本是资本主义发展的主要动力。为了实现资本的利润最大化目标，它需要维护资本主义的政治制度和经济制度。这是资本的经济和政治的两个主要的根本属性。只要资本及其运行存在，马克思《资本论》揭示的资本的性质及其运动规律就存在和继续起作用。为了实现资本增值，它必然不断加剧对工人剩余劳动的剥削，同时不断加剧对自然价值的剥削；两种剥削同时进行、彼此加强，导致工业文明社会的基本矛盾即人与人社会关系矛盾、人与自然生态关系矛盾的不断加剧和恶化，最终导致全球性的社会危机和生态危机。也就是说，资本专制主义不仅导致它的社会危机，而且导致它的生态危机。这是当今世界问题的总根源。

科学社会主义揭示资本主义本质，反对资本对剩余劳动的剥削。因为当时环境问题并没有成为社会的中心问题，它着重关注社会基本矛盾的人与人社会关系方面，这是很自然的，并且是深刻和全面的。虽然工业文明发展中，社会危机的形态会随着资本主义的某些调整发生变化，但是它的本质没有变化，资本的本性没有变化。虽然矛盾的某些方面有所缓解，但是危机仍然存在而且在不断加剧。科学社会主义关于资本主义危机的理论仍然是我们的指导思想。

20世纪中叶，生态危机成为全球性危机。它是资本主义的新危机。这种危机不仅表现在资本主义生产过程中，而且表现在社会生产与整个生态系统的关系中。这种危机形成的过程大体是：发达资本主义社会为了增值和积聚资本，不断加剧资本对剩余劳动的剥削，使劳动成为"异化劳动"，成为大众的苦役，引起劳动者的不满和反抗。为缓和对异化劳动的这种不满，就

要用无穷无尽的商品去供应人们，鼓励高消费和过度消费。但是这种过度消费带有很大的欺骗性质，是一种“异化消费”。为了满足这种无穷无尽的消费，必须保持高度的工业增长率。这就促成生产过剩的发展。但是，这种生产过剩和过度消费却以损害自然资源和生态环境为代价，不断加剧资源破坏和环境污染，形成资本主义新形式的危机，即生态危机。

生态马克思主义对生态危机的分析和对资本主义的批判是必要和深刻的，它补充了工业文明社会基本矛盾的人与自然生态关系矛盾分析。但是，迄今它主要仍然停留在理论上。现实的社会进程，就总体而言仍然按照工业文明的模式继续发展。这里问题的实质在于，社会危机与生态危机同时并进彼此加强，已经成为威胁人类生存的全球性问题。但是，工业文明社会所积累的社会基本矛盾，无论是人与人的社会关系矛盾，还是人与自然生态关系矛盾，不可能在工业文明模式的范围内解决。解决这种基本矛盾，克服新危机需要一次新的文化革命，需要超越工业文明模式建设生态文明，用生态社会主义代替资本主义。这是一种“社会全面转型”，是世界史的一次根本性的变革。

这一变革的目标是建设生态社会主义，它是生态文明的社会形态。

1848年，马克思和恩格斯发表《共产党宣言》，提出“科学社会主义”，工人阶级组成政党，通过无产阶级革命和无产阶级专政，实现社会主义。

20世纪中叶，人类社会基本矛盾出现了新形势：一方面，人与人的社会关系矛盾不断激化；另一方面，人与自然的生态关系矛盾不断激化，环境污染、生态破坏和资源短缺成为全球性问题，严重威胁人类生存，成为社会的中心问题。这时，特别是社会基本矛盾的另一个方面，人与自然生态关系矛盾全面凸显出来，引起马克思主义者的重视，对生态危机的马克思主义分析产生生态社会主义思想。

在这里，生态社会主义不是取代科学社会主义，而是以对生态危机的分析，人与人社会关系矛盾和人与自然生态关系矛盾统一的分析，丰富科学社会主义，发展科学社会主义。

生态社会主义作为新的科学社会主义，是生态学原则与社会主义原则结合，人与人社会关系矛盾分析和人与自然生态关系矛盾分析的统一。这是完全符合经典马克思主义思想的。马克思和恩格斯论述了人与人社会关系和人与自然生态关系的密切相联和彼此相互制约性。他们说：“自然界和人的同一性也表现在：人们对自然界的狭隘的关系制约着他们之间的狭隘的关系，而他们之间的狭隘的关系又制约着他们对自然的狭隘的关系。”马克思主义的历史观认为，人与人的社会关系、人与自然的生态关系，两者是相互联系不可分割的，“人与自然界的和谐”是马克思主义社会历史观的根本观点。

生态社会主义是生态学原则与社会主义原则结合：社会主义原则是工人阶级组成政党，通过革命夺取政权取代资本主义，消灭剥削，实现生产资料公有制，以及社会平等、正义和共同富裕。生态学原则是：世界是“人—社会—自然”复合。

生态系统，地球是有生命的有机整体，人的社会关系和生态关系是相互联系的，人与人的社会关系矛盾和人与自然的生态关系矛盾是相互联系不可分割的。

生态马克思主义者认为，社会主义原则与生态学原则结合产生生态社会主义，这是社会主义本质的发现。

生态社会主义作为生态文明的社会形态，是人类的新社会。怎样建设生态社会主义，这是由时代的性质决定的。社会主义革命取得胜利的国家，如果仍然遵循工业文明的模式进行建设，那么社会基本矛盾是不可能有根本性转变和解决的。这就需要社会发展模式转变，从工业文明模式到生态文明模式发展，这是社会的全面转型。

党的十七大报告指出："坚定不移发展社会主义民主政治"，并强调，"人民民主是社会主义的生命。发展社会主义民主政治是我们党始终不渝的奋斗目标。"在这里，所谓"民主"，并不是"为民作主"（这是中国最早的民主定义），而是人民当家作主。建设社会主义民主政治，符合生态文明的政治体制建设和实施社会民主政治的要求。

工业文明的政治体制的本质特征是资本专制主义。"资本"决定社会的制度安排和社会结构。但资本只关心获得利润，增值利润是它的唯一动力。资本运行不仅剥削剩余劳动，而且剥削自然界。它的不公正的天性，不仅具有自发的经济剥削和政治腐败机制，而且具有自发的破坏环境和资源的机制。在这里，所谓人权、民主和自由是不充分的、不完善的，或者是骗人的，只有资本及其增值是实在的。

生态社会主义的政治特征是以人为本的社会民主主义。它的主要原则是公正和平等，人民共同富裕，包括社会公平和环境公平、社会正义和自然正义。这是生态社会主义的民主政治，是实现人的全面自由发展和社会全面进步的抉择，是建设中国特色社会主义的方向。

三、社会生产方式和生活方式转型

从工业文明线性的浪费资源的生产方式和生活方式，向非线性的合理利用资源的生产方式和生活方式转变。

（一）生产方式转变

工业文明的生产方式主要特点是线性非循环的生产。它的经济—社会结构的前提是：只是人有价值，生命和自然界没有价值；只是资本有价值，劳动只有维持自身生存的价值；物质生产中只是劳动产品有价值，自然资源没有价值。因而，经济生产中资本付给劳动者的报酬压得很低，仅够维持他自身的再生产。而且，依据自然资源没有价值，对它的使用不计入成本因而无须付费；自然资源无限，取之不尽用之不竭；自然资源无主，谁采谁有的观点，工业生产采用最简便因而最"经济"的生产工艺。它的模式是："原料—产品—废料。"这是一种线性的非循环的生产，以排放大量废料为特征。这一生产工艺的运行，投入物质生产过程的资源，只有不到10%转化为产品，90%以上以废弃物的形式排放到环境。这是环境污染、生态破坏和资源短缺的根源。它是不可持续的。

生态文明的生产方式主要特点，是非线性的和物质循环利用的生产。它的经济—社会结构的前提是：不仅人有价值，生命和自然界也有价值；不仅资本有价值，劳动有更大的价值；物质生产中不仅劳动产品有价值，投入物质生产的自然资源也有价值。

依据这样的前提，社会物质生产对资源的消费需要付费并计入成本，因而要采用最大限度利用资源的技术，实行资源节约。它的技术形式是生态工艺，它的经济形态是循环经济。

所谓"生态工艺"，是把大自然的法则应用于社会物质生产，模拟生物圈物质运动过程（仿圈学），设计无废料的生产，以闭路循环的形式，实现资源充分合理的利用，使生产过程保持生态学上的洁净。它应用生态学观点，主要是生态学中物种共生和物质循环、转化和再生的原理，系统工程优化方法，以及其他现代科学技术成果，设计物质和能量多层次分级利用的产业技术体系。在这样的生产过程中，输入生产系统的物质，在第一次使用、生产第一种产品以后，其剩余物是第二次使用、生产第二种产品的原料；如果仍有剩余物是生产第三种产品的原料，直到全部用完或循环使用；最后不可避免的剩余物，以对生物和环境无毒无害的形式排放，能为环境中的生物吸收利用。

也就是说，生态文明的生产方式，在确认自然价值的基础上，发展循环经济的生产方式。它的物质生产模式是："原料—产品—剩余物—产品……"，矿产资源利用模式是："矿产开采—产品制造—资源再生—产品制造……"，这是一种非线性和循环的生产，以资源分层多次利用和再生利用为特征。它是物质循环利用的生产，无废料（无污染）的生产，如果出现环境污染，那是工艺设计错误，需要通过修改工艺加以排除。这是一种可持续发展的生产方式。

十七大报告强调"中国特色的新型工业化道路"，要"加快转变经济发展方式，推动产业结构优化升级"；"循环经济形成较大规模"。在这里用"转变经济发展方式"代替"过去的经济增长方式"，一词之变表示从单纯追求国内生产总值增长，转向追求政治、经济和社会协调，以及人与自然协调发展。这是生态文明建设的重要举措。

生态文明的经济形态是循环经济。我们以资源经济为例：18世纪工业革命以来，人类对不可再生的矿产资源和可再生的生物资源开采迅速发展，现在资源开采的广度和深度都已经达到极限，人类已处于不可持续发展的形势。矿产资源方面，科学家报告了各种金属和非金属、石油、煤炭和天然气的估计可采储量使用期限，主要矿产将于本世纪内开采完毕，此后基本上将无矿产可采。最近科学家报告说，全球稀有金属濒临枯竭。例如，铟顶多还能用10年，它的稀缺程度通过价格反映出来：2003年一公斤铟的售价为60美元，2006年已经达到1000美元；白金则在15年内消耗殆尽。地质学家说："看到清洁工清扫街道我就很紧张。因为在他们收集垃圾的袋子里有世界上最稀有和最贵重的金属——白金。"白金用于汽车催化剂并由排气管排出，每年有数以吨计的白金散布在大小街道上。其实这种面源污染的物质是很难回收利用的，因为它非常稀薄；但白金还用于汽车燃料电池和其他电器中，它是可以通过拆解重新利用的。同样，铟用于液晶电视和其他电子产品，也是可以回收利用的。

美国《福布斯》报告说，"2100年，有些城市可能沦为'鬼城'"，美国名城底特律、英国的利物浦和曼彻斯特，列在名单中。底特律自1950年以来人口已经减少三分之一，而且还在减少，它在不断萎缩中。全世界所有矿城和重工业城市都面临这样的命运。例如，有100年历史的世界钢都美国匹兹堡的钢铁业已永久停产，它造就了一个几百平方公里的"钢铁坟墓"。

但是，这种命运是可以改变的。科学家报告说，"城市是可回收金属的仓库"。

依据"物质不灭原理"，人们开采出来和已被利用的矿产并没有消失，而是以产品的形式，或主要以废弃物的形式，堆积在地球表面。也就是说，世界上已探明的主要矿产已经从地下转移到地上；它的不可再生的性质，由于人类活动已经具有可再生的性质。

例如，石油除燃烧过程消耗一部分，有一大部分转变为塑料，它可重新变为石油；各种金属转移到制成品或废弃物中，它可以在产品完成它的使用周期后重新利用。据报道，地球上已堆积的废旧物资以万亿吨计，每年新增100多亿吨。发达国家的金属蓄积量超过1000亿吨，其中大部分处于闲置和报废状态。但是，"钢铁坟墓"的所有废旧物都是非常宝贵的资源。已有实践表明，废旧物资的再生利用，无论是拆解其元器件翻修再利用，或废旧物资提纯再利用，它比矿产开采、选矿、运输、冶炼的效率（经济效益）高得多；而且它比矿产开采、选矿、运输、冶炼过程所消耗的能源、水源和环境质量低得多，所排放的废弃物和造成的环境污染

又少得多。英国《经济学家》杂志发表“循环利用的真相”一文，文章说：“从矿石中提取金属尤其耗费能源。例如，铝的循环利用最多能将能源消耗减少95%；塑料的循环利用可以将能源消耗减少70%；钢铁、纸张和玻璃分别可以减少60%、40%和30%的能源消耗。循环利用还可以减少引起烟雾、酸雨和河道污染的废弃物排放。”科学家说：“如果能利用循环再生的原材料，就不用再花这么大的力气采矿、伐树或钻井了。”也就是说，一种新的资源形式，可能需要提出“资源利用模式”转变的问题。

因此，生态文明的矿产经济模式，将从“资源开采型”到“资源再生型”转变。这是现实的需要。“资源再生”是资源利用的新途径，将为人类矿产资源利用提供无限的可能性。这是生态文明的生产方式的一部分，是一种同时实现经济发展和环境保护的可持续发展的新模式。

（二）生活方式转变

现代社会认为，高消费是经济发展的主要动力。因此鼓励高消费。在“物质主义—经济主义—享乐主义”思想指导下，遵循“增加或消费更多的物质财富就是幸福”，“充分享受更丰富的物质即为美”的价值观；它的口号是“更多、更大、更好”；在高新技术支持下，实行大量生产、过量消费和大量废弃的生活。但地球没有能力支持这种生活，它是不可持续的。

生态文明的消费文化，实行一种更高级的生活结构—可持续的生活方式。它的主要特征是：

1．以知识和智慧的价值代替物质主义的价值。工业文明的消费生活，推崇物质财富和过度的物质享受，以高消费体现社会地位和事业成功。生态文明消费生活的价值观是：拥有、利用和消费知识和智慧高的商品是符合时代的行为；创造知识和智慧高的商品成为经济增长的重要动力；发明、制造和销售知识及智慧高的商品的企业大行其道蓬勃发展；知识和智慧高的商品成为更受消费者欢迎的畅销商品，成为真正的名牌；发明、制造和销售知识及智慧高的商品的人受到社会的尊敬，成为体面的人。

2．以适度消费取代过度消费，以简朴生活取代奢侈浪费。“简朴”以满足基本生活需要为标准，青睐绿色产品，满足消费需求多样化，商品和服务种类、质量和数量多样化，以适应消费者个人兴趣和爱好，人们有更多的选择消费的自由，有利于发挥消费者个性的自由发展。其口号是“小的是美。不浪费，不要”；格言是“回收利用、重复利用、更新”。

3．消费生活从崇尚物质转向崇尚精神。简朴的物质生活和丰富的精神生活，它超越物质主义和享乐主义，崇尚社会、心理、精神、审美的需求；参加科学和艺术活动，旅游、娱乐和艺术欣赏；一定的社会生活、道德生活和信仰生活。这是更符合人的本性，更符合自然本性，更适应时代的潮流，是有更高生活质量的新生活。

此外，科学技术和教育发展模式转型，文学艺术、伦理道德和宗教信仰等社会观念转型，也是生态文明建设和牢固树立生态文明观念的重要方面。

总之，党的十七大提出，“建设生态文明”，“生态文明观念在全社会牢固树立”。这是社会主义创新理论和实践的又一个伟大创举。

（作者：中国社会科学院研究员）

（选自《深圳大学学报（人文社会科学版）》2008年第5期）

建设生态文明，转变发展方式

黄顺基

一、为什么提出生态文明

现代化是当代世界发展的大趋势，必须从这个时代背景出发，认识建设生态文明与转变发展方式的问题。

(一)科学技术现代化引起生产方式的革命变革

1．科学技术现代化引起的革命变革

工业化生产方式的兴起。18世纪70年代以工业科学技术为基础的英国工业革命，开始了世界现代化的历史进程。在短短的200多年内，人类的物质生产方式发生了从传统农业向现代工业的变革，人类社会进入了现代工业化阶段。工业生产方式是先进的生产方式，工业生产力是先进的生产力，工业成为竞争力与经济成就的关键。工业是国民经济的主导产业。

信息化生产方式的兴起。20世纪40年代以信息科学技术为基础，以美国为策源地的信息革命，把世界现代化进程推向一个新的发展阶段——信息化阶段。

信息技术在20世纪60—70年代接连发生了几个重大突破：一是1968年大规模集成电路的开发，推动了传统工业的改造。二是1969年创办了制造半导体的英特尔公司，它成为芯片之王，控制全球90%以上计算机微处理器市场。三是1971年研制出世界上最早的微型计算机（PC）。计算机从此进入了家庭、办公室。四是1970年研制出光导纤维，开始了光电通信时代。五是1969年计算机网络技术的开发，促进了“数字数据交换网”的建立，开始了以传真为基础的图像通信时代。

信息化生产方式是先进的生产方式，信息与知识生产力是先进的生产力，它是竞争力与经济成就的关键。信息业成为国民经济的主导产业。

2．文明的转型

按照马克思主义的观点，一定的文明是与一定的物质生产方式紧密相联系的。随着生产方式的变革，必然引起文明的转型。与工业化（工业经济）和信息化（信息、知识经济）两种生产方式的变革相适应，发生了两次文明转型：

工业文明。工业文明的基础是工业化生产方式，它的物质技术基础是工业，工业生产的劳动工具是机器。它生产过程的基本特点是：以无生命的东西为劳动对象，材料与能源（物质资源）是其主要资源；以工业科学技术为手段，主要是依靠力学、物理学与化学等科学技术，在不依附自然条件的工厂中进行。

工业生产带来极为严重的环境与资源问题：

工业资源是不可再生的，工业中的废气、废水造成环境污染，随着工业生产的发展，随着工业化运动在全球的扩张，工业生产造成日益严重的环境污染与资源枯竭的危机，人类赖以生存的生态圈面临巨大的冲击。

信息文明。信息文明的基础是信息化生产方式，它的物质技术基础是信息业，是信息与知识的生产、交换与使用，它的劳动工具是电子计算机。其生产过程的基本特点是：以信息为劳动对象，信息与知识（非物质资源）是其主要资源；以信息科学技术为手段，主要是信息科学（信息论、系统论、控制论）和信息技术（感测、通信、控制与人工智能），在不受制于自然条件的家庭、办公室、工厂中进行。

作为主导产业的信息业，它使用的资源是信息与知识。信息既不是物质，也不是能量，是取之不竭，用之不尽的非物资资源。信息与知识的生产造成的环境污染主要是电磁辐射和电子计算机工业的废品。但利用信息通讯与管理，可以减轻环境、资源与人口带来的压力。

（二）19世纪马克思、恩格斯的生态思想及其对工业生产方式的批判

马克思、恩格斯关于人与自然的关系的基本观点：

1．自然界是第一性的。首先，人类是自然界的产物，在自然发展过程中，人类是三百万年前才出现的：无生物—生物—植物与动物—人类。其次，自然界是人类赖以生长的基础。自然界向劳动者提供劳动资料与生活资料，没有自然界劳动者就什么也不能创造。

2．现存的生产方式没有考虑它对自然环境所造成的影响。传统农业，特别是工业的生产方式都是只考虑“最近的、最直接的有益效果。那些只是在以后才显现出来的、由于逐渐的重复和积累才发生作用的进一步的结果，是完全被忽视的”。

3．对工业生产方式的分析。马克思、恩格斯对工业文明进行了深刻的分析与批判。一方面他们充分肯定了工业生产方式伟大的历史作用，指出了资产阶级创造的工业生产力“比过去一切世代创造的全部生产力还要多，还要大”。工业生产力打破了与它不相适应的封建社会的所有制关系。另一方面他们又深刻地批判了建立在工业生产力与资本主义制度基础上的工业生产方式给人类文明带来的空前严重的威胁，主要是对自然界的破坏、经济发展与道德滑坡的强烈反差。

（三）20世纪对工业生产方式的批判与科学发展观的提出

1．国外的批判

1972年罗马俱乐部第一份报告《增长的极限》（米都斯等）出版，它用系统动力学的方法，用电子计算机做模拟计算，研究工业发展对人口、资源与环境的影响，得出结论：经济增长是指数增长，而地球的承载能力是有限的，因此，世界发展迟早要面临严峻挑战——人口爆炸、资源枯竭、环境恶化的危机。

1987年世界环境与发展委员会（布伦特兰夫人为主席）的报告《我们共同的未来》出版，认为：经济高速发展严重破坏了自然生态环境，威胁了人类的生存，迫切需要有一条新的、支持世界人类进步的发展道路——可持续发展道路。

2．中国共产党的概括与总结

1953年中国“一五”计划开始工业化。1956年毛泽东《论十大关系》总结了走苏联工业化道路的经验教训，提出了国民经济按农、轻、重比例发展。1957年毛泽东《关于正确处理人民内部矛盾的问题》，认为工业化还缺乏经验，经济发展规律和主观认识之间存在着矛盾，希望解决这个矛盾所需的时间短些，代价少些。

80年代初，邓小平重新提出毛泽东的四个现代化：农业、工业、国防、科学技术的现代化，

特别强调科学技术现代化是四个现代化的关键。

1997年党的十五大报告根据世界发展面临的全球性问题，提出可持续发展战略。

2003年10月党的十六届三中全会，总结了半个世纪工业化的经验教训，提出“科学发展观”。

2007年10月胡锦涛总书记的报告，对科学发展观作了进一步的深刻的概括与阐述：“科学发展观，第一要义是发展，核心是以人为本，基本要求是全面协调可持续，根本方法是统筹兼顾。”

十七大报告提出：“建设生态文明，基本形成节约能源资源和保护生态环境的产业结构、增长方式、消费模式。”这是贯彻落实科学发展观的必然要求。

二、怎样理解生态文明

(一) 历史唯物论的文明观

历史唯物论的基本观点是一定的文明是建立在一定的物质生产方式的基础上的：物质生产—社会制度—思想观念。因而生态文明包括三个层面：

第一个层面是物质文明（物质生产）。物质生活资料的生产是人类社会发展的基础，国家制度、法的观点、艺术以至宗教观念，是从这个基础上发展起来的。物质生产是文明的基础。

第二个层面是制度文明（社会制度）。社会的政治、经济、法律、教育等制度是为了维护物质生产而建立起来的，是人们思想行为的规范、准则。这是树立在物质生产基础之上的上层建筑，属于制度文明。

第三个层面是精神文明（思想意识）。各种观点、思想、理论，其核心是哲学的世界观、认识论、方法论与价值论（最重要的是价值观念与思维方式），它直接影响和指导人们的行动。这是与物质生产及上层建筑相适应的意识形态，属于精神文明。

(二) 生态文明的物质基础

建设生态文明，首先要建设它的物质基础，把工业化与信息化的生产方式改造为生态化的生产方式，在建立生态产业的基础上，实现从工业文明、信息文明向生态文明的转型。

生态文明的物质基础是生态产业。

工业文明的物质基础是工业，它的国民经济结构是三次产业：农业—工业—服务业。

信息文明的物质基础是信息业，它的国民经济结构是四次产业：农业—工业—信息业—服务业。信息化发展战略是：以农业为基础，以工业为支撑，以信息业为主导；以信息与知识为中心，推动经济、社会的发展；信息化就是用信息科学技术武装农业、工业和服务业。

生态文明的物质基础是生态产业，生态产业是“以人与自然协调发展为中心”，以“自然—社会—经济”复杂巨系统的动态平衡为目标，以生态系统中物质循环、能量转化与生物生长的规律为依据，进行经济活动的产业。它把国民经济的产业活动放在自然生态环境中进行，形成了生态产业的结构：生态农业—生态工业—生态信息业—生态服务业。

生态化发展战略是：以生态农业为基础，以生态工业与生态信息业为支撑，以生态产业为主导，以人与自然的和谐发展为中心，推动经济、社会的发展。生态化就是用生物科学技术武装工业、信息业和服务业。

(三) 生态农业在国民经济结构中的基础地位

1. 生态农业是生态产业的基础产业。第一，农业与自然生态环境有密不可分的关系。土地是它的生产资料，阳光、空气、水分、气候、地理环境等是它的生产条件。第二，农业是人类生存与发展的基础。农业是人类最基本的生活资料（衣、食、住、行）的最终来源。第三，农业是其他产业得以产生和发展的基础。

2．生态农业不同于工业的根本特点。第一，农业生产过程是经济再生产过程和自然再生产过程交织在一起的，工业生产过程是单纯的经济再生产过程。第二，农业资源是可更新资源，是通过天然作用或人工经营能为人类反复利用的各种自然资源，主要是土地资源、水资源、气候资源、生物资源等。工业的资源是不可更新的，是经过漫长的地质年代形成的矿产资源，主要是金属矿产和非金属矿产，它们的储量是有限的。第三，生态农业是建设新农村，解决农业、农村、农民三农问题的根本道路。(1) 生态农业就业门路广，附加值高；(2) 生态农业可以充分开发和利用我国广大的农业资源，如森林、草地、滩涂、海洋、沙漠等。

（四）生态工业是生态农业的支撑

1．生态农业离不开生态工业。生态工业就是一种以资源的高效利用和循环利用为核心，以“低消耗、低排放、高效率”为基本特征的生态化生产方式，它是新的人与自然之间的物质变换关系，力求把工业生产过程纳入全球生态系统中，使物质循环与能量流动的系统更充分，更合理。

2．生态工业的生产方式是：从“生产—流通—消费”一体化的系统原则出发，把传统工业“原料—生产—产品使用—废品—弃入环境”这一单向的开环的线性过程，即投入（物质资源与能量资源）—生产最大化—污染—废弃物（传统工业的生产过程导致不可再生的自然资源的枯竭—GNP 的最大化—消费最大化）的过程，改造成“原料—生产—产品使用—废品—再生资源”的循环的闭环系统，即投入（物质资源与能量资源）—生产最大化—污染最小—废弃物。

生态工业生产过程有效地减少自然资源的消耗：注重产品的质量—消费导向—循环使用注重生产的效率。

3．生态工业的原理。生态工业按照自然界再生产过程中物质循环、能量转化与生物增长的规律，把工业生产过程放在自然生态环境中安排，力求节能、减排。其过程如下：

投入—生产—产出—循环使用。

4．生态工业的目标。(1)资源的综合利用、短缺资源的代用、二次资源的利用。(2) 节能、省料、节水，把工业生产过程组织成“资源—产品—废弃物—再生资源”的反馈式循环流程，实现“低开采、高利用，低排放、再利用”的良性循环，以缓解人口、资源、环境与发展的矛盾，使工业生产系统与自然生态系统的物质循环过程协调发展，促进资源永续利用。

5．循环经济是生态工业的理论基础。它把传统工业的线性生产过程，改造为物质闭环流动型或资源循环型。循环经济实质上是低熵化发展模式，它在工业中推行的清洁生产，包括三个方面的内容：清洁的能源、清洁的生产过程和清洁的产品，所以，清洁生产的基本内涵是：(1) 目标。资源的高效利用和循环利用。(2) 原则。“减量化、再利用、资源化”。(3) 特征。物质闭路循环和能量梯次使用。(4) 模式。按照自然生态系统物质循环和能量流动方式运行的经济模式。

（五）生态信息业

建设资源节约型与环境友好型社会，需要对资源进行控制与管理，生态信息业提供资源控制与管理的强有力的手段。国土资源包括土地、矿产与海洋等自然资源。国土资源管理则是对它的调查评价、规划、管理、保护与合理利用。

国土资源信息化是在国土资源管理中应用现代信息技术，开发和广泛利用信息资源，加速实现国土资源工作现代化的过程。它主要包括三方面内容：国土资源调查评价信息化、政务管理信息化和信息服务社会化。国土资源信息系统是促进国土资源高效管理、科学决策、依法行政和政务公开的重要手段，是国土资源合理地开发、利用、治理和保护的必然选择。目前，遥感（RS）、地理信息系统（GIS）、地球定位系统（GPS）三者与计算机、通信和控制技术相结合，是资源环境观测的通用技术。

我国已建立的国内环境、灾害、气象信息共享的数据资源主要有：（1）环境、灾害方面的信息系统或数据库；（2）信息共享的软硬件环境和管理经验；（3）有利于信息共享的社会环境。在上述基础上建立以下三个系统：第一，环境保护和环境无害化技术信息共享系统；第二，综合自然灾害信息共享系统；第三，气候、气象信息共享系统。

三、如何转变发展方式

（一）发展理念的转变

从工业文明与信息文明向生态文明转型是伟大的历史转折，是200多年来世界现代化发展的历史必然，领导的发展理念与发展方式要随之转变。在发展理念上，要从工业化发展理念与信息化发展理念向生态化发展理念转变，坚持经济建设中生态环境建设优先，走生态化发展道路。在发展方式上，从发展工业与发展信息业向发展生态产业转变。

当前要破解的发展难题是：1．转变经济发展方式。把经济发展重心从工业与信息业向生态产业转移，把经济发展方式从工业化与信息化的轨道，转变到生态化的轨道上来，基本形成保护生态环境的增长方式与消费模式。2．调整产业结构。把以工业与信息业为主导的产业结构，调整为以生态产业为主导的产业结构。基本形成节约能源资源和保护生态环境的产业结构。3．在全社会牢固树立生态文明观念。

工业文明的发展理念是：1．发展工业就要发展工业的支柱产业，如火电、钢铁、石油化工、水泥、焦化等行业，这些行业都是高污染大户。2．发展工业就要发展区域经济，如重点流域、能源基地以及快速城镇化地区，这就需要消耗大量物质资源与能量资源。3．发展工业只考虑产量、产值、利润、税收、经济增长，不考虑它对自然生态环境带来的影响。

生态文明的发展理念是：把人与自然的和谐发展放在首位，生态环境建设优先，对工业项目建设带来的环境影响进行评价，分析它对整个区域和行业的影响。

对我国来说，人口众多，耕地稀缺，这是必须长期面对的基本国情。同时，新增建设用地规模过度扩张，土地粗放利用，进一步加剧了人地矛盾。当前和今后一个时期，经济要发展，城镇要增加，人口要增长，生态要保护，都将给耕地保护带来极大的压力。在十七大建设生态文明的战略思想指导下，各级政府都要坚持科学发展观，合理规划利用有限的土地资源，节流开源并举，走出一条土地利用新路。从生态化发展战略来考虑，而不是单纯从工业发展理念与信息发展理念来考虑，就必须注意以下问题：1．重大基础设施建设和基础产业布局，要科学规划、合理布局，避免低水平重复建设，浪费土地资源。2．科学安排城镇建设和相关行业规划的用地规模及标准。按照节约集约的原则，优化用地结构，压缩占地规模，控制城市盲目扩张，合理安排基础设施建设。3．鼓励通过整理、复垦和开发来补充耕地。4．提高现有建设用地利用效率。优先开发利用城市建设用地中空闲、闲置和批而未供的土地。在尊重农民意愿和民风民俗的前提下，按规划逐步实施迁村并点，治理“空心村”。5．合理调整土地利用总体规划和城镇规划布局，城镇发展尽可能使用未利用地和山坡地，尽量少占耕地。

从2008年起，中国地方省级官员将开始向中央上交节能答卷，如果成绩单未能及格将面临问责和“一票否决”。这是中央对节能减排工作最严厉的考核，“一票否决”，彰显国家节能减排的决心。

（二）从传统工业向生态工业转变

建设生态文明，发展生态工业，是转变发展方式的关键。传统工业的线性生产有两个弊端：一是“末端控制”。把保护环境的人力、物力、财力放在生产过程与生活活动已造成的污染治理上。二是“废物丢弃”。生产过程中的废物丢弃，造成资源浪费。

生态工业针对传统工业的高消耗、高污染，用清洁生产（节能、减排）进行根本改造，把传统工业线性的开环模式，改造成生态工业循环的闭环系统，二者的区别如下：

传统工业：原料—生产—产品使用—废品—弃入环境。

生态工业：原料—生产—产品使用—废品—废品利用（二次原料资源）。

生态工业的发展理念，是新的人与自然之间的物质变换关系，是一种既满足环境保护和人类健康要求，又最大限度地发展工业生产的最优化模式。生态工业的辩证观点，是工业生产过程并不是孤立的经济发展过程，而是和自然界发展过程相互联系、相互制约与相互作用的。生态工业的指标，是把生态环境优化作为衡量工业发展的质量和程度的基本标志。生态工业的目标在于：把生态环境和人体健康的损害程度降至最低，多层次利用废弃物，把终端治理转变为生产全过程控制的污染防治。

向生态工业转变，需要建立一个具体执行的机构，由官、产、学组成，在省政府与相关部门的领导与支持下，对建设生态工业进行工作：1．交流、传播本地与外地实行循环经济的示范项目和龙头企业的经验。2．挖掘相关行业、专家的技术资源、商务信息资源和政府采购支持资源，以加大社会资本对循环经济的项目或企业的投入。3．对企业清洁生产的产品和服务进行统计、调研、评审，为政府采购、引导市场和企业的发展提供依据。鼓励、引导、支持清洁生产科技项目的立项、研发、验收和推广。4．建立清洁生产信息系统和公共服务平台，包括网站、刊物和专家队伍。5．落实节能减排的指标。

（三）从传统农业向生态农业转变

建设生态文明，发展生态农业，要按照“市场化、信息化、集约化、生态化”模式，走“农业一体化”与“农业生态化”之路，逐步完成从传统农业向生态农业的转变。从国民经济的产业结构考虑要注意以下几点：

1．农业一体化。农业一体化就是把农业整个生产经营活动，即产前：种子、化肥、农药、农机；产中：播种、中耕、除草、收割；产后：烘干、贮藏、加工、包装、销售，纳入整个国民经济活动中。因而农业的产前、产中、产后，是一个包括产供销、农工贸、经科教在内的一体化体系。它以市场为导向，以效益为中心，从宏观上对农业资源优化配置，对生产要素进行重新组合。因此，农业一体化是农业现代化的道路与方向。

2．农业生态化。农业有它自身的产业结构，广义的农业包括：种植业、林业、畜牧业、副业和渔业，调整时主要考虑：（1）地理环境的特点，（2）饮食营养的需要。狭义的农业是指种植业，它包括粮食作物、经济作物和其他作物。种植业的生产是第一性生产，其他的生产都直接或间接地源出于植物，因此，种植业结构是农业结构的基础结构，它的优化处于优先地位，是生态农业的基础。

生态农业最基本的生产资料是土地，它是由土壤、养料、水分、空气和热量等组成的自然综合体，是进行农、林、牧、副、渔业生产活动的地壳表层，它具有对农作物生长发育的培育的能力。

3．生态农业发展方式。在植树与种草的基础上，首先把农业生态系统中的生产者、消费者和分解者之间的物质循环、能量转化与生物增长的过程，联结成一个动态的、平衡的良性循环过程。这就需要把生态农业的三大产业——种植业、畜牧业和食品加工业结合起来，应用生态技术、生物工程，改造传统的农业大田耕作制，形成以“种植业—畜牧业—食品加工业”为链条的产业结构。

（四）发展生态信息业

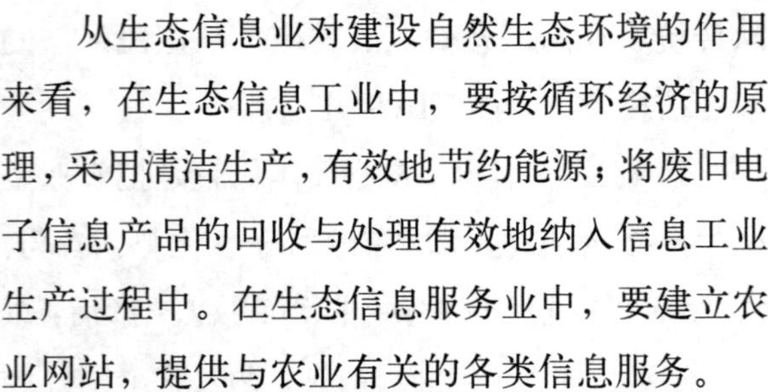

从生态信息业对建设自然生态环境的作用来看，在生态信息工业中，要按循环经济的原理，采用清洁生产，有效地节约能源；将废旧电子信息产品的回收与处理有效地纳入信息工业生产过程中。在生态信息服务业中，要建立农业网站，提供与农业有关的各类信息服务。

首先，要统筹区域发展。通过模拟自然生态系统的食物链和生态系，把两个或两个以上的区域的生产体系或环节耦合，建立区域循环生态经济系统，实现物质能量流的闭合式循环。其次，发展生态农业。建立农业网络，开发农业信息资源，包括市场信息、农业科技信息、农业气象信息、农业政策信息等等，在此基础上建设农业信息应用系统和农业信息网络。这是农业信息服务业的技术支柱，通过它可以远程直接存取大型数据库中的信息，在作物栽培管理、设施园艺管理、禽畜饲养、水产养殖、植物保护、育种以及经济分析等方面发挥重大作用。

（五）发展生态服务业

1．环保产业。这是为生态化生产服务的产业，它是以防治环境污染、改善生态环境、保护自然资源为目的，进行技术开发、产品生产、商品流通、资源利用、住处服务以及工程承包的新兴产业，主要包括水体、大气污染治理和固体废物治理设备、新能源开发和资源综合利用、生态保护及环保服务体系等。环保产业是一个跨产业、跨领域、跨地域，与其他经济部门相互交叉、相互渗透的综合性新兴产业。

环保产业技术是模仿自然生态系统的生态化技术，它依据物理、化学和生态学的原理和规律，应用全部现代高新技术，对水污染治理、大气污染治理、固体废物处理、三废综合利用等进行设计。

2．生态旅游业。生态旅游业有三个方面的作用：经济方面是刺激经济活力、减少贫困；社会方面是为最弱势人群创造就业岗位；环境方面是为保护自然和文化资源提供必要的财力。生态旅游业以旅游促进生态保护，以生态保护促进旅游，它是一项科技含量很高的绿色产业。故首先要科学论证，否则，将造成不可逆转的干扰和破坏；其次，要规划内容，使生态旅游成为人们学习大自然、热爱大自然、保护大自然的大学校。

（作者：中国人民大学哲学院教授、博士生导师、中国人民大学终身荣誉教授）

（选自《河南大学学报（社会科学版）》2008年第6期）

略论生态文明建设

陈寿朋

生态文明是人类在发展物质文明过程中保护和改善生态环境的成果，它表现为人与自然和谐程度的进步和人们生态文明观念的增强。改革开放以来，我们党多次郑重提出，在建设社会主义物质文明的同时，建设社会主义政治文明和社会主义精神文明。党的十七大报告在阐述实现全面建设小康社会奋斗目标的新要求时，第一次明确提出建设生态文明。搞好生态文明建设，首先应搞清生态文明的基本内涵和生态文明建设的几个层面。

生态文明的基本内涵

生态文明具有丰富的内容。就其内涵而言，主要包括生态意识文明、生态制度文明和生态行为文明三个方面。

生态意识文明。它是人们正确对待生态问题的一种进步的观念形态，包括进步的生态意识、进步的生态心理、进步的生态道德以及体现人与自然平等、和谐的价值取向。

生态制度文明。它是人们正确对待生态问题的一种进步的制度形态，包括生态制度、法律和规范。其中，特别强调健全和完善与生态文明建设标准相关的法制体系，重点突出强制性生态技术法制的地位和作用。

生态行为文明。它是在一定的生态文明观和生态文明意识指导下，人们在生产生活实践中推动生态文明进步发展的活动，包括清洁生产、循环经济、环保产业、绿化建设以及一切具有生态文明意义的参与和管理活动，同时还包括人们的生态意识和行为能力的培育。

生态文明建设的几个层面

建设生态文明，不同于传统意义上的污染控制和生态恢复，而是克服工业文明弊端，探索资源节约型、环境友好型发展道路的过程。生态文明建设不仅包括人类在生态问题上所有积极的、进步的思想观念建设，而且包括生态意识在经济社会各个领域的延伸和物化建设。

（一）*经济层面*

生态文明建设的经济层面，是指所有的经济活动都要符合人与自然和谐的要求，主要包括第一、二、三产业和其他经济活动的“绿色化”、无害化以及生态环境保护产业化。这就要求我们：

大力发展循环经济。资源是有限的。要满足人类可持续发展的需要，就必须在全社会倡导节约资源的观念，努力形成有利于节约资源、减少污染的生产方式、产业结构和消费模式。应大力开发和推广节约、替代、循环利用资源和治理污染的先进适用技术，发展清洁能源和再

生能源，建设科学合理的能源资源利用体系，提高能源资源利用效率。把建设资源节约型、环境友好型社会放在现代化发展战略的重要位置，并具体落实到单位、家庭、个人。

实施清洁生产。清洁生产，不仅指生产过程要节约原材料、能源并减少排放物，同时也要求最大限度地减少整个生产周期对人的健康和自然生态的损害。"预防污染"是清洁生产的本质特征，它适宜于包括工业生产在内的第一、二、三产业。传统生产是一种只强调物质生产而忽视生态环境保护的生产方式。改变这种生产方式，需要不断进行清洁生产意识教育，引导人们转变传统生产观念，让清洁生产的要求和方式深入人心，使采用清洁能源、预防和减少污染成为政府、企业、社会的自觉意识和行为。

增强环保产业的职业责任意识。环保产业作为专门为改善生态环境而开发提供实用技术、商品和服务的产业，不仅是一种实体、一种市场行为，而且具有十分重大的社会责任。因此，在大力发展环保产业的基础上，应进一步通过广泛开展生态环境宣传教育，不断提高环保产业单位和从业人员的生态职业责任意识。

（二）政治层面

生态文明建设的政治层面，是指党和政府要重视生态问题，把解决生态问题、建设生态文明作为贯彻落实科学发展观、构建和谐社会的重要内容。这就要求我们：

树立正确的发展观和生态观。把生态文明建设作为实现好、维护好、发展好人民群众根本利益的一项重要任务，特别是领导干部要树立正确的发展观和生态观。各级政府应发挥主导和主体作用，为推进生态文明建设提供制度基础、社会基础以及相应的设施和政治保障。把生态文明建设的绩效纳入各级党委、政府及领导干部的政绩考核体系，建立健全监督制约机制。

加强生态法制建设。随着我国社会主义市场经济的发展和建设社会主义法治国家进程的加快，生态保护的法律法规在生态文明建设中发挥着越来越重要的作用。应调动人民群众主动自觉地进行生态环境保护、参与生态环境保护监督管理的积极性，明确生态环境保护的职责、权利和义务，学会运用生态环境保护法律法规来维护自身的生态环境权益，并敢于对污染和破坏生态环境的行为进行检举和控告。同时，要通过建立和实施生态环境违法违规责任追究制度，激发和强化各级领导干部、环保执法人员、环保产业单位及其从业人员和广大人民群众的生态文明建设责任意识。

重视生态行政建设。正确引导各级领导干部深刻认识发展与人口、资源、环境之间的辩证关系，了解经济活动对生态变化的影响及其变化规律，提高对生态质量变化的识别能力和解决问题的能力，增强保护和改善生态环境、建设生态文明的自觉性和主动性。

推进生态民主建设。推进生态文明建设，必须发挥人民群众的主体作用。没有人民群众的参与热情和主体作用的发挥，生态文明建设将一事无成。应保证人民群众生态文明建设的知情权、参与权和监督权，让人民群众从生态文明建设中深切体会和明确认识自己的利益所在，从而激发其参与生态文明建设的热情。

（三）文化层面

生态文明建设的文化层面，是指一切文化活动包括指导我们进行生态环境创造的一切思想、方法、组织、规划等意识和行为都必须符合生态文明建设的要求。这就要求我们：

树立生态文化意识。生态文化是人与自然和谐发展的文化。新世纪新阶段，人类已逐渐认识到长期对自然进行掠夺性索取、破坏必将遭受惩罚，一个从征服自然、破坏自然到回归自然、珍爱自然的新理念正在形成。全民生态意识觉醒之日，就是我国生态环境改善之时。因此，进行生态教育，提高人们对生态文化的认同，增强人们对自然生态环境行为的自律，牢固树立生态文化意识，是解决生态问题的一项重要举措。

注重生态道德教育。生态与道德不可割裂。生态环境的优劣，反映着人们生态道德水准的高低；同时，人们生态道德水准的高低，也极大地影响着生态环境的优劣。生态道德驱动着人们的生态意识和行为的自觉性、自律性与责任感。加强生态道德教育，可以使人们自觉地承担保护生态环境的责任和义务，同一切破坏生态环境的行为作斗争。应广泛动员人民群众参与多种形式的生态道德实践活动，努力形成防止污染、保护生态、美化家园、绿化祖国的社会文明新风尚。

加强生态文化建设。生态文化作为一种社会文化现象，摒弃了人类自我中心思想，按照尊重自然、人与自然相和谐的要求赋予文化以生态建设的含义。具体说来，生态文化大致包括生态哲学文化、生态伦理文化、生态科技文化、生态教育文化、生态文艺文化、生态美学文化、生态传播学等几个方面。

（四）社会层面

生态文明建设的社会层面，是指重视和加强社会事业建设，推动人们生活方式的革新。这就要求我们：

创造良好的社会生活环境。建立法制化、民主化和安定团结的秩序以及高效率的社会管理体系，形成以生态文化意识为主导的社会潮流，树立以文明、健康、科学、和谐生活方式为主导的社会风气。

优化“人居”生活环境。“人居”生活环境，直接影响着人们的身心健康和生存质量。保持和优化“人居”生活环境，既要注重城市，也要充分考虑农村。就城市而言，主要包括在城市内部建设人与自然和谐的生态社区，使城市内部与城市外部周围地域形成可持续发展的生态良性循环区域。要加强生态型社会建设，努力满足城市居民对居住环境品质愈来愈高的追求。就农村而言，要在普遍推行“生态示范区”建设的同时，重点发展一批“绿色居住区”，建设包括文化、教育、医疗以及各种服务在内的配套设施。

实现人口良性发展。继续贯彻优生优育的方针，控制人口增长，提高人口素质，使人口负担转变为人力资源优势。

实现消费方式的生态化。逐步形成有利于人类可持续发展的适度消费、绿色消费的生活方式。大力提倡节约型消费，改变“一次性消费”和“类一次性消费”。反对自私的享乐观，拒绝挥霍铺张、浮华摆阔等消费行为。鼓励从点点滴滴做起，减少或杜绝生态破坏、环境污染和资源浪费。

（作者：中国生态道德教育促进会会长）

（选自《人民日报》2008年1月8日）

生态文明建设的几点建议

薛惠锋

正确处理生态文明建设与经济社会发展关系，树立正确的政绩观

生态文明建设与经济社会的发展是互为依存互为促进的。人类社会的发展必须依赖于自然资源开发和利用，同时要注意保护好环境，加强生态文明建设，实现可持续发展。既在合理开发和利用资源中求发展，又在发展中保护环境，实现人与自然的高度和谐，实现人与自然的共荣共存。

能否重视并且搞好生态文明建设，实现经济与人口、资源、环境协调发展，关键在于各级党政干部树立正确的政绩观。要坚持和落实科学发展观的正确导向，建立健全干部绩效考核体系，引导广大干部树立正确的政绩观。首先要完善政绩考核指标体系，应把经济增长质量和效益情况、社会发展和能源节约环境保护情况、政府职能转变和行政效能提高状况纳入领导干部政绩考核指标体系。其次要健全干部考核制度，把对干部的基本考察和政绩考核统一起来，把经济发展指标考核与资源环境指标考核统一起来，把政府自身考核与人民群众满意度考核统一起来，突出对干部的实绩考核、全面考核及长效考核。建议在提拔使用干部时，对在生态文明建设工作中不履行职责、不落实政策、甚至弄虚作假者不予提拔，对于不能按时完成指标任务的要慎重考虑，对因决策失误、监管不力造成重大污染事故的，要严肃追究责任。

加快产业结构调整，构建节能环保型产业体系

各地实践表明，当前生态文明建设工作中，潜力最大的还是结构调整。

一是合理调整产业结构和产品结构，大力发展低耗能、低排放的第三产业和高新技术产业，促进经济增长由主要依靠工业带动和数量扩张带动，向三次产业协同带动和优化升级带动转变。要坚决控制高耗能、高污染行业过快增长，把好行业准入关，提高冶金、建材、石化、造纸、印染、制革、电镀、化工等高耗能、高污染行业的投资准入门槛，严格控制新增高耗能、高污染项目，严格限制高耗能、高污染产品出口。建议建立能够科学反映地方政府针对高耗能、高污染行业调整力度的测评指标，并将其纳入区域经济综合测评体系。

二是大力推进生态文明建设技术进步。要把生态文明建设作为政府科技投入、推进高技术产业化的重点领域，大力发展循环经济，优先支持拥有自主知识产权的生态文明建设关键技术示范，采取多种方式加快高效生态文明建设产品的推广应用。

三是制定和实施强化生态文明建设的激励政策，建立健全生态文明建设的保障机制，通过财税政策、价格政策等各种经济杠杆，促进节约能源和污染物减排工作，形成激励和约束相结合的生态文明建设机制。加快调整高耗能产品的进出口关税政策，限制高耗能产品出口；深化资源价格改革，将治污成本纳入能源资源的使用成本，重点是电价、油气价格和煤热价格调整，形成有利于生态文明建设工作的价格机制。完善资源税制度，实行按储量征收资源税。尽快开征燃油税，实施对低油耗、低排量车辆的扶持政策，节约使用石油资源。加强国际交流与合作，积极利用国外先进的节能技术和经验，推广合同能源管理等新机制。

四是提升生态文明建设工作的整体效益。在提高污水处理能力和效率的同时，重视污泥分离及无害化处理，防止二次污染，实现污泥的无害化处置和资源化利用。

完善技术标准体系，提升监管水平

一是加快制定和完善能源、环境相关标准，为落实生态文明建设目标提供强有力的支撑。

二是健全和修改污染物排放标准，实现对环境污染物排放的有效控制。

三是通过确立节能与环境质量标准及污染物排放标准执行中的有关规定，增强标准的约束力和强制执行力，强化超标排污、违法排污的法律责任，加大对环境违法行为的处罚力度。

此外，还要加快节能统计和环境监测体系建设。抓紧完善能源统计体系，规范定期公布制度。加强能源统计队伍建设，完善节能相关标准和技术规范体系，建立健全涵盖全社会的能源生产、流通、消费及利用效率的统计指标体系。尽快建成覆盖全国的环境监测网络，加快建设污染源在线监测设施，对流域和区域实施跨界断面监测。加强各级统计部门的力量，尽快完善数据统计规范和统计网络体系。

（作者：全国人民代表大会环境与资源保护委员会调研室副主任、西北工业大学教授、博士生导师）

（选自《人民论坛·双周刊》2008年第1期）

生态文明的前夜

潘 岳

党的十七大报告首次提出“建设生态文明”、“生态文明观念在全社会牢固树立”。胡锦涛2007年12月17日在新进中央委员会的委员、候补委员学习贯彻党的十七大精神研讨班开班式上发表重要讲话中进一步指出：“必须按照中国特色社会主义事业总体布局，全面推进经济建设、政治建设、文化建设、社会建设，积极推进生态文明建设。”这是十七大精神的重要发展，对于指导生态文明建设以至对于整个中国特色社会主义建设事业，具有极其重大的现实意义和深远的历史意义。

生态文明观念，产生于现代环境运动以及人类对可持续发展的不懈探索，并与西方现代马克思主义思潮密不可分。从20世纪70年代起，西方生态运动和社会主义思潮相结合，产生了如下共识：资本主义制度是造成全球生态危机的根本原因；生态危机成为转移经济危机的新手段；环境问题的本质是社会公平问题；要想摆脱生态环境危机，就必须超越传统工业文明的逻辑；用生态理性取代经济理性；未来社会应该是人类文明史上的一场质的变革，应是一个经济效率、社会公正、生态和谐相统一的新型社会。

在东方，生态文明则与中华文明的精神基本一致。在21世纪中华民族复兴的伟大进程中，中国共产党又提出了科学发展观这一重要理念，有不少人都从单纯经济发展模式改变的角度来看待科学发展观，甚至把资源节约型与环境友好型社会的构建也降低到一个技术层面。这是非常片面的。科学发展观追求的是政治、经济、社会、文化各个领域可持续发展的整体变革，科学发展观可挖掘的社会主义深刻内涵远未穷尽，科学发展观可补充的社会主义思想文化也远未完成。

生态运动与社会主义原则相结合，给我们的最大启示在于，社会主义的内在本质要求它担当领导全世界从工业文明向新型文明的伟大转型。科学发展观的提出，说明我们正处于一个新型文明——生态文明的前夜。

生态文明促进人类社会形态转变

文明是人类文化发展的成果，是人类改造世界的物质和精神成果的总和，是人类社会进步的标志。生态文明，是指人类遵循人、自然、社会和谐发展这一客观规律而取得的物质与精神成果的总和；是指人与自然、人与人、人与社会和谐共生的文化伦理形态。

生态文明将使人类社会形态发生根本转变。第一是伦理价值观转变。西方传统哲学认为，只有人是主体，生命和自然界是人的对象；因而只有人有价值，其他生命和自然界没有价值；因此只能对人讲道德，无须对其他生命和自然界讲道德。这是工业文明人统治自然的哲学基础。

生态文明认为，不仅人是主体，自然也是主体；不仅人有价值，自然也有价值；不仅人有主动性，自然也有主动性；不仅人依靠自然，所有生命都依靠自然。因而人类要尊重生命和自然界，人与其他生命共享一个地球。

无论是马克思主义的人道主义，或是中国传统文化的天人合一，还是西方的可持续发展，都说明生态文明是一个人与自然全面统一的社会形态。这种统一不是人无条件服从于自然，也不是人统治自然。用今天的话说，以人为本的生态和谐原则即是每个人全面发展的前提。

第二是生产和生活方式的转变。工业文明的生产方式，建立在对资源和能源大量消耗的基础上，从原料到产品到废弃物，是一个非循环的生产；生活方式以消费主义为原则，以奢侈性消费为特征，认为更多地消费就是对个人社会地位的承认和对经济发展的贡献。

生态文明却致力于构造一个以环境资源承载力为基础、以自然规律为准则、以可持续社会经济文化政策为手段的环境友好型社会。实现经济、社会、环境的共赢，关键在于人的主动性。人的生活方式就应主动以实用节约为原则，以适度消费为特征，追求基本生活需要的满足，崇尚精神和文化的享受。在生产方式上面，强调资源节约和循环利用，从源头上减轻现代文明对环境资源的压力。

生态文明既然是世界新潮流，按理应在发达国家首先兴起，因为在那里首先爆发生态危机。但一是因为西方资本主义不断向不发达地区转移生态成本；二是因为西方为此获取的各种强大资源使本国生态危机得以缓解；三是因为西方工业文明的巨大惯性还要持续相当一段时间。这反使得西方失去了成为生态文明领头羊的机会，而为中华民族的跨越式发展提供了契机。

生态文明与中华文明内在要求一致

中华文明的基本精神与生态文明的内在要求基本一致，从政治社会制度到文化哲学艺术，无不闪烁着生态智慧的光芒。生态伦理思想本来就是中国传统文化的主要内涵之一。

中国儒家主张“天人合一”，其本质是“主客合一”，肯定人与自然界的统一。所谓“天地变化，圣人效之”，“与天地相似，故不违”，“知周乎万物，而道济天下，故不过”。儒家肯定天地万物的内在价值，主张以仁爱之心对待自然，体现了以人为本的价值取向和人文精神。正如《中庸》里说：“能尽人之性，则能尽物之性；能尽物之性，则可以赞天地之化育；可以赞天地之化育，则可以与天地参矣。”

中国道家提出“道法自然”，强调人要以尊重自然规律为最高准则，以崇尚自然、效法天地作为人生行为的基本皈依。强调人必须顺应自然，达到“天地与我并生，而万物与我为一”的境界。庄子把一种物中有我，我中有物，物我合一的境界称为“物化”，也是主客体的相融。这与现代环境友好意识相通，与现代生态伦理学相合。

中国佛家认为万物是佛性的统一，众生平等，万物皆有生存的权利。《涅槃经》中说：“一切众生悉有佛性，如来常住无有变异。”佛教正是从善待万物的立场出发，把“勿杀生”奉为“五戒”之首，生态伦理成为佛家慈悲向善的修炼内容。

中国历朝历代都有生态保护的相关律令。如《逸周书》上说：“禹之禁，春三月，山林不登斧斤。”因为春天树木刚刚复苏生长。什么时候

砍伐呢，《周礼》上说："草木零落，然后入山林。"除保护生态外，还要避免污染。比如"殷之法，弃灰于公道者，断其手"。把灰尘废物抛弃在街上就要斩手，虽然残酷，但重视环境决不含糊。

在全世界，中华民族是唯一以国家形态同根同文同种存留几千年的民族，这是因为中华文明精神里蕴含着深刻的生态智慧。这与生态文明的内涵一致。中华文明精神是解决生态危机、超越工业文明、建设生态文明的文化基础。如今，越来越多西方学者提出世界生态伦理应该进行"东方转向"。

生态文明将促进社会主义全面发展

文明的转型决定社会政治经济制度的变革。农业文明带动了封建主义的产生，工业文明推动了资本主义的兴起，而生态文明将促进社会主义的全面发展。

马克思主义是对资本主义的超越，包含着对工业文明的反思，从而使生态文明成为马克思主义的内在要求和社会主义的根本属性。恩格斯说："人们会重新感觉到，而且也认识到自身和自然界的一致，而那种把精神和物质、人类和自然、灵魂和肉体对立起来的荒谬的、反自然的观点，也就更不可能存在了。但是要实行这种调节，单是依靠认识是不够的。这还需要对我们现有的生产方式，以及和这种生产方式连在一起的我们今天的整个社会制度实行完全的变革。"

生态文明体现了社会主义的基本原则。社会主义生态文明首先强调以人为本原则，同时反对极端人类中心主义与极端生态中心主义。极端人类中心主义制造了严重的人类生存危机；极端生态中心主义却过分强调人类社会必须停止改造自然的活动。生态文明则认为人是价值的中心，但不是自然的主宰，人的全面发展必须促进人与自然和谐。另外，在可持续发展与公平公正方面，生态文明也与当代社会主义原则基本一致。

生态文明为社会主义理论的融合提供了平台。生态文明作为对工业文明的超越，代表了一种更为高级的人类文明形态；社会主义思想作为对资本主义的超越，代表了一种更为美好的社会和谐理想。两者内在的一致性使得它们能够互为基础，互为发展。生态文明为各派社会主义理论在更高层次的融合提供了发展空间，社会主义为生态文明的实现提供了制度保障。

生态文明应成为社会主义文明体系的基础。社会主义的物质文明、政治文明和精神文明离不开生态文明，没有良好的生态条件，人不可能有高度的物质享受、政治享受和精神享受。没有生态安全，人类自身就会陷入不可逆转的生存危机。

资本主义使人们摆脱封建枷锁和宗教禁锢的同时，却带来新的剥削和压迫，这使社会主义应运而生。社会主义只有超越资本主义工业文明模式，追求生态文明，才能有效应对资本主义全球化所带来的全新挑战。社会主义与资本主义制度的优劣，比的不是谁最能斗争，也不仅仅是比生产力谁最发达，还要比谁最公平正义，谁最共同富裕，谁最有道德文化，谁最能带来人的全面发展，谁最能使社会更加和谐。在当今全球环境危机空前严峻时，更要比谁最能可持续发展，而资本主义逐利自私的本质注定它们很难主动承担全球环境责任。

针对全球化所带来的诸如生态问题等系列难题，发达国家社会主义进行了新的探索，诞生了生态社会主义等新的理论，不仅在学术上对社会主义进行了创新，也在实践中把马克思主义与当代全球问题具体结合起来，给未来人类社会指出了新的方向。这一探索为社会主义回应全球性问题提供了理论和实践的创新空间，能够对科学社会主义进一步完善。因为当代生产力的飞速发展，使得社会主义不能只研究工业文明基础上的阶级关系，还必须研究人与自然的文化伦理关系。生态文明的重要意义正在于此。

生态社会主义由于将生态文明与社会主义相结合,是对社会主义本质的又一重大发现。生态问题必将成为社会主义批判资本主义制度的思想武器。发展中国家终将在社会主义旗帜下重新团结起来向发达国家讨取生态成本，修改那些只利于发达国家的不公平的国际经济规则。

对中国而言，中国传统文化中固有的生态和谐观，为实现生态文明提供了坚实的哲学基础与思想源泉。今天，中国共产党提出科学发展观，建设社会主义和谐社会与环境友好型社会等一系列新的政治理念，完全可与世界可持续发展理念、中国传统文化相互借鉴。它们之间的融合，必将促成中国特色社会主义生态文明，必将促成全世界可持续发展的新潮流，必将促成社会主义真正超越资本主义，必将促成人的全面发展和人类社会的和谐。为此，中国责无旁贷。

（作者：国家环保总局副局长）

（选自《今日中国论坛》2008 年第 2-3 期）

生态文明的历史唯物主义解读

欧阳志远

引　言

生态文明建设目标提出以后，出现了不少解读，其中有比较深入的见解，但也有不少需要澄清的观点，其中，关于生态文明的定位是一个关键问题。一种带有普遍性的观点认为，生态文明和过去依次所提到的物质文明、精神文明和政治文明，构成一个文明体系。当然，这样说并无原则不妥，但从理论的严密性来讲，总是感到还大有可以完善之处。除此之外，还有一个生态文明建设的操作问题，如果只是笼统谈一个体系，不做深入分析，就很难准确找到工作的切入点。因此，如果生态文明概念定位不准，就会影响对相关问题的理解。文明问题，本质上是社会进步问题，而关于社会进步研究的理论基础，只能是历史唯物主义。只有根据历史唯物主义原理，并结合现代实践，才能得到系统的正确答案。本文拟从这个角度对该问题以及与之相关的问题做一探讨。

一、历史唯物主义视野中的文化研究

谈到文明，必须涉及文化。由于历史唯物主义问世之后，西方学者总是以文化主义来替代或掩盖生产力和生产关系、经济基础和上层建筑的矛盾运动，所以，过去许多学者认为，文化是西方社会学的专有范畴，与历史唯物主义是不相容的。这种观点值得商榷。

文化有两种理解：一种是狭义理解，即所谓“小文化”，包括文学艺术和教育科学技术等，指社会的精神活动及其成果；另一种是广义理解，即所谓“大文化”，指人类的全部活动及其成果。在西方，文化一词来自拉丁文的“cultura”，含有培养、驯化的意思，与“天然”一词相对。在中国，文化是与“武功”相对的一个概念，意指文治教化。19世纪，英国社会学家泰勒第一次把文化作为社会学的一个中心概念提了出来。他认为，文化是“包括知识、信仰、艺术、道德、法律、习俗和任何人作为一名社会成员而获得的能力和习惯在内的复杂整体”。在西方社会学中，文化概念基本上是以泰勒这个界定为准则的，它与中国古代的那种界定已经有了很大差别。

实际上，在马克思主义经典作家的著作中，文化一词出现过多次。其中最有代表性的，当数恩格斯在《反杜林论》中的一段话：“最初的、从动物界分离出来的人，在一切本质方面是和动物本身一样不自由的；但是文化上的每一个进步，都是迈向自由的一步”。这实际上已经对文化做出了准确界定，这个界定远比于泰勒的界定来得深刻。其最深刻之处在于，它把

"文化"概念与"自由"概念联系了起来，"自由"概念在马克思主义哲学中有非常丰富的内涵。马克思主义经典作家创立了历史唯物主义，把社会整体分为由一定的生产力和与生产力相适应的生产关系构成的经济基础，以及在一定的经济基础之上形成的上层建筑。用这种观点去剖析社会，其力度是任何西方社会科学所不能企及的。

但是，马克思主义经典作家并没有放弃对文化的关注，恩格斯的《家庭、私有制和国家的起源》就是一个杰出的成果，该书的第一章就叫"史前各文化阶段"，为什么在历史唯物主义创立的同时，还要从文化角度去审视社会？这可以在他们的一些书信中找到答案。

个性、传统，本质是现状和历史的差异，文化的基本性质就是特质性，所谓文化视角，就是从社会发展的特殊性来把握社会发展的一般性的视角。其意义在于：第一，体现了辩证性。社会个体的发展是社会总体发展的基础，社会的总体发展是社会个体发展的凝练。通过一般性和特殊性的统一来考察社会发展，有利于坚持社会发展的自然物质性。第二，体现了多样性。由于各民族所处的地理环境的差异，所以，即使在同一生产力水平上，社会的发展特色也各不相同，从文化视角来考察社会发展，有助于深化对民族问题的了解。第三，体现了传承性。社会意识尤其是社会心理具有相对稳定性，从文化角度考察社会，有利于对社会演化过程的了解，从而把握社会发展的历史前提。

可以说，马克思主义不仅不排斥文化研究，而且把文化研究作为历史唯物主义的必要补充。但是，重视文化研究，不等于可以放弃历史唯物主义的基本原理，如果放弃历史唯物主义从生产力和生产关系、经济基础和上层建筑的矛盾运动来观察社会的科学方法，就会迷失方向。在泰勒之后，不少西方学者都给文化下过定义，这些定义有历史性的、心理性的、遗传性的，都没有超出泰勒的观念。但即使是泰勒，对文化的理解也是描述性的，理论概括性很差。如果仅仅停留在这个水平上，文化的研究就不能深入。从历史唯物主义角度来观察，文化可以分为物质文化—交往文化—制度文化—精神文化四个层次。其中物质文化对应生产力、交往文化对应生产关系和其他社会关系、制度文化对应政治上层建筑、精神文化对应社会意识及与精神生活有关的活动。这样便可以形成一个有内在联系的逻辑结构。这个逻辑结构是每一种具体文化形态所具有的共性，只有把握共性，才能深入地理解个性。

文明是文化的进步状态，它是在文化发展到一定阶段才出现的。恩格斯在《家庭、私有制和国家的起源》一书中，根据摩尔根的研究，把早期文化分为"蒙昧阶段—野蛮阶段—文明阶段"来加以进一步考察，认为文明是伴随着社会分工、阶级分化的出现而出现的（按照恩格斯的考证，这个阶段的特点是从事养殖业和种植业的人群从野蛮人群中分离出来），这是恩格斯的一大贡献。总体来看，按照文化的四个层次划分，可以分别得到：物质文明、交往文明、政治文明、精神文明。按照交往、政治、精神层次综合划分，可以得到：奴隶社会文明—封建社会文明—资本主义社会文明—社会主义社会文明，这些文明形态可称为社会文明。物质文明是社会文明的基础，但它有相对独立性。

马克思在《资本论》中提出"劳动首先是人和自然之间的物质变换过程"，这是对劳动本质的深刻揭示。笔者1992年在建立生态产业革命理论时，根据这个思想提出了中心生产技术概念。任何生产技术体系都是以一类生产技术为中心建立起来的，中心生产技术集中体现了人与自然之间的物质变换方式。以中心生产技术为基准，人类的物质生产进程可以分为

"采猎业社会—农业社会—工业社会—生态产业社会"这样四种技术社会形态。技术社会形态的演替过程，也就是物质文化发展的演替过程。按照《家庭、私有制和国家的起源》一书的思想线索，采猎业社会是谈不上文明的，历史上已建构的物质文明可以分为农业文明和工业文明两个阶段。

二、生态文明的内涵和定位

"生态"一词，与生态学相关。"生态学(ecology)"一词，源自希腊文"oikos（原意为房子、住处或家务)"和"log-os(原意为学科或讨论)"，两者结合起来的意思是：研究生物住处的学科。1866年，德国动物学家海克尔首次为生态学下了一个定义：生态学是研究生物与其环境相互关系的科学。可见，"生态"一词的原意就是"环境"，这里的环境指自然环境。生态学经过19世纪下半叶的萌芽阶段后，20世纪上半叶进入经典生态学发展阶段，它是以生物学的一个分支的面目出现的学科。这个时期，虽然一些学者例如维尔纳茨基（ВернадскийВИ）和利奥波德（Leopold A）等，已经看到生态破坏的社会根源，但总的来说，学术活动的基本特点是在排除人为因素的条件下，孤立研究原生自然中生物与环境之间的相互关系。到了20世纪下半叶，人们越来越多地看到，当今的自然已经是一个人为因素高度渗透的自然，要在排除人为因素的条件下研究生态问题，意义已经越来越小，社会需要使生态学向第三阶段——人类生态学提升。人类生态学的内容是把自然界和人类社会作为统一的复杂巨系统来看待，从人化自然的角度来研究自然界的演化。

生态文明是在生态危机日益严重的背景下，在对人的活动意义进行深刻反思之后提出的文化变革目标。一般说来，对生态文明的理解是：用人与自然协调发展的观点去思考问题，并根据社会和自然的具体可能性，最优地处理人与自然的关系。1955年，美国学者卡特（Carter V）和戴尔（Dale T）在《表土与人类文明》一书中，抛出了一句惊世骇俗的名言：文明人跨过地表，身后一片荒漠。提出："文明是人类在保持好环境平衡的前提下不断导致进步的一种状态"。1972年，两位美国学者沃德（Ward B）和杜博斯（Dubos R）在《只有一个地球》这份为联合国人类环境会议准备的背景材料中，回顾了文明的发展历程，提出了未来文明如何与自然协调的问题。20世纪70—80年代，日本学者池田大作在与英国历史学家汤因比(Toynbee A)、意大利学者贝恰（Peccei A)、德国学者狄尔鲍拉夫(Derbolov J)的谈话中，都强烈地呼吁要从文化变革的角度看人与自然的关系。

但是，他们都共同面对一个无法解脱的矛盾，这就是发达国家的经验证明：只有工业化达到经济富裕的高水平之后，才会出现长远的生态后果。特别是刚工业化国家的多数人，知道工业化会带来一些危险，可是他们看到，只有工业化才是达到高生活标准的唯一道路。由于发展工业会给人们带来粮食丰产，减少失业，良好的公共卫生和相当好的舒适生活的希望，所以，根据他们的看法，实际上，几乎任何发展工业的方法都优先于对未来环境损害的考虑。看来在今后许多年内，大多数地方的环境质量势必服从于经济发展的目标。生态文明建构途径的迷茫，根源是生态文明定位的迷茫，由于没有采用历史唯物主义的观点和方法，所以，这个问题始终没有在理论上解决，在实际运作上往往陷于空谈，较多的情况下是把希望寄托于宗教。

要解决生态文明的定位问题，有必要发掘《自然辩证法》的基本思想。早在19世纪，当生态问题在资本主义工业化进程中开始露头时，恩格斯在《自然辩证法》一书中就作出了警惕自然界报复的预言。恩格斯在提出自然界报复的警示以后就谈到："事实上，我们一天一天地学会了更加正确地去理解自然界的规律，学会了去认识在自然界的惯常行程中我们的干涉的较近或较远的后果。特别是从本世纪自然科学大踏步前进以来，我们就愈来愈有能力去认识，因而也学会去支配至少是我们最普通的生产行为的较远的自然后果"。"这种事情遇见愈多，人们就愈多地不仅感觉到，而且认识到，自身是和自然界一致的"。在这里首先可以得到两点启示：第一，生态问题首先是人与自然的关系问题，根据生态问题产生的实际领域，生态文化应当属于物质文化的范畴，生态文明是物质文化的进步状态。第二，生态问题的解决有一个历史的演变过程，根据人与自然之间物质变换方式的逻辑推理，历史和未来的人类物质文明可以分为"农业文明—工业文明—生态文明"三个阶段。

"农业文明—工业文明—生态文明"这个序列中包含了一条不可违背的规律：工业文明的建构是一个不可逾越的阶段。农业文明虽然带有人与自然和谐的特点，但这种和谐是不完善的。首先，劳动强度大，劳动产出低，产品单调，抗御自然灾害的能力薄弱；其次，生产对劳动力的数量型需求刺激人口膨胀，造成人口与资源匹配失调；再次，受人口素质的限制，生产往往走向粗放，从而带来环境退化。农业文明的这些缺陷，造成了一个又一个的自然和社会危机，这种文明不是真正的生态文明。从农业文明到生态文明，必须通过工业文明的历练，工业文明的基本特点是通过分工使人的专长得到充分发挥，从而推动对自然资源的大规模深层次开发，这个阶段是自然界被大规模破坏的阶段，但也是人对自然规律的认识空前深化的阶段。随着生态危机的扩展，人对自己与自然关系的认识总会越来越明智，而不是越来越糊涂；与自然协调的能力总是越来越强大，而不是越来越弱小。生态文明的建立，需要充分吸收工业文明和农业文明的优秀成果，扬弃两者中的不合理成分，实现人与自然之间物质变换方式的协调。从农业文明到生态文明，呈现出一种复归态势，这是否定之否定的螺旋式上升而不是倒退。只有这样看问题，才可以避免思维走向两个极端。

根据历史唯物主义，生态文明问题又不完全归结为人与自然的关系问题。恩格斯在《自然辩证法》中指出："如果我们才稍微学会我们为了生产而从事的行动的比较远的自然方面的影响曾经需要几千年的劳动，那么在涉及这些行动的比较远的社会方面的影响时，那就困难得多了"。"迄今存在的一切生产方式，都是只从取得劳动的最近的、最直接的有益效果出发的。那些只是在比较晚的时候才显现出来的、通过逐渐的重复和积累才变成有效的进一步的结果，是一直全被忽视的。"他断言："只有一个在其中有计划地进行生产和分配的自觉的社会生产组织，才能在社会关系方面把人从其余的动物中提升出来，正像一般生产曾经在物种关系方面把人从其余的动物中提升出来一样。"这是自然辩证法和历史唯物主义有机结合的最精彩之笔！

三、中国生态文明的催化型建构探索

马克思主义经典作家认为，资本主义生产方式曾经创造了辉煌的工业文明，但由于生产的高度社会化与生产资料的个人占有之间的矛盾，所以造成了两个高度剥夺：一个是对自然的高度剥夺，一个是对人的高度剥夺，对人的剥夺又分为体能性剥夺和创造性剥夺。这对矛盾在资本主义制度下是无法解决的，所以，在资本主义发展到高级阶段之后，必然会被新的社会形态取代，实现人的全面发展。它的基础和

归宿是在自然界中实现自由，而要在自然界中实现自由，又必须以社会中的自由为手段，以意识中的自由为前提。这种以社会和意识的自由为手段和前提的自然中的自由，是生态文明的本质含义。西方社会虽然在本土实现了环境改良，但这种局部改良是以全球恶化为代价的。多数大公司并不在意诸如气候变异这样的问题，不断向外输出污染（关于这一点，在2007年第二届中欧论坛上，笔者同与会的欧洲学者有共识）。只要不改变谋求利润最大化的资本主义生产方式，生态文明就无法最终建构起来。

帝国主义时代造就的国际经济政治格局，使得后发国家没有可能通过完全遵循资本主义发达国家的轨迹来实现社会发展，于是，跨越式发展就成为一种不得不采取的选择。当然，有人会列举某些发展中国家和地区的例证来反诘，但这些国家和地区的“发展”，实际上是在协从西方钳制所谓“极权国家”的特定背景下实现的。如果没有这样的背景，很难说就能比较自如地走到今日，这种带有附庸色彩的“发展”不是真正的发展。社会主义工业化的历史曲折揭示，虽然社会制度可以跨越，但人的发展阶段却不可跨越，要实现工业化还得借助市场经济体制。马克思当年提出，人的个体发展有三个阶段：以人的依赖为特征的阶段——以物的依赖为特征的阶段——以在个人全面发展和人们共同的社会生产能力成为人们的社会财富基础上实现个性自由为特征的阶段。第三阶段的本质是人与自然以及人与人协调的阶段，但他同时强调，只有在第二个阶段上才能形成普遍的社会物质变换、全面的关系、多方面的需求，以及全面的能力的体系，第二个阶段为第三个阶段创造条件。就是说，要依托市场经济来实现工业化，弥补第二个阶段的缺失。

中国工业化的特殊性在于，建构工业文明和生态文明的任务几乎是同时出现的，这应当是一种机遇，两者的结合可以在相当程度上避免“卡夫丁峡谷”的痛苦。由于工业文明的建立要借助市场机制，而市场机制的基本特征就是通过分工和交换来追求个人利益的最大化，所以，这与生态文明的灵魂——生态效益与社会效益的协调，又有着尖锐的冲突。生态文明的建构工作重点当然必须放在物质生产领域，然而仅在物质文明这个层次上的努力是不够的。毫无疑问，建构生态文明需要大力开发先进技术，但大量事实证明，仅通过技术手段不可能实现工业文明和生态文明的有机结合。人的需要无穷尽，而无穷尽只能在精神王国里实现，在物质王国里永远不能实现。如果物质消费的欲望无限膨胀，那么，资源环境的破坏就治不胜治。建构农业文明的动力是基本需要，构建工业文明的动力是享受需要，而建构生态文明的动力则是发展需要。由于发展需要涉及深层社会心理的变革，要对物欲进行理性的抑制，要追求创造。所以一般情况下，就是物质生活富裕起来后，发展需要的产生和成长也要经历一个相当漫长的过程。

如果说即使是在资本主义国家，也需要借助交往文明、政治文明和精神文明的反作用，才能推动生产和消费的生态化建构，那么，在社会主义中国，生态文明的建构就更需要高层次文明的响应。中国生态基底脆弱，人口数量多、受教育程度低，传统文化中的消极因素根深蒂固，工业化进度快、强度高，问题还有更加艰难的一面。如果被动地等待生态意识自然成长，恐怕在公众全面觉醒之前，社会已陷入不可挽救的生态灾难。我们的优势在于：高层次文化中的公有经济的主导作用、核心价值观念引导的社会组织方式等因素，可以对建构生态文明发挥有益作用。目前，交往文化和制度文化的某些方面，还不得不为适应工业文明的需要而进行改动，能够相对独立地发挥作用的就是精神文化。建设适应生态文明的精神文明，有利于保持交往文化和制度文化中的社会主义成分并充分发挥其积极作用，为建构生态文明服务。这些因素特别是精神文化的反作用，可以适当强化。这个作用主要是核心价值观念——人的全面发展观念的引导作用。

或许有人会问：这样做，是否又回到了政治精神决定一切的唯心主义老路？情况完全不是如此，理由在于：第一，适当强化高层文明的反作用，是以承认工业文明和物的依赖阶段的不可逾越性为前提的。同时现实生产中经济效益和生态效益的矛盾已经相当尖锐，而且不可能通过生产自身解决，适当强化高层次文明的反作用是物质生产本身的需要，如果放任自流，那绝不是唯物主义的态度而是机械唯物主义的态度。第二，适当强化高层文明的反作用，主要指在精神文明建设中强化生态意识的启迪。生态意识是人与自然关系和人与人关系相互作用的综合反映。过去我们谈精神文明，只涉及人与人关系的协调，但根据马克思主义的原理，人与人的关系和人与自然的关系是相互制约的，而且人与自然的关系是基础。这种理解完全符合物质第一性的原则。第三，"适当强化"不是揠苗助长，而是因势利导。要把现代生态意识与传统生态意识结合起来，用喜闻乐见的形式积极引导公众形成正确的价值判断。对于干部还要让他们明确：生态文明是马克思主义的旗帜，是社会主义真正的物质基础，以便把生态文明建构自觉融入全局工作。根据以上三点，这种"适当强化"可称为"催化"。

理解中国生态文明的催化型建构，用得着《共产党宣言》中的一句话："共产党人为工人阶级的最近的目的和利益而斗争，但是他们在当前的运动中同时代表运动的未来"。中国生态文明实行催化型建构的可能性有三：第一，中国有一个极具权威的中央政府，可以把握时机进行有效引导；第二，中国公众有爱国主义传统，生态文明的建构一旦成为国家大政即可获得广泛认同；第三，中国有一批深受忧患意识熏陶的学者，甘为社会的根本利益作出奉献。中国社会的动员能力，在关键时刻已经得到充分显露，这是我们值得发掘的精神财富。当然也要看到，中国生态文明的建构，需要核心价值观念的持久催化，其间可能还会有曲折和反复，不能奢望迅速大见成效。尽管过程漫长，但这毕竟是摆脱生态危机的根本出路。

结　论

本文把文化研究置于历史唯物主义的框架之中，认为文化研究是历史唯物主义研究的必要补充，把文明分为：物质文明——交往文明——政治文明——精神文明四个依次递升的层次，并且认为生态文明是继农业文明、工业文明之后物质文明发展的一个新阶段，是社会主义真正的物质基础。中国面对工业文明和生态文明建构的双重任务，既有特定优势也有特定困难。中国生态文明的建构，要把工作重点置于物质生产领域，实现工业文明和生态文明的有机结合，这种结合呈现出一种辩证复归的态势。实现复归需要发挥高层次文明、尤其是精神文明的积极作用的催化，中国的生态文明的建构是核心价值观念——人的全面发展观念催化型的生态文明建构。

（作者：中国人民大学哲学院教授、博士生导师）

（选自《教学与研究》2008 年第 9 期）

生态文明理论形成的历史观基础

——马恩生态社会发展思想探要

吴宏亮

关于生态文明的研究，是近年来现代化理论研究中的热点问题。20世纪70年代以后，西方学者在反思现代化带给人类的诸多问题时，提出了生态现代化的思想。进入新世纪，国内学者在借鉴西方发展经验的基础上，提出了走新型工业化道路、“运河战略”、可持续发展等重要观点。本文独辟蹊径，以历史学者的眼光，梳理了马克思、恩格斯关于生态社会的大量论述，理清了马克思、恩格斯关于人与自然、人与社会关系的分析，从而概括了马克思、恩格斯关于生态社会的基本思想，找到了生态文明理论的源头，为我们深刻理解生态文明理论提供了宽广的思想平台。

生态文明理论是20世纪70年代后期兴起并被不断张扬的一种社会发展理论，它所强调的是现代化过程中如何保护自然与环境，建立人与自然、人与经济、人与社会的最优化关系，实现生态的可持续发展。诚然，作为100多年前的伟大历史人物，马克思、恩格斯没有明确使用过生态文明这一概念，但是，在他们所建构的社会发展理论中却蕴含着丰富的生态文明思想。这些思想既是当代生态文明理论得以形成的历史观基础，又为我们深刻理解生态文明理论提供了丰富的思想资源和宽广的思想平台。

一、强调自然界是“人的无机的身体”

马克思主义创始人指出:“全部人类历史的第一个前提无疑是有生命的个人的存在。因此，第一个需要确认的事实就是这些个人的肉体组织以及由此产生的个人对其他自然的关系。”马克思把人与自然的关系作为探究人类社会及其历史发展的逻辑起点，认为人与自然界的关系是历史的现实基础。旧历史观“不是完全忽视了历史的这一现实基础，就是把它仅仅看成与历史过程没有任何联系的附带因素。因此，历史总是遵照在它之外的某种尺度来编写的；现实的生活生产被看成是某种非历史的东西，而历史的东西则被看成是某种脱离日常生活的东西，某种处于世界之外和超乎世界之上的东西。这样，就把人对自然界的关系从历史中排除出去了，因而造成了自然界和历史之间的对立。”由此可见，“历史可以从两个方面来考察，可以把它划分为自然史和人类史。但这两方面是不可分割的；只要有人存在，自然史和人类史就彼此相互制约。”

马克思明确肯定自然界的优先地位。他认为，自然界给人类提供生活资料和劳动对象，

“没有自然界，没有感性的外部世界，工人什么也不能创造。它是工人的劳动得以实现、工人的劳动在其中活动、工人的劳动从中生产出和借以生产出自己的产品的材料。”自然界不仅仅是人生命活动及生产活动所必需的生产对象和材料，是人无法离开的对象世界，而且还是人类精神资料的来源。“从理论领域来说，植物、动物、石头、空气、光等等，一方面作为自然科学的对象，一方面作为艺术的对象，都是人的意识的一部分，是人的精神的无机界，是人必须事先进行加工以便享用和消化的精神食粮；同样，从实践领域来说，这些东西也是人的生活和人的活动的一部分。”因此，马克思指出：“人作为自然存在物，而且作为有生命的自然存在物，一方面具有自然力、生命力，是能动的自然存在物；这些力量作为天赋和才能、作为欲望存在于人身上；另一方面，人作为自然的、肉体的、感性的、对象性的存在物，和动植物一样，是受动的、受制约的和受限制的存在物，就是说，他的欲望的对象是作为不依赖于他的对象而存在于他之外的；但是，这些对象是他的需要的对象；是表现和确证他的本质力量所不可缺少的、重要的对象。”正是在这个意义上，马克思强调指出：“自然界，就它自身不是人的身体而言，是人的无机的身体。人靠自然界生活。这就是说，自然界是人为了不致死亡而必须与之处于持续不断的交互作用过程的人的身体。所谓人的肉体生活和精神生活同自然界相联系，不外是说自然界同自身相联系，因为人是自然界的一部分。”

马克思明确提出了“人的自然本质”和“自然界的人的本质”的概念，揭示了人与自然的“根源性关系”。马克思主义创始人认为，能动的创造性是人的本质。但就人与自然的根源性关系而言，人的能动性是一种“受动性”的能动性，必须辩证地理解人的能动本质。一方面，人能最大限度地把自然界的属性和规律“同化”于自身，使自然界的丰富属性转换为人自身的内在特质。人必须不断探究和发现“人的自然本质”，自觉地意识到人的能动性本质是以“人的受动性”为前提的。另一方面，人的能动的创造性本质表现在，人能够“再生产整个自然界”，把自身的本质力量“对象化”到自然界中去，使自在的自然界转化为合乎人的目的的、属人的、人化的自然界。

人的能动的创造性本质最终体现在，人不是仅仅把自然界变成人的外在的、有用的“资源库”，而是把自然界“变成人的无机的身体”。一切自然存在物都是生命本身，是生命进化阶梯中的一个环节，它们相互依赖，生生不息，共同成就了人的生命。但是，“自然界是个有缺陷的存在物。一个不仅对我来说、在我眼中有缺陷而且本身就有缺陷的存在物。”因而，人类必须懂得“怎样处处都把内在的尺度运用到对象上去”，“按照美的规律”来“再生产整个自然界”。从这个意义上说，人类的发展“不外是人通过人的劳动而诞生的过程，是自然界对人来说的生成过程”。“自然界对人来说的生成”，本质上是“自然界的人的本质”的生成与“人的自然本质”的生成的统一。一方面是“自然界的人的本质”的生成，即人通过物质生产活动，“把整个自然界——首先作为人的直接的生活资料，其次作为人的生命活动的对象和工具——变成人的无机的身体”。在这个过程中，人“不仅使自然物发生形式变化，同时他还在自然物中实现自己的目的”。现实的自然界并不是单纯自然生成的，更不是始终不变的存在物，它是人类实践活动的产物和结果。另一方面是“人的自然本质”的生成，即“人作为自然的、肉体的、感性的、对象性的存在物，同动植物一样，是受动的、受制约的和受限制的存在物”，“说一个东西是感性的，是说它是受动的”，因为“他的欲望的对

象是作为不依赖于他的对象而存在于他之外的；但是，这些对象是他的需要的对象；是表现和确证他的本质力量所不可缺少的、重要的对象”。人通过实践活动，广泛掌握和同化自然力，用各种自然物的属性来丰富和充实自己的生命活动，使自己能力的提高和发挥根基于自然系统的演化之中。因为，自然界是人类赖以生存的自然前提，是人类实践的对象性和对象化存在物。“人并没有创造物质本身。甚至人创造物质的这种或那种生产能力，也只是在物质本身预先存在的条件下才能进行”。“人在生产中只能像自然本身那样发挥作用，就是说，只能改变物质的形式。不仅如此，他在这种改变形态的劳动本身中还要经常依靠自然力的帮助。”

人类必须不断探究和发现“人的自然本质”和“自然界的人的本质”，自觉地意识到人对自然界的受动性“是人的一种自我享受”。这样，马克思就在实践本体论意义上解答了人与自然界的辩证关系，阐明了自然界之于“人的无机的身体”的内涵。

二、使社会成为“人同自然界的完成了的本质的统一”

马克思反对抽象的社会观，他认为，社会不是离开了人和自然的抽象物，也不是人与自然的简单相加，而是一个以实践为基础的历史过程。只有在这个过程中，人和自然才能获得其实在性。在马克思看来，只有通过实践和工业而形成的自然界，才是“现实的自然界”，才是“真正的、人类学的自然界”。从这个意义上说，社会是“历史”或“历史的生成”。马克思指出：“整个所谓世界历史不外是人通过人的劳动而诞生的过程，是自然界对人说来的生成过程，所以关于他通过自身而诞生、关于他的形成过程，他有直观的、无可辩驳的证明。因为人和自然界的实在性，即人对人说来作为自然界的存在以及自然界对人说来作为人的存在，已经成为实际的、可以通过感觉直观的。”因此，“历史本身是自然史的即自然界生成为人这一过程的一个现实部分。”

马克思虽然肯定了人作为自然存在物的自然属性，但他认为，人的本质在于其社会性，人的自然属性应被其社会属性所引领。因为，“只有在社会中，自然界对人来说才是人与人联系的纽带，才是他为别人的存在和别人为他的存在，只有在社会中，自然界才是人自己的人的存在的基础，才是人的现实生活的要素。只有在社会中，人的自然的存在对他来说才是自己的人的存在，并且自然界对他来说才成为人。”依此为逻辑起点，马克思在《1844年经济学哲学手稿》中从人与自然关系的角度，提出了一个生态学意义的社会概念。他指出，社会是“人同自然界的完成了的本质的统一，是自然界的真正复活，是人的实现了的自然主义和自然界的实现了的人道主义”。马克思在这里表述了一种建立在实践基础上的对社会的总体认识。这就是说，一方面，“社会”是自然界逐步变成“人的现实的自然界”，即人化的自然的过程。另一方面，“社会”的历史生成实现过程，也是人自身形成、建构、丰富和发展的历程。他强调通过感性的实践而真正达到人与自然的内在同一。在马克思看来，只有在社会中，人和自然才能获得其实在性。

作为伟大的思想家和革命家，马克思和恩格斯对资本主义社会破坏生态、割裂人与自然的状况进行了深刻批判。在马克思、恩格斯看来，以私有制为基础的社会，尤其是资本主义社会的发展，在整体上具有“异化”的性质；这种异化主要表现为人与自然、人与人、人与社会、人与自我等之间关系的分裂、对立乃至对抗。“只有在资本主义制度下自然界才不过是人的对象，不过是有用物；它不再被认为是自为的力量；而对自然界的独立规律的理论认识本身不过表现为狡猾，其目的是使自然界（不管是作为消费品，还是作为生产资料）服从于人的需要。”在人与自然相互敌对的情况下，“工人越是通过自己的劳动占有外部世界、感性自然界，他就越是在两个方面失去生活资料：第一，感性的外部世界越来越不成为属于他的劳动的对象，不成为他的劳动的生活资料；第二，感性的外部世界越来越不给他提供直接意义的生活资料，即维持工人的肉体生存的手段”。在异化劳动中，工人越是为了生存不得不占有自然界，自然界越是成为工人发展的制约和障碍，人与自然处于极度紧张的关系中。同时，在资本主义社会，“通过独立的个人的接触而形成的社会联系，对于他们既表现为物的必然性，同时又表现为外在的联系”，社会则仅仅成为个人满足其私欲的工具，对个人来说，社会仅仅“只是手段”。

马克思在《资本论》中，以资本主义农业为例，分析了人与自然、人与社会的割裂过程。他指出：“资本主义农业的任何进步，都不仅是掠夺劳动者的技巧的进步，而且是掠夺土地的技巧的进步，在一定时期内提高土地肥力的任何进步，同时也是破坏土地肥力持久源泉的进步。一个国家……越是以大工业作为自己发展的基础，这个破坏过程就越迅速。因此，资本主义生产发展了社会生产过程的技术和结合，只是由于它同时破坏了一切财富的源泉——土地和工人。”马克思、恩格斯认为，这种割裂了人与自然、人与社会关系的社会，即“异化”了的资本主义社会，是必然要灭亡的社会，他们呼唤建立一个“人类与自然以及人类本身和解”的社会。

三、寄予未来——实现“人类同自然的和解”

马克思、恩格斯认为，未来社会是人自由全面发展的社会，是人与自然、人与人、人与社会和解的社会。恩格斯明确提出“人类同自然的和解以及人类本身的和解”，来表述未来社会人与自然、人与人的关系。我们理解，马克思主义创始人提出的“人类同自然的和解”的社会，是消除了人与自然的割裂和异化，人们敬畏自然、热爱自然并不断改造自然、建设自然的社会，是人化自然、自然化人的社会；而“人类本身的和解”的社会，是消除了人与人、人与社会的割裂和异化，消灭了阶级和压迫的社会，是人与人平等、愉快、幸福的生活，每一个人能够自由而全面发展的社会。

马克思主义创始人认为，人与自然的关系首先是一种实践关系。人的实践活动是人与自然关系的基础。马克思在《1844年经济学哲学手稿》中论述到人的生产与动物的生产的区别时讲了一段十分重要的话。他指出：“诚然，动物也生产。它为自己营造巢穴或住所，如蜜蜂、海狸、蚂蚁等。但是，动物只生产它自己或它的幼仔所直接需要的东西；动物的生产是片面的，而人的生产是全面的；动物只是在直接的肉体需要的支配下生产，而人甚至不受肉体需要的影响也进行生产，并且只有不受这种需要的影响才进行真正的生产；动物只生产自身，而人再生产整个自然界；动物的产品直接属于它的肉体，而人则自由地面对自己的产品。动物只是按照它所属的那个种的尺度和需要来构造，而人懂得按照任何一个种的尺度来进行生产，并且懂得处处都把内在的尺度运用于对象；因此，人也按照美的规律来构造”。所谓“任何一个种的尺度”，即自然界各种存在物的属性或规律，所谓人的“内在的尺度”，即人所特有的超越了狭隘物种属性的一种自由创造属性或规律。所谓“美的规律”即是自然的规律与人的规律的和谐统一。“按照美的规律来构造”，也就是实现自然主义与人道主义的结合，实现人与自然的和谐统一。马克思用“物质变换”这一概念来指称

人类与自然界之间的实践关系，昭示了社会发展与自然演化的辩证统一。马克思说：“劳动首先是和自然之间的过程，是人以自身的活动来中介、调整和控制人和自然之间的物质变换的过程。人自身作为一种自然力与自然物质相对立。为了在对自身生活有用的形式上占有自然物质，人就使他身上的自然力——臂和腿、头和手运动起来。当他通过这种运动作用于他身外的自然并改变自然时，也就同时改变他自身的自然。”

马克思、恩格斯指明了“人类同自然的和解”的根本途径，即合理调节人类与自然界之间的物质变换。人与自然的物质变换过程，根本上是人改造、支配和统治自然界的过程。但是，“我们统治自然界，决不像征服者统治异族人那样，决不是像站在自然界之外的人似的，——相反地，我们连同我们的肉、血和头脑都是属于自然界和存在于自然之中的；我们对自然界的全部统治力量，就在于我们比其他一切生物强，能够认识和正确运用自然规律。”恩格斯认为，随着科学的进步，人类能够学会支配与掌握自己行为对自然界所产生的比较深远的影响，并且随着人类越来越“认识到自身和自然界的一体性，而那种关于精神和物质、人类和自然、灵魂和肉体之间的对立的荒谬的、反自然的观点，也就越不可能成立了”。因此，马克思主义创始人提出，人与自然和谐相处的根本条件在于，“社会化的人，联合起来的生产者，将合理地调节他们和自然之间的物质变换，把它置于他们的共同控制之下，而不让它作为盲目的力量来统治自己；靠消耗最小的力量，在最无愧于和最适合于他们的人类本性的条件下来进行这种物质变换。”马克思主义创始人所指称的“社会化的人”，是指“社会上的一部分人靠牺牲另一部分人来强制和垄断社会发展的现象”得以消灭后的社会全体成员。只有当社会全体成员真正实现平等、自由而全面发展的时候，他们才能以“最无愧于和最适合于他们的人类本性”的方式来利用、开发和改造自然界，这时人类与自然的和解才可能真正实现。

马克思、恩格斯对“人类同自然的和解”寄予了无限的希望，认为“人类同自然的和解”是共产主义新社会的重要特征。他们强调指出，这种自然主义与人道主义相统一的社会观，体现了人对自然的责任和人对自身的责任的一致性，体现了人与自然的内在关联性。自然真正成为人的本质力量的确证，人类社会成为人与自然的真正统一。

统筹人与自然和谐发展，实现人与自然和谐相处，建设资源节约型、环境友好型社会，是构建社会主义和谐社会的重要目标和任务，也是生态文明的具体体现。2004 年 4 月，胡锦涛在中央人口资源环境工作座谈会上的讲话中指出：“保护自然就是保护人类，建设自然就是造福人类。要倍加爱护和保护自然，尊重自然规律。对自然界不能只讲索取不讲投入、只讲利用不讲建设。”“建设自然”的理念是对人与自然关系的一个新概括和新要求，这种理念能够更好地推动人与自然之间形成建设性的和谐关系。“建设自然”的理念孕育着一种新的发展观念，它要求在尊重客观规律和关照人类需求的前提下，使人的一切活动遵循合规律性与合目的性相统一的原则，实现经济社会进步、人的自由全面发展、自然界再生能力提升三者的有机统一。

（作者：郑州大学历史学院教授、博士生导师）

（选自《河南大学学报（社会科学版）》2008 年第 4 期）

论马克思生态观和社会主义生态文明建设

高惠珠　徐文越

一、马克思生态观的理论发端

马克思的新唯物主义，在《德意志意识形态》中，得到了深入的阐释，而成为其生态思想理论发端的，是两个有关实践的关键性概念：一是“对象性活动”概念；二是“物质变换”概念。

（一）“对象性活动”中的生态学意蕴

“对象性活动”，首先是“对象性关系”的存在。对“关系”的理解，马克思认为，“关系”是专属于人的概念，“凡是有某种关系存在的地方，这种关系都是为我而存在的；动物不对什么东西发生‘关系’，而且根本没有‘关系’；对于动物来说，它对他物的关系不是作为关系存在的”。对象性活动就是实践活动，而对象性关系，就是实践关系，因为实践作为“感性的活动”，它创造着与思想客体确实不同的“感性客体”。因此，马克思认为：“历史可以从两个方面来考察，可以把它划分为自然史和人类史。但这两方面是不可分割的；只要有人存在，自然史和人类史就彼此相互制约。”马克思认为，“全部人类历史的第一个前提无疑是有生命的个人的存在。因此，第一个需要确认的事实就是这些个人的肉体组织以及由此产生的个人对其他自然的关系”，而“任何历史记载都应当从这些自然基础以及它们在历史进程中由于人们的活动而发生的变更出发”。

由此可见，在“对象性活动”中已包含着以下几方面的内容。第一，人与自然的关系从人最初的存在就开始了；第二，人与自然的关系中包含着两个方面，一是人自身的自然，二是人与身外的自然的关系；第三，人与自然的关系会随人的活动而发生变更，这两方面不可分割，彼此制约；第四，保持个人的生命存在是处理人与自然关系最基本的前提。

（二）“物质变换”概念的生态学意蕴

对于“物质变换”概念的来源，现在较为认可的看法是来自马克思同时代的德国化学家李比希。李比希在1840年出版了他的著作《化学在农业及生理学上的应用》，赋予了物质变换概念以农业化学和生理学的意义，揭示了自然界无机营养元素循环的规律，并把土壤作物和人类生活需要有机地联系起来，具有了社会批判的意义。马克思在《资本论》中也确实给予了李比希以充分的肯定：“李比希的不朽功绩之一，是从自然科学的观点出发阐明了现代农业的消极方面。”

马克思和恩格斯在他们的著作中大量使用了“物质变换”概念，不完全统计总共有110多处，主要集中在《资本论》、《剩余价值理论》和

《经济学批判大纲》等著作中。马克思在《资本论》中运用这一概念指出，“我们所说的生产排泄物，是指工业和农业的废料；消费排泄物则部分地指人的自然的新陈代谢所产生的排泄物，部分地指消费品消费以后残留下来的东西。消费排泄物对农业来说最为重要”。一切经济过程，首先是人与自然之间的物质变换过程，因此人一时一刻也不能离开自然。人不仅“只能像自然本身那样发挥作用”，而且“还要经常依靠自然力的帮助”。这里还包含着社会的物质变换，“交换过程使商品从把它们当作非使用价值的人手里转到把它们当作使用价值的人手里，就这一点说，这个过程是一种社会的物质变换”。所以对社会的物质变换，就“只是考察对社会的物质变换起中介作用的商品形式变换或商品形态变化”。

在此，马克思关于劳动的经典定义，最为重要的就是以“物质变换”为核心。“劳动首先是人和自然之间的过程，是人以自身的活动来中介、调整和控制人和自然之间的物质变换的过程。人自身作为一种自然力与自然物质相对立。为了在对自身生活有用的形式上占有自然物质，人就使他身上的自然力——臂和腿、头和手运动起来。当他通过这种运动作用于他身外的自然并改变自然时，也就同时改变他自身的自然。他使自身的自然中蕴藏着的潜力发挥出来，并且使这种力的活动受他自己控制”。“物质变换”概念，之所以被认为是包含着丰富的生态思想的重要概念，原因如下：第一，“劳动作为使用价值的创造者，作为有用劳动，是不以一切社会形式为转移的人类生存条件”；第二，这一“物质变换”，是以劳动为中介的人与自然之间物质变换，因此，它不是生命个体所进行的生物学意义上的物质变换，而是人类劳动所中介的人类社会与自然的循环；第三，“物质变换”概念反映的是“人类生活得以实现的永恒的自然必然性”，与“能量守恒与转化定律”相联系，“物质变换”的任何中断，将是人类生活的“灾难”。

由此可见，正是上述两个关键性概念，成为马克思生态观的发端，也就是说，马克思的生态观，源于人的现实的生产劳动实践，正是人生活的现实性、劳动的现实性，才使追求人与自然和谐关系变得如此现实，如此重要。

二、马克思生态观的基本内涵

（一）人直接是自然存在物

马克思针对旧形而上学，尤其是黑格尔哲学把精神与自然对立起来，视自然是绝对精神外化的结果的观点，提出自己关于人与自然关系的基本看法。“人直接地是自然存在物。人作为自然存在物，而且作为有生命的自然存在物，一方面具有自然力、生命力，是能动的自然存在物；这些力量作为天赋和才能、作为欲望存在于人身上；另一方面，人作为自然的、肉体的、感性的、对象性的存在物，和动植物一样，是受动的、受制约的和受限制的存在物，就是说，他的欲望的对象是作为不依赖于他的对象而存在于他之外的；但这些对象是他的需要的对象，是表现和确证他的本质力量所不可缺少的、重要的对象。”因此马克思说：“关于某种异己的存在物、关于凌驾于自然界和人之上的存在物的问题，即包含着对自然界的和人的非实在性的承认的问题，实际上已经成为不可能的了。”

马克思的这一论断，已经充分肯定了人与自然关系的原初统一，肯定了实践的唯物主义的实践生存论的基本立场，是对包括黑格尔和费尔巴哈在内的所有旧形而上学、旧唯物主义的超越。在马克思以前的哲学那里，人与自然始终是处于对立的，二者的任何关系都不过是“实体”对“自我意识”关系的种种样式的变化，他们或将二者只归为其一，或归为一种虚假的统一。如黑格尔哲学的结果可以概括为“形而上学化了的

人和自然的统一”，自我意识外化了整个自然界，而在现实存在面前其实质只能是破坏了这种统一。因为在传统形而上学那里，对于主体与客体、存在与思维、意识与对象等等的对立是根本上无法消解的，要克服这个根本难题，就必须超越旧哲学。

（二）人与自然的关系不能脱离人与人的社会关系，自然的解放和人的解放是同一个社会历史过程

马克思在早年把人看作自然的一部分时，就已经认识到人不仅是自然存在，还是属人的自然存在。在《资本论》中，马克思通过“物质变换”的概念对“劳动”有了更为经典的哲学定义，这一定义我们可以从两方面来理解：一方面劳动是实现目的的对象化劳动，另一方面劳动同时又是人和自然之间物质变换的过程。也就是说，人与自然的物质变换过程，是由人的行为所中介、调整、控制的人的对象化活动。“物质变换”概念构成了人类劳动的物质基础，人的对象化活动表明了劳动的属人本质。劳动活动是人的社会行为，“物质变换”更主要是在人的主体条件下完成的。因此，劳动过程既体现人和自然的物质变换，也体现人和人的社会关系。从这样的起点出发，考察物质变换与人的自然关系就不能脱离人和人的社会关系，反之亦是。生产劳动这种调节人与自然之间物质变换的手段，就必然带上社会历史的色彩，并成为一个只有放在社会关系中才能进行考察的范畴。马克思强调生产劳动活动对自然的中介，他把自然和一切自然的意识都同社会的生活联系起来。人与自然的关系受制于人与人的社会关系，自然现实的存在形式是人的对象性活动即劳动实践的客观存在，这就使得在劳动和实践的形式中领会和把握现实的自然界及其存在方式成为可能。所以，马克思说，“工业是自然界对人，因而也是自然科学对人的现实的历史关系。因此，如果把工业看成人的本质力量的公开的展示，那么自然界的人的本质，或者人的自然的本质，也就可以理解了”。

（三）服从资本统治的逻辑是造成人与自然对抗关系的真正社会根源

马克思首先肯定了“资本的伟大的文明作用”，他在《1857—1858年经济学手稿》中对此做出了具有原则高度的概括：“只有资本才创造出资产阶级社会，并创造出社会成员对大自然和社会联系本身的普遍占有。由此产生了资本的伟大的文明作用；它创造了这样一个社会阶段，与这个社会阶段相比，以前的一切社会阶段都只表现为人类的地方性发展和对自然的崇拜。只有在资本主义制度下自然才不过是人的对象，不过是有用物；它不再被认为是自为的力量，而对自然界的独立规律的理论认识本身不过表现为狡猾，其目的是使自然界（不管是作为消费品，还是作为生产资料）服从于人的需要。资本按照自己的这种趋势，既要克服民族界限和民族偏见，又要克服把自然神化的现象，克服流传下来的在一定界限内闭关自守地满足于现有需要和重复旧生活方式的状况。资本破坏这一切并使之不断革命化，摧毁一切阻碍发展生产力、扩大需要、使生产多样化，利用和交换自然力量和精神力量的限制。”对资本主义生产方式的反生态文明的本性，马克思作了进一步揭露与批判：“资本主义生产使它汇集在各大中心的城市人口越来越占优势，这样一来，它一方面聚集着社会的历史动力，另一方面又破坏着人和土地之间的物质变换，也就是使人以衣食形式消费掉的土地的组成部分不能回归土地，从而破坏土地持久肥力的永恒的自然条件。这样，它同时就破坏城市工人的身体健康和农村工人的精神生活。”“资本主义农业的任何进步，都不仅是掠夺劳动者的技巧的进步，而且是掠夺土地的技巧的进步，在一定时期内提高

土地肥力的任何进步，同时也是破坏土地肥力持久源泉的进步。因此，资本主义生产发展了社会生产过程的技术和结合，只是由于它同时破坏了一切财富的源泉——土地和工人。”马克思在《资本论》第3卷的《资本主义地租的产生》中指出：“大土地所有制……在社会的以及生活的自然规律决定的物质变换的过程中造成了一个无法弥补的裂缝，于是就造成了地力的浪费，并且这种浪费通过商业而远及国外……大工业和按大工业方式经营的大农业一起发生作用。如果就它们原来的区别在于，前者更多地滥用和破坏劳动力，即人类的自然力，而后者更直接地滥用和破坏土地的自然力，那么，在以后的发展过程中，二者会携手并进，因为农村的生产制度也使劳动者精力衰竭，而工业和商业则为农业提供各种手段，使土地日益贫瘠。”

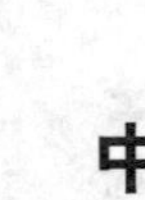

（四）只有共产主义社会，才能达到人与自然的真正和谐

“只有当实际日常生活的关系，在人们面前表现为人与人之间和人与自然之间极明白而合理的关系的时候，现实世界的宗教反映才会消失。只有当社会生活过程即物质生产过程的形态，作为自由联合的人的产物，处于人的有意识有计划的控制之下的时候，它才会把自己的神秘的纱幕揭掉。但是，这需要有一定的社会物质基础或一系列物质生存条件，而这些条件本身又是长期的、痛苦的发展史的产物。”马克思在1844年之后，之所以转到对现实的生产过程中的雇佣劳动加以研究，就是为了通过研究雇佣劳动所承载的资本主义生产关系的内在矛盾，不但要论证自由自觉的劳动实现的必然性，而且还要论证自由自觉的劳动实现的现实性。人与自然的共同解放正是这同一过程的两方面，既是对人的真正解放，又是对自然关系或生态问题的根本解决。而这一论断正是建立在对资本主义社会深入批判的基础之上，通过生产方式变革与现实的实践，在人的解放中实现自然的解放，扬弃人与人和人与自然之间的双重异化。

因此，马克思认为，生态文明的真正建成，只有在劳动解放即实现共产主义的社会条件下才有可能。在共产主义社会，“社会化的人，联合起来的生产者，将合理地调节他们和自然之间的物质变换，把它置于他们的共同控制之下，而不让它作为盲目的力量来统治自己；靠消耗最小的力量，在最无愧于和最适合于他们的人类本性的条件下来进行这种物质变换”。共产主义社会就是通过联合的方式积极废除私有财产。“共产主义是私有财产即人的自我异化的积极的扬弃”，“这种共产主义，作为完成了的自然主义＝人道主义，而作为完成了的人道主义＝自然主义，它是人和自然之间、人和人之间的矛盾的真正解决。”人的这种自然本质和自然的人道主义本质则只为联合体而存在，也只有在联合体中才能存在，从而真正实现其对异化社会的超越。同时马克思也深刻认识到，“自我异化的扬弃同自我异化走的是一条道路”，因而超越资本主义的知识是无法直接获得的。“不难看到，整个革命运动必须在私有财产的运动中，即在经济的运动中，为自己既找到经验的基础，也找到理论的基础”。

三、用马克思生态观指导社会主义生态文明建设

（一）马克思对资本主义生产方式的批判，为生态文明建设指明了社会主义方向

马克思生态观从根本上揭示了造成人与自然相对立的“资本逻辑”，对资本主义制度的反生态性进行了深刻的批判，由此指明了人与自然矛盾真正解决的共产主义方向。资本主义制度本质上是一种通过剥削而积累的制度，正如马克思所说的，要么积累，要么死亡，资本主义生产方式不可能静止不动。资本主义的这种积累一直是靠剥夺自然财富得以维持，在资本

主义生产方式中，环境蜕变成索取资源的水龙头和下水道，整个资本主义生产史实际上是一个不可持续发展的历史。自近代工业化以来的“经济增长方式”实质上是一种“资本的增长方式”，也就是资本关系在人与自然关系中的全面渗透和全球统治的方式。资本关系在全球范围内的扩张过程，就是对全球资源利用开掘的过程，同时也就是当代环境问题的历史生成过程。因而，在不触动资本关系的前提下，要解决当今环境问题，那种仅仅靠赋予自然以经济价值并将环境纳入市场体系之中，或完全依赖技术的手段，都将很难达到目的。根本的途径只有从本质上超越现存积累体制，“为此需要对我们的直到目前为止的生产方式，以及同这种生产方式一起对我们的现今的整个社会制度实现完全的变革”。

社会主义为生态文明的实现提供了制度保障，只有在社会主义社会才更能达到生态的平衡，实现人与自然的和谐。因为与资本主义不同，社会主义的出发点不是以利润为生产目的，其现实出现的环境问题并不是社会主义的内在本质造成的，而恰恰是对这种内在本质违反的结果。在更根本的意义上来讲，生态文明也只能是社会主义的，社会主义是与生态文明相对应的社会形态。在资本主义条件下，发达国家或许可以使本国实现人与自然的和谐，但却不会承担起全球的环境责任。生态文明体现了社会主义的基本原则：生态文明反对极端的人类中心主义与极端的生态中心主义，强调以人为本的原则；生态文明认为人是价值的中心，但不是自然的主宰，人的全面发展必须促进人与自然的和谐。同时，在可持续发展与公平公正方面，生态文明也与当代社会主义原则基本一致。生态文明作为对工业文明的超越，代表了一种更为高级的人类文明形态；社会主义思想作为对资本主义的超越，代表了一种更为美好的社会和谐理想。两者内在的一致性使得它们能够互为基础，共同发展。

(二)马克思的生态观为循环经济建设提供了方法论的指导

建设生态文明是中国特色社会主义的必然选择。我国社会主义仍处于初级阶段，但此时提出超越工业文明的生态文明建设，可谓意义深远。我国社会主义经过几十年的建设已取得伟大成就，但社会主义初级阶段的各种矛盾却日益呈现出来。在自然领域，环境污染，生态破坏，能源资源短缺的形势十分严峻，已成为制约经济社会发展的重大问题。其深刻原因就在于，我们已经进入一个新时代，但是仍沿用旧的工业文明模式进行思考和行动。十七大报告在“中国特色社会主义伟大旗帜”上写明“建设生态文明”的目标，实际表明我国将克服西方工业文明模式的缺陷，改变生产方式，大力发展循环经济，建设资源节约型、环境友好型社会，人与自然和谐发展社会，走出自己的跨越之路，这应是中国特色社会主义的必然选择。而马克思生态观的方法论指导，应该渗透于中国特色社会主义建设的各个方面。

马克思生态观的“物质变换”概念，与当今我们大力倡导的循环经济就有着密切的关联。马克思创造性地通过“物质变换”这个生态学基本概念分析了资本主义社会之所以存在生态问题的根本原因，指出了社会的“和解”是人类与自然之间“和解”的前提。马克思在《资本论》中，不仅揭露了资本主义生产方式的发展导致工业废弃物的增多，而且直接利用“物质变换”的思想，提出了对工业废弃物和人类排泄物进行循环再利用的可能性：“对生产排泄物和消费排泄物的利用，随着资本主义生产方式的发展而扩大。”一些日本学者就把“物质变换”思想看作是现代循环经济和废物回收再利用思想的理论基础。日本的岩佐茂更是直接把

马克思的“物质变换”思想与现代的循环再利用思想联系起来。他认为广义的循环再利用就是人与自然的物质变换本身，今天的环境危机从根本上说是由于生态系统的平衡遭到破坏、自然循环不能顺利进行所造成的。可以说马克思的“物质变换”思想对批判资本主义生产方式反生态文明的本性，构筑现代循环再利用思想和环境经济学等，都能提供坚实的理论支撑。

从现代的环保思想来看，马克思在100多年前的精彩论述，在当今无疑也具有重要的价值和意义。所谓循环经济，就是把绿色制造、清洁生产和废弃物的综合利用融为一体的经济运行模式，是一个“资源—产品—再生资源”的循环过程，这与马克思的“物质变换”思想是直接相通的。马克思的“物质变换”思想在根本上为我们正确处理人、自然、社会三者关系提供了最有价值的尺度，揭示了人与自然间的物质能量循环与社会中的商品、货币循环之间的内在关系，这为循环经济建设提供了重要的理论基础与方法论指导。发展循环经济是缓解资源约束矛盾的根本出路，是实施可持续战略的必然选择和重要保证，同时也是推进生态文明建设的重要手段。十七大报告明确提出，“循环经济形成较大规模，可再生能源比重显著上升”，这必将为循环经济的发展提供更广阔空间。

（三）马克思的生态观，为我国建成资源节约型、环境友好型的社会主义小康社会提供了理论依据

党中央提出“建设资源节约型、环境友好型社会”，并将资源节约与循环经济并提，是有着马克思主义的重要理论依据和理论深度的。循环经济是与节约思想紧密相连的。作为经济运行的一种模式，循环经济不应该只是以资源循环为目标，而且还要通过资源循环实现减轻环境负荷、保护环境达到资源利用的最优化的目的。以资源循环为现实目标，不仅要求把过去“大量废弃”改成“大量再利用”，而且还要实现资源利用的最优化，这就是最大的节约，“节约”是循环经济最重要的核心概念。马克思在《资本论》中多次提到了资源利用的循环、节约、优化问题，“我们所说的生产排泄物，是指工业和农业的废料；消费排泄物则部分地指人的自然的新陈代谢所产生的排泄物，部分地指消费品消费以后残留下来的东西。消费排泄物对农业来说最为重要”。生产排泄物和消费排泄物的综合利用，物尽其用，就是对劳动的节约，而劳动的节约，就是时间的节约，因为一切使用价值都耗费过人类的必要劳动时间，使用价值只是人的物化劳动而已。正是在此意义上，马克思说：“社会发展、社会享用和社会活动的全面性，都取决于时间的节省。一切节约归根到底都是时间的节约。”马克思认为时间的节约相当于生产能力的发展，也等于必要劳动时间的缩短和自由时间的增长。由此可见马克思的节约思想不仅有利于实现人、自然、社会三者的和谐统一，而且也有利于实现人的自由而全面的发展。

生态文明所致力于构造的是一个以环境资源承载力为基础、以自然规律为准则、以可持续社会经济文化政策为手段的环境友好型社会。实现经济、社会、环境的共赢，关键在于人。在生产方式上面，需要强调资源节约和循环利用，从源头上减轻现代文明对环境资源的压力。为此，中国特色社会主义把“建设生态文明，基本形成节约能源资源和保护生态环境的产业结构、增长方式、消费模式”作为现阶段全国上下为之奋斗的目标，这深刻反映了马克思主义生态观的根本要求，具有深远的战略意义。

（作者：上海师范大学哲学系教授、博士生导师、上海城市管理学院法政系教师）

（选自《中共长春市委党校学报》2008年第4期）

生态马克思主义与科学发展观的比较

蔡永海　祝杨军

“生态马克思主义”(Ecological Marxism)一词来源于美国得克萨斯州立大学教授本·阿格尔。他在1979年《西方马克思主义概论》中第一次运用了“生态马克思主义”这个概念，从而在真正意义上建立了马克思主义与生态学之间的关联。生态马克思主义是西方马克思主义的最新流派之一，也是当今最有影响的十大马克思主义流派中较为活跃的一派。其关注的核心问题是，运用马克思主义的立场、观点和方法，围绕人与自然的“和解”以及人类社会内部的“和解”两大主题，研究人的自由和全面发展、人的解放和人与自然的关系嬗变等问题，揭示当代生态危机的根源，并通过重建马克思的生态唯物主义哲学，进行技术批判与消费主义文化和生存方式批判，探索解决生态危机的途径，实现社会制度和道德价值观的双重变革，从而最终实现生态社会主义社会。科学发展观，是马克思主义关于发展的世界观和方法论的集中体现，是中国化的马克思主义，其中心问题是“实现什么样的发展和怎样发展”。科学发展观的内涵在于，第一要义是发展，核心是以人为本，基本要求是全面协调可持续，根本方法是统筹兼顾。表面上看，生态马克思主义与科学发展观并不基于相同的现实基础，产生的理论背景、发展脉络和解决生态危机的途径等方面也不尽相同，应该是两个完全不同的理论体系。实际上两个理论体系之间，观点的契合是主要的，即使有些观点有明显的差异，却可以相互为用，并不矛盾。

一、思想基础的比较

生态马克思主义，也称生态学的马克思主义，其理论基础在于马克思主义和生态学的有机融合。如生态马克思主义的代表人物福斯特和佩珀所认为的那样，历史唯物主义内在地包含了生态学和生态思维方式。应该说，在马克思那里，生态思想并不具有重要的地位，他花费了大量的精力去谈论与生态问题息息相关的生产问题，却很少在纯粹意义上谈论生态问题。尽管如此，我们不得不承认，无论是马克思有意还是无意的，他都给我们留下了丰富的生态思想。如“早在《1844年经济学哲学手稿》中，马克思就批判了黑格尔关于人居于超自然的地位的观点，提出了‘社会是人与自然的完整统一体’的思想，并指出‘自然是人类的生命，但不是生活的手段’”，“在人与自然的关系、资本主义制度与生态危机的必然联系以及解决生态危机的根本途径等问题上，‘生态学马克思主义’与马克思主义的基本观点是一致的”。另外，生态马克思主义继承了以马克思主义作为理论基石的西方马克思主义，特别是法兰克福学派理论的批判传统，像莱斯和阿格尔就受到马尔库塞相当大的影响。只不过与他们的前辈相比，生态马克思主义者对资本主义的批判相对温和，也更富有建设性。

科学发展观则是马克思主义关于发展的世界观和方法论的集中体现，是同马克思主义及作为马克思主义中国化的理论成果的毛泽东思想、中国特色社会主义理论体系既一脉相承又与时俱进的科学理论，处处渗透着马克思主义立场、观点和方法。由此可见，科学发展观的创立和发展，主要是基于中国化的马克思主义，面对的现实是中国革命与社会主义建设的实践。从这个意义上讲，生态马克思主义与科学发展观对于马克思主义关注的点不同，偏好的理论也不一样，面对的现实情况也有明显的差异。然而，不可否认的是，二者都是以马克思主义作为理论的来源和基础，都在一定意义上体现了马克思主义的科学性、革命性和开放性，掌握了马克思主义活的灵魂。

二、第一要义的比较

生态马克思主义代表人物之间的理论并没有太多联系，应该说，不能形成一个系统，但在第一要义上却是基本相同的。如阿格尔断言，“历史的变化已使原本马克思关于只属于工业资本主义生产领域的危机理论失去效用。今天，危机的趋势已经转到消费领域，即生态危机取代了经济危机”，因此，当务之急是“从马克思关于资本主义生产本质的见解出发，努力揭示生产、消费、人的需求和环境之间的关系”。阿格尔转变了人们对于资本主义社会的看法，认为传统的经济危机已经转向了生态危机，因为资本主义发展的原罪，即利用环境代价换取财富，已经导致了经济增长的瓶颈，资本主义生产能力的无限性和环境资源的有限性之间的矛盾日益尖锐，如果没有有效的措施缓解矛盾，那么经济增长就会停滞，甚至会倒退。可见，阿格尔关注的决不仅仅是对于资本主义危机的解释和分析，问题在于，如何解决这些问题，从而实现可持续性的发展。这说明，他始终是以发展作为第一要义的，这是他逻辑分析的前提。高兹认为：“对我们的经济从产品设计到消费和物质的再循环进行生态学的重建，……对能源、化工、运输和农业进行生态学的重建，……技术上的发明不仅必须有助于生态学的重建和理性化，而且还必须提高劳动生产率，使缩短劳动时间成为可能，把我们从异化劳动中解放出来。……使生产和利润最大化的经济标准服从于社会——生态标准，走向基于自我约束、更节俭、生态上可持续消费模式的生态社会主义，达到真正的经济理性与生态理性的统一，实现生活得更好、劳动与消费更少的社会。”高兹如何理解社会主义的本质和归宿并不重要，重要的是，他明确了要在发展的基础上构建生态社会主义，发展是第一要义。从阿格尔和高兹的观点中我们可以明确看出，生态马克思主义学者无论给生态危机开出什么样的处方，目的都是为了实现发展这个第一要义。

十七大报告，进一步明确了科学发展观的第一要义，认为必须坚持把发展作为党执政兴国的第一要务。发展对于全面建设小康社会、加快推进社会主义现代化具有决定性意义，由此可见二者之间观点的相似性。应该说，生态马克思主义与科学发展观所提的“发展”概念并不完全等同，前者更多的是在解决资本主义生态危机的意义上使用，主要是两个方面：一是经济的增长，当然这种增长不能以生态为代价；二是，正如高兹谈到的那样，发展不仅是经济理性的，还应该是价值理性的。总的说来，生态马克思主义关注的比较多的是人与自然的和谐，以及建立在人的解放基础上的人与社会的关系调整，而较少涉及纯粹的人与人之间的关系。科学发展观所使用的“发展”，强调的是一种和谐，是建立在人与自然、人与社会、人与人三个层面基础之上的。与生态马克思主义相比，概念的内涵扩大了；作为一个分析系统而言，也更加全面和完善。

三、理论核心的比较

“生态马克思主义考察了科学技术的资本主义使用所造成的人与自然关系的异化，提出了自然是一个社会范畴的论断及在社会主义条件下人与自然关系协调的问题，它研究的方向符合人类的健康发展趋势和美好愿景，它的研究目的是力图从制度层面探索生态问题解决的根本途径，具有前瞻性和开创性，它作为资本主义的对立面在对资本主义的批判中建立和发展，力图通过制度转变解决人与自然的对抗。”由此可见，生态马克思主义在谈及异化概念时，是以人为核心的，只有人才有异化；在谈及社会系统和自然系统时，将社会系统放在首位，因为只有以社会系统中的主体——人，作为分析的核心和逻辑的出发点，其他的分析才有意义，换句话说，此岸世界的真理探寻是具有现实意义的，而彼岸世界是遥不可及的；在趋势和目的方面，无论是通过制度还是其他手段，协调人与自然的关系，最终都是为了人性的解放和全面发展。

相比之下，科学发展观始终明确地将“以人为本”作为理论核心。十七大报告指出：“必须坚持以人为本。全心全意为人民服务是党的根本宗旨，党的一切奋斗和工作都是为了造福人民。要始终把实现好、维护好、发展好最广大人民的根本利益作为党和国家一切工作的出发点和落脚点，尊重人民主体地位，发挥人民首创精神，保障人民各项权益，走共同富裕道路，促进人的全面发展，做到发展为了人民、发展依靠人民、发展成果由人民共享。”从以上论述中可以明显看出，二者之间的观点趋同是主要的。当然，生态马克思主义强调的“以人为本”，是从纯理性的角度说的，在他们的逻辑中，不分析人，其他的分析就抓不住重点，是徒劳的，也是没有意义的，所以，带有功利性质；另外，他们过多地强调人的解放与个性张扬，继承了法兰克福学派的批判维度，所以，很多时候不过是空批判而少建设，在很多方面往往容易被细节所迷惑，坠入就事论事和抓小放大的泥潭。科学发展观强调的“以人为本”不仅源于对社会和自然规律的把握，还具有伦理层面的考虑。无论是依法治国还是以德治国，都是追求人之善，是人全面发展的应然。所以，生态马克思主义与科学发展观中的“以人为本”在总体上是一致的，它们的差异只在于对人的伦理态度和侧重点上，而这在一定意义上讲是受意识形态的影响。

四、基本要求的比较

很明显，生态马克思主义认为，仅仅局限于对资本主义经济危机的分析是不够的。在高兹那里，随着资本主义的发展，无产阶级的物质丰富程度明显提高，社会地位有所改善，然而，这种改善不过是资本主义缓和阶级矛盾的一种手段。并且，无论资本主义采用什么方式给予无产阶级多少施舍，实质上，并不见得会损害了资产阶级的利益，他们今日付出了一百万美元，是为了明日的一百亿美元。资本唯利是图的本性是不会泯灭的，相反，越是要提高资本主义的成本，资本主义就越是要加紧攫取，换取更多的财富。于是，自然成了牺牲品，这种牺牲到了一定程度，资本主义就会达到发展的极限，而出现衰退。所以，利润动机同生态环境相冲突是必然的，利润最大化驱使人们破坏生态环境，把降低成本看得比保护生态环境更加重要，这就是资本主义的“生产逻辑”。按照奥康纳的总结，是因为资本主义的发展以及

一切社会的发展，都是政治、经济、社会、文化和环境的结构及态势的“不平衡的和联合性的”发展过程。奥康纳还指出，资本主义积累导致一定程度的生态危机，由生态危机可能会引发经济危机，同时生态危机所导致的环境运动有可能会加重经济危机的程度。总的来说，在生态马克思主义者看来，资本主义的危机就是人、社会和自然失衡的危机，就是片面发展的结果，就是资本运行的现实性危机。根据反向调节的原则，可以明显地推出，科学发展观的基本要求，即全面协调可持续发展同样是会被生态马克思主义所认同的。

十七大报告指出，要按照中国特色社会主义事业总体布局，全面推进经济建设、政治建设、文化建设、社会建设，促进现代化建设各个环节、各个方面相协调，促进生产关系与生产力、上层建筑与经济基础相协调。坚持生产发展、生活富裕、生态良好的文明发展道路，建设资源节约型、环境友好型社会，实现速度和结构质量效益相统一、经济发展与人口资源环境相协调，使人民在良好生态环境中生产生活，实现经济社会永续发展。应该说，在基本要求方面，如上述分析的那样，生态马克思主义和科学发展观在基本观点上能够达成一致。然而前者强调的不过是“平衡”二字，即要处理好经济发展与生态系统的关系，就社会的复杂性而言，这种关系只是众多关系中的一种，所以，分析的结果难免流于片面，或者不过是空洞的说教；后者则强调四位一体，即经济、政治、文化和社会的和谐发展，同时，由于科学发展观挖掘中国传统文化中关于“和谐”思想的部分，在中国社会中能够寻找到现实基础，并为现实世界的革命化起到促进作用。正如马克思所言：“哲学家们只是用不同的方式解释世界，而问题在于改变世界。”所以，科学发展观的实际影响要远远大于生态马克思主义的“乌托邦”，也更具有现实意义。

五、根本方法的比较

十七大报告指出，要正确认识和妥善处理中国特色社会主义事业中的重大关系，统筹城乡发展、区域发展、经济社会发展、人与自然和谐发展、国内发展和对外开放，统筹中央和地方关系，统筹个人利益和集体利益、局部利益和整体利益、当前利益和长远利益，充分调动各方面积极性。统筹国内国际两个大局，树立世界眼光，加强战略思维，善于从国际形势发展变化中把握发展机遇、应对风险挑战，营造良好国际环境。既要总揽全局、统筹规划，又要抓住牵动全局的主要工作、事关群众利益的突出问题，着力推进、重点突破。科学发展观充分体现了马克思主义辩证法的思想，强调事物之间的普遍联系，要求用全面的、系统的、动态的和发展的观点看问题。“生态学马克思主义者全方位对资本主义制度进行了批判：批判了以生产资料私有制、自然资源垄断为基础的资本主义对自然界所进行的掠夺行为；批判了资本主义的异化劳动和异化消费；批判了资本主义等级森严的管理体制及其破碎的劳动分工；批判了资本主义的工业文明及其生活方式。将对人与自然关系的批判纳入到对资本主义生产方式的批判视野之内，与资本主义制度紧密联系起来考察。”由此可见，在方法论意义上，统筹兼顾是二者认可的。生态马克思主义尽管没有明确提出统筹兼顾的思想，但是从其关注的对象，包括制度批判、等级批判、异化批判和工业文明批判等维度考察，它并没有刻意突出资本主义的某一个部分，而是更加突出几者之间的联系。再如，生态马克思主义的代表人物克沃尔认为，要实现生态社会主义，在所有制方面，要坚持社会主义公有制；在经济制度方面，要计划与市场有机结合；在实现条件上，要像马克思所指出的那样，全人类一起实现。从这里，生态马克思主义的统筹兼顾思想也可见一斑。

虽然同样在方法论意义上坚持了统筹兼顾，所关注的视域却截然不同。科学发展观以中国的现实国情为基础，站在整体的高度审视各个部分的协调与平衡，是一种治国的理论。生态马克思主义主要是从学理上进行探讨，因为其所秉承的法兰克福学派的传统，所以，在思想上侧重于批判，而建设性的东西受到限制。同时，由于生态马克思主义的相关理论并没有理论联系实际的机制，这样一来，无论其有多么丰富的思想，也不过是一种值得参考而不具有指导性的理论而已，当然也就不会像科学发展观一样不断地在实践中发展。这个发展过程基于实践，服务于实践，又为实践所检验，从这个意义上讲，科学发展观的真理性价值也要大于生态马克思主义。

从以上的分析可以看出，生态马克思主义作为一个具有世界影响的学派，其主流学者遍布在加拿大、美国等发达资本主义国家，视野广阔，科研环境优越，尤其是他们对于资本主义的理解和批判、对生态危机的本质分析等非常到位。科学发展观作为一个开放性的体系，与生态马克思主义有较多的契合，这决定了科学发展观理论在发展的过程中，可以吸收和借鉴生态马克思主义的思想。在观点契合的方面，应该说生态马克思主义在有的方面研究得更为细致，这与其血缘关系和研究传统等因素密不可分；在观点分离的方面，对于科学发展观而言，合理的可以借鉴，不合理的可以作为警示，两者之间并不是一种对立关系。

（作者单位：北京化工大学文法学院）

（选自《南京林业大学学报》2008年第3期）

生态文明：人类文明观的转型

钱俊生 赵建军

一、“生态文明”思想的提出

从20世纪60年代末70年代初开始，西方国家爆发了一场新的社会运动——生态运动。这场运动风起云涌，其影响迅速向全球扩展，最终引起了国际社会的广泛关注。1972年联合国在斯德哥尔摩召开人类环境会议，这是世界各国政府共同讨论当前环境问题，探讨生态保护全球战略的第一次国际会议，是生态环境问题开始列入人类发展日程的标志。1980年3月，联合国大会首次使用“可持续发展”一词。1983年11月，联合国成立了世界环境与发展委员会。联合国要求该委员会以“可持续发展”作为基本纲领，制定“全球的变革日程”。该委员会于1987年将经过论证的报告——《我们共同的未来》提交给联合国，报告比较系统地提出了可持续发展战略，标志着可持续发展观的正式诞生。在全球环境继续恶化，经济发展矛盾重重的背景下，联合国环境与发展大会于1992年6月在巴西里约热内卢召开。会议通过和签署了《里约热内卢环境与发展宣言》、《21世纪议程》等重要文件。这次会议对工业革命以来形成的“高生产、高消费、高污染”的传统发展模式及“先污染、后治理”的路子进行了否定，可持续发展概念被普遍接受。

我国的生态环境保护事业起步于20世纪70年代。1972年在周恩来总理的直接关心下，中国政府派代表团参加了斯德哥尔摩人类环境会议；1973年8月中国在北京召开了第一次全国环境保护会议；1979年新中国第一部关于环境保护的法律——《中华人民共和国环境保护法(试行)》得以通过；1984年国务院成立了环境保护委员会；1993年全国人大常委会成立了环境资源委员会；1994年4月中国政府颁布了《中国21世纪日程》，这是中国政府根据1992年6月召开的联合国环境与发展大会的精神制定的，它从中国的具体国情出发，推出了促进经济、社会、资源、环境以及人口、教育相互协调、可持续发展的总体战略和政策措施。它是世界上第一个国家级的“21世纪行动计划”。1996年，为进一步落实环境保护基本国策，实施可持续发展战略，贯彻《中华人民共和国国民经济和社会发展“九五”计划和2010年远景目标纲要》，实现到2000年力争使环境污染和生态破坏加剧的趋势得到基本控制，部分城市和地区的环境质量有所改善的环境保护目标，国务院作出了《关于环境保护若干问题的决定》；2002年，中国政府正式加入WTO，在世界环境与贸易领域发挥建设性作用；2003年，党的十六届三中全会正式提出科学发展观的重要思想，以人为本、人与自然和谐相处成为科学发展观的内容；2005年，为全面落实科学发展观，把环境保护摆在更加重要的战略位置，国务院又作出了《关于落实科学发展观加强环境保护的决定》，在这个决定中，提出了遏制生态退化和加强环境保护的基本目标；2006年3月，在《中华人民共和国国民经济和社会发展“十一五”纲要》中明确提出“落实节约资源和保护环境基本国策，建设低投入、高产出，低消耗、少排放、能循环、可持续的国民经济体系和资源节约型、环境友好型社会。”同年6月，胡锦涛总书记在十六届六中全会的重要讲话中将“资源利用效率显著提高，生态环境明显好转”作为构建社会主义和谐社会的重要目标提了出来。2007年10月15日，胡锦涛总书记在十七大的政治报告中强调：要建设生态文明，基本形成节约能源、资源和保护生态环境的产业结构、增长方式、消费模式；循环经济形成较大规模，可再生能源比重显著上升；主要污染物排放得到有效控制，生态环境质量明显改善；生态文明观念在全社会牢固树立。

二、“生态文明”问题的凸显

近年来，党中央、国务院采取一系列政策措施，有力地促进了生态建设的发展。但是，由于过度的资源开发和高强度的人类活动，我国生态环境还在迅速恶化，危害日益严重。

首先是水环境形势不容乐观。我国水环境面临的总体形势是：污染物排放量超过水环境容量，来自工业生产的氮、磷污染物在水中长期累积，加速了水环境的恶化；不合理的水资源开发，大量减少了生态用水，加剧了水环境污染；区域生态环境的破坏，严重降低了水源涵养功能，使水环境更趋恶化。2005年，我国七大水系四类以上水质占59%，其中有27%为劣五类水质，基本丧失了使用功能。近岸海域超四类海水水质占34.5%，超标污染物质主要为氮和磷。湖泊水体富氧化严重，全国75%的湖泊出现不同程度的富氧化。劣五类水质的湖泊占43%，“三湖”(太湖、巢湖、滇池)湖体水质均为劣五类。

其次是大气污染问题。国家环保总局公布的数字表明，2006年，在国家掌握监测数据的559个城市中，达到国家空气质量一级标准的城市只占4.3%，达到国家空气质量二级标准的城市占58.1%，三级和超过三级标准的城市占37.6%。目前我国向大气中排放的各种废气数量很大，远远超过大气的承受能力。2003年，全国废气中二氧化硫排放总量2158.7万吨，其中工业来源的排放量1791.4万吨，生活来源的367.3万吨。烟尘排放总量1048.7万吨，其中工业烟尘排放量846.2万吨，生活烟尘排放量202.5万吨。其二氧化硫排放量超出环境容量近一倍。我国每新增一单位GDP所排放的二氧化碳为日本的近两倍。我国大气污染的成因具有多样性：燃煤排放的大量烟尘，如SO_2和NO；机动车尾气污染日趋严重；城市清洁度差，扬尘污染严重。所以，我国当前大气污染的特征是复合型的，即煤燃烧＋汽车尾气＋扬尘。大气氧化性增强，能见度降低。与世界上相关城市比较，我国的城市空气污染处于相当高的水平。人体若长期生活在超过空气质量三级标准的环境中，其身心健康将受到损害。

再次是生物多样性受到严重威胁。我国是世界上生物多样性最为丰富的国家之一。全国共有高等植物3万余种，脊椎动物6347种，陆地生态系统类型近600种。但由于对自然资源的过度开发利用和环境污染，野生物种的栖息地面积不断缩小和遭受破坏，加上一些地区的滥捕、滥猎、滥采，导致野生动植物数量不断减少，生物多样性受到严重威胁。据统计，全国共有濒危或接近濒危的高等植物4000—5000

种，占到了我国高等植物总数的15%—20%，已确认有258种野生动物濒临灭绝。在《国际濒危物种贸易公约》列出的640种世界性濒危物种中，我国有156种，约占总数的1/4。

我国生态环境的客观形势表明，生态功能衰退的趋势始终未得到有效的遏制，大江大河源区生态环境质量日趋下降，水源涵养等生态功能严重衰退；北方重要防风固沙区植被遭受破坏严重，导致沙尘暴频发。此外，我国的江河洪水调蓄区生态系统退化、湿地面积减少、森林质量不高，生态调节功能下降，旱涝灾害频繁发生。当前我国生态安全问题已成为社会各界广泛关注的焦点。

我国生态环境所面临的问题，不仅说明生态环境本身更加脆弱，而且制约了经济和社会的协调发展。

首先，经济损失巨大。因环境污染所导致的经济损失近年来不断呈上升的态势。据国家环保总局政策研究中心估算，我国1992年环境污染损失约为986亿元，占当年GNP的4%。据中国社会发展中心估算，1993年我国环境污染损失为963亿元，占当年GNP的2.8%，生态破坏损失2394亿元，占当年GNP的6.9%。1997年据世界银行估算，中国仅空气和水污染造成的经济损失，每年就高达540亿美元，相当于同期国内生产总值的8%。2001年，国家环保总局组织的西部生态状况调查表明，仅西部九省、自治区因生态破坏造成的直接经济损失就高达1494亿元，相当于当地同期国内生产总值的13%。

其次，影响社会安定。国家环保总局副局长潘岳指出，我国目前有1/4人口饮用不合格的水，1/3的城市人口呼吸着严重污染的空气，70%死亡的癌症患者与污染相关，20%的儿童铅中毒，大城市里每10对夫妇就有1对因污染影响生育。污染对公众健康的危害将引发社会强烈不满。据统计，环境污染引发的群体性事件以年均29%的速度递增，2005年，全国发生环境纠纷5万起，对抗程度明显高于其他群体事件。一些地区由于植被破坏、水土流失、生态失调，致使土地荒漠化越来越严重。当地农民被迫远走他乡，成为“生态灾民”。

再次，加剧了自然灾害。在类型众多的自然灾害中，除了火山活动之外，许多自然灾害都与人类破坏生态密切相关，特别是洪涝、干旱、泥石流、沙尘暴等频繁发生，可以说是生态环境恶化导致的直接后果。

最后，制约社会、经济的可持续发展。大气污染、水污染、废弃物污染以及辐射污染等严重地损害着广大人民群众的身心健康。江河断流使水资源供需矛盾更加激化，给下游地区的社会经济发展造成了严重影响。另外，生物资源的过量消耗和物种的大量消失，也进一步削弱了工农业生产的原材料供给能力，制约了经济社会的协调发展。

这些都要求我们必须坚定不移地实施可持续发展战略，确立“生态文明”思想，加强生态建设，实现经济、社会和生态的协调发展。

三、“生态文明”思想的建构

我国生态环境变化的趋势已经不是一般的环境问题，任其发展下去将会严重制约经济和社会的可持续发展，甚至影响国际政治关系。但我们始终没有改变环境问题仍在恶化的趋势。实践证明，解决生态环境问题不仅涉及科学技术，而且涉及社会整体文明建设的方方面面，只有将生态环境保护上升到国家意志的战略高度，融入经济社会发展全局，才能有效遏制环境问题。

社会整体文明包括物质文明、政治文明、精神文明和生态文明。生态文明的含义可以从广义和狭义两个角度来理解。从广义角度来看，生态文明是人类社会继原始文明、农业文明、工

业文明后的新型文明形态，它以人与自然协调发展为准则，要求实现经济、社会、自然环境的可持续发展。这种文明形态表现在物质、精神、政治等各个领域，并体现为人类取得的物质、精神、制度成果的总和。从狭义角度来看，生态文明是与物质文明、政治文明和精神文明相并列的现实文明形态之一，着重强调人类在处理与自然关系时所达到的文明程度。

生态文明与社会的其他文明形式关系十分密切。人类在政治、经济、文化、生态方面的所有进步作为一个整体都是人类文明的组成要素。一方面，社会主义的物质文明、政治文明和精神文明离不开生态文明，没有生态安全，人类自身就会陷入最深刻的生存危机。另一方面，人类自身作为建设生态文明的主体，必须将生态文明的内容和要求内在地体现在人类的法律制度、思想意识、生活方式和行为方式中，并以此作为衡量人类文明程度的一个基本标尺。也就是说，建设社会主义的物质文明，内在地要求社会经济与自然生态的平衡发展和可持续发展；建设社会主义的政治文明，内在地包含着保护生态、实现人与自然和谐相处的制度安排和政策法规；建设社会主义的精神文明，内在地包含着保护生态环境的思想观念和精神追求。

生态文明建设与科学发展观在本质上也是一致的，二者都是以尊重和维护生态环境为出发点，强调人与自然、人与人、经济与社会的协调发展；以可持续发展为依托；以生产发展、生活富裕、生态良好为基本原则；以人的全面发展为最终目标。中共中央党校“科学发展观与社会整体文明研究”课题组，在2006年10月曾对全国8省市2000名领导干部进行了问卷调查，在关于“全面发展应主要包括的内涵”这一问题中，选择“经济建设、政治建设、文化建设、社会建设和生态建设”五项内容的高达77%，选择“经济建设、政治建设、文化建设、社会建设”这一比较规范答案的有16.8%，认为仅是“经济发展、政治发展、文化发展”的有9.8%。这就说明，生态文明建设是落实科学发展观的重要举措，这一点已成共识。

重视建设生态文明，绝不是要人类消极地向自然回归，而是要人类积极地与自然实现和谐。人类既不能简单地去“主宰”或“统治”自然，也不能在自然面前无所作为。换言之，建设生态文明必须以科学发展观的“以人为本”为指导，从思想认识上实现三大转变。1．必须摒弃传统的“向自然宣战”、“征服自然”等口号，树立“人与自然和谐相处”的理念。2．必须克服资源短缺的瓶颈、解决环境污染和生态破坏造成的矛盾和问题，增强可持续发展能力、实现经济社会又好又快发展。3．必须辩证地认识物质财富的增长与人的全面发展的关系，转变重物轻人的发展观念；辩证地认识经济增长和经济发展的关系，转变把增长简单地等同于发展的观念；辩证地认识人与自然的关系，转变单纯利用和征服自然的观念。生态文明概念已经得到了广大干部和社会公众的广泛认同。

在2006年召开的第六次全国环境保护大会上，温家宝总理明确地指出，做好新形势下的环保工作，关键是要加快实现三个转变：从重经济增长轻环境保护转变为保护环境与经济增长并重，从环境保护滞后于经济发展转变为环境保护和经济发展同步，从主要用行政办法保护环境转变为综合运用法律、经济、技术和必要的行政办法解决环境问题。这三个转变是方向性、战略性、历史性的转变，是对环境保护与经济发展关系的根本性调整，是环境保护方式的根本性变革，是生态建设事业成败的关键。

（作者：中共中央党校哲学教研部教授、博士生导师）

（选自《中共中央党校学报》2008年第1期）

建设生态文明的重要思想资源

任俊华

中共十七大报告把建设生态文明作为实现全面建设小康社会奋斗目标新的更高要求之一提出，这既是对构建和谐社会在更高层次上的要求，也是对中华传统文明的传承和弘扬。生态文明，是践行科学发展观的重要内容，是建设和谐社会的环境保障。为了更好地建设生态文明，我们有必要从中华传统文明中吸取有益的思想资源。

生态伦理学问世于20世纪中期的西方，但在中华传统农业文明中存在大量的生态伦理文明思想。这些思想不仅是中华五千年文明史得以延续发展的道德基础，更是现代生态伦理学健康生长的历史养分和更好地建设生态文明的无穷宝藏。鉴于此，国外一些哲学伦理学家和宗教学家对中国古代生态伦理文明进行了一些挖掘工作。突出的有法国生态伦理学家施韦策(Albert Schweitzer)、美国环境哲学家罗尔斯顿（Holmes Rolston)、日本著名宗教学家阿部正雄、池田大作。施韦策在其所著《敬畏生命》一书中肯定了儒家同情动物和道家善待动物的生态伦理智慧；罗尔斯顿在其论文《尊重生命：禅宗能帮助我们建立一门环境伦理学吗?》中认为中国禅宗对生命的尊重是帮助我们建立环境伦理学的理论基石,“有助于人们理解生物共同体概念的完整性”。阿部正雄在《禅与西方思想》一书中评价佛教建立在无我基础上的解脱说是反狭隘的人类中心主义的，是宇宙主义的。他认为这种“宇宙主义的观点不仅让人克服与自然的疏离，而且让人与自然和谐相处又不失却其个性。”池田大作则充分肯定了中国佛教“依正不二”的生态伦理文明对世界环境保护的重要意义。他说，“依正不二”实际上就是把生命主体同生命环境看作一个不可分割的有机整体。美籍华人、哈佛大学哲学教授杜维明也对儒家生态伦理文明的“天人合一”思想给予了高度重视和充分肯定。

我们认为，中国古代生态伦理文明作为中华传统农业文明时代的一个典型的形态，保留了人与自然和睦相处的思想样本，与近代工业文明以来天人对抗状态的思想观点形成鲜明对比。人类要转变近代以来征服自然的传统，重塑人与自然的和谐关系，可从中国古代生态伦理文明中寻找宝贵的思想资源。

中国古代生态伦理文明的基本特点之一，是人与自然的和谐共生思想。这个思想的世界观基础就是中国古代整体论的哲学思想，它建立在中国古代哲学关于人类与天地万物同源、生命本质统一、人类与自己生存环境一体的直觉意识的基础之上。这种古代整体论的哲学，在中国古代三大思想流派儒、道、佛中都有充分的表达与论证。儒家以人与“天地万物一体”为说，道家以“天地与我并生，而万物与我为一”为宗，佛家以“法界缘起”、“无碍”为旨，都是把天地万物人类看作一个整体的。这种中国古代的整体论哲学也通常被概括为“天人合一”思想。

中国古代的“天人合一”，是中国传统文化的根本精神与最高境界。它以直接的生存经验为基础，通过对流变的自然节律和生物共同体的有机秩序的体悟，具体真切地把握了人类生存与自然界的有机联系，把先于人类产生的天地万物不仅当成可资利用的生活资源，也当成一体相关的生命根源。

从生态伦理的角度看，中国古代生态伦理文明把人类看作与万物相互依存、不能离开天地万物而独立地生存之物。人与天地万物共处一张网络联系之中，即老子讲的“天网恢恢，疏而不失”。各种生命之线织成一张“天网”，人类是其中的一根网线，花草树木、鸟兽虫鱼也都是其中的网线。而且，原野、山川、江河、海洋、土壤、空气这些生命存在的环境，也是“天网”的组成部分。这与现代生态学所证实的生命与生命之间的相互依存，都不能脱离生存的生态环境的生物圈理论在精神实质上一致。

与中国哲学传统的旨趣不同，西方近代哲学家通过把人确立为外在于自然的具有自我意识的理性主体，而把自然确立为只具有广延性的客体，建立起主体与客体分裂对抗的二元论。人成为处于一切自然存在物的中心，具有统治和支配一切自然存在物的权力，而自然存在物的意义则只是满足人类的福利，只是表现为人类征服和控制的对象。这种观点长期以来把自然界理解为相对于人类的自然界，因此它不惜把自然界当成只是满足人类欲望的一种肆意摆弄的工具。结果，在全球性生态危机的严重威胁下，现代西方生态伦理学提出了重新建立人与自然和谐共生关系的要求。

当今西方生态伦理学思潮中的深层生态学、自然价值论和生态女性主义等，与中国古代生态伦理文明思想有很大的一致性。中国古代哲学把世界万物看作有生命的，充满情感和韵律的整体，把人生道德置于重要的研究地位，使中国传统文明中充满着一种宇宙的、生态伦理的道德情怀。因此，中国生态伦理文明传统作为农业文明条件下人们生存实践的经验体悟和哲学及宗教上的理解，不仅包含着农业文明时代人与自然关系的深刻智慧，而且在今天依然具有独特而重大的生态伦理意义。

中国古代生态伦理文明的第二个重要特点，就是从天人整体观出发，将天道与人道贯通于一体，这在儒、道两家中表现尤为突出。中国本土文化传统中的道家和儒家，都认为宇宙万物的秩序与人类社会的秩序虽然各有其特点，但二者之间应该是和谐一致的。因此，自然的生态秩序与人类的社会秩序圆融无碍，人类社会中的社会道德与生态道德，也相互兼顾而自相协调。

道家以天道说明人道。道家认为，道的永恒的自然运行，生成天地万物的宇宙秩序和人类秩序。天地万物和谐完美的秩序都是道的自然生成，无为自化的结果。人为万物中平等的一员，人类社会的秩序应该效法天（地）之道而自然运行不妄，而且人群秩序本身即在天地秩序之中，“治人”与“事天”是同样的事情。人类社会的治理原则是天道的自然无为原则，对待人类的伦理原则源自于对待自然的原则。

儒家用人道来塑造天道，极力使天道符合自己所追求的人道理想，同时又以伦理化的天道来论证人道。为了说明仁义礼乐制度的当然性与合理性，儒家把万物的自然成长过程、天

地生物的过程与仁义智联系在一起。根据儒家的天道与人道贯通的逻辑，在人类社会中施行的仁义等伦理原则，在自然秩序中也是连续的和一致的。由此而有人际道德向自然领域的扩展。这种扩展是以道德主体与道德对象之间的亲密程度来构成的等级体系，即“亲亲而仁民，仁民而爱物”。由双亲而及禽兽，由禽兽而及草木，由草木而及瓦石等。随着道德对象范围的逐步扩大，伦理规范不仅要调节人类社会领域，也要调节自然生态领域，使自然万物在自然体系中按照自己的不同的差别和地位而存在，并维护这种由自然物的多样性组成的和谐体系。

尽管儒家和道家在其根本原则上有着区别，它们有着从自身的立场出发，按照生命和万物的现实境遇来采取合理的道德行为，但是他们有一个共同之处，就是在对人类行善与仁慈地对待自然物之间，不存在二者的对立，没有出现要么维护人类的利益、要么保护自然在道德上尴尬的两难选择，能够妥善地解决好有效地利用环境同时又友善地对待环境的关系。自然秩序和社会秩序的协调，对人类社会的行为规范与对自然物的行为规范的统一，是道家和儒家共同遵循的基本原则。

在西方，人类所属的共同体是所有伦理学存在的前提。由人类是否包含在自然共同体之内的不同看法，就产生了人类中心论者和自然中心论者在生态伦理原则上的重大区别。人类中心论者从人的价值、利益和自身物种的其他独特性出发，认为人类是包括所有人类成员的共同体，而不被包括在生命共同体或自然共同体之内。因此，人类的伦理行为只限于人类社会共同体之内。人类对自然的行为并不具有伦理性，它只是折射人类的利益关系、伦理关系，在不危害人类之间利益关系的前提下，完全可以利用自然物来为人类的一切需要服务，而不应该受到根本就不存在的自然共同体的限制。反之，非人类中心论者则认为，人类的伦理范围存在着从自我、家庭、部落、地区、国家、种族、人类向外逐步扩展的进化趋势。现在已经到了从人类社会共同体扩大到生物共同体和自然共同体的阶段。生态科学的发展也说明，人类并不是可以脱离生态系统的存在，人类就像其他生命物种一样，紧密地依赖于生态系统，他是这个大地共同体的一个组成部分，是这个大家庭中的一个平等的成员。人类不光要对自己的同胞承担道德义务，而且也应该尊重其他生命物种，对大地共同体承担道德责任。没有特殊的重大理由，不能伤害任何生命，尤其不能损害生态系统整体的健康、完整和稳定。由于人类中心论者和非人类中心论者在生态伦理原则上的对立，而导致它们在现实中的环境行为的尖锐冲突。双方在人类发展和保护自然关系上的基本原则分歧，导致了在环境行动中各自的片面性。与此相比，中国生态伦理文明传统中自然与社会相协调，人类发展与自然保护相统一的观点则要合理与深刻得多。

中国古代生态伦理文明的第三个重要特点，就是具有万物平等的价值观，尤其表现在道家和佛家的思想之中。道家从“道”普遍流行的角度论证万物之间的平等性，佛家从佛性的内在性，万物都能成佛的角度承认了万物的平等性。现代生物学和遗传学证实人类和生命都是由基本的细胞单位组成，并且大多都具有相同的遗传机理。人类作为生命，与其他所有生命都有共同的根源，都具有共同的本质。从原则上讲，人类与所有生命物都是平等的，并没有特殊的地位。中国古代生态伦理文明中的平等观，不仅仅局限于动植物等生物生命，而且包括整个宇宙生命在内。因而道家强调“物无贵贱”，“道通为一”、“万物皆一”。佛家讲“无情有性”，“有情、无情，皆是佛子”。包括生物生命在内的所有万物在道的基础上或在佛性面前都是平等的。

道家认为，之所以应该平等地尊重所有的生命和自然物，在于它们与人类一样都是为道所创生，畜道之德，因而与人类具有相同的价值尊严。人不仅应该尊重自己的生命，也应该尊重他人和动植物的生命，维护万物的存在。虽然从万物之间各自的性质、形态、功能的有无的相对意义上看，其差别是相对的，这些差异不能成为否定一物独特价值的理由。但是，从万物自身所依据的价值本源的绝对意义上看，任何事物的价值都是平等的，“以道观之，物无贵贱”（《庄子 · 秋水》）。道作为永恒的终极实在，作为产生万物的根源和运作者，具有普遍性和整体性。道的整体价值体现于它所产生的万物自身的内在价值之中，万物按照道的法则和自身性质去实现自己的价值，同时也就实现了道的整体价值。因为万物的形态、结构和功能的不同，正是实现道的整体价值所需要的，万物的各种不同特点和独特的内在价值，是道的整体价值实现的工具价值。如果把道当作生态系统和生态过程的整体，而把万物当成各种生命物种和生命个体，那么就可以得出非人类中心论的生态伦理学的观点：生态系统的整体价值是由众多不同的动物、植物、微生物等生命物种在生态演化的过程中来实现的。这些物种在实现自己的内在价值的过程中所发挥的作用，对于生态系统整体价值的实现发挥着必须的多种功能，如生产者、消费者和分解者的功能，因而由众多的生命物种构成的复杂联系的生态网络，是生态系统整体价值存在的前提，各种生命物种的内在价值就成了实现生态系统整体价值的工具价值，它们的价值对于整体价值来说，是没有大小高低之分的。而且，在道家看来，从生命主体的生存环境和满足生存需要的对象来看，不同的生命主体具有不同的生存环境和满足生存需要的不同对象，其主体的感受具有相对性。不同的生命主体对于客体有不同的需要，不同的环境和对象，对于满足不同生命的生存需要，只能是相对的。“鱼处水而生，人处水而死，彼必相与异，其好恶故异也。”（《庄子 · 至乐》）不同生命主体的特性不同，其好恶必定存在差异。用今天环境伦理学的语言来说，就是同一环境，对于不同的生命主体而言，具有不同的正负面的工具价值效应。这种环境工具价值效应的差异正好显示了人与动物的生存价值的平等地位。

中国佛教都具有众生平等与万物平等的价值观。中国佛教中的天台宗、华严宗和禅宗等佛教宗派都承认，一切众生都具有佛性。佛与众生，由性具见平等，而且，禅宗不仅肯定有情的众生具有佛性，还承认无情的草木等低级生命也有佛性，所谓“青青翠竹，尽是法身；郁郁黄花，无非般若”，就认为大自然的一草一木充满着生趣，值得人们去珍爱。

承认有情的众生和无情的花草都具有自己的内在价值，已经超越了人类中心论的价值观，罗尔斯顿认为，可以通过吸取禅宗尊重生命价值的思想来帮助人们建立一门环境伦理学。他说：“禅宗在尊重生命方面是值得人们钦佩的。它并不在事实与价值之间、在人类与自然之间标定界限。在西方人看来，自然界并没有内在的价值，它通过科学和技术的力量，才逐渐有了其作为工具的价值。自然界不过是一种有待开发的资源。而禅学并不是人类中心论，并不倾向于利用自然，相反，佛教许诺要惩戒和遏制人类的愿望和欲望，使人类与他们的资源和他们周围的世界相适应。我们知道禅宗懂得如何使万物广泛协调，而不使每一物失去其自身在宇宙中的特殊意义。”

中国古代生态伦理文明的第四个重要特点，就是很早就把技术放在理论和道德的驾驭之下。道家以“天地与我并生，而万物与我为一”为世界观基础，以“人法地，地法天，天法道，道法自然”为基本原则，认为“好于道”则“进于技”，表达了其认为理论比技术更根本，对技术的限制性理解的技术观，并且成为中国古代有代表性的科学技术观。儒家以孔子之“志于道，据以德，依于仁，游于艺”为原则，与道家殊途而同归，也认为以仁德来驾驭技艺才是最根本之道。中国古代很早就有的道技之辩包含了道家、儒家乃至后来的佛家对理论科学、道德与技术、工艺之间关系的根本看法。

道家道技之辩以庄子的思想最为典型。“技”、“艺”是同等程度的概念。在古代“技”、“艺”不分，各种实用的以至艺术的器物（如陶器、青铜器等等）的制作技巧统称为“技”或“技艺”。技艺还包括用来释“道”的一些文学、艺术、理论活动的艺术能力与技巧。“道”与“技”相通，“通于天地者德也，行于万物者道也，上治人者事也，能有所艺者技也。技兼于事，事兼于义，义兼于德，德兼于道，道兼于天”（《庄子·天地》）。“道”以“无为而无不为”为根本特征，在“无为”中自然而然地、完全合规律地生出了天地万物，体现了超越一切束缚的自由的创造。技有通道与不通道之分。通“道”之“技”为超越具体技巧、达到自然无为地自由创造境界的“技”，在这种“技”中，掌握技术的人处于一种纯任自然、物我化一、得心应手的自由境界。庄子主要通过形象生动的寓言故事体现这种通道之技。庖丁解牛、轮扁斫轮、佝偻承蜩、运斤成风、大马捶钩、津人操舟等，其中的技都是通“道”之“技”。通道之技实际上是技术的最理想状态。由于通道之技的自然性、自由性和物我化一性，使得它能够克服技术的损害天然，受条件限制和对人类的利害同时存在的双刃剑效果的一般局限性。

正是科技使人类有比其他物种更大的能力去改变环境。但同时也不可避免地加速了资源的消耗、物种的灭绝和污染物的排放。科技及其发展是造成现代环境资源、生态平衡危机的重要原因。从表面上看，科学是一种绝对真理性的知识体系，技术只是人类改造自然的一个中性工具，科技本身并不存在是否有利于或有害于自然的特征，对自然的破坏，完全是人们滥用了科技的结果。然而实际上科技对环境资源的加速消耗、对生态平衡的破坏是科技本身的局限性所致。

事实上，工业文明的技术方式，“是一个将复杂物变为单纯物，再把单纯物变为复杂物的过程。这是机器文明的设计思想”。这种技术方式只是拘泥于自然规律的某一方面，而忽视了其他方面，违反了自然过程的流动性、循环性、分散性、网络性，割裂了技术活动与自然生命的统一，干扰了自然过程的多种节律，破坏了生物圈整体的有机联系，从而给自然界造成了破坏。

而且，技术的开发应用自始至终都为经济服务，在市场经济条件下，为追求个人经济利益最大化服务，它主要不或根本就不为保护环境服务。技术进步往往忽略环境资源的可持续发展，环境资源的保护和利用，成为经济追求利润最大化的一个副产物，而不是将环保的追求和对利润最大化的追求一致起来。这造成了先进技术已经使人类实现在月球上着陆，但却不能控制汽车和工厂造成的污染。

因而可以说，科技自身的缺陷是导致生态环境危机的一个重要原因。生态环境危机既是科技危机、是科技价值观危机，也是人类的道德危机。生态环境危机的产生不仅与科技自身的缺陷有关，而且与人们没有意识到科技自身的缺陷以及在历史文化中形成的不恰当科学技术观念和人类的道德水平有很大关系。

中国古代生态伦理文明的第五个重要特点，就是有的朝代还把部分环境生态方面的规则以法律的形式予以颁布。这也对我们今天的环保工作在立法和道德建设方面都有很大的借鉴意义。

从上古时代起，中国就有保护生态环境、规范生产行为的传统，这一传统在有关的法令法规以及相关的政治思想中得以承载。《周礼》、《礼记》、《孟子》、《荀子》、《论语》、《墨子》、《六韬》、《吕氏春秋》等古籍中就保存了丰富的与治国方略融为一体的环境保护思想。

应当说，与人类自身生存密切相关的环境生态问题，很古就被中国人的祖先注意到了。据《周书》记载，夏代的统治者就禁止人们随意砍伐树木、捕鱼捉鳖，目的是使生物有所养，以防匮乏。《周书》曰："春三月，山林不登斧，以成草木之长。夏三月，川泽不入网罟，以成鱼鳖之长。"《礼记·月令》中也有确切的记载：夏历时的孟春正月，命令祭祀山林川泽，牺牲不得用牝，禁止伐树，不许捣毁鸟巢，不许杀幼虫、未出生的和已出生的兽、刚学飞的小鸟，不许杀捕小兽，掏取鸟蛋。《礼记·月令》反映了统治阶级以及有识之士共同认识到人类与动植物的共存关系，认识到季节与动植物生长的密切关系，为了维持人类最基本的需要而制定了这种礼规、禁令。秦国统一全国后，在对待生态环境问题上，也以法律的形式规范了生态环境方面的基本制度，强制人们遵守。从当时百姓生活的理念来讲，自然不会思考环保生态的问题，对于他们而言，生存是第一位的。为了生存就要向大自然伸手，至于这种超出自然承受能力的后果，也是当时一般百姓所不可能预料的。但是作为统治者，要保证自己统治的稳定，就要考虑百姓的基本生活问题。为了不使自然资源因一时攫取而枯竭，致使生存受到威胁，统治者自然要考虑限制人们无限向自然攫取的问题。夏商周各代有关禁止滥伐、滥采、滥猎的规定都是基于人类长期生存的需要而制定的。这些思想被荀子最典型地概括为"圣王之制"。"圣王之制"在中华民族的世俗生活中深入人心，影响深远。

"圣王之制"传统在政治实践中实际形成的意义有两个方面，一是把重视生态环境、保护生物视为君王之德，一是节用爱人、使民以时。这从政治实践层面保证了对自然资源的保护，实际上是一种人类对自然资源最有力的保护。"圣王之制"在民间的实践中，派生出勤俭节约的道德要求。"圣王之制"、勤俭节约与佛教的世界观相结合又派生出素食、不杀生、放生等一系列的保护动物的生活实践。其中，"崇俭"、"黜奢"在中华民族的道德生活史上有着特别的地位，大多数思想家总是将节俭归之于善，将奢侈归之于恶。这对于自发形成保护生态环境的生态伦理文明传统有着深远的影响。

总之，中国古代生态伦理文明是中华五千年文明史得以延续发展的道德力量，是农业文明的奇葩。我们应该系统地将中国古代生态伦理文明作深入研究，力求准确地考察中国古代的生态伦理思想智慧，以便为当代生态伦理学的建构提供丰富的理论资源，为更好地开展生态道德教育，保护生态环境提供强有力的历史文化支持，做到古为今用，有助于社会主义生态文明建设。

（作者：中共中央党校哲学部教授、湖南师范大学道德文化研究中心兼职研究员）

（选自《伦理学研究》2008年第2期）

从中国生态文化中汲取什么

蒙培元

有人说，中国传统文化中没有生态思想，因为传统社会没有生态问题，只有现代社会使用机器，开发自然，出现了工业经济，才有所谓生态问题及生态文化。

这种看法是错误的。只要有人类社会，有人与自然的关系，就有生态问题，只是表现方式和程度不同而已。工业社会确实有新的特点，可以说发生了性质上的变化，因而使生态问题空前地爆发了出来，但是不能说，前工业社会没有生态问题和生态文化。生态问题是客观存在的，而生态文化是人的生存方式的问题，也是文化选择的问题。

中国不仅有生态文化，而且有非常丰富的内容，从一定意义上说，生态文化是中国文化的主干。中华民族之所以延续至今，丰富而悠久的生态文化起了关键性的作用。对此，我们应有足够的认识，以便唤起民族的自觉。现在有些人讲生态文明，就只讲西方的，而对自己的生态文化知之甚少，或根本不愿意知道，这是很可悲的。

生态问题涉及许多层面，是一个综合性的问题，绝不仅仅是科学技术层面的问题。要解决当前十分严重的生态问题，要从多方面入手，不能只从科学技术一个层面入手。其中，人文生态学是非常重要的一个方面。之所以重要，是因为它直接关系到人类生存价值的选择问题。中国文化中的生态观，主要是人文生态观，我们所要汲取的，正是这方面的内容，而且主要是心灵，即精神层面的内容。

现在从道家的尊重自然和顺物与儒家的敬畏自然和爱物之学说明这个问题。有一种说法是“儒道互补”，这话不是不对，只是，并没有从根本上说明二者的关系。我认为，从根本上说，是“儒道同源”。

何为自然？为何要尊重自然？

道家之所以称为道家，是因为它以道为其学说的最重要概念。但是，老子在道之上，又提出“自然”这一概念。老子说：“人法地，地法天，天法道，道法自然。”(《老子》) 何谓“自然”？论者有不同解释。有人认为，“自然”并不是指自然界，而是指道的存在状态，即自然而然、自己如此，亦即道的本来的样子，意在反对人为的种种筹划、计算和作为，即不要用人为的办法去改变它。这样说，当然有道理。但是，如果进一步追问：道何以是如此状态呢？回答似乎是，只能如此，因为没有比道更高的存在了，我曾经也这样说过。但是，现在要重新检查这个说法。道作为最高范畴，是不是绝对

超越的精神实体？我认为不是，道是万物所以存在的根据（即存在本身），但它又是在场的，即必有其存在的场所。这个场所，不是别的，就是自然界。正是这个在场，决定了道的性状。这个在场，不是现代人所说的与人相对而立的、在人之外的那个自然界，它是道的居所，也是人的存在的“家”，因为人是“法道”的，而道又是内在于人而存在的，它就是人的生命之“根”。从根本上说，道者，自然之道，不是在自然界之外有一个超绝的道。自然界才是道的母体，所谓自然而然、自己如此，只能从自然界得到解释。海德格尔说，语言是存在的家。老子说，道是不可言说的，如何以言说为家？如果说道就是言说，那就是以不言为言说，所以要“体道”，要“同于道”。

老子认为，世界上万物并作，纷呈复杂，但是都要“归根复命”（《老子》）。这个“根”，就是生命之根，即道之自然；这个“命”，就是人的命运，是由自然决定的。老子又说：“道之尊，德之贵，夫莫之命而常自然，故道生之，德畜之，长之育之，亭之毒之，养之覆之。”（《老子》）这就将道变成内在德性，而以自然为其根本特点。按照德性而生存，就意味着顺应自然。这是老子的天人合一之学。因此，所谓尊重自然，既是尊重自然界，也是尊重自己的生命。这才是真正的“回归自然”。自然只有一个，就其存在而言，是自然界；就其存在方式而言，是自然而然、自己如此，不是在自然界之外另有一个自然，不能离开自然界而谈论自然。但这要从生命的根源处去理解，不可从人与自然对立的所谓“主体性”的角度去理解。老子赋予自然以很高的价值，但是要靠人的生命活动去实现，而人是需要修养的，绝不是靠自然本能去生活。如果认为老子提倡自然本能，那是对老子的最大误解。

老子又说：“为学日益，为道日损。”（《老子》）“为学日益”容易理解，即增长知识。“为道日损”如何理解？是减少知识吗？如果是这样，老子就把道和学即知识完全对立起来了。其实，老子并不完全否定知识的作用，他所否定的，是人为的欲望即贪欲及与之相联系的所谓知识。老子认为：“天之道，损有余而补不足，人之道则不然，损不足以奉有余。”（《老子》）天道即自然之道是公平的，是保持生态平衡的，人则不然，要不断满足各种欲望，因而破坏了生态平衡。这是人的“异化”。因此，他提倡“无欲”，以减少对自然的破坏，维持人与自然的生态平衡。“含德之厚，比于赤子。蜂虿虺蛇不螫，猛兽不据，攫鸟不搏。”（《老子》）赤子没有欲望，素朴纯真，所以比喻含德之人。这样的人，尊重自然，不去主动伤害自然界的万物，因此不会受到毒蛇猛兽的伤害，而能与之和谐相处。怎样才能做到“含德之厚”？这就需要限制欲望，提高修养。这种生态智慧，渗透了人文精神。因此，老子的“回归自然”，并不是纯粹的自然主义，而是人文与自然的统一。

道家的另一位大师庄子，以提高人的精神境界为其学说的根本诉求，而对世俗社会展开了严厉的批判。有人说，庄子的思想是消极的、出世的，这种看法是肤浅的、表面的。庄子从内心深处是热爱生活的，尤其对大自然充满了真挚的爱，而这种爱与他的社会理想是密切相关的。他之所以批判世俗社会，是为了实现他所理想的和谐社会，他称这种理想社会为“至德之世”。“德”就是德性、道德，“至德”就是达到了德性的极致。在这样的社会里，统治者“顺物自然而无容私焉，则天下治矣”（《庄子·应帝王》）。“顺物自然”就是尊重自然，顺应自然，按自然法则办事。“不容私”就是不能从私心、私欲出发去治理社会。这就是“无欲而天下足，无为而万物化”（《庄子·天地》）。统治者无贪欲，天下就能足，统治者无强制性的治理，万物就能化育。庄子所说的“自然”，既是指民性之自然，也是指自然界万物之自然，他是将人与自然界的万物平等看待的。他的“齐物论”，不是将万物一律抹平，而是尊重万物的本性，从价值上体现平等。

正因为有这样的体认，他进而提出至德之世“同与禽兽居”的理想境界。他说：“至德之世，……万物群生，连属其乡，禽兽成群，草木遂长。是故禽兽可系羁而游，鸟鹊之巢可攀援而窥。夫至德之世，同与禽兽处，族与万物并，恶乎知君子小人哉？”（《庄子·马蹄》）这是人与自然界的万物和谐相处、共同发展的一幅美好的图画！在这种社会里，人性得到自由发展，享受大自然之美，万物成为人类的朋友，得到很好的照顾，堪称“至德之世”。有人说，庄子的这种理想，是要回到人类的原始状态，回到野蛮时代，是一种倒退，是反对人类文明和进步。这种看法，以拥护人类“进步”的名义，张扬人类的优越性，提倡人类的尊严，但这恰恰是落入了庄子所批判的那种世俗之见，根本没有认识到庄子思想能够超越历史的永久价值和深刻意义。这样的“进步观”和思维方式，是无法理解庄子的。庄子的深刻之处，就在于“超前性”。我们知道，庄子是“独与天地精神往来”而“不与世俗处”的思想家，他的精神境界远远超出了世俗之辈，也超出了现代某些人的是非观；他批判精神的深刻性，只有在今天生态破坏日益严重、人类面临生存危机的时候，才能逐渐被理解。当人类重新反思并开始转变生存方式的时候，庄子所描述的人类与动物相依为命、共同生活、和谐相处的生活方式，就成为现代人所追求的理想境界。现在，不是也逐渐出现人与动物亲近的某些迹象了吗?但这与庄子所描绘的情景还差得很远，人类应当彻底反思。

这个问题也是人类心灵的问题，即生命意义的追求问题。人们只有把自己的全部生命和精神需求与整个自然界紧紧联系在一起，从自然界汲取无尽的源泉，将自然界作为最终的“安身立命”之地，才能体会“万物之至理”、“天地之大美”，从根本上解决生态问题，从技术层面上寻求局部解决。

何为爱物？为何要爱物？

如果说，道家是以批判社会的方式直接回归自然，那么，儒家则是以积极参与社会的方式实现人与自然的合一。二者采取的方式不同，但是，其最终目的是共同的，都是达到天人合一的境界。

儒家哲学的核心是仁，仁是人的最高德性，也是德性之全体。德性的实现就是人与社会、自然的整体和谐。其中，人与自然的关系，占有极其重要的地位，而且是终极性的。这也是哲学层面上的生态学。有人把孔子和儒家的仁，仅仅说成是解决人与人之间的关系，甚至限制在家庭血缘关系的范围之内，这是不全面的，也是很肤浅的。

孔子首先关心的是人，但是，孔子也很关心一切生命。热爱自然界的山和水。为什么说，“知者乐水，仁者乐山”（《论语·雍也》）？如果没有仁者的胸怀和境界，怎么能够“乐山”、“乐水”呢？这既是美学的，也是伦理的。热爱自然，不仅是一种快乐，而且意味着一种义务和责任，同时还有敬畏之情。正因为如此，孔子在谈论人生志趣时，发出“吾与点也”的赞叹；走到河边时，发出“逝者如斯夫”（《论语·子罕》）的感叹；走进山林时，唱出“山梁雌雉，时哉时哉”（《论语·乡党》）的诗句。（这样的例子还有很多，不必细举）这些都体现出孔子对自然的热爱和关怀，是与人的生命紧紧联系在一起的。

仁所包含的生态思想，是不断发展、不断完善的。自从孟子提出“仁民爱物”的学说之后，“爱物”就成为儒家生态哲学的最重要的内容，其实质是在人与自然界的万物之间建立起以情感为基础、以仁为核心的价值关系。一方面，弘扬了人的德性主体，肯定了人的尊严；另一方面，承认万物也有其生命价值，值得人们尊重、同情和关爱。这种出于生命情感的内在需要而不是功利目的的"爱物"思想，是儒家独有的生态哲学，与那种以人的利益为中心的所谓生态学是不同的，相比之下儒家的生态哲学更加值得我们重视。

儒家认为自然界是生命的创造者，人和万物的生命都是自然界给予的，"天生人"、"天生万物"，这是儒家的一贯思想和信念。这个"天"，是包括大地在内的自然界，虽有超越的意义，所谓"维天之命，于穆不已"（《诗·周颂·维天之命》），有神圣性，但这是自然界生命整体的组成部分，不是上帝那种绝对超越的实体。在中国没有"神创论"或"特殊智能造人"之说。张载的"乾称父，坤称母"，将天地（乾坤代表天地）称为父母，是有深刻意义的，绝不像某些人所说，仅仅是把家族血缘关系扩大到宇宙自然界。即便是如此，也只能说明自然界是一个不断创造和进化的生命链条，而不是一个机械的物理世界。"原始反终"，自然界是一切生命的最后根源，故称之为大父母。人与自然界有生命的亲缘关系。这就意味着，人类应当以报本之心、敬畏之情对待自然界、亲近自然界。现在西方终于有人说，"大地是人类的母亲"。既然如此，我们应当如何对待我们的母亲？张载和西方某些人的说法（尽管张载早于他们几百年）不只是诗人的感叹，而且是哲学家的语言，是用生命智慧说出来的。中国的哲学家对天即自然界有一种很深的敬意，从孔子开始就是如此。原因就在于，自然界创造了生命。孔子说"天生百物"，宋儒程颢说，"天只是以生为道"（《二程全书·遗书》），因此，万物有"生意"，而"万物生意最可观"。为什么"最可观"？因为它体现了自然界的生命创造，活泼泼地，同自家生命"一般"。朱熹则进而提出，"天地以生物为心"，人心即由此而来，因此，人有仁心。这种生命哲学就是儒家生态学的理论基础。

儒家认为，人是"万物之灵"，"天地之性人为贵"。这就肯定了人在自然界的特殊地位，凸显了人的尊贵。儒家又说，人能"弘道"、能"为天地立心"，这就确立了人的主体性和创造性。但是，人之所以为贵，绝不是居于万物之上，主宰、役使和控制万物，对万物施暴。人之所以高贵，恰恰在于人有仁心仁性，而仁心仁性的本质，就在于"爱物"而不是掠夺万物。只有从"爱物"之心出发对待万物，才能真正实现生态和谐。仁是人之所以为人之性，也是人之所当为的义务和责任。这不是出于某种狭隘利益的考虑和打算，而是出于"所以然而不可易，所当然而不容已"的生命的内在本质和需要。人不仅是理性动物，而且是情感动物；人不仅有认识的需要，而且有情感的需要。仁就是情感和理性的统一，即情感理性。这是儒学的一大特色。认识事物是为了认识其生命意义，实现人与天地万物的"感通"，进而唤起人性的自觉，做到"无所不爱"（朱熹语），而不是"无所不为"。

人与自然界的生命是息息相关的，人与万物共同组成自然界的生命整体，实现了生命和谐。人没有不爱自己生命的，这是人之常情。儒家正是从这一点出发，体认到万物生命与自家生命的相通之处，要如同爱护自己的身体一样爱护万物，这才是仁德仁性的实现。这是一种很高的心灵境界，即"万物一体"的境界。人作为人，本来具有这样的德性，但是由于"自私而用智"（《定性书》程颢语），很容易丧失，人最可怕的是丧失了仁心。人一旦丧失了仁心，就无所不为。所以人需要"识仁"，即认识自己

的人性，返回自己的人性。

从生命的层面说，人要平等地对待万物，这样才能体现对生命的尊重，也才能建立良好的生态秩序。人们会问，儒家主张“爱有差等”，怎么可能平等地对待万物呢?这是一个问题。

要回答这个问题，最好从“孝悌为仁之本”说起。对这句话原意的解释虽然存在争议，但是，宋儒从程颢开始，对这句话作了明确的解释，即孝悌是“为仁”之本，而不是“仁”之本，就是说，孝悌是实行仁的根本，因为父兄最亲近，所以要从父兄开始。但这并不是仁的本质。那么，仁的本质是什么呢？就是人的最真实的情感，即真性情。只要出于真情实感，就会发自内心地爱生命，虽然因对象不同而有差异，但本质是一样的，因为生命是相感相通的。仁心仁性也就是诚心诚性，只要出于自己的诚心并以此对待人与万物，就能使人与万物各尽其性，这个“性”，就是生生之德，生生之道。所谓“参赞化育”，就是促成天地万物的生长发育，使万物各遂其生，各顺其性，实现人与万物的共同发展。

张载的“民胞物与”之说，就是将人与万物视为自然界的生命共同体，即同一个大家族中的成员，而不是将万物逐出生命大家庭之外，视为异己的存在。没有深切的生命关怀，是不会这样说的。仁心就是不忍之心，不忍看见万物遭到摧残，如果看到万物受到摧残，就如同自己的生命受到摧残一样感到痛苦。可是有些人对万物毫无不忍之心，而只有残忍之心，他称这种人为“忍心无恩”之人，对这种人，程颢进行了无情的批判。

朱熹提倡“格物致知”，要认识万物之理，但他不是以知识为手段，以达到控制与掠夺万物的目的，而是穷万物之“至理”，即“生理”，即仁，而仁就在人的心里。因此，其最终目的是“爱物”而不是害物。同样是认识事物，但有人是为了获得知识，以知识为权力，运用这种权力对万物实行无情地掠夺，以满足人的欲望。朱熹却主张“合内外之理”，以“爱物”为目的。难道朱熹不知道，知识之为权力，能满足人的欲望吗?当然不是。朱熹之所以这样做，正是为了人类的可持续发展，也是为了万物的生存权利。王阳明则提出，不仅人与人、人与禽兽草木生命之物，而且要与瓦砾石块等无生命之物，实现“一体之仁”，认为这才是“致良知”的最高境界。这是儒家的“迂腐”之处，但从更长远的眼光看，从更深层的意义上说，这正是儒家的伟大之处。

儒家知道，人类的生存依赖于自然界，人类所需要的一切资源都来源于自然界，所以，人类要向自然界索取，要伐木，要打渔，要豢养家畜，也要食肉。儒家并没有提出“不杀生”的素食主张，但是，儒家是以一种感恩之情向自然界索取，是以“爱物”之心获得必要的资源，因此，“非其时，不伐一木，不杀一兽”(《朱子语类》)，要做到“无一物不被其泽”(《朱子语类》)。这二者并不是完全对立而不相容的。出于“爱物”之心而不得不杀生，与“忍心无恩”而杀生，是完全不同的，可杀者是有限定的，绝不是无所不杀。按照儒家的要求去做，绝不会出现一度在我国盛行的任意开发、乱砍滥伐、残杀动物、无所不为的情景。现在西方发达国家提倡用人道的方法杀生(只是对豢养的动物，而不是对任何动物)，反而与儒家思想更接近，这难道不值得我们深思吗?

(作者：中国社会科学院哲学研究所研究员、博士生导师)

(选自《社会科学战线》2008年第8期)

生态文明的正义维度

江潭瑜

党的十七大提出了"建设生态文明"的社会发展理念和举措，倡导"坚持生产发展、生活富裕、生态良好的文明发展道路，建设资源节约型、环境友好型社会"。如何更有效地建设生态文明，学界从多视角进行了探讨，但从正义维度进行的研究则较薄弱。本文试从正义之维对生态文明及其建设给予哲学思考与探析。

一、生态正义的现实基础

毫无疑问，生态文明是当代人追求的目标，但是，生态文明的基础，即人与自然的关系，却是人类生存的永恒条件，从这个意义上说，生态文明就内在于人的生存条件之中。追问生态文明的正义之维即生态正义，也就是承认人与自然之间存在着正义问题，或者说，人与自然的关系内在地包含正义的维度。因此，要理解生态正义，首先应从人与自然的关系入手。

首先，人类和自然是密切相联和相互制约的。自从有了人类以来，就有了人类与自然的分化，因此，"历史可以从两方面来考察，可以把它划分为自然史和人类史。但这两方面是不可分割的；只要有人存在，自然史和人类史就彼此相互制约"，人类不能离开自然创造出纯粹的历史，人类创造历史的活动离不开自然之根基。

其次，正如马克思所言，人是一种对象性的存在，人的一切活动如果失去了自己的对象即自然，也就失去任何意义。自然界在理论领域和实践领域对人都有着重大的关系和意义。"从理论领域来说，植物、动物、石头、空气、光等等，一方面作为自然科学的对象，一方面作为艺术的对象，都是人的意识的一部分，是人的精神的无机界，是人必须事先进行加工以便享用和消化的精神食粮；同样，从实践领域来说，这些东西也是人的生活和人的活动的一部分。人在肉体上只有依靠这些自然产品才能生活，不管这些产品是以食物、燃料、衣着的形式还是以住房等的形式表现出来。"

再次，自然界是人类的机体。人是自然的产物，人从自然界进化而来，自然界是人的无机的身体。人"把整个自然界首先作为人的直接的生活资料，其次作为人的生命活动的材料、对象和工具——变成人的无机的身体。自然界，就它本身不是人的身体而言，是人的无机的身体。人靠自然界生活。这就是说，自然界是人为了不致死亡而必须与之不断交往的、人的身体"。

第四，人也是自然的存在，是自然界的一部分。既然人的理论活动和实践活动都离不开外部对象，即"所谓人的肉体生活和精神生活同自然界相联系，也就等于说自然界同自身相联系，因为人是自然界的一部分”。

第五，由于人的对象性活动即实践，人和自然实际上处于一种辩证互动的关系之中。一方面，人的实践活动超越了动物的本能，因此，人的活动是创造自然的过程，即人的自然化；另一方面，被创造的自然又能够改变或转化为人的才干和能力，即自然的人化。所以，在自然面前，人既是一种能动的存在，又是一种被动的存在。

总的说来，人和自然的互动关系意味着自然的独立性。自然并不是人类可以任意揉捏的材料，相反，自然是人类的机体，而且是超越于个人的机体。作为人类的机体，自然有权利要求我们以公正的方式对待它，可以说，作为人类机体的自然构成了生态正义的客观基础。

二、生态正义的观念形式

从历史的角度看，正义作为一个哲学范畴，其内涵是十分丰富的。但是，就现代社会而言，主流的正义理论所推崇的都是形式主义的正义概念，将正义问题看作是社会合作的形式问题，即公平合作的形式问题。在这种形式主义的正义概念中根本没有自然的存身之地。不过，形式主义的正义概念发展到罗尔斯那里，不得不向实质正义问题作出某种程度的让步，这也为我们理解生态正义问题提供了一个契机。罗尔斯提出的“作为公平的正义”实质上也是一种形式主义的正义概念，他所关注的还是通常的社会合作条件的问题。罗尔斯的独特贡献在于提出了一种可被称作底线伦理的思想，即重叠共识的思想，认为组成社会的人们在信仰、生活方式和世界观等方面虽然可以不同，但彼此之间在观念上必须有某种程度的交叉，作为共同接受的合作条件。舍此，就不可能有稳固的社会状态。也就是说，社会合作不仅仅是形式的问题，还必须有一定范围的内容作为合作的基础。如果接着罗尔斯往下推进，完全有理由得出这样的结论，不管人们的重叠共识是什么，自然作为人类的共同机体始终是社会合作得以进行的最基础性的前提。可见，形式主义的正义必须被超越，从而进入实质正义并扩展到自然之中。这也是人类文明史的内在要求。

从人类文明的发展史来看，大致可以分为农业文明、工业文明和正在生成的生态文明。在不同的文明时代，人们有着不同的自然观和正义观，人与自然的关系也不相同。

在古代农业文明时代，人类以崇拜和顺应自然界为主。相对于强大而神秘的自然力量而言，人类的力量是相当弱小的。对于诸多的自然现象无法作出科学的解释，对于各种重大的自然灾害也无力抗拒，唯一的选择只能是顺应和敬畏。但也正因为如此，在人们关于自然的观念之中包含着更多的可能性，人们的想象力创造出了许多超越的境界，将自己的希望和梦想寄托在自然的强力和神秘之中，今天依然能够给我们以启迪。

自从近代工业文明以来，依靠理性和科技逐渐壮大自身力量的人类，大大增强了征服和改造自然的能力。结果，人类不仅一改过去顺应与崇拜自然的态度，而且变本加厉地向自然界进行索取，并以主人的姿态颐指气使地逼迫自然界顺应自己的欲望和意志，完全忘记了自然界也有自己的内在尺度和界限。曾经的高远意境已为狭隘的功利之心所遮蔽，自然成了人类的奴仆，处于人类毫无节制的征服和统治之下。这种狭隘的自然观使人类获得了暂时的胜利，但很快就受到了应有的惩罚：资源短缺、生态失衡、环境污染等问题已经危及到了人类的生存，曾经的繁荣难以为继。

在残酷的现实面前，人们开始反思对待自

然界的残暴态度和极端行为，逐渐认识到人与自然构成了一个双向互动的整体，人类只有与自然平等相处，才能维护这一整体的和谐，实现人类社会的可持续发展。由此，人类开始了对于自然自在存在的自觉，认识到自然也闪耀着自己的光芒，人类的理智之光对它要保持应有的尊重。这样的认识使人类开始谋求建立一种新型的文明——生态文明。

生态文明代表着一种全新的自然观，这首先是对于自然的内在价值的承认。如前所述，作为生态整体的自然既是人类的共同机体，又有着自己的内在尺度和界限，这两个方面的统一构成了自然内在价值的基础。正因为是人类的共同机体，自然生态系统具有了主体的性质；正因为它的存续以其内在的尺度和界限得到维护为前提，也就成了具有内在目的的主体。当我们认识到自然的内在价值的时候，就应该将其引入我们关于正义问题的思考形成生态正义理念。这包括以下基本内容：

首先，认识到自然的内在价值，就意味着人类应摒弃现代工业文明对于自然的工具主义态度。应该认识到，就自然作为一个整体而言，人和自然的关系是一种互生关系，自然的价值不是单纯的工具价值，应在价值的层面承认自然的独立性。这意味着我们必须超越人类沙文主义的观念，承认各种动植物生存和发展的权利，承认生物个体、物种、生态系统、生物圈乃至所有的自然存在物都有按照生态学规律继续生存或存在下去的权利。这是生态正义的逻辑前提。

第二，认识到自然的内在价值，就应尊重自然的内在尺度和生存界限。具体而言，人类的行动要遵循自然的生态法则，做到人与自然协调发展，而不应超过生态环境的承载限度。人是自然界大家庭中的一员，应关心和爱护自然，人与其他自然存在物一荣俱荣、一损俱损。人类在向自然索取的同时，必须回馈与索取相平衡，从而实现人与自然的平衡。也就是说，人类应在更高的认识水平上顺应和敬畏大自然，将自然的内在尺度和规律转化为自己行动的尺度，在自觉的基础上实现人与自然的和谐统一。

第三，承认自然的内在价值，不代表人类在自然面前只能采取清净无为的态度。自然生态系统本身也是处于不断的运动和变化之中，大自然总是在不断孕育新的可能性，因此，承认自然的内在价值，不代表人类应该放弃自己的生存为自然让路，也不代表无视人和自然的矛盾。相反，我们应该正视矛盾的存在，而且我们应以积极、主动的姿态来调适人与自然之间的矛盾和冲突，实现人与自然的真正和解。这之所以可能，是因为自然不是一个封闭的系统，而是一个开放的系统，从而可以为人与自然之间的合作、人与自然在更高的水平上实现和解提供可能。而人类应该在尊重自然内在法则的基础上，主动发挥人类特有的优势，通过自觉的行动使人与自然的物质、能量、信息等交换机制良性运行，实现“人—自然”的互利双赢。

第四，承认自然的内在价值，就意味着承认自然具有相对于特定个人和群体而言的超越性。因此，生态正义的公平原则也应该成为调节人类关系的准则。这主要表现为人类对资源及环境的使用与占有及所负责任的公平性，既包括同代人之间的“代内公平”，又反映出不同代人之间的“代际公平”。就“代内公平”而言，我们不能剥夺和挤压他人的生存空间；就“代际公平”而言，应该承认自然也是后代人的机体，因此，人们有义务保证自然生态系统以良好的状态存续下去。

三、生态正义的实现路径

要实现人与自然关系的正义与和谐，必须

用生态正义的观念来调整人类的社会实践方式和自身行为。为此，应明晰如下路径：

首先，要自觉维护自然体系的生存界限，实现自然的工具价值与内在价值的统一，实现人类的主观价值与自然的客观价值的统一。现代工业社会的价值观是一种带有强烈偏见的价值观，主观价值论就是工业文明价值观的主要偏见之一。主观价值论认为，价值源于人类的心智深层，世界本身没有价值；价值领域被局限于人的活动领域，而自然环境被排除在价值领域之外。其基本的理由是自然无意识，因而自然无价值。诚然，有意识是人类与其他生物最本质的区别，但有意识与有价值是两个不同的范畴。我们不能否认有自身内在尺度和界限的自然有内在的价值，就像我们不能否认懵懂无知的婴儿有内在的价值一样。

工业文明在价值问题上的另一个偏见是只承认自然具有满足人、服务人的工具价值。工具价值作为主观性价值由人类的心智所赋予，因此，自然没有内在客观价值可言。诚然，自然有着相对于人的工具价值，但更重要的是它本身具有不以人的意志为转移的内在价值，自然生物的工具价值、内在价值都孕育并潜伏于自然生态系统之中并“服从”于生态系统的价值。正如生态伦理学的创始人之一、美国学者奥尔多·利奥波德所说，自然价值并不仅仅是对人的价值，它还有自身的价值，即以自然本身作评价的价值。在另一位创始人霍尔姆斯·罗尔斯顿看来，自然界具有多样性价值，如经济价值、生存价值、消遣价值、科学价值、生命价值、多样性和统一性价值和精神价值、美学价值等。这些价值中有的是不依赖于人类而存在的客观性价值，不能还原为人的主观偏好。“如果在这个地球已面临生态危机的时代，还有一个物种把自己看得至高无上，而对自然中其他一切事物的评价，全都视其是否能为己所用，那是很主观的，在哲学上是天真的，甚至是很危险的。”

实际上，自然作为一个生态系统，有其必不可少的存在条件和界限，这是其内在价值和客观价值的基础。但是，自然的客观价值和内在价值并不与人类所追求的主观价值和工具价值相矛盾，相反，前两种价值对于后两种价值具有基础性意义。因此，应彻底改变将人这个主体的需要与满足作为衡量有无价值以及价值大小的纯主观尺度，树立与自然和谐的自觉意识和责任意识，确立“人——社会——自然”的全球生态系统的整体价值观，实现自然的工具价值和内在价值的统一，人类的主观价值和自然的客观价值的统一。

其次，从传统片面的发展观转变为科学发展观，走可持续发展道路。传统发展观局限于片面强调经济增长，这种单向度的经济发展根本没有考虑生态意义上的可持续性，经济增长与生态环境严重失衡。科学发展观并非排斥经济发展，而是反对把经济发展看成一个孤立的过程，主张经济、社会、文化、生态的和谐、统一。人类能否走好科学发展之路，关键是能否统筹好人与自然生态的协调发展。人类社会追求经济增长和社会发展的时候，必须考虑到自然承载力的限度，有效地保护和改善地球生态环境，以可持续的方式使用自然资源和环境成本，走生产发展、生活富裕、生态良好和经济社会可持续发展之路，实现人口、经济、社会、环境与资源的协调发展，并同时兼顾当代人和子孙后代的发展。

第三，解构传统消费观念，革新消费方式，提倡绿色消费。传统的消费观念以物质享乐为价值取向，片面追求物质财富的拥有和消费，宣扬及时行乐是人生的终极意义所在。结果，人类内心不断扩张的消费欲望，使得人与自然的对立不断加深，并直接导致人类持续生存和发展的危机。为此，人类要转变消费方式，实现消费生态化。在生活目标上，人类应摒弃对物欲的过分追求和对高消费的向往；在社会生活方式上，人类应尽快从对过度消费的崇尚转变为对与自然和谐相处、享受健康而有节制的生活的倡导和实践，逐步树立生态消费、节约资源的消费理念，推行合理而适度的消费模式。

第四，正确发展和运用科学技术，为经济社会与环境的和谐发展提供绿色技术保障。把当代资源危机和环境污染归罪于科学技术的高度发达而反对发展科学技术，这种观念已为实践证明是不正确的。在人与自然是否能和谐相处这个问题上，科学技术扮演着重要的角色。我们应该辩证地看待科学技术这把双刃剑。它作为人类认识和改造自然的工具和手段，既能够给人类带来福音，又可能给人类带来灾难。不可否认，人与自然联系的中介——科学技术经常被人们有意无意地误用而产生了一系列的危害。在现代社会，科学技术更是被严重"异化"，对自然界和人类本身都产生了灾难性后果。应扩大科学技术的正效应而规避其负效应，树立绿色科技观。绿色科技的意义在于，一是协调人与自然界之间的各种矛盾，既不带来新的生态环境破坏，又要为建立人与自然之间的和谐统一关系排忧解难；二是通过建立有效的科技进步机制来实现自身的健康发展；三是将科学技术的可持续发展与经济社会的可持续发展相衔接，实现科技与经济社会发展的一体化。绿色科技充分考虑到环境因素，不会给生态环境带来负面影响，并有助于生态环境的健康发展。只有用绿色科技体系武装起来的生产力，才能使人与自然和谐相处，为满足人类日益增长的生产和生活需要提供强有力的科技支撑。

（作者：深圳大学党委书记、深圳大学邓小平理论研究中心主任）

（选自《马克思主义与现实（双月刊）》2008年第4期）

生态文明建设的战略地位和实施途径

石建平

党的十七大提出要"加强生态文明建设，基本形成节约能源资源和保护环境的产业结构、增长方式和消费方式"，对生态文明建设在中国特色社会主义事业总体布局中的重要地位进一步明确。不断提升生态文明建设在我国现代化建设中的战略地位，采取切实有效的措施大力推进生态文明建设，是深入贯彻落实科学发展观，实现经济又好又快发展的重大举措。

一、建设生态文明是中国特色社会主义事业总体布局的重要组成部分

生态文明建设作为中国特色社会主义事业总体布局的重要组成部分是历史发展的必然。从人类文明发展的历史看，生态文明是原始文明、农业文明、工业文明不断递升发展的结果，是文明形态的历史演进；从文明发展的形态看，生态文明同物质文明、政治文明、精神文明在人类社会发展中具有各自功能，共同构成社会和谐文明的完整体系。生态文明是经济社会发展到新阶段的文明形态，是人与社会文明进步的重要标志，是对经济社会发展历史经验和教训的深刻总结，也是对发展现实和发展要求的客观反映。与物质文明、政治文明、精神文明建设一样，生态文明建设在中国特色社会主义事业中地位重要，不可替代。

生态文明建设作为中国特色社会主义事业总体布局的重要组成部分，反映了我国经济社会发展的客观要求。改革开放以来，我国经济建设取得巨大成就，社会面貌显著改观，经济发展的转型升级孕育着文明的发展提升。在我国从工业大国向工业强国转变的发展阶段，加强生态文明建设，形成节约能源资源和保护环境的产业结构、增长方式和消费方式，是深入贯彻落实科学发展观，加强转变经济发展方式，实现又好又快发展，确保中国特色社会主义建设事业持续推进的重要措施。

生态文明建设作为中国特色社会主义事业总体布局的重要组成部分是由中国国情决定的。我国仍处于并将长期处于社会主义初级阶段，发展相对落后和人口众多、人均资源紧缺、环境承载力较弱，这是我国的基本国情。随着我国经济的发展，这一基本国情中的资源环境因素影响越来越凸显。2007年我国经济总量突破24万亿元，今后GDP每年保持两位数增长，新增3万亿元以上的经济总量，资源、能源的消耗量将不断扩大，资源能源的保障和环境的承载力已成为我国现代化建设越来越重要的战略问题，也成为当今世界大国政治经济竞争的重要战略制高点。在国际化不断发展的背景下，积极参与国际经济、政治、资源的竞争，必须加强生态文明建设，这是从我国子孙后代长远的战略考虑。加强生态文明建设，妥善处理好我国发展过程中的资源环境矛盾，建立可持续发展的机制，对我国长远的发展具有特别重要的意义。

生态文明建设体现了中国特色社会主义事业总体目标新的要求。把生态文明建设作为全面建设小康社会和现代化建设奋斗目标体系的组成部分，是中国特色社会主义总体目标的新要求和新提升，有利于从指导思想上确定生态文明的理念，从体制上建立节约资源、保护环境、维护生态良性循环的保障机制，从投入上确保生态文明建设目标任务和各项工作的落实到位，从评价考核指标上强化生态文明建设的重要地位，促进生态文明建设与经济、政治、文化、社会建设协调发展。

二、准确把握生态文明建设的深刻内涵

生态文明是人与自然、人与人、人与社会和谐共生、良性循环、全面发展、持续繁荣为基本宗旨的文化伦理形态，集中概括了人类遵循人、自然、社会和谐发展这一客观规律，妥善处理人地关系，建设有序生态运行机制和良好生态环境所取得的物质和精神成果的总和。随着中国特色社会主义事业的不断推进，生态文明建设的内涵不断丰富，目标日趋明确，作用日益突出。

生态文明建设是一个发展模式的概念。生态文明是一种全新的发展模式，包括建立新型工业化、城镇化等发展模式，也包括形成合理的消费方式和行为方式。建设生态文明最重要的是转变人们的观念，转变生产和生活方式，转变经济运行的组织方式，从过度消耗资源、破坏环境为代价的增长模式，转变为节约资源能源、保护环境、增强可持续发展能力的模式。特别是要避免重复西方发达国家“先污染、后治理”的老路，从这个意义出发，生态文明把生态建设和环境保护提升到思想伦理和发展方式的高度，是对传统文明形态特别是进行深刻反思和探索的认识成果。

生态文明建设是一个相互融合的概念。生态文明要求自然生态寓于经济社会建设，而不是脱离于物质文明建设之外。生态文明建设寓于经济建设之中，体现为在开发中保护，在保护中发展，开源与节流相结合的原则才有持续的生命力，人类社会发展的规律只有遵循并包含生态环境演变的规律，才能实现科学的发展和协调的发展。

生态文明建设是一个复合系统的概念。生态文明是经济、社会发展和资源环境复合系统的重要组成部分，既包含人与自然的关系又包含人与人、人与社会的关系。建设生态文明涵盖生产、流通、消费各个环节，不仅要求生产环节又好又快，形成资源节约的产业结构更要求消费环节建立文明的消费方式，形成环境友好的消费结构。人与自然和谐程度的提高和人们生态理念的增强，也是人类认识世界改造世界的伟大觉醒。

生态文明建设是一个机制创新的概念。必须建立一系列制度和机制予以落实，对传统资源环境管理体制进行变革，通过市场机制、行政责任制、产业化机制的创新，改变传统的管理方式、组织方式，建立科学合理的生态补偿、资源有偿使用、投融资等可持续发展机制，促进资源永续利用和经济社会永续发展。

三、推进生态文明建设的着力点

1．着力转变社会观念。在全社会牢固树立生态文明观念，是推进生态文明建设的思想基础。既要对传统组织经济发展的方式、措施进行深刻变革，又要通过大量生动有效的鲜活事例把资源节约、环境保护和生态文明方式增强人们的观念，把建设资源节约型、环境友好型

社会的要求落实到每个单位、每个家庭，使全民自觉地节约资源能源、保护环境；深入研究生态文明作为中国特色社会主义理论体系的重要概念，明确内涵外延，为建设生态文明打牢理论基础；坚持正确的舆论导向，大力倡导节能环保、爱护生态、尊重自然，推行适度消费、绿色消费；培育生态文明风尚，通过社区文化、校园文化、企业文化、乡镇文化等载体，弘扬生态文化和生态文明。

2．着力建设“两型”社会。加强资源节约型社会和环境友好型社会建设是推进生态文明建设的战略支点。要加大节能减排和生态环保投入，组织编制和实施资源节约型社会和环境友好型社会的规划和政策，进一步抓好生态省、生态示范县、循环经济发展、节能企业、可持续发展等试点工作；建立资源再生利用和回收体系，加强资源综合利用和再生使用；强化环保专项行动，加强水、大气、土壤等污染防治，改善城乡人居环境。加强水利、林业、草原建设，促进生态恢复；探索建立推进“两型”社会的机制和经验，不断拓展可持续、生态环境、气候等方面的国际合作，推进清洁生产机制项目的落实。同时要加快节能减排、环保装备制造业发展，加强替代能源和替代资源的研究开发，加强能源资源储备，确保我国可持续发展的需要。

3．着力落实“两个基本国策”。认真落实资源节约和环境保护基本国策是推进生态文明建设的基本方针。进一步完善资源节约和环境保护的计划管理，把落实两个基本国策的目标、项目和资金纳入国民经济和社会发展中长期规划、专项规划、区域规划和年度计划。完善配套政策体系，严格执行“两个基本国策”。进一步完善环境影响评价制度，推进区域环评和规划环评，实施基本建设项目节能审核评估制度。

4．着力创新体制机制。建立有力的体制机制是确保生态文明建设各项措施得以落实的重要保证。加强生态法制建设，根据新的形势，对资源、环境等方面的法律法规进行修订，抓紧出台循环经济等法律法规；建立和完善生态补偿机制，实行“谁开发、谁保护，谁污染、谁治理，谁破坏、谁恢复，谁受益、谁补偿”的制度；加大生态环境执法监督，完善生态文明建设的目标责任和责任追究制；树立正确的政绩观，把生态文明建设的落实情况纳入干部考核体系；建立完善资源价格机制，利用价格杠杆调节资源合理利用和节约利用；发挥市场在促进资源节约和环境保护中的基础性作用，建立有效的市场化、产业化推进机制，促进环保、生态工程加快建设和有效运营。

（作者：福建省发展和改革委员会副主任）

（选自《红旗文稿》2008年第13期）

大力发展循环经济
加快建设资源节约型、环境友好型社会

解振华

一、发展循环经济工作进展情况

党中央、国务院高度重视发展循环经济工作。胡锦涛总书记、温家宝总理多次作出重要批示，对发展循环经济提出明确要求。2005年，党的十六届五中全会提出“要把节约资源作为基本国策，发展循环经济，保护生态环境，加快建设资源节约型、环境友好型社会”，发展循环经济上升到国家发展战略。当年国务院发布了《关于加快发展循环经济的若干意见》，这是我国发展循环经济的纲领性文件。“十一五”规划纲要把发展循环经济作为“十一五”的重大战略任务。

国务院有关部门和地方各级政府认真落实党中央、国务院的决策和部署，把发展循环经济作为调整经济结构、转变发展方式、实现节能减排目标的重要措施，放在更加突出的位置。短短几年时间，循环经济从理念变为行动，在全国范围内得到迅速发展。

——工作力度明显加大。国务院先后召开常务会议和电视电话会议，对发展循环经济工作进行专题研究和部署。国家发展改革委组织召开了全国循环经济工作会议，对发展循环经济作了全面部署，会同国家环保总局等有关部门组织实施了国家循环经济试点、开展清洁生产审核等。有关部门和各地区通过加强规划指导、完善政策措施、组织示范试点、加大资金投入、加快技术开发、强化宣传培训等一系列措施，加快推进循环经济发展。

——立法取得显著进展。在全国人大财经委、环资委的组织领导下，新修订的《节约能源法》已正式颁布，《循环经济法》立法工作进展顺利，本届政府有望出台。与发展循环经济有关的配套法规正在抓紧制定，《废弃电子电器回收处理管理条例》即将颁布。北京、上海、山东、重庆、深圳等17个省市制定了发展循环经济的地方性法规或政府决定。

——政策体系逐步完善。调整了部分矿产资源的资源税额标准，提高了成品油、大排量汽车、木制一次性筷子、实木地板等产品消费税。修订调整了《资源综合利用目录》，修订和实施了《国家鼓励的资源综合利用认定管理办法》。加大了国债和中央预算内投资对发展循环经济重点项目的支持力度。今年中央财政新增70亿元节能奖励资金，通过“以奖代补”方式支持企业节能技术改造。国务院发布了关于建立政府强制采购节能产品制度的通知，有关部门发布了环境标志产品政府采购实施意见。相关政策的不断完善，促进了循环经济发展。

——技术支撑作用逐步增强。通过引进、消化、吸收和自主创新，形成了一批具有自主知识产权的先进技术，特别是开发、示范和推广了一批对行业有重大带动作用的共性和关键链接技术。纯低温余热发电、干法熄焦、高炉炉顶压差发电、钢渣水渣综合利用、电石渣干法制水泥、高炉回转炉消纳社会废物等一批适用技术得到广泛应用，汽车零部件等机械装备再制造技术，已处于国际领先水平。一批成熟的农业循环经济技术在广大农村也逐步推广。

——循环经济模式初步形成。在循环经济试点的基础上，初步探索形成企业、企业间或园区、废物回收及社会四个层面的循环经济发展模式。在高耗能、高排放行业不同工艺流程的企业，在不同类型的产业园区初步形成了各具特色的循环经济发展模式。会同行业协会组织召开全国钢铁、有色金属、化工、煤炭、建材等行业循环经济现场交流会，推动这些行业形成循环经济发展的有效模式。

——基础工作得到加强。循环经济基础理论研究取得积极进展，形成一批循环经济研究成果。国家发改委、统计局、环保总局制定发布了循环经济评价指标体系，相关统计制度建设工作正在加快进行。到目前为止，已发布火电、磷肥、铅、锌、轮胎、包装等24个行业清洁生产评价指标体系和25项行业清洁生产标准，发布了3项生态工业园区标准和7项再生利用企业污染控制标准。会同有关部门编制了钢铁、有色金属、建材等10个行业循环经济支撑技术。

——工作机制基本建立。《国务院关于加快发展循环经济的若干意见》明确要求发展改革委牵头，会同环保总局等有关部门建立健全推进循环经济发展的协调工作机制。2006年1月，国务院批复同意建立发展循环经济工作部际联席会议制度，以加强全国发展循环经济工作的组织协调。全国大部分省市成立了循环经济领导机构，建立了相应的工作机制，把发展循环经济纳入议事日程。

——循环经济理念逐步深入人心。近几年围绕大力发展循环经济主题，开展了形式多样的系列宣传教育活动，各类媒体加大了循环经济理念、实践和先进典型经验的宣传力度。通过论坛、培训、技术交流会、展览会、科学知识普及等，循环经济理念逐步深入人心，社会氛围更加浓厚。

经过各方面的努力，全国发展循环经济取得积极成效。重点行业单位产值能耗物耗逐步降低，资源循环利用水平和“三废”综合利用率有所提高，污染物排放得到一定程度的控制。农业废弃物综合利用和面源污染治理逐步加强。目前我国工业固体废物综合利用率已达56%，钢铁工业年废钢利用量相当于粗钢产量的20%，废旧有色金属年回收利用量相当于年产量的25%左右。今年上半年，万元GDP能耗下降2.78%；1—9月，全国化学需氧量和二氧化硫排放量首次出现双下降。

在看到成绩的同时，我们也清醒地看到，推进循环经济发展还面临诸多问题和困难。主要是：认识尚未完全到位，一些地方仍把GDP增长作为硬任务、把节能减排当作软指标，清洁发展、集约和节约发展、循环利用资源和生态文明的意识不强。科技支撑作用不够，资源节约和环境保护重大技术的研发还比较薄弱，资源高效利用和循环利用的关键技术亟待突破，先进适用的成熟技术推广应用急待加强。资金投入不足，企业缺乏加大投入的内在动力和外在压力，各级政府支持发展循环经济的稳定投入机制还未形成。体制机制不健全，一些资源性产品的价格形成机制还未能充分反映资源稀缺程度、环境损害成本和供求关系，“污染者付费”的原则没有完全落实，资源循环利用还存在一些政策障碍。法制建设不完善，资源综合利用方面的法律法规尚未建立，相关配套法规和标准还不健全等。这些问题，都需要在今后的工作中逐步加以研究解决。

二、循环经济试点工作的成效和基本经验

发展循环经济是一项开拓性、综合性很强的工作。组织开展示范试点，通过典型引路，逐步推广，为全面推进循环经济发展提供实践经验十分必要。

2005年10月，经国务院同意，国家发改委、环保总局等六部门印发了《关于组织开展循环经济试点（第一批）工作的通知》，在重点行业、重点领域、产业园区和省市开展了第一批国家循环经济试点。选择确定了钢铁、有色、化工、建材等7个重点行业的42家企业，再生资源回收利用等4个重点领域的17家单位，国家和省级开发区、重化工业集中区和农业示范区等13个产业园区以及10个省市，作为第一批国家循环经济试点单位，探索建立不同行业、不同领域、不同区域循环经济发展的有效模式。

为加强对试点工作的指导，我们编制印发了循环经济试点实施方案编制要求，对试点实施方案的编制及相关工作进行了部署。各地发改委、经贸委等部门、各试点单位对试点工作高度重视，认真组织编报试点工作实施方案，提出了试点工作的目标、主要任务、重点项目和保障措施。我们委托中国国际工程咨询公司组织专家对试点实施方案逐个进行评审。目前，除3个单位外，绝大部分试点单位实施方案已通过评审，并按照试点实施方案积极有序地推进试点工作，个别没有通过的也正在按照评审意见抓紧修改完善试点实施方案。

为推进试点方案的组织实施，我们利用国债资金加大了对试点单位重点项目的支持；研究建立循环经济评价指标体系；编制循环经济支撑技术；指导试点省市和产业园区试点工作成效评估；开展重点问题调研、试点经验交流，加强分类指导；循环经济试点取得了初步成效。

（一）形成了一批典型企业。在钢铁、有色金属、煤炭、电力、化工、建材等重点行业，涌现出一批由试点到示范的优秀企业。如济南钢铁有限公司积极推进能源梯级利用、钢渣综合利用和废水循环利用，实现电力自给50%以上，煤气“零”放散。中国铝业公司在中州分公司被列为试点单位后，全公司以此为契机，全面推进循环经济发展，目前公司下属80%的氧化铝企业实现了废水“零”排放，到2008年有望实现全公司废水“零”排放。北京水泥厂积极探索水泥行业发展循环经济的有效途径，取得了很好的经济、社会和环境效益，在此基础上又开发了利用水泥设施处置城市危险废物的循环经济发展模式，为高消耗、高排放建材行业实现生态化改造树立了典范。山西焦煤集团西山煤矿总公司利用洗中煤、煤泥和煤矸石发电，实现了煤炭开采过程中废弃物的资源化利用。新疆天业（集团）有限公司在国内首创电石渣干法生产水泥，实现了氯碱化工行业废渣、废水“零”排放的循环经济发展模式。河北西柏坡发电有限公司综合利用电厂粉煤灰、脱硫石膏生产建材产品，并把附近城镇的生活污水处理后用于电力生产，实现了废渣、废水的“零”排放。一大批试点企业通过节约降耗、推行清洁生产、开展综合利用、构筑产业链，降低了能耗物耗，减少了废弃物产生和排放，经济效益大幅度提高，竞争力大大增强。

（二）再生资源循环利用体系逐步完善。上海新格、河南豫光、江苏春兴等企业实现了再生金属加工利用企业规模化发展，初步建成了

一批再生铜铝铅锌加工利用示范工程。如上海新格再生铝生产规模超过20万吨，开发应用了多室熔炼炉装备，实现了永磁搅拌熔炼等关键技术的产业化，铝合金的废铝利用率达到87%；河南豫光从国外引进国际一流的废蓄电池预处理集成系统，建设了10万吨再生铅综合回收示范工程，目前生产规模已达5万吨，为铅冶炼行业发展循环经济开辟了一条新的途径。青岛新天地生态循环科技有限公司建设了4条年处理规模10万台的废旧家电拆解生产线，探索废旧家电定点回收、集中拆解处理，投产试运行以来，为国家制定废旧家电回收处理政策积累了经验。山东济南复强公司在装备再制造国防科技重点实验室的支持下，利用我国具有自主知识产权的纳米表面工程技术和关键设备，开展汽车发动机再制造，形成2万台生产能力，目前年再制造发动机5000多台。

（三）产业园区循环经济发展模式初步形成。试点园区根据自身特点，按生态工业理念规划园区建设，在发展循环经济方面进行了很好的实践。天津经济技术开发区以产业结构调整为主线，加强园区现有企业的生态化改造，对新上项目从产业政策、园区规划、准入标准、集约用地、节约用水、废物排放等诸多方面确保园区发展符合循环经济的要求；园区经济持续快速增长，但能耗、物耗、污染物排放强度递减，环境质量保持稳定。上海化工区基于化工主导产业建设上下游链接项目，抓好产业链条节点项目，形成相互关联和相互支撑的产业集聚整体优势；万元产值能耗、水耗，废水和废气排放量仅为全国化工行业平均水平的1/2、1/12、1/8和1/3。蒙西高新技术工业园区从一开始就按照循环经济理念对园区内产业布局进行规划，形成高度关联的煤化工、煤矸石综合利用、二氧化碳回收利用等循环经济产业链。湖南汨罗、广东清远通过规范园区管理，实现再生资源统一回收、拆解和污染物集中处理，有效防止了二次污染，同时发挥产业集聚效应，推动再生资源加工利用规模不断扩大和产业链延伸，用循环经济理念对园区进行了改造和升级；湖南汨罗形成了约100万吨再生资源回收和集散交易规模，广东清远初步形成了30—40万吨的拆解加工能力。

（四）全社会资源循环利用体系有了雏形。10个试点省市在全社会层面，把城市和农村、工业和农业、生产和消费有机结合起来，根据产业结构特点，探索构建社会循环经济体系，提高全社会资源产出、循环利用和废物减排水平，促进建立节约能源资源和保护生态环境的产业结构、增长方式和消费模式，取得了一定成效。如辽宁省按照试点工作方案，积极推进6个重点行业、5个城市、10个区县、10个重点园区以及50家重点企业循环经济试点工作，提出了构建清洁生产企业、生态工业园区和循环型社会三个循环层次，培育区域性再生资源产业基地为主要内容的“3+1”模式。山东省从企业、园区、城市三个层次推进全省循环经济工作，培育10个循环型城市、20个循环经济型园区、300家循环经济型企业。重庆市以循环经济理念指导产业结构优化和调整，大力实施主城区环境污染企业搬迁和主城工业企业“退城进园”，同时把发展库区循环经济作为重点，积极探索“工业反哺农业”，统筹城乡发展新思路。

循环经济试点工作的开展为节能减排作出了积极贡献。2006年，六省市GDP增长了14.41%，但能源消费总量仅增长9.55%，能源强度降低了4.25%；取水总量基本没有增加，废水排放量基本持平，固体废物综合利用率达到70%，化学需氧量排放量下降2.08%；7个试点行业中42家试点企业工业增加值增长25.5%，能源消费量仅增长9.7%，万元工业增加值能耗降低12.1%，化学需氧量和二氧化硫排放量分别下降24.6%和8.1%，固体废物综合利用率达到67.9%，提高2.5个百分点。

总结第一批循环经济试点工作所取得的成效，有以下几条基本经验：

首先，领导重视是关键。领导重视，组织落实，是推进循环经济发展的关键。各试点单位的领导尤其是主要领导高度重视发展循环经济，成立了以主要领导为组长的发展循环经济领导小组，并设立专门的工作班子，加强协调联动。不少单位一把手亲自抓，亲自部署落实。试点省、市都组织召开了循环经济工作会议，党委、政府领导亲自进行动员部署。如山东省委、省政府召开了全省发展循环经济动员大会，省委书记、省长到会讲话；鹤壁市成立了以市长为组长、组织部长为副组长的领导机构，并设立了循环经济办公室，有力地推进了循环经济发展。

其次，科学规划是前提。制定科学的循环经济发展规划是循环经济工作取得成效的前提条件。我们在组织实施第一批试点过程中，要求各单位编制试点工作方案，并组织中咨公司、国内知名专家对方案逐一进行论证审查。通过制定未来3—5年的规划或试点实施方案，明确了发展循环经济的基本思路、主要目标、重点任务、政策措施及重点项目，方案的编制和论证审查对试点工作组织实施发挥了重要作用。

第三，科学技术是支撑。开发应用资源高效利用和循环利用的关键技术是循环经济发展的重要支撑。中国铝业中州分公司与有关研究机构合作，开发了选矿拜耳法和强化烧结法生产氧化铝新工艺等重要科技成果，使生产能耗降低50%，铝土矿资源服务年限提高三倍以上，建设投资节省15%—20%，生产成本降低10%，为经济利用我国中低品位铝土矿资源开辟了一条新路。山东莱芜钢铁集团公司自主研发和应用高炉煤气全干法除尘、转炉煤气干法除尘、干熄焦等一系列新技术，在焦化、烧结、炼铁、炼钢、连铸、轧钢、热电工序实现水的多级串级利用和循环利用。2006年与2000年相比，钢产量增加5倍多，新水耗量基本没有增加，吨钢耗新水由13.58吨下降到3.53吨，达到世界先进水平。深圳东江环保公司开发了以电镀污泥等含镍铜废料为原料生产硫酸镍和电积铜组合工艺，含铜废液综合收运和处理能力达到8万吨，高浓度氨氮废水利用率达到50%。试点经验表明，循环经济发展取得显著成效的企业往往是通过自主创新和引进、消化、吸收、再创新掌握了一些关键技术的企业。

第四，必要投入是保障。项目建设是发展循环经济的重要保障。上海、辽宁、江苏、宁波、鹤壁、铜陵等试点省市设立了循环经济专项资金，用于支持建设循环经济项目及开展相关工作。如上海市安排2亿多元专项资金支持循环经济项目。青岛市政府计划今明两年拿出500万元支持试点企业建立废旧家电回收网络体系建设，已安排200万元。多数试点企业加大资金投入，不断推进重大项目建设，如河南平顶山煤业集团有限公司2006年建成了10个重点循环经济项目，目前年综合利用煤矸石、煤泥、粉煤灰等固体废弃物214万吨，综合利用瓦斯1600万立方米，产生了明显的经济、社会和环境效益。

第五，完善政策是基础。建立有效的激励政策，形成有利于循环经济发展的机制，才能做到既“循环”又“经济”，循环经济才能得到持续发展、长期巩固和提高。国家实行的资源综合利用税收优惠政策，极大地调动了企业开展资源综合利用的积极性。北京水泥厂利用水泥炉窑处理有毒有害废物的实践表明，正是由于综合利用优惠政策的支持和危险废物收费机制的建立，才使企业在水泥价格较低的情况下，仍能实现持续发展。湖南省为加快推进汨罗循环经济试点工作，近期以省政府办公厅文件印发了关于支持汨罗循环经济试点有关政策措施的通知，从基础设施建设、金融信贷、财税、科技和用地等方面制定了一系列优惠政策，支持汨罗市循环经济试点项目建设。而汽车零部件再制造，由于缺乏政策的支持，发展受到严重制约。

三、充分认识发展循环经济的重要性和紧迫性

党的十七大高度重视资源节约和环境保护工作，把循环经济形成较大规模作为实现全面建设小康社会奋斗目标的新要求，明确提出必须把建设资源节约型、环境友好型社会放在工业化、现代化发展战略的突出位置。这为今后一个时期循环经济发展指明了方向。各地区、各单位要进一步认识发展循环经济的重要性和紧迫性。

（一）发展循环经济是实现全面建设小康社会奋斗目标新要求的必然选择

党的十七大报告提出：到2020年，要在优化结构、提高效益、降低消耗、保护环境的基础上实现人均GDP比2000年翻两番。我国人口众多、资源相对不足、环境容量有限是我国的基本国情。我国正处于工业化、城市化加速发展阶段，资源消耗总量大，加之粗放型的增长方式，资源环境约束日益突出，已严重制约经济发展。基本实现工业化的过程中，能源消耗总量还会增加。资源和环境问题是伴随实现全面建设小康社会目标全过程的硬约束，我们必须坚持不懈地走新型工业化道路。大力节约能源资源，保护生态环境，建设资源节约型、环境友好型社会，循环经济是必然选择。我们要按照十七大报告的要求，不断实践、不断创新、不断完善，促进循环经济形成较大规模。

（二）发展循环经济是转变经济发展方式的有效途径

经济又好又快发展的重要标志是结构优化、资源节约、生态良好。实现经济又好又快发展必须加快转变经济发展方式。转变经济增长方式，在“九五”时期就提出来了，但由于种种原因，以高投入、高消耗、高排放、低效率为特征的粗放型增长方式至今没有根本转变。2005年，我国国内生产总值按当年平均汇率计算为2.26万亿美元，约占世界生产总值的5%左右，但为此投入的各类国内资源和进口资源，却比产出所占比例高得多，我国消费石油3亿吨、原煤21.4亿吨、粗钢3.5亿吨、水泥10.5亿吨和氧化铝1561万吨，分别约为世界消费量的7.8%、39.6%、31.8%、47.7%和24.4%。即使考虑汇率因素，我国经济增长付出的能源资源代价过大，也是不争的事实。如果高消耗、高排放的经济发展方式得不到根本转变，全面建设小康社会目标就难以实现。发展循环经济，能够最有效利用资源和保护环境，提高经济增长的质量和效益，促进国民经济又好又快发展。

（三）发展循环经济是建设生态文明的客观要求

党的十七大首次提出建设生态文明。生态文明的提出，丰富了科学发展观和社会主义文明观的内涵。它是对传统工业文明进行深刻反思的成果，是人类文明形态和文明发展观念、道路和模式的重大进步，如果不计代价，片面追求经济增长，必然导致能源资源约束突出，生态环境破坏严重，人与自然关系紧张，反过来影响人与人、人与社会的和谐。当前，气候变化成为国际社会普遍关注的全球性重大问题。随着工业化的快速发展，二氧化碳排放量还要持续增加，这将使我国在国际上面临更大的减排压力。发展循环经济，建立全社会的资源循环利用体系，以最少的能源资源消耗、最小的环境代价实现经济社会的可持续发展，是建设生态文明的必然选择。

（四）发展循环经济是实现节能减排目标的必由之路

"十一五"规划纲要明确提出了"十一五"期间单位国内生产总值能耗降低20%左右，主要污染物排放总量减少10%的约束性指标。去年全国万元GDP能耗比上年下降1.33%，是2003年以来首次下降；主要污染物增幅减缓。今年以来，党中央、国务院把节能减排作为调整经济结构、转变增长方式的重要抓手，推动力度进一步加大，政策措施进一步落实，节能减排效果进一步显现。上半年，万元GDP能耗降低了2.78%；前三季度，全国两项主要污染物排放总量首次双双下降。但是，节能减排面临的形势依然十分严峻。发展循环经济不仅开辟了资源综合利用的新途径，物尽其用、变废为宝，资源利用效率显著提高；而且从资源消耗的源头减少了污染物的产生，实现"零"排放，化害为利，污染治理成本大大降低。循环经济把发展经济与节约资源、保护环境有机结合起来，是实现节能减排目标的根本性措施。

总之，发展循环经济有利于加快形成节约能源资源和保护生态环境的产业结构、增长方式和消费模式，有利于建设资源节约型、环境友好型社会，有利于促进人与自然的和谐，是贯彻落实科学发展观，构建社会主义和谐社会，实现可持续发展的必然选择。我们必须从战略的高度去认识、用全局的视野去把握发展循环经济的重要性和紧迫性。

四、推进循环经济发展的主要措施和重点

加快推进循环经济发展，必须深入贯彻党的十七大精神，以科学发展观为指导，以降低资源消耗、减少废物排放和提高资源生产率为目标，以技术创新和制度创新为动力，加强法制建设，完善政策机制，强化宣传教育，树立生态文明观念，逐步建立促进循环经济发展的法律法规体系、政策支持体系、技术创新体系和有效的激励约束机制，形成政府推动、企业实施、全社会共同参与的工作机制。

（一）建立健全发展循环经济法律法规体系

配合全国人大有关专门委员会，加快《循环经济法》立法工作，并以此为契机，全面推进循环经济配套法规体系建设。抓紧与国务院法制办协调，尽早出台《废弃电子电器回收处理管理条例》；汽车零部件再制造管理暂行办法、废旧轮胎回收利用管理条例已有较好的基础，要广泛征求各方面意见，抓紧完善；抓紧制定包装物回收利用管理办法等。同时，加快建立与废纸、废塑料等回收利用相配套的循环经济标准体系，完善节能、节水和再生产品标准和标识等。

（二）加快编制循环经济发展规划

会同有关部门、行业协会，加快研究制定循环经济发展规划，明年组织编制钢铁、有色金属、煤炭、电力、化工、建材、制糖等重点行业和再生资源集散市场建设、再生金属利用等重点领域循环经济发展专项规划。会同有关部门认真实施节能中长期专项规划、节水型社会建设规划、矿井水利用和海水利用专项规划。没有编制规划的地区要抓紧部署启动本地区循环经济发展规划的编制；在组织编制各类专项规划、区域规划和城市发展规划时要对资源环境状况进行分析，充分体现循环经济发展的要求。

（三）加强循环经济技术研发和推广应用

根据循环经济试点工作中遇到的技术瓶颈问题，会同有关部门在国家重点基础研究发展计划、国家科技支撑计划和国家高技术发展计划等专项科技计划中，组织实施一批共性和关键技术攻关。在重大技术装备产业化和高技术产业化专项，支持建设一批循环经济示范项目。已经编制发布了《国家鼓励发展的资源节约综合利用和环境保护技术目录》、《国家重点行业清洁生产技术导向目录》、《重点行业循环经济

支撑技术》和钢铁、铝、海洋化工等行业发展循环经济环境保护导则，对这些技术要通过现场交流会、推广会等方式予以推广。积极支持技术服务体系建设，提高我国循环经济技术支撑能力。

（四）完善促进循环经济发展的政策机制

产业政策方面，要结合《产业结构调整指导目录》和《外商投资产业指导目录》的修订调整，对高耗能、高排放行业实行更加严格的市场准入。财政政策方面，会同财政部制定中央财政清洁生产奖励专项资金管理办法，加大对清洁生产项目的支持力度；按照即将出台的循环经济法的要求，抓紧研究建立发展循环经济专项资金，用于支持发展循环经济的政策研究、示范试点、宣传培训等。投资政策方面，继续加大国债和中央预算内投资对循环经济的支持力度；对一些节能效果明显的重点项目，纳入中央财政节能技术改造奖励资金支持范围。税收政策方面，落实好国家已有的资源综合利用税收优惠政策，研究调整完善消费税，对资源消耗小、循环利用率高、污染排放少的绿色产品、清洁产品和可再生能源等给予较低的消费税税率，对消耗高的消费品征收较高的消费税，抑制不合理消费。加快研究提出废水“零”排放企业免交排污费等政策；研究解决钢铁、建材等企业利用余热余压发电上网问题。调整进出口税收政策，控制国内紧缺资源和高耗能、高排放、资源性产品出口。研究鼓励国内紧缺资源废料进口的政策。加快研究建立生产者责任延伸制度。

（五）加强循环经济宣传教育和培训

发展循环经济需要全民参与，全社会监督。会同有关部门和新闻媒体组织开展循环经济系列宣传活动。继续加强地方、行业、企业循环经济培训，普及循环经济发展理念和相关知识。通过宣传教育培训，使全社会充分认识发展循环经济的重要性和紧迫性，增强责任感和自觉性，营造有利于发展循环经济的社会氛围。

根据国家循环经济试点工作经验和各地发展循环经济的实践，今后一个时期，循环经济发展工作要着力从以下四个方面推进：

一是着力推进企业实施清洁生产。通过各工艺之间的物料能量循环，减少物料能量的使用，达到少排放甚至“零排放”目标。要大力推进生态设计，从源头减少资源能源投入；大力开展资源综合利用，对生产过程中各种副产物和废物进行回收利用。当前要重点抓好钢铁、有色金属、电力、煤炭、化工、建材、轻工等重点行业和再生利用企业循环经济发展，积极推进这些行业开展清洁生产审核，支持建设一批清洁生产示范企业。对污染严重企业，实施强制性清洁生产审核。对“三河三湖”、松花江、三峡库区、南水北调工程沿线等重点流域和区域内的工业企业，要加快实施清洁生产技术改造。

二是着力推进产业园区循环经济体系建设。按照资源循环利用、规模经济效益、专业化分工的原则，合理构建循环经济产业链，形成各具特色、优势互补、互利共赢的生态产业网络，实现资源共享和副产品互换的产业共生组合。工业园区要抓好项目布局和产业链接，集中建设污水处理、中水回用、固体废物处理、热电联供等项目，形成集约利用的公用工程，推动产业集聚发展、企业集中布局、污染集中处理和废弃物循环利用，努力降低资源消耗和废物排放，提高土地利用率和产出率。环保总局、商务部、科技部将重点抓好经济技术开发区和高新技术开发区建设生态工业园区工作，为全国工业园区生态转型起到示范和带动作用。农业园区要结合新农村建设，支持建设一批重点生态农业示范园区，发展户用沼气和规模化畜禽养殖场沼气工程，形成以沼气为纽带的种植、养殖、农副产品加工一体化的农业循环经济产业链，建设一批秸杆综合利用工程。

三是着力推进重点领域资源循环利用体系建设。按照市场规范、竞争有序、合理布局、环境友好的原则，积极推进废金属、废纸、废塑料、废旧轮胎、废弃电子电器产品、废旧机电产品、废弃包装物等的回收和循环利用体系建设。在废旧物资回收方面，通过规划布局，建设一批区域性再生资源集散交易市场；支持沿海地区建设一批以再生原料为主的再生资源拆解加工基地。在再生资源利用方面，按照“十一五”规划纲要要求，抓紧建设若干具有一定规模和技术水平的再生铜铝铅锌示范企业，重点支持一批规模化再生利用示范项目。在机电产品再制造方面，选择一批有条件、有基础的重点企业开展汽车零部件再制造试点，重点支持建设一批汽车零部件、工程机械、机床、铁道设备等再制造示范工程。在废弃电子电器回收拆解方面，重点支持建设拆解处理示范企业，探索建立回收拆解的相关政策机制。在包装物回收方面，要切实解决月饼、茶叶、保健品、化妆品等消费品过度包装问题，加快研究建立容器包装等回收利用体系。

四是着力构建社会循环经济体系。以建设生态文明为目标，努力构建资源节约型、环境友好型的产业结构、增长方式和消费模式。资源开采环节，要统筹规划矿产资源开发，推进尾矿、废石综合利用，提高采矿回采率、选矿和冶炼回收率；资源消耗环节，要加强重点行业能源、原材料、水等资源消耗管理，努力降低消耗，提高资源利用率；废物产生环节，要强化污染预防和全过程控制，推动不同行业合理延长产业链，加强对各类废物的循环利用，推进企业废物“零”排放，加快再生水利用设施建设以及城市垃圾、污泥减量化和资源化利用，降低废物最终处置量；再生资源产生环节，要大力回收和循环利用各种废旧资源，建立垃圾分类收集和分选系统，不断完善再生资源回收利用体系。消费环节，要大力提倡有利于节约资源和保护环境的消费方式和生活方式，鼓励使用能效标识产品、节能节水认证产品和环境标志产品，减少过度包装和一次性用品的使用，积极推进政府节能和绿色采购。在此基础上，各地要尽可能将区域内工业、农业，城市、农村，生产、消费等各环节产生的废物综合利用，努力实现全社会废物最小化、资源化、无害化，为建设生态文明奠定物质基础。

五、进一步做好循环经济示范试点工作的几点要求

第一批国家循环经济试点取得了阶段性成果，还要继续深化。经国务院同意，第二批国家循环经济示范试点今天正式启动。第二批试点，不是第一批试点简单数量的增加，而是对第一批试点的补充和深化。一方面，将第一批试点中未包含的行业和领域，如矿产资源、机械制造、皮革、食品、包装、纺织（再生纤维）等行业纳入试点范围；另一方面，将节能减排任务比较重的重化工集聚区或园区及对建立全社会资源循环利用体系有典型示范意义的重点城市和地区纳入第二批试点范围。

对列入试点的单位来说，这是全面提升发展水平的重要机遇，要积极努力，成为发展循环经济示范试点的典型单位，为全面推进我国循环经济发展提供经验。各试点单位要进一步统一思想，提高认识，加强领导，扎扎实实推进试点工作，力争取得更大的成效。为进一步深化循环经济试点工作，下面我提几点要求：

一是切实加强组织领导。第二批试点单位要抓紧成立循环经济试点工作领导小组，确定专门机构，切实加强试点工作的组织领导。各试点单位主要领导要亲自抓，动员部署试点工作，要将试点工作各项任务、措施，逐一分解落实到有关单位和个人，明确责任，加强考核。

二是抓紧编制实施方案。各地区发展改革委、经贸委要会同环保局等有关部门组织第二批试点单位编制循环经济试点工作实施方案，并于明年4月底前完成上报工作。各单位在编制试点工作方案时，要根据资源环境条件，因地制宜提出发展循环经济的目标、任务、重点和措施。国家发展改革委会同环保总局等有关部门组织专家对试点方案进行论证。第一批试点单位中，实施方案尚未通过评审的两个单位，要按照评审意见抓紧修改完善，年底前报国家发改委，仍不能完成编制方案的，将取消试点单位资格。

三是抓好方案组织实施。试点单位要按照实施方案，制定各阶段工作计划，落实方案各项任务；要抓好技术攻关和先进适用技术推广应用，协调解决试点工作需要的各项建设条件。地方政府及有关部门要加强对试点工作的跟踪和指导，及时研究解决出现的新情况、新问题，对一些带有普遍性的政策问题，要在深入调研分析的基础上，提出可操作的建议。

四是加强重点项目组织申报。对试点方案审查中确定的重点项目，要按照我委投资管理相关要求，抓紧编制项目可行性研究报告，落实资金、搞好环评等相关工作。各地区发改委、经贸委，要组织专家论证，指导做好项目组织申报；同时，要根据清洁生产专项资金、节能奖励资金的不同要求，选好项目，做好项目储备和前期工作，加强对循环经济的支持。

五是强化基础管理。各试点单位要建立资源消耗统计和核算制度，健全资源节约管理制度，加强资源环境核算，从主要原材料、能源、水资源等方面开展全面的能源和物料平衡分析，对资源产出、利用效率、废物产生排放水平与国内同行和国际先进水平进行全方位比较，找出发展循环经济的差距。对循环经济试点取得的节能减排效果，要准确统计，及时上报。

六是加强监督检查和验收。各地区发展改革委、经贸委要会同环保局建立试点工作进展情况阶段性督查制度，对试点工作组织阶段性评估和监督检查，同时加强对环境影响评价、总量控制等环境管理制度执行情况的检查。对进展情况不理想、存在问题较多的试点单位，要加强指导，限期完成。加快制定循环经济试点验收办法，及时进行系统总结、评估和验收。

七是加快示范试点经验总结和推广。各试点单位在循环经济发展中的典型经验和行之有效的做法，要及时总结上报。我们将采取多种方式对试点经验进行推广。要根据试点情况，继续组织召开电力、轻工行业，农业和产业园区等循环经济现场交流会，推广先进典型经验。

（作者：国家发展和改革委员会副主任）

（选自《中国资源综合利用》2008年第1期）

转变发展方式要狠抓资源环境问题

周叔莲　刘戒骄

在党的十七大报告中，胡锦涛同志强调，加快转变经济发展方式，推动产业结构优化升级，是关系国民经济全局紧迫而重大的战略任务。转变经济发展方式，是在探索和把握我国经济发展规律的基础上提出的重要方针，也是针对我国经济发展新阶段面临的新问题提出的重大战略。

资源环境问题的紧迫性和难点

我国资源环境问题的产生和积累与经济总量快速扩张密切相关。GDP从1978年3645亿元增加到2000年的98001亿元和2006年的209407亿元。根据国际货币基金组织公布的数据，2006年，按汇率折算的世界GDP总量48.1万亿美元，中国GDP为2.6万亿美元，占世界总量的4.9%，总量列世界第4名，排在美国、日本、德国之后，英国、法国之前，与美国、日本差距较大，与德国、英国和法国差距较小。按购买力平价测算，2006年中国GDP为9.98万亿美元，占世界总量的15.1%，总量列世界第2位，仅次于美国，排在日本、德国、英国、法国之前，与排在前面的美国和排在后面的日本均有较大差距。人均GDP，按汇率计算为2001美元，为世界平均水平的24.3%。按购买力平价计算为7598美元，为世界平均水平的66.60%。工业增加值从1978年的1607亿元增加到2000年的40034亿元和2006年的90351亿元，工业占GDP的比重大体保持在43%左右。

生产要素投入数量的增加和使用效率的提高是经济发展的主要推动因素。最近一轮经济增长，我国要素投入和消耗绝对量连年快速增长，资源消耗和环境投入的绝对量过大。2006年全国能源消费总量24.6亿吨标准煤，比上年增长9.3%。其中，煤炭消费量23.7亿吨，原油3.2亿吨，天然气556亿立方米，水电4167亿千瓦小时。主要原材料消费中，钢材4.5亿吨，铜372万吨，铝865万吨，乙烯939万吨，水泥12.0亿吨。万元国内生产总值能源消耗1.21吨标准煤，比上年下降1.23%，没有完成4%的约束性指标。

我国自然资源消耗和污染排放规模过大，废弃物排放对经济发展的制约越来越突出，污染控制和生态保护的任务更加艰巨。2005和2006年，全国废水排放量连续两年超过500亿吨，化学需氧量连续两年超过1400万吨，二氧化硫排放量连续两年超过2500万吨，2006年分别达537亿吨、1428万吨和2589万吨。工业万元产值用水量为222立方米，是发达国家的5—

10倍。工业用水的重复利用率为40%左右，仅为发达国家平均水平的一半。相应地，环境污染和生态失衡问题日趋严重。2006年，全国地表水总体水质属中度污染。在国家环境监测网实际监测的745个地表水监测断面中，Ⅳ、Ⅴ、劣Ⅴ类水质的断面比例达60%。松花江、黄河、淮河为中度污染，辽河、海河为重度污染。27个国控重点湖（库）中，Ⅴ类水质的湖（库）5个（占19%），劣Ⅴ类水质的湖（库）13个（占48%）。其中，洞庭湖、鄱阳湖、巢湖水质为Ⅴ类，洪泽湖、南四湖、达赉湖、白洋淀、太湖和滇池为劣Ⅴ类。西湖（杭州）、东湖（武汉）、玄武湖（南京）、大明湖（济南）为劣Ⅴ类水质。近岸海域Ⅳ类、劣Ⅳ类海水为24.3%。渤海Ⅳ类、劣Ⅳ类海水为21.7%，东海Ⅳ类、劣Ⅳ类海水为52.2%，杭州湾、长江口、辽东湾、珠江口和渤海湾水体均为重度污染。

能源是现代经济发展的基本动力，经济快速扩张难免增加能源消费。2005年，中国能源消费结构中，煤炭占68.9%以上的份额，远高于25.1%的世界平均水平。煤炭消耗量的28.7%约6.2亿吨煤作为终端能源直接燃烧，硫化物和碳化物排放压力较大，环境质量已成为影响人民生活质量的重要因素。同石油、天然气相比，单位热量燃煤引起的二氧化碳排放比使用石油、天然气分别高出36%和61%左右。根据国际能源机构（IEA）的数据，2004年中国二氧化碳排放量为4.77亿吨，世界二氧化碳排放量为26.58亿吨，中国占世界的17.9%，比2001年的12.7%提高了5.2个百分点，甲烷、氧化亚氮等温室气体的排放量也居世界前列。

资源环境问题的紧迫性和难点集中表现在，今后10—20年，我国经济总量仍将处于持续较快扩张阶段。我国人均GDP与高、中收入国家和世界平均水平相比有较大差距，工业化和城市化处于并行快速推进期，经济总量在较高基数基础上继续扩张无可置疑。问题在于，我国人均资源占有量偏低，经济发展过度依赖资源消耗和环境投入，在过去经济总量较小的时候还可以承受。随着经济总量扩张，在今后发展过程中如果不能摆脱传统发展方式和资源与环境利用方式，延续以往依靠生产要素大量投入和生产规模外延扩张的发展方式，我国经济社会发展受到的资源和环境制约将越来越严峻，甚至可能因为超越资源和环境的承载能力使发展的步伐受到阻挡。

加强资源和环境产权制度建设

配置稀缺资源用于生产产品和服务以满足社会需求是经济系统的基本目标。市场和政府都是配置稀缺资源的基本机制。政府与市场在资源和环境配置中各有各的职能，其性质和作用方式有所不同。市场是一个分散决策、竞争选择的组织体系，通过供求关系和价格机制引导市场参与方，在资源和环境配置中起基础性作用。政府是一个集中决策、层级管理的组织体系，依靠行政机构和行政等级，运用经济、法律和行政手段，通过宏观调控和微观监管来规范市场参与方的行为，调节资源和环境配置。

资源环境问题既是宏观调控和微观监管的对象，也是一个利益问题、机制问题。资源和环境问题存在外部不经济性，反映特定制度的固有性质和利益格局，市场和政府在解决资源和环境问题方面都有局限性。市场竞争淘汰落后的过程需要较长的时间，具有滞后性和局限性，并造成不可逆和难以挽回的代价，市场体制不完善还会产生恶性竞争、短期行为、过度消耗等问题。在资源和环境问题上政府调控和监管只能解决资源和环境利用的外部压力性问题，无法激发企业节约资源和环境友好的内在动力。激发企业节约资源和环境友好的内在动力，变被动、被迫采取对策为主动自愿采取措施，离不开相应的利益驱动机制。只有把市场这只“看不见的手”和政府这只“看得见的手”搭配起来发挥好各自的作用，才能改变低效率利用资源环境的传统方式，建立有效配置资源环境的体制机制，使经济主体和市场参与各方在资源环境的有效利用中获得足够利益，在资源环境低效利用中付出足够代价，遭受足够损失和惩罚。这样才能解决好资源和环境问题。

我国社会主义市场经济体制还不完善，资源和环境产权制度不健全、成本核算不完整，生产要素市场发育滞后于产品市场，价格信号不灵敏、不准确，资源和环境利用方式不能反映其稀缺程度，外部性问题非常突出。由于资源和环境利用的私人成本低于社会成本，地方和企业无须承担资源和环境利用引起的全部成本，导致很多地方以过度利用和消耗资源和环境，甚至无节制地以资源和环境为代价片面追求经济增长。一些地方政府为了谋求本地利益，对资源和环境问题视而不见，把降低环境标准、土地价格作为提高本地竞争力的手段，不惜牺牲全局和长期利益来追求短期和局部利益，这是资源和环境问题的重要根源。解决我国的资源和环境问题，消除不合理的资源和环境利用方式，必须强化政府的宏观调控和微观监管职能，通过政绩考评、财政税收、市场准入和补偿机制等基础性制度建设，改变私人成本低于社会成本的状况，创造市场体制起作用的条件，实现资源和环境的有效配置。

基础性制度建设的领域很广泛。其中，资源和环境产权制度是市场有效配置资源和环境最重要的基础性制度。我国资源和环境产权配置、产权管理、产权流转、产权保护一直处于比较混乱的状态，资源和环境价格偏低，资源价格只反映资源开发成本，既没有全面覆盖劳动力成本、安全生产成本和环境治理成本，也没有反映市场供求关系和资源稀缺程度，致使资源价格偏低，资源和环境变成了一种为地方和企业低价竞相利用的资源。这加剧了资源过度开发、过度需求和浪费，使市场机制配置资源的基础作用得不到发挥。产权权属界限不清，产权交易制度缺失，也是地区和企业间恶性竞争的重要原因。

为了有效发挥市场机制在资源和环境配置中的基础作用，引导地方和企业自觉施行有利于环境资源的行为，减轻经济发展对生产要素投入数量扩张的依赖，促进环境与资源的合理利用，必须推动资源和环境领域的市场化改革，建立符合市场化改革要求、有约束力的现代资源和环境产权制度，改变一些地区通过破坏环境和浪费资源来促进经济发展的做法。产权制度的核心是，明确资源和环境产权交易主体、产权交易规则和产权招标拍卖等制度，完善自然资源有偿开采、有偿使用制度，加快用水、用地、用电和排污权交易制度建设，使利益相关者和受影响者合理分担由于资源开采所带来的影响。

强化产业组织政策和经济杠杆的作用

我国工业组织结构不合理也是形成资源环境问题的原因。最近几年，我国工业企业普遍进行了一轮改造，装备水平和工艺技术有了相当程度的提高，一些企业的关键设备和工艺水平达到了国际先进水平，形成了一批规模较大、资源利用效率较高的企业。但是，我国工业企业组织不合理的问题仍然存在，工业企业数量大体保持在130万家左右。其中，规模以下工业企业100余万家，规模以上工业企业27万余家，大中型企业仅3万家。不同规模企业之间技术水平、管理水平和资源利用效率差别很大。由于基础重化工业的加快发展，石化、钢铁、有色金属冶炼、水泥、造纸等高耗能、高污染的基础重化工业产品市场需求处于较快扩张期，装置落后的中小企业仍然有较大生存和发展空间。在这样的市场供求背景下，企业普遍重视规模和生产能力扩张，对技术和节能降耗重视不够，节能环保意识不强。

市场体制下，无论企业、个人还是政府，其行为不能不受利益驱动的影响和制约。价格和税收是引导资源和环境配置最直接、最灵敏的杠杆。长期以来，我国资源环境市场化改革进展缓慢，资源环境配置主要通过非市场化方式进行，价格、税收政策对资源节约利用和环境保护考虑不够，存在涉及资源利用和环境保护的税种过少、税负过低，资源和环境税收调节力度不够等问题。目前，只有资源税、固定资产投资方向调节税和所得税涉及到资源和环境问题。就资源税而言，1994年开征资源税以来至2005年，我国共征收资源税869.2亿元，仅占各项税收163976.8亿元的0.53%。2005年以来，国家先后提高了煤炭、石油和天然气资源税的税额标准，提高后的煤炭资源税每吨在2—4元之间，石油资源税每吨在14—30元之间，天然气资源税在每千立方米7—15元之间，多数资源的资源税额在产品销售价格的1%以下。无论与近年来煤炭、石油价格的涨幅还是与价格绝对水平相比，现行资源税水平显然偏低，各档之间的差距也过小。如此低的税率和税额，对资源的合理利用起不到调节作用。

为了提高资源环境利用效率，一方面要进一步加强和完善产业组织政策，强化根据自然资源和环境承载能力确定的市场准入标准，引导资源环境向利用效率高的产业和企业流动。根据土地、水、矿产资源和环境承载能力，从提高资源利用率和减少环境污染出发，对采掘业和制造业中的高耗能、高排放、高污染行业作出明确的准入规定，对相关企业生产工艺与装备技术水平、资源能源消耗利用指标、污染物产生和排放指标、废物处置方法、危险废物管理、废物回收利用和环境管理等方面提出明确要求。对不符合要求的企业，按照国家产业政策、环保等规定，予以关停和淘汰。另一方面，也要注重运用经济杠杆引导企业采用资源节约和环境友好的装置和技术，改革资源和环境税收、价格体制，提高资源税税负、开征环境税，逐步加大资源开发利用和污染排放的税收负担，强化资源和环境利用的利益驱动机制，使市场在淘汰落后装置、抑制外延增长方面发挥更大作用。

必须看到，调节资源环境利用的杠杆有时是一把“双刃剑”，可能带来负面影响。譬如，作为产业链中的基础价格，资源和环境价格直接和间接影响众多产品的生产成本。在高能耗、高排放的产业中，能源和环境成本在产品成本和价格占有较大比重，如果不能适当考虑相关产业、企业和终端用户的承载能力，可能给经济发展带来不利影响。此外，优质能源如天然气涨价以后，用户将偏好多用煤，又会加大炭、硫的排放量。能源价格、污水处理费的提高会激励居民日常生活的节能减排，但对于高收入者、企事业单位和政府机关的节约利用能起到多大作用，还要看相关配套措施的力度。至于提高居民用电、用水、用气价税水平对低收入者生活负担的不利影响，可以根据成本结构(如固定成本和可变成本的比例)、需求性质（如居民用还是非居民用、少量需求还是大量需求、需求是否均衡）和资源丰裕情况（是鼓励消费还是限制消费)，采取超用加价、节约有奖的阶梯价格和专项补贴来解决。又如，产业组织结构变化和大企业的成长，既可能通过装置技术水平改善和合理分工提高资源环境利用效率，也可能由于专业化协作体系不当而挤压中小企业成长空间。合理的产业组织要求建立中小企业同大企业之间合理的分工协作关系，形成以大企业为主导，中小企业对大企业专业化配套和专业化服务，大中小企业合理分工、有机联系、协调发展的格局。

引导企业采取环境友好的生产方式

随着我国经济实力的不断增强，消费水平

和消费结构正在发生深刻变化，消费水平从低层次向高层次递进，消费结构也在发生着明显变化，住房、汽车、奢侈品等占用和消耗资源较多，人们越来越关注商品和服务对环境和自身健康的影响。许多消费者偏好选择那些他们认为对环境有帮助的产品，不愿意甚至拒绝购买他们认为对环境有危害的产品。如果企业不重视其产品的环境影响，将遭受消费者抵制或排斥。用户需求偏好正在成为资源节约和环境友好的一个强大推动力量。资源利用和环境保护工作不仅可以由政府推动，依靠制定法律、法规和环境管理标准来强制企业执行，也可以通过消费对生产的引领和导向作用激励企业和用户主动执行。

这里的机制在于，生产与消费互为因果，是社会经济活动得以持续进行的不可分割的两个重要方面，环境友好的消费选择可以带动环境友好产品的生产，促进环境友好企业的发展。消费者通过消费选择带动环境友好产品和服务的生产，形成绿色消费与绿色生产之间的良性互动。

我国是一个人口众多、资源相对不足、环境承载能力较弱的发展中国家。欧美等发达国家的消费方式，是他们在特定时期和条件下产生的。从资源禀赋尤其是人均水平看，我国不具备那样消费的条件，从华夏文明传统和社会主义荣辱观看，我国社会也不应该接受不健康、不文明、不可持续的消费理念和消费方式。但是，与引导生产的政策及实践相比，我国规范和引导消费方面的工作还相当薄弱。落实中央提出的倡导健康文明的消费方式，一方面要加大宣传，另一方面要注重运用正确有效的经济法律手段，矫正过于奢侈和浪费资源的消费，大力倡导适度消费、健康消费和绿色消费。

企业对环境的影响体现在产品生命周期的各个阶段。只有积极落实为环境而设计的理念，在研发设计之初即全面考虑产品的环境影响，避免或减少使用有毒性或危害性原料，采用低资源消耗、低废弃物排放的清洁生产技术和工艺，才能研制省资源、可回收、低污染的清洁产品，避免损害员工、周边居民和用户健康。倡导健康文明的消费方式，能够促使企业从产品设计、制造、包装、运输、使用到报废处理的整个产品生命周期中，综合考虑资源效率和环境影响，尽可能降低产品对环境的负面影响。

政府绿色采购是推动绿色消费和绿色生产的推动力。财政部日前公布的全国政府采购统计信息表明，2005 年全国实际采购规模达到2927.6亿元，政府采购规模占全国GDP的比重为1.6%。政府采购具有消费规模大和市场带动作用明显等特点，政府绿色采购制度利用市场机制对全社会的生产和消费行为进行引导，体现了以综合手段保护环境的要求，可以成为引领绿色生产和绿色消费的重要手段。2007 年1月1日起，我国已经在中央和省级（含计划单列市）预算单位实行政府绿色采购制度，并发布了《环境标志产品政府采购清单》。政府机关、事业单位、团体组织在用财政资金实施政府采购时，必须优先选择采购清单上的“绿色产品”。我国应尽快建立和完善相关制度，扩大政府绿色采购范围和领域，逐步提高绿色产品政府采购标准。不仅要求末端产品符合环保技术标准，而且要求产品设计、开发、生产、包装、运输、使用、循环再利用到废弃的全过程均符合资源节约和环境友好要求。

（作者单位：中国社会科学院）

（选自《新视野》2008 年第 1 期）

积极应对气候变化，努力增强可持续发展能力

周大地　徐华清

气候变化问题是人类社会共同面临的严峻挑战，也是国际社会普遍关心的重大问题。近日，十七届中央政治局就全球气候变化和我国加强应对气候变化能力建设进行了第六次集体学习，胡锦涛总书记作了重要讲话，强调必须以对中华民族和全人类长远发展高度负责的精神，充分认识应对气候变化的重要性和紧迫性，坚定不移地走可持续发展道路，采取更加有力的政策措施，全面加强应对气候变化能力建设，为我国和全球可持续发展事业进行不懈努力。深刻领会胡锦涛同志的讲话精神，对于进一步统一全党同志思想，理清应对气候变化战略思路，明确当前工作任务具有重要意义。

一、全球面临应对气候变化的重大挑战

人类燃烧化石燃料产生的二氧化碳等温室气体，是造成全球气候变暖的主要诱因。减少排放，要求人类转变能源资源消费方式、经济发展方式和生活消费方式，这是一个巨大的挑战。

联合国气候变化专门委员会的最新研究成果，基本上肯定了全球性气候变暖，主要是由于人类大量使用化石燃料、排放二氧化碳等温室气体造成的。其次，砍伐森林、把可以生长植物的土地转为城市和工业所用、部分工业过程、一些农牧业活动也造成了多种温室气体的排放，对全球变暖也起到了推动作用。现在已经可以认定人为产生的，致使大气增温的温室气体有几十种，其中作用较大的有六种，包括二氧化碳、甲烷、氧化亚氮、氢氟碳化物、全氟化碳、六氟化硫等。在这六种主要温室气体中，二氧化碳又起着最主要的作用。2004年全球排放的温室气体中，按标准化的温室作用计算，二氧化碳占当年排放全部温室气体的约77%，其次是甲烷约占14%强，其他的各种温室气体由于数量少，所起的温室效应相对较小。二氧化碳也是近年增长速度最快的温室气体。

由于化石燃料所含碳的比例不同，不同的化石燃料在产生同样热量时排放的二氧化碳数量有很大的差别。例如，通过燃烧产生1千克标准煤的热量，用煤炭将产生大约2.66千克二氧化碳，而用石油或天然气则将产生约2.15千克和1.5千克的二氧化碳。由于全球能源消费仍然在不断增加，现在全球温室气体的排放趋势仍然没有得到控制，继续下去，全球变暖的气候变化将很可能加剧。为了把气候变暖的发展趋势限制在自然界和人类社会可以接受的范围内，则必须把人为的温室气体排放总量的增长尽快

地控制下来，并且在不太远的未来，尽可能早地使全球的温室气体排放总量总体下降。

近年来，一些发达国家逐渐提出了明确的全球性温室气体减排目标。其中比较积极的目标是在2050年把全球的二氧化碳排放总量降低到2000年甚至是1990年排放量的50%以内。认为只有这样，才有可能把全球2100年的气候变暖的温度控制在2℃或略多一些，而一个世纪全球平均变化温度如果超过3℃则会出现不可接受的后果。最近在日本召开的“八国峰会”，就“2050年全球温室气体排放减少50%”的努力目标达成共识。而如果全球要实现这样一个减排目标，则要求发达国家的温室气体排放要比现在减少60%—80%以上，发展中国家也要整体明显减排。

如果2050年全球温室气体减排50%成为世界各国普遍接受的共同目标，这将成为全人类共同面临的巨大挑战。要求全人类共同努力，改变现行的能源消费模式，显著减少人均能源消费量，特别是化石能源消费量。一方面，要求全球大力提高能源效率，使节能成为世界经济发展的优先前提。另一方面，还要加快少排放或不排放二氧化碳等温室气体的能源开发，例如天然气相对而言就是温室气体排放较少的化石能源，而核能以及包括水电在内的各种可再生能源则是基本不排放温室气体的低碳无碳能源。许多分析认为，即使充分挖掘节能潜力，大力发展低碳或无碳能源，还是难以完全解决人类对能源消费的需要，而且，同时还要大幅度减少温室气体排放。所以，一些专家还提出要发展二氧化碳的回收和封存技术，使化石燃料产生的二氧化碳被捕捉和封存起来。全球大幅度减排温室气体，将对世界的发展模式、生活消费、生产方式、能源结构和利用技术等产生全面的巨大的影响。

由于发达国家从工业化以来已经排放了大量的温室气体，而且当前它们的人均排放量也远远高于发展中国家，所以，发达国家应该尽快率先减排。但发达国家大幅度减排，也将极大地影响和改变全球的发展方向和发展内容。无论从全球的资源能源可能的供给能力看，还是从全球环境的制约条件看，发展中国家都已经不能重复发达国家原来的发展道路。如果发展中国家不能积极参与发展低碳能源和“低碳经济”，则将面对全球性资源能源短缺，以及在与能源资源利用相关的一切技术和商业机会方面愈来愈缺乏竞争力的双重压力。因此，发展中国家也必须积极应对气候变化这样一个全球性挑战，争取主动，开创以“低碳经济”为特征的全面可持续发展的新型现代化道路。

二、提高认识，增强应对气候变化的责任感和紧迫感

我国积极应对气候变化，不仅是履行《联合国气候变化框架公约》的客观要求，也是在新的形势下，全面贯彻落实科学发展观的必然要求。

从自然条件看，我国是一个易受气候变化不利影响的国家。目前在我国4亿公顷的草地面积中，约有90%存在不同程度的退化、沙化、盐渍化和石漠化。2005年我国土地荒漠化面积约为263万平方公里，已经占到整个国土面积的27.4%。我国也是一个气象灾害频发的国家，2005年全国出现的各种干旱、暴雨洪涝、台风、高温等气象灾害，所造成的直接经济损失达2042亿元。

从能源消费结构和我国的资源条件看，我国是世界上少数几个以煤消费为主的国家。2005年全球一次能源消费构成中煤炭仅占27.8%，发达国家的能源消费中煤炭所占的比例多数不到20%，而2005年我国能源消费中，煤

炭所占比重高达68.9%，由此造成我国单位一次能源消费的二氧化碳排放强度比世界平均水平高出24%左右，比美国高出18%，比印度约高38%，比巴西高出约88%。以煤为主的能源结构，使得我国在降低能源排放强度方面比其他国家面临更大的挑战。

从能源需求看，我国能源需求持续出现快速增长的态势。2007年我国能源消费总量达到26.54亿吨标准煤，比2006年增长7.8%，近五年间年均增长11%以上。从2000年到2007年，我国能源消费量年均增加1.8亿吨标准煤。如果这样的趋势持续下去，到2020年我国能源需求量将达到50亿吨标准煤以上。尽管这种发展情景有可能受到资源和市场的实际制约，但这种不可持续的能源增长趋势给我国控制二氧化碳排放带来巨大压力。

从温室气体排放看，我国不但排放总量大，人均化石燃料二氧化碳排放量也已接近世界平均水平。根据《联合国气候变化框架公约》秘书处2005年的汇编材料，122个发展中国家报告的1994年温室气体排放总量约为117亿吨二氧化碳当量，其中，中国、印度和巴西分别占34.68%、10.38%和5.63%。根据国际能源机构统计，2005年我国化石燃料二氧化碳排放量占全球总量的18.6%，约为美国排放总量的87%，是印度的4.4倍，人均二氧化碳排放量为世界平均的92%，约为美国的1/5，是印度的3.7倍。由于2006年、2007年我国的能源消费增长速度远远高于世界平均水平，能源结构中煤炭比例不降反升，温室气体排放强度加大，我国的人均排放即将超过世界平均水平。

从国际环境看，我国在应对气候变化方面所面临的压力越来越大。一方面，气候变化问题是目前全球性优先议题之一，中国的温室气体排放增加已经引起各方高度关注。由于我国新增的排放高于许多国家减排的数量，以致不少舆论认为，如果中国不参加减排，则全球减排的效果堪忧。此次“八国集团”首脑会议就声明：为达成“到2050年实现全球温室气体排放量减半”的长期目标，需要全世界的共同努力，尤其是所有主要经济体的努力。另一方面，由于国情的不同、利益取向的差别，发展中国家之间在全球减排责任和进程方面形成并保持共同立场的难度加大。一些发展中国家在公开场合下，附和发达国家要求中、印等发展中大国参与减排的声音逐渐增多、增强。

针对我国应对气候变化所面临的新形势，从实现现代化建设“三步走”战略的高度，充分认识气候变化问题的复杂性和长期性，深刻认识应对气候变化的重大意义，增强历史责任感和使命感，把应对气候变化工作摆在重要的战略位置，切实抓紧抓好。我们要认识到气候变化问题对我国今后的经济社会发展既可能是重大制约条件，也可能成为推动我国转变发展方式，走新型工业化道路，实现可持续发展的重要推动力和新的契机。我们需要因势利导，化不利因素为有利因素，充分利用全球应对气候变化对提高能源效率、推动能源结构优化的有利因素，对各种新技术、新产品开发利用的鼓励和推动作用，加快我国实现可持续发展的行动步伐。

三、统筹谋划，制定我国应对气候变化的总体战略

积极应对气候变化，要以科学发展观为指导，统筹考虑我国经济社会发展的国内、国际两个大局，树立世界眼光，加强战略思维，善于抓住机遇，主动迎接挑战。

第一，进一步明确应对气候变化的战略定位和指导思想。要把应对气候变化作为落实科学发展观、实现可持续发展的重要内容，核心

是要发展低碳经济。要坚持节约资源和保护环境的基本国策，以节约能源、优化能源结构、加强生态保护和建设为重点，以科技创新为支撑，不断提高应对气候变化的能力，为保护全球气候作出新贡献。我们应该本着对人类、对未来高度负责的态度，积极、有效地应对气候变化。一要坚持可持续发展，建立适应可持续发展要求的生产和消费模式，减少温室气体排放需求。二要坚持科技创新，促进科技合作、推进低碳技术发展。三要坚持减缓和适应并重，提高适应气候变化能力。四要坚持《联合国气候变化框架公约》和《京都议定书》的主导地位，推动发达国家继续率先承担量化的减排目标，并向发展中国家提供资金和转让技术。

第二，进一步统筹好国内和国际两个大局。一方面，要把应对气候变化与我国实施可持续发展战略，加快建设资源节约型、环境友好型社会和创新型国家结合起来，纳入国民经济和社会发展总体规划和地区规划。全面实施应对气候变化国家方案，在控制温室气体排放方面取得成效，不断提高适应气候变化的能力，推动我国经济社会发展与应对气候变化两相协调、两相促进，实现“双赢”。另一方面，要把应对气候变化与我国始终不渝地走和平发展道路、奉行互利共赢的开放战略和发展友好合作关系结合起来，积极参与应对气候变化多边和双边磋商与合作，发挥积极建设性作用，争取发展空间，营造有利的国际环境，树立负责任的国际形象。

第三，进一步谋划我国应对气候变化的长远战略和当前对策。应对气候变化需要处理好长远战略与近期对策之间的关系，把应对气候变化放在我国工业化、城镇化和全球化发展战略的重要位置。从长远看，我们要确立以走可持续发展道路为核心的应对气候变化总体战略，要尽快研究制定我国实现温室气体排放零增长的战略目标和相应措施，实现我国经济社会发展“三步走”战略与保护全球气候目标的“双赢”。我们现在还没有完成工业化，今后一个阶段能源消费总量还要有所增加，温室气体排放总量也会相应上升。但是，我们必须认真考虑，一是要尽可能地减少能源消费和温室气体排放增长速度和总量，二是要认真争取尽早实现能源特别是化石能源尤其是煤炭的零增长，以此实现温室气体的零增长，并要设法使温室气体的排放总量在一个目标期以后实现总量下降。这个时期当然不会很近，但也不是很遥远。我们今天的基础设施建设和能源战略就必须把温室气体排放考虑在内。特别是对寿命长，一旦建成将影响几十年的技术和设施必须认真考虑将来温室气体的控制问题。当前，要结合“十一五”节能降耗目标和实施工作，尽快建立和完善减缓温室气体排放的管理体制，全面实施《应对气候变化国家方案》。

四、突出重点，坚定不移地走可持续发展道路

努力控制温室气体排放，不断增长适应气候变化能力，这是我国近期应对气候变化战略的两个重要内容。我们必须坚持在可持续发展框架下应对气候变化的原则，以节约能源、优化能源结构、加强生态保护和建设为突破口，在减缓和适应气候变化方面取得实实在在的效果。

（一）加快转变经济发展方式，积极发展低碳经济。

加快转变经济发展方式，推动产业结构优化升级，这是关系国民经济全局紧迫而重大的战略任务。我们要紧紧抓住国际社会发展低碳技术，建立低碳经济增长模式和低碳社会消费模式，有效应对气候变化的机遇，加快转变我国的经济发展方式。第一，在国际社会日益高

涨的应对气候变化呼声推动下，世界范围内正在经历一场以转变经济发展模式，促进产业结构升级，大力发展低碳高效能源技术为核心的巨大变革，发展低碳经济正日益成为时代潮流。第二，由于我国目前的人均能源消费和温室气体排放水平还明显低于发达国家，我国今后一段时期内二氧化碳排放还将继续增长，我国在控制二氧化碳排放面临和发达国家不同的任务，也可能会面临更大的困难。发达国家是要从目前已经很高的人均排放水平上迅速地下降，而我们则是要在维持经济社会发展较快增长的同时，使能源和温室气体的增速明显下降，并尽快进入能源和温室气体的低速增长期，还要力争实现远期经济增长和温室气体下降的双赢目标。发展低碳经济无疑是控制我国温室气体排放的基本方向。第三，气候变化问题本质上是发展问题，只有加快转变经济发展方式，推动产业结构优化升级，把建设资源节约型、环境友好型社会放在工业化、现代化战略的突出地位，才能进一步增长我国可持续发展能力，有效应对气候变化，也将为保护全球气候作出新贡献。

（二）全面推进能源节约，优化能源结构，努力降低GDP的二氧化碳排放强度。

加快转变经济增长方式，加大依法实施节能管理的力度，强化能源节约和高效利用的政策导向，建立和加强在市场条件下推动节能的有效机制。我国“十一五”期间实现GDP能耗下降20%的目标，是减少温室气体排放增速和增量的有效举措，必须坚定不移地完成。不但“十一五”期间要有定量的节能降耗目标，今后也需要继续制定积极的、需要十分努力才能实现的阶段性节能降耗目标。当前国家和各地采取的节能降耗措施，会推动我国经济向更加可持续的方向转化，但绝不是轻轻松松就能实现。这方面我们还需要坚定决心，下大力气，一件一件抓到底，抓出效果。我们还要在产业结构调整方面多做工作，要从经济发展终端需求调整方面入手，推动合理内需，不能继续主要依靠基础原材料和低附加值加工业低端扩张的发展结构。另一方面，在全面实施十大重点节能工程、推动重点耗能企业节能降耗、优化火电结构、加快淘汰落后的小火电机组、淘汰落后高耗能设备和产能方面；在新投资项目的合理结构和能效标准方面，更是要再接再厉，实现节能降耗和减少温室气体增量的双重目标。

（三）优化能源结构，努力降低能源的二氧化碳排放强度。

在保护生态基础上有序开发水电，积极推进核电建设，加快发展石油天然气，大力发展可再生能源，加快煤层气开发利用，逐步优化能源生产和消费结构，力争到2010年实现可再生能源开发利用总量（包括大水电）在一次能源供应结构中的比重提高到10%左右。水电开发不但可减少煤炭需求压力，有保护水、气和生态环境的作用，也是十分重要的低碳无碳能源开发。要做好舆论工作，落实相关环评和移民政策，快速有序发展水电。我们要把核能作为国家能源战略的重要组成部分，创造条件，力争使核电发展尽快提速。部分地区可以把核电作为电力发展的主要方向，只要不是煤炭基地，都可以考虑核电的发展，积极扶持风能、太阳能和其他可再生能源的发展，对可再生能源的技术开发要进一步增加投入。当前可以加快风电发展速度，对其他技术成熟具备规模利用条件的可再生能源，要积极利用。对一些未来可能发挥重大作用的可再生能源的技术研发还要加大投入。可再生能源对我国的中远期能源供应将具有举足轻重的作用。煤层气勘探、开发和矿井瓦斯利用不仅是加快煤炭工业调整结构、减少安全生产事故、提高资源利用率的重要手段，还具有重要的温室气体减排作用。我国目前是煤矿甲烷排放大国，这方面的工作必须加大力度，尽早实施。

（四）加强生态保护和建设，努力增加二氧化碳吸收汇（碳吸收汇是指植物吸收大气中的二氧化碳并将其固定在植被或土壤中，从而减少该气体在大气中的浓度——编者注）。

继续实施植树造林、退耕还林还草、天然林资源保护、农田基本建设等政策措施和重点工程建设。我国已经提出到2010年，努力实现森林覆盖率达到20%，力争实现碳汇数量比2005年增加约0.5亿吨二氧化碳。重点包括：一是继续完善各级政府造林绿化目标管理责任制和部门绿化责任制，进一步探索市场经济条件下全民义务植树的多种形式，增加森林资源和林业碳汇；二是继续推进天然林资源保护、退耕还林还草、京津风沙源治理、防护林体系、野生动植物及自然区保护和建设等林业重点生态建设工程，进一步保护现有森林碳贮存，增加陆地碳贮存和吸收汇。

（五）采取合理的适应性措施，努力提高适应气候变化能力。

气候变化已经发生，正在发生。不管全球在温室气体减排方面付出多大的努力，由于已经排放的温室气体，全球变暖仍将持续较长的时间。所以，我们还要注意采取措施，减缓全球变暖的不利影响。重点包括：一是加强农田基本建设、调整种植制度、选育抗逆品种、开发生物技术等适应性措施，到2010年，力争新增改良草地2400万公顷，治理退化、沙化和碱化草地5200万公顷；二是加强天然林资源保护和自然保护区的监管、继续开展生态保护重点工程建设，建立重要生态功能区等，到2010年，力争实现90%左右的典型森林生态系统和国家重点野生动植物得到有效保护，治理荒漠化土地面积2200万公顷；三是合理开发和优化配置水资源、完善农田水利基本建设新机制和推行节水等措施，力争减少水资源系统对气候变化的脆弱性；四是加强对海平面变化趋势的科学监测以及对海洋和海岸带生态系统的监管，合理利用海岸线，保护滨海湿地，建设沿海防护林体系，不断加强红树林的保护、恢复、营造和管理能力等，力争实现沿海地区抵御极端气候灾害的能力得到明显提高。

党的十七大着眼于加快转变经济发展方式，着眼于为保护全球气候作出新贡献，明确提出要加强应对气候变化能力建设，这是实现我国应对气候变化总体战略的重要保障。我国已经建立了国务院领导亲自挂帅的国家级气候变化协调领导机构，以及由国家发改委具体牵头，多家政府机构共同参与的管理协调机制，制定和协调实施有关气候变化的具体政策和重要措施。由于气候变化问题不但牵涉国内经济社会发展的诸多领域，还直接牵涉重大的国际外交事务，加强协调，统一管理是十分必要的。我们正在进一步加强应对气候变化的宏观决策能力。面对国内外日益复杂的新形式和新问题，国务院有关部门正在研究制订国家应对气候变化的重大战略和方针，深化国家应对气候变化宏观战略研究，将及时提出控制温室气体排放的中长期目标，进一步调整和完善能源等相关行业发展战略和规划，制定和实施应对气候变化国家方案。各地政府需要及时了解和掌握国家相关政策，根据本地的具体情况认真贯彻实施。在气候变化相关涉外领域，要注意国家的统一部署。

五、落实国家方案，在应对气候变化方面取得实效

妥善应对气候变化，事关现代化建设事业，

事关人民群众根本利益，事关中华民族的长远发展。我们要进一步落实《中国应对气候变化国家方案》，在应对气候变化各个方面切实取得成效。

当前我们的重点是要抓好和我国现有可持续发展战略和政策一致的控制和减缓温室气体排放的措施，同时积极认真研究如何从温室气体减排的角度进一步调整现有可持续发展能源和经济社会发展战略和政策问题。应对气候变化问题，不仅要求我们把当前已经认识到的可持续发展政策和措施落实好，抓出实效，例如节能降耗，建设节约型社会等，还要求我们做得更多更深入。有一些应对气候变化的措施并不能由现有的政策和措施所覆盖，还要研究新方法新政策新措施，特别是在能源结构调整方面。有些领域还需要进行科学研究，以明确对减缓温室气体排放方面的效果。

（一）抓紧制定地区应对气候变化方案。各地区要加强领导，按照《中国应对气候变化国家方案》确定的应对气候变化的指导思想、原则和目标，坚持以科学发展观为指导，统筹考虑经济发展与生态建设，制定符合本地区实际的地方应对气候变化方案及具体措施，把应对气候变化与实施可持续发展战略、加快建设资源节约型、环境友好型社会和创新型国家结合起来，纳入地区国民经济和社会发展总体规划，努力控制和减缓温室气体排放，不断提高适应气候变化的能力，促进我国经济发展与人口、资源、环境相协调。

（二）逐步建立和节能减排目标责任制和评价考核体系相一致的温室气体控制体系。可以考虑在有效实施节能减排统计体系、监测体系及考核体系的基础上，逐步建立各级对温室气体排放控制的统计、监测和考核等相关工作体系，对各地的“十一五”温室气体减排效果进行科学评价试点。今后在条件和时机成熟时，我国可能需要建立温室气体排放公报制度，并将温室气体排放的控制目标进行适当细化和分解，逐步纳入到各级政府节能减排的评价考核体系之中。

（三）开始建立并逐步健全有利于减少温室气体排放的政策体系。加快推进优化能源结构；加快低碳和无碳能源的发展，减少对煤炭的过多依赖。完善重点行业能耗准入标准、主要用能产品和建筑物能效标准，健全强制淘汰高耗能、落后工艺、技术和设备的制度，推行强制性能效标识制度和节能产品认证制度，调整高能耗产品进出口政策，进一步加大节能监督管理力度；研究建立国家温室气体登记制度和排放贸易制度。

（四）大力推进节能减排技术进步。组织开发和示范有重大减排潜力的共性和关键技术，包括重大机电产品节能技术，主要行业二氧化碳排放控制与处置利用技术，生物固碳技术及固碳工程技术，优良反刍动物品种技术等。重点研究规模化的氢能利用和分布式供能系统，开发高效、清洁和零排放的化石能源开发利用技术和低成本、高效率的可再生能源新技术。切实推进国际技术合作、转让和资金筹措等机制，进一步增强我国减缓温室气体排放的技术能力。

（作者单位：国家发展和改革委员会能源研究所）

（选自《时事报告》2008年第8期）

关于中国发展低碳经济的若干建议

吴晓青

低碳经济的核心内容包括低碳产品、低碳技术、低碳能源的开发利用。低碳技术涉及电力、交通、建筑、冶金、化工、石化等部门以及在可再生能源及新能源、煤的清洁高效利用、油气资源和煤层气的勘探开发、二氧化碳捕获与埋存等领域开发的有效控制温室气体排放的新技术。

高度重视低碳经济对国际经济发展的影响

目前，欧美一些国家正掀起一场以高能效、低排放为核心的“新工业革命”，意在占领新时期产业制高点，为自身经济寻找新的增长动力。德国称，环保技术产业有望在2020年赶超传统的汽车及机械制造业，成为德国的主导产业。日本在《新阳光计划》中提出，1993—2020年用于能源和环境技术研发的财政预算支出达110亿美元。而美国也在投入巨资研发低碳技术，从生物燃料、太阳能设备到二氧化碳零排放的发电厂，都制定了雄心勃勃的开发计划。激烈的低碳经济市场争夺战已悄然打响。2006年，全球碳交易和清洁生产机制（CDM）碳交易市场达到300亿美元。目前，已有全球50多家金融机构加入全球气候变化投资网络，投资额达到了13万亿美元。截止2008年2月，中国CDM项目获得联合国CDM项目执行理事会签发的核证减排信用（CERs）达到了3637万吨，占联合国目前核定CERs总量的31.33%，首次超过印度成为最大的CDM碳交易量国家。如果按照每吨10美元交易，交易额将达到3.6亿美元。

推动低碳经济发展的另一重要驱动因素是政策制度的创新和制定。在英国，先后引入了气候变化税、气候变化协议、排放贸易机制、碳信托基金等多项经济政策。在丹麦、芬兰、荷兰、挪威、意大利和瑞典等国，对燃烧产生二氧化碳的化石燃料已开征国家碳税，德国、日本和奥地利等国也相应引入了能源税和碳税制度。美国虽然没有签署《京都议定书》，但发展低碳经济、研究低碳产品从没放弃过。以加州为首的西部地区自发建立了碳排放贸易制度，并实施企业自愿减排计划等系列政策。尤其是美国最近发布实施的《能源政策法》，为发展低碳经济提供了法律的保障。

最近，根据耶鲁大学在世界经济论坛上发布的《2008年世界环境绩效指数报告》，中国的环境绩效指数从2006年的94名下降到105名，与上一次相比靠后10名。由于在气候变化方面表现欠佳，美国环境绩效从2006年的28名下降到39名，澳大利亚从2006年的39名下降到46名。中国能否在未来几十年里走到世界发展的前列，在很大程度上或许取决于中国应对低碳发展挑战的能力。国际发展的新动向要求中国必须尽快采取行动，在发展的主题下积极应对低能耗低污染为基础的低碳经济全球挑战。这将是我国一项伟大的实践和尝试。

我国社会经济正处于资源、环境约束最为严重的时期，工业化、城市化、现代化进程远未完成，发展经济、改善民生任务艰巨。如何化解经济快速发展对资源、能源消耗的高度依赖，如何跨越资源、能源的瓶颈约束成为这一时期我国面临的主要难题。低碳之路无疑为中国的可持续发展提供了一条新的途径。发展低碳经济有可能演变为中国未来社会经济发展的主流模式，成为促进国内节能减排和应对全球气候变化的重要战略选择。10多年前，当全国人大环资委联合国家环保总局根据中国的发展形势引入循环经济理念时，相信没有多少人会预测到循环经济今天在中国的地位和作用。经历10多年的发展历程，循环经济以其先进的理念已成为全社会普遍认可的发展模式，即将出台的循环经济法就是一个很好的说明。在当前气候变化成为全人类共同面临的严峻挑战和重大环境问题之时，及时把握国际经济发展动向至关重要。为避免我国经济建设和能源基础设施建设等在其生命周期内的资金和技术锁定效应，低碳经济发展必须尽快被提到重要议事日程，并着手开展技术攻关和试点的研究工作。

对我国发展低碳经济的政策建议

综观世界各国应对低碳经济发展所采取的行动，技术创新和制度创新是关键因素，政府主导和企业参与是实施的主要形式。鉴于此，提出以下政策建议。

制定国家低碳经济发展战略。应结合我国建设资源节约型、环境友好型社会和节能减排的工作需求，尽快开始研究制定国家低碳经济发展战略，开展社会经济发展碳排放强度评价，指导和引领政府、企业、居民的行动方向和行为方式。建议全国人大环资委和全国政协人资环委联合国务院有关部门，加强协作，共同推动我国早日加入世界低碳经济转型国家行列。

增强自主创新能力，开发低碳技术和低碳产品。我国能否利用后发优势在工业化进程中实现低碳经济发展，很大程度上取决于自主创新能力。我们必须高度重视研发工作，重点着眼于中长期战略技术的储备；整合市场现有的低碳技术，加以迅速推广和应用；理顺企业风险投融资体制，鼓励企业开发低碳等先进技术；加强国际间交流与合作，促进发达国家对中国的技术转让。通过以上手段，实现低碳技术发展的“跨越式”进步。

积极运用政策手段，为低碳经济发展保驾护航。开征碳税和推行碳交易被认为是富有经济效率的政策手段。研究表明，近期在中国征收低税率碳税对经济的影响并不大，但对抑制二氧化碳排放和促进低碳经济的发展作用明显。全国人大有关专门委员会、国家有关综合经济、环境保护和税务等部门应密切协作，充分利用节能减排与低碳经济发展之间的政策协同关系，建立适应我国国情的支持低碳经济的市场体系和政策体系。

先行试点示范，总结经验逐步推广。建议责成有关部门在电力、交通、建筑、冶金、化工、石化等能耗高、污染重行业先行试点，选择作为我国探索低碳经济发展的重点领域。同时，积极构建“低碳经济发展区”，在东部发达地区和国家重点能源基地，选定典型城市进行试验试点，寻求我国的低碳经济发展之路。

（作者：全国政协委员、民建中央常委、国家环境保护总局副局长）

（选自《环境保护》2008年第5期）

水污染防治的制度创新

别　涛

面对严重的水污染挑战，国家提出了“让江河湖泊休养生息”的战略思想。今年2月新修订的《水污染防治法》为这一战略思想的实施提供了强有力的法律保障。这一战略下的五大对策——严格环境准入、淘汰落后产能、全面防治污染、强化综合手段、鼓励公众参与，通过新修订的《水污染防治法》都上升为法律意志。

今年2月新修订的《水污染防治法》共8章92条，比修订前增加了30条，其内容因增补而更加丰富，结构因调整而更趋完整，制度因创新而更符合实际。修订后的《水污染防治法》有诸多重大进展，在监管制度方面体现了10项创新。

一、更加突出饮用水安全

党和国家非常关心人民群众的饮水安全。国家环保总局局长周生贤反复强调，污染防治是环保工作的重中之重，确保饮用水安全是首要环节。这些思想不但指导了《水污染防治法》的修改过程，在法律中也得到了直接体现。

修订后的《水污染防治法》从4个方面加强了饮用水的法律保护：在立法目的部分（第一条），增加了“保障饮用水安全”；在指导原则部分(第三条)，提出要“优先保护饮用水水源”；在结构上增设“饮用水水源保护”专章，即第五章共10个条款，主要规定了饮用水保护区划、禁设排污口、禁止或者限制含磷洗涤剂等措施；在罚则部分的第七十五条和第八十一条加重了危害饮用水行为的处罚，从而将“保护饮用水安全”放在了首位。

二、强化地方政府的环境责任

许多地方环境污染的背后，总能看到地方保护主义的影子。环境指标纳入政府官员考核指标体系将是斩断这种保护主义的利剑。2005年《国务院关于落实科学发展观加强环境保护的决定》提出，地方政府要确保实现环境目标，政府主要领导是本行政区域环境保护的第一责任人。中共中央组织部2006年印发了《体现科学发展观要求的地方党政领导班子和领导干部综合考核评价试行办法》，其配套文件提出了地方“主要污染物排放总量控制率”、“主要污染物排放强度控制率”、“饮用水源水质达标率”等环保考核内容，并规定由环保部门直接提供，国家环保总局还代表国务院与各地签订了污染减排的目标责任状。

在此基础上，修订后的《水污染防治法》从两方面完善了政府的责任机制：一是规定国家实行水环境保护目标责任制；二是同时明确提出了考核评价制度，将水环境保护目标完成情况作为对地方人民政府及其负责人考核评价的内容(第五条)。

三、生态补偿机制写进法律

保护江河源头的生态环境，下游地区是主要受惠者，但上游地区往往因此丧失某些发展机会，从而造成地区间发展失衡。实践证明，实行生态补偿有利于扭转这种失衡现象。《"十一五"规划纲要》规定:"按照谁开发谁保护、谁受益谁补偿的原则，建立生态补偿机制。"《国务院关于落实科学发展观加强环境保护的决定》提出:"要完善生态补偿政策，尽快建立生态补偿机制。"国务院2007年发布的《节能减排综合性工作方案》要求:"开展跨流域生态补偿试点工作。"

在此基础上，修订后的《水污染防治法》第七条规定:"国家通过财政转移支付等方式，建立健全对位于饮用水水源保护区区域和江河、湖泊、水库上游地区的水环境生态保护补偿机制。"这一规定为推进生态补偿机制的建立提供了有力的法律保障。

四、明确规定禁止超标排污

《水污染防治法》修订之前，超标排放水污染物的行为相当普遍。究其原因，可以归因于两方面的法律缺失：一是法律没有明确规定禁止超标排污，二是超标排污没有明确的法律责任。修订后的《水污染防治法》从两方面力图扭转这种现象：一是第九条明确规定"排放水污染物不得超过标准"；二是第七十四条进一步明确规定，排放水污染物超过标准的，责令其限期治理，并处罚款。

五、总量控制的适用范围扩大

修订前的《水污染防治法》虽然规定了总量控制制度，但只适用于"特殊水体"，即排污达标但水质不达标的水体。

修订后的《水污染防治法》对总量控制制度做了两方面修改：一是扩大了总量控制的适用范围，不再局限于排污达标但质量不达标的水体，并要求地方政府将总量控制指标逐级分解落实到基层和排污单位；二是除国家重点水污染物外，允许省级政府可以确定本行政区域实施总量控制的"地方重点水污染物"。

六、"区域限批"手段法制化

"区域限批"制度是环境监管手段的重要创新。实践证明，"区域限批"制度的效果非常明显，不仅使违法建设单位受到严厉惩罚，也使一些地方政府官员对环评等法律制度产生了敬畏之心。

修订后的《水污染防治法》及时吸纳了这一创新，并将其由行政管理措施上升为强制实施的法律制度。第十八条规定："对超过重点水污染物排放总量控制指标的地区，有关人民政府环境保护主管部门应当暂停审批新增重点水污染物排放总量的建设项目的环境影响评价文件。"

七、公众参与有保障

公众对改善严重污染的水环境具有极大的热情，法律为公众参与设计了相关制度。新修订的《水污染防治法》从4个方面提供了公众参与的制度保障：一是赋予公众检举权。第十条规定，任何单位和个人都有权对污染损害水环境的行为进行检举。二是对违法者公开曝光。第十九条规定，上级环保部门对未完成总量控制指标的下级行政区予以公布，各级环保部门对违法企业予以公布。三是统一发布国家水环境状况信息，保障公众环境知情权(第二十五条)。四是公益诉讼初露端倪，允许环保社会团体依法支持因水污染受害人向法院提起诉讼（第八十八条)。

八、排污许可制度进入法律

国家正在加紧拟定《排污许可证条例》，根据2004年生效的《行政许可法》的规定，尚未制定法律的，行政法规可以创设行政许可；已经制定法律而法律没有设定许可的，行政法规不能创设许可，只能在法律设定的许可范围内做出实施性规定。由于过去《水污染防治法》没有明确设定排污许可，制定《排污许可证条例》面临着法律障碍。

修订后的《水污染防治法》第二十条不仅提出国家实行排污许可制度，同时还规定了这一制度的基本内容。第一，明确了4类适用对象：向水体排放工业废水的企业单位，向水体排放医疗污水的医疗卫生机构，城镇污水集中处理设施的运营单位，其他按照规定应当取得排污许可证的企业事业单位。第二，明确了两项基本要求：禁止无证排污，禁止违证排污。第三，明确授权立法，即排污许可的具体办法和实施步骤由国务院规定。

九、创设排污单位的自我监测义务

排污单位藐视法律义务弄虚作假，环保部门因监管力量薄弱而底数不清，这是一些地方基层环保工作的实际状况。在修订过程中，有关机关充分研究了国情，并参考了国外经验，认为自我监测、记录和申报是企业的基本义务，随时抽查和核实是环保部门的基本权力。

修订后的《水污染防治法》对此从4个方面做了规定：一是新设定排污单位具有自我监测义务，要求其安装自动监测设备并与环保部门联网，保存原始监测记录。二是明确适用于“重点排污单位”。三是规定重点排污单位名录由环保部门及有关部门确定。四是规定未安装、未联网、未监测、未保存原始监测记录的，将被处以10万元罚款。

十、事故应急处置规范得到加强

2005年发生的松花江特大水污染事件，造成了令人沉痛的后果，它不仅推动了中国的突发事件预防应对工作，也在一定程度上直接推动了《水污染防治法》的修订。

修订后的《水污染防治法》专设第六章，集中规定了“水污染事故处置”方面的要求，主要包括：一是政府应当做好突发水污染事故的应急准备、应急处置和事后恢复。二是企业应当制定应急预案，并定期演练。三是发生事故后，企业应当立即启动应急预案，采取应急措施。四是环保部门应当及时报告政府，抄送有关部门。

（作者单位：国家环保总局）

（选自《中国环境报》2008年3月18日）

积极发挥森林在应对气候变化中的重大作用

贾治邦

党的十七大指出："加强水利、林业、草原建设，加强荒漠化石漠化治理，促进生态修复。加强应对气候变化能力建设，为保护全球气候作出新贡献。"在应对气候变化的对策中，森林将发挥不可替代的作用。胡锦涛总书记在2007年的APEC会议上，表明了中国应对全球气候变化的坚定立场，作出了到2010年中国森林覆盖率从18.21%提高到20%的承诺，倡议建立亚太森林恢复与可持续管理网络，受到国际社会的广泛赞赏，树立了中国负责任大国的形象。

一、全球气候变化的缘由及危害

当前，全球气候正发生着以变暖为主要特征的显著变化。其中既有自然因素，也有人为因素。自然因素是指日地关系及气候系统内部的相互作用与反馈过程，如太阳活动、火山活动及海洋、大气等系统各子圈层之间的相互作用等。据联合国政府间气候变化专门委员会（IPCC）评估，全球气候变化主要是人为因素引起的：一是大规模使用化石燃料，如石油、煤炭、天然气等，排放了大量温室气体；二是大规模破坏森林资源，全面损害了全球森林的固碳能力。目前，全球森林已由人类文明初期的76亿公顷减少到38亿公顷。

气候变化不仅会对生态安全、能源安全、淡水安全、食物安全和人类健康带来危害，而且对经济发展、社会稳定和全人类的生存发展造成严重影响。一是将直接导致冰川退缩、海平面上升、生物多样性受到破坏等严重问题。二是可能引起热浪频率和强度增加，某些传染性疾病发生和传播机会增大，心血管病、疟疾、登革热和中暑等疾病发生程度和范围增加，还将造成极端天气气候事件及其引发的气象灾害频繁发生。三是使国际安全形势更加复杂化。气候变化通过影响粮食、水资源、能源等战略资源的供应与再分配，引发社会动荡、边界冲突，扰乱现有国际秩序和地缘政治格局，已经成为全球性非传统安全问题。因此，气候变化已成为人类共同面临的严峻挑战。应对气候变化不仅是全球面临的重大责任，也是我国应当主动承担的重要国际义务。

二、森林在应对气候变化中的独特功能

针对导致气候变化的两大主要因素，国际社会正在采取两项战略措施：一是直接减排。即通过技术改造，提高能源利用效率，减少温室气体排放；二是间接减排。即通过以森林为主体的生物吸收二氧化碳，将温室气体固定下来，减少大气中温室气体含量。直接减排十分重要，必须坚持；而间接减排成本低、易施行、

综合效益大，是目前应对气候变化最经济、最有效的途径。

（一）森林是陆地上最大的储碳库。森林是陆地生态系统的主体。据IPCC估算：全球陆地生态系统中约储存了2.48万亿吨碳，其中1.15万亿吨碳储存在森林生态系统中。森林面积占全球面积的27.6%，森林植被的碳储量约占全球植被的77%，森林土壤的碳储量约占全球土壤的39%，森林生态系统碳储量占陆地生态系统的57%。

（二）森林是最经济有效的吸碳器。森林通过光合作用吸收二氧化碳，并将其以生物量的形式固定下来，这个过程被称为碳汇。全球森林对碳的吸收和储量占全球每年大气和地表碳流动量的90%。国内专家研究指出，在中国种植1公顷森林，每储存1吨二氧化碳的成本约为122元人民币，而非碳汇措施减排每吨碳成本高达数百美元，二者形成鲜明反差。

（三）森林固定二氧化碳持久而稳定。只要不腐烂、燃烧，森林的固碳功能就会长期、稳定地持续下去。木材及木制品也是十分重要的碳库，固碳的时间可达几十年、上百年。北京故宫等许多古建筑所用的木材固碳的时间长达几百年、上千年。新疆的胡杨林有“活着一千年不死，死了一千年不倒，倒了一千年不朽”的特点，固碳的时间更长。

（四）森林固碳有两大明显优势。一是成本低、易施行。据测算，如果我国将煤的使用比重降低1个百分点，尽管二氧化碳排放量可以减少0.74%，但同时会造成GDP下降0.64%，居民福利降低0.60%，就业岗位减少470多万个。二是森林还具有生态功能、经济功能和社会功能，对涵养水源、防风固沙、保护物种、调节温湿度、改善小气候、维护生态平衡具有不可替代的作用，同时还能为人类提供众多的林产品和林副产品，增加社会就业，促进经济发展。

（五）森林固碳已经成为缓解气候变化的根本措施之一。恢复和保护森林作为减排的重要措施受到了国际社会的高度重视，并被写入了《京都议定书》。IPCC在2007年发布的第四次全球气候变化评估报告中指出：与林业相关的措施，可在很大程度上以较低成本减少温室气体排放并增加碳汇，从而缓解气候变化。目前，许多发达国家已在实行森林间接减排。围绕后京都议定书的国际谈判，许多国家和国际组织都在积极推动森林间接减排政策的制定。

三、我国森林资源持续增长对全球的重大贡献

我国政府高度重视应对气候变化工作，在“十一五”规划中提出了控制温室气体排放目标，成立了国家应对气候变化和节能减排工作领导小组，并在发展中国家率先编制了《应对气候变化国家方案》。特别是长期以来，党和国家领导人带领全国人民义务植树492亿株，同时国家还投入巨资实施林业重点工程，森林资源保持了持续快速增长，为应对全球气候变化作出了重大贡献。

（一）我国人工林面积居世界首位，受到国际社会的高度评价。目前，我国森林面积达到1.75亿公顷，森林覆盖率达到18.21%，活立木总蓄积达到136.18亿立方米。其中，人工造林保存面积达到5364.99万公顷，居世界首位。1990—2005年，世界森林资源总体呈减少趋势，而中国的森林资源由1.34亿公顷增加到1.75亿公顷。据联合国粮农组织最新发布的全球森林资源状况报告指出，2000—2005年，在全球森林资源继续减少了约5万平方英里的情况下，亚洲反而新增了大约4000平方英里的森林资源，这主要归功于中国森林的增长。

（二）我国森林吸收了大量二氧化碳，森林

碳汇功能持续增长。据我国公布的《应对气候变化国家方案》，2004年中国森林净吸收了约5亿吨二氧化碳当量。专家普遍认为这一数字比较保守。据北京大学的研究结果：我国单位面积森林吸收固定二氧化碳的能力显著增加，已由20世纪80年代初的每公顷吸收固定二氧化碳136.42吨增加到21世纪初的150.47吨；1981—2000年间，以森林为主体的中国陆地植被碳汇抵消了我国同期工业二氧化碳排放量的14.6%—16.1%。

（三）我国重视和推进森林固碳在国际上产生了良好影响。根据《联合国气候变化框架公约》及《京都议定书》的规定，工业化国家在2008—2012年的第一承诺期内，必须将其温室气体的年排放总量在1990年的基础上降低5.2%。作为发展中国家，我国目前不承担减排义务，但中国政府以高度负责的精神，全面加强林业建设，不断增强森林间接减排的功能，在国际上产生了良好影响。

今后，我国还要积极扩大森林面积，增加森林的固碳总量；大力提高森林质量，增强单位面积森林的固碳功能；加快更新造林，扩大森林碳库容量；大力发展生物质能源，促进节能减排；加大对森林火灾、病虫害和非法征占用林地行为的防控力度，减少森林的碳排放；适当增加木材使用，延长木材使用寿命，增强林产品贮碳功能。

（作者：国家林业局局长）

（选自《求是》2008年第4期）

生态文明：中国的机遇

张维为

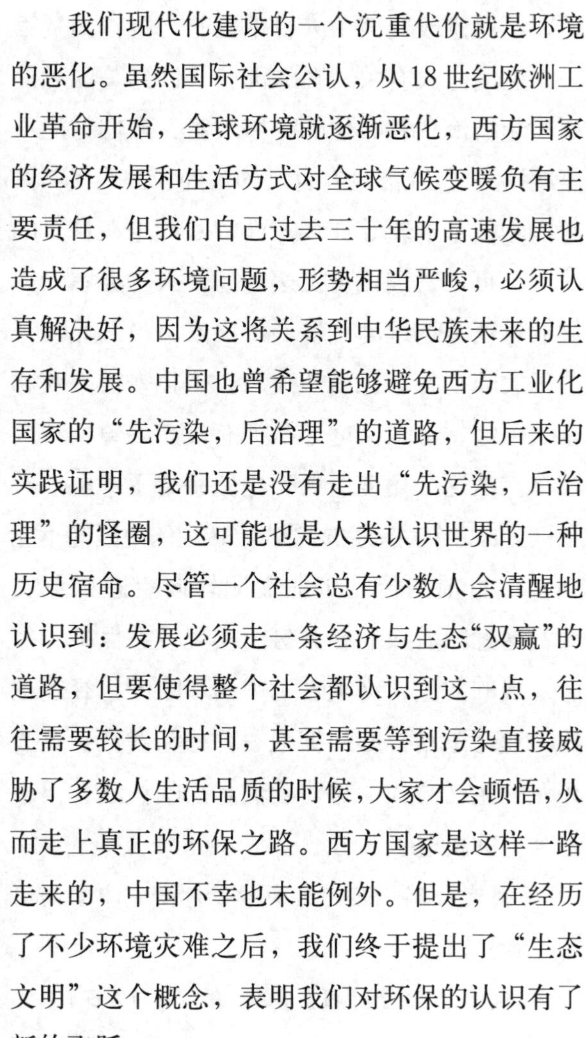

我们现代化建设的一个沉重代价就是环境的恶化。虽然国际社会公认，从18世纪欧洲工业革命开始，全球环境就逐渐恶化，西方国家的经济发展和生活方式对全球气候变暖负有主要责任，但我们自己过去三十年的高速发展也造成了很多环境问题，形势相当严峻，必须认真解决好，因为这将关系到中华民族未来的生存和发展。中国也曾希望能够避免西方工业化国家的“先污染，后治理”的道路，但后来的实践证明，我们还是没有走出“先污染，后治理”的怪圈，这可能也是人类认识世界的一种历史宿命。尽管一个社会总有少数人会清醒地认识到：发展必须走一条经济与生态“双赢”的道路，但要使得整个社会都认识到这一点，往往需要较长的时间，甚至需要等到污染直接威胁了多数人生活品质的时候，大家才会顿悟，从而走上真正的环保之路。西方国家是这样一路走来的，中国不幸也未能例外。但是，在经历了不少环境灾难之后，我们终于提出了“生态文明”这个概念，表明我们对环保的认识有了新的飞跃。

随着中国的迅速崛起，中国的环保也成了全世界的关切。我在海外遇到环保专家，总请教这么一个问题：中国生态恶化的局面到底能不能彻底扭转过来？我们的生态环境现在很脆弱，这关系到我们民族的生存和发展，所以，我们首先要问的问题就是中国究竟能不能彻底扭转环境恶化的被动局面。

我请教过多位欧洲的环保专家，他们都告诉我：只要中国下定决心搞环保，一定可以扭转现在的局面。他们说，欧洲历史上的环境污染至少与我们现在的情况一样严重，但经过努力，欧洲今天已经成了环保相当成功的地方。伦敦的污染曾非常严重，伦敦过去的别名叫“雾都”，而“雾都”的最大危机爆发是20世纪50年代。1952年12月，伦敦曾出现过一周内4000多人死于煤烟污染事故。1953年，伦敦的煤烟污染又导致800多人死亡。这样推算，我估计当时伦敦的污染情况可能不亚于现在中国污染最严重的城市。西欧最大的河流莱茵河曾被宣布为死河，鱼类消失、生物死亡，人不能游泳，因此我推断：其污染程度可能不亚于今天的淮河、黄河。瑞士森林里的树木开始枯死，欧洲北海沿岸出现红潮。最后，欧洲人痛定思痛，形成了全民环保的共识，政府和民间都开始认真着手解决环境问题，严格立法执法，并取得了举世公认的成就。欧洲环保专家还认为：只要我们善待自然，保护环境，大自然的自我康复能力非常之强，莱茵河、泰晤士河都是这样慢慢康复的。

有人说，我们人口压力太大，环保很难做。但我们也可以把这个问题做一个最坏的假设：我们的人口确实多，但按人口密度和资源拥有量来比较，我们比日本要好很多。日本20世纪60年代环境污染也很严重，出现过水俣病，曾在短期内造成1400多人死亡，这使得日本也痛定思痛，终于形成了全民的环保共识，然后经过仅10来年的努力，日本就扭转了环境恶化的颓势，使日本奇迹般地从一个污染大国变成了环保大国。如果我们在环保方面能向日本学习，首先做到日本今天做到的一半，我估计就可以扭转目前在环保方面的颓势。

另外，在生态文明这个问题上，我们也不是一无是处。一位德国朋友告诉我，德国环保虽然做得好，但是德国的工业革命和上百年的内外战争毁坏了大量的森林，德国现在很多的森林，都是战后植树造林形成的，从生物多样化的角度来看，我们是个非常差的国家，我们很多森林已不是原生态森林，连一条狼都没有。而中国现在还是世界上生物物种最丰富的国家之一。我由此而想到：我们要痛下决心，保护好我们的生物多样性，这就是保住了我们环境生态的根。生物多样性最终可能会给我们带来现在还难以具体预料的巨大收益。

环境污染相当程度上也是我们的体制造成的，与我们的发展模式有一定的关系。但解决环境污染问题，恐怕还是要靠我们的体制改革和创新，而不是推倒重来。我们模式中的具体做法可以调整，但我们模式背后的一些思想，如实事求是、以民为本、不断的试验、政府的作用等等，仍然可以继续指导我们的环保工作。我们常说干部的考核指标只看GDP，结果造成了以牺牲环境为代价的经济增长。那么，我们现在可以在干部考核项目中融入环保的内容，并且加大这部分内容在考核体系中的力度，这就可能大大推动我们的环保事业。也有人说我们如果能够像抓计划生育那样抓环保，一定能够解决中国的环保问题，这个观点有一定道理。

实际上，换一个角度看，推动环境保护、建设生态文明又何尝不是世界留给中国人的一个机会。美国在世界范围内软实力大幅下降，固然与其发动的愚蠢的伊拉克战争有关，但也与美国不愿意改变其个人自由至上与财富消费第一的生活方式有关。在欧洲，一谈到美国对能源的超级浪费和布什的环境政策，人们只能不停地摇头。但欧洲也有自己的难处：虽然在环保意识和技术创新等许多方面，欧洲走在世界的前列，可是欧洲已是发达地区，人均温室气体排放量还是远远高于发展中国家，虽然北欧一些国家骑自行车已蔚然成风，但在多数南欧和东欧国家，每个家庭还是拥有或者渴望拥有两辆车。从这个角度看，历史似乎给了中国人一个机会：一个尚未完成现代化转型的中国能不能直接由目前的传统工业文明转向生态工业文明？这意味着我们必须努力实现生态保护和经济发展的双赢，必须告别美国和欧洲已经走过的工业化道路，必须拥抱一种更为健康、更为环保的生活方式。这对我们是严峻挑战，但也是难得的机遇。

（作者：瑞士日内瓦大学亚洲研究中心高级研究员）

（选自《学习时报》2008年3月10日）

我国的环境问题和环境立法

毛如柏

今天，我主要想和大家交流两个问题。第一，怎么认识我国当前的环境问题。第二，如何通过加强环境立法解决环境问题。

第一个问题，怎么认识我国当前的环境问题

简要说几句基本判断。第一，我国已经并正在努力解决环境问题；第二，当前的环境问题仍然非常严重；第三，环境问题的产生根源是复杂的；第四，要抓住当前这个解决环境问题的“关键时期”。下面我就主要结合这四句话来谈。

第一，我国已经并正在努力解决环境问题。

我认为，我国近年来在解决环境问题方面的努力主要包括七个方面。

一是不断完善环境保护法律体系。截至2006年底，我国已经制定了环境与资源保护法律26部，行政法规50多项、部门规章和规范性文件近200项、军队法规和规章10多项，国家标准800多项，批准和签署国际条约51项，地方性法规和规章1600多项，初步建立了符合我国国情的环境保护法律体系。

二是不断健全环境管理体制和队伍建设。我国的环境管理体制可以总结为三句话：环境保护部门统一监督管理；各有关部门分工负责；地方环境质量由地方政府负责。在环境保护队伍建设方面，2006年底，我国共有各级环保局11321个，而1996年时只有8400个，十年间增加了近一半；2006年底，各级环保局工作人员超过17万名（其中，国家环保总局2065名），而1996年时只有9万多名，十年间翻了近一番。这支队伍，正是我国这些年来具体解决环境问题的主力军。

三是不断增加环境保护投入。“八五”期间，全国环境保护投入达到同期GDP的0.73%；“九五”期间，达到0.93%。“十五”期间，环保投入大幅度提升，达到8388亿元，比“九五”期间的3600亿元翻了一倍多，达到同期GDP的1.32%。根据规划，“十一五”期间，环保投入要超过同期GDP的1.35%。应该看到，环保投入正在不断上升。

四是不断加大工业污染防治力度。以燃煤发电为例：2006年，燃煤机组除尘设施安装率、废水排放达标率均接近100%，装机总量达到1980年的十倍，而烟尘排放总量与1980年基本相当。2006年，全国建成并投入运行的脱硫火电机组装机容量达1.04亿千瓦，超过前十年的总和，装备脱硫设施的火电机组占火电总装机的比例由2000年的2%提高到30%。

五是不断加大城市环境整治力度。2006年全国环境污染治理投资中，超过一半用于城市环境基础设施建设。2004年，城市污水处理率为45.6%，2006年为57.1%，两年间增加了超过10个百分点；2001年，城市环境噪声达标区面积为1.5万平方公里，2006年，达到2.9万平方公里，五年间接近翻了一番。

六是不断加强农村环境保护工作。“十五”期间我国投入35亿元推广农村地区沼气建设。2005年底，全国农村沼气用户1700多万户，2006年和2007年两年间，又新增900多万户。

大家知道，我们以前经常说我国农村地区有3亿人的饮用水受到污染，这个数字以后不能再用了。大概一周之前，农业部提供了新数据，2007年，我国已经解决了3152万农村人口饮水安全问题。根据计划，到2015年，我国要全部解决农村3亿人的饮水安全问题。

七是不断加快生态保护步伐。我国的森林覆盖率，建国初期为8.6%，2000年达到16.55%，现在已经达到18.21%；人工林保存面积占世界人工林总面积近1/3，年均增长占全球年均增量的53.2%。目前，我国建立各类自然保护区2395处，占陆地国土总面积的15.8%，超过了世界平均水平。我国的自然保护区网络体系，覆盖了90%的陆地生态系统类型、85%的野生动物种群和65%的高等植物群落。

第二，当前的环境问题仍然非常严重。

其一，主要的环境介质受到严重污染。

首先，水污染是“重中之重”。水污染已经成为我国环境问题中最突出、最严重的污染。本届全国人大常委会从2005年起，连续三年开展了水污染防治法的执法检查。检查涵盖了七大水系：长江、黄河、珠江、松花江、淮河、海河和辽河，同时还包括太湖、滇池、巢湖、洪泽湖等几个大型湖泊。我们在检查过程中，从支流到干流，从上游到下游，从工业污染到生活污染，点面结合、纵横相连。检查的过程很漫长，但结果并不复杂，概括为四个字：有水皆污。

除了第一手的资料，我也看到关于水污染的大量数据。比如，2006年全国废水排放总量为536.8亿吨，比2001年增长24%，全国地表水总体水质属中度污染。1/3的重点城市饮用水源地水质达不到III类标准；1/4的地表水国控断面甚至达不到V类标准。大家知道，III类标准以下就属于人体非直接接触的水体，更不要说饮用，而劣V类的水体，已经不能再用于农业灌溉了。

其次，土壤污染成“燃眉之急”。土壤污染在我国还没有得到足够的重视，目前我们对全国土壤污染的面积、分布和程度还没有准确的调查数据。当前，土壤污染调查工作正在进行中。从现有的一些数据看，我国受污染的耕地约有1.5亿亩，用污水灌溉的耕地3250万亩，固体废弃物堆存占地200万亩，合计超过1.8亿亩，占耕地总面积的10%以上。土壤污染的危害非常大。据估算，全国每年因受土壤中重金属污染的粮食达1200万吨，造成的直接经济损失超过200亿元。

再次，大气污染“方兴未艾”。2006年，我国二氧化硫排放量2588.8万吨，居世界第一位；燃烧化石燃料排放的二氧化碳总量57亿吨，居世界第二位。

大家可能注意到，2007年的几次重大国际会议，比如6月的柏林G8+5会议、9月的悉尼APEC会议、12月的印尼巴厘岛会议等，都把气候变化作为重要议题。我认为，从长远来看，每个国家都对温室气体的排放进行控制，是必然的。根据估算，2000年我国温室气体人均排放是0.65吨碳当量，相当于世界平均水平的3/5、经合组织（OECD）国家人均水平的1/5，可见，我国温室气体人均排放量还不大。但是，排放总量在美国之后居于世界第二，而且，以煤为主的能源结构，使我国能源消费每增加1吨标准煤，排放的温室气体就比世界平均水平高出50%，在不远的将来，我国温室气体排放总量很有可能成为世界第一。

另外，生态破坏"危如累卵"。2006年，我国各类自然灾害造成直接经济损失高达2528亿元，比2005年上升23.8%。目前，全国外来入侵物种近300种，造成的年经济损失超过千亿元。全国沙化土地面积174万平方公里，占国土面积的18.1%，同时还有近32万平方公里的土地具有明显沙化趋势。有一个隐藏的问题是，生态保护工作的难度会不断增大。几十年来，我国生态保护工作的一个原则是"先易后难"，先治理和保护相对容易治理保护的领域，因此今后的工作难度将越来越大。

其二，环境问题带来严重危害。

一者，环境问题导致巨大经济损失。2006年，国家环保总局和国家统计局联合发布了一份《中国绿色国民经济核算研究报告2004》。他们的分析结论是，2004年，全国因环境污染造成的经济损失为5118亿元，占当年GDP的3.05%；如果按照现有技术实现对这些污染物的治理，所需要的成本为2874亿元，占当年GDP的1.8%。可见，加强治理现有污染，要花费GDP的1.8%；不治理，则要抵消掉3.05%，这可是一笔巨大的经济损失。

更严重的问题是，如果不能及时、妥善治理好环境污染，经济损失会越来越大，同时，资源将不堪重荷，经济的持续快速发展也将难以为继。

二者，环境问题带来人体健康威胁。我们在调研过程中不止一次听到，某地由于重化工厂污染，导致当地出现几个"癌症村"；某地的饮用水中污染物超标，导致当地居民出现一些地区疾病等。根据卫生部的数据，2001年至2003年记录的出生缺陷中，1/4归因于环境污染。前几个月，我读了一本书，经合组织编写的《中国环境绩效评估》。这本书上写着：到2020年，由于污染，我国预计在城市地区约有60万人过早死亡，每年两千万人患上呼吸道疾病，550万人患上慢性支气管炎，总的健康损失将占GDP的13%。

三者，环境问题引发社会不稳定。2005年，全国发生环境污染与破坏事故1406起，环境纠纷信访量60万8千多封；2006年，环境污染与破坏事故842起，信访量61万6千多封。据统计，进入21世纪以来，因环境问题引发的群体性事件以年均29%的速度递增，2005年上半年发生了422起，平均每天超过3起。近年来，已经出现了污染受害者围堵冲击国家机关、聚众堵塞交通干线、打砸抢烧等过激行为，严重影响了社会稳定。

第三，环境问题的产生根源是复杂的。

其一，产业经济结构偏重。目前我国产业结构不合理的问题仍很突出，经济增长过于依赖第二产业特别是重化工业，而低耗能的第三产业发展滞后、比重偏低。2000年，重工业占工业总产值的比重为60%左右，到2006年，已接近70%。

其二，"双高"行业增长偏快。2002年末开始，高能耗、高污染的钢铁、建材、有色等行业出现过热发展，年平均增长率都在15%以上。2007年上半年的数据表明，占全国工业能耗和二氧化硫排放近70%的钢铁、建材、有色、电力、石油、化工等六大行业，同比增长超过20%，增幅同比加快4.9个百分点。

其三，能源资源消耗偏高。2006年我国GDP约占世界总量的5.5%，但消耗的重要能源

资源占世界的比重却高得多，比如，消耗能源24.6亿吨标煤，占世界消耗总量的15%左右；消耗钢材3.88亿吨，占30%；消耗水泥12亿吨，占54%。

与国际先进水平比，我国大中型钢铁企业吨钢可比能耗高15%，水泥综合能耗高24%；机动车百公里油耗比欧洲高25%，比美国还高出10%；矿产资源总回收率低20%；农业灌溉用水利用系数为0.45，是国外先进水平的一半左右。

其四，执法监督力度偏软。“十五”期间，“三河三湖”（淮河、海河、辽河、太湖、巢湖、滇池）的治理项目，与计划相比，完成率分别只有70%、56%、43%、86%、53%和54%；“两控区”计划的256个项目中，只有54%的项目建成并投入运行。再比如，在这次修订水污染防治法之前，对造成水污染事故的单位，根据法律规定，只能按照直接损失的20%计算罚款，最高不超过20万元，这种处罚标准很难对违法排污行为产生震慑和警戒作用。

其五，环保投入比例偏低。按照《环境保护“十一五”规划》，“十一五”期间，环保投资要占到GDP的1.35%。但我认为，这个比例仍然偏低，不足以解决我国的环境问题。根据国外的经验，一些专家建议1.6%至3%才是我国目前比较合适的投入比例。

还有一个问题，即使计划中明确安排的投资，很多时候也得不到真正落实。比如，按照水污染防治“十五”计划的投资安排，淮河、辽河流域应分别投入255.9亿元和188.4亿元，但“十五”末期，两个流域还分别有111.3亿元和124.4亿元没有落实，占应投资金的43.5%和66.1%。

再如，根据国家有关部门测算，为实现“十一五”期间COD削减10%的目标，需新增城市污水处理能力4500万吨／日，相应需要中央财政投资城市污水处理设施建设1500亿元。截至2007年7月，中央财政仅投资300多亿元，“十一五”期间过去了近1/3，而所需资金投入仅1/5。

其六，环境责任意识偏弱。以水污染防治为例：在执法检查过程中我们发现，一个“偷排”行为，就把所有的水污染防治制度都规避掉了。工厂也做了申报登记，也有在线监测，做了环评，领了许可证，需要的手续和程序都做到了。可是，污水处理设备只是应付检查用的，执法部门来了，“开机欢迎”，走了，“关机欢送”。我认为，“偷排”就是一种最典型的企业缺乏环境责任意识的违法行为。所以，这次水污染防治法修订，我们环资委就下了很大功夫，提了一份完整的修改建议稿，对这个问题，也提出一些针对性的规定。

第四，要抓住当前这个解决环境问题的“关键时期”。

十七大报告中，胡锦涛总书记强调十七大是“在我国改革发展关键阶段召开的一次十分重要的大会”。他有一段话说，当代中国正在发生广泛而深刻的变革。机遇前所未有，挑战也前所未有，机遇大于挑战……，要“抓好和用好这个重要战略机遇期”。我理解总书记的这句话，是说从现在这个阶段，到2020年，是挑战与机遇同在、困难与希望并存的时期。这个时期，不仅是我国经济社会发展的战略机遇期，也是我国解决环境问题的关键时期。

怎么理解“关键时期”呢?我认为，关键时期内会有几项关键性的标志出现。

其一，经济结构和发展方式显著改变。能源结构实现优化，传统能源比重显著下降，可再生能源、清洁能源、替代能源得到大力发展；产业结构实现升级，能源资源密集型产业比重下降，第三产业比重显著上升，清洁生产和循环经济得到大力发展；出口产品结构发生改变，能耗物耗高、附加值低的产品出口比例下降，相应实现“内涵能源”出口下降，等等。

其二，主要污染物排放总量稳定下降。工业污染得到严格控制，城市生活污染的防治取得积极进展，农村面源污染得到综合治理。在此基础上，实现主要污染物的排放总量稳定下降。当前，我国的主要污染物是二氧化硫和COD，未来还有可能会增加新的主要污染物。

其三，生态系统取得有效保护和恢复。全国生态环境质量的总体水平有显著提高，重要的生态系统和生物物种得到有效保护，重要原生境、栖息地和生物多样性区域的生态功能得到恢复，生物物种及其遗传资源丧失和流失的趋势得到遏制。在此基础上，实现生物物种及其遗传资源的永续利用，实现生态保护与地方社会经济发展有机结合。

其四，环境法律法规体系健全和完备。从2000年开始至今，7年的时间里，我国制定和修订的环境法律有十多部，远远高于其他领域的立法进展。今后几年，环境立法还会以较快的速度发展，不断填补法律空白，并形成一个健全完备的环境领域立法体系。

其五，环保科技和产业得到极大发展。环境科技人才大量出现，环境科技支撑体系得到健全，有利于资源高效利用和循环利用的关键技术取得突破，建成一批国家环境重点实验室、工程技术中心。在此基础上，以技术创新推动环保产业发展，环保产业的市场需求不断得到满足，从而加快环境问题的解决进程。

有一句古话叫作“时势造英雄”。今天在座各位正是“生逢其时”，因为你们所从事的研究方向，正是这个领域发展的“战略机遇期”，是关键中的关键。我认为，我们应该集中向上述五个方面努力，这五项标志出现的时候，也正是我国胜利渡过这一段“关键时期”的时候。

第二个问题，如何通过加强环境立法解决环境问题

五年来，我国的环境立法工作进展较快。在立法导向上，注重体现科学发展观。比如，可再生能源法和循环经济法，都强调法律对社会的导向作用、激励作用，强调清洁发展和持续发展。在条文规范上，尽量写准写实。比如，2006年最高人民法院出台了一个司法解释：《关于审理环境污染刑事案件具体应用法律若干问题的解释》，对《刑法》中的规定进行了细化，提出了具体的定罪量刑标准。

我国环境立法还存在一些问题。比如：一些重要领域缺乏专门立法、法律条款的针对性和操作性仍有欠缺、立法理念滞后、法律责任偏“软”等。

五年来，针对上述问题，我国环境立法工作主要做了这几项努力：

第一，努力完善环境法律体系。

一是制定新法。制定了《可再生能源法》，提交审议了《循环经济法和海岛保护法》，起草了《自然保护区域法》。

二是修改现行立法。修改了《固体废物污染环境防治法》、《节约能源法》，审议了《水污染防治法》修订草案。这几部法律修改都不是细枝末节的修补，而是重新确定了立法指导思想，增加了很多新制度，可以说是根本性的修改。

三是开展立法论证。五年来，有1347名全国人大代表提出了共39项关于修改《环境保护法》或者制定《环境基本法》的议案。为此，近两年来已经开展了《环境保护法》的修改研究工作。另外，土壤污染防治法的立法论证工作也有所开展。

四是督促制定配套法规。有人曾经跟我说

过，中国的有些法律很像一份授权说明，遇到关键问题，就写上“具体办法，由某部门制定”。接下来呢，很多配套法规迟迟不能出台。我认为，凡是写上这样条款的地方，多数牵扯到立法中讨论最激烈的问题，如果人大在这样的问题上都协调不下来，那么留给政府制定规章的时候去协调，其难度更大。

五年来，督促配套法规的研究起草工作得到重视。比如，在起草《可再生能源法》时，我们就列出12项配套法规的具体名录，提出建议这些法规出台的时间，并积极督促有关部门尽快开展研究起草工作，帮助协调起草时的难题。最后，在《可再生能源法》实施时，11项配套法规和100多项相关标准同步实施。在起草《循环经济法》时，我们同样抓配套法规的起草工作。在2007年8月全国人大常委会对《循环经济法》进行初次审议时，我们所列出的90项配套法规中，已经制定了64项，其他26项也在陆续出台的过程中。

第二，努力提高环境违法成本。

先举一个例子，广东东莞福安纺织印染有限公司，这家企业曾经声誉很好，频频获奖，曾被评为“国内企业500强”、“中国漂染工业第一名”、“中国纺织工业针织行业销售收入第一名”。2006年时，该公司被发现日偷排高浓度废水2万多吨，排污许可证过期两年！根据计算，如果该公司排放的污水全部处理后达标排放，一吨的成本约为1元钱，每天排放2万多吨，就是两万多元，一年1000多万元。这个数字与该厂35亿元的年产值相比并不算多。但是，由于现行水污染防治法的相关规定处罚过低，企业受到的经济罚款最高额是10万元。这样，企业就不免要打“如意算盘”：与其花钱买设备治污，不如装暗管偷排，被环保部门查到，就主动交罚款。

这次修改水污染防治法时，我们提出的一条主要建议就是要解决“违法成本低、守法成本高”的问题。比如，针对连续性违法行为，要设立按违法实际后果的倍数计罚的制度；对触犯刑法的犯罪责任人，要依法追究其刑事责任；对恶意排污的企业，要对其直接责任人实施拘留等处罚。

第三，努力强化政府环境保护责任。

包括两个方面，一是加大地方政府的责任。地方政府应当对地方环境质量负责。这既是环境保护法的明确规定，又是解决环境问题的有效措施。水污染防治法修改中，我们建议要建立地方政府对所辖区域环境保护负主要责任的明确规定：上级人民政府对下级人民政府实现水环境保护目标的情况进行考核，并将考核结果作为评价地方人民政府行政领导政绩的重要依据。

第二个方面，强化环保部门的责任。比如，原来法律规定的限期治理的决定权在地方政府，而不在环保部门。在修订《固体废物污染环境防治法》时，我们就明确了将限期治理决定权转移给地方环保部门。这次修改水污染防治法，我们对限期治理制度提出了更明确的立法建议：限期治理期间，环境保护主管部门应当根据具体情况责令被限期治理的单位限产、限排或者停产整治。

第四，努力增加污染受害者的法律支持。

修改《固体废物污染环境防治法》时，我们提出为更好地保护污染受害者的权利，要明确规定举证责任倒置制度，写清楚加害人应就“免责事由及其行为与结果之间不存在因果关系”进行举证，如果加害人不能证明上述两点，就要承担不利的法律后果。这次修改《水污染防治法》，我们提出要增加对污染受害者的法律救济途径，建议规定：“因水污染引起的损害赔偿纠纷，可以根据当事人的委托，由具有法定资格的社会团体向人民法院提起损害赔偿诉讼。国家鼓励法律服务机构对水污染事故中的受害人提供法律援助。”

此外，保护污染受害者权利的一个重要方面是信息公开。这方面的努力主要包括在相关立法中完善信息披露制度、建立名录制度、要求监测机构接受委托如实提供有关监测数据等。

第五，努力扩大环境保护激励机制。

过去的环境法中也规定了一些激励和奖励性的措施，但是应当说，激励机制还没有发挥足够的作用。这五年来的环境立法，较大扩充了激励机制在法律中所占的地位。比如，《可再生能源法》中，设专章规定激励措施，包括强制上网、全额收购、电价和费用分摊、税收优惠、财政贴息贷款等。《循环经济法》也是如此，激励措施专章中包括：设立循环经济发展专项资金、确定重点投资领域、政府优先采购、金融机构给予优先贷款等信贷支持等。

第六，努力建立环境保护新制度。

每一部立法中，都有新创设的环境保护制度。比如规划制度，生产者责任延伸制度等。生产者责任延伸制度代表了环境保护理念的转变。2003年修订固废法，首次建立了生产者责任延伸制度，但当时的表述还有些过于原则。该法第5条规定：国家对固体废物污染环境防治实行污染者依法负责的原则。产品的生产者、销售者、进口者、使用者对其产生的固体废物依法承担污染防治责任。

四年后，在制定《循环经济法》时，这个制度得到进一步明确和具体化。草案第15条规定：生产被列入强制回收名录的产品或者包装物的企业，必须对废弃的产品或者包装物负责回收；对其中可以利用的，由该企业负责利用；对目前技术经济条件下不适合利用的，由该企业负责无害化处置。

第七，各地努力完善地方性立法。

五年来，各省结合本地实际情况，针对环境问题共修改或制定了地方性法规400余部。有的地方提出了新的立法思路，有的地方取得了制度上的突破。比如，湖南省提出了“一湖一法”的思路，因地制宜，对每一个重点治理的湖泊制定一部立法。再如，深圳市的环保条例将罚款额度提高到了100万元(条例规定：建设单位未编制环评文件或未经审批，擅自开工建设或投产的，最高可处以100万元罚款)；而重庆市的环保条例则率先规定了按日计罚制度(条例规定：对违法排污拒不改正的，可按规定的罚款额度按日累加处罚。即：如果企业一个月没有改掉违法行为，有关部门可以按每天10万元处罚30天)。

下一步的发展趋势展望

正如刚才所说，接下来的十五年左右，是我国环境保护工作发展的“关键时期”。这段时间的环境立法任务仍然会非常繁重。总体上看，我的观点是，十五年之后，到2020年左右，我国能够形成完备的环境法律体系，一个重要的标志，就是制定出中华人民共和国环境法典，或者是环境保护基本法，也或者是环境保护政策框架法，同时，环境保护的单项实体法和程序法得到完善。顺便说一句，我的初步想法是，我国应该制定一部类似美国的环境政策框架法。

具体地说，可能有下面几项主要的工作。

第一，有几部法律要制定或者修订。需要制定的法律可能有：《土壤污染防治法》、《有毒有害化学品污染防治法》等；需要修订的法律可能有：《环境保护法》、《环境影响评价法》、《大气污染防治法》等；我认为，制定新法当然很重要，但对目前而言，综合评估现行立法的实施情况，在现有基础上修订和完善，似乎应当得

到更多的重视。

第二，有几项制度要研究和论证。想在立法中设立一项新的制度，往往比较困难。其中的原因,除了体制方面的障碍需要协调之外,还有一点也很重要，就是对新制度的理论基础研究还不够，论证还不充分。比如，生态补偿制度。生态补偿制度体现出一个先进的理念，也就是“保护者受益、开发者修复、损害者赔偿、受益者补偿、破坏者受罚”。但是目前看来，制度推进的难度很大。有几个问题还没有形成共识,比如：财政转移支付是不是生态补偿的一种形式？政府和市场应该分别在制度中担任什么角色？保护者与受益者之间的权利义务应该怎么确定？补偿标准如何科学界定？等等。

第三,经济和市场手段要得到充分利用。党的十七大报告提到，今后要发展各类生产要素市场的作用，完善生产要素和资源价格形成机制，要反映市场供求关系、资源稀缺程度和环境损害成本。具体而言，可能包括研究资源密集型产品（煤炭、天然气、成品油等）的价格成本构成，研究水、电、气等产品的超额加价制度，研究资源税或资源费的征收标准和征收方式等。

第四,履行国际条约的国内立法要加快。加入国际环境条约，就意味着国家要制定积极可行的行动计划和立法。目前，我国在履行国际条约的国内立法方面还有不足。比如，我国1993年就加入了《生物多样性公约》，但至今还没有制定出一部专门保护生物多样性的法律。再如，我国加入了《气候变化框架公约》，虽然现阶段没有具体的减排义务，但是以后是肯定要承担的。这样，研究控制气候变化的国内立法也是下一步要做的一项工作。

今天来到武汉大学,了解到你们的校训,非常精炼的四个词：自强、弘毅、求是、拓新。各位同学是未来解决中国环境问题的中坚力量，今天借这个机会，结合我对环境问题的一些看法，有感而发，谈谈对武汉大学校训的理解。

所谓“自强”，大概指的是《周易》中的名句:“天行健、君子以自强不息”。

这句话的意思，原本是说为人要自尊、自重，自力图强，奋发向上。自强者所以可贵，在于其通过努力，在困境中寻求问题的解决，从绝望中寻找到希望。记得曾经听过一段话：面对悬崖峭壁，一百年也看不出一条缝来，但用斧头去凿，能进一寸进一寸，能进一尺进一尺，不断积累，终能成功。我理解这句话，是说面对挑战，要有滴水穿石的恒心，有不屈不挠的一股劲，这就是自强。“自强”，对于从事环境领域研究的同志而言，是一项基本功。

为什么这么说呢？目前，根据我看到和听到的观点，我国与环境相关的法学、自然科学、经济学等学科都处于研究的初期阶段，不仅比国际上的先进水平存在差距，就是比起国内其他领域的研究，从理论深度和理论对实践的指导作用来看，也是存在差距的，确实还有很大的发展空间。环境领域的这个研究阶段，对自强者而言，正是抓住机遇、大展宏图的契机。

所谓“弘毅”,大概指的是《论语》里的“士不可以不弘毅，任重而道远”吧。

这句话的意思，原本是说为人要坦坦荡荡，开诚布公，要有远大的志向和抱负。用一句当代的话来说，就是“社会责任感”。人的一生,是很短暂的,个人的力量,是很渺小的,要真正做成几件事并不容易。对一个想有所作为的人而言，远大的志向必不可少。如果能够把事业和国家的前途融合，为大多数人的幸福而工作，这个人就很有可能创造出更大的价值。环境保护，正是这样的一份事业；选择环境保护作为自己的事业方向，就是一份社会责任感的担当。

“社会责任感”听起来有点虚，似乎很空，但这是很实在的道理。如果追求的只是个人的名利，刻意去做一些工作，那么，一个人的眼界就会受到思维的限制，看不远，更走不远。相反，如果是为了大多数人的幸福而努力，这个人眼界会更宽广，思路也更开阔，能走的路也往往越长，舞台就会越来越广阔。我要寄希望给各位同学，你们都是未来的环境保护力量，必须要立志高远，因为你们肩负着我国的环境保护重任，路途遥远。

所谓“求是”，大概指的是《易经》里的“修学好古、实事求是”。

据我所知，浙江大学的老校长竺可桢为浙大确立的校训就是“求是”，哈佛大学同样把“求是”作为校训。“求是”的意思，原本是说人要不断学习，博学求知，追求真理。对各位同学而言，“求是”就是要利用在校时间静下心来，沉淀自己，去伪存真；独立求解，独立思考；踏踏实实研究问题，认认真真博览群书，脚踏实地做学问。

武汉大学历史悠久，人文社会科学的传统非常浓厚，学术氛围和学术风气的口碑是很好的。相信你们在完成学习任务的同时，一定能拿出更高质量的研究成果。

所谓“拓新”，大概取自商汤王的《盘铭》中所刻的“苟日新，日日新，又日新。”

环境保护工作是需要创新精神的。目前，从各国的发展道路来看，还没有哪个国家成功脱离了“先污染后治理”的道路。这个困境的破解，既需要科学理论的创新，也需要法律方法的创新，还需要实践的创新。未知的领域越大，成功的机遇就越大。所以，我真希望诸位能够在寻找解决困境的道路上，既重视对客观情况的分析和归纳，也重视对问题的抽象思考，勇于开拓，致力创新。

今天跟大家说了很多。岁末年初，正是总结过去和展望未来的时间，我也利用这个机会祝大家新年里各有新的发展，取得更大的进步。感谢各位！

（作者：全国人大常务委员会委员、全国人大环境资源委员会主任委员）

（选自《法学评论》2008 年第 2 期）

完善中国的应急环境法制

常纪文

社会法治，包括正常状态下的社会法治和应急状态下的社会法治。这两个方面的法治建设对于确保中华民族这个多灾多难的民族长治久安必不可少。

一、救灾赈灾属于社会法治的范畴

2008年5月12日的汶川大地震，导致了严重的环境问题。化工厂被震垮，有毒有害的物质进入环境；一些污染处理设施被震裂，生活污水、工业污水和生活垃圾直接进入了环境；动物尸体腐烂后，有害物质也进入了地面和地下水环境。更可怕的是，地震改变了灾区的地形地貌，改变了当地的生态，对一些区域的生态产生了根本性的影响。另外，堰塞湖的出现，淹没了一些城镇和乡村，使这些污染物质进入了更广大的区域，影响更大，危害更深。在救灾过程之中，大量使用的消毒剂和灭菌剂，也对环境产生了长期的影响。这些影响，将对生态敏感地区产生中长期的生态威胁。这些现实存在的问题虽然是任何一个地震受灾严重的国家和地区都会遇到的，但对中国这样一个人口密度很大的国家来说，损失更大。中国是一个法治国家，救灾赈灾属于社会法治的范畴，司法、执法、守法、法律监督、文化教育、民众参与等方面的工作都应当循法进行。要克服灾区现有的环境问题，并防止日后出现新的或者更加严重的环境污染和生态破坏问题，首先应当依照现有的法律资源进行。为此，有必要分析现有立法的适用性和有效性问题。

二、中国的应急环境法律已成体系

在综合性应急法律的层次上，2007年的《突发事件应对法》是中国防灾减灾的基本法，它在立法目的中强调了维护环境安全的重要性。该法在第23条规定了环境隐患排查和环境隐患消除制度；在第56条规定了应急力量的组织，人员的营救、疏散、撤离与安置，危险源的控制，危险区域的标明，危险场所的封锁，危害扩大的防止措施，信息报告，群众的劝解与疏导等内容。这些规定，对于此次抗震减灾中的环境应急工作具有重要的指导作用。

在专门的环境法律层面上，《环境保护法》、《大气污染防治法》、《水污染防治法》、《固体废物污染环境防治法》、《放射性污染防治法》等法律都对环境突发事件作出了应急规定。如2008年修订的《水污染防治法》专设第六章“水污染事故处置”，重申了《突发事件应对法》的应急基本法地位，规定了各级人民政府及其有关部门、可能发生水污染事故的企业事业单位的应急准备、应急处置和事后恢复责任。汶川大地震中，虽然震区一些地方的应急组织体系和保障遇到了前所未有的困难和问题，但是在中央和四川、甘肃、陕西省的组织下，这些不足有的已经得到弥补，有的正在克服。

在行政法规的层次上，2005年发布的《国家突发公共事件总体应急预案》就明确把生态环境破坏事件纳入国家突发公共事件之中，指出："本预案所称突发公共事件是指突然发生，造成或者可能造成重大人员伤亡、财产损失、生态环境破坏和严重社会危害，危及公共安全的紧急事件。"该预案明确规定了预案的组织体系、运行机制、应急保障、善后处置等内容。关于环境污染应对的明确规定是"有关部门要做好疫病防治和环境污染消除工作"（"善后处置"部分）。此外，由于其他的一些突发事件，要么与环境保护有关，要么产生环境问题，它们一般也有环境应急的专门规定，如《国家突发公共事件总体应急预案》、《突发公共卫生事件应急条例》等。

在行政规章的层次上，国家环境保护总局做了大量的工作，如结合《国家突发公共事件总体应急预案》于2006年制定了专门的《国家突发环境事件应急预案》，明确细化了环境污染事件的分类、分级、应急的工作原则、组织指挥与职责、预防和预警、应急响应、应急保障和后期处理等内容，可操作性强，是具体开展环境突发事件应急工作的重要依据。在这次汶川大地震中，虽然一些地方和企业的应急因为灾情出现缺位和不到位的现象，但是上级政府和军队的直接指挥和救援，有效地弥补了这一问题。

综观以上立法，可以看出，中国的应急环境法律已成体系，层次明晰，内容明确，责任到位，可操作性强。正是有了以上立法保障，汶川大地震中，在困难重重的情况下，上级的环境应急力量还是第一时间地按照预案的规定到达现场，运行应急机制。从应急成效来看，通过此次的抗震救灾工作可以看出，中国的环境应急立法，对于控制灾区的水环境污染和保障饮用水供应方面，发挥了卓越的成效。到目前为止，还没有发生较大的工业类水环境污染事件。但是，此次灾害确实是世界上罕见的特大灾难，在很多方面已经出乎立法者的意料，如地形地貌的巨大改变，巨大堰塞湖的出现和扩展，都对环境产生了人力所不能为的影响。这些环境问题，是不可避免，也是一时难以及时克服的。

三、完善应急环境法制

中华民族是一个充满智慧的民族，对于救灾赈灾和灾后重建中反映出来的上述环境问题，都应当予以重视，努力寻找体制、制度和机制的不足和缺陷，同时，还应借鉴国外的立法经验，参考国内外成功的救灾实践来加强环境应急体制、制度和机制的建设。笔者认为，以下几个方面的立法需要加强：

一是国务院、国务院有关部门及有关省、市、县仅是启动了自己制定的应急预案，没有依照国际惯例宣布灾区进入紧急状态。紧急状态是相对正常的社会秩序而言的，它描述的是特殊情势下的一种全面的社会秩序。一旦进入紧急状态，正常的社会秩序监管就让位于特殊情形下的社会秩序监管。而《突发事件应对法》规范的主要是突发事件的应急，国家动员的色彩不足，对灾区社会秩序的规范不全面，对灾区以外区域的社会动员机制规定不充分，因此，修订《突发事件应对法》是必要的。另外，此次抗震救灾，中央都使用了"战争"的措辞。对于这类战争，宪法也应对"紧急状态"之救济作出基本的安排。另外，应当逐步把《国家突发环境事件应急预案》纳入国家的法律。

二是在纵向上，发展上级对下级的直接指挥、协助甚至替代式的应急体系；在横向上，发

展其他区域的横向支援型应急体系。这种应急体系应当作为现有应急体系的补充。此次汶川大地震造成一些地区大量人员伤亡，企业甚至县、市的应急力量丧失或者被大幅削弱；一些企业倒塌，环境应急的设备和物资被毁；交通设施堵塞，应急组织瘫痪；通讯隔断，环境应急指挥不顺畅。经过党和国家的努力，我们的纵向的直接指挥应急和横向的协助应急工作基本上都做到了。基于此，我们可以考虑把这次的成功做法入法，建立企业应急、公众应急，政府自上而下的层级指挥应急、政府自上而下的越级指挥应急、政府自上而下的越级替代或者补充应急以及异地支援应急相结合的交叉式应急模式。如果有可能，国家应当建立辐射几个省（区、市）的区域性应急储备中心。只有这样，以后再次遇到类似的事件，这种交叉和辐射型相结合的应急体系的运行才会更加顺畅，效果才会更加明显。

三是通过立法管制，对现有的消毒剂和灭菌剂进行环境风险评估，发展对生态环境影响小、影响时间短的替代品；建设区域性的战略性饮用水供应体系，保障公众安全；在应急预案中，把拯救濒危的动植物纳入进去。汶川大地震中大熊猫拯救的实践，就是一个成功的拯救濒危动植物的典范事例，我们经过总结归纳，可以把有关的经验入法。

四是在相应的专门环境立法和应急预案中，对如何处理灾后的生活垃圾、建筑垃圾、电子垃圾，清理灾后的环境污染和残余的危险物质、妥善回收救灾物资等事项，作出合理的体制、制度和机制安排；在有条件的县和乡镇，在修改应急预案时，补充新的内容，建立专门的应急直升飞机甚至小型固定翼飞机场，使补充的救灾力量和物资能够及时到达灾区。

五是防患于未然，结合汶川大地震暴露的问题，做好灾区重建规划特别是工业规划的修编工作，调整产业布局和产业结构，把坏事变好事，为建设环境友好型区域、发展环境友好型产业打下基础。

我们只有不断反思教训，总结经验，积极借鉴，才能不断夯实环境法制基础，完善应急环境法制，这对以后更好地应对灾害，控制、减轻和消除灾害影响，更好地进行环境建设，是有益的。而且，这种法制建设，对世界各国灾害应对法制建设的共同发展，也具有一定的借鉴和参考意义。

（作者：中国社会科学院法学所社会法室主任、环境资源法学博士后）

（选自《绿叶》2008年第8期）

完善我国环境法律体系的战略构想

蔡守秋

环境法体系的发展、健全程度，是衡量一个国家环境法制和环境管理水平的重要标志。建立健全环境法体系，对于加强环境法制建设和环境管理，加强对合理开发、利用和保护、改善环境的法律控制，具有重要的意义。到2006年，我国已经制定9部以防治环境污染为主的环境保护法律，13部以自然资源合理利用和管理为主要内容的自然资源法律，10部以自然保护、防止生态破坏和防治自然灾害为主要内容的法律，30部与环境资源法相关的法律，还有大量的环境资源行政法规、地方法规、部委行政规章和地方行政规章，仅地方性环境保护法规和地方政府规章就有1600余件；已颁布800余项国家环境保护标准。从总体上看，环境法制建设实践取得了巨大成就，为我国环境保护提供了有力的法律保障。但是，我国环境法律仍然不完善、不健全，不能适应环境保护历史性转变的需要，环境法律体系建设面临着十分严峻的挑战，存在着许多深层次的矛盾和问题：国家建设法治政府、和谐社会、环境友好型社会和资源节约型社会的要求不断提高，蕴藏着生态效益和环境权益的社会结构、社会组织形式、社会利益格局正在发生深刻变化，而在环境法律体系建设中，在立法理念和创新性方面尚不能满足时代发展的新要求；人们思想活动的独立性、选择性、多变性、差异性明显增强，公民的法律意识、“公民主体意识”、环境维权意识和生态文明意识增强，环境纠纷增多，而环境法律关于公民环境权益、环境民事赔偿和环境纠纷处理等规定尚不健全，或存在空白，使一些直接涉及人民群众切身利益的问题长期得不到解决，甚至成为影响社会稳定的重要因素；现行环境法律中关于运用市场化机制和环境经济手段解决环境问题的规定还不能满足社会经济发展的要求；现行环境执法成本高、违法成本低的矛盾长期得不到根本解决，已成为制约环境保护工作的严重障碍。党的十七大提出了“全面落实依法治国基本方略，加快建设社会主义法治国家”、“坚持科学立法、民主立法，完善中国特色社会主义法律体系”的伟大任务。这一方面对进一步健全和完善环境法律体系建设提出了更新、更高和更迫切的要求，另一方面也对全面审视和修正我国环境法律体系建设走过的道路提供了机遇。我们应针对影响我国环境法律实施效果的深层次矛盾和问题，制定并实施健全中国环境法律体系的规划，使环境法律为环境保护实现历史性转变提供有力保障。

一、完善我国环境法律体系的指导思想、主要任务和保障措施

健全中国环境法律体系应从我国环境资源问题、环境立法的现状和我国环境保护的实际需要出发，以维护生态安全、生态平衡、保护和改善环境以及建设资源节约型社会、环境友好型社会和生态文明型社会为目的，遵循自然生态规律和经济社会发展规律，以邓小平理论和“三个代表”重要思想为指导，认真贯彻中共十七大精神，坚持全面、协调、可持续的科学发展观，坚持节约资源和保护环境的基本国策，坚持以人为本、人与自然和谐及环境法治的理念，维护环境公平正义，维护社会主义环境法制的统一、尊严和权威，全面落实依法治国基本方略，借鉴国外成功经验，通过科学立法、民主立法，完善中国特色的环境法律体系，保障公民合法环境权益，推进依法行政，加快环境行政管理体制改革，建设环境服务型政府，完善“善治”机制，通过制定新法和修订现有法律的结合，不断提高环境立法的合法性、正当性和有效性，到2020年初步建立起促进资源节约型、环境友好型、生态文明型社会建设和可持续发展的环境法律体系。

健全中国环境法律体系的主要任务是：第一，制定环境保护基本法律，即在各单项环境法律逐步到位的基础上，制定一部更高阶位的基本法律——《环境政策法》或《环境基本法》或《可持续发展与生态保护法》。第二，制定一批新的法律，即填补环境法规空白，完善法规体系。第三，修改或补充一批法律法规，即在现行环境法律法规的基础上，修改有关法律条款，制定配套法规，增强可操作性。第四，进一步完善环境标准体系和环境规划体系，包括地方环境标准体系和地方环境规划体系。第五，进一步将环境工作行之有效的管理手段和措施规范化、制度化、法制化，如制定或修改《公众参与环境管理办法》、《环境信息公开管理办法》、《环境友好企业评定办法》、《环保模范城市考核办法》、《生态示范管理办法》等。第六，健全地方环境法规体系，积极发展和推动地方环境立法。第七，将环境资源保护和国家环境政策纳入到其他相关立法之中，进一步促进中国环境法律体系的健全。第八，建立健全履行国际环境条约的国内法律法规，即为履行国际环境条约需要配套制定有关法律法规。

在环境法律体系建设的保障措施方面：第一是坚持科学立法。要设计科学、完整的环境法律体系框架，并突出重点，要突出《环境保护法》的修改，重点完善污染防治法律法规，积极构建生态法的法律框架。在立法的内容方面，重点是突出公民环境权利，强化政府环境责任立法，规范行政管理行为，建立党政领导干部环保政绩考核评价法规，建立环境保护行政问责制度。第二是加大环境立法经费投入，保障环境立法工作进度和质量。第三是重视环境立法前期基础性研究工作，为立法工作提供坚实的科研和技术支撑。对环保的基本管理制度和措施，要有计划地列专题、请专人做基础性、前瞻性的科研课题研究，要结合重大环保立法及重要管理制度，安排相关科研项目，做好立法的基础工作。第四是畅通公众参与渠道，完善立法听证机制。落实公众参与、专家论证和政府决策相结合的决策机制，广泛听取专家学者和社会各界的意见，拓宽公众参与立法的范围。要建立专家库和专家网络，构建交流平台，进行经常性、深入的接触，以各种形式推动立法工作。第五是充分利用不同立法形式，综合采取多种立法方法，分层次推进环保立法工作。既要重视新法的制定，也要重视现行法的修改；既要重视法的全面修改，也要重视关键条款的小改；既要重视法律、行政法规的制定，也要重视部门规章、技术标准与规范的作用；既要重视中央立法，也要重视推动地方立法。

二、 制定《中华人民共和国环境基本法》的构想

健全环境法律体系，首先要制定并健全这个体系的核心法律即环境基本法。早在1979年初，国家有关部门就有制定类似于《美国国家环境政策法》那样的国家环境基本法的设想。我国多年来的环境立法实践，为环境保护基本法律的制定奠定了基础。现行《环境保护法》自1989年颁布以来，已有18年，在这18年中我国的社会经济文化和法制建设状况发生了巨大的变化，出现了可持续发展战略、科学发展观、循环经济、环境友好型社会、资源节约型社会、和谐社会、生态文化等许多新的理论、战略、原则或理念。实现全面建设小康社会的目标，推动整个社会走上生产发展、生活富裕、生态良好的文明发展道路，落实科学发展观，建立促进可持续发展的机制；构建和谐社会，促进人与自然和谐，都对新时期的环境立法工作提出了新的重大课题。环境保护涉及的社会关系具有全局性、长远性、普遍性、根本性，应由全国人民代表大会通过国家基本法律予以调整和规范。通过环境基本法来宣示国家环境政策，是落实科学发展观和环境保护基本国策、确保实现全面建设小康社会环境目标的需要，也是我国环境法律体系进一步发展的内在要求。1989年《环境保护法》的很多内容已经很难适应现在的社会状况。自1996年第一次就《环境保护法》的修改召开学术研讨会以来，至今已召开了6次关于修改《环境保护法》的全国性学术研讨会，并且制定中国的“国家环境政策法”已被纳入“十一五”发展规划中，对《环境保护法》的修改已经提上了全国人大的议事日程，将1989年制定的《环境保护法》上升为国家基本法律并由全国人民代表大会审议通过的时机已经成熟。我们应该借鉴美国《国家环境政策法》、《俄罗斯环境保护法》和日本《环境基本法》等环境基本法律的立法经验，紧密结合中国环境法制建设的实践，将《环境保护法》修改成为体现可持续发展观和综合生态系统方法的《中华人民共和国环境基本法》，促进中国环境法律体系向可持续发展和生态法的方向发展。

生态法是反映当代生态学新理论，旨在保护和改善环境，维护生态平衡和生态安全，合理开发和可持续利用自然资源，保障经济、社会和生态可持续发展的各种法律规范和法律表现形式的总称。值得注意的是，不能简单地将生态视为一个客体，生态是包括人在内的人与自然共存的有机综合体。生态法与以往环境资源法在指导思想方面的最大区别是其贯彻生态本位观、生态整体主义观、综合生态系统观、生态基础制约或环境承载力有限观、人与自然和谐相处观，承认动植物、江河湖海、生态系统的内在价值，坚持经济、社会和生态的协调和可持续发展原则。目前有不少国家的环境法律已经确认生态系统方法的作用和地位。例如1999年通过的《加拿大环境保护法》在其前言中强调“加拿大政府认可生态系统方法的重要性”；在第2条中强调，加拿大政府除应当遵守加拿大宪法和法律，还应当“实施考虑到生态系统的独特的和基本的特性的生态系统方法”。《俄罗斯联邦森林法》也纳入或体现了“生态系统方法”等新概念和新思想，该法将一种现代的、艺术级的生态系统方法应用于森林经营，明确了生物多样性保护、森林资源环境和社会功能的保护和开发。2002年1月10日公布施行的《俄罗斯联邦环境保护法》是使用“生态”术语最多的法律，该法充满了生态、生态安全、生态系统等术语，是一部充分体现生态法思想和模式的环境保护基本法。目前，生态法已经在世界许多国家流传，例如，法国已经成立“生态和可持续发展部”（多称法国生态部）主管全

国环境、生态保护工作和环境法制工作；不少国家制定的环境资源基本法也与生态有关，例如墨西哥于1988年制定了《生态平衡和环境保护普通法》。

将《环境保护法》修改为体现可持续发展观和生态法理念的《环境基本法》，需要对该法增加许多新内容。例如，在该法总则中，在立法目的方面应该强调维护生态平衡和生态安全，保护和改善环境，合理开发和可持续利用自然资源，建设资源节约型社会、环境友好型社会与和谐社会，促进人与人的和谐相处和人与自然的和谐相处，保障经济、社会和生态的可持续发展。在基本理念方面，应该强调：生态（环境）正义的理念；生态（环境）公平（包括代内公平、代际公平、种际公平和区际公平）的理念；生态秩序（包括维护生态安全和生态平衡）的理念；生态基础制约或环境承载力有限的理念；热爱自然、尊敬生命和保护环境的理念；人与自然和谐相处、人与人和谐相处的原则和理念等。在基本原则方面，应该强调：生态优先的原则；生态安全第一的原则；遵循自然生态规律和经济社会发展规律的原则；经济、社会和环境的协调发展与可持续发展的原则；环境资源的开发、利用与保护、改善相结合的原则（包括环境资源的合理开发和可持续利用的原则，坚持自然资源开发和节约并举、把节约放在首位的原则等）；生态效益、经济效益、社会效益这三种效益统一和行政调整、市场调整、社会调整这三种调整机制相结合的原则；预防为主、防治结合、综合治理（包括损害预防 Principle of Prevention 和风险预防 Precautionary Principle）的原则，特别要强调生态风险预防原则；责任原则（包括污染者付费、利用者补偿、开发者保护、破坏者恢复或“谁污染谁承担责任”、“谁开发谁保护”、“谁破坏谁恢复”、“谁利用谁补偿”、“谁主管谁负责”、“谁承包谁负责”）原则；环境民主的原则（包括公众参与、协商民主、环境政务公开、环境信息公开）等。

在基本权利方面，应该强调：公民有在平衡、健康的环境中生活的权利；动物、物种、河流湖泊等有生存权利。在基本义务方面，应该强调：公民有保护环境的义务。在管理体制方面，可以考虑设立中华人民共和国生态部或生态与可持续发展部，作为对保护和改善环境、维护生态平衡和生态安全、合理开发与可持续利用资源的统一监督管理机构。生态部的职责可以包括生态保护、生态建设等内容，这有利于协调有关工作。在其他基本政策、措施方面也可以增加有关生态保护和建设的内容。可以设立综合生态系统管理监督、防治生态污染、防治生态破坏、生态建设（包括建设循环型经济社会）、生态补偿和法律责任等章。可以增加如下制度：环境责任制度，特别是政府环境责任制度（包括政府环境问责制度）；生态功能区（包括生态省、生态市或县、生态工业园区、生态农业园区、生态社区等）规划、建设和管理制度；生态规划制度；生态风险评价制度；生态监测制度；生态审计制度；生态标签制度；生态税收制度；生态补偿制度；生态安全制度；生态公益（环境公益）诉讼制度。例如，现行《环境保护法》对政府的约束软弱无力，已有的条款过于原则，没有明确规定政府部门如何履行其责任以及如何保证其履行责任，无法发挥规范和约束政府的作用。根据该法的规定，除非发生重大的环境污染事故，地方政府一般很少因环保问题而被问责。在修改环保法时，应该强化政府责任，强化各级政府作为环境保护第一责任人的责任和义务，使各级政府领导对于落实科学发展观和履行环境保护责任真正“入脑入心”；应该进一步明确政府环境责任的追究机制，对未完成环境责任目标、造成跨界环境纠纷、干预环境执法、决策失误、造成重大环境事故、明显的环境不作为，应该规定具体可操作的问责条款。还可以在法律责任一章增加生态损害赔偿、生态犯罪的内容。

三、填补环境法律法规空缺

目前，我国环境立法存在不少空白，如有关循环经济、化学品环境管理、土壤污染防治、核安全管理、生态保护、生物安全等方面的法律尚未制定；环境配套立法进展缓慢，如限期治理、总量控制、排污许可、机动车尾气排放等方面的法规迟迟难以出台。应该创造条件制定政府环境责任考核制度、政府环境责任追究制度、环境贷款制度、环保市场准入制度、环境风险预警制度、环境污染保险制度、环境法律援助与救济制度、政府部门联合执法制度等。为了健全我国的环境法律体系，还必须选择新的环境立法领域，研究制定新的法律、法规。目前需要填补空缺的环境法律法规较多，主要体现在以下几个方面：

第一，填补宪法中的环境法规空缺。应该通过《宪法》修订，在国家根本大法中增加有关可持续发展、公民环境权、（水、土等）自然资源使用权可以依照法律的规定转让，以及建设资源节约型社会、环境友好型社会与和谐社会等内容。

第二，填补建设资源节约型社会、循环经济型社会、环境友好型社会和生态文明型社会的法律空缺。需要制定的法律、法规和规章主要包括：《资源节约法》、《节水法》、《水资源使用权转让和水资源市场管理条例》以及《节水型企业条例》、《节水型城市条例》、《节水型农村条例》、《水价条例》、《水资源费征收管理条例》、《供水工程管理条例》、《灌区管理条例》、《节水技术促进条例》等；《循环经济促进法》、《资源综合利用法》、《包装容器和材料收集和循环利用条例》、《家用电器收集和循环利用条例》、《绿色采购条例》等循环经济法规；《生态功能区规划建设法》、《农村环境保护条例》、《生态省(城市、县、村镇、社区)和生态园区建设管理法》、《生态社区法》、《动物福利法》等。

第三，填补生态保护的法律空缺。需要制定的法律、法规和规章主要包括：《生物安全法》、《湿地法》、《自然保护区法》、《遗传资源保护法》、《西部开发生态保护监督条例》、《生物物种资源保护条例》、《生态示范管理办法》、《有机产品管理办法》、《国家级自然保护区监督检查办法》、《环保用微生物环境安全管理办法》、《转基因生物环境安全管理办法》等。

第四，填补核安全、放射性领域的法律空缺。需要制定相关的法律、法规和规章主要包括：《核安全法》、《民用核设备安全监督管理条例》、《放射性物质运输安全管理条例》等。

第五，填补污染防治的法律空缺。需要制定的法律、法规和规章主要包括污染控制领域中某些方面的法律法规，如《农药污染防治和管理法》、《有毒有害化学物质控制法》、《土壤污染防治法》、《电磁辐射污染防治法》、《机动车污染防治条例》、《畜禽养殖污染防治条例》等。

第六，填补环境管理、流域管理、特殊区域管理制度的法律空缺。需要制定相关的法律、法规和规章主要包括：《区域协调发展法》、《国土整治法》、《海岛法》、《流域管理法》、《长江法》、《黄河法》、《三江源管理条例》、《海岸带管理条例》、《污染物排放总量控制条例》、《环境污染申报登记条例》、《战略环境影响评价条例》、《环境许可条例》、《环境监测管理条例》、《环境监察工作条例》、《环境行政违法行为行政处分办法》等。

第七，填补环境纠纷处理和追究环境责任的法律空缺。需要制定相关的法律、法规和规章主要包括：《环境纠纷处理法》、《环境污染损害赔偿法》、《环境污染损害评估办法》、《跨界

环境污染损害赔付补偿办法》、《环境公益诉讼办法》等。

四、修改和完善现行环境法律法规

需要修改和完善的现行环境法律法规较多主要体现在以下几个方面

第一，凡是现行法律法规有明确立法授权的，应该抓紧完成授权立法。如《排污许可证管理条例》、《饮用水水源保护区污染防治条例》、《环境污染限期治理管理条例》、《利用危险废物经营许可证管理规定》等。

第二，凡是需要对法律制定实施细则或者单项法规的，应该抓紧完成其配套性立法。如制定《防治机动车排放污染管理条例》、《社会生活噪声污染防治条例》、《建筑施工噪声污染防治条例》。

第三，凡是对上位法的原则性规定，需要规定具体制度和措施的，应该抓紧完成其实施性立法。如根据《固体废物污染环境防治法》有关废弃产品的生产者延伸责任的规定，应该制定《特种产品和包装物回收利用处置系列规定》；根据《环境影响评价法》有关环境影响后评估制度的规定，应该制定《建设项目环境影响后评价管理办法》。

第四，凡是需要在上位法规定的行政处罚的行为、种类和幅度范围内做细化规定的，应该抓紧完成其可操作性立法。如为了明确《环境噪声污染防治法》中“给予罚款”的具体数额和幅度，应该制定《环境噪声污染防治行政处罚办法》。

第五，凡是法律规定涉及规划和标准的，应该抓紧完成有关规划和标准的立法。应该对照现行环境立法，进一步完善环境标准体系和环境规划体系，包括地方环境标准体系和地方环境规划体系。

五、健全与国际履约相关的环境法律法规

我国缔结和参加的国际环境条约是我国环境法律体系的重要组成部分，为了健全环境法律体系，必须健全与国际履约相关的环境法律法规。胡锦涛在十七大报告中强调：“加强应对气候变化能力建设，为保护全球气候作出新贡献”，在“环保上相互帮助、协力推进，共同呵护人类赖以生存的地球家园”。为了共同应对全球环境挑战，推进人类保护环境的崇高事业，我国应该遵循联合国宪章宗旨和原则，恪守国际法和公认的国际关系准则，在国际环境关系中弘扬和睦、协作、共赢精神，遵守和履行我国参加的国际环境公约，积极履行国际环境条约义务，与其他国家共同推进全球环境保护事业和国际社会生态化朝着均衡、普惠、共赢和人类生态文明的繁荣进步的方向发展。

目前我国已参加《生物多样性公约》等50多项涉及环境保护的国际条约，先后与美国、日本等42个国家签署双边环境保护合作协议或谅解备忘录，与11个国家签署核安全合作双边协定或谅解备忘录，为履行上述国际环境条约需要配套制定的法律法规较多，主要包括《固体废物进口管理条例》、《消耗臭氧层物质管理条例》、《外来入侵物种环境安全管理办法》、《生物遗传资源与传统知识获取与惠益分享管理条例》、《危险化学品进出口环境管理办法》、《跨界动物保护办法》、《跨国鸟类保护办法》、《跨国河流、湖泊管理办法》等。

（作者：武汉大学教授、博士生导师）

（选自《广东社会科学》2008年第2期）

积极参与国际合作，为保护全球气候作出新贡献

郑国光

全球气候变暖已是一个不争的事实，如何应对气候变化也成了国际热点和焦点问题。2007年，联合国政府间气候变化专门委员会第四次评估报告得出结论：全球气候变暖极可能90%是由人为活动造成的。目前，世界各国都意识到，气候变化已经影响经济社会的可持续发展和人类的福祉安康。党的十七大报告明确指出："加强应对气候变化能力建设，为保护全球气候作出新贡献。"这清楚表明，我们党和我国政府不仅对气候变化予以足够的重视，而且对如何应对气候变化、促进人与自然和谐相处持高度负责的态度。

全球气候变暖已是一个不争的事实

1988年11月，世界气象组织（WMO）和联合国环境规划署（UNEP）联合建立了联合国政府间气候变化专门委员会（IPCC），其任务是对全世界范围内现有与气候变化有关的科学、技术、社会、经济方面的资料和研究成果作出评估报告，为世界各国决策提供服务。报告认为，在过去100年中，全球气候呈现出以变暖为主要特征的显著变化。1906—2005年，全球地表平均温度升高了0.74℃，并伴随海温升高、大范围冰雪融化和海平面上升等现象。1998—2007年是有气象观测记录以来全球最热的10年；而20世纪北半球平均温度的增幅，则达到过去1000年来之最。

冰冻圈最能反映地球气候的变化。由于全球变暖，国际冰川协会有记录的20条冰川都出现退缩。海冰也在变化，北极海冰在减少，尤其是春季海冰，但南极海冰面积有所上升。在欧亚大陆的北半球中高纬地区，每年3—4月的平均积雪面积也在逐渐下降，这与全球变暖不无关联。全球变暖造成的冰川、积雪融化，以及海洋温度上升引起的热膨胀等，导致海平面上升。估计整个20世纪海平面上升为0.17米，其中最近50年的上升速度在加快。

报告预测，北极海域的海冰将在21世纪后半叶融化消失；孟加拉国大部分地区以及部分岛国将被上升的海水淹没；欧洲的阿尔卑斯山将不再是冬季滑雪胜地，而成了避暑区；澳大利亚著名的大堡礁，将因海水温度上升而在数十年内被毁；很多非洲国家将更加饱受干旱之苦；地中海沿海地区的夏季，将会由于热浪变得几乎无法居住。事实上，2003年夏季南欧的一场热浪，已经夺去了许多人的生命。2007年6月，地中海沿岸的南欧国家再次遭遇类似4年前的热浪，

陷入了令人恐惧的酷热之中；南部有的城市气温高达史无前例的47℃，严重威胁到当地居民的生产生活。

我国是受全球气候变暖影响最大的国家之一。1950年以后，无论是年平均温度还是冬季温度，我国大部分地区都呈现明显的变暖趋势。我们已连续经历了11个暖年，2007年年均气温10.1℃，较常年偏高1.3℃，成为有系统气象观测记录以来最暖的一年。从1986/1987年的冬季至今，我国已经历了20个暖冬（仅2004/2005年的冬季为正常）。20世纪50年代以来，我国沿海海平面每年上升1.4—3.2毫米，渤海和黄海北部冰情等级下降，西北冰川面积减少了21%，西藏冻土最大减薄了4—5米，某些高原内陆湖泊水面升高，青海和甘南牧区产草量下降。20世纪80年代以来，春季物候期提前了2—4天，北方干旱受灾面积扩大，南方洪涝加重。

在全球气候变暖背景下，未来20—100年我国温度仍将呈现出升高的趋势。21世纪我国气候将继续明显变暖，特别是冬半年、北方地区最为明显。与1961—1990年的30年平均值相比，我国年平均气温将有可能持续变暖：2020年为1.3—2.1℃，2030年为1.5—2.8℃，2050年为2.3—3.3℃，2100年达3.9—6.0℃。

国际社会应对气候变化的基本法律框架

为了应对气候的变化，国际社会和世界各国普遍持积极的态度。在国际社会应对气候变化机制和行动的谈判中，《联合国气候变化框架公约》（简称《公约》）和《京都议定书》是国际社会应对气候变化的基本法律框架。这一框架下的谈判进程，深刻地影响着各国的经济社会发展，甚至影响着各国对发展道路的选择。

“共同但有区别的责任”是《公约》的核心原则。根据该项原则，应对气候变化是发达国家和发展中国家共同面对的问题，但发达国家应率先减少温室气体排放，并向发展中国家提供资金和技术支持。在此基础上，《京都议定书》对发达国家在第一承诺期（2008—2012年）率先采取量化减排措施作出了明确的规定。对第二承诺期（2012年后）发达国家减排多少、如何分配减排义务等问题，《议定书》没有作出规定，从而引起国际社会的广泛关注。

2005年在蒙特利尔举行了《公约》缔约方大会，对2012年后应对气候变化的国际安排确定了“双轨”制：一是在《公约》下进行为期两年的非正式对话，就加强《公约》的实施交换意见；二是在《京都议定书》下设立特设工作组，讨论作为《京都议定书》缔约方的发达国家2012年后的减排指标。随着《公约》对话期的结束，缔约方于2007年12月在印尼巴厘岛召开大会。经过各方的艰难谈判，大会最终通过两项重要决议。两项决议对如何在2009年完成2012年后发达国家和发展中国家的减排目标谈判作出安排，以确保国际社会应对气候变化的努力不被中断。这就是著名的“巴厘路线图”。“巴厘路线图”对《京都议定书》第二承诺期发达国家减排义务的谈判范围和时间作出了安排；同时，根据“巴厘路线图”，一个新的进程将被开启，即推进在2009年12月前完成发达国家和发展中国家长期合作行动的谈判。

“巴厘路线图”是人类应对气候变化历史中一座新的里程碑，表明国际社会应对气候变化的政治意愿得到加强，有利于推动各国积极合作，共同应对挑战。它有以下几个特点：一是强调国际合作，把美国纳入国际应对气候变化框架；二是发展中国家愿在获得技术、资金和能力建设的支持下，在可持续发展框架下采取“可测量、可报告、可核查”的国家减排行动，从而首次将发展中国家纳入承担减排义务的范围，

改变了以往只谈发达国家减排义务的谈判格局；三是继续坚持“共同但有区别的责任”原则，对发达国家、发展中国家的义务作了区分，重申发达国家有向发展中国家提供技术和资金支持的责任；四是强调减缓、适应、技术开发和转让、资金问题这四大要素；五是设定时间表，对2009年底同时完成《公约》和《京都议定书》框架下的谈判制定明确的计划。

在本次大会上，由国家发改委、外交部、气象局等多个部委组成的中国政府代表团，参加了大会各项议题的谈判，发挥了积极和建设性的作用，为推动会议取得成果作出了重要贡献。中国积极务实的态度获得了国际社会的广泛好评。

我国为应对气候变化作出了积极的努力

作为一个负责任的发展中国家，我国政府对气候变化问题给予高度重视。在科学发展观的指导下，我们根据国家可持续发展战略的要求，制定了一系列与应对气候变化相关的政策，并采取相应措施，为减缓和适应气候变化作出了积极贡献。

在应对气候变化的科学基础方面，我国积极参与联合国政府间气候变化专门委员会(IPCC)的评估工作，我国专家担任IPCC第一工作组联合主席；中、美等国共同发起建立全球地球观测组织（GEO)；我国还参加世界气候研究等各类国际研究、监测计划，加深了对气候变化的科学认识。虽然《公约》和《京都议定书》都没有规定我国承担具体的温室气体减限排义务，但是，本着对人类、对未来高度负责的态度，我国已将环境保护列为基本国策，将科学发展观作为执政理念，成立了以温家宝总理为组长的国家应对气候变化领导小组，颁布了一系列法律法规，制定了《中国应对气候变化国家方案》。

在国内行动方面，我国通过调整经济结构、改善能源结构、提高能源利用效率、推广植树造林、实行计划生育等一系列政策措施，在控制温室气体排放方面取得了显著的成绩，为国际社会应对气候变化作出了积极贡献。据统计，1991—2005年，我国每万元GDP能耗下降了47%，等于节约了8亿吨标准煤，相当于减少二氧化碳排放18亿吨。一次能源消费构成中，煤炭的比重从1990年的76.2%降至2005年的69.1%。森林覆盖率大幅上升，由1990年的13.92%增加到2005年的18.21%，预计2010年将达到20%。我国人工林面积目前已居世界第一。1980—2005年，植树造林结果累计净吸收二氧化碳30.6亿吨，森林管理结果累计净吸收二氧化碳16.2亿吨。从20世纪70年代以来，我国实行计划生育，累计少生3亿多人，相当于每年少排12亿吨二氧化碳。

为了减缓全球气候变化，我们需要进一步加强应对气候变化的能力建设，主要抓好以下工作：

第一，充分发挥科技创新在减缓和适应气候变化中的先导性、基础性作用。加强气候变化不确定性的研究，改进气候系统模式，开展气候变化影响评估及适应、减缓研究，形成一批有自主知识产权的成果及关键技术。加强智力支持和科技咨询，加强应对气候变化国际谈判的科技支撑能力建设，围绕党中央、国务院应对气候变化的中心工作提供决策服务。

第二，加强气候系统监测、影响评估与服务支撑能力建设。通过气候变化应对工程项目和温室气体观测网建设项目的支持，重点加强气候变化监测系统、数据共享系统、预估系统、影响评估系统、决策支撑系统等业务体系建设。气象部门正在积极推进国家气候观象台和温室气体监测网的建设，为应对气候变化提供基础

科学支撑。

第三，加强防范气候灾害和适应气候变化能力建设。进一步增强灾害防范能力，提高对突发性气象灾害的预测预警和防灾减灾应急系统的水平。加强农业、水资源、生态环境、公共卫生等领域适应气候变化的能力建设。加强重大工程设计、建设、运行过程中的气候影响评价和灾害风险评估，降低自然风险。推进《气候资源条例》等气候变化应对配套法规立法进程。

第四，加强我国未来温室气体减排、限排的能力建设。考虑减缓气候变化的积极意义，把节能减排政策与应对气候变化政策结合起来，积极推动“十一五”节能减排目标和国家中长期能源战略的实现，形成节能与温室气体减排的长效机制，加强减缓温室气体排放的能力建设，为未来实施温室气体减限排目标奠定基础。

第五，加强气候变化的科普、宣传、教育和培训工作，增强我国应对气候变化的软实力。建立国家应对气候变化舆论应对机制，科学、有力地回应国际不良舆论，消除负面影响，争取理解与支持。增强全社会应对气候变化的意识和能力。

第六，加强地方、部门应对气候变化工作的领导，编制地方应对气候变化的方案或行动计划。在国家各有关部门职责中补充应对气候变化的相关内容，完善部门分工合作机制。建议各级政府尽快将应对气候变化纳入国家、地方和部门国民经济与社会发展的规划之中。

（作者：中国气象局党组书记、局长、全球地球观察组织联合主席）

（选自《求是》2008年第5期）

第八部分

理论·党的建设

改革开放30年
党员队伍建设的成就与启示

欧阳淞

改革开放30年，是中国特色社会主义伟大事业取得辉煌成就的30年，也是党的建设新的伟大工程取得巨大进步的30年。在这一伟大历史进程中，作为党的建设基础工程的党员队伍建设得到了全面加强，党员队伍的先进性在推动经济发展和社会进步中得到了充分体现。

改革开放30年来党员队伍建设的主要历程和突出成就

30年来，世情、国情和党情发生了重大而深刻的变化，我们党科学判断和全面把握党所处的历史方位和肩负的历史使命，紧紧抓住保持和发展党的先进性这一永恒主题，以改革创新精神推进党员队伍建设，为党的建设新的伟大工程夯实了基础。以邓小平同志为核心的党的第二代中央领导集体，在开辟中国特色社会主义道路的历史进程中开创了党的建设新的伟大工程。针对党的建设在10年动乱中受到严重破坏的状况和新形势新任务的需要，我们党鲜明地提出，要适应改革开放和社会主义现代化建设的新形势新要求，坚持党的领导、改善党的领导，紧密联系党的基本路线和中心任务，加强和改进党的建设，把党建设成为领导社会主义现代化事业的坚强核心。围绕党的建设的总目标，邓小平同志对在改革开放中加强和改进党员队伍建设提出了一系列重要思想，党员队伍建设从此走上了制度化、规范化之路。

以江泽民同志为核心的党的第三代中央领导集体，在开创中国特色社会主义事业新局面的历史进程中把党的建设新的伟大工程成功推向21世纪。在这个进程中，党明确提出，必须切实解决好提高党的领导水平和执政水平、提高拒腐防变和抵御风险能力这两大历史性课题，把党建设成为中国特色社会主义事业的坚强领导核心。江泽民同志反复强调，党员队伍质量重于数量，建设高素质的党员队伍是提高党的战斗力的关键，必须根据时代变化和中国社会前进的要求对党员标准充实新的内容，使党员始终成为站在时代潮流前列的先锋战士。同时，我们党提出，要正确认识我国社会阶层结构的新变化，不断增强党的阶级基础和扩大党的群众基础，提高党的社会影响力。

党的十六大以来，以胡锦涛同志为总书记的党中央，高举中国特色社会主义伟大旗帜，在全面建设小康社会实践中坚定不移地把党的建设新的伟大工程继续推向前进。在这个进程中，我们党提出，必须以改革创新精神全面推进党的建设新的伟大工程，把党建设成为立党为公、执政为民，求真务实、改革创新，艰苦奋斗、清正廉洁，富有活力、团结和谐的马克思主义执政党。围绕这一目标，我们党牢牢把握党的执政能力建设和先进性建设这条主线，全面加强党的建设。胡锦涛同志指出，必须把增强党员意识作为执政党建设带有根本性的问题来抓，把保持和发展党员的先进性始终作为党的建设的永恒主题，使党员真正成为牢记宗旨、心系群众的先进分子。

30年来，我们党以改革创新、与时俱进的精神，坚持不懈地推进党员队伍建设。党员队伍结构发生了深刻变化，整体素质明显提高。截至2007年，党员总数达到7400多万名，比1978年增长了101%。党员队伍的年龄、学历结构得到明显改善，党员的分布更加合理，覆盖范围更加广泛。广大党员的理想信念更加坚定，宗旨意识更加牢固，履行岗位职责、推动科学发展、服务人民群众的本领不断提高。党的阶级基础不断增强，群众基础不断扩大。

党员队伍建设取得丰硕实践成果。30年来，通过坚持不懈地加强党员队伍建设，造就了素质优良、作用突出的党员队伍，使党的基层组织更加富有创造力、凝聚力和战斗力，使党的干部队伍更加充满生机与活力，使各级领导班子建设拥有了充裕、合格的后备人才，为党的执政能力建设和先进性建设提供了有力支撑。广大党员立足岗位，建功立业，为推动经济社会发展做出了突出贡献。改革开放以来，中央组织部先后表彰优秀共产党员740名。十六大以来，受到县级以上党委表彰的优秀共产党员950多万名。我国各行各业、各条战线涌现出的劳动模范、先进工作者、新长征突击手、“三八”红旗手等先进模范人物，绝大多数是共产党员。孔繁森、牛玉儒、史来贺、吴仁宝、许振超、宋鱼水等优秀共产党员以及在抗洪救灾、抗击非典、抗击雨雪冰冻灾害、抗震救灾等重大斗争中涌现出来的无数舍生忘死、无私奉献的共产党人，就是其中的优秀代表，他们用实际行动诠释了党的宗旨，赢得了群众的赞誉，树立了党的光辉形象。

党员队伍建设步入制度化、规范化、科学化轨道。我们党坚持把制度建设贯穿于党员队伍建设的各个方面，着力探索改革开放和社会主义市场经济条件下党员队伍建设的科学方法和长效机制。从党的十二大到党的十七大，党章有关党员的内容都进行了与时俱进的充实和完善。30年来，中央颁布了30多个相关条例和制度规定，中央纪委、中央组织部、中央宣传部等部门制定了200多个意见办法，各级党组织结合实际建立完善了制度措施，基本形成了覆盖全面、完备管用的制度体系和相互衔接、运行顺畅的工作机制，为扎实推进党员队伍建设提供了根本保证。

党员队伍建设实现重大理论创新。30年来，我们党明确提出了党要管党、从严治党的思想，对党员特别是领导干部严格要求、严格教育、严格管理、严格监督；明确提出了保持党员队伍先进性的思想，把保持和发展党员的先进性作为党的先进性的思想，把保持和发展党员的先进性作为执政党建设带有根本性的问题来抓；明确提出了尊重党员主体地位的思想，保障党员民主权利，充分发挥党员在党内事务中的参与、管理、监督作用；明确提出了党是中国工人阶级的先锋队、同时是中国人民和中华民族的先锋队的思想，坚持党的性质，不断巩固党的阶级基础，扩大党的群众基础；明确提出了融党员教育、管理、监督、服务于一体的思想，把适当的集中性教育和经常性教育结合起来；探索建立城乡一体的党员动态管理机制，建立健全党内激励关怀帮扶机制，等等。这些新思想新论断，为全面推进新时期党员队伍建设指明了方向。

改革开放30年来党员队伍建设的重大举措

实现党的组织路线拨乱反正。十一届三中全会后，党的组织工作转到以经济建设为中心，为社会主义现代化建设服务的轨道上来。党的十一届五中全会通过了《关于党内政治生活的若干准则》，重申“民主集中制是党的根本组织原则”，强调要“坚持集体领导，反对个人专断”。整顿党的组织，恢复和健全各级党的代表大会或党员大会制度、党委制、党的组织生活和“三会一课”制度。在党员队伍建设上，坚持实事求是、有错必纠原则，平反了大量冤假错案，到1982年底，共为47万多名党员恢复党籍，为12万多名党员撤销原来给予的错误处分。党的十二大提出全面整党的任务，从1983年10月起，用3年时间对党的思想、组织和作风进行全面整顿。党的十三大明确提出，对党员的教育管理“要作为基层党组织主要的经常工作来做”，党员队伍建设走上了不搞政治运动、而靠改革和制度建设来推进的新路子。

积极稳妥地做好发展党员工作。十二大修改通过的党章对党员提出了严格要求，确立了新时期党员标准。这一标准在坚持党的性质和宗旨的前提下，随着时代发展和党面临形势与任务的变化，不断被赋予新的内容。1988年6月，全国组织工作会议明确提出了“坚持标准、保证质量、改善结构、慎重发展”的发展党员工作指导方针。十三届四中全会以来，中央有关部门多次召开发展党员工作座谈会，就做好新形势下发展党员工作提出意见。坚持重点做好在工人、农民、知识分子、军人和干部中发展党员的工作，注意在生产、工作第一线发展党员，注意在高知识群体和各类人才中发展党员，注意在青年、妇女、少数民族中发展党员，注意在党的力量比较薄弱的地方发展党员。30年来，共发展党员5500多万名，占党员总数的74.2%；大学专科以上学历的党员达2390多万名，占总数的32.3%；35岁及以下的党员、女党员和少数民族党员分别占到党员总数的23.3%、20.4%和6.5%。把在新的社会阶层中发展党员工作纳入发展党员的经常性工作之中，截至2007年底，非公有经济单位中的党员达330多万名，新的社会阶层中有党员88万多名。

适时开展集中性教育活动。十三届四中全会以来，先后在全党开展了以中国特色社会主义理论和党章为主要内容的“双学”活动，在县级以上领导班子和领导干部中开展了以“讲学习、讲政治、讲正气”为主要内容的“三讲”教育活动，在全国农村开展了“三个代表”重要思想学习教育活动等。每一次集中教育活动之后，党员队伍状况都得到明显改善。十六大后在全党开展的保持共产党员先进性教育活动，是党中央着眼于保持和发展党的先进性作出的重大战略决策。党的十七大作出了开展深入学习实践科学发展观活动的重大战略决策。按照中央要求，学习实践活动从2008年2月开始在23个单位进行试点，从2008年9月起在全党分批开展。与时俱进加强党员经常性教育。30年来，我们党不断丰富和拓展党员教育内容。始终把马克思主义中国化最新理论成果作为党员教育的中心内容，先后在全党兴起学习邓小平理论新高潮、学习实践“三个代表”重要思想新高潮，开展深入学习实践科学发展观活动。根据不同时期的形势和任务，结合不同领域、不同行业和不同岗位党员的实际情况，科学安排教育内容，进一步拓展党员教育内容，形成了包括党的基本理论、基本路线、基本纲领、基本经验，党的基本知识、党的优良传统和作风、党的纪律和反腐倡廉教育，以及市场经济知识、法律知识、科学文化知识和业务技能教育的完备体系。党员教育的方式方法不断改进，工作制度不断完善，增强了党员教育的针对性和实

效性，为不断提高党员队伍整体素质发挥了重要作用。

探索创新党员管理方式。30年来，中央及有关部门、各级党组织根据党员队伍的新变化，积极探索建立党员管理工作新机制，实现了由单一的管理向教育、管理、监督、服务相结合的转变，由管住向管好、管活的转变，由静态、封闭管理向动态、开放管理的转变。截至2007年底，全国流动党员达200多万名。面对流动党员日益增多的新情况，不断加强和改进流动党员管理工作，逐步建立城乡一体的党员动态管理机制。我们党在坚持对党员进行教育、管理和监督的同时，加强了对党员的服务，注重在管理中体现服务，在服务中强化管理，逐步建立健全党内激励、关怀、帮扶机制。同时，中央和地方各级党组织高度重视改善基层党组织的工作条件和党员活动条件，为开展党员教育管理工作提供物质保障。

切实保障党员民主权利。30年来，我们党坚持以保障党员权利为基础，积极探索发展党内民主的有效途径和形式，明确规定了党员的权利和义务，制定了《党员权利保障条例（试行）》，修订、颁布了《党员权利保障条例》、《党内监督条例(试行)》；坚持和完善党内情况通报、情况反映、党务信息发布等制度，逐步推行党务公开；积极探索实行党员议事会、党员旁听党委会（支委会）等多种形式，不断拓展党员参与党内事务的渠道；不断完善党内选举制度，颁布《基层组织选举工作暂行条例》、《地方组织选举工作条例》等，实行党的代表大会代表任期制，在总结试点经验基础上试行县（市、区）党代会常任制；探索实行基层党组织“公推直选”、“两推一选”，不断扩大干部工作中的民主；逐步建立和完善重大决策征求意见、党员民主评议、公开评价党员干部等制度。这些重要举措，保障了党员民主权利的行使，激发了广大党员的积极性、主动性和创造性，对增强党的生机和活力具有重大而深远的意义。

改革开放30年来党员队伍建设的主要启示

必须按照围绕中心、服务大局的根本要求，始终坚持党员队伍建设的正确方向。改革开放以来，我们党始终坚持以经济建设为中心，建设和发展中国特色社会主义。这个大局既赋予了新时期党员队伍建设新的历史使命，又为其拓展了广阔的发展空间。30年的实践表明，只有紧紧围绕党和国家工作大局来谋划，紧密联系发展这个党执政兴国的第一要务来进行，努力把党员队伍的组织优势转化为发展优势，把党员队伍的组织资源转化为发展资源，把党员队伍的建设成果转化为发展成果，党员队伍建设才有强大动力，才能大有作为。

必须坚持以马克思列宁主义、毛泽东思想和中国特色社会主义理论体系武装党员，始终把坚定理想信念作为党员队伍建设的首要任务。改革开放以来，我们党探索创立的中国特色社会主义理论体系，为党员队伍建设提供了强大的理论武器和科学的行动指南。30年的实践表明，只有坚持高举中国特色社会主义伟大旗帜，推动全党坚持不懈地学习实践中国特色社会主义理论体系，始终保持共产党人的崇高理想和坚定信念，党员队伍建设才有可靠的思想保证。

必须增强共产党员的党员意识，使广大党员真正成为牢记宗旨、心系群众的先进分子。党员意识是党员政治觉悟和党性观念的集中体现，是共产党员的立身之本，是党保持和发展先进性的重要前提。尊重党员主体地位，发挥党员主体作用，是培育和激发党员的党员意识的关键。30年的实践表明，只有紧紧抓住这个关键，始终坚持立党为公、执政为民，把实现好、维护好、发展好最广大人民的根本利益作为党员队伍建设的核心价值，才能建设一支高素质的党员队伍，把广大党员的先进性更好地激发出来，把广大党员的先锋模范作用更好地发挥出来。

必须坚持融党员教育管理监督和服务于一体，不断增强党组织对广大党员的凝聚力。对党员既严格教育、管理和监督，又真切关心和服务，这是在党的建设和党内生活中贯彻落实科学发展观的必然要求。30年的实践表明，只有坚持以人为本，把教育、管理、监督和服务紧密结合起来，在教育管理监督中体现服务，在服务中实施教育管理监督，才能把广大党员紧紧地团结凝聚在党组织周围，不断增强党组织的亲和力和凝聚力。

必须统筹推进党员队伍建设和党的基层组织建设，切实做到哪里有党员哪里就有党的组织，哪里有党的组织哪里就有党员充分发挥作用。党员队伍建设和党的基层组织建设相互依存、相互促进，统一于党的建设新的伟大工程之中。30年的实践表明，只有围绕加强党的执政能力建设和先进性建设这条主线，统筹推进党员队伍建设和基层组织建设，着力锻造合格的党员队伍，健全严密的基层党组织体系，才能发挥党的组织优势，巩固党的执政基础，扩大党在全社会的影响力，同时为领导班子建设和干部队伍建设创造条件，提供保证。

必须坚持与时俱进、改革创新，使党员队伍建设始终做到体现时代性、把握规律性、富于创造性。改革创新是增强党的创造力、凝聚力、战斗力的必由之路，也是加强党员队伍建设的重要法宝。30年的实践表明，只有从我们党所处的历史方位和所肩负的历史使命出发，牢牢把握世情、国情、党情的深刻变化，紧紧抓住保持党员队伍先进性这个永恒主题，以改革创新精神推进党员队伍建设，不断研究党员队伍建设中的新情况新问题，不断推进理论创新、制度创新、工作创新和方法创新，才能使党员队伍建设始终符合时代发展和进步的要求，始终符合人民群众的意愿和期待，始终保持旺盛的生机与活力。

（作者：中共中央组织部副部长）

（选自《求是》2008年第22期）

以改革创新精神加强党的建设

虞云耀

党的十七大提出，要以改革创新精神全面推进党的建设新的伟大工程。这个命题意义重大而深远。由党肩负的历史使命和时代要求所决定，领导改革的党，自身也要不断进行改革。在当今世界和当代中国发生广泛而深刻变化的历史条件下，在把握前所未有的机遇、应对前所未有的挑战中，保持和发展党的先进性，提高党的执政能力，比以往任何时候都显得更艰巨、更复杂。这就是提出“以改革创新精神全面推进党的建设新的伟大工程”的大背景、大前提。

一

改革创新是当今的时代潮流。一个站在时代前列、带领人民前进的党，必然是勇于改革、开拓进取的党，变革和改造客观世界，也不断改革党自身。以改革创新精神加强党的建设，是时代的呼唤，人民的期待，是党和国家事业发展的需要。十七大报告指出：“世情、国情、党情的发展变化，决定了以改革创新精神加强党的建设既十分重要又十分紧迫。”

从世情看，和平与发展仍然是时代主题，但世界还很不安宁，无论是和平还是发展都面临着诸多难题和挑战。以改革求发展，以创新解难题，正在成为许多国家的战略选择。科学技术进步日新月异，经济全球化深入发展，世界多极化不可逆转，正在迅速改变着人类的生产、生活乃至思维方式。经济、政治和社会的深刻变革与调整，正在使改革创新能力越来越成为国家综合实力的重要组成部分，成为一个国家在国际社会中地位和影响力的重要标志。我们党只有顺应世界潮流，坚持与时俱进，坚持改革创新，才能始终走在时代前列，永葆生机与活力，带领全国人民坚定不移地走中国特色社会主义道路，使我国在激烈的国际竞争中永远立于不败之地。

从国情看，改革开放以来，我国经济社会发展取得了令世人瞩目的伟大成就。但我国仍处于并将长期处于社会主义初级阶段的基本国情没有变，发达国家在经济科技上占优势的基本态势没有变，世界上综合国力竞争日趋激烈的基本趋势没有变，国际敌对势力对我国实施西化、分化的战略图谋没有变。聚精会神搞建设，一心一意谋发展，对于我们这样一个拥有13亿人口的发展中大国推进现代化，具有决定性意义。中国特色社会主义伟大事业是同党的建设新的伟大工程紧密结合的。改革开放，不仅使中国人民的面貌、社会主义中国的面貌发生了历史性变化，而且使中国共产党的面貌发生了历史性变化。这场革命既给我们党注入了巨大活力，也使党面临前所未有的严峻考验。经济体制、社会结构、利益格局、思想观念的深刻变化，对党的自身建设提出了许多崭新课题。只有以改革创新精神不断研究新情况，解决新问题，处理新矛盾，才能把党的事业不断推向前进。

从党情看，首先，我们党已经成立87年，在全国已经执政59年。一方面，我们党积累了治国理政和加强自身建设的宝贵经验，形成了许多优良传统并在新形势下不断继承和发扬；另一方面，一些过去曾经发挥过很好作用的组织形式、活动方式、制度规定，今天已不适用或不完全适用。我们党已经拥有7300多万名党员，新党员人数大量增加，大批年轻干部走上领导岗位。党在不断增添新鲜血液、充满活力的同时，也存在许多年轻党员和干部的思想觉悟、党性修养、意志品质等亟待提高的问题。其次，我们党在改革开放和发展社会主义市场经济条件下长期执政。一方面，我们党形成了科学执政、民主执政、依法执政的理念并进行了成功实践；另一方面，党的执政能力同新形势新任务的要求还不完全相适应。再次，我们党在新的历史条件下始终致力于党的先进性建设。一方面，党的先进性得到保持并不断发展；另一方面，少数党员、干部的思想和行为与先进性要求不相符合，一些党员、干部滋生了骄傲自满、脱离群众、以权谋私等不良倾向，形式主义、官僚主义问题比较突出，消极腐败现象仍然比较严重。所有这些问题，都需要用新的思路、措施和方法来解决。我们要适应形势与任务的变化，切实转变那些不适应、不符合时代要求的思想观念、思维方式和工作方法，着力解决党内存在的突出问题，以改革创新精神全面加强党的建设，使我们党永远站在时代前列，始终成为中国工人阶级的先锋队，成为中国人民和中华民族的先锋队。这是时代的要求、人民的要求。

二

以改革创新精神加强党的建设，是党自我完善和发展的需要。不断提高以改革创新精神加强党的建设的自觉性和坚定性，勇于改革那些不适应新形势新任务要求的思想观念、领导体制、执政方式以及组织形式、活动方式、管理办法等，根本目的是为了保持和发展党的先进性，增强党的创造力、凝聚力和战斗力。毫无疑问，党的性质、宗旨、指导思想和奋斗目标，党的领导地位、政治优势、优良传统等根本的方面，是决不能改变的，必须结合新的实践赋予新的时代内涵，长期坚持和不断发展。

要有改革创新的精神状态。党的建设的任何改革创新，都不可能是轻而易举的事情，必然会遇到种种困难、阻力和障碍，只有保持良好的精神状态，才能不断取得突破和进展。这就要求我们具有强烈的改革创新意识，以昂扬向上、奋发有为、知难而进、开拓创新的勇气和毅力，克服各种不合时宜的传统观念和陈规陋习的影响，克服不思进取、满足现状的惰性。

要有改革创新的思维方式。在党的自身建设的各项工作中，是采取开放式、创造性的思维方式，还是采取封闭式、保守性的思维方式，对于能否有效地推进改革创新，具有十分重要的影响和作用。努力形成改革创新的思维方式，就是要坚持解放思想、实事求是、与时俱进，敢于突破各种落后于时代的条条框框的束缚，不断推陈出新；具有宽广的胸怀、开阔的视野，树立世界眼光，增强全局观念，从共产党执政规律、中国特色社会主义建设规律、人类社会发展规律的高度来研究和思考党的建设问题；善于辩证地看问题，了解我国和世界发展大势，培养战略思维，全面认识和把握世界多极化、经济全球化、社会信息化、文化多元化给党的建设带来的深刻影响和提出的新要求；积极学习吸收人类文明的一切有益成果，大胆借鉴其他国家及政党治国理政的有益经验和做法。

要有改革创新的思想作风。坚持改革创新的思想作风，就是要勇于实践、锐意进取、求真务实，一切从实际出发，既不能无视客观要求等待观望、止步不前，也不能只凭主观愿望急于求成、盲目而为。要讲究科学，尊重规律，将改革创新的热情同科学求实的态度结合起来，提高改革决策的科学性，增强改革措施的协调性。要提倡埋头苦干、扎实工作，努力取得改革创新的实效。要尊重广大党员群众的首创精神，发挥基层党组织和广大党员的积极性创造性，不断推进党的建设的改革创新。

要有改革创新的工作方法。改革创新精神要通过具体的工作内容和工作方法来体现，来落实。特别是针对新形势下出现的新情况新问题，要摆脱习惯性思维的束缚，在实践的基础上形成新的思路。注重形成新的载体，探索多种多样、切实有效的党内活动方式，搭建党员和党组织充分发挥作用的广阔舞台。注重采用现代科学技术带来的新方法新手段，充分发挥信息技术和互联网的作用，不断提高党建工作的科学化和现代化水平。

要有改革创新的良好氛围。要在党内和全社会形成推崇创新、宽容失误、包容多样、尊重差异的良好环境和氛围，最大限度地调动广大党员干部参与改革创新实践的积极性和创造性。要积极推进党内民主建设，尊重党员主体地位，保障党员民主权利，以扩大党内民主带动人民民主，以增加党内和谐促进社会和谐，在党内和全社会范围内营造鼓励改革创新的氛围。

三

以改革创新精神加强党的建设，从根本上说，就是要确保党的各方面建设更好地为发展中国特色社会主义服务。我们所要改进和改革的，是党的自身建设和党的工作中那些不适应不符合新形势新任务要求的方面；我们所要创新的，是党的具体领导体制、执政方式、组织形式、活动和管理方法等。通过党的思想建设、组织建设、作风建设、制度建设和反腐倡廉建设的改革创新，使我们党始终保持与时俱进的品质，始终保持和发展先进性，使党的全部工作始终符合时代要求和人民期待。

要大力推进理论创新。思想理论建设是党的根本建设，党的理论创新引领党的建设各方面创新。十七大提出了中国特色社会主义理论体系这一重大理论创新。我们要加强对中国特色社会主义理论体系特别是科学发展观等重大战略思想的学习研究，加强对十七大提出的一系列新思想、新论断、新观点、新举措的学习研究，并真正用于武装头脑、指导实践。要加强对改革开放以来党的建设成功经验的总结和研究，特别是加强对党的建设中热点难点问题的探索和研究，为全面推进党的建设新的伟大工程提供理论支撑。

要大力推进制度创新。依法治国是我们党治国理政的基本方略，以制度治党是坚持党要管党、从严治党的重要途径和根本方法。制度创新是其他各方面创新的保障。要把制度创新摆在更加突出的位置上，在全面分析和梳理已有制度的基础上，制定党的制度建设的整体规划，积极地、有步骤地加以推进，努力形成科学、健全、有效的制度体系。对现有制度中不适应新形势新任务要求的规定，应及时作出修订和调整，同时注意总结党的建设实践中创造的新经验、好做法，适时作出规范，出台新的制度。十七大明确提出以健全民主集中制为重点加强制度建设，提出了一系列重要的制度创新的要求：一是尊重党员主体地位，建立党务公开制度；二是完善党的代表大会制度，实行党的代表大会代表任期制，选择一些县（市、区）试行党代表大会常任制；三是完善党的地方各级全委会、常委会工作机制，发挥全委会对重大问题的决策作用；四是推行地方党委讨论决定重大问题和任用重要干部票决制；五是建立健全中央政治局向中央委员会全体会议、地方各级党委常委会向委员会全体会议定期报告工作并接受监督的制度；六是改革党内选举制度，改进候选人提名制度和选举方式，逐步扩大基层党组织领导班子直接选举范围；七是健全纪检监察派驻机构统一管理，完善巡视制度等。通过大力推进制度创新，形成加强党的建设的长效机制，一定会走出一条党的建设制度化、规范化、科学化之路。

要大力推进实践创新。十七大对加强党的建设作出了全面部署，提出了六个方面的主要任务。贯彻落实这些部署和任务的过程，就是党的建设实践创新的过程。实践创新既是理论创新和制度创新的基础和源泉，也是使理论创新和制度创新的成果更好发挥作用的依托与条件。一切改革创新最终都要体现到实践中，取得实践成果，并且由实践检验。比如，十七大第一次把反腐倡廉建设与思想建设、组织建设、作风建设和制度建设一起，确定为党的建设的基本任务。强调在坚决惩治腐败的同时，更加注重治本，更加注重预防，更加注重制度建设，拓展从源头上防治腐败工作领域。这项任务的落实，有赖于实践创新，包括深化改革和创新体制，加强廉政文化建设，形成拒腐防变教育长效机制、反腐倡廉制度体系、权力运行监控机制等。在实践创新中，要以邓小平理论和“三个代表”重要思想为指导，深入贯彻落实科学发展观，坚持改革创新的正确方向，处理好党的建设改革创新与经济、政治、文化、社会等领域改革创新的关系，积极稳妥、协调有序地加以推进。

我们党从成立之日起，就不断探索加强自身建设的方法和途径，这种探索永无止境。按照十七大的部署进一步认清新时期党的建设的任务和要求，以改革创新精神全面推进党的建设新的伟大工程，是每一个党员和党的干部的光荣任务与历史责任。

（作者：全国党建研究会会长）

（选自《求是》2008 年第 3 期）

党的理论创新历程：实践品格、世界眼光和时代精神的统一

柳斌杰

纵观党的理论创新历程，特别是十六大以来的理论创新，我认为有三个突出的特点：鲜明的实践品格、突出的世界眼光和强烈的时代精神。深刻认识和把握这三个特点，对于继续推进马克思主义中国化的进程具有十分重要的意义。

鲜明的实践品格

实践品格是科学理论的根本特征。马克思主义经典作家曾经把自己的理论称之为"实践的唯物主义"，并一再强调理论来源于实践，服务于实践，检验真理的唯一标准也是实践。学习党的创新理论，我们会感受到鲜明的实践性：一切都以改革开放和社会主义现代化建设的实际问题、以我们正在做的事情为中心，着眼于马克思主义理论的运用，着眼于对实际问题的理论思考，着眼于新的实践和新的发展，而不是为理论而理论。

科学发展观，就是立足社会主义初级阶段基本国情，总结我国发展实践，适应新的发展要求提出来的。发展是当代中国最大的实践。自新中国建立以来，中国共产党领导中国人民走上了发展之路，建立了社会主义基本制度，并提出实现"四个现代化"的目标，全面加快工业、农业、科学技术和国防建设，建立了比较完备的工业体系和国民经济体系，初步改变了贫穷落后的面貌。党的十一届三中全会以后，党的工作转向以经济建设为中心，"发展是硬道理"的思想深入人心。以解放思想为先导，以改革开放为动力，中国特色社会主义的各项事业走上了发展的快车道。党的十四大以后，发展的目标更加明确，围绕建立和完善社会主义市场经济体制，抓住机遇，加快发展，实现了新的突破，促进了经济快速发展和社会全面进步。党的十六大以来，为了在更高起点上实现又好又快的发展，需要总结新经验，解决新问题，在实践的基础上升华对发展规律的认识。经过20多年的改革、发展，我们取得的成绩巨大，但我国社会也出现了一些新情况新问题，发展呈现一系列新的阶段性特征：经济实力显著增强，同时生产力水平总体上还不高，自主创新能力还不强，长期形成的结构性矛盾和粗放型增长方式尚未根本改变；社会主义市场经济体制初步建立，同时影响发展的体制机制障碍依然存在，改革攻坚面临深层次矛盾和问题；人民生活总体上达到了小康水平，同时收入分配差距拉大趋势还未根本扭转，城乡贫困人口和低收入人口还有相当数量，统筹兼顾各方面利益难度加大；协调发展取得显著成绩，同时农业基础薄弱、农村发展滞后的局面尚未改变，缩小城乡、区域发展差距和促进经济社会协调发展任务艰巨；社会主义民主政治不断发展、依法治国基本方略扎实贯彻，同时民主法制建设与扩大人民民主和经济社会发展的要求还不完全适应，政治体制改革需要继续深化；社会主义文化更加繁荣，同时人民精神文化需求日趋旺盛，人们思想活动的独立性、选择性、多变性、差异性明显增强，对发展社会主义先进文化提出了更高要求。另外，在社会建设和管理方面还面临许多新课题，在统筹国内发展和对外开放方面要求更高，能源紧缺、资源浪费、环境污染的问题更加突出，等等。建设中国特色社会主义实践的深入，要求我们党科学地回答什么是发展、为什么发展、怎样发展的重大问题，赋予马克思主义关于发展的理论以新的内容。这就是科学发展观产生的实践基础。

科学发展观来源于发展的实践，又是指导发展的世界观和方法论的集中体现。正如胡锦涛同志指出的，科学发展观是我国经济社会发展的重要指导方针，是发展中国特色社会主义必须坚持和贯彻的重大战略思想。科学发展观，第一要义是发展，核心是以人为本，基本要求是全面协调可持续，根本方法是统筹兼顾。

必须坚持把发展作为我们党执政兴国的第一要务，牢牢扭住经济建设这个中心，坚持聚精会神搞建设、一心一意谋发展，着力把握发展规律、创新发展理念、转变发展方式、破解发展难题，实现又好又快发展。必须坚持以人为本，始终把实现好、维护好、发展好最广大人民的根本利益作为党和国家一切工作的出发点与落脚点，尊重人民主体地位，发挥人民首创精神，保障人民各项权益，走共同富裕道路，促进人的全面发展，做到发展为了人民、发展依靠人民、发展的成果由人民共享。必须坚持全面协调可持续发展，按照中国特色社会主义事业总体布局，全面推进经济建设、政治建设、文化建设、社会建设，促进现代化建设各个环节、各个方面相协调，促进生产关系与生产力、上层建筑与经济基础相协调，坚持走生产发展、生活富裕、生态良好的文明发展道路，实现经济社会永续发展。必须坚持统筹兼顾，统筹城乡发展、区域发展、经济社会发展、人与自然和谐发展、国内发展和对外开放，统筹中央和地方关系，统筹个人利益和集体利益、局部利益和整体利益、当前利益和长远利益，统筹国内国际两个大局，树立世界眼光，加强战略思维，善于从国际形势发展变化中把握发展机遇、应对风险挑战，营造良好国际环境。

突出的世界眼光

世界眼光是马克思主义理论的固有胸怀和视野。马克思主义一诞生，就提出“全世界无产者联合起来”的口号，公开申明自己是全世界无产者解放自己的理论武器，把解放全人类作为自己的最终目的。党的十六大以来，以胡锦涛同志为总书记的党中央，准确把握国际局势，科学分析当今世界潮流，把中国的问题放在经济全球化的大背景中去思考，从战略性高度来审视中国的发展问题，从而提出了科学发展观和构建社会主义和谐社会等一系列重大战略思想。

当今世界正在发生广泛而深刻的变化，正处在大变革大调整之中，机遇前所未有，挑战也前所未有，机遇大于挑战。所以，必须面向世界，科学认识当前的国际形势及其发展趋势，推动世界发展，这是我们进行理论创新的一个基本前提。

面向世界，就要共同分享发展机遇。和平与发展仍然是当今时代的主题，求和平、谋发展、促合作已经成为不可阻挡的时代潮流。世界多极化不可逆转，经济全球化深入发展，科技革命加速推进，全球和区域合作方兴未艾，国与国相互依存日益紧密，国际力量对比朝着有利于维护世界和平方向发展，国际形势总体稳定。所有这些，为我们吸引资本和技术、调整结构和布局、争取国际资源和国际市场、贯彻落实科学发展观，提供了较好的国际环境和发展空间。我们应当把握主动权，抓住有利条件发展自己，展示中国特色社会主义事业的强大活力。

面向世界，就要共同应对各种挑战。现在，世界仍然很不安宁。霸权主义和强权政治依然存在，局部冲突和热点问题此起彼伏，全球经济失衡加剧，南北差距拉大，传统安全威胁和非传统安全威胁相互交织，世界和平与发展面临诸多难题和挑战。同时，围绕资源、市场、技术、人才的国际竞争日趋激烈，贸易壁垒和摩擦明显增多，发达国家利用经济、技术优势制造矛盾、增加压力的问题将会长期存在。国际敌对势力对我进行"西化"、"分化"的战略图谋不会停止。争取良好的国际环境，应对可能发生的挑战和冲突，始终应成为我们理论思考的一个重要方面。

正是由于有了这样的世界眼光，所以党的十六大以来的创新理论包括了丰富的国际方面的内容：科学发展观不仅是对中国发展实践经验的总结，而且是对世界各国发展实践的经验总结；我们不仅要在国内构建社会主义和谐社会，而且主张，各国人民携手努力，推动建设持久和平、共同繁荣的和谐世界。我们还向世界庄严宣告：中国将始终不渝走和平发展道路，永远不称霸，永远不扩张；中国将始终不渝奉行互利双赢的开放战略，决不做损人利己、以邻为壑的事情；中国坚持在和平共处五项原则的基础上同所有国家发展友好合作关系，等等。这些都提升了中国的国际形象，提高了我们的国际地位和影响力，为我国的社会主义现代化建设和改革开放营造了良好的国际环境与有利的外部条件。

强烈的时代精神

理论的生命力就在于能及时回答时代提出的重大问题。党的十六大以来的创新理论之所以能很快得到全党全国人民的认同，受到国际社会的广泛赞扬和关注，就是因为它敢于直面现实，全面回答当代国际经济政治文化发展和我国经济社会发展进入关键时期的一系列重大问题，深刻揭示了中国特色社会主义建设的一些规律性、深层次的问题。

与时俱进就要把握时代主题。准确把握时代主题，是党进行理论创新的基点。马克思主义认为，生产力是人类社会发展的最终决定力量，社会主义必须建立在发达的生产力基础上。建国50多年来，特别是改革开放以来，我国的生产力得到了快速发展，人民群众的物质文化生活得到空前改善。但我们仍然是发展中国家，仍然并将长期处于社会主义初级阶段，我国社会的主要矛盾仍然是人民日益增长的物质文化需要同落后的社会生产之间的矛盾，解放和发展生产力始终是我们这个阶段的中心任务。十六大以来党的创新理论继承和发展了马克思列宁主义、毛泽东思想、邓小平理论和"三个代表"重要思想关于发展的理论，坚持把发展作为党执政兴国的第一要务，牢牢扭住经济建设这个中心，坚持聚精会神搞建设、一心一意谋发展，不断解放和发展生产力，深化对发展的理解，突出了发展这个时代主题。

与时俱进就要体现时代精神。当代中国的时代精神就是改革创新。以改革创新为核心的时代精神，既是改革开放和社会主义现代化建设实践的高度概括，也是人们精神状态的深刻反映。以胡锦涛同志为总书记的党中央，紧紧抓住了改革创新这个时代精神，大力推进改革实践，全面深化经济体制、政治体制、文化体制和社会管理体制的改革，不断推进理论创新，深入探索中国特色社会主义建设中的重大问题，赋予马克思主义理论以新的时代内涵和实践内容。

（作者：新闻出版总署署长）

（选自《求是》2008年第1期）

以改革创新精神建设党的路径选择

郭亚丁

党的十七大明确提出了以改革创新精神加强党的建设的重大战略思想和重大战略任务，为全面推进党的建设新的伟大工程进一步指明了方向。但以改革创新精神建设党，不仅要弄清为什么，更重要的是怎样做。为此，这里笔者谈一下以改革创新精神建设党的路径选择。

路径选择之一：

方向——坚定走中国特色社会主义道路

党的建设是中国特色社会主义事业发展的一个部分，中国特色社会主义发展是党的建设的前提和条件，必须把党的建设置于中国特色社会主义进程中进行谋划、布局和实施。因此，党的建设必须从中国特色社会主义发展实践出发，坚定走中国特色社会主义道路，以中国特色社会主义理论体系为指导。

党的建设不能超越中国特色社会主义发展阶段。马克思、恩格斯设想的社会主义，是建立在充分发展的资本主义、已经为社会主义建立积累了丰富的物质财富基础之上的。而中国的社会主义建立在束缚资本主义发展的半封建半殖民地社会后的烂摊子上，建立在一个封建社会延绵了几千年的大而贫的国度里。这就决定了中国的社会主义必须经过一个生产力巨大发展的阶段，这个阶段就是中国社会主义初级阶段。列宁第一次把社会主义与共产主义社会作了区分，并将社会主义称为共产主义社会低级阶段。他认为“由于开始建立社会主义时所处的条件不同”，从资本主义向社会主义过渡的具体条件和形式“必然是而且应当是多种多样的”。中国特色社会主义初级阶段是一个长期的过程，从社会主义制度确立之时起，至少需要上百年的时间。因此，党的建设必须从这个阶段出发。假如脱离了这个阶段的实际，党的建设就会流于形式。因此，党的建设的目标和任务、内容和形式、标准和要求等，都需要考虑这个阶段实际存在的条件和因素。

党的建设要围绕现阶段中国特色社会主义发展纲领。党的纲领是党在当前和今后一个时期奋斗目标和任务的简明规定，是党举什么旗、走什么路、达到什么样目标的根本标志，是党昭示社会的政治宣言。因此，党的正确纲领是党的先进性的重要内容。这个内容既体现在党的最高纲领上，也体现在最低纲领上，这是由历史唯物主义所揭示的社会历史发展的阶段性和连续性的特点所决定的。马克思主义一方面认为，纲领必须体现党的性质，必须规定党的最终目标。另外也强调，根据党在一定历史时期内的任务而规定近期目标，以及实现这些目

标的途径和方法。党在社会主义初级阶段的基本路线是现阶段党的政治路线，而政治路线是党的纲领的具体体现，它决定着党在历史时期行动的方向，也决定着党的建设的方向。政治路线是党根据各个历史阶段的情况，科学地确定一定历史时期的政治任务即奋斗目标而制定的，是党的全部工作方向、目标和航道。党的政治路线正确与否，对党的建设有着决定性影响。历史经验表明，什么时候党的政治路线正确，党的组织就巩固和发展，否则，党的组织和力量就要削弱。社会主义初级阶段的基本路线，是党总结历史经验，根据中国的国情而确立的。因此，在现阶段，党要坚持、完善、发展好这个纲领，这是党的建设的现实要求。

党的建设要解决中国特色社会主义发展面临的矛盾和问题。政党发展的历史表明，政党作为一种政治事物存在于社会之中，能否被社会认可、接受，关键看政党能否满足于社会的需求，根本在于体现政党的价值。而政党的价值归根结底是政党在社会发展中所发挥的作用。政党如何发挥作用呢？重要的是有效解决社会发展中面临的矛盾和问题。因为，只有解决社会发展中的矛盾和问题，社会才能不断向前发展。党是执政党，掌握着国家公共权力，对社会发展起到举足轻重的作用。能否解决好社会发展面临的矛盾和问题，是对党执政能力的考验，而执政能力的强弱是党的建设成效的具体体现，执政成效是对党的建设成效的检验。如改革开放初期，僵化的思想阻碍了社会发展，能否解放思想、与时俱进，是对党的考验。党坚持思想理论的创新，创造性地发展了马列主义和毛泽东思想，形成了邓小平理论、"三个代表"重要思想和科学发展观这个重要的中国特色社会主义理论体系，正确地指导了中国特色社会主义的发展。同样，要继续推进中国特色社会主义事业的发展，还需要不断进行思想理论的创新。

党的建设要与中国特色社会主义发展的实践要求相协调。中国特色社会主义是一个有机统一的整体，这个整体涵盖经济、政治、文化、社会方方面面。虽然党的建设具有特殊性，但只是中国特色社会主义发展的一个部分。中国特色社会主义是党的建设的前提和条件，不考虑这个前提和条件，党的建设就没有牢固的基础。胡锦涛指出，加强党的建设，就是要使党的理论和路线方针政策顺应时代发展的潮流和我国社会发展进步的要求。因此，中国特色社会主义发展的实践对党的建设提出了具体的要求，党的建设要与中国特色社会主义发展的实践相一致。如依法治国是党领导人民治理国家的基本方略，加强法制建设是中国特色社会主义发展的重要任务。这对党的建设也提出了客观要求。党的建设要着眼于制度建设，要使党内制度成为党内的法规，并与国家的法规相一致。为此，党的建设要体现在完善的制度和健全的体制及优化的机制上。

路径选择之二：

主体——紧紧依靠广大党员

政党不是领袖、领导干部组成的，是广大党员组成的，党员是党的主体，是党内的主人。胡锦涛同志曾明确指出："党员是党的机体的细胞和党的行为主体。"党的十七大又发展了这一思想，第一次在党代会报告中明确提出"尊重党员主体地位"。显然，以改革创新的精神建设党，必须紧紧依靠党员这个党的主体，改革的目标方向、方法形式、内容重点等都应该由党员这个主体决定。

之所以强调党员主体作用，其思想意义十分重大。首先，关系党内的民主发展。党内民主的本质是什么？理解和把握这个问题的关键在于明确谁是党内的主体。毫无疑问，党员是党内生活的主体，是党的工作的主体，是党的建设主体，因此，党员是党内民主发展的主体，只有把发展党内民主的基本点放在党员主体上，才能真正更好地发展党内民主。其次，关系党的生机与活力。党是由千百万党员个体构成的，不是少数革命职业家或组织管理者的政治团体。党是由共同理想和目标追求的人自愿组成的政治同盟。党员主体地位不能得到体现，党就失去力量的源泉、智慧的源泉、活力的源泉，党就不可能保持长久的生机和活力。再次，关系到党的各项目标和任务的完成。党员是党的各项事业发展的主体，没有党员主体作用的发挥，党的各项目标和任务是不可能得到顺利实现的。第四，是解决党内种种问题的需要。解决党内的问题靠什么？是靠上级领导或是专门机关，还是依靠党员这个党内的主体。如果在制度、体制、机制上不能很好体现党员的主体作用，党内存在的问题很难从根本上得到解决，也不可能保证党的健康发展；即便有些问题一时得到解决，也很难维持长久。因此，党员主体地位问题深层次涉及到党内和谐问题，党内矛盾不能得到有效解决，党内就不可能实现党内和谐。第五，关系党的建设的整体水平。党的建设是一个整体，体现于党的建设的方方面面。但要看到党的建设最终都要体现和落实到党员这个党内的载体上。社会发展本质上是人的发展，而党的发展本质上是党员主体的发展。没有党员主体的发展，最终党的建设就会落空。党员以“党内主人”的身份对待党的建设，就会产生强烈的责任感和极大的创造力，就会有力地促进和推动党的建设。第六，关系到人民民主的发展。党是执政党，党的自身行为对社会产生着巨大的影响。党员是党内的主人，发展党内民主重要的是发挥好广大党员的作用。党员作用发挥好了，就为人民民主做出示范，就有利于引领人民民主的发展。

由上可见，尊重党员主体地位意义重大。尊重党员的主体地位，必须要体现党员的主体地位。因此，以改革创新精神建设党，首先必须依靠党内的广大党员，要体现党员的意志、表达党员的主张。党内如何改革、怎样改革，都必须听从党员，由党员决定。而不是由少数领导决定，也不是由所谓的“上级组织”决定。

实践表明，党员主体地位的确立必须通过有效的载体和途径。没有无内容的形式，也没有无形式的内容。没有有效的载体和途径，再好的内容也无法得到真正体现。有效的载体和途径必须体现以下特点：一是多样性。党员的主体地位不是仅仅体现在党内生活的某个方面，而是多个方面的整体体现。因为党员是党的组织、党的生活、党的工作、党的建设和党的事业的主体，党员的参与是多层次的参与，党员本身又来自各个不同“阶层”。只有通过多种载体和途径，党员的意志才能得到更充分、更广泛、更有效、更生动、更形象、更具体的体现。二是公开性。设置的载体和提供的途径必须尽可能体现公开性，以便有利于绝大多数党员的积极而充分的参与以及实施有效的监督。开放的平台和畅通的渠道，有利于更好地激发党员主体的活力，有利于更充分地表达党员的具体主张，特别是有利于集中党员的智慧。事实上，党内如何改革及改革什么样的内容等问题，在党员中都有不同的意见。这些“意见”就是党内的“民意”。因此，让这些“民意”公开化，才有利于党员主体地位的体现。如党员可以通过“党员论坛”自由、自主地发表意见。这种形式不仅在党内产生影响，而且对社会也会产生较大的导向性积极影响。三是有效性。哲学原理告诉我们，从事物的具体内容出发，根据不同的时间、地点、条件，选择与内容相适应的形式，对于促进事物的发展，具有重要意义。因此，设置的载体、提供的途径必须与时代要求相一致、与具体实际相符合。如党员对党内

领导进行“信任性票决”形式，既可以反映出大多数党员对党内领导的认可度，也可以反映出党内领导成员或领导班子的“群众基础”。四是规范性。主要的载体和途径必须通过党内的制度进行规范，以产生长期性、稳定性、有效性的影响。以制度进行规范的形式，可以减少不利的人为因素，以保证有效的载体和途径能长期发挥作用。这种规范要体现出科学性和程序性，使载体和途径这种“形式”既便于具体操作，又合情合理。五是创新性。正确地选择和创造适合实践要求的载体和途径，必须否定和革除与实践发展不相符合的形式。需要坚持解放思想这个思想路线的本质要求，在实践中进行大胆的探索，而不能拘泥于陈旧的形式。特别需要借鉴人类民主政治发展的成果，结合中国社会的实际进行多样的实践探索。如干部使用的提名非常重要，既要有组织提名，也要有党员提名。有效形式的党员提名，可以弥补组织提名的某些不足。

路径选择之三：

根本——改革完善党内制度

邓小平在《党和国家领导制度的改革》的讲话中明确强调制度建设“更带有根本性、全局性、稳定性和长期性”的观点。但遗憾的是全党认识整体滞后。而今天逐渐成为大家的共识。历史和现实都一再表明，制度建设是以改革创新精神建设党的重点，当然也是以改革创新精神建设党的根本、主要路径。

党内制度建设意义重大。从宏观上看，制度建设是发展党内民主的根本保证，是党的性质、历史使命和组织原则的必然体现，是保证党的领导决策科学化的坚实基础，是党永葆生机活力的根本保证，是建设中国特色社会主义制度的关键所在。从微观上看，制度有利于党内成员思想的配置、生成以及强化和固化，制度对党内成员具有很强的规范力、约束力、导向力。

之所以强调要以改革创新的精神建设党的制度，是因为目前党内制度还不够完善，还存在一些明显的缺陷。比较突出的是：一是体系不健全。党内制度制定的主体、权限、程序、审查、监督等还缺乏一个系统的规定。如审查、纠错机制还缺乏科学性，导致制度间的矛盾发生。二是协调性不强。党内制度虽然更新快，但组织制度规定的组织机构和权限却不能与行为制度相协调，滞后于行为制度的情况比较突出。三是程序性欠缺。在现行的制度中，实体性制度与程序性制度混于一体，这就会造成程序性规定内容的重复和冲突，或者说不具体。如党内的弹劾程序、重大问题决策程序等还不够具体。四是适应性不对称。总体看，党内制度还落后于党的建设与发展之实践。如党内违纪案件审理的公开性以及当事人的辩护权等规定不明确。

需要确立制度建设的目标。一是实现制度建设的科学化，使党的制度符合制度本身的规律，符合客观实际。特别是党内制度必须要有内在的逻辑联系，制度必须具有不同的具体功能。二是实现党内制度的系统化。在制度规定上要尽可能完备，没有空当；党内具体制度之间的内容必须相互协调；在制度之间要建立矛盾解决机制。此外，主辅制度要相互结合、相互促进。三是增强党内制度的可操作性。制度不仅是行为价值的评判标准，更重要的是提供行为规范。因此，既要重视实体性制度建设，也要重视程序性制度建设。要提高制度的程序性水平，使制度有具体的操作性，使制度的各个环节都有章可循，以减少制度的弹性和空间。四是确立制度的权威性。制度是硬性的规范，是党内的法规，具有权威性，决不能成为“摆设”。增强制度的权威性，重要的是落实监督检查制度，使制度的权威性得到确立。

从党内的制度实践看，改革和完善党内制

度，首先必须科学设计好制度。弄清制度的目的、目标和功能等问题。尤其要增强制度的合法性，这是增强制度效率、效益的条件。如：制度规定的权力是谁来授予、由谁来管住权力等，这些问题非常重要。其次，要以创新的精神建设制度。党的组织结构、成员构成、领导体制、活动方式、党员队伍等都发生了重大变化，社会经济、政治、文化等也发生了重大变化，因此，作为党的制度也必须适应形势发展变化的要求。一方面需要总结各级党组织在制度建设的实践中创造的经验，以概括和提炼成为指导规范意义的制度；另一方面，吸取和借鉴国外有益的制度拓宽制度的思路、丰富制度的内容。还要增强制度的预见性，对未来进行很好的谋划。再次，要对已有的制度进行清理。制度建设既要纳新，也要吐故。所以，要对不适应形势发展要求的制度要及时废止，用更有针对性的、现实性的制度取代。

从党的建设角度看，思想建设是灵魂，组织建设是关键，作风建设是保证，而制度建设则是根本。因此，要坚决把制度建设贯穿于党的建设始终，用制度建设从根本上巩固党的建设成果。从党的建设所表现出的现实问题看，需要增强党员干部的制度意识。制度意识是基础性、内在性问题，制度意识是制约党的制度有效性的重要因素，目前存在的党内制度不够健全、对制度的执行力弱化现象等都与制度意识不强有关。为此，需要通过多种方法和途径进一步强化广大党员干部的制度意识。

路径选择之四：

关键——健全党的领导体制

领导体制，通常是指党为实现领导意图和职能的机构设置形式，或者说，是一种运行模式，这种模式又是具体制度的总和。党的领导体制是一个系统，是党开展领导活动所凭借的客体。一般说来，采取什么样的领导体制，应该以实现什么样的领导目标而确定的。但不管怎样，领导体制必须具体规定某种领导程序、领导方法、领导者产生的方式及领导者的职责划分和领导活动的原则等。领导体制是以一定的领导机构和组织制度为依托的，否则，领导体制即无法得到运行。正因为如此，领导体制是纵向和横向作用的统一，一方面，在纵向上广泛存在于中央与地方、上级和下级之间；另一方面，在横向上又广泛存在于政党、国家机关、企事业单位和社会团体之间。

领导体制的内容主要包括党的领导组织结构、党的领导级次和幅度、党的领导机构的职责与权限划分以及党的领导干部的管理制度等。因此，领导体制极为重要，应该把领导体制的改革放在突出的位置。事实证明，领导体制阻碍了党的制度建设和其他建设的展开。从党的建设所表现出的现实问题看，需要特别重视以下两个主要问题：一是监督体制自身的有效性欠缺。1982年，党的十二大通过的党章规定党的监督体制是“双重领导”体制，即党的监督机构受同级党委和上级纪委的双重领导。这种双重领导体制与党的领导体制存在着密切的联系，在实践中有其积极方面。但这种监督体制存在的问题比较明显：如监督机构的独立性不够、权威性不强、受制约因素较多等，这就势必弱化了监督机构对权力的有效制约。虽然，监督机构是双重领导，但实践中主要是受同级党委领导，受制于同级党委，如纪委在对违纪的党员领导干部立案审查中，往往缺乏独立的行使权，从而极大地削弱了纪委的监督能力。纪委工作人员的调动升迁、福利待遇等都是由同级党委决定的，这就使得纪委干部难以摆脱客观环境因素的束缚甚至干扰。特别是当纪委在处理重大问题时与党委不一致时，这种体制的弊端就会明显地表现出来。二是监督体制的外部配套性不够。党内监督体制不能是一个封闭的系统，

其作用的发挥还需要监督体制外的配合。尤其在党内自身监督体制还没有普遍完善的情况下，外部监督力量的促动与补充是强化党内监督的重要方面。如舆论监督力度不强。之所以监督力度不强，又由于新闻体制不够完善所致。新闻机构的独立性也不强。因为新闻机构的领导班子是由党委任命的，新闻机构的作为也受制于党委。不解决新闻机构的相对独立性，新闻监督只能作用于有限的范围、层次、对象，难以发挥更大的作用。

从当前情况看，主要解决以下问题：一是需要改革完善党内监督机构。以权力制约权力是监督的核心问题。监督者必须具有相对的独立性、权威性，拥有相对的权力、地位，才能保证监督产生更好的效果。因此，需要建立与同级党委平行的党内监督机构，实行垂直式监督体制。纪委机关与同级党委不再是领导与被领导的关系，而是监督与被监督的关系，与同级党委平行行使权力；纪委机关的领导成员不兼任同级党政机构的任何职务；纪委机关有权参加同级党委领导班子或部门的任何会议；凡纪委机关的决定，同级党委无权否决；纪委机构领导由同级党代会产生并向党代会报告工作。二是改革党内领导体制。现在党内领导体制主要是“常委制”，重大决策权主要属于常委会。这种体制有利于集中，具有一定的积极作用，但存在监督弱化的问题。因此，把重大决策权转移到全委会，常委主要体现在“执行”层面。这样可以对党内的权力进行适当分解，也增加了对权力的制约性。三是建立党内外有机监督体制，主要是发挥好群众与舆论监督的作用。事实证明，发挥群众的监督作用是完善党内监督体制的重要方面。群众是泛指，既指广大人民群众，也指党内普通的党员群众。如在党内可以试行对领导干部的信任性票决；在党外可以公开进行广泛的民调。特别是通过制定制度、法规保障人民群众的监督，再如尽快制定《新闻监督法》赋予新闻媒介的知情权、采访权、评论权等，保障新闻媒介的独立性、自由性，更好地发挥新闻媒介的监督作用。

路径选择之五：

条件——借鉴国外政党经验

政党不是从来就有的，而是随着经济、政治、文化的发展才应运而生。若是从英国议会中政党雏形——辉格党和托利党的初步形成算起，政党已经有300多年的历史。政党政治是迄今人类社会普遍存在的政治现象。这个现象的产生和变化，有其历史性、时代性、阶级性。因此，政党存在着特殊性、普遍性，也存在着不同属性、特征的差别。但世界政党的发展有其共同规律，需要研究和把握这种规律。

要以改革创新的精神建设党，思路仅仅局限于党内、国内是不够的，还要拓宽我们的视野。世界在变，政党也在变。从本质上讲，我们所处的时代是一个不断变革、开放的时代。任何一个执政党都必须通过有效的变革、开放才能适应这个时代发展的要求。而当今政党的变革、开放就必须学会借鉴其他政党的经验，这是发挥政党自身的必要途径。实际上，在20世纪50年代初期，毛泽东等党的领导人提出过学习其他政党的经验。毛泽东在谈到苏共时认为，斯大林破坏法制的行为在英美等西方国家不可能发生。周恩来在谈到人民代表大会对政府的批评和监督时也认为，西方议会的某种形式和方法还是可以学习的，并认为这可以使我们从不同方面发现问题。刘少奇更明确地认为：“资产阶级的有些制度也可以参考。”但遗憾的是这些重要思想在后来的实践中并没有很好得到发扬光大，相反却逐渐走上了自我封闭、教条僵化的道路。改革开放以来，特别是20世纪90年代以来，随着世界经济“一体化”的发展，政治的交流日益增多，对国外的政党了解逐渐深入，也使我们获得更多的政党发展方面的启示。

形成政党内部的竞争机制。政党内部没有竞争，久而久之，政党素质就会下降，政党的机能就会衰弱，最终导致政党失去活力，进而失去政党对民众的吸引力。竞争性机制形成重要的是党内选举机制的形成。西方政党党内选举给予我们一些启示。如候选人的信息往往更公开、更透明、更准确而富有个性，这给选举人的正确“选择”提供了方便。再如，党内候选人的思路与党内成员的互动，有利于选举人更全面、更准确、更深入认识候选人，有利于增加增强人选产生的合法性。事实上，在竞争中不仅使党内的人才脱颖而出，更重要的是排除不合适的人选，同时在政党内部会产生极大的压力，促使获得选举成功的人尽力履行职责。

强调政党内部运作的法律化。西方国家政党内部运作机制的规范性，是其在自身发展和运作过程中，在内部各种力量的博弈中，在面对外部强大竞争压力的条件下而逐步形成的。随着西方政党制度的发展，政党内部运作机制的规范性制度在国家法律中逐步体现出来。许多国家都通过立法将政党的运作建立在更加制度化的基础上。因此，西方发达国家政党比较重视政党自身行为与国家法律的一致性，并努力使其有机衔接。

重视加强对政党内部的监督。西方一些政党非常重视对政党自身的监督，以保证政党内部规范运行。如设立审查候选人资格的资格审查委员会、建立中央协调委员会、建立党内听证会和咨询制度等。而在政党外部，对政党的监督力量处处存在。特别值得一提的是发挥大众媒体的监督作用，而有效的媒体监督作用是巨大的，许多发达国家政要的丑闻都是新闻媒体首先揭露出来的。此外，有效发挥“在野党”的作用。通过“在野党”监督和制约执政党的政策和行为，防止执政党独裁专制，保证政治权力的运作在公众可以容忍的范围内。

强化政党与民众的密切联系。西方政党执政是在选举中获得的，因此，政党之间的竞争性较强，这种竞争性迫使政党加强与民众的联系。如建立政党与选民的“联系人制度”，以使选民的要求及时得到反馈，并在选举纲领中得到体现。有的还建立公民咨询委员会，以促进和引导选民的积极参与，赢得更多的支持。如，利用民调机构，掌握社情民意。民调数据是社情民意的晴雨表，准确掌握有利于政党制定政策。如通过建立“思想库”，加强政党与民众特别是青年知识分子的沟通。再如，善于把民间组织作为政党的外围组织，扩大政党的影响，还通过建立基金会的方式加强与民众直接和间接的联系等。

（作者单位：中共浙江省委党校）

（选自《当代社科视野》2008年第9期）

党的先进性建设长效机制研究

金晓钟　王普光

保持共产党员先进性教育活动结束以后，如何把先进性教育活动取得的理论成果和实践成果转化成制度成果，建立党的先进性建设长效机制，是摆在全党面前一项重大而紧迫的课题。解决这一课题，要求我们必须进一步提高认识，加紧工作，尽快形成比较完整的长效机制的整体框架。同时也要求在理论上进一步深入研究，尽快形成比较完备的长效机制的理论体系。

一、建立党的先进性建设长效机制的重大意义

建立党的先进性建设长效机制，是先进性教育活动提出的客观要求，是在新的历史条件下保持和发展党的先进性的重大举措，对于巩固先进性教育活动成果，创新党建工作方式方法，进一步探索马克思主义执政党自身建设的规律，具有重大的理论价值和实践意义。

是经常性教育与集中教育相结合的客观要求。把经常性教育与适当的集中教育结合起来，是我们党解决自身存在的问题、搞好党员队伍建设的一条重要经验。适当的集中教育，在短期内可以取得较好的效果。这次我们党开展的以实践“三个代表”重要思想为主要内容的保持共产党员先进性教育活动，就是在新的历史条件下用集中教育的方式加强党员队伍先进性建设的一次成功实践。通过这次活动，党员队伍中存在的一些突出问题得到了初步解决，一些软弱涣散和不够健全的基层党组织得到了整顿和加强，党员、干部的先锋模范作用得到了进一步的发挥，基层党组织的创造力、凝聚力、战斗力得到了进一步提高。然而，党的先进性建设作为马克思主义政党自身建设的永恒课题，不可能毕其功于一役。这次先进性教育活动虽然实现了预期目标，取得了显著成效，但是作为一次集中性的教育活动，有其阶段性和时间性，只是在有限的时间内解决了有限的问题，不可能解决所有问题。目前党员队伍中仍然存在着一些与党的先进性要求不适应、不符合的突出问题。为了解决这些问题，我们党今后还会根据新的形势和任务的需要，选择适当的主题和方式，在党内开展必要的集中教育。但更为重要的是努力建立保持共产党员先进性的长效机制，用制度规范和引导广大党员，使其在学习、工作和生活中有所遵循。胡锦涛同志指出：“要长期保持和不断发展党的先进性，必须通过完善制度和机制，使党的先进性要素充分发挥作用，激励广大党员自觉遵守党章和党规党纪，自觉实践党的先进性基本要求。”这一论述切中了党的先进性建设的关键和要害。只有把这次先进性教育活动取得的实践成果和理论成果转化为制度成果，建立健全党的先进性建设长效机制，使先进性教育活动取得的成效、创造的经验转化为经常之举，长期坚持下去，发挥长效作用，才能使党员长期受教育，永葆先进性。

是党的建设工作方法论的重大创新。党的先进性建设长效机制是指经过实践证明有效的、通过总结归纳上升到一定的理论高度、并有相应的规章制度保障的各种工作方式和方法。这种工作机制意义上的方式方法与一般的党建工作方式方法相比有着显著的区别。首先，先进性建设长效机制是相对固定化的工作方式和方法，它不会因为领导者的变动或具体工作人员的流动而随意改变，从而能使这些方式方法长期起作用，而单纯的工作方式方法是可以根据个人主观意志随意改变的。其次，先进性建设长效机制是制度化的工作方式和方法，本身含有制度的因素，要求所有相关人员遵守，而单纯的工作方式方法往往体现为个人做事的一种经验或偏好，并不具有制度的强制约束性。第三，先进性建设长效机制是科学化的工作方式和方法，在实践检验的基础上经过了理论的科学加工，因而能够更有效地指导实践，而单纯的工作方式方法则因人而异，并不要求上升到理论高度。第四，先进性建设长效机制是系统化的工作方式和方法，是对各种有效方式方法的综合，并依靠多种方式方法来起作用的，而单纯的工作方式方法往往只是做事的一种形式和思路，是单一起作用的。建立健全党的先进性建设长效机制是党建工作方法论的重大创新，对于克服传统党建工作方式方法的局限性，在新的历史条件下保持和发展党的先进性，具有稳定性和长期性的重要意义。

是对党的自身建设规律认识的进一步深化。先进性是马克思主义政党的本质属性，保持和发展党的先进性，是马克思主义建党学说的核心内容。回顾《共产党宣言》发表以来的历史，马克思主义政党在保持和发展先进性方面，有许多成功的经验，也有不少深刻的教训。马克思、恩格斯、列宁在创建第一国际、第二国际、第三国际以及苏联共产党的实践中，都极为重视党的先进性建设，提出了许多重要的思想，采取了一系列的措施。但是由于未能从制度、体制和机制上解决问题，在他们逝世以后，大多数政党都逐渐偏离了先进性发展的正确轨道，发生了严重蜕变，最终丧失了自身的先进性。以毛泽东同志为核心的中国共产党第一代中央领导集体把马列主义党建理论同中国革命和党的自身建设的实践相结合，成功地解决了在党内非无产阶级成分占大多数的情况下如何保持党的先进性的问题。但是后来同样由于对制度、体制和机制重视不够，党的先进性建设也曾出现过偏差和失误。历史的经验教训告诉我们，马克思主义政党的先进性不仅体现在思想、政治、组织和作风等方面，也体现为党在制度上的先进性。这种制度上的先进性不仅是党的先进性的重要组成部分，而且对整个先进性建设有着决定性的影响。邓小平同志指出："制度问题更带有根本性、全局性、稳定性和长期性。"这里所说的制度，是包括体制、机制在内的广义的制度。但是过去一段时间我们往往从狭义的角度去理解，较多重视制度的建立和体制的改革，而在很大程度上忽视了机制方面的建设，因而造成党的先进性建设机制还不够完善，缺乏整体性、系统性。所以，我们必须在总结历史经验和借鉴这次先进性教育活动新鲜经验的基础上，找到从机制上永葆党的先进性的途径和办法。从一定意义上说，研究党的先进性建设长效机制，就是探索执政党如何走改革和制度建设的新路子。只有在总结实践经验的基础上形成科学的制度规范，建立一套健全有效、稳定

持久的先进性建设长效机制，党在思想、政治、组织和作风上的先进性才能得到长久保持并不断发展，这是马克思主义政党自身建设的一条重要规律。

二、党的先进性建设长效机制的科学内涵

在党的先进性建设理论和实践中，经常发生机制、体制、制度三个概念互相混用的现象。一些党组织由于不清楚机制的内涵，往往把机制等同于制度或体制，笼统地用制度建设代替机制建设。虽然各项制度建立得比较完善，但是由于忽视了机制的建设，导致制度不能长期坚持或流于形式。因此，研究党的先进性建设长效机制，首先要正确把握机制与制度、体制之间的联系和区别，正确理解党的先进性建设长效机制的科学含义。

制度，指的是要求社会成员共同遵守的办事规程或行动准则。汉语中“制”有节制、限制的意思，“度”有尺度、标准的意思。这两个字结合起来，表明制度是节制人们行为的尺度。从广义上讲，机制也属于制度范畴，与制度有着内在的联系，不可能严格区分开来。首先，制度是机制的基础。我们通常讲的机制，指的就是制度机制，即制度之间的联结方式、运行程序以及保证措施。换言之，机制就是社会生活运行中的各种方法、手段用制度体现出来的东西。机制需要若干制度相衔接才能形成，需要依靠多种制度综合执行才能起作用。因此，建立一个机制，前提是要制定一套完善的制度，明确规定权利、义务以及执行措施等。离开了制度，机制就会成了无源之水、无本之木。其次，机制是制度的有机结合。一个完整的制度体系只有通过一定的机制才能使各项制度相互影响、相互作用和相互促进，从而使整个组织或整项工作有序运转。离开了机制，制度就会成为枯木死水，无法发挥作用。机制与制度虽然密不可分，但二者又有着明显的区别，不能混为一谈。制度是机制的基础，但并不是机制本身。如果说制度是人们办事的规矩，那么机制就是能够促使人们遵守这些规矩的方法，并且这些方法也是按规矩进行的。不能简单地认为制度就是机制或机制就是制度，更不能用制度代替机制。

体制，指的是国家机关、企事业单位在机构设置、领导隶属关系和管理权限划分等方面的体系、方法、形式等的总称。从广义上说，体制作为制度的表现形式，也是机制的基础，体制决定机制，机制体现和保证体制。二者是一个问题的两个方面，不可能严格区分开来。如“党委统一领导，党政齐抓共管，纪委组织协调，部门各负其责，依靠群众的支持与参与”，这既是党风廉政建设和反腐败的领导体制，也是工作机制。但是从狭义上看，体制和机制不是同一个概念，二者无论是词语属性还是实际应用都有一定的区别。首先，二者的含义和适用对象不一样。“机制”重在强调事物内部各部分的机理即相互关系，一般是指组织机构的相互关系及其工作方式。而“体制”是有关组织形式的制度，一般是指具体组织的机构设置和权限划分的制度，限于上下之间有层级关系的国家机关、企事业单位。简而言之，在制度框架内，机制是指制度之间的内在连接，体制是指制度的外在表现。其次，二者中心语和使用范围不一样。在日常用语中，“机制”一词多用于动词之后，表示这个动词的动作过程和方式，如管理机制、运行机制、分配机制、党建机制等。而“体制”多用于具体组织名词之后，表示这个名词的制度，如市场经济体制、国有企业体制、科研所体制等。

党建工作中的机制，是社会学意义上的机制运用于党建领域的概念，指的是党组织制度系统内部各要素之间彼此依存、有机结合和自动调节所形成的内在关联和运行方式。所谓长效机制，顾名思义，就是规范的、稳定的、能够长期发挥效用的机制。党的先进性建设长效机制，就是以党的先进性建设制度为基础，把制度系统内部各种相关要素联结起来，形成一个结构合理、关系协调、运转有效、长期管用的有机整体，能够在较长时期内对党的先进性建设起规范作用的工作方式和方法。

三、党的先进性建设长效机制构成要素

党的先进性建设长效机制作为一个系统的有机整体，它的构成要素主要包括工作机制、程序机制、保障机制三个方面。

工作机制。所谓工作机制，是指实现党的先进性建设工作目的的方式方法。如，理论创新机制。理论创新是人们自觉探索未知、发现真理和发展真理的创造性活动。理论是灵魂、是旗帜、是方向。马克思主义政党的先进性，首先表现为理论上的先进性。在思想建设领域建立党的先进性长效机制，核心问题是要建立健全党的理论创新机制，使全党始终保持与时俱进的精神状态，不断开拓马克思主义理论发展的新境界，通过理论创新推动党的先进性建设实践的创新和发展。科学决策机制。加强党在治国理政方面的先进性建设，正确制定符合中国实际、反映人民愿望的纲领路线、方针政策，是加强和改善党的领导，使党在政治上保持先进性的根本问题。在政治建设领域建立党的先进性长效机制，关键是要健全完善科学决策、民主决策的长效机制，保证党的决策和全部工作始终符合实际和社会发展规律。教育党员机制。党员是党的肌体的细胞和党的活动的主体，党员队伍的先进性是党的先进性的重要基础。在组织领域建立党的先进性建设长效机制，必须以党员队伍建设为基础，建立健全党员教育、党员管理和党员队伍吐故纳新的长效机制。人才管理机制。人才是第一资源，人才优势是党的先进性的重要体现。坚持人才强党，把优秀人才吸纳到党内来，把党员和党的干部培养成优秀人才，既是提高党的执政能力的必由之路，也是加强党的先进性建设的重要内容。在组织建设领域建立党的先进性建设长效机制，必须以人才队伍建设为重点，建立健全包括党政人才、企业经营管理人才和专业技术人才三支队伍建设的长效机制。联系群众机制。密切联系群众是党的优良作风的核心，是我们党的最大政治优势，也是保持和发展党的先进性的不竭源泉。在作风领域建立党的先进性建设长效机制，必须以服务群众为核心，从扩大联系范围、改进联系方式、丰富联系内容、增强联系实效等方面入手，建立完善党员联系群众的长效机制。

程序机制。所谓程序是指从事行为的途径、环节或做出决定的顺序、步骤。党的先进性建设长效程序机制，宏观上包括民主参与机制、党内监督机制、党务公开机制等等。在先进性长效机制体系中，程序机制占据着枢纽地位，程序的完备与否在很大程度上决定着党的先进性建设的成效。在建立先进性长效机制的过程中，必须克服重实体机制、轻程序机制的倾向，把长效程序机制建设摆到重要位置上。民主参与机制。民主参与机制是指党员参与和决定党内事务的基本制度及其程序，是党内民主的制度化和程序化。建立完善党员民主参与长效机制，是实现党内民主价值目标的桥梁，是保持党员和党组织先进性的有效途径。构建党的先进性建设长效程序机制，重点是建立完善党员的知情权、参与权、选择权和监督权的运行机制。党内监督机制。党内监督是党员之间、党组织和党员之间以及党组织之间依照党章和其他重要法规相互监察、相互督促的活动。建立健全党内监督长效机制，是保证党内生活民主化、正常化的基本途径，是防止权力滥用、有效遏制党内不正之风和各种消极腐败现象的关键环节。要以贯彻执行《党内监督条例》为重点，进一

步建立完善党内监督机制，全面强化党内监督，特别是要加强对重点领域、重点环节和重点对象的监督。党务公开机制。实行党务公开，是科学执政、民主执政、依法执政的客观要求，是发展党内民主、加强党内监督的基本途径，是保持和发展党的先进性的重要举措。在社会已进入信息化、法制化的今天，破除党务工作神秘化，推行“阳光党务”，不仅十分必要，而且势在必行。

保障机制。党的先进性建设长效机制可以分为客体和主体两个层次，客体是指长效机制的各项制度、体制及其运行程序，主体是指党的各级组织和全体成员。作为客体的机制是由作为主体的组织和人制定的，也是由组织和人去实施完成的。因此，要确保长效机制正常有序地运行，始终处于良性的连环状态，必须构建起一个客体通过主体得以贯彻落实的保障机制。这就需要运用领导责任机制、督促检查机制、考核评估机制、奖惩激励机制等措施手段，形成一种强化、约束、激励的力量，来保证长效机制的有效执行和党的先进性建设各项工作的贯彻落实。

三种机制既彼此相对独立，又互为条件，彼此渗透。其中工作机制是核心，程序机制是关键，保障机制是保证。只有建立健全上述三种长效机制，形成一套结构合理、关系协调、程序严密、执行顺畅的机制体系，党的先进性建设才能建立在可靠有效的基础上。

四、建立党的先进性建设长效机制的基本原则

现实性和前瞻性相统一。立足现实：党的先进性是历史的、具体的，因此党的先进性建设长效机制必然是一个立足现实的机制。这就要求我们在建立先进性长效机制的过程中，必须从实际出发，充分考虑到当前所处的社会主义初级阶段的社会特点，充分考虑到现阶段党的历史任务，充分考虑到党员队伍的现实状况，充分考虑到当前工作急需、条件具备等因素。制订的计划，提出的要求，规定的标准，采取的措施，都要符合现阶段中国社会对中国共产党的现实要求，符合各级党组织和广大党员干部的能力水平，做到贴近实际、贴近基层、贴近党员，增强针对性和实效性。着眼长远：党的先进性的本质特征，就是能够顺应时代的发展和人民的要求，使党的全部理论和工作体现时代性、把握规律性、富于创造性，使我们党始终与时代发展同步伐、与人民群众共命运。这就决定了党的先进性建设长效机制又应该是一个面向未来、体现时代性的机制，必须具有一定的前瞻性。因此，建立先进性长效机制既要切合目前的状况，符合现实需要，又要着眼于制度建设的长远性和基础性；既要着力解决当前影响党的先进性的突出问题，又要充分考虑到今后工作中可能出现的新情况、新问题、新矛盾，使所建立的长效机制体现时代发展的要求，能在较长的时间内发挥作用，避免频繁更换。

继承与创新相统一。继承传统：建立党的先进性建设长效机制，不能抛开历史另起炉灶，必须继承党建工作的优良传统以及以往党内集中教育活动的成功经验。在长期的革命和建设中，我们党已经形成和发展了一些必要的党建工作机制，许多机制现今仍发挥着重要作用，我们要坚定不移地继承发扬，自觉遵守执行。但也有一些机制经实践证明不起作用或作用甚微，这就要求我们对已有的党建工作机制进行认真梳理整合，该继承的继承，该修缮的修缮，该扬弃的扬弃，以不断补充完善先进性建设长效机制体系。改革创新：党的先进性是随着形势和任务的变化而不断丰富和发展的，永远不可能停留在一个水平上。因此，建立先进性建设长效机制必须坚持与时俱进，大胆改革创新，努力在继承的基础上创新，在坚持的基础上发展，在已有的基础上完善。近年来，各级党组织在党建工作中积极探索，取得了许多宝贵的经验，需要我们及时总结、提炼，充实到先进性建设长效机制中去。特别是要把先进性教育活动的新鲜经验总结好、运用好、发展好，探索建立一批新的制度，确保长效机制本身的先进性。

系统性与独立性相统一。系统配套：建立党的先进性建设长效机制是一项复杂的系统工程。根据系统学的观点，机制是指系统内各子系统、各要素、各环节之间相互联系、相互作用以及相互制约的形式，并通过它们之间的有序运作而完成整体工作目标。因此，建立党的先进性建设长效机制要注意机制的系统性，把长效机制的各子系统、相关要素和环节联结起来，做到相互衔接，系统配套。这就要求我们既要注重实体性机制的建设，又要注意程序性机制的建设；既要注重工作机制方面的建设，也要重视保障机制方面的建设。从而形成结构合理、关系和谐、运转有序、长期管用的完整机制体系。相对独立：建立党的先进性建设长效机制，既要注重系统的配套，以解决共性问题，又要注重系统内各子系统的相对独立性，以解决个性问题。为此要注意把系统性与独立性有机结合起来，既要建立健全在全党具有普遍适用性的制度机制，用以指导面上的工作，又要在总的原则要求下，充分考虑党政机关、事业单位、农村厂矿、街道社区等不同性质党组织的特点，充分考虑不同层次、不同岗位、不同文化程度党员的特点，制定和确立不同的内容、标准和要求，分门别类地建立符合不同类型党组织和不同群体党员的长效机制。

全面推进与突出重点相统一。全面推进：党的先进性是多方面要素共同构成的，包括指导思想、路线纲领、奋斗目标、方针政策，也包括组织原则、领导体制、工作机制、干部能力、党员素质，等等。因此，建立先进性建设长效机制必须综合考虑党的先进性的诸多要素，从思想、政治、组织、作风、制度等各个领域进行全面构建。突出重点：建立党的先进性建设长效机制，既要全面建设，又要突出重点。要善于把握主要矛盾，抓住影响党的先进性建设的突出问题和关键环节。对全党来说，要把建立健全保持共产党员先进性长效机制作为主攻方向，重点建设党员学习培训、扩大党内民主、严格党内组织生活、联系和服务群众以及党建工作督导检查等方面的工作制度。具体到一个单位，要根据自身的工作性质和党建工作中存在的突出问题，重点制定当前急需的、有较强针对性的规章制度，不要搞面面俱到的大而全。

务实管用与简便易行相统一。务实管用：建立党的先进性建设长效机制必须弘扬求真务实的科学精神，求党的执政的规律之真，务党的先进性建设之实。为此，必须坚持实践观点和群众路线，在深入调查研究、准确把握规律、认真总结提炼、反复论证试行的基础上制定长效机制。要以解决实际问题为主，做到缺什么补什么，什么急需就建立什么，坚决防止和克服从抽象的概念和原则出发、虚构各种规章制度的主观主义和追求表面文章、不讲实际效果的形式主义等错误倾向。简便易行：党的先进性建设长效机制的主要适用对象是基层党组织和广大党员群众，因此在建立长效机制的过程中，必须考虑基层工作的特点，立足于广大党员在各自工作岗位上的具体实践。制定的规章制度，不仅要有定性的规定，更要有量化的内容和标准，做到明确具体，简便易行，便于基层党组织和普通党员操作。特别是越是接近基层单位，规章制度越要具体化，避免“上下一般粗”的现象。切记不要搞繁文缛节的文牍主义。

（作者单位：中共辽宁省委党校）

（选自《理论探讨》2008 年第 5 期）

党内治理结构与执政党建设

曾 峻

发展党内民主，实现党内和谐，是执政党建设的新目标和新取向。在如何加强党内民主、加强执政党建设方面，学术界进行了诸多积极的探索。本文将借助治理结构理论，从一个新的视角来探讨党的建设问题。

一

治理结构(governance structure)在企业管理中使用得最多，一般是指关于企业所有者、经营者以及其他利益相关者的权、责、利的正式制度安排。现代政府同样存在治理结构的问题。在英语中，“治理”(governance)一词可以追溯到古拉丁语和古希腊语中的“掌舵”一词，原义指控制、指导或操纵，与“政府”(government)一词具有相同的词根。现代政府治理结构的形成早于现代公司，大约发生于18到19世纪之间，而现代企业直到19世纪后期才逐步形成。

和早期的企业一样，前资本主义时期的国家特别是实行君主专制体制的国家也是权力高度集中的。“普天之下，莫非王土；率土之滨，莫非王臣”，表明最高统治者是国家的唯一“所有者”，生杀予夺出自君王；又表明最高统治者是国家的最高“经营者”，但凡立法、行政、司法、军事大权莫不集中于君主一人之手。近代以来，君主的横征暴敛引起新兴资产阶级的抗议，于是西方分权制衡学说兴起，其目的是要在政权与人民、政权内部各部分（立法、司法和行政）以及不同层级的政府之间建立平衡的权利、义务关系。

无论在性质还是结构上，社会主义国家与资本主义国家有本质的不同，但国家治理中仍然需要处理三对基本的关系。第一，民众与政府的关系。我国宪法规定国家一切权力属于人民，实际上表明了人民是国家政权的终极所有者，即主权在民，政府拥有的只是管理权或治权。第二，立法、司法和行政机关的关系。主权虽然在民，但人民并不直接行使这种权力，而是通过选举把这种权力委托给各级人民代表大会的代表。因此由人民代表组成的各级人民代表大会在地位上高于同级其他国家机关，行政机关和司法机关的权力是国家权力机关进一步委托的结果。第三，立法、司法和行政单个系统内部不同层次管理机构之间的关系，如中央与省、自治区、直辖市的关系，省及以下各级管理机构之间的关系。

在社会主义国家，共产党是唯一的执政党，

其同样存在内部治理结构的问题。中国共产党是一个拥有7000多万之众，规模巨大且处于领导和执政地位的政治组织，把党建设好、把各级党组织特别是领导机关管理好，对于中国的现代化事业具有举足轻重的意义。如果没有相应的治理结构的规定，执政党系统很有可能出现权利主体虚位、代理人反向左右委托人等“内部人控制”现象。仔细阅读和分析党章不难看出，其中有比较明晰和严格的关于治理结构的内容。

党章规定，党员选举产生党的各级代表大会的代表。这实际上表明，广大党员是各级党组织的“主人”或终极权利“所有者”，党员和代表之间属于委托——代理关系。

党章还规定，代表组成的各级党的代表大会（简称“党代会”）是各级党组织的最高权力机关。党的代表大会选举产生党的各级委员会（简称“党委会”）和纪律检查委员会（简称“纪委会”）。党委会向同级代表大会负责并报告工作，各级纪委会在同级代表大会召开时也需要报告工作。这一方面显示出各级党代会作为各级党组织的最高权力机关的重要性，另一方面也显示出党代会和由它产生的党委会、纪委会之间也属于委托—代理关系。

在党内上下级关系上，党章规定党员个人服从党的组织，少数服从多数，下级组织服从上级组织，全党各个组织和全体党员服从党的全国代表大会和中央委员会，各级党委会统一领导所属各职能部门以及下级党组织。同时又规定，党的上级组织要经常听取下级组织和党员群众的意见，及时解决他们提出的问题，上下级组织之间要互通情报、互相支持和互相监督。

总之，党章对党员与组织、党的权力机关与其产生的领导机关、监督机关、上级组织与下级组织等党内基本关系都有全面的规定，其功能就是对党的内外部多种主体间权责关系作出正式的制度安排，以保障各级党组织的正常运行、科学决策。

二

尽管党章包含有对党内治理结构的明确规定，但由于相关规定在实践中并未得到有效贯彻执行，致使实际的党内权力格局发生较大的偏差，突出表现为权力过分集中。在党员与党组织关系方面，强调党员义务多，而对党员权利重视不够，或者虽有规定，但因为这些规定比较原则，缺乏可操作的制度和技术支撑，而使有关要求无法落实。党员对党内重要决策和干部选任缺乏必要的知情权、参与权、决定权和监督权。在党员与领导干部关系上，讲领导与被领导关系的情形多，要求党员服从的情形多，而要求领导干部和领导机构服务党员的情形少，或做得不够。

在党代会和党委会、纪委会关系方面，由于党代会普遍实现的是非常任制，党代会结束后，连续五年的领导工作和管理工作交由它所产生的党委会和纪委会去履行，无法定期检查和监督党委会和纪委会的工作好坏，党代会作为最高权力机构的地位体现不出来，党委会和纪委会直到五年后才向它报告工作，而且报告对象已经不是原来的党代会。

在党委会和纪委会关系方面，二者都是由党代会选举产生的，本应没有从属关系，纪委会只对同级党代会和上级纪委会负责，但由于同级党代会已闭会，纪委会无法从它那里获得权威支持；而上级纪委会又距离太远，对下级党组织日常情况了解不多，所以其监督往往具有事后性。更重要的是，纪委会在同级党委会领导下开展工作，人事安排上纪委书记仅为同级党委常委，于是又造成监督主体受制于监督客体的局面，很难对党委一把手、副书记甚至

常委实施监督，纪委会工作的独立性、有效性大打折扣。

在党委会内部权力配置方面，按照有关规定，地方各级党委会是党代会闭会期间执行上级党组织的指示和同级党代会决议的执行机关，而常委会又在党委会全体会议闭会期间行使党委会职权，书记、副书记及党委所属工作部门则负责日常工作。但实际情况却是书记高于副书记，书记、副书记高于常委，常委会高于党委会，党委会高于党代会。20多年前邓小平同志所批评的党委内部权力配置格局又出现了，这就是“在加强党的一元化领导的口号下，不适当地、不加分析地把一切权力集中于党委，党委的权力又往往集中于几个书记。特别是集中于第一书记，什么事都要第一书记挂帅、拍板”。

目前党委内部权力配置状况，是由多种原因造成的，其中有一点与没有完整理解毛泽东关于“班长”的说法有关。毛泽东的原话是：“党的委员会有一二十个人，像军队的一个班，书记好比是‘班长’。要把这个班带好，的确不容易。……如果这‘一班人’动作不整齐，就休想带领千百万人去作战，去建设。当然，书记与委员之间的关系是少数服从多数，这同班长与战士之间的关系是不一样的。这里不过是一个比方。”显然，毛泽东只是把书记与班子其他成员的关系比喻为军队中班长和战士的关系，而且他特地指出，两种关系是不一样的，因为战争的特殊性，战士要绝对服从班长的指挥；但书记和委员之间就不能这样，必须采取民主的方式，采取少数服从多数的议事规则。

需要注意的是，从体制上看，无论党委会还是常委会都是委员会制，而非首长制。为什么党的领导机关要实行委员会制，而行政机关普遍实行首长制呢？原因很简单，共产党是执政党，是各项事业和各个方面的领导核心，是重大指令、重要人事的决策者。只有采取委员会制，充分发扬民主，才能保障决策、用人的正确性。而行政机关是各级党委和人大的执行机关，讲求的是指挥统一，令行禁止，高效快捷。党委系统权力过分集中实际上是把委员会制置换成首长制，决策、用人的效率虽高，但差错率也高，执行的难度系数也高。

可以这么说，在现行的治理结构下，由于党员权利虚化，最高权力机关非常任，监督机关独立程度低，党委内部权力分配不当，再加上下级组织不敢也不愿监督上级组织，结果形成书记独大局面，“一把手”变成了“一霸手”，决策一言堂、用人一句话、花钱一支笔成为常态。已经有学者指出，把书记称为党内“一把手”本身就有问题。于是，党委主要领导成为某些人“公关”的主要对象，党委决策失误、用人失误就难以避免，党的领导的正确性难以保证，党的领导的权威也因此受到影响。

三

党的十六大以来，中央和各地在加强党的建设方面推出了一系列举措，直指党内治理结构的完善和优化。党的十七大报告关于党内民主建设的各项要求，同样体现出这一趋势。

第一，强化党员的主体地位。十七大报告明确提出，要尊重党员主体地位，保障党员民主权利，推进党务公开，营造党内民主讨论环境。首先，树立党员本位意识和服务理念。在继续维护党纪的严肃性的同时，增强组织为党员、上级为下级搞好服务的意识和能力，通过关心、服务提高普通党员和各级组织的向心力、归属感。十七大报告要求建立健全党内激励、关怀、帮扶机制，关心和爱护基层干部、老党员、生活困难党员，注重解决基层组织经费保障和活动场所等问题，新修改的党章规定基层党组织不仅有管理、教育和监督党员的职责，而且有服务党员的职责，都体现出对党员主体地位的尊重。其次，扩大党务公开。以公开为原则、不公开为例外，凡重要情况、重大决策、重要文件、重要资金应及时向广大党员通报，使广大党员真正成为党内主人翁。最后，提高党员参与度。营造党内不同意见平等讨论的氛围，鼓励和保护党员讲真话、讲心里话。

第二，推进党代会常任制试点。针对党代会非常设可能导致党的最高权力机关缺位问题，十六大提出要扩大市、县党的代表大会常任制试点。已有试点显示，通过实行常任制提高了党代会的权威，党代会对由其产生的党委会和纪委会的工作监督也有所提高。正因为如此，十七大提出要全面实行党的代表大会代表任期制，继续开展县（市、区）党的代表大会常任制试点。横向上增加党代会常任制试点的范围、纵向上提高党代会常任制试点层次，是今后党的最高权力机关建设的方向。

第三，实现党委会向委员会制回归。2006年以来，地方党委在换届过程中减少了书记副职的数量，突出了常委会集体议决功能，为加强集体领导奠定了基础。由于书记职数减少，书记占全体常委的比例大大下降，以前书记数量接近或超过常委半数的情况不复存在。这使得书记通过书记办公会事先定调、"统一思想"的做法受到制约，书记或常委提议、集体议决、共同负责的决策体制显露端倪，这对约束个别意志会产生深远影响。在此基础上，党的十七大进一步提出，要推行地方党委讨论决定重大问题和任用重要干部票决制；要建立健全中央政治局向中央委员会全体会议、地方各级党委常委会向委员会全体会议定期报告工作并接受监督的制度。这两条要求进一步突出了党委会的集体决策制度，进一步明晰了党委会与常委会的关系，使得党内权力关系格局更符合党章的要求。

第四，强化纪检会异体监督能力。自 2002 年始，中纪委开始对驻所有部委纪检组进行统一管理，2003 年中纪委和中组部联合建立对各地方省份的巡视制度。为了落实"适当扩大党政官员异地和交叉任职"的要求，也为了提高地方纪委工作的相对独立性，从 2006 年开始，中央加大了下派纪委书记和省级纪委书记异地互调的力度，从而打破了过去由地方党委提名本地纪委书记的惯例。党的十七大在总结过去几年实践经验的基础上，提出要健全纪检监察派驻机构统一管理，完善巡视制度。以上各项措施的目的很明确，即要提高党内纪律监督的有效性，加强反腐廉政工作，减少各级党的重要领导干部犯错误的几率。可以预见，今后纪委会和同级党委会的关系将进一步明晰，纪检机关外部监督的能力将进一步提高。

优化党内治理结构，有利于发扬党内民主，促进党内和谐，更有利于提高党的执政能力，巩固党的执政地位，我们必须扎实地做好这项工作。

（作者：中共上海市委党校教授、博士）

（选自《探索与争鸣》2008 年第 5 期）

新媒体的发展态势与党的执政能力建设

中国传媒大学党报党刊研究中心课题组

学术价值和现实意义重大

2008年6月20日，胡锦涛总书记在人民日报社考察工作时说："互联网已成为思想文化信息的集散地和社会舆论的放大器，我们要充分认识以互联网为代表的新兴媒体的社会影响力，高度重视互联网的建设、运用、管理，努力使互联网成为传播社会主义先进文化的前沿阵地、提供公共文化服务的有效平台、促进人们精神生活健康发展的广阔空间。"

胡锦涛总书记对以互联网为代表的新媒体的判断，从一个侧面折射出了党的执政能力。大家知道，新媒体的发展对信息传播格局和社会舆论产生了深刻影响，使得传统的社会道德、文化观念、文化内容和文化主权受到挑战，表现为：其一，互联网和数字化技术的应用已深入到新闻传播业的各个环节，使新闻传播的产品形态、运作方式发生了深刻变化。其二，"新闻"、"新闻传播"和"受众"的概念发生了改变；新闻传播活动的主体及其传受关系发生变化，新闻传播的大众化和中介地位动摇，"受众即传者"的时代来临。其三，新闻宣传与舆论调控体制面临困境，规范化和法制化建设的矛盾日益突出。

今天，党的执政能力包括驾驭新媒体的能力。由于特定的世界环境和新的科技运用，给党的传媒政策带来空前冲击与挑战。换言之，随着世界信息网络化，我们已步入网络时代，传播手段日益丰富。过去的媒体——报纸、广播电台、电视台，是单维的、直线的、平面媒体；如今新媒体，是全方位的、立体的、多维的、互动的。它变得更及时、更形象、更生动，也就更具渗透力。每一个网民都可以成为信息的传播者，每一个网民都是一个准记者。网络时代新媒体信息扩散能力日益强大。单论时效，报纸时代，散播信息的速度以日计算；广播电视时代，散播信息的速度以时计算；网络时代，新媒体散播信息的速度以秒计算。如今新媒体散播信息的能力，不是以地区、城市而是以国家、世界来体现。因此，今天执政党新闻宣传的最大挑战来自网络。在传播如此迅速、海量和分散的情况下，原来的堵、封、压，必须向疏导、沟通和顺势而为演变。靠堵，堵不住，堵不及，因为传播无孔不入。靠压，压不了，压不动，因为传播的商业利润具有巨大的吸引力。靠封，可以封报纸、书籍、电视台、电台，但封不住短信、互联网和卫星。可以封一时，封一角，但是封不了全部。运用这样的视点、视界、视角，学习、领会胡锦涛总书记在人民日报社考察工作时有关新媒体的论述，深感其学术价值和现实意义是重大的。

把新媒体作为重要执政资源来对待

我国是1994年接入国际互联网的。从此，在数字与网络技术、通信技术基础上发展的网络媒体、手机媒体、IPTV、楼宇电视、移动视听媒体，一发而不可收。20世纪末，21世纪初，这些新媒体的即时播发、多媒体传播、双向传送、信息自由流通、个性化服务态势愈来愈明显、强烈。本课题组成员中有的在1998年就已经开始了网络媒体对于人类社会包括现行国家制度、传媒与文化政策的影响的研究，发现国内外学术界有人认为网络媒体会解构现存的社会体制，使得舆论管控失效，网络虚拟社会形成的交往关系会冲击现存社会的体制；也有人认为网络社会将成为人类社会交往的一部分，执政党可以利用网络媒体为己所用，正如运用报纸于动员组织人民群众一样；还有人认为，随着通信技术发展、手机介入信息特别是新闻传播，带来的舆论主体的离散化、多元化现象更为突出，主张直面社会舆论多层次的现实，以提高舆论引导能力为抓手，发展、壮大执政党掌控的主流媒体。

显然，这些看法见仁见智，科学性多寡不一。

所幸者，自20世纪90年代中期以来，特别是党的十六大以来，党把新媒体作为重要的执政资源来认真对待、着力经营。如顺应新媒体发展态势，在新闻宣传上把体现党的意志同反映人民心声统一起来；运用一元化指导思想引领多样化社会意识；坚持用社会主义核心价值体系来引领多样化思想观念，在尊重差异中扩大社会认同，在包容多样中形成共识，在同群众交流、提供信息服务中展开思想引导；变单向说教为双向交流，变文件语言为群众语言。无论是报道重大事件，还是报道突发事件；无论是热点引导，还是舆论监督，都着力寻找党心和民意的“共鸣点”。

这一切，在党报党刊、电台电视台、通讯社等主流媒体“5·12”汶川大地震的报道中得到了很好的体现。

本课题组成员还欣喜地看到：我们的党报党刊、电台电视台、通讯社近年来积极顺应新媒体发展态势，在管理上力争社会效益与经济效益双赢。如着力解决本单位经营机制与市场体制不完全适应的问题，以办报办刊、办广播电视、出书等为主业，促进平面媒体与网络媒体的良性互动，进军数字书报刊业，提供信息增值服务；优化新闻与传播资源配置，形成定位准确、特色鲜明、优势互补的媒体格局。

这一切，其突出例证，莫过于近年来纸质媒体人民日报与新媒体人民网间的报网互动日益精彩。早在1995年9月，中共中央机关报人民日报便在全国报纸家族中率先将自己的版面搬上互联网。1997年元旦，人民日报网络版正式服务于网民，2000年更名为人民网。从最初的内容拿来、资源共享，到今天的报网相互借力，新媒体提高了党报覆盖面和影响力，已是不争的事实。目前，人民网每天24小时滚动发布新闻，日更新量万余条。除中文外，人民网还有英、日、法、俄、西班牙、阿拉伯文版，境外日点击量达1500万到2000万之间，涉及140多个国家，占人民网总流量的五分之一左右，成了我们国家开展对外宣传不可或缺的力量。

探索新老媒体并存的工作规律

胡锦涛总书记在人民日报社考察工作时，希望新闻传播业界、学界“以党报党刊、电台电视台为主，整合都市类媒体、网络媒体等多种宣传资源，努力构建定位准确、特色鲜明、功能互补、覆盖广泛的舆论引导新格局。”为此，我们要从加强党的执政能力建设的高度，大力探索新老媒体并存的工作规律。

我们要直面国内外新媒体的现状及发展趋势，比较新媒体与传统媒体的优势与劣势，与时俱进，顺势而为。一方面，对新媒体的崛起熟视无睹，不积极做好应对准备或对新媒体的发展态势抱悲观态度，不可取；另一方面，把新媒体的发展与党和政府的社会治理对立起来的观点，也是片面的。从历史角度看，新媒体是适应社会生产力发展而出现的新型媒体形态和传播方式，代表了媒介的新的发展方向；从传播角度看，传播符号、传播媒介和传播科技的发展始终呈现叠加状态，新媒体总是和旧的媒介形式并存，并互动互助、共演共进；从现实角度看，新媒体拥有观念优势、技术优势、传播优势，传统媒体拥有资源优势、品牌优势和人才优势。

我们要以“立党为公、执政为民”为基点，以“三贴近”(贴近实际、贴近群众、贴近生活)为途径，坚持正确舆论导向，寻求媒体规律、执政规律和文化传播规律的有机结合。

我们要对有代表性的党报党刊、电台电视台、商业网站等做大量实证研究。对新媒体内外环境，上下游产品、相关非相关产业，做全方位考察，进行新老媒体传播主题、传播方式、传播倾向比较；要了解新媒体受众的人口统计特征、比例、受传方式、受传习惯，了解新媒体对人们工作、学习、生活的影响，了解人们对新媒体形式和内容的意见、建议。

我们要进一步顺应新媒体的发展态势——媒体汇流趋势；新媒体与社会结构交融趋势；新媒体文化创新趋势；新媒体技术涵化趋势，从理念、技术、制度和机制、法制、人才、品牌建设、社会文化和未来发展等层面来探索党的新闻传播事业在新媒体发展态势下的对策——树立与新媒体传播相适应的新理念、加强新媒体的科技创新和技术转化；重构新媒体舆论引导与调控的运作模式；深化新闻传播领域的管理体制改革，加快传统媒体与新媒体传播业的机制创新；重视新媒体传播的品牌建设；建设高素质的新媒体传播队伍；营造良好的社会文化环境，使中华民族的优秀文化在新媒体领域占据应有的地位。

(选自《新闻与写作》2008年第8期)

论党的执政能力建设与先进性建设的辩证统一

商志晓

进入新世纪以来，我们党在党的建设方面提出了两项重大战略思想，作出了两项重大战略部署：一是加强党的执政能力建设，全面提高我们党的治国本领和各级干部的领导水平；二是加强党的先进性建设，确保党始终走在时代前列和广大党员发挥先锋模范作用。在对党的建设作出的总体部署中，党的十七大把执政能力建设和先进性建设置于“主线”地位，用以统领党的思想建设、组织建设、作风建设、制度建设、反腐倡廉建设，更加凸显了两大建设的重要地位和重大作用，使同处于“主线”地位的两大建设之间的基本关系备受关注。而无论是从党的建设理论发展的需要看，还是从党的建设实践深化的要求看，我们都应当在党的建设“主线”的意义上，认真思考和准确揭示执政能力建设与先进性建设之间的辩证统一关系。

一

加强党的执政能力建设和党的先进性建设，是我们党立足于党所处的历史方位和时代赋予的重大使命，站在党长期执政和国家长治久安的战略高度提出的，是我们党深刻汲取国际共产主义运动中马克思主义政党建设的经验教训，系统总结我们党50多年执政实践、80多年历史发展基本经验的结果。从两项建设的提出背景、理论价值、战略意义及目标指向看，它们是根本一致的。

1．党的执政能力建设和党的先进性建设的提出，源于共同的时代背景和现实要求

共同的时代背景包括：时代主题由和平与发展取代战争与革命并在艰难推进中得到了一定程度的实现，20世纪最后十几年发生了包括“苏东剧变”在内的一些长期执政的大党老党失去执政地位或内部发生分裂的情况，世界多极化和经济全球化在曲折中发展以及综合国力的竞争日趋激烈等。这样的时代背景，向所有执政党包括我们党提出了解决好执政问题的要求。特别是由于“苏东剧变”的发生，使得一系列马克思主义执政党丢失了政权，更使我们党在执政问题上、在党的建设方面面对前所未有的考验。而从我们党的现实状况看，同样需要我们党把自身建设搞好，这是因为：一方面，我们党有引以为傲的光辉历史、深厚的人民群众支持基础、令人称道的执政经验和执政绩效，另一方面，自身还存在一些亟待解决的问题、缺乏对执政规律的深刻把握；一方面，我们党肩负重大历史责任、担当民族大义人民重托，可谓

无人比拟不可替代，另一方面，自身还有许多不相适应的地方，自身建设还有许多不完备之处。时代背景与现实状况的交织融合与共同作用，迫切要求我们党居安思危，增强忧患意识，解决好怎样执政、怎样执好政、怎样长期执政这样一个重大课题。在这种情况下，我们党关注自身的执政能力就成为必然，我们党关注自身的先进性程度就成为必须。

2. 对党的执政能力建设和党的先进性建设的一系列认识成果，共同构成我们党在新时期党建理论方面的重大创新

历史地看，无论是执政能力问题还是先进性问题，马克思主义经典作家包括我们党的三代领导集体核心都已经提出，都有丰富的论述和系统的阐发。进入新世纪特别是十六大以来我们党的新认识，一是第一次明确提出了“党的执政能力建设”、“党的先进性建设”的科学命题和时代任务，揭示了两项建设在党的建设全局中的重大意义和重要地位；二是着眼于新的实践和新的发展，系统阐发了两项建设各自的基本内涵、本质特征、目标要求、检验标准等一系列重要问题；三是紧密结合我们党的实际，科学分析了党的执政能力建设和党的先进性建设面对的新形势，规划制定并探索实施了一系列合乎国情而又行之有效的新方法、新措施、新途径。尤其需要指出的是，我们党对执政能力建设和先进性建设的新认识，呈现出前所未有的自觉与清醒，表现出非同寻常的韧性与坚定，着眼于执政规律的探索，立足于治国理政的需要，服务于国家民族的大业。正因如此，我们党的新认识，既是对马克思主义党建理论的坚持与继承，又是对马克思主义党建理论的创新与发展。它以对马克思主义党建理论思考程度的深化、研究视野的拓宽、认识层次的提升，实现了一次新的飞跃。

3. 党的执政能力建设和党的先进性建设，都是我们党在新世纪新形势下的根本建设

十六届四中全会指出“执政能力建设是党执政后的一项根本建设”，胡锦涛总书记强调党的先进性建设“始终是我们党生存、发展、壮大的根本性建设”。所谓“根本建设”或“根本性建设”，就是最重要的建设、最首要的建设、最需要的建设。处于执政地位的党，执政能力是不可或缺的。我们党能不能不断提高驾驭社会主义市场经济的能力、发展社会主义民主政治的能力、建设社会主义先进文化的能力、构建社会主义和谐社会的能力、应对国际局势和处理国际事务的能力，关系到我们党能不能在世界形势深刻变化的历史进程中始终走在时代前列，在应对国内外各种风险和考验的历史进程中始终成为全国人民的主心骨，在建设中国特色社会主义的历史进程中始终成为坚强的领导核心。同样，处于执政地位的马克思主义政党，保持先进性是极为重要的。我们党能不能始终保持并不断发展党的先进性，关系到我们党能不能始终代表中国先进生产力的发展要求，代表中国先进文化的前进方向，代表中国最广大人民的根本利益。同为新形势下党的根本建设，执政能力建设和先进性建设对我们党、对我们党的执政具有根本性，具有举足轻重的作用，具有非同寻常的意义。

4. 党的执政能力建设和党的先进性建设有着共同的追求，朝向同一个目标

共同的追求，就是建好党、执好政；同一个目标，就是长期执政、永葆先进性。尽管我们党自夺取政权、取得执政地位之后，就面临着怎样执好政、怎样长期执政的问题，但在起初阶段，则因为我们党艰苦卓绝英勇不屈打天下赢得的威望、长期在艰难困苦条件下铸造的优秀品格、以先进性奠定的深厚阶级基础和群众基础，这个问题并不十分突出。即便在探索社

会主义建设道路过程中，走过一段弯路，发生过失误，造成过损失，我们党的执政地位也并未受到动摇。然而，今天的情况已有很大不同。我们党执政已有50多年，我们从事的是前所未有的伟大事业，是在对外开放和发展社会主义市场经济条件下领导国家进行改革和建设，面对极其复杂的情况和诸多新的考验。无论是从主观意愿上还是从客观需求上，无论是在认识中还是在实践中，都要求我们党必须以执政的思维而不再以夺权的思维看待问题，必须以执政的绩效而不能依靠历史上的骄傲来巩固执政地位，必须以人民群众的认可和支持而不能靠口头说教和自我标榜去赢得社会公信，说到底，必须以高超的执政能力和充分的先进性，以不断增强的创造力凝聚力战斗力，把政执好，争取长期执政，为国家民族作出更大贡献。党的执政能力建设和党的先进性建设的提出，就是围绕着在新的历史条件下建设一个什么样的党和怎样建设党这个基本问题，朝向执好政、长期执政的追求和目标而作出的重大战略决策。

正是基于两项建设在提出背景、理论价值、战略意义及目标指向等方面的根本一致，党的十七大把党的执政能力建设和党的先进性建设视为党的建设的“主线”，把二者置于同一高度，确立起两项建设在党的各方面建设中的统领地位，明确了两项建设在新时期党的建设伟大工程中的关键作用。

二

党的执政能力建设与党的先进性建设的根本一致，与二者之间的差异和区别是同时存在着的。既然是党的建设整体中的两方面建设，二者必然各有特点、各有侧重、各有存在的价值和意义。二者之间的差异和区别，主要表现在以下几个方面：

1．在内涵、内容上有区别

能力，即本领、水平。党的执政能力，就是党执掌政权的本领、治国理政的水平。早在新中国成立前夕，毛泽东就指出：夺取全国胜利，这只是万里长征走完了第一步，严重的经济建设任务摆在我们面前，需要我们学会自己不懂的东西，提高做好经济工作的本领，否则，我们就不能维持政权，就站不住脚，就会失败。毛泽东所讲的关系到维持政权的本领，就是执政能力。《中共中央关于加强党的执政能力建设的决定》指出：“党的执政能力，就是党提出和运用正确的理论、路线、方针、政策和策略，领导制定和实施宪法和法律，采取科学的领导制度和领导方式，动员和组织人民依法管理国家和社会事务、经济和文化事业，有效治党治国治军，建设社会主义现代化国家的本领。”与执政能力相区别，先进性则是一种性能、状态，党的先进性是强调政党具有先进性特征，达到先进性要求，即站在时代发展前列、走在社会进步前头、处于人类文明前沿；即发挥表率作用、产生榜样影响、带领人民前进。胡锦涛总书记在新时期保持共产党员先进性专题报告会上强调了这一点。他指出：开展党的先进性建设，就是要使党的理论和路线方针政策顺应时代发展的潮流和我国社会发展进步的要求，反映全国各族人民的利益和愿望，使各级党组织不断提高创造力、凝聚力和战斗力，始终发挥领导核心作用和战斗堡垒作用，使广大党员不断提高自身素质、始终发挥先锋模范作用，使我们党保持与时俱进的品质、始终走在时代前列，不断提高执政能力、巩固执政地位、完成执政使命。

2．在作用、地位上有区别

作用上的区别在于：执政能力建设专注于执政党、专注于执政党在执政方面的能力、专注于执政党执政能力的提高，指向性强，针对性强；先进性建设则立足于党的建设全局，涉及

先进的政党应当具有的一切优长，内容非常广泛，其功能作用具有宽广性和普遍性。从适应时效上看，执政能力建设是党在夺取政权、处于执政地位之后的一项建设，未取得政权时党也有一个能力问题、能力建设问题，却不是也不能称为执政能力；而先进性建设则贯穿于党的建设的始终，与党本身共存亡，无论是执政还是不执政，始终存在一个获得、保持、发展先进性的问题。

从主体承担者与施加对象上看，除了要充分肯定两项建设都是向全党提出的战略任务，需要全党齐心协力、共同努力之外，执政能力建设更侧重于各级党委和领导干部，与各级党委和领导干部的领导活动、决策活动、组织活动等关系更为密切些，与不担任领导职务的普通党员的关系则远一些；而先进性建设则关系到每一级组织和每一位党员，每一级组织和每一位党员都是先进性建设的主体承担者与施加对象，不论是中央组织还是基层支部，不论是领导干部还是普通党员，概莫能外。党的十七大报告指出："党的执政能力建设关系党的建设和中国特色社会主义事业的全局，必须把提高领导水平和执政能力作为各级领导班子建设的核心内容抓紧抓好。""先进性是马克思主义政党的生命所系、力量所在，要靠千千万万高素质党员来体现。要扎实抓好党员队伍建设这一基础工程，坚持不懈地提高党员素质。"这在一定程度上也指明了两项建设的主体承担者与施加对象的差异。

根源于作用上的区别，执政能力建设与先进性建设具有不同的地位。执政能力建设是党在执政条件下的一项建设，是党的一个领域、一个方面的建设，具有专门性、具体性、针对性；先进性建设则伴随党的创建发展的历史，贯穿于党的建设的全过程和各方面，具有综合性、概括性、统领性。进一步看，同为我们党在当前新形势下的"根本建设"或"根本性建设"，同为当前党的建设的"主线"，执政能力建设的根本性和"主线"意义在于，关系到党的执政和执政地位，关系到党执好政和长期执政；而先进性建设的根本性和"主线"意义在于，既关系到党的执政和执政地位，更关系到党的发展壮大与生死存亡。

3．在方法、途径上有区别

党的执政能力建设着眼于能力的提高，着力于本领的提升，追求科学执政、民主执政、依法执政，其方法、途径带有显著的实践性、实效性、操作性的特点。从十六届四中全会的要求看，需要立足现实、着眼长远，抓住重点、整体推进，不断研究新情况、解决新问题、创建新机制、增长新本领，使党的执政方略更加完善、执政体制更加健全、执政方式更加科学、执政基础更加巩固。党的先进性建设则突出对"先进性"的全方位要求，重在综合素质的全面发展，意在先进性的保持、发挥、实现，其方法、途径就具有系统性、完整性、全面性的特征。按照胡锦涛总书记所指出的，就必须顺应时代发展和人民要求，自觉、主动、持续地推进，努力使党的全部理论和工作体现时代性、把握规律性、富于创造性，使我们党始终与时代发展同步伐、与人民群众共命运。例如，我们党提高执政能力的方法、途径之一，是向国外一些执政党借鉴执政经验，汲取已有的被实践证明是有效的、带有规律性的执政方式等，但这样的方法、途径却一般不能用于我们党的先进性建设，因为一些政党是有一套执政的方式方法的，在一定时期内是可以用来巩固自己的执政地位的，可并不能由此证明这是一个先进的政党。况且各政党的执政能力及其实际成效，还有一个合乎国情党情的问题。是民主的方式还是专制的方式，是靠执政的绩效还是靠宗教信仰等，需要具体分析。再比如，开展学习教育

和理论武装活动，主要是党的先进性建设的一个环节，是培育先进性、强化先进性意识的有效方法和基本途径。尽管与党的执政能力建设也有关联，可毕竟远一些，要把思想认识转化为领导水平和治国本领，其间还有一个过程。从中可以看出，与党的执政能力有所不同，党的先进性要求中蕴含着鲜明的思想倾向、品格特征和意识形态内容，这使先进性建设的方式方法、措施途径具有独特性。

除了上述区别外，执政能力建设与先进性建设还在基本要求、主要表现、实现标志等方面存有差异。明确这些区别和差异，是为了更准确地把握执政能力建设与先进性建设各自的特点、各自的界限，以便更有针对性地开展建设活动。

三

从党的执政能力建设与党的先进性建设既根本一致又存在差异出发，我们需要进一步揭示二者之间的辩证统一关系，阐明二者之间的相互作用。

执政能力建设与先进性建设的辩证统一关系，从总体上予以概括，可以分几个层次来把握。第一个层次，从党的建设全局看，先进性建设是党的建设的永恒课题，在党的建设中处于核心地位；执政能力建设是党在执政条件下的现实要求，是党的建设的重要组成部分。第二个层次，从二者内在关系看，先进性建设是执政能力建设的深厚基础，是党提高执政能力的根本取向；执政能力建设是党在执政条件下先进性建设的重要内容，是党的先进性的现实体现。第三个层次，从先进性建设这方面看，党在执政条件下的先进性建设必然要求党不断提高执政能力，党的先进性要依赖执政能力建设才能使自身获得强有力的支持并赢得更加充分的发展。第四个层次，从执政能力建设这方面看，党的执政能力在执政条件下党的先进性中具有举足轻重的地位，同时又依靠先进性建设的引领使自身的功能和价值得到有效发挥和充足实现。

这种辩证统一关系，在执政能力建设和先进性建设的实践推进和实际运作过程中，就由理论说明转化为现实作用，并通过两项建设各自的核心内容和根本目标（即提高执政能力与保持先进性）的互动、渗透、融合、促进等作用形式，更加充分地展示出来、呈现出来。

1．保持党的先进性，内在地蕴含着对党提高执政能力的明确要求

作为党在组织的内在本质以及各方面展示出来的、为社会民众公认的一种性质和基本特征，作为能够站在时代前列、推动社会发展并为人类文明进步作出贡献的马克思主义政党具有的一种性能性状，我们党的先进性，根源于指导思想、阶级基础、组织体系、构成人员的先进性，根源于与时俱进的路线、纲领、方针、政策，根源于为人民为民族不懈奋斗的革命精神、执政绩效和理想目标。就其基本要素和内在结构看，先进性既是一种品质，又是一种能力，还是一种行为，是品质、能力、行为三者的统一。

品质亦即品格、品行、素质，是内在的、潜存的，同时又是稳定的、深刻的。品质优劣，构成一个政党安身立命的基础，成为人们评判政党的基本依据。品质上的先进性，主要是指思想境界高、精神风貌好、组织纪律严、作风修养优等。一个政党只有品质优秀、素质优良，才能成为人们称颂的榜样，才能够带领人民群众前进，才能够在社会发展和历史进程中有所作为。与品质紧密相联的是能力。能力是品质的延伸，是品质由内向外的过渡和转化。能力既包括政党在自身组织范围内的管理能力、团结能力、凝聚能力，又包括面对社会的号召能力、协调能力、处事能力等。对于执政党而言，各种能力又综合构成为执政能力。能力是高是低，特别是执政党的执政能力是高是低，直接作用于党的先进性的保持和发挥，成为构成党的先进性的基本要件。在品质、能力的基础上，党的先进性还要通过行为展示出来。行为是党的实践、活动、所作所为的总称，是党的工作情况、交往状态、执政绩效的综合表现，是党的品质、能力的现实实现，它以直接、直观的方式印证着党的先进性的保持状态和实现程度。

党的先进性在品质、能力、行为三个方面的有机统一告诉我们，党的执政能力是党的先进性内涵的重要方面，是保持党的先进性的题中应有之义。保持党的先进性，对党提高执政能力提出的明确要求在于：一个具有先进性的政党，必须也必然是一个有能力的政党；一个处于执政地位的先进政党，必须也必然是一个有执政能力的政党；一个欲保持先进性的执政党，必须也必然要加强执政能力建设。党的能力，是党具有先进性的基本要素；党的执政能力，是执政党保持先进性、进而执好政的重要内容。缺少了基本能力，党难有先进性可言；执政党缺少了执政能力，就难以成为一个具有先进性的执政党。

2．党的执政能力的提高，会极大地促进党的先进性的保持、实现和发展

党的执政能力的提高，不仅是党的先进性所必需，而且对党的先进性的保持具有重大促进作用。我们党既不会因为本质上具有先进性就会在各项工作和实践中必然展示出先进性，更不会因在某一时期、某一过程、某一阶段上实现了先进性就能够永远保持先进性。过去具有先进性，并不说明今天一定具有先进性；今天的先进性，也同样不能带到将来以至永久。我们不可躺在以往表现出的先进性上自鸣得意，也不可拿今天的先进性表现去推断将来的先进性状况并盲目乐观。这说明，先进性的保持并不是一件容易的事情，更不是空有愿望就能够办到的。它需要我们党必须不断强化先进性意识，自觉追求，自我加压，付出持续不懈的艰辛努力；需要我们党与时俱进，勇于开拓，不断完善自身，不断提高保持先进性的基本能力，其中就包括党在执政条件下的执政能力。

党的执政能力的提高，能够为党的先进性持续不断地实现提供有力的保障。保持先进性，在另一种意义上就是把先进性实现出来、展示出来、呈现于外。党的先进性的实现同样不是轻而易举的。我们党生存、发展、执政的社会环境并非一尘不染，而是先进与落后、文明与愚昧、真实与虚伪等各种现象同时存在。除了执政党和参政党之外，社会上还存在着各类政治团体、各种群众组织，还存在着不同民族宗教、不同文化思潮等。这一切并存着的现象、团体、思潮，相互影响，相互碰撞，相互约束，甚至相互抵制，会在一定程度上影响到我们党先进性的实现。除此之外，还由于我们党所领导和从事的事业是前无古人的伟大事业，没有现成的经验可资遵循，没有不费力气的捷径可走，只能在探索中前进，只能在实践中开拓，这也决定了党的先进性的实现必然要面对各种困难，要迎接各种挑战。我们党要在复杂的社会现实中实现先进性，要在种种困难和挑战中展示先进性，必须具有高超的能力，必须具有非凡的本领。

党的执政能力的提高，还为党的先进性的发展和创新注入强大的动力。党的先进性不只是一个保持和实现问题，还有一个在保持和实现的基础上进一步发展和创新的问题。因为党的先进性不是一成不变的，而是一个不断提出新要求、充实新内容的过程。社会现实在变化，历史任务在变化，人的思想观念在变化，党的先进性的内容和要求也必须随之不断深化内涵、拓宽领域、提升境界，否则，先进的就成了落后的，前列的就成了落伍的，党的先进性就将不复存在。当前，我们高举邓小平理论和“三个代表”重要思想伟大旗帜，树立和落实科学发展观，构建社会主义和谐社会，发展社会主义市场经济，全面建设小康社会，加快推进改革开放和中国特色社会主义事业，面对如此全新的形势和任务，我们必须深入思考党的先进性如何发展和创新的问题，必须继续探索党的先进性在新的条件下的实践方式和实现途径。党的先进性的发展和创新，需要党的执政能力的提高；而提高了的党的执政能力，必然会促进党的先进性在理论上的进一步丰富和实践上的进一步深化。

四

在揭示和阐明党的执政能力建设与党的先进性建设相互作用、辩证统一基本关系基础上，我们需要进一步结合当前实际，联系现实发展，使二者统一于新时期党的建设伟大工程之中，共同发挥好党的建设“主线”的作用。而把党的执政能力建设、党的先进性建设及其关系，纳入到现阶段党的建设全局中来认识，融汇到新时期党的工作大局中来思考，置放在新世纪党的事业整体中来把握，我们会获得并确立这样一个基本判断，即推进新时期党的建设伟大工程，必须以党的先进性建设为核心，以党的执政能力建设为重点，以党的思想建设、组织建设、作风建设、制度建设、反腐倡廉建设为保障。

以党的先进性建设为核心，就是把党的先进性建设置于新时期党的建设的中心地位，使党的各项建设按照保持党的先进性的基本要求去开展，以是否促进和有助于党的先进性的发挥和实现来衡量优劣得失；就是把党的先进性建设作为新时期党的建设的根本任务，使党的各项工作紧紧围绕保持先进性这个主题、朝向保持先进性这个大目标去努力。

作为新时期党的建设伟大工程的核心，党的先进性建设要始终致力于党的指导思想的与时俱进，大力推进理论创新，保持党的理论、路线、方针、政策的先进性；要始终致力于党的阶级基础的巩固和群众基础的扩大，增强党的各级组织和领导干部的凝聚力和战斗力，保持党的组织、队伍的先进性；要始终致力于党的优良作风的保持和群众路线的贯彻，坚持立党为公、执政为民，坚持开拓创新、廉洁奉公和艰苦奋斗，保持党的作风、廉政的先进性；要始终致力于党的执政绩效的显著和改革开放事业的发展，促进经济建设和各项社会事业的进步，保持党的工作、执政的先进性。要通过先进性建设，确保党走在社会发展前头、站在时代发展前列、带领人民前进，确保党在新的历史条件下把先进性贯彻到底、坚持始终、发扬光大，使党的执政地位因先进性的支撑而更加稳固。

以党的执政能力建设为重点，就是在新时期党的建设中把执政能力建设突出出来，作为党在执政条件下的一项重点任务抓紧抓好，作为一项重点工作抓出成效；就是紧密结合党治国理政的实际，从巩固党的执政地位的需要出发，增强我们党作为执政党所应当具有的各种能力；就是把提高执政能力的要求，贯彻到党的各项工作和各项活动之中，使我们党在应对国内外各种风险和考验的历史进程中，在领导建设中国特色社会主义的历史进程中，始终坚强有力、得心应手、从容自如。

作为新时期党的建设伟大工程的重点，党的执政能力建设既要着眼于自身素质的增强、执政能力的提高，更要立足于党的执政地位的巩固、执政成绩的扩大。从执政能力建设提出的背景看，从现实对党的执政提出的要求看，党的执政能力建设所涉及的，决不限于如何执政

这种能力本身，而包含党的执政理念、执政基础、执政方略、执政体制、执政方式、执政资源、执政环境等宽广的内容，几乎与关乎党的执政地位的所有问题紧密相连。加强党的执政能力建设，除了要求我们党不断提高驾驭社会主义市场经济、发展社会主义民主政治、建设社会主义先进文化、构建社会主义和谐社会、应对国际局势和处理国际事务的能力外，还要通过不懈努力，使党的执政理念更加科学、执政基础更加巩固、执政方略更加完善、执政体制更加健全、执政方式更加科学、执政资源更加深厚、执政环境更加优良，说到底，就是要把握执政规律，驾驭执政实践，规避执政风险，创造执政奇迹。

以党的思想建设、组织建设、作风建设、制度建设、反腐倡廉建设为保障，就是把党的思想建设、组织建设、作风建设、制度建设、反腐倡廉建设作为基础性建设常抓不懈，坚持始终，真正落到实处，不断取得实质性效果；就是党的建设伟大工程在围绕先进性建设“核心”、突出执政能力建设“重点”向前推进时，决不可放松或忽视党的思想建设、组织建设、作风建设、制度建设、反腐倡廉建设，而必须以此为基础、为保障、为前提。

作为新时期党的建设伟大工程的保障，党的思想建设、组织建设、作风建设、制度建设、反腐倡廉建设与党的建设共始终，贯穿于全过程，是党的建设中的基本建设；它们虽然专注于某一领域、某一方面、某一专项内容，却都承担着重要职责，是党的建设不可或缺的重要内容，舍弃任何一项，其它建设则难有建树，甚至一事无成。无论是党的先进性建设，还是党的执政能力建设，都离不开党的思想建设、组织建设、作风建设、制度建设、反腐倡廉建设，赖有党的思想建设、组织建设、作风建设、制度建设、反腐倡廉建设，党的先进性才得以保持，党的执政能力才得以提高。为此，我们必须把党的思想建设、组织建设、作风建设、制度建设、反腐倡廉建设等基本建设，始终装在心里、抓在手上、贯穿在工作中、落实到行动里，真正抓出成效，发挥作用，产生影响，结出硕果。

新时期党的建设伟大工程的推进，既要靠党的先进性建设，又要靠党的执政能力建设，同时还要靠党的思想建设、组织建设、作风建设、制度建设、反腐倡廉建设。党的建设的这些方面或内容，不是截然分开的，而是浑然一体的，不是各不相干的，而是相互渗透的，我们不可人为将它们割裂开来，更不能分而治之、各自独立操作。要在保持党的先进性的实践过程中，始终把党的执政能力建设放在重要地位并使之不断得到加强；要把提高党的执政能力作为保持党的先进性的重要内容，寓于党的先进性建设之中；要在加强党的先进性建设和党的执政能力建设的同时，不断深化党的思想建设、组织建设、作风建设、制度建设、反腐倡廉建设，只有这样，新时期党的建设伟大工程的推进才会卓有成效，才能高奏凯歌。

作为新世纪新形势下党的建设实践创新和理论创新的最重要成果，党的执政能力建设与党的先进性建设是有机结合、相互促进、互为补充、共同发展的。我们一方面要科学把握二者之间既根本一致又各有侧重的内在联系，充分认识两项建设的重要地位和重大作用；另一方面又要科学把握党的执政能力建设与党的先进性建设在党的建设中的“主线”地位，坚持以先进性建设为核心、以执政能力建设为重点，把二者统一于新时期党的建设伟大工程之中，真正取得扎扎实实的建设成效。

（作者：中共山东省委党校副校长、教授）

（选自《理论学刊》2008年第10期）

十七大对党的先进性建设的理论贡献

孙成武　刘　越

一、提出了党的建设的新布局，规划了新世纪新阶段党的先进性建设的宏伟蓝图

党的建设的总体布局，是对党的建设的总体把握，是党建工作的基础，对于加强党的先进性建设具有十分重要的意义。在民主革命时期，以毛泽东为核心的党的第一代中央领导集体根据中国半殖民地半封建的基本国情和我党的实际，提出并确立了首先从思想上建党的方针，从思想建设、组织建设、作风建设相统一的角度，对党的建设作出了全面部署，并把党的建设与统一战线、武装斗争一起，称为中国革命的"三大法宝"，明确了党的先进性建设的特殊重要地位，规划了党的先进性建设的总体蓝图。在新的历史时期，以邓小平为核心的党的第二代中央领导集体和以江泽民为核心的第三代中央领导集体，都深刻认识到确立党的建设的总体布局对于加强党的建设、保持党的先进性的重大意义。党的十六大以来，以胡锦涛为总书记的党中央明确提出了"党的建设总体布局"这一新概念，这是对党的建设理论创新发展的一个重要标志，也是党的先进性建设理论创新的重大成果。

在党的十七大报告中，胡锦涛根据新世纪新阶段世情、国情和党情的变化，从战略高度来审视党的自身建设和党的先进性建设问题，提出了加强党的建设、保持党的先进性的总体布局，即"一个目标"、"一个主线"和"五个重点"。

首先，提出了党的建设目标。党的先进性建设目标与党的建设目标是一致的。因为党的建设的根本目的，就在于保持和发展党的先进性，把党建设成为能够团结和带领广大人民群众为革命和建设事业而奋斗的坚强领导核心。提出并确立明确的建党目标，是无产阶级政党加强自身先进性建设的关键。马克思、恩格斯在《共产党宣言》中就明确阐述了无产阶级政党建设的目标和目的，指出共产党是一个政治上开明、开放的政党，是一个永葆先进性的政党。党的三代中央领导集体历来重视制定党的建设的奋斗目标。以毛泽东为核心的第一代中央领导集体以马克思主义为指导，总结党的建设经验，提出了要"建设一个全国范围的、广大群众性的、思想上政治上组织上完全巩固的布尔什维克化的中国共产党"的奋斗目标，毛泽东把建设这样的党豪迈地称之为"伟大的工程"。以邓小平为核心的第二代中央领导集体继承并发展了马克思列宁主义、毛泽东思想关于党的建设理论，提出了"把我们党建设成为有战斗力的马克思主义政党，成为领导全国人民进行社会主义物质文明和精神文明建设的坚强核心”的建设目标，为改革开放和现代化建设条件下党的建设指明了前进的方向。以江泽民为核心的第三代中央领导集体根据新时期国际国内形势以及我党所面临的执政环境、所处的历史方位的变化，提出了“三个代表”重要思想，阐明了党的建设总目标。在党的十七大报告中，胡锦涛对新世纪新阶段党的建设目标进行了明确的阐述，强调要“使党始终成为立党为公、执政为民，求真务实、改革创新，艰苦奋斗、清正廉洁，富有活力、团结和谐的马克思主义执政党”。这一党的建设新目标，内涵丰富，意蕴深刻:“立党为公、执政为民”，明确揭示了党的本质属性和执政内涵，从理论上正确解决了我党“为谁执政”的问题；“求真务实、改革创新”，继承了马克思主义政党建设的优良传统，科学阐明了我党所应具有的科学精神和推进自身建设的动力之源；“艰苦奋斗、清正廉洁”，深刻阐明了我党作为执政党所应具有的思想境界和优良作风；“富有活力、团结和谐”，生动体现了中国共产党的伟大追求，勾画了执政党内良好的政治局面。党的十七大关于党的建设新目标的确立，充分反映了以胡锦涛为总书记的党中央对马克思主义执政党建设基本原理的准确把握，对当代中国马克思主义执政党建设实际的科学认识，以及立足中国、放眼世界的战略眼光和战略思维。

其次，提出了党的建设主线，即强调“必须把党的执政能力建设和先进性建设作为主线”，使其贯穿于党的建设的各个方面。提高党的执政能力，增强党的先进性，是马克思主义执政党建设的落脚点和归宿，党的各方面建设都要围绕着增强党的执政能力和党的先进性建设而展开，并最终体现在党的执政能力和先进性建设上。党的十七大的这一论断，进一步突出了党的先进性建设在党的建设中的核心地位。

再次，提出了党的建设的重点。即强调“以坚定理想信念为重点加强思想建设，以造就高素质党员、干部队伍为重点加强组织建设，以保持党同人民群众的血肉联系为重点加强作风建设，以健全民主集中制为重点加强制度建设，以完善惩治和预防腐败体系为重点加强反腐倡廉建设”。这五个方面的建设是党的基本建设，它们既互相联系又各有侧重。党的十七大提出的这五个“重点”，突出了执政党建设的特点和要求，反映了以胡锦涛为总书记的党中央对执政党建设的新认识，对执政党建设理论的新发展。在新的发展阶段，只有坚持把党的执政能力建设和先进性建设作为主线，全面推进党的思想建设、组织建设、作风建设、制度建设和反腐倡廉建设，才能把党的建设的各个方面和各个环节有机贯通起来，进一步提高党的领导水平和执政能力，进一步提高拒腐防变和抵御风险的能力，保证我党始终充满创造力、凝聚力、战斗力，使党在领导中国特色社会主义伟大事业中永葆自己的先进性。

二、提出了党的先进性建设的新标准、新要求，开辟了党的先进性建设的新境界

提出并确立党的先进性建设的标准和要求，对于加强党的先进性建设至关重要。党的先进性是具体的、历史的，在不同的历史时期有着不同的内容和要求，它是与确定和完成党在各个历史时期的任务联系在一起的。建党80多年来，党的三代中央领导集体在领导中国革命、建设和改革的伟大事业中，始终把党的先进性建设与党在不同时期的历史任务紧密联系在一起，注意结合党在各个不同时期的任务提出党的先进性建设的具体标准和要求，从而在不断加强党的建设、保持和发展党的先进性的同时，不断丰富和发展党的先进性的具体内涵。在当前，党的先进性建设是与贯彻落实科学发展观、构建社会主义和谐社会紧密联系在一起的。党的十六大以后，党中央提出了科学发展观的重大战略思想和构建社会主义和谐社会的任务，强调要坚持以人为本，全面、协调、可持续的发展观，推动整个社会走上生产发展、生活富裕、生态良好的文明发展道路，促进经济社会和人的全面发展。贯彻落实科学发展观，构建社会主义和谐社会，要求我们必须进一步加强党的先进性建设，充分发挥党在贯彻落实科学发展观和构建社会主义和谐社会中的领导核心和战斗堡垒作用。胡锦涛在党的十七大报告中指出，要站在完成党执政兴国使命的高度，把提高党的执政能力、保持和发展党的先进性，体现到领导科学发展、促进社会和谐上来，落实到引领中国发展进步、更好代表和实现最广大人民的根本利益上来，使党的工作和党的建设更加符合科学发展观的要求，为科学发展提供可靠的政治和组织保障。这一重要论述，提出了新世纪新阶段党的先进性建设的新标准和新要求，开辟了党的先进性建设的新境界。

首先，阐明了贯彻落实科学发展观是衡量新世纪新阶段党的先进性的重要标准。党的先进性建设必须以科学的思想理论为指导。在新的发展阶段，必须坚持以邓小平理论和“三个代表”重要思想为指导，以科学发展观统领党的先进性建设。贯彻落实科学发展观，具体体现着我们党在现阶段领导全国人民为实现共产主义而奋斗的最高价值理想。因为未来的共产主义社会是人的全面发展的社会，科学发展观以以人为本为出发点，把实现人的全面发展作为社会主义发展的基本目标确立起来，不仅进一步彰显了马克思主义的最高价值理想，而且指明了把实现马克思主义的最高价值理想变为社会生活实践的现实道路。党的十七大要求把加强和改进党的建设、保持和发展党的先进性与贯彻落实科学发展观结合起来，这就意味着我们党把自身的先进性建设同实现人的全面发展紧密联系起来，同促进人与自然和谐相处紧密联系起来，同促进经济社会又好又快发展、实现社会全面进步紧密联系起来，从而体现了党的最高价值观与科学发展观的有机统一，把坚持实现马克思主义最高价值理想的先进性，具体体现在了用科学发展观统领发展全局、为建设中国特色社会主义事业而奋斗的实践中。党的十七大把科学发展观写入党章，把能否深入贯彻落实科学发展观，是否符合科学发展观的要求，作为检验党的各项工作和党的先进性建设的重要标准，这标志着我党对共产党的执政规律和社会主义建设规律认识的进一步深化，适应了我国经济社会发展进入关键时期对党的建设提出的新要求。

其次，阐明了领导构建社会主义和谐社会是新世纪新阶段党的先进性建设的具体要求和体现。构建社会主义和谐社会这一战略目标的提出，对加强党的执政能力建设、保持党的先进性提出了新的更高的要求，也为党的先进性建设增添了新的内涵。在现阶段，由于国内外环境的重大变化，我国社会经济成分、组织形式、就业方式、利益关系和分配方式日益多样化，新矛盾、新问题不断出现，尤其是由分配不公和贫富差距所引起的社会矛盾日渐突出。要正确解决这些问题，就必须不断提高党领导构建社会主义和谐社会的能力，使党能够根据客观形势的变化，努力从理论和实践的结合上不断研究新情况、解决新问题、开拓新思路、提出新办法，使我们的思想观念、政策措施、工作部署、工作方式能够适应构建社会主义和谐社会的要求。因此，构建和谐社会的使命是与党的执政能力建设和党的先进性建设紧密联系在一起的。党的十七大在以科学发展观总揽全局的前提下，强调把保持和发展党的先进性体现到领导科学发展、促进社会和谐上来，并把

构建社会主义和谐社会作为贯穿中国特色社会主义全过程的长期历史任务，要求全党“要按照民主法制、公平正义、诚信友爱、充满活力、安定有序、人与自然和谐相处的总要求和共同建设、共同享有的原则，着力解决人民最关心、最直接、最现实的利益问题，努力形成全体人民各尽其能、各得其所而又和谐相处的局面”。这一论断，既对党如何领导和促进和谐社会提出了具体要求，又在实质上阐明了党的先进性应体现在构建和谐社会的具体实践中。构建社会主义和谐社会，关键在党，抓住了党的先进性建设，就抓住了加强党的执政能力建设、巩固党的执政地位的关键，也就抓住了构建社会主义和谐社会的根本。

三、提出了党的先进性建设的新指针，进一步明确了党的先进性建设的方法和途径

以什么样的方针、方法和途径实现总体布局、达到既定目标，是党的先进性建设的一个关键问题。毛泽东曾经指出：“我们不但要提出任务，而且要解决完成任务的方法问题。”党的先进性建设的历史经验证明：坚持与时俱进、改革创新，是加强党的建设、保持党的先进性的一个基本方法，也是实现党的先进性建设目标的一个重要途径。改革创新是一个民族进步的灵魂和精神支柱，是一个国家兴旺发达的不竭动力，也是一个政党永葆生机的源泉。政党要发展，必须不断改革创新。中国共产党的性质、纲领、宗旨、任务及其所处的特殊国情、历史阶段、历史方位和终极目标，中国共产党自身队伍的构成，外在客观形势的发展变化等因素，决定了中国共产党只有不断改革创新才能不断发展壮大，才能充满生机活力。

在新世纪新阶段，党领导的改革开放既给党注入了巨大活力，也使党面临许多前所未有的新课题新考验。为此，党的十七大从总领党的建设全局的高度，提出要“以改革创新精神全面推进党的建设新的伟大工程”，“党要站在时代前列带领人民不断开创事业发展新局面，必须以改革创新精神加强自身建设，始终成为中国特色社会主义事业的坚强领导核心。”这就明确提出了新世纪新阶段党的建设的总方针。这一总方针，明确了中国特色社会主义伟大事业与党的建设新的伟大工程的结合点就是改革、创新、全面推进。党的十六大报告中提出必须以改革的精神推进党的建设，但这个要求是在“全面贯彻‘三个代表’重要思想”部分提出的，而十七大报告是将之作为党的建设总的指导方针，从总领党的建设全局的高度提出的，这在党的历史上还是第一次。这一指导方针的确立，标志着在新的发展阶段，我们党的先进性建设走上了以改革创新精神总领全局、全面推进的新路子。

以改革创新精神加强党的建设，既要立足全局，也要有所侧重，重点推进。首先，从目前来看，改革创新的一个重点就是如何发扬党内民主。党内民主是党的生命，尤其是在社会主义现代化建设新时期，党内民主显得十分重要。如果说没有民主就没有社会主义，那么，也可以说没有民主就没有党的先进性。胡锦涛指出：党内民主是增强党的创新活力、巩固党的团结统一的重要保证。党内民主对人民民主具有重要的示范和导向作用，“要以扩大党内民主带动人民民主，以增进党内和谐促进社会和谐。”这是党的先进性在社会主义民主政治发展中的体现，也是构建社会主义和谐社会的要求。党的十七大对发展党内民主作出了明确部署，提出了一系列创新思路，强调党内民主建设一是要通过承认和尊重党员的主体地位，保障党员的民主权利，推进党务公开，营造党内民主讨论环境等措施来落实；二是要通过制度建设这个中心环节，完善党的代表大会制度、选择一些县（市、区）试行党的代表大会常任制，并把

实行党的代表大会代表任期制写入党章；发挥全委会对重大问题的决策作用，推行地方党委讨论决定重大问题和任用重要干部的票决制；建立健全中央政治局向中央委员会全体会议、地方各级党委常委会向委员会全体会议定期报告工作并接受监督的制度等。这不仅对发展党内民主提出了新的任务和要求，而且阐明了党内民主的多种实现形式，为发展党内民主提出了一系列可操作性的方式和方法，提供了新的途径。按照党的十七大的这一部署进行党内民主建设，必将进一步激发广大党员的聪明才智和参与党内政治生活的积极性、主动性和创造性，从而不断增强党的创造力、凝聚力和战斗力，增强党的生机活力，使各级党组织在发展民主政治、构建社会主义和谐社会的实践中能够更好地发挥自己的引领和示范作用。

其次，以改革创新精神加强党的建设的一个关键问题，就是如何搞好党风廉政建设。执政党的党风廉政建设是关系到党和国家生死攸关的大事，党的作风关系到党的形象，关系到党和国家的生死存亡。近年来，党中央在党风廉政建设方面采取了一系列有力措施，不断加大反腐败的力度。然而，目前我们党内的腐败现象仍比较严重。腐败现象直接侵蚀人民群众的利益，是引发各类社会矛盾、危害党内外安定团结的消极因素，严重削弱党的执政能力和先进性。因此十七大报告严肃指出：中国共产党的性质和宗旨，决定了党同各种消极腐败现象是水火不相容的，强调“坚决惩治和有效预防腐败，关系人心向背和党的生死存亡，是党必须始终抓好的重大政治任务”。这是我们党在全国人民面前所表明的对待腐败的鲜明态度和反腐败的坚强决心。我们党要巩固执政地位和保持先进性，就必须顺应政党的执政规律，坚持立党为公、执政为民，权为民所用、情为民所系、利为民所谋，一刻也不能放松党风廉政建设。由于我们党处于执政地位，党和政府部门绝大多数领导干部是中共党员，所以从很大程度上讲，反腐倡廉主要是在党内展开，党内反腐倡廉成效直接影响并决定着全社会反腐败工作的成败。十七大报告在党风廉正建设方面提出了一系列新举措，明确了反腐倡廉工作的新思路和新理念。在党风建设方面，强调要加强调查研究，大力改进学风和文风，反对形式主义、官僚主义，反对弄虚作假、奢侈浪费；深入开展党风党纪教育，特别强调领导干部都要讲党性、重品行、作表率，模范遵守党纪国法；继承优良传统，弘扬新风正气，以优良的党风促政风带民风。在惩防腐败问题上，一是提出“四个更加”，即把反腐倡廉建设放在更加突出的位置，更加注重治本，更加注重预防，更加注重制度建设，拓展从源头上防治腐败工作领域；严格执行党风廉政建设责任制；二是提出坚持标本兼治、综合治理、惩防并举、注重预防的方针，扎实推进惩治和预防腐败体系建设；三是提出加强廉政文化建设，形成拒腐防变教育长效机制、反腐倡廉制度体系、权力运行监控机制；四是提出健全纪检监察派驻机构统一管理，完善巡视制度等新措施。这些方针、政策和措施，对于加强党风廉政建设具有重要的指导作用，也是我们以改革创新精神推进党的自身建设、保持和发展党的先进性的根本途径和保证。

（作者单位：东北师范大学马克思主义研究院）

（选自《思想理论教育导刊》2008年第12期）

十七大对党的建设的制度创新

吴美华

党的十七大报告和十七大通过的新党章，对以改革创新精神全面推进党的建设新的伟大工程作出了新部署，提出了新要求，制定了新举措。其中，制度创新是一大亮点。十七大报告第十二部分使用制度、体制、机制的地方就有三十多处，十七大通过的新党章涉及制度方面的修改也有十多处，这体现了我们党对制度建设认识的深化和制度建设的新成果。

一、积极推进党内民主制度建设

党内民主是发挥党员的主动性、创造性，使党富有生机活力的必要条件，也是巩固党的团结统一的重要保证。十六大以来，我们党在发展党内民主的理论与实践方面取得了重大进展。十六大报告明确提出，党内民主是党的生命，对人民民主具有重要的示范和带动作用，并且提出了一系列发展党内民主的具体措施。十七大报告进一步强调，尊重党员主体地位，保障党员民主权利，以扩大党内民主带动人民民主，以增进党内和谐促进社会和谐。新党章也相应地增加了“保障党员民主权利”。这对于推进党内民主具有十分重要的意义。

首先，更加强调党内民主与人民民主紧密联系、相互促进的关系。十七大报告深刻指出：“人民民主是社会主义的生命”，“人民当家作主是社会主义民主政治的本质和核心”。把人民民主提到如此的高度，表明了我们党坚定不移发展社会主义民主政治的决心。在发展人民民主方面，十七大报告和新党章都强调坚持党的领导、人民当家作主、依法治国的有机统一，走中国特色社会主义政治发展道路。具体说来，十七大报告增加了保障人民的“表达权”，提出“建议逐步实行城乡按相同人口比例选举人大代表”，要健全基层党组织领导的充满活力的基层群众自治机制。新党章总纲部分增写了“基层群众自治制度”，“尊重和保障人权”，“民主选举”，“民主管理”等内容。这就使我国人民民主的制度构建由三大制度发展成为四大制度，即除强调坚持和完善人民代表大会制度这个根本制度，坚持和完善中国共产党领导的多党合作和政治协商制度、民族区域自治制度这两个基本制度之外，还强调加强基层群众自治制度，从而拓宽了发展人民民主的渠道，同时也为发展党内民主提供了良好的社会环境和氛围。

其次，更加强调制度建设在发展党内民主方面的作用。十七大报告和新党章突出了三项制度建设：

一是实行党务公开制度。党务公开，是指党内工作、党内生活的内容、程序、结果等在一定范围内对党内外公布。十六届四中全会、六中全会曾明确提出要推进党务公开，各级党组织进行了积极探索，取得了初步成效，受到广大党员的普遍欢迎。在此基础上，十七大报告强调推进党务公开，新党章第十条第四款增写了党的各级组织要“按规定实行党务公开”的内容。以党的根本大法的形式把党务公开作为一项组织制度规定下来，有利于增强党组织工作的透明度，使党员更好地了解和参与党内事务，也使党内工作、党内生活特别是重要决策，为广大人民群众所了解。

二是实行党代会代表任期制度。党代会代表任期制度的实质，是充分发挥党代表的作用。党的代表大会制度是党的组织制度的重要组成部分，也是党内民主在党的领导体制中的集中体现。马克思、恩格斯、列宁对党代表大会制度非常重视，坚持实行党的代表大会年会制，这样党代表能够经常性地发挥作用。中国共产党在党代表大会制度建设方面走过了曲折的道路，八大曾决定实行党的代表大会常任制，但没有能够坚持下去，改革开放以后重被提上议程，在部分省市进行了试点。十六大和十六届四中全会都对党的代表大会闭会期间发挥代表作用提出了明确要求，一些实行党代表大会常任制试点的地方摸索出一些经验，这为十七大报告提出、新党章明确规定党的各级代表大会代表实行任期制创造了条件。十七大报告提出，实行党的代表大会代表任期制，新党章第十一条增写了“党的各级代表大会代表实行任期制”的内容，这是党代表大会制度建设上的一个重大突破。需要指出的是，党代表大会常任制和党代表大会代表任期制，是相互联系又相互区别的，不能把二者等同起来。实行党代表大会常任制，必然实行党代表大会代表任期制，而实行党代表大会代表任期制，不一定实行党代表大会常任制。从未来发展趋势看，党的代表大会作为党的权力机关有可能走向常任制，但是目前普遍实行党代表大会常任制的条件还不成熟，难以全面推开。在这种情况下，先实行党代表大会代表任期制，对于提高党的各级代表大会的地位，完善党的代表大会制度，更好地发挥代表的作用，具有重要意义。如此重大的改革，需要有相应的配套制度，必须积极稳妥地推进，包括改进党代会代表选举方式，改善代表结构，提高代表素质，确定代表任期、权利、职责和活动方式，规范代表履职程序等。

三是改革党内选举制度。党内选举是党内民主程度的重要标志，改革党内选举制度是发展党内民主的基础工程和直接体现。十六大提出要改革和完善党内选举制度，十六届四中全会提出要逐步扩大基层党组织领导班子成员直接选举的范围，各地试点摸索出许多成功的经验。十七大报告进一步强调，改革党内选举制度，改进候选人提名制度和选举方式，推广基层党组织领导班子成员由党员和群众公开推荐与上级党组织推荐相结合的办法，逐步扩大基层党组织领导班子直接选举范围，探索扩大党内基层民主多种实现形式。新党章第二十九条关于党的基层委员会、总支部委员会和支部委员会选举办法的规定，增写了“提出委员候选人要广泛征求党员和群众的意见”的内容。把原来第三十条中关于“基层委员会、总支部委员会、支部委员会选出的书记、副书记，应报上级党组织批准”修改为“基层委员会、总支部委员会、支部委员会的书记、副书记选举产生后，应报上级党组织批准”。作出这样的规定是党内选举制度改革迈出的重要一步，其意义在于：第一，抓住了候选人提名这个关键环节，有利于在基层党组织选举中普遍实行党员和群众公开推荐与上级党组织推荐相结合的办法，扩大基层党组织领导班子候选人提名的民主，拓宽选人用人视野。第二，为扩大直接选举范

围提供了依据，有利于改变以往基层党委书记、副书记只能由基层委员会选举产生，党总支书记、副书记只能由总支部委员会选举产生，党支部书记、副书记只能由支部委员会选举产生的模式。今后这些书记、副书记可以按以前的方式产生，也可以由党员大会或党员代表大会选举产生。这对于加强党的基层组织领导班子建设，丰富党内基层民主的形式都有重要作用。改革候选人提名方式和选举方式，还需要有相应的程序性制度作保证，党员和群众对候选人的提名应纳入干部选拔任用的必要程序，提名情况应在一定范围内公布，应适当增加选举的竞争性，给选举人更多的选择权，同时加大对违纪问题的追究力度，采取严格措施避免贿选现象的发生。

二、大力加强党内监督制度建设

加强党内监督与发展党内民主是一个问题的两个方面，二者相辅相成、相互促进。从一定意义上说，加强党内监督，尤其是监督“一把手”难度更大。十七大在加强党内监督方面主要强调了两项制度建设：一是实行定期报告工作并接受监督制度。十七大报告强调，建立健全中央政治局向中央委员会全体会议、地方各级党委常委会向委员会全体会议定期报告工作并接受监督的制度。新党章第二十一条和第二十七条分别规定：“中央政治局向中央委员会全体会议报告工作，接受监督”；“党的地方各级委员会的常务委员会定期向委员会全体会议报告工作，接受监督”。十六大以后这项制度实际上已经在实行，但是党章作出明确规定还是第一次。把这项制度写入党章，有利于进一步理顺党代会、全委会、常委会的关系，更好地发挥中央委员会和地方各级党委全委会的集体领导作用。

二是实行巡视制度。十七大报告强调，完善巡视制度。新党章第十三条增写了“党的中央和省、自治区、直辖市委员会实行巡视制度”的内容。巡视制度，是指中央和省、自治区、直辖市党委，通过建立专门巡视机构，按照有关规定对下级党组织领导班子及其成员进行监督的制度。这项制度始建于20世纪90年代中期。2003年8月，经中共中央、国务院批准，中央纪委、中央组织部建立了专门巡视机构和专职巡视队伍，在四个方面进行巡视工作。2003年12月颁布的《中国共产党党内监督条例(试行)》，把巡视正式列为十大监督制度之一。此后，中央纪委和中央有关部门先后制定了《关于巡视工作的暂行规定》、《关于派驻纪检组履行监督职责的意见》、《关于对党员领导干部进行诫勉谈话和函询的暂行办法》、《关于党员领导干部述职述廉的暂行规定》等一系列相关规定。从2005年起，中央和地方党组织加大了巡视工作的力度。目前，中央纪委、中央组织部共设立了11个巡视组，已完成对全国31个省（区、市）和新疆生产建设兵团以及部分金融机构、国有重要骨干企业的第一轮巡视，并对部分省（区、市）和新疆生产建设兵团进行了第二轮巡视。各省（区、市）和新疆生产建设兵团党委共组建了121个巡视组，对所辖市（地、州、盟）进行巡视，并将巡视范围延伸到部分县（市、区、旗）。巡视工作的开展，推动了党风廉政建设责任制的贯彻落实，发现了一些领导干部违纪违法的案件线索，近年来仅各省（区、市）党委巡视组发现并移送有关部门查处的、涉及县处级以上干部的案件线索就达900余件。巡视工作改变了过去只注重事后监督的做法，强化了事前监督和事中监督，对于解决“上级监督远、同级监督软、下级监督难”的问题，加强对领导班子和领导干部特别是“一把手”的监督起到了积极作用。实践证明，这是一项现实可行的制度。按照中央的精神，下一步就是要进一步加强和改进巡视工作，制定巡视工作条例，扩大巡视工作的范围，突出巡视工作的重点，重视巡视成果的综合运用，提高巡视工作的质量水平。

三、不断深化干部人事制度改革

20世纪90年代以来，中央把干部人事制度改革提上议程，十六大明确提出深化干部人事制度改革，先后颁布了一系列重要文件，推出了许多改革措施，在干部人事制度改革理论与实践方面取得了重大进展。在此基础上，十七大报告进一步强调要深化如下改革：

一是完善干部选拔任用制度。十七大报告强调，要坚持正确用人导向，按照德才兼备、注重实绩、群众公认原则选拔干部，提高选人用人公信度。要坚持民主、公开、竞争、择优，形成干部选拔任用科学机制，包括规范干部任用提名制度，完善公开选拔、竞争上岗、差额选举办法，扩大干部工作民主，增强民主推荐、民主测评的科学性和真实性，加强干部选拔任用工作全过程监督等。这对于更好地坚持党的干部路线，充分发扬干部工作中的民主，进一步提高干部选拔任用的质量，防止和克服有些地方和单位出现的“带病提拔”现象，具有很强的现实针对性。

二是完善干部考核制度。干部考核制度，是组织人事部门定期对干部的思想品德、工作态度、工作能力、工作实绩等进行考察和鉴定的制度，它是干部管理的重要组成部分。十七大报告强调，要完善体现科学发展观和正确政绩观要求的干部考核评价体系。新党章第三十四条在党的各级领导干部必须具备的基本条件中，增写了“带头贯彻落实科学发展观”，“树立正确政绩观”的内容，把原来的“做出实绩”充实为“做出经得起实践、人民、历史检验的实绩”。建立健全体现科学发展观和正确政绩观要求的干部考核制度，不仅有利于正确识别和使用干部，而且对于打破GDP崇拜，确立正确的价值取向，激励干部脚踏实地为人民建功立业，具有积极意义。同时也为建立严格的奖惩淘汰机制，解决干部能上不能下、能进不能出问题，创造了必要条件。

三是健全领导干部职务任期、回避、交流制度。这些都是干部管理工作的重要制度，对于破除领导职务终身制，增强干部队伍活力，优化领导班子结构，保证领导干部公正履行职责，具有重要意义。要按照2006年6月中共中央办公厅印发的《党政领导干部职务任期暂行规定》、《党政领导干部任职回避暂行规定》和《党政领导干部交流工作规定》的要求，严格执行职务任期制，加大干部交流力度，同时把干部交流制度同职务任期制度、任职回避制度结合起来，严格执行干部交流工作纪律。

十七大报告还强调，要完善公务员制度，健全干部双重管理体制，推进国有企业和事业单位人事制度改革，完善适合国有企业特点的领导人员管理办法，创新人才工作体制机制。十六大以来，人才资源是第一资源，已成为全党全社会的共识，人才强国战略的实施，极大地拓宽了人才视野，提高了人才培养质量，实现了干部队伍建设与人才队伍建设的有机结合。当前，要进一步破除那些不合时宜、束缚人才成长和发挥作用的观念、做法和体制，通过改革创新培育充满生机活力的人才选拔任用机制，形成有利于人才成长的环境，为贯彻落实科学发展观提供坚实的人才保证。

四、切实加强反腐倡廉制度建设

2007年6月25日，胡锦涛总书记在中央党校省部级干部进修班发表的重要讲话中，鲜明地提出了“反腐倡廉建设”的概念和三个“更加注重”的要求。他在十七大报告中重申了上述观点，并就反腐倡廉建设的内涵、地位、目标、任务、重点等进行了深刻阐述，从而使党的建设由四大建设发展为五大建设，使反腐倡廉工作更加突出出来。新党章在总纲部分党的建设基本要求的第三项中，增写了“党坚持标本兼治、综合治理、惩防并举、注重预防的方针，建立健全惩治和预防腐败体系”。这是反腐倡廉建设必须遵循的方针和突出的重点。这表明，我们党对反腐倡廉特点和规律的认识已达到新的高度，反腐倡廉理论和实践已发展到新的水平。

改革开放以来，特别是十三届四中全会以来，我们党在团结带领全国人民建设中国特色社会主义事业的伟大进程中，坚定不移地开展党风廉政建设和反腐败斗争，走出了一条中国特色反腐倡廉道路，积累了宝贵经验。中央纪委向十七大的工作报告适时提出了这个重大论断。中国特色反腐倡廉道路，概括地说就是坚持党的领导，以马克思主义中国化的最新理论成果指导反腐倡廉新的实践，用发展的思路和改革的办法防治腐败，着力推进改革和制度建设，建立健全惩治和预防腐败体系。

多年来的实践证明，加强制度建设是从源头上预防和治理腐败的治本之策。2005年1月，中共中央印发的《建立健全教育、制度、监督并重的惩治和预防腐败体系实施纲要》，共提出了118项制度，旨在建立拒腐防变教育长效机制，反腐倡廉制度体系，权力运行监控机制。十七大在贯彻落实《实施纲要》、切实加强反腐倡廉制度建设方面又有新的突破，主要体现在把深化改革、创新制度进一步渗透到经济、政治、文化、社会建设和党的建设的方方面面，从而增强了制度建设的整体性、协调性、系统性和实效性。毋庸讳言，在经济转轨、社会转型期，由于制度滞后所带来的缝隙和漏洞随处可见，这是腐败现象屡纠不绝、屡禁不止的深层次原因。因此，通过改革逐步建立和完善与社会主义市场经济体制相适应、与国家政治体制相衔接、与文化和社会建设相匹配的制度机制，是从源头上预防和治理腐败的根本途径。十七大报告除第十二部分以外，在五、六、七、八部分多处论及与反腐倡廉相关的制度。根据十七大精神，当前要重点推进如下制度改革：深化财政管理制度和金融体制改革，加快形成统一规范透明的财政转移支付制度；深化投资体制改革，更好地发挥市场在资源配置上的基础性作用；建立健全决策权、执行权、监督权既相互制约又相互协调的权力结构和运行机制，确保权力正确行使；深化行政审批制度改革，规范政府行政行为；深化司法体制改革，优化司法职权配置；加强廉政文化建设，形成拒腐防变教育长效机制；深化收入分配制度改革，扭转收入分配差距扩大趋势等，从制度上逐步铲除滋生腐败的土壤和条件。

此外，还要提高贯彻落实现有制度的质量水平。在多年实践基础上，我们党已经摸索和制定出一批制度，如“三重一大”制度、领导干部报告个人有关事项制度、述职述廉制度、诫勉谈话和函询制度、经济责任审计制度、民主评议制度、询问制、质询制、问责制、罢免制等，问题在于制度的刚性不强，有的没有落实，有的形同虚设。究其原因，主要是人治大于法治、大于制度的消极影响，对制度执行情况监督、检查不够，对违反制度行为的责任追究不到位。加强反腐倡廉制度建设，尤其要树立制度权威，增强制度执行力。党风廉政建设责任制是关系全局的根本性制度，要以此为载体和抓手，进一步强化党委的主体责任，落实反腐倡廉领导体制和工作机制，真正形成党委统一领导、党政齐抓共管、纪委组织协调、部门各负其责、依靠群众支持参与的局面。

（作者：中国人民大学马克思主义学院教授、博士生导师）

（选自《学习与实践》2008年第2期）

加强领导干部作风建设的对策与思考

中直机关党的建设研究会课题组

作风是一个党的性质、宗旨和本质特征、内在品格的重要体现，是实现党的纲领、目标、任务的重要保证。改进和加强党的作风建设，领导机关是关键，领导干部是重点。改进和加强领导干部作风建设要遵循一靠教育、二靠制度、三靠监督、四靠自律的原则，采取多管齐下、标本兼治、综合治理的办法，常抓不懈地做好有关工作。具体应从八个方面切入，着力解决好八个问题：

第一，以解放思想、与时俱进为着力点，进一步加强思想作风建设。一要坚持解放思想、实事求是、与时俱进的思想路线和思想作风。当前，我国正处于改革发展的关键阶段，面临的机遇前所未有，面临的挑战也前所未有。因此，必须解放思想、知难而进，大力倡导与时俱进、勇于探索的创新精神，克服因循守旧、墨守成规的“僵化”思想，用科学的思维方式去认识世界和改造世界，不断开创中国特色社会主义事业新局面。二要坚持立党为公、执政为民。这是思想作风建设的根本目的。要牢记全心全意为人民服务的宗旨，牢记党和人民的重托和肩负的历史责任，正确行使人民赋予的权力，廉洁奉公，勤政为民，坚持权为民所用、情为民所系、利为民所谋，坚定共产主义的理想信念，自觉做献身中国特色社会主义事业的忠诚战士。三要把加强思想作风建设与深入贯彻落实科学发展观结合起来。想问题、办事情，坚持一切从实际出发，按客观规律办事，坚决防止和克服脱离实际、主观臆断的行为，防止和纠正急功近利、好大喜功、忽视协调发展的做法，“多干打基础、利长远的事”，真心实意地为人民群众谋利益。

第二，以勤奋好学、学以致用为着力点，进一步加强学风建设。一是要切实解决一些领导干部学习理论自觉性不高，不想学、不愿学和摆样子学的问题，在真学、真信、真钻、真用上下功夫；二是学以致用、以用促学、学用相长。要用马克思主义中国化的最新成果武装头脑，指导工作实践，着力解决本地、本系统、本部门改革发展中遇到的实际问题；三是坚持改造客观世界与改造主观世界相结合，牢固树立马克思主义的世界观、人生观、价值观和正确的权力观、地位观、利益观；牢固树立社会主义核心价值观，带头实践社会主义荣辱观，在思想道德建设中做表率、当模范；四是把改进学风同改进文风结合起来，精简会议文件，说短话、办实事，反对装腔作势、套话连篇的“新八股”，进一步发扬准确鲜明、质朴流畅、形象生动、健

康向上的文风。

第三，以联系群众、求真务实为着力点，进一步加强工作作风建设。加强工作作风建设，重点是采取切实措施坚决克服形式主义和官僚主义。一是深入实际，调查研究，集中民智，珍惜民力，科学决策，民主决策，自觉把改革力度、发展速度和社会承受程度统一起来，防止滥用民力、盲目蛮干，随意决策。要在抓落实、见实效上下功夫，而不要在“作秀”、耍花架子上做文章。当前，要坚决反对各种脱离实际的“形象工程”、“政绩工程”，坚决刹住弄虚作假、欺上瞒下的歪风。二是深入群众，真心实意地听民声、察民情、知民怨、解民忧，努力为群众办实事、办好事，使群众在政治上、经济上得到更多的实惠，共享改革和发展的成果。这是密切党群、干群关系的关键，也是加强作风建设最为重要的举措。三是建立健全密切联系群众的相关制度，切实从人民群众最关注的热点难点问题抓起，从人民群众反映最不满意的问题改起，从人民群众最需要解决的问题做起，着力解决群众最关心、最直接、最现实的利益问题。

第四，以扩大民主、健全制度为着力点，进一步加强领导作风建设。一要积极推进党内民主建设，扩大党内民主，推进党务公开，充分发挥全委会对重大问题、重要人事任免的决策作用。二要健全完善保证民主集中制贯彻执行的制度。如：完善党的地方各级全委会、常委会工作制度。坚持在民主的基础上集中，在集中指导下的民主，推行地方党委讨论决定重大问题和任用重要干部实行票决制；健全集体领导与个人分工负责相结合的制度，真正把“集体领导、民主集中、个别酝酿、会议决定”的十六字方针落到实处；建立健全地方各级党委常委会向委员会全体会议定期报告工作并接受监督的制度。当前一是要把定期报告工作推行到地方各级党委，二是要进一步探索接受监督的形式和措施；完善干部选拔任用制度。切实落实群众对干部选拔任用的知情权、参与权、选择权和监督权；完善体现科学发展观和正确政绩观要求的干部考核评价体系，增强民主推荐、民主测评的科学性和真实性；坚持标准和正确的用人导向，用好的作风选人、选作风好的人，提高选人用人的公信度，为加强和改进领导干部作风建设提供坚强的组织保证。

第五，以艰苦奋斗、情趣健康为着力点，进一步加强生活作风建设。一是要深入进行“坚持艰苦奋斗、反对享乐主义”的教育，倡导勤俭节约、勤俭办一切事业，反对奢侈浪费；二是大力倡导生活正派、情趣健康的良好风气，继承优良传统，弘扬新风正气；三是加强思想道德修养，领导干部要讲党性、重品行、作表率，自觉践行社会主义荣辱观，模范遵守党纪国法，坚决反对和抵制低级趣味的生活方式，始终保持共产党人的高尚情操和革命气节；四是要加强对领导干部的管理和监督。“八小时以内”的“工作圈”要管，“八小时以外”的“生活圈”、“社交圈”也要管。管理监督措施应当由虚变实、由粗变细，切实改变目前雷声大、雨点小或只说说而已的状况。对那些置若罔闻、违纪违法、丧失操守原则的腐化堕落分子，应当严肃查处，以儆效尤。

第六，以强化监督、严格执纪为着力点，进一步健全领导干部作风建设的制约机制。一是把对领导干部作风建设的监督作为加强党内监督的重要内容。严格执行报告个人有关事项、述职述廉、民主生活会、巡视、诫勉和谈话、函询、质询等制度。要加强对重点对象特别是党政“一把手”的监督，加强对重点岗位特别是管人、管钱、管物、管工程招标等人员的监督，推进党务公开、政务公开、财务公开；要探索适应新形势、新情况的有效监督形式，从源头上预防领导干部腐败案件的产生。二是要拓宽监督渠道。整合监督资源，把人大监督、政协监督、行政监督、舆论监督、司法监督、社会监督同党内监督等很好地结合起来，形成全方位、多层次的监督网络，增强监督的合力和实效。三是建立健全领导干部作风评价考核机制。制定完善领导干部作风考核办法，把组织考察、考核与群众评议结合起来。评价领导机关和领导干部作风的好差，要坚持以人民满意不满意为标准，把评判权、监督权交给群众。江苏省直机关工委2004年和2006年，两次组织“万人评议省级机关作风活动”，并通过简报、网络、新闻媒体公布整改情况，在全省上下引起很大震动，有力地促进了省级机关和领导干部作风的转变，赢得了群众的广泛赞同和支持。四是加大督查工作力度。建立健全领导干部作风建设工作信息反馈、情况通报和定期报告制度，完善督查措施，确定工作重点，集中开展专项检查。要建立问责制，对因不抓不管，管辖范围内出现严重作风问题的，要追究有关领导和上级部门的责任。

第七，以赋予权利、提高权威为着力点，进一步强化机关党组织的监督职能。一是强化机关党组织的监督职能。比如，明确规定机关党组织成员可以列席行政负责人召开的重要会议，可以参与重要问题的决策，党委或党组对机关干部的任免、调动或奖惩，要听取机关党组织的意见等，赋予机关党组织以“职责”制约“权力”的职能。二是提高机关党组织监督的权威。机关党组织要主动协助相关领导和部门，积极推进领导干部党务政务公开化、行政执法透明化，让机关广大党员能够参与到党内监督的实践中来，机关党组织依靠这种“组织的力量”，从而对掌握权力的党员领导干部进行有效的监督，促使重点监督对象能够做到权力不失控、行为不失范。三是认真落实领导干部双重民主生活会制度。领导干部双重民主生活会制度，是我们党的优良传统。但目前这项制度在许多地方已流于形式，甚至有其名无其实。因此，要以严格程序、重在质量为重点，进一步健全双重民主生活会制度。

第八，以改革创新、增强活力为着力点，进一步建立健全领导干部作风建设的长效机制。一是要把党的优良传统作风与时代精神结合起来，对领导干部作风建设提出新标准新要求。二是创新形式与载体，增强作风建设活动的吸引力和感染力。紧紧围绕领导干部作风建设的新任务新要求，结合本地或本单位实际，开展丰富多彩的主题实践活动，不断推陈出新，使作风建设经常有新形式、新载体，始终充满生机和活力。三是注意总结各地在加强领导干部作风建设实践中创造的新鲜经验和成功做法，加以概括提炼，形成制度，转化成作风建设的长效机制，推动领导干部作风建设不断取得新成效。

（执笔人：张锡杰 王磊）

（选自《党建》2008年第3期）

延安时期干部学风建设的启示

郭春和

一、加强学风建设，要科学对待马克思主义，用马克思主义中国化的最新成果武装全党，巩固全党团结奋斗的共同思想基础

学风问题是对待马克思主义的态度问题。延安时期，我们党把学风问题作为“第一个重要的问题”，把科学对待马克思主义作为学风建设的核心任务。1938年，党的六届六中全会明确提出了马克思主义中国化的任务。延安整风时期，毛泽东指出：“应确立以研究中国革命实际问题为中心，以马克思列宁主义基本原则为指导的方针，废除静止地孤立地研究马克思列宁主义的方法。”此后，党中央反复号召全党，要从教条主义的束缚中解放出来，把马克思主义基本原理同中国革命实际相结合，推进马克思主义中国化。延安整风运动后，党把一系列独创性的经验上升为科学理论，形成了马克思主义中国化的理论成果——毛泽东思想，为新民主主义革命的胜利奠定了思想基础。延安时期的学风建设，把学风问题提高到马克思主义思想路线的高度，在解放思想中统一思想，创造了从思想上转变学风的历史经验。

改革开放以来，我们党之所以能带领全国各族人民开辟中国特色社会主义道路，取得举世瞩目的成就，关键就在于准确把握了国际国内形势的新变化，把马克思主义基本原理同当代中国的具体实际和时代特征紧密结合，形成了马克思主义中国化的最新成果——中国特色社会主义理论体系。改革开放近30年来取得的成就雄辩地证明，坚持解放思想，实事求是，与时俱进，不断推进马克思主义中国化，是党的思想路线的本质要求，是我们应对前进道路上各种新情况新问题，不断开创事业新局面的一大法宝。

二、加强学风建设，要学以致用，着力解决人民最关心、最直接、最现实的利益问题

我们党历来十分重视学习，特别是每当重要的历史时刻和面对艰巨的历史使命时，更是如此。延安时期，中国共产党担负着领导民族解放战争的重大历史任务，这对党提出了很高的要求。正是在这种历史关头，我们党开展了干部学风建设，要求广大党员紧紧围绕党的中心任务学习马克思主义的立场、观点、方法，把理论学习的成果转化为解决实际问题的能力，为抗日战争和民族解放战争服务。

当前，我们的发展又处于关键时期，面临的机遇和挑战前所未有。如果不加强学习，不改进学风，就有可能出现新的“本领恐慌”，就难以完成肩负的历史使命。

马克思主义是从实践中产生并被实践所证明了的科学理论，只有联系实际才能真正学懂，也只有联系实际才能真正用好。胡锦涛总书记在2006年春节视察中国延安干部学院时指出：我们搞干部培训，当然要提高干部的理论水平，但是更重要的是要提高各级领导干部运用党的基本理论解决实际问题的能力。

运用理论解决实际问题，要以解决人民最关心、最直接、最现实的利益问题为重点，使经济社会发展成果更多地体现到改善民生上，推动国民经济又好又快发展。一方面，要坚持学习党的基本理论、基本路线、基本纲领和基本经验，对理论的理解要准确完整，真学、真信、真懂、真用，增强推进改革开放和聚精会神搞建设、一心一意谋发展的坚定性，用改革的办法解决前进中的问题。另一方面，要学以致用，增强解决问题的意识，牢牢把握社会主义初级阶段的基本国情和本地区、本部门的具体实际，既要避免各取所需，防止地方保护主义，又要避免盲目滥用，防止实用主义。只有把握好理论与实际的结合点，我们想问题、办事情才不会脱离实际，我们的思想和行动才能更加符合客观实际，更加符合人民群众的愿望和利益。

三、加强学风建设，要发挥领导干部特别是高中级领导干部的表率作用

领导干部特别是高中级领导干部的学风状况，在一定程度上反映着整个党的理论水平，关系着党的事业的发展。延安时期，我们党十分注重发挥高中级领导干部的学习表率作用。1938年，毛泽东在扩大的六届六中全会上指出："中央委员和高级干部尤其应当加紧研究"，"在担负主要领导责任的观点上说，如果我们党有一百个至二百个系统地而不是零碎地、实际地而不是空洞地学会了马克思列宁主义的同志，就会大大地提高我们党的战斗力量"。延安整风运动时期，我们党成立了中央学习研究组、中央总学习委员会、中央思想方法学习小组，延安和各根据地还成立了高级学习组和学习委员会。中央书记处将在延安的48名高级干部编成9个小组，由中央领导同志直接领导学习；组织在延安的高级干部和七大代表700多人集中学习，后来又安排1000多名干部集中学习。党中央还规定，将5月5日马克思诞辰日定为"学习节"，高中级领导干部一律参加学习竞赛。在领导干部的带领下，全党上下，学习蔚然成风。这为提高全党的马克思主义理论水平，统一全党的思想基础，夺取抗日战争的胜利打下了坚实的基础。

全面建设小康社会是我们党和国家到2020年的奋斗目标，是全国各族人民的根本利益所在，前景广阔，任务艰巨。围绕全面建设小康社会，我们有许多问题需要研究，需要解决，这就迫切需要全党改进学风，加强学习。应当看到，当前少数领导干部在学风上还存在一些问题，与实现党的中心任务还不适应。改进学风，首先是领导干部特别是高中级领导干部要以身作则，有针对性地解决存在的各种问题，以此带动全党切实转变作风。

高中级领导干部要从提高党的执政能力、保持和发展党的先进性的高度来认识改进学风、加强学习的紧迫性。要把学习当作一种政治责任、一种精神状态、一种思想境界，"挤时间"，"钻进去"，牢固树立终身学习的思想，在建设学习型政党、学习型社会中走在前列。要把端正学习态度与掌握科学的学习方法结合起来，把加强理论学习与推进理论创新结合起来，把健全学习考核制度与健全学习激励机制结合起来，真正把学习的成果转化为谋划工作的思路、改进工作的措施和领导工作的本领。

（作者：中国延安干部学院常务副院长）

（选自《求是》2008年第4期）

改革开放30年来党的思想理论不断创新的简要历程与启示

柳建辉

改革开放30年来，中国共产党人在开辟中国特色社会主义道路过程中，以马列主义、毛泽东思想、邓小平理论和“三个代表”重要思想为指导，深入贯彻落实科学发展观，坚持解放思想、实事求是、与时俱进，不断进行理论创新，形成了“中国特色社会主义理论体系”这一马克思主义中国化的最新理论成果。回眸这一时期党的思想理论不断创新的简要过程，总结其中的历史启示，可以加深我们对“创新是一个民族的灵魂，是一个国家兴旺发达的不竭动力，也是一个政党永葆生机的源泉”这一重要思想的理解，更准确地把握马克思主义中国化的基本规律，更好地用马克思主义中国化的最新理论成果武装头脑，指导实践。

一、中国共产党是一个勇于和善于进行理论创新的党

中国共产党非常重视科学理论的指导，也非常重视理论的科学创新。自1921年建党以来，在领导中国革命、建设和改革的艰苦征程中，党提出了关于理论创新的一系列重要思想，同时又以理论创新的科学成果指导中国革命、建设和改革的丰富实践，取得了一个又一个伟大胜利。

如何把马克思主义基本原理与中国革命的具体实践相结合，大胆进行理论创新，毛泽东为全党树立了光辉榜样。早在1930年5月写的《反对本本主义》一文中，他就在党的历史上第一次明确提出了马克思主义普遍真理要同中国革命具体实践相结合这一重要思想原则，强调“中国革命斗争的胜利要靠中国同志了解中国情况”。“马克思主义的‘本本’是要学习的，但是必须同我国的实际情况相结合。我们需要‘本本’，但是一定要纠正脱离实际情况的本本主义。”1938年10月，在党的六届六中全会上，他又进一步指出：“马克思主义必须和我国的具体特点相结合并通过一定的民族形式才能实现。马克思列宁主义的伟大力量，就在于它是和各个国家具体的革命实践相联系的。对于中国共产党说来，就是要学会把马克思列宁主义的理论应用于中国的具体的环境。……离开中国特点来谈马克思主义，只是抽象的空洞的马克思主义。因此，使马克思主义在中国具体化，使之在其每一表现中带着必须有的中国的特性，即是说，按照中国的特点去应用它，成为全党亟待了解并亟须解决的问题。”为此，在新民主主义革命时期，以毛泽东为核心的第一代中央领导集体，立足于半殖民地半封建的中国国情，在坚持马列主义基本原理的基础上，结合中国革命的具体实践，大胆进行理论创新，从而在一系列问题上极大地丰富和发展了马克思列宁主义，实现了马列主义与中国实际相结合的第一次历史性飞跃，形成了毛泽东思想这一“马克思列宁主义的理论与中国革命的实践之统一的思想”，“中国的马克思主义”。正是在毛泽东思想的指引下，中国共产党领导全国各族人民经过艰苦卓绝的斗争，最终推翻了“三座大山”的压迫，建立了中华人民共和国，进而建立了社会主义基本制度，开启了中国近现代发展史上的新纪元。

进入社会主义革命和建设时期后，毛泽东关于理论创新的思想进一步发展。在以苏联经验为“鉴戒”，探索中国社会主义建设道路过程中，毛泽东曾郑重向全党提出：“马克思这些老祖宗的书，必须读，他们的基本原理必须遵守，这是第一。但是，任何国家的共产党，任何国家的思想界，都要创造新的理论，写出新的著作，产生自己的理论家，来为当前的政治服务，单靠老祖宗是不行的。”循着这样的认识思路，全党在毛泽东的引导下，围绕在中国如何建设、发展和巩固社会主义的问题，进行了新的探索。尽管经历了种种曲折，仍然取得了理论和实践上的新成果，为后来邓小平理论的创立提供了正反两个方面的宝贵经验和思想来源。

1978年年底，党的十一届三中全会后，以邓小平为核心的第二代中央领导集体，正本清源，拨乱反正，积极推动“实践是检验真理的标准”问题大讨论，在纠正“文化大革命”长期“左”的错误基础上，重新恢复了党的实事求是的思想路线，开始了对中国特色社会主义道路的新探索。与此同时，党的思想理论创新工作也取得了新进展。

早在十一届三中全会召开前夕，邓小平就尖锐地向全党指出：“一个党，一个国家，一个民族，如果一切从本本出发，思想僵化，迷信盛行，那它就不能前进，它的生机就停止了，就要亡党亡国。这是毛泽东同志在整风运动中反复讲过的。只有解放思想，坚持实事求是，一切从实际出发，理论联系实际，我们的社会主义现代化建设才能顺利进行，我们党的马列主义、毛泽东思想的理论也才能顺利发展。”1980年2月、4月，他又指出：“我们搞四个现代化，不开动脑筋，不解放思想不行。”“甚至于包括什么叫社会主义这个问题也要解放思想。经济长期处于停滞状态总不能叫社会主义。人民生活长期停止在很低的水平总不能叫社会主义。”1989年5月，在同苏共中央总书记戈尔巴乔夫谈话时，他又说：“世界形势日新月异，特别是现代科学技术发展很快。”“绝不能要求马克思为解决他去世之后上百年、几百年所产生的问题提供现成答案。列宁同样也不能承担为他去世以后五十年、一百年所产生的问题提供现成答案的任务。真正的马克思列宁主义者必须根据现在的情况，认识、继承和发展马克思列宁主义。”“不以新的思想、观点去继承、发展马克思主义，不是真正的马克思主义者。”按照解放思想的要求，邓小平在指导我国改革开放和社会主义现代化建设的过程中，站在历史与现实、国际与国内相结合的高度，抓住“什么是社会主义，怎样建设社会主义”这个根本问题，深刻审视时代特点，大胆进行理论创新，第一次比较系统地初步回答了中国社会主义的发展道路、发展阶段、根本任务、发展动力、外部条件、政治保证、战略步骤、党的领导和依靠力量以及祖国统一等一系列基本问题，创立了既符合当代中国实际又适应时代要求的邓小平理论。这一理论重新确立了从实际出发建设中国特色社会主义的指导思想，提出了较系统的社会主义初级阶段理论、社会主义改革理论和

社会主义市场经济理论，以及全方位对外开放和“科学技术是第一生产力”等创新性理论成果，是在新的历史条件下对马列主义、毛泽东思想的继承和发展，思想体系上既一脉相承又与时俱进。

进入90年代以来，以江泽民同志为核心的第三代中央领导集体，受命于“危难之际”、身处“多事之秋”、肩负跨世纪的历史重任，在高举邓小平理论伟大旗帜，推进中国特色社会主义伟大事业中，继续进行理论创新。1995年5月26日，江泽民在全国科学技术大会上，第一次提出了“创新是一个民族进步的灵魂，是国家兴旺发达的不竭动力”的科学论断。此后他又多次阐述“创新”的重大意义，特别是从2000年开始，面对进入新世纪的新形势和日益激烈的国际竞争，其“创新”思想进一步发展，逐步形成了“全面创新”的思想。2000年6月20日，在西北地区党建工作和西部大开发座谈会上，江泽民同志明确指出：“创新是一个民族进步的灵魂，是一个国家兴旺发达的不竭动力，也是一个政党永葆生机的源泉。”“创新，包括理论创新、体制创新、科技创新及其他创新。”在讲话中，江泽民还就这三个方面创新的内涵作了深入阐述，指出在各方面创新中，理论创新处于最重要的核心地位，“邓小平理论的形成和发展，就是我们党在新时期坚持理论创新的集中体现和取得的最伟大的成果。其他一切创新都是在这种理论创新的指导下和推动、影响下进行的。”2001年1月10日，在全国宣传部长会议上，江泽民同志进一步指出：“要运用马克思主义的宽广眼界观察世界，运用当代最新知识丰富自己，不唯本本，不守教条，与时俱进，不断推进理论创新、体制创新、科技创新。”这里，江泽民同志第一次使用了“与时俱进”一词。同年7月1日，在庆祝中国共产党成立80周年大会上的重要讲话中，江泽民同志结合党的80年历史基本经验和对“三个代表”重要思想的论述，再次使用了“与时俱进”一词，明确提出“马克思主义具有与时俱进的理论品质”的重要论断，强调“解放思想、实事求是，是引导社会前进的强大力量。”“要坚持实践是检验真理的唯一标准，在党的基本理论指导下，一切从实际出发，自觉地把思想认识从那些不合时宜的观念、做法和体制中解放出来，从对马克思主义的错误的和教条式的理解中解放出来，从主观主义和形而上学的桎梏中解放出来。”在此后的多种场合、多次讲话中，他又对“与时俱进”这一马克思主义的理论品质进行了反复阐述，使这一思想逐渐成为党的思想路线的一项新内容。

正是在不断推进理论创新的过程中，面对20世纪80年代末90年代初世界发生大转折，社会主义运动陷入低潮，科技进步日新月异，经济全球化进程不断加快，国内改革开放遇到前所未有的新情况、新问题的复杂局面，党中央沉着冷静、深入观察国内外形势，科学总结我们党的历史经验并借鉴其它社会主义国家兴衰成败的经验教训，从理论与实践的结合上提出并确立了新时期党的建设的根本目标和“三个代表”重要思想，科学回答了“建设一个什么样的党和怎样建设党”的重大问题。“三个代表”重要思想，是在充满挑战和希望的21世纪到来的时候，中国共产党对马克思主义学说的新发展，开辟了马克思主义发展的新境界，是对马克思列宁主义、毛泽东思想和邓小平理论的继承与发展，思想体系上同样既一脉相承又与时俱进。这再次向世人展示了面向新世纪的中国共产党充满活力，长盛不衰。

党的十六大以来，以胡锦涛同志为总书记的党中央坚持以邓小平理论和“三个代表”重要思想为指导，总结我国改革开放和现代化建设的宝贵经验，借鉴国外发展经验，立足社会主义初级阶段基本国情，针对我国经济社会发展的阶段性特征，适应我国经济社会新的发展要求，集中全党智慧，提出了以人为本，全面协调可持续发展的科学发展观等一系列重大战略思想。科学发展观对于什么是发展、为什么发展、为谁发展、靠谁发展以及怎样发展等根本问题作出了科学回答，进一步揭示了我国经济社会发展的客观规律，反映了中国共产党对于发展问题的新认识，在我国经济社会发展过程中发挥了重要作用。它既是对于发展的本质、内涵、要求、目的、动力、规律的深刻揭示，又是对于认识发展和推进发展的思想方法与工作方法的系统建构，是关于发展的世界观和方法论的高度统一，是加快推进社会主义现代化、实现我国经济社会又好又快发展的根本指针。为此，党的十七大高度评价、科学揭示了科学发展观的历史地位和指导意义，精辟论述了科学发展观的科学内涵，明确提出了深入贯彻落实科学发展观的根本要求，并把科学发展观写入党章总纲中。这是确保我国经济社会又好又快发展的根本要求，是继续推进中国特色社会主义伟大事业“四位一体”总体布局的客观需要，是全党和全国人民的共同心愿。

87 年的党史、30 年来的改革开放史证明，中国共产党人理论创新的主线是使马克思主义中国化，而当代中国共产党人理论创新的主题是建设和发展中国特色社会主义。正是在这个过程中，我们党把马克思主义基本原理同中国革命、建设和改革的实际相结合，勇于进行理论创新，不断推进马克思主义中国化，实现了两次历史性飞跃，产生了两大理论成果：第一次飞跃发生在新民主主义革命时期，找到了中国革命的独特道路，产生了被实践证明了的关于中国革命的正确的理论原则和经验总结，这就是毛泽东思想；第二次飞跃发生在党的十一届三中全会以后，找到了建设有中国特色的社会主义道路，形成了中国特色社会主义理论体系。这个理论体系是由邓小平理论奠基、“三个代表”重要思想承上启下、科学发展观等重大战略思想丰富发展的。胡锦涛同志在党的十七大报告中明确指出：“中国特色社会主义理论体系，就是包括邓小平理论、‘三个代表’重要思想以及科学发展观等重大战略思想在内的科学理论体系。”这一理论体系，在新的时代条件下系统回答了什么是社会主义、怎样建设社会主义，建设什么样的党、怎样建设党，实现什么样的发展、怎样发展等重大理论问题和实践问题，是建设和发展中国特色社会主义的正确理论原则和经验总结。它坚持和发展了马列主义、毛泽东思想，凝结了几代中国共产党人带领人民不懈探索实践的智慧和心血，是马克思主义中国化的最新理论成果，是我们党最可宝贵的政治和精神财富，是全国各族人民团结奋斗的共同思想基础。科学发展观作为中国特色社会主义理论体系的重要组成部分，“是对党的三代中央领导集体关于发展的重要思想的继承和发展，是马克思主义关于发展的世界观和方法论的集中体现，是同马克思列宁主义、毛泽东思想、邓小平理论和‘三个代表’重要思想既一脉相承又与时俱进的科学理论，是我国经济社会发展的重要指导方针，是发展中国特色社会主义必须坚持和贯彻的重大战略思想。”

二、新时期党的思想理论不断创新的历史启示

在领导中国革命、建设和改革的艰难进程中，中国共产党之所以能够始终代表中国先进生产力的发展要求、中国先进文化的前进方向、中国最广大人民的根本利益，生机盎然，长盛不衰，一个重要原因就是在各个历史阶段不断进行理论创新，以新的思想、新的理论、新的思路引导和推动党的各项事业开创新局面，夺取新胜利。可以说，坚持解放思想、实事求是

的思想路线，弘扬与时俱进的创新精神，是党在长期执政条件下保持先进性和创造力的决定性因素。而党的理论创新是多角度、多层次的，其中的历史启示也有多方面。

（一）理论创新是辩证唯物主义的根本要求，是引导社会前进的强大力量

首先，理论创新是辩证唯物主义的根本要求，是马克思主义中国化的本质体现和必然结果。马克思主义的辩证发展观是理论创新的哲学基础。随着时代的进步不断进行理论创新，是辩证唯物主义的基本要求，也是最科学的方法。马克思主义是实践的理论、发展的理论、创新的理论，它来源于活生生的社会实践，没有穷尽真理，因而必须随着实践的发展而不断丰富和发展。马克思主义的生命力，就在于它能够在实践中不断创新。马克思主义发展的历史表明，马克思主义理论的每一次重大突破，社会主义实践的每一次历史性飞跃，都是马克思主义基本原理与具体实践相结合进行理论创新的结果。不进则退，不进则亡。一种理论不具有与时俱进的品格，就必然落后于时代，变成僵死的教条。所以，只有坚持理论联系实际，用科学理论来指导实践，又在实践中不断发展理论，马克思主义才能不断发展，实践才能不断前进，事业才能不断传承，旗帜才能继续高举。这是党的十一届三中全会以来30年成功经验的理论总结，是跨世纪发展要取得成功的最根本保证。其次，创新是社会变革的主要力量。创新改变了原有的生产方式和生活方式，创造出了更高更新的社会生产方式和生活方式，其中生产力的创新是最基本最重要的。它不断推动着生产力的提高，生产力的提高又带动和促进了生产关系的变革和完善，最终推动了整个社会的进步。正是从这个角度，在新的历史时期，党中央把创新提高到国家兴旺发达、民族生死存亡的高度，号召全党全社会要增强创新意识和创新能力，完善创新体制，形成创新氛围。

再次，在新的历史条件下进行理论创新，必须正确处理理论和实践的关系。马克思主义政党必须进行理论创新，这是马克思主义的本质要求，而理论创新又必须坚持马克思主义，这是一个问题的两个方面，二者相辅相成。老祖宗不能丢，“丢了就丧失根本。同时一定要以我国改革开放和现代化建设的实际问题、以我们正在做的事情为中心，着眼于马克思主义理论的运用，着眼于对实际问题的理论思考，着眼于新的实践和新的发展。”这一个“中心”、三个“着眼于”，不仅是对待马克思主义的科学态度，也是新形势下我们进行理论创新所应遵循的重要原则，又是30年来党的理论创新的历史启示。继承是创新的前提，创新是最好的继承。只有坚持这样做，理论才能真正顺应时代和实践的呼唤，体现与时俱进的要求。

（二）理论创新是一个政党永葆生机和活力的源泉，是党的思想理论发展的必然要求

中国共产党的建设，最根本的是思想政治建设，思想政治建设的核心是理论建设。党的理论正确与否，直接关系到党的兴衰存亡和国家的前途命运。只有用先进理论武装起来的党才是一个先进的党，只有掌握先进理论的党员，才是一个合格的党员，才能真正发挥先锋队的作用。而所谓先进的理论，必须是科学的理论，是继承历史又适应时代特征的理论，是来源于实践，服务于实践，并被实践不断检验和证明为是正确的理论。

要保持理论的先进性，就必须不断进行理论创新。一个始终站在时代前列的马克思主义政党，必定是一个在理论上不断创新的党。能够随着实践的发展不断进行理论创新，对于不完善的理论善于完善，不正确的理论敢于纠正，并能不断发现新规律，总结新经验，创造新思想，这是马克思主义政党应有的品质，也是一

个政党理论思维成熟的标志。中国共产党是勇于创新、善于创新并具有创新传统的先进政党，历来重视理论创新，并善于从创新中不断获得前进的动力。在中国革命、建设和改革的历史上，我们党能够把马列主义的基本原理同中国具体实际相结合，走适合中国国情的革命、建设和改革道路。这一切，都与我们党不断开拓马克思主义理论发展的新境界分不开。也正因为毛泽东思想和中国特色社会主义理论体系在总体上具有如此鲜明的创新品格，我们才能在不同的历史时期，在各种困难面前，无所畏惧，永往直前，走出新道路，干出新事业，创出新局面。改革开放以来，我们党把理论创新提高到加强执政党建设的高度，提高到党的执政使命的高度，深刻论述了理论创新和党的建设的关系，在继承马列主义、毛泽东思想的基础上，创造性地提出了一系列具有很强实践性和时代性的新思想，极大地丰富和发展了马克思主义的理论宝库。中国特色社会主义理论体系就是新时期党的理论创新的最突出的标志。所以，增强创新意识，是保持党的先进性和时代性的关键所在。我们党在革命、建设和改革的各个时期，正是由于不断创新，不断进取，表现出无限的创造力，才取得非凡的执政业绩。

实事求是是理论创新的本质要求，理论创新是实事求是的必然结果。创新的过程就是实事求是的过程，实事求是本身也就是随着实践不断创新，二者在本质上是一致的。要在理论上有所创新就必须坚持实事求是，以实事求是为基础，而不能天马行空，胡编乱造；真正坚持实事求是，必然要求对理论不断创新，而不能僵化、教条，墨守成规，因循守旧。实事求是是党的理论建设的生命线。实践反复证明，我们什么时候坚持解放思想、实事求是，党的思想理论就发展，文化就繁荣，社会就进步；什么时候背离解放思想、实事求是，歪理邪说、教条主义就盛行，社会主义事业就会遭受挫折和失败。因此，要做彻底的马克思主义者，就必须坚持实事求是，而真正坚持实事求是，就必须进行创新，而且一定会有所创新。

（三）理论创新的主体是广大人民群众，群众路线是理论创新的根本方法

理论创新必须坚持群众路线，尊重人民群众的首创精神，增强全社会的创新意识。这是马克思主义的本质要求，也是理论创新的必经之路。

首先，群众路线是理论创新的根本方法。群众路线是党的根本政治路线和组织路线，也是根本的领导方法和工作方法。因此，走群众路线也是理论创新的根本要求和根本方法。87年来，中国共产党之所以能够由弱到强，发展壮大，成为当前世界上党员最多的执政党，一个重要原因就是党深深扎根于群众之中，紧紧依靠群众，自觉地坚持群众路线，创造性地发展马克思主义，形成了根植于广大人民群众的科学理论——毛泽东思想和中国特色社会主义理论体系，赢得了广大人民群众的信任、支持和拥护。其次，理论创新必须充分尊重人民群众的首创精神。群众的首创精神，是人民群众历史活动中表现出来的创新精神，是人民群众的历史主动性、积极性和创造性的集中体现，它代表了社会前进的方向，是推动历史发展和社会进步的巨大力量。如果人民群众创造历史的主体地位得不到确认，人民群众的创造精神得不到充分尊重，群众的实践经验得不到积极有效的推广，就会严重挫伤人民群众的创造热情，就激发不起人民群众对中国特色社会主义的信任与支持，社会主义现代化就不能取得成功。

中国特色社会主义事业，说到底是千百万人民群众的实践活动。只有充分发挥广大人民群众的积极性和聪明智慧，我们才能找到解决矛盾和问题的途径与方法，才能保证社会主义

现代化建设事业健康发展。因此，理论创新是全社会的一件大事，而不仅仅是专家学者或少数领导人的责任。我们只有增强全社会的创新意识，不断提高人民群众的理论素质，吸引广大人民群众积极参与到理论创新的过程中来，才能保证党的理论具有最广泛的群众性，具有最彻底的实践性和革命性，创造出的理论也才具有说服力和吸引力。也只有这样，我们党才能领导群众一道前进。

（四）理论创新是善于发现问题、分析问题、解决问题的过程，必须切实增强其现实针对性

理论实现的程度，决定于理论满足实践需要的程度。理论创新的威力和效果，要靠解决实际问题来检验和衡量，理论创新的实践需要靠解决实际问题来推动。因为理论的说服力和战斗力，来自理论自身的实践性和科学性。一种理论具有很强的实践性，能够被群众深刻理解和把握，就必然成为群众认识和改造世界的强大武器，就必然显示出强大的威力和作用。理论的现实针对性，既是理论创新的成果，也是理论说服力和战斗力之所在。因此，理论创新要致力于发现问题、分析问题、解决问题，切实增强其现实针对性。这就需要全党在主客观方面付出艰苦的努力。从根本上说，必须始终坚持解放思想、实事求是的思想路线，正确处理理论与实践的辩证关系，不断增强理论创新的意识和观念；坚持深入实际，调查研究，了解现实情况，掌握实践脉搏，从群众中来，到群众中去。理论创新要敢于和善于"碰硬"，敢于和善于抓住实践中的重点、难点、热点问题，运用马克思主义的立场、观点和方法，进行深入的探索，给人以信服的理论回答；同时，要对实践中的现象和经验进行去粗取精、去伪存真、由此及彼、由表及里地加工分析，逐步上升到一定的理论高度，形成规律性的认识，并运用我们从活生生的社会现实中抽象出来的科学理论去武装党员干部，教育人民，使理论真正变成广大人民群众深化改革、扩大开放的锐利武器。

理论创新的过程需要随着实践的发展不断深化，问题不断涌现，理论创新也就永无止境。而只有紧跟世界发展进步的潮流，正确把握时代要求，善于运用科学方法，下功夫认识和把握中国特色社会主义实践中那些带有根本性、长远性、关键性的问题，找出特点，发现规律，升华理论，才能有力地指导实践，不断促进改革和发展，推动社会全面进步。只有这样，理论创新才能真正完成其使命，显示其威力。现在，一些党员干部思想严重落后于不断发展变化的客观实际，不注意汲取人民群众创造的新鲜经验，习惯于凭主观意志办事，随意性、片面性严重。所以，我们仍然要适应实践的发展，以实践来检验一切，自觉地把思想认识从那些不合时宜的观念、做法和体制的束缚中解放出来，从对马克思主义的错误的和教条式的理解中解放出来，从主观主义和形而上学的桎梏中解放出来，用发展着的马克思主义指导新的实践。也就是说，解放思想永无止境，理论创新永无止境。

综上所述，在推进马克思主义中国化的历史进程中，我们既要坚持马克思主义基本原理，又要谱写新的理论篇章；既要发扬历史传统，又要创造新鲜经验。只有继续解放思想、实事求是，与时俱进、开拓创新，中国共产党人才能紧跟时代潮流，永不落伍，不断开创中国特色社会主义事业新局面。

（作者：中共中央党校党史教研部主任、教授、博士生导师）

（选自《山东师范大学学报》2008年第5期）

大力推进党的建设的制度创新

王长江

在党的十七大对党的建设所作的总体部署中，党的制度建设占有极其重要的地位。这些年来，我们在党的制度建设方面取得的进展是有目共睹的，为今后进一步推进这一建设打下了坚实的基础。但是，同样应当看到的是，在制度建设方面仍然存在着一些不可忽视的问题。我们对制度建设的认识是否足够清晰？对制度建设中存在的问题是否有足够的估计？制度建设的方向是否足够明确？这些看似简单的问题，实际上并没有完全解决。对这些问题进行更加深入的思考和探索，对大力推进党的建设的制度创新，把十七大提出的党的建设的任务落到实处，有着十分重要的意义。

一、深化对制度和制度建设问题的认识

一提起制度建设，我们自然会想到，这是邓小平早在1980年在他著名的关于党和国家领导制度改革的讲话中就已经鲜明地提出的思想，是邓小平理论的最重要的创新点之一。可以说，他关于“制度是决定因素”、“制度问题更带有根本性、全局性、稳定性和长期性”的著名论断，今天早已成为全党的共识。然而，在我看来，如果就此得出结论，认为在制度问题上人们的认识超乎寻常地一致，恐怕至少是过于乐观的。其实，事情并不像想象的那么简单。

在实践中，我们时常会坠入一种迷惘。我们看到，这些年来，出台的各种规定、要求和条例已经不少，甚至在某种意义上完全可以认为，制度建设硕果累累。遗憾的是，和这些规定、要求、条例数量上增加的速度相比，实际效果却差强人意，这是不争的事实。若干年前，无论党在执政还是在自身建设过程中出现问题，我们都可以把制度不健全作为重要原因。但在我们已经有了一大堆规定和条例的情况下，再把问题归咎于制度，似乎就缺乏足够的理由了。

于是有人告诉我们一个“常识”：制度是人制定的。有制度固然比没有制度好，但如果人不去执行制度，再好的制度也是无用的。这个“常识”，听似有理，实际上使我们掉到了一个认识陷阱里。很显然，邓小平把制度建设放在突出位置，并不仅仅是要在党的思想建设、组织建设、作风建设的后面加上一个制度建设，把几大建设简单并列，而是要强调，制度建设“更”重要。这个“更”，是比较而言的。比什么“更”重要？比人的因素更重要。“我们过去发生的各种错误，固然与某些领导人的思想、作风有关，但是组织制度、工作制度方面的问题更重要。这些方面的制度好可以使坏人无法任意横行，制度不好可以使好人无法充分做好事，甚至会走

向反面。”如果说来说去，我们的结论又回到了人的因素比制度更重要，那就不但在逻辑上是混乱的，而且从根本上违背了邓小平的原意。

这说明，人们对制度和制度建设的认识，仍然存在一些误区。要打破这种逻辑悖论，就必须澄清这些认识误区。

制度的作用，在于为人们的行为提供规范。因此，制度首先是一系列规定、要求，以及若干规定和要求组合而成的条例。建立制度的过程，首先是一项项规定、一条条要求和一个个条例出台的过程。这可以看作是构成制度的基本要素。就好比建筑一座房屋，不管最后的风格是中式的、欧式的，还是阿拉伯式的，砖头、水泥总是最基本的材料；制造一台机器，不管它是车床，还是动力机车，螺丝钉螺丝帽都是不可缺少的。没有构成制度的要素，制度也就无从谈起。

但是，制度的要素和制度本身又不是一回事。制度不仅仅是几个要求、规定和条例，也不仅仅是一大堆要求、规定和条例的堆砌。制度是要素之间的有机连接。要素之间有机连接形成的网络、系统，才叫制度。所以我们看到，在英文中，制度、体制、体系、系统是一个词。打个比方：要制造一辆汽车，必须有制造这辆车所需要的零部件。零部件有了，就有了实现这个目标的基本条件。但是，一堆汽车零部件集中在一起，并不能叫汽车，而只能叫一堆汽车零件。只有当这些零部件之间按照规律相互有机连接、有机啮合起来，构成动力系统、传动系统、行驶系统时，我们才可以把它叫做汽车。而且，其中的规律也是显而易见的：即使是同样的零部件，如果相互之间的连接不同，实际效果就会大不一样。所以可以说，有机连接是制度的灵魂。

可见，对制度建设的认识，仍然存在一个不断深化和科学化的问题。没有连接的制度是死的制度，是没有灵魂的制度，是不能运行的制度。其中的要求、规定、条例，或许一时管用，但用不了多久，人们便能找到对付它们、绕过它们的办法，这些所谓的“制度”也就寿终正寝了。当然，光强调制度要素的连接，而不顾连接得是否有机，是否科学，也是不行的。不遵循组织运作的规律，即使把各个要素连接起来了，其目标和实际作用也往往适得其反。正是在这个意义上，我以为有必要提出一个观点：今后仍然应当大力加强党的制度建设。但是，制度建设的重点，应当更多地从制度要素的建设，逐步转向制度体系的建设。

当然，这里无意贬低各种规定、要求、条例的重要性。作为构成制度的要素，无论是规定、要求，还是由若干规定和要求组合起来的条例，都是形成一个完整的制度所不可或缺的部分。制度要素的建设，是制度建设的基础性工作。而且，从哲学意义上说，要素和制度也有相对性。一个要素相对于更大的制度来说是要素，相对于更低层次的要素，则可能自身就是一个系统。我们要强调的只是，不能简单化地对待制度建设问题，不能把制度要素的建设当作制度建设的全部，停留和满足于要素建设，更不能因为我们自己对制度的认识缺乏科学性和深刻性，就怀疑乃至否定制度建设的重要意义。相反，这恰恰说明，在改革进一步深入的今天，需要深化对制度和制度建设问题的认识，才能把制度建设摆放到更加科学、更加重要的位置上，不断把制度建设提升到更高的质量和水平。

二、当前党的制度建设存在的问题

在制度建设问题上的误区，并不仅仅是认识上的，很大程度上还在实践中反映出来，极大地影响着党的制度建设的成效，其后果不可小觑。略加归纳，就可以发现不少这类问题。

一是重视制度要素建设，忽视制度体系建设。

由于对制度的认识简单化、有片面性，往往误以为制度要素建设就是制度建设，把制度要素建设看作制度建设的全部，满足于出台各种各样的规定、要求、条例，却缺乏系统思维，以至规定、要求、条例之间不但不相衔接，还经常相互矛盾，相互抵消。有的地方动不动就声称自己有了“长效机制”，实际上稍加观察就能发现，那里并无任何机制可言，只不过是提出了一些长期性的要求，并用文字形式把它们规定下来而已。

制度建设不能缺少制度要素建设的环节，因为要素建设是制度建设的基础。但是，如果制度建设停留在要素建设上，甚至满足于要素建设，制度建设就会浮在表面，无法深入。导致的一个结果，就是形式主义。可以看到，这些年来，党的政治生活中的“数字化”风气兴盛得很。停留和满足于要素建设，恐怕就是其中原因之一。你来一个“一二三四五六七”，我就来一个“七六五四三二一”；你来一个“七个推进”，我就来一个“八个带动”。领导干部乐此不疲，广大群众和党员却冷眼旁观，缺乏参与的积极性。到后来的结果可能是，“推进”没有效果，“带动”一纸空文，只是实实在在地降低了党在广大群众和党员中的形象。这种风气，必须彻底扭转。办法之一，就是把大家的精力引导到制度建设上，引导到制度体系建设上，以制度体系建设的实际成效，而不是以数字，来评判领导干部在党的建设改革创新方面的作为。

二是制度体系建设不够，导致潜规则盛行。

我们忽视制度要素之间的连接，不等于要素之间就没有了连接。实际情况是，要素多了，相互之间不但会自动形成某种组合，而且还会根据一个组织的历史传统、文化意识、运作惯性等，把一些要素固定下来，把另一些要素排除出去，或者架空这些要素，使之变得无效。如果我们忽视科学观念的指导，不从深层次上思考和解决问题，听其自然，那么，很可能出现这样的情况：长期习惯形成的、惰性的、已经逐渐落后于时代要求的要素，会排挤新的、符合时代发展要求的要素，产生类似经济学中那种“劣币驱逐良币”的效果，形成“潜规则”。什么叫做“潜规则”？“潜规则”就是理论上与整个系统的目标和价值取向相背离、实际上却有利益作支撑、对人们的行为方式有强大导向作用的规则。

潜规则运行对我们党内生活有着十分消极的影响。在现实生活中，这种潜规则是大量存在的。例如，上级任命干部，密切联系群众，不许跑官要官，都可以在党的文件中找到相应的规定和要求。但是，在现实中我们往往看到，在使用干部的权力掌握在党的“一把手”手里、而“一把手”的权力又很难受到有效监督和约束的情况下，跑官要官就成了挡也挡不住的风气。在这种风气中，“不跑不送”的人，很可能吃亏，丢掉升迁的机会。这又促使很多本来不情愿去“跑”去“送”的人也加入其中，从而使跑官要官成为一种带有一定普遍性的现象。在这种情况下，“不许跑官要官”实际上是一项无法实现的要求，主动“跑”、“要”才是真正起作用的潜规则。又如，各级党委把发展作为第一要务，既要重视GDP，更要重视全面协调可持续发展，都是对各级党组织提出的明确要求。然而事实上，当我们把GDP作为领导干部个人升迁的重要指标时，不科学的发展就成了一种普遍的现象。哪个领导干部把GDP放在一边，为追求科学发展而降低了发展速度，他在仕途竞争中就处于劣势，尽管事实上他的思路可能更符合科学发展观的要求。而当GDP进一步被抽象成几个简单的数字时，在数字上做文章、甚至虚报掺假等现象也就不可避免地出现了，“干部出数字、数字出干部”就成了人们信奉的潜规则。再如，认真听取群众的意见，认真接待群众的上访，拓宽群众参与的渠道，也都是这些年来对广大干部和党组织提出的新要求。但是，当我们把降低上访率作为对地方党组织和政府进行考核的重要指标时，上访这条渠道就开始变形，出现了压访、截访这些怪现象。各级党组织的任务，成了不是充分地利用信访这个渠道来和群众沟通，而是千方百计地堵住这个渠道。对我们这个信奉“从群众中来、到群众中去”的群众路线的党来说，这是很不应该的。

三是既得利益正在成为影响党的制度建设的因素。

如前所述，当前制度建设的主要问题在于要素之间缺乏连接。究其原因，虽然认识上不到位是一个重要的方面，但另一个重要的方面是，在提出各种要求、作出各种规定、制定各种条例的同时，也在这些规定、要求和条例中为各个部门留下了过大的自由裁量的空间。执行部门确实需要有一定的自由裁量权，才能保证党内权力运行有足够的灵活性。但问题在于，这些权力必须受到足够的约束。受高度集权的苏联模式的影响，我们过去体制中一直存在实权部门自由裁量权过大、而这些过大的权力又缺乏监督的问题。一些部门既当“运动员”，又当“裁判员”，还经常自己就是“拉拉队”。在市场经济的条件下，这种情况很容易导致公共利益部门化的现象，滋生出既得利益来。应当承认，和国家行政机关相比，党内情况要好得多。不能说，我们党内已经出现了既得利益集团。但是，同样不能不看到，制度建设进程中出现的问题或多或少地意味着，既得利益对党的制度建设发挥着一定的影响。我们必须对既得利益集团的形成保持足够的警觉。

三、大力推进党的建设的制度创新

综上所述，不难看出，推进党的建设的制度创新，不但迫切，而且有大量的事情要做。具体从哪些方面推进制度创新，限于篇幅，本文无法展开论述。但是，我以为，要加快推进党的制度创新的步伐，以下三个问题是首先应当加以考虑的。

第一，尊重、鼓励、支持、引导地方和基层党组织的探索创新

随着改革开放不断深入，以改革创新精神推进党的建设，也成为越来越迫切的任务。其实，在地方和基层，一些党组织出于应对执政带来的各种风险，已经在这方面进行了积极探索。其中很重要的一部分内容，属于制度创新的范畴。取得的大量成果，都是非常令人振奋的。固然，地方和基层党组织进行探索创新的动因很复杂，总体说来，不能把它们仅仅归结为追求政绩。在很大程度上，它是整个党面临新情况新问题的反映，只不过这些党组织处在党的建设实践的最前沿，全党需要解决的问题首先被他们遇到了而已。因此，对他们的探索精神应当予以肯定和鼓励，对他们改革创新的尝试应当予以引导，对他们取得的积极成果应当予以尊重和支持。认真研究地方和基层党组织改革创新党的建设的经验，概括、总结、提升这些经验，把它们变成对党组织活动的新要求，正是当年邓小平探索和制定党的改革开放政策所采用的正确而有效的方法。今天我们推进党的建设，应当遵循同样的路径。压制、斥责、一棍子打死的态度要不得，应当坚决摈弃。

改革创新意味着突破陈规。从这个角度讲，有一个如何处理好打破常规和维护制度权威的关系的问题。鼓励改革创新，就是允许对既有的东西进行改变和调整。如果这也不许，那也

不准，就不可能有改革和创新。尤其在党的建设领域，我们党处于从革命党向执政党转变的大的转折过程中，更需要摆脱传统观念和传统体制的束缚。但是，因为要改革创新，就随意否定现有制度和规范，就可以不遵守大家都在遵循的规则，同样会在实践中带来严重后果。解决这一矛盾的最好方法是进行试点。应该为改革者划出相当的空间，给他们提供有利的条件，降低他们的政治风险，鼓励他们的各种尝试。如果对改革者不是鼓励，而是采取“后果自负”、“风险自担”的态度，往往会挫伤改革者的积极性，久而久之，弄到没有人替党分忧的地步，我们党就离真正的危机不远了。

第二，把防止既得利益集团的形成作为党的制度建设的重要目标

应当实事求是地承认，和社会上一样，党内也存在着利益问题。这个观点，我已经在2004年的一篇文章中作了阐述。对这个问题，不应再像过去那样讳莫如深。改革本质上是权和利的重新分配。对于一个政党来说，亦是如此。党自身的改革创新也不能不涉及利益格局的变化和调整。

为什么要把防止党内既得利益集团的形成作为党的制度建设的重要目标？就是因为，尽管我们党已经是一个有着近30年领导社会主义市场经济的经历的执政党，但由于我们过去长期是强调权力集中的党，实行的是从苏共那里继承下来的严格的等级制，权力高度集中于党的机关和部门。这种权力配置方式在战争时期和计划经济时期自然有它的合理性，但在实行市场经济、权力和利益更加紧密地联系在一起的情况下，这种权力配置方式就必然导致党内权力和利益关系的失衡。说到底，既得利益就是这种失衡给部门和掌权者个人带来的超过合理范围的利益。这种既得利益是一种客观存在。承认这一事实，才能对解决这一问题有一种理性的、积极主动的态度。

党的制度建设的一个很重要的方面，就是通过建章立制，规范党内权力的运作，使党自身的活动和执政活动科学化，使党内权力和利益的布局合理化。因此，它的本质，仍然是权力和利益的调整。推进党的建设的制度创新，就意味着需要打破既得利益。这也是改革进入深层次的标志。对一个有着80多年历史、近60年执政史的党来说，这是一项十分艰巨的任务，需要我们拿出壮士断腕的勇气来。

第三，建立专门的改革设计规划机构，有序推进改革创新

改革在执政党的掌控之下有序地发展，是我们改革和发展的一条经验。我们对“有序”的期望，应该说一直是比较明确的。简言之，还是毛泽东所讲，就是要形成一种又有民主又有集中、又有纪律又有自由、又有统一意志又有个人心情舒畅、生动活泼那样一种局面。但是，这里描述的只是一种理想的状态，一种境界。更加关键的问题在于，如何才能达到这样一种境界？显然，我们不能仅仅依赖每个人都有这样一种良好愿望，而需要有规划和设计。这个规划和设计，就是我们所说的“序”。按照设计来推动改革、创新，推动制度建设，就是有序的改革。这是制度建设最重要的一环。主张“有序”，但又拿不出这个“序”，“有序”就只能停留在字面上，停留在一厢情愿上。

要对改革进行设计和规划，就必须有专门的设计规划机构。我们过去曾建立了体制改革委员会作为这样的机构。但是，体改委撤销之后，类似的机构便长期处在缺位状态。经常采用的往往是从各部门临时抽调人员的办法，来应付遇到的迫切问题。作为一种应对方式，这种做法无可厚非。但是，这却不能代替专门的

设计规划机构。原因在于，一是这种机构的临时性，决定了它不可能对改革大局进行深入的研究，而只能就事论事、围绕化解危机开展工作，提升不到设计、谋划整个改革的高度；二是组成人员都从各部门临时抽调而来，往往带有比较明显的部门倾向。稍不注意，这个机构就有可能变成各部门利益讨价还价的博弈场。很显然，这样的机构是难以担当重任的。

不仅如此，即使过去曾经有过的机构，也离专门化的要求有一定的距离。我们往往有一种思维惯性，似乎认为，要加强一个机构的权威性，就必须赋予其实际的权力。于是，本来务虚的、承担总体规划和设计的机构，也得到了项目审批权、资金管理权等具体权力。这样一来，理应超脱于其他机构之上的设计规划机构，本身也变成了众多实权部门之一，与其他部门争权夺利。如我们所看到的，其实际效果，是无法建立足够的权威。既然是专门的设计规划机构，就应当是一个最高咨询机关。它不应该握有实权，而应以高于所有实权部门之上的视野，切实从党和国家全局的角度看问题，对党和国家发展的大局进行设计。它提出的方案，只供最高权力机关和领导人选择。确定、批准之后，才成为法律、法规或党的决策。这也是解决现在存在的“部门立法”现象的根本途径。

（作者：中共中央党校党建教研部主任、教授、博士生导师）

（选自《理论动态》2008年3月30日第1774期）

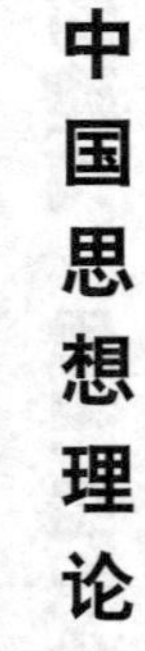

关于加强和改进党的地方代表大会和委员会制度建设问题的调研报告

中共中央组织部党建研究所课题组

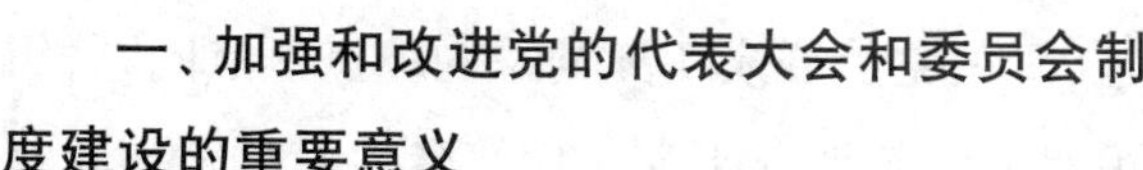

一、加强和改进党的代表大会和委员会制度建设的重要意义

党的代表大会制度和委员会制度是党的重要组织制度和领导制度，是发扬党内民主、集中全党意志的重要载体。党的代表大会制度不仅包括党的代表大会本身的产生、组织、职权及其运行程序，还包括党的代表大会与党员的关系、党的代表大会与党的委员会等其他领导机关的关系等一系列规定和制度。因此，加强和改进党的代表大会和委员会制度建设，对推进党的建设具有十分重要的意义。

（一）加强和改进党的代表大会和委员会制度建设是马克思主义政党建设的重要内容

中国共产党是严格按照马列主义建党原则建立起来的工人阶级先锋队组织。这表现在组织制度上就是坚持民主集中制，把党的代表大会制度作为党的一项根本组织制度。党的二大通过的党章规定，全国代表大会是党的最高机关，每年由中央执行委员会定期召开一次。党的八大进一步明确，党的代表大会是党的最高决策机关和最高监督机关。十一届三中全会以来的党章都对党的代表大会制度作了规定。在领导革命、建设和改革的过程中，我们党还确立了党委制，并作为党内最重要、最根本的制度之一。党的领导人一直强调要坚持和完善党委集体领导与个人分工负责相结合的制度，发挥地方党委在同级组织中的领导核心作用。因此，加强和改进党的代表大会和委员会制度建设，是马克思主义政党建设的必然要求。

（二）加强和改进党的代表大会和委员会制度建设是发展党内民主的基础性环节

贯彻落实科学发展观，构建社会主义和谐社会，推进社会主义现代化建设需要大力发扬民主。党的地方代表大会和委员会制度是党内民主的重要载体，是贯彻民主集中制的重要体现。只有加强和改进党的地方代表大会和委员会制度建设，充分发挥党的代表大会和委员会制度的作用，发展党内民主才有制度上的保证，党的重大决策才能反映绝大多数人的意志和要求。党的历史证明，什么时候党的代表大会和委员会制度的作用得到了充分发挥，党内民主就会得到发展，党的事业就会顺利推进。反之，党内民主就会遭到破坏，党的事业就会受到损失。

（三）加强和改进党的代表大会和委员会制度建设是保持党的先进性、提高党的执政能力的重要途径

党的地方组织是党执政的政治权力的直接

承担者，党的先进性和执政能力首先要通过各级党组织履行领导职责的能力来体现。不断加强和改进党的地方代表大会和委员会制度建设，建立健全充分反映党员和党组织意愿的党内民主制度，尊重党员的主体地位，规范党内权力运行，建立完善党的委员会科学化、民主化、规范化的工作机制，有利于调动广大党员和干部的积极性主动性创造性，有利于不断提高各级党组织的创造力、凝聚力和战斗力，从而使我们党保持与时俱进的品质，始终走在时代前列，不断提高执政能力，巩固执政地位，完成执政使命。

二、加强和改进党的地方代表大会和委员会制度建设的有益探索和成效

在80多年的奋斗历程中，特别是十六大以来，党中央从新世纪新阶段的形势和任务出发，就加强和改进党的代表大会和委员会制度建设提出了一系列新要求，推出了一系列新举措。按照中央要求，各地党组织坚持解放思想、实事求是、与时俱进，进行积极探索和创新，取得了一定成效。

（一）积极探索党代表任期制，党代表的作用得到发挥

党代表是党的各级代表大会活动的主体，党代表作用能否得到充分发挥，直接关系到党代会职能作用的实现。从实践来看，党代表只参加5年一次的代表大会，作用十分有限。在党的代表大会常任制试点中，各地纷纷试行了党代表任期制，并对充分发挥党代表作用的途径和办法进行了一系列探索。

1．明确规定党代表的职权。在课题组的调研中，大家普遍认为，明确代表职权、保障代表权益是代表行使权利、发挥作用的前提。基于这种认识，各试点单位除保证代表在会议期间行使应有权利外，还对代表的权利范围进一步作了拓展。许多地方还赋予党代表在闭会期间开展调研和视察的权利。

2．建立发挥代表经常性作用的工作制度。为保证代表经常性作用的发挥，各地探索建立了一系列工作制度，主要有：（1）党内情况通报制度。对重大问题、阶段性工作和会议及时通报，使广大代表及时了解党委的决策部署，了解党内重要信息和党建工作情况。（2）重要决策征求意见制度。规定党委及其职能部门在重大问题决策前，采取座谈、走访、问卷调查等形式广泛征求党代表的意见建议。（3）代表调研、视察制度。有的县（市、区）每年确定一批涉及本地区经济社会发展和党的建设的重大课题、事关党员群众切身利益的难点热点问题，组织代表深入调查研究。（4）代表意见建议收集反馈和提议提案办理制度。在党代会闭会期间，党代表可联名提出提议，由党代表联络办公室责成有关部门及时办理。（5）代表列席同级党委全委会、常委会制度。有的地方召开专题工作会议时，请相关党代表列席并听取代表的意见。（6）代表联系基层党组织和党员群众制度。有的地方明确规定，党代表要联系一个基层单位或党员群众户，定期蹲点调研，听取基层党组织和党员的意见。（7）党内民主恳谈制度。一些地方在县级领导干部代表中，开展“恳谈日”活动，广泛听取基层党员对工作的建议、意见。

3．搭建党代表活动的平台。有的地方在党委组织部设立了党代表联络办公室，负责收集和处理党代表提出的提议，及时解决工作中遇到的各种问题。有的地方建立了代表团活动制度，按照区域相邻、行业特点相似、工作性质相近、人数规模适中、便于活动管理的原则，将各位代表编入代表团。在党代会闭会期间，以代表团为单位开展经常性活动。

（二）试行党代会年会制，使党代表大会的制度功能得到充分体现

党的代表大会是党的最高决策机关和监督

机关，是代表开展活动、履行职责的重要实践舞台。但按现行规定，党的代表大会每5年召开一次，难以对重大问题及时进行讨论，党代表大会决策和监督职能没有充分发挥出来。因此，在常任制试点中，一些地方积极探索试行党代表大会年会制，即在地方党委任期内每年召开一次党的代表大会，发挥代表大会的职能作用，取得了较好效果。

1．明确党代会年会职权。试点工作中，各地根据党内有关法规，明确了年会的具体职能。党代表大会年会除没有选举同级党的委员会和纪律检查委员会的职权外，拥有党章规定的党的代表大会的其他同等职权。浙江台州市明确规定，年会具有选举出席上一级党的代表大会代表、对“两委”领导班子及其成员进行民主评议、对届内上级直接任命的“两委”委员进行票决追认等具体职权。江苏的试点单位规定，年会的主要职责是听取并审议“两委”工作报告、讨论决定下一年度经济社会发展的重大问题、审议代表提出的提案等。

2．创新会议内容和形式。在试点工作中，一些试点地方党委按照年会的职权，不断丰富年会会议内容，创新活动形式，较好地发挥了年会的职能作用。比如，一些地方党委建立了代表大会发言制度。代表可就一些重大问题和党员群众关注的民生问题在年会的大会上建言献策。有的地方通过扩大列席人员范围，设立党员旁听席等方式，强化党内监督功能。还有的地方规定，在党代表大会年会上，人大、政府、政协党组和党委有关部门要向党代表报告工作，接受代表的监督。

3．科学设计年会组织程序。试点中，各地党委按照务实、精简、效能的原则，探索设计了年会的组织程序。许多地方党委明确规定，年会由地方党委全委会主持，年会不设主席团，取消大会预备会议，把大会议程、筹备工作报告提前到年会前的全委会上讨论通过。在会议召开时间安排上，各地普遍按照先党内后党外的原则，每年都在人代会、政协会议召开之前召开党代会年会。会期一般不超过3天。

（三）全面落实全委会票决下一级地方党政领导班子正职人选制度，全委会的用人权得到增强

十六大以来，各地认真贯彻落实《党政领导干部选拔任用工作条例》关于实行党委常委会提名、党的委员会全体会议投票表决下一级地方党政领导班子正职人选的有关规定，积极探索完善全委会票决重要干部机制。一些地方进一步将同级党委部门正职列入全委会票决干部范围。在总结吸取各地经验的基础上，2004年中央下发了《党的地方委员会全体会议对下一级党委、政府领导班子正职拟任人选和推荐人选表决办法》，对表决的程序以及审议、投票的规则等作出明确规定，为全委会票决重要干部制度的建立和实施提供了具体的规范。

（四）逐步完善常委会向全委会报告工作制度，全委会的监督职能得到强化

以胡锦涛同志为总书记的党中央，坚持实行政治局向中央全会定期报告工作制度，为全党作出了表率。各地逐步实行了常委会每年至少向全委会报告一次工作的制度，并对报告工作的内容、方式提出了具体要求。有的地方还实行常委会委员向全委会述职述廉的制度，实现全委会对常委会及其成员的监督。这些措施对完善党的委员会制度、强化对权力的监督起了重要促进作用。

（五）全面推进地方党委领导班子配备改革，地方党委的集体领导作用得到进一步加强

1．减少议事层次，提高了常委会的工作效率。地方党委班子配备改革后，减少了常委会内部分工重叠和多头管理环节，较好地解决了多头请示、层层汇报的问题，改变了以往书记

办公会主导或代替常委会决策的状况，常委责任更加明确，常委会决策效率明显提高。据山东的问卷调查显示，在920人中，有68.6%的人认为，领导班子配备改革后，降低了行政成本，提高了常委会的工作效率。

2．扩大党政交叉任职，强化了常委会统揽全局的能力。在地方党委换届中，各地普遍推行党政交叉任职，增加了政府副职任常委的比例。调研中一些领导同志说，扩大党政交叉任职，较好地解决了党政工作脱节、领导体制不顺等问题，进一步增强了党政合力，地方党委的领导核心地位进一步加强。

3．探索建立决策酝酿沟通新机制，保证了常委会工作的协调运转。地方党委班子配备改革后，常委会决策机制发生了变化，从以往先由书记办公会讨论然后再提交常委会，转变为由书记直接与常委沟通后提交常委会讨论。面对这种情况，各地积极探索建立了一些新的决策酝酿沟通机制。有的地方建立了常委会工作例会制度，有的地方建立了联席会议制度和党政主要领导碰头会制度，一些地方还积极探索建立专家咨询、群众听证制度。这些新机制的建立，保证了常委会的工作有效协调运转。

三、党的地方代表大会制度和委员会制度运行中存在的主要问题及其原因

（一）一些地方党的代表大会对委员会的工作报告讨论不充分，影响了会议质量

党的代表大会开得好不好，会议质量高不高，一个重要标志是，党的委员会向代表大会所作的工作报告是不是经过全体代表进行了认真充分地讨论和修改。当前，从一些地方党代会的情况来看，这项工作还不尽如人意，突出表现在代表对报告的讨论不够深入。主要原因：

1．报告提交大会前没有广泛征求代表意见，代表对重要议题缺乏会前准备。代表大会的重大议题集中体现在报告中，因为报告事先征求意见范围不够大，有的地方党代表对委员会报告中涉及的问题缺少提前调研准备，讨论中难以对重大问题发表意见。

2．报告内容过于宏观，难以深入讨论。有的地方提交党代表大会的工作报告过于宏观，讲原则性意见多，讲解决实际问题的措施少；讲成绩多，讲问题少，代表无法深入讨论。调研中，有许多同志反映，党代会报告一般都是讲宏观思路，结合本地特点提出可操作性的措施不具体，代表很难发表有针对性的具体意见。

3．党代表对自己的角色定位认识不正确，审议报告的责任意识不强。有的地方党代表把审议报告的职责错误地理解为学习领会报告精神，只谈自己如何理解、贯彻，对委员会的工作提不出意见或建议。有的同志说，党代会和人代会讨论问题不一样，党代表在党代会讨论问题时，一片赞扬声，说赞成话的多，提不同意见的少。

（二）党内选举制度不完善，一些地方党代表大会选举工作发扬民主不够

近年来，我们党在完善党内选举制度方面作了一些努力，提出要完善党内选举制度，改进候选人提名方式，适当扩大差额推荐范围和差额选举的比例，这都受到了广大党员和群众的欢迎。但是，调研中发现，当前党内选举制度还存在着一些问题，主要是：

1．选举程序存在缺陷。一些同志提出，候选人提名制度过于笼统，候选人介绍制度过于模糊，甚至流于形式。代表了解候选人的途径单一，组织上没有给候选人提供表达和展示的平台，对候选人的介绍简单。由于党代表对选举对象不了解，差额选举时不知该选谁，只好按人头熟悉情况依次排列，影响了选举的严肃性。这说明在党内民主选举中，地方党委对落实党代表知情权的方式方法还有待改进。有的地方还存在着选票设计不科学、填写选票时不

尊重代表的隐私权、选举的监督机制不健全等问题。

2．选举人的意志没有得到充分体现。有的地方过分强调组织意图，忽视了代表的选举权利。比如在选举前，采取多种方式统一代表思想，反复强调要保证组织推荐的候选人高票当选，这引起代表反感。有的代表说，既然组织上都定好了，就不用这么费时费力地让我们选了。有的地方在选举过程中，甚至采取一些不适当的办法，操控代表投票。还有的地方把差额选举形式化，差额候选人的“陪选”意图过于明显。

3．竞争机制引入不够。《中国共产党地方组织选举工作条例》（以下简称《选举工作条例》）规定，党的地方各级委员会委员、候补委员和纪律检查委员会委员候选人的差额比例，不少于10%。从扩大党内民主和广大党员干部的要求来看，目前许多地方差额选举的比例还是太少。

（三）党的地方委员会向同级代表大会负责并接受监督的规定难以落实，影响了党代表大会的权威

根据党章和《中国共产党地方委员会工作条例（试行）》（以下简称《地方党委工作条例》）规定，党代表大会对全委会具有选举权、监督权、评议权，然而在实际运作中，党代表大会的这些职能作用并没有充分发挥。存在的主要问题有：

1．党的各级委员会向同级代表大会负责缺乏制度安排。依照党章规定，党的各级委员会应向同级代表大会负责并报告工作。但从实际情况看，党的地方代表大会一般每5年召开一次，委员会直到5年届满才向党的代表大会报告工作，而且每届党代会听取和审议的委员会报告，不是由它选举产生的委员会所作的报告，而是由上届党的代表大会所选举产生的委员会的报告。在长达5年时间里，委员会如何对同级代表大会负责缺乏制度安排，党代会对它所授予的权力缺乏有效的监督手段和载体。因此，大会闭幕后，党代会难以继续在党内政治生活中发挥应有的作用，其监督职能也得不到真正实现。

2．党的地方委员会接受代表监督的规定无法实现。《中国共产党党内监督条例（试行）》规定，党的各级代表大会代表在代表大会闭会期间，除履行党员的监督责任和享有党员的监督权利外，按照有关规定对其选举产生的党的委员会、纪律检查委员会及其成员进行监督，反映所在选举单位党员的意见和建议。事实上，由于没有设置党代表在闭会期间发挥作用的平台，党代表的职责随着代表大会的闭幕就自然终止了，代表对“两委”成员的监督职责必然落空。

3．一些地方党委委员届中频繁调整影响了同级党代表大会选举的权威性。保持委员会成员的稳定是尊重代表大会的意志、维护党内选举的严肃性和权威性的基本要求，也是保持地方政治稳定，完成好本届委员会工作任务的需要。上级党组织根据工作需要调整或调动下一级委员会成员是十分必要的，但是不宜过多过于频繁。《地方党委工作条例》规定，调动或指派下一级党组织的负责人，其数额在下一级党的委员会任期内一般不得超过常委会委员职数的二分之一。但是，有的地方远远超过了这个界限规定。有的地方党代表大会刚刚开过，有的常委工作岗位就发生变动。

（四）一些地方党委决策范围不明确、议事规则和决策程序不规范，全委会的决策、监督职能虚化

随着经济社会和党的事业的发展，需要全委会讨论决定的重大问题的数量和复杂程度日益加大，对全委会议事决策的科学性和规范性的要求越来越高。建立完善的议事规则和程序

是加强委员会制度建设的重要任务。但是，从一些地方实际情况看，在这方面还存在很大差距。

1．一些地方党委重大问题的决策权过分集中于常委会。一些地方对提交全委会决定的“重大问题”的范围和内容规定不明确，或者虽然作了一些具体规定，但缺少相应的实施细则和程序作保证。在缺乏制度规范的情况下，哪些问题需要提交全委会讨论决定，实际上完全取决于常委会特别是书记的意愿。有的地方单纯从决策效率考虑，以常委会代替全委会决定重大问题，有的地方什么事情都由常委会特别是书记说了算，常委会包揽了重大问题的决定权。调研中，许多人反映，现实工作中存在常委会（或扩大会）代行全委会决策职权的情况。

2．一些地方全委会议事规则和决策程序不完善。主要表现有：

一是全委会召开次数和内容的安排不够科学。有的地方全委会召开次数过少，一次会议研究的议题很多，会议时间又较短，委员难以充分发表意见，对议题的讨论、决定往往是草草了事。有的地方往往把召开全委会当成一种形式，存在通报情况多、研究问题少，部署工作多、决定大事少，提出要求多、听取批评少的“三多三少”问题。一些委员认为全委会决定重大问题是徒有虚名，就是开个会，走个形式，没有实质性的领导作用。

二是全委会的议题准备工作不够规范。我们在调查中了解到，一些地方提交全委会审议的议题在会前不作认真研究准备，议题方案既缺少科学的论证，又缺乏实际操作性。有的地方甚至不按规定提前把会议议题和相关资料送达委员，委员在会前对议题一无所知，与临时动议区别不大。

三是会议的民主气氛不够浓。有的是由熟悉议题相关工作的委员发表一点意见，其他委员随便议议，就等书记最后拍板。有的是书记率先表态，其他委员因个人利害关系或碍于面子不敢或不愿表达不同意见，随声附和。有的完全看主要领导的眼色行事。形式上是集体决策，实际上仍是书记“一言堂”。

3．全委会对常委会及其成员难以进行监督。对地方党委常委会及其成员特别是主要负责人进行监督，是党章和党内有关法规赋予地方党委全委会的一项重要职责。但是，实际上现有的很多规定难以落实。主要原因是：

第一，缺乏足够有效的监督手段。比如，党章规定常委会在全委会闭会期间行使委员会的职权。但是，常委会行使全委会职权的情况应如何向全委会报告，全委会又如何及时对常委会权力运行情况进行监督，常委会如果出现违背全委会决议的问题如何解决，目前在制度上尚缺乏有效的制约措施。

第二，一些监督制度缺乏具体的实施办法。虽然2007年4月中央办公厅颁布了《地方党委委员、纪委委员开展党内询问和质询办法（试行)》，规定了地方党委委员对常委实行监督的重要形式。但是，我们在调研中发现，目前这项工作在地方基本没有开展。问及原因，普遍回答是缺乏可操作的具体工作程序。

第三，官本位意识干扰了党委内部民主监督的落实。党内外以及社会生活中存在的等级观念、领导干部在实际工作中形成的上下级情感，都是实施党内监督不可忽视的制约因素。如，在全委会人员构成中，除了常委会委员，其余成员都是常委会直接领导下的部门和下级党委的负责人。从原则上讲，委员在党内的地位是平等的，但这些处于下级地位的一般委员不敢对常委会成员进行监督。调研中一些地方反映，实行领导班子配备改革后，由于副书记职数减少，客观上使书记的权力更加集中。实行常委分工负责后，常委工作的独立性增强，这在一定程度上增加了委员对常委监督的难度。

（五）一些地方党委常委会的工作机制不够完善

推行地方党委领导班子配备改革，对提高地方党委工作效率、扩大党内民主、强化集体领导，都起到了重要的积极作用。但从地方党委常委会工作运行状况来看，许多工作尚处于探索阶段，仍然存在一些有待研究解决的问题。

1．专职副书记职责定位不明确，缺乏统一规范。各地对专职副书记的职责缺乏明确定位，地方党委对专职副书记的分工五花八门。有的规定专职副书记协助书记处理日常事务，有的还是原来的分工，有的兼任某个职务或者分管其他常委不分管的部门等。这使专职副书记处在了进退两难的尴尬境地。

2．常委之间沟通协调机制不畅。过去有书记办公会，重要事情书记们先沟通酝酿。取消书记办公会后，对一些重大问题和重要人事安排的会前酝酿沟通，尚缺乏统一规范的运作程序。调研中一些同志提出，实行领导班子配备改革后，常委分工相对独立，如果缺乏沟通交流，常委会集体决策就容易成为“书记＋分管常委”的决策，势必影响常委会的议事能力和决策水平。

3．议题的确定程序不完善。调研中大家反映，《地方党委工作条例》规定常委会的议题由书记确定，但对如何确定未作具体程序规定。一些地方常委会在议题的确定方面存在随意性，主要取决于一把手的主观意志。只要书记认为重要，就提交常委会讨论；如果书记认为不重要，即使其他常委认为很重要也很难提交常委会讨论。据河北的问卷调查显示，在回答地方党委常委会决策随意性大的主要根源时，有43％的人选择常委会议事规则、决策程序不完善和一把手不按程序办事。

四、进一步加强和改进党的地方代表大会制度和委员会制度建设的建议

在全面推进社会主义经济、政治、文化和社会建设的新形势下，加强和改进党的地方代表大会和委员会制度建设，是进一步提高地方党委领导水平和执政能力的一项重要任务。完成这一任务，必须坚持以中国特色社会主义理论为指导，全面贯彻党的十七大精神，从我们党面临的新形势新任务的实际出发，坚持以党章和党内法规为依据，把完善党内民主制度与加强党的领导结合起来，把激发党的创新活力与保障党的团结统一结合起来，把健全完善制度程序与增强党员干部执行制度的自觉性结合起来。综合调研情况，我们提出如下建议：

（一）制定实行党的代表大会代表任期制的实施办法，充分发挥党代表的作用

胡锦涛同志在党的十七大报告中指出，要完善党的代表大会制度，实行党的代表大会代表任期制。十七大通过的新党章也作了相应规定。中央有关部门应按照十七大的总体部署，尽快制定实行党代表任期制的实施意见。

1．明确规定党代表的职权。党代表的权利应突出进一步扩大党内民主的基本要求，不仅包括代表在会议期间应有的权利，而且应赋予他们在党代会闭会期间开展活动的权利。党代表的义务应突出先进性方面的要求，包括政治方面、履行职责方面、纪律方面和接受选区党员监督方面的要求等项内容。实施意见还应对党代表的权益保障等作出明确规定，充分体现党代表在党的代表大会中的主体地位。

2．建立保证党代表闭会期间发挥作用的制度。从各地探索实践来看，应逐步建立党代表考察、调研制度，党代表质询、询问制度，党代表提案、建议制度，党代表联系党员群众制度，党内重要情况向代表通报制度，重大决策征求党代表意见制度，代表列席党内有关会议

等制度。这些制度要相互配套衔接，形成新的制度体系，保证党代表在参与党内事务和推进党内监督中充分发挥作用。

3. 改进代表产生办法。要按照党章和党内有关规定，从制度设计和程序安排上充分保障党员意愿的表达，强化代表选举的群众基础。一是合理划分选举单位。在市、县直属部门代表选举中，可将选举单位划小到部门基层党组织。选举单位相对划小后，既便于党员对代表的了解和监督，又便于代表与党员群众保持比较密切的联系。二是合理规定代表结构比例。减少领导干部党员代表比例，增加工农生产一线党员代表比例。同时，调整界别代表比例，应特别划出妇女、老干部、非公企业、科教文卫等界别，进行专项推荐。三是扩大差额选举比例。《选举工作条例》有关规定，候选人差额比例不少于20%，这是最低差额比例，最高差额比例没有规定。调研中，一般认为党代表候选人的差额比例为30%—50%比较合适。四是组织开展竞选演说。竞选演说有利于加深对候选人的了解，提高代表选举的竞争性，也有利于增强党代表的代表意识。候选人竞选承诺，事前应由选举单位对承诺内容进行审查。党员领导干部应到基层选举单位参加选举，与其他候选人一起上台进行竞选承诺，接受党员的挑选。五是在有条件的地方可以试行代表直选。如浙江台州市路桥区2005年结合党委换届，在浙江省首次实行了县级党代会代表直接选举。路桥区在直选代表时，党员到会率达90%以上，代表选举差额比例达64.1%，选举非常成功。

4. 加强党代表的教育管理监督。各级党组织要采取有效措施加强对党代表的培训教育，增强代表履职能力。要加强对党代表的考核监督。要进一步规范代表资格的确认、代表的辞职、罢免和代表资格的暂停与终止，始终保持代表队伍的广泛性、代表性和先进性。要实行党代表的动态管理。当选举单位出现党代表名额空缺时，应及时进行补选。建立党代表活动服务机构。地方各级党委应建立党代表联络办公室，配备专职人员，办公室可设在党委组织部门，负责组织代表在闭会期间开展各项活动。

（二）进一步改进党的地方代表大会的组织工作，切实提高会议质量

科学、有效地组织工作，是开好党代表大会，提高会议质量的前提和基础。从调查反映来看，应着力加强以下几方面的工作。

1. 会前深入调研，广泛征求意见，起草高质量的大会报告。在起草党代会的大会报告的过程中，首先应开展广泛深入的调查研究，广泛征求意见。通过调研，对本届党委5年来的工作情况进行全面总结，作出科学分析、准确判断；在此基础上，对未来5年的工作作出符合科学发展观要求的总体规划。报告总结工作要坚持实事求是，成绩要讲够，问题要找准；报告提出规划要符合科学发展、以人为本的要求，任务目标要看得见、摸得着，有具体的保障措施。报告提交大会前，应在本届代表和新选出的新一届代表中征求意见，使大会报告的讨论过程真正成为代表参与民主决策的过程。

2. 改革党内选举制度，扩大党内选举民主。一是改进候选人的提名制度。要改变过去那种候选人单纯由上级党委推荐提名的方式，实行上级党委提名、党代会代表联合提名以及党员个人自荐竞选提名等多种提名方式相结合，扩大参加推荐候选人的范围。党的十七大对“两委”人选推荐、考察、提名工作，在扩大参与、完善程序、创新方法等方面有了新的发展。在提名环节，适当扩大了参加民主推荐的人员范围，增加了在本地区本单位工作的党的十六大代表；初步提名人选，由党委全委会或全委扩大会进行投票表决，不同意票超过1/3的不再列为考察对象。中央采取的这些新方法新措施是

一次成功的实践，应形成规范化的制度，指导地方党代会的选举工作。

二是建立健全候选人介绍制度。应进一步扩大人事安排工作的透明度。代表大会主席团要对新一届领导班子人事安排的要求作出说明，包括对成员素质、能力、结构的要求等。选举前，大会应采取适当方式较为翔实地向代表介绍领导班子候选人情况：除本人简历外，应包括德、能、勤、绩、廉方面的考察情况。大会主席团应对党代表提出的质疑作出负责的说明和回答，必要时也可以由候选人自己作出书面说明，还可以让候选人与选举人见面，作自我介绍，也可以发表竞职演说，选举人直接提问、质询，使选举人对候选人有一个较为完整的直观印象。这样有利于增进选举人对候选人的了解，有助于选举人按自己的真实意愿投票，增强选举结果的民主性和公正性。

三是扩大差额选举的比例和范围。实行真正差额选举，是实现选举人意志和提高选举民主程度的重要措施。在等额选举中，另选候选人以外的人选，当选的可能性很小，限制了选举的竞争性和选举人行使权利。因此建议，进一步扩大差额选举的比例。

四是改进选举方式。改进选举方式特别要体现在表决方式上，要尊重代表的民主选举权利。选举投票时，要保障选举人不受外界干扰。要改善填写选票的条件，保证选举人真实表达自己的意愿。

（三）试行党代表大会常任制，积极探索发挥党代会作用的途径和方式

党代表大会常任制最早是在党的八大开始实行的，后来由于种种原因而终止。20世纪80年代以来，一些地方开始进行常任制改革试点。党的十六大后试点范围进一步扩大，并取得了明显成效，积累了经验。党的十七大报告再次明确提出，要“选择一些县（市、区）试行党代表大会常任制”。做好这项工作对于进一步完善党的代表大会制度，扩大党内民主，推进党的领导体制改革，做到科学执政、民主执政、依法执政，具有很强的实践意义。但是，调研中也有不少人表示疑虑，认为实行常任制，每年开会太多，会增加执政成本，因而主张应将改革重点放在充分发挥全委会的作用上。由此看来，党代表大会常任制还需要在实践中进一步探索完善，以便取得共识。对此，我们提出以下建议：

1．科学规范权力运行机制。代表大会制度的本质是一种代议制民主。从权力授予关系上讲，是广大党员把权力授予党的各级代表大会，党代会再授权于党内其他领导机构。但是，这种授权是一项非常复杂的工程，如果其中任何一个环节的授予机制出了问题，或者授权后无法实现对被授权者的充分监督，党内民主就难以实现。目前，党内权力的授受关系存在着明显的制度缺陷。例如，党代会作为党内最高领导机关向党的委员会授权后，就完成了它的使命，再次召开会议要等到5年之后。这种授权方式，事实上形成了党代会放弃了对委员会的监督权，而委员会也不必对党代会负责。因为每届党代会听取和审议的报告，不是由它选举产生的委员会所作的报告，而是由上届党的代表大会选举产生的委员会的报告。它们之间并不存在授受权力关系，因而也就不存在监督与被监督的关系。

试行党代表大会常任制，意味着权力由全委会、常委会向党代会的回归。所以，从这个意义上讲，试行党代表大会常任制，就是从制度上探索完善党内权力运行机制。常任制试点的地方大都是顺着这样的思路来设计方案、破解难题的。一些试行党代表大会常任制的地方，将常委会的职能定位为：贯彻落实党代表大会和全委会的决议，处理党委会日常工作。浙江椒

江区、湖北罗田县还大胆探索取消常委会，进一步扩大了委员会的集体领导权。因此，试行常任制，必须按照发挥党委总揽全局、协调各方的领导核心作用的要求，在改革和完善地方党委领导体制，理顺党内权力关系，规范权力运行机制方面进行探索。应重点考虑建立完善三方面的制度：一是建立党代表行使权利的保证制度，二是完善"三会"授权关系相互制约的制度，三是规范党委会的权力运行机制。通过建立健全这些制度，进一步发挥党代表大会的作用，强化全委会的"议行合一"职能，规范常委会权力运行，形成常委会对全委会负责、全委会对党的代表大会负责的相互监督制约的权力运行机制。

2．进一步完善年会制。一是合理规范年会职权。确定年会职权，要充分体现党代会对本地区政治、经济、文化、社会发展和党的建设方面的重大问题的决策权，对"两委"班子权力运行的监督权，同时，要注意与人代会的职能科学划分，防止出现新的党政职能不分。二是科学确定年会议题。年会议题应根据当年的中心工作确定。议题可以由常委会提出，也可以由代表团或代表联名提出，无论以何种方式提出的议题，都要提交全委会讨论确定。大会议题不宜过多，要突出重点。三是创新会议审议方式。坚持地方党委、纪委每年报告工作制度，探索对会议报告进行论证性的审议，进一步提高会议质量。四是精简会议程序。比如，取消大会预备会议，把大会议程、筹备工作报告在党的代表大会前的全委会上讨论通过。不设主席团，由全委会主持大会等。五是有效整合会议资源。要本着确保会议质量、统筹会议安排、提高运行效能的要求，整合有关会议。如以年会代替岁末年初召开的全委扩大会议、三级干部会议等等。同时，可以根据工作需要，积极探索党委职能部门分散召开的年度工作会议纳入到大会的议程之中，进行统一部署。

3．加强配套制度改革。试行党代表大会常任制，是一项政治性、政策性很强又富有创新性的工作，必须坚持统筹协调、依法办事和循序渐进原则，加强配套制度的改革。特别是要针对党内规章中关于党代表大会制度的空白点，在实践的基础上进行制度设计与创新。因此，常任制要同干部人事制度改革、党内其他民主制度建设相结合，统筹部署，整体推进。既要借鉴已有的经验，又不能墨守陈规，要以党章为依据，大胆地闯、大胆地试。要善于总结，及时完善。为了保证党代表大会常任制试点少走弯路，应加强理论研究，为实践提供理论支撑。

（四）强化地方党委全委会的职能，充分发挥全委会的决策和监督作用

1．正确把握全委会与常委会的关系，发挥全委会的领导机关作用。党章和党内有关法规规定，党的地方委员会是本地党组织的领导机关。在全委会闭会期间，常委会行使委员会的职权，定期向全委会报告工作，接受全委会的监督。全委会与常委会之间是授权与被授权的关系。调研中许多同志认为，必须确立和维护全委会是本级党组织领导机关的权威地位，认真落实全委会的决策、监督职能。要正确处理全委会与常委会的关系，切实纠正图省事、怕麻烦而由常委会代替全委会决策重大问题的做法，自觉抵制与民主集中制原则相违背的潜规则，改变全委会决策"走形式"的不正常现象。

2．完善全委会决策机制，发挥全委会在重大问题上的决策作用。完善全委会议事决策机制，关键要在健全规则程序、完善配套制度上下功夫。具体做法有：

一是科学界定全委会的决策范围。《地方党委工作条例》规定，党的地方委员会要对重大问题进行集体讨论决定。首先，要解决好"重大问题"与"非重大问题"的界限问题。地方

党委应根据本地实际，对必须提交全委会决策的重大问题的范围作出明确具体的界定，有的可以采取列表的方式，对需要提交全委会决策的重大问题一一列举。既要防止把本应由全委会集体讨论决定的重大问题交由常委会或其他会议来决定，又要防止把一般性的问题不加选择地拿到全委会上来讨论。其次，要严格执行由全委会决定重大问题的规定。常委会对应该提交全委会决定的重大问题，要负责任地提出意见和建议，决不能越界越权包办代替。

二是进一步完善全委会议事规则、决策程序。一要改进全委会议题的确定方式。确定议题是按照民主集中制原则决定重大问题的首要环节。如果应该上会讨论的重大议题没有提到会议上讨论，就会导致全委会决策权的落空。建议在《地方党委工作条例》中除规定全委会的议题由常委会确定外，增加“由三个以上委员联名提出的议题以及党代表提案也应列为全委会议题”的条款。二要适当增加全委会召开的次数。调研中有不少人提出，可增加到每季度召开一次，遇有重要情况可随时召开。三要完善全委会票决制度。近年来，实行全委会投票表决重要干部人选的实践证明，票决制是坚持民主集中制原则、发挥全委会决策职能的好形式，也是保证委员充分行使民主权利的重要措施。党的十七大对此给予了充分肯定，应在巩固完善全委会票决重要干部制度的同时，进一步扩大全委会票决重大问题的范围，探索建立全委会票决重大问题的具体办法。

3．改进委员会的监督机制，切实加强对常委会及其成员的监督。

一要完善常委会定期向全委会报告工作制度。要明确报告的主要内容，包括执行党代表大会决议、全委会决议决定的情况，工作中存在的主要问题，需要提请全委会研究解决的重大事项等；要完善审议和表决程序，使审议报告的过程真正变成对常委会及其成员进行监督的过程。

二要建立全委会对常委会成员进行民主评议制度。常委会成员要定期向全委会述职述廉，接受全委会评议。要明确规定评议标准和评议方式。评议结果以书面形式向本人反馈，并报上一级党委组织部，作为届中考察、换届考察的重要补充，以增强对领导干部的动态考察、跟踪考察。对工作严重失误、失职造成重大损失或者对重大事故负有重要责任因而不适合担任常委职务的，严格按《党政领导干部辞职暂行规定》及时调整。

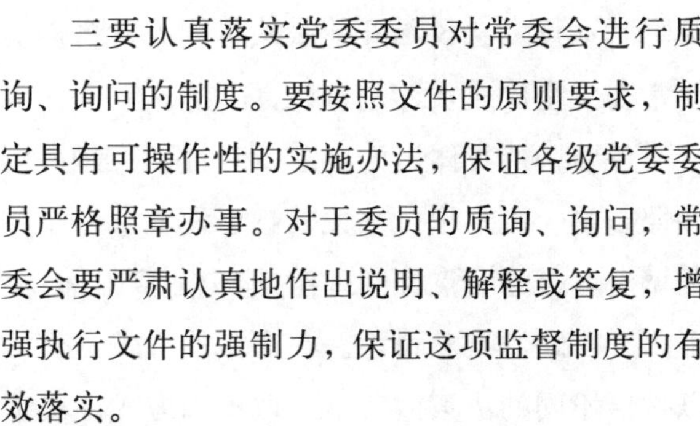

三要认真落实党委委员对常委会进行质询、询问的制度。要按照文件的原则要求，制定具有可操作性的实施办法，保证各级党委委员严格照章办事。对于委员的质询、询问，常委会要严肃认真地作出说明、解释或答复，增强执行文件的强制力，保证这项监督制度的有效落实。

（五）健全地方党委常委会工作机制，进一步加强领导班子的集体领导作用

1．完善地方党委常委会议事规则和决策程序。调研中，一些地方领导同志提出，要提高党委常委会科学决策、民主决策的能力，防止一把手个人专断，就必须按照“集体领导、民主集中、个别酝酿、会议决定”的要求，进一步完善并严格执行常委会的议事规则和决策程序。

一要建立议题管理制度。《地方党委工作条例》规定，常委会会议的议题由书记确定，或由书记委托副书记确定。但对议题的来源未作规定。要在议题产生环节体现民主集中制原则，防止和纠正重要议题不上会讨论，事务性工作反倒上会讨论的决策错位问题，就应建立议题管理制度。内容包括常委会讨论问题范围、议题提出主体、议题征集方式、上会议题的确定

等。并建议在《地方党委工作条例》中增加“常委会议题先由常委会成员提议，经党委办公室汇总，再由书记确定”的条款。

二要搞好决策前的科学论证。调研发现，决策中出现的失误，都与决策前的论证不充分密切相关。要提高常委会科学决策水平，必须做好决策论证工作。决策前，必须深入调查研究，组织有关部门认真研讨，拿出两个以上可供比较的方案。对一些专业性、技术性较强的重要事项，要进行专家论证、决策评估；对关系群众切身利益的重要事项，要实行公示，召开听证会，广泛听取社会各方面的意见。严格禁止决策临时动议，会议召开前必须将相关材料提供给常委会全体成员，进行认真准备。

三要坚持集体讨论决定。在讨论发言时，应按照委员、副书记、书记的顺序发表意见，并强调对各自的观点说明理由，避免随声附和，保证广开言路，充分讨论。在决策的方式上，可以按照不同的决策内容，采取不同方式。决定人事问题，应采取无记名投票表决方式，杜绝“个人说了算”；决定经济社会发展的重大问题，应采取记名投票表决方式，表决情况记录在案，以增强常委参与决策的责任意识。

2．科学确定常委会委员的职责分工。科学确定常委的职责分工，是完善地方党委常委会工作机制的重要内容，必须认真贯彻执行党委集体领导与个人分工负责相结合的原则。当前最突出的问题是要解决好专职副书记的职责定位问题。根据调研情况，我们认为专职副书记的职责定位应放在加强地方党委领导班子建设这个大局中来考虑和把握，坚持权责一致原则，做到规范、统一。应将中央关于专职副书记“协助书记处理日常事务、受书记委托负责其他有关工作”的规定进一步细化。专职副书记的职责应由地方党委分级确定。省委对市级专职副书记的职责作出统一规定，市委对县级专职副书记的职责作出统一规定。这样，既能贯彻中央原则要求，又有符合地方工作实际的可操作性制度，有利于充分发挥专职副书记的作用。

3．探索建立常委会经常性的沟通协调机制。调研中，许多领导干部提出，地方党委实行领导班子配备改革，为解决分工重叠、层次过多、职责不清、责任不明等问题创造了条件，但也对常委会内部建立便捷高效的沟通协调机制提出了新的要求。从各地实践来看，以下三种形式都起到了较好的作用。一是由党委专职副书记协助书记组织常委间的沟通协调工作，减轻书记直接与各位常委沟通协调的工作量，有利于书记集中精力抓大事、谋全局。二是实行常委例会制，每周召开一次常委会，交流工作情况，对一些重要问题进行务虚。还可以通过专题会、情况通报会、常委向常委会和书记汇报分管工作以及常委述职等方式，沟通、交流阶段性工作和决策执行情况，加强常委间的工作沟通，促进常委间的协调配合，增强常委会集体领导作用。三是改书记办公会为党政领导“碰头会”。碰头会的组成人员可以是“3+X”，3即党委书记、兼任行政正职的副书记、党委专职副书记，X可以根据碰头会议题，由相关常委参加，对涉及当地经济、社会发展全局的工作进行沟通协调，增强常委会领导经济社会全面协调发展的能力。

随着实践的发展，现行的《地方党委工作条例》中有关内容已明显滞后，建议中央有关部门组织力量对条例进行修改，同时，尽快研究制定《完善党的地方各级全委会、常委会工作机制的意见》，科学规范全委会、常委会职责权限，保证党的民主集中制的贯彻执行。

（选自《马克思主义与现实》2008年第3期）

把领导干部作风建设落到实处

赖海滨

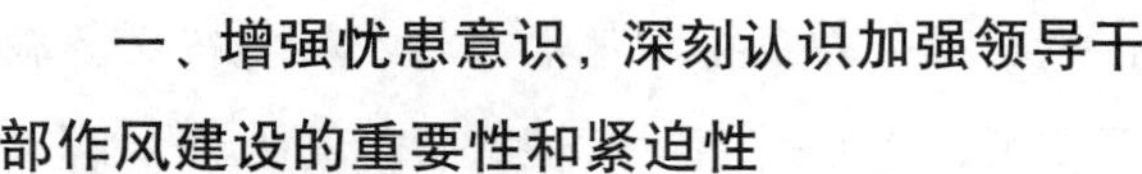

一、增强忧患意识，深刻认识加强领导干部作风建设的重要性和紧迫性

当前领导干部作风的主流是好的，但也存在着一些亟待解决的突出问题。一是因片面追求政绩造成的作风问题。一些领导干部把“发展是硬道理”片面理解为“GDP增长是硬道理”，甚至把追求“政绩”视为硬道理，由此衍生出作风问题。如唯上是从、弄虚作假，紧盯着上级领导的喜好和注意力做工作，夸大成绩，缩小或隐瞒问题。有的急功近利，热心立大项目、上大工程，不愿意做扎扎实实的工作，忽视改善民生问题。

二是因利益因素诱发的作风问题。少数领导干部全心全意为人民服务的宗旨淡化，过分看重金钱的作用，追求不正当利益。有的钻政策空子，有的打“擦边球”，有的搞以权谋私、权力寻租，利用职权和职务影响为亲属谋取不正当利益，违反规定收受钱物。有的地方在政策选择时只注重维护局部或少数人利益，忽视或损害群众的利益，如教育医疗等公共资源配置不合理、房价虚高等问题，造成社会不公平感加剧。

三是与群众对干部作风的新期待不相适应的问题。当前，人民群众希望领导干部具备全新的能力素质，形成清新的执政风格，但很多干部仍然习惯于等群众找上门来反映问题，主动发现问题的能力不足，见事迟、反应慢；仍然习惯于靠行政命令、“批示”理政，没有树立新的执政理念和作风，处理群众对民主、法制、公共政策等新的利益诉求手段简单化。一些新成长起来的领导干部，由于没有经过严格的党内生活锻炼，忽视继承优良传统作风，不愿在作风建设上下功夫。

四是生活作风类问题。有的应酬成风，工作精力不集中；有的涉赌涉色，生活不检点；有的奢靡浪费，工作落实不用心；有些地方竞相攀比，党政机关办公楼越盖越高，公务接待越来越奢华，公款旅游几近失控，不仅国内各个景点游遍，甚至“周游列国”。近年查处的领导干部违纪违法案件中，绝大多数集政治问题、经济问题和生活作风问题于一身，有的已经到了生活糜烂的程度。

五是因现行体制机制中存在一些不足造成的作风问题。体制机制是领导干部形成良好风气的重要保证，但确实有一些作风问题是由于现行体制机制中存在的一些不足等客观因素造成的。比如文山会海问题，一些地方惯于以会议贯彻会议，以文件落实文件，一些上级部门还将主要领导是否出席会议作为判断领导干部是否重视的标准。再如干部评价机制导向方面的问题、一把手权力过分集中的问题等等，都与我们的机制和制度设计有很大关系。

六是因各种因素交织使推进领导干部作风建设难度加大。近年来，造成领导干部作风问题的各种因素交织在一起，使解决作风问题的复杂性和难度增加。一些地域因素、社会习俗等在深层次上影响作风建设，市场经济等价交换原则也被一些人带到党内生活中来，影响党风建设。

事实表明，当前领导干部身上滋生不正之风的现实可能性在增加，加强领导干部作风建设是一项长期、艰巨和迫切的任务。

二、贯彻十七大要求，把领导干部作风建设落到实处

大力加强领导干部作风建设贵在落实。新形势下，党的各级组织和广大党员干部要从深入贯彻落实科学发展观、构建和谐社会的战略高度，按照胡锦涛同志提出的"讲党性、重品行、作表率"的要求，切实把领导干部作风建设抓紧抓好、抓出实效。抓学习，加强思想教育，强化领导干部执政为民的理念。干部在作风上发生问题乃至腐化堕落，都是从思想滑坡开始的。因此，要大力加强思想教育。一是要突出教育的重点，提高教育的实效性。紧紧围绕建设社会主义核心价值体系，加强思想道德教育和党纪政纪法纪教育。当前重点要抓好党的作风教育特别是突出抓好各级领导干部的作风教育，把胡锦涛同志倡导的八个方面良好风气落实到思想教育中。二是联系实际开展教育，坚持学以致用。要坚持理论联系实际，着眼于解决改革、发展、稳定与和谐社会建设中的实际问题。各级领导干部要把学习体会与成果转化为谋划工作的思路、促进工作的措施、领导工作的本领，特别是转化为领导科学发展的能力，全面建设小康社会、构建社会主义和谐社会的能力，加强党的执政能力建设与先进性建设的能力。三是强化警示教育，体现教育的防范性。在积极宣传先进典型的同时，也要积极剖析反面典型，及时通报典型案件情况，充分展示我们党反对腐败的坚强决心和能力，使领导干部从中吸取教训，引以为戒。

抓民心，解决群众实际困难，密切党群干群关系。以优良的党风凝聚党心民心，就要真诚倾听群众呼声，真实反映群众愿望，真情关心群众疾苦，多为群众办好事、办实事。一是把解决民生问题放在各项工作的首位。全面实行免费义务教育特别是落实好农村免费义务教育政策，逐步提高财政性教育经费比例，解决"读书难"问题；积极推进覆盖城乡居民的基本卫生制度，重点发展公共卫生、农村卫生、社区卫生和基本医疗服务，解决"看病难"问题；建立城乡统一的公共就业服务组织体系，增加就业岗位，解决"就业难"问题；完成农村贫困户危房改造任务，大力发展城镇经济适用房和廉租房，稳定房产价格，解决"住房难"问题。二是扎实解决损害群众利益的突出问题。认真开展专项整治，坚决纠正在征地拆迁、农村土地承包、教育收费、医疗服务、企业重组改制、药品食品安全、安全生产、社保基金管理、环境保护、支付务工人员工资等方面存在的严重损害群众利益的不正之风。对因工作敷衍塞责、官僚主义、失职渎职，导致问题解决不力，造成矛盾激化，甚至引发群体性事件，影响社会稳定的，要严肃追究相关领导干部的责任。三是密切党群关系。坚持和完善领导干部基层联系点制度和领导干部进村入户制度。开办"政风行风热线"，组织领导干部现场接听群众电话，解决疑难问题，同时继续深入开展群众评议机关和基层站所活动，对评议不过关的单位加以整改。

抓制度，建立健全工作机制，规范领导干部从政行为。要针对体制上存在的缺陷和漏洞，不断加以改革和完善，用制度规范领导行为，真正形成用制度管权、按制度办事、靠制度管人的有效机制。一是建立党委抓领导干部作风建设的工作制度。党委书记要负总责，要把更多的精力放到抓党风和干部作风建设上，定期研究，对存在的问题及时予以解决。落实党风廉政建设责任制，定期对各级党政领导班子落实责任制情况进行考核，落实党委书记抓作风建设的第一责任，增强工作力度。建立健全纪委协助党委抓党风建设的工作机制，为纪委的组织协调工作提供组织保障。建立干部作风建设预警机制，多渠道了解干部思想现状，提出预防和改进的措施。二是完善党内民主、党务公开制度。进一步改革和完善民主决策机制，实行重大决策的听证、公示、咨询等制度，保证科学决策。完善各级党的全委会、常委会议事规则和决策程序，严格执行票决制；完善党代会制度，推行党代表常任制，实行党代表提案制度，落实党代表的权利。推进党务公开，凡是干部群众关心的党内热点问题，只要不涉密，都要予以公开，接受党员和群众的监督。三是完善和执行领导干部廉洁自律制度。围绕市场经济条件下领导干部个人利益可能与公共利益发生冲突的重点部位，及时完善领导干部从政行为准则。健全领导干部个人生活重大事项报告的内容、程序和办法。加强对领导干部配偶、子女从业情况的监督，及时发现和纠正问题。加强对领导干部出国（境）证件集中管理、出国（境）审批制度执行情况的监督检查，截断贪官外逃的路径。四是树立制度的权威，坚持制度面前人人平等，特别是对已经出台的制度，要切实抓好落实。对规避制度、违反制度甚至破坏制度的，必须坚决纠正，并追究责任。

抓改革，采取各项措施，防止领导干部在作风上出问题。一是围绕权力运作强化监督。在继续深化党内民主、党内监督制度改革的基础上，积极扩大党外监督的内容，拓宽社会和群众监督的渠道和途径，加强外部监督的力度。进一步强化、规范人大代表、政协委员和新闻媒体对领导干部的监督。在基层大力开展勤廉双述和群众评议活动，提高群众评议的制度化水平，增强约束力。二是围绕权力配置创新体制。通过转变政府职能，合理配置行政权力，强化政府便民服务和社会服务功能，减少和下放行政审批事项，充分发挥市场在资源配置中的基础性作用，减少权力寻租的机会。建立健全体现科学发展观要求的干部考核评价体系，用正确的价值导向和评价机制引导和规范干部的行为，使之符合科学发展观的要求。进一步建立健全效能制度建设体系，制定和完善岗位目标责任、首问责任、绩效考评等制度，全方位提高党政机关的公信力和执行力。全面实施政府收支分类改革，扩大实施国库集中支付制度范围，建立财政资金绩效评价体系。继续完善建设工程招投标、经营性土地使用权出让、产权交易、政府采购等制度，从源头上解决以权谋私的问题。三是围绕重点问题推进改革，积极稳妥地推进领导干部职务消费改革，逐步实行消费方式的货币化、消费途径的市场化、消费主体的个体化。改革公务接待制度，探索推行招标定点公务接待制度。积极探索机关后勤服务社会化改革，从源头上刹住奢侈享乐之风。

（作者单位：中共广东省纪委办公厅）

（选自《党建研究》2008年第7期）

关于党代会常任制的思考

毛昭晖　秦立新

一、党代会常任制的基本内涵及演进过程

党代会常任制是党内民主制度的核心，是变“对上负责”为“对下负责”的创新性制度。即从根本上改变现行政治制度所带来的两大结构性问题：一是权力过度集中，党的主要领导无法监督到位；二是决策缺乏民主，公共决策缺乏民意，随意性太大。

具体而言，党代会常任制是指：“党代会年会制、全委会常设制、党员任期制，三者统筹兼顾，相互制约，互为补充”。其基本逻辑是：第一，通过党代会年会制，确保党代会的宏观决策权和对全委会、纪委的监督权，维护党代会最高决策机关和最高监督机关的地位；第二，通过党的全体委员会常设制，对接党代会，履行党代会休会期间的宏观决策的执行权和部分具体决策权，解决权力过度集中的问题，屏蔽主要领导权力滥用的风险；第三，实行党代表任期制，即党代表真正成为党代会的权力主体和民意代表，在任期（5年）内，依据《党章》和《党内监督条例》等党规党纪赋予的职权，行使党内民主决策权和对党代会、全委会和纪委的监督权。

第一次提出党代表大会常任制思想的是毛泽东。1956年4月28日，在中共中央政治局扩大会议上，毛泽东提出：“是否可以仿照人民代表大会的办法，设常任制代表。我们有人民的国会，有党的国会，党的国会就是党的代表会议。设常任制代表有什么好处呢?就是可以一年召开一次代表会议。我们已经有十年没有召开党的代表大会了，有了常任代表制度，每年就非开会不可。”

第一次正式提出党代表大会常任制问题，并从制度层面加以设计的是邓小平同志。邓小平在党的八大会议上所作的《关于修改党的章程的报告》中说：“为了把党的民主生活提高到更高的水平，党的中央委员会在党章草案中，决定采取一项根本的改革，就是把党的全国的、省一级的和县一级的代表大会，都改作常任制，多少类似各级人民代表大会那样”，“这三级代表大会一律每年开会一次”，使之“成为党的充分有效的最高决策机关和最高监督机关”。党的八大后，1957年至1958年初，全国各地都召开了本届党的代表大会的第二次或第三次会议。1958年5月，党中央召开了第八次全国代表大会第二次会议。但1958年5月以后，党的民主生活出现不正常现象，党代会常任制没再继续实行。

党的十一届三中全会以后，随着党的工作

重心的转移，面对不断变化的新形势，党的代表大会在党和国家的政治生活、经济社会发展中的地位日益凸显，健全和完善党的代表大会制度、维护代表大会的权威、充分发挥代表大会作用显得非常重要。从1988年开始，中央有关部门先后在5个省的12个市县区进行了党代表大会常任制的试点工作。但由于在理论指导、制度设计等方面的不足，十六大前，全国首批开展党代会常任制试点的12个县市，除浙江的绍兴市、瑞安市、台州市椒江区和山西的晋中市榆次区、和顺县5个市县区还在试点外，其他7个单位已停止试点工作。

二、现行党的代表大会制度运行中存在的问题

从目前情况看，党的代表大会制度主要存在4个问题和不足。

（一）党的最高权力机关的控制力有待进一步加强

从时间段上看，党的代表大会每5年召开一次，长于远期规划，短于具体操作，权力控制缺乏连续性。在社会形势日新月异的情况下，对很多重大问题不能及时做出权威性的决策，其居于党内最高地位的权力只能让渡给具体的执行机构——委员会，对委员会代为履行职权的情况则缺乏有效控制，致使权责不相称。

从组织结构上看，代表大会是立法机关，是政策的制定者；委员会是执行机关，是政策的执行者，二者是权力授受关系、领导与被领导关系。按照这样一种权力架构，党的代表大会控制力的大小与委员会执行政策的好坏应该成正比例关系，党的代表大会对委员会的控制力大，则委员会就认真执行党的代表大会的决议决定；如果党的代表大会对委员会控制乏力，就难以防止委员会执行决议变样，甚至另起炉灶。按照现行党的代表大会制度，从代表大会到党的委员会，再到常委会，类似于金字塔形的权力结构体系，其法定权力大体上是从前往后递减的。但是，在实际操作中，这种权力关系被搞得比较模糊，甚至被颠倒过来，形成一种倒金字塔形权力结构，党的代表大会作为最高权力机关的权威没有得到应有的维护，其对自身产生的组织机构的控制力很软弱，缺乏刚性。

从管理幅度看，党的代表大会的管理幅度太大。作为党内最高权力机关，应该更加突出党内立法权的权威，不应该过多地涉及一些具体事务。从目前情况看，这种立法权除了体现在修改党章、换届选举等方面外，对经济、政治、文化、社会发展中的一些具体问题管得太多。由于党代会召开间隔时间太长，待问题信息传递到党的代表大会时，大多已经过时，没有了实际价值。所以，党代会制定法规的权力也就自然让渡给了委员会。

（二）代表作用发挥应更充分

1．代表的产生方式不够科学

党员是党的主体，党员代表的产生方式实质上直接涉及党的代表大会制度的合理性、合法性及其功能的发挥。从我党现行代表大会制度看，党执政的环境已经大大改善，代表的产生也已经执行了选举原则，但选举的过程还存在不少问题：一是缺乏程序性。基层党员和党组织推荐候选人后，党的领导机关的“集中”（或叫“平衡”）显得较为模糊，缺乏程序性，最后的结果往往成为领导人意志的体现或领导机关内定方案的实现方式。二是缺乏竞争性。候选人确定后，未能安排竞争性演讲之类的形式让党员了解候选人的履职能力，而是由有关组织进行考察确定。

2．代表的权利应得到更有效的保障

从选举权看，虽然实行了一人一票制，但由于差额选举的比例很小，甚至是等额选举，这种票选实际上很难保证党员自由、独立的选择权。从代表权行使的时间段看，党代表的权力

仅局限于开大会的那几天，会议结束了，责任和义务也就完结了。即使是在开会的那几天，党代表把更多的时间用于评议委员会的报告，独立地提出问题的时间受到很多限制。同时，由于党代表长时间不参与党代会事务，知情权受到一定的限制，对党内情况了解不充分，甚至对一些重大问题不知情，势必影响到其选择权、参与权的行使，影响其行权能力。另外，党代表对党组织和领导干部的质询权也没有具体的保障措施。

3．代表构成不够合理

《中国共产党地方组织选举工作条例》对代表的构成比例有明确的规定，但在实际操作中，因为不同类型党员有交叉现象，比如：专业技术人员中担任领导干部的占哪个类别，妇女中的领导干部占哪个类别，不好区分。最后导致党代表中领导干部的比重高达75%以上，党员代表的产生未能充分兼顾党内不同层次的党员的利益。有一点必须指出：领导干部都是党内的精英，其议事能力相对普通党员来说要强，但党的代表大会不是党的工作会议，其价值取向在于反映党内不同阶层的意志，汇集党内各种需求，实现党内民主，而不完全是为了解决经济社会事务中的具体问题。可以说，在代表性方面，一个农村的普通党员比一个农业局长更了解农民需要什么。所以，我们在强调代表议事能力的同时，不能形而上地搞唯能力论，必须考虑中国的实际情况，充分考虑国情、党情。

（三）决策制度应更科学

党的代表大会的主要职能包括：党的全国代表大会具有修改党章的职权，除此以外，党的全国代表大会和地方党的代表大会具有三项职权：一是听取和审查全委会和纪委的报告；二是讨论本地区范围内的重大问题并做出决议；三是选举同级党的委员会和纪律检查委员会。前两项内容实际是决策权的履行，只不过第一项是间接决策，第二项是直接决策。党的代表大会闭会期间，其决策权由党的委员会代为行使。无论是党的代表大会的决策，还是党的同级委员会的决策，共同的特点是属于群体性决策。

群体性决策的优点是决策民主、集思广益、贯彻实施顺利。但由于群体性决策的择案规则比较复杂，不同的择案规则产生的效果不同。由于我们党实行的个人服从组织、少数服从多数、下级服从上级、全党服从中央的组织制度，这就决定了我们党的代表大会制度在决策方面还存在不少需要改进的地方。从决策范围看，党的代表大会5年才召开一次，决定了其决策的事项内容大而虚，大部分是方针政策性的，一些具体事务，如事关全局的重大决策、经济发展的重大项目、党政主要领导干部的任命以及关系到人民群众切身利益的重大事项，都是由党的委员会决策完成，实质上是由党的委员会的常委会决定的。从决策权力大小看，党的代表大会的决策方式主要是代表听报告、讨论、提意见，代表处于被动的位置，党的委员会想通过的报告，就基本能通过，代表的主体地位得不到有效保障。从议事规则看，无论是党的代表大会还是全委会、常委会，表决大都是采用举手方式，最终的结果往往是一致通过。任何一项决策，如果得到与会人员的一致赞成，其表决效果都值得推敲。即使现在我们党的代表大会制度里增加了代表质询权等权利，但要做到真正的质询，真正的畅所欲言，仍需要勇气。

（四）监督制约还需进一步加大力度

党的代表大会既是党的最高领导机关，同时也是党的最高监督机关。但从目前情况看，党内在权力的监督制约方面还存在许多不够合理的地方，权力过分集中、监督机制脆弱已经严重影响了党的建设，并成为党内腐败的一个重要根源。

1．权力授受关系不清，监督缺乏权威性

在现行党的代表大会制度中，存在一个授权者不能对受权者进行监督的缺陷。以党的全国代表大会为例：党的代表大会选举产生新一届中央委员会、中央纪律检查委员会（“两委”）之后，党的代表就完成了他们的使命。该届“两委”的工作报告，由下一届代表大会的党代表们进行审议，在这5年的时间里，党代表并没有对“两委”进行监督。也就是说，每一届党代表审议的“两委”报告，是由上一届党的代表大会所选举产生的“两委”的报告。由于他们之间并不存在选举与被选举、授权与被授权的关系，因而也就难以形成监督与被监督的关系。地方各级党的代表大会制度存在同样的问题。也就是说，“两委”名义上是同级党的代表大会产生的，但实质上他们是上一届党的代表大会产生的，而那一届党的代表大会已经不再履行党的最高权力机关的职责了。

2．专门监督体制不够顺畅，监督缺乏应有的独立性

《党章》第43条规定：党的纪律检查委员会在党的中央委员会领导下进行工作。党的地方各级纪律检查委员会和基层纪律检查委员会在同级党的委员会和上级纪律检查委员会双重领导下进行工作。该两条款的内涵可以概括为三点：一是明确了纪委在党内的专门监督机关的地位；二是明确了纪律检查机构的双重领导体制；三是纪律检查委员会受同级党委领导和监督。

这两项规定在加强党的建设方面有着积极的意义：一是树立了党的纪律检查委员会在党内监督方面的法定权威，使党内监督工作有了明确的主体。二是明确了中央及以下纪律检查机构必须接受同级党委的领导，避免了同一级党组织出现“两个核心”，有利于政治稳定。三是有利于纪律检查机构在工作中正确处理部分与整体的关系，推动全局工作的开展，并在此基础上取得党委的支持，推动反腐倡廉工作的开展。四是有利于纪律检查机构在业务上取得上级纪律检查机构的支持和指导，较为客观地履行监督和执行纪律的职责。

如果进行深入的分析，上述体制在领导与被领导、监督与被监督的关系上存在三个逻辑悖论。

（1）纪委与同级党委在监督关系上主客不顺。纪委和同级党委都是党的代表大会选举产生的，他们共同对党的代表大会负责，二者只是分工不同而已，之间没有相互负责的关系。落实到监督工作上，纪委作为党内专门的监督机关，对党代会产生的任何党组织都有权监督，对同级党的委员会也不例外。但由于在人、财、事三权上，各级纪委常委会委员和纪检干部的提名、任命、调动，纪检机关的经费、福利等都掌握在同级党委手中，纪委与同级党委事实上形成一种领导与被领导的关系，使纪委对同级党委的监督很难到位。如果同级党委及其领导成员接受监督的意识强，纪委还能部分地履行职责，反之，纪委的监督能力则大打折扣。在监督工作机制上，对一些重大案件，纪委必须要向同级党委汇报工作，最终决定权在同级党委，这可能会导致有的案件查不下去。尤其是涉及到同级党委领导成员的案件，一旦同级党委抱有“家丑不可外扬”的心理，纪委就很难进行查处。

（2）纪委与党代表大会在监督关系上主客脱离。没有监督的权力必然会导致腐败。纪委是党内监督的专门机关，那么纪委行使监督的权力由谁来监督？从权力授受关系看，党的代表大会是最高决策机关和最高监督机关，只有党代会有权对纪委进行监督，但党代会5年才召开一次，怎么监督？纪委不是生活在真空里，只要掌握着一定的权力，就存在着腐败的可能性，近几年纪委内部违纪违法现象呈上升势头，如何加强对纪委的监督，是摆在我们面前的一个

新课题。

(3) 上级纪委对下级纪委业务领导缺乏权威。对一些具体案件，如果纪委的结论得到同级党委的认可，上级纪委就不能轻易予以改变。即使确实要改变，也要征得做出决定的党委的同意。如果做出决定的党委拒不改变，上级纪委只能通过做出决定的党委的上级党委予以改变。在这个过程中，上级纪委的权威性就显得比较软弱。现在有人提出纪委实行垂直管理，脱离同级党委的管辖，这从纪委业务开展上有一定的可取之处，但在现行党的代表大会制度下，从法理上又很难找到依据。所以问题的症结，不在于是否垂直领导，而在于如何调整纪委与同级党委的关系。因此改革现行的党的代表大会制度显得非常重要。

三、党的代表大会常任制试点情况

十六大后，广东、浙江、湖北、四川、山东等省开始选择部分市县进行党代会常任制试点，有的省是在原来试点的基础上进一步深化试点工作。全国有代表性的试点市县区有：浙江台州市椒江区，湖北省罗田县、宜都市，四川省雅安市，山东省威海市，深圳市宝安区等。

(一) 有代表性的试点模式

1．椒江模式

(1) 年会制与党代表常任制。每年召开一次党代会年会。有关党建、经济和社会发展等重大问题，都要在党代会年会上讨论，并形成决议，指导年度各项工作落实。

(2) 委员制。党代表变成常任后，椒江区委取消常委会，改由委员会直接负责闭会期间党的工作。重要决策部署、重大问题决定、重要人事任免、大额度资金使用直接由委员会决定。委员由代表大会直接选举产生，且代表资格届期内有效。同时，党代表直接选举区委领导。

(3) 票决制。区管干部任免实行委员会无记名票决制度，得票超过到会委员的1/2为通过。

(4) 党代表听证制度。区委对重大问题、党员群众关注的焦点问题，事先提交代表团讨论或向代表发送征询意见书，或组织党代表恳谈，听取代表意见，然后进行决策。

2．罗田模式

(1) 年会制和党代表常任制。实行党代会年会制。

党代会由过去的5年召开一次，改为每年召开一次。党代会年会的主要任务是听取和审议县委、县纪委工作报告和县人大党组、县政府党组、县政协党组的书面工作报告；讨论和决定全县政治、经济、文化、社会发展和党的建设方面的重大问题；对县委委员的年度工作进行评议。

(2) 党代表直选制。党代表由过去的间接选举改为竞争性直选。罗田县的党代表由党员直接提名，通过竞争性选举，由所在选举单位的党员直接投票产生。

(3) 县委委员制。取消了县委常委会，由党代会选举产生的委员会代行其职能，在党代会闭会期间领导党的日常工作。书记办公会成为委员会的议事机构。实行委员制后，县委全会由“虚”变“实”，成为县级党代表大会的常设机构，领导全县党的日常工作，执行代表大会决议，对代表大会负责，接受代表大会监督。

(4) 重大事项表决制度。党的代表大会前，广泛征求党代表对会议议题和需要表决重大事项的意见建议；会议中，让党代表充分发表意见，对涉及全县长远性、根本性的重大事项，提交全体党代表进行投票或采取其他方式表决；闭会期间，对全县经济建设、党的建设、精神文明建设、干部任免等重要事项，由委员会民主决策。书记办公会在决策中起着酝酿议事和协调作用。

(5) 考核评议制度。全体党代表对县直机关部门的班子建设和整体形象进行考核投票。

按照评议制的要求，要把县委委员工作业绩的评判权交给党代表。按照委员会新的工作运行规则，每个委员都要向党代会提交述职报告，还要根据评议结果写出自查报告，交县委讨论；对委员考核分为考核投票和信任投票。

3．威海模式

（1）年会制和党代表常任制。

（2）评议监督制度。由党代表在年会上对市委、市纪委领导班子和市委委员进行评议监督，重点围绕思想政治素质、组织领导能力、工作作风、政策水平、工作实绩、廉洁自律等方面。在代表大会召开期间，党代表可以对市委、市纪委委员提出质询。

（3）工作通报及征求意见制度。市委每半年向代表通报一次工作情况，不定期地向代表通报中央、省委和市委的重要会议精神，以及涉及全市经济建设、社会发展、党的自身建设等方面的重大决策和重要部署。市委在做出重大决策前，采取多种形式征求代表的意见和建议。

（4）对代表的评议监督制度。每年由代表所在选区或所在基层党组织，在年度评议党员时对党代表进行评议。党代表要进行述职。对评议中不合格票超过30%的，进行组织谈话诫勉；超过50%的，责令辞去代表资格。

（二）三种模式述评

椒江模式、罗田模式和威海模式都实行了年会制、党代表常任制，这是实行党的代表大会常任制的基本内涵，但三种模式又各有特点和不足。

1．特点述评

椒江模式更加注重权力的制约。一是取消了常委会。党的领导机构变成了党的代表大会和委员会两个层次，代表大会成了真正的最高决策机关和监督机关，重大事情由年会决定，委员会成为名副其实的执行机关，领导党的日常工作，贯彻执行代表大会的决策。二是委员会委员人数减少，不设候补委员。这既避免了权力过分集中，又保证了集体领导的效率。三是形成了委员会新的领导方式、工作方法。委员会工作的日常事务，在委员会内以民主集中制原则进行决策，然后由有关部门和分管委员实施。这种做法，对于我们如何调整和理顺党代会、委员会和常委会之间的关系，提供了一种新思路。但由于打破了原有的“三会”权力运行模式，对原体制的冲击过大，不利于保持政治连续性。

罗田模式更加注重党内民主。一是实行了重大问题票决制。对领导干部任免、重大资金安排、经济社会发展重大决策事项，由全体委员采取无记名投票方式表决。二是实行了党代表直选制。实行了竞争性选举，党员直接选举党代表，改变了以往选举的民主程度不够的状况。同时，党代表候选人经过答辩、演讲等过程，有利于整体素质的提高。

威海模式一个最大的特点是实行市、县（市）、镇三级联动，在所辖的乳山市及该市的部分镇推行了党的代表大会常任制，并在镇级实行了党委班子由党代表直选制度。最大的亮点是，在党代表组成人员中，有来自农村和私营企业的代表，有的还成了市委委员，有一名外商独资企业的党员成了党代表。但威海模式没有从根本上解决现行党的代表大会制度民主程度不够高、权力运行机制不够科学等问题。

从总体上看，党的代表大会常任制试点工作开展得比较顺利，但随着工作的不断深入，新体制和旧的组织结构不协调、理论指导滞后等问题暴露得越来越明显，还存在一些问题。

2．存在的问题

（1）关于常任制的核心价值观问题。在试点工作中，对党代会常任制的认识和实践都存在着一些值得注意的问题。一些地方只是把常任制作为党委领导下发扬党内民主的一项具体工作,或然性很大;不少党组织对常任制的认识远没有达到最高决策机关和最高监督机关的境界,在实践上缺乏积极性和突破传统的权力过分集中体制的决心;在制度机制的设计和实践上,基本上囿于党内传统的权力格局,尤其是常任制的监督功能明显弱化。

(2) 关于设立党代会常设机关问题。实行党代表大会常任制后,党代会在闭会期间必须有一个组织载体,才能更好地发挥作用。从试点情况看,各单位都设立了类似党代表联络办公室之类的机构作为一种常设机关,这种做法的优点是避免增加新的职能机关,减少党务成本,符合精简高效的原则。但这个新设机关挂在党委的组织部门,实际上还在原来的组织体系内运作,很难体现最高领导机关的权威性。

(3) 关于党代会的代表问题。从试点情况看,有三个问题必须引起重视:第一,党代表人数过多。从实际操作的角度看,代表人数过多不利于深入讨论问题和审议议案,从而使民主受到限制。第二,在党代表中领导干部所占比例过大,普遍占到了70%以上。第三,党员代表产生的程序不规范,公开程度不够。党代表的产生,在基层党员和党组织推选候选人后,由党的领导机关进行“集中”,显得较为模糊,公开性和可监督性不够,有时往往成为领导人意志或领导机关内定方案的实现方式。

(4) 关于党代会与党委、纪委的关系问题。党代会常任制要解决的核心问题是党内权力结构问题,使党代会成为真正的党的权力机关、决策机关和监督机关。从试点情况看,在解决党代表个人行权层面、扩大党内民主层面,都有不小程度的改进,但在党代会、党委、纪委的职能划分上,基本没有触动原有的权力格局,党的委员会集决策、执行、监督于一身的状况没有得到改变。

(5) 关于党代会、全委会、人大会的议题重叠问题。每年召开一次党代会,对全局性工作进行部署,与接下来的党委全会、人大会的议题基本是一致的。从降低行政成本的角度讲,会议过多会造成严重的浪费。从宪政的角度看,党代会召开过频对人大会的权威是一种削弱。

四、对党的代表大会常任制的基本构想

以上分析说明现行党的代表大会制度在部分环节上已经不太适应改革开放的新形势。提高党的执政能力和领导水平迫切要求实行党的代表大会常任制。但这是党的政体的重大改革,必须慎重考虑,周密部署,逐步推行。

(一)实行党的代表大会常任制的路径选择

实行党的代表大会常任制,就是要确立党代会作为党内最高权力机关的地位,通过较长时期的改革,逐步建立起以党代会为权力中心的党内领导体制。

(1)党内权力逐步向全委会和党代会转移。改变实际运作中存在的常委会取代全委会、全委会取代党代会,党代会的权力集中在常委会特别是集中在少数主要领导手中的权力关系倒置、权力流失与改向的现象。党内权力逐步从常委会过渡到全委会和党代会,由党代会、全委会、常委会行使不同层次的决策权,过渡到党代会和全委会行使不同层次的决策权,取消党委常委会。

(2)逐步建立起在党代会领导下的决策权、执行权和监督权相互牵制的权力格局。党通过代表大会立法、决策、监督,实施统一领导,保证党的团结统一。建立党代会领导下的决策机关、执行机关和监督机关分设的领导体制,党代会履行决策权,全委会履行执行权,党代会和纪委履行不同层次上的监督权。

(3) 对党代会时间安排进行调整。由5年召开1次,改为每年召开1次全体代表大会,履行包括换届选举在内的党代会的一切职能。5年期

间每年召开1次代表会议，履行除选举之外的其他职能。

（二）党的代表大会常任制设计架构

1．建立竞争性选举制度

无论是现行的党的代表大会制度，还是党的代表大会常任制，都是一种代议式民主，党员是党的主体。这样一种民主形式，党员代表的产生是一个至关重要的问题。可以说，党代表的产生实质上直接涉及党代会常任制的合理性、合法性及其功能的发挥。党代表人选一般有两种情况：一种是现任党委班子成员，或拟进党委班子的人选，这种人选由党委指定分散到各选区选举，不占选区党代表的名额；另一种是分配到各选区的名额。不管哪一种情况，都必须严格按照产生党代表的程序，采取自下而上的方式由党员经过充分酝酿后选举产生。可以将广东省惠州市的“两上两下”法与湖北罗田市的平等竞选法融合到一起。占选区名额的代表的选举，先由支部党员大会推荐，报上级党委。上级党委根据推荐情况，结合组织考察情况，按照界别比例，研究确定人选名单，连同直接分配到各选区、不占选区代表名额的候选人选名单，在选区公示后进行正式选举。正式选举前，选举机构要向选举人介绍被选举人基本情况，被选举人要与选举人见面，并发表竞选演说。正式选举时，实行无记名投票。

实行竞争性选举最大的好处是保证代表的素质，党代表不是一种荣誉称号，而是要参政议政的，是要管大事、议大事的，只有高素质的或具有普遍代表性的代表才具备相当的参政议政能力。

2．调整权力机构的设置

党的代表大会常任制的核心是要维护党代会最高决策机关和最高监督机关的地位。所以，最重要的工作是对党内权力进行重新划分。这种划分应坚持三个原则：一是“护法”，即维护党代会的权威；二是限权，即不可使某一权力机构处于难以控制状态；三是顺政，使各权力机构相互牵制，但不能相互掣肘。关键要解决三个问题。

首先，必须设立党代会常设机构。如果没有行使权力的常设机构，最高领导机关的地位就有名无实。

其次，要削减党委的权力。目前的党委职权存在诸多弊端：一是权力过大。集决策权、执行权、监督权于一身（前文已有论述）。二是管理层次太多。全委会、常委会、书记办公会，整个党委整天忙于大量的事务，根本没有精力议大事、抓大事。三是决策不科学。书记办公会本不是一级议事机构，但现实中，只要是书记定下的事情，就基本上是最终的决策。再加上信息不畅通，就很难保证决策的科学性和合理性。

再次，要明确和强化纪委的职权。现在纪委在职权方面处于十分尴尬的地位。一是职权不明确。按照党章的规定，纪委是党内的专门监督机关，但党章同时又规定，纪委协助同级党委组织协调党风廉政建设和反腐败斗争。既然是协助，一方面表明无权作主，所有的工作都是建议性的；另一方面权力没有边界，“纪律检查是个筐，什么都可以往里装”。二是职权太弱。从目前情况看，纪委的工作手段是强硬的，比如“双规”、“双指”，令腐败分子闻风丧胆，但具体到个案（主要是指大要案），是否深查细究，对人的处理与否，纪委必须向同级党委汇报。三是职权不够实。比如纪委最主要的职能是保证党的路线方针政策在各地的贯彻落实，而这项工作本是各级党代会的工作，纪委监督起来不免乏力。

基于以上分析，笔者建议对各权力机构进行重新划分：设立党代会常务委员会，对党代会负责，向党代会报告工作，主持闭会期间党代

会的日常工作。取消党委常务委员会，全委会改称执行委员会，职能限定为党代会的执行机构，向党代会报告工作，设立书记处，负责协调执行党代会决议的执行工作。纪委机构不变，但职能作出调整，即专门监督全委会的执行工作，纪委原有职能进行重新划分：将政府监察部门的职能划分出去，将部分全局性的监督职能划归党代会，纪委要向党代会报告工作。

3．调整权力机构的职权

按照公共管理学观点，职权设定的原则是因职设权。按此原则，应对上述机构的职权进行调整。

（1）党代会的主要职权。在党章规定职权的基础上，增加以下内容：第一，讨论本地区范围内党的建设、经济和社会发展的重大问题并作出决议；第二，听取和审议党的路线方针政策在本地区范围内的贯彻执行情况；第三，听取和审议代表议案办理情况的报告；第四，听取和审议党代会常委会、全委会、纪委会的工作报告；第五，选举、增补和罢免党委委员、纪委委员；第六，对党委委员、纪委委员进行质询；第七，对领导班子和领导干部年度或任期工作进行考核和测评。

（2）党代会常务委员会的职权：第一，听取和审议重要决定、重大事项、重要人事任免、大额度资金使用情况（三重一大）；第二，组织对执行委员会和纪委年度工作进行评议；第三，对下级党政正职、党委政府部门主要负责同志的任免，提名党代会投票表决；第四，负责抓好本地党的建设的日常工作；第五，负责抓好本地各级班子和干部队伍建设的日常管理和考核工作。

（3）执行委员会的职权。执委会实行委员负责制，对照《中国共产党地方委员会工作条例》，对原有职权进行调整：第一，对贯彻落实党代会决议问题作出决策，并组织实施；第二，对本级各部门完成任务的情况进行评议认定；第三，听取和审议各委员工作情况汇报；第四，自觉接受党代会和纪委的监督。

（4）执委会书记处的职权。第一，主持执委会日常工作；第二，协调各委员开展工作；第三，对各委员和各部门工作进行考核；第四，对各委员的思想、作风、廉洁、勤政等情况进行监督；第五，定期听取主要项目、重点工程进展情况的通报。

（5）纪委的主要职权。除党章规定的职权外，增加三项内容：第一，自觉接受党代会的监督，接受党代会的评议；第二，对各级党组织和主要领导干部落实党风廉政建设责任制情况进行考核；第三，对执委会落实党代会决议情况进行监督检查。

4．与党代会、人大会、政协会的关系

党委在党内重大问题决策、重要干部任免前，应通过召开政协会等形式与政协委员、政协代表进行民主协商，发挥政协民主监督和参政议政职能；逐步改变目前政协过多地参与协商政府事务的现象，真正体现人民政协“政治协商”的职能，实现政协工作重点向参与党的建设、党的重大问题决策等参政议政职能的转移。党代会应将主要职能和职责定位在健全和完善党内民主、加强党内监督、改善党的领导上。党代会、人大会应各自按照宪法、法律和党章的要求，明确各自的职权范围，而不能越俎代庖，避免出现“以党代法”、“以党代政”的现象。

（作者：中国人民大学教授）

（选自《广州大学学报》2008年第7期）

创新体制机制，有效开展监督

中国社会科学院重大国情调研组

一、党员监督权利实现的重点、难点

党员权利包括知情权、参与权、选举权、监督权等一组具有内在紧密联系的权利集合，它贯穿于执政党的决策、执行、监督等诸项权利的运行过程中。切实保障党员的民主权利，特别是正确行使党员的监督权利，是发展党内民主的基础，也是衡量党内民主程度的重要尺度。紧扣党内权力运行，全面贯彻落实党员监督权利，在一定程度上能够推动党员其它诸项权利的有效实现。

针对当前党员监督普遍存在畏难情绪，监督盲点多、空当多，监督缺乏必要知情前提，缺乏必要的监督意识、监督责任和有效的机制保障，监督动力不足，因而使监督经常处于"弱监"、"虚监"、"空监"状态等弊端。中国社科院重大国情调研组在对津粤江浙沿海四地发达地区的党员同志进行问卷调查的基础上，提出了从激发党员监督权利实现的内在主体动力、营造公开透明的监督环境、建立党员监督的长效机制、瞄准重点对象构筑保障监督者权益的制度防线、搭建党员监督的实现平台等方面入手，积极营造条件，创新体制和工作机制，进一步贯彻落实党员监督权利，让党员更好地行使自身的权利，并有效地开展监督。

我们党历来高度重视党员监督权利，党员监督权利实现也取得了长足进步。但不可否认的是，目前仍然存在影响党员监督权利实现的诸多矛盾、问题和障碍，制约着党员监督权利发挥作用。

1．党员监督是党员权利的重要构成要素，是党内监督的主要形式之一。党员监督权利是党员权利体系构成中不可缺少的重要组成部分。党员监督权利是党员应当享有的一项重要民主权利，落实党员知情权、参与权和选举权最终都离不开监督权的实现。党员监督权是党内监督体系的有机组成部分，体现了党员直接作为监督主体，在党内权力运行过程及执政管理活动中发挥的监督制约作用。

2．党员监督的主要对象是监督决策权、监督执行权、监督监督权。党员监督的主要对象是党所拥有的决策权、执行权、监督权等权力运用重点环节，重点监督那些最容易出现问题的重点领域、重要部门和领导干部。加强对各级领导机关和领导干部的监督，实质就是要加强对党内权力运行中枢系统和权力资源密集岗位的监督。监督权利只有紧扣党的权力运行过程才能有效实现，党员监督权也由此可以具体分解为监督决策权、监督执行权、监督监督权。

不论是党代表会议的监督、党代表的监督、党的监督机构的监督，还是党员个人的监督，都要依法依纪，按照党的规章制度进行，而且监督的结果也要受到监督。

3. 实现党员监督权利的主要障碍。十六大以来，党内民主实践更加深入，党员行使监督权的形式呈多样化，出现交流式、评议式、提案式、研究式、举报式等多种方式，但是，党员监督权利的实现状况还不够理想，实现程度还远远不够，还存在不愿监督、不能监督、无法监督等障碍，主要表现在几个方面：一是对党员监督的地位和作用认识不足，真正贯彻落实时遇到的阻力较大；二是权利和权力关系上的结构性失衡，致使党员监督处于弱势状态；三是党务工作神秘化，监督缺乏必要知情前提；四是监督缺乏安全机制保障，制约了党员监督权利的实现；五是党员缺乏监督意识和监督责任，党员监督动力不足。妨碍党员监督权利实现的根源可归结为两大类：一是由于不分权、不让权、不放权，造成党员得不到监督权；二是由于施行程序、机制不当，造成党员监督权失效。

对于党员主观上缺乏监督意识和监督责任、监督内在动力不足的问题，应当具体分析。“不知监督”的党员中少数是由于缺乏民主知识和对有关党规不了解，还有相当一部分是由于不知情而无法监督，这都是思想教育和党务公开工作还不够扎实深入的表现；“不愿监督”在很大程度上是由于民主程序及监督机制设计还不够明晰化、人性化，让普通党员感到陌生深奥、无从入手，而惩治机制、反馈体系不健全则使得监督效果难以预期，这样，行使监督权既要额外付出很多精力和时间，又不一定产生实际作用，很多党员在权衡之下自然流露出畏难情绪、不愿意再去监督；“不敢监督”则是因为缺乏合理的监督程序和科学的监督保障制度，造成党员想监督但是顾虑重重，从而不得不放弃监督权。

二、党员监督权利实现的对策措施

1. 明确党员监督主体地位，提高党员的民主监督意识，将监督权返还给党员，改变监督主体缺位的局面，这是实现党员监督权利的首要环节。要明确“监督主体”地位，鼓励党员把参与党内监督当作责无旁贷的义务和不可剥夺的权利，不断提高党员的监督能力，增强党员在党内监督中的“主体意识”、“责任意识”，打破一些领导干部认识上存在的误区和对某些应当向党员所通报信息的封锁，摒除那些认为党员了解不了解、参与不参与、监督不监督关系不大，普通党员参政议事影响党内决策效率、影响政治稳定等错误认识，帮助党员坚持党性、坚定立场，充分行使参与党内监督的权利。除了思想教育和观念更新，构建科学合理的激励机制尤为重要。党员的监督意识、责任感、兴趣和参与能力往往需要在有效的制度实施实践中培养。例如，可结合党内三项重要制度的建立与完善，逐步建立征集党员意见的制度、以党员为主体的党内听证会制度、党内对话制度等，对党员意见表达的渠道、受理的时限、反馈的方式都要建立一套操作性强、行之有效的制度性规定，使党员的建议、倡议和意见等，能够顺畅地反映给党组织，调动党员履行监督权的主动性。

2. 推进党务公开，营造党内民主的浓厚气氛，疏通党员监督权利实现的渠道，消除党员监督工作的神秘感，是实现党员监督权利的必然要求和根本条件。要切实推进党务公开的制度建设，建立各级党组织定期或不定期通报党内重要情况的制度，党员或党代表查阅党内会议记录、文件制度，党内文件、材料保密期限及解密、公开、查询制度等。确保公开的时间与公开的内容相适应，提高党务工作的透明度。要公开党员领导干部购建房、办理婚丧喜庆事宜、子女出国学习、配偶和子女从业等个人重大事项报告的情况，拒收礼品礼金情况，出国（境）和跨省考察情况，执行公车使用管理规定情况，使用招待费、差旅费、电话费等情况；常规性党务工作也要定期公开，可根据实际情况每季度或半年公开一次；为民办实事进展情况、民主生活会情况等阶段性工作要逐段公开；干部考察预告、干部任前公示，发展党员等临时性工作要随时公开；对于重大或复杂问题，要根据公开后反馈的意见进一步完善，必要时再次公开。加大对“敏感问题”的公开力度，让党员更好地享有知情权，扎实搞好“三重一大”（重大决策、重要干部任免、重大项目安排和大额度资金使用）的公开，让党员清楚这些工作决策的来龙去脉，从而使他们在充分知情的基础上参与监督。

3．建立长效机制，设计合理严密的民主程序和制度，强化党员监督的质量和效果，避免监督短期化、“作秀”化、形式化。强化党员监督权利的质量和效果，建立实现党员监督权利的长效机制，关键在于党员监督权要实实在在地渗透到党员选择权、知情权、参与权中去，贯穿于党内民主决策、科学执行、有效监督等日常权力运行各重点环节中，依靠合理严密的民主程序加以落实。这样，党员监督就会与党的日常管理决策活动融为一体，长期发挥效能。建立积极的监督意见反馈机制也十分重要。对党员通过民主评议、实名举报等监督形式反映出来的意见、建议等，应当建立相关机制进行及时处理并适时予以反馈，在一定范围内通报处理进程、整改结果或进行解释说明。这样，一方面党员对自己行使监督权之后的党内监督处理工作进行动态监督，即“监督监督权”，让监督变得更有效；另一方面也会使其他潜在的监督者对监督有效性产生积极预期，从而激发他们的监督积极性。选好党代表，是建立党员监督长效机制、强化党员监督的质量和效果的重要途径。保障党员的选举权，其核心就是保障选举能够真正体现选举人的意志。

为此，除了要扩大选举比例、减少任命范围，扩大直接选举的层级和范围外，还应在选举投票的技术细节上加以改进，例如坚持秘密投票的原则，设立秘密写票间，不允许对划票人进行近距离拍照、录像，不允许用电子眼监控选举人的划票过程等，给选举人创造公平的选举环境。

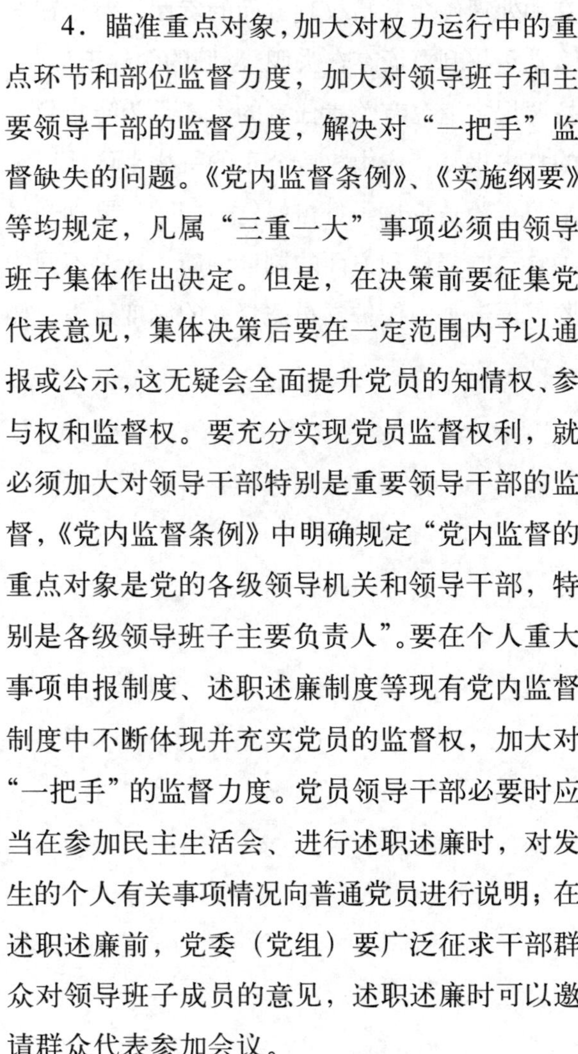

4．瞄准重点对象，加大对权力运行中的重点环节和部位监督力度，加大对领导班子和主要领导干部的监督力度，解决对“一把手”监督缺失的问题。《党内监督条例》、《实施纲要》等均规定，凡属“三重一大”事项必须由领导班子集体作出决定。但是，在决策前要征集党代表意见，集体决策后要在一定范围内予以通报或公示，这无疑会全面提升党员的知情权、参与权和监督权。要充分实现党员监督权利，就必须加大对领导干部特别是重要领导干部的监督，《党内监督条例》中明确规定“党内监督的重点对象是党的各级领导机关和领导干部，特别是各级领导班子主要负责人”。要在个人重大事项申报制度、述职述廉制度等现有党内监督制度中不断体现并充实党员的监督权，加大对“一把手”的监督力度。党员领导干部必要时应当在参加民主生活会、进行述职述廉时，对发生的个人有关事项情况向普通党员进行说明；在述职述廉前，党委（党组）要广泛征求干部群众对领导班子成员的意见，述职述廉时可以邀请群众代表参加会议。

5．建立预防打击报复的“防火墙”，健全党员监督权利的保障制度，消除党员监督的后顾之忧。

对于党员的批评、揭发、检举、控告以及提出的有关处分、罢免和撤换要求，党组织要按照规定及时予以处理并公开处理结果。党组织要建立健全保护揭发、检举人权益的制度，对揭发、检举人以及揭发、检举的内容严格保密，严禁将检举、控告材料转给被检举、被控告的组织和人员；严禁对揭发、检举人和控告人歧视、刁难、压制，或以各种形式进行打击报复。党的各级纪律检查机关要在同级党委和上级纪委的领导下，做好党员权利保障工作，受理有关党员权利保障方面的检举、揭发和申诉，检查和处理侵犯党员权利方面的案件。对于在保障党员权利方面存在失职、渎职的领导干部，要按照规定追究有关责任者的责任。为防止隐形的打击报复，应由权威公正的机构来依法认定某些行为是否属于打击报复。同时，要加强保护党员监督权利方面的制度创新，针对不同的监督渠道加强保护党员监督权的制度建设。要在举报的保密、奖惩和补偿方面形成有效的保护制度，建立健全保护揭发、检举人权益的制度。尽快出台《举报法》、《举报人风险保护法》等法律法规，加大对举报人和证人的保护力度。

6．注重基层监督，把党员监督权利深化到党员生活的各个层面，改变基层监督断层的局面。基层民主是社会主义民主政治建设最广泛的实践。在这个层面上，一般党员更能够从细节上对领导干部和基层组织进行监督，弥补监督机关、组织监督的盲点，扩大党员监督的覆盖面，保证党内监督的全面性。城市社区可以设置由小区离退休党员、人大代表、政协委员等义务担当的社区监督员（廉情监督员），监督小区内党员干部的不廉洁行为，党员领导干部不但在本单位述职述廉、还应当以居民身份在本社区述职述廉。行政村可以建立村级党员监督服务中心，搭建好党员行使监督权利的基层平台。

（选自《中国社会科学院院报》2008年8月28日）

积极稳妥地推进党务公开

徐松南

一、统一思想，充分认识和把握新的历史条件下推进党务公开的重要意义和工作原则

按照党的十七大精神，推进党务公开是党的一项组织制度。我们要深刻认识到，推进党务公开是发展党内民主、加强党的先进性建设的内在要求；是改进党的领导方式、提高党的执政能力的重要举措；是强化党内监督、建立健全惩治和预防腐败体系的重要环节；是密切党群关系、构建社会主义和谐社会的有效途径。推进党务公开，有利于提高党务工作的透明度，对于调动全党同志的积极性、主动性和创造性，全面推进党的建设新的伟大工程和中国特色社会主义伟大事业，具有十分重要的意义。

推进党务公开必须遵循的工作原则是：

——必须尊重党员主体地位。党员是党的肌体的细胞和党的行为主体。党员主体地位的实现程度是衡量党内民主发展程度和党务公开程度的重要标尺。党员的主体地位是通过党员的民主权利来实现的，同时，也要借助党务公开等有效平台。推进党务公开，是尊重党员主体地位、保障党员民主权利的重要载体。

——必须加强制度建设。实现党务公开的制度化和规范化，是党务公开走向成熟的关键。推进党务公开，必须把制度建设作为一项根本任务。按照党的十七大报告精神，一要完善民主讨论制度，营造党内不同意见充分发表、平等讨论的制度环境，鼓励和保护党员讲真话、讲心里话。二要完善民主决策制度，充分发挥集体的智慧和力量，保证广大党员和各级党组织经常性地参与党内决策，使党的各项决策在党内拥有最广泛的群众基础。三要完善民主选举制度，使党内选举更好地体现选举人的意志，保证选出为广大党员充分信任、对党和人民的事业高度负责的党的领导机关和领导干部。四要完善集体领导与个人分工负责相结合的制度，既反对和防止个人或少数人专断，又反对和防止分工不合作、班子软弱涣散。五要完善民主监督制度，保障广大党员和各级党组织有效行使监督权，使党的权力得到正确行使，推动党的事业健康发展。

——必须实行民主与集中相统一。我们党实行的民主集中制，是民主基础上的集中和集中指导下的民主相结合的制度。民主是正确集中的前提和基础，集中是民主的必然要求和归宿。推进党务公开，既要充分发扬党内民主，使各级党组织和广大党员的意愿得到充分表达，防止个人专断；又要加强在民主基础上的集中，统一思想认识，保持步调一致，防止出现极端民主化倾向。

——必须以党务公开带动政务公开、村务

公开、厂务公开、校务公开。我们党是执政党，党员的政治参与热情直接影响人民群众的政治参与热情，党内的和谐程度直接影响社会的和谐程度。因此，以党务公开带动政务公开、村务公开、厂务公开、校务公开，以增进党内和谐促进社会和谐，是建设中国特色社会主义民主政治的有效途径。

——必须从实际出发循序渐进。推进党务公开既是为经济社会发展总任务服务的，同时又受到经济社会发展总体水平的制约。因此，推进党务公开，既要积极推进，又要循序渐进。我们既要自觉适应广大党员民主意识普遍增强、了解和参与党内事务的愿望日益迫切的新情况，积极推进党务公开，又要从实际出发，而不能脱离实际，超越阶段。要立足当前、着眼长远，把自上而下的带动和自下而上的促进结合起来，有组织、有步骤地扎实推进。

二、突出重点，科学界定党务公开的内容和范围

在新的历史条件下推进党务公开，必须坚持从实际出发，针对不同地区、不同层次、不同单位的情况作出具体规定，真正使广大党员和群众满意。

一要进一步明确党务公开的主要内容。推进党务公开，应围绕以下内容进行：党中央和上级党组织要求公开的事项；本地本单位对党的路线方针政策和上级党组织决议决定及工作部署的贯彻落实情况；本级党组织研究制定的重要决议决定、政策、规定情况；干部选拔任用工作情况；党组织自身建设情况；领导干部廉洁自律和抓党风廉政建设情况；党员、群众关注的党组织研究决定的其他事项等。

二要切实保障党员民主权利。党章和党员权利保障条例明确规定了党员的民主权利，涉及民主参与、民主选举、民主决策、民主监督等方面。在这些权利面前，所有党员无论职务高低一律平等，任何组织和个人，都不得侵犯。从实践看，党内民主发展不够，很大程度上表现在党员权利保障不够。因此，推进党务公开，必须把保障党员民主权利作为基础。在推进党务公开中，既要不断拓宽党员了解党内事务的渠道，保障党员的知情权、参与权、选举权、被选举权和监督权，又要引导广大党员树立正确的主体意识，提高主体素质，增强发挥主体作用的能力。

三要大力营造民主讨论的环境。随着政务公开、村务公开、厂务公开、校务公开快速发展，广大党员对推进党务公开的要求日益迫切，也对推进党务公开提出了更高的要求。各级党组织要进一步扩大党务公开的范围，提高党务公开的质量。党内事务一般要在党内实行公开，进行民主讨论。各级党组织凡作出涉及人民群众切身利益的重要决策、决议，均应该面向社会公开，广泛听取各方面的意见、建议。对不涉及保密、已解密及党员群众关注的重要事项，也要视情况及时向党外公开，不断增强党组织工作的透明度，努力营造民主讨论的浓厚氛围。面向社会公开时，应坚持先党内后党外原则。

四要不断健全完善党务公开的工作机制。要建立重大事项集体决策制度，对涉及经济社会发展全局的重大事项，都必须在深入调查研究、广泛听取意见的基础上，由领导班子集体讨论，按照少数服从多数的原则决定。要建立社情民意反映制度，从制度上保证各级领导干部经常深入基层、深入群众了解真实情况。拓宽和畅通党员和人民群众参与决策的渠道，落实人民群众在决策中的知情权、建议权，自觉接受人民群众的监督。要建立重大事项专家咨询制度，对那些专业性、技术性较强的重大事项，要充分发挥专家学者的作用。同群众密切相关的重大事项要实行公示制度、听证制度，除涉及国家核心机密的事项外，决策过程均应向社会公开，决策执行结果均应接受群众检验。建立健全领导、专家、群众相结合的决策机制，充分尊重群众的首创精神，及时总结来自基层和实践的丰富经验，认真倾听各方面的意见。要积极实行党的代表大会代表任期制，使代表们在党代表大会闭会期间有效履行代表职责、行使代表权利。

三、注重实效，科学确定党务公开的方法、程序和形式

正确掌握党务公开的方法。党务公开一般可以确定为法定公开、主动公开、依申请公开三种方法。法定公开就是要做到凡属党内规定要求公开的内容，都要在适当范围内以适当方式予以公开。主动公开就是对本级党组织制定的、不涉及党和国家秘密的事项，主动予以公开。依申请公开就是对党员、群众要求公开的事项，经党组织研究认为可以公开的，在一定范围内以适当方式予以公开。

进一步规范党务公开的程序。要按照提出、审核、公开和反馈的基本程序办理党务公开。公开的内容、范围、形式由相关部门提出，党委指定的机构审核，重要事项由党委（党组）集体研究决定，需要报请上一级党组织审核的事项，要按照规定办理报批手续。有关重要决策事项在公开前，可以通过预先公开征求党内外意见，提高决策水平。凡确定公开的内容，都要以适当方式及时予以公开，并明确公开的时限要求，将常规性工作定期公开，阶段性工作逐段公开，紧急的事项及时公开，临时性工作随时公开，涉及群众切身利益的重大建设项目在决策前公开，广泛听取各方面意见，充分体现公开的经常性、动态性和及时性。

合理确定党务公开的形式。党务公开的具体形式要简便易行、灵活多样、方便群众、便于操作，根据不同的公开内容灵活确定。适合在一定范围的党组织内部公开的，主要通过党内会议、文件、通报、公示和设立文件查阅室等形式进行公开；适合对社会公开的，主要采取党务公开栏、电子触摸屏、新闻发布会以及电视、广播、报纸、互联网等形式进行公开。同时，要把党务公开与政务公开、厂务公开、校务公开、村务公开有机结合起来，一同部署、一同督促落实。

四、周密安排，切实加强对推进党务公开的组织领导

推进党务公开，要按照党委统一领导、党政齐抓共管、党的工作部门各负其责、党员群众广泛参与的总要求，建立健全推进党务公开的领导体制和工作机制，不断把党务公开工作引向深入。

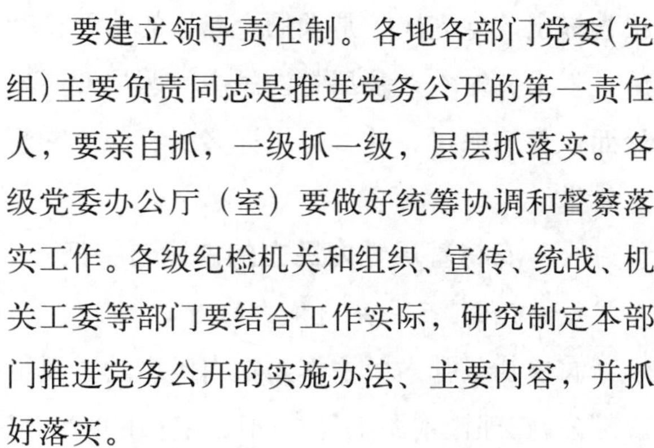

要建立领导责任制。各地各部门党委（党组）主要负责同志是推进党务公开的第一责任人，要亲自抓，一级抓一级，层层抓落实。各级党委办公厅（室）要做好统筹协调和督察落实工作。各级纪检机关和组织、宣传、统战、机关工委等部门要结合工作实际，研究制定本部门推进党务公开的实施办法、主要内容，并抓好落实。

要建立有效的监督考核机制。要把推进党务公开作为对各地各单位党政领导班子、领导干部目标管理考核和党风廉政建设责任制考核的重要内容，加强督促检查，量化考核标准，坚决避免形式主义和弄虚作假，确保党务公开取得实效。

要搞好舆论宣传。大力宣传推进党务公开的重大意义，宣传各级党组织推进党务公开的经验、成效，为推进党务公开营造良好的舆论氛围。

（作者：宁夏回族自治区党委常委、组织部部长）

（选自《党建研究》2008年第1期）

农村基层党内民主问题研究综述

赵金鹏　乔燕妮

农村基层党内民主问题是党内民主的重要内容。改革开放以来，特别是党的十六大政治报告提出“党内民主是党的生命”的重要论断后，学术界对农村基层党内民主问题展开了广泛而认真的探讨，并取得了许多很有价值的研究成果。

一、农村基层党内民主的内涵与特征

（一）农村基层党内民主的内涵

农村基层党内民主作为党内民主的重要组成部分，在理论本源上与党内民主存在共性，但是由于农村基层所处的特殊环境和地位，农村基层党内民主又表现出自身的个性和特色，有其特定的内涵。但是，由于学者们对农村基层党内民主探讨的角度不同，因而对农村基层党内民主内涵的认识也不一致。具体说来，主要有以下几种观点：

1．有的学者认为，农村基层党内民主的内涵与实质是，围绕农村党员应有的民主权利而发生的制度和机制建设的状态和过程，是党内民主的微观基石，是农村基层民主政治建设的重要组成部分。

2．有的学者则认为，农村基层党内民主，是指村党支部委员会（包括村党总支委员会或村党委会）的民主建设问题。

3．还有的学者认为：农村基层党内民主所关注的焦点是农村党员的主体权利，其关节点是制度与机制。认为农村党员的作用与效能如何，既依赖于基层党组织内部的民主运行状况，更依赖于党员自身权利的保障、维护和实现状况。但从实践来看，农村党员中普遍存在着主体权利缺失的问题。不首先从理论上关注这一问题，农村基层党内民主实践就会失去最基本的动力和源泉，农村基层党内民主建设就会沦为空谈。而农村基层党内民主制度就是农村基层党建制度和党政关系制度，“是社会主义制度体系的重要组成部分，是我国目前建设社会主义政治文明，深入进行社会主义民主政治体制改革的一个不可或缺的重要领域”。

（二）农村基层党内民主的特征

关于农村基层党内民主的特征问题，学者们分别从不同的角度进行了深刻细致的探讨，概括起来看，有以下6个特征：

1．直接性。学者们认为，直接性是新形势下农村基层党内民主的一个显著特征。因为农村基层党组织是党的路线、方针、政策在农村的宣传者和直接执行者，也是民情民意的直接接触者，农村基层党组织在一些民主环节如选举、决策、管理和监督中引入相应的原则和因素，使农村基层党组织的一切工作直接面对群众，并直接接受人民群众的监督，从而使农村基层党内民主体现出直接性特点。

2．自主性。学者们认为，自主性作为农村基层党内民主的特征，主要表现在两个方面：一方面，当前中国广大农民以各种形式参与了国家和社会事务的管理，他们的参与不再停留在过去参加某种政治运动的动员性参与上，而是已经达到了为了某种明确的目的进行自主性参与的水平。这反映在党员身上，表现为其主体意识不断得到强化，民主能力不断得到提高，从而为他们自主而有效地参与党内生活创造了条件。另一方面，从组织情况看，农村基层干部是贯彻执行党在农村各项方针政策的骨干，是团结带领广大农民脱贫致富奔小康、建设有中国特色社会主义新农村的带头人，这一定位为其法定范围内的自主活动预留了较为宽阔的行为空间。

3．利益诉求多样性。改革开放以来，农村经济的发展已呈多元化的发展趋势，集体经济、个体经济共同发展，农业、工业、加工业、服务业、养殖业齐头并进。而农村随着城市化进程的推进，基层民主政治的发展以及多种利益体的出现，组织管理呈现多元化的趋势。这种利益多元化的发展趋势渗透在基层党的建设和民主生活中，势必引起党员主体及其利益诉求的多样化。因此，理论上正视、实践中引导这种特点和趋势，是农村基层党内民主发展必须关注的问题。

4．参与形式多样性。学者们认为，从实际来看，许多农村基层党内参与已出现多样化趋势。比如，参与各种形式的党内投票活动、参与基层党内竞选活动、经由党的组织渠道进行不同形式的利益表达、参加政治学习和党内讨论、参与基层党内的监督和管理等。

5．相对滞后性。有学者认为，从现实情况来看，农村基层党内民主发展状况明显滞后于村民自治的民主水平，越来越不能适应农村基层民主政治的发展要求，原本应由党内民主带动和引导农村基层民主，但是农村基层党内民主却是在村民自治的促动下进行的，表现为一种滞后性。

6．结构呈现开放性。党内民主虽然是党内的政治生活，但其内在结构却呈现开放性态势，不仅容纳普通党员，而且也容纳广大群众。农村党内民主这种开放性态势将是执政党与民众沟通的一条重要渠道。它既能增强其对基层政务事务的参与感和积极性，又能进一步提升其对党的合法性的认同，对基层民主政治的认同。这种基层开放性的党内民主形式，是党内民主充满活力的要素，也是其承担带动和引导人民民主功能的关键所在。

二、发展农村基层党内民主的重要性

对于发展农村基层党内民主的重要性问题，学者们形成了一些共识，认为发展农村基层党内民主的重要性主要表现在以下几个方面：

1．发展农村基层党内民主，是改变农村民主意识、民主观念淡薄和党内民主建设落后现状的迫切要求。农村基层党内民主的发展直接地带动了基层党外民主的发展，进一步提高了广大村民的民主意识，增强了村民的参政议政能力。

2．发展农村基层党内民主，对于推动党内高层民主发展起着基础性和先导性作用。基层党内民主是发展党内民主的基础，是稳健推进党内民主这一系列工程的起点，农村基层党内民主的健康有序发展，对于探索通过"发展党内民主推动人民民主的发展"，带动和引导基层民主、社会民主、人民民主乃至中国特色社会主义民主政治建设都具有重要的理论意义和现实意义。

3．发展农村基层党内民主，对农村基层民

主政治建设具有重要的示范和导向作用。学者们认为，由于我们党处于执政地位，是全社会的表率，许多党员在农村党组织、政权机关和社会组织中担负领导工作，掌握着一定的权力，党内政治生活民主化对农村政治、经济和社会领域都会产生积极的重大影响。大力发扬党内民主，农村民主政治建设就有了可靠的基础，广大农民积极性、创造性的充分发挥就有了可靠的保障。所以，必须以党内民主的发展来带动农村基层民主政治建设的深入发展，以广大农村党员的榜样力量来领导和推动农村社会主义政治文明建设。发展农村基层党内民主，是农村基层民主政治建设的核心和灵魂，是推进农村基层民主政治建设的关键。

4．发展农村基层党内民主，对于推动“三农”问题的解决、加快农村奔小康进程、构建和谐农村、建设社会主义新农村具有重要作用与深远影响。学者们认为，中国共产党是中国现代化建设的领导核心，完善的党内民主将对社会民主产生示范和带动作用。乡镇党的委员会和村党支部是党在农村的基层组织，是党在农村全部工作和战斗力的基础，是乡镇、村各种组织和各项工作的领导核心，肩负着讨论决定本乡（村）经济建设和社会发展中的重大问题的重任。

5．发展农村基层党内民主，有利于推进农村党风廉政建设、密切党群干群关系，增强农村基层党组织的创造力、凝聚力和战斗力，提高党的执政能力，夯实党的执政基础。

三、发展农村基层党内民主过程中存在的主要问题及制约因素

改革开放30年，是我国农村经济社会发展最快的时期，也是农村党内民主发展最好的时期。但是，在发展农村基层党内民主的过程中，仍然存在一些不容忽视、需要加以改进和解决的问题。

（一）发展农村基层党内民主过程中存在的主要问题

学者们认为，从农村基层党内民主的现状看，虽然取得了显著的成绩，但无论从农村党员自身看，还是从农村党的干部看，或是从农村党组织看，在发展农村基层党内民主的过程中仍然存在着许多问题。概括起来看，主要表现在以下几个方面：

1．在农村党员方面存在的问题，主要表现在两个方面：一是农村党员普遍缺乏民主意识和民主观念，维护党员权利的意识不够。农村党员权利意识比较淡薄，大约有28%的农村党员没有参加过关于党的政策和理论问题的讨论；二是相当数量的农村党员缺乏平等意识和平等观念。

2．在农村党的干部方面存在的问题，主要表现在三个方面：一是部分村党支部和村委会干部思想守旧，“权大于法”、“官本位”思想严重，民主意识薄弱，民主作风欠缺，在生产和村务管理中，常常采用强迫命令和强制性行政手段。二是一些农村党的干部民主责任感不强，不敢坚持民主。害怕群众民主的思想，错误地认为一搞民主选举和村务公开，会容易出乱子，不利于对农民的管理和教育，不利于农村的稳定，结果造成群众同党和政府之间的对立。三是农村党的主要领导干部的民主表率作用发挥得不好。长期的执政环境使部分领导者片面地认为，党内生活中党员是接受管理、接受监督、接受指挥的对象，从而造成了党内民主生活的不正常，党员的积极性和主动性发挥不出来，影响了党的战斗力和吸引力。

3．在农村党组织方面存在的问题，主要表现为一些农村基层党组织对发展党内民主缺乏正确的认识，民主意识十分淡薄，党内政治生活极不正常。存在的问题主要有：一是有些党组织缺乏畅所欲言的民主氛围；二是有些党组织负

责人对党务、村务的重要决策，不经过充分酝酿和讨论，喜欢独断专行；三是有的基层党组织习惯于包揽一切，包办一切，搞强制命令，村委会形同虚设；四是缺乏监督制约机制，村务不公开，办事不公道。

4. 在农村基层党内民主制度和机制方面存在的问题，主要表现在两个方面：一是党内民主选举制度不完善，由于传统干部制度选拔方式单一，多为委任制，通常的做法是上级领导提名、组织考核、党委讨论任用。在强化党委“一元化”领导和“党管干部”的口号下，往往书记个人或少数人决定干部选拔，根本谈不上民主公开。二是党内民主监督制度不完备。党员权利保障措施不到位，监督往往是以无权监督有权、以弱势监督强势，监督主体软弱无力；党内监督虽然已经建立了一些制度，但还有盲点，有些地方监督不到位；监督保障机制不完善，有的监督人遭到打击报复；党内党外监督各自为政，影响了监督的整体效果等。

（二）发展农村基层党内民主过程中的制约因素

学者们认为，为了解决发展农村基层党内民主过程中存在的以上问题，必须认真寻找制约农村基层党内民主发展的因素。概括起来主要有以下几点：

一是深受封建残余思想的影响，小生产意识和观念仍然根深蒂固。学者们认为，“封建主义意识至今仍然可以在我们党员的思想观念中找到它们的印记，臣民观念、等级观念、权力依附观念以及封建家长制作风在我们党内仍然有一定的市场”，因而在发展党内民主和实行村民自治等方面存在着极大的抵触情绪和消极态度。

二是有的党员干部思想理论素质低下，对民主与集中问题、对党内民主与基层民主政治建设问题、对基层党组织领导和村民自治的相互关系等问题，缺乏最基本的认识，或缺少理性思考，凭个人的好恶办事，凭老经验、老办法办事。

三是农村党员中普遍存在文化水平低的现象，不能顺应时代发展的要求。许多干部对新事物、新知识的接受能力低，仍然习惯于过去旧的领导体制和领导方式，有的出于对自身权力保护的考虑，害怕民主，担心驾驭不了局面，害怕出乱子。

四是存在党不管党、治党不严的问题。有些党组织软弱涣散，纪律松弛，有的处于瘫痪半瘫痪状况，一些党员干部存在明显的违法违纪行为，在群众中威信很低，缺乏凝聚力和号召力，无论在党内选举或在村委会选举中都缺乏应有的竞争力，而主要依靠个人势力或家族势力、宗派势力维持现状，缺乏实施村民自治的政治环境和组织基础。

五是受生产经营方式变化的影响，农村实行家庭联产承包责任制以来，受市场经济自主性的影响，党内生活多少也染上了功利化色彩和自由主义倾向。

六是受党内错误斗争的消极影响。历史上我党在指导思想上犯了“左”的错误，对持不同意见的同志进行批判、压制和打击，使党员不敢讲真话，不敢提意见，不愿批评人，特别是在行使民主监督权利时，往往有危及自身安全的种种顾虑。

四、扩大和发展农村基层党内民主的对策

学者们积极地探讨了扩大和发展农村基层党内民主的对策和途径问题，并提出了许多具有理论价值和实践意义的观点。其中具有代表性的观点如下：

1. 扩大和发展农村基层党内民主，加强农村基层党组织的民主建设，必须提高党内民主主体的综合素质，要进一步强化党内民主意识。一是要对农村党员进行民主启蒙教育。不能把

这种教育当作一般的民主理论的学习，而是要针对实际运行中的错误规则和错误观念进行批评和清理，并以破除这些错误规则和错误观念为突破口，促进党内民主建设的发展。二是要把党员正确行使权利，作为学习贯彻党章活动的重要内容。通过学习，掌握正确行使权利的方法和途径。三是要健全党员权利保障机制，通过建立健全农村基层组织的党内民主程序和制度，切实保障农村党员享有党章法规规定的参与权、决策权、监督权、批评权、检举权等权利，充分发挥党员在党内民主活动和民主建设中的作用。

2．加强教育培训，努力提高农村党员干部队伍的素质和能力。要做好干部选拔的备用结合工作，加快发展农村优秀中青年入党步伐，抓好后备干部的选择培养工作，每个村宜保持2—3名后备干部常数，不断淘劣进优，确保农村基层组织的发展后劲，从而解决一些农村基层干部后继无人降格以求的问题。同时积极开展保持共产党员的先进性教育活动，提高农村基层组织队伍素质，完善和规范农村党支部书记选调制度。

3．农村党组织应进一步健全和完善基层民主政治制度，提高村级党组织领导社会主义新农村工作的规范化水平，发挥农村党组织协调农村社会的功能，积极稳妥地推进“管理民主”，建立健全农村党组织和基层政权村级组织协调运转、科学决策和民主监督的基层民主政治制度。从实践情况看，要从以下三个方面着手：一是必须建立健全村级组织科学决策机制。二是必须建立健全村级组织协调运转的工作机制。三是必须建立健全村级组织民主监督的工作机制。

4．为了使党组织内部的工作运行机制与党组织对村务领导机制和村民自治的要求相适应，目前应做好以下几方面工作：第一，完善党内选举制度，逐步废除基层党组织事实上存在的任命制。大力推行“公推直选”制度，用民主选举的方法把大多数党员群众不拥护的人淘汰出局，把大多数党员群众拥护的人选上领导岗位，把最优秀的人吸纳到党内或党的视野之中，确保党员干部的整体素质。第二，乡村两级党组织都要健全党内民主决策制度，加强对本乡、本村政治、经济和文化的研究，对涉及群众切身利益的重大问题，要依法提交乡人代会或村民代表会议讨论，由大多数群众说了算。第三，完善党内民主监督制度。健全党支部定期向党员大会报告工作的制度，健全党员民主评议，接受群众评议监督，对不合格的党员和党员领导要及时从党的队伍中清理出去，以保持党的先进性和组织性。

5．要推进农村基层党务村务双公开制度，实现管理上的民主，首先要提高认识。党的组织和领导干部要从巩固党的执政地位的高度，深刻认识党务、村务公开，推进党内民主的重要性。其次要建立和完善公开制度。要用制度规定应公开的内容、公开的范围、公开的程序、公开的监督、公开的责任认定。对所公开的事项，不但要公开结果，更为重要的是将理由、依据、程序、责任、时限等公开，不但包括成绩，也要包括失误，防止假公开、走形式。再次要采取有效形式。要通过向党员大会报告、设置公示栏和党建网、召开座谈会征求意见等方式，使公开形式不断丰富和创新。

6．应在村民自治的背景下正确处理农村党组织与村委会的关系，从制度上合理划分乡镇党委与乡镇政府、村党组织与村民自治组织的职权范围，尤其要明确农村党组织对村民自治所承担的“支持和保障”的责任及履行责任的方式，在制度化和操作性上保证二者关系的规范运作，使农村自治组织和基层党组织都要在法律制度范围内活动。一是要修改、细化《村民委员会组织法》、《中国共产党农村基层组织工作条例》及其他相关法律制度。二是要完善村党组织领导参与村民自治的方式、程序，健全村"两委"运作的系列工作制度，从制度上确保村党支部领导核心作用的发挥。要通过健全"三会一课"制度、党员议事制度、党内监督制度和支委联系群众制度等党内制度，规范党支部运作，增强党支部的战斗力。特别是要坚决推行村"两委"联席会议制度，对村里的重大决策，先由村党支部形成决议，然后提交支委和村委召开的联席会议讨论决定，通过后提交村民会议和村民代表大会表决。对资金管理和使用，要经村党支部同意后方能支付使用。

7．必须肃清封建政治文化残余的影响。首先，要建立一套科学的党内民主制度，进一步完善党规党法，实现党内生活民主化、制度化，并通过深化改革，逐步建立起一套系统的、操作性强的制度体系，使民主集中制的运行机制和操作程序科学化、制度化、规范化。其次，要加大用社会主义先进文化教育农村基层党员干部的力度，用社会主义先进文化武装基层党员干部的头脑。

五、促进农村基层党内民主发展的制度创新形式

近年来，在扩大和发展农村基层党内民主的实践过程中，全国不少地方为加强农村基层党内民主建设，围绕选举制度、监督制度、党务公开制度等创设出许多新的发展形式。对此，学者们也进行了深入的研究和系统的总结，认为近年来促进农村基层党内民主发展的创新制度主要涉及以下几种形式：

1．"公推直选"、"两推一选"、"两票制"：健全党内用人的群众公认机制

学者们认为，四川省平昌县所推行的"公推直选"是通过个人自荐、群众推荐、组织推荐相结合的办法公开报名，民主选举候选人，最后在党员大会上直接选举产生党委领导班子的一种选举方式。公推直选将干部选择权交到每一个党员手中，改变了权力的授予主体。直选带来了党委主要负责人角色意识的转变，使他们不再把责任取向仅仅对准上级，而是首先对准群众。村党支部换届选举实行"两推一选"，先由党员推荐、群众推荐确定候选人，再进行党内选举，改变了过去村支部选举由少数人选少数人，在少数人中选人的做法。这一方式有效地提高了村干部队伍的整体素质，扩大了党的群众基础，增强了村干部的责任感，是加强基层党组织建设的有效途径，是巩固党在农村执政基础、增强党的群众基础的重要保证，是深化农村基层民主政治建设的机制创新。

"两票制"就是在选举农村党委会的过程中，先由全体村民对本村现有党员投信任票，然后从得票超过半数的党员中提名村党委会候选人，召开党员大会正式投票选举村党支部组成人员。这实际上是群众投"信任票"确定党委会候选人，党员投"选举票"进行正式选举。"两票制"既体现了党章规定的基层党委会由党员大会民主选举产生的要求，又体现了农村基层党组织是全体村民的忠实代表，解决了村两委尤其是村党支部书记与村委会主任的代表性和权威性的差距问题。

2．"三评两考"：党员监督村干部工作的好制度

铁岭县实行的村干部"三评两考"制度，即每年由乡镇党政班子成员对各村党支部书记、村委会主任进行一次集中评议，由乡镇各组站长和其他村党支部书记和村委会主任对每位村党支部书记、村委会主任进行一次集中测评，尤其是由本村全体党员和村民代表对本村村级干部特别是村党支部书记、村委会主任进行一次测评；每年对村级干部进行一次理论业务考试和一次工作实绩考核。达不到任职资格条件的，按

有关程序实行降免；有一项或两项达不到任职资格条件的，提出诫勉。“三评两考”的结果，与村干部年末评先选优、工资奖金挂钩。学者们认为，通过实行此项制度，扭转了以往村干部工作中存在的“重上级认可、轻基层反映”的不良倾向，从而使村干部考核工作更加科学、合理、规范，受到广大党员、群众的普遍欢迎。

3．党务公示：推进农村党内民主的好形式

河北省定州市东旺镇李村店、东旺村所实行的党务公示制度，将党支部工作和党员行为定期或不定期向全体村民张榜公布，接受群众的监督。公示内容包括党务公示和党员行为公示两部分。党务公示有三类十项：一是支部工作公示。二是干部行为公示，包括村“两委”干部分工、干部出勤情况、任务完成情况、民主评议和奖惩情况。三是发展党员公示。公示的时间、程序都有明确的方案。党务公示极大地增强了党员身份感、责任感和荣誉感，使主动为群众做好事、办实事、解难事的风气蔚然形成，党员的威信得到很大提高。

4．“三联制度”、“民主恳谈”：拓展党群联系的好方法

学者们认为，为充分发挥党员、党组织和党代表在联系人民群众中的作用，一些地方推行了党委委员联系党代表、党代表联系党员、党员联系群众的“三联制度”。从实践来看，“三联制度”不仅把党委委员、党代表和党员之间的委托关系以制度化的形式确定下来，在党内民主中具有基础性作用，而且进一步整合了党内资源，建立健全了上情下达、下情上达和基层党组织、党员、群众反映意见的便捷通道，使党委在决策中能更多、更好地体现党员的意志和群众的意愿。

所谓“民主恳谈”，就是指由镇或村或部门的党组织主持(有相应的党政领导班子成员或村两委成员参与主持)、有广大群众和相关代表参加的、领导和群众之间相互沟通的活动。学者们认为，浙江温岭所创造的“民主恳谈”形式，把农村的基层民主建设推向一个新阶段，是基层民主建设的新探索，是党的群众路线在管理工作中的新发展，具有重要的理论和实践价值。

5．村“两委”联席会议制度：促进农村基层民主的好途径

所谓村“两委”联席会议制度，就是对村里的重大决策，先由村党支部形成决议，然后提交支委和村委召开的联席会议讨论决定，通过后提交村民会议和村民代表大会表决。学者们认为，通过这种形式，村的重大问题决策都要经过两委联席会议讨论决定，从而避免了个人说了算，避免了村两委以及党支部书记与村委会主任的决策冲突。

总之，通过建立以上制度形式，一是扩大了党内民主，使党员对基层党务工作由关注不多变为共同关心；对集体事务的态度由原来的事不关己变为积极参与；二是大大激发了他们当家作主的积极性和创造性，充分保障了基层党员行使知情权、参与权、决策权和监督权，从而促进了农村各项工作的开展；三是扩大了党的群众基础，使党委在决策中能更多、更好地体现党员的意志和群众的意愿。

（作者单位：山东工商学院学报编辑部）

（选自《当代世界与社会主义》2008年第4期）

对发展党内民主的若干思考

王一程

党内民主的现状

我们党一贯重视发扬和发展党内民主。因为发扬和发展党内民主，始终是我们党保持革命性和先进性，排除各种艰难险阻，克服各种错误倾向，战胜各种敌对势力，推动党的事业不断发展和前进，实现党的宗旨和奋斗目标的重要动力和组织保证。

我们有必要和有充分的理由肯定，尽管党也曾经历过一些曲折，但是，总的来说，我们的党内民主建设无论在理论上还是实践上，都是成功的和行之有效的，是随着党逐步壮大和成熟不断健全和完善的。其中有许多宝贵经验应该认真总结和坚持，也有一些深刻教训需要正确分析和记取。

进入21世纪初全面建设小康社会阶段，全党上下比以往更加关注和重视党内民主建设。一方面，这是由于我们党所处的国内外环境发生了重大而深刻的变化，党的自身建设和党领导的中国特色社会主义事业面对着一系列新情况、新问题、新矛盾提出的错综复杂的挑战。在这种形势下，要把中国特色社会主义事业继续推向前进，必须进一步解决提高党的领导水平和执政水平、提高拒腐防变和抵御风险能力这两大历史性课题。要成功地解决这两大课题，就需要在新的历史条件下通过进一步发扬和发展党内民主，坚持和健全党的民主集中制，提高党科学执政、民主执政、依法执政的能力。另一方面，是由于改革开放以来党内民主建设虽然不断有新的进展，但目前的现状与应对新挑战、完成新任务的要求仍存在较大差距，既面对着不少需要继续抓紧解决的老问题，也面临着不少需要引起高度重视切实解决的新问题。

据有关课题组在调研中发现，改革开放以来，特别是近十余年来，各级党组织在发扬党内民主、坚持和健全民主集中制方面与时俱进，做了大量工作，有不少新的建设性探索，并取得了一些成效。同时有许多同志认为，现在党内的民主不够、集中不够依然存在，但主要是民主不够。例如：

——保证各级党代会和党代表充分履行职责、行使民主权利的制度和机制不完备。

——要求党的各项工作严格遵守民主集中制原则、接受党内民主监督的文件、程序规则和具体条例不少，但流于形式，难以有效贯彻实施，重大决策和政策提法由个别领导或少数几个人说了算，家长制、一言堂的问题依然存在。

——各级领导和党政机关对事关群众日常切身利益和社会稳定的问题能比较注意听取群

众意见，但对涉及全党全国全民长远利益的重大理论和现实问题的决策，征求意见的范围则较窄，往往只重视和征求少数高层次领导干部、专家学者、民主党派和社会强势群体代表人士的意见，而大多数普通党员、党的基层干部、特别是工农群众和弱势群体中的党员则很少有向上级和高层领导充分反映真实情况和直接表达意见的机会。

——不少党员包括领导干部，在党的会议上不敢或不愿讲真话、心里话，却在会下随心所欲地发表议论。

——相当数量的基层党组织涣散，不按党章规定开展组织生活，形同虚设。大量脱离原单位、原居住地流动就业的党员游离于党组织之外，无法过组织生活。部分党员只关心自己的个人利益，不积极参与党内政治生活。

上述问题说明，在新的历史条件下，强调以发展党内民主为重点，坚持和健全党的民主集中制，进一步推进党内民主建设，是十分必要和正确的。

如何认识党内民主

如何认识党内民主，是一个关系到我们应发展什么样的党内民主和怎样发展党内民主的重要问题。近年来谈论党内民主问题的文章很多，认识有同有异。值得注意的是目前党内流行着如下一些观点：

——“党的民主性质，是指党的纲领，党的组织原则和党务活动，党与民众、社会、国家之间的关系，遵循自由、民主和平等的价值观念”。

——党内民主制度建设要“以‘天赋人权’、人人生而平等的理念为理论基础”，在设定组织目标时“把个人当作目的”，“充分考虑个体的要求、意愿，从而体现以人为本的精神”。

——党内民主不能脱离一般民主，推进党内民主建设，就要“破除政治领域姓‘资’姓‘社’的束缚”，敢于与世界上其他国家的民主理论沟通和接轨，如“对多党制背景下的党内民主做法，如西方政党的选举制度，也不应一概加以否定和排斥”。

——“对干部实行有竞争性的选举是党内民主的核心”，真正的选举过程是一个自下而上的民主过程，即候选人的产生，由选民推荐，候选人之间公开展开竞争，争取选民的支持，让选民选择，最后通过投票，获得多数票者当选。

在近30年世情、国情、党情都发生了深刻复杂变化的当前环境和背景下，党内外出现上述看法是一种正常和必然的现象。问题在于这些观点是否正确。

我们认为，要求我们的党内民主也应“遵循自由、民主和平等的价值观念”，“以‘天赋人权’、人人生而平等的理念为理论基础”；要求党“充分考虑个体的要求、意愿”，“把个人当作目的”而不是把“组织目标”作为“党的制度设计和价值追求的目标”；主张以有没有“真正的选举”、是否“对干部实行有竞争性的选举”作为党内民主的核心和判断标准等等，这些观点既不符合我们党的党内民主理论和党内民主性质，也不符合我们党发展党内民主的原则和目的。

民主是具体的、历史的，世界上从来不存在抽象的一般的民主，也不存在任何永恒不变、“普世”或“普适”的、绝对的民主模式。历史和现实生活中存在的各种民主，虽然在形式和内容上确有某些相同或相似之处，但都有其鲜明的阶级性、国家、民族和历史特点。西方的民主与我们的社会主义民主属于不同性质的民主，西方的政治制度与我国的政治制度存在本质区别，西方政党的民主性质和制度与我们党的民主性质和制度有着根本不同的实质、政治和社会功能。如果用西方的价值观，用西方的民主理念和政党模式来衡量、评价和要求我们的政治制度和党内民主，无疑会给党和国家带来灾难性的后果。

我们的党内民主是由我们党的阶级性质、历史使命和党员的党性和权利义务决定的。

党章对党的性质和历史使命的规定是：中国共产党是中国工人阶级的先锋队，同时也是中国人民和中华民族的先锋队。党的最高理想和最终目标是实现共产主义。党除了工人阶级和最广大人民群众的利益，没有自己特殊的利益。中国共产党人追求的共产主义最高理想，只有在社会主义社会充分发展和高度发达的基础上才能实现。我国正处于并将长期处于社会主义初级阶段。中国共产党在社会主义初级阶段的基本路线是：领导和团结全国各族人民，以经济建设为中心，坚持四项基本原则，坚持改革开放，自力更生，艰苦创业，为把我国建设成为富强、民主、文明的社会主义现代化国家而奋斗。

党章对党员的党性和权利义务的原则规定是：中国共产党党员是中国工人阶级的有共产主义觉悟的先锋战士。必须全心全意为人民服务，不惜牺牲个人的一切，为实现共产主义奋斗终身。中国共产党党员永远是劳动人民的普通一员。除了法律和政策规定范围内的个人利益以外，所有共产党员都不得谋求任何私利和特权。

党章的这些规定说明，我们的党内民主是以马克思主义为指导的无产阶级性质的民主。核心价值是尊重和实现广大党员在党内政治生活中的主人和主体地位。根本目的和功能是为中国工人阶级及其他劳动人民和全人类彻底解放的事业服务。

我们的党内民主基本内涵是：每个党员和党组织都有按党章规定的党性和党的奋斗目标，参与、决定和管理党内事务的义务和权利。所有党员在党章面前一律平等，在党内政治生活中一律平等。党员的权利包括行使表决权、选举权，有被选举权；在党的会议上有根据地批评党的任何组织和任何党员，向党负责地揭发、检举党的任何组织和任何党员违法乱纪的事实，要求处分违法乱纪的党员，要求罢免或撤换不称职的干部；对党的决议和政策如有不同意见，在坚决执行的前提下，可以声明保留，并且可以把自己的意见向党的上级组织直至中央提出。

我们党内的现实生活和部分党员、包括部分领导干部的现状，确实存在着不少与党的性质和党章规定不符的现象，而且有些现象十分严重。我们发展党内民主，正是为了通过进一步落实党章赋予各级党组织和广大党员的权利和义务，依靠各级党组织和广大党员充分履行自己的权利和义务，克服和消除各种与党的性质和党章规定不符的现象，从而保持党的先进性，提高党的执政能力，在新的历史条件下完成好自身作为工人阶级执政党的历史使命。

总之，充分依靠和调动全体党员的党性觉悟和主人翁责任感，发挥各级党组织和广大党员履行职责和权利义务的主动性、积极性和创造性，保证党的路线方针政策的制定、调整和执行的正确性，维护党的团结和统一，为完成党肩负的历史使命不懈奋斗，是我们党发展党内民主的真正目的和内容实质。

党内民主与民主集中制的关系

民主集中制是我们党的根本组织制度和领导制度，是民主基础上的集中和集中指导下的民主相结合的制度。以民主集中制为根本组织制度和领导制度，是我们党作为马克思主义政党区别于其他政党的显著标志和优势之一。但是，在如何认识党内民主与民主集中制的关系问题上，目前也存在一些观点分歧。如认为：

——民主集中制只是党内民主的一个重要内容。与民主集中制相区别，党内民主涵盖的内容更宽，是更基本、更重要的概念。

——讲党内民主就没有必要强调集中。因为民主并不是无政府主义，它本身就包含着权

威和集中。“有民主就会有集中，而有集中未必有民主”。

——“民主制组织原则与集中制的组织原则，是根本对立的”，“民主制与集中制的对立，实际是民主与专政的对立”，“民主集中制的实质只能是民主制，而不是集中制或专制”。民主制强调党员的民主权利，强调党的权力中心在党的代表大会；集中制强调领导的权力和意志，强调权力中心在领袖个人，或者在一个领袖集团，一个班子，如中央委员会和各级党委。

——党的民主制与民主集中制是一回事，发扬党内民主就是为更好地贯彻民主集中制原则。

我们认为，对发扬和发展党内民主与坚持和健全民主集中制的关系问题，有必要在全党统一认识。如果在这个问题上认识发生偏差，就会导致党内民主建设走入误区，危害党的团结统一，削弱党的凝聚力和战斗力。

我们党无论过去、现在和将来，都既需要党内民主，也需要党内集中。党内民主和党内集中缺一不可。没有党内民主，广大党员的党性、主人翁责任感、积极性、主动性和创造性就会窒息，党就会丧失生命力和发展动力；没有党内集中，广大党员的党性、主人翁责任感、积极性、主动性和创造性就发挥不出应有的作用，党就会失去战斗力和凝聚力，不能保持集中统一，以致四分五裂，一盘散沙。党内民主与党内集中的必要性和作用，正如邓小平同志的概括：“没有民主，就没有集中统一；没有集中统一，党就没有战斗力。我们党要永远保持集中统一。这样的党，才真正有战斗力。但是，只有在民主基础上，在充分发扬民主的基础上，才能够建立这样一个统一的党，有纪律的党，有战斗力的党。”

从保证党的路线方针政策的制定、调整、贯彻执行的正确性角度看，党内民主是反映和形成正确意见的基础和前提，党内集中是正确意见产生和发挥作用的途径和结果。党内政治生活的这两个方面既相区别又相联系，是相辅相成和内在统一的。没有民主，就没有正确意见的集中；没有正确意见的集中，就不能形成正确的路线方针政策，不能形成全党的统一意志。所谓正确意见，就是符合党性原则、党的宗旨和实现党的奋斗目标要求的意见。

从党的组织和领导制度建设的角度看，党内民主需要有制度保证，党内集中也需要有制度保证。在我们党的政治生活中，民主和集中是党的根本组织制度和领导制度不可分割的组成部分。它们之间并不是相互对立和排斥的关系，而是有机结合和辩证统一的关系。党的民主集中制就是实现党内民主原则和集中原则有机结合和辩证统一的制度保证。坚持和健全民主集中制，就是要继续完善我们党的这一根本组织制度和领导制度。

我们党在推进中国革命、建设和改革事业的历史进程中，根据不同历史时期客观形势和阶段性任务的不同特点和要求，有时需要突出强调集中的重要性，重点加强民主基础上的集中；有时需要突出强调民主的重要性，重点发展集中指导下的民主。以历史唯物主义的观点看，这种侧重大都属于可以理解的、具有一定历史必然性和合理性的正常现象，尽管其中也有因主观认识不符合客观实际、强调过头或做错了的情况。

但是，我们决不可以因为历史上有过民主过度或集中过度的失误，就否定民主集中制，而只要集中不要民主，或者只要民主不要集中；也不应把民主集中制同过去高度集中的计划经济体制等同起来，以计划经济体制变成市场经济体制为由，就主张取消民主集中制，甚至宣扬应允许“党组织实行自治”、允许建立不同派别进行合法竞争的党内机制和制度等错误观点；更不应鼓吹以西方“现代政党”的理念和多党制模式，取代我们党的民主集中制和共产党领导的多党合作和政治协商制度。

邓小平同志曾经指出，“民主集中制是党和国家的最根本的制度，也是我们传统的制度。坚持这个传统制度，并且使它更加完善起来，是十分重要的事情，是关系我们党和国家命运的事情。”“民主集中制执行得不好，党是可以变质的，国家也是可以变质的，社会主义也是可以变质的，干部也是可以变质的，个人也是可以变质的。”

推进党内民主建设需要面对和把握好的一个重要问题

针对各级党组织中依然较为普遍存在的“家长制”、“一言堂”，对领导班子、特别是一把手难以进行有效监督等突出问题，必须把继续努力克服封建专制主义的残余影响，作为加强党内民主思想教育和制度建设的一个重要方面。

同时必须看到，在对外开放和发展社会主义市场经济的条件下，我国的所有制和分配结构、阶级阶层结构发生了重大变化，形成了多元化的社会利益主体。不同的利益主体价值观不同，对民主的诉求也必然不同。近年来，主张个人利益至上、金钱至上，要求以个人的权利和自由为本位重构我国的政治和法律制度等错误观念，在一定范围内流行、泛滥，这种现象出现不是偶然的，还会在相当长一段时期继续存在。大量事实证明，国内外敌对势力正在不断加紧对我国意识形态领域进行西化和自由化思想渗透，境内的一些自由主义学者也在不遗余力地宣传、吹捧西方资本主义民主理念和制度模式及其所谓“普世价值”。这种情况反映到党内生活中，必然会对我们的党内民主理论和制度建设造成干扰，对其影响不可低估。

党内有的同志指出，“中国经历了两千多年的封建专制主义统治，而没有经历资产阶级民主的发展阶段，没有什么民主的传统，封建专制主义的影响根深蒂固”，“由于它根深蒂固，以至在共产党组织内，也难以避免”。这个问题确实存在，是推进党内民主建设、发展社会主义民主政治必须不断努力加以克服的问题。但又同时断言，“在我国实行资产阶级民主，既没有经济基础，也没有阶级基础”，“我国不存在资产阶级民主制度同社会主义民主制度的实际矛盾，只是思想认识和政治主张上的矛盾”，因而就对这一矛盾视而不见，并把认为需要警惕资产阶级民主理念和政治主张的影响和危害，斥之为是所谓“谈‘资’色变”。我们认为，这种说法并不符合当前思想政治领域的实际情况，也不符合东欧剧变、苏联解体的“前车之鉴”给我们提供的事实教训。

总之，发展中国共产党的党内民主，推进中国特色社会主义民主政治建设，必须坚持正确政治方向，既要不断克服和排除封建主义思想残余的影响，也要高度警惕和抵制西方资本主义思想通过各种渠道的干扰和渗透。强调这一问题，并不意味着我们不需要科学借鉴人类政治文明、包括西方政治文明的有益经验和做法；而是由于我们要发展社会主义民主，但在“思想认识和政治主张上”，国际国内都确有一些势力在极力诱导和鼓吹，企图让中国照搬西方资本主义的民主价值理念和制度模式，我们不能上他们的当！

（作者：中国社会科学院政治学研究所所长）

（选自《今日中国论坛》2008年第6期）

推进党内基层民主的十件事项

许耀桐

改革开放30年来，我们党在党内民主的制度建设和创新方面，已取得了显著的成就。在当前条件下，进一步发展和落实党内基层民主，应集中做好以下10件事项：

1．实行基层党组织的党务公开

发展党内基层民主有一个基本要求，就是赋予党员了解党内事务的权利，这必然要促使党务走向公开。《党章》规定："党的各级组织要按规定实行党务公开，使党员对党内事务有更多的了解和参与。"

在基层党组织实行党务公开，就是使基层党组织的所有事务让所有党员都知晓。应建立党内情况通报制度，情况通报的内容既包括一般情况通报，也包括重大情况通报。根据通报内容的不同性质和特点规定时限，一般性工作一个月或一个季度作一次情况通报，有重要性或紧急性的工作则迅即通报。党的各级组织把党内的工作和活动情况，尤其是重大情况，及时通报给全体党员，使党员对党组织各方面的情况有所知晓，并能保持密切的联系。党内情况通报，可以采取党的会议、文件、简报、资料以及网站等形式进行。应树立"基层党务必须透明"的理念，及时地将基层所有党务公开。

2．实行党内情况反映制度

如果说党务公开主要是组织方面所采取的行为的话，那么党内情况反映制度则可以包括党员个人向党组织的思想汇报和情况反映、党内思想倾向的反映、各项工作落实情况的汇报反映、党内作风方面的情况反映，以及党外人士和群众对党员、干部、党组织的意见、建议和要求方面的情况反映，还有社情民意的反映等。这一制度保证了基层党员群众在第一时间反映问题，提高了情况反映的效率。而且，建立健全充分反映党员意愿的党内情况反映制度，可以引导党员充分行使权利和履行义务，增强贯彻执行党内情况反映制度的积极性和主动性。

3．实行基层党组织重大事项的民主讨论

基层党务可分为常规事务和重大事项两种。常规事务是指那些经常重复出现的、性质非常相近的例行性事情，重大事项是指那些具有全局性、方向性和原则性等特点的需要决策的事情。一般来说，基层党组织内的常规事务可由基层党组织有关部门的领导、工作人员直接照章办事，事后通报大家即可。而涉及基层党组织内的重大事务，不但必须由领导班子按照民主集中制原则讨论决定，而且必须事先征求全体党员的意见，进行民主讨论。

搞好基层党组织重大事项的民主讨论，首先必须明确什么是“重大事项”。为此，基层党组织要把重大事项的范围搞清楚，列出一个“重大事项清单”，并确定下来。凡属列为基层党组织重大事项的由大家民主讨论，使民主讨论的合理意见能够成为决策时应考虑和吸纳的重要因素。

4．实行基层党组织领导班子的直接选举

《党章》规定：“党的各级领导机关，除它们派出的代表机关和在非党组织中的党组外，都由选举产生。”党的十七大报告已经明确指出，“逐步扩大基层党组织领导班子直接选举范围”。以往，基层党组织领导班子选举，多采用上级党组织经一定组织考察程序，形成了候选人名单，然后交由党员选举的方式。当前，应逐步改进和完善基层党内选举制度。第一，改进候选人提名方式，建立组织提名与党员或代表联名相结合的提名制度，推进候选人提名的制度化、规范化进程。第二，改进候选人介绍方式。候选人的介绍，分组织介绍和自我介绍两种方式。“组织介绍”，即由党组织进行人事安排的说明，对候选人的文化程度、知识水平、政治履历、以往政绩等方面进行详细、准确、适当的介绍和宣传。“自我介绍”，即试行候选人竞选方式，对竞选演说的范围、承诺内容及方式等作出详细的规定。通过竞选演说、接受质询与提问增进了解。建立候选人与选举人见面制度，由候选人采取发放书面材料、回答选举人疑问等方式，让党员或党员代表对候选人的参选目的、动机、施政纲领有充分的了解。第三，改进和完善党内选举程序。选举程序要设计得合理、规范和严格，有利于选举人意志的表达。在经民主程序产生合适的候选人名单后，正式提交全体党员进行直接选举，产生基层党组织领导班子。

5．实行基层党组织定期工作报告制度

《党章》规定：“党的各级委员会向同级的代表大会负责并报告工作。”党的十七大报告进一步指出，“地方各级党委常委会向委员会全体会议定期报告工作”。进行工作报告是党组织的一种重要工作方式，它涵盖党组织开展工作、进展情况、评价成绩、总结经验、找出问题、改进措施等内容。基层党组织定期作工作报告，使党组织找到了一种和党员建立密切联系的渠道，是加强党员和组织的联系与监督，凝聚党员之心、增强组织活力的重要方式。

实行基层党组织定期工作报告制度，目前主要应建立健全地方党委常委会向全委会负责和报告工作的制度。首先，建立健全定期召开全委会会议制度。凡涉及重大问题，都在充分论证基础上，通过召开全委会议讨论决定，并在全委会监督下实施。根据实际需要，适当增加全委会议次数。其次，改变过去全委会只听取报告、接受指令和任务、发言表态的单一内容和形式。常委会应向全委会报告工作，包括报告常委会及其成员廉政建设的情况，接受全委会的审议。应增加讨论、批评、建议、询问和质询等内容和形式，切实强化全委会的决策权、监督权和处置权。再次，建立健全全委会议议题双向提出制度、民主议事决策制度、全委会票决制度。还需要指出的是，对于“定期报告工作”的“定期”要求，要有确切的时间规定，并且规定下来后不能随意更改，应作为一个例行公事予以真正执行。

6．实行基层党组织领导班子民主测评制度

《党章》指出：“党在任何时候都把群众利益放在第一位，同群众同甘共苦，保持最密切的联系，不允许任何党员脱离群众，凌驾于群众之上。”基层党组织要保持同人民群众的密切联系，就要时刻倾听人民群众的呼声，接受人民群众的评判，就要经常了解在人民群众心目中

的威望高不高。为此，必须建立基层党组织领导班子民主测评制度。

民主测评包括民意测验和民主评议两种。民意测验是指由考核组根据考核内容列出评价项目和评价等次，制作民意测验表，由参加民意测验的人员填写评价意见，并由考核组回收民意测验表，对不同层次人员填写的民意测验票分别进行统计的办法。对基层党组织作出的重大决定、通过的政策措施以及领导人的工作业绩，定期展开规模调查、征求民意，是一件很有意义的事。老百姓的支持率和满意度，是基层党组织工作的一面镜子，是反映党的威信的晴雨表。开展民意测验工作，能发挥群众监督的广泛性、直接性的特殊效用，能及时给党和政府以警醒和激励。民主评议是指由考核组主持，组织一定范围内人员，采取召开小型座谈会或书面评议方式进行的考核、考察办法。

7．实行基层党的代表大会常任制和代表任期制

在党的八大上，邓小平代表中央正式提出了党代会常任制的问题。党的十七大报告重申，要完善党的代表大会制度，实行党的代表大会代表任期制，选择一些县（市、区）试行党代表大会常任制。

党的代表大会常任制度是指，党代表资格是常任的，任期与同级党的代表大会相同；党的代表大会实行年会制，是指党代表通过有组织有计划地参加党的代表大会及闭会期间的活动，在任期内始终发挥参与决策、监督、参谋和桥梁作用。党代表大会常任制，有利于保证党的全国代表大会和党的地方各级代表大会成为党的权力机关，而不是倒过来作为党委的陪衬。

实行党的代表大会常任制度，可以先从市、县级党的代表大会做起。当前，应在县（市、区）这一级试行党代表大会常任制和党的代表大会代表任期制。实行地方党代表大会常任制和党的代表大会代表任期制，可以很好地改进党代会、全委会和常委会这三会之间的关系。这是因为，地方党代会是地方党的最高领导机关，由它产生全委会，全委会再产生常委会。党代会、全委会、常委会之间构成一个委托授权的关系链，党代会的领导权力高于全委会和常委会。但由于党代会是五年才开一次，就“三会”的实际运作机制而言，被授权机构的权力大于授权机构，实际地位也高于授权机构。因此，只有实行党的代表大会常任制和党的代表大会代表任期制，才能健全党的地方各级全委会、常委会工作机制，才能从根本上推进基层党组织党内民主的发展。

8．实行基层党的代表大会代表提案制度以及代表提议的处理和回复制度

党代表提案，是指党代表就党的建设中的重大问题或人民群众关心的热点难点问题向代表提案审查委员会提出，请求列入党的代表大会会议议程的书面意见和建议。各级人民代表大会早就实行了代表提案制度，党代会也应参照实行这种制度。将代表提案制度引入各级党的代表大会，对于扩大党代表在最高决策机关中的民主权利，健全党代会决策机制，具有重要意义，是完全必要的。

对代表提案中所提出的各种提议、建议，各级党代表大会和党委要认真研究、处理。对涉及有关部门、单位的提议，各级党代表大会和党委要责成有关部门、单位及时处理，并加强督办；承办部门、单位要向同级地方党委报告处理结果。代表提议的处理情况，要以书面形式向代表作出认真负责的答复；一时难以解决或需要暂缓处理的，要向代表作出令人信服的说明。

9．实行基层领导干部职务任期制度

领导干部职务任期制，是指规定干部在领导职位的任职届（期）数和任职年限，任职期满后必须退出现岗位，转任其他职务或免去现任领导职务的制度。改革开放后，邓小平同志着眼于国家的长治久安，提出废除干部职务终身制。1982年9月党的十二大党章阐明，“党的各级领导干部，无论是由民主选举产生的，或是由领导机关任命的，他们的职务都不是终身的，都可以变动或解除”。

目前，一些地方存在党政领导干部任职无期限、届满不卸任的违反规定现象，严重影响和制约了干部的能上能下和工作积极性的发挥，已经成为干部人事制度改革中亟待解决的一个重点问题。为此，党的十六大报告指出，“实行党政领导干部职务任期制”。2006年出台的《党政领导干部职务任期暂行规定》明文规定，选任制领导职务实行任期制，包括地方各级党委、人大常委会、政府、政协、纪委领导班子成员、法院院长、检察院检察长等，在同一职位上连续任职累计达到两个任期10年，不再担任同一职务；担任同一层次领导职务累计达到15年的，不再担任同一层次领导职务。建立和实行党政领导职务任期制度，规范党政领导干部任职期限，加强任期管理，一方面既能够解决领导干部任职无期限、届满不卸任的问题，另一方面也能够解决干部调动频繁、届内不稳定的问题。这对实现干部能进能出、形成正常的新老交替机制、保持选任制干部届内稳定、增强领导班子整体活力，具有十分重要的意义。这一制度规定了干部在领导职位的任职届（期）数和任职年限，任职期满后必须退出现岗位、转任其他职务或免去现任领导职务，必须得到严格的贯彻执行。

10．实行对不称职的基层干部罢免或撤换制度

对不称职的干部实行罢免或撤换，是作为一种采取民主的办法解决执政党内干部更新淘汰的基本制度。其方法是由党员、党的代表大会代表或党的委员会成员，向党的组织或党的代表大会提出罢免或撤换不称职干部的动议，有关党组织或党的代表大会按程序受理并作出决定。罢免或撤换制度与现行的党内撤职、免职、调整工作岗位等制度的根本区别在于，它是自下而上的制约监督行为，而后者是一种自上而下的制约监督行为，即是上级或同级党组织对犯错误或不称职的干部作出的纪律处分或组织处理。

在党内生活中，由于缺乏自下而上的罢免或撤换制度，党员群众对一些不称职的基层干部忍无可忍而又无可奈何，长期下去势必使党员不再关心党内事务，游离于组织之外。实行党内罢免或撤换制度，将使党的地方各级领导干部置身于党员群众的监督之下。这对于调动党员群众的主人翁精神，让他们主动地参与对党的领导干部的评价，及时地行使罢免或撤换的权利，有着不可替代的积极作用。

（作者：国家行政学院科研部主任、教授）

（选自《前线》2008年第10期）

党的建设要适应农村经济社会的深刻变化

王友洛

胡锦涛总书记在2008年9月8日至10日考察河南期间发表的重要讲话中指出：要适应当前农村经济社会的深刻变化，坚持把党的执政能力建设和先进性建设作为主线，抓住在全党开展深入学习实践科学发展观活动的契机，以改革创新精神全面推进农村党的建设，不断提高党领导农村工作的水平。全面落实这一重要讲话精神，必须深刻把握当前农村经济社会的深刻变化对党的建设提出的新要求。

改革开放以来，我国农村正在发生由传统到现代、由计划经济到社会主义市场经济的历史性转变。这种历史性转变，使农村党的建设面临一系列新情况、新问题，对农村党的建设提出了新要求。能否深刻认识和把握这些新情况、新问题、新要求，关系到农村党的建设的着力点和创新方向。

大体说来，这些新情况、新问题、新要求，主要有以下几个方面：

一是农村党组织和村民关系的变化对党组织的职能作用提出的新要求。这种变化主要表现在：农民由以往依赖和受控于集体经济体制变成了拥有各种自主权的生产经营主体；而以党支部为核心的村级组织则失去了对集体经济资源的控制权，由以往的向农民分配即对农民的“予”变成了一度对农民的“取”，加上在行使公粮征交、税费收取、计划生育等政府行为时，一些村干部方法简单乃至粗暴，疏远了农民与村级组织的关系，导致农民对基层党组织向心力减弱，基层党组织对农民凝聚力降低。在税费改革乃至取消农业税以后，对农民的“取”受到了种种限制，却又因“无钱办事”而增加了村级组织开展工作、提供服务的难度。农村党组织和村民关系的这种变化，对党组织的职能作用和党对农村工作的领导提出了新要求。第一，把发展作为第一要务，把增加农民收入作为主要目标，通过充分发挥基层党组织和党员在带领群众增收致富中的“排头兵”和领头雁作用，满足农民想致富、快致富的迫切愿望，在加快发展中强化党组织的领导核心地位。第二，把提供服务作为主要职能，寓发展于为农民提供服务之中，通过为农民提供各种服务来达到加快发展、使农民增收的目标。第三，把提高凝聚力作为中心环节，从关心服务入手，凝聚党员；从转变作风入手，凝聚群众；从打造“阳光村务”入手，凝聚人心。第四，各级政府要加大对农村财政转移支付的力度，适当增加村干部的报酬，为农民提供更多的公共物品和公共服务。

二是农村经济结构和产业结构变化对党组织的设置形式和活动方式提出的新要求。随着农村市场化程度的不断加深，农村的经济结构和产业结构发生了重大变化。在经济落后，非农产业空白或较少的地方，一大批富余劳动力外出打工、经商，其中也包括了大量的农村干部和党员，这一方面造成了党组织对流动党员管理教育上的困难乃至失控，另一方面也使村官难选、干部难当、后继乏人的问题更加突出。在经济比较发达的地方，农业比重下降、工业比重上升，新兴种植业（如蔬菜、林果和特色经济作物）、养殖业、旅游业、观光农业等现代产业迅速发展。这一方面催生了许多不同类型的新经济实体和农民组织，形成了有各自不同特点的产业链条，另一方面也使党员的从业方式多样化、复杂化。不论是党员外出务工经商，还是从业方式多样化、复杂化，都对农村基层党组织的设置形式和活动方式提出了新的要求，即要求打破几十年一贯制的一村一支部的基层组织设置形式，由按农村党员自然居住地设置党支部，改为按“产业链”、“区域链”设置党组织，做到党员走到哪里，产业发展到哪里，哪里有资源整合的需要和要求，党组织就建到哪里，在哪里开展活动、发挥作用。

三是农村社会结构和利益格局变化对党组织处理复杂矛盾的能力提出的新要求。第一，着眼于最广泛最充分地调动一切积极因素，扩大党的工作的覆盖面，尤其要做好在不同利益群体、不同阶层的先进分子中发展党员的工作，使这些人站在党的立场上来做协调利益关系的工作。第二，坚持公平正义原则，妥善处理各方面的利益关系，尤其要关心贫弱群体的利益，通过各种途径改变他们的生存和生活状况。第三，提高社会整合和社会管理能力，认真排查矛盾，积极化解，依法调处，对有可能诱发群体性事件的问题，应及时控制，妥善处置。第四，发挥好党和政府与村民之间的桥梁纽带作用，使上情下达，下情上达，尤其要反映农村的真实状况，使党和政府及时了解、解决农民的困难和问题。

四是农村基层民主政治的发展对转变农村党的领导方式、工作方式提出的新要求。把过去以行政权为依托的领导方式、方法转换到民主的、法治的、服务的、示范的方式和方法上来。第一，要寓领导于不断研究提出供群众决策的涉及全村经济社会发展的重大意见之中，使群众感觉党组织总是在关心着、表达着他们的切身利益。第二，要寓领导于民主政治的实践之中，使群众感到党组织真心实意地支持他们当家作主。第三，要寓领导于服务之中，使群众感到党组织是能够给他们带来实惠的。第四，要寓领导于党员的先锋模范作用之中，使群众不仅感到党的正确，而且感到党的可亲可信，从而自觉自愿地跟党走。只有实现这样的转变，基层党组织和党员才能在市场经济和村民自治背景下紧密联系群众、不脱离群众、组织群众、宣传群众、代表群众，使党真正获得群众的拥戴。

总之，经过30年的改革开放，农村经济政治和社会生活各方面都发生了巨大变化，农村社会正处在深刻的转型过程之中，不仅不同于计划经济时期的农村，而且与10年前的农村也大不相同。如果不能适应经济社会的深刻变化而做到与时俱进，甚至把过去的思维方式、领导方式、工作方式乃至组织设置形式一成不变地搬到今天，不仅难以发挥好领导核心作用，甚至有丧失领导权的危险。

（作者单位：河南省社科院）

（选自《学习时报》2008年10月27日）

基层党建理论创新的最新成果和实践探索的经验总结

丁俊萍

党的十七大报告再次强调了基层党的建设在党的建设新的伟大工程中的重要地位，要求“全面巩固和发展先进性教育活动成果，着力加强基层党的建设”。

由于基层党的建设包括党员队伍建设和党的基层组织建设两个方面，所以党的十七大报告和《党章》关于基层党的建设方面的新思想、新观点和新要求，也主要集中在这两个方面。同时，科学发展观、党内基层民主建设的有关内容分别作为党的理论创新的最新成果和实践探索的经验总结，在十七大报告和《党章》中也有具体体现。

一

党的十七大将科学发展观写入党章，指出：十六大以来，党中央坚持以邓小平理论和“三个代表”重要思想为指导，根据新的发展要求，集中全党智慧，提出了以人为本、全面协调可持续发展的科学发展观。科学发展观是同马克思列宁主义、毛泽东思想、邓小平理论和“三个代表”重要思想既一脉相承又与时俱进的科学理论，是我国经济社会发展的重要指导方针，是发展中国特色社会主义必须坚持和贯彻的重大战略思想。

众所周知，科学发展观，第一要义是发展，核心是以人为本，基本要求是全面协调可持续，根本方法是统筹兼顾。党的十七大之所以将科学发展观写入党章，是因为科学发展观是党中央立足社会主义初级阶段基本国情，总结我国发展实践，借鉴国外发展经验，适应新的发展要求提出来的一个重大战略思想，是党建设中国特色社会主义重大战略思想的最新成果，是党执政新理念的集中体现，丰富了马克思主义关于社会主义发展的理论。以科学发展观为统领的一系列重大理论创新，表明我们党准确把握了当代中国社会发展的时代特点和基本规律，顺应了当代中国社会发展的内在要求，科学回答了当代中国向何处发展这一最核心问题，指明了解决当代中国社会发展和党自身发展遇到的前所未有的新问题的基本路径，有力地推动了十六大以来我国经济社会和各项事业的稳定健康快速发展。科学发展观在实践中发挥的重要指导作用已得到人们发自内心的拥护和信赖，得到了全党全社会的广泛认同，已经成为凝聚当代中国共产党人的思想理论旗帜。把科学发展观写进党章，不仅反映了全党和全国人民的共同心声，而且有利于全党同志增强贯彻落实科学发展观的自觉性和坚定性，进一步把思想统一到科学发展观上来，把全社会的发展积极性引导到科学发展上来，把科学发展观贯彻落实到经济社会发展的各个方面。科学发展观对包括基层党的建设在内的各项工作具有普遍指导意义。

党的十七大报告和党章对各级党组织和党员干部深入贯彻落实科学发展观提出了一系列具体要求，其中包括：在《党章》总纲党的建设必须实现的第一项基本要求中，增写了深入贯彻落实科学发展观的内容，强调从组织上保证党的基本理论、基本路线、基本纲领、基本经验的贯彻落实；在《党章》条文党员部分关于党员必须履行的第一项义务中，增写了学习科学发展观的内容；在《党章》条文党的干部部分关于党的各级领导干部必须具备的基本条件中，增写了带头贯彻落实科学发展观的内容；在《党章》条文党的基层组织部分关于基层组织的基本任务中，增写了组织党员学习科学发展观和法律知识的内容；在十七大报告党的建设部分提出的六个方面重大任务中，部署了在全党开展深入学习实践科学发展观活动，以提高党员、干部运用科学理论分析和解决实际问题的能力，使他们成为科学发展观的忠实执行者和社会和谐的积极促进者；在十七大报告党的建设部分提出的六个方面重大任务中，提出规范干部任用、提名制度，完善体现科学发展观和正确政绩观要求的干部考核评价体系，等等。

党的十七大要求各级党组织和党员、干部深入贯彻落实科学发展观，具有重大现实意义。因为深入贯彻落实科学发展观，必须有可靠的政治和组织保障，这就要求我们切实加强和改进党的建设，使党的工作和党的建设更加符合科学发展观的要求。对于党员、干部来讲，就要牢固树立科学发展观，着力转变不适应不符合科学发展观的思想观念，增强贯彻落实科学发展观的自觉性和坚定性，按照科学发展观的要求兢兢业业地干好工作；就要求各级领导干部把树立和落实科学发展观与坚持正确的政绩观紧密结合起来，坚持按照客观规律办事，实实在在地做出经得起实践、人民、历史检验的实绩。只有使党员、干部成为科学发展观的忠实执行者，才能为科学发展观的贯彻落实提供可靠保证。

二

党员是党组织的细胞。党员的质量直接关系到党的性质、宗旨和党的目标的实现。高素质的党员是党的先进性的重要体现。党的十七大对党员队伍建设的新思想、新论断、新要求，具体表现在党章条文关于党员必须履行的义务中，不仅增写了前文所述的学习科学发展观的内容，而且增写了带头实践社会主义荣辱观的内容。以“八荣八耻”为主要内容的社会主义荣辱观，是中华民族传统美德、优秀革命道德与时代精神的完美结合，反映了社会主义道德的基本要求，为在社会主义市场经济下判断行为得失、明辨善恶美丑、作出道德选择提供了基本准则。党是整个社会的表率，党员、干部的道德直接关系党的整体形象，深刻影响着人们的道德选择。这就必然要求党员、干部特别是领导干部要以身作则，率先垂范，做社会主义荣辱观的自觉实践者，用自己的模范言行引领社会风尚，引导整个社会广泛形成讲道德、重修养、尚清廉的良好风尚，推进社会整体道德水平的提高。

上述两条对党员义务所作的关于学习科学发展观和带头实践社会主义荣辱观的内容的适当补充，就使党章关于党员义务的规定更加符合加强党的执政能力建设和先进性建设的要求，更加符合党员长期受教育、永葆先进性的要求，

以利于广大党员保持先进性，更好地发挥先锋模范作用，从而真正“使党员真正成为牢记宗旨、心系群众的先进分子”。显然“牢记宗旨、心系群众”这八个字的目标定位，准确表达了共产党员作为工人阶级先锋队的先进分子的深刻内涵，集中体现了对党员的党性要求。加强新时期党员队伍建设，必须紧紧围绕这一目标去谋划、去推进。

党的干部是人民的公仆，也是党的事业的骨干。中国特色社会主义事业的发展，要求有一支高素质的干部队伍。党的十七大关于党的干部队伍建设方面的新思想、新论断、新要求，具体表现在党的十七大报告强调要规范干部任用、提名制度，完善体现科学发展观和正确政绩观要求的干部考核评价体系以及强调提高选人用人公信度方面。《党章》中党的干部部分增写了带头贯彻落实科学发展观的内容；把“在社会主义建设中艰苦创业，做出实绩”，修改为“在社会主义建设中艰苦创业，树立正确政绩观，做出经得起实践、人民、历史检验的实绩”；增写了加强道德修养的内容，等等。“这样修改，有利于树立正确的用人导向，促使各级领导干部增强贯彻落实科学发展观的自觉性和坚定性，加强党性修养和道德修养，脚踏实地为党和人民建功立业。”

党的十七大关于干部选拔工作要提高选人用人公信度，领导干部要做出经得起实践、人民、历史检验的实绩等思想和要求，突出强调的是群众观点和群众路线的问题，从根本上说就是在新的形势下干部工作走群众路线、坚持群众路线公认的问题。群众路线是我们党的根本工作路线，干部工作也必须走群众路线。选群众公认是执行党的路线并有政绩的人，是党在新时期选择任用干部必须坚持的根本标准。它是德才兼备原则的本质体现和具体化，是被实践证明惟一正确的标准。只有不折不扣地坚持这一标准，选人用人才能得到人民群众的认可和全社会的广泛认同。强调干部选拔工作要提高选人用人公信度，领导干部要做出经得起实践、人民、历史检验的实绩，就是把“群众公认”原则贯穿于干部选拔任用的全过程，扩大干部工作的民主性，提高选人用人的准确性。这对于坚持新时期干部选拔任用的根本标准，按照德才兼备、注重实际、群众公认原则选好人用好人，坚持正确用人导向，具有很强的现实针对性和重要意义。

三

党的基层组织是党的基本细胞，是党的组织基础，是党在社会基层组织中的战斗堡垒，也是党的全部工作和战斗力的基础。为了巩固和加强党执政的基础，更好地发挥党的基层组织的战斗堡垒作用，党的十七大对着力加强党的基层组织建设提出了一系列新思想、新论断和新要求。在《党章》中党的基层组织部分，把“社会团体、社会中介组织”的概念，改用“社会组织”的概念来表述，这就涵盖了包括新的社会组织在内的所有社会组织。“作这样的修改，有利于加大在新社会组织中建立党组织的工作力度，扩大党的工作覆盖面，增强党执政的群众基础和社会基础。”在党的基层组织的基本任务方面，主要是增加了组织党员学习科学发展观和法律知识的内容；增加了对党员进行服务的内容；增写了加强和改进流动党员管理的内容。这些新规定，有利于基层党组织完善功能、增强凝聚力和感召力，有利于党员流出地和流入地的基层党组织落实各自责任，形成管理合力。

与此同时，党的十七大也对党的基层组织建设任务提出了新的要求，其中主要是提出要把包括基层党组织领导班子在内的各级领导班子建设成为坚定贯彻党的理论和路线方针政策、善于领导科学发展的坚强领导集体，以加强领导班子执政能力建设影响和带动全党，使党的全部工作始终符合时代要求和人民期待；提出建立党员党性定期分析制度，以利于在党内生活中形成正确开展批评与自我批评的良好氛围，帮助党员自我教育、自我提高，始终不忘以党员标准和党员义务来对照自己，从而使党员的党性得到锤炼，素质不断提高；提出要构建党员联系和服务群众工作体系，从而集中表达了党的全心全意为人民服务的根本宗旨，生动诠释了科学发展观和党的先进性的真谛；提出要健全让党员经常受教育、永葆先进性的长效机制，进一步巩固和发展先进性教育活动成果，这体现了基层党的建设要常抓不懈，实现可持续发展的要求；提出加强和改进流动党员管理，加强进城务工人员中党的工作，建立健全城乡一体党员动态管理机制；提出要建立健全城乡党的基层组织互帮互助机制，这体现了全面建设小康社会、建设社会主义新农村的客观要求，有助于促进城乡一体化，推动城镇化进程；提出建立健全党内激励、关怀、帮扶机制，这既体现了对党员的严格要求，又体现了对党员的尊重关爱，是在党内生活中坚持以人为本的核心理念的生动反映，是激发党员积极性创造性、增强基层党组织凝聚力战斗力的重要举措；提出了提高发展党员质量，优化党员队伍结构，及时处置不合格党员的任务，要求要实行严格要求、严格管理、严格教育、严格监督，以不断提高党员队伍的整体素质，长久地保持党员队伍的先进性。

党的十七大在基层党的建设方面提出的建立“一个制度”——党员党性分析制度，构建“一个体系”——党员联系和服务群众工作体系，建立健全“四个机制”——让党员经常受教育、永葆先进性的长效机制，城乡一体党员动态管理机制，城乡党的基层组织互帮互助机制，以及党内激励、关怀、帮扶机制等等重大举措，是对党的建设实践经验的系统总结，表明了基层党建工作的制度创新，有利于从制度上和体制机制上巩固和发展保持共产党员先进性教育的成果，加强基层党的建设，真正把党的基层组织建成党在社会基层组织中的战斗堡垒，以利于巩固党执政的组织基础。

四

党的十七大对基层党组织的作用即功能定位方面，增加了富有时代特色的新内容，这就是“推动发展、服务群众、凝聚人心、促进和谐”。明确提出了要“充分发挥基层党组织推动发展、服务群众、凝聚人心、促进和谐的作用”。“推动发展、服务群众、凝聚人心、促进和谐”这十六个字，是十七大根据新的形势和任务对基层党组织功能定位的新表述，也是对发挥基层党组织战斗堡垒作用提出的新要求，具有鲜明的时代特色，对全面建设小康社会阶段基层党组织的建设具有重要指导意义。

如前所述，党的基层组织是党在社会基层组织中的战斗堡垒，是党的全部工作和战斗力的基础，当然也是当前贯彻落实科学发展观、构建社会主义和谐社会等重大战略思想的重要阵地。“推动发展、服务群众、凝聚人心、促进和谐”的新的功能定位，正是来自于对基层党组织肩负的贯彻落实科学发展观、构建社会主义和谐社会双重历史任务的准确判断和把握。

科学发展观的第一要义是发展。发展社会生产力，推动国家经济发展和社会进步，不断满足人民的物质文化生活需要，始终是一切执政党的中心任务。坚持聚精会神搞建设，一心一意谋发展，对于我国全面建设小康社会、加快推进社会主义现代化，具有决定性意义。深

入贯彻落实科学发展观，切实抓好发展这个党执政兴国的第一要务，推动经济社会全面协调可持续发展，始终是各级党组织和广大共产党员的神圣使命。基层党组织分布在社会各个领域的一线，肩负着贯彻落实科学发展观，把握发展规律，创新发展理念，转变发展方式，破解发展难题，促进当地经济又好又快发展的重任，责任尤为重大。

科学发展观的核心是以人为本。这里的以人为本，与中国共产党全心全意为人民服务的根本宗旨和立党为公、执政为民的本质要求是完全一致的。对于马克思主义政党来说，坚持立党为公、执政为民，实现好、维护好、发展好最广大人民的根本利益，通过充分发挥全体人民的积极性来发展先进生产力和先进文化，始终是最重要的。以人为本的人，指的是最广大人民群众。以人为本的本，就是根本，就是一切工作的出发点和落脚点。党的根基在人民、血脉在人民、力量在人民。基层党组织作为党联系群众的桥梁纽带和党的路线方针政策的宣传、执行、落实者，能否坚持全心全意为人民服务的根本宗旨，把党的惠民富民政策广施于民，让广大群众真正得实惠、见效益，是衡量基层党组织是否具有先进性的根本标志。

社会和谐、科学发展都是发展中国特色社会主义的基本要求。科学发展主要是从促进社会生产力的角度，强调发展的理念、模式、方法和路径要体现以人为本、全面协调可持续的要求；社会和谐则是从理顺生产关系的角度，通过协调统一人们之间利益和规避化解社会矛盾，使社会矛盾处在有利于社会发展的最佳状态。构建社会主义和谐社会、发展中国特色社会主义，首先要把全体人民最广泛地团结起来，把各方面力量最大限度地凝聚起来。而团结群众、动员群众、组织群众，正是基层党组织承担的重要职责。近年来，随着改革开放的深入扩大和社会主义市场经济体制的不断完善，我国城镇化和社会主义现代化进程加快，城乡社会管理体制剧烈变革，人们经济生活、社会生活和思想观念发生了深刻复杂的变化。在这种环境背景下，党的基层组织建设也遇到了一些新情况、新问题，面临着新的任务和新的挑战。一些农村基层党组织长期处于软弱涣散状态，对群众的凝聚力下降。国有企业改制，企业党组织发挥政治核心作用的机制还不健全。城市社区、新经济组织、新社会组织等领域党建工作明显滞后。这就迫切要求基层党组织以优化组织设置、扩大组织覆盖、创新活动方式等措施，进一步团结凝聚人心，巩固自己的阵地。

当前，我国改革正处在攻坚阶段，发展正处在关键时期，面临着经济体制深刻变革、社会结构深刻变动、利益格局深刻调整、思想观念深刻变化、贫富差距拉大、社会矛盾凸现等一系列困难，而基层又往往是许多利益关系和社会矛盾的汇集地区，这就使得基层党组织所面临的化解矛盾、促进和谐的任务更加艰巨。这种情况，客观上要求基层党组织切实承担起化解矛盾的责任，提高化解矛盾的能力，做好化解矛盾的工作。特别是要认真研究和把握新形势下群众工作的特点和规律，创新群众工作方式方法，教育引导群众以理性合法的形式表达利益诉求，解决利益矛盾，促进社会和谐。

此外，党的十七大还提出了尊重党员主体地位、保障党员民主权利、推进党务公开、营造党内民主讨论环境、探索扩大党内基层民主多种实现形式等任务和要求。这些对于发扬党内民主、增强党的活力，保持和发挥党的凝聚力、战斗力，对于促进和发展人民民主，都有着重要的意义。

（作者：武汉大学政治与公共管理学院教授、博士生导师）

（选自《理论学刊》2008年第2期）

开创基层党组织建设新局面

龙新南

一、要在落实党建工作责任制上有新举措

落实党建工作责任制，是全面推进党的建设新的伟大工程的重要保证。要采取有力措施，在各级党委尤其是主要负责同志中形成齐抓共管、真抓实干、常抓不懈、比学赶超的良好局面，落实好责任制，加大抓党的建设的力度。

实行各级党组织书记抓党的建设工作问责制。党建责任制能否落实，各级党组织书记责任重大。党组织书记不抓基层党建是失职，抓不好就是不称职。要坚持一把手抓、抓一把手，推进党建责任制落实。要结合领导干部年度考核或对抓基层党建工作进行专项考核，实行党组织书记抓基层党建工作问责制度，对党组织书记履行管党责任的情况进行严格考评，使党组织书记真正履行职责，始终把党的建设工作牢牢抓在手上。

健全抓党建工作的责任体系。要把地方党委、部门党组（党委）抓基层党建工作责任制向基层党组织延伸，全省乡村、街道社区、机关、国有企业、学校、各种事业单位和非公有制经济组织的基层党组织都要根据自身发展的要求及党员队伍的特点，建立党建工作责任制。做到目标明确、责任清楚、措施有力、奖惩分明，自上而下形成比较健全的抓基层党建工作责任体系。

完善抓党建工作责任制的考评办法。考核地方党委、部门（党组）落实责任制情况，要看其所属的基层党组织是否达到了组织坚强有力、党员作用突出、工作得到促进、人民群众满意的要求；考核基层党组织落实党建责任制情况，要看党员是否发挥先锋模范作用，能否在生产、工作、学习和生活中有效推动发展、服务群众、凝聚人心、促进和谐。要在考核党建工作责任制中引入基层和群众满意度测评的办法，以下看上，以基层和群众赞成不赞成、满意不满意，作为衡量各级党组织抓基层党建工作和党员发挥作用的基本指标。

二、要在提高党员队伍素质上有新举措

提高素质要实现新目标。要坚持不懈地用马克思主义中国化的最新成果武装广大党员，使广大党员始终保持思想上的先进性。要着力提高广大党员做实际工作的能力，使广大党员始终保持行为上的先进性，使农村党员成为掌握一技之长，带头和带领群众致富，加快推进新农村建设的先锋；使企业党员成为技能技术过硬，促进生产经营，推进企业和谐快速发展的先锋；使机关和事业单位的党员成为精通业务，提高工作效率，提供优质服务的先锋；使社区党员成为熟悉党的方针政策，掌握一定服务本领，密切联系群众，促进和谐社区建设的先锋。

教育培训要探索新方法。一要进一步强化党员教育培训的现代化手段，大力提高党员电化教育的利用效率，逐步扩大农村党员干部现代远程教育的覆盖面，积极开发网络教育阵地。二要依托各级各类教育机构、科研机构、经营生产机构等建立一批富有专业特色、学习和实践功能兼备的专业教育培训基地，组织党员按照个人需求开展个性化培训。三要强化实践性教育培训。扩大党员示范岗、示范户范围，拓展示范基地的功能，给党员选示范项目、定示范任务，让党员在干中学、学中练、练成之后作示范，通过示范服务使党员在实践中能力得到提升，在服务群众中先进性得到体现。

自我提高要形成新机制。要尊重党员的主体地位，强化党员的主体意识，激发党员自我提高、自我完善的自觉性和主动性。要认真执行党员定期进行党性分析和民主评议党员制度，把党员自我提高与完善党内组织生活有机统一，与严格考评有机统一，与检查督促有机统一。

改善结构要取得新进展。要加大在高知识群体特别是大学生中发展党员的力度，加大在生产工作一线优秀青年中发展党员的力度，增加青年党员的比例，解决一些基层党组织力量薄弱、战斗力不强的问题。要突出解决农村基层党组织后继无人的问题，下功夫在农村的优秀青年、致富能手特别是外出打工的青年农民中培养入党积极分子，成熟的及时发展入党，增强农村党组织的活力。要疏通“出口”，及时处置不合格党员，保持党的纯洁性和先进性。

三、要在构建党组织和党员联系服务群众工作体系上有新举措

要按照推动发展、服务群众、凝聚人心、促进和谐的总体要求，积极为党组织和党员发挥作用搭建平台，拓宽党组织和党员联系服务群众的领域和渠道，丰富党组织和党员联系服务群众的形式和手段，增强党组织和党员联系服务群众的能力和实效。

要以建立“党员服务区”为基本形式，搭建农村党组织和党员联系服务群众的平台。党组织要帮助党员根据自己的实际情况，联系若干农户，建立自己的服务区，在解决群众生产生活困难、提供致富信息、推广高新技术、加强精神文明建设、宣传党的方针政策等方面发挥模范带头作用。

要以“党员志愿者”为基本形式，搭建社区党组织和党员联系服务群众的平台。

要以“党员先锋岗”为基本形式，搭建企事业单位、党政机关党组织和党员联系服务群众的平台。

要以开展“三级联创”活动为主要措施，在各级党组织中深入开展“争先创优”活动，建立党组织和党员联系服务群众工作的激励机制。在抓好农村党的建设“三级联创”活动的基础上，把“三级联创”活动引入城市基层党建工作，形成城市区委、街道党工委、社区党组织系列，企业主管部门党委、企业党委、企业基层党支部系列，行业（部门）党委、单位党委、基层党支部系列，党政机关党（工）委、单位机关党委、基层党支部系列等“三级联创”系统，上下联动，争先创优，推动党组织和党员联系服务群众工作不断深入。

四、要在加强基层党组织领导班子建设上有新举措

要按照“把各级领导班子建设成为坚定贯彻党的理论和路线方针政策、善于领导科学发展的坚强的领导集体”的要求，突出抓好基层党组织领导班子建设，着力解决一些基层党组织软弱涣散的问题，增强党组织的创造力、凝聚力、战斗力。

完善选人机制，选好配强基层党组织领导

班子。要把群众公认作为选拔基层干部的重要标准，适度引入竞争机制，真正把作风过得硬、群众信得过、实绩突出、清正廉洁的干部及时选拔到基层党组织领导班子中来，尤其是要选好配强党组织主要负责人。并逐步建立基层党组织后备干部队伍。

要按照十七大推进党内基层民主建设的要求，遵循民主集中制原则，建立结构合理、配置科学、程序严密、制约有效的基层党组织班子运行机制，努力使每一名班子成员的作用以及班子的整体功能得到最大限度地发挥。要完善民主决策机制，健全基层党组织内部议事规则和民主决策程序，健全集体领导和个人分工相结合的制度，凡属重大事项要集体讨论决定，要广泛听取党员群众的意见，充分发挥集体的智慧和力量，既要反对和防止个人或少数人专断，又要反对和防止班子软弱涣散。要完善民主管理机制，把坚持党的领导、发扬民主和依法办事有机结合起来，扩大基层群众自治范围，完善职代会、村（居）民代表会议等制度，组织群众参与管理，维护群众合法权益，努力形成基层党内民主与基层民主相互配合、相互促进、共同发展的局面，提高基层党组织班子工作运行的民主化、规范化、科学化程度。要完善民主监督机制，尤其要坚持和完善村务公开、厂务公开、政务公开和党务公开等制度，坚持党员群众评议基层党组织班子及成员等活动，保障党员群众有效行使监督权，使基层党组织班子的权力得到正确行使和运用。

五、要在完善基层党建工作机制上有新举措

完善基层党组织设置优化调整机制。要适应当前组织形式和就业方式日趋多样化的形势，坚持有利于加强对党员教育管理、有利于发挥党的领导作用、有利于巩固党的执政地位的原则，不断完善与社会组织结构变革相适应的务实管用的基层党组织设置优化调整和扩大覆盖机制，切实做到哪里有群众，哪里就有党的工作；哪里有党员，哪里就有党的组织；哪里有党的组织，哪里就有健全的组织生活和坚强的战斗力。

完善城乡党组织互帮互助机制。要积极统筹和整合城乡党建工作资源，充分发挥城市党组织物质资源、党建工作信息相对丰富、党建工作相对规范的优势，组织城市基层党组织与农村基层党组织采取“一帮一”、“多帮一”、结对帮扶等形式，真正把城市基层党组织的工作经验、发展理念、生产技术以及管理人才带到农村，帮助农村基层党组织解决好实际困难，推动新农村建设。

完善党内激励、关怀、帮扶机制。要建立健全谈心谈话、走访慰问等制度，及时了解和掌握党员的思想动态和工作生活情况，把深入细致的思想工作和帮助党员切实解决生产生活实际问题有机结合起来，使党员感受到党组织“家”的温暖，增强党员的归属感和自豪感，增强党组织的凝聚力和向心力。要加强对贫困党员的帮扶，探索建立党员扶贫项目基金和贫困党员救助基金，根据困难党员的贫困原因，因人制宜，分类实施帮扶，确保帮扶取得实效。

完善党的基层组织开展工作的物质保障机制。落实十七大报告提出的“注重解决基层组织经费和活动场所等问题”，强化基层党组织开展工作的物质保障。要按照农村、社区、企业、机关、事业基层党组织各自的实际，探索建立财政投入、管理费列支、党费补充等多渠道保证基层党建工作正常运转的经常性投入机制，并随着地方经济发展以及网络化、信息化、科技化的发展，建立与之适应的基层党建工作经费补充机制，使基层党建工作手段和设施与现代化水平同步。

（作者：中共黑龙江省委常委、组织部长）

（选自《党建研究》2008年第4期）

积极探索非公企业党建工作新途径

中共湖北省委党校课题组

一、切实提高认识，进一步实现思想观念创新

切实提高对非公企业党建工作的认识，关键是要找到各级党组织、非公企业业主、党员和员工等各个相关方面对这一认识上的结合点：一是目标的结合点。非公企业要求自身可持续地快速发展与我们党建设中国特色社会主义的总体布局特别是以经济建设为中心的方针是一致的。二是利益的结合点。非公企业业主和员工都希望企业取得最佳经济效益，业主能够把企业做大做强，员工可以获得更多工资收入。三是资源的结合点。企业需要员工借助党的多种资源发展自身，党的建设要依托企业的各种资源夯实基础。四是人才的结合点。党员中所具备较高政治素质和业务技术素质的人才，同时也是企业不可或缺的管理和技术骨干。五是管理的结合点。企业管理与党务工作常常相互兼容，而且党组织开展活动有助于企业管理水平和效益的提高。只有充分认识并把握这些结合点，才能使非公企业党建工作同时成为各级党组织、非公企业业主、党员和员工的自觉行为，达成企业发展与党建工作相统一的共识、党建目标与党建效果相统一的共识、党建工作与经济建设和社会和谐发展相统一的共识，从而使党建工作与企业生产经营目标同向、思想同心、工作同步。

二、优化组织设置，进一步实现组织工作创新

1．要重点突出，率先做好规模以上非公企业党组织的组建工作。在每一个企业建立党组织有较大难度。一些企业即使建立了党组织，也因党员经常处于变化之中，党组织很难巩固和发展。因此，要认真领会胡锦涛同志在2007年4月4日中组部《关于2006年在规模以上非公有制企业组建党组织工作情况的报告》上所作的重要批示，在抓好组建党组织工作时，重点先放在规模以上企业党组织的组建上。非公企业中党组织职能不同于国有企业，机构设置自然也应有所区别。目前国有企业党的组织机构设置仍有较强的对应性，特别是国有大中型企业，对应性更强。一般一个企业实体，设立一个组织，大的企业多层次设置党的组织。在非公企业设立党的组织不宜作对应性设置要求，至少现在不宜强行要求。在非公企业党组织组建工作中，应当从实际出发，坚持以规模以上为重点，可以先大（中）后小，抓大（中）联小，在大中型企业中尽力建立党组织，对众多小企业（流动性多的企业），可通过园区、市场、中心、楼宇、社区等党组织把党员组织起来，联系积极分子，进而对众多的企业、社会组织扩大影响力、吸引力、凝聚力。这种“多元载体建党方式”无疑是对传统的“单位建党”模式的突破，是市场经济条件下党员管理机制的创新。对分散在各个规模不等企业且流动性较大的党员，应该采取实事求是的态度和灵活有效的方式进行管理。实践证明，流动党员“多元载体建党方式”具有生命力，就在于它不仅提供了一种操作性强的具体模式，而且在于这种模式能够成为与“单位建党”模式相得益彰、并驾齐驱的建党模式。它是在坚持“支部建在非公有制组织中”的前提下，更能回应非公企业党员具有结构复杂，流动性大，分布面广等特点，更能体现“就近管理，方便灵活，理顺关系，不留空白”的原则，加快扩大党组织覆盖面的建党目标。

2．要因地制宜，确立非公企业党组织干部的任职方式。可以采取专职化与兼职化相结合，以兼职化为主的方式。非公企业除自愿外，在政策指导下，一般不宜作专职化的要求。兼职化应成为主要导向，即党组织的各项工作由构成该组织的成员兼任。

三、丰富活动形式，进一步实现活动方式创新

非公企业党组织要树立“围绕经济抓党建，抓好党建促发展”的指导思想，把着眼点放在支持和促进非公企业发展上来，寓党建于企业经营、管理和企业文化建设之中，使企业主切实感受到党建工作对企业的好处，从而自觉地接受并支持党在企业的建设工作。

1．要努力破解党组织活动方式的难题。要从非公企业生产经营活动的特点和规律出发，以有利于严格党内生活，有利于党员教育和管理，有利于服务党员，有利于企业的健康发展为宗旨，坚持务实的原则而展开。树立党员的主人翁意识，在物质方面，党组织要关心和爱护党员，依托上级党委和政府解决涉及党员切身利益的各种实际问题，帮助他们排忧解难。在精神方面，党组织要及时了解党员的思想动态和客观诉求，努力满足党员政治追求、思想进步、文化学习、技能培训等方面的合理需求。在教育和管理党员方面，党的“三会一课”等传统方式既要坚持，又要改革，变板着面孔的说教为讨论式、演讲式、知识竞赛式、参观考察式等多样形式，使党员既喜闻乐见又寓教于乐。党员活动还要同生产经营、文化建设、群众工作相结合。

2．丰富和拓展党组织活动内涵。首先，非公企业党组织要积极组织党员向企业建言献策，提合理化建议，对提出建议得到采纳的党员要给予物质和精神奖励，以此促进企业科学决策、健康发展。其次，要教育引导广大党员加强学习，提高素质和工作能力，多向党员提供业务技能培训的机会，努力把党员都培养成企业各方面的优秀人才，同时重视把非党员中的技术能人培养成党员，从而夯实党员在生产经营中发挥骨干和带头作用的基础。再次，党组织要紧密依靠工会组织、共青团等群团组织，在依法维护企业主正当利益和职工合法权益上积极发挥作用。在各种群众组织中，发挥工会作用尤其重要。在一些尚不具备建立党组织的企业，要先以工会组织为载体，发挥其在职工维权中的作用。

四、理顺管理关系，进一步实现体制机制创新

各级党委应切实承担起加强非公企业党建工作的领导责任，建立党委统一领导，组织部门牵头负责和协调，统战部门等各相关部门积极参与的机制。按照“以块为主，条块结合”和“管党和管事相结合”的原则，理顺非公企业党组织的隶属关系。通过建立非公企业党建工作

联席会议，完善非公企业党建工作信息网络化的制度安排，实现各相关部门积极介入、定期沟通，及时掌握党员增减等党建工作情况、加强指导和协调的工作机制，形成“党委领导、统战介入、行政支持、条块联动、网络覆盖”的指导非公企业党建工作的新格局。本着便于领导、有利工作、不重管、不漏管、属地管理为主的原则，从企业的实际出发，从有利于党组织的建立、开展活动、党员管理和业务指导的目的出发，因地制宜地明确隶属关系。实行属地管理和归口管理相结合，非公企业党组织原则上实行属地管理，由所在地党组织领导。原挂靠部门管理的非公企业党组织或国有、集体企业转制为非公企业的党组织，可由归口业务主管部门建立党组织。隶属主管部门党组织管理，单位党组织和业主愿隶属当地党委管理的，可隶属当地党委管理，有的企业、市场愿意挂靠个私协会和工商联党组织管理的，也可以隶属这些单位的党组织管理。为利于统一协调和管理个体行业协会党组织，其党组织可由上级个体行业协会党组织管理。企业跨地域设立分支机构的，其分支机构党组织原则上由所在地党组织领导。在具体管理体制上，一是推行党支部——基层党委——上级党委组织部门的党内纵向管理制度。二是部门通力合作，加强对非公有制经济组织党员的横向管理。统战部门要积极介入非公企业党建工作，充分发挥党的统战优势，工商、税务、环保、技监、劳动、计生等部门应形成合力，切实履行职责，参与管理。与此同时，还要不断增加对非公企业组织管理经费的投入，以便保障非公企业组织管理的工作开展。

五、找准着力支点，进一步实现工作内容创新

民营企业党组织的工作切入点和着力点主要是：积极参与企业的改革和生产经营，积极主动地提出意见和建议，用“团结、帮助、引导、教育”的方式方法，纠正企业主的不良倾向，使他们懂得“财聚人散”与“财散人聚”的辩证法，做到劳资两利，成为合格的社会主义建设者。在具体工作中，党组织通过工会、妇联、共青团的工作，能够积极维护企业职工的劳动、生活和民主权益，切实保障工人的劳动报酬，保障工人参与企业生产管理的民主权利，改善和提高工人的劳动环境和生活条件，在工人遇到困难时能够得到党组织的关心和帮助。如果做到了这些，党组织就会成为企业不可或缺的一支政治力量，就能够起到政治核心的作用。

“维权”活动是党组织发挥战斗堡垒作用和党员发挥先锋模范作用的重要体现。要把维护企业诸方合法权益作为工作的重点，认真抓好落实。为此，一要宣传贯彻党的路线方针政策，维护国家和社会利益，防止和制止制假售假、偷税漏税、破坏环境等不法行为的发生，引导企业走正道。二要按照有关法律的规定，维护广大职工群众的合法权益，尤其是对雇佣童工、擅自延长劳动时间、拖欠克扣职工工资、随意打骂开除工人、恶化劳动条件、漠视劳动保护等违法违规行为予以抵制和反对。三是依法维护业主和企业的合法权益不受侵犯，如财产所有权、生产经营指挥权以及政治权利、人身安全等，而且要把争取业主的理解和支持作为重点来突破。四是搞好协调服务，协调企业与政府各职能部门的关系，减少障碍和阻力，为非公经济的发展营造良好的外部环境；支持企业抵制各种乱收费、乱摊派、乱罚款，减轻企业负担，为非公经济发展撑腰壮胆；在资金、项目、技术、市场信息等方面为企业出主意、想办法，帮助解决非公经济发展中的具体困难。

（选自《政策》2008年第6期）

以基层党建改革创新带动农村经济发展

徐建华

近年来，广东省韶关市积极探索促进农村基层党建与经济工作紧密结合的有效途径，进一步深化农村党的建设“三级联创”活动，广泛推广“支部加协会”组织模式，在实践中取得了党的建设与经济发展同步推进的良好效果。

建立利益机制促进增产增收

推进农业产业化经营，实现农民增产增收，必须提高农民进入市场的组织化程度。2004年6月，韶关市开始探索实践“支部加协会”组织模式，在乳源县必背镇“养猪营销专业协会”成立党支部，之后在总结提升经验的基础上，结合开展“三级联创”活动和先进性教育活动，逐步将这一模式在全市范围内推广。各县(市、区)紧密结合本地实际，按照“入会自愿、退会自由、利益共享、风险共担”的原则，积极引导农村致富能手牵头成立各种专业协会，为广大种养农户提供资金、技术、信息、销售等服务，形成支部、协会、农户联合体，提高了产业的组织化程度，有效地促进了农民增产增收。

协会党支部在推动协会发展过程中，注重突出农民在协会中的主体地位，做到出谋划策而不直接决策，组织引导而不发号施令，主动服务而不越权干预。强调党组织对协会的领导主要是思想上的领导、工作上的指导、运行上的监督和政策上的支持，积极发挥党的组织优势和党员的先锋模范作用，切实保证协会按章程规范运作，为协会发展营造良好的外部环境。协会以市场为导向，把增加会员收入作为中心任务和最终落脚点，通过技术指导、产品销售、生产资料供应和信息服务等各种形式，为会员和其他农民搭建产业服务平台。村党支部注重规范“支部加协会”活动方式，指导制定协会章程和完善相关制度，使协会按照国家的法律、法规从事经营和社会活动。

专业协会在党支部的领导、引导和支持下，围绕农村经济建设的中心任务，把农户组织起来进行生产经营，缓解了千家万户的“小生产”与千变万化的“大市场”之间的矛盾，提高了农业产业化的程度和市场竞争力，实现了建一个组织、兴一项产业、活一地经济、富一方百姓的目标。

提升农民素质培育市场主体

“支部加协会”构建了新型的农业服务体系，党支部、协会、农户三者之间有机结合，良性互动，共谋发展。农村党组织和农村党员依托专业协会充分发挥作用，把分散生产经营的农户，特别是把农村懂技术、会经营、善管理的各类乡土人才和产业大户组织起来，加强创

业指导和技能培训，使之真正成为市场竞争的主体。推广“支部加协会”组织模式以来，农村党员带头致富、带领群众共同致富，既密切了党群干群关系，又凝聚了人心，推动了工作。

在推进“支部加协会”的过程中，村党支部始终把提高会员素质作为重要环节，有目的、有计划地加强技能培训和创业指导，推进多种形式的创业活动，形成全民创业、共建共享的生动局面。突出学习培训的实用性和系统性，完善党校定期轮训、党支部集中学习、党员个人自学的学习培训体系，增强农民群众的集体观念和团队精神，提高他们闯市场、搞经营的能力，大力培养具有法制观念、发展意识、合作精神、创业本领的新型农民。

创新活动载体增强组织活力

把党支部建立在各种专业协会上，适应了农村经济发展和农村党建工作的新要求，实现了支部与协会之间的良性互动，达到了协会延伸到哪里，党组织就建到哪里，扩大了农村党组织的覆盖面和影响力。具体做法是：一个村原则上成立一个专业协会，由村党支部领导；跨村建立专业协会的，建立若干党支部，由乡镇党委领导；跨乡镇建立专业协会的，建立若干个支部，由县（市、区）对口职能部门党委领导。主要采取四种模式：（1）支部领办型。村党支部把专业大户、党员户和部分群众组织起来领办、创办各类专业协会，并引导和动员广大农户加入协会。（2）支部介入型。协会由专业大户、农村能人牵头创建，党支部委员、党员按照协会章程入会或通过选举进入协会，在协会中发挥示范带头作用。（3）支部引导型。村党支部指导、帮助协会建立和完善机构设置、规章制度，规范其内部管理。（4）支部服务型。村党支部在协会、农户之间发挥桥梁纽带作用，帮助协会将触角延伸到村、组、户，进而形成协会与农户的紧密联合体。

通过创新“支部加协会”这一载体，农村党组织把握了领导农村工作的主动权，站到了农村经济发展的前沿带，增强了农村工作的示范性、直观性，避免了农村党组织建设与经济工作“两张皮”的问题，实现了农村党支部与专业协会的有效对接。

加强社会管理推进村民自治

“支部加协会”模式不仅促进了农村经济发展和农民增产增收，使农民真正得到实惠，而且加强了党组织对农民群众、农村党员和农村经济组织的管理，提高了农村社会的组织化程度。

在村党支部和专业协会的双向互动下，农村优秀人才脱颖而出，有效解决了村党组织后继乏人的问题。同时，充分发挥农村党员、协会骨干和农村致富能手的示范作用，使之真正成为党在农村的政策宣传员、技术指导员、信息联络员和纠纷调解员，并按照规定程序实行“双向进入、交叉任职”，使素质好、有能力的党员走上村级组织领导岗位，有利于探索创新党支部书记、村委会主任、协会负责人“一肩三挑”的村级管理体制，巩固和加强党在农村的执政地位。

从实践效果看，“支部加协会”模式有效地拓宽了党的工作覆盖面，加强了农村新经济组织、新社会组织等领域的党建工作，提高了农村党组织领导构建和谐社会的能力，体现了农村党组织协调利益、凝聚民意的政治功能，是实现农村党组织建设整体推进、常抓不懈的一个有效机制，是农村党的建设深入贯彻落实科学发展观的一项重要举措。

（作者：中共广东省韶关市委书记）

（选自《求是》2008年第17期）

大力推进地方和部门反腐倡廉制度建设

干以胜

随着反腐倡廉实践的发展，反腐倡廉要靠法制已经成为全党的共识，反腐倡廉法规制度体系已初步形成，反腐倡廉工作基本实现了有法可依。当前，我国正进入改革发展的关键时期，反腐倡廉工作也处于一个关键发展期。对此，各地方各部门必须充分认识反腐倡廉制度建设面临的形势和任务，抓住机遇，开拓进取，趁势而上。

充分认识地方和部门加强反腐倡廉制度建设的重要作用

面对新形势、新任务和新要求，各地方各部门要充分认识加强反腐倡廉制度建设的重要作用，牢固树立各级纪检监察机关在反腐倡廉制度建设方面都大有可为、必须有所作为的观念。

地方和部门加强反腐倡廉制度建设，是形成反腐倡廉制度体系的必然要求。反腐倡廉制度体系，应当是由多层次、多形态、不同权限、不同效力的反腐倡廉规范构成的、具有内在统一性的规则系统。因此，反腐倡廉制度建设不仅中央层面要做，地方和部门也要做；不仅党政机关要做，企事业单位、社会团体等都要做，相互之间不能替代。只有这样，才能在各个领域中、各个层次上，使治标与治本、惩治与预防以制度为依据，照章进行；使教育机制、监督机制、改革措施能够通过制度予以固定、保障和促进；使反腐倡廉制度建设真正融入经济建设、政治建设、文化建设、社会建设和党的建设。

地方和部门加强反腐倡廉制度建设，是贯彻执行中央制定的反腐倡廉法规制度的必要条件。由于我国幅员辽阔，地区之间经济社会发展不平衡，中央制定的法规制度一般是从党和国家全局出发设计的，很难兼顾每个地方、每个部门的具体情况。要真正把这些法规制度落到实处，往往还需要各地方各部门根据自己的具体情况和突出问题，细化中央的原则性要求，有针对性地提出实施或保障措施。地方和部门处于反腐倡廉工作第一线，对法规制度贯彻实施中存在的问题和困难最了解，从这些方面入手进行制度建设，不仅对于贯彻执行中央的法规制度具有重要作用，还可以为中央进一步修订完善法规制度提供经验。

地方和部门加强反腐倡廉制度建设，是解决自身突出问题，从严治党、从严治政的重要措施。坚持从严治党、从严治政，必须加强对党员和公职人员的教育管理和监督。实践证明，要使这些工作深入到位，必须制定针对性和操作性强的具体办法，切实做到用制度管权、用

制度管事、用制度管人。对于中央或者上级没有规定，但实践中确实需要规范的事项，各地方各部门应当及时反应，积极创新，通过建章立制，对已经出现的问题加以有效整改，对可能出现的问题加以有效防范。从这些方面入手加强反腐倡廉制度建设，不仅能够防止或减少腐败行为对经济社会发展的消极影响，还能够加强党员干部队伍建设，促进本地方本部门经济社会又好又快发展。

地方和部门加强反腐倡廉制度建设，是发展社会主义民主政治、推进党内民主建设的重要途径。党的十七大报告强调要“从各个层次、各个领域扩大公民有序政治参与，最广泛地动员和组织人民依法管理国家事务和社会事务、管理经济和文化事业”。要达到“各个层次、各个领域”都扩大民主的要求，就必须充分发挥地方和部门反腐倡廉制度建设在扩大党内民主和人民民主方面的规范和保障作用，使中央的要求能够落实到每个基层单位，既扩大人民群众有序政治参与，又为实现人民当家作主提供制度保障；既体现推进党内民主建设的要求，又切实维护党的团结和集中统一；既促进社会主义民主政治的发展，又为坚持中国特色社会主义政治发展道路、坚持党的领导提供制度保障。

进一步明确地方和部门反腐倡廉制度建设的主要内容

根据中央的要求以及地方、部门在反腐倡廉制度建设中的地位和作用，各地方各部门应当依照制定法规制度的权限做好以下几项制度建设工作：一是起草制定中央或者上级颁布的反腐倡廉法规制度的实施办法或细化规定；二是起草制定中央或者上级没有规定，但本地方本部门又确实需要的法规和规范性文件；三是起草制定保障中央或者上级重大决策、部署贯彻落实的法规和规范性文件；四是在本地方本部门出台的发展政策、改革措施和法规制度中安排有效的反腐倡廉规范。开展这些工作，可以根据具体情况综合运用党内法规、地方性法规、行政规章以及规范性文件等形式，并重点围绕以下内容：

围绕推动科学发展、促进社会和谐，加强反腐倡廉制度建设。一方面，要通过健全完善相关督促检查的制度和纪律，维护中央权威，保证政令畅通，为贯彻中央提出的经济社会发展战略提供保障；另一方面，要通过健全完善加强党风政风建设的法规制度，解决自身存在的妨碍科学发展、社会和谐的突出问题。必须围绕转变经济发展方式和完善社会主义市场经济体制加强反腐倡廉制度建设，充分发挥反腐倡廉制度在维护社会公平正义、解决利益冲突方面的特有功能。同时，要建立和完善科学的政绩业绩评价标准、考核制度和奖惩制度，努力形成正确的绩效导向，促使党员干部转变发展理念、创新发展思路。

围绕规范、制约和监督权力，加强反腐倡廉制度建设。首先，要注意查找本地方本部门行使权力过程中容易出现问题的风险点，有针对性地健全完善人、财、物、事管理方面的制度，保证党员干部严格按照法定权限和程序行使权力。其次，要结合自身实际情况，进一步加强党务公开、政务公开、村务公开、厂务公开等方面的制度建设，让权力在阳光下运行。再次，要紧密结合深化行政管理体制改革、国有资产经营管理体制改革、投资体制改革以及政府采购等工作，找准这些领域党风政风方面存在问题的源头，进行建章立制，最大限度地减少权力寻租的空间。最后，要围绕落实党内监督条例，制定保障重要情况通报和报告、民主生活会、述职述廉等制度贯彻落实的具体规定，用制度的形式明确本地方本部门的监督重点、监督程序和方法措施。

围绕促进领导干部廉洁从政，加强反腐倡

廉制度建设。随着经济社会的快速发展，领导干部廉洁从政方面出现了许多新情况、新问题，需要及时规范。同时，各地方各部门在领导干部廉洁自律实际工作中取得了许多好经验，需要以法规的形式加以固定。目前，中央纪委正在抓紧进行《廉政准则》的修订工作。待准则修订发布后，各地方各部门要根据《廉政准则》的原则性规定，结合实际加以细化或具体化，以增强针对性和可操作性。同时，要注意加强国有企业领导人员廉洁从业方面的制度建设，特别要结合修订后将要颁布的《国有企业领导人员廉洁从业若干规定》，细化对国有企业领导人员的各项要求。

围绕维护群众切身利益，加强反腐倡廉制度建设。各地方各部门要从密切党同人民群众的血肉联系、巩固党的执政基础的高度，做好维护和发展人民群众的根本利益方面的制度建设工作。要认真查找本地方本部门管辖范围内出现的办事不公、漠视群众诉求、损害群众利益等问题的原因，并通过建章立制使解决问题的措施规范化、制度化。要针对群众反映强烈的上学难、看病难、解决纠纷难等问题，思考本地方本部门反腐倡廉制度建设应当发挥的职能作用，并制定相应的制度规定。要进一步健全完善信访举报方面的制度，使群众能够顺畅行使批评权、建议权和监督权。要为落实胡锦涛总书记提出的"八个方面良好风气"提供制度保障，促使各级领导机关和领导干部进一步改进工作作风。要注意倾听基层和群众关于制度建设的呼声，重视从本级人大、政协会议提出的议案中选择制度建设项目，及时列入当年工作计划，以使反腐倡廉制度建设更好地体现人民群众的意愿。

围绕扩大党内民主、发展社会主义民主，加强反腐倡廉制度建设。推进党内民主建设、发展社会主义民主政治，是预防和治理腐败问题的根本途径。中央关于扩大党内民主、发展人民民主的方针政策和决策部署，最终要通过地方和部门乃至每个党员、公民的具体行动来实现。保障党员权利，是扩大党内民主、以党内民主带动人民民主的基础，是党章赋予各级纪委的重要职责。在这方面，各地方各部门要认真研究如何通过制定完善相关法规制度，保障党内民主和社会主义民主制度落到实处。

围绕纪检监察各项工作的规范化、制度化，加强反腐倡廉制度建设。这方面的法规制度主要靠中央制定，但地方和部门也要有所创新，特别是要根据这些年形成的好经验、好做法，进一步细化查办案件、领导干部廉洁自律、纠风、预防腐败、巡视、案件管理等方面的具体工作制度、办事程序和责任制度，探索加强法规制度贯彻执行情况监督检查的有效方法，强化内部运作的规范化、制度化，为严格依纪依法开展反腐倡廉工作奠定基础。

地方和部门加强反腐倡廉制度建设需要注意的几个问题

各地各部门在下一步工作中，除必须坚持社会主义法制建设和党的制度建设的基本原则外，还要紧紧围绕建立健全惩治和预防腐败体系《工作规划》，注意把握好以下几个问题。

必须坚持以科学发展观为指导，深刻理解和牢牢把握中央对反腐倡廉制度建设的新要求。要以科学发展观为指导，规范、实施反腐倡廉制度建设，既通过加强制度建设保障本地方本部门深入贯彻落实科学发展观，又使反腐倡廉制度建设本身体现科学发展观的要求，实现制度和制度体系的科学发展、和谐发展。要充分认识党中央提出"三个更加"的深远考虑和重大现实意义，既加强治标和惩治腐败方面的制度建设，又更加注重治本和有效预防腐败方面的制度建设，更加注重从体制、机制和制度上解决腐败问题，充分发挥制度建设在本地方本

部门惩防体系建设中的载体和支架作用。

必须突出地方和部门特色，务求实效。各地方因经济社会发展水平不同，各部门因职责任务、工作权限不同，可能出现的腐败现象必然有所差别，构建惩防体系的重点和难点也应当有所不同。要突出特色，就要把功夫和精力下在解决自身存在的突出问题上，找准本地方本部门惩防体系建设的薄弱环节。要讲求实效，就要深入研究论证本地方本部门存在的问题中，哪些问题需要通过建章立制解决；所要制定的法规制度应当包括哪些内容，才能有效解决问题等。要突出工作重点，分清轻重缓急，既要积极开展工作，又要以科学态度对待制度建设，防止草率行事，避免出现只求数量、不顾质量和实际效果的偏向。

必须维护法制统一，处理好与上位法规制度的关系。地方和部门建章立制，要特别注意遵循党在政治上、组织上集中统一的要求和国家法制统一的原则。一是不与上位法规制度相抵触。既不能与有关具体规定抵触，也不能与上位法规制度规定的基本精神、基本原则、基本政策抵触。二是严格按照权限和职责范围建章立制。应由国家法律法规调整的事项，不要以文件的形式出台；应由上级纪检监察机关或同级党委（党组）、政府（行政）规范的事项，纪检监察机关可以积极提出建议，但不要自行制定发布；涉及其他部门职责的事项，要会同有关部门共同起草制定。三是不要照搬上位法规制度的框架、结构、体例和具体条文，力求形式简约、表述繁简得当。四是做好与相同位阶法规制度的衔接工作，使相关法规制度能够互为补充、相互支持、成龙配套，避免出现法规制度“打架”现象。五是处理好党内制度与行政制度或措施的关系问题，使二者能够相辅相成，形成合力。对于行政方面出台制度条件不具备的，可以先在党内制定制度。

必须重在建设，处理好治标与治本、惩治与预防的关系。反腐倡廉重在建设，反腐倡廉制度体系也要重在建设。这就要求各地方各部门做到有蓝图、有规划、有措施，正确处理治标与治本、惩治与预防的关系。要体现全局性，把反腐倡廉制度建设纳入经济社会发展和党的建设之中，把制度的约束力和改革的推动力、教育的说服力、监督的制衡力、惩治的威慑力有机结合起来。要体现平衡性，兼顾治标和治本、惩治和预防方面法规制度的均衡发展。要体现综合性，从着眼于建设的角度出发，综合发挥制度的规范、教育、引导和保障作用，推进有利于防治腐败的思想观念、文化氛围、体制条件建设；充分发挥制度所特有的根本性、全局性、稳定性和长期性功能，有效保障防治腐败的整体性、协调性、系统性、实效性。

必须坚持改革创新精神，实现制度建设的与时俱进。首先，要不断更新法规工作观念，努力适应经济体制、社会结构、利益格局、思想观念正在发生的深刻变化，使我们制定的各项反腐倡廉制度顺应社会发展趋势，符合国家民主法制建设进程。其次，要深刻认识新形势下反腐倡廉工作的特点和规律，及时研究实践中出现的新情况、新问题，密切关注基层和群众的诉求，尽可能增强制度建设的前瞻性和预见性。再次，要处理好继承与创新的关系，既要坚持和完善实践证明行之有效的制度，又要勇于寻求解决问题的新办法；既要发挥大家对传统领域建章立制工作比较熟悉的优势，又要努力拓展反腐倡廉制度建设的新领域。要定期评估、清理自己制定的规范性文件，及时进行废、改、立、释。最后，要进一步解放思想，克服不思进取、安于现状的情绪，加强法规理论研究，创新法规工作机制，注意借鉴国外反腐败法规制度建设的成功经验，使制度建设更好地把握规律性、体现时代性、富于创造性。

必须落实党风廉政建设责任制，形成从上到下层层抓制度建设的体制机制。反腐倡廉制度建设需要全党动手、分级构建、整体推进。各级党委是反腐倡廉制度建设的责任主体，必须坚持对反腐倡廉制度建设的统一领导；各级纪检监察机关要协助党委加强组织协调，切实加强对下级的指导。各地方各部门要紧密联系实际，研究确定反腐倡廉制度建设的总体思路、目标任务、重点领域、关键环节和方法步骤，做到层次清晰、各有侧重、相互衔接。要发挥纪委在协助党委组织协调反腐倡廉制度建设方面的职能作用，既可以每年将纪委全会部署的制度建设任务在所辖范围内进行分解，也可以对其他一些重要的制度建设任务进行专项分解。要按照党风廉政建设责任制的要求，明确责任，抓好督促落实。

必须坚持科学立法、民主立法，着力提高法规制度的质量和水平。制度建设的核心是规则制定，因而在工作程序、方法措施、基本要求等方面要符合立法工作的一般规律，贯彻“科学立法、民主立法”的要求。要遵循所规范事项的内在规律，遵循制度建设的程序和方法，使制度的内容科学规范、反映实践、准确管用。要坚持走群众路线，充分发扬民主，广泛听取意见，切实做到集中民智、反映民意、凝聚民力。要优先制定实践中经常遇到、急需明确、各方面认识比较一致的法规政策，做到成熟一个规范一个、循序渐进。要注重运用立法技术，恰当选择体裁体例，科学设计结构和逻辑，合理排列组合条文，正确运用规范语言，使制定的制度准确无误、严谨周密、凝练简洁。要注意发挥有关业务部门、大专院校、科研机构和专家学者的作用，以克服纪检监察法规工作部门人员少、任务重的困难。

（作者：中共中央纪律检查委员会副书记）

（选自《中国监察》2008 年第 14 期）

按照"三个更加注重"的要求
努力推进反腐倡廉建设

金道铭

一、"三个更加注重"的要求是党对新世纪新阶段反腐倡廉建设规律认识的深化

我们党历来高度重视党风廉政建设和反腐败斗争，始终坚持用发展着的马克思主义指导反腐倡廉新的实践。改革开放初期，我们党就提出党风关系执政党生死存亡，要从严治党，"一手抓改革开放，一手抓惩治腐败"。20世纪90年代，党确立了领导干部廉洁自律、查办违纪违法案件、纠正部门和行业不正之风的反腐败三项工作格局。随着改革的逐步深化和反腐败斗争的不断深入，深层次矛盾诱发的腐败问题越来越多地凸显出来。十五大以后，党中央提出了"标本兼治、综合治理"的方针，逐步加大反腐败治本工作力度，注重从源头上预防和治理腐败现象。十六大以来，党中央进一步提出了"标本兼治、综合治理、惩防并举、注重预防"的反腐倡廉战略方针，把反腐倡廉工作融入经济建设、政治建设、文化建设、社会建设和党的建设之中，不断拓展从源头上防治腐败工作领域，党风廉政建设和反腐败斗争成效明显，为从根本上防治腐败奠定了基础。

当前，消极腐败现象仍然比较严重，反腐倡廉形势依然严峻。在这个历史阶段，体制机制还不完善，法律法规体系还不健全，新兴事物不断出现，利益矛盾复杂交织，滋生腐败的土壤和条件很难在短时间内完全消除，过去计划经济体制下不曾发生的腐败现象，在市场经济条件下就有可能发生。同时，由于我们党长期执政，很容易使党内一些人产生脱离群众等倾向，党的领导方式和执政方式、领导体制和工作机制与社会主义市场经济体制的要求还不完全适应，客观上存在腐败现象滋生的空间和漏洞。

这些特点决定了新形势下反腐倡廉建设面临有利条件与不利因素、成效明显与问题突出并存的复杂局面。

二、"三个更加注重"明确了新世纪新阶段反腐倡廉建设的前进方向和关键环节

"三个更加注重"的要求，对新世纪新阶段反腐倡廉建设的工作着力点做了新概括，明确了从根本上治理和防止腐败重点抓什么、怎么抓的基本思路和方法，是一个环环相扣、有机统一的科学体系。

坚决惩治腐败是落实"三个更加注重"的基本前提。放弃这个前提，就不能震慑腐败分子，有效遏制腐败多发易发的势头；就不能彰显我们党反腐败斗争的决心，增强人民群众的信心。强调"三个更加注重"，决不是要放松惩治

腐败工作，而是要在更高的标准上加大惩治腐败的工作力度。只有惩治有力，才能增强教育的说服力、制度的约束力、监督的威慑力和预防的推动力。

更加注重治本，是对反腐倡廉建设的总体要求。治本的目的在于从根本上解决腐败问题，着眼于事前防范，使党员干部不犯错误或少犯错误。更加注重治本，就是要求反腐倡廉工作从侧重遏制、侧重治标转移到标本兼治、惩防并举、重在治本上来。更加注重治本的核心在于通过预防和制度建设，坚决铲除腐败现象滋生蔓延的土壤，有利于巩固惩治腐败的成果，降低反腐败工作的成本，对于反腐倡廉建设具有事半功倍的作用。否则，腐败现象就会查不胜查，纠而复生。

更加注重预防，是治本的重要手段。有效预防腐败，教育是基础，制约和监督权力是关键，要防患于未然。要加强思想道德教育、法纪教育和廉政文化建设，打牢思想道德基础，筑牢党纪国法防线。要以改革统揽预防腐败的各项工作，加强监督，关口前移，建立健全与社会主义市场经济体制相适应的惩治和预防腐败体系。

更加注重制度建设，是治本的关键环节。制度带有根本性、全局性、稳定性和长期性，加强制度建设和创新，形成完善有效的制度体系，是反腐倡廉的治本之策，是惩防体系建设的根本任务和基本目标，也是标本兼治的成果体现和根本保障。要紧紧抓住容易滋生腐败现象和不正之风的重点环节，着力提高制度的科学性，加强制度的系统性，维护制度的权威性，坚持用制度管权、管事、管人，着力解决“无制度可用”、“制度不管用”和“有制度不用”的问题。

三、按照“三个更加注重”要求，以改革创新精神推进反腐倡廉建设

一是深入开展反腐倡廉教育，筑牢拒腐防变的思想道德防线。要紧紧抓住改造主观世界、提高领导干部思想政治品质、增强心理素质这个根本，进一步加强理想信念教育、思想道德教育、法纪教育，积极推进廉政文化建设，探索建立社会主义核心价值体系。要进一步完善大宣教格局，把反腐倡廉教育融入基础教育、国情省情教育、形势政策教育之中，丰富教育内容，增强教育的针对性、吸引力和感染力；要使正面典型教育和反面警示教育相结合，廉政教育与情感熏陶相结合，党内教育与社会教育相结合，形成多元化、多层次、多方位的教育体系。

二是建立健全权力制约监督机制，确保权力正确规范行使。要把对权力的科学配置与对干部的有效监督结合起来，建立健全决策权、执行权、监督权既相互制约又相互协调的权力结构和运行机制。注重发挥市场在资源配置中的基础性作用，逐步把可以由市场决定的资源分配交由市场调节；要建立健全程序规则，明确用权界限，规范权力运行流程，保证党员领导干部按照法定权限和程序行使权力、履行职责；要积极推进党务政务公开，让权力在阳光下运行，加强监督，防止权力失控、决策失误、行为失范。

三是加强制度建设和创新，建立健全惩治和预防腐败法规制度体系。要坚持用制度建设推动工作，靠制度创新解决问题，以制度规范加强管理。在制度建设中，应当特别注意坚持从实际出发，深入研究新情况、新规律，借鉴国外的有益做法，保证制定的各项法规制度行得通、做得到。坚持加强整体规划和统筹协调，既重视基本的法规制度又重视具体实施细则，既重视单项制度的建设又重视制度的配套与协调，使各项法规制度彼此衔接，形成整体合力。

（作者：中共山西省委常委、纪委书记）

（选自《求是》2008年第1期）

有效防腐的具体部署

许云昭

新近由中共中央印发的《建立健全惩治和预防腐败体系2008—2012年工作规划》(简称工作规划),进一步明确了今后五年惩治和预防腐败体系建设的指导思想、基本要求、工作目标和重点任务,进一步回答了当前和今后一个时期党风廉政建设和反腐倡廉斗争坚持什么方向、抓什么工作、怎么抓工作的问题,是对坚持标本兼治、综合治理、惩防并举、注重预防方针和党的十七大提出的以完善惩治和预防体系建设为重点的反腐倡廉建设的具体部署,是当前和今后一个时期惩治和预防腐败体系建设的指导性文件。

遏制贪腐动机

贪腐动机是诱发腐败的内在原因,加强拒腐防变教育是遏制贪腐动机的重要手段,因此,我们必须高度重视拒腐防变教育。

高度重视对领导干部加强理想信念和廉洁从政教育。在领导干部中,大力推进中国特色社会主义理论体系、科学发展观和党的章程等党内法规和国家法律法规、党的三代中央领导集体反腐倡廉重要思想和以胡锦涛为总书记的党中央关于反腐倡廉的重要论述的学习贯彻;大力推进坚定共产主义远大理想和中国特色社会主义共同理想,马克思主义的世界观、人生观、价值观、权力观、地位观、利益观和社会主义荣辱观教育;大力推进党性修养和从政道德修养,增强法制观念和纪律意识,打牢廉洁从政的思想政治基础;大力推进领导干部和党政机关的作风建设,着力解决一些领导干部在思想作风、学风、工作作风、领导作风和生活作风方面存在的突出问题,教育和引导各级领导干部自觉遵守党的政治纪律、组织纪律、经济工作纪律和群众工作纪律,讲党性、重品行、作表率,继承党的光荣传统,牢记“两个务必”,弘扬八个方面的良好风气,弘扬求真务实精神,大兴求真务实之风,讲实话、察实情、办实事、求实效。

高度重视面向全党全社会加强反腐倡廉宣传教育。各级党委、政府应把反腐倡廉宣传教育纳入党和国家宣传教育总体部署,健全联席会议制度,完善反腐倡廉宣传教育工作格局。各级纪检监察机关和组织、人事、宣传、文化、教育部门以及新闻出版、广播影视等单位对反腐倡廉宣传教育作出年度工作安排。积极营造良好的反腐倡廉思想舆论氛围,切实增强广大党员和公民抵制和反对腐败的自觉性、主动性。

高度重视加强廉政文化建设。廉政文化是社会主义文化的重要组成部分,我们必须把廉政文化建设融入社会主义文化建设的大布局之中，体现在社会主义核心价值体系建设和社会公德、职业道德、家庭美德、个人品德建设等各个方面和环节。通过开展丰富多彩的廉政文化创建和教育普及活动，大力发展企业廉洁文化、农村廉政文化、社区廉政文化、中小学廉洁教育、青少年思想道德实践活动、家庭清廉风尚，促进形成“以廉为荣、以贪为耻”的社会思想意识和道德观念。

堵塞体制机制漏洞十大着力点

体制机制漏洞是诱发腐败的外在条件和土壤，通过深化改革创新堵塞诱发腐败的体制机制漏洞，是有效预防腐败的根本措施。因此，我们必须高度重视和大力推进旨在预防腐败的体制机制制度改革创新。

推进行政管理体制改革。督促各级各部门贯彻落实中央《关于深化行政管理体制改革的意见》，加快推进政企分开、政资分开、政事分开、政府与市场中介组织分开。着力转变政府职能、理顺关系、优化结构、提高效能，建设服务政府、责任政府、法治政府和廉洁政府。督促有关部门抓好行政审批制度改革，进一步清理和减少行政审批项目，合理限制审批权，完善配套制度，创新行政审批管理体制，规范审批权力运行，建立审批监督制约机制和责任追究制度。督促各执法部门规范行政处罚自由裁量权，促进依法行政。

推进干部人事制度改革。督促和配合组织人事部门完善干部选拔任用制度，规范干部任用提名制度，地方党委讨论任用重要干部实行无记名投票表决，完善公开选拔、竞争上岗、差额选举办法，完善干部考核评价体系，健全和推行领导干部任期、回避和交流制度，完善干部选拔任用、管理监督和责任追究机制。

推进司法体制和工作机制改革。督促政法部门和司法机关贯彻落实中央关于司法体制和工作机制改革的要求，优化司法权配置。完善人民检察院对诉讼活动实行法律监督的程序、措施和范围。完善减刑、假释、保外就医、暂予监外执行、服刑地变更的条件和裁定程序。健全司法人员执法过错、违纪违法责任追究和领导干部失职责任追究等制度。健全涉法涉诉信访工作机制。改革完善司法管理制度和司法财政保障机制。积极推进审判公开、检务公开和警务公开。完善法律统一适用制度，规范司法人员自由裁量权行使，保证严格、公正、文明执法。

推进财政管理体制改革。督促和配合财政、审计部门进一步完善部门预算编制办法，在合理界定单位基本支出和项目支出的基础上，遵循人员支出按政策、公用经费按标准的原则优先保障基本支出。探索从项目申报、论证、审核到排序的规范流程，逐步实现项目支出动态管理。深化“收支两条线”管理改革，进一步抓好非税收入的规范工作，将政府非税收入分步纳入预算管理，通过编制综合预算，实现政府税收与非税收入的统筹安排。深化国库集中收付制度改革，健全国库单一账户体系，完善财政资金支付运行机制、预算执行动态监控机制，规范财政转移支付。探索建立重要财政投资项目绩效评价体系、监督机制和责任追究制度。在省级预算单位全面推行公务卡制度，在市、县级预算单位积极推行公务卡制度试点。

推进投资体制改革。督促和配合发改、财政、审计等部门健全和完善投资核准制和备案制，进一步扩大省属重点骨干企业的投资决策权，积极鼓励社会投资，不断拓宽企业融资渠道，规范企业投资行为。深入推进政府投资体制改革，进一步合理界定政府投资范围，健全政府投资项目决策机制，积极推行政府重大投资项目公示和专家评议以及非营业性政府投资项目代建制等制度。建立健全投资监管制度和

政府投资决策责任追究制度，支持和督促审计部门加强对政府投资项目的审计监督，建立后续评价制度，完善政府投资社会监督机制。

推进国有资产经营管理体制改革。督促国资管理机构进一步完善国有资产监督管理体制。建立健全国有企业党组织参与重大事项决策的工作制度和程序规则，实行国企党政主要负责人职务分设、交叉任职，健全党管干部原则与董事会依法选择经营管理者相结合的机制。积极支持国有企业股份制改革，推进国有独资企业董事会试点工作。

推进金融体制改革。督促金融主管部门按照中央的要求加强和改进金融监管，督促金融机构加强内部控制机制建设，防范金融风险，强化现金和外汇管理，依法落实金融账户实名制等制度。

推进政府采购制度改革。督促、支持和配合财政、审计部门和机关事务管理机构落实严格的“管采分离”，全面实行采购中心与财政部门脱钩。督促市一级政府根据需要成立集中采购机构（政府采购中心），落实《政府采购法》规定的集中采购原则。明确政府采购中心和其他代理采购机构的业务范围，支持建立统一的电子化政府采购系统，发挥政府采购中心的主导作用，督促政府采购监督管理办公室严格执行政府采购目录，采购人采购纳入集中采购目录的政府采购项目，必须委托集中采购机构代理采购。进一步完善政府采购招标程序，规范采购招标行为，防止暗箱操作，会同发改、财政、审计等部门制定规范性文件。切实加强对政府采购执行情况的监督检查，建立健全政府采购举报受理制度，畅通举报渠道，加大举报受理力度，严格责任追究，严肃查处违纪违法案件。

推进现代市场体系建设及相关改革。督促发改、建设、水利、交通等部门完善工程建设项目招投标制度，积极探索廉洁高效、公开公正的招投标形式。实施严格的资格预审、招标公告发布、招标、评标以及评标专家管理制度和惩戒办法。健全工程建设项目招投标行政监督和举报投诉处理机制。推行电子化招投标，构建统一的招投标信息平台，实现信息资源共享。

督促国土资源等有关部门和单位规范土地征收和使用权出让制度，推进征地制度改革，规范征地程序，完善征地补偿和安置办法。进一步完善经营性用地、工业用地招标拍卖挂牌出让制度，进一步规范土地使用权招标拍卖挂牌出让程序，实行划拨用地、协议出让土地公示制度。深化矿业权审批制度改革，全面落实矿业权取得和矿业资源有偿开采制度，推行探矿权、采矿权招标拍卖挂牌出让制度。

督促国资、商务、财政、工商、证监等部门和机构推进产权交易市场建设。制定统一的国有产权交易规则，逐步实行各类企业国有产权全部进场交易。完善企业国有产权和上市公司国有股权交易监督措施。重点建设和推广使用信息监测系统，实现交易动态监管，科学设定产权交易机构的运作程序。

推进反腐倡廉法规制度建设。各级党委、政府和纪检监察机关必须积极参与和支持反腐倡廉国家立法和党内法规制度建设。一方面积极完成上级下达的反腐倡廉立法调研任务，另一方面对上级下达的法律、法规和党内法规征求意见草案，严肃认真地进行审读研讨并提出修改意见和建议。同时，结合本地本部门的实际，适时制定贯彻落实国家法律、行政法规和党内法规的具体实施办法和规定，针对党风廉政方面的突出问题，制定防治措施和办法。

切实强化监督制约

加强监督是有效预防腐败的关键，各级党委、政府特别是纪检监察机关要深入推进权力运行监督制约机制建设，建立健全决策权、执行权、监督权既相互制约又相互协调的权力结构和运行机制，切实把防治腐败的要求落实到权力结构和运行机制的各个环节，最大程度地减少权力“寻租”的机会，坚持党内监督与党外监督相结合，增强监督合力和实效。

加强对执行民主集中制情况的监督，按照民主集中制的要求，完善党委全委会和常委会议事规则和决策程序，反对和防止个人或少数人专断；加强对落实领导干部廉洁自律规定情况的监督，完善和健全防止领导干部发生违反规定收送现金、有价证券、支付凭证和收受干股，违反规定插手市场交易活动、利用职务上的便利获取内幕信息进行股票交易、利用公款出国(境)旅游和在住房上以权谋私等问题的措施和机制；完善落实领导干部配偶、子女个人从业有关规定的具体措施；完善加强上级党委和纪委对下级党委及其成员的监督、上级党委对下级党委常委的经常性考察和定期考核的机制；完善加强常委会内部监督、主要负责人自觉接受常委会成员的监督、同级纪委对常委会成员的监督的措施和机制；探索建立充分发挥党代会代表的作用，同级党代会代表、全委会对常委会工作进行评议监督的制度和机制；探索建立主要负责人不直接分管人、财、物等具体工作，以主要精力统揽全局，抓决策、抓监督的制度和机制；完善纪检监察机关派驻机构加强对驻在部门领导班子及其成员的监督的措施和机制。

加强对重要领域和关键环节权力行使的监督制约机制建设。完善对干部人事权行使的监督制度和机制，严格执行《党政领导干部选拔任用工作监督检查办法》，坚持和完善干部选拔任用前征求同级纪委意见的制度，坚持和完善强化预防、及时发现、严肃纠正，有效防范提名无序、考察失真和“带病提拔”的监督措施和机制；完善对司法权行使的监督制度和机制，完善纪委和党委政法委、组织部等部门在对司法机关党组织和党员干部监督工作中的协作配合机制，完善人大对司法机关的监督机制，完善加强检察机关法律监督的措施和机制，强化公安、检察、审判机关在刑事诉讼中的分工负责、互相配合和互相制约；完善对行政审批权和行政执法权行使的监督制度和机制，推行行政审批电子监察系统，实行接办分离和程序公开，保证行政权力依法、公正、透明运行；完善对国有资产的监管制度和机制，建立健全对国有及国有控股企业重大决策、重大项目安排、大额度资金运作事项及重要人事任免等实行集体决策情况进行监督检查的措施和机制。

(作者：中共湖南省纪委书记)

(选自《瞭望新闻周刊》2008年第23期)

充分发挥制度建设在惩治和预防腐败中的重要作用

刘春良

准确把握当前加强反腐倡廉制度建设的着力点

当前和今后一个时期，重点推进四个方面制度创新：紧紧围绕腐败问题易发多发的重点领域及关键环节推进制度创新，从制度上堵塞滋生腐败现象和不正之风的漏洞。目前，在工程建设、土地出让、产权交易、医药购销、政府采购、资源开发和经销、组织人事、国企监管、财政管理、政府投资以及管权、管人、管财、管物、管事等领域和环节，腐败问题仍呈易发多发的态势。推进反腐倡廉制度建设，首先要重点抓好这些领域和环节的制度完善、改革和创新，努力形成用制度管权、按制度办事、靠制度管人的体制机制制度。同时，要着力抓好损害群众利益问题易发多发领域和环节的制度改革创新，有效遏制损害群众利益问题的发生，让群众切身感受到反腐倡廉建设的实际成效。还要重视抓好领导班子自身建设、监督制约和领导干部廉洁从政、转变作风等方面的制度改革创新，用制度规范领导班子和领导干部的决策行为、管理行为和从政行为。

紧紧围绕更好地发挥市场在资源配置中的基础性作用推进制度创新，从制度上减少权钱交易的机会和空间。要积极推进行政审批制度、财政管理制度、投资体制、国有资产经营管理体制、金融体制等改革，切实转变政府职能，减少行政权力对微观经济活动的直接干预；建立健全建设项目招标投标，经营性土地、工业用地和探矿权、采矿权出让，以及产权交易、政府采购等制度，最大限度地发挥市场在资源配置中的基础性作用，减少腐败行为滋生的机会和空间。

紧紧围绕党务、政务、厂务、村务、事务公开推进制度创新，从制度上规范权力在阳光下运行并接受社会监督。确保权力正确行使，必须让权力在阳光下运行。只有大力推进党务、政务、厂务、村务和事务公开，增强决策的透明度和公众的参与度，使广大党员和人民群众更多地了解党务、政务、事务，更好地享有知情权、参与权、表达权、监督权，才能把滥用职权、以权谋私等腐败行为的可能性减少到最低程度。通过建立健全各类公开制度，努力实现权力运作的规范化、程序化和公开化，真正把公共权力和公共事务置于人民群众的监督制约之下，防止决策失误、权力失控、行为失范，做到公开、公平、公正。

紧紧围绕深化行政管理体制改革推进制度创新，从制度上保证决策权、执行权、监督权既相互制约又相互协调。建立健全决策权、执行权、监督权既相互制约又相互协调的权力结构和运行机制，既是深化行政管理体制改革的重要目标，也是通过制度确保权力规范运行的重要任务。要把健全权力结构和运行机制作为建设惩治和预防腐败体系的重要任务抓紧抓好，按照结构合理、配置科学、程序严密、制约有效的原则，切实把预防腐败的要求落实到健全权力结构和运行机制的各个环节。紧紧围绕深化行政管理体制改革、完善权力结构和运行机制推进制度创新，进一步合理划分、科学配置各部门及其内设机构的权力和职能，进一步推进政企分开、政资分开、政事分开、政府与市场中介组织分开，进一步加强对权力行使特别是人财物的权力行使的规范和限制，形成科学有效的权力制约和协调机制，使决策职能、执行职能、监督职能由不同部门相对独立地行使，使不同性质的权力既相互制约又相互协调，做到决策更加科学、执行更加顺畅、监督更加有力，既保证权力高效运行，又保证权力正确行使。

切实提高反腐倡廉法规制度的执行力

推进反腐倡廉制度建设，必须坚持"立"、"行"并重，尤其要强化制度落实的措施，切实提高制度的执行力，坚决维护制度的严肃性。加大宣传教育力度，提高党员干部遵守制度的自觉性和坚定性。一些党员干部制度意识淡薄，缺乏严格遵守和执行制度的自觉性，是影响制度执行效果的重要原因。推进反腐倡廉制度建设，必须把制度的宣传教育摆上重要位置。要借鉴普法宣传教育的成功经验，把反腐倡廉制度宣传教育纳入反腐倡廉制度建设整体工作之中，统一安排部署，统筹组织落实。要采取多种行之有效的形式，发挥各种新闻媒体的作用，重点在领导机关和领导干部中广泛开展反腐倡廉制度的宣传教育，增强他们的法治理念和制度意识，引导他们带头学习制度、严格执行制度、自觉维护制度，养成严格按制度办事的习惯，真正用制度规范自己的行为。同时，要面向全社会搞好反腐倡廉制度的宣传教育，提高制度的透明度、影响力和知晓率。

加大监督检查力度，维护反腐倡廉制度的权威性和严肃性。要一手抓制度的建立和完善，一手抓制度的贯彻落实，坚持"两手抓"、两手都要硬。要把对制度贯彻执行情况的监督检查，与党风廉政建设责任制考核检查结合起来，与开展巡视检查结合起来，与反腐倡廉各项工作检查结合起来，形成有效的制度监督检查机制。要充分发挥党内监督、人大监督、政协监督、群众监督和舆论监督的作用，对制度贯彻执行情况进行全方位、立体式监督。要严肃查处不认真执行制度、不及时执行制度和拒不执行制度的行为，坚决纠正有令不行、有禁不止的行为，切实维护制度的严肃性和权威性。

加大改革创新力度，增强反腐倡廉制度的科学性和适用性。要密切关注腐败现象发生发展的新情况新动向，建立科学有效的制度评估和反馈机制，针对制度制定和执行过程中存在的问题，不断改革创新，不断完善反腐倡廉制度体系，切实增强制度的系统性、科学性和适用性。认真做好制度调研和制度清理工作，对适应形势发展变化和反腐倡廉建设要求并切实可行、行之有效的制度，要继续严格执行；对不适应、不严密、不配套、不具体和不便执行的制度，要及时补充、修订和完善；对工作急需、条件成熟但还没有的制度，要在充分调研论证的基础上尽快制定，努力做到不留死角；对已经过时、甚至与党和国家新出台的有关规定相抵触的制度，要及时废止。

（作者：中共安徽省委常委、省纪委书记）

（选自《求是》2008年第19期）

国外政党发挥党员主体作用的路径及启示

周敬青

经济全球化、信息化及政治民主化的迅猛潮流，给中外政党带来了新的挑战。通过发挥党员主体作用，不断拓展党内民主的深度和广度，成为中外政党共同面对的课题。如何通过扩大党员的知情权，提高党员的政治参与热情，解决党员的政治淡漠以及同政党日益疏远的矛盾？如何实现党内权力运作公开化透明化，解决好党内权力运作的不透明状况？如何调动党员参与党内决策的积极性，解决好党员参与党内决策不足的现实？如何实现党员有效监督，解决好党员监督的“虚化”、“弱化”难题？如何利用互联网这一现代媒介，以应对信息化削弱政党对政治信息的垄断、诠释和控制权，重新激活政党与党员之间的直接联系？我党的十七大报告也特别强调尊重党员主体地位，保障党员民主权利。由于中国共产党所面临的发挥党员主体作用的一些问题，往往也是各国政党同样面临的一些具有共性的问题，国外一些政党发挥党员主体作用的路径选择上呈现出新的特点，中国共产党有必要也有可能借鉴国外一些政党发挥党员主体作用的经验。本文从中外政党比较的视角，探索国外一些政党发挥党员主体作用的路径选择及吸取其有益经验。

一、扩大党员的知情权

党员享有知情权，是发展党内民主，保障党员权利的逻辑起点。越南共产党规定，党员有权了解并参与政治纲领、党的章程、党的路线、方针、政策等问题的讨论。越共中央委员会于2006年2月2日向外公开越南共产党十大政治报告草案，并向全党全国人民征求对草案的意见和建议，广大党员和各阶层人民热烈地以各种方式表达自己的意见；古巴共产党规定，党员要了解必要的信息和接受指导，以便在群众中开展工作，宣传党的政策。1997年10月古共召开五大时，提前5个月公布了党的政治文件草案，供党内外讨论，全国14岁以上的650万人参加了大讨论；白俄罗斯共产党规定，党组织的工作应公开进行，党组织应向党员通报其工作，允许非党人士和传媒代表介入；突尼斯宪盟中央党部定期向全党印发《宪盟信札》内部刊物，在党内定期开展对国家内外政策的讨论，及时通报重大事件；匈牙利社会党规定，党组织要适时通报情况和看法，党对每个接受党组织的人开放，党的活动向社会舆论公开；塞尔维亚社会党规定，党员与各级领导人之间的所有沟通渠道要保证畅通；罗马尼亚社民党规定，党员有权了解本地的地方组织、领导机构及在地方行政机构中任职的党员的活动情况。

二、保证党员的选举权和被选举权的充分实现

党员的选举权和被选举权是党员所享有的最基本的民主权利，在党员的权利体系中占据核心的地位。党员的选举权和被选举权能否充分实现，是衡量党内民主程度高低的一把标尺。通过引进党内直接民主保证党员选举权的落实来维护党员的党内主体地位，以求最终达到提高普通党员的责任心和激发他们对党内事务参与的兴趣与热情，是西欧社会党党员队伍建设的一大创举。以英国工党、法国社会党、德国社会民主党为例。英国工党改革党内集体投票制为一人一票制。工党成立以来，集体投票制是其内部运作的一个重要的机制。在党的领袖和议会候选人的选举中、在党的年会表决上，党的选区组织、工会和其他附属团体都以集体的名义投票，实行的是集体投票制。1993年工党年会通过决议：工党在领袖选举和议会候选人选举时采用“一人一票制”。这样参与领袖选举的人扩大到数百万普通党员，工党从间接民主转向直接民主；法国社会党在71大后，加快了党内直接民主的步伐。在人事方面，决定将过去党的第一书记由执行委员会选举改由全体党员直接选举，将党的各级议会候选人由过去的自上而下的指定方式改由地方党组织通过选举产生。

三、确保党员参与党内决策过程

党员参与党内事务，是推进决策的科学化、民主化，增强党的生机和活力的重要条件。很多政党认识到，政策制定不仅要依靠党的领导人或专家，而且要鼓励党员广泛参与党的大政方针的决策过程，党的政策出台前，也要先在党内进行广泛讨论。让党员在决策过程中体现自我价值的实现，可以提高政党形象，增强党内认同和政党吸引力，获得更多支持者。新加坡人民行动党于2004年4月成立了人民行动党政策论坛，其目的是让党员有一个抒发己见，针对各种政策及国家议题提出建言的平台； 20世纪90年代末，英国工党和保守党都实行了全国政策论坛决策机制，建立全国政策论坛和地方各级政策论坛，为广大党员进行政策输入和讨论提供机会。英国工党还在全国各地召集地方论坛，确保全体党员最大限度地参与决策过程；德国社会民主党民主化改革的一个重大举措是将党内重大问题交给全体党员讨论决定，其用意是巩固党的群众基础，也是提高党的吸引力的一种手段。德国社会民主党通过党报党刊公布党的政策和纲领。党的机关报《前进报》每月出版，寄给党员，让党员了解并参与到党的政策和纲领的讨论中来。

四、保障党员监督权的有效行使

党员是党内监督的主体和力量源泉，党员监督权利的实现是党内最普遍最重要的监督力量。通过党员监督权的行使，可以使政党科学地决策，正确地用人，公正地行使权力，从而最大限度地遏制腐败。

越南共产党规定，党员可以在党内对党组织和党员的活动进行批评、质询，向有关机关提出报告、建议并要求得到答复；党的领导机构的决议须获得半数以上成员赞成方为有效，持少数意见的党员可以保留意见，并可向上级党委直至全国代表大会反映，但必须严格执行决议。上级党委应研究党员提出的意见和建议，不得歧视和打击持少数意见的党员；匈牙利社会党规定，每个党员以相同的方式实现党员的权利和义务，可以对党内任何成员、领导、组织和机构的活动进行评价，在党章规定的范围内参与对人事问题的决定，并对经他直接或间接选举的代表实行政治监督；保加利亚社会党规定，党员自由发表意见，对党的所有机构的活动进行监督，领导机构要定期向党员和党的组织汇

报工作；古巴共产党党章规定，党员可以对任何一名党员提出批评，可直接向党的任何一个机构包括党中央提出意见、建议、疑问、请求，并应得到具体和适时的回答；老挝人民革命党和白俄罗斯共产党党章规定，党员有向党的各级领导机关反映自己的意见和建议，批评和质问干部、党员和党组织的权利；西班牙共产党规定党员可以向领导机构提出要求、建议并要求得到答复；确切地了解对他们的行为提出来的批评和指责，拥有适当的辩护手段，并在各个集体机构或上级委员会中行使自己的权利；享有通过组织渠道和党的舆论机构发表言论和批评意见的自由，如果党的舆论机构不予公开发表，则应向其作出相应的解释。

五、充分运用互联网这一新载体、新平台

随着信息化的深入发展，以“互联网”为代表的新型媒介对世界各国政党产生了深远的影响，给政党党内民主带来的挑战不容小觑，互联网广泛的覆盖性以及传播的快捷性，削弱了政党对政治信息的垄断、诠释和控制权，降低了党员对参加政党活动的兴趣。

受网络影响的部分党员更注重平等讨论和直接对话，对政党传统的层级管理体制和指令式领导风格产生反感情绪。一部分党员特别是年青一代的党员甚至对政党逐渐产生疏远感，而政党党内民主发展一旦不够充分，这种疏远感就会直接转化为政治不信任，从而降低政党的政治权威。一些政党顺应信息化发展的要求，运用互联网这一新载体，开辟了政党新的宣传和组织阵地，重新激活了政党与党员之间的直接联系，使党内民主的运作方式更为便捷和有效。美国共和党和民主党、英国工党、德国社民党、法国社会党、日本自民党以及瑞典社民党都较早建立了自己的网站，并推出领袖个人网站，使普通党员和民众能不受时空限制在第一时间了解党的情况。德国社民党提出建立“网络党”，启动了“红色电脑”和“红色手机”计划，将全国12000多个基层组织全部联入内部信息网，用电邮、手机等手段向全体党员发布消息、传达指示、相互沟通。目前，在德国社会民主党总部处理的地方来信中，有80%以上为电子邮件。

六、有益启示

尊重党员的主体地位，是政党现代化和党内凝聚力的重要表现。当前相当多的政党的党内民主正经历一个新的调整期和适应期。国外一些政党发挥党员主体作用的一些有效的路径选择启示我们：第一，拓展渠道，让党员获得必要的信息，提高权力运作的透明度，确保党员的知情权的充分实现。第二，通过改革党内选举制度，引进党内直接民主等方式，确保党员的选举权和被选举权不致扭曲。第三，疏通党员参与党的决策及监督的渠道，实现决策的民主化和有效的党内监督。第四，充分利用互联网这一新载体，为拓展党内民主提供新平台。

当然，由于国情和党情的不同，我们不能照抄照搬国外政党的做法。我们既要吸取国外政党发挥党员主体作用的经验，取其所长，为我所用；又要立足国情和党情，一切从实际出发，探索适合中国共产党自身特点的尊重和保障党员的主体地位、发挥党员主体作用的新路径。我们党要以一种既开放又务实的观念与态度，放眼世界、勤于学习，注重区分个性、把握共性、探求政党建设的共同规律；坚持辩证取舍、择善而从，既不迷信照搬别的政党的模式而东施效颦，也不拒绝学习借鉴别的政党的经验而固步自封，从而在一个更为宽阔的空间中，不断推动中国共产党党内民主建设理论与实践的发展和创新。

（作者单位：中共上海市委党校党史党建教研部）

（选自《探索》2008年第1期）

现代西方国家执政党
主流意识形态建设的经验和启示

石本惠

目前全世界200多个国家和地区中，有180多个国家和地区实行政党政治，各种类型的政党空前活跃，政党政治已经成为当代社会一种十分引人注目的政治现象。随着现代社会民主化程度的不断提高，社会控制强制力发挥作用的空间越来越小，公众自我选择的空间进一步扩大，加上政党竞争的压力，各国执政党都把主流意识形态的建设提上了议事日程，在保持意识形态继承性的同时，又不断进行调整创新，努力重塑主流意识形态的良好形象，以增强其竞争力、影响力和感召力。在这一过程中，作为西方国家执政党主流意识形态的几种理论思潮都发生了较大的变化。当代西方国家的执政党十分重视意识形态建设，并积累了一定的经验教训，值得认真总结。

一、现代西方国家执政党主流意识形态的演变

在现代西方国家中执政的政党主要有自由党、保守党、基督教民主党和社会民主党，其主流意识形态主要有三种类型，即自由主义、保守主义和民主社会主义。

1. 自由主义

自由主义是西方自近代以来占主导地位的意识形态。发轫于近代文艺复兴运动中的自由主义，作为资本主义社会的一种基本的政治信念、政治体制构建和政治策略取向，代表了当时社会进步的理性主义传统，是资本主义制度的理论基础，也是其社会经济和政治实践的主流意识形态。澳大利亚学者安德鲁·文森特认为：“自由主义是诸意识形态中最为错综复杂与难以理解的。”但是，自由主义在其发展与演变的历史进程中，仍然有其核心原则与价值取向。英国学者乔治·克劳德认为：“自由主义的观念是复杂的和有争议的，但人们一般都同意自由主义包含对以下四种主要价值或原则的信奉：个人的同等的道德价值，个人自由和权利，有限政府和私有财产。”作为西方近几百年里占主导地位的伦理和政治思想，自由主义思想经历了复杂的发展和演变过程，从文艺复兴到英国以洛克为高峰的早期自由主义，从法国的启蒙思想和苏格兰启蒙运动所强调的放任自由主义到英国以功利主义为基础的古典自由主义，这一思想不仅成了以英国为基地的西欧伦理、经济和政治哲学的主流，而且也深深地影响了英国乃至美国的政治。大多数自称为自由主义的政党都主张个人权利和自我负责，在开放的竞争

过程中选择自由、自由市场，以及由国家保证并保护个人的自由。

作为资产阶级政党主流意识形态之一的自由主义，20世纪以来发生了深刻的变革，20世纪30年代的“罗斯福新政”和70年代末80年代初的“撒切尔主义”、“里根革命”是自由主义两次不同类型的改革，标志着自由主义在基本政策层面上的两次重大转型。从某种意义上说，正是这两次转型使自由主义脱离了19世纪传统的自由放任形态，使资本主义保持了发展的势头和活力。20世纪60年代后半期，西方国家经济在经历了战后的繁荣之后逐渐走向停滞，1974年的“石油危机”更是把资本主义国家卷入了经济衰退的漩涡，从而动摇了凯恩斯主义在西方经济学界的统治地位。在这种背景下，新自由主义经济学派对主流经济学进行了抨击和责难，他们认为，通过市场供求作用的自动调节能够达到充分就业均衡，使资源得到充分利用；信赖市场的自由放任可以达到经济的均衡发展，而国家的过度干预恰是危机的根源。随着撒切尔夫人和里根的上台，哈耶克、弗里德曼的学说逐步取代了凯恩斯主义，新自由主义意识形态在发达资本主义国家上升为主流经济政策取向，从而引发了西方世界20余年历久不衰的“新自由主义”浪潮。新自由主义极力主张私有制，反对公有制；主张自由经营，反对国家干预；提出“自然失业”理论，反对工会组织；坚持健全财政原则，反对通货膨胀；宣扬自由贸易，鼓吹经济全球化。

新自由主义在20世纪80年代和90年代逐渐转回自由放任的政策，支持对医疗系统和其他公共服务实行私有化和自由化。新自由主义理想中的政府规模通常小于社会民主主义，也小于社会主义的政府规模。欧洲自由主义的舆论则倾向于应该分化经济的权力。一般而言，当代的欧洲自由主义通常不支持政府以国有企业直接控制生产，相较之下社会民主主义却支持这样做。为适应资本主义由国家垄断向国际垄断发展的需要，新自由主义开始主张国家职能最小化、市场作用最大化、贸易和金融自由化，这些主张适应了垄断资本试图打破国内福利国家体制束缚、国外民族国家疆界和国家主权障碍的需要，一跃成为美英国际垄断资本推行全球一体化理论体系的重要组成部分。从实践上看，新自由主义已成为发达国家对发展中国家实行新殖民统治的思想武器。西方断资产阶级在强大的经济力量支撑下，高擎着“华盛顿共识”文本，以提供贷款为诱饵，迫使发展中国家拆除贸易壁垒，按照跨国公司的生产和经营理念进行调整，使发展中国家主权面临着严峻的挑战。

2. 保守主义

作为一种明确的政治态度、政治哲学和政治运动的保守主义，形成于18世纪末法国大革命时期。那场以自由、平等、博爱为旗帜、以暴力和恐怖为手段的社会激变，对欧洲以至整个世界产生了巨大冲击，并引起各种政治力量的不同反应，特别是人民群众所表现出来的巨大作用，使不少人产生了很大的担心和恐惧。保守主义就是在这一时期形成的，奠定其思想基础的是英国政论家和议会活动家埃德蒙·伯克。埃德蒙·伯克于1790年出版了《法国革命感想录》，提出了一套系统的保守主义的信念和原则。200多年来，保守主义经历了两次大的发展。第一次是在1790—1810年期间，主要在欧洲。这一时期，西方保守主义有三种主要形式，即法国式、德国式、英国式。这三种类型反映了不同的文化特征，它们之间既有作为保守主义的某些共同特征，又有由于不同文化与历史造成的独特性质。第二次是在二战之后，保守主义强劲复兴，波及到美国、英国以及欧洲大陆各国，但尤以美国的保守主义具有完整的理论体系与强大的政治影响。保守主义是西方资产阶级政治思想的重要传统之一，传统保守主义的基本思想是强调传统的价值，重视宗教和家庭的作用，反对把个人看成抽象、孤立的原子，谴责诉诸个人理性、利益和权利的个人主义，崇尚传统伦理和权威统治，目的是防止个人主义造成的道德价值的沦丧以及对社会秩序的破坏。传统保守主义有两个基本内涵：一是不完美主义，认为人类社会的不完美是内在的、永久的，而不是暂时的；二是政治的有限性。保守主义并非一概反对变革，它也能接受必要的变革，但主张渐进的变革，反对急剧的变革，特别反对以政治的方式——政府的或群众运动的方式——寻求社会的根本变革。中国学者刘军宁明确提出：保守主义作为一种意识形态，矛头针对的正是激进意识形态，针对任何乌托邦的冲动，是与任何激进主义意识形态根本对立的。

20世纪70年代以来，随着西欧福利国家运动和美国“伟大社会”运动受挫，国家干预主义和福利国家政策的种种弊端充分暴露，中右势力赫然崛起，保守派先后在英、美、西德等西方工业大国上台执政，在法、意、奥、瑞典等国也有相当进展，形成了强劲的保守主义运动，其意识形态也因此而迅速扩大影响。

这种新保守主义思潮具有新的时代特征，集中表现在它把战后美国自由主义和传统保守主义两种不同的思想要素“综合”在一起。在经济上，既主张恢复传统的市场经济，保守自由的传统，坚持经济自由化，反对政府干预，又放弃对经济至高无上地位的要求，强调伦理生活的重要性；既承认向福利国家过渡的不可逆转性，又谨防福利政策的消极后果。在政治上，既不完全否认民主的作用，又强调民主只是用以确定杰出人物的筛选机制，反对把民主作为生活方式加以推广；既不否定机会平等是唯一对社会有益的可行原则，又认为平均主义只会使社会失去进步的动力。在文化上，主张维护传统的宗教、道德、文化和家庭观念，反对激进派倡导的性解放运动、不顾公共秩序和无视政治权威的行为。

新保守主义是当前美国共和党信奉的一种主流意识形态。新保守主义在国内问题上坚持倾向保守的观点。在外交上采取强硬的意识形态立场，推崇美国制度和价值观的优越性，要求实现美国的世界领导地位。新保守主义外交理论以冷战的结束为分界线，分为冷战期间与冷战后两个阶段。冷战时期是新保守主义外交理论发展的重要时期，其核心的外交理念——反对共产主义和提倡美式的民主价值都形成于这个阶段。冷战后，面对美国一极独大的局面，新保守主义者提出了一系列新的外交政策主张，“单极世界论”和“新帝国论”成为其两大支柱性理论。美国新保守主义者倡导建立真正意义上的世界和平，主张打击世界上奉行“恐怖主义”的国家或地区，这就是“先发制人”战略，也经常被人戏称为“国家恐怖主义”，其典型表现形式就是伊拉克战争。

3．民主社会主义

在当代，民主社会主义是世界各国社会党、社会民主党、工党所信奉的政治理论，它是企图在资产阶级民主共和国的框架内通过利用和改善议会制民主和政党政治，对资本主义制度实行逐步改良或“纠正”的改良主义政治思想体系。民主社会主义的基本理念和追求的基本价值是自由、平等公正、合作互助；它的目的是建设政治民主、社会民主、经济民主并推进国际民主的“社会主义”；它实现这一目的的政治手段是民主。民主社会主义是一种改良主义思潮，曾经作为欧洲各国工人政党的意识形态，在工人运动中发挥了重要作用。在经历了漫长的历史演进之后，西方发达资本主义国家的社会民主党大都放弃了马克思主义的指导思想，逐

步形成了自由、民主、公正、平等、团结、互助等基本思想价值，并在政治上同共产党彻底分道扬镳，甚至势不两立。20世纪50年代，社会民主党人为了凸显社会民主主义的“民主”，将其思想体系的名称由“社会民主主义”颠倒成为“民主社会主义”。20世纪90年代以后，社会民主党人又把其思想体系的名称再次颠倒成“社会民主主义”，意在表明它并不是一种（民主）“社会主义”，而是一种（社会）“民主主义”。西欧各国的社会党和各种激进力量联合在一起，组成了比较稳定的左翼阵营。它们大多自称信奉社会主义，但是反对暴力革命，主张用温和的、渐进的方式去对资本主义社会进行修补。

社会民主党在成立前期曾坚定地表明其阶级属性，是代表工人阶级的政党。1951年社会党国际发表“法兰克福宣言”，标志着社会民主主义开始转向。它宣称，社会民主主义以“民主”为基本动力，以实现政治民主、经济民主、社会民主和国际民主为目标，对社会主义的定义仍在经典社会主义的范围之内，即“社会主义作为一个反抗资本主义社会所固有的各种弊害的运动而产生于欧洲……（它的目的）是要把人们从对占有或控制生产资料的少数人的依附中解放出来。”

1959年通过的德国社会民主党的哥德斯堡纲领概括了社会民主党在战后所遵循的各项理论原则：主张世界观的开放性和多元化，由工人阶级政党转变为全体人民的政党，坚持议会民主制和多党政治，同共产主义划清界限，主张保护私有财产和个人的自由民主权利，坚持以改良而不是以革命的手段争取社会公正和互助，等等。在经济政策方面，主张实行混合经济，在重申公有制要求的同时，为私有制和市场竞争保留了足够的位置。以哥德斯堡纲领出台为标志，西方大多数社会民主党调整党的定位，不断淡化党的阶级属性，拓展自己的社会基础，定位自己是一个“人民党”甚至“全民党”，强调社会党不仅要代表劳动者阶层利益，也要代表中小企业、工商业集团等大多数群体的利益。时任联邦德国总理和德国社会民主党领袖的勃兰特在70年代初与奥地利社会党领袖克赖斯基、瑞典社会民主党领袖帕尔梅多次共同商讨民主社会主义在新时期的理论问题，他们一致认同哥德斯堡纲领的思想路线，认为社会主义民主的基本概念是“自由、公正（平等）、互助（博爱）”，社会党是包括工人阶级在内的一切民主进步力量的党，是代表全体人民利益的政党。此后，其他西欧国家的社民党也纷纷以哥德斯堡纲领为样板，制定自己的纲领和政策。

20世纪90年代初期，由于苏东剧变的冲击，同时也由于后工业时代西方国家社会结构的变迁、蓝领阶层的萎缩、传统工运的衰退、左派原有社会基础的缩小等原因，民主社会主义运动一度出现严重危机。在这种情况下，社会民主党对社会民主主义进行了历史上第三次大调整，进一步用平等、自由、民主、互助等价值观作为对资本主义的替代思想，重新界定和强调了国家在政治和社会生活中的作用，加快和完善福利制度改革，推进社会民主党的现代化建设，在反对战争、维护和平的同时，实施国际反恐战略，打造全新的时代政党新形象，迎来了社会民主党重返政坛的又一个重要历史时期。从德国社会民主党理论家、党的基本价值委员会成员托马斯·迈尔自1991年以来在《民主社会主义——社会民主主义导论》、《社会主义还剩下什么》等著作中反复论证，鉴于苏东剧变后出现的新情况，社会民主党应放弃使用“民主社会主义”概念，改用“社会民主主义”一词来表述自己的理论和政策。面对社会基础不断缩小的严酷现实，欧洲社会民主党还改变了多年来主要依靠产业工人的政策，主动谋求与各种中产阶层、一切和平与进步力量及各类新社会运动的结盟、合作，以扩大其社会基础，争取尽可能多的支持者。同时，面对日益沉重的社会福利压力，各国社会民主党都在反思福利国家政策，并做出新的调整。调整的基本思路是削减过高的社会福利开支，重视市场竞争的作用。英国工党也主张扭转过去“高税收、高福利、高支出”的政策，提出合理税收、支出和经济增长同步、量入为出的财经政策设想。以英国首相布莱尔和德国总理施罗德为代表，社会民主主义开始了新一轮的变革。英国工党在布莱尔领导下，提出了“新工党”、“现代性”、“新政治”、“新福利”等时髦的口号，完成了建设新工党的目标。英国工党还在实践中将社会民主主义与自由主义重新结合起来，创造出一个具有意识形态色彩的新词汇——“第三条道路”。特别是自布莱尔与施罗德于1999年6月发表题为《欧洲：第三条道路／新中间派》的共同声明以来，第三条道路声威大震，俨然成了欧洲社会民主主义的新主流，第三条道路也成了一种国际现象。

二、西方国家执政党意识形态建设的主要手段和特点

1．*意识形态的价值取向力求中间化*

政党意识形态的发展变化，如果以第二次世界大战为界，前后可分成两个显著不同时期。第二次世界大战以前，西方政党的意识形态是多极化的，不同政党的意识形态有天壤之别。这一时期的政党，不仅在意识形态上五彩纷呈，而且相互之间尖锐对立；不仅国际上国与国之间的政党差异很大，而且在同一国家中，不同政党的意识形态也具有天壤之别。政党借以立足的，除了它的特殊政策主张外，便是它的意识形态特征了。第二次世界大战以后，随着资本主义本身的新变化和冷战的结束，情况发生了明显的变化。政党的意识形态，在没有消除相互对立的同时，开始由基本上互相排斥向相互借鉴、相互吸收的方向发展，产生出意识形态的中间化趋势。应当说，面对社会发展变化要求和政党政治进化的趋势，执政党都被迫对自己的意识形态进行调整。在此过程中，意识形态中间化是一条比较好的应对措施，它是政党适应社会环境变化发展自己的一种调节行为。

西方政党意识形态中间化主要有两种发展路径：一是在原来两个相近的意识形态之间出现了一种新的独立的意识形态，它既亲右也亲左，把二者混合起来，变成了一种新的意识形态。例如，社会主义民主的意识形态实际上是对无产阶级和资产阶级两大阶级的意识形态进行调和的过程中产生的理论，是一种典型的中间化理论，其最典型的代表是瑞典社会民主党“人民之家”的主张及其实践。瑞典社会民主党成立于1889年，1917年首次入阁，1920年3月首次组成一党单独执政的政府，1932年重新上台后，迄今累计执政已有70多年，是瑞典执政时间最长的政党，也是世界上执政时间最长的社会民主党，并建立起令世人称羡的“瑞典模式”。他们认为，对于党的现实活动而言，人民的概念将大大有利于阶级的概念，因为国家好比一个家庭，人人都希望这个家庭的基础是一致和团结的，而不是对立和分化的。由于实施了从“阶级党”向“人民党”转变的策略，瑞典社会民主党在瑞典政坛独执牛耳，成为在本国举足轻重的政治力量。

二是政党的意识形态逐步向对立面靠拢，用合作态度代替了对抗意识。无论是温和的左右两翼，还是极端的左右两翼，都在不同程度地向中间靠拢。20世纪90年代以来，英国工党领袖布莱尔提出“新工党，新英国”的口号，并按照自己的思路对工党进行了改革。改革后的英国工党以新的姿态赢得了选民的支持，沉寂14年后的工党成为执政党，2001年，再次连续执政。工党的改革大大鼓舞了德、法等国的社

会党，德法社会党经过改革包装后也先后执政。连美国前民主党领袖克林顿也刻意塑造该党的中间化形象，积极推动、支持和迎合“第三条道路”，以至有人称美国两党为驴头象尾党（驴和象分别是美国民主党和共和党的代称），言外之意就是从党的主张上已经看不出是哪一个党了，选择谁都一样。可以预见，随着一些国家现代化和民主政治转型的完成以及新中间阶层的产生，越来越多的具有中间意识形态的政党有可能获得执政党的地位。

2．扩大党的纲领和政策的包容性，扩大党的社会基础

冷战结束以来，西方发达国家的社会结构发生了重大变化，发达国家的阶级、阶层和利益群体不断分化组合，政党赖以存在的社会基础也随之改变。根据社会阶级、阶层结构的变化，努力争取更多选民、扩大社会基础成了许多执政党改革的根本目标之一。以社会民主党为例，它们主张跨越传统的左右分野，吸纳传统的社会民主主义和新自由主义的思想精华，从而在多元化的社会环境中扩大自己的政治基础。它们以取得政权为主要目标，以争取更多选民、更多的选票为目的，并通过其在政治上的适度右转来赢得更多的中间阶层和社会大众的支持。法国社会党根据中间阶层人数迅速增加成为社会主体和稳定因素的新情况，制定了以中间阶层为基本依靠力量，在调和其他阶级利益和愿望的基础上建立新型联盟的战略，从而组建了目前的“多元化左翼联盟”，在较大程度上起到了巩固执政党地位的作用。德国社会民主党强调必须得到多个社会群体的支持，组建“在社会和文化上更加复杂、更加多元化的公民联盟”。各类政党为争取社会中间阶层、壮大自己的社会基础展开了激烈竞争，有些党甚至把代表和体现社会中间阶层的利益作为参加竞选、执掌政权的基本出发点。

当代西方国家执政党逐步打破传统框框的束缚，其纲领和政策体现出越来越强的包容性。法国学者让·布隆代尔和意大利学者毛里齐奥·科塔认为：“政党存在的主要原因就是沟通人民和政府之间的联系。”这样，一些典型的资产阶级政党打出了维护劳动者社会福利和公民权利的旗帜，以维护社会稳定、巩固执政地位。中国学者陈晓律考察了英国自由党近百年来的历史后，提出：在有组织的对抗中失利，缺乏战斗的意识形态，并未能在关键时刻抓住时机，是英国由贵族政治转向大众政治后自由党百年沉浮的主要原因。同时，他通过对自由党命运的分析，认为现代英国政治又重新成为了一种“游戏”政治，各种政党只求执政的工具性日益突出，其原则性区别基本消失。英国现代政治的发展使政党日益成为一种纯粹的政治机器，这也使政党原有的纲领日益成为一种工具，什么纲领能够吸引选民，什么纲领就受到各个政党同时地吹捧。当前，西欧多数社会民主党强调要成为“群众性的纲领党”，在“基本价值观保持不变”的前提下，纷纷对党进行变革和调整，带有较浓厚的实用主义色彩。法国社会党提出以新的方法为传统价值观服务，德国社民党认为要重新理解“自由”、“公正”、“互助”等基本价值观，连极右的意大利民族联盟也提出了“民主革新”向“民主的、温和的右翼”演变。由此也导致西方国家一些政党在内外政策上日益趋同。特别是美、英等发达国家执政党常借助“思想库”、“智囊团”制定政策，相互借鉴和渗透，相当多的内外政策日益趋同。英国工党和保守党在国有化问题上本来是完全对立的，但从20世纪50年代起保守党开始改变看法，承认一些部门的国有化是必要的；在20世纪90年代工党则放弃了其一贯坚持的国有化立场。在美国，自由主义和保守主义本来是民主党和共和党各自的政治信条，但进入20世纪90年代后，这两个党的界限变得十分模糊。两党都强调要进行改革，在迫使各国开放市场、对中产阶级减税、强调人权等许多内外政策主张上趋向一致。此外，下述情况也时有发生：尽管竞选时各方立场鲜明，互相攻击对方的政策主张，但执掌政权后，如果在野党提出的主张很有价值，执政党会拿来把它变成自己的政策。

意识形态中间化反映了政党对变革时代的回应，它是政党在遭遇环境压力和权力吸引力双重影响下作出的一种选择。及时作出这种回应，对政党的发展是有利的。当代西方执政党扩大党的纲领和政策的包容性的具体方法是淡化“阶级性”，加强“全民性”、“群众性”；淡化激进性，加强改良性；淡化“主义”，加强政策性。在现代社会，执政党越来越像社会“总管家”，要以为全民谋利益的姿态出现，展示一个开放、开明、宽容、合作的形象。西方国家的执政党比较注重整合各方利益，协调各方关系，其中尤其要尽力兼顾多数中间阶层的利益诉求，增强纲领和政策的包容性，扩大党的社会基础。

3．通过媒体宣传党的政策，消除负面影响和化解社会矛盾

西方国家标榜新闻自由，新闻媒体被称为“第四种权力”。处理好同新闻媒体的关系，从中挖掘执政资源成为各国执政党的重要课题。一些国家的执政党高度重视利用媒体的传播功能大力宣传、诠释党的方针政策，宣传主流政治意识形态，最大限度地获得民众的支持和信任。同时，西方政党对大众传播媒介的充分利用是赢得选举胜利和政府施政的有力工具。西欧社会党充分利用现代信息手段，改进宣传方式，扩大宣传阵地，加强党对社会的政治影响力。德国社会民主党提出要建立“网络党”，运用新的信息和通讯技术，实现党内信息沟通的现代化。设立党的网站，在网上发布党的文件，可以直接传达信息，实现了工作方式和组织方式的新变革。对发达国家的执政党而言，对新闻媒体进行适度的控制，可以降低负面报道给执政党的形象造成的影响。英国工党领袖布莱尔亲自做传媒大亨默多克的工作，表示工党支持市场经济并照顾默多克在英国的利益，这对争取其控制下的媒体网络转而支持工党起了重要作用，默多克旗下的《太阳报》每天在头版头条为工党呐喊助威，本具有保守主义倾向的《泰晤士报》也听其老板默多克的指示，给工党加油，促成了工党的胜利。

在现代社会，意识形态的社会影响力越来越大，通过调控意识形态，整合社会思想，促进社会共识，保持社会稳定，已经成为现代社会管理的一个基本途径。在西方国家，利用新闻舆论工具，调控意识形态，增强社会共识，在某种程度上可以起到社会矛盾的“泄气孔”和“减压阀”的特殊作用。各种传媒方式，如报刊、书籍、广播、电影、电视、网络成为社会生活不可或缺的组成部分。一些报刊反映不同的政治观点，相互制约，成为调整统治集团内部关系的社会调节器。在美国，每当大选来临之际，民主党和共和党控制的传媒都会竞相给对方抹黑，想方设法揭露对方要员的丑闻，在一定程度上舒缓了民众对两党政策的不满，同时也对执政党的腐败行为形成强大的威慑作用，遏制了腐败的蔓延。英国工党重视民意舆论的发展变化，专门建立了负责民意调查的机构，其主要职责是分析民意测验的数据，进行必要的追踪研究，对紧急情况迅速提出对策。对于工党的丑闻和党内矛盾的报道，立即采取化解措施，防止事态扩大或媒体炒作。法国社会民主党经常让各级领导人与党外群众在网上见面，直接回答网民所关心的问题。德国社会民主党注意通过网络了解党外群众对该党的理论政策及领导人的意见和建议，并及时作出反应。可见，利

用新闻媒介，将社会发生的问题和矛盾现象揭示出来，引起社会关注，了解民情民意，可以有效降低问题和矛盾的尖锐性，为缓解社会矛盾和解决社会问题提供一定的舆论支持和社会基础。

三、西方国家执政党主流意识形态建设的启示

1．不断完善政党政治研究的方法论，深化对执政党意识形态建设规律的认识

政党政治是当代政治文明的重要组成部分。执政是政党从事政治活动的最高形式，大多数政党都把谋求和维持执政地位，使党的意志上升为国家意志，作为主要的政治追求。任何政党执政都必须履行一定的公共职能，都有对内促进经济社会发展，对外代表整个国家利益的责任。各国政党制度和政党政治运作有各不相同的特点，每个国家政党制度和政党政治运作的特色都是由本国的具体国情，包括基本制度、经济社会结构、发展水平、历史和文化传统等因素决定的。所以，不同国家必然有不同的政党政治模式、不同的政党政治理论和实践。但是，政党政治作为当代社会的一种普遍政治现象，不论是属于资产阶级政党还是社会主义政党，不论是采取一党制还是两党制、多党制，其产生、演变与发挥作用的过程，具有一些共同的特点和规律。西方国家的政党经过长期的摸索，已经逐渐形成了一套比较成熟的运作规则和运作方式，其中有一部分反映政党活动的一般规律，成为许多政党的共识，值得深入研究，并可以为我所用。

由于历史的原因，中国对西方政党的研究大多采取阶级分析法，过多强调社会制度的区别和差异，较少从共同规律的角度去分析研究。西方发达国家执政党通过自身变革带来了社会发展和国家建设的巨大成就，给中国共产党的一个重大启示就是，要不断完善政党政治研究的方法论，深化对执政党普遍规律的认识，使党的多党合作制逐渐达到完善和真正的成熟。事实上，政党政治作为当代社会的一种普遍政治现象，在政党活动领域，既存在与政党的性质密切相连的因素，也存在本来并无“姓资姓社”之分的内容。如果不适当地都用阶级分析的方法，党就会在一些很重要的问题上自缚手脚、自弃阵地，把相当一部分本属于全人类共享的政治文明财富划归到资产阶级及其政党的名下，从而使自己的理论空间变得狭小、拥挤。

在对西方政党政治的研究上，要把阶级分析法与社会分析法结合起来，在党的现代化建设的内容设计和方式安排上，吸收借鉴西方执政党多年摸索形成的、反映执政党活动一般规律的运作规则和运作方式，绝不能因为是西方资产阶级政党率先实行的制度和方式就一概地拒绝排斥。其实，政党活动经验的相互借鉴，正像社会运作机制的相互借鉴一样，是政党本身发展的一种趋势，也是党的现代化的基本条件。比如，西方执政党选举制度中某些行之有效的做法，权力设置和权力监督的某些有益成果，现代民主运行机制的某些程序，反腐倡廉的部分措施，新闻监督的某些形式等都是值得我们参考和借鉴的。

2．不断拓展党的纲领政策的涵盖面，扩大和巩固党的群众基础

政党主动变革自身以适应客观环境及其变化的需要是一个政党达到成熟境界的标志之一。西方发达国家执政党通过不断调整其政策和主张扩大其包容性，更好地综合了社会各方面的利益，维护社会稳定和发展，具有可取之处。

中国共产党作为执政党，具有对社会利益进行整合的政治资源，应充分发挥党的利益整合功能。改革开放30年来，中国原有的社会阶层发生了分化和组合，出现了新的社会阶层。这些新的社会阶层随着市场经济的不断发展，其阶层意识和利益观念逐渐成熟和发展，政治观念和行为特征也发生着重大变化。他们的利益追求已经不再局限于单纯的经济领域，而开始转向政治领域，希望通过积极参与政治过程，影响公共政策制定和公共产品的生产。在这种情况下，对中国共产党来说，适应时代和社会的发展变化，不断扩大自身纲领政策的涵盖面和包容性，扩大和巩固社会基础，是非常重要和必要的。

3．不断增强党的理论创新能力，开拓思想理论建设的新境界

西方一些国家的执政党在意识形态方面相当注重思想理论建设，为解决各个国家的经济社会问题提供指导，并根据时代发展的潮流和面临的现实问题不断调整自己的理论主张和政策主张。我们可以看出，西方一些国家执政党的理论、纲领、政策和主张在不同的历史时期有很大的差异，也体现出了一种与时俱进和不断创新的精神，而那些固守陈规、不能适应时代变化和发展的政党则会衰败而变得对社会、对国家、对政治的影响越来越弱小，更谈不上取得执政地位了。这一经验也提醒我们，在新的历史条件下，一个政党必须不断增强党的理论创新能力，不断开拓思想理论建设的新境界。

马克思主义是中国共产党的根本指导思想，它的基本原理是正确的，具有强大的生命力。然而，马克思主义之所以是科学，就在于它能够根据历史条件的变化不断揭示人类社会发展的客观规律，具有与时俱进的理论品质。当前，改革和发展面临着一系列严峻的挑战和崭新的课题，只有不断提高党的理论创新能力，开拓马克思主义新境界，才能把中国特色社会主义事业不断推向前进。面对新形势、新任务、新挑战，要进一步解放思想，以与时俱进的精神状态研究新情况，大胆进行探索，提出新思路，解决新问题。要坚持党的意识形态与具体政策紧密结合，使之朝务实化方向发展。政党的意识形态和它的具体政策是紧密相连的，政党意识形态决定了党的政策的基本方向，政策不能偏离这个方向。同样，随着不断变化的形势，政党也要不断调整和创新自己的意识形态，使之与变化了的具体政策相适应。

开拓马克思主义理论新境界，要防止“左”和右的两种偏向。正如邓小平所说：“现在，有右的东西影响我们，也有‘左’的东西影响我们，但根深蒂固的还是‘左’的东西。……中国要警惕右，但主要是防止‘左’。”党的十五大以来，“左”的观点有所收敛，但也并没有绝迹，不是还有人说我们现在搞的不是有中国特色的社会主义，而是有中国特色的资本主义吗？这就是典型的“左”的观点。当前，极左思潮的表现主要有两种形式：一是停留在过去对马克思主义的某些原理、某些本本的教条式理解上，或者停留在过去对社会主义的一些不科学的甚至完全扭曲了的认识上，或者停留在改革开放前那些超越社会主义初级阶段的空想和政策上，而不是用马克思主义的立场、观点、方法分析变化了的客观实际。二是怀疑邓小平理论的正确性，怀疑十一届三中全会以来党的路线、方针、政策的正确性，不接受改革开放的正确方针政策，甚至否定改革开放，认为搞改革开放就会走向资本主义。这些都在一定程度上对中国主流意识形态建设形成阻力。因此，在中国特色社会主义建设的实践中，我们必须与时俱进，开拓马克思主义理论的新境界，以马克思主义去引领多元、多变的社会思潮，从而推进中国特色的社会主义事业向前发展。

（作者：四川省社会科学院《社会科学研究》杂志社编审）

（选自《社会科学研究》2008年第2期）

全球化信息化背景下国外一些主要政党组织发展趋势研究

中共中央组织部党建研究所课题组

全球化信息化的快速发展，不仅深刻地改变着人们的生产、生活和思维方式，而且对各国政党的组织结构和运作方式等带来前所未有的机遇和挑战。为抓住机遇、应对挑战，各国主要政党都积极探索组织革新，组织建设呈现新的发展趋势。深入研究和探讨全球化信息化背景下一些国家主要政党的组织革新情况，了解和分析国外不同类型国家政党组织建设的发展现状与内在规律，总结其基本经验和有益启示，对于我们准确把握时代要求和世界大势，科学有效地应对全球化信息化带来的挑战，切实加强党的建设，提高党的执政能力、巩固党的执政地位具有十分重要的意义。

一、全球化信息化对国外一些主要政党组织建设的冲击和影响

全球化信息化对政党的组织建设带来了广泛而深刻的影响。一方面，对政党的组织结构带来了巨大冲击，造成政党的社会基础不稳定、党员数量锐减、党的组织不健全等一系列新问题；另一方面，也使各个政党面临着推进组织变革的前所未有的机遇，并为政党的运作提供了新的技术手段。

（一）全球化信息化对不同性质政党的组织建设带来的新挑战有其共性的一面。

1．阶级、阶层和利益群体重新分化组合，各主要政党赖以存在的社会基础随之发生改变。全球化带来的重要后果之一是社会分层的日益复杂化。20世纪七八十年代以来，在新产业革命的推动下，西方发达国家和新兴工业化国家中传统的资产阶级和工人阶级的规模逐渐缩小，而数量庞大、形式多样、分界模糊的各种新中间阶层迅速增加，社会结构由所谓“哑铃型”社会向“橄榄型”社会转变。西方社会结构的深刻变化冲击了主流政党的选民基础。西方主要政党为了达到上台执政的目标，必须赢得日益庞大的中间阶层的支持。中间阶层是人数众多，价值观念和生活方式迥异，且处在不断发展变化的状态中的社会群体。政党社会基础的不稳定性，迫切要求各国政党淡化左右政治界限，扩大意识形态的包容性，反映广大中间阶层的利益和要求。由于经济全球化特别是全球性的产业结构调整，这种阶级阶层关系变化在发展中国家也陆续出现，并对其政党组织产生了重要影响。

2．在网络媒体的作用下，各主要政党的传

统运作方式和组织方式受到挑战。在一个通讯和媒体高度发达的时代，政党过去的那种层层叠叠的组织沟通和信息传递方式，不再适应党内民主和沟通、参与的需要。公众通过电视、因特网等多种渠道参与社会生活、感知政治，远比通过政党渠道更加直接和便捷，成为选民最主要的政治信息来源。在这一政党竞争的新平台上，政党成员人数多少不是决定性的，深谙媒体运作规律、成熟专业地制定媒体宣传战略成为政党取胜的必需条件。这就对过去严重依赖党员人数众多取胜的政党提出了严峻挑战。网络媒体作为“第四种权力”涉足政治，在相当程度上侵蚀着政党的传统领地，冲击着政党的传统组织结构和运作方式。

3．随着社会政治多元化、生活方式多样化的不断发展，国外大多数政党的组织机构遭到不同程度的削弱。全球化信息化的迅猛发展带来的重要变化，就是社会政治多元化、公民的非意识形态化、利益多元化、生活方式多样化及个性化倾向日益显著，越来越多的人更重视自我价值的实现，对政治组织的选择呈现出超越阶级对抗、强调个人价值和个性化选择的新特点，政党的吸引力有所下降，许多社会精英远离政党和政治生活。特别是年轻人对政治冷淡的趋势尤其明显。首先，表现为民众对政党的忠诚度降低。对某一政党“从一而终”的逐渐减少，甚至出现了将选票投给其他政党候选人的党员。其次，党员人数不断减少，年龄构成明显老化。据统计，20世纪60年代西方发达国家的党员人数占选民人数的比例为15%左右；到80年代末期，这一比例下降为10%左右；而到90年代末，这一比例继续下滑至5%左右。第三，党的组织机构涣散，专职人员大大减少。基层组织和党员的作用不断弱化，不少政党正在演变成选举机器。许多发展中国家、转型国家的政党也面临类似问题。

4．新社会运动、各种利益集团及非政府组织在全球化信息化背景下发展迅速，对政党组织造成了冲击。首先，以绿色生态运动、和平运动为代表的新社会运动取得了新中间阶层的广泛支持。新社会运动倡导去阶级化的“中性政治”，强烈冲击了传统政党政治。其次，欲借公共和外交政策求得自我实现的利益集团在数量、种类上大幅增加，独立性大为增强，它们不仅为候选人提供人力、物力、财力，还动员选民支持其候选人，与政党形成了竞争。第三，大量涌现的“非政治党派”和非政府组织对传统政党组织的冲击加大，形形色色的非政府组织并不关心旧的政治，没有执政、参政的政治主张，而主要关注其他形式的政治努力和具体事务，开展诸如女权、环境保护、地方主义、公民权利、反全球化、反欧盟等运动。它们逐渐取得公民信任，成为公民和政治体制之间的中间人，在一定程度上替代了作为沟通民众与公共权力之间联系桥梁的政党组织的功能。此外，由于跨国公司、跨国集团、跨国机构对国际和地区性重大事务的影响急剧上升，以民族国家为基础的传统政党的政治影响力也受到严重冲击。

（二）由于政党类别性质的不同，全球化信息化对不同政党组织的冲击和影响也呈现出一定的差异性。

1．全球化信息化对社会主义国家执政党组织建设的冲击和影响。全球化信息化为社会主义国家执政党的组织建设和发展提出了许多“前所未有的、在马克思主义著作与实践经验中都找不到的新问题”，使党“面临着很多巨大的挑战，各种问题相互交错、相互作用并发生复杂变化”。这种挑战是多方面的，既有全球化时代全球社会变化与国内社会变化互动带来的挑战，也有网络化时代社会交往方式和思想意识结构的深刻变化带来的挑战。主要表现在：当代

社会主义国家都不同程度地推行经济调整和革新，经济结构调整的巨大压力冲击着党执政的经济基础；西方价值观念的渗透影响着党执政的政治思想文化基础；工人阶级结构的变化冲击着党执政的阶级基础；收入分配拉大冲击着党执政的群众基础。

2．全球化信息化对资本主义国家共产党组织建设的冲击和影响。全球化信息化对资本主义国家共产党组织建设带来的负面影响主要表现在三个方面：一是阶级基础不断萎缩。目前，发达国家传统的工人阶级加上农业劳动者，不到总人口的10%。如果共产党仍然只代表不到人口10%的社会阶层的利益，很难发展壮大。二是领导体制机制不健全。一些国家的共产党没有形成新老交替的正常机制，高层领导职位实行终身制，家长制、一言堂现象明显；一些国家的共产党的领导人非正常频繁更换，领导核心缺乏凝聚力；一些国家的共产党内部斗争激烈，组织分裂时有发生。三是党的代表性萎缩。党员人数持续减少，年轻党员流失严重，老龄化问题特别突出，职业结构过于单一。

3．全球化信息化对发展中国家的一些主要执政党组织建设的冲击和影响。许多发展中国家的主要政党也面临着新的问题和挑战。其中最突出的是两个问题：一是党的社会基础既广泛又庞杂。党员成分比较复杂模糊，没有严格的入党条件，很难说政党具体代表哪个阶级、阶层，很多党都宣称自己是“全民党”、“群众党”。除少数党组织严明、管理规范外，许多政党内部都是派系林立、斗争尖锐，党的分化、分裂甚至重建和解体都非常频繁。二是权威主义和强人治党现象仍比较突出。尽管大部分政党努力实现民主治党，但某些政党由德高望重的人物或家族长期甚至终生掌握领导权的现象仍然十分突出，有的甚至利用党的执政地位和资源为自己的家族、亲信谋取各种私利，腐败问题时有发生。

4．全球化信息化对发达资本主义国家的一些主要执政党组织建设的冲击和影响。发达资本主义国家一些主要执政党的运行环境发生了广泛而深刻的变化，对它们的组织结构造成了巨大冲击，引发了一系列新问题。主要表现在：党的组织动员、宣传和管理机制失调；党的政治形象降低，对支持群体的吸引力下降，党的政策对公众的影响力下滑，甚至出现党的信任危机；政党与选民和普通党员的联系日益松弛，转而依靠政府的力量和领导人个人的形象魅力，过去那种纲领比较完备、组织较为严密的政党组织形式从根本上发生了改变。这些政党能否调整传统的组织结构和政治运作方式，以便更好地克服和解决上述问题，将直接关系到其未来。

二、国外一些主要政党组织建设的革新实践与发展趋势

在全球化信息化大潮的冲击和影响下，国外一些主要政党因应形势和环境发展变化，在新的时代条件下积极加强自身组织建设，创新组织运作机制，开拓新的发展空间。

（一）面对全球化信息化对政党的组织建设带来的冲击和影响，国外一些主要政党的对策不一，但其行动的大趋势基本相同，即适应环境变化，适时调整政党的组织结构和运作方式，充分利用媒介传播，以求获得更大的生存空间和发展契机。

1．增强意识形态的包容性，努力扩大政党的社会基础。当前多数政党主动适应经济发展带来的社会阶级结构的新变化，适当调整党的社会基础和成员构成，大力吸纳各阶层新生力量和各方面精英分子，扩大党的群众基础，寻求最大限度的社会支持。为了顺应时代，争取民心，多数政党开始由“阶级党”向“全民党”或“人民党”转变。以保守党和自由党为代表

的右翼政党继续巩固和扩大在中间阶层中的影响；以社会党为代表的左翼政党更加注意从中间阶层中吸收党员，扩大自己的群众基础，出现了"政党选民基础的中间化"趋势；而共产党也对此作出反应，注意在中间阶层吸收党员，特别是允许一些中小企业主入党。发展中国家一些主要政党也适应时代变迁，并迎合各种不同利益需求的民众，以最大限度地扩大其政治支持基础。

2．重视发展党内民主，努力提升党的形象和吸引力。一些政党将自身改革称为"党的民主化"，凸显了这个问题的重要性。西方政党认为，为了使党员结构能够反映社会组成，必须吸引足够的社会精英，整合游离于政党之外的政治资源，建立更为现代化的组织体系。一是更加分权，即进一步加强基层组织的权利，提高上级组织的服务意识。二是更加民主，加强直接民主。比如德国社民党提出，由全体党员而不是党代会选举总理候选人；葡萄牙社会党主张，党员在信仰和思想上享有充分的自由选择权，提出"不怕分歧的立场，只怕迁就的沉默"。三是更加多元化，设立专题支部，引进"项目党员制"，吸引更多的党员参与党内讨论和决策。四是更加开放，设置更多的论坛和对话平台，为社会精英参与党内工作铺设更多、更快捷的渠道。近年来，为了增强党的凝聚力和号召力，社会主义国家执政党也顺应民主这一世界潮流，加强党内民主建设，体现大多数人的意志，表达大多数人的主张，维护大多数人的利益，最大限度地把民众吸引到自己的周围。

3．革新党的组织结构，增强党组织的凝聚力和战斗力。国外多数政党的演进趋势是走向分权，组织结构日益松散、开放，命令式、垂直式的运作模式日渐让位于引导式、扁平式的运作。在全球化信息化背景下，特别是在社会结构发生很大变化的条件下，一些政党大力提高组织结构、组织形式的开放性，以进一步扩大其生存的社会基础。有的对党组织生活采取开放式的做法，鼓励、允许群众参加党的组织生活，加强与群众、工会和非政府组织及各种新社会运动的联系，借助因特网等手段，加强与党员、公民的对话和沟通，提高党的凝聚力和战斗力。

4．革新党的运作方式与组织制度，加强党与媒体的联系和互动。在高度发达的信息社会，媒体对政治的影响日趋强烈，如何处理好同新闻媒体的关系已成为各国执政党必须面对的重要课题。西方政党处理与媒体关系的主要做法有：直接占有或间接控制新闻媒体；重视对媒体的公关，化解媒体对执政党的消极报道，积极引导舆论导向；重视更新宣传观念和宣传方法，改进宣传机制，树立良好的政党形象。为培养"适应媒体社会发展的沟通能力"，国外左翼政党和媒体的关系经历了四个转变：一是由直接占有到间接影响；二是由被动到主动；三是由业余到专业化；四是由封闭到开放。在加强与媒体的联系与互动的过程中，甚至形成了"媒体政党"、"网络政党"等新型政党组织模式。利用各种媒体力量宣传政党理念，并引导社会主流价值观的形成，开始成为信息化背景下西方右翼政党扩大政治资源的战略之一。比如，在组织网络的规模上，国外右翼政党不如左翼政党大，但右翼政党主导与操控社会舆论，显示出独特的政治优势。社会主义国家执政党也开始认识到媒体对党组织建设的积极意义，逐步从控制媒体转向与媒体密切合作，加强宣传和信息沟通。

（二）由于政党类别性质不同，组织革新的具体内容和要求也不同。

1．社会主义国家执政党着眼于提高党的领导能力、巩固党的执政地位，组织建设重点是革新党的领导体制，进一步完善党的民主集中

制，努力建设一支高素质的干部队伍和党员队伍。

(1)革新党的领导体制和中央领导机构，努力完善集体领导制，提高领导效率。越共在党的领导体制和中央领导机构的革新上，以完善集体领导制、提高领导效率为着力点，将明确职责、整合组织与革新领导方式相结合。越共从2001年九大开始对党的领导机构进行调整和改革，取消了中央政治局常委，重新设立了中央书记处。1990年2月，古共召开中央特别全会，提出了进一步加强党的自身建设的任务，决定大幅度精简中央、省委机构和人员，以提高工作效率。根据古共四大的精神，中央实行机构改革，中央直属部委从原有的19个减少到10个，专职干部编制由原有的600多人减至186人。

(2)革新党的组织原则和组织活动方式，不断加强党的民主集中制建设。社会主义国家执政党普遍重视党的民主集中制建设。为了进一步搞好党内民主，越共提出既要“在党的组织、生活、活动中执行好民主集中制原则”，又要根据新的形势和条件对民主集中制原则进行完善，扩大其“民主”的内涵。近年来，越共完善和健全了党的各级代表大会制、中央委员会工作制、集体领导制、党内选举制、党务和信息公开制、质询制、干部交流制、基层民主制、权力监督制等党内民主制度。越共认为党员是党组织的“主人”，强调“党员有权决定党的工作”。古共一贯坚持集体领导原则，早在1991年，古共四大关于党章的决议就指出，要坚持民主集中制，就必须把高度自觉的纪律性与广泛的党内民主真正有机地结合起来，高度重视实行集体领导和个人负责制。严格执行党内不允许搞宗派主义和派别活动的原则，提倡党内在讨论问题时畅所欲言，保证讨论和发表意见的充分自由。古共特别注意尊重广大党员的民主权利，在党的每项重大决策确定和实施前，首先在广大党员中进行讨论，征求意见，待意见统一后再对决策加以确定和实施。

(3)重视培养接班人特别是高级领导人的工作，建设一支高素质的干部队伍。在全球化信息化背景下，社会主义国家执政党都认识到能否培养和推选出忠于党、忠于人民、德才兼备、在任何情况下都坚定不移的领导人和掌舵人，对党的事业至关重要。越共把干部工作看成“关键任务中的关键问题”，把建设主要干部队伍看成“关键问题的关键”，提出要选择年富力强、德才兼备的领导干部进入高层领导班子。2006年4月，越共十大选举产生新一届中央政治局，平均年龄与上届相比年轻了五岁。朝鲜党虽未能通过制度化的安排实现领导班子正常的新老交替，但近年来对干部年轻化也有所重视。据《金正日选集》第15卷记述，金正日在2001年3月提出，“跟随领袖（金日成）一起工作的干部们现在年龄大了，应该培养后备干部来继承他们”，“要大胆地让年轻人开展工作”。古共十分重视培养和选拔德才兼备的年轻干部进入各级领导班子，保障革命事业后继有人。经过多年努力，古共已经形成老中青结合的高级领导层。

(4)重视党员队伍和党的基层组织建设，努力提高基层党组织的凝聚力和战斗力。在党员队伍建设上，古共严把入党关。古共发展党员的原则是，既要有一定的数量，更要保证质量，坚持“宁缺勿滥”的原则，在发展新党员时坚持劳动者代表大会推荐党员的制度，坚持党组织派人找发展对象谈话，并将他们的履历公布于众，配合内务部查阅档案等。古共每年发展党员人数有一定的控制，不搞突击，对党员比例过高的部门（如行政、旅游）作了一些限制，对不符合党员条件或违背党纪的党员适时进行了处理。据古巴有关部门介绍，2004年共清除党员1.3万，4.5万人受党内处分，550多名党员自动退党。越共认为，基层是人民革新和创新的发源地，是党和国家的路线、主张和政策的出发点和落脚点，基层党组织是党“掌握人民”的地方。在基层党组织的发展方向上，越共高度重视在股份制企业、私营企业、外资企业和偏远地区建立党的基层组织。

近年来，社会主义国家执政党开始关注信息化背景下如何对待和利用媒体、如何引导媒体、如何改变传统的信息传达模式、如何实现党务管理的网络化、信息公开化等新问题。越共就给予新闻媒体报道腐败事件较大的空间，发挥媒体的舆论监督功能。

2．资本主义国家共产党组织革新主要是以不断扩大党的影响、发展党的力量为着力点，进一步调整党内民主机制，扩大党的阶级基础，创新党的组织活动方式，增强共产党的竞争力。

（1）实行广泛而直接的民主。除叙利亚共产党以及希腊、葡萄牙、美国、英国、澳大利亚等少数发达国家共产党坚持把民主集中制作为根本组织原则外，许多共产党放弃了民主集中制原则，更多地强调党内民主、自由和多样化，以增加党的吸引力。

（2）对党的性质作出新的阐释。为适应形势发展、巩固和扩大社会基础，多数共产党在宣称自己是工人阶级政党的同时，还表明代表国民和其他社会阶层利益的性质。比如，葡共和希腊共在坚持自己是工人阶级先锋队的同时，也强调自己是所有劳动者的先锋队。有些共产党放弃了“先锋队”的提法，以扩大党的阶级基础和社会基础。法共、意重建共等声称，自己不再是阶级性政党，而是群众性政党。法共还强调要重塑党的形象，改变旧有存在模式，成为自由开放的政党组织。

（3）创新党的活动方式。许多共产党认为党的传统活动方式已无法适应现代社会的需要，主张实现党的活动方式现代化。法国、意大利、葡萄牙、西班牙等发达国家共产党每年举办党报节，以灵活多样和群众喜闻乐见的手段发动群众、发展组织、筹集经费。美共和其他一些资本主义国家的共产党在现代通讯技术和媒体不断发展的情况下，自觉更新党的宣传和活动方式，通过报纸、电台、因特网、电话专线等形式宣传党的政策主张，使党的力量获得新发展。俄罗斯共产党在七大上号召举全党之力做好发展新党员、加强基层组织建设等工作，提出力争在全国所有居民点设立基层党组织，有针对性地加强对民众特别是年轻人的宣传工作等。

（4）对党员入党条件作了放宽的调整。许多资本主义国家共产党根据工人阶级和广大劳动群众的实际以及建立群众政党的要求，在吸收新党员的过程中放宽了入党条件，只要承认党的纲领、党章，不论其民族、种族、性别、信仰、出身、职业、阶级等，都可以成为共产党员。美国共产党的新党章在党员入党条件上删去了入党申请者至少有两名表现良好的党员介绍，申请者所在地区俱乐部多数党员同意后才能入党的条款。新党章规定，党的任何一个成员、俱乐部、地区和全国性组织，都可以接受申请者的申请书，并且应该迅速地把申请书转交给申请者所在的俱乐部、地区组织。该俱乐部和地区组织应该迅速地就此开展讨论，并尽可能地安排一个或多个党员同申请者谈话。除非俱乐部和地区组织得知申请是假的，或者接受该申请者可能危害党的组织和党的目标，否则应该迅速通知申请者已经被接纳为党的成员，并且安排到一个俱乐部参加党的活动。美共新党章的规定放宽了入党条件，简化了入党的手续和程序，有利于吸收更多的人入党。

3．发展中国家的一些主要执政党为了进一步扩大党的社会基础，巩固党的执政地位，开

始放弃阶级政党特性，逐渐向“全民党”过渡，并十分注重发展社会精英和青年学生入党。

（1）努力塑造“大众政党”的形象，寻求跨阶级支持。近些年来，一些经济发展迅速的发展中国家的产业结构发生了变化，在就业结构中，知识型劳动者迅猛增加，由这些受过良好教育的就业队伍所构成的中产阶层不断扩大，他们不仅在经济活动中起着日益重要的作用，而且在政治生活中也扮演着越来越重要的角色，是各国政党主要的选票来源。面对重新组合的社会基础，这些国家的执政党及时调整自己所依靠的选民基础和成员构成，大力吸纳包括中产阶级在内的各阶层的新生力量和精英入党，努力塑造大众政党的形象以寻求跨阶级支持。比如，马来西亚巫统为了扩大执政的社会基础，组建了“国民阵线”，先后吸收马华公会、印度人国大党等13个代表不同民族利益的党派加入执政党联盟，增强了以巫统为主导的“国民阵线”的利益代表性。印度国大党在保证原有社会基础的条件下，尽可能广泛地顾及中间阶层的利益和要求，努力寻求不同社会利益之间的协调。

一些发展中国家的主要政党为了扩大社会基础，在向“全民党”过渡的同时，仍不忘强调政党的阶级性质。如土耳其工人党宣称自己是“土耳其工人阶级的先锋队组织”，坦桑尼亚革命党宣布自己是“农民和工人的政党”，印度国大党宣称代表印度民族资产阶级的利益，等等。

（2）政党现代化进程加快。由于历史的原因，在发展中国家产生的民族主义政党处于执政地位，在相当长的一段时间内，在国内实行一党制，或者多党并存一党优先制，特别是在非洲，一党制更为普遍，持续的时间最长。就是在实行多党制比较普遍的拉丁美洲，在相当长时间内党的集权化倾向也比较明显，而且实行权威主义。从20世纪70年代起，拉丁美洲加快了民主化进程。80年代后期起，非洲大地也掀起了多党民主化浪潮。各国的一党制被多党制所取代，权威主义和集权制让位于民主自由化；党政合一变为党政分开。民族主义政党在政党制度、组织结构等方面，正在逐渐完善和走向法制化。比如，东亚、东南亚多数国家的政党政治正向成熟化迈进，政党在国家政治、经济和社会生活中发挥着越来越重要的作用。尽管这些国家政治上普遍存在着不稳定、不确定因素，但政党竞争基本在有序和可控的范围内进行。非洲地区目前多党制已占主导地位，一些国家的政党政治进入相对稳定的发展阶段。拉美地区是发展中国家建立政党和实行政党政治最早的地区，已初步形成竞争性政党体制。但拉美政党的功能比发达国家要弱得多，一些国家政治家个人权力过大，民主制的运作并不顺利，政治生活时常处于不正常、不稳定状态。一些发展中国家政党在顺应潮流扩大党内民主的同时，也更加重视民族特性，警惕西方的分化，致力于确保党的生存安全尤其是执政安全。

（3）注重吸纳社会精英分子与青年学生入党。人才对一个政党的发展有着不可替代的作用。一些发展中国家执政党通过各种渠道在青年学生中宣传党的主张，解决他们的实际问题，借此增强党对青年学生的影响力和吸引力。新加坡人民行动党在选拔干部方面形成了一套规范化、程序化的工作制度，其目的是将社会中最优秀的年轻人网罗在本党内。每次大选后，该党都通过种种渠道，从全国各行业中挑选出200—300名具有潜能的候选人，然后通过笔试、一般性考察、面试、中执委考察、心理测试、中执委裁决等程序，遴选出合格的候选人。通过这种机制，人民行动党广泛吸纳精英，组成了一支无论是学识水平还是思想、道德方面都很突出的干部队伍，为其长期执政奠定了坚实的人才基础。马来西亚巫统设有巫统青年团，经常举办各种活动，不断扩大巫统在年轻人中的影响力。

4．发达资本主义国家一些主要政党的组织建设革新与实践。西方发达资本主义国家的一些主要政党面对挑战，求变图存。组织革新涉及的内容十分广泛：在党员构成方面，由相对封闭的、排他性的、只容许特定阶级或阶层加入，转变为相对开放的、包容性的、容许那些认同于其政策主张的各种人加入；在党内沟通方面，由党的干部严格依靠党内特有的组织渠道和传达方式自上而下地公布党的主张和要求，转变为党的最高领袖更多地依赖公共的和公开的传媒工具直接向普通党员发出号召；在党内民主方面，由过去金字塔式的集中型决策结构，转变为自下而上的多线平行式的直接民主体制。

（1）建设全方位开放的党。在社会、阶级结构发生深刻变化的大背景下，发达资本主义国家的主要政党努力拓展社会基础和寻找新的合作伙伴，以求得他们的政治认同。一些社会党普遍放弃了作为工人政党的立场，争取成为代表大多数选民的全民党。英国工党提出“新工党”不仅要成为“人民的党”，也要成为“商业界和企业界的党”。法国社会党制定了在被社会排斥者、平民阶层及中产阶级利益和愿望的基础上建设新型联盟的战略，即“多元左翼联盟”。德国社民党也强调必须得到多个社会群体的支持，组建“在社会和文化上更加复杂、多元化的公民联盟”。瑞典社民党表示要成为一个跨阶级与集团利益的多元化的“现代政党”。一些右翼政党也积极推动自身的组织体系向现代的“全民党”转变。比如，德国基民盟为树立“群众党的形象”，建立并支配着大量的外围组织，改变过去给人们留下来的纯粹的“干部党”和“精英党”的形象。日本自民党提出将自身从“议员党”发展成“国民政党”的目标等。值得注意的是，一些右翼因对左翼政党的理念和政策采取“拿来主义”态度，使左、右的政治分野不再明晰。如德国基民盟和社会民主党、英国的保守党同工党、西班牙的人民党同工社党在政策主张中就存在很多相似之处。甚至有评论认为，许多国家的右翼政党同左翼政党都在“同一条街上做生意”。

（2）实现组织沟通的信息化。西方主要政党普遍重视利用先进的信息技术和传播媒介改善党的形象。现在许多政党比较流行的做法是，利用因特网作为党内沟通的“平台”，使党员能够在网上进行方便、快捷的大范围交流，许多信息的传递、沟通可以直接通过因特网，入党也可以在网上解决。20世纪90年代中期，德国社民党提出要把党从“新闻报道的对象”变成“影响新闻报道的主体”，把拥有“适合媒体社会的交流能力”视为党的工作的重要目标之一。德国社民党前干事长马赫尼希曾提出要建立一个现代网络政党，目的是利用现代化通讯工具迅速获得和传递信息，通过计算机形成共同的参与网络。为此，该党启动了“红色电脑”和“红色手机”计划，争取使本党一万多个基层组织全部联入内部信息网，通过手机向党的各级领导人和大部分党员发布消息。法国社会党利用因特网创建了全国所有省和总支部能共享的“法国社会党网络”，以缩小党的中央机构与各省委、总支之间的距离。

目前，一些西方右翼政党开始尝试减少或者取消党的中间管理层次，压平组织机构，推行网络化的组织结构形式。比如，为了加强党员之间的联系，让普通党员更多地参与党的决策和管理，英国保守党计划创设全国党员基地，设立了“保守党论坛”，便于政党领袖与党员之间的联系沟通，提供党员参与讨论党内政策的机会和平台。1999年4月，保守党还设立了一个“保守党网络”，提供事件、信息和训练的社会和政治节目，鼓励年轻的职业人士进入保守党内。德国基督教民主联盟提出，要利用现代信息技术，通过“网络对话”，密切党内领导与基层的关系，增强党员的参与意识，畅通党内言路。“扁平化”的组织结构，加强了横向的联系、沟通与协作，使右翼政党的组织结构开始由“控制型”权力结构向部分的“参与型”权力结构转变，提高了组织运行效力。

(3) 增进党内活力。大多数资本主义国家的主要政党都以推进民主的手段增强党的活力和生命力，其主要做法有：一是不断加大党内直接选举的力度。党内主要领导人以及国家公职的候选人由全体党员直接选举。比如，英国工党和德国社民党为吸引党员直接参与党的决策，对重大问题实行党内公决制。法国社会党在1997年的大选中，把党的第一书记由执行委员会选举改为全体党员直接选举。德国社民党也在酝酿由全体党员而不是党代会投票提名总理候选人。二是重申严肃党内组织纪律。西方主要政党从传统的不重视党内组织纪律性逐步转向强调党内秩序的重要性，以维持政党在政治活动中足够的政治行动能力。德国社民党提出，“纪律是民主的美德”，强调为制定正确的政策而进行讨论甚至争论是好事，但党内一旦作出决定，就必须坚决执行。英国工党扩充了领袖办公室的重大决策权，并将党内控制延伸到基层，加强对地方党组织的监督管理。英国保守党成立了“保守党管理委员会”，将原来各自为政的议会党团、中央党部和全国联合会合并起来，使保守党成为一个拥有一元化领导机构的统一的党。

三、取得的成效及存在的问题

国外一些国家主要政党的组织革新在塑造自身形象、改善组织状况等方面起到了一定的积极作用，有利于缓解全球化信息化给党的组织建设带来的被动局面。但在目前，这些政党还没有找准自身在全球化信息化条件下新的意识形态和方针政策定位，它们的社会基础的不确定性就决定了它们的组织变革仍在进行之中。

(一)社会主义国家执政的共产党的组织实力得到加强。

越、老、朝、古社会主义国家执政党党员人数约740多万，是国外所有政党中党员人数占各国人口比例最大、组织力和战斗力最强的政党。四国执政党都从巩固党的执政地位的战略高度重视党的组织建设。经过组织革新和调整，越共、老挝党在反腐败、党内民主和党员队伍建设方面取得了显著成效。朝党、古共则通过强化思想政治工作，用民族主义、爱国主义和反美、反帝教育凝聚了党心、民心。越共、古共、老挝党通过吸收社会各阶层先进分子入党，并结合国情允许宗教人士入党，扩大了党的社会基础。此外，四党均注重加强党的基层组织建设，在动员、教育人民和宣传、贯彻党的方针政策方面发挥了重要作用。

尽管如此，由于受客观条件和主观认识的限制，四国执政党的组织建设也存在一定局限性，比如，有些党的组织和领导制度还存在一些弊端，个别国家党的领导人难以实现正常新老交替，党内不同程度存在领导人个人意志凌驾于党组织之上的现象等。

(二)资本主义国家共产党的组织力量和影响总体下降。

资本主义国家的共产党约有140个，党员总人数约360万。在西欧地区，约有20个左右的共产党，法共的力量和影响最大，但近年来大选支持率下滑，法共总统候选人在2007年大选中得票率不足2%。北欧、北美各国仍有多个共产党组织，但党员多则几千、少则几百。日共是在发达国家中党员人数最多的共产党，现有党员40万左右。转轨国家的共产党影响持续下降，发展中国家的共产党情况复杂。

总体上看，资本主义国家共产党的组织建设状况堪忧。当前，许多党面临着两难选择，不改革跟不上形势发展的需要，使党的社会支持日益减少，但调整的方向不明或过快过急，也将导致传统的社会基础丧失，甚至党的性质改变。虽然资本主义国家共产党的组织力量整体下降，但近期以来，一些国家的共产党通过高举反资本主义全球化、反自由化的大旗，猛烈抨击损害普通民众利益的右翼经济社会政策，组织和参与各种社会活动，赢得了本国中下阶层的信任和支持。可以预见，随着全球化趋势的进一步加深，国外共产党不但可以借助反全球化运动和反自由主义运动的平台，继续拓展生存和活动空间，而且也将促进共产党与其他进步力量的合作与相互借重，为自身的发展壮大乃至实现世界共产主义运动的复兴，积聚新的力量。

（三）发展中国家一些主要执政党的组织发展始终保持着旺盛的生命力。

发展中国家的执政党主要是民族主义政党。各类民族主义政党在全世界数以千计，有重要影响的大约有400个，是当代世界政党群体中数量规模庞大、地域分布最为广泛的政党类型。从本质上讲，民族主义政党大都属于资产阶级政党范畴，拥有最为广泛庞杂的意识形态、最为强大的社会动员能力、最为雄厚的群众基础和最为纷繁复杂的流派分支。也正因为如此，民族主义政党能够随着时代变化不断调整演进，历经世界政党政治风云变幻却始终保持着旺盛的生命力。

目前，发展中国家一些主要执政党的组织建设仍然困难重重、内耗严重。尽管如此，随着全球化带来的负面效应加深，世界反全球化运动兴起，发展中国家和人民要求自主发展、联合自强的呼声日益增高，这为一些主要政党在凝聚民心、共同应对外来竞争和压力等方面提供了新的机遇。发展中国家一些主要执政党本身具有较强的开放性和包容性，只要其政策主张思路正确、方法得当并符合国情，就会得到人民的拥护，不断焕发出新的生机与活力。

（四）发达资本主义国家一些主要执政党的组织力量总体下降，但其影响力不断增强。

在发达资本主义国家，一直是以保守党、基督教民主党和自由党为代表的中右翼政党和以社会党、工党和社会民主党为代表的中左翼政党轮流执政。中右翼政党在全世界大约有几千万党员，选民总数与中左翼政党大体相近，其中大约有100多个政党在各自的国家执政或参政，数量超过执政或参政的中左翼政党（有60多个中左翼政党在各国执政或参政）。

以社会党、社会民主党、工党为代表的大多数中左翼政党认识到了拥有坚强的组织和大批党员的重要性，没有把党员与普通选民混同起来，也没有放弃党的组织建设和党员队伍的建设，而是在新的时代条件下力求扩大党员队伍，建立有活力的新型政党组织。

对于中右翼政党来说，其组织建设有向“全方位党”模式过渡的可能性。这是因为：全球化造成了社会阶级结构的变化，使各政党必须放弃对过去那种相对狭隘的阶级基础的追求，面向社会的各个阶层招收党员，这必然导致党内思想的复杂化和党员对政党认同程度的下降，迫使政党减弱对组织的依赖程度，转而以候选人为中心。而在信息化条件下，“资金密集型”竞选正在取代依赖政党组织和党员的“人力密集型”竞选。因此，从选举的意义上说，单纯强调政党组织的完善程度和党员人数是没有用的，复杂的组织层级、为数众多而观点和利益各异的党员反而会在设计竞选策略方面束缚政党领导人的手脚。政党的竞选活动所需要的只是金钱，而金钱是能从利益集团和个人捐赠者那里获得的，而且要比建立完善的组织和招募

大批党员容易得多、划算得多。所以，与其依靠各级政党组织发动大量党员来拉票，倒不如招募小规模的干部组织或者干脆在竞选时期雇用专家组织更有效率。尤其是进入大众传媒时代后，新的信息传播技术已经使政党获得了全新的竞争手段，在一个可以利用电视、民意测验以及诸如此类手段进行竞选的时代，党的各级组织和党员无论是在政治沟通还是在为政党提供活动经费方面都已变得不再重要，不可避免地会削弱和减少。“全方位党”的发展趋势明显削弱了党的传统功能和凝聚力，新的党建模式仍处于探索过程中。

不过，对于许多西方政党采用淡化党的意识形态色彩、削弱传统党组织的做法，我们要有清醒的认识。由于这些政党竭力争取的对象——中间阶层具有很强的异质性，面对这个庞大而复杂的群体，任何政党要制定出一个既能够包容各种利益、愿望和要求，又独树一帜有别于其他政党的纲领，都不是一件容易的事。结果，选民的异质性决定了政党社会基础的脆弱性。中间阶层的选民不像属于特定阶级的选民那样对某个政党有强烈的依附性和忠诚度，随着中间阶层的扩大，政党对具体问题的解决方案、政党候选人的个人魅力以及对突发事件的应对等因素对选民的影响增强了，在大选前的最后一刻才作出决定的选民人数日渐增加。这一状况表明，政党与选民之间的对应关系不再稳定，政党已无法像过去那样拥有比例可观的、稳定的社会支持。从长远的观点来看，能否塑造各个社会集团稳定的政党认同、从社会各阶层中广泛吸收党员，能否探索新的社会环境中、新的技术条件下的新型政党组织形式，都关系西方政党的未来。

四、几点启示

与西方政党不同，中国共产党坚持以马克思主义为指导，坚持走中国特色社会主义道路，中国共产党领导的多党合作与政治协商制度，决定了我们党与其他参政党之间“长期共存、互相监督、肝胆相照、荣辱与共”的关系。作为执政党，我们党的组织建设同样面临着来自全球化信息化和党的自身发展要求等各方面的考验。“党要适应社会变化而不是让社会来适应党”。世界上不同类型政党在全球化信息化背景下加强组织建设的探索与实践，对于我们党联系全球经济格局、利益格局和生产方式、生活方式等的深刻变化，以全球视野来审视和加强党的组织建设，大力弘扬改革创新精神，紧紧跟上、自觉适应世界发展潮流和时代前进步伐，使党的建设体现时代性、把握规律性、富于创造性，具有极其重要的启示和借鉴意义。

（一）不断增强忧患意识，正确认识和处理政党趋同与保持自身特色的关系。

为了争取中间阶层的认同和支持，一些主要政党的意识形态不断向中间靠拢，纯粹的意识形态纷争逐步减弱，出现了“左派不左，右派不右”的趋同现象。尽管我们党与西方政党在社会基础、成员构成、指导思想和纲领以及政策主张等方面存在本质上的不同，但西方正常的趋同化现象是我们应当高度重视和关注的问题。近年来，一些国家发生的“颜色革命”，不断给我们敲响警钟。当前，少数国家仍然不遗余力地向全球推销自己的政党模式。对此，我们必须居安思危，增强忧患意识，在任何时候任何情况下都不能麻痹大意，都不能有丝毫动摇。要从世情、国情、党情的发展变化出发，正确认识我们党所处的历史方位和所肩负的历史任务，创造性地把执政党建设同当今世界和当今中国的发展趋势，同我国社会主义的自我完善和发展，同发展中国特色社会主义的宏伟目标和各项任务联系起来，不断地赋予党的性质、宗旨和指导思想以鲜明的时代特征；必须坚持把马克思主义作为党的根本指导思想，绝不搞指导思想的多元化；必须高举中国特色社会主义伟大旗帜，大力建设社会主义核心价值体系，增强社会主义意识形态的吸引力和感召力，巩固全党全国各族人民团结奋斗的共同思想基础。要正确处理好政党趋同与保持自身特色的关系，切实认清中国特色的政党制度与西方国家政党制度的不同含义和原则区别，绝不能搞西方的多党制；必须正视以美国为首的西方国家以迅速发展的全球化信息化为契机，对中国在政治上施压、经济上制裁、文化上渗透，并公然支持境外和国内反共势力的颠覆活动，提高我们党应对世界经济、政治和文化盘根错节和复杂多变形势的能力，确保我们党在各种考验和威胁面前始终立于不败之地。

（二）努力维护人民群众的根本利益，增强党的阶级基础和扩大党的群众基础。

获得人们的广泛支持是政党执政的重要前提。在社会阶层结构不断变化的情况下，一个政党能否在巩固原有阶级基础的同时，赢得新兴阶层和群体的支持，关系到这个政党的兴衰成败。为更好地迎接全面参与全球化信息化的新机遇新挑战，我们党必须坚定地站在时代潮流的前头，适应社会阶层结构剧烈变动的要求，进一步增强整合社会各阶层利益的能力，关注和引导新的社会阶层的政治需求，把各个社会阶层紧密地团结起来，巩固党的执政基础。要坚持阶级性、先进性和群众性相统一，持续不断地把新社会阶层中不断涌现出来的优秀分子吸收到党内来，为党的肌体不断注入新鲜血液，切实增强党的生机与活力，扩大党在全社会的影响力和凝聚力，壮大党的阶级基础和群众基础。要认真研究我国经济社会发展变化规律，掌握社会阶层变动的发展趋势，更加注重社会建设，创新社会管理方式，高度重视不同社会群体的现实利益需求，健全党和政府主导的维护群众权益的机制，最大限度地把社会各阶层的力量和创造力发挥出来，为中国特色社会主义伟大事业提供取之不竭的力量源泉。

（三）不断扩大党内民主，增强党的生机活力和团结统一。

发展党内民主，是全球化信息化背景下世界政党政治发展的主要趋势之一，是提高政党战斗力、吸引力、凝聚力的重要途径。虽然我们党和国外大多数执政党的性质不同，发展党内民主的目标、途径和方法不同，但就如何通过发展党内民主改善党的形象、提高党的自身活力和内在动力而言，有其共通之处。在新的历史条件下，我们必须以开阔的眼界、思路和胸襟，正确把握日趋复杂多样的党内外民主诉求，不断探索具有中国共产党特色的发展党内民主的新途径新方法，切实提高党内民主的质量和水平。要尊重党员主体地位，既保障党员的各项民主权利，充分发挥党员在党内事务中的参与、管理、监督作用，又加强对党员的教育和引导，帮助广大党员在贯彻民主制度、行使民主权利中提高素质，培育民主作风，增强发挥主体作用的能力；要正确处理好发扬民主和正确集中的关系，既防止和反对极端民主化，又防止和反对个人和少数人专断；要适应党员民主意识普遍增强的实际需求，既加快党内民主建设进程，又循序渐进，从实际出发，不脱离实际，不超越阶段。要把自上而下的带动和自下而上的促进结合起来，既立足当前，又着眼长远，使党内民主建设与党的思想建设、组织建设、作风建设和制度建设相协调，与社会主义经济建设、政治建设、文化建设、社会建设相促进。

（四）制定正确的政策措施，加强人才工作，掌握和影响青年。

在一个国家，哪个党最能吸引人才，哪个党就能执政；在整个世界，哪个国家最能吸引人才，哪个国家就能更快发展。国外一些主要政

党都十分重视吸纳和培养人才，把人才资源作为党的第一资源，通过加强人才建设，提高党的吸引力和号召力，确保党在选举中的优势地位。我们要充分认识到，党要有创造力、凝聚力、战斗力，党对人才的凝聚力就是党的凝聚力的重要体现。在领导全国人民全面建设小康社会，加快推进社会主义现代化，开创中国特色社会主义事业新局面的进程中，必须以改革创新精神推进人才队伍建设，加强对人才工作的战略研究和长远规划，进一步明确人才队伍建设的指导思想和总体目标，提出各领域人才建设的目标要求，使人才队伍结构、人才素质和能力与经济社会快速发展相适应，逐步扭转我们在激烈的国际人才竞争中处于被动的局面。只有建立开放、竞争、择优的引才、育才、用才机制，把各方面的优秀人才聚集到党和国家的各项事业中来，才能不断推进各项事业的蓬勃发展、促进党的队伍的壮大和自身素质的提高。党的事业离不开青年，青年的成长更离不开党。要从赢得青年，才能赢得未来的高度，做好新时期的青年工作，用先进的理论引导青年，用光辉的事业凝聚青年，用良好的作风吸引青年，使青年工作的组织方式、管理方式和活动方式与时代发展相适应，发挥广大青年在发展中国特色社会主义伟大事业中的生力军作用，保证我们党的事业后继有人。

（五）大力加强党员队伍建设，在保证一定数量的基础上，不断提高党员质量。

社会主义国家的执政党在党员数量稳定增长的同时，大都非常重视党员质量的提高。从越共和古共近期党组织建设的理论与实践看，一个明显的变化就是党组织建设的“质量”意识空前增强，特别注重党组织建设的质量和效果。国外政党加强党员队伍建设的做法启示我们：党的战斗力需要有一定的数量保证，但主要还来源于其先进性。加强党员队伍建设，应坚持质量优先、兼顾数量的原则。首先要严把党员“入口”关。在发展党员的过程中，要对入党动机、政治思想状况、学习和工作状况等进行全方位、综合性、多角度的考察、了解，坚持“成熟一个发展一个”的原则，不搞批量生产。其次要畅通党员“出口”。对于违纪违法的党员要严肃查处，对于不合格的党员要及时清除出党，确保党员队伍的先进性。随着经济全球化趋势的发展，广大党员参与对外经济、文化交流活动更加频繁，党员的分布和党的工作领域不断扩大，基层党组织的内外部环境和工作任务发生很大变化，这给党员的教育管理增加了难度。我们要采取切实有效的措施，建立健全党员动态管理机制，把分布广泛的党员有效地组织起来，使每个党员无论在国内还是在国外，都能融入党的组织，参加党的活动，受到组织管理，发挥先锋模范作用。

（六）掌握和运用现代信息技术，不断创新党建工作手段。

对政党而言，媒体就像一把双刃剑：一方面，媒体使执政党扩大了与民众沟通的渠道；另一方面，媒体也使民众相对于政党的独立性大大增强，使政党的影响力下降。因此，怎样与媒体打交道就成为执政党建设中一个不可小视的问题。目前，我们把网络技术运用于党建工作领域已经有了初步实践，但党建工作主页、独立网站的数量还不多，且功能单一，水平参差不齐，一个自上而下的完整的、统一推进实施的“网络党建”体系还没有形成。我们应当掌握和运用现代信息技术，采用迅捷、高效、新颖、生动的信息化手段，创新工作方式方法，推动党建工作向深度和广度发展，开创党建工作的新局面。

（选自《当代世界与社会主义》2008年第3期）

第九部分

中国思想理论大事记

中国思想理论大事记

(2008)

《中华人民共和国劳动合同法》正式施行。1月1日，《中华人民共和国劳动合同法》正式施行。该法由中华人民共和国第十届全国人民代表大会常务委员会第二十八次会议于2007年6月29日通过。9月18日，国务院公布《中华人民共和国劳动合同法实施条例》。

大力发展科学技术。1月8日，温家宝在国家科学技术奖励大会上讲话指出：科学技术是第一生产力。贯彻落实党的十七大精神，全面建设小康社会、加快推进现代化事业，必须大力发展科学技术。实现未来经济发展目标，关键是要加快转变发展方式，把经济建设真正转移到依靠科技进步和提高劳动者素质的轨道上来；把增强自主创新能力，建设创新型国家，真正摆在国家发展战略的核心位置。

十七届中纪委二次全会举行。1月15日中国共产党第十七届中央纪律检查委员会第二次全体会议在北京举行，胡锦涛出席全会并就反腐倡廉建设发表了意见。

胡锦涛指出：要从夺取全面建设小康社会新胜利、开创中国特色社会主义事业新局面的战略高度出发，深刻认识加强反腐倡廉建设的重要性和紧迫性。加强反腐倡廉建设是发展中国特色社会主义、推进党的建设新的伟大工程、适应反腐败斗争形势发展的必然要求。胡锦涛强调：准确把握党风廉政建设和反腐败斗争面临的形势和任务，充分认识反腐败斗争的长期性、复杂性、艰巨性，坚持反腐倡廉常抓不懈，坚持拒腐防变警钟长鸣，把反腐倡廉建设贯穿于社会主义经济建设、政治建设、文化建设、社会建设各个领域，体现在党的思想建设、组织建设、作风建设、制度建设各个方面，不断把党风廉政建设和反腐败斗争引向深入。

胡锦涛强调：当前和今后一个时期，加强反腐倡廉建设，必须全面贯彻党的十七大精神，高举中国特色社会主义伟大旗帜，坚持以邓小平理论和“三个代表”重要思想为指导，深入贯彻落实科学发展观，坚持标本兼治、综合治理、惩防并举、注重预防的方针，以完善惩治和预防腐败体系为重点，强化权力制约和监督，深化改革和创新体制，拓展从源头上防治腐败工作领域，努力形成拒腐防变教育长效机制、反腐倡廉制度体系、权力运行监控机制，切实提高反腐倡廉建设成效，为全面建设小康社会提供有力政治保证。

胡锦涛指出：在实践中，要注意把握和体现改革创新、惩防并举、统筹推进、重在建设的基本要求。要以改革精神推进制度建设，以创新思路寻求治本办法，注重总结新经验、研究新情况、解决新问题，从我国实际出发，借鉴国外有益做法，创新工作思路，完善工作机制，破解工作难题，更加科学有效地防治腐败。要坚持治标和治本、惩治和预防两手抓、两手都要硬，惩治于已然，防患于未然，既坚决查处违纪违法案件、依法严惩腐败分子，又加大预防工作力度、不断铲除腐败滋生的土壤，努力把腐败现象减少到最低程度。要把反腐倡廉建设纳入经济社会发展和党的建设的全局之中，把改革的推动力、教育的说服力、制度的约束力、监督的制衡力、惩治的威慑力结合起来，把阶段性任务与战略性目标结合起来，整合各方面资源和力量，增强反腐倡廉建设的整体性、协调性、系统性、实效性。要不断认识和把握规律，以建设性的思路、建设性的举措、建设性的方法推进反腐倡廉建设，在坚决惩治腐败的同时，更加注重治本，更加注重制度建设，不断形成有利于反腐倡廉建设，在坚决惩治腐败的同时，更加注重治本，更加注重预防，更加注重制度建设，不断形成有利于反腐倡廉建设的思想观念、文化氛围、体制条件、法制保证。

胡锦涛指出：我们要继续抓住完善惩治和预防腐败体系这个重点，着力加强反腐倡廉建设，坚持加强思想道德建设与加强制度建设相结合，坚持严肃查办大案要案与切实解决损害群众切身利益的问题相结合，坚持廉政建设与勤政建设相结合，坚持加强对干部的监督与发挥干部主观能动性相结合。

胡锦涛强调：坚持党的领导，是加强反腐倡廉建设的根本政治保证。各级党委是反腐倡廉建设的责任主体，要坚持党要管党、从严治党，担负起全面领导反腐倡廉建设的政治责任，以更加坚决的态度、更加有力的措施推进反腐倡廉建设，以更加扎实的工作、更加明显的成效取信于广大干部群众。

14日，贺国强作题为《全面贯彻党的十七大精神，努力开创党风廉政建设和反腐败斗争新局面》的工作报告。

贺国强强调：各级纪委要严明党的纪律尤其是政治纪律，使各级党组织和广大党员更加自觉地坚持党的基本理论、基本路线、基本纲领、基本经验，保持全党在指导思想、路线方针政策和重大原则问题上高度一致。要自觉学习、运用党的三代中央领导集体反腐倡廉重要思想和以胡锦涛同志为总书记的党中央反腐倡廉重要论述指导反腐倡廉工作，增强高举旗帜的坚定性，始终保持党的纪律检查工作的正确政治方向。要认真总结改革开放特别是党的十六大以来反腐倡廉工作的宝贵经验，深入探索新形势下反腐倡廉建设规律，不断完善反腐倡廉基本原则、工作方针、工作格局、领导体制和工作机制，与时俱进地全面履行党章赋予的职责，使我们的工作更好地体现时代性、把握规律性、富于创造性。

贺国强要求：各级纪委要适应新的形势，更加自觉地把科学发展观的要求贯彻落实到纪律检查工作各个方面，更加自觉地把纪律检查工作放在党和国家工作全局中去谋划和部署，不断探索和拓宽服务科学发展的有效途径，促进科学发展观的贯彻落实。要认真履行监督检查职能，纠正违背科学发展观的错误行为，优化发展环境，促进中央重大决策部署的贯彻落实。要督促有关部门着力解决影响和制约科学发展的深层次矛盾和问题，认真推进行政管理体制等各项改革，完善领导班子和领导干部综合考核评价制度，健全保障科学发展的体制机制。要大力支持和保护党员干部改革创新的积极性，努力营造聚精会神搞建设、一心一意谋发展的良好氛围，促进经济社会又好又快发展，推进全面建设小康社会进程。

贺国强在报告中指出：党的十七大第一次把反腐倡廉建设与党的思想建设、组织建设、作风建设和制度建设一起，确定为党的建设的基本任务，对于深入开展党风廉政建设和反腐败斗争、全面推进党的建设新的伟大工程，具有重大而深远的意义。

贺国强要求：全党同志一定要从巩固党的执政地位和保持党的先进性的高度，充分认识加强反腐倡廉建设的极端重要性，把反腐倡廉建设放在更加突出的位置。建立健全惩治和预防腐败体系在反腐倡廉建设中具有全局性、战略性的地位。要以改革创新的精神完善惩治和预防腐败体系，坚持与中国特色社会主义事业总体布局相适应，把反腐倡廉工作融入经济建设、政治建设、文化建设和社会建设之中；坚持与科学发展观的要求相适应，为经济社会又好又快发展提供可靠的政治保障；坚持与加强党的执政能力建设和先进性建设相适应，不断提高拒腐防变和抵御风险的能力；坚持与完善社会主义市场经济体制相适应，与经济社会各项改革同步推进、协调发展。

全国宣传思想工作会议召开。1月21日—23日，全国宣传思想工作会议在北京召开。22日，胡锦涛在同会议代表座谈时强调：要牢牢掌握宣传思想工作的领导权和主动权，高举伟大旗帜，唱响奋进凯歌，振奋民族精神，服务人民大众，以更深刻的认识、更开阔的思路、更有效的政策、更得力的措施，着力建设社会主义核心价值体系，着力巩固壮大主流思想舆论，着力推进改革创新，推动社会主义文化大发展大繁荣，提高国家文化软实力，为继续解放思想、坚持改革开放、推动科学发展、促进社会和谐营造良好氛围，为夺取全面建设小康社会新胜利、开创中国特色社会主义事业新局面提供强大思想文化保证。

胡锦涛指出：宣传思想工作是党和国家工作的重要组成部分，在中国特色社会主义事业全局中具有重要地位，发挥着不可替代的作用。实现党的十七大描绘的宏伟蓝图，宣传思想工作担负着统一思想、凝聚力量的重大任务，担负着推动社会主义文化大发展大繁荣、兴起社会主义文化建设新高潮的重大使命。

胡锦涛指出：坚持物质文明和精神文明两手抓、两手都要硬，是中国特色社会主义的显著特征。高度重视宣传思想工作，是党在长期革命、建设、改革实践中形成的优良传统，也是中国特色社会主义的一大优势。

胡锦涛强调：做好当前和今后一个时期的宣传思想工作，在新的历史起点上开创宣传思想工作新局面，要坚持高举旗帜、围绕大局、服务人民、改革创新。高举旗帜，就是要把深入学习宣传贯彻党的十七大精神作为首要政治任务，高举中国特色社会主义伟大旗帜，坚持以邓小平理论和“三个代表”重要思想为指导，深入贯彻落实科学发展观，把坚持马克思主义基本原理同推进马克思主义中国化结合起来，用党的理论创新成果武装头脑、指导实践、推动工作，巩固马克思主义在意识形态领域的指导地位。围绕大局，就是要认真贯彻中央的决策部署，紧紧围绕经济建设这个中心，坚持正确导向，把社会效益放在首位，一手抓繁荣、一手抓管理，大力倡导一切有利于国家富强、民族振兴、人民幸福、社会和谐的思想和精神，着力推动科学发展、促进社会和谐，为改革开放和社会主义现代化建设提供有力的思想保证、营造良好舆论氛围。服务人民，就是要坚持以人为本，贴近实际、贴近生活、贴近群众，充分发挥人民主体作用，把人民是否满意作为根本标准，尊重差异、包容多样，努力满足人民多层次、多方面、多样化的精神文化需要，让人民共享文化发展成果，促进人的全面发展。改革创新，就是要用时代要求审视宣传思想工作，以改革精神推动宣传思想工作，积极创新内容形式、方法手段、体制机制，增强吸引力和感染力，努力做到体现时代性、把握规律性、富于创造性。

胡锦涛指出：要高举中国特色社会主义伟大旗帜，进一步巩固全党全国各族人民团结奋斗的共同思想基础；推进社会主义核心价值体系建设，进一步增强全民族团结和谐、奋发向上的精神力量；提高舆论引导能力，进一步为改革发展稳定营造良好氛围；加强思想道德建设，进一步培育文明风尚；建设公共文化服务体系，进一步保障人民基本文化权益；深化文化体制改革，进一步提高文化发展活力；做好对外宣传工作，进一步展示和提升国家良好形象。

胡锦涛强调：只有把握时代脉搏、反映时代精神、贴近现实生活、引领人民思想的文化，才能始终赢得人民，才能始终成为社会进步的先导。要立足中国特色社会主义伟大实践，从波澜壮阔的现实生活中汲取养分，准确把握人民精神文化需要的新变化，深入把握新形势下宣传思想工作的特点和规律，改进宣传思想工作的领导方式、组织方式、工作方式、管理方式，形成鼓励创新的法制保障、政策体系、激励机制，充分运用先进技术手段丰富文化的生产方式和表现形式，极大丰富文化品种、样式、载体、风格，让一切创造活力竞相迸发，让一切创新才华充分施展，让一切创新成果得到尊重，努力使精神文化产品和社会文化生活更加丰富多彩。

李长春出席了全国宣传思想工作会议并发表了讲话。

李长春在讲话中回顾了党的十六大以来的宣传思想文化工作，总结了五年工作实践中积累的宝贵经验，分析了当前面临的新形势新任务，并就在新的起点上开创宣传思想文化工作新局面作出了部署。李长春强调：宣传思想文化战线要把深入学习宣传贯彻党的十七大精神，作为当前和今后一个时期的首要政治任务，加大工作力度，在全面准确、广泛深入、务求实效上下功夫，在武装头脑、指导实践、推动工作上下功夫，进一步把全党全国各族人民的思想统一到十七大精神上来。

李长春指出：要深入贯彻落实科学发展观，深化对文化发展规律的认识，坚持以人为本、服务群众，更加自觉地贯彻“三贴近”原则，把体现党的主张和反映人民心声统一起来，把坚持正确导向和通达社情民意统一起来，把正面宣传为主和加强舆论监督统一起来，不断增强宣传思想文化工作的针对性、实效性和吸引力、感染力。

李长春指出：要大力建设社会主义核心价值体系，把社会主义核心价值体系融入国民教育和精神文明建设全过程，纳入马克思主义理论研究和建设工程，贯穿到媒体宣传中，寓于文艺作品创作生产中，体现到网络文化建设和管理中，善于用先进技术传播先进文化，更好地用社会主义核心价值体系引领社会思潮，巩固和发展全党全国各族人民团结奋斗的共同思想基础。

贯彻落实实现全面建设小康社会奋斗目标的新要求。1月29日，中共中央政治局进行第三次集体学习，这次集体学习安排的内容是实现全面建设小康社会奋斗目标的新要求和推动经济社会又好又快发展。胡锦涛在主持学习时发表了讲话。

胡锦涛强调：要把实现全面建设小康社会奋斗目标的新要求贯彻好、落实好，首先要深刻领会科学发展观的科学内涵、精神实质、根本要求。特别是要深刻领会科学发展观第一要义是发展、核心是以人为本、基本要求是全面协调可持续、根本方法是统筹兼顾，在深入贯彻落实科学发展观的实践中把实现全面建设小康社会奋斗目标的新要求落到实处。要正确处理好和快的关系，坚持好字优先，在好上下更大功夫、见更多成效。同时，要正确把握世界经济走势及其对我国的影响，充分认识外部经济环境的复杂性和多变性，科学把握宏观调控的节奏和力度，尽可能长地保持经济平稳较快增长。

胡锦涛指出：贯彻落实实现全面建设小康社会奋斗目标的新要求，必须全面推进经济建设、政治建设、文化建设、社会建设以及生态文明建设，促进现代化建设各个环节、各个方面相协调，促进生产关系与生产力、上层建筑与经济基础相协调。要着力增强发展协调性，提高自主创新能力，加快转变经济发展方式，完善社会主义市场经济体制，努力实现经济又好又快发展。要着力扩大社会主义民主，加快建设社会主义法治国家，加快行政管理体制改革，更好保障人民民主权利。要着力加强文化建设，建设社会主义核心价值体系，健全公共文化服务体系，提高全民族文明素质。要着力加快发展社会事业，保障和改善民生，扩大公共服务，完善社会管理，推动建设和谐社会。要着力建设生态文明，发展循环经济，加强节能减排，建设资源节约型、环境友好型社会。要着力推进经济、政治、文化、社会等领域各项改革成果的制度化，形成一整套同建设社会主义市场经济、社会主义民主政治、社会主义先进文化、社会主义和谐社会相适应的更加成熟、更加定型的制度，为建设富强民主文明和谐的社会主义现代化国家不断提供有效制度保障。

胡锦涛强调：实现全面建设小康社会奋斗目标的新要求，一个突出的特点，就是要贯彻以人为本的理念，顺应各族人民过上更好生活的新期待，注重解决人民最关心、最直接、最现实的利益问题。我们要坚持立党为公、执政为民，坚持以人为本，在发展的基础上，着力改善人民生活，保障人民经济、政治、文化、社会权益，维护社会公平正义，努力使全体人民学有所教、劳有所得、病有所医、老有所养、住有所居，动员广大人民群众以更加饱满的热情为全面建设小康社会而团结奋斗。

中央“一号文件”正式公布。1月30日，《中共中央国务院关于切实加强农业基础建设进一步促进农业发展农民增收的若干意见》正式公布。《意见》指出，推动科学发展，促进社会和谐，夺取全面建设小康社会新胜利，必须加强农业基础地位，走中国特色农业现代化道路，建立以工促农、以城带乡长效机制，形成城乡经济社会发展一体化新格局。这是近5年来第5个关于"三农"问题的中央"一号文件"，也是改革开放以来第10个以"三农"问题为主题的中央"一号文件"。《意见》主要内容：（一）加快构建强化农业基础的长效机制；（二）切实保障主要农产品基本供给；（三）突出抓好农业基础设施建设；（四）着力强化农业科技和服务体系基本支撑；（五）逐步提高农村基本公共服务水平；（六）稳定完善农村基本经营制度和深化农村改革；（七）扎实推进农村基层组织建设；（八）加强和改善党对"三农"工作的领导。

强化政府责任，把扩大就业放在经济社会发展的突出位置。2月3日，国务院办公厅发布《国务院关于做好促进就业工作的通知》。《通知》指出：当前及今后一个时期，我国劳动者充分就业的需求与劳动力总量过大、素质不相适应之间的矛盾依然存在，促进就业任务十分繁重。《通知》要求：强化政府责任，把扩大就业放在经济社会发展的突出位置。坚持劳动者自主择业、市场调节就业、政府促进就业的方针，努力创造公平就业环境。

全国组织工作会议召开。2月17日—19日，全国组织工作会议在北京召开。18日，胡锦涛同与会代表座谈并发表讲话。

胡锦涛强调：能不能始终带领人民走在时代前列，能不能始终保持同人民群众的血肉联系，能不能始终成为中国特色社会主义事业的坚强领导核心，是对党的最根本的考验。要经受住这个最根本的考验，关键是要坚持以改革创新精神全面推进党的建设新的伟大工程，使党的建设工作更富有时代气息、更富有实际成效。历史和现实都告诉我们，只有创新型的国家才能实现繁荣富强，只有创新型的民族才能兴旺发达，只有创新型的政党才能永葆先进性。胡锦涛指出：党的十七大强调，党要站在时代前列带领人民不断开创事业发展新局面，必须以改革创新精神加强自身建设，始终成为中国特色社会主义事业的坚强领导核心。这是我们党深刻把握时代条件变化、我国经济社会发展要求、党的建设状况提出的重大战略思想和重大战略任务，是新形势下加强党的建设和做好组织工作的根本要求。这其中的关键，就是大力弘扬改革创新精神。在改革开放30周年到来之际，党的十七大向全党发出这一号召，具有十分重大的现实意义和深远的历史意义。必须从国际形势的发展变化，从发展中国特色社会主义的客观要求，从提高党的执政能力、保持和发展党的先进性的战略高度出发，深刻认识和全面把握大力弘扬改革创新精神的重大意义。

胡锦涛强调：发展党内民主是以改革创新精神加强党的建设的重要内容，也是以改革创新精神加强党的建设的重要条件。只有切实发展党内民主，才能最大限度地激发全党的创新活力，才能广泛凝聚全党的智慧和力量，使改革创新成为广大党员特别是各级领导干部的自觉行动，使改革创新的决策更科学、实践更丰富、成效更显著，形成全党齐心协力推进党的建设、做好党的工作的强大合力。要坚持民主集中制，尊重党员主体地位，保障党员民主权利，充分发挥党员在党内事务中的参与、管理、监督作用，通过扎实有效的工作，不断提高党内民主建设质量和水平，促进党内民主和人民民主良性互动、共同发展，不断探索具有中国特色的发展党内民主的内容、途径、方法。

胡锦涛强调：要继续加大制度建设和创新力度，整体设计，分步实施，及时将党的建设理论创新、实践创新成果转化为制度成果，不断完善党的建设和党内生活的制度机制。要根据新情况新变化，加快完善民主集中制的具体制度，切实把民主集中制更好地落实到党的领导制度、组织制度、选举制度、工作制度、监督制度等方面。要抓住党的建设中的全局性、战略性问题，抓住广大党员、干部和人民群众最期待解决、党的建设最需要解决的紧迫问题，集中力量攻坚，努力在主要方面和关键环节上取得突破，带动整个党内制度建设，逐步建立起内容完备、结构合理、功能健全、科学管用的党内制度体系。

胡锦涛指出：要通过扎实有效的工作，切实提高各级党组织、各级领导班子、各级领导干部贯彻落实科学发展观的本领，努力把党组织建设成为贯彻落实科学发展观的坚强堡垒，把干部队伍建设成为贯彻科学发展观的骨干力量。要紧紧围绕抓好发展这个党执政兴国的第一要务来谋划和推进党的建设，紧紧围绕推动科学发展、促进社会和谐选干部、配班子，建队伍、聚人才，抓基层、打基础。要更好地尊重人、理解人、关心人、爱护人，充分调动广大党员、干部和各类人才的积极性和主动性，使加强和改进党的建设与推动经济社会发展更加紧密地结合起来，切实把党的政治优势和组织优势转化为推动经济社会又好又快发展的强大力量。

习近平出席了全国组织工作会议，并发表了讲话。

习近平在讲话中深刻分析了贯彻落实党的十七大精神对党的建设和组织工作提出的新要求，明确提出了以改革创新精神进一步做好党建工作和组织工作的目标任务，强调要加强党的思想理论建设，深入学习贯彻中国特色社会主义理论体系，在用马克思主义中国化最新成果武装全党、指导实践、推动工作上不断取得新进步；积极推进党内民主建设，加大组织制度改革创新力度，在提高党的工作的科学化民主化制度化水平上不断取得新进步；加强干部队伍建设，大力培养选拔高素质领导人才和德才兼备的优秀年轻干部，在提高各级领导班子领导水平和执政能力上不断取得新进步；更好实施人才强国战略，加快推进人才工作体制机制创新，在发现人才、凝聚人才、造就人才、用好人才上不断取得新进步；深化干部人事制度改革，增强选贤任能和识才聚才本领，在提高选人用人公信度、提高广大党员群众对干部选拔任用工作满意度上不断取得新进步；坚持抓基层、打基础不放松，着力创新基层党建工作，在充分发挥基层党组织作用、保持和发展共产党员先进性上不断取得新进步；加强和改进对党建工作的领导，健全和完善责任制，在提高管党治党水平和组织工作水平上不断取得新进步。

习近平指出：党的十七大提出要尊重党员主体地位，这是马克思主义群众观和以人为本思想在党内生活中的重要体现。尊重党员主体地位，最根本的就是要认真落实党章及党员权利保障条例等党内规章赋予党员的知情权、参与权、选举权、被选举权和监督权等各项民主权利，让党员在党内生活中真正发挥主体作用。要做好关心、爱护老党员和生活困难党员工作，增强党组织的亲和力，使广大党员真正感受到入党后有义务、有责任、有奉献，同时也有权利、有温暖、有荣誉。

习近平强调：要抓住领导班子和干部队伍建设的关键问题、干部人事工作的难点问题和干部群众关注的热点问题，坚定不移地深化干部人事制度改革。要全面正确地执行党的干部路线和干部政策，坚持德才兼备、以德为先，坚持正确的用人导向。要树立注重品行的导向，注重选拔政治坚定、原则性强、清正廉洁、道德高尚、情趣健康的干部；要树立科学发展的导向，注重选拔自觉贯彻落实科学发展观、坚持又好又快发展、工作实绩突出的干部；要树立崇尚实干的导向，注重选拔求真务实、埋头苦干、默默奉献、不事张扬的干部；要树立重视基层的导向，注重选拔在基层和生产一线的优秀干部，选拔长期在条件艰苦、工作困难地方努力工作的优秀干部；要树立鼓励创新的导向，注重选拔思想解放、作风扎实、勇于创新、锐意进取的干部；要树立群众公认的导向，注重选拔想干事、能干事、干成事，能为人民造福、得到群众拥护的干部。通过树立、落实和坚持正确的用人导向，褒奖那些贡献突出的干部，支持那些一身正气的干部，鼓励那些老实干事的干部，鞭策那些相形见绌的干部，教育那些跟风行事的干部，约束那些投机钻营的干部，惩处那些贪污腐败的干部，进一步提高选人用人水平。

建设服务型政府。2月23日，中共中央政治局进行第四次集体学习，这次集体学习安排的内容是国外政府服务体系建设和我国建设服务型政府。胡锦涛主持学习并发表了讲话。

胡锦涛强调：建设服务型政府，是坚持党的全心全意为人民服务宗旨的根本要求，是深入贯彻落实科学发展观、构建社会主义和谐社会的必然要求，也是加快行政管理体制改革、加强政府自身建设的重要任务。要在经济发展的基础上，不断扩大公共服务，逐步形成惠及全民、公平公正、水平适度、可持续发展的公共服务体系，切实提高为经济社会发展服务、为人民服务的能力和水平，更好地推动科学发展、促进社会和谐，更好地实现发展为了人民、发展依靠人民、发展成果由人民共享。

胡锦涛指出：建设服务型政府，根本目的是进一步提高政府为经济社会发展服务、为人民服务的能力和水平，关键是推进政府职能转变、完善社会管理和公共服务，重点是保障和改善民生。要坚持以邓小平理论和"三个代表"重要思想为指导，深入贯彻落实科学发展观，按照全体人民学有所教、劳有所得、病有所医、老有所养、住有所居的要求，围绕逐步实现基本公共服务均等化的目标，创新公共服务体制，改进公共服务方式，加强公共服务设施建设，逐步形成惠及全民的基本公共服务体系。

胡锦涛指出：建设服务型政府，首先要创新行政管理体制。要着力转变职能、理顺关系、优化结构、提高效能，把政府主要职能转变到经济调节、市场监管、社会管理、公共服务上来，把公共服务和社会管理放在更加重要的位置，努力为人民群众提供方便、快捷、优质、高效的公共服务。要优化政府组织结构，加强公共服务部门建设，推进以公共服务为主要内容的政府绩效评估和行政问责制度，完善公共服务监管体系，加快法治政府建设，全面推进依法行政，依法规范政府职能和行政行为。要加快推进政企分开、政资分开、政事分开、政府与市场中介组织分开，发挥公益类事业单位提供公共服务的重要作用，支持社会组织参与公共服务和社会管理，形成公共服务供给的社会和市场参与机制。要完善公共财政体系，调整财政收支结构，扩大公共服务覆盖范围，把更多财政资金投向公共服务领域，把更多公共资源投向公共服务薄弱的农村、基层、欠发达地区和困难群众，增强基层政府提供公共服务的能力。要创新社会管理体制，努力实现管理与服务有机结合，在服务中实施管理，在管理中体现服务。要全面加强公务员队伍思想建设、作风建设、能力建设，加强公务员制度建设，不断提高公务员为人民服务的能力和水平。各级政府工作人员特别是领导干部要牢记全心全意为人民服务的宗旨，大力增强公仆意识，切实转变工作作风，努力做到思想上尊重群众、感情上贴近群众、行动上深入群众、工作上依靠群众，时刻把群众的安危冷暖放在心上，多为群众办好事、办实事，真正做到为民、务实、清廉。

中共十七届二中全会举行。2月25日—27日，中国共产党第十七届中央委员会第二次全体会议在北京举行。全会审议通过了《关于深化行政管理体制改革的意见》和《国务院机构改革方案》，同意把《国务院机构改革方案》提请十一届全国人大一次会议审议。

《意见》指出：行政管理体制改革是政治体制改革的重要内容，是上层建筑适应经济基础客观规律的必然要求，贯穿我国改革开放和社会主义现代化建设的全过程。当前，面对新形势新任务，现行行政管理体制仍然存在一些不相适应的方面。政府职能转变还不到位，对微观经济运行干预过多，社会管理和公共服务仍比较薄弱；部门职责交叉、权责脱节和效率不高的问题仍比较突出；政府机构设置不尽合理，行政运行和管理制度不够健全；对行政权力的监督制约机制还不完善，滥用职权、以权谋私、贪污腐败等现象仍然存在。这些问题直接影响政府全面正确履行职能，在一定程度上制约经济社会发展。深化行政管理体制改革势在必行。

《意见》指出：深化行政管理体制改革，要高举中国特色社会主义伟大旗帜，以邓小平理论和“三个代表”重要思想为指导，深入贯彻落实科学发展观，按照建设服务政府、责任政府、法治政府和廉洁政府的要求，着力转变职能、理顺关系、优化结构、提高效能，做到权责一致、分工合理、决策科学、执行顺畅、监督有力，为全面建设小康社会提供体制保障。

《意见》要求：深化行政管理体制改革，必须坚持以人为本、执政为民，把维护人民群众的根本利益作为改革的出发点和落脚点；必须坚持与完善社会主义市场经济体制相适应，与建设社会主义民主政治和法治国家相协调；必须坚持解放思想、实事求是、与时俱进，正确处理继承与创新、立足国情与借鉴国外经验的关系；必须坚持发挥中央和地方两个积极性，在中央的统一领导下，鼓励地方结合实际改革创新；必须坚持积极稳妥、循序渐进，做到长远目标与阶段性目标相结合、全面推进与重点突破相结合，处理好改革发展稳定的关系。

《意见》提出：深化行政管理体制改革的总体目标是，到2020年建立起比较完善的中国特色社会主义行政管理体制。通过改革，实现政府职能向创造良好发展环境、提供优质公共服务、维护社会公平正义的根本转变，实现政府组织机构及人员编制向科学化、规范化、法制化的根本转变，实现行政运行机制和政府管理方式向规范有序、公开透明、便民高效的根本转变，建设人民满意的政府。今后5年，要加快政府职能转变，深化政府机构改革，加强依法行政和制度建设，为实现深化行政管理体制改革的总体目标打下坚实基础。

《意见》指出：深化行政管理体制改革要以政府职能转变为核心。加快推进政企分开、政资分开、政事分开、政府与市场中介组织分开，把不该由政府管理的事项转移出去，把该由政府管理的事项切实管好，从制度上更好地发挥市场在资源配置中的基础性作用，更好地发挥公民和社会组织在社会公共事务管理中的作用，更加有效地提供公共产品。

政府机构改革主要包括深化国务院机构改革、推进地方政府机构改革、精简和规范各类议事协调机构及其办事机构、推进事业单位分类改革等几个方面。

《国务院机构改革方案》指出：根据党的十七大和十七届二中全会精神，这次国务院机构改革的主要任务是，围绕转变政府职能和理顺部门职责关系，探索实行职能有机统一的大部门体制，合理配置宏观调控部门职能，加强能源环境管理机构，整合完善工业和信息化、交通运输行业管理体制，以改善民生为重点加强与整合社会管理和公共服务部门。

27日，胡锦涛在全会上发表讲话。

胡锦涛指出：要通过学习，进一步增强高举中国特色社会主义伟大旗帜的自觉性和坚定性，坚持中国特色社会主义道路不动摇，坚持中国特色社会主义理论体系不动摇，在实践中坚持和发展中国特色社会主义；进一步增强贯彻落实科学发展观的自觉性和坚定性，深刻理解科学发展观的科学内涵、精神实质、根本要求，把全社会的发展积极性引导到科学发展上来，把科学发展观贯彻落实到经济社会发展各个方面，坚定不移走科学发展道路，实现经济社会又好又快发展；进一步增强全面建设小康社会的自觉性和坚定性，深入把握经济社会发展趋势和规律，协调推进社会主义经济建设、政治建设、文化建设、社会建设，切实把实现全面建设小康社会奋斗目标的新要求落到实处。

胡锦涛指出：没有解放思想，就没有改革开放和社会主义现代化建设的成就，就没有中国特色社会主义的发展。面对当今世界正在发生的广泛而深刻的变化，面对当代中国正在发生的广泛而深刻的变革，面对实现人民群众新要求新期待的繁重任务，我们只有坚定不移地继续解放思想，才能更好地巩固和发展改革开放已经取得的理论成果和实践成果，才能更好地把握发展规律、创新发展理念、转变发展方式、破解发展难题、推动科学发展，才能更好地深化经济体制、政治体制、文化体制、社会体制和其他各方面体制改革，才能更好地以改革创新精神推进党的建设新的伟大工程。

胡锦涛指出：保障和改善民生，是我们搞革命、搞建设、搞改革的出发点和落脚点，也是坚持党的全心全意为人民服务宗旨的根本要求。目前，我国仍处于并将长期处于社会主义初级阶段的基本国情没有变，人民日益增长的物质文化需要同落后的社会生产之间的矛盾这一社会主要矛盾没有变，部分群众因为各种原因生活还有一些困难。因此，在经济发展的基础上努力保障和改善民生，是化解各种社会矛盾、保持社会和谐稳定的一个根本之策。

胡锦涛强调：维护社会和谐稳定，是顺利推进改革发展的重要前提。我们一定要始终牢记，稳定是硬任务，是第一责任；发展是政绩，稳定也是政绩。没有稳定这个前提条件，什么事情也干不成，已经取得的成果也会失去，更不要说实现党的十七大确定的各项目标任务。

《中国的法治建设》白皮书发布。2月28日，《中国的法治建设》白皮书发布，这是中国政府首次发表的法治建设白皮书。

白皮书指出：法治是政治文明发展到一定历史阶段的标志，凝结着人类智慧，为各国人民所向往和追求。

白皮书全面介绍了新中国成立近60年来，特别是改革开放30年来，在建设中国特色社会主义的伟大实践中，中国的法治建设取得的巨大成就：确立了依法治国基本方略；中国共产党依法执政能力显著增强；以宪法为核心的中国特色社会主义法律体系基本形成；人权得到可靠的法制保障；促进经济发展与社会和谐的法治环境不断改善；依法行政和公正司法水平不断提高；对权力的制约和监督得到加强。

白皮书指出：中国法律体系的本质是以人为本，反映人民的共同意志，保障人民的根本利益。这一法律体系与国家经济发展和社会进步相适应，为国家的科学发展、和谐发展、和平发展提供法律保障。

白皮书指出：中国特色社会主义法律体系是开放的和发展的。中国正处在社会转型期，法律体系具有阶段性和前瞻性特点，今后仍将继续制定新的法律和修改原有的法律，使法律体系不断发展和完善。

白皮书指出：改革开放以来，在从计划经济体制向市场经济体制转变过程中，中国不断加强经济立法和相关立法，符合社会主义市场经济要求的法律制度已基本形成。

白皮书把法治建设与科学发展观联系起来，提出：在新世纪新阶段，中国将坚持科学发展观，从完善立法、严格执法、公正司法、自觉守法等方面扎实推进，全面落实依法治国基本方略，加快建设社会主义法治国家。

深化认识中国特色社会主义理论体系。3月1日，中共中央党校举行2008年春季学期开学典礼。习近平出席并在讲话中谈了关于中国特色社会主义理论体系的几点学习体会和认识。习近平强调：在新的历史起点上坚持和发展中国特色社会主义理论体系，奋力开拓中国特色社会主义更为广阔的发展前景，是当代中国共产党人的庄严责任。

习近平指出：中国特色社会主义作为新时期以来我们党继续推进马克思主义中国化的伟大历史性创造，体现在实践上，就是开辟了中国特色社会主义道路；体现在理论上，就是形成了中国特色社会主义理论体系；体现在政治上，就是要高举中国特色社会主义伟大旗帜。“旗帜”，体现了“道路”和“理论体系”的有机统一。

习近平强调：胡锦涛同志指出，中国特色社会主义理论体系是马克思主义中国化最新成果，总体上属于马克思列宁主义同中国实际相结合的第二次历史性飞跃的理论成果。这个重要论断，从时间和空间上对中国特色社会主义理论体系的产生和发展作出了科学界定，为我们正确认识中国特色社会主义理论体系在马克思主义中国化进程中的历史地位提供了根本依据。我们党在领导

中国革命、建设、改革的长期实践中，把马克思列宁主义基本原理同中国具体实际和时代特征相结合，不断推进马克思主义中国化，实现了两次历史性飞跃。第一次飞跃发生在新民主主义革命时期，中国共产党人经过反复探索，在总结成功和失败经验的基础上，找到了农村包围城市、最后夺取全国胜利的有中国特色的革命道路，并在革命胜利后积极探索适合我国国情的社会主义建设道路，形成了被实践证明了的关于中国革命和建设的正确的理论原则和经验总结——毛泽东思想。第二次飞跃发生在党的十一届三中全会以后，中国共产党人在总结我国经验和研究国际形势的基础上，开辟了中国特色社会主义道路，形成了被实践证明了的关于在中国建设、巩固和发展社会主义的正确的理论原则和经验总结，这就是中国特色社会主义理论体系。

习近平指出：中国特色社会主义理论体系，是在和平与发展成为时代主题的历史条件下，在我国改革开放和社会主义现代化建设的伟大实践中，在总结我国社会主义建设正反两方面历史经验和改革开放以来新鲜经验，并借鉴其他社会主义国家兴衰成败经验教训的基础上逐步形成和发展起来的。这个理论体系在建设中国特色社会主义的思想路线、发展道路、发展阶段、发展战略、根本任务、发展动力、依靠力量、国际战略、领导力量和根本目的等问题上，形成了一系列独创性的重大理论观点，系统回答了在中国这样一个十几亿人口的发展中大国如何摆脱贫困、加快实现现代化、巩固和发展社会主义的一系列重大问题。这个理论体系，内容贯通哲学、政治经济学、科学社会主义等学科，涵盖社会主义经济建设、政治建设、文化建设、社会建设和党的建设以及国防和军队现代化建设、祖国统一、国际战略和外交工作等各个领域，涉及改革发展稳定、内政外交国防、治党治国治军等各个方面，是内涵丰富、思想深刻、系统科学的理论体系。中国特色社会主义理论体系紧紧围绕探索和回答什么是社会主义、怎样建设社会主义，建设什么样的党、怎样建设党，实现什么样的发展、怎样发展这三大基本问题展开，从实践到理论进行了卓有成效的创造，用一系列紧密联系、相互贯通的新思想、新观点、新论断，深化和丰富了对共产党执政规律、社会主义建设规律、人类社会发展规律的认识。

习近平指出：中国特色社会主义理论体系坚持了马克思列宁主义关于科学社会主义的重要思想，遵循了科学社会主义基本原则。我们说中国特色社会主义理论体系同马克思列宁主义是一脉相承的，这个“脉”，就包括科学社会主义基本原则。中国特色社会主义理论体系既坚持马克思主义基本原理和科学社会主义基本原则，又不从书本、概念和抽象的原则出发，而是一切从实际出发，以我国改革开放和社会主义现代化建设的实际问题、以我们正在做的事情为中心，坚持解放思想、实事求是、与时俱进，创造性地提出了一系列新思想、新观点、新论断，丰富和发展了马克思主义。中国特色社会主义理论体系是与时俱进的，这个“进”，主要就体现在提出了一大批新思想、新观点、新论断，丰富和发展了马克思主义。

习近平进一步指出：中国特色社会主义理论体系也是对毛泽东同志艰辛探索社会主义建设规律重要思想成果的继承和发展。以毛泽东同志为核心的党的第一代中央领导集体带领全党全国各族人民建立新中国，建立社会主义基本制度，取得社会主义建设的伟大成就。特别是根据我国国情确立了人民民主专政的国体，创建了人民代表大会制度、中国共产党领导的多党合作和政治协商制度、民族区域自治制度等。这些实践成果，都为我们党在新时期开辟中国特色社会主义道路、创立中国特色社会主义理论体系，奠定了根本的政治前提和制度基础。从理论渊源上说，毛泽东思想和中国特色社会主义理论体系都坚持解放思想、实事求是、与时俱进，坚持党的群众路线，坚持独立自主地走自己的路。这是它们在立场、观点、方法等基本方面的共同点。毛泽东思想作为一个科学体系，既包括毛泽东同志关于新民主主义的正确思想，也包括毛泽东同志关于社会主义建设的正确思想。毛泽东同志带领我们党在艰辛探索中形成的重要思想成果，是我们党的宝贵财富，也是中国特色社会主义理论体系的重要思想来源。邓小平理论、"三个代表"重要思想以及科学发展观等重大战略思想，既继承了毛泽东同志探索社会主义建设规律留给我们的重要思想成果，又以改革开放新的实践为基础发展了这些重要思想成果。胡锦涛同志指出，中国特色社会主义理论体系是改革开放历史新时期我们党的理论创新成果。他还指出，中国特色社会主义理论体系，是对毛泽东同志艰辛探索社会主义建设规律重要思想成果的继承和发展。胡锦涛同志这些论断，从根本上把中国特色社会主义理论体系同毛泽东思想的内在联系说清楚、讲明白了。

习近平指出：在新的发展阶段，深入贯彻落实科学发展观，是对邓小平理论和"三个代表"重要思想的最好坚持，也是对中国特色社会主义理论体系的最好实践。这是因为：从精神实质上看，科学发展观所突出强调的全面的、联系的、发展的观点，发展为了人民、发展依靠人民、发展成果由人民共享的理念，以及统筹兼顾的系统思维方式和思想方法等，都是马克思主义关于发展的立场、观点、方法的集中体现。马克思主义的世界观和方法论，从一定意义上可以说，就是认识发展规律、把握发展规律、运用发展规律的世界观的方法论。从理论结构上看，科学发展观继承和发展了党的三代中央领导集体关于发展的重要思想，以丰富的思想内涵、严密的内在逻辑，构建了第一要义是发展、核心是以人为本、基本要求是全面协调可持续、根本方法是统筹兼顾的科学体系。从实践要求上看，科学发展观是立足社会主义初级阶段基本国情、总结我国发展实践、借鉴国外发展经验、适应新的发展要求提出来的，是我们党在发展问题上的最新认识。因此，深入贯彻落实科学发展观的过程，就是把马克思主义基本原理同中国特色社会主义新的伟大实践相结合的过程，就是在新的历史起点上坚持和发展中国特色社会主义理论体系的过程。

全国政协十一届一次会议举行。3月3日—14日，全国政协十一届一次会议在北京举行。3月4日，胡锦涛看望出席会议的民革、台盟、台联委员，并就发展两岸关系、促进祖国和平统一大业发表讲话。

胡锦涛强调，事实已经并将继续证明：两岸关系和平发展，有利于两岸发展和稳定，必定造福两岸同胞；"台独"分裂活动，有害于两岸发展和稳定，必定贻祸两岸同胞。实现两岸关系和平发展，是两岸同胞的共同利益所系、共同责任所在。经过两岸同胞长期共同努力，推动两岸关系和平发展已经具有更为坚实的基础、更为强劲的动力、更为有利的条件，是大势所趋、人心所向。

胡锦涛强调：实现两岸关系和平发展，基础是坚持一个中国原则，目的是为两岸同胞谋福祉，途径是深化互利双赢的交流合作。我们要继续促进两岸人员往来和经济文化交流，继续推动两岸直接“三通”进程，也要继续努力争取恢复和进行两岸协商谈判。台湾任何政党，只要承认两岸同属一个中国，我们都愿意同他们交流对话、协商谈判。谈判的地位是平等的，议题是开放的，什么问题都可以谈。通过谈判，寻求解决两岸政治、经济、军事、文化、对外交往等重要问题的办法，对未来两岸关系发展进行规划。

胡锦涛强调：“台独”分裂活动已成为对国家主权和领土完整的最大祸害、对两岸关系发展的最大障碍、对台海地区和平稳定的最大威胁。只有坚决遏制“台独”分裂活动，才能实现两岸关系和平发展的前景，才能维护两岸同胞的福祉。“台独”分裂活动违背了中华民族维护国家统一的坚强意志，是没有出路的，是注定要失败的。尽管两岸关系和平发展还面临阻力和障碍，今后也难免会经历曲折和起伏，但我们推动两岸关系和平发展的信念坚定不移，决不动摇。

3日，贾庆林向大会报告过去五年的工作。

贾庆林在报告中归纳了过去五年工作的六条主要经验：坚持中国共产党对人民政协的领导；坚持团结和民主两大主题；坚持把促进发展作为人民政协履行职能的第一要务；坚持把实现好、维护好、发展好最广大人民的根本利益作为人民政协工作的出发点和落脚点；坚持推进人民政协履行职能的制度化、规范化、程序化；坚持全面加强人民政协的自身建设。

贾庆林在报告中提出了今后五年工作的6点建议：用马克思主义中国化最新成果武装头脑；紧紧围绕贯彻落实科学发展观献计出力；促进政党关系、民族关系、宗教关系、阶层关系、海内外同胞关系的和谐；切实推动社会主义文化大发展大繁荣；认真做好港澳台侨人士团结联谊工作；进一步扩大对外友好交往。

十一届全国人大一次会议举行。3月5日—18日，十一届全国人大一次会议在北京举行。3月5日，胡锦涛参加他所在的十一届全国人大一次会议江苏代表团审议时就深入贯彻落实科学发展观、推动经济社会又好又快发展发表了意见。

胡锦涛强调：科学发展观第一要义是发展。我们必须坚持聚精会神搞建设、一心一意谋发展。同时，发展必须是全面协调可持续的发展。加快转变经济发展方式是关系国民经济全局紧迫而重大的战略任务。转变经济发展方式抓得越早、抓得越紧、抓得越实，就能越快打开发展新局面、赢得发展新优势。

胡锦涛指出：党的十七大第一次明确提出要建设生态文明，标志着我们对社会主义现代化建设规律的认识进一步深化。要认真贯彻节约资源和保护环境的基本国策，真正把建设资源节约型、环境友好型社会放在工业化、现代化发展战略的突出位置，推动生态文明观念进一步深入人心，推动节能减排、污染防治等重点工作落实，推动可持续发展体制机制尽快形成。

胡锦涛指出：改革开放30年来的事实表明，没有改革开放，就不可能有社会主义现代化建设的巨大成功，就不可能有人民生活水平的大幅提高，就不可能有国家综合国力的极大增强。今天，要进一步解决制约我国经济社会发展的深层次矛盾和问题，实现科学发展，必须坚定不移地把改革开放继续推向前进。

胡锦涛指出：最近这场低温雨雪冰冻灾害警示我们，越是经济社会向前发展，越是现代化程度不断提高，就越不能忽视可能发生的风险。要深入总结、举一反三，进一步增强全社会风险防范意识，进一步完善应急管理体制机制，进一步加强各种应急物资储备，进一步提高危机处理水平，真正把这场抗灾救灾斗争的经验转化为更好抵御风险的措施和能力。

10日，胡锦涛出席十一届全国人大一次会议解放军代表团全体会议并发表讲话。

胡锦涛指出：国防和军队建设关系中国特色社会主义的发展全局。必须在全面推进社会主义经济建设、政治建设、文化建设、社会建设的同时，大力加强国防和军队建设，为坚持和发展中国特色社会主义提供重要力量支撑和坚强安全保证，为维护世界和平作出更大贡献。

胡锦涛强调：坚持用中国特色社会主义理论体系武装全军，最根本的是打牢官兵高举旗帜、听党指挥、履行使命的思想政治基础，确保军队建设坚定正确的政治方向。要组织官兵认真学习中国特色社会主义理论体系，引导官兵深入理解和掌握这一理论体系的实践基础、科学内涵、精神实质。按照中央的统一部署，紧密结合军队实际，开展深入学习实践科学发展观活动，把科学发展观贯彻落实到各项建设和工作之中。加强军队各级党组织的能力建设和先进性建设，教育引导党员领导干部讲党性、重品行、作表率。大力培育战斗精神，使我军听党指挥、服务人民、英勇善战的优良传统一代一代传下去。

胡锦涛指出：要坚持以军事斗争准备为龙头带动军队现代化建设整体发展。坚持从实战需要出发从难从严训练部队，积极推动机械化条件下军事训练向信息化条件下军事训练转变。坚持不懈地抓好基层建设，进一步打牢部队战斗力的基础。以增强打赢信息化条件下局部战争能力为核心，不断提高我军应对多种安全威胁、完成多样化军事任务的能力。

胡锦涛强调：改革创新是推进国防和军队建设、加快中国特色军事变革的强大动力。要进一步解放思想，坚定改革的决心和信心，在国防和军队改革上迈出新步伐、取得新成效。要把提高战斗力作为改革的出发点和落脚点，用战斗力标准统一改革思想、衡量改革措施、检验改革成效。通过深化改革，形成有利于推动国防和军队建设科学发展、充满生机和活力的体制机制。

胡锦涛指出：富国和强军都是我国现代化建设的战略任务，是发展中国特色社会主义、实现中华民族伟大复兴的重要基石。要进一步探索统筹经济建设和国防建设的内在规律，坚持经济建设和国防建设协调发展方针，走出一条中国特色军民融合式发展路子。

8日，十一届全国人大一次会议第二次全体会议举行，吴邦国向大会作工作报告。

报告指出：目前，以宪法为核心，以法律为主干，包括行政法规、地方性法规等规范性文件在内的，由七个法律部门、三个层次法律规范构成的中国特色社会主义法律体系已经基本形成，国家经济、政治、文化、社会生活的各个方面基本做到有法可依，为依法治国、建设社会主义法治国家、实现国家长治久安提供了有力的法制保障。

报告指出：回顾50多年来特别是改革开放近30年来人民代表大会制度建设取得的伟大成

就，总结十届全国人大及其常委会的新鲜经验，我们深深体会到，把人民代表大会制度坚持好、完善好，做好新形势下的人大工作，必须高举中国特色社会主义伟大旗帜，坚定不移地走中国特色社会主义道路，坚定不移地以中国特色社会主义理论体系为指导，坚持党的领导、人民当家作主、依法治国有机统一。一要坚持中国特色社会主义政治发展道路，二要坚持从最广大人民的根本利益出发，三要坚持围绕党和国家工作大局开展工作，四要坚持依法按程序办事。

3月5日，温家宝向大会作关于政府工作的报告。

报告总结了过去五年实践中积累的宝贵经验，主要包括：必须坚持解放思想；必须坚持落实科学发展观；必须坚持改革开放；必须坚持搞好宏观调控；必须坚持执政为民；必须坚持依法行政。

报告指出了国内外形势发展变化使我们面临的诸多新挑战和风险，主要包括：经济运行中一些突出问题和深层次矛盾依然存在；涉及群众切身利益的问题有待进一步解决；国际经济环境变化不确定因素和潜在风险增加；政府自身建设和管理需要加强。

报告提出，政府工作的基本思路和主要任务是：高举中国特色社会主义伟大旗帜，以邓小平理论和“三个代表”重要思想为指导，深入贯彻落实科学发展观，更加重视加强和改善宏观调控，更加重视推进改革开放和自主创新，更加重视调整经济结构和提高发展质量，更加重视节约资源和保护环境，更加重视改善民生和促进社会和谐，推进社会主义经济建设、政治建设、文化建设、社会建设，加快全面建设小康社会进程。报告还进一步提出了2008年国民经济和社会发展的预期目标。

报告指出，实现经济社会发展的目标和任务，需要把握以下原则：坚持稳中求进，促进经济平稳较快发展；坚持好字优先，加快转变经济发展方式；坚持改革开放，注重推进制度建设和创新；坚持以人为本，加快以改善民生为重点的社会建设。今年经济工作，要把防止经济增长由偏快转为过热、防止价格由结构性上涨演变为明显通货膨胀作为宏观调控的首要任务；鉴于当前国内外经济形势发展的不确定因素较多，要密切跟踪分析新情况新问题，审时度势，从实际出发，及时灵活地采取相应对策，正确把握宏观调控的节奏、重点和力度，保持经济平稳较快发展，避免出现大的起落。

加快推进文化体制改革。4月10日—11日，全国文化体制改革工作会议在北京举行。刘云山出席会议并在讲话中强调：当前要认真学习领会党的十七大精神，深入贯彻落实科学发展观，不断提高对文化建设战略地位和重要作用的认识，清醒认识文化建设面临的新环境，牢固树立新的文化发展理念，以思想的新解放促进文化体制改革的新突破，努力使宣传文化战线在改革创新方面走在前列，走出一条中国特色文化发展的新路。

博鳌亚洲论坛举行。4月12日，博鳌亚洲论坛2008年年会开幕式在海南举行，胡锦涛在开幕式上发表演讲。

胡锦涛指出：30年来，中国的面貌发生了历史性变化。中国成功实现了从高度集中的计划经济体制到充满活力的社会主义市场经济体制、从封闭、半封闭到全方位开放的伟大历史转折。在改革开放的伟大实践中，我们深刻认识到，在当今世界日趋激烈的竞争中，一个国家、一个民族要发展起来，就必须与时俱进、改革开放、着力发展、以人为本、促进和谐。

中国未来的发展，也必须靠改革开放。胡锦涛指出：历史是继续前进的基础，也是开创未来的启示。中国仍然是世界上最大的发展中国家，中国基本实现现代化，实现全体中国人民共同富裕，还有很长的路要走。中国过去30年的快速发展，靠的是改革开放。中国未来的发展，也必须靠改革开放。改革开放是决定当代中国命运的关键抉择，也是13亿中国人民的共同抉择。

胡锦涛指出：世界上没有放之四海而皆准的发展道路和发展模式，也没有一成不变的发展道路和发展模式，必须适应国内外形势的新变化、顺应人民过上更好生活的新期待，结合自身实际、结合时代条件变化不断探索和完善适合本国情况的发展道路和发展模式，不断增加全社会的生机活力，真正做到与时代发展同步伐、与人民群众共命运。

胡锦涛指出：30年改革开放的实践告诉我们，中国发展进步离不开世界，世界繁荣稳定也离不开中国。在世界多极化不可逆转、经济全球化深入发展、科技革命加速推进的世界大势之下，中国的前途命运日益紧密地同世界的前途命运联系在一起。

马克思主义理论研究和建设工程的新任务新要求。4月25日，马克思主义理论研究和建设工程在北京召开工作会议，总结工程实施4年来的工作，研究部署今后5年的工作。李长春出席会议并在讲话中指出：实践充分证明，以胡锦涛同志为总书记的党中央作出实施马克思主义理论研究和建设工程的决策是完全正确的。工程的实施，创新了马克思主义理论研究和建设的工作机制，推动了哲学社会科学界高扬马克思主义主旋律，巩固了党的理论阵地，促进了实际工作，团结和凝聚了广大理论工作者，成为关系中国特色社会主义事业发展全局的战略工程、基础工程。李长春强调：党的十七大确立的一系列新思想新观点新论断，中国特色社会主义事业的深入推进，国际形势的深刻变化和现代科学技术特别是互联网的快速发展，都对工程工作提出了新任务新要求，必须清醒认识和全面把握我国发展的新要求，人民群众的新期待，进一步增强使命感、责任感、紧迫感，推动工程工作取得新的突破。要高举中国特色社会主义伟大旗帜，以邓小平理论和“三个代表”重要思想为指导，深入贯彻落实科学发展观，解放思想、实事求是、与时俱进，贴近实际、贴近生活、贴近群众，大力推进理论创新，在中国特色社会主义理论体系研究方面取得重大进展，马克思主义中国化最新成果的教育普及方面取得重大进展，在马克思主义经典著作编译和基本观点研究方面取得重大进展，在建设充分反映马克思主义中国化最新成果的学科体系和教材体系方面取得重大进展，在马克思主义理论队伍建设方面取得重大进展，在马克思主义理论研究成果对外交流方面取得重大进展。工程主管单位和专家学者，要增强政治意识、创新意识、精品意识和协作意识，确保工程各项工作取得实效。

加快转变经济发展方式。4月28日，中共中央政治局进行第五次集体学习，这次集体学习安排的内容是我国加快转变经济发展方式研究。胡锦涛主持学习并发表了讲话。

胡锦涛指出：加快转变经济发展方式，是关系国民经济全局紧迫而重大的战略任务，是提高我国经济国际竞争力和抗风险能力的根本举措，是实现全面建设小康社会奋斗目标的重要保证。目前，我国正处于改革发展的关键阶段，也正处于工业化、现代化的重要时期。能不能适应国际环境的新变化，适应我国发展的新要求，在转变经济发展方式上取得重大突破，关系到我们能不能牢牢把握发展的主动权，在较长时期内继续保持经济平稳较快发展。

胡锦涛指出：要切实加强和改善宏观调控，准确把握全球经济增速放缓趋势及其对我国的影响，按照控总量、稳物价、调结构、促平衡的要求，提高宏观调控的科学性、预见性、有效性，调整优化投资结构，积极支持现代农业、节能减排、自主创新、生产性服务业等方面的建设，积极调整内需和外需结构，确保宏观经济目标的实现。

胡锦涛指出：要坚持社会主义市场经济的改革方向，推进各方面体制机制创新，完善政府绩效考核体系，形成充满活力、富有效率、更加开放、有利于科学发展的体制机制，促进经济发展方式加快转变。

必须不断提高全民族的思想道德素质和科学文化素质，尤其必须造就一支庞大的高素质人才队伍。5月3日，在北京大学建校110周年之际，胡锦涛在北京大学师生代表座谈会上讲话强调：要增强我国的综合国力和国际竞争力，要实现又好又快发展，要牢牢把握自己命运、不断开辟美好前景，说到底，必须不断提高全民族的思想道德素质和科学文化素质，尤其必须造就一支庞大的高素质人才队伍。胡锦涛对师生提出四点希望：一、要大力弘扬爱国主义精神；二、要努力造就高素质人才；三、要不断创造一流学术成果；四、要积极培育优良校风。

加强和改进高校思想政治理论课建设。5月4日，李长春在东北大学就加强和改进高校思想政治理论课进行调研时强调：高校思想政治理论课是社会主义大学的本质体现，是引导大学生坚定中国特色社会主义理想信念、掌握马克思主义科学理论和科学方法的重要途径，是开展大学生思想政治教育的主课堂、主渠道。能不能抓好高校思想政治理论课教学工作，直接关系到培养什么样的人、怎样培养人的大问题，关系到办什么样的高等教育、怎样办高等教育的大问题。我们一定要从确保中国特色社会主义事业长治久安的战略高度，认真贯彻落实党的十七大精神，以提高思想认识为前提，以教材建设和学科建设为基础，以教师队伍建设为关键，以教学方法创新为重要环节，以加强领导为保障，全面推进高校思想政治理论课教学工作。要进一步加强教材建设和学科建设，逐步形成具有中国特色的思想政治理论课教材体系和学科体系。要高度重视高校思想政治理论课教师队伍建设，完善教师选聘、考核、评价和激励机制，建设一支政治坚定、业务精湛、品德高尚、深受大学生喜爱的高校思想政治理论课教师队伍。要紧密联系改革开放和现代化建设实际，联系大学生思想实际，创新教学方法，加强社会实践，增强思想政治理论课的吸引力、感染力。

《中国共产党全国代表大会和地方各级代表大会代表任期制暂行条例》印发。5月5日，《中国共产党全国代表大会和地方各级代表大会代表任期制暂行条例》正式印发。《条例》对于发挥党代表大会代表作用，坚持和完善党代表大会制度，推进党内民主建设，提高党的执政能力和保持党的先进性具有重要意义。在党内民主建设方面，《暂行条例》的主要内容包括：一是明确代表的任期，落实代表的主体地位，规定代表在其任期内，在党代表大会召开和闭会期间，享有代表资格，行使代表权利，履行代表职责，发挥代表作用；二是在党章和其他党内法规的基础上，进一步明确了代表的八项权利与职责，为其发挥作用提供了依据；三是明确党代表大会代表履行代表职责，主要是参加同级党代表大会和同级党委组织的活动，并对代表开展工作的几种主要方式作出了规定；四是强调各级党组织必须尊重和保障党代表大会代表的权利，并对保障代表充分履行职责作出了具体规定。

真理标准问题的讨论和30年来我们党坚持解放思想，推动了中国特色社会主义的大发展。5月8日，中共中央宣传部、中共中央党校、光明日报社在北京联合召开纪念关于真理标准问题的讨论30周年座谈会，李长春出席会议并发表讲话。李长春指出：30年来解放思想的最大成果，就是形成了中国特色社会主义“一面旗帜，一条道路，一个理论体系”。真理标准问题的讨论和30年来我们党坚持解放思想，推动了中国特色社会主义的大发展，这是我们得出的重要结论。真理标准问题的大讨论，对党和国家的事业、对中国特色社会主义的创立和发展产生极大影响。第一，真理标准问题的讨论，为我们党冲破“两个凡是”的严重束缚、重新确立马克思主义的思想路线奠定了理论基础。通过真理标准问题的讨论，我们党恢复了毛泽东同志倡导的实事求是的思想路线，彻底摆脱了“两个凡是”的严重束缚，实现了思想路线的拨乱反正，为实现全面拨乱反正奠定了思想基础，带来了我们党和民族的新的伟大觉醒，孕育了理论和实践的伟大创造。第二，真理标准问题的讨论，为党的十一届三中全会实现历史转折、我国迈向改革开放新时期做了思想准备。真理标准问题的讨论，是伟大历史转折的思想先导，激发了人民群众的创造活力，催生了改革开放和社会主义现代化建设的崭新实践，开启了中华民族振兴的新的伟大征程。第三，真理标准问题的讨论，为我们党在改革开放30年中坚持和发展中国特色社会主义道路、形成中国特色社会主义理论体系提供了强大精神动力。改革开放是前无古人的开创性事业，没有现成的经验可循，只能在艰辛探索中开拓前进。每前进一步都是靠解放思想，靠大胆创新，才不断开辟新路。正是不断解放思想，坚持一切从实际出发，我们党领导人民开辟了一条崭新的中国特色社会主义道路，形成了中国特色社会主义理论体系。改革开放30年来，我们党历经艰辛开创的中国特色社会主义道路和中国特色社会主义理论体系，是与始终坚持实践是检验真理的唯一标准、始终坚持解放思想密不可分的。

李长春还对如何继续解放思想提出了几点要求：通过继续解放思想，进一步增强高举中国特色社会主义伟大旗帜的自觉性和坚定性，毫不动摇地坚持和发展中国特色社会主义；通过继续解放思想，进一步深入贯彻落实科学发展观，更好地推动科学发展、促进社会和谐；通过继续解放思想，进一步深化改革、扩大开放，为发展中国特色社会主义提供强大动力；通过继续解放思想，进一步推进经济、政治、文化、社会各项建设，为夺取全面建设小康社会新胜利而奋斗；通过继续解放思想，进一步以改革创新精神全面推进党的建设新的伟大工程，不断提高党的执政能力、保持党的先进性。

大力弘扬伟大抗震救灾精神。5月12日，我国四川省汶川县发生特大地震灾害，震级达里氏8级，是新中国成立以来破坏性最强、波及范围最广、救灾难度最大的一次地震。在党中央、国务院和中央军委坚强领导下，全党全军全国各族人民众志成城、迎难而上，迅速展开气壮山河的抗震救灾工作。5月18日，国务院发布公告，决定2008年5月19日—21日为全国哀悼日。在波澜壮阔的抗震救灾斗争中，我们大力培育和弘扬了伟大的抗震救灾精神。

5月12日晚，中共中央政治局常务委员会召开会议，全面部署当前抗震救灾工作，胡锦涛主持会议。会议强调：灾情就是命令，时间就是生命。灾区各级党委、政府和中央各有关部门一定要紧急行动起来，把抗震救灾作为当前的首要任务，不怕困难，顽强奋战，全力抢救伤员，切实保障灾区人民群众生命安全，尽最大努力把地震灾害造成的损失减少到最低程度。中央号召：灾区各级党组织和全体共产党员一定要坚持人民利益高于一切，奋不顾身地投入到抗震救灾第一线，急人民群众之所急，解人民群众之所难，把党和政府的关怀送到每一个受灾群众中去。全国各地区各部门一定要大力发扬“一方有难、八方支援”的精神，万众一心、众志成城，迎难而上、百折不挠，共同夺取抗震救灾斗争的胜利。

5月14日，中共中央政治局常务委员会再次召开会议，进一步研究部署抗震救灾工作，胡锦涛主持会议。会议强调：各地各有关方面务必把抗震救灾工作作为当前最重要最紧迫的任务，不畏艰难，连续作战，团结协作，全力以赴，坚决打胜抗震救灾这场硬仗。要把抢救被困群众放在第一位，只要有一线希望，就要尽一切努力施救。中央号召：全党和全国军民要更加紧密地团结起来，一切为了灾区，全力支援灾区，以实际行动为抗震救灾贡献力量。中央坚信，有灾区干部群众不屈不挠、顽强奋战的大无畏英雄气概，有全国人民万众一心、共克时艰的社会主义协作精神，我们一定能够战胜这场特大地震灾害。

5月17日，胡锦涛在四川召开的抗震救灾工作会议上的讲话中指出：抗震救灾工作必须坚持以人为本。抢救人民群众生命是首要任务，必须继续作为当前抗震救灾工作的重中之重。只要有一线希望，只要有一点生还可能，我们就要作出百倍努力。胡锦涛强调：越是危急时刻，越要加强领导。要充分发挥各级党组织的战斗堡垒作用、各级领导干部的模范带头作用和广大共产党员的先锋模范作用。这场特大地震灾害，是对党员干部最现实最直接的考验。各级领导干部一定要把人民利益放在高于一切的位置，挺身而出，身先士卒，靠前指挥，到灾情最重的地方去，到困难最大的地方去，成为群众的主心骨。

5月22日，中共中央政治局常务委员会召开会议，研究部署继续全力做好抗震救灾工作，胡锦涛主持会议。会议强调：四川汶川等地特大地震灾害发生后，在党中央、国务院和中央军委坚强领导下，全党全军全国各族人民以万众一心、同舟共济的伟大精神谱写了一曲中华民族自强不息、团结奋斗的英雄凯歌。会议指出：当前，抗震救灾形势依然严峻，任务十分艰巨，要继续把抗震救灾作为当前最重要最紧迫的任务，扎扎实实做好各项工作。在全力做好抗震救灾工作的同时，各地区各部门要按照中央的决策部署，一手抓抗震救灾工作，一手抓经济社会发展，全力以赴支援灾区，努力保持经济平稳较快发展，努力保持社会和谐稳定。

5月24日，温家宝在成都召开抗震救灾会议，总结前一阶段的工作，部署下一阶段的抗震救灾任务。温家宝指出：这次地震，是新中国成立以来破坏性最强、波及范围最广、救灾难度最大的一次地震。整个抗震救灾工作在紧张有序地展开，取得了阶段性的成果。全国人民众志成城，在抗震救灾中表现出了不屈不挠、团结奋斗的民族精神。随着时间的推移，抗震救灾工作已经进入新的阶段，这就是在继续做好被困群众搜救工作的同时，要把安置受灾群众，恢复生产和灾后重建工作摆在突出的位置。做好这一阶段的工作，对于安置好受灾群众生活和保持社会正常秩序，对于灾区经济社会的长远发展，对于夺取抗震救灾工作的最后胜利都至关重要。5月26日，中共中央政治局召开会议，进一步研究和部署了抗震救灾和灾后重建工作。

6月5日，中共中央政治局常务委员会召开会议，研究部署汶川地震灾后恢复重建对口支援工作，胡锦涛主持会议。会议指出：灾后恢复重建是一项十分艰巨的任务，为加快灾后恢复重建，必须充分发挥社会主义制度能够集中力量办大事的政治优势，举全国之力。要坚持一方有难、八方支援，自力更生、艰苦奋斗的方针，按照“一省帮一重灾县”的原则，合理配置力量，建立对口支援机制，组织有关省市对口支援灾区加快灾后恢复重建。6月13日，中共中央、国务院在北京召开省区市和中央部门主要负责同志会议。会议指出：当前抗震救灾形势依然严峻、任务十分繁重。要坚持以人为本，继续全力以赴做好救治伤员、安置受灾群众、加强卫生防疫、防范次生灾害、抢修基础设施等方面的工作，并在这个基础上，尽快开展灾后恢复重建工作。地震灾后恢复重建是一项十分艰巨的任务，必须全面贯彻落实科学发展观，充分发挥社会主义制度能够集中力量办大事的政治优势，举全国之力，精心规划、精心组织、精心实施，扎扎实实做好工作。一是要坚持一方有难、八方支援。二是要坚持自力更生、艰苦奋斗。三是要坚持科学规划、分步推进。四是要坚持因地制宜、分类指导。6月29日，国务院发出《关于支持汶川地震灾后重建政策措施的意见》。7月3日，国务院发出《关于做好汶川地震灾后恢复重建工作的指导意见》。9月19日，国务院印发《汶川地震灾后恢复重建总体规划》。

10月8日，中共中央、国务院、中央军委在人民大会堂隆重举行全国抗震救灾总结表彰大会。胡锦涛在会上讲话指出：在这场波澜壮阔的抗震救灾斗争中，我们积累了应对突发事件、抗击特大自然灾害的宝贵经验，也从中收获了许多极其宝贵的启示。(1) 抗震救灾斗争再一次证明，社会主义中国具有强大发展活力。这场抗震救灾斗争充分显示了我国社会主义制度能够集中力量办大事的政治优势。新中国的成立和社会主义制度的建立开启了中华民族发展的历史新纪元，改革开放使社会主义在中国进一步焕发出蓬勃的生机活力，中国特色社会主义展现出美好的发展前景。只有社会主义才能救中国，只有中国特色社会主义才能发展中国，这是中国人民发自内心的真实感受和坚定信念。只要我们始终坚持中国特色社会主义道路，不断推动我国社会主义制度自我完善和发展，使社会主义制度的优越性更加充分地发挥出来，我们就一定能够继续推动中国特色社会主义事业披荆斩棘向前发展。(2) 抗震救灾斗争再一次证明，人民是推动中国社会发展进步的真正动力。抗震救灾斗争重大胜利，归根到底是人民的胜利。人民是历史创造者，是振兴中华最深厚的力量。在我国几千年发展的历史长河中，种种磨难都没有打断中华文明的顽强发展进程，千难万险都没有磨灭中华民族不屈不挠的奋斗意志。正是紧紧依靠人民，我们才取得了革命、建设、改革的伟大胜利。只要我们始终坚持以人为本，切实做到发展为了人民、发展依靠人民、发展成果由人民共享，充分发挥广大人民群众的积极性、主动性、创造性，我们就一定能够依靠人民团结起来的巨大力量和集中起来的无穷智慧，万众一心地实现中华民族伟大复兴。(3) 抗震救灾斗争再一次证明，人民军队是保卫人民的钢铁长城。在同地震灾害的搏斗中，人民子弟兵用忠诚和血肉之躯又一次在人民心中筑起了巍然屹立的不朽丰碑，又一次向世人昭示我们的人民军队不愧为人民的子弟兵。人民军队诞生81年来，为中国人民解放事业，为我国社会主义建设和改革开放事业，为捍卫国家主权、安全、领土完整，建立了卓越功勋。只要我们始终坚持以马克思主义军事理论为指导，大力弘扬听党指挥、服务人民、英勇善战的优良传统，全面推进革命化、现代化、正规化建设，不断提高履行新世纪新阶段军队历史使命能力，我们就一定能够使人民军队始终成为人民共和国的忠实保卫者和建设者。(4) 抗震救灾斗争再一次证明，中国共产党是中国特色社会主义事业的坚强领导核心。事实告诉人们，中国共产党是能够应对各种风险、驾驭各种复杂局面、具有强大战斗力的马克思主义政党，不愧为13亿中国人民的主心骨。我们党成立87年来，始终站在时代前列，始终代表中国最广大人民的根本利益，团结带领各族人民为国家独立、人民解放和国家富强、人民幸福不懈奋斗，作出了最大牺牲，赢得了全国各族人民衷心拥护。办好中国的事情，关键在党。只要我们坚持科学理论和正确的路线方针政策，牢记全心全意为人民服务的根本宗旨，不断提高党的执政能力、保持和发展党的先进性，不断提高拒腐防变和抵御风险能力，我们就一定能够团结带领全国各族人民战胜前进道路上的一切困难和挑战、不断创造中华民族发展壮大的历史基业。

胡锦涛强调：我国社会主义制度的优越性，中华民族的优秀品质，人民军队的政治本色，中国共产党的坚强领导，是我们国家和民族的显著政治优势，我们必须倍加珍惜、永远坚持。

在10月8日举行的全国抗震救灾总结表彰大会上，胡锦涛进一步指出：抗震救灾斗争以一种特殊的方式全面检阅和展示了我国改革开放30年的伟大成就。改革开放以来我国综合国力大幅跃升、社会繁荣进步，为抗震救灾提供了坚实物质保障和社会基础。改革开放是强国之路。要继续坚持解放思想、实事求是、与时俱进，坚定不移地把改革创新精神贯彻到治国理政各个环节，着力构建充满活力、富有效率、更加开放、有利于科学发展的体制机制，为发展中国特色社会主义提供强大动力和体制保障。发展是硬道理。要继续坚持不懈地抓好发展这个党执政兴国的第一要务，聚精会神搞建设、一心一意谋发展，更加自觉、更加坚定地推动科学发展，努力实现经济社会又好又快发展，为发展中国特色社会主义打下更加牢固的物质基础。

在10月8日举行的全国抗震救灾总结表彰大会上，胡锦涛指出：人类是大自然的一员，大自然是人类赖以生存和发展的物质基础。在改造客观世界和主观世界的实践中不断认识自然，在顺应自然规律的基础上合理开发自然，在同自然的和谐相处中发展自己，是人类生存和进步的永恒主题。自然界运动是不以人们的意志为转移的。开发利用自然首先要认识自然、尊重自然、按自然规律办事。自然灾害给人类带来磨难，同时又促使人类更加自觉地去认识和把握自然规律、增强抵御自然灾害能力，进而推动人类文明进步。一个善于从自然灾害中总结和汲取经验教训的民族，必定是日益坚强和不可战胜的。我国是世界上自然灾害最为严重的国家之一，灾害种类多、分布地域广、发生频率高、造成损失重。我们要深刻认识这一基本国情，更加自觉地处理好人与自然的关系，从而更加合理地开发利用自然为人民生活、经济建设、社会发展服务。人类对自然规律的认识和把握，是一个永不停息的过程，规律性的东西往往要通过现象的不断往复和科学技术的不断发展才能更明确地被人们认知。只要我们坚定不移地走科学发展道路，锲而不舍地探索和认识自然规律，坚持按自然规律办事，不断增强促进人与自然相和谐的能力，就一定能够不断有所发现、有所发明、有所创造、有所前进，就一定能够做到让人类更好地适应自然、让自然更好地造福人类。

12月27日，为了防御和减轻地震灾害，保护人民生命和财产安全，促进经济社会的可持续发展，中华人民共和国第十一届全国人民代表大会常务委员会第六次会议修订通过了《中华人民共和国防震减灾法》，该法自2009年5月1日起施行。

领导干部要认认真真学习，老老实实做人，干干净净干事。5月13日，习近平在中共中央党校2008年春季学期第二批进修班暨师资班开学典礼上发表讲话。

习近平指出：高度重视学习、善于进行学习，是我们党的优良传统和政治优势，是我们党保持和发展先进性、始终走在时代前列的重要保证，也是领导干部健康成长、提高素质、增强本领、不断进步的重要途径。特别是在当今国际国内形势不断发展变化的情况下，领导干部只有认认真真地学习、与时俱进地学习、持之以恒地学习，才能始终跟上时代进步的潮流，才能担当起领导重任。第一，要深入学习中国特色社会主义理论体系，使认认真真学习成为不断增强政治上坚定、理论上清醒的过程。第二，要全面学习做好本职工作必需的知识，使认认真真学习成为培养世界眼光、增强战略思维能力、提高综合素质的过程。第三，要把研究和解决重大现实问题作为学习的根本出发点，使认认真真学习成为理论联系实际、学以致用，不断提高工作原则性、系统性、预见性和创造性的过程。

党的十七大以来，以胡锦涛同志为总书记的党中央进一步强调要坚持正确的用人导向，不能让老实人吃亏，不能让投机钻营者得利，在广大干部群众中引起热烈反响。习近平指出：老实做人、做老实人，是共产党员先进性的内在要求，是领导干部“官德”的外在表现。这里所说的“老实人”，就是思想务实、生活朴实、作风扎实的人，就是尊重科学、尊重实践、尊重规律的人，就是诚实守信、言行一致、表里如一的人，就是勤勤恳恳工作、努力进取创造、任劳任怨奉献的人。领导干部要老老实实做人，既是一种高尚的人生态度，更是一种严谨的道德实践，要从平凡小事做起，在点点滴滴中体现。特别要在以下四个方面着力：一是对党和人民要忠心耿耿；二是对工作要尽职尽责；三是对群众要满怀真情；四是对成绩要谦虚谨慎。习近平强调：要把重视老实人、起用老实人作为干部工作的一种理念来倡导、一种导向来落实，真正使那些老老实实做人、扎扎实实做事、实绩突出的干部得到褒奖和重用，推动全党全社会形成当老实人、讲老实话、做老实事的良好氛围。

做老实人与当老好人是有根本区别的。习近平在讲话中特别指出，要求领导干部老实做人、做老实人，这与当老好人是有根本区别的。老实人讲真理，老好人讲面子；老实人坚持实事求是，老好人信奉实用主义；老实人尊重客观规律，老好人盲从“专家”“权威”；老实人积极进取、奋发有为，老好人庸庸无能、碌碌无为；老实人坚持在原则基础上加强团结，老好人搞没有原则的一团和气；老实人是敢说真话、敢说实话的耿介之士，老好人是你好我好大家好的好好先生。毫无疑问，党和人民的事业要开创新局面、取得新胜利，需要的是亿万讲老实话、做老实事的老实人，而不是那些不分是非、不干实事的老好人。领导干部要自觉加强党性锻炼和“官德”修养，坚持做老实人、不做老好人。

胡锦涛在十一届全国人大一次会议闭幕会上的讲话中提出了要“干干净净为国家和人民工作”的要求。习近平指出：领导干部干干净净干事，就是要守得住清贫、耐得住寂寞、稳得住心神、经得住考验，严守党纪国法，自觉做到秉公用权、不以权谋私，依法用权、不假公济私，廉洁用权、不贪污腐败；就是要有强烈的事业心和高度的责任感，想干事、肯干事、能干事、干成事，为工作尽心尽力、尽职尽责、忘我奉献，真正做到为党和人民的事业鞠躬尽瘁。第一，领导干部干干净净干事是马克思主义政党性质和宗旨的内在要求。习近平强调：我们党是中国工人阶级先锋队，同时是中国人民和中华民族的先锋队，党的性质和宗旨决定了领导干部必须干干净净为国家和人民工作。在新的历史条件下，面对新情况新问题，干干净净干事是对各级领导干部工作和生活作风的具体要求，也是人民群众评判一个领导干部是否值得信赖的重要依据。从这个意义上讲，领导干部干干净净干事，关系党的形象，关系人心向背，关系党和国家的生死存亡。第二，领导干部要加强修养、提升境界，不断增强干干净净干事的自律能力。习近平指出：做到干干净净干事，最根本的是要牢固树立马克思主义的世界观、人生观、价值观和正确的权力观、地位观、利益观，打牢思想政治基础，筑牢思想政治防线。领导干部加强修养、提升境界，不是一蹴而就的，也不是一劳永逸的，需要坚持不懈地持续努力。其中，培养和树立六种意识尤为重要：一是信仰意识；二是公仆意识；三是自省意识；四是敬畏意识；五是法制意识；六是民主意识。第三，加强思想政治建设和制度建设，有效促进领导干部干干净净干事。习近平要求：一要把干干净净干事作为领导班子思想政治建设的重要内容，筑牢领导干部的思想道德防线。二要健全体制机制，强化干干净净干事的制度约束。三要加强舆论引导，把纪律约束与弘扬正气结合起来，营造干干净净干事的浓厚社会氛围。四要树立正确的用人导向，大胆起用干干净净干事的干部。

《建立健全惩治和预防腐败体系2008—2012年工作规划》印发。5月13日，中央印发《建立健全惩治和预防腐败体系2008—2012年工作规划》。《规划》紧紧围绕党和国家工作大局，从教育、制度、监督、改革、纠风、惩处等方面提出了今后五年惩治和预防腐败体系建设的工作目标和重点任务，是当前和今后一个时期惩治和预防腐败体系建设的指导性文件。《规划》强调：坚决惩治和有效预防腐败，关系人心向背和党的生死存亡，是党必须始终抓好的重大政治任务。

我国已进入改革发展关键阶段，党风廉政建设和反腐败斗争面临许多新情况新问题，形势仍然严峻，任务仍然艰巨。全党必须充分认识反腐败斗争的长期性、复杂性、艰巨性，以完善惩治和预防腐败体系为重点，坚定不移地推进反腐倡廉建设。《规划》提出：经过今后5年的扎实工作，建成惩治和预防腐败体系基本框架，拒腐防变教育长效机制初步建立，反腐倡廉法规制度比较健全，权力运行监控机制基本形成，从源头上防治腐败的体制改革继续深化，党风政风明显改进，腐败现象进一步得到遏制，人民群众的满意度有新的提高。

共青团十六大召开。6月10日—13日，中国共产主义青年团第十六次全国代表大会在北京召开。6月14日，胡锦涛在中南海同团中央新一届领导班子成员和团十六大部分代表亲切座谈，并发表了讲话。

胡锦涛在讲话中给全国广大青年提出以下四点希望：第一，要坚定理想信念。拥有坚定理想信念是有为青年最可宝贵的品格。广大青年要认真学习马克思列宁主义、毛泽东思想、邓小平理论和“三个代表”重要思想，认真学习科学发展观，深刻理解中国特色社会主义理论体系，努力用马克思主义中国化最新成果武装头脑，在人生的关键时期确立起正确的世界观、人生观、价值观，立志为发展中国特色社会主义事业终身奋斗。广大青年要善于从抓住和用好我国发展重要战略机遇期的高度来看问题，从维护我国改革发展稳定大局的高度来看问题，从促进中华民族长远发展的高度来看问题，时刻牢记国家和人民的根本利益，用刻苦学习、勤奋工作的实际行动报效祖国，同心同德地把我们国家建设得更加强大。第二，要勤奋刻苦学习。当今世界激烈的综合国力竞争，说到底是国民素质的竞争，长远看是青年素质的竞争。在科技进步日新月异、知识信息竞相涌流的形势下，当代青年学习的任务比以往任何时候都更加繁重而紧迫。广大青年一定要在学习上下更大的气力，只争朝夕地学习，如饥似渴地学习，持之以恒地学习。第三，要勇于艰苦创业。任何成就，都是通过艰苦奋斗取得的。我们今天的物质条件同以往相比确实有了很大改善，但千万不要忘记我国仍然是发展中国家，我国的基本国情仍然没有改变。即使将来国家发展了，物质条件更好了，也还有更高的目标等待我们去实现。艰苦奋斗精神任何时候都不能丢。第四，要培养高尚品德。一个社会的进步，不仅表现在物质财富的不断丰富上，而且表现在精神世界的不断充实上。青年素有“开风气之先”的光荣传统，是引领社会风尚的重要力量。广大青年要紧紧围绕建设社会主义核心价值体系，积极参与和谐文化建设，为提高全社会的文明程度发挥应有的作用。一方面，要自觉传承中华民族传统美德，注重学习，积极践行，使中华文化的优秀传统代代相传，使党和人民在长期奋斗中形成的光荣传统薪火永续；另一方面，要积极倡导社会文明新风，大力发扬团结互助、扶贫济困、平等友爱、诚信和谐的社会风尚，从我做起，从小事做起，从身边做起，在全社会带头践行社会主义荣辱观，充分展现当代青年的良好精神风貌。

胡锦涛在讲话中指出：团干部队伍是共青团工作的骨干力量。要推动共青团工作再上新台阶，关键是要按照“让党放心、让青年满意”的要求，建设一支高素质的团干部队伍。胡锦涛对团干部提出以下三点要求：一是政治上要过硬。要始终忠于党、忠于人民，坚持用中国特色

社会主义理论体系武装头脑，努力做共产主义远大理想和中国特色社会主义共同理想的坚定信仰者，认真实践科学发展观，自觉地为党的事业而奋斗。二是作风上要扎实。要切实增强事业心和责任感，深入基层、深入青年，踏踏实实地工作，努力在团的岗位上作出实实在在的业绩。三是自律上要严格。要着力加强自身修养，从严要求，防微杜渐，经得住诱惑，管得住小节，切实走好人生的每一步。新一届团中央领导班子一定要带头刻苦学习，带头苦干实干，带头严格自律，努力成为全团的表率。

10日，李长春代表党中央发表了题为《在发展中国特色社会主义的伟大征程上创造新的青春业绩》的祝词。

李长春在祝词中指出：当代青年必须高举中国特色社会主义伟大旗帜，坚持不懈地用中国特色社会主义理论体系武装头脑，坚定跟党走中国特色社会主义道路的信念。广大青年学习和掌握这一理论体系，要与把握我国社会主义初级阶段基本国情和当前发展的阶段性特征结合起来，加深对科学发展观科学内涵、精神实质和根本要求的理解，不断增强贯彻落实科学发展观的自觉性和坚定性。要与深入了解改革开放的伟大实践结合起来，深刻认识改革开放的历史进程、光辉成就和宝贵经验，不断坚定推进改革开放的决心和信心。要与弘扬爱国主义精神结合起来，坚持爱国主义与社会主义的高度统一，把强烈的爱国热情转化为推动中国特色社会主义伟大事业的实际行动，倍加珍惜安定团结的良好局面，使爱国主义精神焕发出绚丽的时代光芒。

李长春指出：推动科学发展、促进社会和谐是党和国家的重大任务，同样应当成为共青团的重要任务。共青团要认真思考和把握推动科学发展、促进社会和谐对自身工作的新要求，紧紧围绕这一重要任务来谋划、推进工作，采取切实有效的措施，团结带领广大青年在推动科学发展中大显身手，在促进社会和谐中发挥作用。

坚定不移地做中国特色社会主义事业的建设者和捍卫者。6月16日，全国政法系统学习贯彻党的十七大精神和胡锦涛总书记在全国政法工作会议代表和全国大法官、大检察官座谈会上的重要讲话专题研讨班在北京开班，周永康出席开班式并发表讲话。周永康强调：政法机关作为中国特色社会主义事业的建设者、捍卫者，必须进一步坚定中国特色社会主义信念，必须把政法工作放到中国特色社会主义事业发展全局中来谋划、来推进，必须旗帜鲜明地同干扰、破坏中国特色社会主义事业的行为作斗争。

周永康指出：中国特色社会主义司法制度是以马克思主义法律观为指导，在充分考虑我国国情，总结我国社会主义司法实践成功经验，积极吸收人类法治文明优秀成果的基础上建立起来的，是人类法治发展史上的伟大创造，具有鲜明的中国特色。在司法制度的本质上，坚持党的领导、人民当家作主、依法治国的有机统一；在司法权的来源上，坚持司法权来自于人民，属于人民；在司法权的配置上，坚持侦查权、检察权、审判权、执行权既互相制约，又互相配合；在司法权的行使上，坚持审判机关、检察机关既依法独立公正行使职权，又自觉接受党的监督、人大监督、政协监督、群众监督；在司法权的运行方式上，坚持专门机关工作与群众路线相结合，等等。这一司法制度，既继承了我国历史上法制文明的优秀成果，又吸收了国外法治的有益成分，具有无可比拟的优越性。

周永康指出：正是由于中国特色社会主义司法制度与资本主义司法制度在本质上的不同，决定了我国司法体制改革的性质只能是中国特色社会主义司法制度的自我完善和发展。司法体制改革的根本原则，是从我国国情出发，充分发挥中国特色社会主义司法制度的优越性。司法体制改革的重点，是着力满足人民群众的司法需求，切实解决执法不严、司法不公和诉讼难、执行难等顽症，让人民群众真正感受到社会主义司法越来越温暖、方便、公正、高效；着力强化对权力的制约和监督，确保司法机关既互相支持、配合又互相监督、制约，确保国家法律得到正确实施；着力解决影响司法公正的体制性、机制性、保障性障碍，确保司法机关依法独立公正行使职权。司法体制改革的目的，是建立公正高效权威的社会主义司法制度，确保司法机关更好地履行宪法和法律赋予的职能，为中国特色社会主义事业发展进步提供强有力的司法保障。

周永康强调：要着力把维护人民权益这一根本出发点和落脚点更好地体现在各项政法工作中，从根本上维护和促进社会和谐稳定。坚持以人为本，坚持执法为民，维护人民权益，既是历史唯物主义的基本观点，又是社会主义法治的核心原则；既是社会主义法律的根本标志，又是政法工作的目标追求。在改革开放和发展社会主义市场经济的新形势下，我们更加需要加强政法机关的人民性教育，使广大干警从内心深处打牢维护人民权益的思想根基，自觉从人民最满意的事情做起，从人民最不满意的问题改起，自觉把人民最期盼、最迫切、最急需解决的民生问题作为加强和改进政法工作的切入点、着力点。

周永康指出：面对错误政治观点、法学观点的影响，面对市场经济利益原则的负面影响，面对封建人治思想的影响，加强思想政治建设具有特殊重要性。加强思想政治建设，关键是要深入开展社会主义法治理念教育，使广大干警始终保持高度的政治意识、大局意识、责任意识、法律意识、廉洁意识，始终坚持党的事业至上、人民利益至上、宪法法律至上。作为执法者，只有党在心中，才能做到政治坚定、旗帜鲜明，确保党的路线方针政策在政法工作中得到不折不扣的贯彻执行。只有人民在心中，才能根除特权思想，杜绝冷硬横推、吃拿卡要等恶劣作风，真正做到执法为民。只有法在心中，才能带头学法、守法、用法，在广大人民群众中弘扬法治精神，在全社会维护社会主义法制的统一、尊严、权威。只有正义在心中，才能恪守以维护社会公平正义为核心的职业道德，筑牢拒腐防变的思想道德防线，真正做到严格执法、公正司法。

胡锦涛在人民网同网友在线交流。6月20日，在人民日报创刊60周年之际，胡锦涛到人民日报社考察工作并发表讲话。讲话深刻阐述了新闻宣传工作的重要地位和作用，全面分析了新闻宣传工作面临的形势和任务，着重强调了要把提高舆论引导能力放在突出位置并从五个方面提出了明确要求：必须坚持党性原则，牢牢把握正确舆论导向；必须坚持以人为本，增强新闻报道的亲和力、吸引力、感染力；必须不断改革创新，增强舆论引导的针对性和实效性；必须加强主流媒体建设和新兴媒体建设，形成舆论引导新格局；必须切实抓好队伍建设，增强凝聚力和战斗力。当天，胡锦涛在人民网 “强国论坛”同网友在线交流，开创了中国互联网史上的新篇章。

中国特色社会主义理论体系关于科技思想的基本观点。6月23日—27日，中国科学院第十四次院士大会、中国工程院第九次院士大会在北京举行。23日，胡锦涛出席会议并在讲话中强调：科学技术是第一生产力，是先进生产力的集中体现和主要标志，这是中国特色社会主义理论体系关于科技思想的基本观点。

我国科技事业发展的实践提供的重要启示。胡锦涛在讲话中总结了改革开放以来我国科技事业发展的生动实践为我们继续推进全面建设小康社会进程、更好地发展中国特色社会主义提供的重要而深刻的启示：一、必须坚持科学技术是第一生产力；二、必须坚持人才资源是第一资源；三、必须坚持提高自主创新能力；四、必须坚持发挥社会主义制度能够集中力量办大事的政治优势；五、必须坚持科技为经济社会服务、为人民服务；六、必须坚持弘扬科学精神。

把在抗震救灾斗争中焕发出来的伟大精神转化为办好北京奥运会的实际行动。6月27日，中共中央政治局召开会议，听取北京奥运会、残奥会筹办工作进展情况汇报，研究部署北京奥运会筹办最后阶段重点工作，胡锦涛主持会议。会议强调，奥运会开幕筹办工作进入最后关键阶段，全党全国要坚持一手抓抗震救灾工作、一手抓经济社会发展，把在抗震救灾斗争中焕发出来的伟大精神转化为办好北京奥运会的实际行动，坚定办好北京奥运会的信心和决心，更加奋发努力、更加深入细致地做好各项筹办工作。要围绕举办一届有特色、高水平奥运会的目标，切实履行我们对国际社会的庄严承诺，以最大热情、尽最大努力把北京奥运会办好，做到让国际社会满意，让各国运动员满意，让人民群众满意。

全面加强应对气候变化能力建设。6月27日，中共中央政治局进行第六次集体学习，这次集体学习安排的内容是全球气候变化和我国加强应对气候变化能力建设。胡锦涛主持学习并在讲话中强调：必须以对中华民族和全人类长远发展高度负责的精神，充分认识应对气候变化的重要性和紧迫性，坚定不移地走可持续发展道路，采取更加有力的政策措施，全面加强应对气候变化能力建设，为我国和全球可持续发展事业进行不懈努力。胡锦涛强调：应对气候变化，要深入贯彻落实科学发展观，统筹考虑经济发展和生态建设、国内和国际、当前和长远，全面实施应对气候变化国家方案，把应对气候变化与实施可持续发展战略，加快建设资源节约型、环境友好型社会，建设创新型国家结合起来，以保障经济发展为核心，以节约能源、优化能源结构、加强生态保护和建设为重点，以科技进步为支撑，努力控制和减缓温室气体排放，不断提高适应气候变化能力，不断增强可持续发展能力，促进经济发展与人口资源环境相协调，为改善全球气候作出新贡献。胡锦涛强调，各级党委和政府要把应对气候变化作为贯彻落实科学发展观、实现可持续发展的重要内容，纳入经济社会发展规划，制定符合本地区本部门实际的措施，增强应对气候变化工作的组织和实施能力。

气候变化问题，从根本上说是发展问题，应该在可持续发展框架内综合解决。7月9日，经济大国能源安全和气候变化领导人会议在日本举行，胡锦涛出席会议并在讲话中指出：气候变化问题，从根本上说是发展问题，应该在可持续发展框架内综合解决。气候变化国际合作，应该以处理好经济增长、社会发展、保护环境三者关系为出发点，以保障经济发展为核心，以增强可持续发展能力为目标，以节约能源、优化能源结构、加强生态保护为重点，以科技进步为支撑，不断提高国际社会减缓和适应气候变化的能力。

2008年深化经济体制改革工作的基本原则。7月22日，国务院办公厅转发发展改革委《关于2008年深化经济体制改革工作的意见》。《意见》指出了2008年深化经济体制改革工作的基本原则：坚持社会主义市场经济改革方向，把坚持社会主义基本制度同发展市场经济结合起来；坚持以改革促进科学发展，用改革的办法解决经济社会发展中的深层次矛盾和问题；坚持以人为本，把实现好、维护好、发展好人民群众的切身利益作为推进改革的出发点和落脚点；坚持实践探索与制度建设相结合，及时把行之有效的改革措施规范化、制度化和法制化；坚持正确处理改革发展稳定的关系，切实把改革的力度、发展的速度和社会的可承受度统一起来。

要深入贯彻落实科学发展观，把保持经济平稳较快发展、控制物价过快上涨作为宏观调控的首要任务，把抑制通货膨胀放在突出位置。7月25日，中共中央政治局召开会议，会议研究了当前经济形势和经济工作。会议认为：总的来看，国际经济不利因素和严重自然灾害没有改变我国经济发展的基本面，国民经济继续朝着宏观调控预期方向发展。会议强调：要深入贯彻落实科学发展观，把保持经济平稳较快发展、控制物价过快上涨作为宏观调控的首要任务，把抑制通货膨胀放在突出位置。继续加强和改善宏观调控，保持宏观经济政策的连续性和稳定性，着力解决经济运行中的突出矛盾和问题，增强宏观调控的预见性、针对性、灵活性，把握好调控重点、节奏、力度；深化改革开放，着力推进经济结构调整和发展方式转变，提高经济发展质量和效益，切实加强节能减排和生态环境保护；更加注重改善民生，促进经济社会又好又快发展。各地区各部门要把思想和行动统一到中央对形势的分析判断和总体部署上来，不折不扣地把中央确定的各项方针政策落到实处，保持经济平稳较快发展，着力抑制物价过快上涨，毫不放松地抓好农业生产，促进对外经济平稳发展，加强和改善财政、金融调控，坚定不移地推进结构调整和节能减排，扎实做好震后恢复重建工作，积极推进重点领域和关键环节改革，着力改善人民生活，夺取经济社会发展更大成绩。会议还决定今年10月在北京召开中国共产党第十七届中央委员会第三次全体会议，研究推进农村改革发展问题。

北京奥运会、残奥会属于中国人民，也属于世界各国人民。通过成功举办北京奥运会、残奥会，增进我国人民同世界各国人民的相互了解和友谊。7月26日，中共中央政治局进行第七次集体学习，这次集体学习安排的内容是现代奥林匹克运动和办好北京奥运会。胡锦涛在主持学习时讲话指出：举办奥运会，是中华民族的百年期盼，是海内外中华儿女的共同心愿，也是我们对国际社会的郑重承诺。北京奥运会、残奥会属于中国人民，也属于世界各国人民。我们要通过成功举办北京奥运会、残奥会，弘扬团结、友谊、和平的奥林匹克精神，推动奥林匹克运动普及和发展，增进我国人民同世界各国人民的相互了解和友谊，展示我国人民蓬勃向上的精神风貌，推动全面建设小康社会进程，推进人类和平与发展的崇高事业。胡锦涛指出，要抓紧做好残奥会各项筹办工作，落实残奥会各项筹办任务，广泛动员社会各界关注残奥运动、关注残奥会、关注残疾人体育事业，努力实现两个奥运同样精彩。

《中华人民共和国循环经济促进法》通过。8月29日，《中华人民共和国循环经济促进法》由中华人民共和国第十一届全国人民代表大会常务委员会第四次会议通过，自2009年1月1日起施行。制定该法的目的是为了促进循环经济发展，提高资源利用效率，保护和改善环境，实现可持续发展。

改革开放30年党的建设回顾与思考。9月1日，习近平出席中共中央党校秋季学期开学典礼并就改革开放30年党的建设发表讲话。

习近平指出：这30年党的建设是在世情、国情、党情发生重大而深刻变化的大背景下进行的，是在党的历史方位发生重大转变的大环境中进行的。科学判断和全面把握我们党所处的历史方位和肩负的历史使命，正确认识和妥善处理党在改革开放和发展社会主义市场经济条件下执政遇到的新情况新问题，以改革创新精神加强和改进党的建设，不断提高党的执政水平和领导水平，增强拒腐防变和抵御风险能力，始终保持和发展党的先进性，始终成为团结带领人民建设中国特色社会主义的领导核心，这是改革开放历史新时期党的建设的主题。

习近平指出：30年来以邓小平同志为核心的党的第二代中央领导集体、以江泽民同志为核心的党的第三代中央领导集体和以胡锦涛同志为总书记的党中央，坚持党要管党、从严治党，全面加强和改进党的建设是承前启后、一脉相承、一以贯之的。这30年党的建设伟大实践，是一个不断总结和运用经验的历史进程。我们党不仅科学总结自身的历史经验特别是执掌全国政权以后和改革开放以来加强和改进党的建设的经验，而且科学总结国际共产主义运动特别是苏联东欧国家共产党兴衰成败的经验教训；不仅深入系统地研究马克思主义政党建设的基本规律，而且科学研究世界各国政党治国理政的有益经验。这30年党的建设伟大实践，又是一个与中国特色社会主义伟大事业相互促进、共同发展的历史进程。建设和发展中国特色社会主义，是改革开放历史新时期我们党全部理论和实践的主题。30 年来，我们党坚持推进中国特色社会主义伟大事业和党的建设新的伟大工程紧密结合，以改革创新精神全面加强党的建设，不仅为伟大事业提供了坚强的组织保证，党的自身建设也在推进伟大事业的实践中得到了改进和加强。

习近平指出：30年党的建设在开拓创新、求真务实中与时俱进，取得的成绩和进步主要有以下七个方面。（一）确立和坚持马克思主义的思想路线，在加强党的思想建设上取得重大成绩和进步。（二）确立和坚持党在社会主义初级阶段的基本路线，在加强党的政治建设上取得重大成绩和进步。(三) 坚持推进理论创新和理论武装工作，在加强党的理论建设上取得重大成绩和进步。(四) 确立和坚持马克思主义的组织路线，在加强党的干部队伍建设和人才队伍建设上取得重大成绩和进步。(五) 坚持不懈地做好抓基层、打基础的工作，在加强党的基层组织建设和党员队伍建设上取得重大成绩和进步。(六) 着力增强和巩固新的历史条件下党同人民群众的血肉联系，在加强党的作风建设和反腐倡廉建设上取得重大成绩和进步。(七) 不断推进党建工作的科学化、制度化、规范化，在加强以民主集中制为核心的制度建设上取得重大成绩和进步。

习近平指出：这30年，我们党在带领人民建设和发展中国特色社会主义的历史进程中，紧紧围绕在长期执政、改革开放和发展社会主义市场经济条件下“建设一个什么样的党、怎样建设党”这个根本问题，在实践上和理论上进行了积极探索，继往开来、与时俱进地全面推进了党的建设新的伟大工程。30年来，我们党关于党的建设提出了很多新思想、新观点、新论断，主要包括以下八个方面的重要思想。(一) 关于党要管党、从严治党的一系列重要思想。(二) 关于加强党的执政能力建设的重要思想。(三) 关于加强党的先进性建设的重要思想。(四) 关于党是中国工人阶级的先锋队、同时是中国人民和中华民族的先锋队的重要思想。(五) 关于改革和完善党的领导方式和执政方式，实行科学执政、民主执政、依法执政的一系列重要思想。(六) 关于积极推进党内民主建设、促进党内和谐的一系列重要思想。(七) 关于干部队伍“四化”方针和党管人才的一系列重要思想。(八) 关于党的建设总体布局的重要思想。习近平强调：改革开放30年来我们党在党的建设上提出的一系列新思想、新观点、新论断，既生动而具体地坚持了马克思列宁主义、毛泽东思想关于党的建设的基本原则，又具体而生动地丰富和发展了马克思列宁主义、毛泽东思想关于党的建设的基本理论。创造性地提出党的建设一系列新思想、新观点、新论断，是我们党励精图治、探索真理、开拓进取的结果，标志着我们党对共产党执政规律、对自身建设规律的认识达到了新的历史高度。

习近平指出：结合改革开放以来我们党、我们国家走过的光辉历程，我们从30年党的建设中可以得到许多重要启示。(一) 必须毫不动摇地高举中国特色社会主义伟大旗帜，推动全党同志不断增强学习贯彻党的基本理论、基本路线、基本纲领、基本经验的自觉性和坚定性。(二) 必须紧密联系党的中心任务建设党，尤其要抓好发展这个党执政兴国的第一要务，深入贯彻落实科学发展观，推动经济社会又好又快发展。(三) 必须坚持立党为公、执政为民，把实现好、维护好、发展好最广大人民的根本利益作为党的核心价值，始终保持党同人民群众的血肉联系。(四) 必须在实践中形成坚强的中央领导集体，必须坚决维护中央的权威，以确保党的决策正确和有效实施。(五) 必须根据世情、国情、党情的发展变化，坚持以改革创新精神推进党的建设，不断为党的肌体注入新活力。习近平特别强调：改革开放30年来党的各方面建设，是在以毛泽东同志为核心的党的第一代中央领导集体成功开创的党的建设伟大工程的基业上展开的。正是有了这个伟大工程，正是有了一个思想上政治上组织上完全巩固的中国共产党，才领导人民建立了新中国，取得社会主义革命和建设的伟大胜利。

加强行政监察工作。9月1日—7日，中央纪委监察部在北京举办全国监察厅（局）长研讨

班。贺国强在研讨班座谈会上强调：各级监察机关要坚决贯彻执行中央的决策部署，认真开展执法监察、廉政监察和效能监察，在保证政令畅通、维护行政纪律、促进廉政建设、改善行政管理、提高行政效能等方面发挥积极作用，为推进党风廉政建设和反腐败斗争作出应有贡献。贺国强指出：今年是我国改革开放30周年，也是党的纪律检查机关恢复重建30周年，要认真总结监察机关恢复组建以来特别是党的纪律检查机关与监察机关合署办公以来的实践经验，努力把握行政监察工作规律，不断提高行政监察工作的科学性；要全面把握党的十七大提出的新任务新要求，高举中国特色社会主义伟大旗帜，深入贯彻落实科学发展观，认真研究行政监察工作面临的新情况新问题，不断推进行政监察工作理念、思路、方法和体制机制创新。

在全党开展深入学习实践科学发展观活动。9月3日，深入学习实践科学发展观活动试点工作总结会议在北京召开。5日，中共中央政治局召开会议，决定从今年9月开始，用一年半左右时间，在全党分批开展深入学习实践科学发展观活动（简称“学习实践活动”）。14日，中共中央下发《关于在全党开展深入学习实践科学发展观活动的意见》。

《意见》指出：面对我国全面参与经济全球化的新机遇新挑战，面对日益增大的资源环境压力，面对城乡、区域、经济社会发展的不平衡，面对一些地方不时出现的不稳定因素，我们必须更加自觉地增强忧患意识和责任意识，更加自觉地深入贯彻落实科学发展观，转变发展方式，调整经济结构，推进改革创新，重视节能环保，努力关注民生，坚持不懈地走科学发展道路，奋力开拓中国特色社会主义更为广阔的发展前景。实践证明，科学发展观对于我国经济社会和各项事业的发展起到了巨大的推动作用，越来越显示出强大的真理力量，越来越得到全党全国各族人民的衷心拥护。但也要清醒地看到，一些党员干部贯彻落实科学发展观的自觉性还不高，对科学发展观理解还不深；一些领导干部的思想、作风和能力素质与科学发展观要求还不适应；一些影响和制约科学发展的问题还比较突出，保障科学发展的体制机制还不够健全。这些问题如不及时解决，我们就会丧失难得的发展机遇，就无法应对新形势下党所面对的新挑战，就难以肩负起继续全面建设小康社会、加快推进社会主义现代化的崇高使命。党的十七大决定在全党开展深入学习实践科学发展观活动，这是用中国特色社会主义理论体系武装全党的重大举措，是深入推进改革开放、推动经济社会又好又快发展、促进社会和谐稳定的迫切需要，是提高党的执政能力、保持和发展党的先进性的必然要求。

《意见》要求：开展学习实践活动，要全面贯彻党的十七大精神，高举中国特色社会主义伟大旗帜，以邓小平理论和“三个代表”重要思想为指导，组织广大党员特别是各级领导班子和党员领导干部深入学习实践科学发展观，紧紧围绕党员干部受教育、科学发展上水平、人民群众得实惠，进一步解放思想、实事求是、改革创新，切实增强贯彻落实科学发展观的自觉性和坚定性，着力转变不适应、不符合科学发展观要求的思想观念，着力解决影响和制约科学发展的突出问题以及党员干部党性党风党纪方面群众反映强烈的突出问题，着力构建有利于科学发展的体制机制，提高领导科学发展、促进社会和谐的能力，使党的工作和党的建设更加符合科学发展观的要求，把全社会的发展积极性进一步引导到科学发展上来，把科学发展观贯彻落实到经济社会发展各个方面。《意见》提出：学习实践活动以县级以上领导班子和党员领导干部为重点，全体党员参加。具体达到以下目标要求：提高思想认识；解决突出问题；创新体制机制；促进科学发展。

《意见》指出：为确保学习实践活动健康开展，根据试点工作中积累的经验，在活动中要着重把握以下主要原则：(1) 坚持解放思想。以解放思想为先导，以改革创新为动力，进一步提高认识，进一步更新发展观念、转变发展思路、破解发展难题、完善体制机制，使思想和行动更加符合实事求是的思想路线，更加符合经济社会发展规律、符合自然规律、符合党的执政规律，使党的工作和党的建设更加符合科学发展观的要求。(2) 突出实践特色。紧紧围绕科学发展主题，紧密结合本地区本部门本单位实际，确定活动的实践载体。把开展学习实践活动与贯彻落实党的十七大的一系列重大部署结合起来，与总结本地区本部门本单位科学发展的典型经验结合起来，与促进改革发展稳定结合起来，与推动社会主义经济建设、政治建设、文化建设、社会建设的各项工作结合起来。通过学习推动实践，在推进实践中深化学习。(3) 贯彻群众路线。充分发扬民主，吸收群众全程参与，认真听取群众意见建议，虚心向群众学习，真诚接受群众监督，努力解决影响和制约科学发展的突出问题以及党员干部党性党风党纪方面群众反映强烈的突出问题，把群众满意作为评价活动成效的重要依据。(4) 正面教育为主。坚持高标准、严要求，组织广大党员、干部深入学习实践科学发展观，实事求是查找存在的问题，深刻分析产生问题的原因，全面总结经验教训，认真开展批评和自我批评，进一步明确努力方向。查找和剖析问题既要严格要求，又不搞人人过关，注意保护党员、干部的发展积极性。

《意见》指出：开展学习实践活动，关键在于取得实效。要全面把握科学发展观的科学内涵、精神实质和根本要求，紧密联系本地区本部门本单位实际，坚持边学边改，着力找准并解决影响和制约科学发展的突出问题以及党员干部党性党风党纪方面群众反映强烈的突出问题。

按照第一要义是发展的要求，着力解决发展思路不清、发展信心不足、发展方式落后、发展质量不高、发展后劲不足等问题。

按照核心是以人为本的要求，着力解决执政为民意识淡薄，不能深入了解群众愿望、顺应群众要求，对民生问题特别是困难群众的疾苦关注不够，对群众合法权益维护不够，对社会和谐稳定重视不够等问题。

按照全面协调可持续的基本要求，着力解决片面发展、盲目发展、只顾眼前发展等问题，尤其要解决单纯追求速度，不重视调整经济结构，不重视质量和效益，不重视节能减排，甚至以牺牲环境、破坏资源为代价换取一时经济增长，不重视经济、政治、文化、社会的协调发展等问题。

按照根本方法是统筹兼顾的要求，着力解决全局意识不强，缺乏战略思维，不能妥善处理中央和地方、局部利益和整体利益、个人利益和集体利益、当前利益和长远利益的关系，有令不行、有禁不止、政令不畅通问题，尤其要解决不能正确认识和妥善处理城乡发展、区域发展、经济社会发展、人与自然和谐发展的关系，不能正确统筹国内国际两个大局等问题。

按照贯彻落实科学发展观必须加强和改善党的建设的要求，着力解决党性不强、党风不正、

执行党纪不严的问题，在世界观、人生观、价值观、权力观、地位观、利益观方面存在的问题，尤其是党员意识不强，理想信念动摇，宗旨意识淡薄，党员领导干部政绩观不正确、作风漂浮以及形式主义、官僚主义严重等问题。

《意见》要求：学习实践活动自上而下分三批展开，每批时间半年左右。第一批：2008年9月开始，2009年2月基本完成。第二批：2009年3月开始，2009年8月基本完成。第三批：2009年9月开始，2010年2月基本完成。学习实践活动分三个阶段进行：第一阶段：学习调研。这一阶段重点要抓住学习培训、深入调研、围绕科学发展进行解放思想讨论三个环节。第二阶段：分析检查。这一阶段要抓住召开领导班子专题民主生活会、形成领导班子分析检查报告、组织群众评议三个环节。第三阶段：整改落实。这一阶段要抓住制定整改落实方案、集中解决突出问题、完善体制机制三个环节。

学习实践活动正式启动。9月19日—23日，全党深入学习实践科学发展观活动动员大会暨省部级主要领导干部专题研讨班在中央党校举行。19日，胡锦涛在开班式上发表讲话。

胡锦涛在讲话中进一步阐述了学习实践活动的重大意义：在全党开展深入学习实践科学发展观活动，是党的十七大作出的战略决策，是用中国特色社会主义理论体系武装全党的重大举措，是"三个代表"重要思想学习教育活动和保持共产党员先进性教育活动的继续，是深入推进改革开放、推动经济社会又好又快发展、促进社会和谐稳定的迫切需要，是提高党的执政能力、保持和发展党的先进性的必然要求。党的十七大提出在全党开展深入学习实践科学发展观活动，就是要在世情、国情、党情发生深刻变化的条件下，更好地用中国特色社会主义理论体系这一马克思主义中国化最新成果武装和统一全党思想，动员全党更好地为实现党的十七大提出的宏伟蓝图和行动纲领而团结奋斗。深入学习实践科学发展观，是在深刻变化的国际环境中推动我国发展的迫切需要，是落实实现全面建设小康社会奋斗目标新要求的迫切需要，是以改革创新精神全面推进党的建设新的伟大工程的迫切需要。

胡锦涛指出：在开展学习实践活动中要着重从以下六方面作出不懈努力。第一，进一步深刻理解贯彻落实科学发展观的重大意义。组织广大党员、干部深入学习贯彻党的十七大精神，认真学习领会毛泽东、邓小平、江泽民同志关于科学发展的重要思想和党的十六大以来我们党关于科学发展的一系列重要观点，认真总结和学习我国改革开放30年的经验，着力推动广大党员、干部深刻理解和全面把握科学发展观的科学内涵、精神实质、根本要求，增强贯彻落实科学发展观的自觉性和坚定性。第二，进一步抓好发展这个党执政兴国的第一要务。必须坚持不懈地抓好发展这个党执政兴国的第一要务，任何时候任何情况下都不能动摇、不能放松。同时，发展必须是以人为本、全面协调可持续的科学发展。要着力增强广大党员、干部贯彻党的基本理论、基本路线、基本纲领的自觉性和坚定性，使全党同志更加自觉、更加坚定地牢牢扭住经济建设这个中心，团结带领人民继续聚精会神搞建设、一心一意谋发展，不断为发展中国特色社会主义打下更为坚实的基础。第三，进一步实现好、维护好、发展好最广大人民的根本利益。着力把最广大人民的根本利益作为贯彻落实科学发展观的根本出发点和落脚点，努力兴办人民群众希望办的实事好事，使贯彻落实科学发展观的过程成为不断为民造福的过程，成为不断提高人民生活质量和水平的过程，成为不断提高人民思想道德素质、科学文化素质和健康素质的过程，成为不断保障人民经济、政治、文化、社会权益的过程，让发展成果惠及广大人民群众。第四，进一步坚持解放思想、改革创新。着力坚持解放思想、实事求是、与时俱进，深刻把握我国经济社会发展趋势和规律，继续坚定不移地把改革创新精神贯彻到治国理政各个环节，加快重要领域和关键环节改革步伐，着力构建充满活力、富有效率、更加开放、有利于科学发展的体制机制。第五，进一步提高党员干部队伍素质。着力提高各级党组织、领导班子和领导干部贯彻落实科学发展观的本领，努力把各级党组织建设成为贯彻落实科学发展观的坚强堡垒、把干部队伍建设成为贯彻落实科学发展观的骨干力量，为推动科学发展提供坚强组织保证。第六，进一步动员广大人民群众投身科学发展的伟大实践。必须紧紧依靠人民群众，做到谋划发展思路向人民群众问计，查找发展中的问题听人民群众意见，改进发展措施向人民群众请教，落实发展任务靠人民群众努力，衡量发展成效由人民群众评判，最大限度地把全社会的发展积极性引导到科学发展上来。

为确保学习实践活动取得成效，胡锦涛在讲话中强调了以下几个方面：第一，坚持用中国特色社会主义理论体系武装全党，努力在对科学发展观的认识上取得新的提高。第二，坚持突出实践特色，努力在解决群众反映强烈、影响和制约科学发展的突出问题上取得新的突破。第三，坚持推进重点领域和关键环节改革，努力在构建有利于科学发展的体制机制上取得新的进展。第四，坚持讲党性、重品行、作表率，努力在改进作风上取得新的成效。

深入贯彻落实科学发展观的几个重大问题。9月20日，在全党深入学习实践科学发展观活动动员大会暨省部级主要领导干部专题研讨班上，温家宝就关于深入贯彻落实科学发展观的几个重大问题发表了讲话。

温家宝指出：发展，对于全面建设小康社会、加快推进社会主义现代化具有决定性意义，始终是我们党执政兴国的第一要务，是解决中国一切问题的关键。科学发展观要求的发展，是好中求快、又好又快的发展，是速度与结构、质量、效益相统一的发展，是长期、稳定、可持续的发展。温家宝指出：要自觉按照科学发展观的要求，努力促进国民经济长期又好又快发展。从宏观上看，必须重点解决以下三个问题： 第一，把握好经济平稳较快发展和抑制通货膨胀的平衡点；第二，进一步扩大国内需求特别是居民消费需求；第三，努力促进国际收支基本平衡。

温家宝强调：全面建设小康社会，最艰巨最繁重的任务在农村。实现科学发展，关键要下更大的决心、花更大的气力、用更多的力量，解决好“三农”问题。

温家宝指出：实现科学发展，关键要在转变发展方式、提高国民经济整体素质和国际竞争力方面取得实质性进展。提高自主创新能力是推动科学发展的主要突破口，是从根本上提高国家科技经济竞争力，建设经济强国的有效途径。加快结构优化升级是推动科学发展的重要途径。促进区域协调发展是推动科学发展的长期任务。

温家宝强调：资源环境是人类赖以生存发展的基本条件。今天的人们，只要还有一点长远眼光，还在为子孙后代的福祉考虑，就必须改变不可持续的生产和消费方式，以较小的资源环境代价，赢得较快的、更长久的发展。

温家宝强调：科学发展观的核心是以人为本。实质上就是要把发展的成果体现在提高人民生活水平上，体现在满足人民物质文化需求上，体现在实现人的全面发展上。在新的形势下，要更加注重经济社会协调发展，统筹兼顾，突出重点，加强薄弱环节，加快发展社会事业；注重改善人民生活，尽最大努力解决城乡低收入居民的实际困难；注重促进社会公平正义，切实保障人民群众的合法权益。

温家宝就最近一个时期连续出现的重大食品安全事件和生产安全事故强调：食品药品安全和安全生产是人民群众最关心、最直接、最现实的利益问题，是需要常抓不懈、不可有丝毫放松的重大民生问题。绝不能以损害人民健康、甚至牺牲职工生命来换取增长，谋求利益。在这个问题上，各级政府都必须有清醒的认识、鲜明的立场、严明的纪律、有力的举措。要落实领导责任，强化行政问责。要切实加强对研发、生产、流通、消费等各个环节的监管，整顿市场秩序，提高食品、药品质量，让人民群众吃得放心、用得放心。“安全责任重于山”，各级领导干部要树立起“抓经济发展是政绩，抓安全生产也是政绩”的观念，切实贯彻安全第一、预防为主、综合治理的方针，坚持标本兼治、重在治本，使全国安全生产形势尽快出现根本好转。

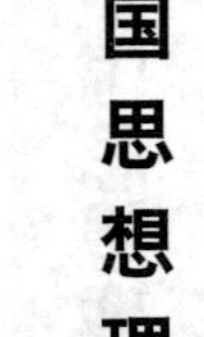

温家宝强调：改革开放是推动中国经济社会发展的永恒动力，也是贯彻落实科学发展观的重要保证，将贯穿社会主义现代化建设的全过程，在任何时候、任何情况下都不能动摇。只有深化改革开放，构筑充满活力、富有效率、更加开放、有利于科学发展的体制机制，才能进一步解放和发展社会生产力，把中国特色社会主义不断推向前进。

9月23日，习近平在全党深入学习实践科学发展观活动动员大会暨省部级主要领导干部专题研讨班结业式上发表讲话。

习近平强调：科学发展观是管根本、管全局、管长远的，深入贯彻落实科学发展观是一项长期的战略任务。要以这次专题研讨班的学习研讨为起点，以开展深入学习实践科学发展观活动为契机，持久深入地学习、卓有成效地实践，始终把科学发展观作为指导改造客观世界和主观世界的强大思想武器，不断提高贯彻落实科学发展观的水平。

习近平指出，科学发展观作为中国特色社会主义理论体系的重要组成部分，以丰富的思想内涵构建了第一要义是发展、核心是以人为本、基本要求是全面协调可持续、根本方法是统筹兼顾的科学理论。科学发展观强调的发展是又好又快发展，它不但关注发展的规模和速度，更注重发展质量的提升；不但关注社会财富的创造和涌流，更注重社会利益的分配和调整；不但关注经济实力的增长，更注重经济、政治、文化、社会以及生态等各方面的均衡发展；不但关注开发和利用自然为人类造福，更注重人与自然和谐发展；不但关注群众基本需求的满足，更注重生活质量的提高和人的全面发展。只有全面地而不是片面地、准确地而不是模糊地、系统地而不是零碎地理解和掌握，才能真正学懂弄通，自觉地用科学发展观指导工作。

习近平指出：解放思想是推动科学发展的先导，改革创新是实现科学发展的必由之路。开展深入学习实践科学发展观活动，必须坚持马克思主义的思想路线，把解放思想、改革创新贯穿于学习实践活动的各个阶段，以改革创新精神推动科学发展实践，用改革创新办法破解科学发展难题，靠改革创新思路构建科学发展的长效机制，让解放思想、改革创新成为科学发展的强大动力。

习近平强调：人民群众是科学发展的受益者，也是科学发展的实践者和推动者。开展深入学习实践科学发展观活动，必须最充分地调动人民群众的积极性、主动性和创造性，最大限度地集中全社会全民族的智慧和力量，最广泛地动员和组织亿万群众投身贯彻落实科学发展观的实践，努力使科学发展取得的各方面成果体现在不断提高人民群众的思想道德素质和科学文化素质上，体现在不断提高人民群众的生活质量和健康水平上，体现在充分保障人民群众享有的经济、政治、文化、社会等各方面权益上，让发展成果惠及广大人民群众。

“坚持德才兼备、以德为先”，丰富和发展了党的三代中央领导集体制定和形成的干部路线和干部政策。9月5日，李源潮在延安出席中国浦东、井冈山、延安干部学院2008年秋季开学典礼时的讲话中指出：坚持德才兼备、把德放在首位，是我们党一贯的用人思想。李源潮指出，在新形势下，党员干部的德要突出三个重点：一是坚定理想信念。二是坚持执政为民。三是坚守清正廉洁。

人口问题将长期是制约全面协调可持续发展的重大问题。9月11日，国家人口和计划生育委员会兼职委员会议在北京召开。李克强在会上讲话强调：当前，我国人口计生工作已经进入稳定低生育水平、统筹解决人口问题、促进人的全面发展的新阶段，任务更加繁重。要按照深入贯彻落实科学发展观、构建社会主义和谐社会的要求，以改革创新精神全面做好新时期人口计生工作，为促进经济社会全面协调可持续发展提供有效保障。李克强指出：我国是世界上人口最多的发展中国家，人口众多、经济发展和人均资源的水平较低仍然是基本国情，今后十几年我国总人口每年平均仍将增加800万左右，人口问题将长期是制约全面协调可持续发展的重大问题。对此我们必须有清醒的认识，把稳定低生育水平、统筹解决人口问题作为一项重大战略任务，推动人口长期均衡发展，保障人口安全，促进人的全面发展，推动我国由人口大国向人力资源强国转变。

切实把安全生产作为落实科学发展观、构建社会主义和谐社会的重要任务。9月13日，国务院办公厅发出《关于进一步加强矿山安全生产工作的紧急通知》。《通知》指出：近年来，我国矿山安全生产基础工作不断加强，事故总量大幅度下降，但重特大事故尚未得到有效遏制，矿山安全生产形势依然严峻。《通知》要求：要深刻吸取“9·8”特大溃坝事故和近期发生的矿山事故教训，认真贯彻落实党中央、国务院领导同志的重要批示精神，切实把安全生产作为落实科学发展观、构建社会主义和谐社会的重要任务，进一步提高认识，加强领导，强化政府安全监管主体责任和企业安全生产主体责任，针对本地区本单位矿山安全生产存在的薄弱环节和突出问题，采取切实有效措施，坚决遏制重特大事故，继续降低矿山企业事故总量。

贯彻党要管党、从严治党方针，把党的政治优势和组织优势转化为推动军队建设科学发展的强大力量。9月24日，胡锦涛在北京会见全军大单位党委书记座谈会代表并发表讲话。胡锦涛强调：在新的形势下，要肩负起党和人民赋予我军的神圣使命，必须高度重视和切实加强军队党的建设，认真贯彻党要管党、从严治党方针，把党的政治优势和组织优势转化为推动军队建设科学发展的强大力量。胡锦涛强调：坚持从严治党，首先要在思想教育上从严。要着力抓好党的创新理论武装工作，认真开展深入学习实践科学发展观活动，切实打牢高举旗帜、听党指挥、履行使命的思想政治基础；要在贯彻党章和党的制度上从严，不断提高党的建设制度化、规范化水平；要在遵守党的纪律上从严，坚决维护党的纪律的严肃性；要在干部教育管理上从严，大力倡导讲党性、重品行、作表率，努力建设坚强有力、奋发有为的领导班子和领导干部队伍。从严治党是从严治军的根本保证。要以从严治党的实际成效促进从严治军方针的贯彻落实，推动部队建设全面发展、全面过硬。

中国30年的变化，得益于改革开放。9月24日，温家宝在纽约举行的第63届联合国大会一般性辩论中作题为《坚持改革开放，坚持和平发展》的发言。温家宝指出：中国发展靠什么？靠改革开放。今年是中国改革开放30周年。改革开放从根本上改变了中国长期封闭落后和沉闷僵化的状况，打破了束缚人们的思想桎梏，调动了亿万人民群众的积极性，大大解放了生产力，有力地推动了经济社会的大发展，给中国大地带来了蓬勃生机和活力。中国30年的变化，得益于改革开放。中国要实现富强民主文明和谐的现代化目标，仍然要靠改革开放。改革开放是决定当代中国命运的关键抉择，也是决定中国未来前途的战略方向。中国坚持改革开放的政策是坚定不移的。中华民族自古以来就有崇尚革新、兼收并蓄、博采众长的优秀传统和智慧。今天，中国人更从30年改革开放的切身经验中体会到，只有不断而深入地推进经济体制、政治体制等各项改革，才是经济发展和社会进步的永恒动力；只有全面而持久地扩大对外开放，才是国家富强和民族繁荣的正确道路。这不但是实践探索的结论，也是历史经验的总结。

坚持政府第一要务是发展的理念。9月25日，在联合国千年发展目标高级别会议上的发言中，温家宝对全球实现《千年宣言》目标提出倡议：坚持政府第一要务是发展的理念。不发达国家要把通过发展来消除贫困作为中心任务，发达国家要为不发达国家提供有利于发展的条件。发展，首先是经济发展，教育、文化和社会建设也要放到重要位置。坚持鼓励和支持各个国家走适合本国国情的发展道路，探索有利于本国发展和消除贫困的发展模式。要把尊重各国人民自主选择发展道路和模式的权利，作为民主政治的基础和前提。

神舟七号载人航天飞行取得圆满成功。9月25日，神舟七号载人飞船在酒泉卫星发射中心发射成功。9月27日，我国航天员首度实施空间出舱活动，茫茫太空第一次留下中国人的足迹。

9月28日，我国航天员在顺利完成首次空间出舱任务后安全返回，神舟七号载人航天飞行取得圆满成功。11月7日，中共中央、国务院、中央军委在北京人民大会堂举行庆祝神舟七号载人航天飞行圆满成功大会，胡锦涛在会上发表讲话。

胡锦涛指出：我国3名航天员首次成功实施空间出舱活动和空间科学实验，实现了我国空间技术发展的重大跨越。这一举世瞩目的伟大成就向世界宣告，中国已成为世界上第三个独立掌握空间出舱关键技术的国家。我国航天员太空行走迈出的一小步，代表着我们在科技创新征程上迈出的一大步。这是我国载人航天事业发展史上的又一重要里程碑，是我们建设创新型国家取得的又一标志性成果，是中国人民攀登世界科技高峰的又一伟大壮举，是中华民族为人类探索利用外层空间作出的又一卓越贡献。

胡锦涛强调：神舟七号载人航天飞行圆满成功，充分展示了改革开放30年来我国显著提高的经济实力、科技实力、综合国力，进一步增强了全体中华儿女的民族自信心和自豪感，进一步坚定了全党全军全国各族人民继续推进改革开放和社会主义现代化建设的决心和信念，对于我们在中国特色社会主义道路上实现中华民族伟大复兴必将产生重大而深远的影响。

胡锦涛指出：载人航天工程的生动实践，深化了我们对组织重大工程建设的认识，为加快我国科技事业发展、推进改革开放、推动经济社会又好又快发展积累了宝贵经验，提供了重要启示。一、科学发展是实现发展目标的必然要求。二、社会主义制度是凝聚强大力量的政治优势。三、自主创新是掌握民族发展命运的关键之举。四、爱国主义是成就伟大事业的精神动力。

深入学习中国特色社会主义理论体系。9月28日，中共中央政治局进行第八次集体学习，这次集体学习安排的内容是中国特色社会主义理论体系研究。胡锦涛在主持学习时强调：在当代中国，坚持中国特色社会主义理论体系，就是真正坚持马克思主义。只有坚持中国特色社会主义理论体系不动摇，才能坚持中国特色社会主义道路不动摇，才能真正做到高举中国特色社会主义伟大旗帜不动摇。

胡锦涛强调：深入学习中国特色社会主义理论体系，是贯彻落实好中国特色社会主义理论体系的前提。要紧密联系党的基本路线、基本纲领、基本经验，紧密联系中国特色社会主义的发展道路、发展阶段、发展战略，紧密联系社会主义经济建设、政治建设、文化建设、社会建设和党的建设的基本目标，全面把握中国特色社会主义理论体系，深刻领会中国特色社会主义理论体系的根本立场、基本观点、科学方法，着力从世界观和方法论上提高马克思主义理论水平和认识世界、改造世界的能力，努力做到认识上有新提高、思想上有新收获。

胡锦涛指出：理论的活力植根于实践，学习的目的全在于运用。学习中国特色社会主义理论体系，必须同党带领人民进行的发展中国特色社会主义的生动实践紧密结合起来，同推进改革发展稳定各项工作的实际紧密结合起来，同党员、干部改造客观世界和主观世界的实际紧密结合起来，坚持用中国特色社会主义理论体系研究新情况、解决新问题，努力做到学以致用、用以促学、学用相长。

胡锦涛强调：发展中国特色社会主义是一项长期历史任务，必须坚持不懈地为之奋斗。发

展中国特色社会主义理论体系也是一项长期历史任务，必须随着中国特色社会主义实践的发展而发展。要始终坚持解放思想、实事求是、与时俱进，紧密结合新的时代条件，在丰富实践的基础上大胆探索，在科学认识的前提下勇于创新，不断有所发现、有所创造、有所前进，不断深化对共产党执政规律、社会主义建设规律、人类社会发展规律的认识。

胡锦涛指出：各级党委要把用中国特色社会主义理论体系武装全党、教育人民作为一项长期任务和经常性工作，有计划有步骤地抓好落实。要切实抓好用中国特色社会主义理论体系武装全党工作，切实加强马克思主义理论队伍建设，切实推进中国特色社会主义理论体系大众化，把学习贯彻中国特色社会主义理论体系的成效转化为高举中国特色社会主义伟大旗帜的坚定意志，转化为推动科学发展、促进社会和谐的实际能力，转化为同人民群众同呼吸、共命运、心连心的真挚情感，转化为增强党性修养、提高思想觉悟的自觉行动。

大力弘扬奥运培育的崇高精神。9月29日，北京奥运会、残奥会总结表彰大会在人民大会堂举行。胡锦涛在会上发表讲话强调：百年奥运梦想成功实现，这是我们在实现中华民族伟大复兴征程上的又一次历史性跨越，也是我们沿着中国特色社会主义道路奋勇前进的又一个新的起跑线。

胡锦涛指出：国运兴，体育兴。随着改革开放和社会主义现代化建设不断推进，我国大踏步迈入世界体育大国行列。回顾7年的奋斗历程，北京奥运会、残奥会能够取得成功，靠的是改革开放30年我国持续快速增强的综合国力，靠的是社会主义制度能够集中力量办大事的优越性，靠的是全国各族人民的团结奋斗，靠的是世界各国人民和国际社会的大力支持。北京奥运会、残奥会成功举办的事实再次向世人昭示：中国人民有能力为人类文明进步作出更大贡献。

胡锦涛指出：坚持贯彻绿色奥运、科技奥运、人文奥运理念，这是北京奥运会、残奥会最鲜明的特色，是北京奥运会、残奥会成功举办的关键，也是贯彻落实科学发展观的具体体现。北京奥运会、残奥会是庞大的系统工程，只有坚持正确理念，才能有效统领千头万绪的工作，才能更好地体现奥林匹克精神、时代发展精神、我们伟大的民族精神，才能真正把筹办奥运会与推动经济社会又好又快发展结合起来。绿色奥运，就是要推进生态文明建设，加强生态环境保护，努力使天更蓝、地更绿、水更清，让生态文明观念深入人心，促进人与自然、人与社会和谐。科技奥运，就是要推进科技进步和创新，既注重将创新科技成果应用于北京奥运会、残奥会各个领域，又通过北京奥运会、残奥会推进各方面自主创新，充分体现现代科技的力量。人文奥运，就是要坚持以人为本，提高人民文明素质和健康素质，普及奥林匹克精神，全面开展迎奥运、讲文明、树新风活动，尊重和维护人类文明多样性和发展模式多样化，致力于实现不同文明共同进步。

胡锦涛指出：伟大的事业孕育伟大的精神，伟大的精神推进伟大的事业。广大奥运建设者、工作者、志愿者牢记党和人民的重托，勇于承担中华民族百年圆梦的光荣使命和伟大时代提供的难得机遇，大力培育和弘扬了为国争光的爱国精神、艰苦奋斗的奉献精神、精益求精的敬业精神、勇攀高峰的创新精神、团结协作的团队精神，为北京奥运会、残奥会成功举办提供了强大精神支撑。这是以爱国主义为核心的民族精神和以改革创新为核心的时代精神的生动体现，是伟大的中华民族精神在当代中国的生动体现。在全面建设小康社会、加快推进社会主义现代化的征程上，我们要大力弘扬北京奥运会、残奥会培育的崇高精神，使之成为推动我国各项事业发展的强大精神动力。

中共十七届三中全会举行。10月9日—12日，中国共产党第十七届中央委员会第三次全体会议在北京举行。全会审议通过《中共中央关于推进农村改革发展若干重大问题的决定》。《决定》明确了在新的起点上推进农村改革发展的指导思想、目标任务、重大原则，是当前和今后一个时期全国农村改革发展的指导性文件。

《决定》强调：我们要抓住和用好重要战略机遇期，胜利实现全面建设小康社会的宏伟目标，加快推进社会主义现代化，就要更加自觉地把继续解放思想落实到坚持改革开放、推动科学发展、促进社会和谐上来，毫不动摇地推进农村改革发展。继续解放思想，必须结合农村改革发展这个伟大实践，大胆探索、勇于开拓，以新的理念和思路破解农村发展难题，为推动党的理论创新、实践创新提供不竭源泉。坚持改革开放，必须把握农村改革这个重点，在统筹城乡改革上取得重大突破，给农村发展注入新的动力，为整个经济社会发展增添新的活力。推动科学发展，必须加强农业发展这个基础，确保国家粮食安全和主要农产品有效供给，促进农业增产、农民增收、农村繁荣，为经济社会全面协调可持续发展提供有力支撑。促进社会和谐，必须抓住农村稳定这个大局，完善农村社会管理，促进社会公平正义，保证农民安居乐业，为实现国家长治久安打下坚实基础。

《决定》指出：我国总体上已进入以工促农、以城带乡的发展阶段，进入加快改造传统农业、走中国特色农业现代化道路的关键时刻，进入着力破除城乡二元结构、形成城乡经济社会发展一体化新格局的重要时期。

《决定》指出：新形势下推进农村改革发展，要全面贯彻党的十七大精神，高举中国特色社会主义伟大旗帜，以邓小平理论和“三个代表”重要思想为指导，深入贯彻落实科学发展观，把建设社会主义新农村作为战略任务，把走中国特色农业现代化道路作为基本方向，把加快形成城乡经济社会发展一体化新格局作为根本要求，坚持工业反哺农业、城市支持农村和多予少取放活方针，创新体制机制，加强农业基础，增加农民收入，保障农民权益，促进农村和谐，充分调动广大农民的积极性、主动性、创造性，推动农村经济社会又好又快发展。

《决定》指出，到2020年，农村改革发展基本目标任务是：农村经济体制更加健全，城乡经济社会发展一体化体制机制基本建立；现代农业建设取得显著进展，农业综合生产能力明显提高，国家粮食安全和主要农产品供给得到有效保障；农民人均纯收入比2008年翻一番，消费水平大幅提升，绝对贫困现象基本消除；农村基层组织建设进一步加强，村民自治制度更加完善，农民民主权利得到切实保障；城乡基本公共服务均等化明显推进，农村文化进一步繁荣，农民基本文化权益得到更好落实，农村人人享有接受良好教育的机会，农村基本生活保障、基本医疗卫生制度更加健全，农村社会管理体系进一步完善；资源节约型、环境友好型农业生产体系基本形成，农村人居和生态环境明显改善，可持续发展能力不断增强。

《决定》指出，实现农村改革发展基本目标任务，要遵循以下重大原则：必须巩固和加强农业基础地位，始终把解决好十几亿人口吃饭问题作为治国安邦的头等大事；必须切实保障农民权益，始终把实现好、维护好、发展好广大农民根本利益作为农村一切工作的出发点和落脚点；必须不断解放和发展农村社会生产力，始终把改革创新作为农村发展的根本动力；必须统筹城乡经济社会发展，始终把着力构建新型工农、城乡关系作为加快推进现代化的重大战略；必须坚持党管农村工作，始终把加强和改善党对农村工作的领导作为推进农村改革发展的政治保证。

《决定》从以下三个方面对推进农村改革发展作出了全面部署："大力推进改革创新，加强农村制度建设"；"积极发展现代农业，提高农业综合生产能力"；"加快发展农村公共事业，促进农村社会全面进步"。

《决定》强调：以家庭承包经营为基础、统分结合的双层经营体制，是适应社会主义市场经济体制、符合农业生产特点的农村基本经营制度，是党的农村政策的基石，必须毫不动摇地坚持。《决定》提出了"一个长久不变"、"两个转变"。"一个长久不变"是：赋予农民更加充分而有保障的土地承包经营权，现有土地承包关系要保持稳定并长久不变。"两个转变"是：家庭经营要向采用先进科技和生产手段的方向转变；统一经营要向发展农户联合与合作，形成多元化、多层次、多形式经营服务体系的方向转变。

《决定》着眼于最大限度保护耕地资源和农民土地承包权益，提出要实行"两个最严格制度"： 坚持最严格的耕地保护制度，层层落实责任，坚决守住十八亿亩耕地红线；实行最严格的节约用地制度，从严控制城乡建设用地总规模。

《决定》指出：加强土地承包经营权流转管理和服务，建立健全土地承包经营权流转市场，按照依法自愿有偿原则，允许农民以转包、出租、互换、转让、股份合作等形式流转土地承包经营权，发展多种形式的适度规模经营。有条件的地方可以发展专业大户、家庭农场、农民专业合作社等规模经营主体。土地承包经营权流转，不得改变土地集体所有性质，不得改变土地用途，不得损害农民土地承包权益。

《决定》指出：农村金融是现代农村经济的核心。要创新农村金融体制，放宽农村金融准入政策，加快建立商业性金融、合作性金融、政策性金融相结合，资本充足、功能健全、服务完善、运行安全的农村金融体系。

《决定》强调：粮食安全任何时候都不能放松，必须长抓不懈。要加快构建供给稳定、储备充足、调控有力、运转高效的粮食安全保障体系。要把发展粮食生产放在现代农业建设的首位，稳定播种面积，优化品种结构，提高单产水平，不断增强综合生产能力。

《决定》指出：要按照建设生态文明的要求，发展节约型农业、循环农业、生态农业，加强生态环境保护。

《决定》指出：社会主义文化建设是社会主义新农村建设的重要内容和重要保证。要坚持用社会主义先进文化占领农村阵地，满足农民日益增长的精神文化需求，提高农民思想道德素质。扎实开展社会主义核心价值体系建设，坚持用中国特色社会主义理论体系武装农村党员、教育农民群众，引导农民牢固树立爱国主义、集体主义、社会主义思想。

《决定》强调：推进农村改革发展，关键在党。要把党的执政能力建设和先进性建设作为主线，以改革创新精神全面推进农村党的建设，认真开展深入学习实践科学发展观活动，增强各级党组织的创造力、凝聚力、战斗力，不断提高党领导农村工作水平。

把科学发展观的要求转化为推进党校各方面工作的自觉行动，进一步提高党校工作水平。10月16日，中央党校召开深入学习实践科学发展观活动动员大会。习近平出席会议并在讲话中强调：开展深入学习实践科学发展观活动，既是加强中央党校自身建设的内在需要，也是推动中央党校科学发展的难得机遇。要通过开展这次活动，把科学发展观的要求转化为推进党校各方面工作的自觉行动，进一步提高党校工作水平。习近平指出：中央党校开展深入学习实践科学发展观活动，要以党的十七大精神为指导，以深入学习贯彻《中国共产党党校工作条例》和全国干部教育培训工作会议精神为实践载体，达到提高思想认识、解决突出问题、创新体制机制、促进科学发展的目标。在提高思想认识上，要使全校党员深刻理解科学发展观的科学内涵、精神实质和根本要求，系统掌握科学发展观所体现的马克思主义立场、观点、方法，在服务科学发展、促进党校事业科学发展等重大问题上进一步统一思想、凝聚共识。在解决突出问题上，要进一步明确在新的历史起点上全面开创党校工作新局面所面临的新课题、新矛盾和新任务，着力转变不适应、不符合党校事业科学发展的思想观念，着力找准并解决影响和制约科学发展的突出问题以及党员干部党性党风党纪方面群众反映强烈的突出问题。在创新体制机制上，要把解决问题与建立长效机制紧密结合起来，建立健全相关制度，把坚持党校姓党原则具体化为从严治校、从严施教、从严管理的制度和措施，逐步完善党校事业科学发展的长效机制，从制度和机制上保证把科学发展观的要求落到实处。在促进科学发展上，要努力在提高教学水平上迈出新步伐，在推动科研工作上取得新成绩，在提高学习研究宣传科学发展观和服务科学发展能力上取得新成效，在加强教师队伍建设和管理队伍建设上取得新进展。

中国工会十五大举行。10月17日—21日，中国工会十五大在京举行。10月21日，胡锦涛在人民大会堂同全国总工会新一届领导班子成员和中国工会十五大部分代表座谈时发表讲话。

胡锦涛强调：中国工人阶级是我国先进生产力和生产关系的代表，是我们党最坚实最可靠的阶级基础，是社会主义中国当之无愧的领导阶级，是全面建设小康社会、发展中国特色社会主义的主力军。在全面建设小康社会、加快推进社会主义现代化的伟大实践中，我国工人阶级肩负着光荣历史使命，要发扬光荣传统，抓住发展机遇，奋勇再立新功。

胡锦涛强调：实现党的十七大提出的各项目标任务，对工人阶级进一步发挥主力军作用提出了新要求。我国工人阶级要成为继续解放思想、锐意改革创新的时代先锋，坚持解放思想、实事求是、与时俱进，立足基本国情，树立世界眼光，顺应时代潮流，与时代发展同步伐、与改革开放共命运，始终以国家主人翁的姿态积极投身改革创新的伟大实践，坚定不移为改革开放伟大事业贡献力量。我国工人阶级要成为推动科学发展、促进社会和谐的行动楷模，大力弘扬劳模精神，胸怀全局、立足本职，热情开展创新创造，为推动社会主义经济建设、政治建设、文化建设、社会建设以及生态文明建设作出新贡献，发扬工人阶级识大体、顾大局的光荣传统，为形成全体人民各尽其能、各得其所而又和谐相处的局面作出新贡献。

17日，习近平在会上发表讲话。

习近平指出：夺取全面建设小康社会新胜利，是新的历史起点上充分发挥工人阶级主力军作用的聚焦点，也是发挥各级工会组织优势和作用的切入点。全面建设小康社会既要切实造福工人阶级，又要始终依靠工人阶级。我国工人阶级一定要承担起历史赋予的崇高使命，积极发挥主力军作用，充分展现主人翁风采，为夺取全面建设小康社会新胜利建功立业。工人阶级在夺取全面建设小康社会新胜利中充分发挥主力军作用，就要以解放思想为先导、以改革创新为动力，在新的思想高度上形成改革开放的共识。

习近平指出：中国工会在长期探索实践中形成的中国特色社会主义工会发展道路，是中国特色社会主义道路的重要组成部分。这条道路体现了共产主义远大理想同中国特色社会主义共同理想的统一，体现了时代要求与中国国情的统一，体现了工人阶级长远利益与当前利益的统一。在新的历史起点上，全国各级工会组织要坚持中国特色社会主义理论体系、坚定不移地走中国特色社会主义道路，始终做到与时代发展同步伐、与改革开放共命运、与党和职工群众心连心，使中国特色社会主义工会发展道路越走越宽广。

坚持以科学发展观统领文化建设。10月18日—20日，李长春在广东考察工作时强调，要全面贯彻党的十七大和十七届三中全会精神，坚持以科学发展观统领文化建设，着力转变不适应不符合科学发展观的思想观念，着力解决影响和制约科学发展的突出问题，着力构建有利于科学发展的体制机制，推动社会主义文化大发展大繁荣。

应对国际金融危机，需要世界各国共同努力。10月22日，第十一届亚欧工商论坛在北京开幕，习近平出席开幕式并在主旨演讲中就金融安全、能源合作、中小企业发展、贸易和投资便利化、环境和气候变化等论坛议题作了阐述。习近平指出，当前，国际金融市场急剧动荡，世界经济增长明显放缓，国际经济环境中不稳定因素明显增多。应对国际金融危机，需要世界各国共同努力。要加强财金对话和协调，探索新的合作领域，促进国际金融体制改革，努力提高共同抵御金融风险的能力；扩大发展道路、发展模式、发展经验交流和对广大发展中国家技术援助，加强金融能力建设；处理好金融创新和金融监管的关系，建立金融预警机制，促进财金领域务实合作，切实维护国际金融安全。

第七届亚欧首脑会议举行。10月24日—25日，第七届亚欧首脑会议在北京举行。24日，胡锦涛在开幕式上发表题为《亚欧携手，合作共赢》的讲话。

胡锦涛指出：近来，由美国次贷危机引发的金融危机对国际金融市场造成严重冲击，给世界各国经济发展和人民生活带来严重影响，引起了世界各国政府和人民的忧虑。面对这一全球性挑战，世界各国需加强政策协调、密切合作、共同应对。在此关键时刻，坚定信心比什么都重要。只有坚定信心、携手努力，我们才能共同渡过难关。

胡锦涛指出：今年以来，中国积极应对国际经济环境复杂变化和自然界严峻挑战，经济保持较快增长，金融业稳健运行，经济发展的基本态势没有改变。同时，全球金融危机使中国经济发展面临的不确定不稳定因素明显增多，中国经济发展面临诸多困难和挑战。中国是一个拥有13亿人口的发展中国家，中国经济同世界经济的联系日益紧密，中国经济保持良好发展势头本身就是对全球金融市场稳定和世界经济发展的重要贡献。为此，我们首先要把国内的事情办好。将根据国内外经济形势变化，加强宏观调控的预见性、针对性、有效性，及时调整政策，着力扩大国内需求特别是消费需求，保持经济稳定、金融稳定、资本市场稳定，继续推动经济社会又好又快发展。

24日—25日，温家宝在会上发表题为《同舟共济，互利共赢》的讲话。

温家宝指出：我们要认真吸取金融危机的教训，处理好三个关系：一是金融创新与金融监管的关系。要根据需要和可能，稳步推进金融创新，同时加强金融监管。二是虚拟经济与实体经济的关系。要始终重视实体经济的发展，使经济建立在坚实可靠的基础上。虚拟经济要与实体经济相协调，更好地为实体经济服务。三是储蓄与消费的关系，要使消费与储蓄相协调。

温家宝指出：国际金融危机对中国金融和经济造成一定的影响，但这种影响是有限的、可控的，中国政府将采取灵活、审慎的宏观经济政策，坚决维护经济稳定、金融稳定和资本市场稳定，促进经济平稳较快增长。这就是中国应对这场危机最重要、最有效的手段，也是对世界最大的贡献。

25日，会议发表了《可持续发展北京宣言》。

《宣言》重申：能源安全同世界经济的稳定发展和各国的可持续发展紧密相关，强调各国应享有充分以及可持续利用能源与资源促进自身发展的权利，同时应充分考虑生态系统的承载能力和地区环境保护。《宣言》强调：能源合作需与国际扶贫合作及环境保护相结合，通过能源扶贫帮助发展中国家，特别是最不发达国家加强基础设施建设、减少贫困、实现可持续发展。

我们注意到，要确保社会和谐，减少一国内部和国家之间的经济和社会不平衡，需提供合理、充分和可持续的社会保障，确保消费者安全，建立覆盖城乡正式和非正式部门的社会保障体系。 我们认识到社会和谐包括人与自然和谐，生态文明是社会和谐不可或缺的组成部分。

对律师工作的五点希望。10月25日，第七次全国律师代表大会在北京召开。周永康对律师工作提出以下五点希望：第一，做中国特色社会主义的法律工作者；第二，做经济社会又好又快发展的服务者；第三，做当事人合法权益的维护者；第四，做社会公平正义的保障者；第五，做社会和谐稳定的促进者。

全国党校工作会议召开。10月26日—28日，全国党校工作会议在北京召开。10月27日，胡锦涛在同全国党校工作会议代表座谈时发表讲话。胡锦涛强调：要深刻认识新形势下建设高素质干部队伍的重大意义，增强做好党校工作的责任感和使命感，更好地发挥党校在夺取全面建设小康社会新胜利、开创中国特色社会主义事业新局面，在全面推进党的建设新的伟大工程中的重要作用。

1．进一步发挥党校作用的五点要求：一是要充分发挥培训轮训领导干部的主渠道作用，紧紧围绕党和国家事业发展的现实需要，紧紧围绕继续大规模培训干部的战略任务，努力使经过党校培训轮训的领导干部在马克思主义理论素质、现代科学文化知识水平方面有新的提高，在统筹国内国际两个大局的能力，推动科学发展、促进社会和谐的能力，总揽全局、应对复杂局面的能力，治党管党、解决自身问题的能力方面有新的增强。二是要充分发挥党的理论武装工作的重要阵地作用，坚持把用马克思主义理论教育培训领导干部作为教学的首要任务，以马克思主义理论特别是中国特色社会主义理论体系为主课，使中国特色社会主义理论体系系统进教材、生动进课堂、扎实进头脑，切实达到真学、真懂、真信、真用的目的。三是要充分发挥推进党的理论创新的生力军作用，按照为推进党的理论创新服务、为提高教学质量服务、为促进各级党委和政府科学决策服务的要求，牢牢坚持正确方向，坚持发扬理论联系实际的学风，充分发挥在马克思主义基本理论学科上的优势，切实加强理论研究。四是要充分发挥建设学习型政党的积极推动作用，大力发扬我们党勤于学习、善于学习的优良传统，努力传授现代科学文化知识、我国优秀文化、人类文明有益成果，在促进学习型政党建设进而促进学习型社会建设方面发挥积极推动作用。五是要充分发挥促进领导干部加强党性锻炼的熔炉作用，把党性教育放在更加重要的位置，促使领导干部始终保持清醒政治头脑和高尚道德情操，始终保持共产党人的本色。

2．各级党校要牢固树立“五种意识”。一是要牢固树立大局意识，始终把围绕中心、服务大局作为党校工作必须遵循的根本要求，为改革开放和社会主义现代化建设服务，为党的建设新的伟大工程服务。二是要牢固树立党的意识，始终把党校姓党、忠诚于党作为党校工作必须坚持的根本原则，必须以党的旗帜为旗帜、以党的意志为意志，真正做到高举中国特色社会主义伟大旗帜、坚持中国特色社会主义道路和中国特色社会主义理论体系。三是要牢固树立创新意识，始终把解放思想、开拓创新作为党校工作必须汲取的不竭动力，坚持实事求是、求真务实，推进党校工作科学化、规范化、制度化，努力使党校工作体现时代性、把握规律性、富于创造性。四是要牢固树立勤俭意识，始终把艰苦奋斗、勤俭办学作为党校工作必须保持的政治优势，大力发扬谦虚谨慎、艰苦奋斗的优良传统，牢固树立勤俭办学、节俭办事的良好风气。五是要牢固树立纪律意识，始终把从严治校、从严管理作为党校工作必须贯彻的重要方针，认真落实从严治校、从严施教、从严管理的方针，加强学校管理工作，严肃党的政治纪律，推动形成良好校风、良好学风。

习近平在会上作工作报告。

习近平指出，改革开放30年来，各级党校坚持以党的基本理论、基本路线为指导，认真落实党中央关于党校工作一系列重要指示精神，在全党理论武装和干部教育培训工作中发挥了重要作用，为推进干部队伍革命化、年轻化、知识化、专业化，建设和发展中国特色社会主义作出了重大贡献。30年党校办学的宝贵经验启示我们，党校教育必须适应党和国家工作大局的要求，促进党的中心任务的落实；必须适应党的干部教育的要求，促进领导干部素质和能力的提高；必须适应党的理论建设的要求，促进理论创新和实践创新。

习近平指出：经过改革开放30年的发展和进步，党校事业作为中国特色社会主义伟大事业和党的建设新的伟大工程的重要组成部分，已站在一个新的历史起点上。各级党委和党校要认清形势、增强信心，认真贯彻《中国共产党党校工作条例》和全国党校工作会议精神，再接再厉、扎实工作，努力开创党校工作新局面。(1) 必须完善教学布局。习近平指出：开创党校工作新局面，必须完善教学布局，坚持以学习邓小平理论、"三个代表"重要思想以及科学发展观为中心，着眼于提高党员领导干部的领导素质和执政能力，以掌握理论创新的最新成果为重点夯实学员的理论基础，以把握时代特征和国际经济政治形势为重点拓展学员的世界眼光，以强化大局意识和应对复杂局面为重点培养学员的战略思维，以坚定理想信念、增强宗旨观念和改进作风为重点增强学员的党性修养。各级党校要紧紧扭住理论教育这个龙头，以理论教育引领和带动党性教育和知识教育，使学员通过党校教育培训坚定理想信念，保持优良作风，掌握过硬本领。(2) 必须推进理论研究和理论创新。习近平指出：开创党校工作新局面，必须推进理论研究和理论创新。要把中国特色社会主义理论体系的研究提到党校科研工作的中心位置，围绕党的十七大提出的重大理论观点、重大战略思想、重大战略部署，继续解放思想、大胆探索，不断深化对改革开放和社会主义现代化建设中一些全局性、前瞻性和战略性问题的研究，深化对共产党执政规律、社会主义建设规律、人类社会发展规律的研究，努力形成一批高质量的科研成果。(3) 必须更好地实施人才强校战略。习近平指出：开创党校工作新局面，必须更好地实施人才强校战略，切实抓好党校人才的培养、吸引、使用和激励工作。要注重人才素质的全面发展，形成合理的人才结构，在年龄上体现老、中、青的优化配置，特别要注重培养拔尖人才和学科领军人才。要大力推进党校内部组织人事制度改革，进一步形成民主、公开、竞争、择优的选人用人机制。(4) 必须始终坚持党校姓党的原则。习近平强调：开创党校工作新局面，必须始终坚持党校姓党的原则，在思想上政治上行动上同以胡锦涛同志为总书记的党中央保持高度一致，始终高举中国特色社会主义伟大旗帜，毫不动摇地坚持中国特色社会主义道路，毫不动摇地坚持中国特色社会主义理论体系，并体现到党校教学、科研、管理、队伍建设、学风建设等各方面工作之中。要坚持从严治校的方针，严格对学员的管理，加强学风建设，严肃党校纪律，严格执行党校内部的各项管理制度，进一步提高党校管理水平。

《中国共产党党校工作条例》发布。10月29日，新华社受权播发中共中央批准的《中国共产党党校工作条例》。《条例》以《中国共产党章程》、《中华人民共和国公务员法》和有关法律

法规为根据，结合党校工作实际，旨在适应中国特色社会主义事业发展的要求，进一步完善中国共产党党校教育体系，推进党校工作的科学化、规范化、制度化。《条例》共60条，分为总则，党校的设置和领导体制，班次和学历，教学工作，科学研究工作，学员管理，队伍建设，机关党的工作，行政管理、后勤服务和经费保障，执行与监督，附则等11章。

要切实发挥办案的治本功能，努力形成有效防范腐败的体制机制，不断从源头上预防和治理腐败。10月31日，贺国强出席全国纪检监察机关查办案件工作会议并讲话。贺国强指出：查办违纪违法案件是反腐败斗争的重要任务，是纪检监察机关的基本职责。要切实发挥办案的治本功能，努力形成有效防范腐败的体制机制，不断从源头上预防和治理腐败。要发挥查办案件在教育警示方面的功能，善于运用正反两方面的典型教育党员干部，引导他们坚定理想信念、提高精神境界，自觉抵御权力、金钱、美色的诱惑；要发挥查办案件在完善制度方面的功能，针对案件暴露出来的体制机制方面的问题，深化改革，建章立制，堵塞漏洞；要发挥查办案件在强化监督方面的功能，善于从案件中发现党风政风方面的苗头性、倾向性问题，找到权力运行中的关键部位和监督方面的薄弱环节，提出有效防治的对策和建议，保证权力正确行使。

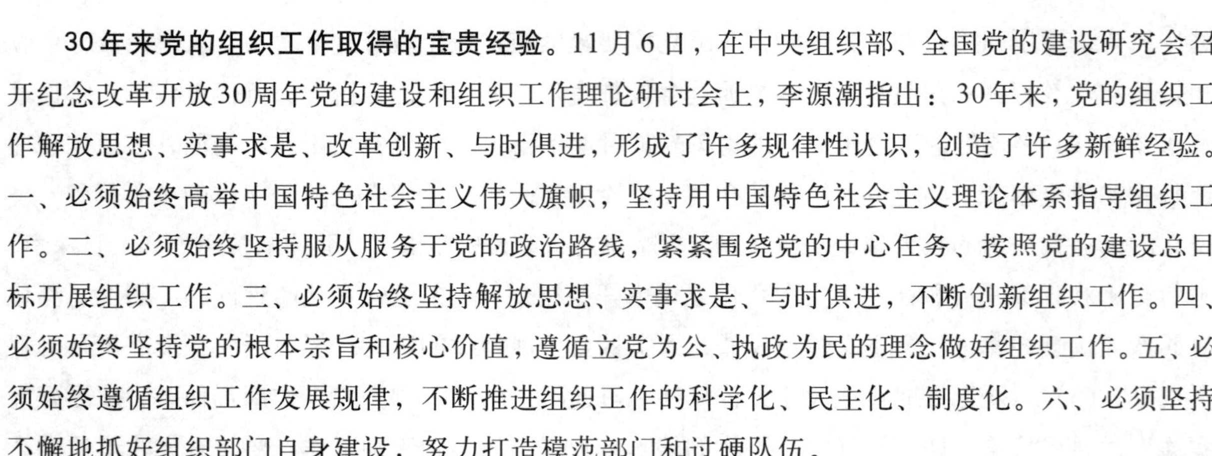

30年来党的组织工作取得的宝贵经验。11月6日，在中央组织部、全国党的建设研究会召开纪念改革开放30周年党的建设和组织工作理论研讨会上，李源潮指出：30年来，党的组织工作解放思想、实事求是、改革创新、与时俱进，形成了许多规律性认识，创造了许多新鲜经验。一、必须始终高举中国特色社会主义伟大旗帜，坚持用中国特色社会主义理论体系指导组织工作。二、必须始终坚持服从服务于党的政治路线，紧紧围绕党的中心任务、按照党的建设总目标开展组织工作。三、必须始终坚持解放思想、实事求是、与时俱进，不断创新组织工作。四、必须始终坚持党的根本宗旨和核心价值，遵循立党为公、执政为民的理念做好组织工作。五、必须始终遵循组织工作发展规律，不断推进组织工作的科学化、民主化、制度化。六、必须坚持不懈地抓好组织部门自身建设，努力打造模范部门和过硬队伍。

党的新闻宣传工作的成功经验。11月7日，第十八届中国新闻奖、第九届长江韬奋奖颁奖报告会在北京举行。李长春在会上讲话指出，做好新形势下新闻宣传工作，必须做到以下几点：一是必须始终坚持党性原则，坚持团结稳定鼓劲、正面宣传为主，坚持高举旗帜、围绕中心、服务大局，唱响主旋律，打好主动仗，牢牢把握正确舆论导向，不断巩固壮大积极健康向上的主流舆论。 二是必须坚持以人为本，贴近实际、贴近生活、贴近群众，把体现党的主张与反映人民心声统一起来，把坚持正确导向与通达社情民意统一起来，把正面宣传为主与加强和改进舆论监督统一起来，保证人民的知情权、参与权、表达权、监督权，不断增强新闻报道的亲和力、吸引力、感染力、公信力。 三是必须坚持把提高舆论引导能力放在突出位置，重视研究传播艺术，注意利用现代传播技巧，善于运用受众听得懂、易接受的方式，把握报道的方向和重点，注重引导的时机和节奏，提高舆论引导的有效性。 四是必须坚持及时准确、公开透明，第一时间发布权威信息，满足人们的信息需求，回应社会关切，努力抢占先机、赢得话语权、掌握主动权，牢牢占领舆论引导的制高点。五是必须坚持把提高主流媒体的国内国际传播能力作为一项紧迫的战略任务，打造国际一流媒体，构建覆盖广泛、技术先进的现代传播体系，形成与我国经济社会发展水平和国际地位相称的国际传播能力，使我们的图像、声音、文字、信息更广泛地传播到世界各地，进入千家万户。六是必须坚持积极发展、加强管理、趋利避害、为我所用，加强新兴媒体的建设、运用和管理，占领互联网等舆论新阵地，形成网上正面舆论强势，掌握网上舆论主导权，构建舆论引导新格局。七是必须坚持改革创新，在继承和发扬优良传统的基础上，创新观念、创新体制、创新机制、创新内容、创新形式、创新方法、创新手段，改进新闻宣传工作的领导方式、组织方式、工作方式、管理方式，不断增强新闻宣传的针对性和实效性。

加强和改进反腐倡廉法规制度建设，必须深入贯彻落实科学发展观。11月7日，贺国强出席全国纪检监察法规工作会议并在讲话中指出：加强和改进反腐倡廉法规制度建设，必须深入贯彻落实科学发展观，切实把科学发展观所体现的立场、观点、方法贯穿于法规制度建设的各个方面。要服从服务于发展这个第一要务，紧紧围绕中央关于加强和改善宏观调控、促进经济平稳较快发展、调整经济结构、转变发展方式、加强节能减排和生态环境保护、推进农村改革发展等决策部署，制定出台一批法规文件，确保中央关于推动科学发展重大决策部署的贯彻落实；要坚持以人为本的理念，紧紧围绕保障和改善民生的政策措施开展立法工作，进一步完善规范领导干部行为制度、信访举报法规制度、案件检查制度、违纪行为惩处制度、党内民主和党内监督制度，促进中央关于保障和改善民生各项政策的落实；要按照全面协调可持续的基本要求和统筹兼顾的根本方法，正确处理整体与局部、全面与重点、数量和质量的关系，立足当前、着眼长远，整体推进、突出重点，形成内外衔接、上下配套、结构合理、体例科学的反腐倡廉制度体系；要坚持科学立法、民主立法，加强党对立法工作的领导，深入调查研究，坚持群众路线，不断提高反腐倡廉法规制度的质量和水平。

扎实做好农村改革发展各项工作，关键在各级领导班子和领导干部，其中县委和县委书记担负着重大责任。11月10日，第一期学习贯彻党的十七届三中全会精神县委书记培训班在中央党校开班。习近平出席开班式并在讲话中指出：贯彻落实党的十七届三中全会精神，扎实做好农村改革发展各项工作，开创“三农”工作新局面，关键在各级领导班子和领导干部，其中县委和县委书记担负着重大责任。各级党委特别是县（市、旗）党委要把党的十七届三中全会精神学习好、领会好、贯彻好，做到坚持解决好“三农”问题是全党工作重中之重的战略思想不动摇，紧紧抓住促进农业稳定发展、农民持续增收的重要任务不放松，始终保持强农惠农的政策力度不减弱，扎实推进农村改革发展的各项工作不松懈。习近平要求：各级党委要深刻领会党的十七届三中全会的重大意义，全面准确把握全会精神，特别是要全面把握关于稳定和完善农村基本经营制度的重要政策思想、关于健全严格规范的农村土地管理制度的重要政策思想、关于毫不放松地抓好粮食生产的重要政策思想、关于加快发展农村公共事业的重要政策思想、关于以改革创新精神加强农村党的建设的战略要求。

深入贯彻落实科学发展观，把提高国内国际传播能力摆在突出位置。11月13日，李长春在中央电视台调研时强调：要认真贯彻落实胡锦涛总书记关于宣传思想工作的一系列重要讲话精神，深入贯彻落实科学发展观，把提高国内国际传播能力摆在突出位置，坚持走改革创新之路，不断提高新闻报道的原创率、首发率、落地率，积极构建覆盖广泛、技术先进的现代传播体系，努力打造国际一流媒体，形成与我国经济社会发展水平和国际地位相称的国内国际传播能力。

要以提高思想政治素质和领导能力为重点，大力加强纪检监察领导班子建设。11月14日—15日，中央纪委监察部在广州召开全国纪检监察干部工作会议。贺国强出席会议并在讲话中指出：各级纪检监察领导干部要加强政治理论学习和业务知识学习，着力用马克思主义中国化最新成果武装头脑，深入学习实践科学发展观，认真学习纪检监察有关政策和法纪规章，广泛吸收各方面的知识，特别是要善于学习和运用马克思主义哲学，历史地、全面地、辩证地待人处事，不断提高思想境界、综合素质和工作能力；要认真贯彻民主集中制，正确处理集体领导与个人分工负责的关系，加强班子成员之间的沟通，维护好班子的团结；要进一步改进作风，经常深入基层调查研究，敢讲真话愿听真言，真心诚意为干部群众服务，艰苦奋斗、勤俭节约，为广大党员干部作出表率；要选好配强纪检监察领导班子，大力培养选拔优秀年轻干部，不断优化班子结构、增强整体功能。

通力合作，共同应对国际金融危机。11月15日，胡锦涛在华盛顿出席二十国集团领导人金融市场和世界经济峰会并发表题为《通力合作，共度时艰》的讲话。

胡锦涛指出：当前，国际金融危机已从局部发展到全球，从发达国家传导到新兴市场国家，从金融领域扩散到实体经济领域，给世界各国经济发展和人民生活带来严重影响。这场国际金融危机，波及范围之广、影响程度之深、冲击强度之大，为20世纪30年代以来所罕见。造成这场金融危机的原因是多方面的，既有经济体宏观经济政策不当的原因，也有金融监管缺失的原因。为了有效应对这场金融危机，世界各国应该增强信心、加强协调、密切合作。

胡锦涛指出：国际社会的当务之急是继续采取一切必要措施，尽快恢复市场信心，遏制金融危机扩散和蔓延。主要发达经济体应该承担应尽的责任和义务，实施有利于本国和世界经济金融稳定和发展的宏观经济政策，积极稳定自身和国际金融市场，维护投资者利益。同时，各国应该加强宏观经济政策协调，扩大经济金融信息交流，深化国际金融监管合作，为稳定各国和国际金融市场创造必要条件。

胡锦涛强调：国际社会应该认真总结这场金融危机的教训，在所有利益攸关方充分协商的基础上，对国际金融体系进行必要的改革。国际金融体系改革，应该坚持建立公平、公正、包容、有序的国际金融新秩序的方向，努力营造有利于全球经济健康发展的制度环境。国际金融体系改革，应该坚持全面性、均衡性、渐进性、实效性的原则。

胡锦涛强调：在经济全球化深入发展的条件下，世界各国经济金融关系日益紧密。这场金融危机不仅对发达国家金融市场造成严重冲击，也使广大发展中国家不同程度受到影响，这种影响还有继续扩大的趋势。国际社会在应对金融危机时，尤其要关注和尽量减少危机对发展中国家特别是最不发达国家造成的损害。要切实帮助发展中国家保持金融稳定和经济增长，切实保持和增加对发展中国家的援助，切实保持发展中国家经济金融稳定。

开放合作、互利共赢，不仅应该成为应对当前金融危机的指导思想，而且应该成为解决当前全球经济社会发展中突出问题的基本精神。11月22日，亚太经济合作组织第十六次领导人非正式会议在秘鲁首都利马召开。胡锦涛出席会议并在讲话中指出：开放合作、互利共赢，不仅应该成为应对当前金融危机的指导思想，而且应该成为解决当前全球经济社会发展中突出问题的基本精神。针对当前国际经济社会发展中的突出问题，胡锦涛提出5点意见。第一，凝聚共识，推动多边贸易体制健康发展。第二，承担责任，共同应对气候变化。第三，交流合作，合力抗击自然灾害。第四，规范引导，强化企业社会责任。第五，协调行动，确保世界粮食安全和能源安全。

推动我国科学发展。11月29日，中共中央政治局进行第九次集体学习，这次集体学习安排的内容是关于推动我国科学发展问题研究。胡锦涛主持学习并发表了讲话。

胡锦涛指出：当前，国际金融危机继续扩散和蔓延，我国发展的外部条件更趋复杂。在一个时期内，我们将突出面临国际金融危机影响持续加深、全球经济增长明显放缓的压力，突出面临外部需求显著减少、我国传统竞争优势逐步减弱的压力，突出面临国际竞争日趋激烈、投资和贸易保护主义上升的压力，突出面临人口资源环境约束不断增强、转变经济发展方式要求更为迫切的压力。能不能变压力为动力、变挑战为机遇，保持经济平稳较快发展，是对我们驾驭复杂局面能力的考验，是对我们党执政能力的考验。科学发展观第一要义是发展。在当前情况下，我们更要牢牢扭住经济建设这个中心，审时度势、果断决策、周密策划，采取有力措施，推动经济社会又好又快发展。

胡锦涛强调：实现科学发展，首先必须牢固树立科学发展理念。要全面贯彻党的十七大和十七届三中全会精神，深入学习党的三代中央领导集体关于发展的重要思想，深入学习马克思主义关于发展的世界观和方法论，从理论和实践的结合上深刻理解和全面把握科学发展观的科学内涵、精神实质、根本要求，进一步把科学发展观转化为推动科学发展的坚强意志、谋划科学发展的正确思路、领导科学发展的实际能力、促进科学发展的政策措施。要深刻把握科学发展对社会主义现代化建设提出的新要求新课题，以宽广眼界审视发展，以战略思维谋划发展，以辩证观点推动发展，既要推动经济又好又快发展又要促进社会全面进步和人的全面发展，既要着力解决当前发展中遇到的突出矛盾和问题又要标本兼治、着力增强科学发展后劲。

胡锦涛指出：实现科学发展，关键是要确立和实施科学发展方式。我们必须把加快转变发展方式、增强发展可持续性作为一项紧迫的战略任务切实抓紧抓好。要坚持走中国特色自主创新道路，坚持走中国特色新型工业化道路，坚持把建设资源节约型、环境友好型社会放在工业化、现代化发展战略的突出位置，加快形成城乡经济社会发展一体化新格局。要着眼于全球经济发展新态势，坚持对外开放的基本国策，优化开放结构，提高开放质量，加紧实施出口市场多元化战略，更好地利用国际国内两个市场，两种资源。

胡锦涛强调： 推动科学发展，归根到底是为了实现好、维护好、发展好最广大人民的根本利益。只有把发展成果体现到提高人民生活水平、满足人民日益增长的物质文化需要、促进人的全面发展上，科学发展才能成为全党全国各族人民的自觉行动。要在经济发展的基础上，着力保障和改善民生，不断解决好人民最关心最直接最现实的利益问题。

抓发展必须抓好党建，抓党建也是促进发展。12月1日，全国农村基层组织建设工作座谈会在北京召开。李源潮出席会议并在讲话中强调：要以改革创新精神推进农村基层组织建设，下力气抓好村党支部书记队伍建设，为贯彻落实党的十七届三中全会精神、推进农村改革发展提供坚强组织保证。李源潮指出：党委书记要抓农村基层党建。凡是发展得好、社会稳定、群众满意度高的地方，都是党组织力量强、领导班子强、带头人强的地方。

30年来党风廉政建设和反腐败斗争的成就与经验。12月4日—5日，中央纪委在北京召开纪念党的纪律检查机关恢复重建30周年暨反腐倡廉建设理论研讨会。贺国强出席会议并发表讲话。

贺国强指出，30年来党风廉政建设和反腐败斗争的实践充分证明，我们党对反腐败斗争的认识是十分清醒的，惩治腐败的态度是非常坚决的，作出的重大决策和战略部署是完全正确的，党风廉政建设和反腐败斗争取得了显著成效。主要表现在：通过深入开展党风廉政建设和反腐败斗争，形成了符合我国现阶段基本国情的反腐倡廉指导思想、基本原则、工作方针、工作格局、领导体制和工作机制以及法规制度体系基本框架；通过深入开展党风廉政建设和反腐败斗争，促进了社会主义经济建设、政治建设、文化建设、社会建设，有力地维护了改革发展稳定大局；通过深入开展党风廉政建设和反腐败斗争，纯洁了党的组织和队伍，增强了党的创造力、凝聚力、战斗力；通过深入开展党风廉政建设和反腐败斗争，赢得了党心民心，巩固了党的执政基础。

贺国强指出，30年来，我们党在推进党风廉政建设和反腐败斗争的实践中，逐步走出了一条中国特色反腐倡廉道路。这条道路是中国特色社会主义道路的重要组成部分，是我们党把马克思主义反腐倡廉理论与中国反腐倡廉建设实际相结合的一大创举，是发展中国特色社会主义的重要保证。贺国强指出：坚持这条道路，必须坚持以中国特色社会主义理论体系为指导，保证党风廉政建设和反腐败斗争的正确方向；必须坚持党要管党、从严治党，始终把党风廉政建设和反腐败斗争放在突出位置来抓；必须坚持党的基本路线，始终把党风廉政建设和反腐败斗争置于党和国家工作大局中来开展；必须坚持以人为本，切实维护人民群众的根本利益和党员干部的合法权益；必须坚持标本兼治、综合治理、惩防并举、注重预防的方针，以完善惩治和预防腐败体系为重点加强反腐倡廉建设；必须坚持解放思想、实事求是、与时俱进，以改革创新精神推进党风廉政建设和反腐败斗争；必须坚持党的领导，建立和完善反腐败领导体制和工作机制。

贺国强明确指出：要切实把以人为本的理念贯穿到纪检监察工作中去。科学发展观核心是以人为本。在纪检监察工作中做到以人为本，必须把实现好、维护好、发展好最广大人民的根本利益作为一切工作的出发点和落脚点，深入体察群众的困难和疾苦，认真倾听群众的意见和呼声；必须切实纠正损害群众切身利益的突出问题，注意了解和查处重大群体性事件和重大安全事故背后存在的腐败行为和干部作风问题；必须加强信访举报工作，拓宽人民群众参与反腐倡廉的渠道，发挥人民群众在反腐倡廉建设中的积极作用；必须坚决查处各类违纪违法案件，严惩腐败分子，维护党纪政纪，维护社会公平正义，以反腐倡廉实际成效取信于民；必须注意保障党员干部的合法权益，把加强对干部的监督同信任干部、激励干部结合起来，保护广大党员干部干事创业、改革创新的积极性；必须把处理人与教育人、挽救人有机结合起来，坚持惩前毖后、治病救人，宽严相济、区别对待，认真处理申诉案件，努力取得良好的法纪效果、政治效果、社会效果。

中央经济工作会议举行。12月8日—10日，中央经济工作会议在北京举行。胡锦涛在会上发表讲话，全面分析了当前国际国内形势，明确提出了明年经济工作的总体要求和重点任务，阐述了做好明年经济工作需要把握的原则。温家宝在会上的讲话中全面分析了当前我国经济形势，阐述了明年经济社会发展主要预期目标和需要解决的重点问题，具体部署了明年经济工作。会议强调：尽管我国经济发展面临着来自国际国内的严重困难和严峻挑战，但我国经济发展的基本面和长期趋势没有改变。中央对经济全球化作出的判断是完全正确的，我国发展的重要战略机遇期仍然存在，不会因为这场金融危机而发生逆转。战胜国际金融危机严重冲击，做好明年经济工作，对于维护改革发展稳定大局，实现“十一五”规划确定的目标任务，推进全面建设小康社会进程，具有十分重要的意义。

会议提出，明年经济工作的总体要求是：全面贯彻党的十七大和十七届三中全会精神，以邓小平理论和“三个代表”重要思想为指导，深入贯彻落实科学发展观，立足扩大内需保持经济平稳较快增长，加快发展方式转变和结构调整提高可持续发展能力，深化改革开放增强经济社会发展活力和动力，加强社会建设加快解决涉及群众利益的难点热点问题，促进经济社会又好又快发展。会议指出：贯彻落实明年经济工作的总体要求，必须抓住关键、突出重点。必须把保持经济平稳较快发展作为明年经济工作的首要任务。要着力在保增长上下功夫，把扩大内需作为保增长的根本途径，把加快发展方式转变和结构调整作为保增长的主攻方向，把深化重点领域和关键环节改革、提高对外开放水平作为保增长的强大动力，把改善民生作为保增长的出发点和落脚点。

会议强调：科学发展观第一要义是发展，越是在经济发展面临较大困难的时候，我们越是要坚定不移地贯彻发展是硬道理的战略思想，牢牢扭住经济建设这个中心，始终做到聚精会神搞建设、一心一意谋发展，我们所谋求的发展必须是讲求质量和效益的发展，必须是以人为本、全面协调可持续的发展。在实现保增长目标的努力中，要更加自觉地深入贯彻落实科学发展观，尤其要把握好几个重大问题：坚持扩大内需为主和稳定外需相结合，进一步增强抵御外部经济风险能力；坚持保持增长速度和提高质量效益相统一，进一步提高经济发展质量和水平；坚持推进结构升级和扶持就业创业相协调，进一步增强经济竞争优势和吸纳就业能力；坚持推进金融创新和提高金融监管能力相适应，进一步发挥金融对促进经济发展的积极作用；坚持加强政府调控和发挥市场机制作用相促进，进一步增强经济发展内在活力。

会议提出了明年经济工作的重点任务：一、加强和改善宏观调控，实施积极的财政政策和适度宽松的货币政策。二、巩固和发展农业农村经济好形势，保障农产品有效供给、促进农民持续增收。三、加快发展方式转变，推进经济结构战略性调整。四、深化改革开放，完善有利于科学发展的体制机制。五、着力解决涉及群众利益的难点热点问题，切实维护社会稳定。会议指出，实现明年经济工作的目标和任务，要继续实施灵活审慎的宏观经济政策，核心是提高宏观调控的应变能力和实际效果，要切实增强调控的预见性、针对性，努力提高调控的科学性、实效性。在工作具体部署上，要积极扩大国内需求，进一步巩固和加强农业基础地位，加快经济结构战略性调整，坚定不移地推进改革开放，着力做好就业和社会保障工作，全面提高产品质量和安全生产水平，加快发展社会事业。

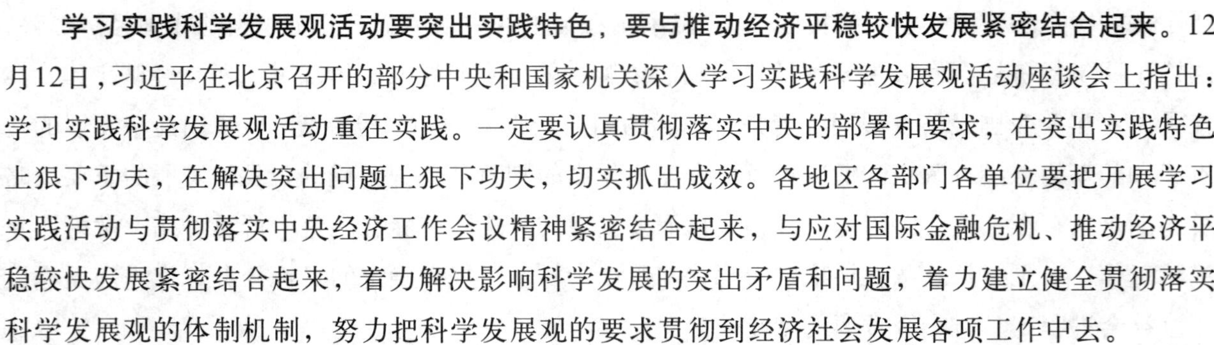

学习实践科学发展观活动要突出实践特色，要与推动经济平稳较快发展紧密结合起来。12月12日，习近平在北京召开的部分中央和国家机关深入学习实践科学发展观活动座谈会上指出：学习实践科学发展观活动重在实践。一定要认真贯彻落实中央的部署和要求，在突出实践特色上狠下功夫，在解决突出问题上狠下功夫，切实抓出成效。各地区各部门各单位要把开展学习实践活动与贯彻落实中央经济工作会议精神紧密结合起来，与应对国际金融危机、推动经济平稳较快发展紧密结合起来，着力解决影响科学发展的突出矛盾和问题，着力建立健全贯彻落实科学发展观的体制机制，努力把科学发展观的要求贯彻到经济社会发展各项工作中去。

纪念党的十一届三中全会召开30周年大会举行。12月18日，纪念党的十一届三中全会召开30周年大会在人民大会堂举行，胡锦涛在会上发表讲话。胡锦涛强调：纪念党的十一届三中全会召开30周年，就是要充分认识改革开放的重大意义和伟大成就，深刻总结改革开放的伟大历程和宝贵经验，坚持党的十一届三中全会精神，高举中国特色社会主义伟大旗帜，以马克思列宁主义、毛泽东思想、邓小平理论和“三个代表”重要思想为指导，深入贯彻落实科学发展观，在中国特色社会主义道路上，继续把改革开放伟大事业推向前进。

胡锦涛指出：在邓小平同志领导下和其他老一辈革命家支持下，党的十一届三中全会开始全面认真纠正“文化大革命”中及其以前的“左”倾错误，坚决批判了“两个凡是”的错误方针，充分肯定了必须完整、准确地掌握毛泽东思想的科学体系，高度评价了关于真理标准问题的讨论，确定了解放思想、开动脑筋、实事求是、团结一致向前看的指导方针，果断停止使用“以阶级斗争为纲”的口号，作出了把党和国家工作中心转移到经济建设上来、实行改革开放的历史性决策。党的十一届三中全会标志着我们党重新确立了马克思主义的思想路线、政治路线、组织路线，标志着中国共产党人在新的时代条件下的伟大觉醒，显示了我们党顺应时代潮流和人民愿望、勇敢开辟建设社会主义新路的坚强决心。党的十一届三中全会实现了新中国成立以来我们党历史上具有深远意义的伟大转折，开启了我国改革开放历史新时期。从此，党领导全国各族人民在新的历史条件下开始了新的伟大革命。

胡锦涛指出，30年来，我们始终以改革开放为强大动力，在新中国成立以后取得成就的基础上，推动党和国家各项事业取得举世瞩目的新的伟大成就。我们锐意推进各方面体制改革，使我国成功实现了从高度集中的计划经济体制到充满活力的社会主义市场经济体制的伟大历史转折；不断扩大对外开放，使我国成功实现了从封闭半封闭到全方位开放的伟大历史转折；坚持以经济建设为中心，我国综合国力迈上新台阶；着力保障和改善民生，人民生活总体上达到小康水平；大力发展社会主义民主政治，人民当家作主权利得到更好保障；大力发展社会主义先进文化，人民日益增长的精神文化需求得到更好满足；大力发展社会事业，社会和谐稳定得到巩固和发展；坚持党对军队绝对领导，国防和军队建设取得重大成就；成功实施"一国两制"基本方针，祖国和平统一大业迈出重大步伐；坚持奉行独立自主的和平外交政策，全方位外交取得重大成就；坚持党要管党、从严治党，党的领导水平和执政水平、拒腐防变和抵御风险能力明显提高。30年的伟大成就，为我们党、我们国家、我们人民继续前进奠定了坚实基础。

胡锦涛指出，在30年的创造性实践中，我们经过艰辛探索，积累了宝贵经验。概括起来说，就是党的十七大阐明的"十个结合"。胡锦涛在讲话中对"十个结合"进行了系统的阐述。

（一）必须把坚持马克思主义基本原理同推进马克思主义中国化结合起来，解放思想、实事求是、与时俱进，以实践基础上的理论创新为改革开放提供理论指导。30年来，我国改革开放取得伟大成功，关键是我们既坚持马克思主义基本原理、又根据当代中国实践和时代发展不断推进马克思主义中国化，形成和发展了包括邓小平理论、"三个代表"重要思想以及科学发展观等重大战略思想在内的中国特色社会主义理论体系，赋予当代中国马克思主义勃勃生机。

马克思主义是我们立党立国的根本指导思想。坚持和巩固马克思主义指导地位，是党和人民团结一致、始终沿着正确方向前进的根本思想保证。同时，马克思主义只有同本国国情和时代特征紧密结合，在实践中不断丰富和发展，才能更好发挥指导实践的作用。党的十一届三中全会重新确立了党的思想路线，这就是：一切从实际出发，理论联系实际，实事求是，在实践中检验真理和发展真理。在改革开放实践中，我们坚持解放思想和实事求是的统一，大力发扬求真务实精神，不断深化对共产党执政规律、社会主义建设规律、人类社会发展规律的认识，自觉把思想认识从那些不合时宜的观念、做法和体制的束缚中解放出来，从对马克思主义的错误的和教条式的理解中解放出来，从主观主义和形而上学的桎梏中解放出来，以实践基础上的理论创新回答了一系列重大理论和实际问题，为改革开放提供了体现时代性、把握规律性、富于创造性的理论指导，开辟了马克思主义新境界。中国特色社会主义理论体系是马克思主义中国化最新成果，是党最可宝贵的政治和精神财富，是全国各族人民团结奋斗的共同思想基础，是扎根于当代中国的科学社会主义。我们要始终坚持用中国特色社会主义理论体系武装全党、教

育人民，不断提高全党的马克思主义理论水平，使中国特色社会主义理论体系更加深入人心、更好发挥指导作用。

（二）必须把坚持四项基本原则同坚持改革开放结合起来，牢牢扭住经济建设这个中心，始终保持改革开放的正确方向。30年来，我们毫不动摇地坚持党的基本路线，既以四项基本原则保证改革开放的正确方向，又通过改革开放赋予四项基本原则新的时代内涵，坚持把以经济建设为中心同四项基本原则、改革开放这两个基本点统一于发展中国特色社会主义的伟大实践，使中国特色社会主义在当今世界的深刻变化和当代中国的深刻变革中牢牢站住了、站稳了，成为充满生机活力的社会主义。

我们党作出我国仍处于并将长期处于社会主义初级阶段的科学论断，形成了党在社会主义初级阶段的基本路线，这就是：领导和团结全国各族人民，以经济建设为中心，坚持四项基本原则，坚持改革开放，自力更生，艰苦创业，为把我国建设成为富强民主文明和谐的社会主义现代化国家而奋斗。以经济建设为中心是兴国之要，是我们党、我们国家兴旺发达和长治久安的根本要求。四项基本原则是立国之本，是我们党、我们国家生存发展的政治基石；改革开放是强国之路，是我们党、我们国家发展进步的活力源泉。一个中心、两个基本点，是相互贯通、相互依存、不可分割的统一整体，须臾不可偏离、丝毫不可偏废，必须全面坚持、一以贯之。离开经济建设这个中心，社会主义社会的一切发展和进步就会失去物质基础；离开四项基本原则和改革开放，经济建设就会迷失方向和丧失动力。发展中国特色社会主义，最根本的就是一切都要从社会主义初级阶段这个最大的实际出发。在社会主义初级阶段这个不发达阶段，社会主要矛盾是人民日益增长的物质文化需要同落后的社会生产之间的矛盾。这就决定了社会主义的根本任务是解放和发展社会生产力，不断改善人民生活。中国解决所有问题的关键在于依靠自己的发展。30年来，我们既毫不动摇地坚持发展是硬道理的战略思想，牢牢扭住经济建设这个中心，不断解放和发展社会生产力，不断夯实我国社会主义制度的物质基础，又毫不动摇地坚持四项基本原则、坚持改革开放。党的基本路线是兴国、立国、强国的重大法宝，是实现科学发展的政治保证，是党和国家的生命线、人民群众的幸福线。我们要始终坚持党的基本路线不动摇，做到思想上坚信不疑、行动上坚定不移，决不走封闭僵化的老路，也决不走改旗易帜的邪路，而是坚定不移地走中国特色社会主义道路。

（三）必须把尊重人民首创精神同加强和改善党的领导结合起来，坚持执政为民、紧紧依靠人民、切实造福人民，在充分发挥人民创造历史作用中体现党的领导核心作用。30年来，我们坚持人民创造历史这一马克思主义科学原理，真诚代表中国最广大人民的根本利益，紧紧依靠人民，最广泛地调动人民群众的积极性、主动性、创造性，从人民中汲取智慧，加强和改善党的领导，使党得到人民充分信赖和拥护，始终发挥领导核心作用，为改革开放和社会主义现代化建设凝聚起强大力量、提供根本政治保证。

人民群众是党的力量源泉和胜利之本。改革开放是人民的要求和党的主张的内在统一，是亿万人民自己的事业。我们坚持一切为了群众、一切依靠群众，从群众中来，到群众中去，把党的正确主张变为群众的自觉行动，坚持尊重社会发展规律与尊重人民历史主体地位的一致性，坚持为崇高理想奋斗与为最广大人民谋利益的一致性，坚持完成党的各项工作与实现人民利益的一致性。我们把人民拥护不拥护、赞成不赞成、高兴不高兴、答应不答应作为制定各项方针政策的出发点和落脚点，一切以是否有利于发展社会主义社会生产力、是否有利于增强社会主义国家综合国力、是否有利于提高人民生活水平这“三个有利于”为根本判断标准，坚持问政于民、问需于民、问计于民，既通过提出和贯彻正确的理论和路线方针政策带领人民前进，又从人民的实践创造和发展要求中获得前进动力。我们尊重人民主体地位，发挥人民首创精神，贯彻尊重劳动、尊重知识、尊重人才、尊重创造的重大方针，坚持全心全意依靠工人阶级，发挥我国工人阶级和农民阶级、其他劳动群众推动我国生产力发展基本力量的作用，又支持新的社会阶层发挥中国特色社会主义事业建设者的作用，使全体人民都满腔热情地投身改革开放伟大事业。我们坚持全心全意为人民服务的根本宗旨，坚持立党为公、执政为民，通过改革发展为人民群众造福，实现好、维护好、发展好最广大人民的根本利益。我们要始终坚持同广大人民群众心连心、同呼吸、共命运，在人民的实践创造中吸取营养，丰富和完善党的主张，使我们党在世界形势深刻变化的历史进程中始终走在时代前列，在应对国内外各种风险考验的历史进程中始终成为全国各族人民的主心骨，在发展中国特色社会主义的历史进程中始终成为坚强领导核心。

（四）必须把坚持社会主义基本制度同发展市场经济结合起来，发挥社会主义制度的优越性和市场配置资源的有效性，使全社会充满改革发展的创造活力。30年来，我们既在深刻而广泛的变革中坚持社会主义基本制度，又创造性地在社会主义条件下发展市场经济，使经济活动遵循价值规律的要求，不断解放和发展社会生产力，增强综合国力，提高人民生活水平，更好实现经济建设这个中心任务。建立和完善社会主义市场经济体制，是我们党对马克思主义和社会主义的历史性贡献。

我们党带领人民干的是社会主义事业，必须坚持党的领导、保证人民当家作主，必须坚持公有制为主体、按劳分配为主体，同时又必须积极探索能够极大解放和发展社会生产力、充分发挥全社会发展积极性的体制机制，放手让一切劳动、知识、技术、管理、资本的活力竞相迸发，让一切创造社会财富的源泉充分涌流。我们党提出把社会主义市场经济体制确立为我国经济体制改革的目标模式，正确解决了关系整个社会主义现代化建设全局的一个重大问题。我们着力建立和完善社会主义市场经济体制，发挥市场在资源配置中的基础性作用，推动建立现代产权制度和现代企业制度，同时又注重加强和完善国家对经济的宏观调控，克服市场自身存在的某些缺陷，促进国民经济充满活力、富有效率、健康运行。我们毫不动摇地巩固和发展公有制经济、发挥国有经济主导作用，积极推行公有制多种有效实现形式，增强国有经济活力、控制力、影响力，同时又毫不动摇地鼓励、支持、引导非公有制经济发展，形成各种所有制经济平等竞争、相互促进新格局。我们坚持和完善按劳分配为主体、多种分配方式并存的分配制度，既鼓励先进、促进发展，又注重社会公平、防止两极分化。我们要始终坚持社会主义市场经济的改革方向，继续完善社会主义市场经济体制，继续加强和改善宏观调控体系，不断为经济社会又好又快发展提供强大动力。

（五）必须把推动经济基础变革同推动上层建筑改革结合起来，不断推进政治体制改革，为改革开放和社会主义现代化建设提供制度保证和法制保障。30年来，我们既积极推进经济体制改革，又积极推进政治体制改革，发展社会主义民主政治，建设社会主义法治国家，保证人民当家作主，不断推动我国社会主义上层建筑与经济基础相适应，社会主义民主政治展现出更加旺盛的生命力。

我国是工人阶级领导的、以工农联盟为基础的人民民主专政的社会主义国家。人民民主是社会主义的生命，人民当家作主是社会主义民主政治的本质和核心。没有民主就没有社会主义，就没有社会主义现代化。我们顺应经济社会发展变化、适应人民政治参与积极性不断提高，以保证人民当家作主为根本，以增强党和国家活力、调动人民积极性为目标，不断发展社会主义政治文明。我们依法实行民主选举、民主决策、民主管理、民主监督，保障人民的知情权、参与权、表达权、监督权，坚持科学执政、民主执政、依法执政，推进决策科学化、民主化，最广泛地动员和组织人民依法管理国家事务和社会事务、管理经济和文化事业。我们坚持科学立法、民主立法，建立和完善中国特色社会主义法律体系，树立社会主义法治理念，坚持公民在法律面前一律平等，尊重和保障人权，推进依法行政，深化司法体制改革，推进国家各项工作法治化，维护社会公平正义，维护社会主义法制的统一、尊严、权威。我国政治体制改革是社会主义政治制度自我完善和发展，必须坚持中国特色社会主义政治发展道路，坚持党的领导、人民当家作主、依法治国有机统一，坚持社会主义政治制度的特点和优势，坚持从我国国情出发。我们需要借鉴人类政治文明有益成果，但绝不照搬西方政治制度模式。我们要始终坚定不移地发展社会主义政治文明，深化政治体制改革，坚持和完善人民代表大会制度、中国共产党领导的多党合作和政治协商制度、民族区域自治制度以及基层群众自治制度，壮大爱国统一战线，推进社会主义民主政治制度化、规范化、程序化，更好保证人民当家作主，巩固和发展民主团结、生动活泼、安定和谐的政治局面。

（六）必须把发展社会生产力同提高全民族文明素质结合起来，推动物质文明和精神文明协调发展，更加自觉、更加主动地推动文化大发展大繁荣。30年来，我们既重视物的发展即社会生产力的发展，又重视人的发展即全民族文明素质的提高，坚持物质文明和精神文明两手抓，实行依法治国和以德治国相结合，以科学的理论武装人、以正确的舆论引导人、以高尚的情操塑造人、以优秀的作品鼓舞人，着力培育有理想、有道德、有文化、有纪律的公民，不断提高全民族的思想道德素质和科学文化素质，为改革开放和社会主义现代化建设提供强大精神动力和智力支持、营造良好舆论环境。

中国特色社会主义是全面发展、全面进步的事业，是物质文明和精神文明相辅相成、协调发展的事业。物质贫乏不是社会主义，精神空虚也不是社会主义。人的素质是历史的产物，又给历史以巨大影响。任何时候都不能以牺牲精神文明为代价换取经济的一时发展。我们把社会主义核心价值体系建设作为主线，贯穿到国民教育和精神文明建设全过程，坚持不懈地用马克思主义中国化最新成果武装全党、教育人民，用中国特色社会主义共同理想凝聚力量，用以爱国主义为核心的民族精神和以改革创新为核心的时代精神鼓舞斗志，用社会主义荣辱观引领风尚，巩固全党全国各族人民团结奋斗的共同思想基础。我们积极探索用社会主义核心价值体系引领社会思潮的有效途径，既尊重差异、包容多样，又有力抵制各种错误和腐朽思想的影响。我们着力发展面向现代化、面向世界、面向未来的，民族的科学的大众的社会主义文化，贴近实际、贴近生活、贴近群众，深化文化体制改革，大力推进文化创新，激发全民族文化创造活力，提高国家文化软实力，推动文化事业和文化产业不断发展、文化市场更加繁荣，使人民基本文化权益得到更好保障。我们要始终坚持社会主义先进文化前进方向，兴起社会主义文化建设新高潮，在中国特色社会主义的伟大实践中进行文化创造，让人民共享文化发展成果，使社会文化生活更加丰富多彩、人民精神风貌更加昂扬向上。

（七）必须把提高效率同促进社会公平结合起来，实现在经济发展的基础上由广大人民共享改革发展成果，推动社会主义和谐社会建设。30年来，我们既高度重视通过提高效率来增强社会活力、促进经济发展，又高度重视在经济发展的基础上通过实现社会公平来促进社会和谐，坚持以人为本，以解决人民最关心最直接最现实的利益问题为重点，着力发展社会事业，着力完善收入分配制度，保障和改善民生，走共同富裕道路，努力形成全体人民各尽其能、各得其所而又和谐相处的局面，为改革开放和社会主义现代化建设营造良好社会环境。

实现社会公平正义是中国特色社会主义的内在要求，处理好效率和公平的关系是中国特色社会主义的重大课题。讲求效率才能增添活力，注重公平才能促进和谐，坚持效率和公平有机结合才能更好体现社会主义的本质。我们通过深化改革、实行正确方针政策，努力提高全社会推动经济发展和其他各项事业发展的积极性，最大限度激发全社会的创造活力和发展活力。同时，在我国改革发展关键阶段，在经济体制深刻变革、社会结构深刻变动、利益格局深刻调整、思想观念深刻变化的条件下，我们把提高效率同更加注重社会公平结合起来，最大限度增加和谐因素，最大限度减少不和谐因素，不断促进经济效率提高、促进社会和谐。我们把实现好、维护好、发展好最广大人民的根本利益作为党和国家一切工作的出发点和落脚点，坚持发展为了人民、发展依靠人民、发展成果由人民共享，优先发展教育，大力促进就业，不断提高城乡居民收入，加快建立覆盖城乡居民的社会保障体系，加快发展医疗卫生事业，切实加强社会管理，加强生态文明建设，努力使全体人民学有所教、劳有所得、病有所医、老有所养、住有所居。我们要始终按照民主法治、公平正义、诚信友爱、充满活力、安定有序、人与自然和谐相处的总要求，大力发展社会事业，促进社会公平正义，努力形成社会和谐人人有责、和谐社会人人共享的生动局面。

（八）必须把坚持独立自主同参与经济全球化结合起来，统筹好国内国际两个大局，为促进人类和平与发展的崇高事业作出贡献。30年来，我们既高度珍惜并坚定不移地维护中国人民经过长期奋斗得来的独立自主权利，又坚持对外开放的基本国策，始终站在国际大局与国内大局相互联系的高度审视中国和世界的发展问题，思考和制定中国的发展战略，坚持独立自主的和平外交政策，坚持和平发展道路，坚持互利共赢的开放战略，推动建设持久和平、共同繁荣的和谐世界，为我国发展争取良好国际环境，也为世界和平与发展作出重要贡献。

当代中国的前途命运已日益紧密地同世界的前途命运联系在一起。中国的发展离不开世界，世界的发展也需要中国。在当今世界，任何国家关起门来搞建设都是不能成功的。我们全面分析判断世界多极化趋势增强、经济全球化深入发展的外部环境，全面把握当今世界发展变化带来的机遇和挑战，既坚持独立自主，又勇敢参与经济全球化。在我们这样一个人口众多的发展中社会主义大国，任何时候都必须把独立自主、自力更生作为自己发展的根本基点，任何时候都要坚持中国人民自己选择的社会制度和发展道路，始终把国家主权和安全放在第一位，坚决维护国家主权、安全、发展利益，坚持中国的事情按照中国的情况来办、依靠中国人民自己的力量来办，坚决反对外部势力干涉我国内部事务。对于一切国际事务，都要从中国人民的根本利益和各国人民的共同利益出发、根据事情本身的是非曲直确定我们的立场和政策，按照冷静观察、沉着应对的方针和相互尊重、求同存异的精神进行处理，不屈从于任何外来压力。同时，我们在坚持和平共处五项原则的基础上同所有国家开展交流合作，积极促进世界多极化、推进国际关系民主化，尊重世界多样性，反对霸权主义和强权政治。我们不断扩大对外开放，把"引进来"和"走出去"紧密结合起来，认真学习借鉴人类社会创造的一切文明成果，坚持趋利避害，形成经济全球化条件下参与国际经济合作和竞争新优势，推动经济全球化朝着均衡、普惠、共赢方向发展，共同呵护人类赖以生存的地球家园，促进人类文明繁荣进步。我们要始终高举和平、发展、合作旗帜，既利用和平的国际环境发展自己，又通过自己的发展维护世界和平。

（九）必须把促进改革发展同保持社会稳定结合起来，坚持改革力度、发展速度和社会可承受程度的统一，确保社会安定团结、和谐稳定。30年来，我们既大力推进改革发展，又正确处理改革发展稳定关系，坚持改革是动力、发展是目的、稳定是前提，把不断改善人民生活作为处理改革发展稳定关系的重要结合点，在社会稳定中推进改革发展，通过改革发展促进社会稳定，在当今世界发生广泛而深刻的变化、当代中国发生广泛而深刻的变革的大环境下，始终保持社会大局稳定。

实现改革发展稳定的统一，是关系我国社会主义现代化建设全局的重要指导方针。推动社会主义现代化不断前进，必须自觉调整和改革生产关系与生产力、上层建筑与经济基础不相适应的方面和环节。我们既坚定不移地大胆探索、勇于创新，又总揽全局、突出重点，先易后难、循序渐进，在实践中积累经验，不断提高改革决策的科学性、增强改革措施的协调性，推进经济体制、政治体制、文化体制、社会体制以及其他各方面体制改革相协调，使改革获得广泛而深厚的群众基础。我们及时总结改革的实践经验，对的就坚持，不对的赶快改，新问题出来抓紧研究解决。同时，我们深刻认识到，发展是硬道理，稳定是硬任务；没有稳定，什么事情也办不成，已经取得的成果也会失去。我们正确把握和处理经济社会生活中出现的各种矛盾，加强和改进思想政治工作，健全党和政府主导的维护群众权益机制，及时妥善处理人民内部矛盾，依法打击各种违法犯罪活动，警惕和防范国内外敌对势力的渗透破坏活动，坚决维护社会稳定和国家安全。我们要始终从维护我国发展的重要战略机遇期、维护国家安全、维护最广大人民根本利益的高度出发，全面把握我国社会稳定大局，有效应对影响社会稳定的各种问题和挑战，确保人民安居乐业、社会安定有序、国家长治久安。

（十）必须把推进中国特色社会主义伟大事业同推进党的建设新的伟大工程结合起来，加强党的执政能力建设和先进性建设，提高党的领导水平和执政水平、拒腐防变和抵御风险能力。30

泛而深刻的变化，当代中国正在发生广泛而深刻的变革。特别是当前这场席卷全球的金融危机，对世界经济政治发展产生着重大影响，也对我国经济社会发展提出了严峻挑战、带来了难得机遇。保持经济平稳较快发展是明年我国经济工作的首要任务，也是全党全国工作大局。理论工作要紧密联系国际国内形势的变化，始终围绕党和国家工作大局来思考、来谋划、来推进。要深入学习贯彻胡锦涛总书记在纪念党的十一届三中全会召开30周年大会上的讲话精神，深刻认识新形势下我们肩负的重要责任和历史任务，按照“四个一定要”的要求，继续奋勇推进改革开放和社会主义现代化事业，不断开创理论工作的新局面。

进一步总结党的纪律检查机关恢复重建30年来的历史经验。12月19日，中央纪委监察部理论学习中心组举行专题学习会，认真学习胡锦涛同志在纪念党的十一届三中全会召开30周年大会上的重要讲话精神，贺国强出席并讲话。贺国强强调，党的十一届三中全会的一个重要历史贡献，就是作出了恢复重建党的纪律检查机关的重大决策。我们要通过认真学习胡锦涛总书记的重要讲话精神，进一步总结党的纪律检查机关恢复重建30年来的历史经验，努力探索和把握反腐倡廉建设规律，积极推进纪检监察工作理念思路、方式方法、体制机制创新，继续旗帜鲜明地反对腐败，切实改进党的作风，通过坚决有效惩治腐败为改革开放创造良好环境，通过推进重点领域和关键环节的改革不断消除腐败现象滋生蔓延的土壤和条件，从源头上防治腐败，把党风廉政建设和反腐败斗争贯穿于改革开放和社会主义现代化建设全过程，为继续推进改革开放伟大事业、夺取全面建设小康社会新胜利、开创中国特色社会主义事业新局面提供有力保证。

《关于切实做好当前农民工工作的通知》发出。12月20日，国务院办公厅发出《关于切实做好当前农民工工作的通知》。《通知》指出：农民工是我国改革开放和工业化、城镇化进程中涌现的一支新型劳动大军，已成为我国产业工人的重要组成部分，对我国现代化建设做出了重大贡献。农民工工作直接关系农村经济发展和农民增收，关系经济社会发展全局，必须予以高度重视。当前，国际金融危机的影响不断加深，国内部分企业生产经营遇到困难，就业压力明显增加，加上元旦、春节临近，相当数量的农民工开始集中返乡，给城乡经济和社会发展带来了新情况和新问题。《通知》提出以下几个方面的要求：（一）采取多种措施促进农民工就业；（二）加强农民工技能培训和职业教育；（三）大力支持农民工返乡创业和投身新农村建设；（四）确保农民工工资按时足额发放；（五）做好农民工社会保障和公共服务；（六）切实保障返乡农民工土地承包权益。《通知》要求：各地区、各部门要加强组织领导，把做好当前农民工工作作为一项紧迫而重要的任务抓紧抓好。

把学习实践活动与认真学习贯彻胡锦涛同志在纪念党的十一届三中全会召开30周年大会上的重要讲话和中央经济工作会议精神紧密结合起来。12月20日，习近平在深入学习实践科学发展观活动视频会议上强调：参加第一批学习实践活动的单位，要把学习实践活动与认真学习贯彻胡锦涛同志在纪念党的十一届三中全会召开30周年大会上的重要讲话和中央经济工作会议精神紧密结合起来，引导广大党员、干部坚定不移地坚持党的十一届三中全会开辟的伟大道路，坚定不移地坚持党的基本理论、基本路线、基本纲领、基本经验，坚定不移地推进改革开放伟大事业，坚定不移地贯彻落实中央关于做好当前经济工作的各项决策部署，团结带领人民群众为夺取全面建设小康社会新胜利而奋斗。

深入把握统一战线改革开放30年的宝贵经验。12月23日—25日，全国统战部长会议在北京举行。贾庆林指出，改革开放30年，是中国特色社会主义事业蓬勃发展的30年，也是新时期爱国统一战线不断巩固壮大的30年。要深入把握统一战线改革开放30年的宝贵经验：必须坚持中国共产党的领导，确保统一战线正确的政治方向；必须坚持中国特色社会主义理论体系，巩固统一战线广大成员团结奋斗的共同思想政治基础；必须坚持把促进科学发展作为第一要务，充分发挥统一战线的独特优势和作用；必须坚持高举爱国主义、社会主义旗帜，形成海内外中华儿女的大团结大联合；必须坚持尊重、维护和照顾同盟者利益，不断巩固党与党外人士联盟；必须坚持和而不同、求同存异的理念，始终保持统一战线宽松稳定、团结和谐的良好氛围。贾庆林强调：在当前形势下，要把深入贯彻落实科学发展观，积极为促进经济平稳较快发展、维护社会和谐稳定做贡献，作为统一战线工作的重中之重。

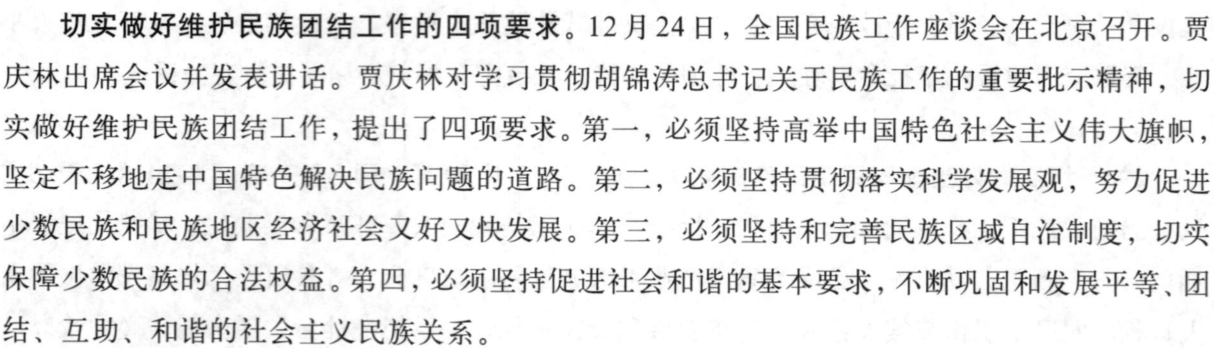

切实做好维护民族团结工作的四项要求。12月24日，全国民族工作座谈会在北京召开。贾庆林出席会议并发表讲话。贾庆林对学习贯彻胡锦涛总书记关于民族工作的重要批示精神，切实做好维护民族团结工作，提出了四项要求。第一，必须坚持高举中国特色社会主义伟大旗帜，坚定不移地走中国特色解决民族问题的道路。第二，必须坚持贯彻落实科学发展观，努力促进少数民族和民族地区经济社会又好又快发展。第三，必须坚持和完善民族区域自治制度，切实保障少数民族的合法权益。第四，必须坚持促进社会和谐的基本要求，不断巩固和发展平等、团结、互助、和谐的社会主义民族关系。

深化改革开放。12月26日，中共中央政治局进行第十次集体学习，这次集体学习安排的内容是关于深化改革开放问题研究。胡锦涛在主持学习时发表了讲话。

胡锦涛指出：30年改革开放的伟大实践，是一部最丰富、最生动、最有说服力的马克思主义和科学社会主义的教科书，是一部最丰富、最生动、最有说服力的实现我国现代化、实现中华民族伟大复兴的教科书。这部教科书凝聚了党和人民的智慧和心血，体现了党和人民的艰辛探索和宝贵经验，我们一定要把它充分运用好。

胡锦涛强调：要继续深刻领会改革开放是决定当代中国命运的关键抉择，坚定不移地走中国特色社会主义道路。进行改革开放宣传教育，首先要使全党全国各族人民深刻认识到，改革开放是决定当代中国命运的关键抉择，是发展中国特色社会主义、实现中华民族伟大复兴的必由之路。30年来，我们之所以能够在风云变幻的国际形势中站稳脚跟、稳步前进，之所以能够在激烈的国际竞争中抓住机遇、不断发展，之所以能够从容应对一系列关系我国主权和安全的国际突发事件，之所以能够战胜在经济、政治领域和自然界出现的各种难以想象的困难和风险，根本原因是我们始终坚持改革开放，并在改革开放的伟大实践中开辟了中国特色社会主义道路。我们要建成惠及十几亿人口的更高水平的小康社会，进而建成富强民主文明和谐的社会主义现代化国家，必须不动摇、不懈怠、不折腾，坚定不移地推进改革开放，坚定不移地走中国特色社会主义道路，继往开来地把中国特色社会主义伟大事业推向前进。

胡锦涛指出：要继续深刻领会改革开放是党在新的历史条件下带领人民进行的新的伟大革命，坚定不移地推进改革开放。不进行这场新的伟大革命，我们就不可能取得今天这样的伟大成就。不继续进行这场新的伟大革命，我们就不可能为党和国家事业发展继续提供强大动力。我们要继续坚定不移地推进改革开放，坚持通过改革解决前进中的各种矛盾和问题，不断完善适合我国国情的发展道路和发展模式，着力构建充满活力、富有效率、更加开放、有利于科学发展的体制机制。

胡锦涛强调：要继续深刻领会只有改革开放才能发展马克思主义，坚定不移地推进马克思主义中国化。改革开放是中国特色社会主义理论体系形成和发展的实践基础，也是中国特色社会主义理论体系不断丰富和发展的实践源泉。我们要坚持解放思想、实事求是、与时俱进，坚持运用中国特色社会主义理论体系指导中国特色社会主义伟大实践，深入总结广大干部群众在实践中创造的成功经验，在改革开放的伟大实践中不断丰富和发展中国特色社会主义理论体系。

胡锦涛指出：要继续深刻领会改革开放是推进党的建设的强大动力，坚定不移地以改革创新精神全面推进党的建设新的伟大工程。办好中国的事情，关键在党。能不能始终带领人民走在时代前列，能不能始终保持同人民群众的血肉联系，能不能始终成为中国特色社会主义事业的坚强领导核心，是对党的最根本的考验。要经受住这个最根本的考验，关键是要坚持以改革创新精神全面推进党的建设新的伟大工程，更加自觉、更有成效地把党建设好，使党始终成为中国特色社会主义事业的坚强领导核心。

全国组织部长会议召开。12月27日，全国组织部长会议在北京召开。习近平在会议上强调：新的一年，各级党委和组织部门要全面贯彻党的十七大、十七届三中全会和中央经济工作会议精神，以加强党的执政能力建设和先进性建设为主线，以开展深入学习实践科学发展观活动为重点，以改革创新为动力，围绕坚持改革开放、推动科学发展、促进社会和谐全面加强党的建设和组织工作，为保持经济平稳较快发展，确保全年经济社会发展各项任务顺利完成提供坚强保证。

习近平指出：继续扎扎实实地抓好深入学习实践科学发展观活动，是明年党的建设和组织工作的重要任务，各级党委和组织部门要按照中央要求精心组织，精心指导，确保学习实践活动取得实实在在的成效。要着力抓好县以上领导班子和党员领导干部这个重点，把开展学习实践活动与加强领导班子思想政治建设结合起来，进一步提高各级领导干部的思想政治素质。要着力解决一些干部道德缺失问题，教育和引导干部常修为政之德、常思贪欲之害、常怀律己之心，努力做到立身不忘做人之本，为政不移公仆之心，用权不谋一己之私。

习近平强调：深化干部人事制度改革，是纠正用人上不正之风、提高选人用人公信度的治

本之策。要积极推进选人用人理论创新、实践创新和制度创新，大力破解选人用人难题，进一步形成正确的用人导向。要坚持德才兼备、以德为先用人标准，什么样的人该用，什么样的人重用，都要把德放在首位，在这个前提下注重选拔那些确有才干、实绩突出的干部。习近平指出：干部德的标准应当包括干部的政治品德标准、职业道德标准、家庭美德标准和社会公德标准，把理想信念是否坚定，是否坚持执政为民，是否求真务实，是否坚持民主集中制，是否清正廉洁等列为评价要点。考察干部的德，既要注重在突发事件、抗御自然灾害、个人进退留转等关键时刻的表现，又要注重在日常工作、生活中的表现，以小节观其大德；既要听其言更要观其行，既要看其表更要察其里，既要知其始更要识其变，把干部德的考评结果作为干部选拔任用的首要依据。选人用人，要坚持品行为本，用靠得住的干部，引导干部讲党性、重品行、作表率，自觉落实科学发展观，创造经得起实践、人民、历史检验的实绩；要坚持责任为重，用敢负责的干部，引导干部忠于党的事业，忠于人民利益，锐意进取，敢闯敢干；要坚持务实为要，用肯实干的干部，引导干部求真务实、埋头苦干、不事张扬、默默奉献；要坚持民意为上，用口碑好的干部，引导干部对群众负责，为群众办事；要坚持廉洁为贵，用严以律己的干部，引导干部清正廉洁，自觉做到拒腐蚀、永不沾。习近平强调：要进一步规范选人用人权力运作方式和程序，加快建立选人用人失误失察责任追究制度，用严密的程序和刚性的责任保证把人选准用好，使跑官要官者没有市场，买官卖官者受到处罚。

中央农村工作会议举行。12月27日—28日，中央农村工作会议在北京举行。会议讨论了《中共中央、国务院关于2009年促进农业稳定发展农民持续增收的若干意见（讨论稿）》。

会议强调：最近一个时期以来，国际金融危机持续蔓延，对我国经济的负面影响日益加深，对农业农村发展的冲击不断显现。保持农业稳定发展、农民持续增收的难度明显加大，对此必须有清醒的认识和充分的估计。要全面分析把握形势，紧紧抓住机遇，果断采取措施，坚决防止粮食生产滑坡，坚决防止农民收入徘徊，确保农业稳定发展，确保农村社会安定。会议强调：扩大国内需求，最大潜力在农村；实现经济平稳较快发展，基础支撑在农业；保障和改善民生，重点难点在农民。在新中国成立60周年之际，做好2009年的“三农”工作，保持农业农村发展的良好势头，对稳定经济社会发展大局具有特殊重要的意义。

会议指出，2009年农业农村工作的总体要求是：全面贯彻落实党的十七大、十七届三中全会和中央经济工作会议精神，高举中国特色社会主义伟大旗帜，以邓小平理论和“三个代表”重要思想为指导，深入贯彻落实科学发展观，把保持农业农村经济平稳较快发展作为首要任务，围绕稳粮、增收、强基础、重民生，进一步强化惠农政策，增强科技支撑，加大投入力度，优化产业结构，推进改革创新，千方百计保证国家粮食安全和主要农产品有效供给，千方百计促进农民收入持续增长，为经济社会又好又快发展继续提供有力保障。

会议提出了明年农业农村工作的重点任务：第一，强化农业基础，稳定农业生产。第二，采取综合措施，促进农民增收。第三，发展公共事业，改善农村民生。第四，深化农村改革，增添发展活力。

应对国际金融危机，要处理好三个关系。12月27日，温家宝在北京中关村科技园区进行调研时指出，应对国际金融危机，要处理好三个关系：一是处理好当前和长远的关系。把克服眼前困难同保持经济可持续发展、提高经济核心竞争力结合起来。这次应对危机、促进经济发展要实施一揽子计划，包括扩大内需的若干重大措施，涉及十个重大产业的振兴规划和科技长远规划的重大专项，帮助企业克服困难，为未来发展奠定基础。二是处理好治标和治本的关系。国际金融危机来势迅猛，必须做到出手快、出拳重、措施准、工作实，同时还要制定和实施治本的措施。治本就是要培育创新产业，拥有自主知识产权的产品，真正做到人无我有、人有我优。三是处理好经济与科技的关系。知识和科技是对国家和经济最具安全性、竞争力和可持续发展的重要因素，是克服经济困难的根本力量，也是增强产业、产品和企业竞争力的不竭动力。我们要有宽广的胸怀和长远的眼光，充分发挥知识和科技的作用。

推动两岸关系和平发展。12月31日，纪念《告台湾同胞书》发表30周年座谈会在北京人民大会堂举行，胡锦涛出席座谈会并发表讲话。

胡锦涛指出，30年来两岸关系发展的实践告诉我们：推动两岸关系发展，实现祖国和平统一，最重要的是要遵循“和平统一、一国两制”的方针和现阶段发展两岸关系、推进祖国和平统一进程的八项主张，坚持一个中国原则决不动摇，争取和平统一的努力决不放弃，贯彻寄希望于台湾人民的方针决不改变，反对“台独”分裂活动决不妥协，牢牢把握两岸关系和平发展的主题，真诚为两岸同胞谋福祉、为台海地区谋和平，维护国家主权和领土完整，维护中华民族根本利益。

胡锦涛指出：我们应该把坚持大陆和台湾同属一个中国作为推动两岸关系和平发展的政治基础，把深化交流合作、推进协商谈判作为推动两岸关系和平发展的重要途径，把促进两岸同胞团结奋斗作为推动两岸关系和平发展的强大动力，携手共进，戮力同心，努力开创两岸关系和平发展新局面。胡锦涛在讲话中对进一步推动两岸关系和平发展提出了以下六点意见。(一) 恪守一个中国，增进政治互信。维护国家主权和领土完整是国家核心利益。世界上只有一个中国，中国主权和领土完整不容分割。1949年以来，大陆和台湾尽管尚未统一，但不是中国领土和主权的分裂，而是20世纪40年代中后期中国内战遗留并延续的政治对立，这没有改变大陆和台湾同属一个中国的事实。两岸复归统一，不是主权和领土再造，而是结束政治对立。两岸在事关维护一个中国框架这一原则问题上形成共同认知和一致立场，就有了构筑政治互信的基石，什么事情都好商量。两岸应该本着建设性态度，积极面向未来，共同努力，创造条件，通过平等协商，逐步解决两岸关系中历史遗留的问题和发展过程中产生的新问题。继续反对“台独”分裂活动是推动两岸关系和平发展的必要条件，是两岸同胞的共同责任。凡是有利于两岸关系和平发展的事都应该大力推动，凡是破坏两岸关系和平发展的事都必须坚决反对。(二) 推进经济合作，促进共同发展。两岸同胞要开展经济大合作，扩大两岸直接“三通”，厚植共同利益，形成紧密联系，实现互利双赢。我们继续欢迎并支持台湾企业到大陆经营发展，鼓励和支持有条件的大陆企业到台湾投资兴业。我们期待实现两岸经济关系正常化，推动经济合作制度化，为两岸关系和平发展奠定更为扎实的物质基础、提供更为强大的经济动力。两岸可以为此签订综合性经济合作协议，建立具有两岸特色的经济合作机制，以最大限度实现优势互补、互惠互利。建立更加紧密的两岸经济合作机制进程，有利于台湾经济提升竞争力和扩大发展空间，有利于两岸经济共同发展，有利于探讨两岸经济共同发展同亚太区域经济合作机制相衔接的可行途径。（三）弘扬中华文化，加强精神纽带。中华文化源远流长、瑰丽灿烂，是两岸同胞共同的宝贵财富，是维系两岸同胞民族感情的重要纽带。中华文化在台湾根深叶茂，台湾文化丰富了中华文化内涵。台湾同胞爱乡爱土的台湾意识不等于"台独"意识。两岸同胞要共同继承和弘扬中华文化优秀传统，开展各种形式的文化交流，使中华文化薪火相传、发扬光大，以增强民族意识、凝聚共同意志，形成共谋中华民族伟大复兴的精神力量。尤其要加强两岸青少年交流，不断为两岸关系和平发展增添蓬勃活力。我们将继续采取积极措施，包括愿意协商两岸文化教育交流协议，推动两岸文化教育交流合作迈上范围更广、层次更高的新台阶。（四）加强人员往来，扩大各界交流。两岸同胞要扩大交流，两岸各界及其代表性人士要扩大交流，加强善意沟通，增进相互了解。对于任何有利于推动两岸关系和平发展的建设性意见，我们都愿意作出积极回应。我们将继续推动国共两党交流对话，共同落实"两岸和平发展共同愿景"。对于部分台湾同胞由于各种原因对祖国大陆缺乏了解甚至存在误解、对发展两岸关系持有疑虑，我们不仅愿意以最大的包容和耐心加以化解和疏导，而且愿意采取更加积极的措施让越来越多的台湾同胞在推动两岸关系和平发展中增进福祉。对于那些曾经主张过、从事过、追随过"台独"的人，我们也热诚欢迎他们回到推动两岸关系和平发展的正确方向上来。我们希望民进党认清时势，停止"台独"分裂活动，不要再与全民族的共同意愿背道而驰。只要民进党改变"台独"分裂立场，我们愿意作出正面回应。（五）维护国家主权，协商涉外事务。我们一贯致力于维护台湾同胞在国外的正当权益。我们驻外使领馆要加强同台湾同胞的联系，诚心诚意帮助他们解决实际困难。我们了解台湾同胞对参与国际活动问题的感受，重视解决与之相关的问题。两岸在涉外事务中避免不必要的内耗，有利于增进中华民族整体利益。对于台湾同外国开展民间性经济文化往来的前景，可以视需要进一步协商。对于台湾参与国际组织活动问题，在不造成"两个中国"、"一中一台"的前提下，可以通过两岸务实协商作出合情合理安排。解决台湾问题、实现国家完全统一是中国内部事务，不受任何外国势力干涉。（六）结束敌对状态，达成和平协议。海峡两岸中国人有责任共同终结两岸敌对的历史，竭力避免再出现骨肉同胞兵戎相见，让子孙后代在和平环境中携手创造美好生活。为有利于两岸协商谈判、对彼此往来作出安排，两岸可以就在国家尚未统一的特殊情况下的政治关系展开务实探讨。为有利于稳定台海局势，减轻军事安全顾虑，两岸可以适时就军事问题进行接触交流，探讨建立军事安全互信机制问题。我们再次呼吁，在一个中国原则的基础上，协商正式结束两岸敌对状态，达成和平协议，构建两岸关系和平发展框架。